CLASSIQUES JAUNES

Littératures francophones

Rousseau juge de Jean Jaques

Jean-Jacques Rousseau

Rousseau juge de Jean Jaques

Manuscrit « Condillac », avec les variantes ultérieures

Édition critique par Jean-François Perrin

PARIS
CLASSIQUES GARNIER
2019

Jean-François Perrin est professeur de littérature française à l'université Grenoble-Alpes. Il a notamment publié : *Politique du renonçant, le dernier Rousseau*, *Rousseau, le chemin de ronde*, *L'Orientale allégorie, le conte oriental au* XVIIIe *siècle en France*, *Poétique romanesque de la mémoire avant Proust. Tome I (*XVIIe-XVIIIe *siècles)*.

Couverture : *Rousseau le promeneur*, dessin de Gleyre gravé par Thévenin. Montmorency, musée J.-J.Rousseau.

ISBN 978-2-406-08954-4
ISSN 2417-6400

TABLE DES ABRÉVIATIONS BIBLIOGRAPHIQUES

ŒUVRE, CORRESPONDANCE ET ICONOGRAPHIE DE ROUSSEAU

OC. XX, Cl. Garnier
J.-J. Rousseau, *Œuvres complètes*, Tome XX – 1776-1778, *Les Rêveries du promeneur solitaire*, cartes à jouer, édition critique par Alain Grosrichard et François Jacob, Paris, Classiques Garnier, 2014.

OC. I Pléiade, *OC.* II Pléiade, etc.
Jean-Jacques Rousseau, *Œuvres complètes*, Paris, Gallimard, Bibliothèque de la Pléiade, sous la direction de Bernard Gagnebin et Marcel Raymond.

- vol. I, 1959 : *Les Confessions ; Autres textes autobiographiques.*
- vol. II, 1964 : *La Nouvelle Héloïse ; Théâtre-Poésies ; Essais littéraires.*
- vol. III, 1964 : *Du Contrat social ; Écrits politiques.*
- vol. IV, 1969 : *Émile ; Éducation ; Morale ; Botanique.*
- vol. V, 1995 : *Écrits sur la musique, la langue et le théâtre, Textes historiques et scientifiques.*

CC. *Correspondance complète de Jean-Jacques Rousseau*, édition critique établie et annotée par R. A. Leigh (52 vol.), Genève, Institut et Musée Voltaire, puis Oxford, The Voltaire Foundation, 1965-1998[1].

1 L'introduction mise à part en raison des principes de la collection, cette édition reproduit l'orthographe et la ponctuation originales de la correspondance active et passive de Rousseau : un choix qu'on a également suivi pour les extraits d'autres œuvres de l'époque, de même qu'avec les dictionnaires. Il a semblé utile de rendre ainsi sensible un certain degré d'extranéité, aujourd'hui, de la langue du XVIIIe siècle, afin d'approcher la pratique aussi créative qu'attentive qu'en a Rousseau.

DJJR.	*Dictionnaire de Jean-Jacques Rousseau*, sous la direction de Raymond Trousson et Frédéric S. Eigeldinger, Paris, H. Champion, 1996.
Iconographie	René de Girardin, *Iconographie de Jean-Jacques Rousseau Portraits, Scènes, Habitations, Souvenirs* [...]. Paris, Librairie centrale d'Art et d'Architecture, 1908-1910.

LANGUE DE ROUSSEAU

A.W.	André Wyss, *La langue de J.-J. Rousseau, Formes et emplois*, Genève-Paris, Éditions Slatkine, 1989.
HLF.	Ferdinand Brunot, *Histoire de la langue française des origines à 1900*, tome VI : « Le XVIIIe siècle », deuxième partie : « La langue postclassique », par Alexis François, Paris, Armand Colin, 1933.
Provincialismes JJR.	Alexis François, « Les provincialismes suisses romands et savoyards de Jean-Jacques Rousseau », *AJJR*, t. 3, Genève, A. Jullien, 1907, p. 1-67.
VS.	*Le Vocabulaire du sentiment dans l'œuvre de J.-J. Rousseau*, sous la direction de Michel Gilot et Jean Sgard, Genève-Paris, Editions Slatkine, 1980.

LEXICOGRAPHIE

Acad.	*Dictionnaire de l'Académie Française*, Paris. Sauf mention contraire, l'édition utilisée est celle de 1762.
Encyclopédie	*Encyclopédie ou Dictionnaire raisonné des Sciences, des Arts et des Métiers, par une société de gens de lettres*, Paris, 1751-1772.
Féraud	Jean-François Féraud, *Dictionnaire critique de la langue française.* Sauf mention contraire, l'édition utilisée est celle de Marseille, 1787-1788.
Furetière	Antoine Furetière, *Dictionnaire universel contenant généralement tous les mots françois, tant vieux et modernes, et les termes de toutes les sciences et des arts* (1690).

Littré — *Dictionnaire de la langue française*, par Émile Littré, Paris, 1863-1877.

Richelet — Pierre Richelet, *Dictionnaire de la langue françoise ancienne et moderne*, Lyon, 1759.

Trévoux — *Dictionnaire universel français et latin, vulgairement appelé Dictionnaire de Trévoux* [...], Paris. Sauf mention contraire, l'édition utilisée est celle de 1771.

TLF — *Trésor de la langue française* (1971-2004).

TRAITÉS DE RHÉTORIQUE DU XVIIIe SIÈCLE

E.B. — Pierre-Louis-Claude Gin, *De l'éloquence du barreau* [1767], Paris, Hérissant, 1768.

Rhét. — Balthazar Gibert, *La rhétorique ou les règles de l'éloquence* [1730], Paris, Huart et Moreau, 1749.

Rh. fr. — Jean-Baptiste-Louis Crevier, *Rhétorique française* (2 vol.), Paris, Saillant et Desaint, 1765.

T.E. IV — Charles Rollin, *Traité des études* [1726-1728], livre IV « De la rhétorique », édition Letronne-Crévier, t. I, Paris, Firmin Didot, 1872.

DICTIONNAIRES ET TRAITÉS JURIDIQUES DU XVIIIe SIÈCLE

Commentaire — Voltaire, *Commentaire sur le livre des délits et des peines par un avocat de province* [1767], in Voltaire, *Mélanges*, Paris, Gallimard, Bibliothèque de la Pléiade, 1965, p. 787-826.

Des Délits — Cesare Beccaria, *Dei delitti e della pene* [1764], traduction André Morellet : *Traité des délits et des peines*, Lausanne, 1766.

Ferrière — Claude-Joseph de Ferrière, *Dictionnaire de droit et de pratique contenant l'explication des termes de Droit, d'Ordonnances, de Coutumes et de Pratique. Avec les jurisdictions de France* (2 vol.) [1762], Toulouse, Dupleix, 1779.

Jousse	Daniel Jousse, *Traité de la justice criminelle de France* (4 tomes), Paris, Debure, 1771.
Prost du Royer	Antoine-François Prost du Royer et Jean-François-Armand Riolz, *Dictionnaire de jurisprudence et des arrêts ou Nouvelle édition du Dictionnaire de Brillon* [...] (7 volumes), A. de la Roche, Lyon, 1781-1788.
Réal de Curban	Gaspard de Réal de Curban, *La science du gouvernement contenant le droit naturel* (7 tomes), Paris-Aix-la-Chapelle-Amsterdam, 1761-1765.
Richer	François Richer, *Traité de la mort civile* [...], Paris, Thiboust, 1755.

PRESSE DU XVIIIe SIÈCLE

AL	*L'Année littéraire* (1754-1776), sous la direction d'Elie Catherine Fréron.
Bachaumont	*Mémoires secrets pour servir à l'histoire de la République des Lettres en France depuis MDCCLXII jusqu'à nos jours [...] par Feu M. de Bachaumont*, Londres, John Adamson, 1777-1789, 36 volumes.
CL	*Correspondance littéraire* (1753-1773), Friedrich Mechior Grimm.
JdP	*Journal de Paris* (période 1795-1811), fondateurs : Olivier de Corances, De Romilly, Dussieux, Cadet le Jeune.
J.H	*Journal Helvétique* dit aussi « *Mercure suisse* » (1738-1769).
Mercure	*Mercure de France dédié au Roi*, puis (1768) *Mercure de France dédié au Roi par une Société de gens de lettres* (1724-1778).

REVUES SAVANTES MODERNES

AJJR	*Annales de la Société Jean-Jacques Rousseau*, Genève, A. Jullien puis Droz. Date de première publication : 1905.
Annales ESC	*Annales. Économies, Sociétés, Civilisations* (1946-1993), Paris, EHESS.
DHS	*Dix-huitième siècle*, revue de la Société française d'étude du dix-huitième siècle, Paris, Garnier, PUF puis La Découverte. Date de première publication : 1969.

EJJR	*Études Jean-Jacques Rousseau*, Reims, éditions « À l'écart », puis Montmorency, Musée Jean-Jacques Rousseau. Date de première publication : 1987.
PL	*Pensée libre*, revue de l'association nord-américaine des études sur J.-J. Rousseau, 8 numéros parus, Ottawa, 1988-2001.
RDE	*Recherches sur Diderot et l'Encyclopédie.* Société Diderot, Langres. Date de première publication : 1986.
RHLF	*Revue d'histoire littéraire de la France*, Paris, Armand Colin puis PUF. Date de première publication : 1894.
SVEC	*Studies on Voltaire and the Eighteenth Century*, Genève, Institut et Musée Voltaire puis Oxford, The Voltaire Foundation. Date de première publication : 1955.

HOMMAGES

Cette édition est dédiée aux agrégatifs grenoblois pour et avec qui s'est engagé mon travail sur *Rousseau juge de Jean Jaques* qui se trouvait au programme du concours en l'année 2004.

Que soient également remerciés François Jacob, Adrien Lièvre et la Société Jean-Jacques Rousseau pour leur généreuse contribution à la constitution du dossier iconographique ainsi qu'aux reproductions de manuscrits.

Je souhaite enfin rendre hommage à l'immense apport de Ralph-Alexander Leigh dont l'édition de la correspondance de J.-J. Rousseau s'est avérée une ressource inépuisable.

INTRODUCTION

> Lisez-vous quelquefois la République de Platon ? Voyez dans le second dialogue avec quelle énergie l'ami de Socrate, dont j'ai oublié le nom, lui peint le juste accablé des outrages de la fortune et des injustices des hommes, diffamé, persécuté, tourmenté, en proie à tout l'opprobre du crime et méritant tous les prix de la vertu, voyant déjà la mort qui s'approche, et sûr que la haine des méchants n'épargnera pas sa mémoire, quand ils ne pourront plus rien sur sa personne. Quel tableau décourageant, si rien pouvait décourager la vertu. Socrate lui-même effrayé s'écrie et croit devoir invoquer les Dieux avant de répondre ; mais sans l'espoir d'une autre vie, il aurait mal répondu pour celle-ci.
> Jean-Jacques ROUSSEAU, *Lettre à M. de Franquières*[1].

LE TOURMENT D'ÉCRIRE

La composition de *Rousseau juge de Jean Jaques* fut une torture. L'avant-propos le dit, sa rédaction fut un tel tourment que Rousseau dut l'étaler dans la durée pour n'y consacrer à chaque fois que peu

1 À Bourgoin le 15 janvier 1769, *CC*. n° 6259. Voir *République* II, 360n-368b. Conformément aux normes de la collection concernant l'introduction, l'orthographe des citations a été modernisée. Pour la suite, toutes les citations de *Rousseau juge de Jean Jaques* reproduisent l'orthographe et la ponctuation des manuscrits. En ce qui concerne les autres œuvres, la leçon suivie est celle des *Œuvres complètes* aux Classiques Garnier et dans la Pléiade, qui suivent également les manuscrits.

de temps : « Ne pouvant soutenir la continuité d'une occupation si douloureuse, je ne m'y suis livré que durant des moments très courts, écrivant chaque idée quand elle me venait et m'en tenant là, écrivant dix fois la même quand elle m'est venue dix fois » (p. 159) ; il a donc souvent abandonné, mais non moins souvent repris son texte, chaque fois contraint, dit-il, par « quelque nouvel outrage » plus douloureux sans doute à supporter passivement qu'en le passant à la flamme de l'écriture. Il y revient brièvement au cœur du second entretien, dans une remarquable mise en abyme où le personnage « Rousseau » rapporte au « Français » qu'au cours de son séjour chez J.J., il la vu composant « une espèce de jugement d'eux et de lui assez semblable à celui qui resultera de nos entretiens » :

> J'ai cru voir que cet écrit était de tous ceux qu'il a faits en sa vie, celui qu'il avait entrepris avec le plus de répugnance et exécuté avec le plus d'ennui. Il l'eût cent fois abandonné, si les outrages augmentant sans cesse, et enfin poussés au dernier excès, ne l'avaient forcé de le poursuivre : Mais loin qu'il ait jamais pu s'en occuper longtemps de suite il n'en eût pas même enduré l'angoisse si son travail journalier ne fût venu l'interrompre et la lui faire oublier ; de sorte qu'il y a rarement donné plus d'un quart d'heure par jour, et cette manière d'écrire coupée et interrompue est une des principales causes du peu de suite et des répétitions continuelles qui règnent dans cet écrit. (p. 358)

S'articulent ainsi un style : celui de la discontinuité du flux et du ressassement qui en procède (son style argumentatif n'en a d'ailleurs jamais vraiment été exempt), et une expérience : celle de la mémoire affective dans sa dimension dramatique dont on sait, par ce qu'en dit ailleurs Rousseau, qu'il est entraîné de longue date à l'écarter mentalement par la mobilisation volontaire de souvenirs heureux ou par l'habitude des fictions qui le font vivre en un monde idéal. Cet art de la *vita beata* par gros temps était son grand recours, avec l'herborisation et la musique à l'épinette, lorsque la vie lui devenait insupportable. Écrire les *Dialogues* lui a donc très certainement beaucoup coûté, au point que cette souffrance « d'une occupation si douloureuse » est sans doute le principal message qu'ils nous adressent, autant dans leur propos que dans leur facture ; il y a peut-être quelque *captatio benevolentiae* dans les lignes qu'on va lire (on n'écrit pas toute sa vie dans un certain ton sans en conserver l'empreinte), mais elles sonnent trop juste pour qu'on les néglige : « La colère anime quelquefois le talent, mais le dégoût et le serrement de cœur l'étouffent, et l'on sentira mieux après m'avoir lu que c'étaient là les dispositions constantes où j'ai dû me trouver durant ce pénible travail » (p. 159).

Si ce travail fut un supplice, l'allégorie s'en figure discrètement au détour d'une phrase de l'« Histoire du précédent écrit », à propos de la persécution systématique dont Rousseau se croit la victime depuis l'affaire de l'*Émile* :

> Dans le raffinement de leur barbarie, ils ont trouvé l'art de me faire souffrir une longue mort en me tenant enterré tout vif. S'ils trouvent ce traitement doux il faut qu'ils aient des âmes de fange ; s'ils le trouvent aussi cruel qu'il l'est, les Phalaris, les Agatocle ont été plus débonnaires qu'eux. (p. 535)

Douceur… douleur… À l'envers d'un supposé *traitement doux*, lisez le décret de Genève et ce qu'écrivait le procureur Tronchin de sa modération, selon ce qu'en recopie la IVe des *Lettres écrites de la Montagne* : « *Le Conseil, dit-il, pouvait ajourner personnellement M. Rousseau, il pouvait l'assigner pour être ouï, il pouvoit le décréter… De ces trois partis le dernier était incomparablement le plus doux*[1]… ». Or c'était exactement du contraire qu'il s'agissait pour l'intéressé, selon qui Tronchin ressemble ici à « l'exécuteur de l'infortuné Don Carlos Infant d'Espagne. Comme le Prince criait et voulait se débattre : *Paix, Monseigneur,* lui disait-il en l'étranglant, *tout ce qu'on en fait n'est que pour votre bien*[2]. »

Nous reviendrons en détail, plus loin dans cette introduction, sur cette comparaison politique à fort longue portée dont Rousseau n'a rien oublié à l'époque où il écrit les *Dialogues*, non plus que des circonstances qui l'avaient suscitée ; mais pour l'heure, c'est la figure du tyran Phalaris qui va nous retenir car cette comparaison est porteuse d'un imaginaire collectif à l'époque où elle vient sous sa plume : celui de la nouvelle génération de juristes issus, pour le dire rapidement, de Beccaria et de l'affaire Calas. Ce que les traductions contemporaines disaient du fameux taureau de Phalaris (qu'on nommerait mieux le taureau de Perilaüs, du nom de l'artiste qui le sculpta), c'est qu'une fois ses naseaux d'airain munis de flûtes *ad hoc*, les hurlements de souffrance du malheureux condamné à y brûler vif sont censés faire entendre au tyran « des sons très agréables, et en même tems des mugissements lugubres et convenables

1 Rousseau cite les *Lettres de la campagne*. *OC*. III Pléiade, p. 757, italiques siennes.
2 *Ibid.*

à la douleur, de sorte que, pendant son supplice, la mélodie charmera [ses] oreilles[1] ». Par une sorte de rime filée, l'auteur des *Dialogues* laisse ainsi entendre que si jamais quelque harmonie s'y laisse encore entendre, elle est en clef de tourment ; mais aussi, puisque ce taureau est depuis l'Antiquité un support de méditation sur la possibilité pour le sage de s'abstraire de la douleur[2], qu'il n'en est pas lui-même incapable à force de patience.

En demeurer là serait cependant manquer la très grande écoute du plus vif de son temps qui demeure en toutes circonstances celle de Rousseau, y compris dans ses références antiques : comme il s'agit dans cette œuvre d'un procès par fiction, ce que cette allégorie évoque aussi, c'est le ton d'une époque à l'égard d'institutions judiciaires dont le glas est en train de sonner. C'est ainsi qu'au milieu du siècle, Burlamaqui mobilisait le fameux taureau contre la manipulation des témoins : « Si vous êtes cité pour témoin dans un fait équivoque et douteux, dit un poète latin[3] ; dites la vérité ; n'hésitez point : dites-la, quand même Phalaris vous menacerait de son taureau si vous ne portez un faux témoignage[4] ». Voltaire, quant à lui, y renvoie à l'article « Martyre » du *Dictionnaire philosophique* :

> Ce n'est pas le supplice, dites-vous, qui fait le martyre, c'est la cause. Eh bien, je vous accorde que vos victimes ne doivent point être appelées du nom de martyr, qui signifie témoin ; mais quel nom donnerons-nous à vos bourreaux ? Les Phalaris et les Busiris ont été les plus doux des hommes en comparaison de vous : votre Inquisition qui subsiste encore, ne fait-elle pas frémir la raison, la nature, la religion ?

---

1 *Discours de Phalaris*, in *Œuvres de Lucien*, traduction nouvelle par l'abbé Massieu, tome V, Paris, Moutard, 1787, p. 423-424. Il s'agit d'un éloge paradoxal du tyran par lui-même ; la mention des flûtes est propre à Lucien. Rousseau connaît forcément aussi la version de Plutarque : « Phalaris Tyran des Agrigentins homme cruel, avait accoutumé de gehenner les passants : et Perillus qui de son métier était fondeur de cuivre, lui fit une vache de bronze qu'il lui donna, afin qu'il fît brûler les passants dedans le corps d'icelle. Le Tyran se montra juste en cela seulement, car il le fit mettre dedans, et semblait que la vache rendît un mugissement. » (Plutarque, *Collation d'aucunes histoires romaines avec autres semblables grecques*, XXXIX, *Œuvres morales*, trad. Amyot). Sur le réseau d'images littéraires liées au taureau de Phalaris dans les *Dialogues*, voir Jacques Berchtold, « Jean-Jacques dans le taureau de Phalaris », *AJJR* n° XLIII, 2011 p. 194-198.

2 Voir notamment Cicéron, *Tusculanes*, II, 7, V, ch. 25 et *De finibus*, V, 28 ; Sénèque, *Lettre à Lucilius* VII, 66 [18]).

3 Juvénal, *Satire* VIII, v. 80 et suiv.

4 J.-J. Burlamaqui, *Principes du droit naturel*, IIe partie, ch. XI, Genève, 1747, p. 289.

Plus près de l'époque des *Dialogues*, tel *Dictionnaire de jusrisprudence* présente cette alternative : « si les princes sont assez despotes pour être au-dessus des lois, le citoyen n'a qu'à gémir [...] Si les lois ont encore quelque force, elles doivent étouffer la découverte des Périllès, et mettre ceux-ci hors d'état de la pouvoir communiquer[1] ». Brissot de Warville enfin, affirme en 1781 que « le code pénal de tous les peuples ressemble assez au taureau de Phalaris ; son appareil imposant de formes juridiques, comme les tambours et les instruments de ce monstre, empêche les cris des victimes de frapper leurs oreilles » : le futur Girondin y voit un emblème du despotisme, y compare les lettres de cachet, les prisons où l'on agonise à petit feu, et les supplices qu'on endure sur roues et bûchers[2].

Ce sera un trait *déterminé* de la présente édition que de revenir systématiquement aux dictionnaires et traités de jurisprudence criminelle du XVIIIe siècle, afin de situer avec quelque précision l'ancrage de *Rousseau juge de Jean Jaques* dans la connaissance intime qu'avait son auteur des pratiques et de la langue technique de la justice criminelle d'Ancien Régime. Une langue qui nous est devenue pour l'essentiel étrangère, de même d'ailleurs que des pans entiers du vocabulaire de cette époque où joue en permanence pour nous le régime de ce qu'on nommait jadis les « faux amis », engendrant obscurités, équivoques et « à peu près » qui sont plutôt le fait de notre ignorance que de l'impéritie de l'auteur. Rousseau veillait au contraire, autant qu'il était en son pouvoir, à la clarté de son propos selon l'ordre des raisons[3] autant que dans la précision de la langue : au vu des variantes ici exhaustivement relevées, on ne tardera pas à constater que celle-ci a fait l'objet d'une attention proprement *acharnée*, au fil des quatre transcriptions aujourd'hui connues des *Dialogues.*

---

1 A. F. Prost du Royer et J.F.A. Riolz, *Dictionnaire de jurisprudence et des arrêts ou Nouvelle édition du Dictionnaire de Brillon* [...], t. VII, art « Artisan », Lyon, A. de la Roche, 1781-1788, p. 66.

2 Brissot de Warville, *Théorie des Lois criminelles* [1781] t. I, Utrecht, 1785, p. 38, 41, 173, 181, 277.

3 On peut se reporter sur ce point au n° I de « L'atelier de l'œuvre » où l'on trouvera une analyse de la trame argumentative des trois entretiens.

DU CHOIX D'ÉDITER LE MANUSCRIT « CONDILLAC »

Cela fait près de vingt ans que la BnF a acquis par dation[1] le manuscrit de *Rousseau juge de Jean Jaques*[2] destiné par son auteur à être déposé sur l'autel de Notre-Dame de Paris et ensuite remis à Condillac pour n'être ouvert qu'en 1801 ; cependant personne à ma connaissance[3] n'a pris la mesure de l'importance de cette première transcription du manuscrit original des *Dialogues*, tant par sa proximité chronologique avec celui-ci, que pour ce que peut nous apprendre du travail du style chez Rousseau sa comparaison systématique avec les trois autres copies ultérieures : la copie remise à Brooke Boothby le 6 avril 1776, éditée par celui-ci en 1780, celle remise à Paul-Claude Moultou en mai 1778[4], éditée par celui-ci en 1782, et celle conservée à la bibliothèque de l'Assemblée nationale, sans doute réalisée en 1776, dont on ne sait quand ni comment elle y est entrée et qui n'a jamais été éditée[5]. Il y a là une sorte de *point aveugle* dans le travail critique dont la raison est sans doute que, mis à part l'ajout dans ces deux dernières copies d'un épisode rapportant le rituel populaire désuet du « Suisse de la rue aux Ours[6] », de quelques lignes (d'ailleurs importantes) sur l'empire de l'imagination[7] et la suppression d'un adynaton ironique

1 Voir Michèle Sacquin, « Les manuscrits de Rousseau pendant la révolution », *Revue de la Bibliothèque nationale de France* n° 42, 2012, p. 65.

2 Telle est l'orthographe originale du titre dans le ms. NAF 25700, disponible en ligne sur le site de la BnF.

3 Après avoir prétendu, dans une édition des *Dialogues* fondée sur le manuscrit de Genève (Paris, Champion Classiques, 2011), que le manuscrit remis à Condillac « n'a plus été revu par aucun chercheur » depuis 1948 (p. 42), Philip Stewart s'est finalement avisé de son existence et en a donné un choix de variantes dans la reprise de cette édition au tome III des *Œuvres complètes* de J.-J. Rousseau (Champion-Slatkine, 2012).

4 Ce dépôt incluait également un manuscrit complet des *Confessions*, celui des *Institutions chimiques* et le *Morceau allégorique sur la Révélation*. (*Correspondance complète de J.-J. Rousseau* [désormais *CC*.], Oxford, Svec [1965-1998], t. XL, Annexes A666-667).

5 Ms. [V. 4979] n° 1493. Disponible en ligne sur le site de la bibliothèque de l'Assemblée nationale.

6 Dans le manuscrit de Paris, cette séquence, rédigée sur un quart de feuille avec la note qui l'accompagne, est collée dans la marge droite de la p. 42. Dans le manuscrit de Genève (ms. fr. 221, p. 57), elle est insérée directement dans le corps de l'alinéa, la note figurant sous un trait en bas de la page.

7 C'est à la p. 110 du ms. « Condillac » ; voir la présente édition p. 335.

au IIIe entretien[1], l'argumentaire des quatre manuscrits est strictement le même sur le fond et dans la disposition[2] ; les copies de Genève et de Paris ajoutent seulement une postface : « Histoire du précédent écrit », rapportant de façon beaucoup plus détaillée les circonstances de l'échec du dépôt de la première copie à Notre-Dame que ne le fait celle-ci et narrant l'histoire des transcriptions ultérieures. S'en tenant à ces données globales, la notice de la BnF affirme donc qu'il n'existe que « d'infimes variantes » entre les manuscrits publiés et la copie « Condillac[3] ».

Or rien n'est plus faux. Le premier apport du travail éditorial sur ce manuscrit est de faire apparaître que si l'on entre dans l'examen des incessantes variantes stylistiques introduites par les trois copies ultérieures, on découvre qu'elles se montent à environ trois mille[4] et que, prises dans leur ensemble, elles les distinguent stylistiquement par rapport à la copie « Condillac » qui est la plus proche de l'original (puisque la première de toutes selon l'« Histoire du précédent écrit »), quoique déjà fort proprement raturée, biffée, corrigée, augmentée[5]. C'est la raison pour laquelle la présente édition présente dans son annotation l'intégralité de ces variantes sans qu'on s'autorise à y opérer un choix, puisque le but est de faire ainsi apparaître, de façon pour nous synchronique, la réalité d'un processus de correction qui s'est opéré dans la diachronie au fil des transcriptions : outre celles qui portent sur des périodes, des phrases ou des propositions entières, il s'agit très souvent de micro-variantes portant sur ce qu'on appelait alors la « diction » : choix des mots, tournures, ordre des termes et des propositions, amplifications et ellipses, etc. (On peut en consulter un « extrait raisonné » au n° II du dossier de « l'atelier de l'œuvre »). La majorité d'entre-elles sont communes aux trois copies postérieures à la copie « Condillac », d'autres n'en concernent que deux ou sont particulières à telle ou telle,

1 *Ibid.*, p. 498.

2 À l'exception d'une suite de trois alinéas du IIe Dialogue recomposés dans les manuscrits de Paris et de Genève, mais sans altération significative du propos. *Ibid.*, p. 370-371.

3 http://expositions.bnf.fr/brouillons/grand/14.htm Site consulté en juillet 2015.

4 Une soixantaine pour l'avant-propos, une cinquantaine pour la postface, plus de onze cents pour le premier dialogue, plus de douze cents pour le second, plus de quatre cents pour le troisième. M'en tenant au seul travail de transcription du manuscrit achevé, je ne tiens pas compte dans ce calcul des variantes observées au début du premier dialogue et dans l'« Histoire du précédent écrit », par rapport au brouillon de Neuchâtel Ms R. 79.

5 Les corrections propres à cette copie s'élèvent à près de quatre cents.

retrouvant d'ailleurs parfois les solutions de la première transcription (à partir de l'original donc, puisque Rousseau n'avait plus cette copie en mains). Si quasi aucune n'implique significativement la dialectique de l'argumentaire, elles affinent souvent le propos[1] et sont capitales pour observer *in vivo*, et dans son plus minutieux détail, l'art stylistique de Rousseau.

Le second apport du travail sur la transcription « Condillac » est qu'une note (placée hors-texte à la fin du manuscrit[2]) à propos du réquisitoire de décembre 1775 contre *De la philosophie de la nature* nous autorise à dater son achèvement entre novembre et décembre 1775 : ce qui oblige à déplacer d'un an le *terminus a quo* de la rédaction du manuscrit original. En effet, Rousseau affirmant dans l'« Histoire du précédent écrit » qu'il lui avait fallu « quatre ans » pour le composer, il faut admettre que le processus de la composition des *Dialogues* s'est déroulé entre l'été 1771 et la fin de l'été 1775, et non entre 1772 et 1776 comme on le croyait jusqu'ici[3]. La démonstration en étant trop circonstanciée pour convenir

---

1 Ainsi dans l'autobiographie de « Rousseau » au Ier entretien, lorsqu'il dit dans C., à propos de J.J. : « seul parmi tous les auteurs que j'ai lus il était pour moi le peintre de la nature et l'historien du cœur humain. Je reconnaissais dans ses écrits l'homme tel que je le sentais en moi-~~même~~ », L. et P. corrigent : « tel que je le trouvais en moi », et G. corrige encore : « l'homme que je retrouvais en moi » (p. 234). La leçon de G. introduit ainsi une rime avec la formule du « Français » à propos des méditations de J.J. (IIIe entretien) : « l'habitude de rentrer en soi et d'y rechercher dans le calme des passions ces premiers traits disparus chez la multitude, pouvaient seuls les lui faire retrouver » (p. 476) – laquelle n'a pas varié depuis la première transcription. Il y a là une mise en cohérence délibérée ; ainsi à l'endroit du Ier entretien où il est question de ce qu'a voulu enseigner J.J., lorsque les manuscrit C., L. et P. portent : « leur apprendre à rentrer dans leur propre cœur pour y trouver le germe de toutes les vertus sociales », celui de Genève corrige : « pour y retrouver le germe des vertus sociales » (p. 187). Dans une telle série de corrections, on trouve sans doute, par surcroît, un indice de ce que le manuscrit de Genève constitue l'ultime transcription réalisée par Rousseau (sans que cela signifie nécessairement que le manuscrit de Paris lui soit globalement inférieur).

2 Cette page est reproduite en fac-similé dans le présent volume, p. 523, fig. 17.

3 Cette croyance semble remonter à Albert Jansen lorsqu'il rend compte de la déception éprouvée par Rousseau lors de ses lectures des *Confessions* au cours de l'hiver 1770-1771 : « après avoir douloureusement éprouvé ce qu'il en coûte d'être trop indiscret et trop indulgent dans l'accusation de soi-même, il dut encore entreprendre sa propre justification. C'est à cette fin qu'il écrivit, entre la seconde moitié de 1772 et le commencement de 1776, l'opuscule intitulé *Rousseau juge de Jean-Jacques. Dialogues.* » (*J.-J. Rousseau, Fragments inédits, Recherches biographiques et littéraires* [Paris-Neuchâtel-Genève-Berlin, 1882], p. 72). Aucune justification n'est donnée à l'appui de cet empan, repris comme une donnée de fait par l'édition de la Pléiade : « Les *Dialogues* ont occupé Rousseau pendant "quatre ans" (de 1772 au début de 1776) ». (*OC*. I Pléiade, p. 1749).

dans une introduction, elle a été reportée dans le dossier de « l'atelier de l'œuvre[1] » (on y trouvera aussi un relevé des correspondances textuelles avec les *Dialogues*, de la correspondance des années 1769-1771 et des *Considérations sur le gouvernement de Pologne*). Pour troisième apport enfin, la relative idiosyncrasie stylistique du manuscrit « Condillac » par rapport aux suivants, ainsi que la date de son achèvement, engagent eux-mêmes une série de conséquences par rapport à ce qu'on admettait jusqu'ici de la proximité au manuscrit original de ceux de Genève[2] et de Paris. La rédaction et la présentation soignées de ces derniers en vue d'une édition sont, sur ce plan, semblables à celles de la copie « Condillac », mais aux antipodes de ce qu'on connaît du caractère difficilement déchiffrable des manuscrits originaux de Rousseau[3]. En revanche, tout laisse à penser que le manuscrit confié par celui-ci au comte d'Angiviller, et dont l'existence est attestée par trois témoins contemporains : son ami genevois Deleyre, Thérèse Levasseur et le marquis de Girardin, est vraisemblablement soit un ultime état de brouillon, soit la copie personnelle que Rousseau conservait de ses *Dialogues*. Cependant, ce manuscrit demeure introuvable de même que la copie que le comte en fit réaliser pour le marquis ; il est en effet impossible de l'identifier à celui conservé au Palais-Bourbon malgré ce qu'en affirme la notice qui lui est consacrée sur le site de sa bibliothèque[4].

Dans l'attente, la copie « Condillac », abstraction faite, si l'on veut, de ses nombreuses corrections et de ses ajouts, en est évidemment l'image la plus ressemblante ; néanmoins quiconque a travaillé sur les brouillons de Flaubert ou de Rousseau[5] sait qu'il y a bien de la différence entre l'ultime

1 Voir le n° V de ce dossier.

2 Robert Osmont y voyait le manuscrit original (*OC.* I Pléiade, p. 1759, note 2).

3 Il en atteste lui-même : « mes manuscrits raturés, barbouillés, mêlés, indéchiffrables attestent la peine qu'ils m'ont coûtée. » (*OC.* I Pléiade, p. 114).

4 Démonstration également reportée dans le dossier documentaire, n° I. B : Le manuscrit « Angiviller ».

5 « C'est un véritable puzzle, écrit R. A. Leigh à propos du brouillon de la lettre à Hume du 10 juillet 1766. Donner toutes les variantes de ce manuscrit, ou indiquer toutes les métamorphoses que ce texte a subies, serait impossible. On ne peut même pas établir avec certitude l'ordre de composition des différentes parties de la lettre. » (*CC.*, t. 30, n° 5274bis, p. 75). « Le brouillon d'une lettre à Samuel Meuron, écrit André Wyss, se compose pour une bonne part de [...] fragments sans lien syntagmatique, d'idées successivement esquissées, sans fil conducteur explicite. Elles aboutissent pourtant à des phrases périodiques d'une clarté, d'une élégance et d'une densité remarquable. » (*J.J. Rousseau, l'*accent *de l'écriture*, Neuchâtel, La Baconnière, 1988, p. 74).

état d'un texte et l'univers de possibles encore lisibles – ne fût-ce déjà qu'à l'état de vestiges – dans un brouillon très travaillé, voire, comme c'est le cas chez Rousseau, dans la copie personnelle préliminaire à celle destinée à l'impression, dont le verso des pages est laissé en blanc pour accueillir d'éventuelles nouvelles retouches[1] : si ce manuscrit réapparaît un jour, on y découvrira probablement la trace des « idées meilleures et mieux rendues [...] jetées sur des papiers détachés dans l'espoir de les encadrer aisément », que Rousseau avoue, dans l'avant-propos des *Dialogues*, avoir renoncé à insérer[2], mais dont il a pu trouver l'usage en rédigeant les *Rêveries*, où les deux premières Promenades sont en parenté évidente avec l'esprit et la lettre de l'« Histoire du précédent écrit », mais qui rencontrent aussi plus largement les *Dialogues*. La proximité des deux œuvres est en effet manifeste, que ce soit sur les thème de la persécution, quoique sur un mode plus distancié, ou pour les développements des IIe et IIIe entretiens de *Rousseau juge de Jean Jaques* sur la rêverie contemplative, la botanique, la sensibilité, l'autosuffisance, l'art de tirer parti de ses ennemis, la problématique du don contraint, etc. qui complètent et enrichissent ce que disent sur ce plan les *Rêveries*. Quant aux esquisses qui nous sont parvenues, les cartes à jouer où Rousseau les notait ne sont pas uniquement des « Ébauches des Rêveries » comme le pensaient les éditeurs de la Pléiade[3] : un gros tiers d'entre-elles sont thématiquement et stylistiquement homogènes aux *Dialogues*.

Pour résumer tout cela d'un trait, nous avons affaire ici à une équation littéraire à plusieurs inconnues, dont la solution dépend sans doute principalement de la comparaison attentive des manuscrits disponibles de *Rousseau juge de Jean Jaques* – aussi bien entre-eux qu'avec ceux des *Rêveries du promeneur solitaire*[4] –, mais aussi de ce que la recherche ou

---

1 « Le verso resté blanc au départ peut se remplir parfois complètement de corrections, notamment celui qui se trouve en vis-à-vis du début de chaque lettre », note Nathalie Ferrand à propos de la « copie personnelle » d'une lettre de la *Nouvelle Héloïse*, dans son étude : « Un voyage au long cours dans l'écriture de Rousseau. Analyse génétique d'une lettre de *Julie, ou La Nouvelle Héloïse* (IV, 3) », *Genesis*, n° 41, 2015, p. 168. En revanche, la transcription destinée à l'imprimeur est rédigée recto-verso, comme c'est le cas pour les quatre manuscrits des *Dialogues* aujourd'hui disponibles.

2 Ce volume, p. 160.

3 *Op. cit.*, p. 1165. Voir la discussion de la question par François Jacob en introduction à son édition de ces cartes, *OC*. XX, Classiques Garnier, p. 595-599.

4 Le carnet R. 79 conservé à la BPU de Neuchâtel contient des esquisses du début du Ier Dialogue, les brouillons des VIIIe et IXe Promenades et le brouillon complet de la postface des *Dialogues*.

le hasard délivreront quelque jour relativement au sort des manuscrits « Angiviller » et de la copie « Girardin » qui en fut tirée. « La route est encore longue pour qui est loin devant », écrit le poète suédois Tomas Tranströmer[1] ; cela vaut tout autant pour l'à-venir herméneutique de cette œuvre immense, que pour ce qu'il reste à découvrir dans l'archéologie de ses états manuscrits. Venons en maintenant à leur propos.

SACER ESTO : « L'HORREUR DU GENRE HUMAIN »

Pour le meilleur et pour le pire, la correspondance de Rousseau a toujours été une sorte de miroir mouvant de son œuvre *in progress*, certaines grandes lettres ou séries de lettres allant jusqu'à anticiper ou esquisser des ouvrages à venir. C'est le cas des *Lettres à Malesherbes* pour *Les Confessions*, et c'est encore le cas des immenses lettre à Hume (10 juillet 1766) et à M. de Saint-Germain (26 février 1770), pour *Rousseau juge de Jean Jaques*. En ce qui concerne la seconde, c'est une donnée acquise depuis longtemps par les spécialistes ; quant à la première, on peut affirmer que Rousseau y invente le dispositif énonciatif judiciaire qu'il mettra en œuvre dans les *Dialogues* quatre ou cinq ans plus tard. Ce dispositif apparaît en effet dès l'ouverture de la lettre, où Rousseau annonce qu'il parlera de son destinataire « en tierce personne » afin de l'objectiver comme prévenu, pour ainsi dire, dans le cadre d'un procès où il sera son propre juge relativement aux faits qui lui sont reprochés : « en nommant David Hume en tierce personne je vous ferai juge vous-même de ce que je dois penser de lui ». Quant à la suite de la lettre, son plan est celui d'un réquisitoire en forme : « les principaux faits sont dans la première partie mais les plus fortes preuves sont dans la seconde » ; l'une fournit « les indices », l'autre « la démonstration[2] ». Il s'agit donc là d'un *factum* qui aurait pu s'intituler *Hume juge de David* si Rousseau avait voulu le publier

1 Tomas Tranströmer, *Dans un journal de voyage africain*, in *Baltiques, Œuvres complètes (1954-2004)*, Paris, Poésie/Gallimard, 2011, p. 116.

2 *CC*. n° 5274.

lui-même. Hume a d'ailleurs bien vu de quoi il retournait à cet égard : « It would make a good eight-penny Pamphlet[1] ». C'est lui qui le publiera la même année, dans l'*Exposé succinct*, nous y reviendrons. Pour l'heure, il s'agissait de signaler que la correspondance de Rousseau forme une sorte de contrepoint avec son œuvre proprement dite : les « lettres immenses » en produisent les avant-textes, et le courrier courant, y compris celui de ses correspondants, laisse souvent apparaître des thèmes et des formules qui passent ensuite dans l'œuvre. En ce qui concerne les *Dialogues*, on pourra le vérifier au fil des relevés d'extraits de la correspondance des années 1769-1776 que j'ai rassemblés au n° III du dossier de « l'atelier de l'œuvre ».

C'est dans la correspondance passive de Rousseau à partir de la querelle avec Hume, que s'enracine la thématique et le vocabulaire de sa scélératesse et de sa monstruosité, après qu'il eut refusé spectaculairement la pension discrète du roi d'Angleterre obtenue avec son accord[2] : « I am convinced that Rousseau is a great Rascal » lui écrivait Adam Smith à ce propos tout en lui conseillant de ne pas s'engager dans une controverse publique nuisible à sa tranquillité[3]. Cependant, deux lettres fulminantes de Hume au baron d'Holbach, aujourd'hui disparues, ont suffi pour rendre l'affaire publique : « il marque, écrit Bachaumont à la date du 8 juillet 1766, que c'est un serpent qu'il a porté dans son sein et un monstre indigne de l'estime des honnêtes gens[4] ». Quant à Rousseau, l'écho lui en revient très vite, si bien qu'il écrit dans un brouillon de lettre du 10 juillet 1766 qu'il est « traité d'homme féroce et de monstre d'ingratitude[5] », formules qui formeront en quelque sorte le noyau, dans les *Dialogues*, du procès à charge contre J.J. relayé par « le Français ».

« On dit que M. Hume me traite de vile canaille et de scélérat », écrivait Rousseau à Lenieps en août de la même année[6]. C'est là précisément le costume criminel endossé par J.J. dans les *Dialogues*. Un costume qui l'inscrit *de facto*, pour l'esprit public, dans une galerie de monstres où figurent de fameux criminels contemporains comme

1 *CC*. n° 5284.
2 *CC*. n° 4990, 5045, 5046, 5183, 5206, 5207, 5901. Voir la note 14 du second entretien.
3 *CC*. n° 5265.
4 *Bachaumont*, 1777, III, 55-56, cité dans *CC*. n° 5271.
5 10 juillet 1766, au général Conway. *CC*. n° 5273bis.
6 2 août 1766, *CC*. n° 5332.

Cartouche, Mandrin[1] et Damiens (il importe de rappeler ici que le dernier mot du *Sentiment des Citoyens* (1764) était qu'« on punit capitalement un vil séditieux »), toute une série de monstres de l'histoire antique comme Néron, Tibère, Caligula ou Héliogabale, ainsi que certains grands caractères tragiques, de Médée à Phèdre et d'Atrée à Catilina ou Mahomet – sans oublier Tartuffe, ni le personnage de Cromwell tel qu'il apparaît dans le *Cleveland* de l'abbé Prévost. Il existe même un traité du bon usage du scélérat : la section I, 15 des *Réflexions critiques* de l'abbé Dubos (1719) s'intitule en effet : « Des personnages de scélérats qu'on peut introduire dans les tragédies », et la définition qu'on y trouve est qu'en poésie dramatique est scélérat « un homme qui viole volontairement la loi naturelle, à moins qu'il ne soit excusé par une loi particulière de son pays[2] ». À l'opposite de cette poétique, la *Lettre sur les spectacles* réprouvait vigoureusement, on le sait, l'héroïsation du scélérat dans la tragédie contemporaine, notamment chez Crébillon et Voltaire. En termes lexicographiques enfin, le mot « scélérat » relève du vocabulaire judiciaire où il désigne le comble de la criminalité ; *Trévoux* lui donne d'ailleurs une intéressante série de synonymes : « se dit aussi des actions, et signifie méchant, perfide, noir, atroce, horrible, détestable. *Horrendum, execrandum, detestandum.* » On n'attend plus que les monstres de Sade, Lewis et Maturin pour compléter la galerie – sans parler de Fouquier-Tinville.

Au cours du premier entretien de *Rousseau juge de Jean Jaques*, « le Français » dit à propos de J.J. « qu'il s'agit d'un monstre l'horreur du genre humain, auquel personne au monde ne peut se fier en aucune sorte, et qui n'est pas même capable du pacte que les scélérats font entre eux. » (p. 207). L'excluant de toute communauté, sa criminalité innée – « il ne connaît d'autre bien pour lui que le mal d'autrui » (p. 212) – l'exclut *a fortiori* de toutes les formes juridiques en vigueur, de sorte que, dit « le Français » : « cette formalité, souvent inutile, l'est surtout dans le cas présent, où tous les flambeaux de l'évidence éclairent des forfaits inouïs » (p. 211). Or cela deviendra aussi le point de vue de son avocat,

1 Rousseau leur est comparé dans une lettre de S. Engel au baron Haller : « Cartouche et Mandrin [...] étaient aussi fameux et moins scélérats ; ils ne tuaient que le corps de ceux qui ne voulaient pas leur céder leurs biens périssables [...] Rousseau et ses pareils veulent priver les hommes des bien éternels. » (19 août, *CC*. n° 2990).

2 Dubos, *Réflexions critiques* [1719], Paris, énsb-a, 1993, p. 38.

quoique pour de tout autres raisons : dans la suite de l'entretien en effet, le personnage « Rousseau », après avoir appris que J.J. avait été jugé sans avoir été entendu, et s'être dès lors employé à dénoncer sur tous les tons la forfaiture d'une telle condamnation, en vient finalement à considérer que la gravité des charges est telle qu'aucune forme juridique existante ne peut les encadrer : « une position si singulière est unique depuis l'existence du genre humain. Pour juger sainement de celui qui s'y trouve et de ce qui s'y rapporte à lui, les formes ordinaires sur lesquelles s'établissent les jugements humains ne peuvent plus suffire » (p. 278). À partir d'ici, « Rousseau » abandonne le cadre purement juridique selon lequel il raisonnait jusqu'alors, pour avancer une thèse politique selon laquelle l'appareil de la justice participe pleinement d'une « ligue » contre J.J. (reprenant là un vocabulaire caractéristique des hantises de cette époque[1]) : les formes légales en vigueur n'offrant pas de garanties suffisantes, un procès dans les formes serait donc légalement truqué. Il admet ainsi une sorte de raison d'État, non seulement française mais européenne (voire universelle en ce qui concerne cette « génération »), qui exige sa condamnation *urbi et orbi*, avec le concours de tous et de chacun selon ses moyens, le droit étant contraint de concéder une exception légitime à la loi pour un tel criminel.

Selon le *Contrat social*, cet état d'exception légitime n'existe qu'en deux cas : celui de la dictature à la romaine, « quand il s'agit du salut de la patrie[2] », et celui du législateur : « car si celui qui commande aux

---

1 La mémoire factieuse de la « Ligue » hante l'histoire de la monarchie française : relancée au XVIIIe siècle par ses démêlés avec le parlement et par l'attentat de Damiens, elle passe aussi par le bannissement de la Compagnie de Jésus en 1764. Le mot épingle également les Lumières sous la plume de leurs adversaires, comme dans tel réquisitoire de Pasquier dénonçant en 1770 : « cette espèce de confédération, qui réunit presque tous les auteurs, en tous genres, contre la Religion et le Gouvernement : il n'est plus possible de se le dissimuler, cette ligue criminelle a trahi son secret. Son but principal est de détruire l'harmonie établie entre tous les ordres de l'État… » (Cité par E. Claverie, « Naissance d'une forme politique : l'affaire du chevalier de La Barre », in Philippe Roussin (éd.), *Critique et affaires de blasphème à l'époque des Lumières*, Paris, H. Champion, 1998, p. 224). L'utilisation de ce vocabulaire dans les *Dialogues* est moins une marque de délire qu'un reflet de la charge politique du terme dans le débat public où il sert systématiquement à dénoncer l'adversaire. Voir Catherine Maire, *De la cause de Dieu à la cause de la nation, le jansénisme au XVIIIe siècle* (Gallimard, 1998), p. 495 et suiv.

2 « Que si le péril est tel que l'appareil des loix soit un obstacle à s'en garantir, alors on nomme un chef suprême qui fasse taire toutes les loix et suspende un moment l'autorité souveraine ; en pareil cas la volonté générale n'est pas douteuse, et il est évident que la premiere intention du peuple est que l'Etat ne périsse pas. De cette

hommes ne doit pas commander aux lois, celui qui commande aux lois ne doit pas non plus commander aux hommes », si bien que « c'était la coutume de la plupart des villes grecques de confier à des étrangers l'établissement des leurs[1] ». Cependant il existait aussi, dans le droit archaïque romain, une forme de condamnation exceptionnelle sans procès ni rituels, où le condamné ayant « été déclaré sacré par plébiscite » en tant que « mauvais » ou « impur », il pouvait être tué impunément par tout citoyen[2] : en cette occurrence, il était proclamé *sacer*, réunissant sur sa personne une sorte d'injonction contradictoire puisqu'il était à la fois insacrifiable car sacré, et tuable à merci dans le suspens des lois – « en dehors donc », selon Giorgio Agamben, « aussi bien du droit humain que du droit divin[3] ». Or Rousseau connaissait cette institution : il y fait allusion dans le *Contrat social*, au chapitre « De la religion civile » où, définissant la forme théocratique de l'État, il la juge excellente parce que la désobéissance aux lois y est considérée comme sacrilège ; dans ce contexte, poursuit-il, « soumettre un criminel à l'exécration publique c'est le dévouer au courroux céleste des Dieux : *sacer estod* » ; dans la

maniere la suspension de l'autorité législative ne l'abolit point ». *Du contrat social*, livre IV, ch. VI « De la dictature », *OC*. III, Pléiade, p. 455. Rousseau suit ici Machiavel. Voir Marie-Laure Basilien-Gainche, *États de droit et états d'exception : une conception de l'État*, Paris, Puf, 2013, p. 62-69. Dans un registre analogue, Plutarque rapporte dans la *Vie de Publicola*, que celui-ci promulgua une ordonnance selon laquelle pouvait être impunément assassiné quiconque dont on pouvait prouver qu'il aspirait à la tyrannie ou se serait fait « si puissant qu'il n'y ait plus ordre de l'appeler en jugement : en ce cas il permettoit de prevenir par voye de fait la voye de iustice contre celui qui tendoit à l'abolition d'icelle » (XXI, trad. Amyot). Cette ordonnance, qui est peut-être une fiction *ad hoc* de l'historiographie officielle romaine, aurait été proclamée en l'an I de la République (508 av. J.-C.).

1 *Contrat social*, liv. II, ch. VII. *OC*. III, p. 465. La première version de ce chapitre porte « soumettre un criminel à l'exécration publique », etc. (*OC*. III, p. 337).

2 *At homo sacer is est, quem populus iudicavit ob maleficium; neque fas est eum immolari, sed qui occidit, parricidi non damnatur* [...] *Ex quo quivis homo malus atque improbus sacer appelari solet.* « L'*homo sacer* est celui que le peuple a jugé pour un crime ; il est interdit de sacrifier cet homme, cependant qui le tue ne sera pas condamné pour homicide [...] C'est pourquoi on a coutume d'appeler "sacré" un homme mauvais ou impur. » Festus grammaticus (IIIe-IVe siècle), art. « *Sacer mons* » de son traité *Sur la signification des noms*, dans G. Agamben, *Homo sacer* I, *Le pouvoir souverain et la vie nue* [1995], trad. Paris, Seuil, 1997, p. 81. Il importe de rappeler que, pour les Romains, la catégorie de sacré n'indique pas une « présence divine » *a priori* mais la décision romaine d'attribuer cette qualité, qu'il s'agisse de consacrer un temple ou désigner un criminel comme *sacer*. Ainsi selon Macrobe, « est sacré quoi que ce soit qui est attribué aux Dieux. » (Cité dans R. Jacob, « La question romaine du sacer », *Revue historique*, 2006/3, n° 639, p. 534).

3 *Op. cit.*, p. 83.

première version du texte, suivait un passage biffé : « il n'y a que dans un tel État que la malédiction des Dieux peut être imposée pour peine aux criminels. *Sacer estod*, disaient les lois romaines. C'est un beau nom que ce *sacer estod*[1] ». Un passage des « Fragments politiques » va dans le même sens, mais avec un élément supplémentaire intéressant pour l'appréciation de l'enjeu de la vindicte publique dans les *Dialogues* : « C'est une chose qu'on ne peut assez admirer que chez les premiers Romains l'unique punition portée par les lois des 12 Tables[2] contre les plus grands criminels était d'être en horreur à tous, *sacer estod*. On ne peut mieux concevoir combien ce peuple était vertueux qu'en songeant que la haine ou l'estime publique y était une peine ou une récompense dispensée par la Loi[3] ».

Rousseau savait pourtant, par Tite-Live[4] et Montesquieu[5], que l'état d'exception[6] présidant à la rédaction de ces lois par les decemvirs

1 *OC*. III, p. 337.

2 Le code des douze Tables est le premier corpus de droit écrit dans l'histoire de Rome (entre 451 et 449 av. J.-C.). La loi à laquelle pense peut-être Rousseau concerne la fraude : « *SI PATRONOS CLIENTEI FRAUDEM FAXIT, SACER ESTOD* : Si un patron fait quelque fraude à son client, qu'il soit exécrable » (Moreri, *Supplément aux anciennes éditions du grand dictionnaire historique*, tome II, art. « Loi », Amsterdam, 1716, p. 103). L'érudition de l'époque la connaissait par Denis d'Halicarnasse (*Antiquités romaines*, l. II, ch. 10, § 3) et par le *Commentaire* de Servius à propos d'un segment du vers 609 du VIe livre de l'*Énéide* : *AVT FRAVS INNEXA CLIENTI ex lege XII tabularum uenit, in quibus scriptum est patronus si clienti fraudem fecerit, sacer esto* ; « si le patron a trompé son client, qu'il soit voué aux dieux infernaux. » *Commentaire sur l'Énéide de Virgile*, livre VI, Paris, Les Belles-Lettres, 2012, p. 141. Selon Robert Jacob, qui inscrit le *sacer* romain dans le paradigme du *ban* propre aux formes archaïques des cultures juridiques européenne, l'injonction *sacer esto* est encore « bien attestée dans les premières années de la République », puis disparaît : « une telle condamnation privait celui qu'elle visait de la protection élémentaire normalement reconnue par l'ordre juridique à ses sujets. En principe, le *sacer* pouvait être tué impunément par quiconque, sans que le meurtrier eût à craindre ni procès ni vengeance. *Eum ius fasque esse occidi*, écrit Tite-Live (3, 55, 5) : cet homicide-là est licite au regard du droit comme de la religion. À ce trait, que soulignent toutes les sources, viennent s'ajouter d'autres, qu'elles mentionnent à l'occasion : la confiscation des biens, dont la propriété était attribuée à un temple, la déchéance du droit de cité, l'exil, l'exclusion des liens de la famille et de la parenté. » R. Jacob, art. cité, p. 523-524.

3 *OC*. III, p. 495.

4 *Histoire romaine*, III, 36-37.

5 « Dix hommes dans la République eurent seuls toute la puissance législative, toute la puissance exécutrice, toute la puissance des jugements. Rome se vit soumise à une tyrannie aussi cruelle que celle de Tarquin. Quand Tarquin exerçait ses vexations, Rome était indignée du pouvoir qu'il avait usurpé ; quand les decemvirs exercèrent les leurs, elle fut étonnée du pouvoir qu'elle avait donné. » (*Esprit des lois*, livre XI, ch. XV).

6 Suspension des magistratures et du tribunat de la plèbe.

nommés à cette occasion, s'avéra rapidement une époque d'arbitraire et de terreur, particulièrement à l'égard de la plèbe, durant laquelle les decemvirs tentèrent en outre « de retenir à perpétuité le pouvoir[1] ». Il savait aussi que la fin de leur rédaction fut marquée par l'affaire du « procès de Virginie », au cours duquel le decemvir Appius ayant fait réduire la jeune fille en esclavage au profit d'un comparse en vue de se l'approprier lui-même, le légionnaire Virginius, son père, la poignarda publiquement sur le champ, en proférant contre Appius la formule le consacrant comme proscrit : *Te, inquit, Appi tuumque caput sanguine hoc te consecro*[2]. Charles Bordes n'avait d'ailleurs pas manqué d'évoquer l'affaire lors de la polémique sur le *Discours de Dijon*, comme illustration des meurtrières contradictions de la soi-disant vertueuse Rome des origines[3].

Au demeurant, aussi averti que soit Rousseau des « dispositions très cruelles » signalées par Montesquieu dans le code des douze tables[4], on observera que ce n'est pas l'assassinat légal menaçant à chaque instant le *sacer* qui retient son intérêt, mais uniquement la malédiction des

1 *Contrat social*, livre III, ch. 18, *OC*. III Pléiade, p. 435.

2 Tite-Live, *Histoire romaine*, Livre III, 48, 5. Au cours du procès d'Appius, Virginius le déclare « exclu des lois et du pacte civil et humain » (*ibid.*, 57, 1).

3 « J'admire les Brutus, les Décius, les Lucrèce, les Virginius, les Scévola ; mais j'admirerai plus encore un État puissant & bien gouverné, où les Citoyens ne seront point condamnés à des vertus si cruelles. » *Discours sur les avantages des sciences et des arts*, *Mercure de France*, décembre 1751, dans Ludwig Tente, *Die Polemik um den ersten Discours von Rousseau in Frankreich und Deutschland*, Band I, Kiel, 1974, p. 322. Rousseau retournera l'argument en reprenant à son compte les deux premières propositions mais en donnant la dernière comme symptomatique d'un état des mœurs « où chacun soit dispensé d'être homme de bien. » (*Dernière réponse*, *OC*. III Pléiade, p. 88). Bordes reviendra à la charge dans son *Second Discours*, où s'il concède qu'« Appius et Tarquin devaient trouver des Virginius & des Brutus » et que « des crimes barbares sont punis par des vertus qui leur ressemblent », c'est pour mieux désenchanter la vertu romaine en demandant, à propos des decemvirs en particulier, « quelle corruption ne doit-il pas y avoir dans une ville où le choix tombe sur dix Magistrats aussi détestables ! [...] les Sciences n'existaient pas encore, Rome ignorante avait déjà commis tous les crimes de la guerre, de la politique, & de l'ambition. » *Second discours sur les avantages des sciences et des arts* (1753), L. Tente, *op. cit.*, p. 634-635. Le parallèle entre Appius et Tarquin vient de Tite-Live (Livre III, 39, 3 et 44, 1). Le geste de Virginius provoqua en effet la seconde sécession de la plèbe, qui obligea les decemvirs à démissionner. Comme le montre R. Jacob, « tout dans l'action de Virginius visait à rendre manifeste que, conformément à la loi organique du décemvirat [...] la suspension des magistratures et du tribunat n'avait pas entraîné celle des *leges sacratae* de la plèbe, qui demeuraient vivantes ». Art. cité, p. 542.

4 *Esprit des lois*, liv. VI, ch. XV ; il pense d'ailleurs que leur quasi abrogation par la République fut un bien (*ibid.*, ch. XI). À sa suite, l'*Encyclopédie* insiste également sur « la dureté des lois pénales insérées dans [c]e code » (art « Tables », Jaucourt).

Dieux et la vindicte de tous à son égard, que ses commentaires relient comme de quasi synonymes. Quant aux *Dialogues*, J.J. n'y est aucunement menacé d'être tué pour ses crimes alors même qu'il est « en horreur à tous » ; ce qui ramène à l'interrogation centrale de leur propos : comment rendre compte de la consécration de J.J. en scélérat sans équivalent, non seulement par la Cité mais par l'Europe entière – c'est-à-dire en fait par la communauté humaine –, quoique sans condamnation en forme ? La réponse implicite est à mon avis qu'il a statut de *sacer*. Revenu d'exil là où il fut condamné sans procès, il expérimente une forme singulière de bannissement[1] – non plus au-dehors mais au-dedans – de telle sorte qu'au cœur de la cité il vit comme un ostracisé[2] :

> On a trouvé l'art de lui faire de Paris une solitude plus affreuse que les cavernes et les bois, où il ne trouve au milieu des hommes ni communication ni consolation ni conseil, ni lumière, ni rien de tout ce qui pourrait lui aider à se conduire, un labyrinthe immense où on ne lui laisse apercevoir dans les ténèbres que de fausses routes qui l'égarent de plus en plus. (p. 217)

À l'arrière-plan de ce cauchemar, il y a néanmoins la réflexion systématique du théoricien politique sur le meilleur régime possible, lequel semble pouvoir être identifié à un État où la loi est tellement sacrée qu'un grand criminel ne peut qu'y provoquer l'horreur sacrée de la communauté, laquelle est un châtiment pire que la mort, comme l'exprimera encore Victor Hugo à propos des crimes imputés à Napoléon III, dans un poème des *Châtiments* précisément intitulé *Sacer esto* :

> Il est le fratricide ! Il est le parricide ! –
> Peuples, c'est pour cela qu'il ne doit pas mourir !
>
> Gardons l'homme vivant. Oh ! châtiment superbe !
> Oh ! S'il pouvait un jour passer par le chemin,

---

1 La note du Ier dialogue sur le Connétable de Bourbon (p. 215) renvoie implicitement à la problématique du *ban*. Jousse donne précisément cet exemple à propos de la punition du crime de lèse-Majesté. Voir au « Glossaire », le n° 154 de ce dialogue.

2 Dans les pratiques archaïques de proscription à Rome et en Europe, c'est moins d'un territoire que d'un espace de droit commun que le proscrit est exclu. Comme l'écrit R. Jacob, « sans doute la condition du *sacer* romain, tant qu'il était en vie, n'était-elle guère compatible avec la résidence dans la cité [...] Mais les sources les plus anciennes ne s'attachent pas en priorité à marquer au sol une zone d'interdit. Elles se bornent à prononcer l'exclusion d'un ordre juridique, sans circonscrire celui-ci dans les bornes d'un territoire. » Art. cité, p. 526.

> Nu, courbé, frissonnant, comme au vent tremble l'herbe.
> Sous l'exécration de tout le genre humain !
> [...]
> Peuples, écartez-vous ! cet homme porte un signe :
> Laissez passer Caïn ! Il appartient à Dieu[1].

J.J. serait alors la concrétisation fictionnelle d'une conjecture théorique appelée par la méditation de son auteur sur un problème qu'il présentait ainsi au marquis de Mirabeau :

> Voici, dans mes vieilles idées, le grand problème en politique, que je compare à celui de la quadrature du cercle en géométrie et à celui des longitudes en astronomie : trouver une forme de gouvernement qui mette la loi au-dessus de l'homme[2].

Ce qui est reformuler politiquement la thèse sur le législateur qu'on a lue, et cela dans le contexte d'une discussion du « despotisme légal » cher aux physiocrates, jugé incompatible avec le chaos ordinaire des situations politiques concrètes, « car la science du gouvernement n'est qu'une science de combinaisons, d'applications, et d'exceptions, selon les temps, les lieux, les circonstances[3] ». C'est ainsi la méditation de la difficulté de fonder absolument la légalité de la loi qui exige ce *passage à la limite* de la représentation de J.J. en *homo sacer*, par une expérimentation mentale dont le poignant est évidemment que l'auteur, sa correspondance en témoigne assez, la vit parallèlement comme son propre destin. Cette consécration par l'abjection universelle qui soude la communauté (sinon la régénère) dans le suspens légitime de la loi commune à l'égard du criminel par excellence – ou du monstre sacré – qu'elle laisse vivre en son sein, mais dans la plus absolue déliaison, est bien, en tout cas, la situation dans laquelle se débat J.J. dans les *Dialogues*. Et s'il n'est pas question que quiconque l'assassine puisque le consacré est intouchable, et qu'en ce sens il participe déjà de son vivant à l'espace de la mort, il est dit néanmoins que tout sera fait pour qu'il soit lui-même – la formule vaut la peine qu'on y prête la plus grande attention – : « le ministre de la haine dont il est l'objet » (p. 445). Il est en effet tellement maudit qu'il est impossible qu'une autre main que la sienne (le mot « ministre »

1 V. Hugo, *Châtiments* (1852), livre IV, I.
2 Trye, le 26 juillet 1767, *CC.* n° 5911.
3 *Ibid.*

connote aussi le religieux) accomplisse l'acte interdit à l'ensemble de la communauté.

Il importe ici de remarquer que la formule « dévoué à la haine publique » revient en deux occurrences : « Méchant ou bon, il n'importe ; dévoué à la haine publique il ne lui peut plus échapper » (IIIe entretien, p. 416) ; « un opprimé dévoué depuis si longtemps à la haine publique » (IIe entretien, p. 487) ; mais il convient encore de signaler que dans la première occurrence, les manuscrits de Paris et de Genève substituent « consacré » à « dévoué » : il se confirme donc bien qu'à travers la figure de J.J., son auteur est en train de réfléchir à la sacralité latente de la loi que révélerait sa confrontation à une criminalité sans parangon. Une sacralité qui est en principe de son essence, du moins en régime de monarchie de droit divin où l'autorité royale est censée fonder la loi : c'est d'ailleurs l'enjeu de son incessant conflit avec l'institution parlementaire[1], jusqu'à la révocation du parlement sous Maupeou (1771-1774), qui est contemporaine de la rédaction des *Dialogues*. Quant à la confrontation avec le monarque absolu qu'on peut y lire, un premier indice en est sans doute le geste du dépôt de leur manuscrit à Notre-Dame de Paris afin de toucher Louis XV, comme Rousseau s'en explique dans une note de sa postface (p. 529) – de le toucher en tant qu'il participe de l'ordre surnaturel de la « providence » et qu'il détient institutionnellement le pouvoir de juger[2].

S'il faut recourir à cette instance suprême, c'est qu'elle transcende le secret frappant les accusations dont J.J. fait par hypothèse l'objet : un secret d'ailleurs aussi sacré à ceux qui y ont eu accès que l'était celui des rites à mystères dans l'Antiquité ; c'est ce qu'apprend le personnage « Rousseau » à la fin du premier entretien, à qui « le Français » révèle que ce « secret inviolable » (p. 276) est un « engagement sacré » (p. 201), la diffamation systématique de J.J. devant se développer sans qu'il ait jamais accès à ses motifs. « Cet engagement contracté avec

1 En principe simples délégués du pouvoir royal, sans autonomie et dévolus à l'enregistrement des lois, les parlements, au XVIIIe siècle, tendent à s'unifier pour se constituer en corps intermédiaire entre le peuple et le roi. Voir Jean Egret, *Louis XV et l'opposition parlementaire*, Paris, Armand Colin, 1970.

2 « Les Rois sont les juges nés de leurs peuples ; c'est pour cette fonction quoiqu'ils l'aient tous abandonnée, qu'ils ont été établis : elle ne peut leur être ôtée ; et quand ils ne veulent pas la remplir eux-mêmes, la nomination de leurs substituts en cette partie est de leur droit, parce que c'est toujours à eux de répondre des jugements qui se rendent en leur nom. » (*Considérations sur le gouvernement de Pologne*, *OC*. III Pléiade, p. 990).

toute la force possible a été rempli jusqu'ici avec une fidélité qui tient du prodige », lui fait-il observer (p. 206), signifiant ainsi la dimension rituelle que revêt une pratique collective engageant tous les états et « la tourbe elle-même » (p. 515) à honorer en apparence J.J. de toutes les marques de la bienveillance et de l'amitié pour l'empêcher d'accéder au secret de sa diffamation[1]. Un secret qui n'est autre que sa consécration en bouc-émissaire[2] de la Cité (un trait de la définition du *sacer* selon l'*Encyclopédie*[3]), et comme tel en double sombre ou en image inversée de la sacralité de l'ordre monarchique (déjà fort désenchantée à cette époque où l'association des mots « bougre » et « roi » dans la rumeur publique est une réalité[4]) – sacralité dont les dictionnaires attestent en revanche invariablement à l'article « sacré », en rappelant que « *la personne des Rois est sacrée*[5] » et qu'ils sont « les images de Dieu, les oints du Seigneur[6] ».

Dans la séquence du « Suisse de la rue aux ours » ajoutée dans les manuscrits de Paris et de Genève, l'auteur suggère qu'on a réactivé un rituel en voie d'extinction en faisant défiler dans les rues « un Suisse de

---

1 *Mutatis mutandis* on n'en usait pas moins généreusement en Grèce ancienne à l'égard de la victime-émissaire : « le *pharmakos* [est le] double du roi, mais à l'envers, semblable à ces souverains de carnaval qu'on couronne le temps d'une fête, quand l'ordre est mis sens dessus dessous [...] alors le trône est occupé par le plus vil, le plus laid, le plus ridicule. Mais la fête terminée, le contre-roi est expulsé ou mis à mort. » J.-P. Vernant – P. Vidal-Naquet, *Mythe et tragédie en Grèce ancienne*, Paris, Maspero, 1972, p. 122-123.

2 Dans l'œuvre de Rousseau, la méditation de la problématique du bouc-émissaire est inaugurée par le *Lévite d'Ephraïm*, paraphrase lyrique inventive d'un épisode sacrificiel particulièrement terrible du *Livre des Juges*, improvisée en 1762 sur le chemin de l'exil et vraisemblablement terminée à Môtiers. Voir J.-F. Perrin, « La régénération de Benjamin : du *Lévite d'Ephraïm* aux *Confessions* », in J. Domenech (dir.), *Autobiographie et fiction romanesque*, Université de Nice Sophia Antipolis, 1996, p. 44-58.

3 Comme l'écrit Jaucourt : « J'ai dit que *sacer* désignait aussi ce qui est exécrable. De là vient que Virgile a dit au figuré *auri* sacra *fames*, exécrable faim des richesses. Servius prétend que l'étymologie du mot *sacer*, en tant qu'il veut dire *exécrable*, vient d'une ancienne coutume des habitans de Marseille. "Lorsque la peste, dit-il, régnait dans cette ville, on choisissait un mendiant, un misérable, qui après avoir été nourri & engraissé pendant quelque temps aux dépens du public, étoit promené par les rues, & ensuite sacrifié. Tout le peuple lui donnait avant son sacrifice mille malédictions, & priait les dieux d'épuiser sur lui leur colère. Ainsi cet homme, comme *sacer*, c'est-à-dire *dévoué au sacrifice*, était maudit & exécrable" ». (Art. « SACER, SACRA, SACRUM »).

4 Voir sur ce point Dale van Kley, *The Damiens Affair and the Unravelling of the Ancient Regime*, 1750-1770, Princeton U. Press, 1984, p. 246 et suiv.

5 *Académie*, édition de 1762.

6 *Trévoux*, édition de 1771.

paille » à l'image de J.J., lequel porte l'attribut du meurtre en la figure d'« un couteau bien luisant », de telle façon que le peuple soit excité à « brûler J.J. en effigie, en attendant mieux » (p. 219). Dans le réel, ce rituel annuel commémorait un attentat censé avoir été commis quatre cents ans auparavant par un garde suisse aviné contre une statue de la vierge qui en aurait saigné, le sacrilège ayant expié son forfait dans les pires tortures face à sa victime. L'auteur ironisant en note sur l'obligation juridique de l'entendre à laquelle conduirait la décision de l'envoyer au bûcher, on peut suggérer ici qu'un imaginaire plus politique que simplement carnavalesque l'ait incité à insérer cette anecdote : grand lecteur des historiens romains, il connaît en effet les rituels de la *consecratio* aux IIe-IIIe siècle, consistant à brûler ou à détruire, après un certain délai suivant l'incinération du corps, l'effigie en cire de l'empereur défunt – laquelle a été jusque-là honorée et traitée comme sa personne vivante, ainsi que le rappelle l'abbé Mallet dans l'*Encyclopédie* :

> Sitôt que l'empereur était mort, toute la ville prenait le deuil. On ensevelissait le corps du prince à la manière ordinaire, cependant avec beaucoup de pompe ; et l'on mettait dans le vestibule du palais sur un lit d'ivoire couvert d'étoffes d'or, une figure de cire, qui représentait parfaitement le défunt, avec un air pâle, comme s'il était encore malade. Le Sénat en robe de deuil restait rangé au côté gauche du lit, pendant une grande partie du jour ; et au côté droit étaient les femmes et les filles de qualité avec de grandes robes blanches, sans colliers ni bracelets. On gardait le même ordre sept jours de suite, pendant lesquels les médecins s'approchaient du lit de temps en temps, et trouvaient toujours que le malade baissait, jusqu'à ce qu'enfin ils prononçaient qu'il était mort[1].

Selon Ralph E. Giesey, ce genre de rituel était d'ailleurs également observé en Angleterre et en France jusqu'à la Renaissance, durant les périodes d'interrègne où des effigies en cire, en bois ou en cuir représentaient la permanence de l'institution[2]. À ce propos, Giorgio Agamben pense que « le rite à la fois macabre et grotesque au cours duquel une image était d'abord traitée comme une personne vivante, puis brûlée solennellement, faisait signe vers une zone plus obscure et incertaine [...]

1 Article « Apothéose ». Je cite les premières lignes. Mallet paraphrase l'apothéose de Septime Sévère selon Hérodien : *Histoire romaine depuis la mort de Marc-Aurèle*, livre IV, III. Voir aussi Dion Cassius, *Histoire romaine*, t. X, livre 74, IV (apothéose de Pertinax).

2 R. E. Giesey, *The royal funeral ceremony in Renaissance France*, Genève, 1960 ; trad., *Le roi ne meurt jamais*, Paris, Flammarion, 1987.

où le corps politique du roi semblait se rapprocher jusqu'à la confusion du corps tuable et insacrifiable de l'*homo sacer*[1] ».

De ce rapprochement asymptotique témoigne la présentation du rituel populaire parisien (tout à fait indépendante de ce qu'en écrit Rousseau) livrée par Louis-Sébastien Mercier à la même époque. Parlant des mouvements du « colosse d'osier[2] » que sa taille met au niveau des fenêtres, il propose en effet un rapprochement avec « nos plus majestueuses cérémonies », autrement dit l'onction de la sainte ampoule et la guérison des écrouelles par attouchement royal, en observant, assez ironiquement, que le rituel perdure quand personne n'y croit plus[3]. Il y a là une métaphore très intéressante, d'autant qu'en 1739 déjà, le roi n'avait ni fait ses Pâques ni touché les écrouelles, au grand scandale du peuple. Que se passe-t-il quand le corps sacré du roi se délie du roi ? Il se peut qu'il tende alors à se manifester en d'autres supports. En 1757, il y eut pour assumer cette place le régicide Damiens, en qui Michel Foucault voyait surgir de « la région la plus sombre du champ politique, la figure symétrique et inversée du roi[4] ». Dans l'imaginaire hanté de l'auteur des *Dialogues*, le couplage ira jusqu'à l'indistinction dans la consécration à la haine publique, comme en témoigne un trait que rapporte son ami Corancez (en attestant par là de « l'état déplorable » où se trouvait Rousseau) : s'étonnant de son affliction à la mort de Louis XV (le 10 mai 1774), il se serait entendu répondre ceci : « observez qu'il était généralement haï : sans le mériter, comme lui, j'ai le même sort. La haine universelle se partageait entre nous deux, je reste seul ; je vais donc seul en supporter le poids[5] ». Dusaulx rapporte la même identification,

1 *Homo sacer* I, *op. cit.*, p. 103-104.

2 L'article « Colosse » du *Dictionnaire de Trévoux* (éd. de 1771, t. II, p. 699-700) livre un petit abrégé historique des colosses renommés de l'Antiquité. Sur l'analogie entre le *kolossos* grec et le double impérial ou royal, voir Carlos Ginzburg, « Représentations : le mot, l'idée, la chose », *Annales ESC* n° 6, 1991, p. 1224-1226.

3 « Les usages les plus constants ne forment donc qu'un tableau très équivoque de la véritable croyance d'un peuple : c'est le plus souvent un spectacle pour la populace, et rien de plus. Nos plus majestueuses cérémonies n'ont pas d'autre fondement. Ainsi l'on se sert encore de la sainte ampoule pour oindre nos rois. Personne dans l'assemblée ne croit assurément qu'elle soit descendue du ciel au bec d'une colombe. Personne ne croit à la guérison des écrouelles par l'imposition et l'attouchement des mains royales. » Louis-Sébastien Mercier, *Le tableau de Paris* (1781-1788), t. I, ch. CCCXVII, éd. J.-Cl. Bonnet, Paris, Mercure de France, 1994, p. 837-838. On lira l'article entier au n° VIII du « Dossier documentaire ».

4 M. Foucault, *Surveiller et punir*, Paris, Gallimard, 1975, p. 33.

5 Olivier de Corancez, *De J.J. Rousseau*, Paris, an VI, p. 42.

d'après « un des amis de Rousseau » : « il y avait en France, lui dit-il, deux hommes également détestés, moi et le roi : il n'en reste plus qu'un, et vous sentez, mon ami, que je vais hériter de la haine qu'on portait à ce prince : ainsi vous voyez où j'en suis[1] ».

L'analyse du « Français » sur le rituel de la rue aux ours n'est pas moins désenchantée que celle de Mercier : « cette fête populaire paraissait si barbare et si ridicule en ce siècle philosophe que, déjà négligée, on allait la supprimer tout à fait » (p. 219) ; à travers lui, Rousseau (qui demeure un penseur des Lumières) pointe aussi là une sorte d'obsolescence des rituels collectifs ; l'essentielle différence est que « ces Messieurs » s'empressent « de [...] renouveler bien précieusement pour J.J. » l'un de ceux-ci, comme une sorte d'apothéose négative suggérant un nouveau régime de sacralité en clef de « haine publique ». (Une note de l'auteur à ce propos le substitue d'ailleurs, en tant que voué au bûcher, à son avatar fictionnel[2]). J.J. est donc *sacer* – ou figuré tel selon l'image monstrueuse qu'en a forgée son auteur à partir de sa propre image publique *surexposée* par les polémiques qui l'entourent[3] –, comme signe annonciateur de la dissolution du despotisme prévue à la fin du second *Discours*, « où tout se ramène à la seule loi du plus fort et par conséquent à un nouvel état de nature[4] » et où chacun connaîtra l'abandon radical à une solitude sans recours sur terre ni dans les cieux, puisque la loi se sera pour ainsi dire mise hors la loi – sachant, avec Hobbes, que « là où il n'est pas de loi, il n'est pas d'injustice[5] ». Telle est la charge proprement *intenable* assumée par le personnage de J.J. dans la fiction des *Dialogues*.

1 Jean-Joseph Dusaulx, *De mes rapports avec J.J. Rousseau*, Paris, Didot jeune, an VI (1798), p. 43.

2 Pleine page : « ... et l'excitent à brûler J.J. en effigie, en attendant mieux* ». Début de la note : « *Il y aurait à me brûler en personne, deux grands inconvenients qui peuvent forcer ces Messieurs à se priver de ce plaisir... » (p. 219).

3 Sur les tensions inhérentes à cette image publique, voir Antoine Lilti, « Singe de Diogène ! Rousseau ou l'impossible authenticité de la critique », in J.-F. Perrin et Y. Citton (éd.), *Rousseau et l'exigence d'authenticité*, Classiques Garnier, 2014, p. 189-206. Voir également Dena Goodman, « The Hume-Rousseau Affair : From Private *Querelle* to Public *Procès* », *Eighteenth Century Studies*, vol. 25, n° 2, 1991-1992, p. 171-206. Pour d'autres références critiques, voir la note 14 du IIe entretien.

4 « ... différent de celui par lequel nous avons commencé, en ce que l'un était l'état de nature dans sa pureté, et que ce dernier est le fruit d'un excès de corruption. » Second *Discours*, *OC*. III Pléiade, p. 191.

5 Hobbes, *Léviathan*, I, ch. XIII, trad. F. Tricaud, Paris, Sirey, 1971, p. 126.

DU DROIT DU PLUS FORT

Cette charge se confond avec son destin parce que sa criminalité se confond pour ainsi dire avec son *conatus* et que « c'est très gratuitement qu'il se plaît au crime », trahissant ses amis, scélérats compris, « pour le seul plaisir de nuire » (p. 212). Sur cette question de la jouissance dans le mal – la *crudelitas* signalée par Sénèque comme maladie de l'âme du Prince[1] –, Rousseau a deux interlocuteurs modernes : Montaigne et Sade. Le premier pour ce qu'il rapporte des guerres de religion, durant lesquelles il a vu certains de ses semblables « aiguiser leur esprit à inventer des tourments inusités, et des morts nouvelles, sans inimitié, sans profit, et pour cette seule fin, de jouir du plaisant spectacle [...] d'un homme mourant en angoisse. Car voilà l'extrême point où la cruauté puisse atteindre[2] ». Le second pour ce qu'il écrit d'abord, dans *Aline et Valcour*, de ceux qui « font le mal sans intérêt » et qui « ne s'y livrent que par le seul charme de l'infraction », la force des lois n'étant plus dès lors qu'une incitation à les transgresser[3] ; mais surtout pour la justification du crime que prouve le plaisir à le commettre identifié par Noirceuil à une inspiration de la Nature[4], et pour la dimension politique qu'elle

1 « La principale raison qui rend la cruauté détestable, c'est qu'elle passe les bornes ordinaires d'abord, ensuite les bornes humaines, elle recherche des supplices nouveaux [...] Elle trouve son plaisir dans la souffrance d'êtres humains, mais en vérité cette horrible maladie de l'âme atteint chez le prince au paroxysme de la folie lorsque la barbarie lui est une volupté, que le meurtre commence à être un goût. » *De clementia*, III, 23, trad. Préchat, Paris, Les Belles Lettres, 1925 (1967).

2 A peine me pouvais-je persuader, avant que je l'eusse vu, qu'il se fût trouvé des âmes si farouches, qui pour le seul plaisir du meurtre, le voulussent commettre ; hacher et détrancher les membres d'autrui ; aiguiser leur esprit à inventer des tourments inusités, et des morts nouvelles, sans inimitié, sans profit, et pour cette seule fin, de jouir du plaisant spectacle, des gestes, et mouvements pitoyables, des gémissements, et voix lamentables, d'un homme mourant en angoisse. Car voilà l'extrême point, où la cruauté puisse atteindre. *Essais*, II, 11, « De la cruauté ».

3 Il s'agit de l'entretien entre Déterville et le roi Zamé sur le plaisir de nuire constaté chez certains pervers. Le second répond au premier : « aucune loi ne contiendra les gens dont vous parlez, il faut même bien se garder d'en faire contre eux. Plus vous leur offrez de digues, plus vous leur préparez de plaisir à les rompre. » D.A.F. de Sade, *Aline et Valcour, ou le roman philosophique* [1788-1795], IVe partie, lettre XXXVI, *Œuvres* I, Paris, Gallimard, Pléiade, 1990, p. 670-671.

4 Sade, *Histoire de Juliette* [1797-1799 ?] I, *Œuvres* III, *op. cit.*, p. 333-334.

inclut puisque, comme les « Messieurs » des *Dialogues* sont infiltrés dans la sphère du pouvoir, les grands criminels de Sade sont Papes (Pie VI), cardinaux (Gighi), ou ministres et amis du roi (Saint-Fond, Noirceuil), cette position leur permettant d'accomplir en plénitude, et dans le silence de la loi, les meurtres de masse et les destructions apocalyptique commandées par leurs pulsions.

La justification éthique du mal par le héros sadien est bien résumée par Jacques Lacan : « J'ai le droit de jouir de ton corps, peut me dire quiconque, et ce droit, je l'exercerai sans qu'aucune limite m'arrête dans le caprice des exactions que j'aie le goût d'y assouvir[1] » – ce qui implique réciprocité de la part d'autrui, du moins en principe, car la passion du néant qui scelle la maîtrise du grand libertin est refusée à ses victimes[2]. Or l'argument de réciprocité n'est pas propre à l'univers sadien : on en débat dans le milieu encyclopédiste dont hérite le marquis. Dans l'article « Droit naturel » de l'*Encyclopédie*, Diderot pose ainsi le problème du « raisonneur violent » dont le bonheur passe par la transgression active de la loi naturelle, à charge pour la société de le tuer si elle le peut :

> Je suis équitable et sincère. Si mon bonheur demande que je me défasse de toutes les existences qui me seront importunes ; il faut aussi qu'un individu, quel qu'il soit, puisse se défaire de la mienne, s'il en est importuné. La raison le veut, et j'y souscris.

Diderot répond qu'il faut étouffer ce solitaire méchant après lui avoir expliqué que ce pacte léonin est sans légitimité aux yeux du genre humain, dont la volonté « toujours bonne » connaît seule le bien de tous, y compris celui de qui s'imagine pouvoir s'en affranchir. Rousseau a réfuté cet article en termes on ne peut plus réalistes, dans le chapitre de la première version du *Contrat social* consacré à la « société générale du genre humain ». Après avoir montré que ce « prétendu contrat social dicté par la nature est une véritable chimère », il y affirme que sauf à démontrer au raisonneur violent « comment son intérêt personnel exige qu'il se soumette à la volonté générale », on n'a rien à lui répondre s'il objecte que rien ne lui garantissant la réciproque de la part d'autrui

---

1 J. Lacan, « Kant avec Sade », *Écrits*, Paris, Seuil, 1966, p. 768-769.

2 *Cf.* Roland, expérimentant la jouissance de la pendaison dans *Justine*. Sur ce goût du néant et le « fatalisme transcendantal » de Sade, voir Pierre Klossowski, « Esquisse du système de Sade » III, dans *Sade mon prochain* (1947), Paris, Seuil « Essais », 1967.

dans le cas où il respecterait scrupuleusement la loi naturelle, il a tout intérêt à s'autoriser la violence qu'elle lui refuse et faire de force justice (pour paraphraser Pascal) en s'alliant à d'autres individus de sa trempe[1]. Sade n'est donc pas le premier à avoir imaginé la fiction de la « société des amis du crime » comme alternative à celle de la « société générale du genre humain ».

Dans le second entretien de *Rousseau juge de Jean Jaques*, J.J. est défini comme « l'homme de la nature éclairé par la raison » (p. 392) ; nous aurons l'occasion d'y revenir sur le fond, mais on peut déjà noter ici qu'il y incarne donc la figure du *raisonneur non-violent*, comme alternative radicale aux monstres qu'on vient d'évoquer, lesquels en s'associant pour mieux lui nuire, ont trouvé l'art de se faire passer pour une société de bienfaisance à son endroit, entraînant la quasi unanimité des contemporains à le considérer, on l'a vu, comme un criminel consacré par les rituels de surveillance dont on le circonvient secrètement. Un passage saisissant du premier entretien retourne en scène de torture ces soins prétendus :

> Figurez-vous des braves qui commencent par se mettre chacun un bon masque bien attaché, qui s'arment de fer jusqu'aux dents, qui surprennent ensuite leur ennemi le saisissent par derrière, le mettent nu, lui lient le corps les bras les mains les pieds de façon qu'il ne puisse remuer, lui mettent un bâillon dans la bouche, lui crèvent les yeux, l'étendent à terre, et passent enfin leur noble vie à le massacrer doucement, de peur que mourant de ses blessures, il ne cesse trop tôt de les sentir. (p. 268)

Cette scène condense un motif diffus dans tout l'entretien et au-delà, celui de la compassion hypocrite des ennemis de J.J. à son égard : « tout ce qu'on en fait n'est que pour son bien », résume « le Français » après avoir énuméré les avanies subies par le malheureux depuis l'exil jusqu'à son retour à Paris (p. 214) ; « chacun se glorifiant en lui-même de trahir un infortuné se disait avec complaisance ah que je suis généreux ! c'est pour son bien que je le diffame, c'est pour le protéger que je l'avilis » ironise « Rousseau », en généralisant cette attitude à l'opinion dans le second entretien (p. 423), chacun lui susurrant « en l'étranglant, *tout ce qu'on en fait n'est que pour votre bien* », comme à Don Carlos le bourreau et le procureur Tronchin à l'auteur de l'*Émile*.

---

1 *OC*. III Pléiade, p. 285-286.

Ce motif du *bourreau compatissant* résume l'idée centrale du personnage « Rousseau » sur ce que « le Français » lui rapporte du système de bienfaisance des « Messieurs » à l'égard du criminel J.J. Mais c'est aussi une scénographie qui circule dans la correspondance de Rousseau ; ainsi dans une lettre de 1771 à Dusaulx : « si vous sentant poignarder par derrière par des assassins masqués, vous poussiez en vous retournant les cris de la douleur et de l'indignation que diriez-vous de celui qui pour cela, vous reprocherait froidement d'être inquiet et méfiant comme un lâche criminel[1] » ; « ce sont des politesses de tigres qui semblent vous sourire au moment qu'ils vont vous déchirer », écrivait-il déjà à Saint-Germain[2]. Il se peut que joue ici, en surimpression, le souvenir des vexations subies naguère lors du scandale de la *Lettre sur la musique française*, telles que les rapportaient à l'époque les *Nouvelles à la main* : « L'autre jour à l'Opéra Rousseau était au milieu du parterre et comme il y avait beaucoup de monde, on le presse un peu exprès, il cria qu'on l'étouffait, et on lui dit qu'il n'y avait pas de mal à cela ; il fut obligé de sortir[3] ». Affirmer à la victime qu'on la torture pour son bien, ou que le mal qu'elle ressent n'est qu'illusion « en lui prouvant par des arguments bien stoïques que la douleur n'[est] point une mal[4] », est ainsi un thème qui se rattache à la réalité des persécutions encourues à Genève (Tronchin affirmait effectivement, on l'a vu, qu'on voulait le bien de l'auteur en le décrétant), de celles endurées de la part des musiciens de l'Opéra à l'époque de la querelle des Bouffons (qui ne s'étaient pas bornés à chahuter Rousseau mais l'avaient également pendu et/ou brûlé en effigie), et d'une mémoire littéraire survoltée qui ne s'alimente d'ailleurs pas à Brantôme, comme le croyait Rousseau, mais à Saint-Evremond (contre Mazarin[5]), via sans

1 16 fév. 1771, *CC.* n° 6837, t. 38, p. 183.

2 *CC.* n° 6673, § [29].

3 *Nouvelles à la main*, 5 déc. 1753, *CC.* A92, t. II, p. 330. Ce thème de l'étouffement revient dans la lettre à Saint-Germain de février 1770, où il se lie à la référence à Brantôme : « Pour m'étouffer sans que je crie, ils m'ont auparavant attaché un bâillon, à voir enfin leur contenance bénigne, on les prendrait pour les bourreaux de l'infortuné Don Carlos qui prétendaient qu'il leur fût encore redevable de la peine qu'ils prenaient de l'étrangler. » (*Ibid.*, § [34]).

4 « Ces M. font comme une troupe de flibustiers qui tenaillant à leur aise un pauvre Espagnol le consolaient bénignement en lui prouvant par des arguments bien stoïques que la douleur n'était point un mal. » (Carte 7, *OC.* XX Cl. Garnier, p. 615, *OC.* I Pléiade, p. 1167).

5 C'est ce qu'on lit en effet au second alinéa de la *Lettre à Monsieur le marquis de Créqui sur la Paix des Pyrénées* (1659), qui valut disgrâce à Saint-Évremond pour l'ironique dénonciation

doute le recueil des *Causes célèbres* de Gayot de Pitaval : « St. Evremond dit dans un de ses Discours, que l'Espagnol qui étrangla Dom Carlos, lui criait : *Calla, calla, Sennor : todo que se baze es por su bien* : Taisez-vous, taisez-vous, Monseigneur ; ce que l'on fait est pour votre bien[1] ».

On a vu que la composition des *Dialogues* fut un tourment : rarement lit-on Rousseau sans affronter assez vite en chemin une sorte d'entrelacs moral très *affecté*, aussi profondément enraciné dans le terreau subjectif que dramatisé par une immense culture littéraire ; mais on ne tarde guère non plus à le découvrir surdéterminé en dernière analyse par le politique. C'est le cas dans la lecture que donnent *Les Confessions* de la réception de la *Lettre sur la musique française*, la polarisation de l'animosité publique sur son auteur le constituant en bouc émissaire d'une guerre civile imminente[2]. C'est à nouveau le cas dans les *Dialogues*, où l'imaginaire du bourreau compatissant se trouve puissamment amplifié par l'imaginaire politique de la « ligue » : une ligue engagée de longue main dans un complot d'échelle européenne visant, à travers la persécution de J.J. prise comme une sorte de galop d'essai, à l'hégémonie dans les esprits et dans les sphères du pouvoir[3]. Cette entente politique du terme est d'ailleurs exhibée comme une thèse constante de l'auteur à l'égard de l'hégémonie « philosophique »

qu'on y trouvait de la politique étrangère du cardinal Mazarin et des calculs d'intérêt personnel qui la sous-tendaient ; une édition de 1709 des *Œuvres Meslées de Saint-Evremond* la mettait à portée : « Comme le plus grand mérite du chrétien est de pardonner à ses ennemis, et que le châtiment de ceux qu'on aime est l'effet de l'amitié la plus tendre ; Mr. le Cardinal a pardonné aux Espagnols pour châtier les Français. [...] Il souvenait à Son Éminence du beau mot de [ce ?] Castillan, qui étrangla don Carlos par l'ordre de Philippe II. *Cailla, Cailla sennor, todo que se haze es por su bien* ; et touché d'une si amoureuse punition, quand elle a pris le bien des particuliers, après avoir épuisé les sources publiques, elle a étouffé nos gémissements et réprimé nos murmures en nous disant paternellement : *Cailla, cailla Sennor Frances ; todo lo quo se haze es por su bien.* » (*Œuvres Mêlées*, t. I, Londres J. Tonson, 1709, p. 128-129).

1 Gayot de Pitaval, *Causes célèbres*, t. XIII, Amsterdam, 1775, p. 253 (même texte au t. XII de l'édition de 1738).

2 « La description de l'incroyable effet de cette brochure serait digne de la plume de Tacite. C'étoit le temps de la grande querelle du Parlement et du Clergé. Le Parlement venait d'être exilé : la fermentation était au comble ; tout menaçait d'un prochain soulèvement. La Brochure parut ; à l'instant toutes les autres querelles furent oubliées [...] il n'y eut plus qu'un soulèvement contre moi [...] A la cour on ne balançait qu'entre la Bastille et l'axil ». *OC.* I, *op. cit.*, p. 384. D'Argenson confirme la dernière phrase dans ses *Mémoires* (voir au Ier dialogue la note 166).

3 Voir les p. 509-514.

dans les milieux éclairés, puisqu'il choisit de faire citer au « Français », en seconde position dans la liste d'extraits à charge qu'il a tirés de sa fréquentation de l'œuvre de J.J., la phrase provocatrice de la préface du *Discours de Dijon* : « Tel fait aujourd'hui l'esprit fort et le philosophe qui par la même raison n'eût été qu'un fanatique du temps de la Ligue » (p. 184)[1].

Comme toujours, la correspondance active et passive de Rousseau fait office d'ouvroir dans la mise au point d'un lexique et d'un style. Ainsi, l'idée d'une « conjuration [...] terrible » de « tous les partis » contre l'auteur de l'*Émile*, emmenée par Voltaire, Tronchin « et par leur nombreuse clique de Paris et Genève », apparaît le 4 octobre 1762 dans une lettre écrite à Mme de Verdelin, avec une dimension d'emblée européenne qui inclut Berlin et l'Angleterre[2]. Quant au mot « ligue », la grande lettre à Hume de juillet 1766 en était encore exempte, Rousseau y préférant le thème du « complot[3] » – ce qui n'empêche pas que la thématique des « ennemis cachés » ne circule très tôt dans son imaginaire (témoin l'immense lettre à Lenieps du 5 avril 1759[4]). Quoi qu'il en soit, le terme surgit en août 1766 dans une lettre au libraire Guy : « La ligue qui s'est formée contre moi est trop puissante, trop adroite, trop ardente, trop accréditée pour que dans ma position, sans autre appui que la vérité, je sois en état de lui faire face dans le public[5] ». Par la suite, les deux constellations noires

1 Dans la suite de l'œuvre, le mot « ligue » et sa constellation apparaissent dans les écrits polémiques de la période de Motiers : « que [le public] ne connaît-il, regrette Rousseau dans la *Lettre à Christophe de Beaumont*, ceux qui ont médité ma ruine, et ce qu'ils ont fait pour l'exécuter ! [...] Par quelle risible cause il verrait les États de l'Europe se liguer contre le fils d'un horloger ! » *OC.* IV Pléiade, p. 932 ; et encore dans la IXe des *Lettres écrites de la Montagne* : « C'est une ligue naturelle que celle des forts, et ce qui fait la faiblesse des faibles est de ne pouvoir se liguer ainsi » (*OC.* III Pléiade, p. 892). Dans les *Confessions*, se couplent les mentions des « philosophes » et des sphères du pouvoir : « [Diderot et Grimm] voulurent même entraîner Duclos ainsi que d'Holback dans leur ligue » (l. 8, *op. cit.*, p. 381) ; « je savais que M. de Choiseul avait étudié chez les Jésuites, que Mad[e] de Pompadour n'était point mal avec eux, et que leur ligue avec les favorites et les ministres avait toujours paru avantageuse aux uns et aux autres contre leurs ennemis communs » (l. 9, *ibid.*, p. 568).

2 De Motiers, *CC.* n° 2131.

3 « A l'instant un trait cruel de lumière vint m'éclairer sur la cause secrète du changement étonnant du public anglais à mon égard, et je vis à Paris le foyer du complot qui s'exécutait à Londres. » *CC.* t. 30, p. 63.

4 *CC.* n° 795.

5 *CC.* n° 5332.

du *complot* et de la *ligue* se mêlent sous sa plume, comme d'ailleurs sous celles de ceux qui lui sont favorables ; ainsi J.-H. Meister à J.J. Bodmer en novembre 1766 : « Il me semble qu'il n'est pas aussi décidé que vous pourriez le croire, que le pauvre Rousseau sera la victime de la ligue qui s'est formée contre lui[1] », ou encore : « le complot est formé – les Encyclopédistes se flattent d'avoir porté des coups mortels au sage de nos jours[2] ». Apparaît encore, toujours chez ses partisans, le vocabulaire de la *trame* :

> Je vois des attentats dans la littérature, des noirceurs qui ne prennent pas même la peine de se couvrir du voile épais des ténèbres où le crime les trame. On se ligue contre Rousseau, afin de le mieux perdre, on le sert. Afin de lui ôter le seul bien qui lui tient à cœur, on lui en fait dont il ne se soucie pas, et qui lui sont à charge[3].

« On mande de Londres, écrit de son côté J.-L. Dupan, que Rousseau voulant quitter l'Angleterre avoit écrit au Grand Chancelier pour avoir une escorte qui le conduirait à Douvres, et le garantît des complots de ses ennemis[4] ».

Ainsi de suite, jusqu'à la grande lettre à M. de Saint-Germain de février 1770, où *trame, complot* et *ligue* entrent en conjonction dans la même phrase où se fantasme l'union vindicative du Pouvoir et de la Philosophie :

> Il est aisé de s'imaginer comment Mr. [de Choiseul] s'associa pour cette affaire particulière avec la ligue et s'en fit le chef ; ce qui rendit dès lors le succès immanquable, au moyen des manœuvres souterraines dont M [Grimm] avait probablement fourni le plan. Ce complot à pu se tramer de toute autre manière ; mais voilà celle ou la combinaison des indices se rapporte le mieux[5].

1 *CC.* n° 5555.
2 À J. Schulthess, 12 novembre 1766, *CC.* n° 5545.
3 J.-L Garcin à P.-Cl. Moultou, 31 mars 1767, *CC.* n° 5805.
4 8 juill. 1767, *CC.* n° 5970.
5 *CC.* n° 6673, t. 37, p. 262-263.

PROCÈS DE L'ARTISTE DEVANT L'OPINION

> Mais l'opinion, cette opinion qui pouvait traîner sa vie à travers les rues, ouvrir sur son cas une enquête minutieuse, recueillir un à un tous les antécédents, circonstances, preuves, inductions, les discuter dans les conversations de toutes les maisons désœuvrées, cette terrible opinion…
> Machado DE ASSIS[1]

L'un des principaux corrélatifs du thème du complot et de la ligue dans la correspondance et l'œuvre de Rousseau est celui de la surveillance généralisée : « vous verrez », écrit-il ainsi à Saint-Germain :

> que bientôt j'irai violant brûlant empoisonnant assassinant à droite et à gauche pour mes menus plaisirs, sans m'embarrasser d'une foule de surveillants qui me guettent, sans songer que les planchers sous lesquels je suis ont des yeux, que les murs qui m'entourent ont des oreilles, que je ne fait pas un pas qui ne soit compté, pas un mouvement de doigt qui ne soit noté[2].

La rumeur de ces crimes « atroces » selon le droit criminel de l'époque remonte à celles répandues par le *Sentiment des Citoyens* lors de son passage en Suisse (où il avait par surcroît été fuminé en chaire comme « antéchrist » par le pasteur de Môtiers[3]), et le suit lors de son retour en France, à Trye où son ami DuPeyrou semble l'avoir soupçonné de l'avoir empoisonné, et dans le Dauphiné avec l'affaire Thévenin qui le

1 Joachim-Maria Machado de Assis, *Mémoires posthumes de Brás Cubas* (Rio de Janeiro, 1881), traduit du brésilien par R. Chadebec de Lavalade, Paris, Métailié, 2015, p. 188.

2 *Ibid.*, § [5].

3 Selon le témoignage de G. Keith : « the Parson of his parish having a spite to him, preached severall seditious sermons against him and so animated an ignorant and bigotted populace by affirming that Jean Jaques was antechrist in person, and to raise the mob of women he assured them that J.J. had in one of his books said, that women hâve no soûls, by such lyes he so enflamed the people, that they attempted to murder him by night. » À Richard Penneck, 9 nov. 1765, *CC.* n° 4810. *Cf. Confessions, OC* I, *op. cit.*, p. 634.

taxe de vol, tandis qu'à Monquin une servante l'accuse de viol et qu'on le soupçonne ici ou là de n'herboriser qu'en sorcier, selon le témoignage même de son ami d'alors, M. de Saint-Germain[1]. Cela dans un contexte où son protecteur le prince de Conti et d'autres correspondants lui écrivent qu'il est « fort examiné et suivi » et « pour ainsi dire gard[é] à vue[2] » ou que le Procureur général du parlement de Paris n'est « pas maître d'empêcher un homme méchant de [le] dénoncer un matin à la grande Chambre[3] ».

D'un point de vue littéraire, cette thématique de l'espionnage renvoie à toute une intertextualité chez ce grand lecteur de romans. Henri Lafon a montré l'insistance du thème de la surveillance de chacun par tous dans le roman du XVIIIe siècle : et cela selon des graduations qui vont du cercle de la quasi intimité jusqu'à l'échelle de l'Europe entière. Ainsi de l'espace mondain – salons, soupers, spectacles, promenades – où « chacun est […] en principe soumis au regard de l'autre, de ce "public" choisi qui en compose la population » ; et puis la rue, la curiosité anonyme des badauds, la censure conformiste du regard des passants ou le regard stipendié des représentants de la loi ou des maîtres ; ainsi, écrit-il à propos de *Manon Lescaut*, « toute une ville peut devenir un espace d'insécurité pour un personnage » ; et à propos des *Mémoires d'Henriette Sylvie de Molière* : « et même parfois […] toute une province ou tout un pays, si l'autorité dont [le héros] craint le regard est assez puissante, ce qui motive la fuite ou l'exil[4] ».

On doit également penser ici au thème de « l'écoute indiscrète » ou de l'« écoute clandestine » qui, à partir de la fameuse scène de la *Princesse de Clèves*, se dissémine dans la fiction libertine du siècle suivant[5]. Enfin, puisque Rousseau aime à se représenter en Oriental, ce lecteur de Chardin et de Montesquieu sait que dans l'espace dominé par le despote tel qu'on se le représente à son époque, tout individu en quelque endroit de l'empire et toute femme en quelque lieu du harem,

1 Voir le « Dossier documentaire » : IV. 2, X. 1, X. 2. Ces accusations, relancées par « le Français », sont réfutées par « Rousseau » au cours du second entretien.

2 Conti à Rousseau, 24 juillet 1768, *CC.* n° 6384, lettre citée dans le « Dossier documentaire », p. 1035.

3 Mme de Verdelin à Rousseau, 13 mars 1768, *CC.* n° 6291, lettre citée dans le « Dossier documentaire », p. 1033.

4 H. Lafon, *Espaces romanesques du XVIIIe siècle (1670-1820)*, Paris, PUF, 1997, p. 83-85.

5 Voir Christophe Martin, *Espaces du féminin dans le roman français du XVIIIe siècle*, Oxford, SVEC 2004 :01, p. 220 *sq.*

est toujours exposé(e) à un espionnage panoptique[1]. Une situation qu'on retrouve d'ailleurs dans *La Nouvelle Héloïse* où l'auto-surveillance de la domesticité assure l'intérêt bien compris de tous – c'est-à-dire du maître : « je ne puis assez admirer, s'extasie ainsi Saint-Preux, comment M. et Mad^e de Wolmar ont su transformer le vil métier d'accusateur en une fonction de zèle, d'intégrité, de courage, aussi noble ou du moins aussi louable qu'elle l'était chez les Romains[2] ». Il reste que dans cet univers de délation banalisée, « l'œil de Wolmar finit par ressembler étrangement à celui d'Argus » comme le remarquait Alexis Philonenko[3].

Dans les *Dialogues*, il n'est pas de meilleur Argus que la population de Paris. Au cours du premier entretien, « le Français » explique ainsi que J.J. a été « montré signalé recommandé partout » (p. 218) ; au-delà du fantasme, il y a ici une réalité familière à tout Parisien de cette époque : « quand un homme est *signalé*, écrit L.-S. Mercier, il ne peut plus faire un pas sans être suivi ; livré aux mouches, il a beau modérer sa marche ou l'accélérer, un œil sûr et infatigable l'environne et ne l'abandonne point. Il est reconduit tous les soirs chez lui[4] » ; c'est au point, ajoute-t-il, que pour leur échapper, « il lui faudrait l'anneau de Gigès ; encore la mouche dirait-elle : *il est disparu là*[5] ». *Dans les Dialogues*, si l'on « envoisine » soigneusement J.J. (p. 216), c'est qu'un tel scélérat ne doit jamais échapper à l'œil de ses Argus. Mais l'accusation de scélératesse ne s'applique à J.J. que parce qu'elle circule depuis longtemps dans la réalité à propos de son auteur.

Dans l'histoire personnelle de Rousseau, elle se lit d'abord en filigrane de la correspondance avec Diderot au début de la période de l'Ermitage, celui-ci lui ayant reproché de forcer la vieille Mme Levasseur à passer là l'hiver : « Diderot m'a écrit une lettre qui m'a percé l'âme. Il m'y fait entendre que c'est par grâce qu'il ne me regarde pas comme un scélérat, et qu'il y aurait bien à dire là-dessus, ce sont ses termes[6] ». L'insulte revient l'hiver suivant, en provenance de Grimm cette fois, dans une lettre à Mme d'Houdetot : « Grand Dieu ! Suis-je un scélérat ? Un scélérat moi !

1 Voir Alain Grosrichard, *Structure du sérail*, Paris, Seuil, 1979, p. 73.
2 *La Nouvelle Héloïse*, IVe partie, lettre X, *OC*. II Pléiade, p. 463.
3 A. Philonenko, *J.-J. Rousseau et la pensée du malheur*, t. II, Paris, Vrin, 1984, p. 197-198.
4 *Tableau de Paris*, t. 9, ch. DCCXLIX – « Signalement », Amsterdam, 1789, p. 182, ses italiques.
5 *Ibid.*, p. 183, ses italiques.
6 À Mme d'Épinay, 13 mars 1757, *CC*. n° 481.

Je l'apprends bien tard. C'est M. Grimm, c'est mon ancien ami, c'est celui qui me doit tout les amis qu'il m'ôte, qui a fait cette belle découverte et qui la publie[1] ». On la retrouve encore sur les « Tablettes » de Diderot au titre des « Sept scélératesses à la fois qui ont éloigné de [Rousseau] tous ses amis[2] », lignes rédigées à l'époque de la publication de la *Lettre sur les Spectacles* dont une note ostensible en préface dénonçait leur amitié ; on ne la connut qu'au XIXe siècle et l'accusation semble avoir relativement peu circulé à cette époque, en dehors des cercles lettrés.

La seconde vague d'accusations date de la querelle avec Hume en juillet 1766 et se répand alors dans l'opinion par suite de la diffusion du contenu de deux lettres de Hume au baron d'Holbach (27 juin et 1er juillet) dont j'ai parlé[3]. Rousseau en a très rapidement été averti par ses correspondants, qui s'inquiétaient. Lenieps lui écrit ainsi le 4 août :

> Je vous écrivis le 28 du mois passé [...] et je reviens à la charge pour vous apprendre que les calomnies débitées contre vous s'accréditent [...] Je ne puis assez vous dire combien il vous importe que j'aie une réponse de vous sur ce qui concerne M. Hume pour la rendre publique ou en faire tel usage que vous m'ordonnerez, mais au nom de dieu et pour votre intérêt comme par amitié pour moi, répondez moi, je ne puis assez vous le demander[4].

Rousseau, quant à lui, refuse de venir sur ce terrain et répond déjà en termes de « ligue » et de production de « preuves » :

> La ligue qui s'est formée contre moi, écrit-il à Pierre Guy, est trop puissante, trop adroite, trop ardente, trop accréditée pour que dans ma position, sans autre appui que la vérité, je sois en état de lui faire face dans le public. [...] On dit que M. Hume me traite de vile canaille et de scélérat. Si je savais répondre à de pareils noms, je m'en croirais digne. Montrez cette lettre à mes amis et priez les de se tranquilliser. Ceux qui ne jugent que sur des preuves ne me condamneront certainement pas ; et ceux qui jugent sans preuves ne valent pas la peine qu'on les désabuse [...] Que ceux qui seront au fait nous jugent ; je le désire : que ceux qui ne sauront que ce que M. Hume voudra leur dire, ne laissent pas de nous juger, cela m'est je vous jure, très indifférent. J'ai un défenseur dont les opérations sont lentes, mais sûres : je les attends[5].

1 *CC*. n° 560.
2 *CC*. A 206, t. V.
3 Voir *CC*. t. 29, Appendice 439.
4 *CC*. n° 5337.
5 2 août 1766, *CC*. n° 5332.

Dans ce qu'écrit Hume à propos de Rousseau, il faut distinguer sa posture publique et sa posture privée. L'*Exposé succinct* évite toute formule excessive : Rousseau y est vu comme une de ces « têtes faibles qui flottent continuellement entre la raison et la folie », Hume reconnaissant même dans ses « étranges lettres » « des traces bien marquées de son éloquence et de son génie ». Le ton est tout autre dans sa correspondance avec ses amis. Ainsi à la comtesse de Boufflers, le 15 juillet 1776, en lui exposant le projet de ce qui deviendra l'*Exposé succinct* :

> *This is my present idea, which I hope you will approve of. But is it not very hard that I should be put to all this trouble, and undergo ail this vexation, merely on account of my singular friendship and attention to this most atrocious* scélérat *? Was there ever another instance in human nature that obligations alone, without other pretences, became a ground of quarrel ? Surely such diabolical pride was never seen in any other mortal*[1].

Le 21 juillet, François Coindet, informant Rousseau du projet de Hume, l'avait averti que circulaient deux lettres de celui-ci au baron d'Holbach où il se trouvait durement traité : « les termes les plus injurieux n'y sont point ménagés et ceux de scélérat et de vile canaille vous feront juger du ton de ces lettres[2] ». Le libraire Pierre Guy en a eu vent et l'écrit lui aussi à Rousseau : « Enfin mon ami [...], on me dit avoir entendu que M. Hume vous accusait de *scélératesse et* l'on me prie très fort de répondre[3] ». En voici encore un écho, mais dans les cercles savants cette fois, sous la plume de Charles Bonnet écrivant à Albrecht von Haller :

> Vous n'ignorez pas, mon illustre ami, que le célèbre Hume avait fort exalté l'Erostrate Rousseau, qu'il s'était lié étroitement avec lui, et qu'il l'avait engagé à le suivre en Angleterre. Et bien, ce même Hume vient d'écrire à un de ses intimes amis à Paris, *que Rousseau est une âme noire, une âme diabolique ; qu'il avait le plus vif regret de s'être intéressé pour lui, et qu'il allait publier un écrit où il le démasquerait.* Vous pouvez compter sur la vérité de cette anecdote[4].

De son côté, la comtesse de Boufflers jugeait dangereux de laisser circuler ces lettres : « Avez vous recommandé au baron d'Olback, écrit-elle à Hume, de taire ou de répandre les plaintes que vous faites du

1 *CC.* n° 5282, t. 30, p. 96, c'est Hume qui souligne.
2 *CC.* n° 5298.
3 28 juillet, *CC.* 5323, c'est lui qui souligne.
4 *CC.* n° 5306, c'est lui qui souligne.

procédé de Rousseau ? Le public non encore instruit les trouve amères, et juge que le baron en servant votre indignation dans sa première chaleur vous a mal servi vous même » ; elle pense en effet que Rousseau est sans duplicité ni scélératesse dans cette affaire où il se laisse emporter au-delà de toutes limites, et que c'est « un malheureux que ses passions et son humeur atrabilaire égarent[1] ». C'est aussi ce que pense Turgot, qui avertit par surcroît Hume, au nom de leurs amis communs (D'Alembert, Mlle de L'Espinasse, Morellet, Malesherbes), que sa lettre au baron d'Holbach « avait été aussi publique qu'elle pût l'être, qu'aux yeux de tous les partisans de Rousseau qui sont en grand nombre, vous étiez devenu son accusateur et comme tel obligé de justifier les imputations et les qualifications dont vous l'aviez noirci[2] ».

On voit ainsi combien les catégories juridiques selon lesquelles Rousseau pose la question de sa supposée « scélératesse » dans la fiction des *Dialogues* sont exactement celles dont usent ses contemporains dans les affaires de cet ordre. On voit aussi que le « public » interpellé par ces accusations n'est plus seulement celui des élites mais s'élargit à l'opinion.

À cette époque, les qualifications de « scélérat », de « monstre qui déshonore la terre », « seul dans la nature » de son espèce, auteur d'un « abominable et exécrable forfait », doté d'une « dureté infernale » et d'une « férocité » qui ne le cèdent qu'à son « impudence », sa « fermeté » et sa « tranquillité d'âme », etc., de même que l'insistance sur le secret absolu entourant son interrogatoire ou la rumeur que des acteurs aussi dissimulés que puissants auraient commandité ce geste ressenti par toute l'opinion (y compris parmi les Encyclopédistes) comme proprement terrifiant, constituent des invariants du discours des gazettes à propos du régicide Damiens[3]. En termes judiciaires, le juriste Real de Curban écrit en 1765, à propos de l'imprescriptibilité du crime de lèse-Majesté :

> Quiconque ose attenter à la personne du souverain, commet celui des crimes qui a le plus d'étendue dans ses effets, et qui par conséquent doit être le plus sévèrement puni. […] comme le coupable jette le trouble dans tout l'État, il est juste que jamais l'État ne lui serve d'asile ; c'est un monstre qui n'a plus

1 22 juillet, *CC*. 5304.

2 *CC*. n° 5308, voir aussi le n° 5321.

3 Voir Pierre Rétat (dir.), *L'attentat de Damiens, Discours sur l'événement au* XVIII*e siècle*, Lyon, PUL, 1979, ch. 8.

> de patrie, contre qui tous les souverains doivent s'armer, et pour qui l'Univers entier ne doit plus être qu'un précipice[1].

La dernière proposition pourrait être fulminée à propos de J.J. par « le Français » des *Dialogues*. Rousseau a craint d'être accusé de complicité dans l'affaire Damiens dont les *Confessions* parlent, au livre IX (ms. de Paris[2]), comme de « l'attentat exécrable d'un forcené ». Triant ses papiers en automne 1768 (il vit alors à Bourgoin, en Dauphiné et vient d'émerger de l'affaire Thévenin qui l'a confronté à une accusation infondée de non-remboursement de dette[3]), il constate une « lacune » inexplicable dans sa copie-de-lettres entre octobre 1756 et mars 1757 ; or, écrit-il à Malesherbes le 23 novembre 1770, « précisément dans le même temps, on arrêta, dit-on, sur la frontière du Dauphiné, un homme qu'on disait complice d'un attentat exécrable : on m'assura que cet homme passait par Bourgoin, la rumeur fut grande, les propos mystérieux allèrent leur train [...] Que devins-je en remarquant que cette lacune tombait précisément sur le temps de l'époque dont le prisonnier qui venait de passer m'avait rappelé l'idée[4] ».

Il importe de rappeler ici que la complicité en matière de crime de lèse-Majesté, et *a fortiori* de régicide, fait encourir les même supplices infamants que ceux subis par l'acteur principal. À l'article « Des complices du crime de Lèse-Majesté » de son *Traité de justice criminelle*, Jousse écrit ainsi qu'« on les punit comme les principaux auteurs, soit comme actifs dans la conspiration soit comme témoins passifs » ; et cela va jusqu'à la complicité de préméditation, même non suivie d'effet : « Il en est de même de la volonté ou dessein formé de faire quelque chose contre le Prince ou contre l'État, surtout lorsque ce dessein est suivi de mesures pour le faire réussir, encore que l'effet ne soit pas ensuivi[5] ». On conçoit que Rousseau, terrifié, se soit empressé d'écrire la nuit-même au prince de Conti ; malheureusement, cette lettre est perdue. *Les Confessions*, pour leur part, parlent de « l'affreux objet de ce vol[6] ».

---

1 Gaspard de Réal de Curban, *La science du gouvernement contenant le droit naturel*, t. IV, Paris-Aix-la-Chapelle-Amsterdam, 1761-1765, p. 423.

2 *OC.* I, p. 1484.

3 Voir le n° X. 2. du « Dossier documentaire ».

4 *CC.* n° 6812, t. 38, p. 141. On peut lire un plus large extrait de cette lettre au n° X. 3. du « Dossier documentaire ».

5 Daniel Jousse, *Traité de la justice criminelle de France*, Paris, Debure, 1771, t. III, p. 696-697.

6 *Op. cit.*, p. 608.

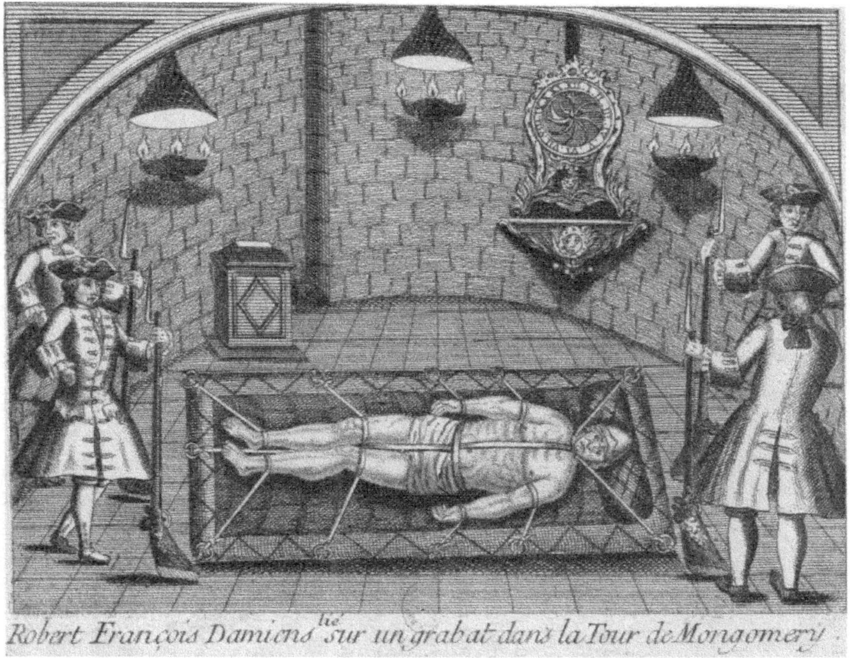

FIG. 1 – BnF – Cabinet des estampes (Damiens, tour de Montgomery).

L'attentat contre Louis XV fut commis le 5 janvier 1757 ; le 28 mars 1757, Damiens fut « tenaillé vif avec des tenailles rouges et du plomb fondu dans les plaies, et ensuite tiré à quatre chevaux » comme le voulait la loi, cela deux heures durant sans réussir à le démembrer ; c'est le bourreau qui dut finalement le découper vif, avant de le jeter au bûcher où il brûla durant quatre heures.

D'UN SOMBRE CYCLOPE

La surimpression de la fantasmatique criminaliste de l'époque avec le discours public concernant Rousseau est le tableau mouvant devant lequel (ou en contrepoint duquel) se déroule par fiction le procès criminel de soi-même *comme un autre* intitulé *Rousseau juge de Jean Jaques*. Mais dans l'imaginaire proprement fabuleux qui est celui de Rousseau depuis son enfance[1], cette dramaturgie se recompose parallèlement au palimpseste de la mythologie, cette « Fable » que les contemporains cultivés connaissent encore presque intimement[2]. C'est en mars 1766 que l'artiste écossais Allan Ramsay, peintre attitré de la cour de Georges III et acteur important des Lumières[3], réalise le portrait de Rousseau en habit d'Arménien (son costume ordinaire depuis son séjour à Môtiers) que lui avait commandé David Hume. En mai de la même année, Mme de Boufflers recevait de sa part six exemplaires de l'estampe gravée par David Martin d'après ce portrait. Deux autres versions suivirent, l'une par Charles Corbutt et l'autre par J.-E. Nochez « inférieure aux deux autres » selon Ralph-Alexander Leigh, qui précise qu'elle fut

1 « Toutes mes idées sont en images, les premiers traits qui se sont gravés dans ma tête y sont demeurés, et ceux qui s'y sont empreints dans la suite se sont plutôt combinés avec eux qu'ils ne les ont effacés. » (*Confessions*, fin du livre IV, *OC*. I, *op. cit.*, p. 174). Voir sur ce point mon étude : « Penser en écrivain : à propos des *Confessions* de J.-J. Rousseau », *Archives de Philosophie* 78, 2015, p. 451-472.

2 Voir J. Starobinski, *Le remède dans le mal, critique et légitimation de l'artifice au siècle des Lumières*, Paris, Gallimard, 1989, p. 233-234. Voir aussi Jean Seznec, *La survivance des dieux antiques* [1980], rééd. Paris, Champs-Flammarion, 1992.

3 Il était en relation avec le cercle du baron d'Holbach et avec Diderot. Voir Alastair Smart : *Allan Ramsay, Painter, Essayist and Man of the Enlightenment* (Yale University Press, New Haven & London, 1992).

tirée et mise en circulation en avril 1769 avec en épigraphe deux vers de Lemierre : « Ainsi l'aigle, caché dans les forêts d'Ida, / Pour rendre un vol plus haut souvent le retarda[1] ». À cette occasion, nous apprend Douglas Fordham[2], le peintre a changé de manière. Pour la première fois en trente ans de carrière, il peint directement sur la toile, jouant sur la matière pour accorder l'arrière-plan avec la partie sombre du portrait et renonce à sa délicatesse de touche habituelle pour un geste plus large, sans doute afin de s'accorder avec le tempérament réputé passionné de son modèle. Lequel, on le sait, n'a garde de s'y reconnaître, et le fait savoir dans sa correspondance comme dans le second entretien des *Dialogues*, en désavouant la figure de « Cyclope affreux » (p. 780) qu'il y déchiffre :

> On lui fait mettre un bonnet bien noir, un vêtement bien brun, on le place dans un lieu bien sombre, et là, pour le peindre assis on le fait tenir debout, courbé, appuyé d'une de ses mains sur une table bien basse dans une attitude où ses muscles fortement tendus altèrent les traits de son visage. De toutes ces précautions devait résulter un portrait très peu flatté, quand il eût été fidèle. Vous avez vu ce terrible portrait ; vous jugerez de la ressemblance si jamais vous voyez l'original. (p. 779)

Dans cette analyse, qui est principalement scénographique mais qui n'oublie pas la tonalité sombre de l'ensemble, Rousseau omet assez significativement deux éléments importants : le geste de sa main droite dont l'index fait signe vers son cœur, tandis que le haut de son buste et son visage sont nimbés de lumière, ce qui renverrait plutôt à l'iconographie religieuse qu'à la mythologie antique. Ces effets demeurent sur la gravure de David Martin quoique les contrastes y soient durcis, en particulier dans le plan du visage, au point que l'aura lumineuse circulaire a pu, peut-être, susciter le fantasme de l'œil cyclopéen, la figure mythologique elle-même étant appelée par la connotation souterraine qu'induit la tonalité dominante.

La comparaison du cyclope, qui condense ses griefs *a posteriori* envers la gravure et l'huile originale apparaît dans une lettre à la duchesse de Portland, écrite de Monquin, le 21 décembre 1769 :

---

1 *CC*. t. 37, p. 193.

2 Douglas Fordham, « Allan Ramsay's Enlightenment : or, Hume and the Patronizing Portrait », *The Art Bulletin*, 88, 3 (septembre 2006), p. 508-524.

> J'espère que [Miss Deves, nièce d'un voisin de Rousseau à Wooton] se rappelle assez les traits de son vieux berger, pour convenir qu'il ne ressemble guère à la figure de cyclope qu'il a plu à M. Hume de faire graver sous mon nom. Son graveur a peint mon visage comme sa plume a peint mon caractère. Il n'a pas vu que la seule chose que tout cela peint fidèlement est lui-même[1].

L'hiver suivant, la grande lettre à M. de Saint-Germain développe cette analyse projective selon une sorte de chassé-croisé entre les caractères des deux hommes par gravures interposées :

> Enfin nulle attention n'a été omise pour me défigurer de tout point jusqu'à celle qu'on n'imaginerait pas de faire disparaître les portraits de moi qui me ressemblent, et d'en répandre un à très grand bruit qui me donne un air farouche et une mine de cyclope. À ce gracieux portrait on a mis pour pendant celui de David Hume, qui réellement a la tête d'un cyclope ; et à qui l'on donne un air charmant. Comme ils peignent nos figures, ainsi peignent-ils nos âmes avec la même fidélité[2].

Les deux portraits se trouvent aujourd'hui côte à côte au musée d'Edinburgh. L'antithèse du « vieux berger » et du cyclope dans la lettre à la duchesse de Portland permet d'interpréter l'enjeu à la lumière de la « Lettre à Lucilius » XCIV (56-58) et de la VIIe Promenade selon lesquelles la nature a fait l'homme pour la contemplation de ses merveilles visibles, lui dérobant le monde des métaux. S'opposent ainsi le monde souterrain des « hideux cyclopes » : « noirs forgerons » au « visages haves », avec leur « appareil d'enclumes, de marteaux, de fumée et de feu », et celui « de la verdure et des fleurs, du ciel azuré, des bergers amoureux et des laboureurs robustes » qui jouissent de la vie à la surface de la terre[3]. Or si Rousseau se rêve en berger éternel, une gravure « à la manière noire[4] », comme on disait techniquement, circule dans le présent et les temps à venir, où il figure en sombre apparat au tribunal de l'Histoire : scélérat invétéré ou juge de son époque ?

---

1 *CC*. n° 6643, t. 37, p. 191.

2 *CC*. n° 6673 bis, p. 265.

3 *OC*. Classiques Garnier, t. XX, p. 267. *OC*. I Pléiade, p. 1066-1067.

4 Selon l'*Encyclopédie* (article « GRAVURE EN MANIERE NOIRE »), « ce genre de gravure s'est appelé pendant un temps en France, l'*art noir* » ; la planche de cuivre est grainée de part en part afin « qu'elle rende à l'impression un noir également noir et partout velouté » ; ainsi, comme l'écrit Pascal Quignard, « chaque forme semble sortir de l'ombre. » (*Terrasse à Rome*, Paris, Gallimard-folio, 2000, p. 72).

Par hypogramme, le mot « cyclope » est contenu dans le mot « Encyclopédie ». S'il a été brièvement l'ami de Hume, Rousseau a été, mais quinze ans durant, celui de Diderot qui l'a intégré à l'entreprise encyclopédique. Comme auteur célèbre du *Discours de Dijon*, il est mentionné par d'Alembert dans le *Discours préliminaire*, en compagnie de Bacon et de Locke ; pour l'opinion, il est intégralement des leurs et on l'attaque comme tel lors de la campagne contre les « cacouacs » en 1757. Leurs différends ne deviennent publics qu'en 1758, avec la *Lettre sur les spectacles* en réponse à l'article « Genève », qui désavoue implicitement Diderot (alors sur la brèche pour défendre l'entreprise dans un contexte politiquement dangereux), par une citation cryptée tirée de l'*Ecclésiastique* – ce qui fut ressenti comme une trahison, y compris par un ami proche comme Saint-Lambert, qui rompt alors avec Rousseau :

> À l'endroit de votre préface où à l'occasion de Diderot vous citez un passage de l'Ecclésiaste le livre m'est tombé des mains [...] il peut avoir des torts avec vous, je l'ignore, mais je sais bien qu'ils ne vous donnent pas le droit de lui faire une insulte publique, vous n'ignorez pas les persécutions qu'il éprouve, et vous allez mêler la voix d'un ancien ami aux cris de l'envie, je vous avoue, monsieur, qu'il ne m'est pas possible de vous dissimuler combien cette atrocité me révolte[1].

Les années 1755-1758 ont été celles de toutes les ruptures de part et d'autre ; puis l'exil a européanisé une figure de franc-tireur génial mais insociable, irréductible à aucun parti. Rousseau sait ce que sa propre pensée, autant que son succès, doivent au contact des encyclopédistes, et c'est donc avec une part de lui-même qu'il a rompu en désavouant publiquement Diderot.

C'est sans doute cette part, désormais maudite mais irréductible aux yeux de l'opinion, qu'il déchiffre ou projette dans le portrait de Ramsay, et surtout dans « les copies défigurées » que les moyens de reproduction modernes qui naissent à cette époque mettent à portée de tous et de chacun. Autrement dit, il est obligé de constater son incapacité a empêcher la diffusion dans l'opinion d'une image qu'il ne contrôle pas, qui se développe en quelque sorte sans lui et dont il pressent qu'elle est en un sens plus puissante que lui, parce que portée par l'opinion. Cette image qui le dépossède et l'étouffe, il la nomme « J.J. » dans les *Dialogues* afin de

---

1 10 octobre 1758, *CC.* n° 705, t. 5, p. 169.

l'étudier et de l'affronter. C'est à peu près la même question que Diderot affrontera à la fin de sa vie, en méditant avec inquiétude, à travers la figure posthume de Sénèque, ce que la postérité retiendra de sa propre ambition et de sa personne[1]. Si philosopher se définit depuis Socrate par une confrontation sans merci avec la *doxa*, les paramètres de cette confrontation sont à repenser entièrement quand la Cité devient le monde entier[2].

L'une des images obsédantes à travers lesquelles Rousseau se représente le recouvrement de son être par l'image défigurée qui en circule dans l'opinion est celle de la « triple enceinte de ténèbres ». Elle appartient à un réseau métaphorique où figurent l'« œuvre de ténèbres » dans lequel il se dit « enseveli[3] », les « barrières immenses qu'on entasse sans cesse autour de [lui][4] » ou l'« impénétrable édifice de ténèbres » édifié autour de sa personne[5]. Un scénario de délivrance éventuelle apparaît enfin au IIIe entretien : « Ils ont beau renfermer la vérité dans de triples murs de mensonges et d'impostures qu'ils renforcent continuellement, ils tremblent toujours qu'elle ne s'échappe par quelque fissure. L'immense édifice de ténèbres qu'ils ont élevé autour de J.J. ne suffit pas pour les rassurer » (p. 493). Cette image vient d'Hésiode (*Théogonie*, v. 725-727). La formule n'apparaît pas dans les traductions anciennes où prévaut la formule « triple nuit[6] » ; Rousseau ne lisant pas le grec, il l'emprunte vraisemblablement aux recherches mythologique de Nicolas Fréret publiées en 1756 par l'Académie des inscriptions :

> Homère suppose Saturne relégué dans le Tartare ; séjour affreux, dit Hésiode, où les Titans sont ensevelis avec lui. Un rempart d'airain, fermé par des portes du même métal, environne cet abîme couvert d'une triple enceinte de ténèbres, et sur lequel sont posés les fondements de la terre et de la mer[7].

---

1 Voir à ce propos le convaincant parallèle développé par Eric Gatefin dans son essai : *Diderot, Sénèque et Jean-Jacques : un dialogue à trois voix*. « Faux titre », Amsterdam-New York, 2007. Voir également les pages consacrées à ce parallèle dans le rapport à la sphère publique en formation, dans Yves Citton, « Retour sur la misérable querelle Rousseau-Diderot : position, conséquence, spectacle et sphère publique », *RDE* 36, avril 2004, p. 78 et suiv.

2 Sur ce que découvre le XVIIIe siècle des contradictions inhérentes à la célébrité, voir Antoine Lilti, *Figures publiques. L'invention de la célébrité (1750-1850)*, Paris, Fayard, 2014.

3 *Les Confessions*, début du l. 12.

4 *Ibid.*, l. 7, *op. cit.*, p. 279.

5 Lettre à M. de Saint-Germain (26 février 1770), *CC*. n° 6673bis, p. 283.

6 Et aujourd'hui « la nuit en triple couche répandue », selon Annie Bonnafé, Hésiode, *Théogonie*, Paris, Rivages poches, 1993, p. 127.

7 N. Fréret, *Recherches pour servir à l'histoire des Cyclopes, des Dactyles [...] et des Cabires*, in *Histoire de l'Académie royale des Inscriptions et Belles-lettres*, vol. 23, Paris, Imprimerie royale,

J.J. est donc identifié à Cronos-Saturne (ou à l'un des Titans) vaincu par son fils Zeus et enfermé en un lieu « dont les dieux mêmes ont horreur », et qui s'enfonce aussi loin sous la terre dans les abysses cosmiques que celle-ci est éloignée de l'Empyrée, toujours selon Hésiode. De l'imprégnation de Rousseau par ce substrat mythique témoigne probablement telle esquisse notée sur une carte à jouer : « ils ont creusé entre eux et moi un abyme immense que rien ne peut plus combler ni franchir, et je suis aussi séparé d'eux pour le reste de ma vie que les morts le sont des vivants[1] ». Ainsi, dans l'imaginaire du souterrain et du labyrinthe qui structure ici l'écriture de la persécution (J.J. voudrait percer « cet abîme ténébreux [où on l']a plongé [...] pour éclairer toutes ces trames souterraines » [p. 363]), l'image d'enfermement au Tartare doit être reliée à celle du cyclope, autre figure du réprouvé, comme on l'a vu à propos du portrait de Ramsay, ainsi qu'à la thématique du supplice et du châtiment (« ils ont trouvé l'art de me faire souffrir une longue mort en me tenant enterré tout vif[2] »).

Ce fantasme de l'enterré vif circule déjà dans *Les Confessions*[3] comme dans la correspondance[4], et il persiste encore dans la I^e^ Promenade et la VIIe (Laurence Viglieno l'y relie au châtiment des Vestales évoqué dans le *Morceau allégorique sur la Révélation*[5]). Sans retirer à ce fantasme la portée particulière qu'il prend chez Rousseau (qui aura le privilège ironique de voir se concrétiser son cauchemar puisque la rumeur publique le donna pour mort après son accident de Ménilmontant en octobre

---

1756, p. 35. L'ensemble est repris dans les *Œuvres complètes* de Fréret, t. 18 *Mythologie*, Paris, 1796, p. 20. Une autre occurrence apparaît dans le *Voyage du jeune Anacharsis*, à propos de Pythagore : « Pourquoi sa philosophie est-elle entourée de cette triple enceinte de ténèbres ? » demande le jeune homme au Samien (J.J. Barthélemy, *Voyage du jeune Anacharsis en Grèce* [1788], ch. 80, Paris, De Bossange, 1829, p. 644).

1 Carte n° 19, *OC*. Classiques Garnier, t. XX, p. 639. *OC*. I Pléiade, p. 1170. Il importe de signaler que cette imagerie abyssale apparaît sous la plume de Diderot à propos de Rousseau lui-même, présenté en « damné » dans une lettre à Grimm où il s'en dit hanté : « les poètes ont bien fait de mettre un intervalle immense entre le ciel et les enfers. En vérité la main me tremble. » (*CC*. t. 4, A187). Cette lettre, dont l'autographe demeure introuvable, figure dans les pseudos mémoires de Mme d'Épinay, qui avaient bénéficié de la collaboration de Grimm et de Diderot.

2 « Histoire du précédent écrit » p. 535.

3 *Incipit* du livre XII.

4 Lettres à Belloy, St. Germain et Moultou (*CC*. n° 6671, 6673, 6699).

5 L. Viglieno, « Le fantasme de l'enterré vif dans les *Rêveries* ou le complexe du Cyclope » (*Actes du colloque international de Nice sur Rousseau et Voltaire*, U. Nice, 1979, p. 189-207).

1776), il faut aussi y reconnaître une hantise de son époque : une thèse de J.-B. Winslow, Docteur-Régent de la Faculté de médecine et membre de l'Académie des sciences, sur ce que peut la chirurgie pour certifier une mort douteuse, inspire au médecin J.-J. Bruhier une *Dissertation* en deux volumes *sur l'incertitude des signes de la mort et l'abus des enterremens* (1742) qui ravive chez les contemporains une hantise atavique ; l'*Encyclopédie*, à l'article « Mort » (Jaucourt), consacre d'ailleurs à cette question un long développement nourri d'exemples dramatiques, en s'appuyant notamment sur le *Traité des apparitions* de Dom Calmet et sur l'ouvrage de Bruhier, lequel est revenu à la charge en 1749 par un *Mémoire* demandant au Roi de réglementer enterrements et embaumements[1].

Ce contexte n'est certainement pas étranger à la fausse résurrection de Julie dans *La Nouvelle Héloïse*[2], non plus qu'à l'imaginaire hanté du roman gothique naissant[3] dont les souterrains et les abîmes communiquent littérairement (Rousseau a tant lu[4]...) avec ceux où s'activent les fossoyeurs de J.J. ; lesquels prennent mal leur peine, puisque c'est clairement en *J.J. redivivus* que l'auteur se voit transfiguré, une fois trouvé l'élu marqué du signe providentiel grâce auquel ses *Dialogues* parviendront à la postérité : « Heureusement les ouvrages des hommes sont périssables comme eux, mais la vérité est éternelle ; post tenebras lux[5] ». – C'est la devise de Genève. Dans sa langue, cette devise se lie à la formule de l'*Épître aux Romains*, XIII, 12 : « La nuit est déjà fort avancée, et le jour approche. Quittons donc les œuvres de ténèbres, et revêtons-nous des armes de la lumière[6] ». Une formulation proche de cette antithèse se rencontre dans

1 Buffon accorde toute son attention à ses thèses et à celles de Winslow dans son *Histoire de l'homme* (1749) et Suzanne Necker publiera encore en 1790 un opuscule intitulé : *Des inhumations précipitées*, à partir de l'expérience acquise dans l'hôpital qu'elle a fondé. Sur cette hantise de l'époque, voir Robert Favre, *La mort au XVIIIe siècle*, Lyon, Presses universitaires, 1978.

2 *OC*. II Pléiade, p. 736 *sq.*

3 *Le château d'Otrante* est publié en 1764.

4 Tout le roman noir est en germe dans l'œuvre de l'abbé Prévost que Rousseau connaît comme sa poche ; quant à la littérature des cimetières, il lisait Young dans la traduction de Le Tourneur (1769) qu'il cite au cours de la lettre à Saint-Germain (*CC*., n° 6673 bis, p. 257) ; c'est enfin dans le *Cléopâtre* de La Calprenède, relu à l'automne 1771 dans l'édition du XVIIe siècle prêtée par Mme de Créqui, que Rousseau déchiffre ses propres démêlés avec l'injustice des hommes (*CC*., n° 6907 ; voir sur ce point « l'atelier de l'œuvre », n° III, p. 911, et la note 102 du IIe entretien).

5 À M. de La Tourrette, le 26 janv. 1770, *CC*. n° 6655.

6 Trad. Lemaistre de Sacy.

le brouillon de l'« Histoire du précédent écrit » : « j'attends la lumière après les ténèbres sans plus chercher à la porter aux yeux qui veulent s'y fermer » (p. 536). En effet, si toute « bonne œuvre », « œuvre de bienfaisance », « de miséricorde » ou « de charité » etc. est le masque de l'œuvre (ou de la trame) de ténèbres des « Messieurs », le seul recours de J.J. consiste en sa confiance dans la providence : « Providence éternelle [...] je n'en compterai pas moins sur ton œuvre » (suscription du ms. « Condillac »). Ce qui passe par l'attente d'un médiateur capable de transmettre l'œuvre de J.J. Rousseau à la postérité, sachant pourtant que la question s'est ouverte d'un concours de celle-ci à l'œuvre de ténèbres lors de l'échec de la tentative de dépôt des *Dialogues* sur l'autel de Notre-Dame : « je crus dans mon premier transport voir concourir le Ciel même à l'œuvre d'iniquité des hommes » (p. 528-529), et qu'elle demeurera posée dans les *Rêveries* : « je ne puis m'empêcher de regarder désormais comme un de ces secrets du Ciel impénétrables à la raison humaine la même œuvre que j'envisageais jusqu'ici comme un fruit de la méchanceté des hommes[1] ».

Homère conte qu'à la table des dieux le rire que provoquent les malheurs d'Hephaïstos est inextinguible ; l'époux boiteux d'Aphrodite fait ici allégorie de l'absurdité des souffrances en tous genres qu'engendre, au revers de l'éternité, un jeu aléatoire dont Héraclite assure qu'il est celui d'un enfant ; mais il circule également une version biblique et chrétienne de ce rire divin dépourvu de toute compassion : dans la onzième lettre des *Provinciales*, il est dit qu'une fois Adam voué à la mort après son péché, Dieu « se moqua de lui en cet état par ces paroles de risée : Voilà l'homme qui est devenu comme l'un de nous : *Ecce Adam quasi unus et nobis*. Ce qui est une ironie sanglante et sensible, dont Dieu le piquait vivement, selon saint Chrysostome et les interprètes[2] ». Il semble bien qu'au terme d'une vie recrue de souffrances, Rousseau se soit sérieusement inquiété du rôle étrange que semblait lui assigner la providence dans cette tragi-comédie dont l'auteur des *Pensées* assure qu'en toute occurrence « la fin est sanglante » et qu'on y meurt seul. Mais comme il connaît son Plutarque par cœur, il pouvait y trouver une ultime ressource : « celui qui a tant soit peu de connaissance de la nature de l'âme, et [...] considère en soi-même, que la mort advenant, il se fait une mutation d'icelle en mieux, ou pour le moins non en pis,

1 IIe Promenade, I Pléiade, p. 1010, Cl. Garnier, p. 161.

2 Pascal, *Les Provinciales*, éd. Michel Le Guern, Paris, Folio-Gallimard, 1987, p. 174.

certainement ce lui est un grand entretien de repos et tranquillité en son âme de ne redouter point la mort[1]. » Condensée en maxime dans l'un de ces métagrammes où il est passé maître, cette sentence s'écrit : « je ne serai rien, ou je serai bien[2] » : c'était là défier par le jeu des lettres l'énigmatique jeu providentiel avec les pauvres humains – autrement dit lui tenir tête en poète autant qu'en penseur.

DU PROCÈS PAR FICTION CONSIDÉRÉ COMME L'UN DES BEAUX-ARTS

Que les desseins du Ciel soient impénétrables au malheureux mortel l'oblige à pratiquer le vieux principe stoïcien en se bornant à faire ce qui dépend de lui ici-bas ; ce qui nous ramène aux tentatives de Rousseau pour transmettre vaille que vaille *Rousseau juge de Jean Jaques*, telles qu'il les rapporte dans l'« Histoire du précédent écrit » :

> L'espérance éteinte étouffe bien le désir, mais elle n'anéantit pas le devoir, et je veux jusqu'à la fin remplir le mien dans ma conduite avec les hommes. Je suis dispensé désormais de vains efforts pour leur faire connaître la vérité qu'ils sont déterminés à rejeter toujours, mais je ne le suis pas de leur laisser les moyens d'y revenir autant qu'il dépend de moi, et c'est le dernier usage qui me reste à faire de cet écrit. (p. 537)

Cette œuvre en souffrance est aussi une œuvre de souffrance, on l'a dit ; l'auteur avouant que c'est la raison pour laquelle ce texte est des plus chaotique, et que si ce qu'il avait à dire s'y trouve dit malgré tout, la recherche n'en sera pas aisée à ses lecteurs, même de bonne volonté. Cette

---

1 *Du contentement ou repos de l'esprit*, dans *Les Œuvres morales et philosophiques de Plutarque, translatées par Messire Jacques Amyot* [...], Paris, Claude Morel, M. DC. XVIII, p. 74, H. Je modernise l'orthographe.

2 Quoique je paraisse absolument oublié de la providence, je n'en désespérai jamais. [...] J'avoue pourtant qu'en la voyant dormir si longtemps il me prend des momens d'abattement. [...] J'espère que la mort ne viendra pas dans un de ces tristes moments : mais quand elle y viendrait, elle me serait moins consolante, sans m'être plus redoutable. Je me dirais, je ne serai rien, ou je serai bien ; cela vaut toujours mieux pour moi que cette vie. » À M. de Saint-Germain, *op. cit.* (il s'agit de la conclusion : on pourra la lire au n° IV. 1. du « Dossier documentaire »).

œuvre nous paraît en effet redoutable par son exigence et sa difficulté : organisme métamorphique aux multiples visages, pliant et repliant infiniment sa trame, ses réseaux d'images et de métaphores obsédantes, entrelaçant les logiques du philosophique, du juridique, du poétique, poussant la rigueur argumentative jusqu'aux extrêmes, reliant maïeutique et pamphlet, persiflage et pathos, mélodrame et contemplation, c'est un texte infini, complexe et déroutant – labyrinthique.

Du moins en première approche. Car à l'examen, sa trame argumentative (qui demeure invariante au cours des quatre transcriptions) se révèle très fermement structurée[1] : l'auteur demeure le dialecticien qu'il a toujours été dans son œuvre théorique et polémique, tandis que le personnage de « Rousseau » incarne une figure d'avocat socratique expert dans l'art de pousser l'adversaire à se contredire et dont le vocabulaire laisse parfois affleurer la langue de l'École ou celle des Géomètres. Et puis nos difficultés tiennent sans doute pour bonne part à notre manque de familiarité « républicain » avec les codes historico-culturels de la société d'Ancien Régime, en particulier dans le domaine de la jurisprudence criminelle, dénoncé par les juristes contemporains eux-mêmes comme « un labyrinthe tortueux et obscur, dont l'entrée semble interdite au plus grand nombre [...], et dans lequel les hommes les plus éclairés s'égarent », ainsi que l'écrit Prost du Royer citant ici François Ier pour signifier que rien n'a encore évolué sur ce plan[2]. Pour les contemporains de Rousseau, familiers (si l'on peut dire) du secret de l'instruction et des complexités byzantines de l'administration de la preuve, les argumentaires en *pro et contra* des *Dialogues* (et tout particulièrement du premier) pouvaient apparaître plus clairs qu'ils ne le sont pour nous, d'autant que le personnage « Rousseau » y relaie avec vigueur et inventivité le discours juridique des Lumières beccariennes. L'étude de la réception de l'œuvre au XVIIIe siècle montre en effet qu'en dépit d'un propos jugé rébarbatif et ressassant, sinon délirant (quoique la dialectique en soit souvent saluée), sa facture judiciaire et le complexe jeu de dédoublements qu'elle engage n'ont pas paru, comme tels, particulièrement étonnants. Ainsi, quand Condillac rend à son ancien ami

1 Je me permets de rappeler que l'analyse de son ossature est présentée au n° I du dossier de « L'atelier de l'œuvre ».

2 Prost du Royer, préface de son *Dictionnaire de jurisprudence* (Lyon, 1781), tome 1, p. LXXXIV.

le manuscrit qu'il lui avait confié, il lui suggère simplement quelques arrangements d'ordre littéraire, ce qui surprend d'ailleurs Rousseau : « il me parla de transpositions à faire pour donner un meilleur ordre à mes matières : mais il ne me dit rien de l'effet qu'avait fait sur lui mon écrit » (p. 530).

D'un point de vue formel ou générique, et si l'on se replace dans le climat rhétorique de l'époque, il n'y avait sans doute rien qui pût troubler un avocat dans la fiction juridique composée par l'auteur des *Dialogues* : l'avocat doit en effet juger son client et décider pour ainsi dire son procès avant qu'il n'ait lieu[1] : c'est la pratique, vivement recommandée depuis Cicéron jusqu'à Gin, du procès imaginaire où l'on joue successivement tous les rôles pour être excellemment armé le jour de la confrontation réelle. À cet égard, le premier ressort de l'art de plaider consiste à faire *la partie belle* à l'adversaire, du moins en apparence : « grâce à [la prosopopée] écrit ainsi Quintilien, nous dévoilons les pensées de nos adversaires, comme s'ils s'entretenaient avec eux-mêmes, mais on ne les croira que si nous les représentons avec des idées qu'il n'est pas absurde de leur attribuer[2] ». Rousseau le sait fort bien[3], qui avait noté pour lui-même dans un fragment sur l'art de la composition des livres : « en entrant en matière, je mettrais en tel jour ce que j'aurais à prouver que je paraîtrais d'abord accorder au sentiment opposé beaucoup plus de choses que je ne lui en accorderais réellement [...]. Cette adresse est encore d'un grand effet pour se concilier l'estime du lecteur[4] » ; et c'est bien ce qu'il prétend avoir entrepris dans

1 « L'avocat doit être le premier juge de son client et le plus sévère » écrit Rousseau dans les *Considérations sur le gouvernement de Pologne* (*OC*. III Pléiade, p. 1001). Sur la pratique cicéronienne du « procès par fiction » comme propédeutique au procès réel, voir la note 6 de « Du sujet et de la forme de cet écrit ».

2 *Institution oratoire*, IX, 2, 29-32. Trad. Jean Cousin, Les Belles-Lettres (Coll. des Universités de France), 1978. *Cf.* aussi Gin : « L'orateur qui [...] répondra [à la première plaidoirie] présentera infailliblement la cause sous le point de vue qui aura été prévu par le premier plaidant. Je dis infailliblement, car toute autre manière d'envisager la cause donnerait au premier plaidant les avantages d'une mauvaise défense. » (*De l'éloquence du barreau*, Paris, Herissant, 1768, p. 35).

3 L'abrégé en latin de Rollin (1715) est le manuel en usage dans les collèges. Dans son premier projet pédagogique (vers fin 1740), Rousseau recommande que le fils de M. de Mably l'apprenne par cœur. Voir le *Mémoire présenté à M. de Mably sur l'éducation de son fils*, *OC*. IV Pléiade, p. 29.

4 *Idée de la méthode dans la composition d'un livre*, *OC*. II Pléiade, p. 1243. Ce texte aurait été écrit aux alentours de 1745-1747.

ses *Dialogues* à propos des discours qu'il y fait tenir à ses adversaires : « épuiser tout ce qui se pouvait dire en leur faveur était le seul moyen que j'eusse [...] en mettant de leur côté tout ce que j'y ai pu mettre de motifs plausibles et d'arguments spécieux. » (p. 157). Mais si nous reprenons ici notre lecture de Quintilien, nous trouverons encore ceci : « il y a quelques rhéteurs qui restreignent le terme de prosopopée au cas où, à la fois, les personnes et les mots sont fictifs : *ils préfèrent appeler les conversations imaginaires des "dialogues"*, terme [grec] que certains ont traduit en latin par *sermocinatio*[1] ». C'est donc bien à une disposition rhétorique classique de l'éloquence judiciaire que nous avons affaire dans la structure énonciative matricielle des trois entretiens rapportés dans *Rousseau juge de Jean Jaques.*

Mais notre époque, pourtant férue de « dialogisme », ne pratique plus guère le genre vénérable du « Dialogue », sinon comme lecture obligée à l'université. Pour autant, notre amnésie à l'égard de la configuration rhétorique de toute la littérature d'Ancien Régime n'explique pas tout, non plus d'ailleurs que notre difficulté à comprendre l'esprit des formes juridiques de cette époque et leur langage spécialisé – où Rousseau est passé maître, comme on le vérifiera à maintes reprises dans l'annotation[2] – : ce texte trouble aussi page après page son lecteur, parce que le nom de l'auteur en a disparu es qualité, pour se trouver narrativisé, que ce soit dans le titre : X juge de Y : « Rousseau juge de Jean-Jacques », ou bien dans l'ensemble du volume selon une structure dialogique où le personnage « Rousseau » et celui du « Français » évoquent ce que l'opinion publique éclairée/manipulée par « ces/nos/vos Messieurs » pense d'un criminel nommé « J.J. ». L'auteur a ainsi constitué en hétéronymes distincts son nom de famille et son prénom, ce dernier étant lui-même abrégé en acronyme. Je parle d'hétéronymes et non de pseudonymes car dans cette fiction juridique, le personnage de « Rousseau » comme celui de J.J. sont dotés d'une histoire qui *joue* assez subtilement avec celle de l'auteur dans une sorte de surimpression floutée. Le premier est constitué

---

1 *Institution oratoire*, *ibid.* Mes italiques. Voir Francis Goyet : « Le mot dialogue chez Sébillet : "fiction", ethos, églogue », dans *Riflessioni teoriche e trattati di poetica tra Francia e Italia nel Cinquecento*, Elio Mosele éd., Fasano, Schena editore (colloque de Malcessine, mai 1997), 1999, p. 53-68.

2 J'y ai en effet tenté d'éclairer la dimension juridique de sa langue, tout particulièrement dans le Ier Dialogue, à partir des dictionnaires et des traités de jurisprudence criminelle en cours.

en lecteur passionné des ouvrages attribués à J.J. qui l'ont vraisemblablement sauvé du pire lors d'une période de grande dépression, mais qui n'est pas sorti indemne de la confrontation à ce que la rumeur véhicule de son héros ; lequel, en tant que celui sur qui se concentre l'enquête, fait l'objet de récits complètement contradictoires : la rumeur véhiculée par « le Français » l'assigne en criminel d'État tellement dangereux qu'on préfère éviter son procès, le présente en faussaire consommé, tant comme compositeur que comme écrivain, et comme fourrier des écrits les plus subversifs ; mais il fait aussi l'objet d'un rapport circonstancié de « Rousseau » qui conclut en sens contraire après avoir vécu quelques temps avec lui, tout en admettant d'emblée que puisqu'il « a besoin d'être vu pour être cru », tout ce qu'il pourra en dire manquera le cœur secret de son intimité (p. 314). Et si c'est bien d'un auteur qu'il s'agit en J.J., puisque la séquence en discours rapporté qui lui est prêtée tourne essentiellement sur les raisons qu'il a eues d'écrire, cet auteur résolu à ne plus écrire est tout de même en train de composer, nous l'avons vu plus haut, « une espèce de jugement [de ses persécuteurs] et de lui assez semblable à celui qui résultera [des] entretiens » de « Rousseau » et du « Français » (p. 358).

L'auteur inscrit bien ici un rapport de vicariance de J.J. à lui-même, d'ailleurs amené dès l'introduction de l'ouvrage : « je me suis désigné en tiers [...] par [mon nom] de baptême » (p. 157) ; mais c'est pour en situer l'opération comme effectuée *à rebours* d'une économie énonciative caractérisant l'ensemble du discours contemporain sur son compte ; en effet, ce choix est donné comme façon de rétorquer, dans l'occupation des rôles énonciatifs, aux choix du discours dominant lorsque celui-ci « jug[e] à propos » de lui « ôter » son « nom de famille » pour le « réduire » à « celui de baptême » ; c'est donc « à son exemple » que, selon sa propre stratégie rhétorique, l'auteur des *Dialogues* décide d'inverser les polarités en installant le nom de famille au *lieu* du prénom, sans pour autant que le nom de « Rousseau » fonctionne autrement, précisément, que comme hétéronyme, dans les discours qu'il lui attribuera. Autrement dit, l'entreprise des *Dialogues* se présente aussitôt comme un travail de réécriture *à l'envers* du discours hégémonique, travail dont la condition de possibilité est d'avoir compris que la familiarité du prénom en circulation dans l'opinion est la clef d'une *emprise* dont il s'agit de rendre raison.

L'histoire des mentalités[1] a bien montré qu'à cette époque l'opinion publique devenait de plus en plus nettement le tribunal de la Nation, réputé infaillible à ses propres yeux, devant lequel venaient se débattre toutes les affaires et questions d'intérêt général concernant le juste et l'injuste (comme par exemple l'affaire Calas ou celle du chevalier de La Barre), lesquelles ne tarderont pas à prendre une dimension de plus en plus politique[2]. Dans cette perspective, on a vu que l'opinion a déjà eu l'occasion, avant que ne lui soit offert le dispositif passablement sophistiqué des *Dialogues*, de lire un mémoire bien plus facile d'accès concernant les démêlés de Rousseau et des philosophes. Dans le public qui lit les journaux et qui s'intéresse à l'actualité, un public dont l'extension déborde largement désormais celui des lettrés et des mondains, personne n'ignore donc le détail des démêlés de J.-J. Rousseau (en propre personne cette fois), avec le philosophe David Hume et ses amis parisiens. Malgré leurs réticences, les « Philosophes » avaient en effet dû se résoudre à rendre publique leur version des faits. Dûment chapitré, prié de s'en tenir aux faits et d'éviter tout pathos et toute auto-apologie, Hume a donc écrit un *Exposé succinct* (1766), soigneusement révisé par d'Alembert et préfacé par Suard, avec insertion des « pièces » du dossier : savoir la correspondance des deux protagonistes et de quelques comparses. On comptait ainsi circonscrire et désamorcer un conflit dont on ne voulait pas qu'il prît des dimensions excessives, dans une conjoncture où les Lumières militantes étaient en passe de se rendre maîtresses des principaux lieux du pouvoir idéologique, voire politique. Il fallut déchanter et s'aviser de ce qu'on ne manipule pas l'opinion comme on veut ; en effet, même avec des torts assez évidents relativement aux règles élémentaires de la civilité des honnêtes gens, Rousseau ne laissait pas d'être défendu avec vigueur[3].

Dans la fiction des *Dialogues*, l'accusation d'ingratitude couplée avec le « système de bienfaisance » pratiqué par les maîtres de l'opinion à l'égard

1 Voir notamment Mona Ozouf, « Le concept d'opinion publique au XVIIIe siècle », dans *L'Homme régénéré*, Gallimard, 1989, p. 21-53 et Keith-Michael Baker, *Au tribunal de l'opinion, Essais sur l'imaginaire politique au XVIIIe siècle*, Paris Payot, 1993.

2 Sur l'art voltairien de transformer un *procès* en *affaire* puis en *cause*, voir Elizabeth Claverie, art. cité, p. 185-265.

3 Comme l'écrit Antoine Lilti : « dans la presse et dans les textes publiés en réponse à l'*Exposé succinct*, les réactions anonymes furent souvent favorables à Rousseau, et utilisèrent le langage du sentiment pour exprimer leur certitude que l'"auteur de l'Héloïse" ne pouvait qu'être innocent. » *Le Monde des salons, sociabilité et mondanité à Paris au XVIIIe siècle*, Paris, Fayard, 2005, p. 347.

de J.J. (p. 297) concentre l'essentiel des charges qui pèsent sur lui. Selon les cadres éthiques de cette époque, cette accusation était extrêmement grave, autant selon les codes de civilité que selon les principes du droit civil. Sur ce dernier plan, elle se confond pratiquement avec l'essence de la criminalité, comme on le constate chez François Richer : « tout particulier qui trouble [l'ordre social] auquel il doit sa propre sûreté, qui nuit à la société, de laquelle il a retiré et retire tous les jours tant d'avantages, est un *monstre d'ingratitude* qu'on ne peut trop se hâter de priver des biens qu'il ne mérite pas, et dont il ne se sert que pour nuire à ceux de qui il le reçoit. C'est cette privation qui se nomme Mort civile[1] ». C'est que l'ingratitude détruit le lien social :

> La troisième loi de nature, [écrit Hobbes], est qu'on ne permette point que celui qui, s'assurant de notre reconnoissance a commencé le premier à nous bien faire, reçoive de l'incommodité de sa franchise, et qu'on n'accepte un bienfait qu'avec une disposition intérieure de faire en sorte que le bienfaiteur n'ait jamais de juste sujet de se repentir de sa bénéficence. [...] D'où il s'ensuivrait qu'il ne se trouverait plus de courtoisie parmi les hommes, et que toutes l'amitié et la fidélité qui les lient en seraient ôtées ; qu'ils ne se prêteraient aucune assistance [...] Ce qui étant, on demeurerait nécessairement dans l'état de guerre, qui est contre la loi fondamentale de la nature[2].

L'ingratitude est d'ailleurs si monstrueuse, selon ce qu'en écrit Jaucourt, qu'on saurait à peine légiférer à son propos : « Quelques auteurs ont prétendu que les lois d'aucun peuple n'avaient porté de peines contre l'*ingratitude*, non plus que contre le parricide, pour ne pas présupposer des choses si détestables, et qu'une voix secrète de toute la nature semble assez condamner[3] ».

Dans l'histoire de Rousseau, comme dans celle de son image publique, l'accusation d'ingratitude est un trait récurrent qui le caractérise jusqu'au XIXe siècle et au-delà ; il y avait lui-même prêté le flanc en écrivant en janvier 1762, dans l'une de ses *Lettres à Malesherbes*, que le devoir de reconnaissance lui répugnait par principe : « car tout

---

1 François Richer, *Traité de la mort civile* [...], Paris, Thiboust, 1755, p. 4, mes italiques. « Ce monstre d'ingratitude, dit "le Français" à propos de J.J., ne sent rien ne sait gré de rien, et tous les ménagements qu'on a pour lui, loin de le toucher, ne font qu'irriter sa férocité. » (p. 215).

2 *De Cive*, trad. Sorbiere [1649], *Œuvres philosophiques de Th. Hobbes*, t. I, contenant les *Élémens du Citoyen* [...], Neuchâtel, Société typographique, 1787, p. 49-50).

3 *Encyclopédie*, art. « Ingratitude ».

bienfait exige reconnaissance ; et je me sens le cœur ingrat par cela seul que la reconnaissance est un devoir[1] ». Son procès en ingratitude a été ouvert en 1757-1758 par Diderot, qui le pressait sans succès de remplir ses devoirs sur ce plan, autant à son égard que vis à vis de Mme d'Épinay. Dans ses « Tablettes », il accuse Rousseau, lettres à l'appui, d'un « prodige d'ingratitude » vis-à-vis de cette dernière qu'il refusa d'accompagner à Genève lorsqu'elle s'y rendit pour sa santé, et de l'avoir traitée comme « la plus noire des femmes » en diverses occasions ; quant à lui-même, répudié comme ami par une note ostensible de la préface de la *Lettre sur les Spectacles*, il la juge « un tissu de scélératesse » en affirmant que si, dans quinze ans qu'ils ont vécu ensemble, Rousseau a reçu « toutes les marques d'amitié qu'on peut donner à un homme [...] il ne m'en a jamais donné aucune » ; ainsi, résume-t-il : « cet homme est faux, vain comme Satan, ingrat, cruel, hypocrite et méchant[2] ». – Sans se démentir, il eût pu ajouter qu'il l'était comme Tartuffe[3] !

Rousseau émit évidemment des plaintes symétriques auprès de qui voulait le lire, sa ligne de défense étant la prééminence du sentiment authentique sur le service rendu : « Ingrat, je ne t'ai point rendu de service, mais je t'ai aimé, et tu ne me payeras de ta vie ce que j'ai senti pour toi[4] ». Il reprend là un trait bien avéré de la doctrine classique de l'amitié qui fait de la qualité de l'intention la pierre de touche de celle du bienfait, sans quoi celui-ci n'est qu'un commerce de services à propos duquel il n'y a pas lieu d'entrer dans des considérations de reconnaissance. Selon lui, il n'y a pas même l'ombre d'un bienfait lorsque le don est suspect de calcul car « de toutes sortes de sacrifices, l'argent est celui qui coûte le moins à donner et le plus à recevoir ; ainsi, entre deux amis, celui qui donne est sans contredit fort obligé à celui qui reçoit[5] ». Ce qui l'amène à écrire à Hume, dans sa grande lettre du 10 juillet 1766, qu'« il n'est permis de marchander sur le prix des bienfaits que quand on nous accuse d'ingratitude » et que « ses soins étaient d'un prix inestimable

1 *OC*. I Pléiade, p. 1132.

2 *CC*. t. 5, A 206.

3 Orgon : « Je [...] le tiens comme mon propre frère ; / De bienfaits, chaque jour, il est par moi chargé ; [...] / Il m'ose menacer de mes propres bienfaits. » (*Le Tartuffe*, acte V, sc. 3, v. 1646-1652).

4 *CC*. n° 493.

5 *CC*., n° 592, t. 4, p. 395.

encore plus par sa bonne volonté » que « par la peine et le tems qu'ils lui coûtaient[1] ». Il s'inscrit ici dans une tradition morale remontant à l'*Éthique à Nicomaque* et aux stoïciens, et réactualisée par Montaigne : « si en l'amitié dequoy je parle, l'un pouvait donner à l'autre, ce serait celuy qui recevrait le bienfait qui obligerait son compagnon[2] ». Cette éthique du bienfait désintéressé, qui est contredite au XVIIIe siècle par l'utilitarisme issu de Mandeville, est encore en vigueur chez certains acteurs des Lumières. Ainsi Helvétius, déclara-t-il un jour, alors qu'au terme d'une conversation un peu vive Marivaux l'avait quitté assez brusquement : « Ah ! comme je lui aurais répondu si je ne lui avais pas l'obligation d'avoir bien voulu accepter de moi une pension qu'il eût refusée de tout autre[3]… ! »

Cependant, cette délicatesse n'est sans doute pas le trait dominant des relations, dans la sphère de la mondanité des Lumières, entre les élites sociales et les écrivains qu'elles mécènent, quoique les échanges de services s'y parlent en effet dans le langage de l'amitié. Personne ne l'avoue mais chacun le sait, il y a bien échange de services, les gens de lettres apportant un capital symbolique qui leur est monnayé en gratifications, en emplois ou en sinécures : un système avec lequel Rousseau a ostensiblement rompu lors de sa « Réforme » au milieu du siècle. Lors des querelles de l'Ermitage, Diderot a tenté de l'inquiéter en lui suggérant que sa conduite avec Mme d'Épinay serait jugée par le public : « ne craignez-vous point qu'on ne mésinterprète votre conduite ? on vous soupçonnera d'ingratitude ou d'un autre motif secret[4] » ; cependant les avis demeurèrent partagés à ce propos jusque à la note de la *Lettre à d'Alembert*, qui fut reçue comme scandaleuse par beaucoup. Quant à la *Lettre* elle-même, Voltaire écrit à d'Alembert : « il y a en lui double ingratitude. il attaque un art qu'il a exercé lui-même et il écrit contre vous, qui l'avez accablé d'éloges[5] ». C'est cependant lors de la querelle avec Hume que les constellations lexicales de l'ingratitude, de la scélératesse et de la monstruosité s'agrégèrent à son propos devant l'opinion, et cette fois à une échelle européenne.

1 *CC.* n° 5274, t. 30, p. 32.
2 *Essais*, I, « De l'amitié ».
3 *CL*, 15 février 1763, éd. M. Tourneux, Paris, 1877-1882.
4 *CC.* n° 542.
5 Cité dans *CC.* n° 686.

Ainsi Rousseau et ses anciens amis sont engagés, bien avant *Rousseau juge de Jean Jaques*, dans un procès *pro et contra* qui va exploser devant l'opinion par la publication (dans l'*Exposé succinct* de Hume[1]) de l'immense lettre du 10 juillet 1766 où Rousseau formule ses griefs contre son « patron », comme il le désigne avec ironie. On sait qu'à cette époque, les avocats contournent souvent le secret de l'instruction par la production de mémoires diffusés dans le public, afin de l'impliquer et de faire jouer l'opinion contre l'arbitraire des juges. On s'arrachait ainsi les Mémoires Göezman de Beaumarchais et la réhabilitation de Calas n'a pas suivi un autre chemin[2]. Factums et mémoires judiciaires sont d'autant plus lus qu'ils sont bien écrits, et des transferts s'observent, à cet égard, avec les deux formes dominantes de la prose narrative littéraire du XVIIIe siècle : le roman en forme de Mémoires et le roman épistolaire ; or, dès l'ouverture de sa lettre-fleuve, Rousseau choisit de jouer sur des deux registres en contrepoint :

> Je suis malade, Monsieur, et peu en état d'écrire ; mais vous voulez une explication, il faut vous la donner [...]. Vous la voulez aujourd'hui, je vous l'envoie. Elle sera longue, j'en suis fâché ; mais j'ai beaucoup à dire, et je n'y veux pas revenir deux fois. [...]. Je vous ferai l'histoire des mouvements de mon ame et de ce qui les a produits[3].

Un extrait des Mémoires de Rousseau en somme (d'avance redoutés de toute la communauté « philosophique »), lequel se sait l'inventeur d'une façon radicalement neuve de traiter de soi (et de confesser autrui

1 *Exposé succinct de la contestation qui s'est élevée entre M. Hume et M. J.J. Rousseau. Avec les pièces justificatives. Auquel on a joint* Le Docteur Pansophe *ou* Lettres de M. de Voltaire. A Londres. 1766.

2 Les lecteurs de mémoires judiciaires auront accès à de véritables romans richardsoniens, au point de provoquer l'ire de certains juristes qui accusent leurs collègues de provoquer des phénomènes d'identification incompatibles avec l'exercice serein de la raison. Voici par exemple le point de vue d'un des adversaires de ces pratiques, l'avocat Tronson, adversaire de l'avocat Froudière dans l'affaire de la servante Cléreaux accusée d'empoisonnement : « l'auteur fait de ce roman un drame véritable ; il anime et fait agir tous les acteurs. On voit la scène même se passer sous les yeux ; on la voit ; on est témoin de tout ; on est près de tout ; on assiste à tout ; on frémit à chaque geste, à chaque regard. Les cris de la servante ; les cris de l'enfant [...] tout [...] est détaillé ou supposé avec un artifice incroyable, et déjà le lecteur a tout vu, tout entendu, comme la fille Cléreaux même. » Sarah Maza, *Vies privées, affaires publiques, les causes célèbres dans la France prérévolutionnaire*, Paris, Fayard, 1997, p. 207.

3 *CC.* n° 5874, § [1-3], t. 30, p. 29-30.

en chemin). Et nous avons vu que le tribunal auquel il entend faire comparaître son ancien ami l'assigne en juge de sa propre conduite avec son protégé : « Cet accusateur, Monsieur, est le seul homme au monde qui déposant contre vous pouvait se faire écouter de moi ; c'est vous-même [...], et nommant M. Hume en tierce personne je vous ferai juge vous-même de ce que je dois penser de lui[1] ». Son destinataire se voit ainsi sommé de se diviser en deux personnages : l'accusé et le juge, tandis que l'auteur de la lettre se divise lui-aussi en deux instances : l'historien de son âme (disons Jean-Jaques), et l'accusateur travaillant sur indices et démonstrations (disons Rousseau). Qui a lu *Rousseau juge de Jean Jaques* se trouve ici en territoire connu ; tout lecteur de cette lettre est implicitement convié à se mettre à la place attribuée à son destinataire, et à juger par lui-même de quoi il retourne. C'est ce qu'avaient compris les amis de Hume en lui conseillant d'emblée de ne pas s'engager dans une controverse publique. Sitôt qu'elle apparut inévitable, ils l'incitèrent à s'en tenir aux faits sans s'engager dans sa justification ou dans l'accusation, car ce serait légitimer le public à faire... ce qu'il a de toute façon fait : à savoir juger en son âme et conscience ou ce qu'il prend pour tels[2] – et pas nécessairement dans le sens souhaité par Hume et ses amis. Comme lecteurs des *Dialogues*, nous voici, nous aussi, là où l'auteur nous souhaitait si jamais son texte nous parvenait.

---

1 *Ibid.*, § [3].

2 À cet égard, il ne faut surtout pas méconnaître la puissance du réseau qui s'est progressivement constitué, en amont dans le public, autour de la pensée et de la personne de Rousseau. Voir sur ce point la précise étude de Franck Salaün, « Rousseau 1762 : le système relationnel de Rousseau vu en coupe », dans F. Salaün, *L'Autorité du discours, Recherches sur le statut des textes et la circulation des idées dans l'Europe des Lumières*, Paris, Champion, 2010, p. 295-312. Voir aussi Daniel Roche, « Les primitifs du rousseauisme. Une analyse sociologique et quantitative de la correspondance de Rousseau », *Annales ESC*, 1971, p. 151-172, ainsi que Robert Darnton : « La lecture rousseauiste et un lecteur ordinaire au XVIIIe siècle », dans Roger Chartier (dir.) *Pratiques de la lecture* (1985), Paris, Payot, 1993, p. 161-200.

UNE PROPÉDEUTIQUE CRÉATIVE

À travers la réforme du jugement du « Français », le pari de *Rousseau juge de Jean Jaques* est de créer les conditions d'une conversion de ses éventuels lecteurs à l'art de la lecture méditative, en vue d'un jugement selon l'ordre du cœur autant que de celui des raisons. Depuis son premier *Discours*, Rousseau n'a en effet jamais cessé de s'adresser à ses lecteurs pour les former à une certaine façon de lire et de réfléchir[1]. Or à cet égard les *Dialogues* sont conçus comme une propédeutique à l'approche raisonnée de son œuvre théorique, selon une méthode paradoxale puisqu'elle admet que, comme dans certaines formes de contrepoint, « soit qu'on chante les parties dans l'ordre naturel, soit qu'on renverse le papier pour les chanter dans un ordre rétrograde, en sorte que l'on commence par la fin, et que la basse devienne le dessus, on a toujours une bonne harmonie et un canon régulier[2] ». Au cours du troisième entretien, le « Français » explique ainsi avoir découvert que les écrits de J.J. « marchaient dans un ordre rétrograde à celui de leur publication » et qu'il fallait donc lire l'œuvre en commençant par la fin, selon une méthode « synthétique » (p. 472) admettant que les premiers écrits ne développent toutes leurs virtualités que dans l'éclairage de l'*Émile* et du *Contrat social* : comme si l'essence de l'œuvre procédait, pour ainsi dire, de sa *réversibilité*, qui la délie du temps. Ce qui n'empêche pas, parallèlement, une présentation quasi tactique de la diffusion sélective de ses thèses fondamentales au fil des publications, selon une stratégie d'adaptation réfléchie au terrain. Si l'on peut naturellement demeurer dubitatif à l'égard de cette reconstruction *a posteriori*, il convient de se rappeler néanmoins que, depuis la préface de *Narcisse* jusqu'à l'« Entretien sur les romans », Rousseau a toujours publiquement réfléchi sur la cohérence des évolutions tactiques de sa démarche, en tant que celle-ci procède d'une thérapeutique concertée de traitement du mal par le mal[3].

---

1 Voir Robert Ellrich, *Rousseau and his Reader, the Rhetorical Situation of the Major Works*, Chapel Hill, the University of Carolina Press, 1969.

2 J.-J. Rousseau, *Dictionnaire de musique*, art. « Canon ». Il s'agit de la forme nommée le « Double canon renversé ». On sait que Rousseau pratiquait couramment à son propre usage l'écriture et la lecture en « boustrophédon ». Voir à ce propos, le n° 36 du IIe entretien dans le « Glossaire ».

3 J. Starobinski, *Le remède dans le mal*, Paris, Gallimard, 1989.

On sait que Roger Masters s'est inspiré de la méthode indiquée par « le Français » pour tester la cohérence de la pensée politique de Rousseau en remontant méthodiquement depuis l'*Émile* vers le premier *Discours* : « on présupposera que ses écrits philosophiques forment un tout cohérent, puisque Rousseau lui-même dit que l'apparence d'"inégalité" et de "contradictions" dans ses différents ouvrages, aussi bien que ses "maximes très paradoxes", deviennent compréhensibles, quand une attention suivie révèle son "système"[1]. » Selon la même ligne herméneutique, il considère avec Christopher Kelly, dans leur édition des *Dialogues*, que ceux-ci constituent une propédeutique fictionnelle aux fondements du système[2]. Rousseau, quant à lui, a dit clairement le caractère organique ou systématique de son œuvre théorique dans la IIe des *Lettres à Malesherbes* de janvier 1762, où il rapporte les circonstances de sa transe de Vincennes :

> Tout ce que j'ai pu retenir de ces foules de grandes vérités qui dans un quart d'heure m'illuminèrent sous cet arbre, a été bien faiblement épars dans les trois principaux de mes écrits, savoir ce premier discours, celui de l'inegalité, et le traité de l'éducation, lesquels trois ouvrages sont inséparables et forment ensemble un même tout[3].

Il confirme cette organicité un an plus tard, dans la *Lettre à Christophe de Beaumont*, tout en introduisant l'idée d'une progressivité :

> Quand un auteur ne veut pas se répéter sans cesse, et qu'il a une fois établi clairement son sentiment sur une matière, il n'est pas tenu de rapporter toujours les mêmes preuves en raisonnant sur le même sentiment. Ses écrits s'expliquent alors les uns par les autres, et les derniers, quand il a de la méthode, supposent toujours les premiers. Voilà ce que j'ai toujours tâché de faire[4].

---

1 R. D. Masters, *La Philosophie politique de Rousseau* (1968), trad. G. Colonna d'Istria et J.-P. Guillot, Lyon, ENS éditions, 2002, p. 12.

2 « To be read properly, this work must also be seen as a dramatization of the fundamental principles of Rousseau's systematic thought and his deepest reflections on the problem of making this systematic thought accessible to an audience Introduction aux *Dialogues* », *Collective Writings of Rousseau*, vol. I, Hanover and London, U. Press of New England (1990), p. XXVI. Republiée dans la revue *Interpretation*, Winter 1989-1990, Vol. 17, n° 2, p. 252. Récemment, voir également C. Kelly, « La place de *Rousseau juge de Jean-Jaques (Dialogues*) dans les *Collected Writings of Rousseau* », *AJJR* XLIX, 2010, p. 173-195.

3 *OC*. I Pléiade, p. 1136.

4 *OC*. IV Pléiade, p. 951.

La question est alors de savoir si les thèses centrales du système sont d'emblée explicites dès le *Discours sur les sciences et les arts* ou si elles y travaillent seulement en filigrane, dans l'implicite ou le quasi implicite ; or un texte semble suggérer la seconde option. En effet, à une date postérieure à la Préface de *Narcisse* (1753-1754), Rousseau explique, dans la « Préface d'une seconde lettre à Bordes » qui avait à nouveau attaqué ses thèses en 1753, qu'il s'est bien gardé d'exposer d'emblée ses intuitions centrales dont ce *Discours* n'est qu'un corollaire :

> Ayant tant d'intérêts à combattre, tant de préjugés à vaincre et tant de choses dures à annoncer, j'ai cru devoir pour l'intérêt même de mes lecteurs, ménager en quelque sorte leur pusillanimité et ne leur laisser apercevoir que successivement ce que j'avais à leur dire. Si le seul Discours de Dijon a tant excité de murmures et causé de scandale, qu'eût-ce été si j'avais développé du premier instant toute l'étendue d'un système vrai mais affligeant, dont la question traitée dans ce Discours n'est qu'un corollaire ? [...] Quelques précautions m'ont donc été d'abord nécessaires, et c'est pour pouvoir tout faire entendre que je n'ai pas voulu tout dire. Ce n'est que successivement et toujours pour peu de lecteurs, que j'ai développé mes idées. Ce n'est point moi que j'ai ménagé, mais la vérité, afin de la faire passer plus sûrement et de la rendre utile. Souvent je me suis donné beaucoup de peine pour tâcher de renfermer dans une phrase, dans une ligne, dans un mot jeté comme au hasard, le résultat d'une longue suite de réflexions. Souvent la plupart de mes lecteurs auront dû trouver mes discours mal liés et presque entièrement décousus, faute d'apercevoir le tronc dont je ne leur montrais que les rameaux. Mais c'en était assez pour ceux qui savent entendre, et je n'ai jamais voulu parler aux autres. Cette méthode m'a mis dans le cas d'avoir souvent à répliquer à mes adversaires, soit pour résoudre des objections, soit pour étendre et éclaircir des idées qui en avaient besoin, soit pour achever de développer toutes les parties de mon système à mesure que les suffrages des sages m'assuraient l'attention publique[1].

L'esprit de cette préface (confirmé par un passage des *Confessions* à propos de celle de *Narcisse*[2]) consonne bien, semble-t-il, avec les pratiques d'écriture « entre les lignes » expérimentées dans la tradition du « libertinage intellectuel » du siècle précédent, afin de limiter les graves risques encourus par toute pensée subversive en communiquant de façon pour ainsi dire codée avec ceux, contemporains ou non, qui

1 *OC.* III Pléiade, p. 106. Cette lettre, laissée inachevée, n'a pas été publiée de son vivant.

2 « Dans la Préface qui est un de mes bons écrits, je commençai de mettre à découvert mes principes un peu plus que je n'avais fait jusqu'alors ». Livre 7, *OC.* I, p. 388.

sauraient déchiffrer tout un développement dans une allusion, déceler l'ironie d'une page ostensiblement orthodoxe, ou reconstituer un argumentaire à partir de quelques fragments, même dispersés. Léo Strauss a bien montré la réalité de ces pratiques fondées sur l'implicite où « il suffit pour un auteur qui ne veut s'adresser qu'à des hommes très réfléchis d'écrire d'une manière telle que seul un lecteur très attentif pourra déceler la signification de son livre[1] ». La longue polémique autour du premier *Discours* aurait donc permis à Rousseau d'évaluer l'accueil de ses thèses auprès des lecteurs aguerris, ainsi que le degré d'incompréhension qu'elle suscitaient, avant d'en dévoiler plus clairement ce qu'il appelle « le tronc ». Cette progression explicitante est peut-être suggérée par une considération de méthode à la fin de la préface du *Discours sur l'origine de l'inégalité*, suggérant qu'il avait d'abord fallu éclaircir l'état de la question avant de traiter le fond du problème :

> Les établissemens humains paraissent au premier coup d'œil fondés sur des monceaux de sable mouvant : ce n'est qu'en les examinant de près, ce n'est qu'après avoir écarté la poussière et le sable qui environnent l'édifice, qu'on aperçoit la base inébranlable sur laquelle il s'est élevé, et qu'on apprend à en respecter les fondements. Or sans l'étude serieuse de l'homme, de ses facultés naturelles, et de leurs développements successifs, on ne viendra jamais à bout de faire ces distinctions, et de séparer dans l'actuelle constitution des choses, ce qu'a fait la volonté divine d'avec ce que l'art humain a prétendu faire[2].

Cette interprétation justifierait l'affirmation du personnage « Rousseau » dans le premier dialogue, selon laquelle J.J. aurait « laissé mûrir vingt ans sa tête dans le silence afin de donner plus de profondeur et de poids à ses productions longtemps méditées » (p. 186), assertion qui contredit de façon presque provocante la version courante de l'irruption d'un quasi inconnu sur la scène littéraire comme produit aussi génial que circonstanciel de ce qu'on appelle « l'illumination de Vincennes ». Il est en tout cas certain, à cet égard, que *Rousseau juge de Jean Jaques* préfère affirmer le scénario du mûrissement de longue haleine depuis les années de formation, le second entretien n'intégrant l'événement de Vincennes que comme une sorte de catalyse provoquées autant par

---

1 Léo Strauss, *La persécution et l'art d'écrire* [1952], trad. Olivier Berrichon-Sedeyn, Paris, Presse Pocket, 1989, p. 59.

2 *OC*. III Pléiade, p. 127.

l'évolution du tempérament de J.J. liée à l'âge, que par l'influence de la scène intellectuelle parisienne :

> C'était plutôt un sentiment sourd une notion confuse qu'un jugement clair et développé. L'opinion publique l'avait trop subjugué lui-même pour qu'il osât réclamer contre de si unanimes décisions. Une malheureuse question d'académie qu'il lut dans un Mercure vint tout à coup dessiller ses yeux, débrouiller ce chaos dans sa tête, lui montrer un autre univers. (p. 349)

On doit ainsi constater ici que cet entretien relit à rebours, ou en surimpression, le récit de la seconde lettre à Malesherbes et celui des *Confessions*, le lecteur étant ainsi appelé à s'interroger sur l'interprétation qu'il convient d'adopter pour *penser ensemble* les deux versions.

Ce n'est pas la seule innovation foncière qu'amènent les *Dialogues* dans l'approche des thèses philosophiques de leur auteur, qui écrivait un jour à l'une de ses correspondantes qu'« on ne quitte pas sa tête comme son bonnet [...] l'esprit une fois en effervescence y reste toujours, et quiconque a pensé pensera toute sa vie[1] ». Tout montre que le dernier Rousseau, celui des *Considérations sur le gouvernement de Pologne*, de la composition de *Pygmalion* et de *Daphnis et Chloé*, et des *Lettres élémentaire sur la botanique* n'a jamais cessé de penser créativement ; et c'est sans doute encore vrai de ses hypothèses fondamentales sur la question de l'état de nature, puisque J.J. est présenté au cours du second entretien comme « l'homme de la nature éclairé par la raison » (p. 392). On sait que sa « théorie de l'homme » (comme il la nomme dans la *Lettre à Christophe de Beaumont*[2]) est conçue dès le départ en termes expérimentaux ; sa formulation la plus nette à cet égard est donnée dans les premières pages du *Discours sur l'origine de l'inégalité* :

> *Quelles expériences seraient nécessaires pour parvenir à connaître l'homme naturel ; et quels sont les moyens de faire ces expériences au sein de la société ?* [...] Ces recherches si difficiles à faire, et auxquelles on a si peu songé jusqu'ici, sont pourtant les seuls moyens qui nous restent de lever une multitude de difficultés qui nous dérobent la connaissance des fondements réels de la société humaine[3].

On retrouve la question dans un passage biffé du manuscrit Favre de l'*Émile* :

---

1 À Henriette ***, Motiers, le 7 mai 1764, *CC* n° 3256.

2 *OC*. IV Pléiade, p. 941.

3 *OC*. III Pléiade, p. 123-124, ses italiques.

> Si l'homme a été constitué par son auteur tel qu'il devait être ce qu'il tient de la nature vaut mieux que ce qu'il tient de ses semblables. Ce préjugé parait légitime, c'est à l'expérience à le confirmer ou à le détruire. Mais comment faire cette expérience. Il ne serait peut-être pas tout à fait inutile de chercher les moyens. Mais quels moyens de faire cette expérience ? Mettons-nous à la place de celui qui voudrait la tenter et cherchons[1].

L'enquête menée par « Rousseau » sur l'individu J.J. constitue la quatrième tentative créative de J.-J. Rousseau pour concevoir par conjecture l'homme naturel à partir de l'homme en société. Les trois étapes précédentes sont les suivantes : déduction de « l'homme de l'homme » à partir des deux passions primitives de l'homme naturel (*Inégalité*) ; modélisation d'un enfant selon la nature dans la perspective de sa socialisation (*Émile*) ; généalogie des affects de l'individu selon ses rapports comme clef de l'aliénation en lui de l'homme naturel (*Confessions*). Trois postulats communs réunissent ces trois tentatives : 1. prise en compte du temps de la socialisation, à l'échelle de l'espèce, à celle du parcours éducatif ou à celle d'une vie remémorée. 2. Caractère aléatoire de la mutation de l'homme naturel en homme de l'homme : dans l'*Inégalité*, il faut reconstituer par conjecture les causes probables d'une mutation qui pouvait ne jamais se produire ; dans l'*Émile*, la théorie accorde par hypothèse au précepteur une maîtrise absolue de l'environnement de l'enfant car la moindre interférence prématurée des rapports sociaux ruinerait aussitôt l'expérience ; dans les *Confessions*, le hasard des circonstances de la naissance, du milieu, des rencontres, etc. est incessamment repéré comme composante irréductible, pour le pire comme pour le meilleur, de l'histoire morale du sujet. 3. L'homme de la pure nature, comme l'enfant de la nature, comme le sujet des *Confessions* sentent avant de penser : la raison et les autres facultés sont des produit du temps et de la socialisation.

Le IIe entretien, en revanche, rompt avec ces trois postulats : 1. au lieu d'une modélisation généalogique, l'analyse repose sur l'invariant du tempérament posé comme fondement *a priori* du caractère : « De tous les hommes que j'ai connus, dit "Rousseau", celui dont le caractère dérive le plus pleinement de son seul tempérament est J.J. Il est ce que l'a fait la nature » (p. 317). 2. Cette corrélation est pour ainsi dire physiologiquement nécessaire, elle est irréductible à l'aléa des circonstances,

---

1 *OC*. IV Pléiade, p. 1269.

de telle sorte que le résultat sera le même que l'on parte de l'observation du caractère pour en induire le tempérament (p. 317-322) ou que l'on se donne le tempérament pour en déduire le caractère (p. 339-345). 3. Dans le cas de J.J., les facultés de l'esprit sont un donné, non un produit. Par hypothèse, il est donc l'homme de la nature éclairé par la raison, comme Émile est l'enfant de la nature éduqué pour être socialisé. On ne saurait sous-estimer la révolution ici introduite dans la modélisation de l'homme naturel : à un modèle « généalogique » qui a dominé toutes les recherches de Rousseau depuis le second *Discours* jusqu'aux *Confessions* (et qui est aussi le modèle dominant de l'histoire de la production des connaissances selon les Lumières) est substitué un modèle d'inspiration « galénique » caractéristique de la médecine ancienne qui déduit intégralement le caractère ou les mœurs des données du « tempérament » : un modèle certes en régression au XVIIIe siècle mais resté actif chez des médecins comme Le Camus ou Tissot[1].

Ce n'est pas la seule « révolution » (au sens étymologique) opérée par le second entretien des *Dialogues* sur le plan théorique ; en effet, l'on y cherchera en vain le concept de « pitié » qui rend compte, du second *Discours* jusqu'à l'*Émile*, de la compassion naturelle innée à tout être vivant : c'est que la sphère de la compassion, dans le contexte des *Dialogues*, est empoisonnée par la pratique hypocrite que sont censés en avoir les maîtres de l'opinion. Si Rousseau conserve le concept d'amour de soi comme racine de son système des passions naturelles et de leur dévoiement sous rapports sociaux, le second entretien avance un modèle nouveau où devient central le concept de « sensibilité ». C'est que « la vogue extraordinaire dont jouit le mot [sensibilité] entre 1760 et 1775 » l'amène, comme l'écrit Jean Sgard, « à s'interroger sur les équivoques de la sensibilité [...] : la sensibilité morale [...] peut elle-même s'inverser sous l'emprise de la vie sociale et devenir sensibilité négative. Il appartiendra à des êtres déviés, libertins, cyniques, de s'abandonner à la sensibilité, jusqu'à devenir des *énergumènes de sensibilité*[2]. » Autrement dit – et c'est tout l'enjeu de la discussion de l'approche purement neuro-physiologique

1 Voir Antoinette Emch-Dériaz, *Tissot, Physician of the Enlightenment*, N.Y [...] Paris, Peter Lang, 1992, Jackie Pigeaud, « La survivance de Galien », in *Aux portes de la psychiatrie*, Paris, Aubier, 2001, et plus récemment Gilles Barroux, *Philosophie, maladie et médecine au XVIIIe siècle*, Paris, H. Champion, 2008.

2 *Le Vocabulaire du sentiment dans l'œuvre de J.-J. Rousseau*, sous la direction de Michel Gilot et Jean Sgard, Genève-Paris, Editions Slatkine, 1980, p. 4-5.

à propos d'un énigmatique[1] « nouveau livre anglais intitulé Recherches sur l'âme » (p. 322) –, Rousseau systématise à cette époque un nouveau modèle opposant la sensibilité passive et purement physique à une sensibilité « active et morale », d'ailleurs représentée en termes quasi newtoniens, puisque « sa force est en raison des rapports que nous sentons entre nous et les autres êtres » (p. 323), et où il régénère pour ainsi dire son ancien concept de « pitié », tout en redéfinissant en termes dualistes une catégorie centrale du monisme matérialiste, puisque la « sensibilité active » est chez Diderot le concept qui rend compte de la sensibilité universelle de la matière[2].

Il y a d'autres exemples de cette créativité théorique, d'ailleurs toujours corrélées à une attention aiguë aux mouvements les plus récents de la langue et des idées, comme on s'en rend compte avec l'usage que le IIe et IIIe entretiens font de la catégorie d'*animosité*, définie comme « plus vive et plus agissante que la simple aversion » (p. 411), pour penser ce que nous appellerions aujourd'hui une passion collective ou un *mouvement d'opinion*, ici analysés comme « épidémies d'esprit[3] » (p. 410). Les analyses du *Contrat social* sur les phénomènes d'unanimité artificielle de l'opinion en régime non-démocratique trouvent ici une application concrète dans l'analyse du caractère systématique, collectif, et pour ainsi dire politique de l'animosité générale contre J.J., par où Rousseau rencontre les traits essentiels que prêtent à « l'esprit de

1 Ce titre reste en effet introuvable dans la production de l'époque en langue anglaise, alors qu'un recueil « holbachien » anonyme publié en 1771 paraît assez bien correspondre, mais en français, à la cible visée dans ce passage. Voir à ce propos la note 63 du IIe entretien et le n° XIII du « Dossier documentaire ».

2 Ainsi dans *Le Rêve de d'Alembert* : « c'est une comparaison qu'il m'a faite, raconte Mlle de L'Espinasse ; un réseau homogène, entre les molécules duquel d'autres s'interposent et forment peut-être un autre réseau homogène, un tissu de matière sensible, un contact qui assimile de la sensibilité active ici, inerte là, qui se communique comme le mouvement [...]. » *Cf.* également l'*Entretien entre d'Alembert et Diderot*, avec la mise en place de la dichotomie sensibilité active / sensibilité inerte (mais en puissance), censée frayer la voie à une théorie matérialiste de la sensibilité générale de la matière, par l'assimilation de l'une à l'autre dans le « laboratoire » animal. Diderot, *Œuvres philosophiques*, éd. P. Vernière, Paris, Classiques Garnier, 1990, p. 290 et 260-261.

3 Ici encore, Rousseau se saisit d'une imagerie en circulation dans la langue du temps ; ainsi dans tel réquisitoire de Pasquier en août 1770, motivant un arrêt du parlement condamnant au feu « différents livres ou brochures, intitulés : La contagion sacrée ou l'histoire naturelle de la superstition », où la métaphore est retournée contre ses auteurs : « éloquence, poésie, histoire, roman, jusqu'aux dictionnaires, tout a été infecté... » (in E. Claverie, art. cité, p. 225).

parti » certains écrits contemporains ; ainsi des *Considérations sur les mœurs* de Duclos :

> La haine contre le parti contraire est d'obligation, c'est le seul devoir [...] dont [les partis] s'acquittent religieusement, souvent pour des questions qu'ils n'entendent point [...] et n'en sont adoptées et défendues qu'avec plus d'animosité[1].

D'Alembert l'emploie également en ce sens dans son pamphlet anonyme *La Destruction des jésuites de France* : « les différentes brochures qui ont été publiées sur l'affaire des Jésuites [...] respirent l'animosité et le fanatisme dans ceux qui ont entrepris ou d'attaquer ou de défendre la société[2] ». À cet égard, les *Dialogues* ne font donc que théoriser en termes de mimétisme[3] un phénomène dont d'excellents observateurs attestent qu'il caractérise le ton général des débats d'opinion à cette époque. Si le mot « animosité » semble absent des écrits théoriques de Rousseau comme de son roman, il apparaît deux fois, et précisément au sens de passion idéologico-politique, dans les *Lettres écrites de la Montagne*, à propos de l'animosité du gouvernement de Genève à son égard (IVe lettre), et de celle des « partis » dans l'espace public (V^e^ lettre[4]), puis dans la *Lettre* à Mgr. de Beaumont, en désignant le prélat comme « instrument » inconscient de l'« animosité » des jansénistes[5]. Il réapparaît au livre VIII des *Confessions*, à l'occasion du scandale de la *Lettre sur la musique française* : « le public, alors dans sa plus grande animosité contre moi », ainsi qu'au livre XII, à propos des décrets contre *Émile* et son auteur : « En cherchant vainement la cause de cette unanime animosité, je fus prêt à croire que tout le monde était devenu fou », et de

1 Charles Pinot Duclos, *Considérations sur les mœurs de ce siècle* (1751 puis 1764), éd. Carole Dornier, ch. XIV, Paris, Champion-Classiques, 2005, p. 216.

2 *Op. cit.*, Genève, 1765, *Avertissement*.

3 En amont, on peut sans doute rapporter au Malebranche de la « communication contagieuse des imaginations fortes » le point de départ de la thèse (voir sur ce point la note 238 du second entretien). Beaucoup plus en aval dans la théorie, la haine mimétique « obligée » dont parle Duclos, si on l'envisage du point de vue de la fin imminente de l'Ancien Régime en France, laisse sans doute apparaître d'intéressantes corrélations entre la « contagion » de l'animosité contre J.J. conjecturée par « Rousseau » et les thèses de René Girard sur l'élection d'une victime-émissaire qui ne soit « ni dedans, ni dehors », comme ultime mécanisme de régulation des sociétés en voie d'indifférenciation mimétique doublée de désacralisation. Voir notamment *La Violence et le sacré*, Paris, Grasset, 1972.

4 *OC*. III Pléiade, respectivement p. 765 et 802.

5 *OC*. IV Pléiade, p. 933.

l'utilisation par ses adversaires de ce qu'ils savaient de l'abandon de ses enfants : « Ma situation, cependant, était alors la même et pire encore par l'animosité de mes ennemis, qui ne cherchaient qu'à me prendre en faute[1]. » Son usage dans les *Rêveries* (Promenades I, II, III, VIII, IX) est homogène à celui des *Dialogues*. On vérifie bien ainsi que Rousseau n'a cessé jusqu'à la fin d'affuter sa langue et sa pensée de façon créative sur toute une série de points de sa doctrine, et cela au plus près au contact des réalités et des discours contemporains.

Mais s'il ne peut cesser de repenser à nouveaux frais ses propres thèses, il a toujours également su en résumer efficacement les invariants : le *Contrat social* dans la Ve partie de l'*Émile*, ses thèses religieuses dans la *Lettre à Beaumont*, etc. À cet égard, les *Dialogues* offrent toute une série de variations sur les nœuds fondamentaux de sa pensée dont la reprise, au demeurant, est rarement exempte d'inflexions novatrices. Ainsi la présentation romanesque du monde idéal dans le premier entretien, comme propédeutique à la théorie de la dégénérescence de l'amour naturel de soi en société et préparation à l'exposé de la méthode de « Rousseau » au second entretien. Dans la seconde partie de celui-ci, on trouvera une analyse des déterminations économiques du travail intellectuel et de son exigence de liberté, mais aussi une présentation approfondie, narrativisée à travers le récit de l'existence de J.J., des éléments les plus contemplatifs de sa pensée, ainsi qu'une perspective sur le processus créatif, de la rêverie romanesque à la méditation suivie. C'est d'ailleurs là que brille la formule qui condense de la façon la plus nette ce que Rousseau maintient et cultive de la vie théorétique au rebours du pragmatisme affairé de son siècle[2] : « la vie contemplative dégoûte de l'action » (p. 342) ; s'y joint la réaffirmation, déjà esquissée dans l'*Émile*[3], du droit du solitaire authentique à un mode de vie dégagé des obligations du travail et de la vie sociale, puisque « l'indolence et l'oisiveté, qui dans la societé sont un si grand vice n'en sont plus un dans quiconque a su renoncer à ses avantages pour n'en pas supporter les travaux » (p. 344) ; c'est là également qu'on trouve, avant les Ve et VIIe Promenades, la formulation déjà complète de son expérience des états de suspens des puissances de l'âme, doublés d'une attention flottante aux objets qui maintient l'exercice des

1 *OC*. I, *op. cit.*, respectivement p. 385, 591, 594.

2 Voir la note 124 de cet entretien et la note 108 du même dans le « Glossaire ».

3 *Émile*, l. III, *OC*. IV Pléiade, p. 470.

sens de façon à nourrir la rêverie – et cela dans la cité autant que dans la nature, par où il s'avance bien au-delà des topoï de la rêverie pastorale[1]. Et c'est encore dans cet entretien que se trouvent affirmés les pouvoirs de l'imagination créatrice et de la reviviscence heureuse cultivée à dessein, les manuscrits P. et G. radicalisant d'ailleurs la thèse en affirmant que l'imagination « est en nous la principale source non seulement des vices et des vertus, mais des biens et des maux de la vie, et que c'est elle par son usage qui rend les hommes bons ou méchans, heureux ou malheureux ici bas » (p. 335[2]). Quant aux enjeux politiques et idéologiques de sa pensée, c'est au début du IIIe entretien qu'ils sont rappelés, avec la présentation d'extraits choisis par le « Français » pour leur caractère subversif, tandis que la seconde partie lance un débat très ouvert et sans précédent dans l'œuvre antérieure de Rousseau, sur l'avenir politique de l'Europe autant que sur le devenir comparé de ses idées et de celles des Lumières. Enfin, cette œuvre feuillette et refeuillette l'ensemble des œuvres précédentes, discours et traités autant que roman et musique, afin qu'il ne soit pas possible d'oublier que c'est d'un penseur artiste qu'il est question[3].

Et dans cette récollection incessante, ce repli et ce dépli de l'œuvre sur elle-même, nous n'oublierons pas qu'elle se met en abyme ; il semble que l'auteur ait voulu faire avec ses écrits comme avec lui-même dans *Les Confessions* : les « montrer sous tous les points de vue », les « éclairer par tous les jours[4] », à charge pour le lecteur de travailler sur ce corps de pensée comme Isis travailla sur Osiris peut-être (puisque Rousseau proteste contre le démembrement dont son œuvre est victime), afin d'en lever la figure qui sera son portrait tel qu'il l'aura connu. Au rebours du jeu faussé des représentations, inscrit dans le débat du début du second entretien sur les portraits et gravures qui aliènent et confisquent l'ethos même de l'auteur dans les circuits médiatiques qui les diffusent, c'est la fréquentation du texte qui donne accès au portrait authentique[5], lequel, au dire du « Français », se confond avec

1 Voir les pages 336-337.

2 Je cite la leçon de P.

3 Ce qu'avait bien montré naguère M. O'Dea dans son article « Le cœur, la voix et la fiction dans les *Dialogues* », *PL* n° 7, Ottawa, 1998 (réédition Paris, Champion, 2003).

4 *OC*. I Pléiade, p. 175.

5 Diderot ne dit pas autre chose à propos de Sénèque : « Tous les bustes de Sénèque m'ont paru médiocres ; la tête de sa figure au bain est ignoble : sa véritable image, celle qui

le déduction hypothétique de l'homme naturel : c'est le passage tant commenté où comparant le rapport de « Rousseau » sur l'homme J.J. à sa propre conviction de lecteur, « le Français » conclut à l'adéquation mutuelle des deux images : ce que le texte séparait radicalement depuis le début se trouvant enfin réunifié dans une superbe cadence : « d'où le peintre et l'apologiste de la nature aujourd'hui si défigurée et si calomniée peut-il avoir tiré son modèle, si ce n'est de son propre cœur ? » (p. 476). On aurait grand tort de négliger la dimension proprement dialectique du travail argumentatif permettant au texte d'obtenir un tel effet d'unification mélodique de ce qu'il avait jusque-là travaillé comme des antagoniques : une dialectique elle même inséparable d'un dialogisme qui s'inscrit, forme et fond, dans la continuité d'une approche socratique de l'affrontement à la *doxa*[1].

DE L'ART DU DIALOGUE

En effet, comme Socrate et comme tout penseur authentique, Rousseau se trouve confronté à l'opinion, où court à son propos la rumeur qu'il n'est rien moins qu'un penseur sérieux mais un sophiste et un « homme à paradoxes », et où se trouve ouvert par surcroît, nous l'avons vu, un long procès sur son caractère et sa conduite, lequel conditionne de fait la réception présente et à venir de sa pensée. Dans l'analyse de l'histoire de l'opinion présentée par J.J. au second entretien,

---

vous frappera d'admiration, qui vous inspirera le respect, et qui ajoutera à mon apologie la force qui lui manque, elle est dans ses écrits. C'est là qu'il faut aller chercher Sénèque, et qu'on le verra. » (*Essai sur les règnes de Claude et Néron*, in Diderot, *Œuvres complètes*, t. XXV, Paris, Hermann, 1986, p. 224).

1 C'est ce que rappellent C. Kelly et Roger D. Masters dans l'introduction de leur édition des *Dialogues* : « [la scission de soi en de nombreux personnages, images et contre-images] n'est propre ni à Rousseau ni aux fous présumés [par une grande part de la critique]. La trilogie des dialogues platoniciens constituée par le *Théétète*, le *Sophiste* et le *Politique*, consiste en conversations entre une distribution de personnages, Socrate y compris ; un garçon nommé Théétète, qui ressemble exactement à Socrate ; un jeune ami de Théétète qui se nomme Socrate ; et un étranger éléate un peu mystérieux qui interroge ses interlocuteurs d'une façon qui ressemble en partie (quoique pas totalement) à celle de Socrate lui-même. » Introduction aux *Dialogues*, *op. cit.*, p. XIV. Ma traduction.

il appert que depuis le milieu du siècle le public a désormais perdu toute diversité et toute autonomie, de telle sorte, pense-t-il, qu'il « ne raisonne plus [...] et ne suit plus que les impressions qu'on lui donne » (p. 364). C'est aussi ce que croit son auteur, sans pour autant être en mesure, il le dit dans « Du sujet et de la forme de cet écrit », de résoudre au fond l'énigme de cette unanimité. Cette prémisse étant posée, son projet sera de former un *logos* de cette déraison collective, et « ne pouvant raisonner sur des motifs particuliers qui [lui] étaient inconnus et incompréhensibles, de raisonner sur une hypothèse générale qui pût tous les rassembler », de telle sorte qu'y soient regroupés, à charge contre J.J., tout ce qu'il aura pu trouver « de motifs plausibles et d'arguments spécieux » (p. 157). Or ce choix argumentatif porte un nom dans le répertoire des genres littéraires ; il s'agit de ce genre « qui montre un orateur fictif accablant lui-même et à son insu sa propre personne ou sa propre cause qu'il croit mettre en valeur », autrement dit celui de *l'éloge paradoxal*[1]. C'est au personnage du « Français » qu'est dévolu le rôle de le porter, avec une singularité ou une réserve que l'auteur s'empresse de souligner : il n'est pas complice des actions qu'il rapporte et sa sincérité foncière est hors de cause – une singularité générique qui participe de la trajectoire argumentative des *Dialogues* en ce qu'elle prépare une transformation radicale du point de vue du « Français », j'y reviendrai. Quant au discours qu'il relaie, le lecteur est averti qu'il aura affaire « à des raisonnements absurdes » (p. 158) dont le premier entretien est consacré à faire apparaître le caractère proprement délirant, tout du moins selon l'analyse de « Rousseau » : « ce monstre tel qu'il leur a plu de nous le forger est un personnage bien étrange, bien nouveau, bien contradictoire, un être d'imagination tel qu'en peut enfanter le délire de la fièvre, confusément formé de parties hétérogènes qui par leur nombre leur disproportion leur incompatibilité ne sauraient former un seul tout » (p. 256). En ce sens, et puisque les mots « délire », « fureur » et « folie » condensent, dans les trois entretiens, l'irrationalité foncière du public égaré par ses maîtres, le discours du « Français » en faveur des thèses des « Messieurs » assumées jusque dans leurs suites les plus aberrantes, y est conçu comme une sorte d'« éloge de la folie », tandis que le montage, dès l'*incipit*, de

1 Telle est la définition qu'en donne Patrick Dandrey dans son essai : *L'éloge paradoxal de Gorgias à Molière*, Paris, PUF, 1997, p. 55.

deux quasi citations du *Tartuffe*[1] suggère qu'on doit y lire une comédie passablement satirique.

Tel est du moins le projet littéraire de Rousseau ; qu'il ait réussi dans cette entreprise pour convertir son débat avec son siècle dans une forme littéraire acceptable est une question à laquelle la réception dominante des *Dialogues* répond par la négative, du moins jusqu'à la révolution qu'a opérée à leur égard l'édition de Robert Osmont. Mais la question du « dialogue d'idées », autrement dit celle du traitement conversationnel des questions de fond était de toute façon une affaire délicate pour les grandes plumes des Lumières, comme elle l'était déjà pour celles du siècle précédent où le coup de génie des *Provinciales* demeure une exception[2]. Le chevalier de Méré formulait ainsi la difficulté : « discourir longtemps du vrai et du faux, du bien et du mal, c'est une sorte d'entretien qui agite l'esprit sans émouvoir le cœur ; et ce qui plaît ordinairement vient du contraire[3] » ; or s'agissant de donner au débat philosophique le tour aisé de la conversation, sa fantaisie, son allant, son mordant, son invention, la difficulté demeure patente au siècle suivant ; si Marmontel dénonce *a priori* comme « sophistique » un dialogue trop subtil ou trop brillant[4], beaucoup relèvent le défi (au prix d'exaspérer la critique académique, comme c'est le cas des digressions réflexives adressées au lecteur dans les romans de Marivaux) ; cependant, comme l'observe avec raison Stephane Pujol, peu d'écrivains français parviennent à trouver le ton d'une « écriture philosophique qui ne donnerait point dans l'obscurité ni dans les raffinements[5] ». Il y a tout de même des réussites en ce genre, du moins si on l'entend au sens

1 Voir la note 1 du Ier dialogue. *Cf.* aussi, au IIe entretien, la surimpression de la figure d'Argan à celle de « Rousseau » dans telle réplique du « Français » (ici dans le rôle de Béralde) : « vous passionnerez-vous toujours pour cet homme-là ? » (p. 357).

2 Voir à ce propos Philippe Sellier, « Les premières *Provinciales* et le dialogue d'idées au XVIIe siècle », in *Port-Royal et la littérature* I, Paris, H. Champion, 1999, p. 143-148.

3 Dans Maurice Roelens : « Le dialogue philosophique : un genre impossible ? » (*CAIEF* 24, 1972), p. 52.

4 *Éléments de littérature*, article « Dialogue philosophique ou littéraire », Paris, Desjonquères, 2005, p. 400.

5 S. Pujol, *Le Dialogue d'idées au dix-huitième siècle*, Oxford, SVEC, 2005 :06, p. 99. Même appréciation chez Patrick Neierz dans une synthèse sur « ironie et dialogues au XVIIIe siècle » (*Lumières obliques*, Paris, H. Champion, 2012, p. 525) dont le corpus néglige malheureusement *Rousseau juge de Jean-Jacques*. Voir également Roland Mortier, « Pour une poétique du dialogue : essai de la théorie d'un genre », dans *Literary Theory and Criticism, Festschrift presented to René Wellek* […] (éd. J.-P. Strelka), Bern & c^o^, P. Lang, 1984, p. 457-474. Pour une

élargi : les *Entretiens* de Fontenelle, qui font charnière[1], les *Entretiens sur le fils naturel*, *Le Dîner du comte de Boulainvilliers*, le *Dialogue sur le commerce des blés*, le *Supplément au voyage de Bougainville*, deux ou trois pièces de Marivaux, certains contes de Voltaire, certaines conversations de Crébillon, des roman comme *Tristram Shandy*[2], ou *Jacques le fataliste*… sans compter le *Neveu* ou le *Rêve de d'Alembert* seulement connus au siècle suivant. Rousseau, pour sa part, s'y est essayé dans la seconde préface de *La Nouvelle Héloïse* et en quelques pages de l'*Émile* à propos desquelles d'Alembert jugeait que « le dialogue n'est pas le talent de l'auteur[3] », après avoir ironiquement admis auparavant, dans sa réponse à la *Lettre sur les spectacles*, que lui seul avait l'art « d'être long et d'être lu[4] ». Or c'est précisément un texte trop long à force de redites que l'auteur avoue présenter au lecteur de *Rousseau juge de Jean Jaques*, tout en l'orientant vers une lecture travailleuse qui congédie donc *a priori* le plaisir littéraire :

> Quant à ceux qui ne veulent qu'une lecture agréable et rapide, ceux qui n'ont cherché, qui n'ont trouvé que cela dans mes confessions, ceux qui ne peuvent souffrir un peu de fatigue ni soutenir une attention suivie pour l'intérêt de la justice et de la vérité, ils feront bien de s'épargner l'ennui de cette lecture. (p. 160)

Pour autant, diviser d'emblée son public pour se l'attirer a toujours été sa marque depuis le *Discours de Dijon* ; et il semble bien qu'il n'ait pas renoncé à l'*utile dulci* en écrivant les *Dialogues* – notamment le

---

approche générale du genre, voir S. Guellouz, *Le Dialogue*, Paris, PUF, coll. « Littératures modernes », 1992.

1 Il en paraît 33 éditions entre 1686 et 1742.

2 Publié à York en 1760. Première traduction, Paris, Ruault, 1776. Sous la perspective du roman de Sterne, Michèle Lorgnet a suggéré, quoique un peu succinctement, la possibilité de comparer (en les opposant) *Jacques le fataliste* et les *Dialogues* du point de vue de l'usage des indices personnels et de l'énonciation de la temporalité : « *Rousseau juge de Jean-Jacques. Dialogues* : l'imaginaire de l'argumentation », *Francofonia, Studi e ricerche sulle letterature di lingua francese*, n° 6, Primavera 1984, à partir de la p. 35.

3 Comme il l'écrit à Julie de L'Espinasse dans une lettre où il lui rend compte de l'*Émile* : « Le Dialogue n'est pas le talent de l'auteur ; des quatre qu'il y a dans son livre, celui du jardinier est fort au-dessous de ce que le sujet fournissait, celui du gouverneur et de l'enfant très mauvais, celui de la bonne et de la petite médiocre, celui même de l'inspiré et du raisonneur, moins bien qu'il n'aurait pu être. » *CC.*, t. XI, A. 257, p. 277.

4 « Malgré l'étendue de la matière, je tâcherai d'être le plus court possible ; il n'appartient qu'à vous d'être long et d'être lu, et je ne dois pas me flatter d'être aussi heureux en écarts. » *Lettre de M. d'Alembert à M. J.J. Rousseau, sur l'article* Genève […], Amsterdam, Zacharie Chatelain, 1759, p. 66.

premier entretien. Du reste, leur lecture principalement documentaire et médicale jusqu'aux années soixante du siècle précédent[1], autrement dit leur forclusion en tant qu'œuvre littéraire, tient sans doute moins à leur poétique dramatique singulière[2] qu'à une sorte d'irréductibilité durable de certaines œuvres à l'interprétation[3], jusqu'à des temps qui révèlent soudain en elles une capacité à générer du sens là et quand elles entrent en *résonance*.

Rousseau a d'ailleurs fait tout ce qui dépendait de lui pour qu'il en advienne bien ainsi avec l'ensemble de son œuvre. En ce qui concerne les *Dialogues*, il reprend le genre là où l'avait laissé la Renaissance, quand Le Tasse le définissait comme « l'imitation d'une discussion faite en prose pour le bénéfice des citoyens et des philosophes[4] » et recherchant principalement un savoir seulement probable, suivant la vieille distinction aristotélicienne entre argumentation dialectique (selon l'opinion) et raisonnement analytique (selon la science)[5]. Chez Rousseau, ce savoir probable à propos de la rumeur courant sur J.J. est argumenté contradictoirement dans le premier entretien, dans la seconde partie du suivant (sur l'unanimité problématique de la vindicte

1 Voir dans la suite l'histoire de la réception de l'œuvre.

2 Voir Jürgen Wertheimer, « Rousseaus antidialogische Dialog-Poetik », in « *Der Güter gefährlichstes, die Sprache* ». *Zur Krise des Dialogs zwischen Aufklärung und Romantik*, München, Fink, 1990, p. 57-70.

3 Voir Éric Marty, *Pourquoi le XXe siècle a-t-il pris Sade au sérieux ?* Paris, Seuil, 2011. Également, Judith Schlanger, *La mémoire des œuvres*, Paris, Nathan, 1992.

4 *Dell arte del dialogo* (1585), conclusion. Première traduction française : *Discours sur le dialogue*, par Florence Vuilleumier, Paris, Les Belles lettres, 1992, p. 87. *Dell'arte del dialogo* figure dans une édition du XVIIIe siècle des *Opere di Torquato Tasso*, t. IV, Firenze, M.DCC.XXIV, p. 291-297. Si l'admiration de Rousseau pour Le Tasse et sa connaissance intime de la *Jérusalem délivrée* sont connus (voir le n° 130 du « Glossaire »), on ignore jusqu'à quel point il a pratiqué son œuvre théorique. Pour autant, sa longue pratique de Platon (dans la traduction latine de Marsile Ficin) suffisait pour le mettre à pied d'œuvre.

5 « Aristote appelle dialogues les entretiens dialectiques, composés de questions et de réponses. C'est donc au dialecticien qu'il conviendra principalement d'écrire des dialogues. [...] Et le dialogue sera l'imitation d'une discussion dialectique » (Le Tasse, *op. cit.*, p. 75-76. Il se réfère aux *Analytiques*). Sur la résonance aristotélicienne dans d'autres traités italiens de la Renaissance concernant le genre (Sigonio : *De dialogo* et Speroni, *Apologia dei dialoghi*), voir la préface de Nuccio Ordine au *Discours sur le dialogue*, *op. cit.*, p. 43-49. Sur la pauvreté théorique du débat français à ce propos jusqu'à Rémond de Saint-Mard (*Discours sur la nature du dialogue*, 1711), voir Aurelio Principato, *Eros, Logos, Dialogos, Huit études sur l'énonciation romanesque de Charles Sorel à Germaine de Staël*, Peeters, « La République des Lettres », Leuven, 2007, p. 57-59.

publique) et dans le troisième (où le débat s'élargit au devenir européen de l'opinion par delà le siècle). C'est en revanche sur le mode démonstratif que la présentation de J.J. en « homme de la nature éclairé par la raison » est développée dans le rapport de « Rousseau » au second entretien (p. 377-392), l'inférence de son « tempérament » à partir de l'observation méthodique de sa conduite et de son caractère y étant suivie d'une déduction *a priori* des seconds à partir du premier « en écartant un moment tous les faits » (p. 340). Démonstration en boucle pour ainsi dire, et qui confère d'ailleurs un caractère quasi monologique au propos de « Rousseau » en cette partie, le mode démonstratif étant peu propre au dialogue comme l'affirme encore Le Tasse, en ce qu'il prend « l'un des deux partis de la contradiction », alors que le mode dialectique, s'y prête constitutivement puisqu'il est « demande de la contradiction[1] ».

Sur ce fond de la grande tradition du dialogue philosophique à l'antique (on n'oublie pas qu'avec ceux de Platon et de Lucien, le *De Oratore* demeure une référence culturelle active au XVIIIe siècle[2]), Rousseau a tenté d'actualiser pour son propos deux grands modèles : celui de la maïeutique socratique (pour le style argumentatif) et celui des *Provinciales* (pour le style de l'ironie). Socrate est celui qui demande à Phèdre « quel fruit » doit recueillir l'art de l'orateur qui, « ignorant le bien et le mal, trouve ses concitoyens dans la même ignorance [...], si bien [qu'ayant] étudié les préjugés de la multitude il arrive à lui persuader de faire le mal au lieu du bien[3] » ; en quoi le retrouveront presque à la lettre « Rousseau » et son auteur dénonçant, l'un dans le second entretien des *Dialogues*, l'autre dans la lettre à M. de Franquières, « les brillants Auteurs de ce siècle » – les nouveaux sophistes autrement dit –, prêchant qu'« il n'y a ni vice ni vertu dans le cœur de l'homme, ni liberté dans sa volonté ni moralité dans ses actions, que tout jusqu'à cette volonté même est l'ouvrage d'une aveugle nécessité » (p. 365), et que par conséquent : « ces mots d'honnête homme ou de Scélérat doivent être pour vous

1 *Discours sur le dialogue*, *op. cit.*, p. 74.

2 Ce sont les trois modèles évoqués par Rémond de Saint-Mard dans son *Discours sur la nature du dialogue* : « J'ai parlé de Platon, de Cicéron et de Lucien, comme des trois auteurs les plus illustres qui aient donné à leurs ouvrages la forme de dialogue. On ne saurait présenter trop souvent aux hommes de bons modèles, et les modèles anciens ont cela de bon, qu'ils n'excitent que de l'émulation. » *Œuvres*, t. I, Amsterdam 1750, p. 33.

3 Platon, *Phèdre*, 260 a-c. Trad. E. Chambry, Paris GF-Flammarion, 1964, p. 141-142.

totalement vides de sens[1] ». Socrate est aussi celui qui commence son plaidoyer dans l'*Apologie* en avouant ironiquement qu'à l'écoute de ses accusateurs, il a « presque oublié qui [il est], tant leurs discours étaient persuasifs », et qui formule ainsi son propre *Barbarus hic ego sum* : « je suis véritablement étranger au langage qu'on parle ici[2] » : le rapprochement n'a rien de gratuit, comme l'ont montré Kelly et Masters, en insistant sur la parenté de projet, quant au fond, de l'entreprise des *Dialogues* avec celle de l'*Apologie de Socrate*[3].

Quant à la dimension dialectique, le côté socratique du personnage « Rousseau » consiste à retourner de réplique en réplique les assertions de son interlocuteur, jusqu'à telles conséquences imprévues qu'il ne peut assumer et qui le forcent, faute d'arguments, à changer de terrain jusqu'à la prochaine difficulté. C'est ainsi par exemple que « Rousseau » lui concède la thèse selon laquelle J.J. est incompétent en matière de composition musicale :

> J'adopte pleinement votre conséquence ; mais je la porte plus loin. Vous dites qu'un homme qui ne sait faire ni musique ni vers n'a pas fait le *Devin du village*, et cela est incontestable : moi j'ajoute que celui qui se donne faussement pour l'auteur de cet opéra n'est pas même l'auteur des autres écrits qui portent son nom, et cela n'est guère moins évident ; car s'il n'a pas fait les paroles du *Devin* puisqu'il ne sait pas faire des vers, il n'a pas fait non plus *L'allée de Sylvie*, qui difficilement en effet peut être l'ouvrage d'un scélérat, et s'il n'en a pas fait la musique parce qu'il ne sait pas la musique, il n'a pas fait non plus la *Lettre sur la musique française*, encore moins le *Dictionnaire de musique*, qui ne peut être que l'ouvrage d'un homme versé dans cet art et sachant la composition. (p. 176-177)

Incapable d'assumer cette logique qui le mène en terres inconnues, « le Français » préfère lui opposer un argument d'autorité : « Je ne suis

1 À M. de Franquières, 15 janvier 1769, *CC*. n° 6529, § 24. *OC*. III Pléiade, p. 1145. Les deux passages résument à l'identique le nœud de l'argument de Diderot dans la fameuse « lettre à Landois » (voir la note 168 du second entretien).

2 Platon, *Apologie de Socrate*. Ouverture. Trad. E. Chambry. GF-Flammarion, 1965, p. 27 et 28.

3 « Il vaut la peine de noter les parallèles entre l'*Apologie* et les *Dialogues*. Dans les deux cas, un philosophe est accusé de violer les principes légaux, éthiques et religieux de la société ; dans les deux cas, la défense entreprend de présenter la vie et l'œuvre du penseur d'une façon qui met en jeu la différence entre jugement populaire et jugement philosophique ; dans les deux cas, l'affirmation du souci moral du philosophe à l'égard de la cité est combinée avec une condamnation implicite de la vie politique. » Introduction des *Collective Writings*, *op. cit.* p. XV. Ma traduction.

pas là-dessus de votre sentiment, et j'ai pour moi celui d'un grand musicien étranger venu depuis peu dans ce pays. » Or il ne voit pas que cette échappatoire va l'enferrer encore un peu plus car, sur ce terrain, le moment approche où il devra admettre sa totale incompétence en ces matières. « Rousseau » lui ayant répondu qu'il s'agirait de savoir si ce musicien (il s'agit de Gluck) a autorité dans la question, le « Français » esquive l'objection en retirant aussitôt l'argument pour affirmer que, de toutes manières, savoir écrire sur la musique n'est pas savoir composer ; « Rousseau » le lui accorde en lui demandant s'il songe à ce propos au *Dictionnaire de musique* de J.J. : « Je conviens que j'y pensais » lui répond-il ; « Vous y pensiez ? » reprend « Rousseau » : Cela étant permettez-moi encore une question. Avez-vous lu ce livre ? » Sur la négative, il a beau jeu de lui répondre ironiquement n'être pas surpris qu'ils pensent si différemment l'un et l'autre, de lui expliquer en quoi ce dictionnaire est composé par un maître de l'art à l'usage des autres artistes, et de conclure par un argument *a fortiori* : « si notre homme n'a pu faire le *Devin du Village* parce qu'il ne savait pas la musique, il n'a pu faire à plus forte raison le *Dictionnaire*, qui demande beaucoup plus de savoir » (p. 180). Sur quoi son interlocuteur admet que n'ayant lu ni la partition ni le dictionnaire, il s'avoue incompétent pour lui répondre. Ce qui ne l'empêche nullement de lancer aussitôt d'autres arguments en changeant de terrain, lesquels lui seront eux-aussi rétorqués jusqu'à susciter son indignation lorsque « Rousseau » fera semblant d'admettre, en vertu de ce qu'il a prétendu auparavant de la criminalité foncière de J.J., que celui-ci a dû empoisonner le véritable auteur du *Devin* (p. 185). Ainsi de suite, jusqu'à ce que « Rousseau » finisse par conclure qu'ils ne peuvent « raisonner au pair » tant que « le Français » n'aura pas fait l'effort de lire lui-même les œuvres dont il parle uniquement par ouï dire jusque-là (p. 200)[1].

Quant à l'imitation de l'ironie des *Provinciales*, la voici : si Pascal se plaît à faire renchérir le « bon père » sur une suggestion persifleuse de Montalte, Rousseau l'imite en faisant renchérir « le Français » sur une suggestion sarcastique de son interlocuteur. « [*Montalte* :] puisque les juges civils s'obstinent à condamner quelquefois pour un meurtre ou quelque affaire de ce genre, obligez-les d'absoudre les criminels qui ont une opinion probable, à peine d'être exclus des sacrements … [*Le*

1 Pour une analyse de ce mode de réfutation sur un autre point, celui de l'aumône, voir Michael O'Dea, « L'image de Socrate dans les *Dialogues* », *EJJR*. n° 17, 2010, p. 93-102.

bon Père :] il y faudra songer [...], cela n'est pas à négliger. Je le proposerai à notre Père provincial[1] ». Voici maintenant le premier dialogue : « Rousseau » vient d'avancer qu'accuser J.J. d'être l'auteur des livres qu'il désavoue peut aussi servir à prouver, si l'on sait s'y prendre, qu'il n'est pas l'auteur de ceux qu'il revendique ... Et voilà « le Français » emballé : « vous ouvrez de nouvelles vues qui pourraient avoir leur usage, communiquées à nos Messieurs. Il est certain que si l'on pouvait prouver que J.J. n'a fait aucun des livres qu'il s'attribue, comme on prouve qu'il n'a pas fait le *Devin*, on ôterait une difficulté ... » (p. 193). La reprise d'une formule de l'adversaire est aussi un procédé réfutatif récurrent dans cet entretien ; c'est même le régime dominant d'enchaînement des répliques dans le premier tiers : « [Rousseau :] un tel être, s'il peut exister, est un méchant sans ressource, c'est un cadavre moral. [Le Français :] Comment, s'il peut exister ? Sur l'effet qu'ont produit en vous les écrits de ce misérable, qu'entendez-vous par ce doute après les entretiens que nous venons d'avoir ? » (p. 164) ; ou bien : « [Le Français :] et l'on croit si bien que ces écrits sont de lui que nos Messieurs s'occupent depuis longtems à les éplucher pour en extraire le poison. [Rousseau :] Le poison ! » (p. 194). La parenté avec les *Provinciales* coule encore de source : « [le bon Père :] voilà de subtiles méthodes ; mais une des meilleures à mon sens est celle du contrat Mohatra. Le contrat Mohatra mon Père[2] ! ». L'auteur n'en est pas son coup d'essai sur le terrain polémique : outre la *Lettre sur la musique française*, il a derrière lui la réussite de ces « Provinciales genevoises » que furent ses *Lettres de la Montagne*, réponse éclatante d'ironie sarcastique et de force logique aux arguments prétendant justifier constitutionnellement la condamnation du Citoyen de Genève sans l'avoir entendu pour sa défense, et qui déclencha un tel scandale que le « Petit Conseil » faillit perdre les élections de 1764.

Mais si Rousseau s'est inspiré des *Provinciales*, il en a aussi modifié l'économie énonciative en disposant une sorte de *double jeu* latent, de part et d'autre, chez les deux interlocuteurs du premier entretien et, par endroits encore, dans le second. « Rousseau » manifeste une solide culture juridique étayée sur sa connaissance intime des théoriciens du Droit naturel dont les textes transparaissent fréquemment dans son discours, et c'est aussi un logicien qui se plaît à retourner les arguments

1 Pascal, *Les Provinciales*, VIe Lettre, Paris, folio-Gallimard, 1987, p. 110-111.
2 *Ibid.*, VIIIe lettre, p. 121.

et à pousser son interlocuteur à se contredire mais qui combine aussi une stratégie argumentative à longue portée, dès le premier entretien, pour renverser son point de vue[1]. Chez lui, l'esprit de géométrie domine donc, quoique l'esprit de finesse ne lui soit pas inconnu ; mais pour autant, c'est un solitaire et sa culture helvétique, « le Français » le lui fait parfois remarquer ironiquement – « on voit bien que vous n'êtes pas Français » (p. 193 –, ne l'aide pas à saisir combien l'esprit des « Messieurs » s'embarrasse peu d'argumentaires en forme quant il est question de neutraliser un individu dont le caractère et la conduite échappent par définition à toute rationalité comme à tout Droit. Quant à lui, il est parfaitement à l'aise avec cette culture qui « ne se pique de rien » mais sait intuitivement saisir l'essentiel de tout ce qui importe quand cela importe. Il est le relais des adversaires de J.J. auprès d'un partisan de celui-ci : leur amitié (car ils se connaissent et s'estiment de longue date[2]) l'a fait choisir pour l'en détacher, autant sans doute que son liant et son caractère pragmatique ; il a ses finesses, bien dissimulées sous une désinvolture à toute épreuve, et n'abat pas d'emblée toutes ses cartes, loin de là : « Rousseau » devra par exemple comprendre assez tard dans le cours de leur première conversation, que le secret auquel il s'est engagé à l'égard des informations qui lui ont été livrée est acquis à vie, et que cette contrainte compromettra donc à la racine l'enquête qu'il veut mener auprès de l'intéressé. Ainsi, on aurait grand tort de prendre « le Français » pour un sot rapporteur au premier degré du discours dominant[3] ;

1 Le « Français » lui ayant accordé qu'il haïrait d'autant plus J.J. s'il devait le reconnaître innocent, « Rousseau » le félicite de sa franchise tout en lui annonçant que son aveu lui sera rappelé « en temps et lieu » (p. 274). C'est ce qui se produit au cours du second entretien où, pour comprendre l'unanimité du public contre J.J. en tant qu'« épidémie d'esprit », il est convié à généraliser son expérience à toute sa génération (p. 410) ; le rappel en revient au troisième entretien, où ayant admis qu'il avait eu la chance d'échapper à cette épidémie et sachant qu'il n'avait jamais accepté en son for intérieur les pratiques déshonorantes des « Messieurs » à l'égard de leur victime, il lui est proposé une seconde généralisation de son expérience, en admettant la possibilité, pour l'avenir, d'une conversion analogue d'autres honnêtes gens dans son genre pour laquelle il militerait (p. 514).

2 « Vous dont je connais la droiture invariable et la sincère équité », dit par exemple « Rousseau » au « Français » lors de leur premier entretien (p. 271).

3 Comme Pascale Delormas dans un développement sur l'*elenchos* socratique dans les *Dialogues* : « Procédé *ad hominem*, l'*elenchos* est destiné à faire perdre la face à son adversaire dans un rapport interpersonnel en l'éprouvant et en mettant en évidence qu'il est un homme ignorant. » (« L'image de soi dans les "autographies" de J.-J. Rousseau », *Argumentation et Analyse du Discours*, n° 1 | 2008. (En ligne, http://aad.revues.org/311, § 12, site consulté en

sa distance au discours qu'il véhicule est une constante, d'abord latente, puis progressivement révélée par certains indices au fil des deux premiers entretiens, notamment sa capacité à renchérir en connaissance de cause sur l'absurdité des arguments qu'il relaie à l'adresse de son interlocuteur (lequel, d'ailleurs, le perce à jour sur ce plan dès le premier entretien[1]), jusqu'à ce que le troisième entretien ouvre notre lecture à la nécessité de prendre en compte trois choses à son propos : il n'a jamais adhéré sans réserve aux thèses des « Messieurs » quoiqu'ils n'en sachent rien ; les arguments de son interlocuteur l'ont ébranlé durant leur premier entretien ; son survol des textes de J.J. avant le second entretien, couplé avec le rapport de « Rousseau » sur J.J., l'ont convaincu de l'hypocrisie des maîtres de l'opinion et poussé à désirer son innocence.

De sorte que, pourvu que nous lisions l'ouvrage « en entier », de façon « suivie » et en le travaillant un peu, c'est-à-dire que nous fassions ce que l'auteur nous demande à la fin de « Du sujet et de la forme de cet écrit », nous sommes contraints de relire les deux premiers entretiens pour y chercher des indices de cette distance ou de cette réserve grandissantes du « Français » à l'égard du discours dont il a été promu l'honnête vicaire par l'auteur. Du reste, le maintien de la thèse du personnage falot et sans autonomie argumentative contredirait toute analyse sérieuse des débats de fond qu'il mène avec « Rousseau » sur quelques questions cruciales laissées très ouvertes (et sans solution définitive, même à la fin des entretiens) : possibilité de connaître authentiquement J.J. compte-tenu du contrat de silence qui astreint « Rousseau » à ne pas lui dire toute la vérité, degré de crédibilité assignable au rapport fourni, compte-tenu du désir de l'enquêteur et de la possible comédie de l'enquêté, degrés de certitudes comparés des deux interlocuteurs concernant l'innocence de J.J., capacité à maintenir une position réaliste et politique sur la

---

juillet 2015). À mon sens, ce n'est pas le jeu de « Rousseau » que de faire perdre la face au « Français », ne serait-ce que parce qu'ils se reconnaissent réciproquement le statut d'honnêtes gens, ce qui autorise raillerie mais point mise à honte.

1 Comme il apparaît dans sa réplique à propos du vers : « c'est en le trahissant qu'il faut punir un traitre », tiré d'une comédie inédite de J.J. : « Quoi, Monsieur [...], ce mot en l'air [...] dont il vous plaît de faire une maxime de J.J. est l'unique autorité sur laquelle vos Messieurs ont ourdi l'affreux tissu de trahisons dont il est la victime ? Voudriez-vous que je répondisse à cela sérieusement ? Me l'avez-vous dit sérieusement vous même ? Non, votre air seul en le prononçant me dispensait d'y répondre. » (p. 261). Ce qu'il confirme dans la dernière réplique de l'entretien : « Presque tout ce que vous m'avez dit dans cet entretien me prouve que vous n'y parliez pas de vous-même. » (p. 285).

puissance de la « ligue », face aux approches moins pessimistes de « Rousseau ». En outre, on ne pourrait guère mener une analyse un peu approfondie de la logique conversationnelle dans les trois entretiens, si l'on ne tenait pas compte de leur progression et des effets d'après-coup induits par cette progression même sur l'interprétation ; d'autant que la lecture chez Rousseau, et particulièrement dans cet ouvrage, étant fondamentalement une expérience intime (tout l'accent étant porté sur le « sentiment moral » qu'elle procure), le fond du débat, en dernière instance, se joue donc dans le secret des cœurs, comme la conversion du « Français » en lecteur authentique[1] se produira par le contact prolongé avec les écrits de J.J. dans le silence de la méditation.

Mais dialogique, l'œuvre l'est aussi au sens quasi théâtral. On dit que Racine voyait dans les « petites lettres » la matière d'une comédie. Il semble bien que Rousseau ait rêvé d'en faire une du premier entretien et de quelques passages du second. Le rythme des échanges s'y inspire alors de l'art virtuose de la réplique « sur le mot » caractéristique du théâtre de Marivaux ; les exemples en abondent :

ROUSSEAU.

Cela me paraît assez bizarre ; car quand on a si bien prouvé le plus, d'ordinaire on ne s'agite pas si fort pour prouver le moins.

LE FRANÇAIS.

Oh vis à vis d'un tel personnage on ne doit négliger ni le plus ni le moins. (p. 173)

Ou encore, à propos des « contradictions » et autres « énigmes » pointées dans le discours des « Messieurs » :

ROUSSEAU.

Vous m'éclaircirez donc celle-ci quand il vous plaira ; car pour moi, je déclare que je n'y comprends rien.

LE FRANÇAIS.

De tout mon cœur, et très simplement, je vous assure : Mais commencez vous-même par m'éclaircir votre question.

ROUSSEAU.

Il n'y a plus de question sur le fait que vous venez d'exposer. (p. 176)

1 Ce qui fait de ce texte une occurrence très singulière du dialogue « à conversion » selon la typologie de S. Guellouz, *op. cit.*, p. 90.

Dans la bouche de « Rousseau », ces reprises dissimulent souvent une double entente ou une équivoque exprimant implicitement un désaccord radical sous l'apparent accord verbal. Ainsi lorsque « le Français », au terme de la présentation du « monde idéal », demande à son interlocuteur « ce qu'il peut y avoir de commun entre les êtres fantastiques que vous décrivez et le monstre dont il est question », « Rousseau » répond : « Rien sans doute, et je le crois ainsi » (p. 169), ce qui paraît une concession, alors qu'il annonce-là sa distinction entre le criminel avéré et l'auteur innocent qui va miner, au fil de l'entretien, les certitudes de son interlocuteur sur leur identité. Cette pratique du sous-entendu confine d'ailleurs au persiflage ; ainsi lorsque « le Français » affirme de J.J. qu'il « est le même qu'il fut toujours », c'est-à-dire une canaille, « Rousseau » persifle en répondant par antiphrase « voilà de quoi je ne doute point » (p. 250). Il arrive aussi que le texte fasse jouer une variante « non-sensique » du persiflage, comme dans cet échange du second entretien à propos des talents d'empoisonneur de J.J. étayés par ses connaissances en chimie :

> ROUSSEAU.
>
> [...] je n'ai rien vu chez lui qui sentît ce gout de pharmacie : J'y ai vu seulement des cartons remplis des rameaux de plantes dont je viens de vous parler, et des graines distribuées dans de petites boites, classées, comme les plantes qui les fournissent, selon le système de Linnæus.
>
> LE FRANÇAIS.
>
> Ah de petites boites ! Hé bien Monsieur, ces petites boites, à quoi serventelles ? Qu'en dites-vous ?
>
> ROUSSEAU.
>
> Belle demande ! À empoisonner les gens, à qui il fait avaler en bol toutes ces graines. Par exemple, vous avalerez par mégarde une once ou deux de graine de pavots qui vous endormira pour toujours, et du reste comme cela. C'est encore la même chose à peu près dans les plantes : il vous les fait brouter comme du fourrage, ou bien il vous en fait boire le jus dans des sauces. (p. 355)

Il y a là une connivence joueuse (le « Français » dira bientôt « Laissons donc tous ces persiflages ») qui se lisait déjà en filigrane d'un passage du premier entretien, à propos du *Devin du village* censé avoir été volé à quelque auteur – réserve faite de celui du *Stabat mater* :

LE FRANÇAIS.

[...] on ne peut guère attribuer cet ouvrage à Pergolèse, comme un *Salve Regina*...

ROUSSEAU.

Oui, j'en connais un de lui, qui même a été gravé.

LE FRANÇAIS.

Ce n'est pas celui-là ; le *Salve* dont vous parlez, Pergolèse l'a fait de son vivant ; et celui dont je parle en est un autre qu'il a fait vingt ans après sa mort, *Salve* que J.J. s'appropriait en disant l'avoir fait pour Mlle Fel, et beaucoup d'autres motets que le même J.J. dit ou dira de même avoir faits, et qui, par un miracle éclatant de M. d'Alembert, sont et seront toujours tous de Pergolèse.

ROUSSEAU.

Voila qui est admirable ! Oh je me doutais depuis longtems que ce M. d'Alembert devait être un saint à miracles ; mais, comme vous dites, il lui sera néanmoins difficile, tout saint qu'il est, d'avoir fait faire aussi le *Devin du Village* à Pergolèse, et il ne faudrait pas multiplier les auteurs sans nécessité. (p. 184)

La phrase du « Français » sur la sainteté de d'Alembert eût pu être mise dans la bouche de « Rousseau », et réciproquement pour la réplique « sur le mot » de celui-ci. Dans la version du troisième entretien que livre le manuscrit « Condillac », cette coloration burlesque s'exprime par un amusant adynaton que Rousseau n'a pas voulu maintenir dans les transcriptions ultérieures, et qui témoigne du « côté Lucien[1] » de son tempérament littéraire :

> On l'a vu dans le même temps en divers pays à de grandes distances les uns des autres, toujours courant et toujours arrêté. Dans les uns il faisait des vers, dans d'autres des journaux, dans d'autres des satires, dans d'autres des romans, dans d'autres des complots, dans tous il passait une partie de sa vie avec des filles, une autre avec des joueurs, une autre avec des filous, une autre avec des brouillons, une autre avec des buveurs, vivant néanmoins toujours seul en misanthrope en atrabilaire en loup-garou, fuyant partout le commerce des hommes et se faisant partout abhorrer d'eux. (p. 500)

1 Qu'on retrouve dans la *Lettre sur la musique françoise* ou dans un conte comme *La reine Fantasque*. Il s'était déterminé à refouler cette veine de son génie, comme le montre ce passage d'une lettre à Moultou de novembre 1762, à propos du *Mandement* de Christophe de Beaumont contre l'*Émile* : « car je vous jure que les mains me démangent ; le genre polémique n'est que trop de mon goût ; j'y avois renoncé pourtant. » (*CC.* n° 2296, t. 14, p. 33-34).

Malgré l'attrait d'un comique du non-sens – d'ailleurs inhérent au genre de l'éloge paradoxal –, Rousseau n'a pas voulu pousser trop loin dans cette direction, sachant que « la quête du vrai par l'enquête dialoguée[1] » devait évidemment demeurer l'axe de son propos.

Pour conclure cet aperçu des techniques du dialogisme ici mises en œuvre, on observera que cette œuvre a bénéficié de l'expérience qu'avait Rousseau de l'usage subtil de la note infrapaginale, pratiquée dans la *Julie* comme un instrument de représentation du point de vue de l'auteur dans le jeu de la fiction afin d'interroger les interprétations que se donnent d'eux-mêmes ses personnages et/ou celles que le lecteur se forme[2]. Quand on observe un peu systématiquement les notes des *Dialogues*, on s'avise de ce que leur auteur (convenons de le désigner par l'acronyme JJR.) s'adresse au lecteur pour le mettre en garde contre le danger d'éventuelles confusions entre la fiction qu'il lit et la réalité. Il y a par exemple des choses que le personnage « Rousseau » dit, mais que l'auteur JJR. ne dirait pas ou pas de la même façon ; en revanche, il arrive à ce même personnage « Rousseau » (voire au personnage du « Français ») d'avancer quelque chose, et de recevoir (à son insu évidemment) confirmation et/ou précision émanées de l'auteur de la note en bas de page à l'adresse du lecteur. Ainsi, vers la fin du Ier entretien, « Rousseau » ayant décidé de se rendre auprès de J.J. pour ce qu'on sait, son interlocuteur lui oppose plusieurs objections tendant à disqualifier la validité d'une telle démarche du point de vue de la vérité ; par exemple, à l'insinuation selon laquelle son inclination pour J.J. doit lui retirer beaucoup de son objectivité, « Rousseau » répond qu'il a intérêt à ne pas se tromper et qu'il est résolu à « ne pas [se] laisser séduire par [son] penchant » (p. 283). « Que puis-je faire dans une pareille situation [...] ?* », poursuit-il. Et voici la note appelée par l'astérisque ajouté dans les trois manuscrits L., P. et G.) :

> * Pour justifier le public autant qu'il se peut je suppose par tout son erreur invincible ; mais moi qui sais dans ma conscience qu'aucun crime jamais n'approcha dans le cœur de J.J., je suis sûr que tout homme vraiment attentif, vraiment juste découvrirait l'imposture à travers tout l'art du complot quel qu'il soit, parce qu'enfin je ne crois pas possible que jamais le mensonge usurpe et s'approprie toutes les preuves de la vérité[3].

---

1 J'emprunte la formule à Patrick Dandrey, *op. cit.*, p. 224.

2 Voir Yannick Seité, *Du livre au lire : La Nouvelle Héloïse, roman des Lumières*, Paris, Champion, 2002.

3 Ce volume, p. 283. Je cite la leçon commune à L. et P. On lira la variante G. dans l'annotation.

Nous lisons une fiction ; l'auteur nous en a prévenus dans l'avant-propos, et il nous le rappelle : c'est seulement par hypothèse qu'il accorde le crédit maximal à la logique du pire concernant J.J., y incluse la capacité de « ces Messieurs » à intoxiquer le public de mensonges sans qu'il s'en doute et sans qu'il soit possible de le lui reprocher : il s'agit « d'excuser le public autant qu'il se peut », tout comme « pour ne pas outrager toute une Nation[1], il falloit bien supposer des raisons dans le parti approuvé et suivi par tout le monde » (p. 156). Ce qui vient ici en lumière dans l'éclairage de la note, c'est la salle virtuelle implicitement installée dès le titre de l'ouvrage, où l'auteur et son lecteur assistent à une pièce intitulée *Rousseau juge de Jean Jaques* : l'auteur insistant ici sur l'exigence impérative de ne pas confondre le « personnage conceptuel[2] » qu'il met en scène, lequel est soumis à certaines contraintes inhérentes aux prémisses de la fiction représentée, avec celui qui a inventé ce personnage et son interlocuteur français, et qui ne pense pas comme « Rousseau » sur le point en question.

Le dialogue avec le lecteur dans les notes et dans l'ensemble du paratexte (panneaux d'ouverture et de clôture du polyptique) est ainsi la basse continue de l'ouvrage. Il comporte d'ailleurs une forte composante perlocutoire, élément nécessaire de la dramatisation de la situation de lecture considérée comme pierre de touche de la qualité éthique du supposé lecteur : critère dont on vérifie le rôle pivotal dans la stratégie rhétorique des *Dialogues*, comme d'ailleurs dans toute l'œuvre. En voici un exemple frappant : le rapport de « Rousseau » sur J.J. vient de développer la figure de l'automate naturel livré à ses tropismes ; le paradoxe étant qu'il demeure incompris à force de simplicité, laquelle semble par définition hors de prise pour les contemporains : « le grand tort de ceux qui le jugent n'est pas de n'avoir point deviné les vrais motifs de sa conduite ; [...] des gens si fins ne s'en douteront jamais*, mais c'est de n'avoir pas voulu les apprendre ... » (p. 377). Et voici la note appelée par l'astérisque (qui n'apparaît que dans les manuscrits P. et G.) :

> * Je ne connais pas deux Français qui pussent parvenir à me connaître, quand même ils le désireraient de tout leur cœur ; la nature primitive de l'homme est trop loin de toutes leurs idées. Je ne dis pas néanmoins

1 La leçon commune à L., P. et G. est « toute une génération ».

2 C'est-à-dire qu'il incarne une position déterminée, irréductible à celle de l'auteur, dans un dialogue organisé par celui-ci pour travailler sa pensée sur le mode dialectique. Voir G. Deleuze, F. Guattari, *Qu'est-ce que la philosophie ?* Paris, éd. de Minuit, 1991, p. 62.

> qu'il n'y en a point ; je dis seulement que je n'en connais pas deux[1]. (*Suit un alinéa sur le caractère tout relatif de la valeur de l'esprit de finesse*).

Ainsi assistons-nous virtuellement à un dialogue assez paradoxal dans la salle ou dans les coulisses, entre l'auteur de la note et … mais qui donc au fait ? Quelqu'un formulerait une objection et l'auteur lui répondrait par épanorthose : il disait *seulement* qu'il n'en connaissait pas *deux* ; quant au lecteur de cette note-là, lecteur *hic et nunc*, il est convié à s'interroger… Qu'est-ce que connaître autrui dans son altérité ? Peut-on seulement y prétendre ? Ne se projette-ton pas nécessairement soi-même ? etc. Pendant ce temps, sur la scène, le compte-rendu de « Rousseau » se poursuit : il y a les rapports sociaux ordinaires entre les hommes ordinaires et la (mé)connaissance approximative qu'ils ont les uns des autres ; et cela fonctionne même assez bien, explique-t-il, parce qu'il n'y a que des copies de copies d'un unique modèle qui sert d'équivalent général dans la superficialité des échanges sociaux : « et souvent ils rencontrent juste parce qu'ils sont tous conduits par l'opinion, par les préjugés, par l'amour-propre […] » (p. 378). Ainsi s'agence une dialectique entre le bas et le corps de la page où s'expose *dramatiquement* la question toujours ancienne, toujours nouvelle, de la difficulté d'accéder authentiquement à l'altérité d'autrui, telle que Rousseau la reformulait déjà dans la note X de l'*Inégalité* et dans le préambule du manuscrit de Neuchâtel[2].

Telle est donc la double scène de l'ouvrage : le cadre paratextuel installe le dialogue virtuel de l'auteur avec le lecteur ; puis, tandis qu'ils assistent aux trois entretiens, l'auteur se sert des propos tenus par l'un ou l'autre des interlocuteurs pour rappeler le caractère conjectural de la fiction représentée et des propos qui s'y tiennent, conformément à ce qu'il a posé dans le volet introductif de l'ouvrage ; par ailleurs, il intervient sur les propos tenus par « Rousseau » ainsi que sur les actes et discours rapportés de J.J., comme s'il y voyait à certains moments ses représentants dans la fiction, ou encore comme si sa *persona* d'auteur était à leur égard dans une posture de relais vers la sorte d'effet de

---

1 Je cite la leçon G. (p. 378).

2 « Depuis trois ou quatre cents ans que les habitants de l'Europe inondent les autres parties du monde et publient sans cesse de nouveaux recueils de voyages et de relations, je suis persuadé que nous ne connaissons d'hommes que les seuls Européens. » (*OC*. III Pléiade, p. 212). « J'ai remarqué souvent que, même parmi ceux qui se piquent le plus de connaître les hommes, chacun ne connaît guère que soi. » (*OC*. I Pléiade, p. 1148).

réalité qu'on rencontre dans le genre des mémoires : ce genre où l'on trouve en principe des informations données comme vérifiables à tout enquêteur de bonne foi.

D'UN SECRET EN SOUFFRANCE

Dans « Du sujet et de la forme de cet écrit », on l'a vu, Rousseau présente son texte comme fort mal composé, son propos se trouvant « noyé dans un chaos de désordre et de redites », tout en assurant qu'il y a bien dit « à peu près », ce qu'il avait à dire. La souffrance d'écrire sa souffrance aura troublé le cours de l'œuvre de sa justification par fiction, autant que ses efforts pour le clarifier : quelque chose de la vérité se trouve bien là inscrit, mais diffus, brouillé, et pour ainsi dire dérobé dans son ressassement même. Le chaos est une forme de l'énigme ou du secret. À charge pour le lecteur, s'il veut s'en donner la peine, de travailler à leur décryptage (p. 160). Ce qui peut l'aider, ce lecteur en labeur, c'est que les redites et le désordre sont précisément la forme de l'informe, c'est-à-dire celle d'un texte *en mouvement* – un texte qui ne cessera d'ailleurs pas de bouger, de se modifier (quoique seulement dans sa diction) tout au long de ses retranscriptions. On pourrait ici recourir à une modélisation moléculaire ou encore métamorphique : ce texte ressemblerait à un de ces organismes capables d'autorégénération qui ont fasciné le XVIIIe siècle. Et il y a bien de cela dans *Rousseau juge de Jean Jaques*, qu'on croirait délibérément conçu comme auto-suffisant pour assurer la transmission de l'intégralité de la pensée de Rousseau à la postérité, avec très peu de risques de déperdition et/ou de défiguration, tant tout y est redit indéfiniment sous diverses formes, différents régimes d'énonciation, différents points de vue ; tant l'opération de lecture y est thématisée, interrogée, mise en scène dans ses différentes modalités, du contresens radical à la lecture idéale rêvée ; tant les points nodaux de la conception rousseauiste du monde y sont concentrés : par exemple, pour ce fondement premier qu'est la théorie de l'amour de soi, on la trouve exposée dans la séquence du Monde idéal en version quasi romancée, on la retrouve en version purement théorique dans le rapport du IIe entretien, elle est narrativisée de façon quasi phénoménologique à travers la présentation de la vie automate dans le même entretien, on la retrouve dans les conclusions du « Français » avec la fameuse page sur le « peintre de la nature [...] aujourd'hui si défigurée », etc. On peut ainsi affirmer avec quelque raison que les *Dialogues* sont conçus comme une introduction méthodique à la lecture des écrits de Rousseau[1]. C'est d'ailleurs « le Français » qui est chargé d'en livrer le principe : celui, on l'a vu, de la lecture rétrograde, de la « marche par synthèse », remontant de l'*Émile* (comme traité de la nature humaine et non plus comme traité d'éducation seulement), jusqu'aux premiers *Discours*. Mais le propos de « Rousseau » n'est pas moins méthodique, puisque ce sont les conseils donnés au cours du Ier entretien qui ouvrent son interlocuteur à la conversion par la lecture qui est l'objectif de l'auteur à l'égard de tout lecteur.

Il faudrait ajouter, et c'est une autre modélisation possible, que ce texte, plus que tout autre – *Confessions* et *Rêveries* comprises –, lie organiquement musique et pensée. Comme l'a signalé Michael O'Dea[2], nulle part Rousseau n'a autant accentué l'enjeu de l'empreinte musicale pour la saisie de l'essence de son œuvre : il faut lire attentivement toute la Ie partie du Ier entretien sous cet angle ; on verra qu'à travers la double démonstration *a fortiori* de l'inconséquence d'attribuer à J.J. aucune composition, aucun écrit musical, ni aucun de ses autres ouvrages supposés, s'il est démontré qu'il ne connaît pas la musique – qu'à travers cette démonstration donc, ce qui se dit et se répète c'est que cette œuvre tout entière est d'un authentique artiste, d'un vrai musicien : qu'elle est impensable si elle n'est pas d'une telle main. Qu'on relise à cet égard la passe d'arme ironique entre « le Français » et son interlocuteur sur l'article « Génie » du *Dictionnaire de musique* : hors-sujet pour l'un (quoique prôné de tous), l'autre confirmant (riant sous cape, aucun doute) que « ce célèbre article "Génie" [...] n'ayant nulle application particulière à l'art n'est là que pour la plaisanterie » (p. 180-181) : on sait au contraire

1 Kelly et Masters, Introduction aux *Dialogues*, *op. cit.*, p. XIII-XXVII.

2 À l'époque de l'écriture des *Dialogues*, écrit-il, « une empreinte impossible à méconnaître marque et par conséquent unifie toute l'œuvre de Rousseau, sans distinction de genre ou de catégorie. Cette empreinte est décrite en des termes plutôt esthétiques que philosophiques ». M. O'Dea, « *Le Devin du village* dans les *Dialogues* [...]. » dans *Rousseau et la musique, J.J. et l'opéra*. éd. Pierre Saby. Lyon, Université Lumière-Lyon 2, 2006, p. 109-110.

que cet article définit – excellemment pour les contemporains férus de l'art – l'état d'inspiration artistique comme élection au sublime. Tout ce qui est dit de la musique et du musicien dans ce texte (au début du premier entretien et dans le rapport de « Rousseau »), affirme sur tous les tons et de toutes les manières ce que « Rousseau » dira finalement au « Français » : que l'auteur de la *Nouvelle Héloïse* (ou de l'*Émile*), ne peut être que celui du *Devin du village* : écoute et lecture procurent le même effet, lequel provient d'une unique source.

D'ailleurs, un autre dialogue que ceux-ci proposait déjà de comprendre le principe de composition de la *Julie* comme musical en son essence : « c'est une longue romance, lit-on dans l'"Entretien sur les romans", dont les couplets pris à part n'ont rien qui touche, mais dont la suite produit à la fin son effet. Voilà ce que j'éprouve en les lisant : dites-moi si vous sentez la même chose[1] ? » Comme en surimpression, voici l'article « Romance » du *Dictionnaire de musique* :

> Point d'ornements, rien de maniéré, une mélodie douce, naturelle [...], et qui produise son effet par elle-même, indépendamment de la manière de la chanter. [...] Une *Romance* bien faite n'ayant rien de saillant, n'affecte pas d'abord ; mais chaque couplet ajoute quelque chose à l'effet des précédents, l'intérêt augemente insensiblement, et quelquefois on se trouve attendri jusqu'aux larmes sans pouvoir dire où est le charme qui a produit cet effet[2].

Qu'est-ce que bien composer ? C'est s'y prendre de telle sorte que l'œuvre fasse de toute manière son effet, quels que soient les aléas de l'interprétation, quelles que soient les conditions de la réception. Remplacez interprétation par défiguration, réception par persécution, et vous obtenez sans doute la visée de *Rousseau juge de Jean Jaques* : une œuvre rêvée comme capable de faire son effet par tous les (gros) temps de l'Histoire (c'est bien ce dont débattent les deux interlocuteurs à la fin du IIIe entretien) – si tant est que l'Histoire ne bascule pas dans l'apocalypse du Mal absolu, auquel cas – mais en ce cas seulement –, tout serait perdu. Si du modèle métamorphique, j'ai dérivé vers le modèle musical, c'est qu'ils ont partie liée : l'un et l'autre ont cette capacité de ne faire leur effet – de n'exister – que dans le mouvement qui les engendre et s'y engendre.

---

1 *OC*. II Pléiade, p. 18.
2 *OC*. V Pléiade, p. 1028.

Sans doute les *Dialogues* n'ont-ils l'allure d'une romance que par antiphrase ! C'est que leur composition doit être envisagée au point de vue d'un art du *contrepoint* – au reste remarquablement complexe – : lire serait dès lors en déplier la trame. Déplier ce qui fut bien plié feuillet par feuillet, thème par thème, partie par partie, redite par redite (mais pas n'importe comment, mais pas de la même encre, mais avec des effets d'échos, de reprise, de rime et de refrain) : *pli selon pli*. Car il y a « moi », et « si j'étais un autre » ; car il y a « lui » et s'il était « un être fictif dont nous n'aurions aucune idée » ; car il y a « eux », qui sont « ces », qui sont « vos », qui sont « nos » « Messieurs », rigoureusement et sans un seul écart selon que parle l'auteur, ou le personnage de « Rousseau », ou bien celui du « Français » ; et puis voici encore « votre J.J. » et « celui de nos Messieurs », dont « l'un [...] semble avoir été fait à plaisir pour le mettre en opposition avec l'autre ». Et puis on découvre qu'il fallut « qu'un homme se fût peint lui-même pour nous montrer ainsi l'homme primitif » : image contre image ; figure sur image ; figure sous figure : les *Dialogues* sont une œuvre infiniment pliée, et le sont de telle sorte que la déplier ici c'est la replier ailleurs, que l'ouvrir à telle page c'est aussi l'ouvrir à telles et telles autres pages, car sans doute, « le dépli n'est [...] pas le contraire du pli, mais suit le pli jusqu'à un autre pli[1] ».

Et ceci sans fin car le sens est *réserve* : « Quant à ce qui quoique vrai n'est pas vraisemblable, prévient en effet "Rousseau" au cours de son rapport sur J.J., tout ce qui n'est connu que du Ciel et de moi mais eût pu mériter de l'être des hommes, ou qui même connu d'autrui, ne peut être dit de soi-même avec bienséance, n'espérez pas que je vous en parle » (p. 404). Il rompt ici avec ce que son auteur avait tenté dans *Les Confessions* où il avait prétendu « tout dire », « car si je tais quelque chose on ne me connaîtra sur rien, tant tout se tient, tant tout est un dans mon caractère, et tant ce bizarre et singulier assemblage a besoin de toutes les circonstances de ma vie pour être bien dévoilé[2] ». Le non-dit n'y procédait pas alors d'un indicible, mais de lacunes de mémoire et de documentation (souvent comblées par des fictions) ou d'élision volontaire de ce qui honore trop. Dans les *Dialogues* en revanche, la nécessité du secret accompagne l'entreprise comme une basse continue. S'autorisant de deux principes de la poétique dramatique classique – vraisemblance

1 Gilles Deleuze, *Le Pli, Leibniz et le baroque*, Paris éd. de Minuit, 1988, p. 9.
2 Préambule de Neuchâtel, *OC*. I Pléiade, p. 1153.

(puisque l'« esprit n'est point ému de ce qu'il ne croit pas[1] ») et bienséance (ne jamais choquer les mœurs dans la représentation des caractères) –, le personnage « Rousseau » affirme la corrélation, dans son rapport, d'une esthétique et d'une éthique du jugement. La première prend la mesure d'un indicible selon les mœurs ; la seconde distingue radicalement le jugement des hommes et celui de Dieu. Il s'agit là d'une rupture on ne peut plus provocante avec l'esprit du préambule des *Confessions* qui convoquait l'humanité au spectacle d'une confession générale devant le tribunal divin. Cette rupture est du reste confirmée dans la phrase suivante : « Il n'a pas été si discret dans ses *Confessions*, et peut-être n'en a-t-il pas mieux fait ». C'est ainsi qu'au secret absolu exigé de ses affiliés par la « ligue », et qui impose à l'observateur de J.J. de lui taire ce qu'il sait des crimes dont on l'accuse, répond symétriquement un secret tout aussi absolu sur une vérité connue de Dieu seul et de « Rousseau ». Le débat avec son interlocuteur (comme avec le lecteur) demeure donc circonscrit au seul terrain du vraisemblable selon la *doxa*, « en expliquant simplement, confiait l'auteur au lecteur dans l'avant-propos, ce que j'aurais déduit d'une constitution semblable à la mienne étudiée avec soin dans un autre homme ». Enfin, puisque nulle réponse définitive ne sera donnée à l'énigme de l'unanimité contre J.J., c'est donc sur une triple enceinte de secrets dont la clef reste à *inventer* que se referme le cercle de *Rousseau juge de Jean Jaques*.

1 « Jamais au spectateur n'offrez rien d'incroyable / Le vrai peut quelquefois n'être pas vraisemblable [...] / L'esprit n'est point ému de ce qu'il ne croit pas » Boileau, *Art poétique*, chant III.

RÉCEPTION DE *ROUSSEAU JUGE DE JEAN JAQUES* (XVIIIe-XXIe SIÈCLES)[1]

« Ce livre a été presque sans action sur la littérature », écrivait Marcel Raymond en 1959[2]. Accordons-le lui : de leur parution, en 1780-1782, jusqu'au milieu du XXe siècle, les *Dialogues* de Rousseau ne furent lus que comme un document témoignant de la folie de leur auteur ; en tant qu'œuvre littéraire, ils demeuraient en dormition. C'est l'honneur de l'édition de Robert Osmont dans la Pléiade, puis de l'introduction qu'y donna Michel Foucault dans une édition séparée[3], d'avoir réveillé leur profond dialogue avec l'ensemble des grands textes de Rousseau et d'avoir rendu lisible, aujourd'hui, leur fraternité avec des œuvres modernes telles que, par exemple, *L'homme du souterrain*, *Le Procès*, *Van Gogh ou le suicidé de la société*, *L'étranger* et, un peu plus récemment, *L'avenir dure longtemps* où Louis Althusser tente de suppléer au procès public qu'interdisait le non-lieu prononcé à son égard pour l'assassinat de sa femme lors d'une crise de démence :

> [...] puisque chacun jusqu'ici a pu parler à ma place et que la procédure juridique m'a interdit toute explication publique, j'ai résolu de m'expliquer publiquement [...] Je n'entends rien d'autre par là que lever la pierre tombale sous laquelle la procédure du non-lieu m'a enfoui à vie pour donner à chacun les informations dont je dispose. [...] J'ai rassemblé et confronté, comme s'il s'agissait du cas d'un tiers, toute la « documentation » disponible, à la lumière de ce que j'ai vécu – et inversement. Et j'ai décidé en toute lucidité et responsabilité de prendre à mon tour enfin la parole [...] Hélas, je ne suis

1 Ce travail a été précédé par l'étude d'Anne F. Garreta (principalement consacrée à la réception moderne de l'œuvre) : « Les Dialogues de Rousseau : paradoxes d'une réception critique », *PL.*, n° 5, 1995, p. 85-98, revue et mise à jour dans *Lectures de Rousseau* : *Rousseau juge de Jean-Jacques. Dialogue* (dir. Isabelle Brouard-Arends), P.U. Rennes, 2003, p. 83-94.

2 M. Raymond, « Les écrits autobiographiques », *OC* I, *op. cit.*, p. XIV.

3 M. Foucault, Introduction à *Rousseau juge de Jean-Jacques. Dialogues*. Armand Colin, 1962. Rééd. dans *Dits et écrits I*, Gallimard, 1994.

> pas Rousseau. Mais formant le projet d'écrire sur moi et le drame que j'ai vécu et vis encore, j'ai souvent pensé à son audace inouïe[1].

« Comme s'il s'agissait d'un tiers » : ici résonne la problématique qu'avait inventée Rousseau pour conduire plume en main le procès auquel il considérait avoir droit depuis la condamnation de l'*Émile*, et qu'il était venu chercher en plein Paris dans ses dernières années, alors qu'il restait sous le coup d'un décret de prise de corps : « La forme de dialogue m'ayant paru la plus propre à discuter le pour et le contre, je l'ai choisie pour cette raison. J'ai pris la liberté de reprendre dans ces entretiens mon nom de famille que le public a jugé à propos de m'ôter, et je me suis désigné en tiers à son exemple par celui de baptême auquel il lui a plu de me réduire[2] ». Ainsi, à l'exemple de Rousseau dénonçant la justice de son époque pour le statut d'enterré vif que lui conférait, s'imaginait-il, l'accusation d'être potentiellement ou réellement l'auteur d'un crime tellement atroce qu'il échappait au Droit, Althusser dénonçait l'article 64 du code de procédure pénale qui l'enterrait vif, lui aussi[3], pour un crime qu'il avait effectivement commis en « état de non-responsabilité[4] ». Rousseau voyait fort loin et son habitude de *penser politiquement les rapports* l'a amené à ouvrir vers l'avenir des portes dont notre temps sait désormais qu'elles n'ont plus rien de virtuel : tant sur les limites du droit pénal en ce qui

1 L. Althusser, *L'avenir dure longtemps* [1992], Paris, Stock/IMEC, 1994, p. 45-47.

2 « Du sujet et de la forme de cet écrit », p. 157. *Cf.* aussi cette phrase : « il falloit nécessairement que je disse de quel œil si j'étois un autre je verrois un homme tel que je suis. » (*Ibid.*, p. 159).

3 Selon Gisèle Mathieu-Castellani le judiciaire est la matrice du discours autobiographique en tant que pris dans la problématique de la culpabilité, de telle sorte que « Rousseau et Althusser semblent décrire la scène emblématique de l'auto(bio)graphie : un accusé condamné au silence, tenu pour mort, se lève pour se faire entendre. » *La scène judiciaire de l'autobiographie*, Paris, PUF, 1999, p. 31.

4 « L'homme qu'on accuse d'un crime et qui ne bénéficie pas d'un non-lieu a certes dû subir la dure épreuve de la comparution publique devant une cour d'assises. Mais du moins tout y devient matière à accusation, défense et explications personnelles *publiques* […]. C'est l'institution de la publicité des procédures et débats que le légiste italien Beccaria au XVIIIe siècle, considérait déjà, et Kant après lui, comme la garantie suprême de tout inculpé. Or, je regrette, ce n'est pas exactement le cas d'un meurtrier bénéficiant d'un non-lieu. Deux circonstances inscrites avec la dernière rigueur dans le fait et le droit de la procédure, lui interdisent tout droit à une explication publique. L'internement et l'annulation corrélative de sa personnalité juridique d'une part, et le secret médical d'autre part. » *Op. cit.*, p. 36-37, italiques d'Althusser.

concerne les rapports entre folie et criminalité, que sur l'univers de surveillance généralisée qu'a engendré notre modernité multimédiatique[1], ou encore sur ce que peut l'état de Droit face à des formes de criminalité politique qui l'incitent de plus en plus à légitimer en son sein des zones de non-droit[2].

Le rayonnement de cette œuvre est d'ailleurs devenu tel qu'elle a fini par venir au programme de l'agrégation française en 2004, ce qui signe (pour le pire et le meilleur) son intégration au canon académique en France. Les riches travaux collectifs qu'elle a suscités à cette occasion avaient d'ailleurs été précédés, dans les vingt années antérieures, par la grande lecture de Michel Foucault (1962) et par une floraison de publications, parmi lesquelles leur première traduction en japonais[3] (1969), leur analyse lexicologique par traitement informatique[4] (1977), une brillante contribution d'Arnaldo Pizzorusso dans un collectif italo-genevois de 1979 au titre significatif[5], leur première traduction complète en langue anglaise (1990)[6], un essai critique à leur propos chez Droz (1991)[7], un volume entier de la revue canadienne *Pensée libre* (1998)[8], tandis qu'en France une thèse (1999) leur était consacrée[9] et qu'à l'étranger les

1 Sur ces terrains, la trilogie de William Burroughs : *The Soft Machine, The Naked Lunch, The Ticket That Exploded*, avec sa subversion en acte, par *cuts up*, collage et ressassement, de la manipulation médiatique des discours et des idéologies, est aussi un puissant « révélateur » *a posteriori* (au sens photographique du terme) de ce qu'ont concentré d'intuition politique généralisable au devenir de toute la société, les thème de la falsification programmée de l'œuvre de J.J. et de la manipulation de son image publique.

2 Voir Giorgio Agamben, *État d'exception* (*Homo sacer* II, 1), Paris, Seuil, 2003.

3 *Rousseau, Jean-Jacques, o sabaku*, trad. Yoshio HARA, Tôkyo, éd. *Gendai-shichô-sha*, 1969. Suivra une nouvelle traduction en 1979 : *Rousseau, Jean-Jacques o sabaku – Taiwa*, trad. Yoshiyuki KONISHI, Tôkio, éd. *Hakusui-sha*.

4 J. Grivel et R. Osmont, *Index de Rousseau juge de Jean-Jacques, Dialogues*, Genève Paris, Slatkine-Champion, 1977.

5 A. Pizzorusso, « Le "personae" nei *Dialogues* », dans *Rousseau selon Jean-Jacques*, Université de Genève et Instituto della Enciclopedia italiana, fondata da Giovanni Treccani, Roma, 1979, p. 65-74.

6 Christopher Kelly, Roger D. Masters, (trad.), *Rousseau Judge of Jean-Jacques : Dialogues*, *op. cit.*

7 James F. Jones, *Rousseau's Dialogues : an Interpretive Essay*, Genève, Droz, 1991.

8 Philippe Knee et Gérald Allard (dir.), *Rousseau juge de Jean-Jacques, Études sur les Dialogues*, *Pensée libre* n° 7, Association nord-américaine des études Jean-Jacques Rousseau, Ottawa, 1998.

9 Martine Auscher-Thiery, *Rousseau à la recherche du « je » dans les* Dialogues, U. Paris IV-Sorbonne, 1999.

traductions se multipliaient[1]. Tout récemment enfin, deux grandes revues rousseauistes de langue française, les *Études Jean-Jacques Rousseau* (2007-2009) et les *Annales Jean-Jacques Rousseau* (2010), ont chacune consacré un numéro entier aux recherches actuelles sur cette œuvre. Dans cette histoire, on peut dégager quatre tendances essentielles : le cadrage générique des *Dialogues*, leur interprétation comme critère d'évaluation de l'ensemble de l'œuvre de Rousseau, la tendance à les travailler comme fragments plutôt que comme œuvre achevée, leur traitement dans les corpus d'œuvres complètes de Rousseau, jusqu'à l'édition de la Pléiade en 1959.

Sur le plan générique, on est d'emblée frappé que le choix de l'édition originale de la *Collection complète* des œuvres de Rousseau à Genève, soit de présenter *Rousseau juge de Jean Jaques* comme constituant la seconde partie des *Confessions*, attendue du public de 1782, déçu par la Ie partie de l'œuvre censée compromettre les Philosophes[2]. Ainsi commence l'histoire de la longue négation de la singularité de genre et de propos qui est celle de ce texte, lu pendant longtemps comme document et témoin, et non comme œuvre et création à part entière. Mais témoin de quoi ? Presque à l'unanimité, la presse du XVIIIe pour le Ier dialogue[3], puis la critique de langue française[4] jusqu'aux débuts

1 Une traduction italienne : *Rousseau giudice di Jean-Jacques. Dialoghi*, trad. E. Melon Cantoni, in Rousseau, *Opere*, a cura di P. Rossi, Firenze, Sanzoni, 1972 ; une traduction chinoise par Yuan Shuren (Éditions du peuple, Shangaï, 2007) ; et très récemment une traduction espagnole : *Rousseau juez de Jean-Jacques. Diálogos*, trad. Manuel Arranz Lazáro, introd., Javier Gomá Lanzón, Pre-textos, Valencia, 2015.

2 Ce choix est ainsi analysé par *Bachaumont* : « *9 septembre 1780. Mémoires de J.-J. Rousseau.* On juge aisément que ce premier titre a été mis exprès pour faire prendre le change au public : suit le véritable : *Rousseau juge de Jean-Jacques, Dialogue*, d'après le manuscrit laissé entre les mains de M. Brooke-Boothby […] ». Cité dans P.-P. Plan, *Jean-Jacques Rousseau raconté par les gazettes*, Mercure de France, 1912, p. 232.

3 Par exemple : « On ne peut douter qu'en écrivant ceci Rousseau ne fût parfaitement fou » (*Corr. litt.*, juillet 1780, éd. M. Tourneux, Kraus reprint, Nendeln/Liechtenstein, 1968, t. XII, p. 409) ; « c'est le délire d'une imagination noire, d'un philosophe atteint de la fièvre chaude » (*Bachaumont*, 23 août 1780), cité dans P. P. Plan, *op. cit.*, p. 228-229. « L'auteur, quel qu'il soit (car peut-être est-ce un ennemi de feu M. Rousseau) paraît avoir la tête fort dérangée ; tous ceux qui ont lu cette brochure en conviennent ; mais c'est un malheur dont il ne faut que le plaindre […]. » d'Alembert au *Mercure*, 29 sept. 1780, *CC.*, n° 7760. Voir aussi le *Journal encyclopédique*, oct. 1780, t. VII, p. 284-301. Le 31 mai 1782, Bachaumont critique dans les *Rêveries* (qui viennent de paraître) les « réflexions moroses » et les « idées noires, apocalyptiques, qui tiennent un peu de la vision », en comparant « ce rabâchage » au Ier Dialogue.

4 En Angleterre, selon Jacques Voisine, le texte passe presque inaperçu. Les quelques comptes-rendus en revue qu'il cite sont d'ailleurs moins axés sur la folie de Rousseau que

du XXe, produisent ce texte comme preuve de la folie de Rousseau[1] – ou, à tout le moins, de son état maladif[2]. À tel point que dès la publication de l'originale du Ier dialogue en 1780, les amis de Rousseau eux-mêmes craignent que ce texte ne desserve son image publique[3]. Autrement dit, même si certains aspects du génie dialectique et de l'éloquence de l'auteur y sont reconnus[4], il est perçu comme recelant

sur la richesse humaine du document. (*J.-J. Rousseau en Angleterre à l'époque romantique*, 1956, p. 97-110). Dans la presse allemande, selon Jacques Mounier, « l'accueil [du] premier Dialogue est généralement défavorable » ; quant aux deux autres parties (parues en 1782 avec la première partie des *Confessions* et les *Rêveries*), ils « ne sont rachetés que grâce à la richesse des notations psychologiques ». Parmi les écrivains, Wieland, très favorable à Rousseau, y voit se refléter un « étrange état de maladie », « une sorte de fièvre » ; il juge l'ouvrage intéressant mais pense qu'il va nuire à la réputation de l'auteur. *La fortune des écrits de Jean-Jacques Rousseau dans les pays de langue allemande de 1782 à 1813* (PUF, 1980), p. 37 et 50.

1 On en trouvera l'attestation dans la suite ; mais on peut souscrire à cette remarque de C. Kelly et R. Masters : « most of those who did read it seemed primarily interested in the *Dialogues* as a source for evidence of the depth of Rousseau's paranoia. » *Interpretation*, Winter 1989-1990, vol. 17, n° 2, p. 240.

2 Comme chez J. G. Zimmermann à la fin du siècle : « on n'a jamais pensé que ce livre si mélancolique et les *Rêveries du promeneur solitaire* [...] sont un exemple humiliant et touchant de la faiblesse humaine, et qu'ils offriront aux générations futures un monument terrible des erreurs dans lesquelles la solitude peut entraîner le génie lui-même lorsqu'il est malade. » *Über die Eisamkeit* (1784-1785), trad. A.-J. L.-Jourdan (1840), cité dans Erik Leborgne, « Le portrait clinique de Rousseau dans *De la solitude* de J.-G. Zimmermann », *AJJR* n° 48, 2008, p. 240.

3 C'est notamment l'avis de Paul-Claude Moultou dans sa lettre à Malesherbes au sujet du premier Dialogue (éd. Boothby) qui vient de paraître. « J'espère qu'il inspirera quelque pitié pour le malheureux Rousseau et ne nuira point à sa gloire. » (*CC*. n° 7737, 12 juillet 1780). Voir aussi sa longue réponse à Suzanne Necker (qui réclame la publication de la seconde partie des *Confessions)* : « ses dialogues, ses rêveries ont trop fait connaître cette humeur noire et mélancolique qui le consumait depuis si longtemps. [...] Cette maladie cruelle [...] dénaturait tous les objets à ses yeux, et versait sur les actions les plus innocentes, les plus estimables, qui se rapportaient à lui, le poison de sa sombre manie. [...] Et ses amis contribueraient à sa diffamation en répandant de pareils ouvrages ! – non Madame, ils seraient alors les seuls coupables, car seuls ils tromperaient le public, et sur Rousseau lui-même, et sur ceux qu'il a mal jugés. » (*23 janv. 1786*, *CC*, n° 7891. (*Cf.* aussi le n° 7747, de la duchesse d'Anville à P.-Cl. Moultou).

4 Par exemple chez P.-Cl. Moultou : « Cet ouvrage est [...] certainement de Rousseau, et à beaucoup d'égards il en est digne, il y a des morceaux sublimes, mais aussi beaucoup de longueurs. » (*CC*, n° 7737). Chez Walpole : « Il y a de beaux traits d'éloquence [...] et beaucoup d'adresse dans la conduite des raisonnements qui doit réfuter les actions de ses ennemis, mais la substance n'est que sa vieille folie, faite de vanité et de suspicion. » (31 mai 1780, à Mason, dans J. Voisine, *op. cit.*, p. 99). Selon *Bachaumont* (9 septembre 1780), si « l'on [y] remarque une imagination noire, exaltée jusqu'au délire », on y rencontre « en même temps une dialectique de la tête la mieux organisée et la plus froide. » (Dans P.P. Plan, *op. cit.*, p. 233).

globalement un potentiel de dévalorisation de l'œuvre entière[1]. C'est bien ce qui se produira, la critique du XIXe siècle et au-delà, présentant le texte comme délire, morceaux choisis à l'appui, en résumé ou citations rapides ; ainsi circule une sorte de « digest[2] », d'un à-peine-texte valant au mieux comme document médical, dans le cadre d'une thèse générale sur l'auteur et sur l'œuvre : folie et incohérence de pensée. C'est la lecture dominante, massivement et durablement, comme on le vérifiera plus loin.

Cependant, apparaît parallèlement, au XIXe siècle, une autre approche de ce texte, très minoritaire pendant longtemps et qui ne s'imposera que dans la seconde moitié du XXe siècle. Cette tendance-là propose une thèse exactement inverse de la précédente, en s'appuyant sur d'autres passages du texte. Les *Dialogues* sont ici compris selon une part des intentions qu'ils affichent effectivement, c'est-à-dire comme récit de la formation d'un lecteur. C'est toute l'histoire du personnage du « François », un non-lecteur initialement, mais qui va consentir à lire en entier toute l'œuvre attribuée à « J.J. ». La thèse, c'est que les *Dialogues* enseignent une méthode de lecture et de compréhension. C'est Musset-Pathay qui lance ce thème en 1821-1823, dans son *Histoire de la vie et des œuvres de Jean-Jacques Rousseau*, puis dans son édition des *Œuvres complètes*. Il cite

1 Bachaumont parle de « mauvais service rendu à un grand homme. » (*Mémoires secrets*, 23 août 1780, P.-P. Plan, *op. cit.*). C'est aussi l'idée de L.-S. Mercier : « ses œuvres posthumes, indiscrètement publiées [...] nuiront infailliblement à ses autres écrits. » (*Tableau de Paris*, t. VII, chap. DLXVIII, « Rue Plâtrière », cité dans *CC*, t. XLV, p. 228). Malesherbes a un avis plus nuancé : tout en admettant que Rousseau paraîtra désormais affligé d'« une manie qui allait jusqu'à la démence », il pense qu'à terme la réception de son œuvre peut en bénéficier, les lecteurs étant mis à même d'y reconnaître le type du génie mélancolique et de séparer le bon grain philosophique de l'ivraie bilieuse. (*CC*. n° 7744).

2 Ce micro-roman de la folie de Rousseau à l'usage des lecteurs pressés commence avec le résumé que donne Bachaumont du Ier Dialogue (notices des 9 et 12 sept. 1780) : épisode des grilles fermées à Notre-Dame, d'Alembert en plagiaire, encre effaçable, charité malveillante d'une restauratrice, etc. Mercier donne lui aussi au t. VII du *Tableau de Paris*, un abrégé de faits délirants tirés des *Dialogues* ou des *Rêveries* : « [Il] s'imaginait voir autour de lui une ligue d'ingénieux ennemis qui avaient déterminé les décrotteurs à lui refuser leurs services, les mendiants à rejeter son aumône, et les soldats invalides à ne pas le saluer. Il croyait fermement qu'on suivait tous ses pas, et qu'une foule d'émissaires [...] étaient répandus dans toute l'Europe, pour le dénigrer, tantôt dans l'esprit du roi de Prusse, tantôt dans l'esprit de la fruitière sa voisine, qui ne se relâchait du prix ordinaire de la salade et des poires que pour l'humilier ». (Chap. *Rue Plâtrière*). On retrouvera plus tard ce *digest* sous les plumes de Faguet, Lemaître ou Lanson.

en effet les passages du premier dialogue où le personnage « Rousseau » dénonce toute interprétation qui fausse la lettre du texte, qui ne replace pas les citations dans leur contexte et qui néglige l'intention de l'auteur[1]. Musset-Pathay y trouve la justification d'une méthode d'édition critique fondée sur le retour aux éditions originales, et qui rétablirait ainsi la lettre et l'esprit de l'œuvre. Le statut du texte mute ainsi radicalement : il devient nécessaire à l'œuvre antérieure ; cependant, il ne l'est encore qu'à titre de simple caution. Sur cette ligne de l'herméneutique, on rencontre ensuite Lanson, avec une étude fameuse publiée dans les *Annales Jean-Jacques Rousseau* en 1912, où il s'attache à démontrer l'unité de la pensée de Rousseau. Développant à fond une idée qu'il avançait dès 1894, dans son *Histoire de la littérature française*[2], Lanson reprend les mêmes passages que Musset-Pathay, mais y ajoute la thèse amenée par « le François » dans le IIIe entretien, de la cohérence organique des principes fondamentaux de Rousseau : ce que l'article des *Annales* s'emploie à démontrer, contre la thèse alors dominante de l'incohérence, défendue

1 Voici sa thèse, qui reprend la méthode conseillée par « Rousseau » au « François » dans le premier Dialogue, p. 196 : « Lisez, écrivait-il, tous ces passages dans le sens qu'ils présentent naturellement à l'esprit du lecteur et qu'ils avaient dans celui de l'auteur en les écrivant ; lisez-les à leur place avec ce qui précède et ce qui suit, consultez la disposition de cœur où ils vous mettent, c'est cette disposition qui vous éclairera sur leur véritable sens ». [Rousseau blâmant ensuite] « cette manière d'isoler et de défigurer les passages d'un auteur », Musset-Pathay en fait l'application à propos des éditions du XIXe siècle : « je dois faire, à l'occasion de ce passage, une remarque importante ; c'est que dans toutes les citations, dans tous les extraits des ouvrages de Jean-Jacques, il y a infidélité. La plupart sont tronqués. Ceux qui sont textuels ne présentent pas, remis à leur place, le sens qu'on leur a donné en les isolant. C'est après avoir vérifié que je mets en avant cette assertion. Il n'est pas possible que j'aie tout vu, mais dans le très grand nombre de pièces que j'ai vues, il n'y a pas une seule exception. Cette constance à dénaturer ne suppose pas un complot, comme le croyait Jean-Jacques [...] mais elle prouve une chose plus triste, c'est le manque de bonne foi. L'intention de n'en point avoir a été commune à tous. » Musset-Pathay, *Histoire de la vie et des œuvres de J.-J. Rousseau*, t. I, Paris, 1821, p. 287.

2 Il y cite le passage du IIIe Dialogue où « le François » explique à « Rousseau » la méthode qu'il a suivie pour lire et comprendre l'œuvre de J.J. : identification du principe fondamental : bonté naturelle de l'homme, corruption par la société, lecture de l'*Émile* à la lumière de ce principe, désenchantement des illusions modernes sur la nature humaine dans les deux *Discours*, interprétation du système comme expression du caractère de son auteur, lui-même identifié comme seul spécimen concevable de l'homme naturel, depuis « Suivant de mon mieux » jusqu'à « j'aurais cru que l'homme naturel n'existait plus » (ce vol. p. 474-476). Puis il commente : « cette page illumine l'œuvre de Rousseau et lève les difficultés qu'on a parfois trouvées dans la liaison des divers écrits qui la composent. » *Histoire littéraire de la France* (1re éd. 1894), Hachette, 1951, p. 780-781.

par Faguet, Lemaître et plus récemment Espinas[1]. S'engage donc ici, pour la France – car en Allemagne le cas est différent depuis Kant (et en 1932, Cassirer cite plusieurs fois les *Dialogues* dans *Das problem Jean-Jacques Rousseau*) –, un processus de réévaluation de Rousseau comme penseur systématique, et ce sont les *Dialogues* qui en procurent la clef : ils engagent désormais, au moins virtuellement, une herméneutique et une épistémologie de son système. Ce quasi non-texte est ainsi devenu, au début du XXe siècle, inséparable de toute lecture sérieuse de l'œuvre, à tel point que Victor Goldschmidt, en 1983, dans sa grande thèse sur « les principes du système de Rousseau », donne les propos du « François » dans le IIIe entretien comme témoignage évident de ce que Rousseau se considère comme un penseur systématique[2].

Pour autant, ni Lanson, ni Goldschmidt n'envisagent les *Dialogues* autrement que comme témoin des intentions de l'auteur ; l'œuvre en elle-même n'est pas saisie comme projet spécifique. C'est Roger D. Masters qui sautera le pas dans sa *Philosophie politique de Rousseau*, publiée en 1968, seulement traduite en français en 2002, mais lue par Goldschmidt en 1971[3]. S'appuyant sur les mêmes passages des *Dialogues* que Musset-Pathay et Lanson, Masters y dégage une thèse puissante sur la genèse du système et sur la méthode de lecture qui lui convient. Selon ce lecteur compétent qu'est devenu « le François », la bonne méthode de lecture consiste à commencer par l'*Émile* pris comme traité général de la nature humaine, puis à remonter le fil de l'argumentaire jusqu'au premier *Discours*[4]. C'est ce que fait Masters qui cherche à dégager la

1 « Dans une page bien connue de ses *Dialogues* [...] que j'ai citée dans mon *Histoire littéraire de la France*, Rousseau défend l'unité de son système et expose l'idée qu'il s'en fait. » G. Lanson, « *L'unité de la pensée de Jean-Jacques Rousseau* », *AJJR*, t. 8, 1912, p. 8. Pour autant, Lanson ne croit pas au développement progressif et concerté d'une intuition fondatrice, ou pas seulement ; il pense plutôt à l'unité vécue d'une expérience de la vérité.

2 « Que la pensée de Rousseau forme un système, ne devrait pas faire l'objet de controverses, puisque l'auteur l'a affirmé lui-même dans un écrit destiné à Bordes (1753-1754) jusque dans le troisième *Dialogue* ». V. Goldschmidt, *Anthropologie et politique, les principes du système de Rousseau*, Paris, Vrin, 1983, p. 7.

3 « ... le seul à ma connaissance, à entreprendre l'étude du système, en se conformant strictement aux intentions de l'auteur et en essayant [...] de penser à la suite de l'auteur et avec lui. » *Ibid.*, p. 13.

4 « J'avois senti dès ma prémiére lecture que ces différens ecrits marchoient dans un ordre retrograde à celui de leur publication, et que l'Auteur remontant de principe en principe n'avoit atteint les premiers que dans ses derniers. » (Ce volume, p. 472). Masters a travaillé sur la version du ms. G. (*OC*. I, p. 933).

cohérence théorique de Rousseau en « se conformant strictement (comme l'écrit Goldschmidt) à ses intentions[1] », c'est-à-dire à l'exigence d'une lecture travailleuse et méthodique. Il revient donc à Masters d'avoir dégagé une thèse productive sur le projet spécifique des *Dialogues* comme formulation systématique de la théorie herméneutique de Rousseau, et comme propédeutique à sa pensée : ce qu'il établira complètement avec Christopher Kelly, dans l'introduction à leur traduction de l'œuvre en 1990[2]. Avec ce retour aux intentions théoriques et méthodologiques de l'auteur, position herméneutique qui prend à rebrousse-poil l'idée moderne que l'auteur comprend moins bien ou moins complètement son texte que les critiques qui le liront[3], un texte de Rousseau réputé illisible et mineur révèle la force d'effraction, pour aujourd'hui, d'une théorie de la lecture antérieure à l'herméneutique historiciste. En un mot, il est devenu une œuvre pour notre temps.

Dans l'histoire de ce processus, il convient bien sûr de suivre l'évolution de sa situation éditoriale dans les dispositifs des « Œuvres complètes » où il a été contextualisé, depuis l'édition originale de Genève jusqu'à celle de la Pléiade en 1959. L'édition originale complète paraît en août 1782, aux tomes XI de la *Collection complète des œuvres de J.J. Rousseau* (in-4°), sous le titre suivant : *La Seconde partie des Mémoires, ou Rousseau Juge de Jean-Jaques, en trois Dialogues.* Le choix de les donner comme suite à la première partie des *Confessions*, parue en avril-mai, est censé répondre à l'attente du public comme je l'ai rappelé, et cela dans un contexte de luttes sourdes et de non-dits entre les détenteurs du manuscrit de la

1 « On présupposera que ses écrits philosophiques forment un tout cohérent, puisque Rousseau lui-même dit que l'apparence d'"inégalité" et de "contradictions" dans ses différents ouvrages, aussi bien que ses "maximes très paradoxes", deviennent compréhensibles, quand une attention suivie révèle son "système". » R. Masters, *La Philosophie politique de Rousseau*, *op. cit.*, p. 12. Masters cite le IIIe Dialogue (ce vol., p. 471 et *OC.* I, p. 932).

2 « One would hardly wish to deny that the *Dialogues* contains expressions of Jean-Jacques's mental anguish at the time of its composition. Nevertheless, to be read properly, this work must also be seen as a dramatization of the fundamental principles of Rousseau's systematic thought and his deepest reflections on the problem of making this systematic thought accessible to an audience. » C. Kelly et R. Masters, Introduction aux *Dialogues*, *op. cit.*, p. XXVI. Republiée dans la revue *Interpretation*, Winter 1989-1990, Vol. 17, n° 2, p. 252.

3 Cette problématique est bien résumée par Antoine Compagnon dans sa présentation de l'herméneutique de Gadamer : « non seulement le sens du texte n'est pas épuisé par l'intention ni équivalent à elle – il ne peut donc être réduit au sens qu'il a pour l'auteur et ses contemporains –, mais il doit encore inscrire l'histoire de sa critique par tous les lecteurs de tous les âges, sa réception passée, présente et à venir. » *Le Démon de la théorie*, Paris, Seuil, 1998, p. 67.

seconde partie des *Confessions*, qui ne paraîtra qu'en 1789. Les *Dialogues* sont donc génériquement étiquetés comme « Mémoires » : ce qu'ils ne sont guère en réalité, sinon au sens juridique du terme. On les donne à lire comme « suite des *Confessions* », comme autobiographie donc – selon nos termes. Mais on doit aussi avoir en tête que le public européen a lu dès 1780 le premier dialogue, édité en Angleterre par B. Boothby à qui Rousseau l'avait confié : soit deux ans avant la publication des *Confessions* I et des *Rêveries*. Publiée sous le titre *Rousseau Juge de Jean Jacques. Dialogues.*, l'œuvre a été lue et recensée, laissant l'image d'un texte parfois brillant dans sa rhétorique, mais plutôt mal composé et assez délirant ; c'est l'opinion dominante à quelques très rares exceptions près[1]. Ce qu'on attend, ce sont les *Confessions* et leurs révélations, le premier dialogue ne fournissant rien de consistant à cet égard[2]. Ainsi, que ce soit avant ou après la publication des *Confessions* I, les *Dialogues* sont lus comme des mémoires, et reçus comme tout à fait décevants.

En revanche, ce qui se met en place, dans le fil des polémiques publiques antérieures autour du conflit Rousseau-Hume (1766-1767)[3], puis du supposé suicide de Rousseau[4], c'est le débat sur sa folie et sur sa portée dans son œuvre. Dans l'ensemble cependant, jusqu'à la Révolution, les contemporains voient ce qu'on appelle ses « œuvres posthumes » (*Rêveries* comprises donc) comme relevant globalement d'autres logiques que l'œuvre du penseur et même du romancier. Ainsi, ce qu'on appelle sa « maladie » ou ses « délires » sont rapportés à ses dernières années, et sont considérés comme n'affectant donc pas ou peu la grandeur de son œuvre antérieure.

1 Par exemple, Paul-Claude Moultou : « Si les *Dialogues* n'étaient pas fondés sur un système d'erreur ce serait à mon gré l'un des plus beaux ouvrages de Rousseau, il y a dans le second et dans le troisième une foule de morceaux qui passent tout ce qu'il a écrit. Mais il faut en le lisant gémir sur la nature humaine et sur les déplorables effets de son injustice. Qui voudrait acquérir la réputation de Rousseau au prix de cette affreuse mélancolie qui obscurcit ses derniers jours ? » (À Suzanne Necker, 21 octobre 1782, *CC*. n° 7826). En Allemagne, Hamann est quasiment le seul, selon J. Mounier, à placer les *Dialogues* au-dessus des *Confessions*. *Op. cit.*, p. 37.

2 Comme le regrette par exemple *Bachaumont* : « 12 septembre 1780. La brochure intitulée Rousseau juge de Jean-Jacques est une espèce d'introduction des Confessions. Quelques faits répandus ça et là très rarement dans cet écrit ne peuvent qu'augmenter le désir d'en apprendre davantage sur l'origine, les instigateurs et les instruments des persécutions éprouvées par ce grand homme. » (P.-P. Plan, *op. cit.*, p. 234).

3 Pour une synthèse récente, voir Antoine Lilti, *Le Monde des salons*, *op. cit.*, p. 342-355.

4 Voir R. Trousson, *Jean-Jacques Rousseau jugé par ses contemporains*, Paris, H. Champion, 2000, p. 559 et suiv.

À quoi s'ajoute le contexte de sa panthéonisation par la Révolution[1]. Tout se passe ainsi comme si les *Dialogues* – et sans doute aussi les *Rêveries*[2] –, n'ajoutaient rien au monument Rousseau pour le public de la fin du XVIIIe[3].

C'est le XIXe siècle, comme on sait, qui verra la portée des *Rêveries*[4] ; quant aux *Dialogues*, la dominante reste celle que j'ai dite : c'est une non-œuvre pendant longtemps[5]. Quelques mots cependant sur certains paratextes les accompagnant dans les « Œuvres complètes » postérieures à l'originale : ils amorcent de loin, si l'on veut, une sorte d'annotation critique primitive. Dès l'édition du Peyrou de la seconde partie des *Confessions* (Neuchâtel, 1790), l'éditeur avait accepté de dédouaner le pasteur Vernes mis en cause au livre XII comme auteur présumé du libelle du *Sentiment des Citoyens*[6]. Dans les « Œuvres complètes » qui sui-

1 Voir Jean-Claude Bonnet, *Naissance du Panthéon*, Paris, Fayard, 1998, p. 308-313, et Monique et Bernard Cottret, *Jean-Jacques Rousseau en son temps*, Paris, Perrin, 2005, p. 580 et suiv.

2 Avant le romantisme, c'est surtout la proximité des *Rêveries* aux *Dialogues* sous le chef de la maladie mentale, que relèvent les commentateurs. On l'a vu dans *Bachaumont* (notice du 31 mai 1782) ; on le lit aussi dans ce compte-rendu du *Journal helvétique* (juin 1782) : « Rousseau les a écrites sur la fin de sa vie et après la découverte imaginaire de la ligue universelle formée contre lui [...] cette inconcevable maladie s'y manifeste partout. » On le retrouve dans la *CL* (juillet 82, t. XIII, p. 166) : « Les germes d'une si triste folie se trouvent déjà dans ses *Confessions*, mais on les voit se développer d'une manière plus affligeante encore dans ses *Promenades du rêveur solitaire* (*sic*) et dans l'ennuyeux rabâchage des dialogues qu'il a intitulés *Rousseau juge de Jean-Jacques.* » Cité dans R. Trousson, *Jean-Jacques Rousseau jugé par ses contemporains*, *op. cit.*, p. 541.

3 *Cf.* Malesherbes : « c'est sa logique, c'est son éloquence qui fondent ses théories, et tout cela subsistera malgré le désordre de sa tête sur certains objets. » (26 juillet 1780, *CC.*, n° 7794). Voir aussi ce compte-rendu du *Mercure* sur la seconde partie des *Confessions*, le 28 novembre 1789 : « Il n'est plus temps de revenir sur les œuvres et sur la personne de J.-J. Rousseau. Ils sont appréciés. Ses ouvrages le sont beaucoup plus dans la situation où la France se trouve, que sa personne sur laquelle nous pensons qu'on ne variera plus quand on aura parcouru ses Confessions. » (*CC.*, t. XLVI, p. 94).

4 Entrevue par Mme de Staël dans sa *Lettre sur les ouvrages et le caractère de J.-J. Rousseau* (1788).

5 En 1826, les *Dialogues* apparaissent encore ainsi dans l'avant-propos de l'édition Dalibon des *Œuvres* de Rousseau, à travers un parallèle avec les *Rêveries* : « Plus près du tombeau, Jean-Jacques est plus calme dans les *Rêveries* que dans les *Dialogues*. Sa pensée a moins d'amertume, son style est plus facile. La conspiration de ses ennemis n'a point envahi, comme dans les *Dialogues*, toutes ses facultés ; [...] sa pensée a moins d'égoïsme que dans les *Dialogues* où, toujours aux prises avec les ennemis que se forge son imagination, avec son amour-propre et sa misanthropie, il s'épuise en vaines conjectures, et, tournant sans cesse autour du même cercle, persécute le lecteur de ses soupçons et ses malheurs. » (*Op. cit.*, p. 16-17).

6 Du Peyrou joint donc à son édition la *Déclaration de J.J.. Rousseau relative à M. le pasteur Vernes. Accompagnée de notes responsives fournies par ce dernier.* Voir sur ce point Raymond Birn, *Forging Rousseau*, *op. cit.*, p. 225-226.

vront chez d'autres éditeurs, ce sont les *Dialogues* qui seront précédés ou suivis du dossier Vernes, souvent accompagné d'autres dossiers à teneur biographique, comme des extraits des *Mémoires* du Prince de Ligne ou les *Mémoires* de Grétry[1]. Parmi les éditeurs de cette époque, c'est Mercier qui a l'intuition la plus nette de la cohérence de l'ensemble des écrits de Rousseau, exigeant en 1788 la publication de tous ceux restant réservés, et militant dans sa propre édition d'*Œuvres complètes*, pour une sorte de documentation historico-biographique des textes. Les *Dialogues* y sont ainsi suivis (au t. 30) du dossier Vernes et de toute une série de textes émanant soit de Rousseau comme *La Vision de Pierre de la Montagne* ou sa *Lettre à Voltaire*, soit de contemporains connus ou anonymes[2]. Il est curieux de constater, dans cette édition qui se veut « classée par ordre des matières », que l'intitulé des tomes concernant les *Dialogues* soit le mot « Philosophie ». Malheureusement Mercier n'explique pas ce choix hétérodoxe (qui resterait un *hapax* dans la tradition éditoriale ancienne des *Dialogues* si le vaste avant-propos du tome XVIII de l'édition Dalibon [1826][3] n'avait tenté une mise en perspective de l'œuvre centrée sur le rôle contradictoire de Rousseau dans la révolution intellectuelle des Lumières). Par ce classement et par certains des textes de l'apparat critique de ces deux tomes, Mercier semble avoir cherché à dégager *Rousseau juge de Jean Jaques* d'une lecture exclusivement documentaire. Mais d'un autre côté, il le sépare ainsi d'œuvres plus prestigieuses, probablement parce qu'il pense que c'est un très mauvais texte, où, écrit-il dans son introduction générale : « c'est l'homme malade qui écrit ».

Dans le paysage éditorial ultérieur, ce qui tranchera au XIXe siècle est donc le travail de Musset-Pathay, qui succède à une vingtaine de collections complètes antérieures[4]. Outre l'usage méthodologique qu'il entend tirer des principes de lecture présentés dans les *Dialogues*, il transforme leur contextualisation générique. Il pose en effet dans son

1 Éd. Dalibon (1825-1826), t. XVIII.

2 *Œuvres complètes de Jean-Jacques Rousseau classées par ordre des matières*, Paris, Poinçot (Mercier et alii éd.), 1793. Les *Dialogues* sont publiés aux t. 29-30.

3 Ce texte non signé de 17 pages qui introduit les t. XVIII-XIX consacrés aux *Dialogues*, est probablement de la main de P. R. Auguis, responsable « scientifique » de cette édition. Constatant le caractère perdurant des jugements partisans sur Rousseau, l'auteur tente de réévaluer pour ainsi dire culturellement le débat en replaçant sa pensée dans la révolution des Lumières, qu'il radicaliserait par certains aspects tout en la minant sous d'autres.

4 Voir Jean Roussel, *Jean-Jacques Rousseau en France après la Révolution*, Armand Colin, 1972, p. 429-431.

Histoire de la vie et des œuvres de Jean-Jacques Rousseau, qu'on ne peut éditer le corpus mémorialiste allant des *Lettres à Malesherbes* jusqu'aux *Rêveries*, sans y joindre toute la correspondance disponible – qui compte à cette époque près d'un millier de lettres. Il la juge de niveau littéraire comparable aux écrits publiés, y voit un élément déterminant pour l'analyse psychologique de Rousseau, et comprend ce qu'elle apporte, pour l'interprétation du corpus mémorialiste, d'une approche en termes *judiciaires* : « C'est là qu'on peut le prendre sur le fait », écrit-il par exemple[1] ; affirmant encore que sa correspondance peut « à la fois servir de preuve et de suite aux Confessions[2] ». Du coup, les *Dialogues* sont publiés sous l'étiquette générique « Mémoires et correspondance » dans son édition des *Œuvres complètes* de 1823, ce qui ouvre la voie, mais seulement virtuellement et de très loin, à une approche plus exacte de leur proximité au genre des mémoires judiciaires en pour et contre : une approche dont Alexis Philonenko rappelait la pertinence en 1984, en pleine vogue du « Rousseau-fondateur-de-l'autobiographie-moderne[3] », et que j'ai pour ma part défendue à travers une série d'articles et un essai publiés entre 2005 et 2011.

Pour en revenir à l'entreprise de Musset-Pathay, la mise en contrepoint de la correspondance de Rousseau avec ses œuvres sera malheureusement surtout exploitée pour instruire le procès d'une folie et d'une incohérence de pensée diagnosticables dès la jeunesse de l'auteur ; c'est le fameux thème de la « fêlure », qui permet à des critiques célèbres, comme Brunetière et Lemaître, de démontrer que toute l'œuvre de Rousseau est celle d'un déséquilibré – les *Dialogues* faisant office, à cet égard, de pièce à conviction accablante. Ainsi chez Jules Lemaître, en 1907 : « le prologue du livre XII des *Confessions*, [et] la superbe lettre de 45 pages à M. de Saint-Germain de 1770 [...], rendent déjà le plein son de la folie [...] dans les *Dialogues*, c'est la folie définitive[4]. » Quant à Brunetière, il écrit en 1890 que les *Dialogue*s, à la différence des *Rêveries*, doivent être

1 V. D. de Musset-Pathay, *Histoire de la vie et des ouvrages de Jean-Jacques Rousseau*, t. 1, *op. cit.*, p. xxj.

2 Dans sa préface aux *Œuvres complètes* de Rousseau (Dupont, 1823), p. x.

3 « C'est une erreur [...] de ne pas conserver aux *Dialogues* la structure judiciaire, et de plonger sans retenue, sous le seul prétexte que c'est un seul homme qui a écrit ce livre juridique, dans la perspective psychologique tout entière axée sur le dédoublement. » A. Philonenko, *J.-J. Rousseau et la philosophie du malheur*, t. 3, Paris, Vrin, 1984, p. 278.

4 J. Lemaître, *Jean-Jacques Rousseau*, Paris, 1907, p. 319.

« rapportés au paroxysme de la folie de Rousseau » ; « rien n'est plus pénible, écrit-il, que (d'en suivre les progrès) dans ses *Confessions*, dans sa correspondance, dans ses *Dialogues*[1] ». Daniel Mornet en était toujours là au milieu du siècle suivant[2]. Indépendamment de ce déni de littérarité à l'égard des *Dialogues* dans la critique académique, la mise en phase de la correspondance et des écrits autobiographiques est donc désormais acquise, conformément d'ailleurs au vœu de Rousseau lui-même, qui avait indexé ses liasses de lettres en vue d'une lecture documentée des *Confessions*[3]. Quant à l'œuvre elle-même, du moins avant que Lanson ne s'avise d'en éclaircir le projet théorique et méthodologique, l'essentiel du « travail » critique en France aura été de la réduire à un patchwork de morceaux choisis – toujours à peu près les mêmes d'ailleurs[4] –, alignés sur la correspondance selon une approche documentaire et psychiatrisante où domine, depuis la fin du XIXe siècle où en est apparu le concept[5], le diagnostic de paranoïa[6].

1 F. Brunetière, « *La folie de Jean-Jacques Rousseau* » (février 1890), dans *Études critiques*, 4e série, Paris, 1910, p. 350 et 344.

2 « On y trouvera par occasions des détails qui ajoutent quelque chose aux *Confessions*. Mais il intéresse surtout le médecin ou le psychologue qui voudraient suivre dans le détail les troubles de la vie mentale chez l'auteur. » *Rousseau*, 5e édition, Paris, Hatier, 1950, p. 101.

3 Je me permets sur ce point de renvoyer à mon étude : « *J.-J. Rousseau, la preuve par la lettre : lire les* Confessions *avec la Correspondance* », *Annales J.-J. Rousseau* (Genève), t. XLVII, 2008.

4 La séquence de J.J. au théâtre, encerclé par une foule muette et menaçante est citée ou résumée par Brunetière (p. 244), par Lemaître (p. 319) et par Lanson (*Histoire littéraire de la France*, ouvr. cité, p. 779). Autres traits récurrents du « digest » déjà rencontrés dans les abrégés des *Mémoires secrets* ou chez Mercier : les légumes vendus au rabais pour l'humilier, l'encre qui s'efface, les aumônes persifleuses (Lanson et Lemaître).

5 Apparu en 1863 dans la littérature psychiatrique allemande (Kahlbaum), le concept de paranoïa émigre en 1899 dans la 6e édition du *Traité de psychiatrie* de Kraepelin ; Sérieux et Capgras (*Les folies raisonnantes*, Paris, Alcan, 1909) le reprennent en terme de « délire de revendication » et de « délire d'interprétation » associés à la hantise de la persécution, à des convictions « idéalistes » ou « altruistes » témoignant d'une inadaptabilité sociale, et à des illusions de clairvoyance transcendante. (Voir sur ce point Luc Boltanski, *Énigmes et complots*, Paris, Gallimard, 2012, p. 246-249). Il va sans dire que Rousseau exemplifie à merveille ce tableau nosologique (*Cf.* Sérieux et Capgras, *op. cit.*, ch. 4, p. 180-206). Quant à Lombroso, qui en tient encore pour le concept de lypémanie, il conseille à « ceux qui, sans fréquenter un asile d'aliénés, veulent se former un idée assez complète des tortures internes d'un lypémane », de « parcourir les œuvres de Rousseau, les dernières surtout, c'est-à-dire les *Confessions*, les *Dialogues* et les *Rêveries d'un promeneur.* » (Cesare Lombroso, *L'homme de génie*, Paris, Alcan, 1899, p. 107).

6 Voir récemment Monique de Bonis, « Une analyse logique du délire. Raison et déraison : analyse des figures de raisonnement illogique dans *Histoire du précédent écrit* de J.J. Rousseau », *Revue internationale de psychopathologie* n° 6, 1992, p. 181-211. On peut

On en est toujours là, semble-t-il, en 1956, quand Jacques Voisine relève au détour d'une page de son ouvrage sur la réception anglaise de Rousseau, qu'il manque encore une édition critique des *Dialogues*[1]. Trois ans plus tard, paraît le tome I des *Œuvres complètes* en Pléiade, sous la direction de Marcel Raymond et Bernard Gagnebin, avec comme intitulé : « Les Confessions, autres textes autobiographiques ». On peut affirmer que c'est à partir de cette édition que le statut littéraire de *Rousseau juge de Jean-Ja*[*c*]*ques* va muter radicalement : en effet, l'œuvre est enfin travaillée dans toutes ses dimensions : elle bénéficie d'une édition critique scientifique dont l'annotation et la préface attestent à la fois sa singularité essentielle et son articulation profonde aux enjeux centraux de la pensée, de la sensibilité et de l'art de Rousseau. Sans doute cette édition suit-elle encore le cadrage traditionnel – le syntagme « et autres textes autobiographiques » effaçant la spécificité générique des *Dialogues*, comme d'ailleurs celle des *Rêveries*. Quoi qu'il en soit, ce que fait concrètement Robert Osmont – l'éditeur du texte –, va bien au-delà, y compris dans l'approche des aspects juridiques. L'annotation, très riche, ne se limite pas aux éléments bio-bibliographiques ou à l'information historique ; elle connecte les *Dialogues* à toute l'œuvre antérieure, notamment les écrits théoriques, et tisse des liens avec les courants d'idées contemporains ou ultérieurs. La préface remet à leur place les approches médicales et psychiatriques, en donnant l'œuvre créée comme alternative salvatrice à la folie, préparant ainsi la voie à la lecture de Foucault en 1962. Les *Dialogues* sont ainsi dits « n'être pas infidèles à la vocation des grandes œuvres, qui est d'apporter à leur créateur une forme supérieure de liberté et de bonheur[2]. » Une *grande œuvre* donc, le mot est là, quoi qu'on pense des attendus (Osmont bergsonise) : le potentiel créatif de Rousseau est présenté comme intact, et parallèlement actif dans la composition des *Considérations sur le gouvernement de Pologne* et dans la création musicale : jamais *Rousseau juge de Jean-Ja*[*c*]*ques* n'avait été contextualisé à cette hauteur. Robert Osmont insiste parallèlement

consulter à ce propos un article d'Erik Leborgne qui réfute cette analyse à partir d'une étude des procédés littéraires par lesquels Rousseau, dans ce texte, *mimerait* le discours de la persécution, afin de déstabiliser une façon désimpliquée et donc superficielle de le lire. (« Écriture du délire et culpabilisation du lecteur dans l'*Histoire du précédent écrit* », *AJJR* n°49, 2010, p. 47-66).

1 J. Voisine, *op. cit.*, p. 97, n. 8.

2 R. Osmont, *Rousseau juge de Jean-Jaques Dialogues*, *OC* I, p. LXXI.

sur la proximité avec les œuvres polémiques antérieures de Rousseau (leur côté « Lettres d'un provincial »), et plus largement avec l'ironie des Lumières. Mais il les actualise aussi littérairement, en relisant leurs zones cauchemardesques dans une perspective kafkaïenne déjà suggérée par Jean Guéhenno, dégageant ainsi un possible embrayage vers une lecture politico-juridique du texte. À cet égard, il me paraît certain que l'expérience du nazisme et la réflexion sur le totalitarisme, autant que des œuvres « modernes » comme celles que j'évoquais en introduction, ont *révélé* la lisibilité d'un texte vraiment conçu – y compris dans la fermeté de sa trame argumentative[1] – pour résister au pire. Parallèlement, les travaux d'Habermas et des historiens des mentalités ont dégagé comment le XVIIIe siècle met en place la notion d'opinion publique, et il revient à Jean-Marie Goulemot d'avoir intégré cette perspective en la liant aux intuitions de Foucault, pour montrer dans un article véritablement pionnier (1979) que « la voix indéterminée de l'opinion » et son ressassement rapporté comme rumeur équivoque est la cible des *Dialogues*, dont les personnages, dans la progression de l'ouvrage, « vont échapper à l'aliénation du discours public, c'est-à-dire retrouver dans le même temps une parole propre[2] ». Cette approche qui réintègre le texte au corps de la pensée politique de Rousseau, sera développée dans les années quatre-vingt dix, à travers plusieurs études publiées par la revue canadienne *Pensée libre*[3].

Il convient d'ajouter ici que malgré cette ouverture du paysage critique à la prise en compte de l'œuvre, en tant que telle et dans ses rapports avec d'autres œuvres – y compris pour ce que la littérature engage en son projet même d'un rapport à la déraison[4] – et non pas comme pur symptôme de maladie mentale, le courant médical issu de

1 On peut se reporter sur ce point au n° I de « L'atelier de l'œuvre ».

2 J.-M. Goulemot, « Stratégies et positions dans les *Dialogues* de *Rousseau juge de Jean-Jacques*, *Romanistiche Zeitchrift für Literatürgeschiste*, n° 3, 1979, p. 113-121.

3 G. Allard : « *La pensée politique des* Dialogues, *le juste, l'injuste et le juge* », *ÉJJR* n° 7, 1995, p. 119. Repris dans *Lectures de Rousseau*, *op. cit.*, p. 105-128 ; Y. Citton : « Fabrique de l'opinion et folie de la dissidence dans le complot selon Rousseau » (1998), *PL* n° 7, Ottawa, 1998, p. 101-114. Réédité chez Champion (2003), le n° 7 de *Pensée Libre* comporte quatre articles traitant du rapport complot/politique.

4 Voir à ce propos l'étude de René Démoris sur ce qui se joue, chez Rousseau, de la « folie romanesque » décrite par Cervantès dont hérite toute la fiction « critique » du XVIIIe siècle : « La folie Jean-Jacques », in R. Démoris et H. Lafon (dir.), *Folies romanesques au siècle des Lumières*, Paris, Desjonquères, 1998, p. 380-397.

Freud en reste pour l'essentiel à la seconde approche ; et cela depuis René Laforgue[1] pour qui « Rousseau se caractérise par l'homosexualité latente, avec obsessions et réactions hystériformes[2] », jusqu'à Jacques Lacan qui, qualifiant le Citoyen de Genève comme « paranoïaque de génie », a du moins l'esprit de s'en tenir là[3] – ce à quoi défaille tel de ses épigones[4]. À cet égard, le « cas Rousseau » constitue un miroir sensible (et un peu burlesque) d'une discipline qui le passe, avec une insistance presque inquiétante, à l'étamine des évolutions rapides de sa nosographie[5]. Quand on lit avec Claude Wacjman[6] l'histoire de ces diagnostics *a posteriori*, on ne peut éviter de sourire de l'adhérence des modernes médecins de l'âme aux caprices de la mode en leurs disciplines : ce dont il retourne en réalité ici, c'est l'urgence d'apprendre (ou réapprendre) à *lire les œuvres.* Freud, comme on sait, a toujours considéré, pour sa part, que les grands artistes l'avaient précédé sur son terrain, et s'est bien gardé de franchir la ligne, tandis que l'approche psychanalytique la plus récente ne renonce toujours pas à expliquer l'œuvre de Rousseau par

1 R. Laforgue, *Psychopathologie de l'échec*, ch. IX. « J-J. Rousseau », rééd Payot, 1944, p. 114.

2 Jean Starobinski, *J.-J. Rousseau, La Transparence et l'obstacle* (rééd. 1971), Tel Gallimard, p. 434-436.

3 J. Lacan, *De la psychose paranoïaque dans ses rapports avec la personnalité* (1932), rééd. Seuil, 1975, p. 289. Comme l'écrit Alain Grosrichard : « Rendre raison de la folie de Rousseau ? Lacan en savait assez pour le tenter. Or justement, il ne l'a pas fait. Il a laissé le promeneur solitaire suivre en rêvant son chemin jusqu'au bout, et jouir, sinon en paix, du moins en toute liberté, sans chercher à l'enchaîner dans ses mathèmes, ni à l'enlacer dans ses nœuds. Pourquoi ? Question d'éthique assurément. » « Pourquoi pas ? », Préambule à F. Ansermet & alii, *La psychose dans le texte*, Paris, Navarin, 1989, p. 18.

4 Bien que considérant le diagnostic lacanien comme présentant « au moins l'avantage de considérer le génie possible dans la psychose », Nicolas Brémaud ne voit pas de contradiction à se prévaloir également de la tradition clinique antérieure s'agissant du cas Rousseau : « Nous retiendrons encore son "délire d'interprétation typique", ainsi que la "variété résignée du délire d'interprétation" de Sérieux et Capgras dans le chapitre 4 de leurs *Folies raisonnantes* lorsqu'ils se sont intéressés en 1909 au cas de Rousseau. » (Introduction à « Jean-Jacques Rousseau : paranoïaque de génie », *L'information psychiatrique*, vol. 80, n° 10, décembre 2004, p. 819-828). Cet article prétend embrasser sous ce chef l'intégralité de l'œuvre depuis l'illumination de Vincennes, où « Jean-Jacques mobilise les signifiants qui vont pouvoir répondre à la béance de l'Autre et anticipe déjà ainsi sans le savoir tout ce qui fera la structure de son délire ».

5 « Successivement mélancolique, monomaniaque, psychasthénique, hystérique, obsessionnel, masochiste, schizophrène, Rousseau a fini, au grand soulagement de la Faculté, par livrer la vérité sur son cas : paranoïa, avec délire de persécution, accompagné de symptômes hypocondriaques. » A. Grosrichard, préambule cité, p. 15.

6 Cl. Wacjman : *Fous de Rousseau : le cas Rousseau dans l'histoire de la psychopathologie*, L'Harmattan, 1992.

la psychose[1], en dépit des objections précises présentées à cet égard par Foucault et quelques autres :

> – Les *Dialogues* ne sont donc pas l'œuvre d'un fou ?
> – Cette question importerait si elle avait un sens ; mais l'œuvre, par définition, est non-folie.
> – La structure d'une œuvre peut laisser apparaître le dessin d'une maladie.
> – Il est décisif que la réciproque ne soit pas vraie[2].

« Les genres littéraires sont des ennemis qui ne vous ratent pas si vous les avez ratés vous au premier coup[3] ». L'aphorisme de Michaux s'applique aussi bien à toute approche méconnaissant la réalité artistique des *Dialogues*, qu'à celle des éditeurs de la Pléiade (et avant eux ceux de la *Collection complète* de Genève) les présentant comme une suite ou un développement des *Confessions* (ou des Mémoires) de Rousseau. Toutefois, la recontextualisation de l'œuvre par son éditeur contredisait cet affichage, on l'a vu, en suggérant clairement, avant que Foucault n'en libère la formule trois ans plus tard, que les *Dialogues* s'apparentent aux « grands textes théoriques[4] » de Rousseau – thèse illustrée avec force par Alain Grosrichard en 1978, dans un article des *Cahiers pour l'analyse*[5]. Cette intégration au canon de ses œuvres majeures fut sans doute facilitée par l'inspiration phénoménologique de l'équipe éditoriale, bien illustrée par le livre fameux de Jean Starobinski paru deux ans auparavant, où nous lisons que : « si diverse que soit [l'œuvre de Rousseau] [...] elle est assez riche pour nous suggérer elle-même les thèmes et les motifs qui nous permettront de la saisir à la fois dans la dispersion de ses tendances et dans l'unité de ses intentions[6]. » À partir de cette édition, *Rousseau juge de Jean Jean-Ja[c]ques* peut entrer en lecture effective, non plus comme sélection de morceaux choisis mais comme œuvre à part entière.

---

1 Voir par exemple Colette Soler, *L'inconscient à ciel ouvert de la psychose*, Toulouse, Presses universitaires du Mirail, 2002, p. 211 et suiv.

2 M. Foucault, introduction à *Rousseau juge de Jean-Jacques*, *op. cit.*, p. 187. Sur « l'incompatibilité gémellaire de l'œuvre et de la folie » et ce qui s'en approche au plus près dans certaines œuvres littéraires depuis Mallarmé, on peut relire son article : « La folie, l'absence d'œuvre », *La Table ronde*, n° 196, repris dans *Dit et écrits* I, *op. cit.*, p. 412-420.

3 H. Michaux, *Qui je fus* [1927], VIII, Paris, Poésie/Gallimard, 2000, p. 217.

4 M. Foucault, introduction aux *Dialogues*, *op. cit.*, p. 179.

5 A. Grosrichard, « Gravité de Rousseau », *Cahiers pour l'analyse* 8, « L'impensé de J.-J. Rousseau », Paris, Seuil, 1978, p. 43-64.

6 J. Starobinski, *La Transparence et l'obstacle*, *op. cit.*, Avant propos.

Que les résistances perdurent malgré tout à cet égard s'illustre, entre autres, par le fait que ce soit seulement en 1990 qu'une traduction complète en fut enfin offerte au public de langue anglaise ; l'un des éditeurs confirme d'ailleurs l'étrangeté de ce long *différé*, en revenant sur leur entreprise dans un article récent des *Annales Jean-Jacques Rousseau* :

> Il est tout à fait incroyable que cette œuvre, publiée originellement en Angleterre par Brooke Boothby, ait eu à attendre plus de deux siècles avant d'être traduite en anglais. Cela devient encore plus incroyable lorsque l'on considère qu'elle a été traduite bien avant dans des langues comme le japonais[1].

Quant à la décision de placer cette œuvre en tête de leur édition, elle témoignait d'une sorte de révolution copernicienne puisque elle y apparaîtrait (dans la lignée du livre de Masters sur la philosophie politique de Rousseau), comme une propédeutique délibérée à une pensée systématique :

> Notre esquisse d'interprétation de l'œuvre prétend que Rousseau était parfaitement conscient du rapport entre la réputation d'un auteur et les bonnes et moins bonnes lectures auxquelles son œuvre allait donner lieu. Nous avons même osé suggérer que ces considérations faisaient des *Dialogues* la meilleure introduction possible au système de Rousseau et, par conséquent, à une série qui se voulait guidée par ce système[2].

Un essai français relativement récent maintient pourtant qu'il s'agit d'une « œuvre ratée[3] » : c'est que le risque de rater les œuvres que nous lisons est notre triste privilège de lecteurs, que ces œuvres nous soient ou non signalées par le canon ! Par rétorsion, on pourrait l'entendre au sens du « *Try again. Fail again. Fail better* » beckettien[4] comme principe ou emblème des œuvres modernes : « trouver une forme qui exprime le gâchis, telle est maintenant la tâche de l'artiste[5] ». Le « chaos de desordre et de redites » dont Rousseau avoue dans l'avant-propos qu'il

---

1 C. Kelly, « La place de *Rousseau juge de Jean Jaques : Dialogues* dans les *Collected Writings of Rousseau* », *AJJR.*, n° 49, 2010, p. 172.

2 *Ibid.*, p. 174.

3 P. Bayard, *Comment améliorer les œuvres ratées ?* Paris, éd. de Minuit, 2000, p. 22-23, 91 et 127.

4 S. Beckett, *Cap au pire* (*Worstward Ho*, London, John Calder, 1983), traduit de l'anglais par Édith Fournier, éditions de Minuit, 1991, p. 7.

5 Entretien avec Tom Driver, cité par Deirdre Bair, Samuel Beckett, traduction L. Dilé, Paris, Fayard, 1979, p. 467.

n'a pu y remédier par excès de souffrance, est sans doute jusqu'à un certain point constitutif de la résonance, aujourd'hui, de cette œuvre, par rapport au chaos d'injustice, de violence et d'inhumanité qui caractérise les terribles temps modernes et ce qui s'en reflète dans les œuvres qui tentent de les exprimer. C'était du reste sans optimisme que Rousseau envisageait l'avenir herméneutique de son œuvre : à certains égards, « le François » du premier dialogue esquisse ce qu'est devenu le lecteur moderne : c'est un homme plutôt cultivé, mais un lecteur par ouï-dire, par rumeur : il n'a pas besoin de lire, il a seulement besoin de « situer » les textes dans le champ[1] : à quoi bon lire les livres si l'on sait ce que tout le monde en dit ? – Perte de temps ! suggère le critique déjà évoqué, non sans quelque malice, il est vrai, à l'égard des usages reçus[2]. Or c'est l'inverse exactement que demande « Rousseau » : récupérer de l'autonomie à l'égard de l'opinion et lire entièrement les textes dont il est question, afin qu'un vrai dialogue puisse s'ensuivre : « nous ne pouvons donc raisonner au pair vous et moi que vous ne vous mettiez en état de juger par vous-même aussi[3]. » Juger par soi-même, et pour cela réapprendre à lire : c'est le *sapere aude* de cette œuvre.

À cet égard, sa longue illisibilité témoigne, si l'on veut parler comme Deleuze et Guattari à propos de Kafka[4], de la capacité de certaines œuvres, réputées mineures en raison de leur irréductibilité à la structure du champ historico-culturel où elles apparaissent, à changer de statut si la configuration du champ se modifie. C'est leur côté *bombe à retardement* (si l'on peut dire). La lecture principalement documentaire et médicale des *Dialogues* (vestige, encore aujourd'hui, d'un « passé qui ne passe

1 « Le François : Ne connoissant ni l'un ni l'autre ouvrage, je ne puis par moi même juger de votre raisonnement. Je sais seulement qu'il y a une différence extrème à cet egard dans l'estimation du public, qu'en France au moins le Dictionnaire passe pour un ramassis de phrases sonores et inintelligibles, qu'on en cite un article *Génie* que tout le monde prône, et qui ne dit rien sur la musique. Quant à votre article *Enharmonique* et aux autres qui, selon vous, traitent pertinemment de l'art, je n'en ai jamais ouï parler à personne, si ce n'est à des amateurs et musiciens étrangers [...] ». (Ce vol., p. 180). « On pourroit se resoudre à lire ces Livres, si ceux qui les ont le mieux examinés ne s'accordoient à les trouver nuisibles et dangereux. » (*Ibid.*, p. 199).

2 « N'avoir pas lu tel ou tel livre n'a guère d'importance pour la personne cultivée, car si elle n'est pas informée avec précision de son contenu, elle est souvent capable d'en connaître la situation c'est-à-dire la manière dont il se dispose par rapport aux autres livres. » P. Bayard, *Comment parler des livres que l'on n'a pas lus ?* Paris, Minuit, 2007, p. 27.

3 Ce vol., p. 200.

4 *Kafka, pour une littérature mineure*. Paris, éd. de Minuit, 1975, p. 33 et suiv.

pas » bien que, depuis Le Tasse, certains artistes nous aient appris que « ce qui nous terrasse de toute façon est égalé par une parole qui est une œuvre[1] ») – leur forclusion, autrement dit, en tant qu'œuvre littéraire –, tient certainement moins à l'on ne sait quel ratage esthétique qu'à une sorte de déphasage foncier propre à certains textes – ceux de Sade[2] ou de Lautréamont par exemple mais on peut remonter plus amont[3] –, dont la lisibilité reste *en réserve*. Si beaucoup resteront probablement à jamais ignorés, certains révèlent *a posteriori* qu'ils étaient les sismographes de l'avenir.

1 Michel Deguy, cité par Martine Broda in *La Politique des poètes*, J. Rancière (dir.), Paris, Albin Michel, 1992, p. 216.

2 Voir Éric Marty, *op. cit.* ; en particulier le parallèle Sade/Rousseau chez Foucault, p. 145-150.

3 Voir Judith Schlanger, *Présence des œuvres perdues*, Paris, Hermann, 2010.

CHRONOLOGIE ÉDITORIALE DE *ROUSSEAU JUGE DE JEAN JAQUES* EN LANGUE FRANÇAISE

Principaux jalons (1780-2012)

Comme l'a montré Jean Roussel[1], il y eut une pléthore d'édition d'« Œuvres complètes » de Rousseau sous la Restauration et les contrefaçons ne manquèrent pas non plus à la fin du XVIIIe siècle[2] ; en dépit de cette profusion, trois jalons essentiels apparaissent jusqu'au XXe siècle : la *Collection complète* de Genève sur laquelle s'établissent peu ou prou toutes les suivantes ; celle procurée par Musset-Pathay qui tente un retour aux imprimés originaux et développe considérablement le corpus de la correspondance (1823-1824) ; celle de la « Bibliothèque de la Pléiade » à partir de 1959 : édition scientifique fondée sur l'ensemble des manuscrits disponibles. En ce qui concerne *Rousseau juge de Jean-Jacques*, toutes les éditions jusqu'à celle de Charles Lahure pour Hachette (1857) réimpriment le texte de l'édition originale, où certains passages et beaucoup de notes de Rousseau avaient été supprimés sans autre forme de procès par les éditeurs, pour des raisons de prudence. C'est l'édition de Robert Osmont au tome I des *Œuvres complètes* en Pléiade, qui opère un tournant décisif en rétablissant la leçon originale de l'œuvre selon le manuscrit de Genève, et en en relevant les variantes notoires par rapport aux manuscrits de Londres et de Paris.

La chronologie qu'on va lire n'a aucune prétention à l'exhaustivité mais vise simplement à suivre le fil des réimpressions des *Dialogues* à travers toute une série d'entreprises éditoriales de qualité acceptable.

---

1 J. Roussel, *Jean-Jacques Rousseau en France après la révolution*, *op. cit.*, p. 429-430.

2 Voir Raymon Birn, *Forging Rousseau : Print, commerce and cultural manipulation in the late Enlightenment*, Oxford, Svec, 2001 :08. Également Ph. Stewart, *Éditer Rousseau : Enjeux d'un corpus (1750-2012)*, ch. 3, Lyon, ENS éditions, 2012.

Ce qui peut varier à cet égard, c'est la façon dont ils sont encadrés en amont et en aval, que ce soit par les *Confessions*, les *Lettres à Malesherbes*, les *Rêveries* – en bref tout ce qu'on appelait naguère ses « Mémoires » – ou la correspondance, ou encore par des textes de Rousseau sans proximité thématique immédiate, ou encore certains « dossiers » explicatifs ou critiques insérés par l'éditeur ; on a signalé en note cet encadrement.

En ce qui concerne le premier dialogue, dont l'édition originale est celle procurée par B. Boothby (1780), une tradition éditoriale invariante depuis le tome XI de la *Collection complète* jusqu'à l'édition de R. Osmont élargit son titre et son épigraphe : « *Rousseau Juge de Jean-Jacques. Dialogues. Barbarus hic ego sum qui non intelligor illis.* Ovid. Trist. » en intitulé général de l'ensemble de l'œuvre, alors que le manuscrit « Condillac » et ceux de Paris et de Genève s'intitulent simplement *Rousseau juge de Jean Jaques*. En revanche, contrairement à ce qu'affirme un récent éditeur des *Dialogues* prétendant que le texte de base de cette édition est purement et simplement celui de l'édition de Londres[1], la réalité est qu'elle ne reprend textuellement les leçons « Boothby » que lorsque leur texte est identique au manuscrit confié à P. Cl. Moultou, dont elle accueille en outre l'épisode du « Suisse de la rue aux ours » (p. 83-84), absent de l'édition Boothby, ainsi que l'essentiel des corrections stylistiques spécifiques au manuscrit de Genève[2].

Édition de B. Boothby

Rousseau Juge de Jean Jacques. Dialogues. Barbarus hic ego sum qui non intelligor illis. Ovid. Trist. *Premier Dialogue.* À Lichfield, chez J. Jackson, aux depens de l'editeur, et se vend à Londres chez Dodsley, Cadelle, Elmsley, et Strahan. 1780.

1 Ph. Stewart, *Éditer Rousseau*, *op. cit.*, p. 108-109 et 200.

2 Ce qui peut se vérifier aisément en confrontant la leçon du tome XI de l'édition de Genève avec les variantes « L., P., G. » et « G. » de l'annotation au fil du manuscrit « Condillac » dans la présente édition.

Éditions de P.-A. DuPeyrou, P.-Cl. Moultou, R.-L Girardin

Collection complète des Œuvres de J.-J. Rousseau, Citoyen de Geneve (Genève, 1782-1789).

+ In-4°. Tome onzième (1782) : « contenant la seconde partie des Mémoires ou Rousseau Juge de Jean-Jaques, en trois Dialogues[1] ». L'œuvre est précédée par l'« Avertissement de l'éditeur du premier Dialogue » et suivie par l'« Histoire du précédent écrit » et la copie du « Billet circulaire[2] ».
+ In-8°. *Ibid.*, tomes XXI-XXII.
+ In-12°. *Ibid.*

Œuvres posthumes de Jean-Jaques Rousseau, ou recueil de pieces manuscrites pour servir de SUPPLÉMENT *aux Éditions publiées pendant sa Vie* (Genève, 1781-1782, 9 vol. in-8°). Tome V : *Rousseau juge de Jean-Jaques*, dialogues 1-2. Tome VI : *Rousseau juge de Jean-Jaques*, dialogue 3 ; « Histoire du précédent écrit[3] ».

---

1 La Ire partie des « Mémoires » inclut *Les Confessions* I et les *Rêveries du promeneur solitaire.*

2 Sur l'ensemble des trois entretiens et de leur paratexte, certains noms propres sont réduits à l'initiale, et quelques passages sont censurés par les éditeurs quand certains corps sont visés (notamment les institutions françaises et genevoises, les médecins, le clergé). L'annotation de Rousseau est particulièrement touchée : visite de la fille d'un ambassadeur anglais, invasion de la Corse et création de la ville de Versoix, divisions politiques de la France, connivence Voltaire-d'Alembert, participation des médecins et des prêtres à la « Ligue » philosophique, attaque contre les Oratoriens, allusion à la mort de Louis XV dans l'« Histoire du précédent écrit », allusion à J. Dusaulx. (Ce caviardage de l'annotation et de certains passages du texte est signalé dans l'annotation au fil de la présente édition, il persiste dans toutes les éditions, hormis bien sûr celle de R. Osmont qui se trouvait en mesure de retourner aux manuscrits). – À la suite, le t. XI contient les *Considérations sur le gouvernement de Pologne*, les *Fragments pour un dictionnaire des termes d'usage en botanique*, les *Lettres élémentaires sur la botanique*, « Deux lettres à M. de M*** », la *Polysynodie de l'abbé de Saint-Pierre*, l'*Essai sur l'origine des langues*.

3 Il s'agit d'un ensemble destiné aux lecteurs non abonnés à la *Collection complète*, dans un contexte de concurrence acharnée au sein de la librairie européenne pour tirer profit des inédits de Rousseau apparus après sa mort. Le tome IV contient les *Fragments pour un dictionnaire des termes d'usage en botanique*, les *Lettres élémentaires sur la botanique*, la « Réponse à une lettre anonyme », le *Jugement sur la paix perpétuelle*, la *Polysynodie de l'abbé de Saint-Pierre*, le *Jugement sur la Polysynodie*, les *Condidérations sur le gouvernement de Pologne*. À la suite, le t. VI contient la *Lettre à M. Philopolis* et une quarantaine de lettres principalement de Rousseau. – Une contrefaçon en fut immédiatement réalisée par Boubers, en la donnant pour continuation de sa propre *Collection complète* en 9 vol. ([London] Bruxelles, 1774-1776) : *Œuvres posthumes de Jean-Jacques Rousseau, Citoyen de Genève*. Les *Dialogues* y sont imprimés au t. XI (1783).

Édition de L.-S. Mercier, M. de Launaye et l'abbé Brizard

Œuvres complètes de J. J. Rousseau, nouvelle édition classée par ordre des matières [...], 38 vol. in-8° et in-4° (Paris, Poinçot, 1788-1793). Tome XXIX (1793), « Philosophie (t. 1) » : *Rousseau juge de Jean-Jacques. Dialogues*[1]. 1-2. Tome XXX (1793), « Philosophie (t. 2) » : *Rousseau juge de Jean-Jacques. Dialogues*, suite du 2e dialogue – 3e dialogue ; *Histoire du précédent écrit* ; Copie du billet circulaire[2].

[Éditeur inconnu]

Œuvres de J. J. Rousseau, citoyen de Genève (Paris, Didot le jeune, chez Defer de Maisonneuve, 1793-1800 18 vol.). Tome XIV : *Rousseau juge de Jean-Jacques*[3].

Édition de J.-A. Naigeon, F.-J. Fayolle, F. Bancarel

Œuvres de J. J. Rousseau, citoyen de Genève, 20 vol. in-8° (Paris, P. Didot l'Aîné, an IX-1801). Tome XVI : *Rousseau juge de Jean-Jacques*[4].

Édition de M.-G. Villenave et Depping

Œuvres complètes de J. J. Rousseau, 8 vol. in-8° (Paris, A. Belin, 1817). Tome VII : *Rousseau juge de Jean-Jacques*[5].

---

1 Le premier Dialogue est précédé de l'« Avertissement » de B. Boothby. Il inclut la séquence du « Suisse de la rue aux ours » (p. 128-129).

2 À la suite, le t. XXX inclut la *Déclaration relative au pasteur Vernes*, la *Vision de Pierre de la Montagne*, les « Errata de l'essai sur la musique moderne et ancienne », quelques lettres, notes, commentaires.

3 Les tomes XII-XIII sont consacrés aux *Confessions*, les tomes XV-XVII à la correspondance, le t. XVIII aux *Rêveries du promeneur solitaire*.

4 Les t. XIV-XV présentent *Les Confessions* ; le tome XVII donne les *Lettres à Malesherbes*, les *Rêveries*, les écrits botaniques.

5 Le tome VI, introduit par une « Notice », est consacré aux *Confessions* I et II ; le t. VII est introduit par une « Notice générale » et la suite inclut le *Discours sur les sciences et les*

Édition de V.-D. Musset-Pathay I

Œuvres de J. J. Rousseau, citoyen de Genève, 20 vol. in-12° (Paris, Veuve Perronneau, 1818-1820). Tome III (1818) : « Mémoires III », *Rousseau juge de Jean-Jacques*[1].

Édition L.-G. Petitain

Œuvres complètes de J. J. Rousseau avec des notes historiques, 22 vol. in-8° (Paris, Lefèvre, 1819-1820). Tome XVI : *Rousseau juge de Jean-Jacques*[2].

[avec le concours de Musset Pathay]

Œuvres de J. J. Rousseau, 21 vol. in-8° (Paris, E. A. Lequien, 1820-1823). T. XVII : *Rousseau juge de Jean-Jacques*[3].

Édition de V.-D. Musset-Pathay II[4]

Œuvres complètes de J. J. Rousseau, mises dans un nouvel ordre, avec des notes historiques et des éclaircissements, 22 vol. + table générale et suppléments

arts, la *Lettre à Raynal*, la *Réponse au roi de Pologne*, la « Dernière réponse à M. Bordes », la « Lettre sur une nouvelle réfutation » et la correspondance (1732-1762).

1 Le tome II, introduit par une notice, publie la IIe partie des *Confessions* ainsi qu'une annotation et un examen critique des *Mémoires de Madame d'Epinay* (parus en 1818). Le t. III est introduit par une brève notice : « Jean-Jacques faisant précéder ces *Dialogues* par l'exposé du but qu'il se proposait, et les terminant par l'historique de cet écrit, il ne nous reste rien à dire sur cet objet. [...] Ce manuscrit ne fut point imprimé du vivant de l'auteur. Il offre des détails intéressants sur ses ouvrages, et sous ce rapport peut servir de supplément à la seconde partie des *Confessions*. » ; le t. IV, également introduit par une notice, comprend les « Lettre à Malesherbes », les *Rêveries*, une déclaration manuscrite de Rousseau trouvée chez le comte Duprat, des fragments manuscrits de Rousseau.

2 *Rousseau juge de Jean-Jacques* y est précédé par le *Dictionnaire de musique*.

3 Les t. XVIII-XX incluent la correspondance.

4 Cette édition, une fois parue, devint l'édition de référence. Outre un travail de contextualisation historico-biographique poussé, Musset-Pathay avait entrepris de retourner aux leçons imprimées originales, et avait pensé de façon conséquente le rapport entre la correspondance et le corpus mémorialiste : « c'est le dernier travail vraiment sérieux de son siècle sur l'ensemble de l'œuvre de Rousseau », écrit Ph. Stewart (*Éditer Rousseau*, *op. cit.*, p. 180).

(Paris, P. Dupont, 1823-1824). Tome XVII (1824) « Mémoires et correspondance » : *Rousseau juge de Jean-Jacques*[1].

Édition de P. R. Auguis

Œuvres complètes de J. J. Rousseau : avec les notes de tous les commentateurs, 25 vol. (Paris, Dalibon, 1826). T. XVIII-XIX. *Dialogues*[2].

[Reprise de l'annotation Petitain/Musset-Pathay)]

Œuvres complètes de J. J. Rousseau, avec des notes historiques, 4 vol. in-4°. (Paris, Furne, 1835-1836, réimpr. en 1837 et 1844). Tome IV (1836) : *Dialogues* – Correspondance.

Œuvres complètes de J. J. Rousseau avec des notes historiques et une table analytique des matières [...], 4 vol. in-4° (Paris, A. Houssiaux, 1852-1853). Tome IV (1853) : *Dialogues*. – Correspondance – Table.

Édition de Charles Lahure[3]

Œuvres complètes de J. J. Rousseau, 8 vol. puis 13 vol. (Paris, Hachette, « Œuvres des principaux écrivains français », 1856-1913). T. VI (1857) : *Rousseau juge de Jean-Jacques. Dialogues*[4].

---

1 Les tomes XIV-XVI (« Mémoires et correspondance », t. I, II, III) présentent *Les Confessions*, le t. XVI (livres XI et XII) inclut à la suite les *Lettres à Malesherbes*, les *Rêveries*, les « Écrits en forme de circulaires », et un « Précis des circonstances de la vie de J.J. Rousseau, depuis l'époque où il a terminé ses *Confessions* jusqu'à sa mort ». Les tomes XVIII-XXII sont consacrés exclusivement à la correspondance (1732-1778).

2 Ce tome s'ouvre sur un avant-propos de 17 pages donnant pour acquis le jugement de la postérité après les excès de gloire et d'indignité qu'a subis l'image posthume de Rousseau, tente une mise en perspective de son rôle dans la révolution intellectuelle des Lumières, selon le génie et la sensibilité singuliers qui sont les siens, et appelle à comprendre sans esprit partisan les contradictions de son caractère et de sa conduite à la lumière de son tempérament atrabilaire.

3 Cette édition, sans originalité particulière mais fiable en l'état des connaissances d'alors, « demeurera jusqu'à la grande guerre le *vademecum* de tout rousseauiste » (Albert Schintz, cité dans Ph. Stewart, *Éditer Rousseau*, *op. cit.*, p. 188).

4 Ce tome contient la suite de la seconde partie des *Confessions* ; les *Dialogues* y sont suivis par les *Rêveries*, les « Écrits en forme de circulaires » et 83 lettres de Rousseau.

Édition de Bernard Gagnebin, Marcel Raymond, Robert Osmont[1]

Jean-Jacques Rousseau, *Œuvres complètes* (5 tomes, 1959-1995). Tome I : LES CONFESSIONS ET AUTRES TEXTES AUTOBIOGRAPHIQUES. Paris, Gallimard, « Bibliothèque de la Pléiade », 1959. Cette édition retourne aux manuscrits de Rousseau dont elle reproduit l'orthographe et la ponctuation. C'est aux p. 657-693 que Robert Osmont édite ROUSSEAU JUGE DE JEAN JAQUES // DIALOGUES // *Barbarus hic ego sum, quia non intelligor illis*. Ovid. Trist. Ils sont précédés par *Les Confessions* et suivis des *Rêveries* puis de « Fragments autobiographiques et documents biographiques » incluant notamment les *Lettres à Malesherbes*, les « ébauches des *Confessions* », les « cartes à jouer ».

Édition de la Bibliothèque de Cluny

Rousseau juge de Jean-Jacques : Dialogues. Paris, A. Colin, collection « Bibliothèque de Cluny », 1962. Introduction par Michel Foucault[2].

---

1 Il s'agit de la première édition scientifique des *Dialogues*. Le texte de base est le manuscrit remis à Paul Moultou par Rousseau en mai 1778 (BPU Genève, ms. fr. 00221, 00222, 00223). Un grand nombre de variantes ont été relevées par comparaison avec le manuscrit Boothby, celui de l'Assemblée nationale et celui de Neuchâtel. Toutes les censures de l'édition originale ont été signalées et annulées. C'est également la première édition largement annotée : éclaircissements linguistiques, références aux autres œuvres de Rousseau, y compris le corpus théorique et musical, contextualisation historico-littéraire poussée, commentaires interprétatifs, etc. L'éditeur (qui ne disposait pas du manuscrit « Condillac ») a suivi la tradition éditoriale issue de la *Collection complète* de 1782, en maintenant le sous-titre « Dialogues » et l'épigraphe d'Ovide, absents du manuscrit de Genève. Cette édition a servi de référence pour plusieurs traductions récentes : voir l'étude de réception, p. 107-108. – Signalons enfin que, comme il est presque inévitable, quelques erreurs de transcription y apparaissent par rapport au manuscrit de Genève, qui sont relevées au fil des variantes dans la présente édition.

2 Il s'agit de la première édition séparée. Elle suit la leçon du manuscrit de Genève, dans l'édition de R. Osmont en Pléiade. L'introduction de l'auteur de l'« Histoire de la folie à l'âge classique » montre que la sphère de l'œuvre est étrangère à celle de la folie, quoi qu'il en soit des errances de l'auteur aux abords de la ligne de partage (toute relative) entre raison et déraison telle que se la figure l'opinion. Cette introduction a opéré une réévaluation déterminante dans l'interprétation de l'œuvre.

Édition d'Érik Leborgne

Jean-Jacques Rousseau : *Dialogues. Rousseau juge de Jean-Jacques* suivis de *Le Lévite d'Ephraïm*. Présentation, notes et dossier documentaire par Érik Leborgne. Paris, GF Flammarion, 1999. Le dossier contient l'« Avertissement » de B. Boothby et la lettre du 26 février 1770 à M. de Saint-Germain[1].

Édition de Raymond Trousson
et Frédéric S. Eigeldinger

Jean-Jacques Rousseau, *Œuvres complètes*, 24 vol. (Édition du tricentenaire – Genève, Slatkine-Paris, Champion, 2012). Tome III. *Œuvres autobiographiques* 3 : *Rousseau juge de Jean-Jacques*, édition critique par Philip Stewart[2].

1 Cette édition au format de poche, qui fut mise au programme de l'agrégation en 2003-2004, a connu une large diffusion. Elle transpose en orthographe modernisée le manuscrit de Genève, l'annotation signalant quelques variantes dans celui de Paris. Certaines notes de B. Boothby et de l'édition originale y sont également insérées. Le renversement de l'intitulé : « Dialogues, Rousseau juge de Jean-Jacques » est une liberté prise par l'éditeur à l'égard des manuscrits connus. La corrélation avec *Le lévite d'Ephraïm* constitue une innovation dans la tradition éditoriale. L'introduction est d'inspiration psychanalytique.

2 Le texte de base de cette édition est à nouveau le manuscrit de Genève, transcrit en orthographe modernisée. En sus d'une sélection de variantes des manuscrits de Londres et de Paris, elle livre un choix de variantes issues du manuscrit « Condillac », ce qu'omettait la version antérieurement publiée au format de poche [Paris, Champion Classiques, 2011]. L'introduction juge Rousseau inconséquent de n'assumer pas les suites judiciaires de son refus d'anonymer ou pseudonymer son œuvre ; sur ce point, il conviendra de se reporter à l'analyse très documentée qu'offre Christopher Kelly des raisons profondes qu'il avait au contraire, dans la ligne de son propos et de sa posture, d'assumer publiquement son auctorialité : *Rousseau as an author : Consecrating One's Life to the Truth*, University of Chicago Press, 2003. – Cette édition propose en outre une tentative de transcription du brouillon de l'« Histoire du précédent écrit » dans le manuscrit de Neuchâtel R. 79. En amont, les vol. 1-2 sont consacrés aux « *Confessions* et documents autobiographiques » ; en aval dans le vol. 3, suit l'édition des *Rêveries du promeneur solitaire* et des « cartes à jouer » par Frédéric S. Eigeldinger.

PRINCIPES DE CETTE ÉDITION

> La pensée ne m'est pas très agréable que n'importe qui (si on se soucie encore de mes livres) sera admis à compulser mes manuscrits, à les comparer au texte définitif, à en induire des suppositions qui seront toujours fausses sur ma manière de travailler, sur l'évolution de ma pensée, etc. Tout cela m'embête un peu…
> Marcel PROUST[1]

Pour des raisons qui ont été présentées dans l'introduction, le texte ici édité est celui du manuscrit confié par Rousseau à Condillac en 1776[2], aujourd'hui conservé au Département des Manuscrits de la BnF sous la cote NAF 25700.

Ce manuscrit de 225 pages, son emboitage portant la suscription « Dépot remis à la Providence », ainsi que son enveloppe (NAF 25700 2) dont la suscription, de la main de Condillac, exige qu'elle ne soit pas ouverte avant « ce siècle révolu », sont disponibles en ligne sur le site de la BnF. On en trouvera des reproductions dans le présent volume.

Le manuscrit est préparé pour l'impression. Sa disposition générale et la lisibilité de l'écriture sont semblables à celles des autres manuscrits connus : celui du premier dialogue remis à B. Boothby (Londres, British Library – Add Ms 4925), et les deux manuscrits complets conservés l'un à la BPU de Genève (ms fr 221-223), l'autre à la Bibliothèque de l'Assemblée nationale (Paris, Ms. [V. 4979] n° 1493). Dans le manuscrit « Condillac », néanmoins, la plupart des notes sont

1 Lettre de l'été de 1922 à M. et Mme Sydney Schiff, *Correspondance générale*, t. II, p. 51.

2 Au n° I. A. du « Dossier documentaire », on pourra lire une histoire de ce manuscrit et de la rumeur qui l'accompagna dans la presse jusqu'à son ouverture.

portées dans les marges et une ultime note est portée hors-texte à la fin du manuscrit[1].

L'« Histoire du précédent écrit » n'apparaissant que dans les manuscrits de Paris et de Genève, on a suivi la leçon de ce dernier manuscrit, tout en signalant les variantes dans le manuscrit de Neuchâtel R. 79 (qui en contient le brouillon entier) et dans le manuscrit de Paris.

L'orthographe et la ponctuation de la présente édition sont celles des manuscrits. Comme on le constatera dans les reproductions insérées, Rousseau disposait dans la marge gauche les noms de ses personnages. Le texte, notamment le premier dialogue, s'apparentant par bien des aspects au genre dramatique, on a préféré suivre la présentation en usage depuis l'édition Boothby en centrant dans la page les noms des deux interlocuteurs.

Les notes infrapaginales (appelées par des lettres) présentent toutes les variantes du texte, dans le manuscrit « Condillac » lui-même et dans les autres manuscrits. Des raisons pratiques évidentes rendaient impossible le relevé de toutes les variations de ponctuation n'affectant pas la syntaxe de la phrase[2], extrêmement nombreuses et sans doute en partie aléatoires, au moins jusqu'au manuscrit de Genève où apparaît un travail de normalisation à cet égard appelant certainement une étude spécialisée. Certaines de ces variations ont cependant été signalées.

On s'est expliqué dans l'introduction sur les raisons qui ont porté à présenter une édition aussi exhaustive que possible de tout le travail stylistique représenté par les variantes lexicales et syntaxiques (ou syntactico-rythmiques) du texte au fil de ses transcriptions. On ajoute ici qu'en l'absence évidente de critères objectifs autorisant à omettre, quand on en dispose, toute variante de quelque ordre et de quelque dimension qu'elle soit, puisque c'est tout ce qui subsiste d'une élaboration essentiellement mentale qui nous est à jamais dérobée – « le langage, écrit en effet Valéry, n'a jamais vu la pensée[3] » –, on les a considérées comme de précieux vestiges de l'histoire stylistique de l'œuvre depuis son brouillon primitif – à ce jour inconnu. En effet, puisque Rousseau

1 Voir la reproduction de cette page fig. 17, p. 523.

2 C'est-à-dire partout où la leçon étant rigoureusement identique sur les plans lexical et syntaxique dans deux (ou plus de deux) transcriptions, la prise en compte des variations de ponctuation obligerait à y distinguer autant de variantes.

3 P. Valéry, *Cahiers*, Paris, Editions du CNRS, tome II, 1957-1961, p. 356.

parle toujours de mise « au net » à propos de ces transcriptions, nous devons comprendre qu'il y a « fait une copie correcte sur l'original qui est brouillé, & qui a des ratures », comme l'indique le *Dictionnaire de l'Académie* (édition de 1762) à l'article « Net ». Cet original, autrement dit le manuscrit « Angiviller », reste à retrouver.

L'annotation explicative (appelée en chiffres arabes) est reportée à la suite du texte.

CONVENTIONS PRATIQUÉES DANS LA PRÉSENTATION DU TEXTE ET DES VARIANTES

MANUSCRITS

C.	Manuscrit « Condillac »
G.	Manuscrit de Genève
L.	Manuscrit de Londres
P.	Manuscrit de Paris
Ms R.79	Manuscrit de Neuchâtel. – Brouillons des *Rêveries du Promeneur solitaire* (Promenades 8 à 10) et de l'« Histoire du précédent écrit », fragments du premier dialogue de *Rousseau juge de Jean Jaques.*
[1.] [2.] [3.] en pleine page	pagination du manuscrit.

CORRECTIONS, AJOUTS, VARIANTES

Afin de relativiser le présupposé d'une précellence *absolue* de G. sur P. dans l'ordre de la « diction », on considère l'enchaînement « P.-G. » comme un strict artifice de présentation et on le redistribue parfois lorsque G. ou P. ne présentent pas tous deux la même leçon que C. ou L. Par exemple :

> C. La seconde assertion me paroit pourtant une consequence assez prochaine de l'autre → Même leçon dans L. ; G. et P. *le second dépouillement.*

Ou bien :

> C. le personnage que toute sa nation s'empresse de prendre à mon égard → L. *que toute sa nation de concert s'empresse de faire* etc. P. *que toute sa nation de concert s'empresse de prendre* etc. G. *que toute sa nation s'empresse de faire.*

– a, b, c, etc. : corrections et ajouts dans C., variantes dans les autres manuscrits.

– Chaque variante est introduite par le code du manuscrit suivi de la leçon en italiques. Par exemple :

> a P. *votre J.J. ou plustot celui de vos Messieurs.*

– Les leçons soulignées dans les manuscrits le demeurent en variantes. Par exemple :

> b L., P., G. *Tros Rutulusve fuat.*

– Lorsque L., G. et P. donnent la même variante[1], elle est ainsi présentée :

> c L., P., G. *qu'il croit faire.*

1 Indépendamment de la ponctuation si la variation sur ce plan n'affecte pas la syntaxe, comme on l'a annoncé plus haut.

– Lorsque les manuscrits diffèrent, la présentation est la suivante :

d Même leçon dans L. et G. ; P. *modifiées si diféremment.*

– Les mots et passages biffés dans les manuscrits le sont dans la variante. Par exemple :

e Mots biffés dans C. *sur ~~ce que j'aime~~ l'amour.*

– Les mots et passages insérés en interligne sont signalés comme tels dans la variante. Par exemple :

f C. *dans leurs projets* est inséré dans l'interligne.

– Les passages du Ms R.79 incluant un ajout en interligne sont signalés comme tels. Par exemple :

MsR 79. *au lieu qu'il pouvoit arriver que l'eclat de ~~ma demarche~~* [*fit arriver mon manuscrit*] *jusques dans les mains du Roy.*

– Les passages raturés illisibles d'une certaine longueur sont signalés ainsi en variantes :

g Mots biffés dans C. *mais ~~sitot~~ dès qu'il ~~xxxxxxxxxx~~ y parvient.*

– Les notes de Rousseau dans les manuscrits sont appelées soit par un astérisque simple ou double, soit par le signe #. Les notes dans C. sont transcrites en caractères romains ; celles ajoutées dans les manuscrits postérieurs à C. le sont en italiques.

– En ce qui concerne les variantes introduites par Rousseau dans sa propre annotation, celles-ci sont insérées entre crochets dans le corps de sa note. Par exemple :

* On a dit-on rendu inhabitable le Château de Trye depuis que j'y ai logé. Si cette opération a rapport à moi, elle n'est pas conséquente à l'empressement qui m'y avoit attiré, ni à celui avec lequel on engageoit en même temps [G. *on engageoit*] M. le Prince de Ligne à me presser d'accepter [L. et G. *m'offrir dans le même temps*] un azyle charmant dans ses terres, par une belle lettre qu'on fit même [L. *qu'on fit même courir.* G. *qu'on eut même grand soin de faire*] courir dans tout Paris. (Note absente dans P.)

– Lorsqu'une note en chiffres arabes porte sur une note de Rousseau dans C., le fait est signalé ainsi dans l'annotation :

10 « *on a dit-on rendu le château de trye inhabitable depuis que j'y ai logé.* » (Note *).

Si la note de Rousseau procède d'une autre copie que C., elle est signalée ainsi :

11 « *qu'il n'eut pas beaucoup de peine à faire.* » (Note * dans L, G., P.).

ROUSSEAU JUGE DE JEAN JAQUES

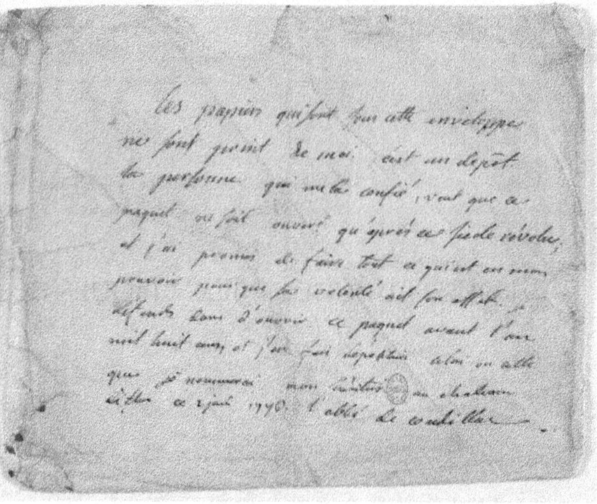

FIG. 2a et 2b – Manuscrit « Condillac » – BnF, NAF 25700 (suscription) et Manuscrit « Condillac » – BnF, NAF 25700 (enveloppe).

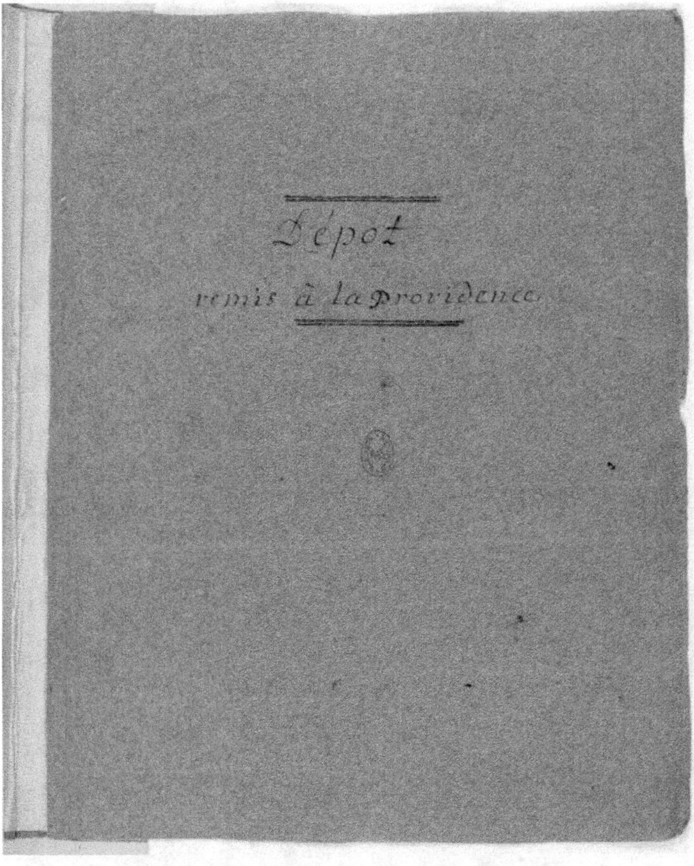

FIG. 3 – Manuscrit « Condillac » – BnF, NAF 25700
(couverture : « Dépot remis à la Providence »).

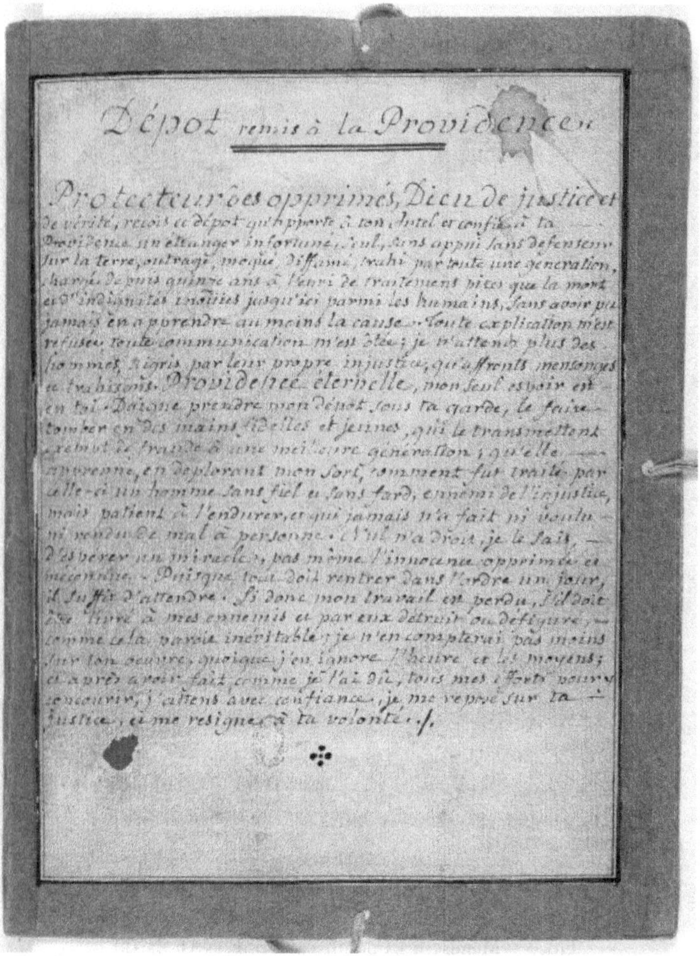

Dépot remis à la Providence.

Protecteur des opprimés, Dieu de justice et de vérité, reçois ce dépôt qu'apporte à ton autel et confie à ta Providence un étranger infortuné, seul, sans appui sans defenseur sur la terre, outragé, moqué, diffamé, trahi par toute une generation, chargé depuis quinze ans à l'envi de traitemens pires que la mort et d'indignités inouïes jusqu'ici parmi les humains, sans avoir pu jamais en apprendre au moins la cause. Toute explication m'est refusée, toute communication m'est ôtée; je n'attends plus des hommes aigris par leur propre injustice, qu'affronts mensonges et trahisons. Providence éternelle, mon seul espoir est en toi. Daigne prendre mon dépôt sous ta garde, le faire tomber en des mains fidelles et jeunes, qui le transmettent exempt de fraude à une meilleure génération; qu'elle apprenne, en deplorant mon sort, comment fut traité par celle-ci un homme sans fiel et sans fard, ennemi de l'injustice, mais patient à l'endurer, et qui jamais n'a fait ni voulu ni rendu de mal à personne. Nul n'a droit, je le sais, d'espérer un miracle, pas même l'innocence opprimée et méconnue. Puisque tout doit rentrer dans l'ordre un jour, il suffit d'attendre. Si donc mon travail est perdu, s'il doit être livré à mes ennemis et par eux détruit ou défiguré, comme cela paroit inévitable, je n'en compterai pas moins sur ton oeuvre, quoique j'en ignore l'heure et les moyens; et après avoir fait comme je l'ai dû, tous mes efforts pour y concourir, j'attens avec confiance, je me repose sur ta justice, et me resigne à ta volonté. J.

FIG. 4 – Manuscrit « Condillac » – BnF, NAF 25700
(plat supérieur : « Dépot… » et texte).

DÉPOT REMIS À LA PROVIDENCE

PROTECTEUR DES OPPRIMÉS DIEU DE JUSTICE et de vérité, reçois ce dépot qu'apporte à ton Autel[a] et confie à ta Providence un étranger infortuné, seul, sans appui sans defenseur sur la terre, outragé, moqué, diffamé, trahi par toute[b] une generation, chargé depuis quinze ans à l'envi de traitemens pires que la mort et d'indignités inouïes jusqu'ici parmi les humains, sans avoir pu jamais en apprendre au moins la cause. Toute explication m'est refusée, toute communication m'est ôtée ; je n'attends plus des hommes, aigris par leur propre injustice, qu'affronts mensonges et trahisons. PROVIDENCE ÉTERNELLE[c], mon seul espoir est en toi. Daigne prendre mon dépot sous ta garde, le faire tomber en des mains fidelles et jeunes[d], qui le transmettent exempt de fraude à une meilleure génération ; qu'elle apprenne, en deplorant mon sort, comment fut traité par celle-ci un homme sans fiel et sans fard, ennemi de l'injustice[e], mais patient à l'endurer, et qui jamais n'a fait ni voulu ni rendu de mal à personne. Nul n'a droit, je le sais, d'espérer un miracle, pas même l'innocence opprimée et méconnue. Puisque tout doit rentrer dans l'ordre un jour, il suffit d'attendre. Si donc mon travail est perdu, s'il doit être livré à mes ennemis et par eux détruit ou défiguré, comme cela paroit inévitable ; je n'en compterai pas moins sur ton œuvre, quoique j'en ignore l'heure et les moyens ; et après avoir fait comme je l'ai dû, tous mes efforts pour y concourir, j'attens avec confiance, je me repose sur ta justice, et me résigne à ta volonté[f].

---

a L., P., G. *que remet sur ton Autel* etc.

b L., P., G., *trahi de toute* etc.

c L. *Providence éternelle !* P. et G. suppriment le point d'exclamation.

d L., P., G. *des mains jeunes et fidelles.*

e Même leçon dans G. et P. ; L. *ennemi de toute injustice.*

f G. et P. substituent à ce texte (cité dans les premières pages de l'« Histoire du précédent écrit ») un alinéa sans titre : « Si j'osois faire quelque priére à ceux entre les mains de qui tombera cet écrit, ce seroit de vouloir bien le lire tout entier avant que [G. *d'en disposer et même avant*] d'en parler à personne ; mais très sûr d'avance que cette grace ne me sera pas accordée, je me tais et remets tout à la providence. »

Je préparois cet écrit depuis plusieurs années sans imaginer aucun moyen de le garantir des mains de mes persecuteurs. Enfin ne voyant plus aucune ressource de la part des hommes je resolus de le confier à la seule providence en le déposant sur le grand Autel de l'Eglise de notre Dame de Paris. J'avois choisi pour cela le samedi 24 fevrier de la présente année 1776. Mais en voulant executer mon dessein je trouvai les grilles fermées* à l'entrée du corridor qui tourne autour du chœur et par lequel je comptois gagner une des portes latérales pour y entrer. Je ne pouvois tenter de traverser tout le chœur par l'entrée principale bien sur que le Suisse m'auroit retenu. Ainsi ne pouvant d'aucune part arriver à l'Autel j'ai été forcé de renoncer à mon projet ; et il ne me reste qu'à me résigner à la volonté du Ciel qui par un décret dont il ne m'appartient pas de sonder la profondeur semble favoriser en tout les complots des hommes pour la diffamation de ma personne et de ma mémoire. Je ne vois plus d'autre parti à prendre dans l'état où je suis réduit que de porter cet écrit toujours sur moi pour le remettre au prémier inconnu pour qui mon cœur m'inspirera cette confiance. J'ose espérer encore que la providence daignera guider mon choix. Peut elle prendre un plus digne instrument de son œuvre qu'un homme juste et vertueux[a] ?

---

* Il est bon d'observer que jusqu'ici ce corridor n'avoit point été fermé. J'ajoute que dans tous les changemens qui se font à mon occasion, on tient toujours quelque prétexte tout prêt pour les motiver.

a Cette sorte d'abrégé de l'*Histoire du précédent écrit* (laquelle apparaît seulement dans les manuscrits P. et G.) est exactement le même que celui recopié par Robert Osmont « sur le catalogue Arnna et Janvier de la vente publique faite à l'Hôtel Drouot, à Paris, le 21 avril 1948, n° 163 du catalogue. » (*OC*. I Pléiade, p. 1749). L. procure une version plus brève de ce récit en introduction à la copie de la suscription du manuscrit destiné à l'autel de Notre-Dame : « Suit la copie de la suscription du Manuscrit contenant ces trois Dialogues que j'avois résolu de déposer à la seule garde de la Providence sur le grand Autel de l'Eglise de Notre Dame de Paris. Mais ayant voulu executer cette resolution le 24 Fevrier 1776 je trouvai que par une précaution toute nouvelle on avoit fermé les grilles des bas-côtés qui environnent le Chœur et par lesquels seuls j'aurois pu pénétrer jusqu'à, l'Autel. Je me vis donc forcé, sinon de renoncer à mon projet du moins de le changer, car je croirai l'avoir très-heureusement rempli, si je trouve un depositaire discret et fidelle. Est-il un plus digne instrument de la Providence que la main d'un homme vertueux ? »

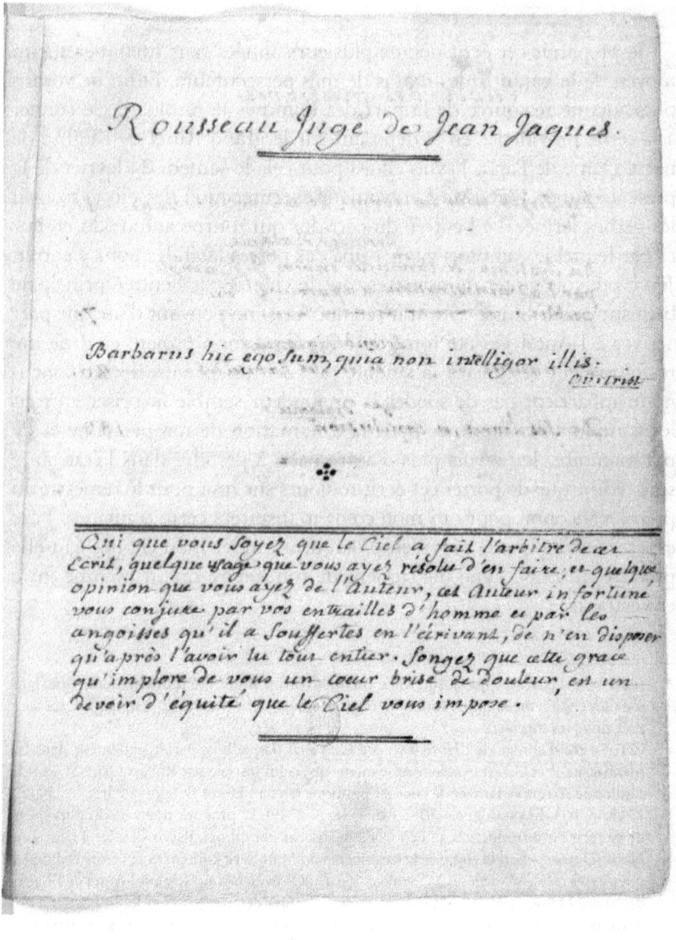
Rousseau Juge de Jean Jaques.

Barbarus hic ego sum, quia non intelligor illis.
Ovid. trist.

Qui que vous soyez que le Ciel a fait l'arbitre de cet Ecrit, quelque usage que vous ayez résolu d'en faire, et quelque opinion que vous ayez de l'Auteur, cet Auteur infortuné vous conjure par vos entrailles d'homme et par les angoisses qu'il a souffertes en l'écrivant, de n'en disposer qu'après l'avoir lu tout entier. Songez que cette grace qu'implore de vous un coeur brisé de douleur, est un devoir d'équité que le Ciel vous impose.

FIG. 5 – Manuscrit « Condillac » – BnF, NAF 25700 (page de garde).

ROUSSEAU JUGE DE JEAN JAQUES.[a]

Barbarus hic ego sum, quia non intelligor illis.
Ovi. Trist[b] [1]

Qui que vous soyez que le Ciel a fait l'arbitre de cet Ecrit, quelque usage que vous ayez résolu d'en faire, et quelque opinion que vous ayez de l'Auteur, cet Auteur infortuné vous conjure par vos entrailles d'homme et par les angoisses qu'il a souffertes en l'écrivant, de n'en disposer qu'après l'avoir lu tout entier. Songez que cette grace qu'implore de vous un cœur brisé de douleur, est un devoir d'équité que le Ciel vous impose[c].

---

a *Rousseau juge de Jean Jaques* est également le titre des manuscrits P. et G. Le sous-titre *Dialogues* n'apparaît que dans L. Dans l'édition originale in 4° de Genève (*Collection complète des œuvres de J.J. Rousseau, Citoyen de Geneve*, t. XI, 1782), ce titre devient *la seconde partie des Mémoires, ou Rousseau Juge de Jean-Jaques, en trois Dialogues*. La formule s'explique par un souhait de faire patienter le public à l'égard de la seconde partie des *Confessions* qui ne sera publiée qu'en 1789.

b Cette épigraphe est absente des manuscrits G. et P. Si elle figure néanmoins dans l'édition de la *Collection complète des œuvres de J.-J. Rousseau* et de toutes celles qui la copient ou l'imitent ensuite jusqu'à celle des *Œuvres complètes* I en Pléiade (1959), c'est que Moultou et DuPeyrou avaient tenu compte de l'édition Boothby du premier dialogue (Londres, 1780) pour leur propre édition (ce qui ne signifie évidemment pas qu'ils l'aient prise comme texte de base). La tradition éditoriale intitulant l'œuvre : *Rousseau juge de Jean-Ja*[*c*]*ques. Dialogues*, a la même origine.

c Même leçon dans L. Cet alinéa est cité par P. et G. dans l'« Histoire du précédent écrit » (p. 527-258), avec cette variante : *que vous demande un cœur brisé de douleur, est un devoir* etc.

TABLE DES MATIÉRES.[a]

---

a Il n'y a pas de tables des matières dans P. et G.

b Même leçon dans L. Dans P., ce texte est simplement intitulé AU LECTEUR. Pas de titre dans G. Ce titre n'est pas repris ensuite dans C. Nous l'y introduisons néanmoins entre crochets afin qu'il apparaisse dans la table des matières de la présente édition.

c L. *avec l'approbation du public.*

d L. *De l'esprit de ses livres et conclusion.*

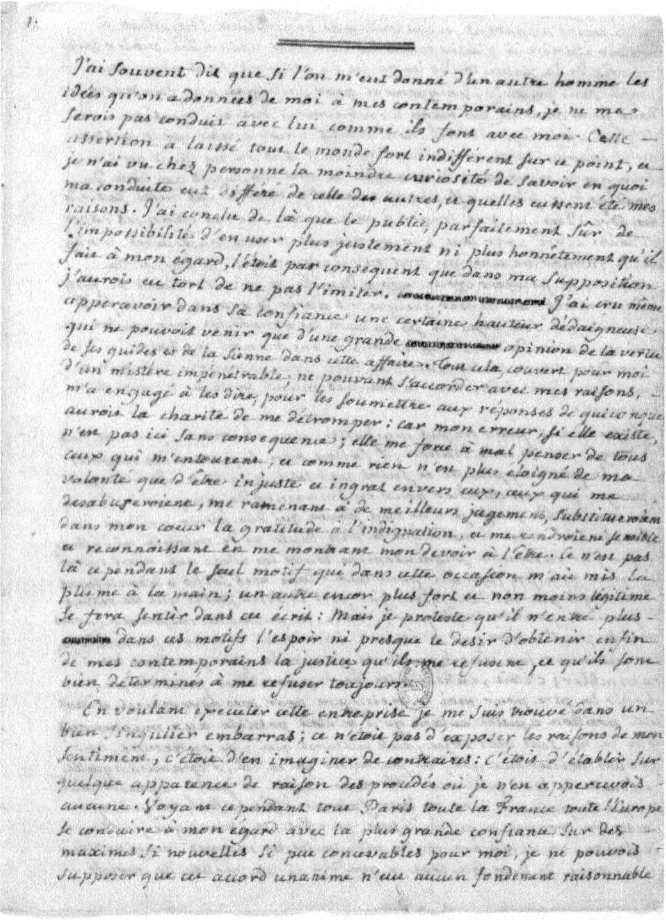
1.

J'ai souvent dit que si l'on m'eut donné d'un autre homme les idées qu'on a données de moi à mes contemporains, je ne me serois pas conduit avec lui comme ils font avec moi. Cette assertion a laissé tout le monde fort indifferent sur ce point, et je n'ai vu chez personne la moindre curiosité de savoir en quoi ma conduite eut differé de celle des autres, et quelles eussent été mes raisons. J'ai conclu de là que le public, parfaitement sûr de l'impossibilité d'en user plus justement ni plus honnêtement qu'il fait à mon égard, l'étoit par consequent que dans ma supposition j'aurois eu tort de ne pas l'imiter. [struck] J'ai cru même appercevoir dans sa confiance une certaine hauteur dédaigneuse qui ne pouvoit venir que d'une grande [struck] opinion de la vertu de ses guides et de la sienne dans cette affaire. Tout cela, couvert pour moi d'un mistère impénétrable, ne pouvant s'accorder avec mes raisons, m'a engagé à les dire, pour les soumettre aux réponses de quiconque auroit la charité de me détromper: car mon erreur, si elle existe, n'est pas ici sans consequence; elle me force à mal penser de tous ceux qui m'entourent, et comme rien n'est plus éloigné de ma volonté que d'être injuste et ingrat envers eux, ceux qui me desabuseroient, me ramenant à de meilleurs jugemens, substitueroient dans mon cœur la gratitude à l'indignation, et me rendroient sensible et reconnoissant en me montrant mon devoir à l'être. Ce n'est pas là cependant le seul motif qui dans cette occasion m'ait mis la plume à la main; un autre encor plus fort et non moins légitime se fera sentir dans cet écrit: Mais je proteste qu'il n'entre plus [struck] dans ces motifs l'espoir ni presque le desir d'obtenir enfin de mes contemporains la justice qu'ils me refusent, et qu'ils sont bien déterminés à me refuser toujours.

En voulant executer cette entreprise je me suis trouvé dans un bien singulier embarras; ce n'étoit pas d'exposer les raisons de mon sentiment, c'étoit d'en imaginer de contraires: c'étoit d'établir sur quelque apparence de raison des procedés où je n'en appercevois aucune. Voyant cependant tout Paris toute la France toute l'Europe se conduire à mon égard avec la plus grande confiance sur des maximes si nouvelles si peu concevables pour moi, je ne pouvois supposer que cet accord unanime n'eut aucun fondement raisonnable

Fig. 6 – Manuscrit « Condillac » – BnF, NAF 25700 (« J'ai souvent dit… »).

[DU SUJET ET DE LA FORME DE CET ÉCRIT]

[1.] J'ai souvent dit que si l'on m'eut donné d'un autre homme les idées qu'on a données de moi à mes contemporains, je ne me serois pas conduit avec lui comme ils font avec moi[2]. Cette assertion a laissé tout le monde fort indifférent sur ce point, et je n'ai vu chez personne la moindre curiosité de savoir en quoi ma conduite eut différé de celle des autres, et quelles eussent été mes raisons. J'ai conclu de là que le public parfaitement sûr de l'impossibilité d'en user plus justement ni plus honnêtement qu'il fait[a] à mon égard, l'étoit par consequent que dans ma supposition j'aurois eu tort de ne pas l'imiter. J'ai cru même appercevoir dans sa confiance une certaine hauteur[b] dédaigneuse qui ne pouvoit venir que d'une grande opinion de la vertu de ses guides et de la sienne dans cette affaire. Tout cela, couvert pour moi d'un mistére impénétrable, ne pouvant s'accorder avec mes raisons, m'a engagé à les dire, pour les soumettre aux réponses de quiconque auroit la charité de me détromper : car mon erreur, si elle existe, n'est pas ici sans consequence ; elle me force à mal penser de tous ceux qui m'entourent[c], et comme rien n'est plus éloigné de ma volonté que d'être injuste et ingrat envers eux, ceux qui me désabuseroient, me ramenant[d] à de meilleurs jugemens, substitueroient dans mon cœur la gratitude à l'indignation, et me rendroient sensible et reconnoissant en me montrant mon devoir à l'être. Ce n'est pas là, cependant, le seul motif qui dans cette occasion m'ait mis la plume à la main ; un autre encore plus fort et non moins légitime se fera sentir dans cet écrit : Mais je proteste qu'il n'entre plus dans ces motifs l'espoir ni presque le désir d'obtenir enfin la justice qu'ils me refusent, et qu'ils sont bien déterminés à me refuser toujours[e].

En voulant exécuter cette entreprise je me suis trouvé[f] dans un bien singulier embarras ; Ce n'étoit pas d'exposer les raisons[g] de mon sentiment,

---

a L., P., G. *qu'il ne fait.*

b L., G. P. *une hauteur.*

c Même leçon dans L. et G. ; P. *mal penser de ceux qui m'entourent.*

d Même leçon dans L. et P. ; G. *en me ramenant.*

e L. *obtenir du public qui m'a jugé la justice qu'il me refuse et qu'il est bien déterminé à me refuser toujours.* P. et G. *d'obtenir enfin de ceux qui m'ont jugé la justice* etc.

f L., G., P. *je me suis vu.*

g L. P., G. *Ce n'étoit pas de trouver des raisons en faveur de mon sentiment.*

c'étoit d'en imaginer de contraires : c'étoit d'établir sur quelque apparence de raison[a] des procedés où je n'en appercevois aucune. Voyant cependant tout Paris toute la France toute l'Europe[b] se conduire à mon égard avec la plus grande confiance sur des maximes si nouvelles si peu concevables pour moi, je ne pouvois supposer que cet accord unanime n'eut[c] aucun fondement raisonnable[3] [2.] ou du moins apparent, et que toute une génération s'accordat à vouloir éteindre à plaisir toutes les lumières naturelles, violer toutes les loix de la justice toutes les régles du bon sens, sans objet sans profit sans prétexte, uniquement pour satisfaire une fantaisie dont je ne pouvois pas même appercevoir le but et l'occasion. Le silence profond, universel, non moins inconcevable que le mistére qu'il couvre, mistére que depuis quinze ans on me cache avec un soin que je m'abstiens de qualifier et avec un succés qui tient du prodige ; ce silence effrayant et terrible ne m'a pas laissé saisir la moindre idée qui put servir à m'éclairer[d] sur ces étranges dispositions. Livré pour tout éclaircissement[e] à mes conjectures, je n'en ai su former aucune qui put expliquer ce qui m'arrive de maniére à pouvoir croire avoir démêlé la vérité. Quand de forts indices m'ont fait penser quelquefois avoir découvert avec le fond de l'intrigue son objet et ses auteurs, les absurdités sans nombre que j'ai vu naitre de ces suppositions m'ont bientot contraint de les abbandonner, et toutes celles que mon imagination s'est tourmentée à leur substituer n'ont pas mieux soutenu le moindre examen.

Cependant pour ne pas combattre une chimére, pour ne pas outrager toute une Nation[f], il falloit bien supposer des raisons dans le parti approuvé et suivi par tout le monde. Je n'ai rien épargné pour en chercher pour en imaginer de propres à séduire la multitude, et si je n'ai rien trouvé qui dut avoir produit cet effet, le Ciel m'est témoin que ce n'est faute ni de volonté ni d'efforts, et que j'ai rassemblé soigneusement[g] toutes les idées que mon entendement m'a pu fournir

---

a L. G., P. *sur quelque apparence d'équité.*

b C. ponctue rarement (ou irrégulièrement) les énumérations : G. rectifie assez systématiquement cela.

c C. omet l'accent circonflexe à la troisième personne du singulier du subjonctif imparfait ou plus que parfait, sauf (quoique pas systématiquement), pour les verbes du premier groupe.

d Même leçon dans L. et P. ; G. *qui put m'éclairer.*

e Même leçon dans P. ; L. et G. *Livré pour toute lumiére.*

f L., P., G. *toute une generation.*

g Même leçon dans G et P. ; L. *et que j'ai soigneusement rassemblé.*

pour cela. Tous mes soins n'aboutissant à rien qui put me satisfaire, j'ai pris le seul parti qui me restoit à prendre pour m'expliquer ; c'étoit, ne pouvant raisonner sur des motifs particuliers qui m'étoient inconnus et incomprehensibles, de raisonner sur une hypothese générale[4] qui put tous les rassembler ; c'étoit, entre toutes les suppositions possibles, de choisir la pire pour moi la meilleure pour mes adversaires, et dans cette position ajustée autant qu'il m'étoit possible aux manœuvres dont je me suis vu l'objet, aux allures que j'ai entrevues, aux propos mistérieux que j'ai pu saisir ça et là, d'examiner quelle conduite de leur part eut été raisonnable et juste[a]. Epuiser tout ce qui se pouvoit[b] dire en leur faveur étoit le seul moyen que j'eusse de trouver ce qu'ils disent en effet[5], et c'est ce que j'ai tâché de faire, en cumulant contre moi toutes les charges imaginables[6], et mettant de leur côté tout ce que j'y ai pu mettre de motifs plausibles[7] [3.] et d'arguments spécieux[c][8]. Malgré tout cela j'ai souvent rougi, je l'avoue, des raisons[d] que j'étois forcé de leur préter. Si j'en avois trouvé de meilleures, je les aurois employées de tout mon cœur et de toute ma force[9] avec d'autant moins[e] de peine qu'il me paroit certain qu'aucune n'auroit pu tenir[f] contre mes réponses ; parce que celles-ci dérivent immédiatement des prémiers principes de la justice, des prémiers élemens du bon sens, et qu'elles sont applicables à tous les cas possibles d'une situation pareille à la mienne[g].

La forme de dialogue[h] m'ayant paru la plus propre à discuter le pour et le contre[10], je l'ai choisie pour cette raison. J'ai pris la liberté de reprendre dans ces entretiens mon nom de famille que le public a jugé à propos de m'ôter, et je me suis désigné en tiers à son exemple par celui de baptême auquel il lui a plu de me réduire[11]. En prenant un François pour mon autre interlocuteur, je n'ai rien fait que d'obligeant et d'honnête[12] pour le nom qu'il porte[i], puisque je me suis abstenu de

a L., P., G. *la plus raisonnable et la plus juste.*

b Même leçon dans G. et P. ; L. *tout ce qui se peut dire.*

c L., G., P. *et c'est ce que j'ai tâché de faire, en mettant de leur côté tout ce que j'ai pu y mettre de motifs plausibles et d'argumens spécieux, et cumulant contre moi toutes les charges imaginables.*

d Même leçon dans G. et P. ; L. *j'ai souvent rougi des raisons* etc.

e L., P., G. *de toute ma force, et cela avec d'autant moins de peine.*

f Même leçon dans L. et P. ; G. *qu'aucune n'auroit tenu.*

g L., P., G. *pareille à celle où je suis.*

h Même leçon dans L. ; P. et G. *la forme du dialogue.*

i Même leçon dans G. ; L. et P. *je n'ai rien fait que d'honnête et d'obligeant pour le nom qu'il porte.*

le rendre complice d'une conduite que je désaprouve[a], et je n'aurois rien fait d'injuste en lui donnant ici le personnage que toute sa nation s'empresse de prendre[b] à mon égard[13]. J'ai même eu l'attention de le ramener à des sentimens plus raisonnables que je n'en ai trouvé dans aucun de ses compatriotes, et celui que j'ai mis en scéne est tel, qu'il seroit aussi heureux pour moi qu'honorable à son pays qu'il s'y en trouvât beaucoup qui l'imitassent[c]. Que si quelquefois je l'engage en des raisonnemens absurdes, je déclare derechef[d] en sincérité de cœur que c'est toujours malgré moi, et je crois pouvoir défier toute la France d'en trouver de plus solides pour autoriser les singuliéres pratiques dont je suis l'objet, et dont elle paroit se glorifier si fort.

Ce que j'avois à dire était si clair si simple[e], et j'en étois si pénétré que je ne puis assez m'étonner des longueurs des redites du désordre et du verbiage[f] de cet écrit. Ce qui l'eut rendu vif et véhément sous la plume d'un autre est précisément ce qui l'a rendu tiéde et languissant sous la mienne. C'étoit de moi qu'il s'agissoit, et je n'ai plus trouvé pour mon propre intérest ce zèle et cette vigueur de courage qui ne peut exalter une ame [4.] généreuse que pour la cause d'autrui. Le rolle humiliant de ma propre défense[14] est trop au dessous de moi, trop peu digne des sentimens qui m'animent pour que j'aime à m'en charger ; ce n'est pas, non plus, on le sentira bientôt, celui que j'ai voulu remplir ici. Mais je ne pouvois examiner la conduite du public à mon égard, sans me contempler moi-même dans la position du monde[g] la plus déplorable et la plus cruelle. Il falloit m'occuper d'idées tristes et déchirantes, de souvenirs amers et révoltans, de sentimens les moins faits pour mon cœur, et c'est en cet état de douleur et de détresse qu'il a fallu me remettre chaque fois que quelque nouvel outrage forçant ma répugnance m'a fait faire un nouvel effort pour reprendre cet écrit si souvent abbandonné. Ne pouvant soutenir la continuité d'une occupation si douloureuse, je ne m'y suis livré que durant des momens

---

a Même leçon dans L. et G. ; P. que je blâme.

b L. *que toute sa nation de concert s'empresse de faire* etc. P. *que toute sa nation de concert s'empresse de prendre* etc. G. *que toute sa nation s'empresse de faire.*

c Même leçon dans L. et G. ; P. élide « celui que j'ai mis en scène est tel qu' » : *aucun de ses compatriotes, et il seroit aussi heureux pour moi qu'honorable à son pays* etc.

d L., P., G. *je proteste derechef.*

e Même leçon dans L. et P ; G. *étoit si clair et j'en étois* etc.

f L., P., G. *du verbiage et du désordre.*

g Même leçon dans G. ; L. et P. *dans la position la plus déplorable* etc.

très courts, écrivant chaque idée quand elle me venoit et m'en tenant là, écrivant dix fois la même quand elle m'est venue dix fois, sans me rappeller[a] ce que j'avois précédemment écrit, et ne m'appercevant de toutes ces répétitions que trop tard pour pouvoir y remédier[b], comme je le dirai[c] tout à l'heure. La colere anime quelquefois le talent[15], mais le dégout et le serrement de cœur l'étouffent[16], et l'on sentira mieux après m'avoir lû que c'étoient là les dispositions constantes où j'ai dû me trouver durant ce pénible travail.

Une autre difficulté me l'a rendu fatigant ; c'étoit, forcé de parler continuellement de moi[d], d'en parler avec justice et vérité sans louange et sans dépression[17]. Cela n'est pas difficile à un homme à qui le public rend l'honneur qui lui est dû : Il est par là dispensé d'en prendre le soin lui-même. Il peut également et se taire sans s'avilir, et s'attribuer avec franchise les qualités que tout le monde reconnoit en lui : Mais celui qui se sent digne d'honneur et d'estime, et que le public défigure et diffame à plaisir, de quel ton doit-il se rendre seul la justice qui lui est due ? Doit-il parler de lui-même avec des éloges mérités, mais généralement démentis ? Doit-il se vanter des qualités qu'il sent en lui, mais que tout le monde refuse d'y voir ? Il y auroit moins d'orgueil que de bassesse à prostituer ainsi la vérité. Se louer alors, même avec la plus rigoureuse justice seroit plustot se dégrader que s'honorer, et ce seroit bien mal connoitre le public surtout quand il se trompe et qu'il se complait dans son erreur que de [5.] croire le ramener à des sentimens équitables par de telles protestations[e]. Un silence fier et dédaigneux seroit en pareil cas[f] plus à sa place et eut été bien plus de mon goût ; mais il n'auroit pas rempli mon objet, et pour le remplir il falloit nécessairement que je disse de quel œil si j'étois un autre je verrois un homme tel que je suis[18]. J'ai tâché de m'acquitter équitablement et impartialement d'un si difficile devoir, sans insulter à[19] l'incroyable

---

a L., G., P. *sans me rappeller jamais ce que* etc.

b L. *et ne m'en appercevant qu'à la lecture du tout, trop tard pour y pouvoir remédier.* G. et P. *pour pouvoir rien corriger.*

c Même leçon dans P. et G. ; L. *comme je dirai.*

d Même leçon dans L. ; P. et G. *forcé de parler de moi sans cesse.*

e L., P., G. *et ce seroit bien mal connoitre les hommes que de croire les ramener d'une erreur dans laquelle ils se complaisent, par de telles protestations.* Deux lignes soigneusement biffées dans P., entre « les hommes » et « que de croire » correspondent sans doute à la phrase qui suit dans C. *: connoitre le public ~~surtout quand il se trompe et qu'il se complait dans son erreur.~~*

f Même leçon dans L. ; G. et P. *est en pareil cas.*

aveuglement du public, sans me vanter fierement des vertus qu'il me refuse, sans m'accuser non plus des vices que je n'ai pas et qu'il lui plait de m'attribuer[a] ; mais en expliquant simplement ce que j'aurois déduit[20] d'une constitution semblable à la mienne étudiée avec soin dans un autre homme. Que si l'on trouve dans mes descriptions[21] de la retenue et de la modération, qu'on n'aille pas m'en faire un mérite. Je déclare qu'il ne m'a manqué qu'un peu plus de modestie[22] pour parler de moi beaucoup plus honorablement.

Voyant l'excessive longueur de ces dialogues j'ai tenté plusieurs fois de les élaguer ; d'en ôter les fréquentes repetitions, d'y mettre un peu d'ordre et de suite : jamais je n'ai pu soutenir ce nouveau tourment[23]. Le sentiment[b] de mes malheurs, ranimés[c] par cette lecture étouffe toute l'attention qu'elle éxige ; il m'est impossible de rien retenir, de rapprocher deux phrases, et de comparer deux idées. Tandis que je force mes yeux à suivre les lignes, mon cœur serré gémit et soupire. Après d'inutiles et pénibles efforts[d], je renonce à ce travail dont je me sens incapable ; et, faute de pouvoir faire mieux, je me borne à transcrire[24] ces informes essais[25] que je suis hors d'état de corriger. Si tels qu'ils sont l'entreprise en étoit encore à faire, je ne la ferois pas quand tous les biens de l'univers y seroient attachés : je suis même forcé d'abandonner des multitudes d'idées meilleures et mieux rendues que ce qui tient ici leur place, et que j'avois jettées sur des papiers détachés dans l'espoir de les encadrer[26] aisément : mais l'abattement m'a gagné au point de me rendre insupportable, même ce léger travail[e]. Après tout, j'ai dit à peu près ce que j'avois à dire ; il est noyé dans un cahos de desordre et de redites : mais il y est[27] ; les bons esprits sauront l'y trouver. Quant à ceux qui ne veulent qu'une lecture agréable et rapide, ceux qui n'ont cherché, qui n'ont trouvé que cela dans mes confessions[f], ceux qui ne peuvent souffrir [6.] un peu de fatigue ni soutenir une attention suivie pour l'intérest de la justice et de la vérité, ils feront bien de s'épargner l'ennui de cette lecture ; ce n'est pas à eux que j'ai voulu parler, et loin de chercher à leur plaire[28], j'éviterai du moins cette dernière indignité

a Même leçon dans L. et P. ; G. *et dont il lui plait de me charger.*
b L., G., P. *le vif sentiment.*
c L., P., G. *Le sentiment de mes malheurs ranimé par* etc.
d Même leçon dans P. ; L. et G. *après de fréquens et vains efforts.*
e L. et G. *de me rendre même impossible ce leger travail.* P. *me rendre impossible même ce leger travail.*
f Même leçon dans L. et P. ; G. *dans mes Confessions.*

que le tableau des miseres de ma vie soit pour personne un objet d'amusement.

Que deviendra cet écrit ? Quel usage me sera-t-il possible d'en faire[a] ? Je l'ignore, et cette incertitude a beaucoup augmenté le découragement qui ne m'a point quitté en y travaillant. Ceux qui disposent de moi en ont eu connoissance aussitot qu'il a été commencé, et quand ils ne l'auroient pas déja fait transcrire, je ne vois dans ma situation[b] aucun moyen possible d'empêcher qu'il ne tombe entre leurs mains tôt ou tard[c]. Ainsi selon le cours naturel des choses toute la peine que je prends[d] est à pure perte[29]. Je ne sais quel parti le Ciel me suggerera ; mais j'espererai jusqu'à la fin qu'il n'abandonnera point[e] la cause juste. Dans[f] quelques mains qu'il fasse tomber ces feuilles, si parmi ceux qui les liront peut-être il s'en trouve un seul qui ait encore un cœur d'homme[g] et qui le lise en entier, cela me suffit, et je ne mépriserai jamais assez l'espéce humaine pour ne trouver dans cette idée aucun sujet de confiance et d'espoir.

---

a L., P., G. *Quel usage en pourrai-je faire ?*

b L., G., P. suppriment « quand ils ne l'auroient pas déja fait transcrire » : *aussi tot qu'il a été commencé et je ne vois dans ma situation.*

c G. et P. *tôt ou tard**
* *On trouvera à la fin de ces dialogues dans l'histoire malheureuse de cet écrit comment cette prédiction s'est vérifiée.*

d L., P., G. *toute la peine que j'ai prise.*

e Même leçon dans L. et G. ; P. *qu'il n'abbandonnera pas.*

f Même leçon dans G. et P. ; L. *En quelques mains.*

g L. P., G. *il est encore un cœur d'homme, cela me suffit, et je ne mépriserai* etc. Dans P. deux passages soigneusement biffés correspondent sans doute aux segments supprimés dans la version C.

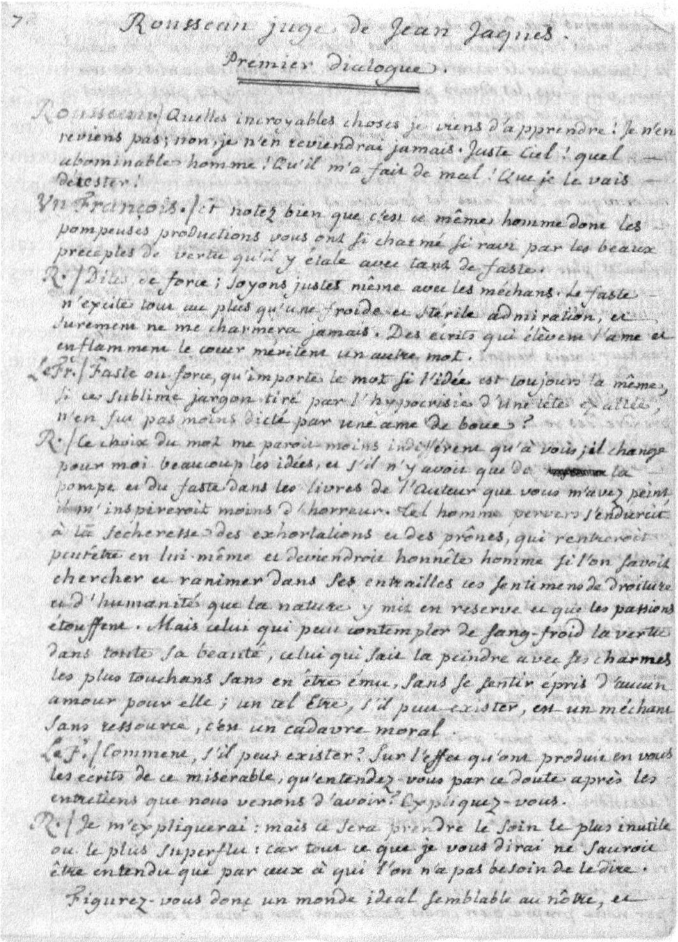

7 Rousseau juge de Jean Jaques.

Premier dialogue.

Rousseau. Quelles incroyables choses je viens d'apprendre ! Je n'en reviens pas ; non, je n'en reviendrai jamais. Juste Ciel ! quel abominable homme ! Qu'il m'a fait de mal ! Que je le vais detester !

Un François. Et notez bien que c'est ce même homme dont les pompeuses productions vous ont si charmé si ravi par les beaux preceptes de vertu qu'il y étale avec tant de faste.

R. Dites de force ; Soyons justes même avec les méchans. Le faste n'excite tout au plus qu'une froide et stérile admiration, et surement ne me charmera jamais. Des ecrits qui élevent l'ame et enflamment le cœur meritent un autre mot.

Le Fr. Faste ou force, qu'importe le mot si l'idée est toujours la même, si ce sublime jargon tiré par l'hypocrisie d'une tête exaltée, n'en fut pas moins dicté par une ame de boue ?

R. Le choix du mot me paroit moins indifférent qu'à vous ; il change pour moi beaucoup les idées, et s'il n'y avoit que de la pompe et du faste dans les livres de l'Auteur que vous m'avez peint, il m'inspireroit moins d'horreur. Tel homme pervers s'endurcit à la secheresse des exhortations et des prônes, qui rentreroit peutêtre en lui-même et deviendroit honnête homme si l'on savoit chercher et ranimer dans ses entrailles ces sentimens de droiture et d'humanité que la nature y mit en reserve et que les passions étouffent. Mais celui qui peut contempler de sang-froid la vertu dans toute sa beauté, celui qui sait la peindre avec ses charmes les plus touchans sans en être ému, sans se sentir épris d'aucun amour pour elle ; un tel Etre, s'il peut exister, est un méchant sans ressource, c'est un cadavre moral.

Le F. Comment, s'il peut exister ? Sur l'effet qu'ont produit en vous les ecrits de ce misérable, qu'entendez-vous par ce doute après les entretiens que nous venons d'avoir ? Expliquez-vous.

R. Je m'expliquerai : mais ce sera prendre le soin le plus inutile ou le plus superflu : car tout ce que je vous dirai ne sauroit être entendu que par ceux à qui l'on n'a pas besoin de le dire.

Figurez-vous donc un monde idéal semblable au nôtre, et

FIG. 7 – Manuscrit « Condillac » – BnF, NAF 25700 (p. 7).

[7.] ROUSSEAU JUGE[1] DE JEAN JAQUES.

PRÉMIER DIALOGUE[a].

ROUSSEAU.

Quelles incroyables choses je viens d'apprendre[b] ! Je n'en reviens pas ; non, je n'en reviendrai jamais. Juste ciel ! quel abominable homme ![2] Qu'il m'a fait de mal ! Que je le vais détester ![3]

UN FRANÇOIS.

Et notez bien que c'est ce même homme[c] dont les pompeuses productions vous ont si charmé si ravi par les beaux préceptes de vertu qu'il y étale avec tant de faste.

ROUSSEAU.

Dites, de force[4] ; soyons justes même avec les méchans. Le faste n'excite tout au plus qu'une froide et sterile admiration[d], et surement ne me charmera jamais. Des écrits qui élevent l'ame et enflamment le cœur méritent un autre mot.

LE FRANÇOIS.[e]

Faste ou force, qu'importe le mot, si l'idée est toujours la même, si ce sublime jargon tiré par l'hypocrisie d'une tête exaltée[5], n'en fut pas moins dicté par une ame de boue[f] ?

---

a Même leçon dans P. et G. ; L. Sous-titre : DIALOGUE.

b Même leçon dans L. et P. ; G. *que je viens d'apprendre.*

c Même leçon dans G. ; L. et P. *ce même auteur.*

d L. P., G. *qu'une admiration froide et sterile.*

e Après les deux premières répliques, « Le Fr. », puis « Le F. » se substituent à « LE FRANÇOIS. », et « R. » à « ROUSSEAU. » Même principe pour les deux dialogues suivants. Les répliques initiales indiquent à l'imprimeur la leçon qu'il doit suivre.

f Fragment de brouillon barré d'une croix, MsR 79, p. 2 (chiffrage gris) : *Faste ou force, qu'importe le mot si l'idée est toujours la même, si ces sublimes ecrits tirés par l'hypocrisie d'une tête exaltée n'en sont pas moins les productions d'une âme de boue.*

ROUSSEAU.

Ce choix du mot me paroit moins indifférent qu'à vous[6] ; il change pour moi beaucoup les idées, et s'il n'y avoit que de la pompe et du faste dans les livres de l'Auteur[a] que vous m'avez peint, il m'inspireroit moins d'horreur[b]. Tel homme pervers s'endurcit à la sécheresse des exhortations et des prônes[c], qui rentreroit peut être en lui-même et deviendroit honnête homme si l'on savoit chercher et ranimer dans ses entrailles[d] ces sentimens de droiture et d'humanité que la nature y mit en réserve et que les passions étouffent. Mais celui qui peut contempler de sang-froid la vertu dans toute sa beauté, celui qui sait la peindre avec ses charmes les plus touchans sans en être ému, sans se sentir épris d'aucun amour pour elle ; un tel être, s'il peut exister, est un méchant sans ressource, c'est un cadavre moral.

LE FRANÇOIS.

Comment, s'il peut exister ?[7] Sur l'effet qu'ont produit en vous les écrits de ce misérable, qu'entendez-vous par ce doute après les entretiens que nous venons d'avoir ?[8] Expliquez-vous.

ROUSSEAU.

Je m'expliquerai : mais ce sera prendre le soin le plus inutile ou le plus superflu : car tout ce que je vous dirai ne sauroit être entendu que par ceux à qui l'on n'a pas besoin de le dire[9].

Figurez-vous donc un monde idéal semblable au nôtre, et [8.] néanmoins tout différent[10]. La nature y est la même que sur notre terre, mais l'économie en est plus sensible, l'ordre en est plus marqué, le spectacle plus admirable. Les formes sont plus élégantes, les couleurs plus vives, les odeurs plus suaves, tous les objets plus interessans. Toute la nature y est si belle que sa seule contemplation[e] enflammant les ames d'amour pour un si touchant tableau, leur inspire[f], avec le désir de concourir à

---

a L., G., P. *et s'il n'y avoit que du faste et du jargon dans les écrits de l'Auteur* etc.

b MsR 79, p. 2, *ibid.* : *Ce* [choix] *importe peu j'en conviens, quant à la fausseté de l'auteur une fois reconnu hypocrite et fourbe : mais* ~~*cela*~~ [il] *ne me paroit pas indifferent pour le caractére de l'ouvrage ni* ~~*celui-ci*~~ *ce caractére à bien saisir pour mieux* [mot biffé illisible] *determiner celui de l'auteur.*

c Même leçon dans P. ; L. *à la sagesse des exhortations* ; G. *à la sagesse des sermons et des prônes.*

d L., P., G. *et ranimer dans son cœur.*

e Même leçon dans L. ; P. *que sa* ~~*seule*~~ *contemplation.* G. *que sa contemplation.*

f Même leçon dans L. et G. ; P. *pour un si touchant tableau, inspire* etc.

ce beau systême la crainte d'en troubler l'harmonie, et de là nait une exquise sensibilité[11] qui donne aux cœurs qui en sont doués[a] des jouissances immédiates inconnues aux cœurs que les mêmes contemplations n'ont pas[b] avivés[12].

Les passions y sont comme ici le mobile de toute action, mais plus ardentes plus vives[c], ou seulement plus simples et plus pures elles prennent par cela seul un caractére tout différent. Tous les premiers mouvemens de la nature sont bons et droits[13] : Ils tendent le plus directement qu'il est possible à notre conservation et à notre bonheur : mais bientot manquant de force pour suivre à travers tant de résistance leur prémiére direction, ils se laissent défléchir[14] par mille obstacles qui les détournant du vrai but, leur font prendre des routes obliques où l'homme oublie sa prémiere destination. L'erreur du jugement, la force des préjugés aident beaucoup à nous faire prendre ainsi le change, mais cet effet vient principalement de la foiblesse de l'ame qui suivant mollement l'impulsion de la nature se détourne au choc d'un obstacle, comme une boule prend l'angle de reflexion[15], au lieu que celle qui suit plus vigoureusement la sienne[d], ne se detourne point, mais comme un boulet de canon, force l'obstacle, ou s'amortit[e] et tombe à sa rencontre.

Les habitans du monde idéal dont je parle ont le bonheur d'etre maintenus par la nature, à laquelle ils sont plus attachés[f], dans cet heureux point de vue[16] où elle nous a placés tous, et cela fait que leur ame[g] garde toujours son caractére originel[h]. Les passions primitives, qui

---

a Même leçon dans L. ; G. et P. *à ceux qui en sont doués.*

b Même leçon dans L. et G. ; P. *n'ont pas avivés.*

c L., P., G. *mais plus vives, plus ardentes.* MsR 79, p. 2 (chiffrage gris) : *Mais plus vives et plus ardentes ou plustot plus simples et plus pures elles prennent par cela seul un caractére tout différent. Tous les p*[rer] *mouvemens de la nature sont bons et droits ils tendent le plus directement qu'il est possible à notre conservation et a notre bonheur. Mais bientôt manquant de vigueur et de force ils se laissent ~~delayer~~* [?] *deflechir par mille obstacles qui ~~les~~* [nous] *detournant ~~de nos~~ du vrai but ~~les~~* [nous] *égarent ca et là dans ~~mille~~* [des] *routes obliques où l'homme oublie sa premiére destination.*

d L., P., G. *qui suit plus vigoureusement sa course.*

e MsR 79, p. 3 (chiffrage gris), fragment de brouillon barré d'une croix : *ou s'amortit contre lui.*

f Même leçon dans G. ; L. *à laquelle ils se sont plus attachés.* P. supprime : « à laquelle ils sont plus attachés. »

g L., G., P. *et par cela seul leur ame.*

h MsR 79, p. 3 (chiffrage gris) : *Les habitans de mon monde ideal ont tous des ames fortes, ou plustot des ames saines, dont la force, sans passer peut-être celle des ames communes produit pourtant beaucoup plus d'effet, parce qu'elle agit toute sur la même ligne, qu'il ne s'en perd rien dans des directions obliques, et qu'elle frappe toujours toute au même point.*

toutes tendent directement à notre bonheur, ne nous occupent que des objets qui s'y rapportent, et n'ayant que l'amour de soi pour principe sont toutes aimantes et douces par leur essence. Mais quand, détournées de leur objet par des obstacles, elles s'occupent plus de l'obstacle pour l'écarter, que de l'objet pour l'atteindre, alors elles changent de nature et deviennent irascibles[17] et haineuses[a], et voila comment l'amour de soi qui est un sentiment[18] bon et absolu, devient amour-propre, c'est-à-dire un sentiment rélatif[19], comparatif[b], qui demande des préférences, dont la jouissance est purement négative, et qui ne cherche plus à se satisfaire par notre propre bien, mais seulement par le mal d'autrui.

[9.] Dans la societé humaine, sitot que les préjugés[c] qu'elle engendre ont fait prendre le change à l'homme[20], et que les obstacles qu'elle entasse l'ont détourné du vrai but de notre vie, tout ce que peut faire le sage, battu du choc continuel des passions d'autrui et des siennes, et parmi tant de directions qui l'égarent, ne pouvant plus démêler celle qui le conduiroit bien, c'est de se tirer de la foule[21] autant qu'il est possible[d] et de se tenir sans impatience à la place[e] où le hazard l'a posé ; bien sûr que, n'agissant point[f], il évite au moins de courir à sa perte et d'aller chercher de nouvelles erreurs. Comme il ne voit dans l'agitation des hommes que la folie qu'il veut éviter, il plaint leur aveuglement encor[22] plus qu'il ne hait leur malice ; il ne se tourmente point à leur rendre mal pour mal, outrage pour outrage, et si quelquefois il cherche[g] à repousser les atteintes de ses ennemis c'est sans chercher à les leur rendre, sans se passionner contre eux, sans sortir, ni de sa place, ni du calme où il veut rester[23].

Nos habitans suivant des vues moins profondes, arrivent presque au même but par la route contraire, et c'est leur ardeur même qui les tient dans l'inaction[24]. L'état celeste auquel ils aspirent et qui fait leur prémier besoin par la force avec laquelle il s'offre à leur cœur leur fait

---

a MsR 79, *ibid.* : *Toutes les passions haineuses tirent leur origine de l'amour propre qui se compare : au lieu que les passions douces naissent immediatement de l'amour absolu de soi. Ainsi les derniéres sont dans l'ordre primitif de la nature.*

b L., P., G. *un sentiment rélatif, par lequel on se compare.*

c L. et P. *sitot que la foule des préjugés qu'elle engendre a fait* etc. G. *sitot que la foule des passions et des préjugés.*

d L., G., P. *qu'il lui est possible.*

e Même leçon dans L. et G. ; P. *se tenir à la place.*

f L., P., G. *bien sûr qu'en n'agissant point.*

g Même leçon dans P. et G. ; L. *et quand il cherche à repousser.*

rassembler et tendre sans cesse toutes les puissances de leur ame pour y parvenir. Les obstacles qui les arrêtent ne les sauroient occuper[a] au point de le leur faire oublier un moment, et de là ce mortel dégout pour tout le reste, et cette inaction totale quand ils desespérent d'atteindre au seul objet de tous leurs vœux[25].

Cette différence ne vient pas seulement du genre des passions[b], mais aussi de leur force, car les passions grandes et fortes[c] ne se laissent pas dévoyer[26] comme les autres. Deux amans, l'un très épris, l'autre assez tiéde, souffriront neanmoins un rival avec la même impatience, l'un à cause de son amour, l'autre à cause de son amour propre. Mais il peut trés bien arriver que la haine du second, devenue sa passion principale, survive à son amour et même s'accroisse après qu'il est éteint ; au lieu que le prémier ; qui ne hait qu'à cause qu'il aime, cesse de haïr son rival sitot qu'il ne le craint plus. Or si les ames foibles et tiédes sont plus sujettes aux passions haineuses, qui ne sont que des passions secondaires et déflechies, et si les ames grandes et fortes, se tenant dans leur prémiere direction conservent mieux les passions douces et primitives qui naissent immédiatement de l'amour de soi, vous voyez comment d'une plus grande énergie dans les facultés et d'un prémier rapport mieux senti dérivent dans les habitans de [10.] cet autre monde des passions bien différentes de celles qui déchirent ici bas les malheureux humains. Peut-être n'est-on pas dans ces contrées plus vertueux qu'autour de nous, mais on y sait mieux aimer la vertu. Les vrais penchans de la nature étant tous bons, en s'y livrant ils sont bons eux-mêmes ; mais la vertu parmi nous oblige souvent à combattre et vaincre la nature, et rarement sont-ils capables de pareils efforts. La longue inhabitude[27] de resister peut même amolir leurs ames au point de faire le mal par foiblesse par crainte par necessité ; ils ne sont exempts ni d'erreurs ni de vices[d], le crime même ne leur est pas étranger, puisqu'il est des situations déplorables où la plus haute vertu suffit à peine pour s'en deffendre, et qui forcent au mal l'homme foible malgré son cœur. Mais la volonté de nuire[e] à autrui, la haine envenimée, l'envie, la noirceur, la trahison la fourberie y sont

a L., G., P. *les obstacles qui les retiennent ne sauroient les occuper.*

b Même leçon dans G et P. ; L. *du genre de leurs passions.*

c L., P., G. *car les passions fortes ne se laissent pas* etc.

d L., G., P. *ni de fautes ni de vices.*

e L., P., G. *mais l'expresse volonté de nuire, la haine envenimée*, etc.

inconnues ; trop souvent on y voit des coupables, jamais on n'y vit un méchant. Enfin s'ils ne sont pas plus vertueux qu'on ne l'est ici, du moins par cela seul qu'ils savent mieux s'aimer eux-mêmes, ils sont moins malveillans[a] pour les autres[b].

Ils sont aussi moins actifs, ou pour mieux dire moins remuans. Leurs efforts pour atteindre à l'objet qu'ils contemplent consistent en des élans vigoureux, mais sitot qu'ils en sentent l'inutilité[c] ils s'arrêtent, sans chercher à leur portée des equivalens à cet objet unique, lequel seul peut les tenter.

Comme ils ne cherchent pas leur bonheur dans l'apparence mais dans le sentiment intime, en quelque rang que les ait placés la fortune[d] ils s'agitent peu pour en sortir : ils ne cherchent guére à s'élever, et descendroient sans répugnance à des relations plus de leur gout, sachant bien que l'état le plus heureux n'est pas le plus honoré de la foule[e], mais celui qui rend le cœur plus content. Les préjugés ont sur eux très peu de prise, l'opinion ne les mène point, et lorsqu'ils en sentent l'effet, ce n'est pas qu'elle les subjugue, mais c'est qu'elle influe sur leur sort[f].

Quoique sensuels et voluptueux[g] ils font peu de cas de l'opulence, et ne font rien pour y parvenir, connoissant trop bien l'art de jouïr[28] pour ignorer que ce n'est pas avec l'argent[h] que le vrai plaisir s'achette, et quant au bien que peut faire un riche[29], sachant aussi que ce n'est pas lui qui le fait mais sa richesse, qu'elle le feroit sans lui mieux encore répartie entre plus de mains, ou plustot aneantie par ce partage, et que tout ce bien qu'il prétend faire[i] par elle équivaut rarement au mal qu'il a fallu faire[j] pour l'acquérir. D'ailleurs aimant encore plus leur liberté

---

a P. *malveuillans*. Rousseau pratique quelquefois cette graphie. Selon l'entrée « malveillant » du *Littré* : « la forme ancienne et correcte est malveuillant ; il s'agit de vouloir et non de veiller. C'est une fausse assimilation qui a rapproché veuillant de veillant. »

b L., P., G. *pour autrui.*

c L., G., P. *qu'ils en sentent l'impuissance.*

d L., P., G. *que les ait placés la naissance ou la fortune.*

e Même leçon dans P. et G. ; L. *n'est pas celui que la foule honore.*

f L. et G. *et quand ils en sentent l'effet ce n'est pas eux qu'elle subjugue mais ceux qui influent sur leur sort.* P. *et quand ils en sentent l'emprise* etc.

g Dans P. cet alinéa est rattaché au précédent.

h L., P., G. *que ce n'est pas à prix d'argent.*

i L., G., P. *qu'il croit faire.*

j L. *au mal qu'il faut faire* ; P. et G. *au mal réel qu'il faut faire.*

que leurs aises [11.] ils craindroient de les achetter par la fortune, ne fut-ce qu'à cause de l'assujettissement et des embarras inévitables pour[a] la conserver. Le cortége inséparable de l'opulence leur seroit cent fois plus à charge que les biens qu'elle procure ne leur seroient doux. Le tourment de la possession empoisonneroit pour eux tout le plaisir de la jouissance.

Ainsi bornés de toutes parts dans leurs projets[b] par la nature[c] et par la raison, ils s'arrêtent, et passent la vie à en jouir en faisant chaque jour ce qui leur paroit bon pour eux et bien pour autrui, sans egard à l'estimation des hommes et aux caprices de l'opinion.

LE FRANÇOIS.

Je cherche inutilement dans ma tête ce qu'il peut y avoir de commun entre les êtres fantastiques que vous décrivez, et le monstre[30] dont nous parlions tout à l'heure.

ROUSSEAU.

Rien sans doute, et je le crois ainsi[31] ; mais permettez que j'achève.

Des êtres si singuliérement constitués doivent necessairement s'exprimer autrement que les hommes ordinaires[d] ; il est impossible qu'avec des ames si différemment modifiées[e] ils ne portent pas dans l'expression de leurs sentimens et de leurs idées l'empreinte de ces modifications[32]. Si cette empreinte échappe à ceux qui n'ont aucune notion de cette maniére d'être, elle ne peut échapper à ceux qui la connoissent et qui en sont affectés eux-mêmes. C'est un signe caractéristique auquel les initiés[33] se reconnoissent entre eux, et ce qui donne un grand prix à ce signe si peu connu et encore moins employé, est qu'il ne peut se contrefaire, que jamais il n'agit qu'au niveau de sa source, et que quand il ne part pas du cœur de ceux qui l'imitent, il n'arrive pas non plus aux cœurs faits pour le distinguer[f] ; mais

a L., G., P. *de la dépendance et des embarras attachés au soin de la conserver.*
b C. *dans leurs projets* est inséré dans l'interligne.
c Même leçon dans P. ; L. et G. *Ainsi bornés de toutes parts par la nature.*
d Même leçon dans L. et G. ; P. *autrement que les autres hommes.*
e Même leçon dans L. et G. ; P. *modifiées si diféremment.*
f Fragment de brouillon barré d'une croix, MsR 79, page 3 (chiffrage rouge) : *Et ce qui donne un grand prix à ce signe est qu'il ne peut se contrefaire, qu'il ne remonte jamais plus haut que sa source et que quand il ne part pas du cœur de ceux qui l'employent il n'arrive jamais non plus au cœur de ceux qui sont faits pour le distinguer.*

dès qu'il y parvient on ne peut s'y méprendre[a]; il est vrai lorsqu'il est senti[b][34]. C'est dans toute la conduite de la vie plutost que dans quelques actions éparses qu'il se manifeste le plus surement : Mais dans des situations vives où l'ame s'exalte même involontairement[c] l'initié distingue bientot son frére de celui qui sans l'être veut seulement en prendre l'accent[35], et cette distinction se fait sentir également dans les écrits[d]. Les habitans du monde enchanté font généralement peu de livres et ne s'arrangent point pour en faire ; ce n'est jamais un métier pour eux. Quand ils en font, il faut qu'ils y soient forcés par un stimulant plus puissant que l'intérest et même que la gloire[e], et ce stimulant impossible à contenir, plus impossible à contrefaire[f], se fait sentir dans tout ce qu'il produit. Quelque heureuse découverte à publier, quelque belle et grande vérité à répandre, quelque erreur pernicieuse[g] à combattre, enfin quelque point considérable d'utilité publique[h] à établir ; voila les seuls motifs qui puissent leur mettre la plume à la main[36]. Encore faut-il que les idées en soient [12.] assez neuves assez belles assez frappantes pour mettre leur zèle en effervescence[37] et le forcer à s'exhaler. Il n'y a point pour cela chez eux de tems ni d'age propre : comme écrire n'est point pour eux un métier ils commencèront ou cessèront de bonne heure ou tard selon ce que le besoin leur prescrira[i]. Quand chacun aura dit ce qu'il avoit à dire il restera tranquille comme auparavant, sans s'aller fourrant dans le tripot litteraire[j], sans sentir cette ridicule dèmangeaison de barbouiller[k]

a Mots biffés dans C. *mais ~~sitot~~ dès qu'il ~~xxxxxxxxxx~~ y parvient.* L., P., G. *mais sitot qu'il y parvient, on ne sauroit s'y méprendre.*

b Même leçon dans L. ; G. et P. *il est vrai dès qu'il est senti.*

c Même leçon dans L. ; P. et G. *où l'âme s'exalte involontairement.*

d MsR 79, p. 3 (chiffrage rouge) : *Il se peut neanmoins que dans des entretiens ordinaires, surtout quand ils sont courts ce signe échape, même à ceux qui s'y connoissent. ~~J'avoue pourtant que dans des entretiens~~ Mais dans des discours ~~un peu~~ étendus et dans des situations vives où l'ame s'exhalte même involontairement quelque adresse qu'on ~~s'efforce d'y mettre~~ y veuille employer, l'initié distingue bientôt son frére de celui qui veut en prendre l'accent.*

e Même leçon dans L. ; G. et P. *un stimulant plus fort que l'intérest et même que la gloire.*

f P. *Ce stimulant, difficile à contenir, ~~plus~~ impossible à contrefaire, etc.* L. et G. *Ce stimulant, difficile à contenir, impossible à contrefaire*, etc. (Virgules absentes dans L).

g L., P., G. *quelque erreur générale et pernicieuse.*

h Même leçon dans L. ; G. et P. *quelque point d'utilité publique.*

i L., P., G. *selon que le stimulant les poussera.*

j Même leçon dans L. et G. ; P. *tranquille comme auparavant, sans sentir cette ridicule* etc.

k L., G. P., *ridicule démangeaison de rabâcher et barbouiller éternellement* etc.

éternellement du papier qu'on dit être attachée au métier d'Auteur ; et tel, né peut être avec du genie, ne s'en doutera pas lui-même et mourra sans être connu de personne, si nul objet ne vient animer son zèle au point de le forcer à prendre la plume[a].

LE FRANÇOIS.

Mon cher Monsieur Rousseau, vous m'avez bien l'air d'être un des habitans de ce monde-là.

ROUSSEAU.

J'en reconnois un du moins sans le moindre doute dans l'Auteur d'Emile et de Julie[b].

LE FRANÇOIS.

J'ai vu venir cette conclusion ; mais pour vous passer toutes ces fictions peu claires[c], il faudroit prémierement pouvoir vous accorder avec vous-même. Mais après avoir paru convaincu tout à l'heure des abominations[d] de cet homme, vous voila maintenant le plaçant dans les astres parce qu'il a fait des romans. Pour moi je n'entends rien à ces contradictions[e]. De grace dites-moi donc une fois votre vrai sentiment sur son compte.

ROUSSEAU.

Je vous l'ai dit sans mistére et je vous le repeterai sans détour. La force de vos preuves[38] ne me laisse pas douter un moment des crimes qu'elles attestent[39], et là-dessus je pense exactement comme vous : mais vous joignez[f] des choses que je sépare[40]. L'Auteur des Livres et celui des crimes vous paroit le même homme[g] ; je me crois fondé à en faire deux[41]. Voila le mot de l'énigme[h].

---

a L., G., P. *au point de le contraindre à se montrer.*

b L., P. G. *dans l'auteur d'Emile et d'Heloïse.*

c C. *peu claires* est inséré dans l'interligne.

d Même leçon dans L. et P. ; G *convaincu des abominations.*

e L., P., G. *je n'entens rien à ces énigmes.*

f L., G., P. *mais vous unissez.*

g L. *vous paroissent la même personne.* G. *vous paroit la même personne.* P. *vous paroissentla même personne.* (Pas d'intervalle entre le verbe et l'article, comme si Rousseau avait dû corriger après-coup par*oit* par par*oissent*).

h L., P., G. *Voila, Monsieur le mot de l'énigme.*

LE FRANÇOIS.

Comment l'expliquez-vous, je vous prie ? Voici qui me paroit tout nouveau[a].

ROUSSEAU.

À tort, ce me semble ; car ne m'avez-vous pas dit qu'il n'est pas l'Auteur du Devin du Village[b] ?

LE FRANÇOIS.

Il est vrai ; c'est un fait dont depuis longtems personne ne doute plus. Mais quand à ses autres ecrits[c], je n'ai point encore ouï les lui disputer.

ROUSSEAU.

La seconde assertion[d][42] me paroit pourtant une consequence assez prochaine de l'autre[43] ; mais pour mieux juger de leur liaison il faudroit connoitre la preuve qu'on a qu'il n'est pas l'Auteur du Devin.

LE FRANÇOIS.

La preuve ! Il y en a cent, toutes peremptoires[44].

ROUSSEAU.

C'est beaucoup ; je me contente d'une[45], mais je la veux, et pour cause, independante du témoignage d'autrui.

LE FRANÇOIS.

Ah très volontiers ! Sans vous parler donc des pillages bien attestés dont on a prouvé[e] que cette piéce étoit composée, sans même insister sur le doute s'il sait faire des vers, et par conséquent s'il a pu faire ceux du Devin du village, je me tiens à une chose plus positive et plus sure ; c'est qu'il ne sait pas la musique ; d'où l'on peut, à mon avis, conclurre avec certitude qu'il n'a pas fait celle de cet opéra.

---

a L., G., P. *Comment cela, je vous prie ? Voici qui me paroit tout nouveau.*

b Même leçon dans L. et P. ; G. *A tort selon moi* ; *car ne m'avez-vous pas dit qu'il n'est pas l'Auteur du Devin du village ?* (Rousseau ne souligne que rarement les titres).

c L. et G. *Il est vrai, et c'est un fait dont personne ne doute plus ; mais quant à ses autres ouvrages* etc. P. *Il est vrai, et c'est un fait constaté dont personne* etc.

d Même leçon dans L. ; G. et P. *le second dépouillement.*

e Même leçon dans P. ; L. et G. *dont on a prouvé d'abord.*

ROUSSEAU.

Il ne sait pas la musique ![46] Voila encore une de ces decouvertes auxquelles je ne me serois pas attendu[a].

LE FRANÇOIS.

N'en croyez là-dessus ni moi ni personne, mais vérifiez par vous même.

ROUSSEAU.

Si j'avois à surmonter l'horreur d'approcher du personnage que vous venez de peindre, ce ne seroit assurément pas pour vérifier s'il sait la musique. La question n'est pas assez intéressante lorsqu'il s'agit d'un pareil scelerat[47].

LE FRANÇOIS.

Il faut qu'elle ait paru moins indifférente à nos Messieurs[48] qu'à vous : car les peines incroyables qu'ils ont prises et prennent encore tous les jours pour établir de mieux en mieux cette preuve[b] passent encore ce qu'ils ont fait pour mettre en évidence celle de ses crimes.

ROUSSEAU.

Cela me paroit assez bisarre ; car quand on a si bien prouvé le plus, d'ordinaire on ne s'agite pas si fort pour prouver le moins.

LE FRANÇOIS.

Oh vis à vis d'un tel personnage[c] on ne doit négliger ni le plus ni le moins[49]. A la haine du vice[d] se joint l'amour de la vérité, pour détruire dans toutes ses branches une réputation usurpée, et ceux qui se sont empressés de montrer en lui un monstre exécrable ne doivent pas moins s'empresser aujourdui d'y montrer un petit pillard sans talent.

ROUSSEAU.

Il faut avouer que la destinée de cet homme a des singularités bien frappantes ; sa vie est coupée en deux parties[50] qui semblent appartenir

---

a MsR 79, p. 4 (chiffrage rouge) : *Il ne sait pas la musique. Voila encore une de ces decouvertes auxquelles il n'est pas naturel de s'attendre.* (Noté sans référence au personnage « Rousseau »).

b L., P., G. *de mieux en mieux dans le public cette preuve.*

c L., G., P. *d'un tel homme.*

d L., P., G. *à l'horreur du vice.*

à deux individus différens[a], dont l'époque qui les sépare, c'est à dire le tems où il a publié des livres marque[b] la mort de l'un et la naissance de l'autre[c].

Le prémier, homme paisible et doux, fut bien voulu[51] de tous ceux qui le connurent, et ses amis lui resterent toujours. Peu propre aux grandes societés par son naturel timide et son humeur tranquille[d], il aima la retraite, non pour y vivre seul, mais pour y joindre les douceurs de l'étude aux charmes de l'intimité. Il consacra sa jeunesse à l'étude[e] des belles connoissances et des talens agréables, et quand il se vit forcé de faire usage de cet acquis pour subsister, ce fut avec si peu d'ostentation et de prétention[f], que les personnes auprès desquelles il vivoit[g] n'imaginoient pas même qu'il eut assez d'esprit [14.] pour faire des livres. Son cœur fait pour s'attacher se donnoit sans réserve ; complaisant pour ses amis jusqu'à la foiblesse, il se laissoit subjuguer par eux au point de ne pouvoir plus secoüer ce joug impunément.

Le second, homme dur farouche et noir[h], se fait abhorrer de tout le monde qu'il fuit, et dans son affreuse misantropie ne se plait qu'à marquer sa haine pour le genre humain. Le premier, seul, sans étude et sans maitre, vainquit toutes les difficultés[i] à force de zèle, et consacra ses loisirs, non à l'oisiveté, encore moins à des travaux nuisibles, mais à

---

a C. ~~*tous*~~ *différens.*

b C. *marque* est inséré dans l'interligne.

c Le MsR 79, p. 4 (chiffrage rouge), présente une esquisse très condensée de la séquence entamée plus haut par la réplique du « François » (les répliques s'enchaînent sans référence aux deux interlocuteurs, elles sont séparées par de brefs doubles traits) : *N'en croyez là-dessus personne. Il vous est aisé d'en juger par vous même. // Ah c'est à quoi je suis bien déterminé. Il faut avouer que la vie de cet homme est pleine de bizarreries bien incroyables. // Cette vie est coupée par une époque memorable en deux parties presque egales, abstraction faite de l'enfance, et* ~~*chacune de*~~ *ces deux parties semble*[nt] *appartenir à deux hommes tout différens ;* ~~*en sorte que*~~ [dont] *l'époque qui les sépare marqua la* ~~*naissance*~~ *mort de l'un et la naissance de l'autre.*

d L., P., G. *par son humeur timide et son naturel tranquille.*

e L., G., P. *à la culture des belles connoissances* etc.

f Même leçon dans P. et G. ; L. *ce fut avec si peu de prétention et d'ostentation.*

g L., G., P. *il vivoit le plus.*

h MsR 79, p. 4 (chiffrage gris) : *Le 2*[d] *h : dur farouche et noir, se fait abhorrer de tout le monde qu'il fuit et dans son affreuse misantropie ne se plait qu'à marquer et satisfaire sa haine pour le genre humain. Le p*[er] *seul sans étude et sans maitre, vainquit toutes les difficultés à force de zèle et consacra sa vie à la recherche des vérités utiles à l'acquisition des belles connoissances, à la culture des gouts aimables et* [mot illisible] *par les effets* [?] *que s'il aimoit la retraite ce n'étoit pas pour y perdre son tems dans l'oisiveté.*

i Même leçon dans G. et P. ; L. *vainquit les difficultés.*

remplir sa tête d'idées charmantes son cœur de sentimens délicieux, et à former des projets, chimeriques peut-être à force d'être utiles, mais dont l'éxécution, si elle eut été possible, eut fait le bonheur du genre humain[a]. Le second, tout occupé de ses odieuses trames, n'a su rien donner de son tems ni de son esprit à d'agréables occupations, encor moins à des vues utiles ; plongé dans les plus brutales débauches, il a passé sa vie dans les tavernes et les mauvais lieux, chargé de tous les vices qu'on y porte ou qu'on y contracte, n'ayant nourri que les gouts bas et crapuleux[b] qui en sont inséparables, il fait ridiculement contraster ses inclinations rampantes avec les altiéres productions qu'il a l'audace de s'attribuer. En vain a-t-il paru feuilleter des livres et s'occuper de recherches philosophiques, il n'a rien saisi, rien conçu que ses horribles systèmes, et après de prétendus essais qui n'avoient pour but que d'en imposer au public[c], il a fini comme il avoit commencé par ne rien savoir que mal faire. Enfin, sans vouloir suivre[d] cette opposition dans toutes ses branches[52], et pour m'arrêter à celle qui m'y a conduit, le prémier, d'une timidité qui alloit jusqu'à la bêtise, osoit à peine montrer à ses amis les amusemens de ses loisirs[e] ; le second, d'une impudence encore plus bête s'approprioit fiérement et publiquement les vols les plus grossiers sur les choses qu'il entendoit le moins[f] : Le prémier aima passionnément la musique, la cultiva dès sa jeunesse, en fit son occupation favorite[g] et avec assez de succés pour y faire des découvertes, trouver les imperfections de l'art, indiquer les corrections[h]. Il passa une grande partie de sa vie parmi les Artistes et les amateurs, tantot composant de la musique en divers genres selon les occasions[i], tantot écrivant sur cet art, proposant

a MsR 79, p. 4 (chiffrage gris) : *et consacra sa vie à la recherche des vérités utiles, à l'acquisition de belles connoissances, à la culture des gouts aimables, et montra par les effets que s'il aimoit la retraite, ce n'étoit pas pour y perdre son tems dans l'oisiveté.*

b L., P., G. *crapuleux et bas.*

c L., G., P. *d'en imposer au genre humain.*

d Nouvel alinéa dans L. et G. Crochet devant « Enfin » dans P.,

e Même leçon dans L. ; P. et G. *les productions de ses loisirs.*

f L. *s'approprioit publiquement les vols les plus grossiers sur les choses* etc. P. *s'approprioit publiquement les productions d'autrui* etc. G. *s'approprioit fiérement et publiquement les productions d'autrui* etc.

g Même leçon dans L. et P. ; G. *Le prémier aima passionément la musique, en fit son occupation favorite* etc.

h Même leçon dans L. ; P. *trouver les défauts de l'art, indiquer les corrections.* G. *trouver les défauts, indiquer les corrections.*

i L., G., P. *dans tous les genres en diverses occasions.*

de nouvelles vues[a], donnant des leçons de composition, constatant par des épreuves l'avantage des méthodes qu'il proposoit[53], et toujours se montrant instruit dans toutes les parties de cette vaste science[b] plus que la pluspart de ses contemporains, dont plusieurs étoient à la vérité plus versés que lui dans quelque partie, mais dont aucun n'en avoit si bien[c] saisi l'ensemble et senti[d] la liaison. Le second, inepte au point de s'être occupé de musique pendant quarante ans sans pouvoir l'apprendre, s'est réduit à l'occupation d'en copier faute d'en savoir faire ; encore lui-même ne se trouve-t-il pas assez savant pour le métier qu'il a choisi ; ce qui ne l'empêche pas de pousser l'impudence et la stupidité jusqu'à se donner[e] pour l'auteur de choses qu'il ne peut executer lui-même[f]. Vous m'avouerez que voila des contradictions difficiles à expliquer[g] [54].

LE FRANÇOIS.

Moins que vous ne croyez[h], et si vos autres enigmes ne m'étoient pas plus obscures que celle-là vous me tiendriez moins en haleine.

ROUSSEAU.

Vous m'éclaircirez donc celle-ci quand il vous plaira ; car pour moi[i], je déclare que je n'y comprends rien.

LE FRANÇOIS.

De tout mon cœur, et très simplement[j], je vous assure : Mais commencez vous-même par m'éclaircir votre question.

ROUSSEAU.

Il n'y a plus de question sur le fait que vous venez d'exposer[55] : À cet égard nous sommes parfaitement d'accord, et j'adopte pleinement votre conséquence ; mais je la porte plus loin[56]. Vous dites qu'un

---

a L., P., G. *proposant des vues nouvelles.*

b L., G., P. *dans toutes les parties de l'art.*

c Même leçon dans L. et G. ; P. *n'en avoit aussi bien saisi* etc.

d Même leçon dans P. ; L. et G. *et suivi.*

e L., P., G. *ce qui ne l'empêche pas de se donner avec la plus stupide effronterie pour* etc.

f L., G., P. *qu'il ne peut executer. Vous m'avouerez* etc.

g Mots biffés dans C. *difficile à* ~~xxxxxxxx~~ *expliquer.* L., P., et G. *à concilier.*

h Même leçon dans L. et G. ; P. *Moins que vous ne pensez.*

i Même leçon dans G. et P. ; L. *car quant à moi.*

j L., P., G. *et très facilement : mais commencez* etc.

homme qui ne sait faire ni musique ni vers n'a pas fait le Devin du village, et cela est incontestable : moi j'ajoûte que celui qui se donne faussement pour l'Auteur de cet opera n'est pas même l'auteur des autres écrits qui portent son nom, et cela n'est guéres moins évident ; Car s'il n'a pas fait les paroles du Devin puisqu'il ne sait pas faire des vers, il n'a pas fait non plus *L'allée de Sylvie*[a][57], qui difficilement en effet peut être l'ouvrage d'un scelerat, et s'il n'en a pas fait la musique parce qu'il ne sait pas la musique, il n'a pas fait non plus la Lettre sur la musique françoise[58], encore moins le Dictionnaire de musique[b], qui ne peut être que l'ouvrage d'un homme versé dans cet art et sachant la composition[59].

LE FRANÇOIS.

Je ne suis pas là-dessus de votre sentiment, et j'ai pour moi[c] celui d'un grand musicien étranger venu depuis peu dans ce pays[60].

ROUSSEAU.

Et, je vous prie, le connoissez-vous bien, ce grand musicien étranger ? Savez-vous par qui et pour quoi il a été appellé en France, quels motifs l'ont porté tout d'un coup à ne faire que de la musique françoise, et à venir s'établir à Paris ?

LE FRANÇOIS.

Je puis soupçonner[d] quelque chose de tout cela : mais il n'en est pas moins vrai que J. J. étant plus que personne son admirateur donne lui-même du poids à son suffrage.

ROUSSEAU.

Admirateur de son talent, d'accord ; je le suis aussi. Mais quant à son suffrage[61], il faudroit prémiérement être au fait de bien des choses avant de savoir quelle autorité l'on doit lui donner[e].

---

a Titre non souligné dans G. et P.

b Titres non soulignés dans L. et P.

c L. et P. *Je ne suis pas là-dessus de votre sentiment non plus que le public, et nous avons par surcroit celui* etc. G. *nous avons pour surcroit.*

d L., P., G. *Je soupçonne.*

e Même leçon dans G. ; L. *je le suis aussi. Mais quant à son suffrage, il faudroit prémierement être au fait des choses avant de savoir quelle autorité l'on doit lui donner.* P. *quelle autorité je puis lui donner.*

LE FRANÇOIS.

Je veux bien, s'il vous est suspect[a], ne m'en pas étayer ici, ni même de celui d'aucun autre musicien[b] ; mais je n'en dirai pas moins de moi-même que pour composer de la Musique, il faut [16.] la savoir sans doute ; mais qu'on peut bavarder tant qu'on veut sur la musique[c] sans y rien entendre[d], et que tel qui se mêle d'écrire fort doctement sur la musique seroit bien embarrassé de faire une bonne basse sous un menuet, et même de le noter[e].

ROUSSEAU.

Je me doute bien aussi de cela : Mais votre intention est-elle d'appliquer cette idée au Dictionnaire et à son Auteur ?

LE FRANÇOIS.

Je conviens que j'y pensois.

ROUSSEAU.

Vous y pensiez ? Cela étant permettez-moi[f] encore une question. Avez-vous lu ce livre ?

LE FRANÇOIS.

Je serois bien fâché[g] d'en avoir lu jamais une seule ligne, non plus que d'aucun[h] des livres qui portent cet odieux nom.

ROUSSEAU.

En ce cas je suis moins surpris que nous pensions[62], vous et moi si differemment sur les points qui s'y rapportent. Ici, par exemple, vous ne confondriez pas ce livre avec ceux dont vous parlez, et qui, ne roulant que sur des principes généraux, ne contiennent que des idées vagues, ou des notions élémentaires[i] tirées peut-être d'autres écrits et qu'ont tous ceux

---

a L., G., P. *puisqu'il vous est suspect.*

b Même leçon dans L. ; P. et G. *d'aucun musicien.*

c L., P., G. *sur cet art.*

d C. *sans y rien entendre* est inséré dans l'interligne.

e Même leçon dans P. et G. ; L. *de le noter d'oreille.*

f L. et G. *permettez-moi de grace.* P. *permettez-moi, je vous prie.*

g Même leçon dans P. et G. ; L. *Moi ! je serois bien fâché* etc.

h Même leçon dans G. et P. ; L. *non plus qu'aucun.*

i Même leçon dans P. et G. ; L. *et des notions théoriques ou elementaires.*

qui savent un peu de musique. Au lieu que le Dictionnaire entre dans le détail des régles pour en montrer la raison l'application l'exception et tout ce qui doit guider le compositeur dans leur emploi. L'Auteur s'attache même à éclaircir de certaines parties qui jusqu'alors étoient restées confuses dans la tête des musiciens, et presque inintelligibles dans leurs écrits. L'article *Enharmonique*[a], par exemple, explique ce genre avec une si grande clarté qu'on est étonné de l'obscurité avec laquelle en avoient parlé tous ceux qui jusqu'alors avoient écrit sur cette matiére. On ne me persuadera pas[b] que cet article, ceux d'*Expression, Fugue, Harmonie, Licence, Mode, Modulation, Préparation, Récitatif, Trio*[c 63], et grand nombre d'autres, répandus dans ce Dictionnaire et qui surement ne sont pillés de personne, soient des productions[d] d'un ignorant en Musique, qui parle de ce qu'il n'entend point, ni qu'un livre dans lequel on peut apprendre la composition soit l'ouvrage de quelqu'un qui ne la savoit pas.

Il est vrai que plusieurs autres articles également importans qu'il n'a pas eu le tems de faire sont restés seulement indiqués[e] pour ne pas laisser le vocabulaire imparfait, comme il en avertit dans sa préface. Mais seroit-il raisonnable de le juger sur les articles qu'il n'a pas faits[f] plustot que sur ceux où il a mis la dernière main, et qui demandent[g] assurément autant de savoir que les autres. L'Auteur convient, il avertit

a Les titres des articles cités sont soulignés dans L., G., P.

b L., P., G. *on ne me persuadera jamais.*

c L., G., P. *Trio**

* Tous les articles de Musique que j'avois promis pour l'*Encyclopédie* furent faits dès l'année 1749 et remis par M. Diderot l'année suivante à M. d'Alembert, comme entrant dans la partie *Mathematique* dont il étoit chargé [L. *dont il s'étoit chargé.*] ; quelques tems après parurent ses *Elemens de Musique* qu'il n'eut pas beaucoup de peine à faire [L. *parurent les Elemens de Musique*]. En 1768 parut mon *Dictionnaire* et quelques tems après une nouvelle édition de ces *Elemens* avec des augmentations. Dans l'intervalle avoit aussi paru un *Dictionnaire des beaux arts* où je reconnus plusieurs des articles [L. *plusieurs petits articles de ceux*] que j'avois faits pour l'*Encyclopédie*. M. d'Alembert avoit des bontés si tendres pour mon *Dictionnaire* encore manuscrit, qu'il offrit obligeamment au sieur Guy d'en revoir les épreuves [L. *des bontés si tendres pour mon dictionnaire de musique qu'il offrit au sieur Guy d'en revoir obligeamment les épreuves*], faveur que sur l'avis que celui-ci m'en donna je le priai de ne pas accepter. [Aucun titre souligné dans L. Cette note est insérée dans P sur un petit rectangle de papier collé dans la marge gauche de la p. 16].

d Mot biffé dans C. *soient ~~l'ouvrage~~ d'un ignorant.* ; *des productions* est inséré dans l'interligne. L. et P. *soient des productions* ; G. *soient l'ouvrage.*

e Même leçon dans L. ; G. et P. *plusieurs autres articles également importans sont restés seulement* etc.

f L., G., P. *qu'il n'a pas eu le tems de faire.*

g Même leçon dans L. ; G. et P. *et qui demandoient.*

même de ce qui manque à son livre[a] ; mais tel qu'il est, il seroit cent fois plus croyable encore qu'un homme qui ne sait pas la musique eut fait le Devin que le Dictionnaire : Car combien ne voit-on pas, surtout [17.] en Suisse et en Allemagne de gens qui, ne sachant pas une note de Musique et guidés uniquement par leur oreille et leur goût, ne laissent pas de composer des choses très agreables et même très réguliéres, quoiqu'ils n'aient nulle connoissance des régles et qu'ils ne puissent déposer leurs compositions que dans leur mémoire. Mais il est absurde de penser qu'un homme puisse enseigner et même éclaircir dans un livre une science qu'il n'entend point, et cela bien plus encore dans un Art dont la seule langue exige une étude de plusieurs années avant qu'on puisse la lire et la parler[b]. Je concluds donc que si nôtre homme[c] n'a pu faire le Devin du Village parce qu'il ne savoit pas la musique, il n'a pu faire à plus forte raison le Dictionnaire, qui demandoit beaucoup plus de savoir.

LE FRANÇOIS.

Ne connoissant ni l'un ni l'autre ouvrage, je ne puis par moi même juger de votre raisonnement[64]. Je sais seulement qu'il y a une différence extrème à cet egard dans l'estimation du public, qu'en France au moins le Dictionnaire[d] passe pour un ramassis de phrases sonores et inintelligibles, qu'on en cite un article *Génie* que tout le monde prône, et qui ne dit rien sur la musique[65]. Quant à votre article *Enharmonique* et aux autres qui, selon vous, traitent pertinemment de l'art, je n'en ai jamais ouï parler à personne, si ce n'est à des amateurs et musiciens étrangers[e], qui paroissent en faire cas ; mais les nôtres d'un commun accord disent tous ne rien entendre[f] au jargon de ce livre.

---

a L., P., G. *à son livre, et il dit la raison de ce défaut.*

b Même leçon dans L. ; P. et G. *avant qu'on puisse l'entendre et la parler.* (Ajout à l'interligne dans P.).

c L., G., P. *qu'un homme qui n'a pu faire* etc.

d L., P., G. *du public, que le Dictionnaire* etc.

e L. *si ce n'est à quelques musiciens ou amateurs étrangers qui paroissoient en faire cas, mais les nôtres disent tous* etc. G. *si ce n'est à quelques musiciens ou amateurs étrangers qui paroissoient en faire cas avant qu'on les eut mieux instruits, mais les nôtres disent et on toujours dit* etc. P. *qui paroissent en faire cas : mais les nôtres d'un commun accord disent tous ne rien entendre* etc.

f Même leçon dans P. ; L. *qui paroissaient en faire cas.* G. *si ce n'est à quelques musiciens ou amateurs étrangers qui paroissoient en faire cas avant qu'on les eut mieux instruits, mais les nôtres disent et on toujours dit* etc.

Pour le Devin, vous avez vû les transports d'admiration excités par la dernière reprise. L'enthousiasme du public poussé jusqu'au délire fait foi de la sublimité de cet ouvrage : C'étoit le *Divin J.J.*, c'étoit le *moderne Orphée*[a] : cet opera étoit le chef d'œuvre de l'esprit humain[b], et jamais cet enthousiasme ne fut si vif que quand on sut que le divin Jean Jaques ne savoit pas la musique. Or, quoique vous en puissiez dire, de ce qu'un homme qui ne sait pas la musique n'a pu faire un prodige de l'art universellement admiré, il ne s'ensuit pas, selon moi, qu'il n'a pu faire un livre peu lu peu entendu, et encore moins estimé.

ROUSSEAU.

Dans les choses dont je peux juger par moi-même, je ne prendrai jamais pour régle de mes jugemens ceux du public, et surtout quand il s'engoüe, comme il a fait[66] tout d'un coup pour le Devin du village après l'avoir entendu pendant vingt ans avec un plaisir plus modéré[67]. Cet engoüment subit, quelle qu'en ait été la cause[c], n'a rien eu d'assez naturel pour faire autorité chez les gens sensés. Je vous ai dit ce que je pensois du Dictionnaire, et cela, non pas sur l'opinion publique, ni sur ce célébre article *Génie* qui, n'ayant nulle application particuliére à l'art, n'est là que pour la plaisanterie ; mais après avoir lu attentivement l'ouvrage entier, dont la pluspart des articles, vraiment techniques, feront faire[d] de meilleure musique quand les artistes en sauront profitter.

[18.] Quant au Devin, quoique je sois bien sûr que personne ne sent et ne connoit mieux que moi les véritables beautés de cet ouvrage, je suis fort éloigné de voir ces beautés où le public engoüé les place. Ce ne sont point de ces beautés[e] que l'étude et le savoir produisent, mais de celles qu'inspirent le goût et la sensibilité, et l'on prouveroit beaucoup mieux qu'un savant compositeur n'a point fait cette piéce si la partie du beau chant et de l'invention lui manque ; qu'on ne prouveroit qu'un ignorant ne l'a pu faire parce qu'il n'a pas cet acquis qui supplée au genie et ne fait rien qu'à force de travail. Il n'y a rien dans le Devin du Village qui passe, quant à la partie scientifique, les principes élementaires de

a Soulignés dans L. Non soulignés dans P. et G.

b L., P., G. *de l'art et de l'esprit humain.*

c L. et G. *la cause au moment où le soi-disant Auteur étoit l'objet de la dérision publique, n'a rien eu* etc. P. *la cause au moment même où* etc.

d Même leçon dans L. et P. ; G. *dont la pluspart des articles feront faire* etc.

e Même leçon dans P. ; L. et G. *Ce ne sont point de celles.*

la composition, et non seulement il n'y a point d'écolier de trois mois qui[a] ne fut en état d'en faire autant, mais on peut bien douter qu'un savant compositeur put se résoudre à être aussi simple. Il est vrai que l'Auteur de cet ouvrage y a suivi un principe caché qui se fait sentir sans qu'on le remarque, et qui donne à ses chants un effet qu'on ne sent dans aucune autre musique françoise ; mais ce principe, ignoré de tous nos compositeurs, mal conçu[b] de ceux qui en ont entendu parler, posé seulement par l'Auteur de la Lettre sur la Musique françoise, qui en a fait ensuite un article du Dictionnaire, et suivi seulement par l'Auteur du Devin[68] est[c] une grande preuve de plus que ces deux auteurs sont le même : mais tout cela[d] montre l'invention[e] d'un amateur qui a reflechi sur l'art, plustot que la routine d'un professeur qui le possede supérieurement. Ce qui peut faire honneur au musicien dans cette piéce est le récitatif : Il est bien modulé, bien ponctué, bien accentué, autant que du récitatif françois peut l'être. Le tour en est neuf, du moins il l'étoit alors, à tel point qu'on ne voulut point hazarder ce récitatif à la Cour, quoiqu'adapté à la langue plus qu'aucun autre[69]. J'ai peine à concevoir comment un récitatif[f] peut être pillé, à moins qu'on ne pille aussi les paroles, et quand il n'y auroit que cela de la main de l'Auteur[g], j'aimerois mieux, quant à moi, avoir fait le récitatif[h] sans les airs que les airs sans le récitatif ; mais je sens trop bien la même main dans le tout pour pouvoir le partager à différens auteurs. Ce qui rend même cet opera prisable[i] [70] pour les gens de goût, c'est l'accord parfait[j] des paroles et de la musique, c'est l'étroite liaison des parties qui le composent, c'est l'ensemble exact du tout, qui en fait l'ouvrage le plus *un*[k] que je connoisse en ce genre. Le musicien a par tout pensé senti parlé comme le poëte ; l'expression de l'un répond[l] si fidellement à celle de l'autre qu'on voit qu'ils sont

a Même leçon dans P. ; L. et G. *qui dans ce sens.*

b L., P., G. *dédaigné de ceux qui* etc.

c Même leçon dans G. et P. ; L. *fait.*

d Même leçon dans L. et P. ; G. *Mais cela montre.*

e C. *l'invention* est inséré dans l'interligne.

f Même leçon dans P. ; L. et G. *comment du récitatif.*

g L., G., P. *de l'Auteur de la piéce.* (P. déborde dans la marge pour « de la piéce », comme s'il s'agissait d'un ajout après-coup).

h Même leçon dans L. et G. ; P. *le récitatif du Devin.*

i Même leçon dans G. ; L. et P. *vraiment prisable.*

j L., P., G. *c'est le parfait accord.*

k Non souligné dans L., G., P.

l Même leçon dans L. et P. ; G. *repond toujours si fidellement.*

toujours animés du même esprit. Et l'on me dit que cet accord si juste et si rare resulte d'un tas de pillages fortuitement rassemblés ? Monsieur, il y auroit cent fois plus d'art à composer un pareil tout de morceaux épars et décousus, qu'à le créer soi-même d'un bout à l'autre.

LE FRANÇOIS.

[19.] Votre objection ne m'est pas nouvelle ; elle paroit même[a] solide à beaucoup de gens, qui[b], revenus des vols partiels quoique tous si bien prouvés, sont maintenant[c] persuadés que la piéce entiére paroles et musique est d'une autre main, et que le charlatan a eu l'adresse de s'en emparer et l'impudence de se l'attribuer. Cela paroit même si bien établi que l'on n'en doute plus guéres : car enfin il faut bien recourir à quelque explication semblable ; il faut bien que cet ouvrage, qu'il est incontestablement hors d'état d'avoir fait, ait été fait par quelqu'un. On prétend même en avoir découvert le véritable Auteur.

ROUSSEAU.

J'entends ; après avoir d'abord découvert et très bien prouvé les vols partiels dont le Devin du Village étoit composé, l'on prouve aujourdui non moins victorieusement qu'il n'y a point eu de vols partiels[d], et que cette piéce[e], toute de la même main, a été volée en entier par celui qui se l'attribue. Soit donc ; car l'une et l'autre de ces deux vérités contradictoires est égale pour mon objet[71]. Mais enfin, quel est-il donc, ce véritable auteur ? Est-il Francois, Suisse, Italien, Chinois ?

LE FRANÇOIS.

C'est ce que j'ignore ; car on ne peut guere attribuer cet ouvrage à Pergolese, comme un *Salve Regina*…

ROUSSEAU.

Oui, j'en connois un de lui[f], qui même a été gravé.

---

a C. *même* est inséré dans l'interligne.

b L. *n'est pas nouvelle et paroit si solide à* etc. P. *ne m'est pas nouvelle, et paroit si solide* etc. G. *ne m'est pas nouvelle ; elle paroit même si solides a beaucoup de gens*, etc.

c L., P., G. *ils sont maintenant* etc.

d Même leçon dans P. et G. ; L. *qu'il n'y a point de vols partiels.*

e Même leçon dans L. et P. ; G. *de vols partiels, que cette piéce* etc.

f L., P., G. *un de cet Auteur, et qui* etc.

LE FRANÇOIS.

Ce n'est pas celui-là ; le *Salve* dont vous parlez, Pergolese[a] l'a fait de son vivant ; et celui dont je parle[b] en est un autre qu'il a fait vingt ans après sa mort, Salve[c] que J.J.[d] s'approprioit en disant l'avoir fait pour Mlle Fel[72], et beaucoup[e] d'autres mottets que le même J.J. dit ou dira[f] de même avoir faits, et qui, par un miracle éclattant de M. d'Alembert, sont et seront toujours tous de Pergolese[g].

ROUSSEAU.

Voila qui est admirable[h] ! Oh je me doutois depuis longtems que ce M. d'Alembert devoit être un saint à Miracles[i] ; mais, comme vous dites, il lui sera néanmoins difficile, tout saint qu'il est, d'avoir fait faire aussi le Devin du Village à Pergolese, et il ne faudroit pas multiplier les Auteurs sans necessité[73].

LE FRANÇOIS.

Pourquoi non ? Qu'un pillard prenne à droite et à gauche, rien au monde n'est plus naturel.

ROUSSEAU.

D'accord ; mais on sent dans toutes ces musiques ainsi pillées les coutures et les piéces de rapport[j], et il me semble que celle de J.J.[k] n'a pas cet air-là. On n'y trouve même aucune physionomie nationale. Ce n'est pas plus de la musique italienne que de la musique françoise ; elle a le ton de la chose et rien de plus[l].

---

a C. *Pergolèse* est inséré dans l'interligne.

b C. *et celui dont je parle* est inséré dans l'interligne.

c C. *Salve* est inséré dans l'interligne.

d Même leçon dans L. ; G. *après sa mort, et que J.J. s'approprioit.* ; P. *après sa mort, mais que J.J. s'approprioit* etc.

e Mot biffé dans C. *Mlle Fel, ~~mais~~* [?] *et beaucoup d'autres.* L., P., G. *comme beaucoup d'autres.*

f Même leçon dans L. et G. ; P. *qu'il dit ou dira.*

g L. G., P. *avoir faits* [L. et G. *faits depuis lors*], *et qui par autant de miracles de M. d'Alembert* [L. *de M d'Alembert*] *sont et seront toujours tous de Pergolese dont il évoque l'ombre quand il lui plait.*

h L., P., G. *Voila qui est vraiment admirable.*

i L., G., P. *à miracles, et je parierois bien qu'il ne s'en tient pas à ceux-là.*

j Même leçon dans L ; P. et G. *mais dans toutes ces musiques ainsi pillées on sent les coutures* etc.

k L., P., G. *celle qui porte le nom de J.J.*

l C. *elle a le ton de la chose et rien de plus* est inséré dans l'interligne inférieur.

LE FRANÇOIS.

Tout le monde convient de cela. Comment l'Auteur[a] a-t-il pris dans cette piéce un accent alors si neuf qu'il n'ait employé que là, et si c'est son unique ouvrage, comment en a-t-il tranquillement cédé la gloire à un autre, sans être tenté de la revendiquer[b], ou du moins de la partager par un second opera semblable ? On m'a promis de m'expliquer clairement tout cela ; car j'avoue de bonne foi y avoir trouvé jusqu'ici quelque obscurité.

ROUSSEAU.

Bon ! vous voila bien embarrassé ! Le pillard aura fait accointance [20.] avec l'Auteur ; il se sera fait confier sa piéce, ou la lui aura volée, et puis il l'aura empoisonné[c][74].

LE FRANÇOIS.

Vous avez là, vraiment, de jolies idées[d] !

ROUSSEAU.

Ah ne me faites pas honneur de votre bien ! Ces idées vous appartiennent ; elles sont l'effet naturel de tout ce que vous m'avez appris[75].

Au reste[e], et quoiqu'il en soit du véritable auteur de la piéce, il me suffit que celui qui s'est dit l'être soit, par son ignorance et son incapacité, hors d'état de l'avoir faite, pour que j'en conclue à plus forte raison qu'il n'a fait ni le dictionnaire qu'il s'attribue aussi, ni la Lettre sur la musique françoise, ni aucun des autres livres qui portent son nom, et dans lesquels il est impossible de ne pas sentir qu'ils partent tous de la même main. D'ailleurs concevez-vous qu'un homme doué d'assez de talent pour faire de pareils ouvrages aille au fort même de son effervescence piller et s'attribuer ceux d'autrui dans un genre qui non seulement n'est pas le sien, mais auquel il n'entend absolument rien[f] ? qu'un homme qui, selon vous eut assez de courage d'orgueil de force[g] pour résister

a L., G., P. *l'Auteur du Devin.*

b Même leçon dans L. et P ; G. *sans tenter de la revendiquer.*

c L., P., G. *il l'aura empoisonné. Cela est tout simple.*

d L., G., P. *Vraiment, vous avez-là de jolies idées !*

e Alinéa rattaché au précédent dans L., P., G.

f Même leçon dans P. et G. ; L. *mais auquel il n'entend rien.*

g Même leçon dans L. ; G. et P. *assez de courage, d'orgueil, de fierté, de force pour* etc.

à la démangeaison d'écrire si naturelle aux jeunes gens qui se sentent quelque talent, pour laisser meurir vingt ans sa tête dans le silence[76], afin de donner plus de profondeur et de poids à ses productions longtems méditées, que ce même homme l'ame toute remplie de ses grandes et sublimes vues aille en interrompre le développement pour chercher par des manœuvres aussi lâches que pueriles une reputation usurpée et très inférieure à celle qu'il peut acquérir légitimement[a] ? Ce sont des gens pourvus de bien petits talens par eux-mêmes qui se parent ainsi de ceux d'autrui, et quiconque avec une tête active et pensante a senti le délire et l'attrait[b] du travail d'esprit, ne va pas[c] servilement sur la trace d'un autre pour se parer ainsi de leurs productions[d], par preférence à celles qu'il peut tirer de son propre fond. Allez, Monsieur, celui qui a pu être assez vil et assez sot pour s'attribuer le Devin du village sans l'avoir fait et même sans savoir la musique, n'a jamais fait une ligne du discours sur l'inégalité ni de l'Emile, ni du Contract social. Tant d'audace et de vigueur d'un coté, tant d'ineptie et de lâcheté de l'autre, ne s'associeront jamais dans la même ame.

Voila une preuve qui parle à tout homme sensé. Que d'autres qui ne sont pas moins fortes, ne parlent qu'à moi, j'en suis fâché[e] ; elles devroient parler à toute âme sensible et douée de l'instinct moral[77]. Vous me dites que tous ces ecrits qui m'échauffent me touchent m'attendrissent me donnent la volonté sincère d'être meilleur, sont uniquement des productions d'une tête exaltée, conduite par un cœur hypocrite et fourbe. La figure de mes êtres surlunaires[78] vous aura déja fait entendre que je n'étois pas là-dessus [21.] de votre avis. Ce qui me confirme encor dans le mien est le nombre et l'étendue de ces mêmes ecrits, où je sens toujours et partout la même vehemence d'un cœur echauffé des mêmes sentimens. Quoi ce fléau du genre humain, cet ennemi de toute droiture de toute justice[f] de toute bonté s'est captivé l'espace de douze ans[g] dans le cours de quinze volumes[79] à parler toujours le plus doux le plus pur

a Même leçon dans L. et P ; G. *qu'il peut obtenir.*

b C. *et l'attrait* est inséré dans l'interligne.

c C. *pas* est inséré dans l'interligne.

d L., P., G. *pour se parer ainsi de productions étrangéres par préférence à* etc.

e L. *j'en suis fâché pour l'espéce humaine.* ; G. et P. *j'en suis fâché pour mon espéce.*

f Même leçon dans P. et G. ; L. *cet ennemi de toute justice, de toute droiture, de toute bonté s'est captivé* etc.

g L. *s'est captivé pendant dix ans.* ; G. et P. *s'est captivé dix à douze ans.*

le plus énergique langage de la vertu, à plaindre les miséres humaines, à en montrer la source dans les erreurs dans les préjugés des hommes, à leur tracer la route du vrai bonheur, à leur apprendre à rentrer dans leur propre cœur[a] pour y trouver le germe de toutes les vertus sociales[b] qu'ils étouffent sous un faux simulacre dans le progrès mal entendu des societés, à consulter toujours leur conscience pour redresser les erreurs de leur raison, et à écouter dans le silence des passions cette voix intérieure que nos philosophes[c] ont tant à cœur d'étouffer parce qu'elle dément leurs systèmes, et qu'ils traitent de chimére[d] parce qu'elle ne leur dit plus rien ! Il s'est fait siffler d'eux et de tout son siécle pour avoir toujours soutenu que l'homme étoit bon quoique les hommes fussent méchans, que ses vertus lui venoient de lui-même, que ses vices lui venoient d'ailleurs ; il a consacré son plus grand et meilleur ouvrage à montrer comment s'introduisent dans notre ame les passions nuisibles, à prouver[e] que la bonne éducation doit être purement négative, qu'elle doit consister, non à guérir les vices du cœur humain, puisqu'il n'y en a point naturellement, mais à les empêcher de naitre et à tenir exactement fermées les portes par lesquelles ils s'introduisent ! Enfin il a établi tout cela[80] avec un charme si touchant avec une vérité[f] si persuasive[g] qu'une ame non dépravée ne peut résister à l'attrait de ses images et à la force de ses raisons, et vous voulez que cette longue suite d'écrits où respirent toujours les mêmes maximes, où le même langage se soutient toujours avec la même chaleur, soit l'ouvrage d'un fourbe qui parle toujours, non seulement contre sa pensée, mais surtout contre son intérest[h] ; puisque, mettant tout son bonheur à remplir le monde de maux et de crimes[i], il devoit conséquemment chercher à multiplier les scelerats pour se donner des aides et des complices dans l'execution de ses horribles projets[j], au lieu qu'il n'a travaillé reellement qu'à se susciter des obstacles et qu'à

a Même leçon dans L. et P. ; G. *dans leurs propres cœurs.*

b Même leçon dans L. et P. ; G. *pour y retrouver le germe des vertus sociales.*

c L., P., G. *que tous nos philosophes.*

d L., G., P. *d'étouffer, et qu'ils traitent de chimère* etc.

e Même leçon dans L. et P. ; G. *à montrer.*

f C. Mot à demi biffé : ~~*clarté*~~ ; *véri* inséré dans l'interligne pour former *vérité.*

g L., P., G. *avec une clarté si lumineuse, avec un charme* etc.

h Même leçon dans P. ; L. *qui parle toujours contre sa pensée mais surtout contre son intérest.* G. *non seulement contre sa pensée, mais aussi contre son intérest.*

i L., G., P. *de malheurs et de crimes.*

j Même leçon dans L. et G. ; P. *de ses sinistres projets.*

se donner les plus redoutables adversaires[a] dans tous les proselytes que ses livres feroient à la vertu !

Autres raisons non moins fortes dans mon esprit. Cet Auteur putatif, reconnu par toutes les preuves que vous m'avez fournies le plus [22.] crapuleux le plus vil débauché qui puisse exister, a passé sa vie avec les traînées des rues dans les plus infames réduits, il est hébété de débauche, il est pourri de vérole[81], et vous voulez qu'il ait écrit ces inimitables lettres pleines de cet amour si brulant et si pur qui ne germa jamais que dans des cœurs aussi chastes que tendres ? Ignorez-vous que rien n'est moins tendre qu'un débauché, que l'amour n'est pas plus connu des libertins que des femmes de mauvaise vie ; que la crapule endurcit le cœur[b], rend ceux qui s'y livrent impudens grossiers, brutaux, cruels ; que leur sang appauvri, dépouillé de cet esprit de vie qui du cœur porte au cerveau ces charmantes images d'où naît l'ivresse de l'amour, ne leur donne par l'habitude que les acres picotements du besoin, sans y joindre ces douces impressions qui rendent la sensualité aussi tendre que vive ? Qu'on me montre une lettre d'amour d'une main inconnue, je suis assuré de connoitre à sa lecture si celui qui l'écrit a des mœurs. Ce n'est qu'aux yeux de ceux qui en ont que les femmes peuvent briller de ces charmes touchants et chastes qui font le délire[c] des cœurs vraiment[d] amoureux. Les débauchés ne voyent en elles que des instrumens de plaisir qui leur sont aussi méprisables que necessaires, comme ces vases dont on se sert[e] pour les plus indispensables besoins. Je défie tous les coureurs de filles de l'univers[f] d'écrire jamais une seule des lettres de l'Héloïse, et le livre entier, ce livre unique en son genre, dont la lecture me soutient[g] dans les plus angeliques extases seroit l'ouvrage d'un vil débauché ! Comptez, Monsieur, qu'il n'en est rien ; ce n'est pas avec de l'esprit[h] que ces choses-là se trouvent. Vous

a Même leçon dans P. ; L. *qu'à se susciter des obstacles et qu'à se donner des adversaires*. G. *qu'à se susciter des obstacles et des adversaires*.

b Même leçon dans G. et P. ; L. *la crapule habituelle endurcit le cœur.*

c L., P., G. *qui seuls font le délire*.

d C. *vraiment* est inséré dans l'interligne.

e L., G., P. *dont on se sert tous les jours*.

f L. *je défie tous les coureurs de filles d'écrire* etc. ; G. et P. *j'aurois défié tous les coureurs de filles de Paris* etc.

g L., P., G. *ce livre dont la lecture me jette dans* etc.

h Même leçon dans L. ; G. et P. *avec de l'esprit et du jargon*. (« Jargon » est inséré en interligne dans P.).

voulez qu'un hypocrite adroit qui ne marche à ses fins qu'à force de ruse et d'astuce, aille étourdiment se livrer à l'impétuosité de l'indignation contre tous les états contre tous les partis sans exception, et dire également les plus dures vérités aux uns et aux autres. Papistes, huguenots, Grands, petits, hommes, femmes, Robins, soldats, Moines, Prêtres, Devots, Médecins, Philosophes[a], *Tros Rutulusve*[b], tout est peint tout est démasqué[82] sans jamais un mot d'aigreur ni de personnalité[83] contre qui que ce soit, mais sans ménagement pour aucun parti ! Vous voulez qu'il ait toujours suivi sa fougue au point d'avoir tout soulevé contre lui, tout réuni pour l'accabler dans sa disgrace, et tout cela sans se ménager ni defenseur, ni appui, sans s'embarrasser même du succés de ses livres, sans s'informer au moins de l'effet qu'ils produisoient et de l'orage qu'ils attiroient sur sa tête, et sans en concevoir le moindre souci quand le bruit commença d'en arriver jusqu'à lui ? Cette intrépidité, cette imprudence, cette incurie est-elle de l'homme faux et fin[84] que vous m'avez peint ? Enfin vous voulez qu'un miserable à qui l'on a ôté[c] le nom de scelerat[d] qui ne paroissoit pas encore assez abjet, pour lui [23.] donner celui de coquin[e] comme exprimant mieux la bassesse et l'indignité de son ame, vous voulez que ce reptile ait pris et soutenu pendant quinze volumes le langage intrepide et fier d'un écrivain qui ne quête point les suffrages du public[f] et que le témoignage de son cœur met au dessus des jugemens des hommes ; vous voulez que parmi tant de si beaux livres modernes, les seuls qui pénétrent jusqu'à mon cœur qui l'enflamment d'amour pour la vertu qui l'attendrissent sur les miséres humaines soient précisément les jeux d'un détestable fourbe qui se moque de ses lecteurs et ne croit pas un mot de ce qu'il leur dit avec tant de chaleur et de véhémence[g] : Tandis que tous les autres, écrits, à ce que vous m'assurez par de vrais sages uniquement pour le bonheur du genre humain[h], me glacent le cœur le resserrent, et ne m'inspirent, avec des sentimens d'aigreur de peine et de haine, que le

a Même leçon dans G. et P. ; L. *Grands, petits, hommes, femmes, devots, philosophes.*
b L., P., G. *Tros Rutulusve fuat.*
c Même leçon dans G. et P. ; L. *à qui l'on a même ôté.*
d G. et P. *scelerat.*
e P. et G. *coquin.*
f L., P., G. *qui, consacrant sa plume à la vérité ne quête* etc.
g L., G., P. *avec tant de chaleur et de force.*
h L., P., G. *par de vrais sages dans de si pures intentions.*

plus intolerant esprit de parti ? Tenez, Monsieur, s'il n'est pas impossible que tout cela soit, il l'est du moins que jamais je le croye, fut-il mille fois démontré. Encore un coup, je ne resiste point à vos preuves ; elles m'ont pleinement convaincu ; mais ce que je ne crois ni ne croirai de ma vie, c'est que l'Emile et surtout l'article du gout[a][85] soit l'ouvrage d'un cœur dépravé, que l'Héloïse et surtout la lettre sur la mort de Julie ait été écrite par un scelerat, que celle à M. d'Alembert sur les spectacles soit la production d'une ame double[86], que le sommaire du projet de paix perpétuelle[b][87] soit celle d'un ennemi du genre humain, que le recueil entier des écrits du même auteur soit sorti non du pur zèle d'un cœur brûlant d'amour pour la vertu, mais d'une ame double et d'une mauvaise tête[c]. Non, Monsieur, non Monsieur, le mien ne se prêtera jamais à cette absurde et fausse supposition[d], mais je dis et je soutiendrai toujours qu'il faut qu'il y ait deux J. J., et que l'Auteur des Livres et celui des crimes ne sont pas le même homme[e]. Voila une persuasion si bien enracinée en moi que rien ne l'en peut arracher[f].

LE FRANÇOIS.

C'est pourtant une erreur, très certainement[g] ; et une autre preuve qu'il a fait des livres est qu'il en fait encore tous les jours.

ROUSSEAU.

Je l'ignorois[h], et l'on m'avoit dit au contraire qu'il s'occupoit uniquement depuis quelques années à copier de la musique.

LE FRANÇOIS.

Bon, copier ! Il en fait le semblant pour faire le pauvre quoiqu'il soit riche[88], et couvrir[i] sa rage de faire des livres et de barbouiller du papier.

---

a L., G., P. *l'article du gout dans le quatrieme livre.*

b Même leçon dans L. et G. ; P. *l'Extrait du Projet de paix perpétuelle.*

c L., P., G. *soit sorti d'une ame hypocrite et d'une mauvaise tête, non du pur zèle d'un cœur brulant d'amour pour la vertu.*

d Même leçon dans L. ; G. et P. *et fausse persuasion.*

e C. *ne sont pas le même homme* est inséré dans l'interligne.

f Même leçon dans L. ; P. et G. *Voila un sentiment si bien enraciné dans le fond de mon cœur que rien ne me l'ôtera jamais.*

g L., P., G. *sans le moindre doute.*

h Mots biffés dans C. ~~*Voila ce qu*~~*Je l'ignorois.* L., G., P. *Voila ce que j'ignorois.*

i Même leçon dans G. ; L. et P. *et pour couvrir.*

Mais personne ici n'en est la dupe, et il faut que vous veniez de bien loin pour l'avoir été.

ROUSSEAU.

Sur quoi donc[a], je vous prie, roulent ces nouveaux livres dont il se cache si bien, si à propos, et avec tant de succés ?

LE FRANÇOIS.

Mais ce sont des fadaises[b] de toute espéce. Des leçons d'Atheïsme, des éloges de la philosophie moderne, des oraisons funèbres, des traductions[*][89], [24.] des satyres...

ROUSSEAU.

Contre ses ennemis, sans doute ?

LE FRANÇOIS.

Non, contre les ennemis de ses ennemis[90].

ROUSSEAU.

Voila dequoi je ne me serois pas douté.

LE FRANÇOIS.

Oh vous ne connoissez pas la ruse de l'homme[c] ! Il fait tout cela pour se mieux déguiser. Il fait de violentes sorties contre la présente administration (en 1772) dont il n'a point à se plaindre[d], en faveur de l'ancien Parlement[e][91] qui l'a si indignement traité, et de l'Auteur de toutes ses miséres[92], qu'il devroit avoir en horreur. Mais à chaque instant sa vanité se décele par les plus ineptes louanges de lui même. Par exemple, il a fait dernierement un livre fort plat[f] intitulé *L'an*

---

a Même leçon dans P. ; L. et G. *Sur quoi, je vous prie.*

b L., P., G. *Ce sont des fadaises* etc.

* Quand j'écrivois ceci je ne songeois guére à ce que me préparoient ces Messieurs. Voyez la note qui est à la fin de cet écrit. page 225. [Note absente dans L., G. et P. Voir la page 522 dans la présente édition].

c L., P., G. *la ruse du drôle.*

d Même leçon dans P. et G. ; L. *Il fait de violentes sorties contre des corps et des gens dont il n'a pas à se plaindre en faveur d'autres qui l'ont indignement traité, et de l'Auteur de toutes ses miséres, qu'il devroit avoir en horreur.*

e L., G., P. *en faveur du Parlement.*

f Même leçon dans G. ; L. et P. *un livre assez plat.*

2240[a], dans lequel il consacre avec soin ses écrits tout entiers à la postérité[93], sans qu'il en manque une seule ligne[b].

ROUSSEAU.

C'est en effet une bien grosse[c] balourdise. Dans les livres[d] qui portent son nom je ne vois pas un orgueil aussi bête.

LE FRANÇOIS.

En se nommant il se contraignoit ; à présent qu'il se croit bien caché, il ne se gêne plus.

ROUSSEAU.

Il a raison ; cela lui reussit si bien ! Mais, Monsieur, quel est donc le vrai but de ces livres[e] que cet homme si fin publie avec tant de mistére en faveur des philosophes qu'il devroit haïr[f] et de leur doctrine à laquelle il a paru si contraire ?

LE FRANÇOIS.

En doutez-vous ? C'est de se jouer du public et de faire parade de son éloquence en prouvant successivement le pour et le contre, et promenant ses lecteurs du blanc au noir pour se moquer de leur crédulité.

ROUSSEAU.

Par ma foi, voila, pour la detresse où il est, un homme bien jovial[g], et qui pour être aussi haineux que vous le faites n'est guére occupé de ses ennemis. Pour moi, sans être vain ni vindicatif, je vous avoue[h] que si j'étois à sa place et que je voulusse encor faire des livres, ce ne seroit pas pour faire triompher mes persecuteurs et leur doctrine aux dépends de ma réputation et de mes propres écrits. S'il est réellement l'Auteur

---

a en toutes lettres dans L., P., G.

b Même leçon dans L. ; G. et P. *à la postérité sans même excepter Narcisse, et sans qu'il en manque une seule ligne.*

c L. et P. *une étonn*ante. ; G. *une bien étonnante.*

d Même leçon dans G. ; L. *dans les anciens Livres.* P. *dans les Livres ~~anciens~~.*

e Même leçon dans G. ; L. et P. *de ces beaux livres.*

f L. et P. *le vrai but de ces beaux livres que cet homme si fin publie avec tant de mistére en faveur des philosophes qu'il devroit haïr* etc. G. *en faveur des gens qu'il devroit haïr et de la doctrine à laquelle il a paru si contraire.* P. *en faveur des philosophes qu'il devroit haïr et de la doctrine* etc.

g L., P., G. *Par ma foi, voila pour la detresse où il se trouve un homme de bien bonne humeur.*

h L., P. G. *je vous déclare.*

de ceux qu'il n'avoue pas, c'est une forte et nouvelle preuve qu'il ne l'est point[a] de ceux qu'il avoue. Car il le faudroit supposer ou bien stupide ou bien ennemi de lui-même[b] pour chanter la palinodie[94] si mal à propos.

LE FRANÇOIS.

Il faut avouer que vous êtes un homme bien singulier et bien tenace[c] dans vos opinions ; au peu d'autorité qu'ont sur vous celles du public on voit bien que vous n'êtes pas François[95]. Parmi tous nos Sages si vertueux si justes si supérieurs[d] à toute partialité, parmi toutes nos Dames si sensibles si favorables à un Auteur qui peint si bien l'amour, il ne s'est trouvé personne qui ait fait la [25.] moindre resistance aux argumens victorieux[e] de nos Messieurs, personne qui ne se soit rendu avec empressement avec joye aux preuves que ce même Auteur qu'on disoit tant aimer, que ce même J.J. si fêté, mais si rogue et si haïssable, étoit la honte et l'opprobre du genre humain ; et maintenant qu'on s'est si bien passionné pour cette idée qu'on n'en voudroit pas changer[f] quand la chose seroit possible, vous seul, plus difficile que tout le monde, venez ici nous proposer une distinction neuve et imprévue qui ne le seroit pas si elle avoit la moindre solidité. Je conviens pourtant qu'à travers tout ce pathos[96], qui selon moi ne dit pas grand chose, vous ouvrez de nouvelles vues qui pourroient avoir leur usage communiquées à nos Messieurs[97]. Il est certain que si l'on pouvoit prouver que J.J. n'a fait aucun des livres[g] qu'il s'attribue, comme on prouve qu'il n'a pas fait le Devin, on ôteroit une difficulté qui ne laisse pas d'arrêter ou du moins d'embarrasser encore bien des gens, malgré les preuves convaincantes des forfaits de ce misérable. Mais je serois aussi fort surpris, pour peu qu'on put appuyer cette idée qu'on se fut avisé si tard de la prendre et de la proposer[h]. Je vois qu'en s'attachant à le couvrir de tout l'opprobre qu'il mérite, nos Messieurs ne laissent pas de s'inquietter quelquefois de ces livres qu'ils detestent, qu'ils tournent même en ridicule de toute leur

a Même leçon dans L. et P. ; G. *qu'il ne l'est pas.*

b L., G., P. *Car assurément il faudroit le supposer bien stupide et bien ennemi* [L. *ou bien stupide ou bien ennemi*] *de lui-même pour* etc.

c L. et P. *bien tenace bien obstiné.* G. *bien obstiné, bien ténace.*

d Même leçon dans G. ; L. et P. *parmi tous nos sages, si justes si sensés si supérieurs* etc.

e Même leçon dans P. ; L. et G. *aux argumens triomphans.*

f Même leçon dans L. et G. ; P. *qu'on seroit au desespoir d'en changer.*

g Même leçon dans G. et P. ; L. *aucun des écrits.*

h L., P., G. *qu'on se fut avisé si tard de la proposer.*

force, mais qui leur attirent souvent des objections incomodes, qu'on lèveroit tout d'un coup en affirmant[a] qu'il n'a pas écrit un seul mot de tout cela, et qu'il en est incapable comme d'avoir fait le Devin. Mais je vois qu'on a pris ici une route contraire qui ne peut gueres ramener à celle-là, et l'on croit si bien que ces écrits sont de lui que nos Messieurs s'occupent depuis longtems à les eplucher[98] pour en extraire le poison[99].

ROUSSEAU.

Le poison !

LE FRANÇOIS.

Sans doute. Ces beaux Livres vous ont séduit comme bien d'autres, et je suis peu surpris qu'à travers toute cette ostentation de belle morale, vous n'ayez pas senti les maximes pernicieuses[b] qu'il y répand, mais je le serois fort qu'elles n'y fussent pas. Comment un tel serpent n'infecteroit-il pas de son venin tout ce qu'il touche ?

ROUSSEAU.

Eh bien, Monsieur, ce venin ! en a-t-on déja beaucoup extrait de ces livres[c] ?

LE FRANÇOIS.

Beaucoup à ce qu'on m'a dit, et même il s'y montre souvent[d] tout à découvert dans nombre de passages horribles que l'extrême prévention qu'on avoit[e] pour ces livres empêcha d'abord de remarquer, mais qui frappent maintenant de surprise et d'effroi tout ceux qui, mieux instruits, les lisent comme il convient.

[26.] ROUSSEAU.

Des passages horribles ![100] J'ai lu ces livres avec grand soin sans y en avoir trouvé de tels[f]. Vous m'obligeriez de m'en indiquer quelqu'un.

a C. *en affirmant* est inséré dans l'interligne.

b L., P., G. *les doctrines pernicieuses.*

c Même leçon dans P. ; L. *de ses livres.* G. *en a-t-on déjà beaucoup ~~découvert dans nombre de passages horribles que l'extrême prévention qu'on avoit d'abord pour ces livres empêcha d'abord de remarquer~~ extrait de ces livres ?*

d L., P., G. *il s'y met tout à découvert.*

e Même leçon dans L., P., G. Mot biffé dans C. *qu'on avoit ~~d'abord~~.*

f L., G., P. *mais je n'y en ai point trouvé de tel.*

LE FRANÇOIS.

Ne les ayant pas lus c'est ce que je ne saurois faire ; mais j'en demanderai la liste à nos Messieurs qui les ont recueillis, et je vous la communiquerai. Je me rappelle seulement qu'on cite une note dans l'Emile où il enseigne ouvertement l'assassinat[101].

ROUSSEAU.

Comment, Monsieur, il enseigne ouvertement l'assassinat et cela n'a pas été remarqué de la prémiére lecture ! Il falloit qu'il eut en effet des lecteurs bien prévenus ou bien distraits. Et où donc avoient les yeux ces severes Magistrats Auteurs de ces sages et graves requisitoires[a] sur lesquels on l'a decrété[b] ! Quelle trouvaille pour eux ! quel regret de l'avoir manquée !

LE FRANÇOIS.

Ah c'est que ces livres étoient trop pleins de choses à reprendre pour qu'on put tout relever.

ROUSSEAU.

Il est vrai que le bon, le judicieux Joli de Fleuri[c][102] tout plein de l'horreur que lui inspiroit *le Systême criminel de la Réligion naturelle* ne pouvoit guéres s'arrêter à des bagatelles comme des leçons d'assassinat, ou peut être, comme vous dites, son extrème prévention pour le livre l'empêchoit-elle[d] de les remarquer ?[103] Dites, dites, Monsieur, que vos chercheurs de poison sont bien plustot ceux qui l'y mettent, et qu'il n'y en a point pour ceux qui n'en cherchent pas. J'ai lu vingt fois la note dont vous parlez sans y voir autre chose qu'une vive indignation contre un préjugé[e] non moins extravagant que funeste et je ne me serois jamais douté du sens que vos Messieurs lui donnent, si je n'avois vu par hasard une lettre insidieuse qu'on a fait écrire à l'Auteur à ce sujet

a L. *les Auteurs de ces violentes critiques sur lesquelles on l'a si généralement jugé ?* G. *les Auteurs de ces sages et graves requisitoires sur lesquels on l'a si réguliérement décrété ?* P. *les judicieux magistrats auteurs de ces sages et graves réquisitoires.*

b L. *si legalement décreté.* P. et G. *si regulierement décreté.*

c Même leçon dans G. ; P. *le bon, le sensé Joli de Fleuri.* ; L. *Il est vrai que ces bons et judicieux censeurs tout pleins des horreurs que leur inspiroit le Systême criminel de la Religion natuelle, ne pouvaient gueres* etc.

d Même leçon dans L. et G. ; P. *l'empêchoit de les remarquer.*

e L., G., P. *un préjugé gothique non moins extravagant* etc.

et la réponse qu'il a eu la foiblesse d'y faire[104] et où il explique le vrai sens[a] de cette note, qui n'a pas besoin[b] d'autre explication que d'être lue à sa place par d'honnêtes gens. Un Auteur qui écrit d'après son cœur est sujet en se passionnant à des fougues qui l'entraînent au delà du but, et à des écarts où ne tombent jamais ces écrivains methodistes[c][105] qui, sans s'animer sur rien au monde, ne disent jamais que ce qu'il leur est avantageux de dire[d] pour produire l'effet qui convient à leur intérest. Ce sont les imprudence[s] d'un homme confiant en lui-même, et dont l'ame généreuse ne suppose pas même qu'on puisse douter de lui. Soyez sur que jamais un hypocrite et un fourbe[e] n'ira s'exposer à découvert. Nos philosophes ont bien ce qu'ils appellent leur *doctrine intérieure*[f] mais ils ne l'enseignent au public qu'en se cachant[106], et à leurs amis qu'en secret[g]. En prenant toujours tout à la lettre on trouveroit[h] peut-être en effet moins à reprendre dans les livres les plus dangereux[i] que dans ceux dont nous parlons ici, et en général que dans tous ceux où l'Auteur, sûr de [27.] lui-même et de la droiture de ses intentions[j] s'abbandonne à toute sa vehemence, sans songer aux prises qu'il peut laisser au méchant qui le guette de sang-froid, et qui ne cherche dans tout ce qu'il dit[k] de bon et d'utile qu'un côté mal gardé par lequel il puisse enfoncer le poignard. Mais lisez tous ces passages dans le sens qu'ils présentent naturellement à l'esprit du lecteur et qu'ils avoient dans celui de l'auteur en les écrivant[107] ; lisez-les à leur place avec ce qui précéde et ce qui suit, consultez la disposition de cœur où ils vous mettent[l], c'est cette disposition qui vous éclairera sur leur véritable sens[108]. Pour toute réponse à ces sinistres interprétateurs[109] et pour leur juste peine, je ne voudrois que leur faire lire à haute voix l'ouvrage

a L., P., G. *et où il explique le sens.*

b Même leçon dans L. ; G. et P. *qui n'avoit pas besoin.*

c L., P., G. *subtils et méthodistes.*

d L., G., P. *de dire et qu'il savent tourner sans se commettre pour* etc.

e Même leçon dans P. ; L. et G. *que jamais hypocrite ni fourbe n'ira* etc.

f Même leçon dans L. Non souligné dans G. et P.

g Même leçon dans L. et G. ; P. *mais ils ne la prêchent qu'en secret, à leurs amis, et avec les plus grandes précautions.*

h Même leçon dans G. ; L. et P. *on trouvera peut-être.*

i Même leçon dans G. et P. ; L. *les livres vraiment dangereux.*

j L., P., G. *sûr de lui-même et parlant d'abondance de cœur s'abbandonne* etc.

k L., G., P. *tout ce qu'il offre.*

l L., P., G. *où ces lectures vous mettent.* (Dans P. Le segment : « de cœur [...] cette disposition qui » est rédigé en plus petits caractères dans l'interligne.)

entier qu'ils déchirent ainsi par lambeaux pour les teindre de leur venin ; je doute qu'en achevant[a] cette lecture il s'en trouvat un seul assez impudent pour oser renouveller[b] son accusation. Ils sentiroient trop bien que ce ne sont pas de pareils livres qui font des empoisonneurs et des assassins[c].

LE FRANÇOIS.

Je conviens[d] qu'on blâme en général cette maniére d'isoler et défigurer les passages d'un Auteur[110] pour les interprêter au gré de la passion d'un censeur injuste : mais par vos propres principes nos Messieurs vous mettront ici loin de vôtre compte ; car c'est moins encore[e] dans des traits épars que dans toute la substance des livres[f] qu'ils trouvent le poison qu'il a pris soin[g] d'y répandre : Mais il y est fondu avec tant d'art que ce n'est que par les plus fines[h] analyses qu'on vient à bout de le dégager.

ROUSSEAU.

En ce cas il étoit très inutile[i] de l'y mettre ; car encore un coup s'il faut chercher ce venin pour le sentir, il n'y est que pour ceux qui l'y cherchent, ou plustot qui l'y mettent. Pour moi, par exemple, qui ne me suis point avisé d'y en chercher, je puis bien jurer n'y en avoir point senti[j].

LE FRANÇOIS.

Eh qu'importe, s'il fait son effet sans être apperçu ? effet qui ne résulte pas d'un tel ou d'un tel passage en particulier, mais de la lecture totale[k] du Livre. Qu'avez vous à dire à cela ?

---

a L., G., P. *qu'en finissant.*

b Même leçon dans P. et G. ; L. *pour renouveller.*

c Phrase en petits caractères dans C., sans doute intercalée après-coup entre les deux répliques. Même leçon dans L. Phrase supprimée dans P. et G.

d L., G., P. *Je sais.*

e L., P., G. *car c'est encore moins.*

f L., G., P. *des livres dont il s'agit.*

g L., P., G. *que l'Auteur a pris soin d'y répandre.*

h Même leçon dans L. ; G. et P. *les plus subtiles.*

i Même leçon dans L. ; G. et P. *il étoit fort inutile.*

j L., P., G. *point trouvé.*

k L., G., P. *de la lecture entiére.*

ROUSSEAU.

Rien, sinon qu'ayant lu plusieurs fois en entier l'Emile et tous les écrits que J.J. s'attribue[a], l'effet total qu'il en a toujours résulté dans mon ame a été de me rendre plus doux plus humain plus juste meilleur que je n'étois auparavant[b]. Jamais je ne me suis occupé de ces livres sans profit pour la vertu.

LE FRANÇOIS.

Oh je vous certifie que ce n'est pas là l'effet que leur lecture a produit sur nos Messieurs.

ROUSSEAU.

Ah, je le crois ! Mais ce n'est pas la faute des livres ; car pour moi plus je les ai médités attentivement[c], moins j'y ai senti ce qu'ils y trouvent de pernicieux, et je suis sur que cet effet qu'ils ont produit sur moi[111] sera le même sur tout honnête homme qui les lira avec la même impartialité.

LE FRANÇOIS.

Dites avec la même prévention[112], puisque ceux qui ont senti l'effet contraire, et qui pour le bien public s'occupent de ces utiles recherches[d], [28.] sont tous des hommes de la plus sublime vertu, et de grands philosophes qui ne se trompent jamais.

ROUSSEAU.

Je n'ai rien encore à dire à cela[113] ; mais faites une chose : Imbu des principes de ces grands philosophes qui ne se trompent jamais, mais sincére dans l'amour de la vérité, mettez-vous en état de prononcer comme eux avec connoissance de cause, et de décider sur cet article entre eux d'un coté, escortés de tous leurs disciples qui ne jurent que par les maitres, et de l'autre tout le public avant qu'ils l'eussent si bien endoctriné. Pour cela, lisez vous-même les livres dont il s'agit et sur les

a L., P., G. *qu'ayant lû plusieurs fois en entier les écrits* etc.

b L. *l'effet total qu'il en a toujours résulté dans mon ame a été de me rendre plus humain, plus juste, meilleur que je n'étois auparavant.* Même leçon dans P. ; G. *l'effet total qu'il en a résulté dans mon ame a toujours été de me rendre plus humain, plus juste, meilleur* etc.

c L., P., G. *plus j'y ai livré mon cœur, moins* etc.

d L. *car ceux qui ont senti l'effet contraire, et qui pour l'édification publique s'occupent* etc. P. *et* G. *et qui s'occupent pour le bien public de ces utiles recherches, sont tous* etc.

dispositions où vous laissera leur lecture, jugez de celle où étoit l'Auteur en les écrivant, et de l'effet naturel qu'ils doivent produire, quand rien n'agira pour le détourner. C'est je crois le moyen le plus sûr de porter sur ce point un jugement équitable.

LE FRANÇOIS.

Quoi, Vous voulez m'imposer le tourment de lire une compilation[a] de préceptes de vertu, rédigés par un coquin ?

ROUSSEAU.

Non, Monsieur, je veux que vous lisiez le vrai système du cœur humain[b] rédigé par un honnête homme et publié sous un autre nom[114]. Je veux que vous ne vous préveniez point contre des livres bons et utiles, uniquement parce qu'un homme indigne de les lire a l'impudence[c] de s'en dire l'Auteur.

LE FRANÇOIS.

Sous ce point de vue on pourroit se resoudre à lire ces Livres, si ceux qui les ont le mieux examinés ne s'accordoient[d] à les trouver nuisibles et dangereux ; ce qui prouve assez que ces livres ont été composés, non comme vous dites par un honnête homme dans des intentions louables, mais par un fourbe adroit plein de mauvais sentimens masqués d'un extérieur hypocrite, à la faveur duquel ils surprennent seduisent et trompent les gens de bien[e].

ROUSSEAU.

Tant que vous continuerez de la sorte à mettre en fait[115] sur l'autorité d'autrui l'opinion contraire à la mienne, nous ne saurions être d'accord. Quand vous voudrez juger par vous même, nous pourrons alors comparer nos raisons et choisir l'opinion la mieux fondée ; mais dans une question de fait comme celle-ci, je ne vois pas pourquoi je serois obligé de croire sans aucune raison probante que d'autres ont ici mieux vu que moi.

---

a L., G., P. *le supplice de lire une immense compilation.*

b Même leçon dans G. et P. ; L. *le vrai système moral du cœur humain.*

c Même leçon dans L. et P. ; G. *l'audace.*

d L., P., G. *ne s'accordoient tous excepté vous seul à les trouver* etc.

e L. et P. *ils séduisent, surprennent et trompent les gens de bien.* G. *ils surprennent, séduisent et trompent les gens.*

LE FRANÇOIS.

Comptez-vous pour rien le calcul des voix, quand vous étes seul à voir autrement que tout le monde ?[116]

ROUSSEAU.

Pour faire ce calcul avec justesse il faudroit auparavant savoir combien de gens dans cette affaire ne voyent comme vous que par les yeux d'autrui. Si du nombre de ces bruyantes voix on ôtoit les échos qui ne font que répéter celle des autres, et que l'on comptât en deduction celles[a] qui restent dans le silence faute d'oser se faire entendre, il y auroit peut être moins de disproportion que vous ne pensez. En réduisant toute [29.] cette multitude au petit nombre de gens qui ménent les autres, il me resteroit encore une forte raison de ne pas préférer leur avis au mien : Car je suis ici parfaitement sur de ma bonne foi, et je n'en peux[b] dire autant avec la même assurance d'aucun de ceux qui sur cet article disent penser autrement que moi. En un mot, je juge ici par moi même, nous ne pouvons donc raisonner au pair[117] vous et moi que vous ne vous mettiez en état de juger par vous-même aussi.

LE FRANÇOIS.

J'aime mieux pour vous complaire faire encor plus[c] que vous ne demandez, en adoptant votre opinion préférablement à l'opinion publique ; car je vous avoue que le seul doute si ces livres ont été faits par ce misérable m'empêcheroit d'en supporter la lecture aisément.

ROUSSEAU.

Faites mieux encore. Ne songez point à l'Auteur en les lisant, et sans vous prévenir ni pour ni contre livrez votre ame aux impressions qu'elle en recevra. Vous vous assurerez ainsi par vous-même si ces livres sont faits à mauvaise intention, et peuvent[d] être l'ouvrage d'un scelerat qui couvoit de mauvais desseins.

---

a L., G., P. *et que l'on comptât celles qui* etc.

b L., P., G. *et je n'en puis.*

c L., P., G. *faire plus que vous ne demandez.*

d L., G., P. *par vous-même de l'intention dans laquelle ont été écrits ces livres, et s'ils peuvent* etc.

LE FRANÇOIS.

Si je fais pour vous cet effort, n'espérez pas du moins que ce soit gratuitement. Pour m'engager à lire ces livres malgré ma répugnance, il faut malgré la vôtre vous engager vous-même à voir l'Auteur ou, selon vous, celui qui se donne pour tel, à l'examiner avec soin, et à démêler à travers son hypocrisie le fourbe adroit qu'elle a masqué si longtems.

ROUSSEAU.

Que m'osez-vous proposer ? Moi que je recherche un pareil homme ! que je le voye, que je le hante[118] ! Moi qui m'indigne de respirer l'air qu'il respire ! Moi qui voudrois mettre le diametttre de la terre entre lui et moi, et m'en trouverois trop près encore ? Rousseau vous a-t-il donc paru facile en liaisons au point d'aller chercher la fréquentation des méchans ? Si jamais j'avois le malheur de trouver celui-ci sur mes pas, je ne m'en consolerois qu'en le chargeant des noms qu'il mérite, en confondant sa morgue hypocrite par les plus cruels reproches, en accablant le Tartuffe[a] de l'affreuse liste de ses forfaits.

LE FRANÇOIS.

Que dites-vous là ! Que vous m'allarmez ! Avez-vous oublié l'engagement solemnel[b] que vous avez pris de garder avec lui le plus profond silence, et de ne lui jamais laisser connoitre que vous ayez même aucun soupçon de tout ce que je vous ai dévoilé ?

ROUSSEAU.

Comment ! Vous m'étonnez ! Cet engagement regardoit uniquement, du moins je l'ai cru le tems qu'il a fallu mettre à m'expliquer les secrets affreux que vous m'avez révélés. De peur d'en brouiller le fil il falloit ne pas l'interrompre jusqu'au bout, et vous ne vouliez pas que je m'exposasse à des discussions avec un fourbe, avant d'avoir toutes les instructions necessaires pour le confondre pleinement. Voila ce que j'ai compris de vos motifs dans le silence que vous m'avez imposé, et je n'ai [30.] pu supposer que l'obligation de ce silence allât plus loin que ne le permettent la justice et la loi[119].

---

a L., P., G. *en l'accablant de l'affreuse liste* etc.

b L. G., P. *Que vous m'effrayez ! Avez-vous oublié l'engagement sacré.*

LE FRANÇOIS.

Ne vous y trompez donc plus. Votre engagement, auquel vous ne pouvez manquer sans violer votre foi, n'a quant à la durée, d'autres bornes que celles de la vie. Vous pouvez vous devez même répandre par tout[a] l'affreux détail de ses vices et de ses crimes, travailler avec zèle à étendre et accroitre[120] s'il se peut[b] sa diffamation, le rendre autant qu'il est possible odieux méprisable execrable à tout le monde : Mais il faut toujours mettre à cette bonne œuvre un air de mistere et de commisération qui en augmente l'effet, et loin de lui donner jamais aucune explication qui le mette à portée de répondre et de se défendre[121], vous devez concourir avec tout le monde à lui faire ignorer toujours ce qu'on sait et comment on le sait.

ROUSSEAU.

Voila des devoirs que j'étois bien éloigné de comprendre quand vous me les avez imposés, et maintenant qu'il vous plait de me les expliquer, vous ne pouvez douter qu'ils ne me surprennent et que je ne sois curieux d'apprendre sur quels principes vous les fondez. Expliquez-vous donc, je vous prie, et soyez sûr de toute mon attention[c].

LE FRANÇOIS.

Ô mon bon ami ! qu'avec plaisir votre cœur navré du deshonneur que fait à l'humanité cet homme qui n'auroit jamais dû naitre[122], va s'ouvrir à des sentimens qui en font la gloire dans les nobles ames de ceux qui ont demasqué ce Tartuffe[d]. Ils étoient ses amis, ils faisoient du moins profession[e] de l'être ; séduits par un extérieur honnête et simple, par une humeur crue alors facile et douce, par la mesure de talens qu'il falloit pour sentir les leurs sans prétendre à la concurrence, ils le recherchérent, se l'attacherent et l'eurent bientôt subjugué ; car il est certain que cela n'étoit pas difficile. Mais quand ils virent que cet homme si simple et si doux prenoit tout d'un coup l'essor, et s'élevoit[f] d'un vol rapide à une réputation à laquelle ils ne pouvoient atteindre, eux qui avoient tant

a L., P., G. *répandre, publier par tout.*

b L. *à étendre et accroitre sa diffamation.* P. et G. *étendre et accroitre de plus en plus.*

c L., G., P. *et comptez sur toute mon attention.*

d L., P., G. *qui ont démasqué ce malheureux.*

e L., P., G. *ils faisoient profession.*

f L., G., P. *prenant tout d'un coup l'essor s'élevoit* etc.

de hautes prétentions si légitimes[a], ils se doutérent bientot qu'il y avoit là-dessous quelque chose qui n'alloit pas bien, que cet esprit bouillant n'avoit pas si longtems contenu son ardeur sans mystère ; et dès lors, persuadés que cette apparente simplicité n'étoit qu'un voile qui couvroit quelque projet dangereux, ils formérent la ferme résolution de trouver ce qu'ils cherchoient et prirent à loisir les mesures les plus sures pour ne pas perdre leurs peines.

Ils se concertérent donc pour éclairer toutes ses allures[b] de maniére que rien ne put leur échapper[c]. Il les avoit mis lui-même sur la voye par la déclaration d'une faute grave[123] qu'il avoit commise et dont il leur confia le secret sans necessité sans utilité ; non, comme disoit l'hypocrite, [31.] pour ne rien cacher à l'amitié et ne pas paroitre à leurs yeux meilleur qu'il n'étoit ; mais plustot, comme ils disent très sensément eux-mêmes, pour leur donner le change, occuper ainsi leur attention, et les détourner de vouloir penetrer plus avant dans le mistére obscur de son caractére. Cette étourderie de sa part fut sans doute un coup du Ciel qui voulut forcer le fourbe à se découvrir[d] lui-même, ou du moins à leur fournir la prise dont ils avoient besoin pour cela. Proffitant habilement de cette ouverture pour tendre leurs piéges autour de lui, ils passérent aisement de sa confidence à celle des complices de sa faute dont[e] ils se firent autant d'instrumens pour l'execution de leurs projets. Avec beaucoup d'adresse un peu d'argent et de grandes promesses ils gagnérent tout ce qui l'entouroit et parvinrent ainsi par degrès à être instruits de ce qui le regardoit aussi bien et mieux que lui-même. Le fruit de tous ces soins fut la découverte et la preuve de ce qu'ils avoient pressenti sitot que ses livres firent du bruit, savoir que ce grand prêcheur de vertu n'étoit qu'un monstre chargé de crimes cachés, qui depuis quarante ans masquoit l'ame d'un scelerat sous les dehors d'un honnête homme[124].

ROUSSEAU.

Continuez, de grace. Voila vraiment des choses surprenantes[125] que vous me racontez-là !

---

a L., P., G. *si bien fondées.*

b Même leçon dans G. et P. ; L. *pour éclairer ses allures.*

c Même leçon dans P. ; L. et G. *que rien ne leur put.*

d L., G., P. *à se démasquer.*

e L. *desquels ils firent sans peine autant d'instrumens* etc. P. *desquels ils se firent sans peine autant* etc. G. *desquels ils se firent bientot autant* etc.

LE FRANÇOIS.

Vous avez vu en quoi consistoient ces découvertes. Vous pouvez juger de l'embarras de ceux qui les avoient faites. Elles n'étoient pas de nature à pouvoir être tues et l'on n'avoit pas pris tant de peines pour rien. Cependant, quand il n'y auroit eu d'autre inconvénient à les publier[a] que d'attirer au coupable les peines qu'il avoit méritées, c'en étoit assez pour empêcher ces hommes généreux de l'y vouloir exposer. Ils devoient ils vouloient le démasquer, mais ils ne vouloient pas le perdre, et l'un sembloit pourtant suivre necessairement de l'autre. Comment le confondre sans le punir ? Comment l'épargner sans se rendre responsable de la continuation de ses crimes ; car pour du repentir ils sentoient trop bien[b] qu'ils n'en devoient point attendre de lui. Ils savoient ce qu'ils devoient à la justice à la vérité à la sureté publique ; mais ils savoient aussi[c] ce qu'ils se devoient à eux-mêmes. Après avoir eu le malheur de vivre avec lui[d] dans l'intimité, ils ne pouvoient le livrer à la vindicte publique sans s'exposer à quelque blâme, et leurs honnêtes ames, pleines encore de commiseration pour lui vouloient sur tout éviter le scandale et faire qu'aux yeux de toute la terre il leur dut son bien-être et sa conservation. Ils résolurent[e] donc de graduer si bien le développement de leurs découvertes que la connoissance ne s'en répandit dans le public qu'à mesure qu'on y reviendroit des préjugés qu'on avoit en sa faveur : Car son hypocrisie avoit alors le plus grand succès. La route nouvelle qu'il s'étoit frayée et qu'il paroissoit suivre avec assez de courage pour mettre sa conduite d'accord avec ses principes, son audacieuse morale qu'il sembloit prêcher par son exemple encor plus que par ses livres, et surtout son desintéressement apparent dont alors tout le [32.] monde[f] étoit la dupe ; toutes ces singularités qui supposoient du moins une ame ferme excitoient l'admiration de ceux mêmes qui les désapprouvoient. On applaudissoit à ses maximes sans les admettre et à son exemple sans vouloir l'imiter[g].

---

a Même leçon dans L. ; P. *quand il n'y auroit eu d'autre inconvenient à les publier.* G. *Cependant quand il n'y auroit eu à les publier d'autre inconvenient.*

b « trop bien » est rajouté à la marge dans C. Même leçon dans L. ; G. et P. *ils sentoient bien.*

c L., P., G. *mais ils ne savoient pas moins.*

d L. et G. *de vivre avec ce scelerat dans l'intimité.* P. *de vivre dans l'intimité avec ce scelerat.*

e L., P., G. *Ils concertérent donc soigneusement leurs démarches et resolurent de graduer* etc.

f L., G., P. *dont tout le monde alors.*

g Même leçon dans L. ; P. et G. *et à son exemple sans vouloir le suivre.*

Comme ces dispositions du public auroient pu l'empêcher de se rendre aisément aux preuves qu'on avoit à lui fournir[a], il fallut commencer par les changer. Ses fautes mises dans le jour le plus odieux[126] commencérent l'ouvrage ; son imprudence à les déclarer auroit pu paroitre franchise ; il la fallut déguiser ; cela paroissoit difficile : car on m'a dit qu'il en avoit fait dans l'Émile un aveu presque formel avec des regrets qui devoient naturellement lui épargner les reproches des honnêtes gens. Heureusement le public qu'on animoit alors contre lui et qui ne voit que ce qu'on veut qu'il voye, n'apperçut pas[b] tout cela et bientot avec les renseignemens suffisans pour le convaincre[c] sans qu'il parut que ce fut lui qui les eut fournis, on eut la prise necessaire pour commencer l'œuvre de sa diffamation. Tout se trouvoit merveilleusement disposé pour cela. Dans ses brutales declamations il avoit, comme vous le remarquez vous même, attaqué tous les états[127]. Tous ne demandoient pas mieux que de concourir à cette bonne œuvre[d], qu'aucun n'osoit entamer de peur de paroitre agir uniquement par vengeance[e]. Mais à la faveur de ce prémier fait bien établi et suffisamment aggravé, tout le reste devint facile ; on put, sans soupçon d'animosité se rendre l'écho de ses amis qui même ne le chargeoient qu'en le plaignant et seulement pour l'acquit de leur conscience, et voila comment dirigé par des gens bien instruits[f] du caractére affreux de ce monstre, le public, revenant[g] peu à peu des jugemens favorables qu'il en avoit portés[h], ne vit plus que du faste où il avoit vu du courage, de la bassesse où il avoit vu de la simplicité, de la forfanterie où il avoit vu du desinteressement, et du ridicule où [il] avoit vu de la singularité.

Voila l'état où il fallut amener les choses pour rendre croyables même avec toutes leurs preuves, les noirs mistéres qu'on avoit à révéler, et pour le laisser vivre[i] dans une liberté du moins apparente et dans une absolue impunité. Car une fois bien connu, bien méprisé, bien détesté,

---

a L., P., G. *se rendre aisément à ce qu'on lui vouloit apprendre.*

b Même leçon dans L. ; G. et P. *n'apperçut point.*

c L., P., G. *pour l'accuser et le convaincre.*

d L., G., P. *de concourir à cette œuvre.*

e L. *de paroitre écouter la vengeance.* G. et P. *de paroitre écouter uniquement la vengeance.* (« uniquement » est inséré en interligne dans P.).

f L., P., G. *par des gens instruits.*

g L. *le public revint peu à peu.* G. et P. *revenu peu à peu.*

h L. *qu'il en avoit si longtems portés.* P. et G. *qu'il en avoit portés si longtems.*

i Même leçon dans L. et G. ; P. *pour le laisser dans une liberté* etc.

l'on n'avoit plus à craindre[a] qu'il put ni tromper ni séduire personne, et ne pouvant plus se donner des complices, il étoit hors d'état[b], surveillé comme il l'étoit par ses amis et par leurs amis[c] de suivre ses projets execrables, et de faire aucun mal dans la societé. Dans cette situation, avant de révéler les découvertes qu'on avoit faites, on capitula[128] qu'elles ne porteroient aucun préjudice à sa personne, et que pour le laisser même jouïr d'une parfaite sécurité, on ne lui laisseroit jamais connoitre qu'on l'eut démasqué. Cet engagement contracté avec toute la force possible a été rempli jusqu'ici avec une fidélité qui tient du prodige. Voulez-vous être le premier à l'enfreindre, tandis que le public entier, sans distinction de rang d'âge de sexe de caractère et sans aucune exception, pénétré d'admiration pour la générosité de ceux [33.] qui ont conduit cette affaire, s'est empressé d'entrer dans leurs nobles vues, et de les favoriser par pitié pour ce malheureux : car vous devez sentir que là-dessus sa sureté tient à son ignorance, et que s'il pouvoit jamais croire que ses crimes sont connus il se prévaudroit infailliblement de l'indulgence dont on les couvre pour en tramer de nouveaux avec la même impunité, que cette impunité seroit alors d'un trop dangereux exemple, et que ces crimes sont de ceux qu'il faut, ou punir sévérement, ou laisser dans l'obscurité[129].

ROUSSEAU.

Tout ce que vous venez de me dire m'est si nouveau qu'il faut que j'y rêve[130] longtems pour arranger là-dessus mes idées. Il y a même des points[d] sur lesquels j'aurois besoin de plus grande explication. Par exemple vous dites[e] qu'il n'est pas à craindre que cet homme une fois bien connu[f] séduise personne, qu'il se donne des complices, qu'il fasse aucun complot dangereux. Cela me paroit contraire à ce que vous m'avez raconté ci-devant de la continuation de ces mêmes crimes[g] ; et je craindrois fort, en effet[h], qu'affiché de la sorte il ne servit d'enseigne aux

a L., P., G. *Car une fois bien connu l'on n'avoit plus à craindre.*

b Mot biffé dans C. *des complices, ~~surveillé~~ il étoit hors d'état.*

c Même leçon dans L. et G. ; P. *bien surveillé par ses amis et par leurs amis.*

d L., G. P. *quelques points.*

e Même leçon dans L. et P. ; G. *Vous dites par exemple.*

f Même leçon dans G. ; L. et P. une fois connu.

g L., G., P. *Cela s'accorde mal avec ce que vous m'avez raconté vous-même de la continuation de ses crimes.*

h L., P., G. *et je craindrois fort au contraire.*

méchans pour former leurs associations criminelles et pour employer ses funestes talens à les affermir. Le plus grand malheur[a] et la plus grande honte de l'état social est que le crime y fasse des liens plus indissolubles que la vertu[b]. Les méchans se lient entre eux plus fortement que les bons, et leurs liaisons sont bien plus durables, parce qu'ils ne peuvent les rompre impunément, que de la durée de ces liaisons dépend le secret de leurs trames, l'impunité de leurs crimes, et qu'ils ont le plus grand intérest à se ménager toujours réciproquement[131] : au lieu que les bons unis seulement par des affections libres, qui peuvent changer sans conséquence, rompent et se séparent sans crainte et sans risque dès qu'ils cessent de se convenir. Cet homme tel que vous me l'avez peint[c], intrigant actif dangereux, doit être le foyer des complots de tous les scelerats. Sa liberté son impunité dont vous faites un si grand mérite aux gens de bien qui le ménagent est un très grand malheur public ; ils sont responsables de tous les maux qui peuvent en arriver, et qui même en arrivent journellement selon vos propres récits. Est-il donc louable est-il permis à des hommes justes[d] de favoriser ainsi les méchans aux dépens des bons ?

LE FRANÇOIS.

Votre objection pourroit avoir de la force s'il s'agissoit ici d'un méchant d'une cathegorie ordinaire. Mais songez toujours qu'il s'agit[e] d'un monstre l'horreur du genre humain, auquel personne au monde ne peut se fier en aucune sorte, et qui n'est pas même capable du pacte[132] que les scelerats font entre eux[f]. C'est sous cet aspect qu'également connu de tous il ne peut être à craindre à qui que ce soit par ses trames. Détesté des bons pour ses crimes[g] il l'est encore plus des méchans pour ses livres : par un juste châtiment de sa dannable hypocrisie les fripons qu'il démasque pour mieux se masquer[h] ont tous pour lui la plus invincible antipathie ; s'ils cherchent à l'approcher, c'est seulement [34.] pour le surprendre

a L., G., P. *Le plus grand mal.*

b Même leçon dans P. ; L. *des liens plus forts, plus indissolubles que n'en fait la vertu.* G. *des liens plus indissolubles que n'en fait la vertu.*

c L., P., G. *tel que vous me l'avez décrit.*

d L. et G. *Est-il donc louable à des hommes justes.*

e Même leçon dans G. ; L. et P. *qu'il s'agit ici.*

f Même leçon dans G. et P. ; L. *du pacte que les méchans font entre eux.*

g L., P., G. *pour ses œuvres.*

h Même leçon dans L. et P. ; G. *pour se masquer.*

et le trahir ; mais comptez qu'aucun[a] ne tentera jamais de l'associer à quelque mauvaise action[b].

ROUSSEAU.

C'est en effet un méchant d'une espéce bien particuliére que celui qui se rend encor plus odieux aux méchans qu'aux bons, et à qui personne au monde n'oseroit proposer une chose injuste[c].

LE FRANÇOIS.

Oui sans doute d'une espéce particulière, et si particuliére que la nature n'en a jamais produit et j'espère n'en reproduira plus un semblable[133]. Ne croyez pourtant pas qu'on se repose avec une aveugle confiance sur cette horreur universelle[d]. Elle est un des principaux moyens employés par les sages qui l'ont excitée pour l'empêcher d'abuser par des pratiques pernicieuses de la liberté qu'on vouloit lui laisser ; mais elle n'est pas le seul. Ils ont pris des precautions non moins efficaces en le surveillant à tel point qu'il ne puisse dire un mot qui ne soit écrit, ni faire un pas qui ne soit marqué, ni former un projet qu'on ne pénétre à l'instant qu'il est conçu. Ils ont fait en sorte que libre en apparence au milieu des hommes il n'eut avec eux aucune societé reelle, qu'il vécut seul dans la foule, qu'il ne sut rien de ce qui se fait rien de ce qui se dit autour de lui, rien surtout de tout ce qui le regarde et l'interesse[e], qu'il se sentit partout chargé de chaines dont il ne put[f] ni montrer ni voir le moindre vestige[134], ils ont éléve [sic] autour de lui des murs de ténébres impénétrables à ses regards, ils l'ont enterré vif parmi les vivans[135]. Voila peut être la plus singuliére la plus étonnante entreprise qui jamais ait été faite. Son plein succés atteste la force du génie qui l'a conçue, et de celui qui en dirige l'execution[g], et ce qui n'est pas moins surprenant encore est le zèle avec lequel tout le public[h] s'y prête, sans appercevoir lui-même la grandeur la beauté du plan[136] dont il est l'aveugle et fidelle executeur.

---

a Même leçon dans L. et P. ; G. *qu'aucun d'eux.*

b L., P., G. *mauvaise entreprise.*

c Même leçon dans L. ; G. et P. *proposer une injustice.*

d Même leçon dans L. et G. ; P. *haine universelle.*

e Même leçon dans P. et G. qui ajoutent : *et l'intéresse le plus.* L. *qu'il ne sut rien de ce qui se dit, rien de ce qui se fait autour de lui, rien surtout* etc.

f Même leçon dans L. et G. ; P. *dont il ne peut.*

g Même leçon dans P. ; L. *ceux qui en dirigent l'execution.* G. *et de ceux qui en ont dirigé l'execution.*

h L., P., G. *avec lequel le public entier.*

Vous sentez bien neanmoins qu'un projet de cette espéce, quelque bien concerté qu'il put être, n'auroit pu s'executer sans le concours du Gouvernement[a] : Mais on eut d'autant moins de peine à l'y faire entrer qu'il s'agissoit d'un homme odieux à ceux qui en teno[ien]t les renes[b], d'un Auteur dont les[c] séditieux écrits respiroient l'austérité républicaine ; qui, dit-on[d], haïssoit le Vizirat, méprisoit les Vizirs[137], vouloit qu'un Roi gouvernât lui-même[e], que les Princes fussent justes, que les peuples fussent libres, et que tout obéït à la loi[f][138]. L'administration, persuadant au Prince ce qu'elle vouloit, se préta donc avec joye aux manœuvres[g] necessaires pour enlacer et surveiller un si dangereux écrivain, entrant dans toutes les vues de l'Auteur du projet, elle pourvut à la sureté du coupable autant qu'à son avilissement, et sous un air bruyant de protection rendant sa diffamation plus solemnelle, parvint par degrès à lui ôter, avec toute espéce de crédit et de considération[h] tout moyen d'abuser de ses pernicieux talens pour le malheur du genre humain ou de ceux qui le gouvernent[i].

[35.] Parvenus à ce point, nos Messieurs[j] ont fait[k] de sa personne et de sa réputation tout ce qu'il leur a[l] plû[m]. Pour le démasquer[n] plus completement on n'a épargné ni soins, ni dépenses[o] pour éclairer tous les momens de sa vie[139] depuis sa naissance jusqu'à ce jour. Tous ceux dont les cajoleries l'ont attiré dans leurs piéges, tous ceux qui l'ayant connu dans sa jeunesse ont fourni pour faire leur cour quelque nouveau

a Même leçon dans G. et P. ; L. *sans le concours du Public.*

b Même leçon dans G. et P. ; L. *à ceux qui en regloient les opinions.*

c C. *dont les* est inséré dans l'interligne.

d L., G., P. *et qui, dit-on*, etc.

e Même leçon dans L. ; G. et P. *gouvernât par lui-même.*

f Même leçon dans P. et G. Séquence différente dans L., depuis « qu'il s'agissoit » jusqu'à « à la loi » : *qu'il s'agissoit d'un homme odieux à ceux qui en regloient les opinions, d'un Auteur dont les divers écrits respiroient une austérité révoltante, et qui vouloit que les meres fussent tendre, que les enfants fussent libres, et que tout obéït à la nature.*

g L., P., G. *L'administration se prêta donc aux manœuvres necessaires pour l'enlacer ou le surveiller ; entrant* etc.

h L., G., P. *avec toute espéce de crédit, de consideration, d'estime.*

i « Ou de ceux qui le gouvernent » : proposition absente dans L., G., P.

j Mot biffé dans C. *nos Messieurs ~~firent~~* [?] *de sa personne.*

k C. *ont fait* est inséré dans l'interligne.

l C. *a* est inséré dans l'interligne.

m Cette première phrase est supprimée dans L., G., P.

n L., P., G. *Afin de le démasquer.*

o L., G., P. *ni soin, ni tems, ni dépense.*

fait contre lui[a], quelque nouveau trait à sa charge, tous ceux en un mot qui ont contribué à le peindre comme on vouloit ont été récompensés de maniére ou d'autre, et plusieurs d'entre eux ont été rapidement avancés[b] eux ou leurs proches, pour être entrés de bonne grace et de tout leur cœur dans les vues qu'on avoit sur lui[c].

On a envoyé[d] des gens de confiance chargés de bonnes instructions et de beaucoup d'argent à Venise, à Turin, en Savoye, en Suisse, à Genève, partout où il a demeuré, on a largement recompensé tous ceux qui travaillant avec succés ont laissé de lui dans tous ces pays les idées qu'on en vouloit répandre[e], et en ont rapporté les anecdotes qu'on vouloit avoir. Beaucoup même de personnes de tous les états, pour[f] contribuer à l'œuvre commune ont entrepris de leur propre mouvement et à leurs propres fraix de grands voyages et fait de grandes dépenses, dans l'unique vue de[g] constater toujours mieux[h] la sceleratesse de J. J. avec un zèle[i] qu'ils n'auroient surement pas eu dans le cas contraire pour constater sa droiture et sa vertu.

ROUSSEAU.

Tant la haine pour les méchans[j] a plus de force dans les belles ames que l'attachement pour les bons !

Voila comme vous le dites un projet non moins admirable qu'admirablement executé. Il seroit bien curieux, bien interessant, de suivre dans leurs détails toutes les manœuvres qu'il a fallu mettre en usage pour en amener le succés à ce point. Comme c'est ici un cas unique depuis que le monde existe, et d'où nait une loi toute nouvelle

a L., P., G. *ont fourni quelque nouveau fait contre lui.*

b L., P., G. *ont été avancés eux ou leurs proches.*

c L., G., P. *de bonne grace dans toutes les vues de nos Messieurs.*

d Alinéa rattaché au précédent dans L., P., G.

e L., G., P. *qu'on en vouloit donner.*

f L., G., P. *pour faire de nouvelles découvertes et* etc.

g C. *dans l'unique vue de* est inséré dans l'interligne.

h Mot biffé dans C. *de grandes dépenses, ~~pour~~ constater toujours mieux.* L. *ont entrepris de leur propre mouvement et à leurs propres fraix de grands voyages pour bien constater la sceleratesse* etc. G. *ont entrepris à leurs propres fraix, et de leur propre mouvement, de grands voyages pour bien constater* etc. P. *à leurs frais et de leur propre mouvement.*

i L., P., G. *avec un zèle...* Ce suspens clôt l'alinéa. La dernière phrase, modifiée, est mise dans la bouche de « Rousseau », au début de la réplique suivante.

j L., G., P. *Qu'ils n'auroient surement pas eu dans le cas contraire pour le constater honnête homme. Tant l'aversion pour les méchans* etc.

dans le code du genre humain[140], il importeroit qu'on connut à fond toutes les circonstances qui s'y rapportent. L'interdiction du feu et de l'eau chez les Romains tomboit sur les choses necessaires à la vie ; celle-ci tombe sur tout ce qui peut la rendre douce et supportable[a] : L'interdiction romaine menoit à la mort[141] ; celle-ci sans la[b] donner la rend désirable, et ne laisse[c] la vie au condamné que pour lui en faire un supplice affreux[d] : Mais cette interdiction romaine étoit décernée dans une forme légale[142] par laquelle le criminel après avoir été préalablement entendu étoit juridiquement condanné[e] ? Je ne vois rien ici de pareil[f] ; j'attends de savoir pourquoi cette omission, ou comment on y a suppléé ?

LE FRANÇOIS.

J'avoue que dans les formes établies l'accusation juridique et l'audition[g] du coupable sont necessaires pour le punir : Mais au fond qu'importent ces formes quand le délit est bien prouvé ? La négation de l'accusé (car il nie toujours pour échapper au supplice) ne fait rien [36.] contre les preuves, et n'empêche point sa condannation. Ainsi cette formalité souvent inutile l'est surtout dans le cas présent, où tous les flambeaux de l'évidence[143] éclairent des forfaits inouïs.

Remarquez d'ailleur[s] que quand ces formalités seroient toujours necessaires pour punir, elles ne le sont pas du moins pour faire grace, la seule chose dont il s'agit ici. Si n'écoutant que la justice on eut voulu traiter ce misérable[h] comme il le méritoit, il ne falloit que le saisir, le punir, et tout étoit fait ; on se fut épargné des embarras des soins des fraix immenses et ce tissu de piéges et d'artifices dont on le tient sans cesse

---

a L. *tout ce qui peut la rendre douce et supportable, la justice, la vérité, la societé, l'attachement, l'estime.* G. et P. *tout ce qui peut la rendre supportable et douce, l'honneur, la justice, la vérité, la societé, l'attachement, l'estime.*

b C. *celle-ci sans la* est inséré dans l'interligne.

c C. *laisse* est inséré dans l'interligne.

d Mot biffé dans C. *la rend désirable, et ne ~~conserve~~ la vie au condanné* etc. La leçon de G. et P. est identique à C. jusqu'à « désirable » ; puis : *et ne laisse la vie que pour en faire un supplice affreux.* L. *L'interdiction romaine menoit à la mort sans la donner ; celle-ci la rend desirable et ne laisse la vie que pour en faire un supplice affreux.*

e L., P., G. *une forme légale par laquelle le Criminel étoit juridiquement condanné.*

f L., G., P. *Je ne vois rien de pareil dans celle-ci.*

g L. et P. *dans les formes établies, l'accusation et l'audition.* G. *J'avoue que dans les formes ordinaires, l'accusation formelle et l'audition du coupable sont necessaires* etc.

h L., G., P. *traiter le misérable.*

entouré[a]. Mais la bénignité[b] [144] de ceux qui l'ont démasqué, leur tendre commiseration pour lui ne leur permettant aucun procédé violent[c], il a bien fallu s'assurer de lui sans attenter à sa liberté, et le rendre l'horreur de l'univers afin qu'il n'en fut pas le fléau.

Quel tort lui fait-on, et de quoi pourroit-il se plaindre ? Pour le laisser vivre parmi les hommes il a bien fallu le peindre à eux tel qu'il étoit. Nos Messieurs savent mieux que vous que les méchans cherchent et trouvent toujours leurs semblables pour complotter avec eux leurs mauvais desseins ; mais on les empêche de se lier avec celui-ci en le leur rendant odieux à tel point qu'ils n'y puissent prendre aucune confiance. Ne vous y fiez pas, leur dit-on, il vous trahira pour le seul plaisir de nuire ; n'esperez pas le tenir par un intérest commun. C'est très gratuitement qu'il se plait au crime[145], ce n'est point son intérest qu'il y cherche, il ne connoit d'autre bien pour lui que le mal d'autrui[146]. Il préférera toujours le mal plus grand ou plus prompt de ses camarades au mal moindre ou plus éloigné qu'il pourroit faire avec eux. Pour prouver tout cela il ne faut qu'exposer sa vie. En faisant son histoire on éloigne de lui les plus scelerats par la terreur[147]. L'effet de cette méthode est si sûr que, comme je vous le disois tout à l'heure, depuis qu'on le surveille et qu'on éclaire tout ce qui l'approche, personne encore n'a eu l'imprudence[d] de tenter sur lui l'appas d'une mauvaise action, et ce n'est jamais qu'au leurre de quelque bonne œuvre qu'on parvient à le surprendre.

ROUSSEAU.

Voyez comme quelquefois les extrèmes se touchent ! Qui croiroit qu'un excés de sceleratesse put ainsi rapprocher de la vertu ?[148] Il n'y avoit que vos Messieurs au monde qui pussent trouver un si bel art.

LE FRANÇOIS.

Ce qui rend l'exécution de ce plan plus admirable, c'est le mistère dont il l'a fallu couvrir[e]. Il falloit peindre notre homme[f] à tout le monde

---

a Même leçon dans P. ; L. *dont il faut le tenir sans cesse entouré.* G. *dont on le tient enveloppé.*
b L., P., G. *la générosité.*
c Même leçon dans G. et P. ; L. *violent à son égard.*
d L. *L'effet de cette methode est si grand et si sûr que depuis qu'on le surveille et qu'on éclaire tous ses secrets, pas un seul mortel n'a encore eu l'audace de tenter* etc. G. et P. *pas un mortel n'a encore eu l'audace.*
e Même leçon dans L. et P ; G. *dont il a fallu le couvrir.*
f L., P., G. *il falloit peindre le personnage.*

sans que jamais ce portrait passat sous ses yeux ; il falloit instruire l'univers de ses crimes, mais que cette instruction[a] lui[b] fut toujours inconnue[c] ; il falloit que chacun le montrât au doigt sans qu'il crut être vû de personne. En un mot c'étoit un secret dont le public entier devoit être dépositaire sans qu'il parvint jamais à celui qui en étoit le sujet. Cela eut été difficile[d], peut être impossible à executer avec tout autre. Mais les [37.] projets fondés sur des principes generaux échouent souvent : en les appropriant tellement à l'individu qu'ils ne conviennent qu'à lui on en rend l'execution bien plus sure. C'est ce qu'on a fait aussi habilement qu'heureusement avec notre homme. On savoit qu'étranger et seul il étoit sans parens[e], ne tenoit à aucun parti, et que son humeur sauvage tendoit d'elle-même à l'isoler ; on ne fit[f] pour l'isoler tout à fait que suivre sa pente naturelle et y faire tout concourir[g]. En le sequestrant tout à fait[h] du commerce des hommes qu'il fuit quel mal lui fait-on ? En poussant la bonté jusqu'à lui laisser une liberté, du moins apparente, ne falloit-il pas l'empêcher d'en pouvoir abuser ? Ne falloit-il pas en le laissant au milieu des Citoyens s'attacher à le leur bien faire connoitre ? Peut-on voir un serpent se glisser parmi la foule[i] sans crier à chacun de se garder du serpent ? N'est-ce pas[j] surtout une obligation particuliére pour les sages qui ont eu l'art[k] d'écarter le masque dont il se couvroit depuis quarante ans, et de le voir les prémiers à travers ses déguisemens[l] tel qu'ils le montrent maintenant à tout le monde[m]. Ce grand devoir de le faire abhorrer[n] pour l'empêcher de nuire, combiné avec le tendre intérest qu'il inspire à ces hommes sublimes, est le vrai

---

a Mots biffés illisibles dans C. *mais que cette instruction lui fut toujours* ~~xxxxxxxx~~. L. *mais de façon que ce fut un mistére ignoré de lui seul.* G. et P. *mais de telle façon que ce fut un mistére* etc.

b C. *lui* est inséré dans l'interligne.

c C. *inconnue* est inséré dans l'interligne.

d Même leçon dans G. et P. ; L. *très difficile.*

e L. et P. *il étoit sans parens, sans appui, sans assistance.* G. *il étoit sans appui, sans parens, sans assistance, qu'il ne tenoit* etc.

f L., G., P. *on n'a fait pour l'isoler.*

g L., P., G. *sa pente naturelle, y faire tout concourir, et dès lors tout a été facile.*

h Même leçon dans G. ; L. *en le séquestrant du commerce* etc. ; P. *en le séquestrant* [*tout à fait*] *du* etc.

i Même leçon dans L. et P ; G. *se glisser dans la place publique.*

j L., P., G. *N'étoit-ce pas.*

k L., G., P. *qui ont eu l'adresse.*

l Même leçon dans G. ; L. et P. *à travers tous ses déguisemens.*

m Même leçon dans L. et P. ; G. *tel qu'ils le montrent depuis lors à tout le monde.*

n Même leçon dans G. ; L. et P. *de le faire universellement abhorrer.*

l'unique motif[a] des soins infinis qu'ils prennent des dépenses immenses qu'ils font pour l'entourer de tant de piéges, pour le livrer à tant de mains, pour l'enlacer de tant de façons qu'au milieu de cette liberté feinte il ne puisse ni dire un mot ni faire un pas ni mouvoir un doigt qu'ils ne le sachent et ne le veuillent. Au fond tout ce qu'on en fait n'est que pour son bien[149], pour éviter le mal qu'on seroit contraint de lui faire et dont on ne peut le garantir autrement. Il falloit commencer par l'éloigner de ses anciennes connoissances pour les mieux détacher de lui et les instruire à loisir[b] ; on l'a fait décreter à Paris : quel mal lui a-t-on fait ? Il falloit par la même raison[c] l'empêcher de s'établir à Genève ; on l'y a fait décreter aussi : quel mal lui a-t-on fait ? On l'a fait lapider à Motiers ; mais les cailloux qui brisoient[d] ses porte et ses fenêtres ne l'ont point atteint ; quel mal[e] lui ont-ils fait ? On l'a fait chasser à l'entrée de l'hyver de l'Isle solitaire où il s'étoit réfugié et de toute la Suisse ; mais c'étoit pour le forcer charitablement d'aller en Angleterre[f] où depuis longtems on lui préparoit un asile[g] bien meilleur que celui qu'il s'étoit[h] obstiné de choisir : quel mal donc lui a-t-on fait[i] [150] et de quoi se plaint-il aujourdui ? Ne le laisse-t-on pas tranquille dans son opprobre ; il peut tout à son aise se vautrer[j] dans la fange où l'on le tient embourbé. On l'accable d'indignités, il est vrai ; mais qu'importe[k] ? N'est-il pas fait pour les souffrir, et quand chaque passant lui cracheroit au visage[151], quel mal[l] [38.] cela lui feroit-il ? Mais ce monstre d'ingratitude[152] ne sent rien ne sait gré de rien, et tous les ménagemens qu'on a pour lui, loin de le

a Même leçon dans L. et P. ; G. *est le vrai motif.*

b L., P., G. *de ses anciennes connoissances pour avoir le tems de les bien endoctriner.*

c C. *par la même raison* est inséré dans l'interligne.

d L. et G. *qui cassoient ses fenêtres et ses portes.* P. *qui cassoient ses portes et ses fenêtres.*

e L., G., P. *quel mal donc.*

f Note dans L. : « Choisir un Anglois pour mon dépositaire et mon confident, seroit ce me semble, réparer d'une maniére bien authentique le mal que j'ai pu penser et dire de sa Nation. On l'a trop abusée sur mon compte pour que j'aye pu ne pas m'abuser quelquefois sur le sien. »

g L. *chercher l'azyle qu'on lui préparoit depuis longtems.* G. et P. *chercher l'azyle qu'on lui préparoit à son insçu depuis longtems.*

h Mot biffé dans C. *qu'il s'étoit ~~choisi~~.*

i L. *depuis longtems, et bien meilleur que celui qu'il s'étoit obstiné de choisir quoiqu'il ne put delà faire aucun mal ; mais quel mal lui a-t-on fait à lui-même et* etc. P. *qu'il s'étoit obstiné de choisir quoiqu'il ne put de là faire aucun mal. Mais quel mal* etc. G. *quoiqu'il ne put delà faire aucun mal à personne. Mais quel mal* etc.

j L. et P. *il peut se vautrer tout à son aise.* G. *il peut se vautrer à son aise.*

k L., G., P. *mais qu'importe ? Quelles blessures lui font-elles ? N'est-il pas* etc.

l L., P., G. *quel mal après tout.*

toucher, ne font qu'irriter sa férocité. En prenant soin[a] de lui oter tous ses amis on ne leur a rien tant recommandé que d'en prendre toujours l'apparence et le titre, et de garder[b] pour le tromper le même ton qu'ils avoient auparavant pour l'accueillir. C'est sa coupable défiance qui[c] le rend misérable ; sans elle, il seroit un peu plus dupe, mais il vivroit aussi content qu'autrefois. Devenu l'objet de l'horreur publique il s'est vu par là celui des attentions de tout le monde. C'étoit à qui le fêteroit, l'auroit à diner[d], à qui lui offriroit des retraites, à qui renchériroit d'empressement pour avoir la préférence. On eut dit à l'ardeur qu'on avoit pour l'attirer, que rien n'étoit plus honorable, plus glorieux que de l'avoir pour hôte, et cela dans tous les états sans en excepter les Grands et les Princes ; et mon Ours[153] n'étoit pas content !

ROUSSEAU.

Il avoit tort, mais il devoit être bien surpris. Ces grands-là ne pensoient pas sans doute comme ce Seigneur Espagnol dont vous savez la réponse à Charles quint qui lui demandoit un de ses châteaux pour y loger le Connétable de Bourbon[*][154].

LE FRANÇOIS.

Le cas est bien différent. Vous oubliez qu'ici c'est une bonne œuvre.

ROUSSEAU.

Pourquoi ne voulez-vous pas que l'hospitalité envers le Connétable fut une aussi bonne œuvre que l'azile offert à un scelerat ?

LE FRANÇOIS.

Eh vous ne voulez pas m'entendre ! Le Connétable savoit bien qu'il étoit rebelle à son Prince.

---

a L., G., P. *le plus grand soin.*

b L. et G. *que d'en garder toujours l'apparence et le titre et de prendre* etc. P. *et le titre et de garder* etc.

c L., P., G. *qui seule le rend.*

d Même leçon dans L. et P. ; G. *à qui l'auroit à diner.*

* On a dit-on rendu inhabitable le Château de Trye depuis que j'y ai logé. Si cette opération a rapport à moi, elle n'est pas conséquente à l'empressement qui m'y avoit attiré, ni à celui avec lequel on engageoit en même temps [G. *on engageoit*] M. le Prince de Ligne à me presser d'accepter [L. et G. *m'offrir dans le même temps*] un azyle charmant dans ses terres, par une belle lettre qu'on fit même [L. *qu'on fit même courir.* G. *qu'on eut même grand soin de faire*] courir dans tout Paris. (Note absente dans P.)

ROUSSEAU.

J.J.[a] ne sait donc pas qu'il est un scelerat ?

LE FRANÇOIS.

Le fin du projet est d'en user avec lui[b] comme s'il n'en savoit rien, ou du moins comme si[c] on l'ignoroit soi-même. De cette sorte on évite avec lui le danger des explications, et feignant de le prendre pour un honnête homme, on l'obsede[155] si bien sous un air d'empressement pour son mérite, que rien de ce qui se rapporte à lui, ni lui-même, ne peut échapper à la vigilance de ceux qui l'approchent[156]. Dès qu'il s'établit quelque part, ce qu'on sait toujours d'avance, les murs, les planchers, les serrures, tout est disposé[d] autour de lui[e] pour la fin qu'on se propose, et l'on n'oublie pas de l'envoisiner convenablement[157] ; c'est à dire[f] de fourbes adroits et de filles accortes à qui l'on a bien fait leur leçon. C'est une chose assez plaisante de voir les barboteuses[158] de nos Messieurs prendre des Airs de vierges[g] pour tâcher d'aborder cet Ours[h]. Mais ce ne sont pas apparemment des vierges qu'il lui faut ; car, ni les lettres pathetiques qu'on dicte à celles-là, ni les dolentes histoires qu'on leur fait apprendre, ni tout l'étalage de leurs malheurs et de leurs vertus, ni celui de leurs charmes fletris n'ont pu l'attendrir. Ce pourceau d'Epicure est devenu tout d'un coup un Xenocrate[159] pour nos Messieurs.

ROUSSEAU.

N'en fut-il point un jadis pour[i] vos Dames ?[160] Si ce n'étoit pas là le plus bruyant de ses forfaits, c'en seroit à coup sur le plus irremissible.

---

a Même leçon dans L. et P. ; G. *Jean Jaques ne sait donc pas* etc. (Pour une autre occurrence du libellé « Jean Jaques », mais cette fois dans C. et P., voir la variante d, p. 357).

b L., P., G. *d'en user extérieurement avec lui.*

c L., G., P. *ou comme si.*

d Mots biffés illisibles dans C. *tout est disposé* ~~xxxxxxxxxxxx~~.

e C. *autour de lui* est inséré dans l'interligne.

f L. *C'est-à-dire de mouches, de fourbes adroits* etc. P. *c'est à dire de venimeuses mouches, de fourbes adroits* etc. G. *c'est-à-dire de mouches venimeuses, de fourbes* etc. (Dans P. « venimeuses » est inséré dans l'interligne).

g Même leçon dans P. ; L. et G. *de Vierge.*

h Même leçon dans G. et P. ; L. *tâcher d'attirer cet ours.*

i L., P., G. *N'en fut-il point un pour vos Dames ?*

LE FRANÇOIS.

Ah, Monsieur Rousseau[a] il faut toujours être galant, et de quelque façon qu'en use une femme, on ne doit jamais toucher cet article-là.

[39.] Je n'ai pas besoin de vous dire que toutes ses lettres sont ouvertes, qu'on retient toutes celles dont il pourroit tirer quelques lumiéres[b], et qu'on lui en fait écrire de toutes les façons par différentes mains, tant pour sonder ses dispositions par ses réponses, que pour lui supposer dans celles qu'il rebutte, et qu'on garde, des correspondances dont on puisse un jour tirer parti contre lui. On a trouvé l'art de lui faire de Paris une solitude plus affreuse que les cavernes et les bois, où il ne trouve au milieu des hommes ni communication ni consolation ni conseil ni lumiére, ni rien de tout ce qui pourroit lui aider à se conduire, un labirinthe immense où on[c] ne lui laisse appercevoir dans les ténébres que de fausses routes qui l'égarent de plus en plus[161]. Nul ne l'aborde qui n'ait déja sa leçon toute faite sur ce qu'il doit lui dire et sur le ton qu'il doit prendre en lui parlant[d] ; on tient une note[e] exacte de tous ceux qui demandent à le voir[f] et on ne le leur permet qu'après avoir reçu[g] à son égard les instructions que j'ai moi-même été chargé de vous donner au prémier desir que vous avez marqué de le connoitre. S'il entre en[h] quelque lieu public il y est regardé et traité comme un pestiféré, tout le monde l'entoure et le fixe[162], mais en s'écartant de lui[i] sans lui parler, seulement pour lui servir de barriére[j], et s'il ose[k] parler lui-même et qu'on daigne lui répondre, c'est toujours par[l] un mensonge ou en éludant ses questions

a Même leçon dans L. et G. ; P. *Monsieur Rousseau !*

b L., P., G. *quelque instruction.*

c Même leçon dans L. ; G. et P. *où l'on ne lui laisse.*

d C. *et sur le ton qu'il doit prendre en lui parlant* est inséré dans l'interligne.

e L., P., G. *on tient note de tous ceux.*

f G. et P. *à le voir**

* On a mis pour cela dans la rue un marchand de Tableaux tout vis-à-vis de ma porte, et à cette porte qu'on tient fermée un secret afin que tous ceux qui voudront entrer chez moi soient forcés de s'addresser aux voisins qui ont leurs instructions et leurs ordres. Note absente dans L. [« SECRET. On appelle dans quelques arts mécaniques, *Secrets*, Certains ressorts particuliers qui servent à divers usages. [...] *Serrure à secret.* » *Acad.*, 1798].

g Même leçon dans G. ; L. et P. *avoir préalablement receu.*

h C. *en* est inséré dans l'interigne.

i « servir » est souligné dans L., non dans P. et G.

j C. *sans lui parler, seulement pour lui servir de barriére* est inséré dans l'interligne.

k Séquence biffée illisible dans C. *en s'écartant de lui,* ~~xxxxxxxxxxxxxxxx~~ *et s'il ose* etc.

l G. *ou par un mensonge.*

d'un ton si rude et si méprisant qu'il perde l'envie d'en faire[a]. On l'a montré signalé recommandé par tout[163], aux facteurs, aux commis, aux gardes, aux mouches, aux valets, aux Savoyards[b], à[c] tous les spectacles, dans tous les caffés, aux barbiers, aux marchands, aux colporteurs, aux libraires. S'il cherchoit un livre un almanac un roman, il n'y en auroit plus dans tout Paris, le seul desir manifesté de trouver une chose quelle qu'elle soit est pour lui[d][164] l'infaillible moyen de la faire disparoitre. A son arrivée à Paris il cherchoit douze chansonnettes Italiennes qu'il y fit graver il y a une vingtaine d'années et qui étoient de lui comme le Devin du village : mais le recueil, les planches, les Airs[e], tout disparut tout fut aneanti[f] dès l'instant[g], sans qu'il en ait jamais pu recouvrer un seul exemplaire[h]. On est parvenu à force de petites attentions multipliées à le tenir dans cette ville immense toujours sous les yeux de la populace, qui le voit avec horreur. Veut-il passer l'eau vis-à-vis des quatre Nations[i][165] ; les bateliers ne passeront point pour lui[j], même en payant la voiture[k]. Veut-il se faire décroter ? Les décroteurs[l] du Temple et du Palais-Royal lui refuseront avec mépris leurs services. Entre-t-il aux Tuileries ou au Luxembourg, ceux qui distribuent des billets imprimés à la porte ont ordre de le passer avec la plus outrageante affectation, et même de lui en refuser net[m] s'il se présente pour en avoir[166], et tout cela, non pour l'importance [40.] de la chose, mais afin de le[n] faire remarquer connoitre et abhorrer de plus en plus[o][167]. Enfin l'un de nos Messieurs m'a même

---

a L. *l'envie d'en faire. Au parterre on a grand soin de le recommander à ceux qui l'entourent, et de placer toujours à ses côtés une garde ou un sergent qui parle ainsi de lui fort clairement sans rien dire.* G. et P. *qui parle ainsi fort clairement de lui sans rien dire.*

b L. et P., *aux facteurs, aux Commis, aux gardes, aux mouches, aux Savoyards, à tous les spectacles* etc. G. *dans tous les spectacles.*

c C. *à* est inséré dans l'interligne.

d Même leçon dans L. et P. ; G. *une chose telle qu'elle soit.*

e L., P., G. *le recueil, les Airs, les planches* etc.

f Mots biffés dans C. *tout fut aneanti ~~pour lors~~, sans qu'il* etc.

g C. *dès l'instant* est inséré dans l'interligne.

h Même leçon dans L. ; G. et P. *recouvrer jamais.*

i Même leçon dans L. ; P. et G. *vis-à-vis les quatre Nations.*

j Même leçon dans P. ; L. et G. *On ne passera point pour lui.*

k L., P., G. *la voiture entiére.*

l Même leçon dans L. ; G. et P. *surtout ceux du Temple* etc.

m Même leçon dans G et P. ; L. *et même de le refuser net.*

n Même leçon dans L. et P. ; G. *mais pour.*

o Même leçon dans L. et G. ; P. *et abhorrer de plus.* À cet endroit de P., un quart de feuille collé dans la marge droite de la p. 42 insère à l'alinéa, entre « de plus » et « Enfin l'un de nos assuré avoir eu le sensible plaisir[a] de voir des mendians lui rejetter au nez son aumône, et vous comprenez bien[b] qu'ils n'y ont rien perdu.

ROUSSEAU.

Ah quelle douceur[c] d'ame, quelle charité !

LE FRANÇOIS.

Outre toutes ces précautions[d] on a mis en œuvre un moyen très ingénieux pour découvrir s'il lui reste par malheur quelque personne de confiance qui n'ait pas encore les instructions et les sentimens necessaires pour suivre à son égard le plan généralement admis. On lui fait écrire par des gens[e] qui se feignant dans la detresse implorent son secours ou ses conseils pour s'en tirer ; il cause avec eux, il les console, il les recommande aux personnes sur lesquelles il compte. De cette maniére on parvient à les connoitre et de là facilement à les convertir. Vous ne sauriez croire combien par cette manœuvre on a découvert de gens qui l'estimoient encore et qu'il continuoit de tromper. Connus de nos Messieurs ils sont bientot détachés de lui, et l'on parvient par un art tout particulier à le leur rendre[f] aussi odieux qu'il leur fut cher auparavant.

Messieurs », le segment suivant : « *Une de leurs plus jolies inventions est le parti qu'ils ont su tirer pour leur objet de l'usage annuel de bruler en ceremonie un Suisse de paille dans la rue aux Ours. Cette fête populaire paroissoit si barbare et si ridicule en ce siécle philosophe que, déjà négligée, on alloit la supprimer tout à fait, si nos Messieurs ne se fussent avisés de la renouveller bien precieusement pour J.J. A cet effet, ils ont fait donner sa figure et son vêtement à l'homme de paille, ils lui ont armé la main d'un couteau bien luisant, et en le faisant promener en pompe dans les rues de Paris, ils ont eu soin qu'on le mit en station directement sous les fenêtres de J.J., tournant et retournant la figure de tous cotés pour la bien montrer au Peuple, à qui cependant de charitables interpétes font faire l'application qu'on desire, et l'excitent à bruler J.J. en effigie, en attendant mieux**. » – Absent dans L., ce passage est inséré au corps du texte dans G. (ms. fr. 221, p. 57), sous la forme d'un nouvel alinéa, la note figurant sous un trait en bas de la page.

* Il y auroit, à me bruler en personne, deux grands inconveniens qui peuvent forcer ces Messieurs à se priver de ce plaisir. Le prémier est qu'étant une fois mort et brulé, je ne serois plus en leur pouvoir, et ils perdroient le plaisir plus grand de me tourmenter vif. Le second, bien plus grave, est qu'avant de me bruler il faudroit enfin m'entendre, au moins pour la forme, et je doute que malgré vingt ans de précautions et de trames, ils osent encore en courir le risque.

a Ratures dans C. *Enfin ~~quelques~~l'~~uns~~ de nos Messieurs m'~~oant~~ même assuré avoir* etc.

b L., G., P. suspendent l'alinéa sur *et vous comprenez bien…*

c L., P., G. *Qu'ils n'y ont rien perdu. Ah quelle douceur d'ame ! quelle charité ! Le zèle de vos Messieurs n'oublie rien.*

d Même leçon dans G. et P. ; L. *Outre ces précautions, on met en œuvre un moyen* etc.

e Même leçon dans P. et G. ; L. *par des gens adroits.*

f Même leçon dans P. ; L. et G. *par un art tout particulier mais infaillible à* etc.

Mais soit qu'il penetre enfin ce manège, ou qu'en effet[a] il ne lui reste plus personne, ces tentatives sont sans succés depuis quelque tems. Il refuse constamment de s'employer pour les gens qu'il ne connoît pas, et même de leur répondre, et cela va toujours aux fins qu'on se propose en le faisant passer pour un homme insensible et dur. Car encore une fois rien n'est mieux pour éluder ses pernicieux desseins que de le rendre tellement odieux à tout le monde[b] que dès qu'il desire une chose c'en soit assez pour qu'il ne la puisse obtenir, et que dès qu'il s'interesse en faveur de quelqu'un, ce quelqu'un ne trouve plus ni patron ni assistance[c].

ROUSSEAU.

En effet tous ces moyens que vous m'avez détaillés me paroissent ne pouvoir manquer de faire de ce J.J. la risée le jouet du genre humain et de le rendre le plus abhorré des mortels.

LE FRANÇOIS.

Eh sans doute. Voila le grand but[d] des soins généreux de nos Messieurs, et grace à leur plein succés, je puis vous assurer que depuis l'existence du monde et tant qu'il doit durer encore[e] jamais mortel n'a vécu dans une pareille dépression[168].

ROUSSEAU.

Mais ne me disiez-vous pas au contraire que le tendre soin de son bien-être entroit pour beaucoup dans ceux qu'ils prennent à son égard ?

LE FRANÇOIS.

Oui vraiment[f], et c'est là surtout ce qu'il y a de grand de genereux d'admirable dans le plan dont il est l'objet[g], qu'en l'empêchant de suivre ses volontés et d'accomplir ses mauvais desseins, on veut[h] cependant lui procurer les douceurs de la vie, de façon qu'il trouve par tout ce qui lui est

a L., P., G. *soit qu'en effet.*

b L. *tellement haïssable à tout le monde.* G. et P. *tellement haïssable à tous.*

c Même leçon dans P. et G. ; L. *ce quelqu'un, pour lequel on feindra neanmoins le plus tendre zele ne trouve plus de secours ni d'appui.*

d L., P., G. *le grand, le vrai but.*

e L., G., P. *que depuis que le monde existe jamais* etc.

f Même leçon dans G. et P. ; L. *Sans doute.*

g Même leçon dans P. ; L. et G. *le plan de nos Messieurs.*

h L. *on cherche néanmoins à.* G. et P. *on cherche cependant à.*

nécessaire, et nulle part ce dont il peut abuser. On veut qu'il soit rassasié du pain de l'ignominie et de la coupe de l'opprobre[169] ; On affecte même pour lui[a] des attentions moqueuses et dérisoires*, des respects comme [41.] ceux qu'on prodiguoit à Sancho dans son Ile[170], et qui le rendent encor plus ridicule aux yeux du peuple[b]. Enfin puisqu'il aime tant les distinctions il a lieu d'être content, on a soin qu'elles ne lui manquent pas[c] et on le sert de son gout en le faisant par tout montrer au doigt. Oui, Monsieur, on veut qu'il vive, et même agréablement, autant qu'il est possible à un méchant sans mal faire ; on voudroit qu'il ne manquât à son bonheur que le pouvoir[d] de troubler celui des autres ; mais c'est un Ours qu'il faut enchainer de peur qu'il ne dévore les passans. On craint surtout le poison de sa plume et l'on n'épargne aucune précaution pour l'empêcher de le répandre[e] ; on ne lui laisse aucun moyen de défendre son honneur parce que cela lui seroit inutile, que sous ce prétexte il ne manqueroit pas d'attaquer celui d'autrui, et qu'il n'appartient pas à un homme livré à la diffamation d'oser diffamer personne. Vous concevez que parmi les gens dont on s'est assuré[171], l'on n'a pas oublié les Libraires, surtout ceux dont il s'est autrefois servi : on[f] en a même tenu un très longtems à la Bastille sous quelque autre[g] prétexte mais uniquement[h] pour l'endoctriner plus à loisir sur le compte[i] de notre homme**. On a recommandé à tout ce qui l'entoure de veiller particulierement à ce

---

a Même leçon dans G. ; L. *On affecte même quelquefois pour lui.* P. *on affecte même pour lui quelquefois.*

* Comme quand on vouloit à toute force m'envoyer le vin d'honneur à Amiens, qu'à Londres les Tambours des Gardes devoient venir battre à ma porte, et qu'au Temple M. le prince de Conti m'envoya sa Musique à mon lever.

b L., P., G. *de la populace.*

c Même leçon dans L. et G. ; P. *puisqu'il aime tant les distinctions, on a soin qu'elles ne lui manquent pas.*

d L. *que le moyen.* G. et P. *que les moyens.*

e L., P., G. *de l'exhaler.*

f Même leçon dans L. et P. ; G. *L'on en a.*

g L., G., P. *sous d'autres prétextes.*

h Même leçon dans P. ; L. et G. *mais en effet pour l'endoctriner plus longtems* etc.

i L., P., G. *sur le compte de J.J.*

** On y a détenu de même en même temps et pour le même effet un Genevois de mes amis, lequel, aigri par d'anciens griefs contre les magistrats de Genève, excitoit contre eux les Citoyens [L., P., G. *excitoit les Citoyens contre eux*] à mon occasion. Je pensois bien differemment, et jamais, en écrivant soit à eux soit à lui, je ne cessai de les presser tous d'abbandonner ma cause et de remettre à de meilleurs tems, la defense de leurs droits ! Cela n'empêcha pas qu'on ne publiât avoir trouvé tout le contraire dans les lettres que je qu'il peut écrire. On a même tâché de lui en ôter tout moyen[a], et l'on étoit parvenu dans la retraite où on l'avoit attiré en Dauphiné à écarter de lui toute encre lisible, en sorte qu'il ne put trouver sous ce nom que de l'eau legerement teinte qui même en peu de temps perdoit toute sa couleur. Malgré toutes ces précautions le drôle est encor parvenu à écrire ses mémoires qu'il appelle ses confessions, et que nous appelons ses mensonges[b], avec de l'encre de la Chine à laquelle on n'avoit pas songé. Mais si l'on ne peut l'empêcher de barbouiller du papier à son aise, on l'empêche au moins de faire circuler son venin ; car aucun chiffon ni petit ni grand pas un billet de deux lignes ne peut sortir de ses mains sans tomber à l'instant même dans celles de nos Messieurs[c], qui n'auroient garde de laisser passer autre chose que des fadaises, lesquelles[d] courant[e] le public sous son nom servent à decrediter ses premiers ouvrages[f]. A l'égard de ses discours, rien n'en est perdu. Le prémier soin de ceux qui l'entourent est de s'attacher à le faire jaser, ce qui n'est pas difficile, ni même de lui faire dire à peu près ce qu'on veut, ou du moins comme on le veut pour en tirer avantage, tantôt en l'animant[g] par d'adroites contradictions, tantôt au contraire[h] en paroissant acquiescer à tout ce qu'il dit. C'est alors surtout qu'on tient un registre exact des indiscretes vivacités qui lui échapent, et que l'on s'applique à commenter de sang-froid[i]. Ils prennent en même tems toutes les précautions possibles pour qu'il ne puisse tirer d'eux aucune lumiére, ni par rapport à lui ni par rapport à qui que ce soit. On ne prononce jamais devant lui le nom de ses prémiers délateurs[j], et l'on ne parle qu'avec la plus grande reserve de

---

lui écrivois, et que c'étoit moi qui étois le boutefeu. Que peuvent désormais attendre des gens puissans la justice la vérité l'innocence, quand une fois ils en sont venus jusques-là ?

a L., P., G. *de lui en ôter les moyens.*

b L. souligne « ses confessions » et « ses mensonges ».

c L., G., P. *dans celles des gens établis pour tout recueillir.* L. *pour tout recueillir et qui se garderoient bien de laisser passer autre chose qui fut contraire aux vues de nos Messieurs.*

d C. *lesquelles* est inséré dans l'interligne.

e Mot biffé dans C. ~~*qui*~~ *courant.*

f L., P., G. suppriment la séquence « qui n'auraient garde [...] ses premiers ouvrages ».

g Même leçon dans P. ; L. et G. *tantôt en lui débitant de fausses nouvelles, tantôt en l'animant* etc.

h Même leçon dans L. ; G. et P. *et tantôt au contraire.*

i L., G., P. *lui échappent, et qu'on amplifie et commente de sang-froid.*

j Même leçon dans G. et P. ; L. *ses prémiers dénonciateurs.* [La jurisprudence distingue ces deux figures : « On est porté à croire que le *délateur* est un homme vendu ; l'*accusateur*, un homme irrité ; le *dénonciateur*, un homme indigné. » *Encyclopédie*, art. « Dénonciateur »].

tous ceux qui influent sur sa situation[a] ; de sorte qu'il lui est impossible [42.] de parvenir à savoir ni ce qu'ils disent ni ce qu'ils font, s'ils sont dans Paris[b] ou absens, ni même s'ils sont morts ou en vie. On ne lui parle jamais de nouvelles ou on ne lui en dit que de fausses et tournées exprès pour lui en faire de nouveaux crimes s'il s'avisoit de les répéter[c]. En Province on empêchoit[d] qu'il ne lut aucune gazette. À Paris où il y auroit trop d'affectation l'on empêche au moins qu'il n'en voye aucune dont il puisse tirer quelque instruction qui le regarde, et surtout de celles où nos Messieurs font parler de lui. S'il s'enquiert de quelque chose[e] que ce soit personne n'en sait rien ; s'il s'informe de quelqu'un, personne ne le connoit, s'il demandoit avec un peu d'empressement le tems qu'il fait on ne le lui diroit pas. Mais on s'applique, en revanche, à lui faire trouver les denrées sinon à meilleur marché, du moins de meilleure qualité qu'il ne les auroit au même prix ; ses bienfaiteurs suppléant charitablement[f] de leur bourse à ce qu'il en coûte de plus pour satisfaire la délicatesse qu'ils lui supposent, et qu'ils tâchent même d'exciter en lui par l'occasion et le bon marché, pour avoir le plaisir d'en tenir note. De cette maniére mettant adroitement le menu peuple dans leur confidence, ils lui font l'aumone tout publiquement[g] malgré lui, de façon qu'il lui soit impossible de s'y dérober, et cette charité[172], bruyante[h], a peut-être contribué plus que toute autre chose à le déprimer autant que le désiroient ses amis.

ROUSSEAU.

Comment, ses amis ?

LE FRANÇOIS.

Oui, c'est un nom qu'aiment à prendre toujours nos Messieurs, pour exprimer toute leur bienveillance envers lui, toute leur sollicitude pour

---

a L. et P. *de tous ceux qui influent sur son sort.* G. *de ceux qui* etc.

b L., P., G. *à Paris.*

c L. *Si quelquefois on lui parle de nouvelles, ce n'est que pour lui en dire de fausses ou de dangereuses, qui seroient de sa part de nouveaux crimes s'il* etc. P. et G. *On ne lui parle jamais de nouvelles ou on ne lui en dit que de fausses, et qui seroient* etc.

d Même leçon dans P. ; L. et G. *on empêchoit aisement.*

e L., G., P. *s'il s'enquiert de quelque chose personne* etc.

f L., P., G. *suppléant genereusement.*

g L., G., P. *ils lui font l'aumône publiquement malgré lui.*

h L., P., G. *et cette charité qu'on s'attache à rendre bruyante.*

son bonheur, et ce qui est très bien trouvé, pour le faire surtout accuser[a] d'ingratitude en se montrant si peu sensible à tant de bontés[b].

ROUSSEAU.

Il y a là quelque chose que je n'entens pas[c]. Expliquez-moi mieux tout cela, je vous prie.

LE FRANÇOIS.

Il importoit, comme je vous l'ai dit, pour qu'on put le laisser libre sans danger, que sa diffamation fut universelle* [173] : Il ne suffisoit pas de la répandre dans les cercles et parmi la bonne compagnie, ce qui n'étoit pas difficile et fut bientôt fait ; il falloit qu'elle s'étendit parmi tout le peuple et dans les plus bas étages comme dans[d] les plus élevés : et cela présentoit plus de difficulté, non seulement parce que l'affectation de le tympaniser[174] ainsi pouvoit scandaliser les simples[e], mais surtout à cause de l'inviolable loi de lui cacher tout ce qui le regarde pour éloigner[f] à jamais de lui tout éclaircissement toute instruction tout moyen de défense et de justification toute occasion de faire expliquer personne, de remonter à la source des lumiéres qu'on a sur son compte, et qu'il étoit moins sûr[g] pour cet effet de compter sur la discretion de la populace que sur celle des honnêtes gens. Or pour l'interesser, cette populace, à ce mistère sans paroitre avoir cet objet, ils ont admirablement tiré parti d'une ridicule arrogance de notre homme, qui est de faire le fier sur les dons, et de ne vouloir que personne[h] lui fasse l'aumône.

---

a L., G., P. *pour le faire accuser.*

b L., P., G. *tant de bonté.*

c Même leçon dans L. ; G. et P. *que je n'entends pas bien.*

* Je n'ai point voulu parler ici de ce qui se fait au théâtre et de ce qui s'imprime journellement en Hollande et ailleurs, parce que cela passe toute croyance [L. *toute créance*], et qu'en le voyant et en ressentant continuellement les horribles effets [G. *les tristes effets*], j'ai peine encore à le croire moi-même. Il y a quinze ans que tout cela dure toujours avec l'approbation publique et l'aveu du Gouvernement. Et moi [L. *Il y a quinze ans que tout cela dure. Et moi* etc.] je vieillis ainsi seul parmi tous ces forcenés, sans aucune consolation de personne, sans neanmoins perdre ni courage ni patience, et, dans l'ignorance où l'on me tient, élevant au ciel pour toute défense un cœur exempt de fraude et des mains pures de tout mal.

d L., P., G. *aussi bien que dans.*

e Même leçon dans L. et P. ; G. *le tympaniser ainsi à son insçu.*

f Même leçon dans G. et P. ; L. *le regarde, d'éloigner de lui* etc.

g Même leçon dans P. et G. ; L. *faire expliquer personne, et qu'il étoit moins sûr.*

h L., G., P. *et de ne vouloir pas qu'on lui fasse l'aumone.*

ROUSSEAU.

Mais, je crois que vous et moi serions assez capables d'une pareille arrogance. Qu'en pensez-vous ?

LE FRANÇOIS.

Cette délicatesse est permise à d'honnêtes gens. Mais un drôle [43.] comme cela qui fait le gueux quoiqu'il soit riche, de quel droit ose-t-il rejetter les menues charités de nos Messieurs ?

ROUSSEAU.

S'il fait le gueux[a], il reçoit donc ou demande l'aumone, car voila tout ce qui distingue[b] le gueux du pauvre, qui n'est pas plus riche que lui, mais qui se contente de ce qu'il a et ne demande rien à personne.

LE FRANÇOIS.

Eh non, celui-ci ne la demande pas directement, au contraire il la rejette insolemment d'abord ; mais il céde à la fin tout doucement quand on s'obstine.

ROUSSEAU.

Il n'est donc pas si arrogant que vous disiez à l'instant[c], et retournant votre question[175], je demanderois volontiers[d] pourquoi ils s'obstinent à lui faire l'aumone, comme à un gueux, puisqu'ils savent si bien qu'il est riche ?

LE FRANÇOIS.

Le pourquoi, je vous l'ai déja dit. Ce seroit, j'en conviens, outrager un honnête homme ; mais c'est le sort que mérite un pareil scelerat d'être avili par tous les moyens possibles, et c'est une occasion de mieux manifester son ingratitude[176] par celle qu'il témoigne à ses bienfaiteurs.

ROUSSEAU.

Trouvez-vous que l'intention de l'avilir mérite une grande reconnoissance ?

---

a L. et G. *Du même droit peut-être, que les mendians rejettent les siennes. Quoiqu'il en soit, s'il fait* etc. P. *Du même droit, peut-être, qu'ils font rejetter les siennes aux mendians. Quoiqu'il en soit,* (Ajout en petits caractères inséré à l'interligne entre les deux répliques).

b Même leçon dans L. et G. ; P. *car voila ce qui distingue.*

c L., P., G. *que vous disiez d'abord.*

d Même leçon dans P. ; L. et G. *je demande à mon tour.*

LE FRANÇOIS.

Non, mais c'est l'aumône qui la mérite : Car, comme disent très bien nos Messieurs, l'argent rachette tout, et rien ne le rachette. Quelle que soit l'intention de celui qui donne, même par force, il reste toujours bienfaiteur[177], et mérite toujours comme tel la plus vive reconnoissance. Pour éluder donc la brutale rusticité de nôtre homme, on a imaginé de lui faire en détail, mais à son insçu[a] beaucoup de petits dons bruyans qui demandent le concours de beaucoup de gens et surtout du menu peuple, qu'on fait entrer ainsi sans affectation dans la grande confidence, afin qu'à l'horreur pour ses forfaits se joigne le mépris pour sa misere, et le respect pour ses bienfaiteurs[b]. On s'informe des lieux où il se pourvoit des denrées nécessaires à sa subsistance, et l'on a soin qu'au même prix on les lui fournisse de meilleure qualité et par conséquent plus chéres[178]. Au fond cela ne lui fait aucune économie, et il n'en a pas besoin, puisqu'il est riche ; mais pour le même argent[c] il est mieux servi, sa bassesse et la générosité de nos Messieurs circulent ainsi parmi le peuple, et l'on parvient de cette maniére à l'y rendre abjet et méprisable en paroissant ne songer qu'à son bien être et à le rendre heureux malgré lui. Il est difficile qu'il[d] ne s'apperçoive pas de ce petit manege, et tant mieux ; c'est précisément où on l'attend : car s'il se fâche, il se montre tant plus[179] ingrat et féroce[e], et s'il change de marchands on repéte aussi tôt la même manœuvre, la réputation qu'on veut lui donner se répand encor plus rapidement : ainsi plus il se débat dans ses lacs[f] plus il les resserre.

ROUSSEAU.

Voila, je l'avoue, ce que je ne comprenois pas bien d'abord. Mais, Monsieur, vous en qui j'ai connu toujours un cœur si franc et si droit[g], se peut-il que vous approuviez de pareilles manœuvres.

LE FRANÇOIS.

Je les blâmerois certainement[h] pour tout autre, mais ici je les admire [44.] par le motif de bonté qui les dicte, sans pourtant avoir voulu jamais

---

a L., G., P. *en détail à son insçu.*

b Même leçon dans G. ; L. et P. *et la vénération pour ses bienfaiteurs.*

c Même leçon dans G. et P. ; L. *pour le même prix.*

d L., G., P. *que le misérable.*

e L., P., G. *et tant mieux : car s'il se fâche, cela prouve de plus en plus son ingratitude* etc.

f C. *dans ses lacs* est inséré dans l'interligne.

g Même leçon dans L. ; G. et P. *un cœur si droit.*

h Même leçon dans P. ; L. et G. *Je les blâmerois fort.*

y tremper. Je hais J.J. nos Messieurs l'aiment[180], ils veulent le conserver à tout prix ; il est naturel qu'eux et moi ne nous accordions pas sur la conduite à tenir avec un pareil homme. Leur système, injuste peut être en lui-même, est rectifié par l'intention.

ROUSSEAU.

Je crois qu'il me la rendroit suspecte, car on ne va point au bien par le mal[181] ni à la vertu par la fraude. Mais puisque vous m'assurez que J.J. est riche[a], comment le public accorde-t-il ces choses-là ? Car enfin rien ne doit lui sembler plus bizarre et moins méritoire que l'aumône[b] faite[c] par force à un riche scelerat.

LE FRANÇOIS.

Oh le public ne rapproche pas ainsi les idées qu'on a l'adresse de lui montrer séparément. On[d] le voit riche pour lui reprocher de faire le pauvre, ou pour le frustrer du produit de son labeur en se disant qu'il n'en a pas besoin : on le voit pauvre pour insulter à sa misére en le traitant[e] comme un mendiant : on ne le voit jamais que par le coté qui pour l'instant le montre plus odieux ou plus méprisable, quoiqu'incompatible avec les autres aspects sous lesquels on le voit en d'autres tems.

ROUSSEAU.

Il est certain qu'à moins d'être de la plus brute insensibilité il doit être aussi pénétré que surpris de cette association d'attentions et d'outrages[182] dont il sent à chaque instant les effets. Mais quand, pour l'unique plaisir de rendre sa diffamation plus complette on lui passe journellement tous ses crimes, qui peut être surpris qu'il profitte[f] de cette coupable indulgence pour en commettre incessamment de nouveaux ? C'est une objection que je vous ai déja faite et que je répete, parce que vous l'avez éludée sans y répondre[g]. Par tout ce que vous m'avez raconté je vois que

a Même leçon dans L. et G. ; P. *qu'il est riche.*

b L., P., G. *qu'une aumône.* Mot biffé dans C. *que ~~de faire~~ l'aumone par force* etc.

c C. *faite* est inséré dans l'interligne.

d L., P., G. substituent « il » à « on » dans cette réplique : *Il le voit riche* etc.

e L., G., P. *et le traiter.*

f Même leçon dans P. et G. ; L. *qui peut s'étonner s'il profitte.*

g Même leçon dans L., P., G. (Dans P., cette phrase est inscrite dans la marge inférieure du folio, appelée dans le texte par #.)

malgré toutes les mesures qu'on a prises et qu'on prend[a] journellement[b], il va[c] toujours son train comme auparavant, sans s'embarrasser le moins du monde[d] des surveillans dont il se voit entouré. Lui qui prit jadis[e] tant de précautions, que pendant quarante ans trompant exactement tout le monde, il passa pour un honnête homme, je vois qu'il n'use aujourdui de la liberté qu'on lui laisse[f] que pour assouvir sans gène sa méchanceté, pour commettre chaque jour de nouveaux forfaits dont il est bien sûr qu'aucun n'échappe aux gens qui l'épient[g], et qu'on lui laisse tranquillement consommer. Est-ce donc une vertu si méritoire à vos Messieurs d'abandonner ainsi les honnêtes gens à la furie d'un scelerat[183] pour l'unique plaisir de compter[h] ses crimes, qu'il leur est[i] si aisé d'empêcher ?

LE FRANÇOIS.

Ils ont leurs raisons pour cela.

ROUSSEAU.

Je n'en doute point : Mais les auteurs mêmes des crimes[j] ont sans doute aussi leurs raisons[184]. Cela suffit-il pour les justifier. Singulière bonté, convenez-en, que celle qui pour rendre le coupable odieux refuse d'empêcher le délit[k], et s'occupe à choyer le scelerat aux dépends des innocens dont il fait sa proye : Laisser[l] commettre les crimes qu'on [45.] peut empêcher n'est pas seulement en être témoin, c'est en être complice. D'ailleurs si on lui laisse toujours faire tout ce que vous dites qu'il fait, que sert donc de l'espionner de si près avec tant de vigilance et d'activité ? Que sert d'avoir découvert ses œuvres pour les lui laisser continuer comme si l'on n'en savoit rien ? Que sert de gêner si fort sa

---

a Mot biffé dans C. *qu'on prend incessamment* [?].
b C. *journellement* est inséré dans l'interligne.
c L., P., G. *qu'on a prises, il va toujours son train.*
d Même leçon dans L. et P. ; G. *sans s'embarrasser en aucune sorte.*
e L. et G. *qui prit jadis là dessus.* P. *qui jadis prit là dessus.*
f Même leçon dans L., G., P., contrairement à ce qu'en dit R. Osmont.
g L. et P. *à ses surveillans.* G. *aux surveillans.*
h L., G., P. *de compter tranquillement.*
i L., P., G. *qu'il leur seroit.*
j L., G., P. *Mais ceux mêmes qui commettent les crimes.*
k L., P., G. *d'empêcher le crime.*
l Même leçon dans les autres manuscrits. Celle de l'édition de La Pléiade (« Laissez ») est fausse.

volonté dans les choses indiférentes pour la laisser en toute liberté dès qu'il s'agit de mal faire ? On diroit que vos Messieurs ne cherchent qu'à lui ôter tout moyen de faire autre chose que des crimes. Cette indulgence vous paroit-elle donc si raisonnable si bien entendue et digne de personnages si vertueux ?

LE FRANÇOIS.

Il y a dans tout cela, je dois l'avouer, des choses que je n'entends pas fort bien moi-même, mais on m'a promis de m'expliquer tout à mon entiere satisfaction[185]. Peut-être pour le rendre plus odieux[a] a-t-on cru devoir charger un peu le tableau de ses crimes journaliers[b] sans se faire un grand scrupule de cette charge, qui dans le fond importe assez peu : car puisqu'un homme coupable d'un crime est capable de cent[c][186], tous ceux dont on l'accuse sont moins dans sa volonté et l'on peut à peine donner le nom d'imposture à de pareilles accusations.

Je vois que la base du système que l'on suit à l'égard de J.J.[d] est le devoir qu'on s'est imposé qu'il fut bien démasqué bien connu de tout le monde, et neanmoins de n'avoir jamais avec lui aucune espéce d'explication[e], de lui ôter toute connoissance de ses accusateurs, et toute lumiére certaine[f] des choses dont il est accusé[187]. Cette double necessité est fondée sur la nature des crimes qui rendroit leur déclaration publique trop scandaleuse[188], et qui ne souffre pas qu'il soit convaincu sans être puni. Or voulez-vous qu'on le punisse sans le convaincre[189] ? Nos formes judiciaires ne le permettroient pas, et ce seroit aller directement contre les maximes d'indulgence et de commiseration qu'on veut suivre à son égard. Tout ce qu'on peut donc faire pour la sureté publique est prémierement de le surveiller si bien qu'il n'entreprenne rien qu'on ne le sache, qu'il n'execute rien d'important qu'on ne le veuille, et sur tout le reste[g] d'avertir tout le monde du danger qu'il y a d'écouter et fréquenter un pareil scelerat. Il est clair qu'ainsi bien avertis, ceux qui

a L., G., P. *le rendre plus excecrable.*

b L., P., G. *le tableau de ses crimes.*

c L. *car un homme capable d'un crime est capable de cent, et puisque tous ceux dont on l'accuse sont au moins dans sa volonté l'on peut* etc. G. et P. *car puisque'un homme* [...] *sont tout au moins* etc.

d L., P., G. *que l'on suit à son égard.*

e L., G., P. *aucune explication.*

f Même leçon dans G. et P. ; L. *et toute lumière des choses.*

g L., P., G. *et sur le reste.*

s'exposent à ses attentats ne doivent, s'ils y succombent s'en prendre qu'à eux-mêmes : c'est un malheur qu'il n'a tenu qu'à eux d'éviter ; puisque, fuyant comme il fait les hommes, ce n'est pas lui qui les va chercher.

ROUSSEAU.

Autant en pourroit-on dire[a] à ceux qui passent dans un bois où l'on sait qu'il y a des voleurs[b], sans que cela fasse une raison valable pour laisser les brigands en liberté[c] d'aller leur train. Encore peut-on être forcé par ses affaires de traverser malgré soi un bois dangereux[d]. Mais quelle excuse peuvent avoir vos Messieurs, qui ont soin de fournir eux-mêmes des proyes à la cruauté du barbare, par les émissaires dont vous m'avez [46.] dit qu'ils l'entourent qui tâchent à toute force de se familiariser avec lui, et dont sans doute il ne manque pas de faire ses prémieres victimes[e] ?

LE FRANÇOIS.

Point du tout. Quelque familiérement qu'ils vivent chez lui, tâchant même d'y manger et boire sans s'embarrasser des risques, il ne leur en arrive aucun mal. Les personnes sur lesquelles il aime assouvir sa furie sont celles pour lesquelles il a du penchant[f], celles auxquelles il voudroit donner sa confiance pour peu que leurs cœurs s'ouvrissent au sien, d'anciens amis qu'il regrette[g], et dans lesquels il semble[h] chercher[i] les consolations qui lui manquent : c'est ceux-là qu'il choisit[j] pour les expédier par préférence. Le lien de l'amitié lui pése ; il ne voit avec plaisir que ses ennemis[190].

ROUSSEAU.

On ne doit pas disputer contre les faits[191] ; mais convenez que vous me peignez-là un bien singulier personnage, qui ne fait des livres qu'en

a Même leçon dans L. ; G. et P. *Autant en peut-on dire.*

b Mots biffés dans C. *dans un bois où ~~il y a des~~ l'on sait qu'il y a des voleurs, ~~à moins qu'ils ne soient forcés d'y passer~~ sans que cela fasse* etc.

c L. *laisser les brigands en liberté d'aller leur train, surtout quand pour les contenir il suffit de le vouloir.* P. et G. *laisser ceux-ci en toute liberté d'aller* etc.

d Phrase supprimée dans L., P., G.

e L., G., P. *il a soin de faire ses* etc.

f L., P., G. *de l'estime et du penchant.*

g Même leçon dans L. et G. ; P. *d'anciens amis dont il pleure la défection.*

h C. *semble* est inséré dans l'interligne.

i Mot biffé dans C. *dans lesquels il ~~paroit~~* [?] *chercher.* L. *il semble chercher encor ;* G. et P. *il semble encor chercher.*

j Mots biffés dans C. *qu'il choisit ~~par préférence~~ pour les expédier par préférence.*

faveur de ses ennemis, qui n'empoisonne que ceux qu'il aime[a], et qui fuit les hommes pour leur faire du mal !

Ce qui me paroit encore bien étonnant en tout ceci, c'est comment il se trouve d'honnêtes gens qui veuillent rechercher et hanter[b] un pareil monstre dont l'abord seul devroit leur faire horreur. Que la canaille envoyée par vos Messieurs[c] et faite pour l'espionnage s'empare de lui, voila ce que je comprends sans peine. Je comprends bien encore[d] que trop heureux de trouver quelqu'un qui le veuille souffrir[e], il ne doit pas, lui misantrope avec les honnêtes gens mais à charge à lui-même, se rendre difficile sur les liaisons, qu'il doit voir accueillir rechercher[f] les coquins qui lui ressemblent, pour les engager dans ses dannables complots : eux de leur coté, dans l'espoir de trouver en lui un bon camarade bien endurci et malgré l'effroi qu'on leur a donné de lui, peuvent par l'avantage qu'ils en espèrent s'exposer[g] au risque de le fréquenter. Mais que des gens d'honneur cherchent à se fauxfiler avec lui, voila[h] ce qui me passe. Que lui disent-ils donc ? Quel ton peuvent-ils prendre avec un pareil personnage ? Un aussi grand scelerat peut très bien être un homme vil qui pour aller à ses fins souffre toutes sortes d'outrages et pourvu qu'on lui donne à diner boit les affronts comme l'eau, sans les sentir ou sans en faire semblant. Mais vous m'avouerez qu'un commerce d'insulte et de mépris d'un côté[i], de bassesse et de mensonge de l'autre, ne doit pas être fort attrayant pour d'honnêtes gens.

LE FRANÇOIS.

Ils en sont plus estimables de se sacrifier ainsi pour le bien public[j]. Approcher de ce miserable est une œuvre méritoire quand elle mène à

a L. et P. *qui n'empoisonne que ses amis, qui ne fait des livres qu'en faveur de ses adversaires*. G. *qu'en faveur de ses ennemis.*

b L., P., G. *rechercher, hanter un pareil monstre.*

c Même leçon dans L. et G. ; P. *employée par vos Messieurs.*

d L., G., P. *Je comprends encore.*

e L., P., G. *qui veuille le souffrir.*

f L., G., P. *rechercher avec empressement.*

g Même leçon dans P. ; L. et G. *peuvent malgré l'effroi qu'on leur a donné de lui s'exposer par l'avantage qu'ils en espérent au risque* etc.

h Même leçon dans L. et P. ; G. *voila, Monsieur, ce qui* etc.

i L., P., G. *d'une part.*

j Même leçon dans L. et G. ; P. *pour l'édification publique.*

quelque nouvelle découverte sur son caractére affreux. Un tel caractére tient du prodige, il ne sauroit[a] être assez attesté. Vous comprenez[b] que personne ne l'approche, pour avoir avec lui quelque societé reelle, mais seulement pour tâcher de le surprendre, d'en tirer quelque nouveau trait pour son portrait, quelque nouveau fait pour son histoire, quelque indiscrétion dont on puisse faire usage pour le rendre toujours plus odieux. D'ailleurs comptez-vous pour rien le plaisir de le persifler[192], de lui donner à mots couverts les noms méprisans[c] qu'il mérite, sans qu'il ose ou qu'il [47.] puisse répondre[d] de peur de déceler l'application qu'on le force à s'en faire. C'est un plaisir qu'on peut savourer sans risque : car s'il se fâche, il s'accuse lui-même, et s'il ne se fâche pas, en lui disant ainsi ses vérités indirectement, on se dédomage de la contrainte où l'on est forcé de vivre avec lui en feignant de le prendre pour un honnête homme.

ROUSSEAU.

Je ne sais si ces plaisirs-là sont fort doux, pour moi je ne les trouve pas fort nobles, et je vous crois assez du même avis puisque vous les avez toujours dédaignés. Mais, Monsieur, à ce compte, cet homme chargé de tant de crimes n'a donc jamais été convaincu d'aucun ?

LE FRANÇOIS.

Eh non vraiment. C'est encore un acte de l'extrême bonté dont on use à son égard de lui épargner la honte d'être confondu. Sur tant d'invincibles preuves n'est-il pas completement jugé sans qu'il soit besoin de l'entendre ? Où règne l'évidence du délit la conviction du coupable n'est-elle pas superflue ?[193] Elle ne seroit pour lui qu'une peine de plus. En lui ôtant l'inutile liberté de se défendre, on ne fait que lui ôter celle de mentir et calomnier.

ROUSSEAU.

Ah grâce au Ciel je respire ! Vous soulagez mon cœur d'un grand poids[e] !

---

a L., G., P. *et ne sauroit.*

b Même leçon dans G. ; L. et P. *vous devez comprendre.*

c L., P., G. *les noms injurieux.*

d L., G., P. *sans qu'il ose ou puisse répondre.*

e Même leçon dans L. et P. ; G. *vous delivrez.*

LE FRANÇOIS.

Qu'avez-vous donc ? D'où nait[a] cet épanouissement subit, après l'air morne et pensif qui ne vous a point quitté durant tout cet entretien[194], et si différent de l'air jovial et gai qu'ont tous nos Messieurs quant ils parlent de J.J. et de ses crimes.

ROUSSEAU.

Je vous l'expliquerai, si vous avez la patience de m'entendre ; car ceci demande encor des digressions.

Vous connoissez assez ma destinée pour savoir qu'elle ne m'a guére laissé gouter les prosperités de la vie ; je n'y ai trouvé ni les biens dont les hommes font cas, ni ceux dont j'aurois fait cas moi-même. Vous savez à quel prix elle m'a vendu cette fumée dont ils sont si avides et qui, même eut-elle été plus pure, n'étoit pas l'aliment qu'il falloit à mon cœur. Tant que la fortune ne m'a fait que pauvre je n'ai pas vécu malheureux. J'ai goûté[b] quelquefois de vrais plaisirs dans l'obscurité ; mais je n'en suis sorti que pour tomber dans un gouffre de calamités, et ceux qui m'y ont plongé se sont appliqués à me rendre insupportables les maux qu'ils feignoient de plaindre, et que je n'aurois point connus sans eux. Revenu de cette douce chimére de l'amitié dont la vaine recherche a fait tous les malheurs de ma vie, bien plus revenu des erreurs de l'opinion, dont je suis la victime, ne trouvant plus parmi les hommes ni droiture ni vérité ni aucun de ces sentimens que je crus innés dans leurs ames parce qu'ils l'étoient dans la mienne et sans lesquels toute societé n'est que tromperie et mensonge, je me suis retiré au dedans de moi, et vivant entre moi et la nature, je goutois une douceur infinie à penser que je n'étois pas seul, que je ne conversois pas avec un Etre insensible et mort, que mes maux étoient comptés, [48.] que ma patience étoit connue[c], et que toutes les miséres de ma vie n'étoient que des provisions de dedomagemens et de jouissances pour un meilleur état. Je n'ai jamais adopté la philosophie[d] des heureux du siécle, elle n'est pas faite pour moi : j'en cherchois une plus appropriée à mon cœur, plus consolante dans l'infortune[e], plus

a Même leçon dans L. et P. ; G. *d'où vous nait.*

b C. La distribution de l'accent circonflexe sur le mot 'goût' et ses dérivés est aléatoire dans l'ensemble du manuscrit.

c Même leçon dans L. et P. ; G. *que ma patience étoit mesurée.*

d Même leçon dans L. et G. ; P. *je n'ai jamais gouté la philosophie.*

e L., P., G. *dans l'adversité.*

encourageante pour la vertu. Je la trouvois dans les livres de J.J., j'y puisois des sentimens si conformes à ceux qui m'étoient naturels, j'y voyois tant de rapport[a] avec mes propres dispositions que, seul parmi tous les auteurs que j'ai lus il étoit pour moi le peintre de la nature et l'historien du cœur humain. Je reconnoissois dans ses écrits l'homme tel que je le sentais en moi[b] et leur méditation m'apprenoit à tirer de moi-même la jouissance et le bonheur que tous les autres vont chercher si loin d'eux.

Son exemple m'étoit surtout utile pour nourrir ma confiance dans les sentimens que j'avois conservé[195] seul parmi mes contemporains. J'étois croyant[196], je l'ai toujours été, quoique non pas comme les gens à symboles et à formules[c]. Les hautes idées que j'avois de la divinité me faisoient prendre en dégout les institutions des hommes et les religions factices. Je ne voyois personne penser comme moi, je me sentois seul[d] au milieu de la multitude autant par mes idées que par mes sentimens. Cet état solitaire étoit triste. J.J. vint m'en tirer. Ses livres me fortifierent contre la dérision des esprits forts ; je trouvai ses principes si conformes à mes sentimens, je les voyois naitre de méditations si profondes, je les voyois appuyés de si fortes raisons, que je cessai de craindre, comme on me le crioit sans cesse, qu'ils ne fussent l'ouvrage des prejugés et de l'éducation. Je vis que dans ce siécle où la philosophie ne fait que détruire, cet Auteur seul édifioit avec solidité. Dans tous les autres livres je démelois d'abord l'intérest[e] qui les avoit dictés, et le but personnel que l'Auteur avoit eu en vue. Le seul J.J. me parut chercher la vérité avec droiture et simplicité de cœur : lui seul me parut montrer aux hommes la route du vrai bonheur, en leur apprenant à distinguer la réalité de l'apparence et l'homme de la nature de l'homme factice et fantastique que nos institutions et nos préjugés lui ont substitué ; lui seul enfin[f] me parut dans sa vehemence inspiré par le seul amour du bien public[g] sans esprit de parti sans vue secrette et sans interest personnel. Je trouvois

---

a Mots biffés dans C. *j'y voyois ~~des dispositions si conformes~~ tant de rapports à mes propres dispositions que* etc.

b Mot biffé dans C. *tel que je le sentois en moi-~~même~~*. L. et P. *tel que je le trouvois en moi*. G. *l'homme que je retrouvois en moi.*

c Même leçon dans G. ; L. et P. *à formules et à symboles.*

d Même leçon dans L. et P. ; G. *je me trouvois seul.*

e L., G., P. *la passion qui les avoit dictés.*

f L., P., G. *lui seul en un mot.*

g L., G., P. *du bien public, sans vue secrete* etc.

d'ailleurs sa vie et ses maximes si bien d'accord, que je me confirmois dans les miennes et j'y prenois plus de confiance par l'exemple d'un penseur qui les médita si longtems, d'un écrivain qui détaché de tout parti[a] et ne voulant former ni suivre aucune secte ne pouvoit avoir dans ses recherches d'autre intérest[b] que celui de la vérité. Sur toutes ces idées je me faisois un plan de vie dont son commerce auroit fait le charme, et moi à qui ce simulacre de societé dont les hommes se contentent n'offroit[c] depuis longtems qu'une fausse apparence, sans réalité sans vérité ans attachement sans aucun véritable accord de sentimens ni d'idées, et plus digne de mon mépris que de mon [49.] empressement, je me livrois à l'espoir de retrouver en lui tout ce que[d] j'avois perdu, de gouter encore les douceurs d'une amitié sincére, et de me nourrir encore avec lui[e] de ces grandes et[f] ravissantes[g] contemplations qui font la meilleure jouissance de cette vie, et la seule consolation solide qu'on trouve dans l'adversité.

J'étois plein de ces sentimens, et vous l'avez dû[h] connoitre, quand avec vos cruelles confidences vous étes venu resserrer mon cœur, et en chasser les douces illusions auxquelles il étoit prêt à s'ouvrir encore. Non vous ne connoitrez jamais à quel point vous l'avez déchiré. Il faudroit pour cela sentir à combien de celestes idées tenoient[i] celles[j] que vous avez détruites. Je touchois au moment d'être heureux en dépit du sort et des hommes, et vous me replongez[k] dans toute ma misere ; vous m'ôtez toutes les espérances qui me la faisoient supporter. Un seul homme pensant comme moi nourrissoit ma confiance, un seul homme vertueux[l] me faisoit croire à la vertu, m'animoit à la chérir à l'adorer[m],

a L., P., G. *qui méprisant l'esprit de parti.*

b L. et P. *d'autre intérest que l'intérest de tous et celui de la vérité.* G. *que l'intérest public et celui de la vérité.*

c L., G., P. *et moi à qui la societé des hommes n'offre depuis longtems qu'une fausse* etc.

d Même leçon dans G. et P. ; L. *ce que j'avois perdu.*

e Même leçon dans G. ; L. et P. *de me nourrir avec lui.*

f Mot biffé dans C. *de ces grandes et ~~douces~~ contemplations.*

g C. *ravissantes* est inséré dans l'interligne.

h L., P., G. *et vous l'avez pu.*

i Mots biffés illisible dans C. *tenoient ~~xxxxxxx~~ que vous avez détruites.*

j C. *celles* est inséré dans l'interligne.

k L., G., P. *et vous me replongez pour jamais dans toute ma misére.*

l Même leçon dans L. ; P. et G. *vraiment vertueux.* (Dans P. « vraiment » est inséré dans l'interligne supérieur).

m L., P., G. *à l'idolâtrer.* (P. omet « m'animoit »).

à tout espérer d'elle ; et voila qu'en m'ôtant cet appui vous me laissez seul sur la terre englouti dans un gouffre d'iniquités[a][197], sans qu'il me reste la moindre lueur d'espoir[b] dans cette vie, et prêt à perdre encore celui de retrouver dans un meilleur ordre de choses le dédomagement de tout ce que j'ai souffert dans celui-ci.

Vos premiéres déclarations me bouleverserent ; l'appui de vos preuves me les rendit plus accablantes[c], et vous navrâtes mon ame de la plus amère douleur que j'aye jamais sentie[d]. Lorsqu'entrant ensuite dans le détail des manœuvres systematiques dont ce malheureux homme est l'objet, vous m'avez développé le plan de conduite à son égard tracé par l'Auteur de ces découvertes[e], mon attention partagée a rendu ma surprise plus grande et mon affliction moins vive. J'ai trouvé toutes ces manœuvres si cauteleuses, si pleines de ruse et d'astuce ; que je n'ai pu prendre de ceux qui s'en font une régle[f] la haute opinion que vous vouliez m'en donner, et lorsque vous les combliez d'éloges je sentois mon cœur en murmurer malgré moi. J'admirois[198] comment d'aussi nobles motifs pouvoient inspirer[g] des pratiques aussi basses, comment la fausseté la trahison le mensonge pouvoient être devenus des instrumens de bienfaisance et de charité ; comment enfin toutes ces marches obliques[h] pouvoient s'allier avec la droiture. Avois-je tort ? voyez vous-même, et rappellez-vous tout ce que vous m'avez dit. Ah convenez du moins que tant d'envelopes tenebreuses sont un manteau bien étrange pour la vertu !

La force de vos preuves l'emportoit néanmoins sur tous les soupçons que ces machinations pouvoient m'inspirer. Je voyois qu'après tout cette bizarre conduite, toute choquante qu'elle me paroissoit, n'en étoit pas moins une œuvre de miséricorde, et que voulant épargner à un scelerat les[i] traitemens qu'il avoit mérités, il falloit bien prendre des précautions extraordinaires[j] pour prévenir le scandale de cette indulgence, et la

a P. *englouti pour toujours dans un gouffre de trahisons*. L. et G. *englouti dans un gouffre de maux*.
b C. *d'espoir* est inséré dans l'interligne.
c Même leçon dans G. et P. ; L. *me les rendit accablantes*.
d L., P., G. *des plus améres douleurs que j'aye jamais senties*.
e L., G., P. *de ces découvertes, et fidellement suivi par tout le monde*.
f Même leçon dans P. ; L. et G. *qui s'en font un système*.
g L., P., G. *pouvoient dicter*.
h Même leçon dans P. ; L. *toutes ces démarches obliques*. G. *tant de marches obliques*.
i Même leçon dans L. et P. ; G. *des traitemens*.
j Même leçon dans L. ; G. *des précautions extraordinaires pour*. P. *prendre des précautions pour*. La leçon de l'édition de La Pléiade : « prendre les précautions extraordinaires », est fausse.

mettre à un prix qui ne tentât [50.] ni d'autres d'en obtenir une pareille ni lui-même d'en abuser. Voyant ainsi tout le monde s'empresser à l'envi de le rassasier d'indignités et d'opprobres[a], loin de le plaindre je le méprisois davantage d'acheter si lâchement l'impunité au prix d'un pareil destin.

Vous m'avez répété tout cela bien des fois, et je me le disois après vous en gémissant. L'angoisse de mon cœur n'empêchoit pas ma raison d'être subjuguée, et de cet assentiment que j'étois forcé de vous donner résultoit la situation d'ame la plus cruelle pour un honnête homme infortuné à qui l'on arrache[b] impitoyablement toutes les consolations toutes les ressources toutes les douces erreurs[c] qui lui rendoient ses maux supportables.

Un trait de lumiére est venu me rendre tout cela dans un instant. Quand j'ai pensé, quand vous m'avez confirmé vous-même que cet homme si indignement traité pour tant de crimes atroces[199] n'avoit été convaincu d'aucun, vous avez d'un seul mot renversé toutes vos preuves, et si je n'ai pas vu l'imposture où vous prétendez voir l'évidence cette *évidence* au moins a tellement disparu à mes yeux[200], que dans tout ce que vous m'aviez démontré, je ne vois plus qu'un *problême*[d] insoluble[e], un mistère effrayant impénétrable, et que[f] la seule conviction du coupable peut éclaircir à mes yeux.

Nous pensons bien differemment, Monsieur, vous et moi sur cet article. Selon vous l'évidence des crimes supplée à cette conviction, et selon moi cette évidence consiste si essenciellement dans cette conviction même qu'elle ne peut exister sans elle. Tant qu'on n'a pas entendu l'accusé, les preuves qui le condannent[201], quelque fortes qu'elles soyent[g], quelque convaincantes qu'elles paroissent manquent du sceau qui peut les rendre[h] telles, même lorsqu'il n'a pas été possible d'entendre l'accusé, comme lorsqu'on fait le procés à la mémoire d'un mort[202] ; car en présumant qu'il n'auroit rien eu à répondre, on peut avoir raison ; mais on a tort

---

a L., G., P. *d'opprobres et d'indignités.*

b L., P., G. *auquel on arrache impitoyablement.*

c Même leçon dans L. ; G. et P. *toutes les consolations, toutes les ressources, toutes les espérances.*

d C. *problême* est inséré dans l'interligne.

e Mot biffé dans C. *qu'un ~~mistére~~ insoluble.*

f L., P., G. *impénétrable, que la seule* etc.

g C. *qu'elles soyent* est inséré dans l'interligne.

h L. et G. *du sceau qui peut les montrer telles.* P. *du sceau qui peut seul les montrer telles.*

de changer cette presomption en certitude pour le condanner[203], et il n'est permis de punir le crime que quand il ne reste aucun moyen d'en douter[a]. Mais quand on vient jusqu'à refuser d'entendre l'accusé vivant et présent[204], bien que la chose soit possible et facile, quand on prend des mesures extraordinaires pour l'empêcher de parler, quand on lui cache avec le plus grand soin l'accusation l'accusateur et les preuves ; dès lors toutes ces preuves devenues suspectes perdent toute leur force dans mon esprit[b] ; n'oser les exposer[c] à l'épreuve qui les confirme, c'est me faire présumer qu'elles ne la soutiendroient pas. Ce grand principe, base et sceau de toute justice[205], sans lequel la societé humaine crouleroit par ses fondemens est si sacré si inviolable, dans la pratique que quand[d] toute la ville auroit vu un homme en assassiner un autre dans la place publique, encor ne puniroit-on point le coupable[e] sans l'avoir préalablement entendu[206].

LE FRANÇOIS.

Hé quoi, des formalités judiciaires qui doivent être générales et sans exception dans les tribunaux quoique souvent superflues, font-elles loi dans des cas de grâce et de bénignité comme celui-ci ? D'ailleurs l'omission [51.] de ces formalités peut-elle changer la nature des choses, rendre obscur ce qui est évident, faire que ce qui est démontré cesse de l'être[f], et dans l'exemple que vous venez de proposer, le délit seroit-il moins avéré, le prévenu seroit-il moins coupable quand on négligeroit de l'entendre, et sur la seule notoriété du fait[207] quand on l'auroit roué[g] sans tous ces interrogatoires d'usage[208], en seroit-on moins assuré[h] d'avoir puni justement un assassin[209] ? Enfin toutes ces formes établies pour constater les délits particuliers[i] sont-elles necessaires à l'égard d'un monstre dont la vie n'est qu'un tissu de crimes, et reconnu de toute la

---

a C. *et il n'est permis de punir le crime que quand il ne reste aucun moyen d'en douter.* est inséré dans l'interligne.

b L., G., P. *sur mon esprit.*

c L., P., G. *n'oser les soumettre.*

d Même leçon dans L. et G. ; P. supprime « dans la pratique » : *si inviolable que* etc.

e L., G., P. *l'assassin.*

f L., P., G. *faire que ce qui est démontré cesse de l'être, rendre obscur ce qui est évident, et, dans l'exemple* etc.

g L., G., P. *et quand sur la seule notoriété du fait on l'auroit roué.*

h L. et G. *moins sûr.* P. *moins certain.*

i L., G., P. *les délits ordinaires.*

terre pour être la honte et l'opprobre de l'humanité[210] ? Celui qui n'a rien d'humain mérite-t-il qu'on le traite en homme ?

ROUSSEAU.

Vous me faites frémir ! Est-ce vous qui parlez[a] ? Si je le croyois je fuirois au lieu de répondre. Mais non, je vous connois trop bien. Discutons de sang-froid avec vos Messieurs ces questions importantes d'où depend avec tout l'ordre social[b] la conservation du genre humain. D'après eux vous parlez toujours de clémence et de grace : Mais avant d'examiner quelle est cette grace, il faudroit voir d'abord si c'en est ici le cas et comment elle y peut avoir lieu. Le droit de faire grace suppose celui de punir et par consequent la préalable conviction du coupable[211]. Voila prémiérement de quoi il s'agit.

Vous prétendez que cette conviction devient superflue où règne l'évidence, et moi je pense au contraire que l'évidence[c] ne peut résulter que de la conviction du coupable, et qu'on ne peut prononcer sur la force des preuves qui le condannent qu'après l'avoir entendu. La raison en est que pour faire sortir aux yeux des hommes la vérité du sein des passions, il faut que ces passions se combattent, s'entrechoquent[d], et que celle[e] qui accuse trouve un contrepoids égal dans celle qui deffend, afin que la raison seule et la justice rompe[212] l'équilibre et fasse pencher la balance. Quand un homme se fait le délateur d'un autre il est probable il est presque sûr qu'il est mû par quelque passion secrette qu'il a grand soin de déguiser : Mais quelque raison qui le détermine, et fut-ce même un motif de pure vertu, toujours est-il certain que du moment qu'il accuse il est animé du vif désir de montrer l'accusé coupable, ne fut-ce qu'afin de ne pas passer pour calomniateur ; et comme d'ailleurs il a pris à loisir toutes ses mesures, qu'il s'est donné tout le tems d'arranger ses machines[213] et de concerter[214] ses moyens et ses preuves, le moins qu'on puisse faire[f] est de les exposer à l'éxamen et aux réponses de l'accusé[215] qui seul a un interest suffisant de les éxaminer avec toute l'attention possible, et qui seul encore peut donner les éclaircissemens nécessaires pour en bien

a L., P., G. *qui parlez ainsi ?*

b Même leçon dans L. et P. ; G. *avec le maintien de l'ordre social.*

c Même leçon dans L. et P. ; G. *au contraire qu'en fait de délit l'évidence* etc.

d L., P., G. *s'entrechoquent, se combattent.*

e Même leçon dans G. et P. ; L. *se combattent, que celle qui* etc.

f L., P., G. *qu'on puisse faire pour se garantir de surprise.*

juger[#]. De cette action et réaction et du choc de ces intérêts opposés doit naturellement sortir aux yeux du juge la lumiére de la vérité ; c'en est du moins le meilleur moyen [52.] qui soit en sa puissance. Mais si l'un de ces intérests agit seul avec toute sa force, et que le contrepoids de l'autre manque, comment l'équilibre restera-t-il dans la balance ? Le juge, que je veux supposer tranquille, impartial, uniquement[a] animé[b] de l'amour de la justice, qui communément n'inspire pas de grands efforts pour l'intérest d'autrui, comment s'assurera-t-il d'avoir bien[c] distingué des faits exactement vrais, ceux[d] que l'accusateur[e] controuve[216] ou qu'il colore à sa fantaisie, d'avoir même deviné ceux qu'il tait et qui changent l'effet de ceux qu'il expose ? quel est l'homme[f] qui non moins sûr de sa pénétration que de sa vertu s'ose donner pour ce juge-là ? Il faut pour remplir avec tant de confiance un devoir si téméraire qu'il se sente l'infaillibilité d'un Dieu. Que seroit-ce[g] si, au lieu de supposer ici un juge parfaitement intégre et sans passion, je le supposois animé d'un desir secret de trouver l'accusé coupable, et ne cherchant que des moyens plausibles pour justifier sa partialité à ses propres yeux ?[217]

Cette seconde supposition pourroit avoir plus d'une application dans le cas particulier qui nous occupe : mais n'en cherchons point d'autre que la celebrité d'un auteur dont les succés passés blessent[h] l'amour propre de ceux qui n'en peuvent obtenir de pareils. Tel applaudit à la gloire d'un homme qu'il n'a nul espoir d'offusquer, qui travailleroit bien vite à lui faire payer cher l'éclat qu'il peut avoir de plus que lui pour peu qu'il vit de jour à y reussir. Dès qu'un homme a eu le malheur de se distinguer à certain point, à moins qu'il ne se fasse craindre ou qu'il ne tienne à quelque parti, il ne doit plus compter sur l'équité des autres

---

\# C'est par une semblable raison que la déposition des témoins en quelque nombre qu'ils puissent être, ne fait preuve qu'après leur confrontation. (Note insérée au corps du texte dans L., P., G., entre « pour en bien juger » et « De cette action et réaction », avec cette correction : *n'a de poids qu'après leur confrontation.*)

a Mots biffés illisibles dans C. *uniquement ~~xxxxx~~ de l'amour* etc.

b C. *animé* est inséré dans l'interligne.

c L. et G. *d'avoir bien pesé le pour et le contre, d'avoir bien pénétré par lui seul tous les artifices de l'accusateur, d'avoir bien démêlé des faits exactement vrais ceux qu'il controuve, qu'il altère* etc. P. *d'avoir bien démêlé d'avec les faits exactement vrais ceux qu'il controuve*, etc.

d Mots biffés dans C. *ceux ~~qu'il~~ controuve ~~qu'il~~ altère ou ~~qu'il~~ colore.*

e C. *que l'accusateur* est inséré dans l'interligne.

f L., P., G. *l'homme audacieux.*

g Cette phrase forme un bref alinéa dans L. et G.

h Même leçon dans G. ; L. et P. *dont les succés blessent.*

à son égard, et ce sera beaucoup si ceux-mêmes qui sont plus celebres que lui lui pardonnent la petite portion qu'on lui laisse[a] du bruit qu'ils voudroient faire tout seuls.

Je n'ajoûterai rien de plus. Je ne veux parler ici qu'à vôtre raison : cherchez à ce que je viens de vous dire quelque réponse[b] dont elle soit contente, et je me tais. En attendant, voici ma conclusion. Il est toujours injuste et téméraire de juger un accusé tel qu'il soit sans l'entendre[c] ; mais quiconque jugeant un homme qui a fait du bruit dans le monde, le juge, non seulement sans vouloir l'entendre[d], mais se cache de lui pour le juger, quelque prétexte spécieux qu'il allegue et fut-il vraiment vertueux[e], fut-il un ange sur la terre, qu'il rentre bien en lui-même, l'iniquité, sans qu'il s'en doute, est cachée au fond de son cœur.

Etranger, sans parens sans appui seul abbandonné de tous haï trahi[f] du plus grand nombre J.J. est à tous égards dans la pire position[g] où l'on puisse être pour être jugé équitablement. Cependant dans les jugemens sans appel qui le condannent à l'infamie, qui est-ce qui[h] s'est donné la peine d'éxaminer les accusations et les preuves[i] avec cette sollicitude et ce zèle[j] et ce soin que peut seul ins[53.]pirer l'interest de soi-même ou de son ami[k] ?

LE FRANÇOIS.

Mais vous même qui vouliez si fort être le sien[l], n'avez-vous pas été réduit au silence par les preuves dont j'étois armé ?

ROUSSEAU.

Avois-je les lumiéres necessaires pour les apprecier et distinguer à travers tant de trames[218] obscures les fausses couleurs qu'on a pu leur

a Même leçon dans P. ; L. *qui lui reste*. G. *qu'il a*.
b Même leçon dans L. et P. ; G. *une réponse*.
c L., G., P. *sans vouloir l'entendre*.
d L. et P. *non seulement refuse de l'entendre*. G. *non seulement le juge sans l'entendre, mais se cache* etc.
e Même leçon dans L. et P. ; G. *vraiment juste et vertueux*.
f Même leçon dans L. et P. ; G. *abbandonné de tous, trahi* etc.
g Même leçon dans L. et P. ; G. *J.J. est dans la pire position*.
h L., G., P. *qui est-ce qui a pris sa défense et parlé pour lui, qui est-ce qui s'est donné* etc.
i Même leçon dans L. ; P. *les accusations les preuves*. G. *l'accusation, les accusateurs, les preuves*.
j Même leçon dans G. ; L. et P. *avec ce zèle que peut seul* etc.
k L., P., G. *ou de son plus intime ami*.
l Même leçon dans G. ; L. et P. *qui vouliez être le sien*.

donner ? Suis-je au fait des détails qu'il faudroit connoitre ? Puis-je deviner les éclaircissemens, les objections les solutions que pourroit donner[a] l'accusé sur des faits dont lui seul est assez instruit ? D'un mot peut-être il eut levé des voiles impénétrables aux yeux de tout autre, et jeté du jour sur des manœuvres que nul mortel ne découvrira[b] jamais. Je me suis pas rendu[c] parce que j'étois réduit au silence, mais parce que je l'y croyois réduit lui-même. Je n'ai rien, je l'avoue, à répondre à vos preuves. Mais si vous étiez seul isolé[d] sur la terre sans deffense et sans deffenseur ; et depuis quinze ans[e] en proye à vos seuls ennemis[f] comme J.J., on pourroit sans peine me prouver de vous[g] tout ce que vous m'avez prouvé de lui, sans que j'eusse rien non plus à repondre. En seroit-ce assez pour vous juger sans appel et sans vouloir vous écouter ?

Monsieur, c'est ici depuis que le monde existe la prémiere fois qu'on a violé si ouvertement si publiquement la premiere et la plus sainte des loix sociales[219], celle sans laquelle il n'y a plus de sureté pour l'innocence parmi les hommes. Quoiqu'on en puisse dire, il est faux qu'une violation si solennelle[h] puisse avoir jamais pour objet[i] l'intérest de l'accusé, il n'y a que celui des accusateurs et même un intérest très pressant qui puisse les y déterminer, et il n'y a que la passion des juges qui puisse les faire passer outre malgré l'infraction de cette loi ; jamais ils ne souffriroient cette infraction s'ils craignoient[j] d'être injustes. Non il n'y a point, je ne dis pas seulement de juge[k] éclairé mais d'homme de bon sens qui, sur les mesures prises avec tant d'inquietude et de soin pour cacher à l'accusé l'accusation les témoins les preuves, ne sente que tout cela ne peut[l] dans aucun cas possible[m] s'expliquer raisonnablement que par l'imposture de l'accusateur.

a Même leçon dans G. ; L. et P. *que pourroit fournir.*
b L. *ne démêlera*. G. et P. *ne débrouillera*.
c L., G., P. *Je me suis rendu non parce que* etc.
d L., P., G. *si vous étiez isolé.*
e Même leçon dans P. ; L. et G. *depuis vingt ans.*
f Même leçon dans L. ; G. et P. *en proye à vos ennemis.*
g L., P., G. *me prouver de vous en secret ce que* etc.
h Même leçon dans L. ; G. et P. *si criminelle.*
i Même leçon dans L. et P. ; G. *pour motif.*
j Même leçon dans P. ; L. et G. *s'ils redoutoient.*
k Même leçon dans L. et P. ; G. *je ne dis pas, de juge éclairé, mais* etc.
l C. *tout cela ne peut* est inséré dans l'interligne.
m Mots biffés illisibles dans C. *aucun cas possible* ~~xxxxxxx~~ *s'expliquer.*

Vous demandez néanmoins quel inconvenient il y auroit, quand le crime est évident, à rouer l'accusé sans l'entendre[220] ? Et moi je vous demande en réponse quel est l'homme, quel est le juge assez hardi pour prononcer de son chef sur cette évidence et oser condanner à mort un accusé convaincu selon toutes les formes judiciaires[a], après tant d'exemples funestes d'innocens bien interrogés, bien entendus, bien confrontés, bien jugés selon toutes ces mêmes[b] formes[c], et mis à mort avec la plus grande confiance pour des crimes qu'ils n'avoient point commis[221] ? Vous demandez quel inconvenient il y auroit quand le crime est [54.] évident, à rouer l'accusé sans l'entendre ? Je réponds que votre supposition est[d] contradictoire et impossible[e] [222] puisque, l'évidence du crime consiste essenciellement dans la conviction de l'accusé, que toute autre[f] évidence ou notoriété[g] [223] peut être fausse illusoire[h] et causer le supplice d'un innocent. En faut-il confirmer les raisons par des exemples. Par malheur ils ne nous manqueront pas. En voici un tout récent tiré de la gazette de Leyde et qui mérite d'être cité. Un homme accusé dans un tribunal[i] d'Angleterre d'un délit[j] notoire, attesté[k] par un témoignage public et unanime, se défendit par un alibi[l] bien singulier. Il soutint et prouva que le même jour et à la même heure où l'on disoit l'avoir vu[m] commettre le crime, il étoit en personne occupé à se deffendre devant un autre tribunal et dans une autre ville d'une accusation toute semblable. Ce fait parfaitement attesté[n] mit les juges dans un étrange embarras. A force de recherches et d'enquêtes dont assurement on ne se seroit pas

a L., P., G. *pour oser condanner à mort un accusé convaincu selon toutes les formes judiciaires, après tant* etc.

b C. *ces mêmes* est inséré dans l'interligne.

c Mot biffé dans C. *selon toutes ~~les~~ formes*. L. *bien interrogés bien confrontés bien ouis, bien jugés selon toutes ces mêmes formes, et sur une évidence prétendue mis à mort* etc. G. et P. *selon toutes les formes, et sur une évidence prétendue mis à mort etc.*

d Mot biffé dans C. *est contradictoire et ~~fausse~~ impossible.*

e Même leçon dans P. ; L. *que votre supposition est impossible et contradictoire dans les termes, puisque l'évidence*, etc. G. *contradictoire dans les termes, parce que* etc.

f L., G., P. *et que toute autre évidence ou notoriété peut être fausse*, etc.

g C. *ou notoriété* est inséré dans l'interligne.

h Même leçon dans G. et P. ; L. *peut être illusoire fausse et causer* etc.

i Même leçon dans L. et G. ; P. *devant un tribunal.*

j Séquence biffée dans C. *d'un délit ~~xxxxxxxxxxxxxxet présumé~~ par un témoignage* etc.

k C. *notoire, attesté* est inséré dans l'interligne.

l « alibi » souligné dans L. et G.

m L., G., P. *où on l'avoit vu commettre* etc.

n L., P., G. *ce fait non moins parfaitement attesté.*

avisé sans cela, on découvrit enfin que les délits attribués à cet accusé avoient été commis par un homme[a] si semblable à lui de taille de figure et de traits qu'on avoit constamment pris l'un pour l'autre. Voila ce qu'on n'eut point découvert si sur une prétendue[b] notoriété[c] on se fut pressé d'expédier cet homme sans daigner l'écouter[224], et vous voyez comment, cet usage une fois admis il pourroit aller de la vie à mettre un habit d'une couleur plustot que d'une autre.

Autre article encore plus récent tiré de la Gazette de France du 31 octobre 1774. « Un malheureux », disent les lettres de Londres, « alloit subir le dernier supplice et il étoit déja monté sur l'échaffaut, quand un spectateur perçant la foule cria de suspendre l'éxecution, se déclara l'auteur du crime pour lequel cet infortuné avoit été condamné, ajoutant que sa conscience troublée[d] ne lui permettoit pas en ce moment de sauver sa vie aux dépends de l'innocent. Après une nouvelle instruction de l'affaire, le condanné[e] a été renvoyé absout et le Roi a cru devoir faire grace au coupable en faveur de sa générosité. » Vous n'avez pas besoin, je crois, de mes reflexions sur cette nouvelle instruction de l'affaire, et sur la prémiére, en vertu de laquelle l'innocent avoit été condamné à mort.

Vous avez sans doute ouï parler de cet autre jugement où sur la prétendue évidence du crime, onze pairs ayant condanné l'accusé, le douzième aima mieux s'exposer à mourir de faim avec ses collègues que de joindre sa voix aux leurs, et cela, comme il l'avoua longtems après[f], parce qu'il avoit lui-même commis le crime dont l'autre passoit pour l'auteur[g]. Ces exemples sont plus fréquens en Angleterre où les procès criminels[h] se font publiquement, au lieu qu'en France où tout se passe dans le plus effrayant mistère, les foibles sont livrés sans scandale aux vengeances des puissans, et les procédures, toujours ignorées du public, restent[i], ainsi que l'erreur

a L., G., P. *par un autre homme moins connu mais si semblable* etc.

b Mot biffé dans C. *sur une prétendue ~~évidence~~*. L. et P. *sur une prétendue évidence*. G. *sur cette prétendue notoriété.*

c C. *notoriété* est inséré dans l'interligne.

d L., G., P. *que sa conscience troublée (cet homme apparemment n'étoit pas philosophe) ne lui permettoit pas* etc.

e L., P., G. *le condanné, continue l'article, a été* etc.

f Même leçon dans L. et P. ; G. *comme il l'avoua dans la suite.*

g L., P., G. *paroissait évidemment coupable.*

h L., G., P. *où les procédures criminelles.*

i Même leçon dans P. ; L. et G. *ou falsifiées pour le tromper.*

ou l'iniquité des juges dans un secret éternel[225], à moins que quelque évenement [55.] extraordinaire ne les en tire.

C'en est un de cette espéce qui me rappelle chaque jour ces idées à mon réveil. Tous les matins avant le jour la Messe de la Pie que j'entends sonner à St-Eustache[226] me semble un avertissement bien solennel à tous les juges et à tous les hommes d'avoir une confiance moins téméraire en leurs lumiéres, d'opprimer et mépriser moins la foiblesse, de croire un peu plus à l'innocence, d'y prendre un peu plus d'intérest, de ménager un peu plus la vie et l'honneur de leurs semblables, et enfin de craindre quelquefois que tant d'ardeur à punir les crimes ne leur en fasse commettre à eux-mêmes de bien affreux. Que la singularité des cas cités[a] les rende uniques chacun dans son espéce[b], qu'importe ? Combien d'autres cas non moins imprévus[c] peuvent être aussi singuliers dans la leur ? Où est celui qui sait déterminer tous les cas possibles où les hommes, abusés par une fausse apparence, peuvent prendre l'erreur pour la vérité[d] ? Quel est l'audacieux qui, lorsqu'il s'agit de juger capitalement un homme, passe en avant et le condanne sans avoir pris toutes les précautions possibles pour se garantir des piéges du mensonge et des illusions de l'erreur ? Quel est le juge insensé ou barbare qui refuse à l'accusé la déclaration de son crime, et le droit sacré d'être entendu[e] dans sa deffense, droit qui, loin de le garantir d'être convaincu si l'évidence est telle qu'on la suppose, très souvent ne suffit pas même pour empêcher le juge de voir cette évidence dans l'imposture et de verser le sang innocent[f]. Osez-vous croire que les Tribunaux abondent en précautions superflues pour protéger[g] l'innocence ? Eh qui ne sait[h] que loin de s'y soucier de savoir si

a L. et P. *des cas cités.* G. *des cas que je viens de citer.*

b L., G., P. *dans son espéce, qu'on les dispute, qu'on les nie enfin si l'on veut, combien* etc.

c L., P., G. *non moins imprévus, non moins possibles peuvent être* etc.

d L. *Où est l'homme qui sait déterminer tous les cas où les juges, abusés par une fausse apparence, peuvent prendre l'erreur pour la vérité.* P. *Où est l'homme qui sait déterminer avec certitude tous les cas où les juges trompés par une fausse apparence peuvent prendre l'imposture pour l'évidence et l'erreur pour la vérité.* G. Même leçon que P. mais introduite par *« Où est celui »*. (Dans P., le segment « l'imposture pour l'évidence et » est inséré dans l'interligne au-dessus de « prendre^l'erreur »).

e L., G., P. *le juge barbare qui refusant à l'accusé la déclaration de son crime, le dépouille du droit sacré* etc.

f G. *de voir cette évidence dans l'imposture et de verser le sang innocent même après avoir entendu l'accusé.* L. et P. *de voir la vérité dans le mensonge, et de verser le sang innocent même après avoir entendu l'accusé.*

g L., P., G. *pour la sureté de l'innocence.*

h Même leçon dans L. et P. ; G. *qui ne sait au contraire que.*

un accusé est innocent et de chercher à le trouver tel, on n'y cherche[a] au contraire qu'à le trouver[b] coupable à tout prix[227], et qu'à lui ôter pour sa deffense tous les moyens qui ne lui sont pas formellement octroyés[c] par la loi ; tellement que si dans quelque cas singulier il se trouve une circonstance essencielle qu'elle n'ait pas prévue, c'est au prévenu quoiqu'innocent d'expier[d] cet oubli par son supplice ? Ignorez-vous que ce qui flatte le plus les juges est d'avoir des victimes à tourmenter, qu'ils aimeroient mieux faire périr cent innocens que de laisser échapper un coupable, et que s'ils pouvoient trouver de quoi condanner un homme dans toutes les formes, quoique persuadés de son innocence, ils s'empresseroient[e] de le faire périr en l'honneur de la loi. Ils s'affligent de la justification d'un accusé comme d'une perte réelle ; avides de sang à répandre, ils voyent à regret échapper de leurs mains la proye qu'ils s'étoient promise, et n'épargnent rien de ce qu'ils peuvent faire impunement pour que ce malheur ne leur arrive pas. Grandier, Calas, Langlade[228], et cent autres ont fait du bruit par des circonstances fortuites ; mais quelle foule d'infortunés sont les victimes de l'erreur ou de la cruauté des juges, sans que l'innocence étouffée sous des monceaux de procedures vienne jamais au [56.] grand jour ou n'y vienne que par hazard, longtems après la mort des accusés, et lorsque personne ne prend plus d'interest à leur sort. Tout nous montre ou nous fait sentir l'insuffisance des loix et l'indifférence des juges pour la protection des innocens accusés déja punis avant le jugement par les rigueurs du cachot et des fers, et à qui souvent on arrache à force de tourmens l'aveu des crimes qu'ils n'ont pas commis[229] ; et vous, comme si les formes établies et trop souvent inutiles étoient encore superflues, vous demandez quel inconvénient il y auroit, quand le crime est évident, à rouer l'accusé[230] sans l'entendre ? Allez, Monsieur, cette question n'avoit besoin de ma part d'aucune réponse[f]…, et si, quand vous la faisiez elle eut été sérieuse, les murmures de votre cœur y auroient assez répondu.

Mais si jamais cette forme si sacrée et si necessaire pouvoit être omise à l'égard de quelque scelerat dès longtems reconnu pour tel[g] et jugé par

a Même leçon dans L. et P. ; G. *on ne s'y occupe au contraire.*

b L., P., G. *qu'à tâcher de le trouver coupable* etc.

c Même leçon dans L. et P. ; G. *pas formellement accordés par la loi.*

d L., G., P. *c'est au prévenu d'expier, quoique innocent*, etc.

e Même leçon dans L. et P. ; G. *ils se hâteroient.*

f Points de suspension supprimés dans L., P., G.

g L., G., P. *reconnu tel de tous les tems.*

la voix publique avant qu'on lui imputât quelque fait[a] particulier dont il eut à se deffendre[b], que puis-je penser de la voir écartée avec tant de sollicitude et de vigilance du jugement[c] où elle étoit le plus indispensable, de celui d'un homme accusé tout d'un coup d'être un monstre abominable, après avoir joui quarante ans de l'estime publique et de la bienveillance de tous ceux qui l'ont connu ? Est-il naturel, est-il juste, est-il raisonnable[d] de choisir seul pour refuser de l'entendre, celui qu'il faudroit choisir pour l'entendre par préférence[e], quand on se permettroit de négliger pour d'autres une aussi sainte formalité ? Je ne puis vous cacher qu'une sécurité si cruelle et si téméraire me déplait et me choque dans ceux qui s'y livrent avec tant de confiance, pour ne pas dire avec tant de plaisir. Si dans l'année 1751[231] quelqu'un eut prédit cette légére et dédaigneuse[f] façon de juger un homme alors si universellement estimé, personne ne l'eut pu croire, et si le public regardoit de sang froid le chemin qu'on lui a fait faire pour l'amener à cette étrange persuasion[g], il seroit étonné lui-même de voir les sentiers tortueux et tenebreux par lesquels on l'a conduit insensiblement jusques-là sans qu'il s'en soit apperçû.

Vous dites que les précautions prescrittes par le bon sens et l'équité avec les hommes ordinaires sont superflues avec un pareil monstre[232], qu'ayant foulé aux pieds toute justice et toute humanité il est indigne qu'on s'assujetisse en sa faveur aux régles qu'elles inspirent, que la multitude et l'énormité de ses crimes est telle que la conviction de chacun en particulier entraineroit dans des discussions immenses que l'évidence de tous rend superflues[233].

Quoi ! parce que vous me forgez un monstre tel qu'il n'en exista jamais, vous voulez vous dispenser de la preuve qui doit mettre le sceau à toutes les autres ![234] mais qui jamais a prétendu que l'absurdité d'un fait lui servit de preuve, et qu'il suffit pour en établir la vérité de montrer qu'il est incroyable ? Quelle porte large et facile vous ouvrez à la calomnie et à l'imposture, si pour avoir droit de juger définitivement

a L., P., G. *aucun fait particulier.*
b Même leçon dans G. ; L. et P. *dont il eut à se justifier.*
c L., G., P. *du jugement du monde où* etc.
d Même leçon dans P. ; L. et G. *Est-il naturel, est-il raisonnable, est-il juste.*
e Même leçon dans L. et P. ; G. *celui qu'il faudroit entendre par préference.*
f Même leçon dans G. ; L. et P. *cette leste et dédaigneuse.*
g Même leçon dans L. et P. ; G. *pour l'amener par degrés à cette étrange persuasion.*

[57.] un homme à son insçu et en se cachant de lui il suffit de multiplier de charger les accusations, de les rendre noires jusqu'à faire horreur, en sorte que moins elles seront vraisemblables, et plus on devra leur ajouter de foi. Je ne doute point qu'un homme coupable d'un crime ne soit capable de cent, mais ce que je sais mieux encore[a] c'est qu'un homme accusé de cent crimes peut n'être coupable d'aucun. Entasser les accusations[b] n'est pas convaincre et n'en sauroit dispenser. La même raison qui selon vous, rend sa conviction superflue en est une de plus, selon moi, pour la rendre indispensable. Pour sauver l'embarras de tant de preuves, je n'en veux[c] qu'une, mais je la veux authentique invincible[235] et selon toutes[d] les formes. C'est celle du premier délit qui a rendu tous les autres croyables. Celui-là seul bien prouvé, je crois tout le reste sans preuves[e] ; mais jamais l'accusation de cent mille autres ne servira dans mon esprit de supplément[236] à la preuve[f] juridique de celui-là.

LE FRANÇOIS.

Vous avez raison : mais prenez mieux ma pensée et celle de nos Messieurs. Ce n'est pas tant à la multitude de ses crimes[g] qu'on fait attention qu'à son caractére[h] découvert enfin, quoique tard, et maintenant généralement reconnu. Tous ceux qui l'ont vû, suivi, éxaminé avec le plus de soin s'accordent sur cet article et le reconnoissent unanimement pour être, comme disoit très bien son vertueux patron[237] Monsieur Hume, la honte de l'espéce humaine et[i] un monstre de méchanceté[238]. L'exacte et méthodique discussion des faits devient inutile[j] quand il n'en resulte que ce qu'on sait déja sans eux. Quand J.J. n'auroit commis aucun crime il n'en seroit pas moins capable de tous. On ne le punit ni d'un délit ni d'un autre, mais on l'abhorre comme les couvant tous dans son cœur. Je ne vois rien là que de juste. L'horreur et l'aversion des

a Même leçon dans G. et P. ; L. *ce que je sais bien mieux encore.*
b Même leçon dans P. et G. ; L. *entasser les charges.*
c L., G., P. *je n'en demande qu'une.*
d L., P., G. *et dans toutes les formes.*
e L., G., P. *Celui-là bien prouvé, je crois tous les autres sans preuves.*
f Même leçon dans L. et P. ; G. *ne suppléera dans mon esprit à la preuve juridique* etc.
g Même leçon dans L. et P. ; G. *des crimes de J.J.*
h L., P., G. *qu'ils ont fait attention qu'à son caractére affreux.*
i Séquence biffée illisible dans C. *et ~~xxxxxxxxxxxxxxxxxxxxxxxxxxxxxxxx~~ un monstre de méchanceté.*
j L., G., P. *l'exacte et réguliére discussion des faits devient superflue.*

hommes est due[239] au méchant qu'ils laissent vivre, quand leur clémence les porte à l'épargner.

ROUSSEAU.

Après nos précédens entretiens je ne m'attendois pas à cette distinction[240] nouvelle. Pour le juger par son caractére indépendamment des faits[241], il faudroit que je comprisse comment indépendamment des mêmes faits[a] on a si subitement et si surement reconnu ce caractére. Quand je songe que ce monstre a vécu quarante ans generalement estimé et bien voulu sans qu'on se soit douté de son mauvais naturel, sans que personne ait eu le moindre soupçon de ses crimes, je ne puis comprendre comment deux choses ont pu tout à coup devenir si évidentes, et je comprends encore moins que l'une ait pu l'être indépendamment de l'autre[b]. Ajoutons que ces découvertes ayant été faites conjointement et tout d'un coup[c] par la même personne, elle a du necessairement commencer par articuler des faits pour fonder des jugemens si nouveaux, si contraires à ceux qu'on avoit portés jusqu'alors; et quelle confiance pourrois-je autrement donner[d] à des apparences vagues incertaines souvent trompeuses, et qui n'auroient[e] rien de précis que l'on put [58.] articuler? Si vous voyez la possibilité qu'il ait passé quarante ans pour honnête homme sans l'être, je vois bien mieux[f] celle qu'il passe depuis dix ans à tort[g] pour un scelerat : Car il y a dans ces deux opinions cette différence essencielle que jadis on le jugeoit avec indifference et sans partialité[h], et qu'on ne le juge plus qu'avec passion et prévention.

LE FRANÇOIS.

Eh c'est pour cela justement qu'on s'y trompoit jadis et qu'à présent[i] on ne s'y trompe plus[j]. Vous me rappellez ce que j'avois à répondre à

a L., P., G. *de ces mêmes faits.*
b L., G. P. *l'être sans l'autre.*
c Même leçon dans G.; L. et P. *tout d'un coup et conjointement.*
d L., P., G. *autrement prendre.*
e Même leçon dans L. et P.; G. *et trompeuses qui n'auroient.*
f L., P., G. *bien mieux encore.*
g Même leçon dans G. et P.; L. *qu'il passe à tort depuis dix ans pour* etc.
h L., P., G. *équitablement et sans partialité.*
i C. *qu'à présent* est inséré dans l'interligne.
j L. *qu'on ne s'y trompe plus aujourdui.* G. et P. *et qu'on ne s'y trompe plus aujourdui qu'on y regarde avec moins d'indifference.*

ces deux êtres si différens si contradictoires dans lesquels vous l'avez ci-devant divisé. Son hypocrisie a longtems abusé les hommes, parce qu'ils s'en tenoient aux apparences et n'y regardoient pas de si près. Mais depuis qu'on s'est mis à l'épier avec plus de soin et[a] à le mieux[b] éxaminer on a bientot découvert la forfanterie, tout son faste moral a disparu[c] et[d] son affreux caractére a percé de toutes parts. Les gens mêmes qui l'ont autrefois[e] connu[f], qui l'aimoient, qui l'estimoient parce qu'ils étoient ses dupes, rougissent aujourdui[g] de leur ancienne betise, et ne comprennent pas comment d'aussi grossiers artifices ont pu les abuser si longtems. On voit avec la derniére clarté que différent de ce qu'il parut alors, parce que l'illusion s'est dissipée, il est le même qu'il fut toujours.

ROUSSEAU.

Voila de quoi je ne doute point ; mais qu'autrefois on fut dans l'erreur sur son compte et qu'on n'y soit plus aujourdui, c'est ce qui ne me paroit pas aussi clair qu'à vous. Il est plus difficile que vous ne semblez le croire de voir exactement tel qu'il est un homme dont on a d'avance une opinion décidée soit en bien, soit en mal. On applique à tout ce qu'il dit, à tout ce qu'il fait[h] l'idée qu'on s'est formée de lui. Chacun voit et admet ce qui confirme[i] son jugement et[j] rejette ou explique à sa mode tout ce qui le contrarie[k]. Tous ses mouvements ses regards ses gestes sont interprétés selon cette idée ; on y rapporte ce qui[l] s'y rapporte le moins ; les mêmes choses que mille autres disent ou font et qu'on dit ou fait soi-même indifferemment prennent un sens mystérieux dès qu'elles viennent de lui. On veut deviner on veut être pénétrant ; c'est le jeu naturel de l'amour propre : on voit ce qu'on croit et non pas ce qu'on voit. On explique tout selon le préjugé qu'on a, et l'on ne se

a Mots biffés dans C. *et à l'éxaminer ~~de plus près~~* [?] *on a* etc.
b *à le mieux* est inséré dans l'interligne.
c L., P., G. *a disparu, son affreux caractére* etc.
d C. *et* est inséré dans l'interligne.
e C. *autrefois* est inséré dans l'interligne.
f Mot biffé dans C. *qui l'ont connu ~~jadis~~* [?] *qui l'aimoient* etc. L., et P., qui l'ont connu jadis, *qui l'aimoient et qui l'estimoient.* G. *qui l'aimoient, qui l'estimoient.*
g Même leçon dans P. et G. ; L. *rougissent à présent.*
h Même leçon dans L. et P. ; G. *à tout ce qu'il fait, à tout ce qu'il dit.*
i Même leçon dans L. et P. ; G. *tout ce qui confirme* etc.
j L., G., P. *ce qui confirme son jugement, rejette ou explique* etc.
k Même leçon dans G. ; L. et P. *ce qui le contrarie.*
l Même leçon dans G. ; L. et P. *tout ce qui s'y rapporte le moins.*

console de l'erreur où l'on pense avoir été, qu'en se persuadant que c'est faute d'attention non de pénétration qu'on y est tombé. Tout cela est si vrai que si deux hommes ont d'un troisiéme des opinions opposées cette même opposition régnera constamment dans les observations[a] qu'ils feront sur lui. L'un verra blanc et l'autre noir ; l'un trouvera des vertus l'autre des vices dans les actes les plus indifférens qui viendront de lui, et chacun à force d'interprétations subtiles prouvera que c'est lui qui a bien vu. Le même objet regardé en différents tems avec des yeux différemment affectés nous fait des impressions très différentes, et même en convenant que l'erreur vient de notre organe, on peut s'abuser encore en concluant qu'on se trompoit autrefois tandis que c'est peut être aujourdui qu'on se [59.] trompe. Tout ceci seroit vrai quand on n'auroit que l'erreur des préjugés à craindre. Que seroit-ce si celle des passions[b] s'y joignoit encore[c] ? Si de charitables interpretes toujours alertes alloient sans cesse au-devant de toutes les idées favorables qu'on pourroit tirer de ses propres observations pour tout défigurer tout noircir tout empoisonner. On sait à quel point la haine fascine les yeux ; qui est-ce qui sait voir des vertus dans l'objet de son aversion ? qui est-ce qui ne voit pas le mal dans tout ce qui part d'un homme odieux ? On cherche toujours à se justifier ses propres sentimens ; c'est encore une disposition très naturelle. On s'efforce à trouver haïssable ce qu'on hait, et s'il est vrai que l'homme prévenu voit ce qu'il croit, il l'est bien plus encore que l'homme passionné voit ce qu'il desire. La difference est donc ici que voyant jadis J.J. avec indifférence on le jugeoit avec impartialité[d], et qu'aujourdui la prevention et la haine ne permettent plus de voir en lui que ce qu'on veut y trouver. Auxquels des anciens ou des nouveaux jugemens sur son compte[e] le préjugé de la raison permet-il de donner[f] plus d'autorité ?

S'il est impossible, comme je crois vous l'avoir prouvé, que la connoissance certaine de la vérité et beaucoup moins l'évidence résulte de la méthode qu'on a prise pour juger J.J., si l'on a évité à dessein les

---

a Même leçon dans L. et P. ; G. *régnera dans les observations.*

b Même leçon dans L. ; mot biffé dans P. *si ~~celle~~* ^ *le prestige* ; G. *si le prestige des passions.*

c Même leçon dans G. ; L. et P. *s'y mêloit encore.*

d Même leçon dans L. ; G. et P. *voyant jadis J.J. sans interest on le jugeoit sans partialité.*

e L. *Auxquels donc des anciens ou des nouveaux jugemens le préjugé* etc. ? G. *Auxquels donc, à votre avis* etc. (Ajout dans P. *Auxquels donc* ^ *à votre avis* *des anciens* etc.)

f L., P., G. *doit-il donner.*

vrais moyens de porter sur son compte un jugement impartial infaillible éclairé, il s'ensuit que sa condamnation si hautement si fiérement prononcée est non seulement arrogante et témeraire, mais violemment suspecte de la plus noire iniquité. D'où je concluds que n'ayant nul droit de le juger[a] comme on a fait on n'a pas non plus celui qu'on s'arroge de lui faire grace[b] ; puisque la grace d'un criminel n'est que l'exemption d'une peine encourue et juridiquement infligée. Ainsi la clemence dont vos Messieurs se vantent à son égard, quand même ils useroient envers lui d'une bienfaisance reelle est trompeuse et fausse, et quand ils comptent pour un bienfait le mal mérité dont ils disent exempter sa personne, ils en imposent et mentent, puisqu'ils ne l'ont convaincu d'aucun acte punissable, et qu'un[c] innocent ne méritant aucun châtiment n'a pas besoin de grace[d]. Ils sont donc doublement injustes ; en ce qu'ils se font un mérite envers lui d'une générosité qu'ils n'ont point, et en ce qu'ils ne feignent d'épargner sa personne qu'afin d'outrager impunément[e] son honneur[242].

Venons pour le mieux sentir[f] à cette grace sur laquelle vous insistez si fort, et voyons en quoi donc[g] elle consiste. A trainer celui qui la reçoit d'outrage en outrage[h] et de misere en misére, sans lui laisser aucun moyen possible de s'en garantir. Connoissez-vous pour un cœur d'homme de peine aussi cruelle qu'une pareille grace ? Je m'en rapporte [60.] au tableau[i] tracé par[j] vous-même. Quoi ! c'est par bonté, par commiseration par bienveillance qu'on rend cet infortuné le jouet du peuple[k], la risée de la canaille, l'horreur de l'univers, qu'on le prive de toute societé humaine, qu'on l'étouffe à plaisir dans la fange, qu'on

---

a Même leçon dans L. ; G. et P. *de le juger clandestinement.* (Ajout dans P. *de le juger* [clandestinement] *comme* etc.)

b Même leçon dans L. et P. ; G. *celui de lui faire grace.*

c Même leçon dans L ; G. et P. *de grâce, qu'un innocent* etc. (Mot biffé dans P. *punissable, ~~et~~ qu'un innocent* etc.)

d Même leçon dans L. ; G. et P. *n'a pas besoin de grâce et qu'un pareil mot n'est qu'un outrage pour lui.* (Ajout dans P. *besoin de grâce* [et qu'un pareil mot n'est qu'un outrage pour lui.]).

e C. *impunément* est inséré dans l'interligne.

f L. et P. *pour mieux le sentir.* G. *pour le sentir.*

g C. *donc* est inséré dans l'interligne.

h Même leçon dans L. ; G. et P. *d'opprobre en opprobre.*

i Séquences biffées dans C. *au tableau ~~xxxxxxxxxxxxxxxxxx~~ tracé par vous-même ~~Connoissez-vous pour un cœur d'homme de peine aussi cruelle qu'une pareille grâce~~. Quoi !* etc.

j C. *par* est inséré dans l'interligne.

k L., P., G. *le jouet du public.*

s'amuse à l'enterrer tout vivant ? S'il se pouvoit que nous eussions à subir vous ou moi le dernier supplice, voudrions-nous l'éviter au prix d'une pareille grace ? voudrions-nous de la vie à condition de la passer ainsi ? Non sans doute, il n'y a point de tourment point de supplice que nous ne préférassions à celui-là, et la plus douloureuse fin de nos maux[a] nous paroitroit desirable et douce plustot que de les prolonger[b] dans de pareilles angoisses[c]. Eh ! quelle idée ont donc vos Messieurs de l'honneur, s'ils ne comptent pas l'infamie pour un supplice[d] ? Non, non, quoiqu'ils en puissent dire, ce n'est point accorder la vie que de la rendre pire que la mort.

LE FRANÇOIS.

Vous voyez que notre homme n'en pense pas ainsi ; puisqu'au milieu de toute son ignominie[e] il ne laisse pas de vivre et de se porter mieux qu'il n'a jamais fait. Il ne faut pas juger des sentimens d'un scelerat par ceux qu'un honnête homme auroit à sa place. L'infamie n'est insupportable qu'à proportion de l'honneur qu'on a dans le cœur[f]. Les âmes viles, insensibles à la honte y sont dans leur élément[243]. Le mépris n'affecte guére celui qui s'en sent digne ; c'est un jugement auquel son propre cœur l'a déja tout accoutumé.

ROUSSEAU.

L'interprétation de cette tranquillité stoïque au milieu des outrages dépend du jugement qu'on a déja porté[g] de celui qui les endure. Ainsi ce n'est pas sur ce sang-froid qu'il convient de juger l'homme ; mais c'est par l'homme au contraire qu'il faut apprécier le sang-froid. Pour moi je ne vois point comment l'impénétrable dissimulation la profonde hypocrisie que vous avez prêtée à celui-ci s'accorde avec cette abjection presque incroyable dont vous faites ici son élement naturel. Comment,

---

a Même leçon dans L. et G. ; P. *de nos miséres.*

b Mot biffé dans C. *de les prolonger ~~ainsi~~.*

c Variantes sur l'ajout qui suit : Même leçon dans G. ; L. *s'ils ne comptent point.* P. supprime « Eh ! ».

d C. *Eh ! quelle idée ont donc vos Messieurs de l'honneur, s'ils ne comptent pas l'infamie pour un supplice ?* est inséré dans l'interligne.

e L., G., P. de tout son opprobre.

f L. et P. *L'opprobre n'est insupportable qu'à proportion.* G. *L'infamie n'est douloureuse qu'à proportion de l'honneur qu'on a dans le cœur.*

g L., G., P. *du jugement déjà porté sur celui* etc.

Monsieur, un homme si haut si fier si orgueilleux, qui, plein de genie et de feu, a pu[a] se contenir et garder quarante ans le silence pour étonner l'Europe de la vigueur de sa plume ; un homme qui met à un[b] si haut prix l'opinion des autres qu'il a tout sacrifié à une fausse affectation de vertu, dont[c] l'ambitieux amour-propre vouloit remplir tout l'univers[d] de sa gloire, éblouïr tous ses contemporains[e] de l'éclat de ses talens et de ses vertus, fouler à ses pieds tous les préjugés, braver toutes les puissances, et se faire admirer par son intrépidité : Ce même homme, insensible à present à tant d'outrages[f] s'abreuve à longs traits d'ignominie et se repose mollement dans la boüe où l'on le traine, comme dans son élement naturel[g] ? De grace, mettez plus d'accord dans vos idées, et veuillez[h] m'expliquer comment cette brute insensibilité peut exister dans une ame capable d'une telle effervescence. Les outrages affectent tous les hommes, mais beaucoup plus ceux qui les méritent et qui n'ont point d'asyle en eux-mêmes pour s'y dérober. Pour en être ému le moins qu'il est possible, il faut les sentir [61.] injustes et s'être fait de l'honneur et de l'innocence un rempart autour de son cœur impénétrable à l'opprobre[i]. Alors on peut se consoler de l'erreur ou de l'injustice des hommes : car dans le prémier cas les outrages[j], dans l'intention de ceux qui les font, ne sont pas pour celui qui les reçoit, et dans le second ils ne les lui font pas dans l'opinion qu'il est vil ou qu'il les mérite, mais au contraire parce qu'étant vils et méchans eux-mêmes, ils haïssent ceux qui ne le sont pas.

Mais la force qu'une ame saine employe à supporter des traitemens indignes d'elle ne rend pas ces traitemens moins barbares de la part de ceux qui les lui font essuyer. On auroit tort de leur tenir compte des ressources qu'ils n'ont pu lui ôter, et qu'ils n'ont pas même prévues, parce

a Même leçon dans L. ; G. et P. *a pu, selon vous*, etc. (« Selon vous » est inséré à l'interligne dans P.)

b C. *un* est inséré dans l'interligne.

c Même leçon dans L. ; G. et P. *de vertu, un homme un homme dont* etc. (Dans P., « un homme » est inséré à l'interligne).

d Même leçon dans L. et P. ; G. *remplir l'univers.*

e Même leçon dans G. et P. ; L. *ébouïr ses contemporains.*

f Même leçon dans P. ; L. *à tant d'insultes.* G. *ce même homme à présent insensible à tant d'indignité, s'abreuve* etc.

g L., P., G. *dans la fange comme dans son élement naturel.*

h Même leçon dans L. et P. ; G. *ou veuillez.*

i L., P., G. *inaccessible à l'opprobre.*

j Mots biffés dans C. *les outrages, ~~ne sont pas pour celui~~, dans l'intention* etc.

qu'à sa place ils ne les trouveroient pas en eux. Vous avez beau me faire sonner ces mots de bienveillance et de grace. Dans le tenebreux système auquel vous donnez ces noms, je ne vois qu'un rafinement de cruauté pour accabler un infortuné de miseres pires que la mort, pour donner aux plus noires perfidies un air de générosité, et taxer encore d'ingratitude celui qu'on diffame, de ce[a] qu'il n'est pas pénétré de reconnoissance des soins qu'on prend[b] pour le livrer[c] sans aucune deffense aux lâches assassins qui le poignardent sans risque[d], en se cachant à ses regards.

Voila donc en quoi consiste cette prétendue grace[e] dont vos Messieurs font tant de bruit : cette grace n'en seroit pas une, même pour un coupable, à moins qu'il ne fut en même tems le plus vil des mortels ; qu'elle en soit une pour cet homme audacieux qui malgré tant de résistance et d'effrayantes menaces[f] est venu fierement à Paris provoquer par sa présence l'inique tribunal qui l'avoit décrété connoissant parfaitement son innocence ; qu'elle en soit une pour cet homme dédaigneux qui cache si peu son mépris aux traitres cajoleurs qui l'obsedent et tiennent sa destinée en leurs mains ; qu'elle en soit une pour l'intrépide auteur d'Héloise d'Emile et du contrat social[g] ; voila, Monsieur, ce que je ne comprendrai jamais, et quand[h] il seroit tel qu'ils le disent, encor en tout état de cause falloit-il[i] savoir de lui s'il consentoit à conserver sa vie et sa liberté à cet indigne prix ; car une grace ainsi que tout autre don n'est légitime qu'avec le consentement du moins présumé de celui qui la reçoit, et je vous demande si la conduite et les discours de J.J. laissent presumer de lui ce consentement. Or tout don fait par force n'est pas un don, c'est un vol[j], et c'est indignement abuser du nom de grace que de le donner à un traitement forcé, plus cruel que le châtiment[244]. Je

a Même leçon dans L. et P. ; G. *par ce qu'il n'est pas.*

b Séquences biffées illisibles dans C. *des soins qu'on prend* ~~xxxxxxxxxxxxxxxxxxxxxxxxxxxx xxxx~~ *pour le livrer* ~~xxxxxxxxx~~ *sans aucune deffense* etc.

c Même leçon dans L. ; G. et P. *pour l'accabler et le livrer.*

d Même leçon dans G. et P. ; L. *aux lâches persécuteurs qui l'assassinent sans risque.*

e L., P., G. *cette grace prétendue.*

f Même leçon dans G. ; L. et P. *d'effrayantes exhortations.*

g Phrase absente de L., G. et P.

h Même leçon dans G. ; L., P. *et quand même.*

i L., P., G. *encor falloit-il savoir de lui s'il consentoit* etc.

j Même leçon dans L. et P. ; G. *c'est un vol ; il n'y a point de plus maligne tirannie que de forcer un homme de nous être obligé malgré lui, et c'est* etc. La leçon de l'édition de la Pléiade : « à nous être obligé » est fausse.

suppose ici l'accusé coupable ; que seroit cette grace si je le supposois innocent, comme je le puis et le dois tant qu'on craint de le convaincre ? Mais, dites-vous, il est coupable, [62.] on en est certain, puisqu'il est méchant. Voyez comme vous me ballottez[245]. Vous m'avez donné ci-devant[a] ses crimes pour preuve qu'il est méchant[b], et maintenant vous me donnez sa méchanceté pour preuve de ses crimes[c]. C'est par les faits qu'on a découvert son caractére et vous vous servez de la connoissance de son caractére[d] pour éluder la regulière discussion des faits[246]. Un tel monstre, me dites-vous, ne mérite pas qu'on respecte avec lui les formes établies pour la conviction d'un criminel ordinaire. On n'a pas besoin d'entendre un scelerat aussi detestable, ses œuvres parlent pour lui. Accordons[e] que le monstre que vous m'avez peint ne mérite s'il existe aucune des précautions établies autant pour[f] la sureté des innocens que pour la conviction des coupables ; mais il les falloit toutes et plus encore pour bien constater son existence, pour s'assurer parfaitement que ce que vous appellez ses œuvres sont bien ses œuvres. C'étoit par là qu'il falloit commencer, et c'est précisément ce qu'ont oublié vos Messieurs : car enfin quand le traitement qu'on lui fait souffrir seroit doux pour un coupable, il est affreux pour un innocent[g] : alleguer la douceur de ce traitement pour éluder la conviction de celui à qui on l'inflige[h], est donc un sophisme aussi cruel qu'insensé. Convenez de plus que ce monstre tel qu'il leur a plu de nous le forger est un personnage bien étrange, bien nouveau, bien contradictoire, un être d'imagination tel qu'en peut enfanter le delire de la fiévre, confusément formé de parties éterogènes qui par leur nombre leur disproportion leur incompatibilité ne sauroient former un seul tout[247] ; et l'extravagance de cet assemblage qui seul [*sic*][i] est une raison d'en nier l'existence en est une pour vous

---

a Même leçon dans L. et P. ; G. *vous m'avez ci devant donné.*

b L., P., G. *de sa méchanceté.*

c Même leçon dans P. ; L. et G. *et vous me donnez à présent sa méchanceté pour preuve de ses crimes.*

d L., et P. *et vous alleguez son caractére pour éluder la réguliére discussion* etc. G. *et vous m'alleguez* etc. (Séquence biffée et ajout dans P. *et vous* [alleguez] ~~*vous servez de la connoissance de*~~ *son caractère* etc.)

e L. et P. *Accordons, je le veux bien*. G. *J'accorderai.*

f Même leçon dans G. et P. ; L. *tant pour.*

g Même leçon dans L., P., G. La leçon de l'édition de la Pléiade : *fait souffrir doux pour un coupable il est affreux seroit pour un innocent* », est fausse.

h Même leçon dans L. et P. ; G. *éluder la conviction de celui qui le souffre.*

i Même leçon dans L. et P. ; G. *qui seule.*

de l'admettre sans daigner la vérifier[a] : Cet homme est trop coupable pour mériter d'être entendu ; il est trop hors de la nature pour qu'on puisse douter qu'il existe. Que pensez-vous de ce raisonnement ? C'est pourtant le vôtre ou celui de vos Messieurs[b].

Vous m'assurez que c'est par leur grande bonté, par leur excessive bienveillance qu'ils lui épargnent la confusion d'être confondu[c] : mais une pareille generosité ressemble fort à la bravoure des fanfarons qu'ils ne montrent que loin du péril. Il me semble qu'à leur place et malgré toute ma pitié j'aimerois mieux encore être ouvertement juste et severe que cauteleux et fourbe[d] par charité, et je vous répéterai toujours que c'est une trop bizarre bienveillance que celle qui faisant porter à son malheureux objet avec tout le poids de la haine toute l'indignité de la dérision[e], ne s'exerce qu'à lui ôter, innocent ou coupable, tout moyen de s'y dérober. J'ajoûterai que toutes ces vertus que vous me vantez dans les arbitres de sa destinée sont telles que, non seulement, grâce au Ciel je m'en sens incapable[f], mais que même je ne les conçois pas. Comment peut-on aimer un monstre qui fait horreur ? Comment peut-on se pénétrer d'une pitié si tendre pour un être aussi malfaisant aussi cruel aussi sanguinaire ? Comment peut-on choyer avec tant de sollicitude le fléau du genre humain, le ménager à toute force aux dépends des innocentes victimes de sa furie[g], et de peur de le chagriner [63.] le laisser tranquillement executer ses forfaits[h] ? Comment, Monsieur, un traitre un voleur un empoisonneur un assassin… J'ignore s'il peut exister un sentiment de bienveillance pour un tel être parmi les Démons, mais parmi les hommes un tel sentiment me paroitroit un gout punissable et dépravé[i] bien plustot qu'une vertu. Non, il n'y a que son semblable qui le puisse aimer.

---

a L., P., G. *sans daigner la constater.*

b Même leçon dans L. et G. ; P. *C'est le vôtre, c'est à dire celui de vos Messieurs.*

c L. et P. *qu'ils lui épargnent la confusion de se voir démasqué.* G. *qu'ils lui ont épargné la honte de se voir démasqué.*

d L., P., G. *que trompeur et fourbe.*

e Même leçon dans L. ; G. et P. *tout l'opprobre de la dérision.*

f Même leçon dans L. et G. ; P. *que non seulement je m'en sens, gâce au Ciel, incapable,* mais etc.

g L. et P. *le ménager à toute force aux dépends des victimes de sa furie.* G. *le ménager aux dépends des victimes de sa furie.*

h L. *de le chagriner, lui aider presque à faire du monde un vaste tombeau ?* G. *du monde un vaste tombeau ? …* P. *faire du mon entier un vaste tombeau ?*

i L., P., G. *punissable et criminel.*

LE FRANÇOIS.

Ce seroit, quoique vous en puissiez dire, une vertu[a] de l'épargner, si dans cet acte de clémence on se proposoit moins une inclination à suivre qu'une obligation à remplir[b].

ROUSSEAU.

Vous changez encore ici l'état de la question[248], et ce n'est pas là ce que vous disiez ci-devant : Mais voyons.

LE FRANÇOIS.

Supposons que le prémier qui a découvert les crimes de ce misérable et son caractère affreux, se soit cru obligé comme il l'étoit sans contredit, non seulement à le démasquer aux yeux du public mais à le dénoncer au gouvernement, et que cependant son respect pour d'anciennes liaisons ne lui ait pas permis de vouloir être l'instrument de sa perte, n'a-t-il pas dû, cela posé, se conduire exactement comme il l'a fait, mettre à sa dénonciation la condition de la grace du scelerat, et le ménager tellement en le démasquant, qu'en lui donnant la réputation d'un coquin on lui conservât la liberté d'un honnête homme ?

ROUSSEAU.

Votre supposition renferme des choses[c] sur lesquelles j'aurois beaucoup à dire. Dans cette supposition même je me serois conduit, et vous aussi, j'en suis très sur, et tout autre homme d'honneur, d'une façon très différente. D'abord à quelque prix que ce fut je n'aurois jamais voulu dénoncer le scelerat sans me montrer et le confondre[d]. Encore moins aurois-je voulu prendre des mesures extraordinaires pour empêcher que mon nom, mes accusations mes preuves ne parvinssent à son oreille[e],

---

a Même leçon dans L. et G. ; P. *Ce seroit une vertu de l'épargner, quoique vous en puissiez dire, si* etc.

b L., P., G. *on se proposoit un devoir à remplir plustot qu'un penchant à suivre.*

c Même leçon dans P. ; L. et G. *des choses contradictoires.*

d L. *et le confondre, vû surtout les liaisons antérieures que vous supposez, et qui obligeoient l'accusateur encor plus étroitement de prévenir préalablement le coupable de ce que son devoir l'obligeoit à faire à son égard.* – P (ajout en bas de page appelé depuis « confondre# » : # *vû surtout les liaisons antérieures que vous supposez, et qui obligeroient encor plus étroitement* [le dénonciateur de prévenir préalablement] *le coupable de ce que son devoir l'obligeroit de faire à son égard* #. – G. *et qui obligeaient encor plus étroitement l'accusateur de prévenir préalablement le coupable* etc.

e L., P., G. *à ses oreilles.*

parce qu'en toute supposition possible[a] un dénonciateur[249] qui se cache joue un rolle odieux, bas, lâche, justement suspect d'imposture, et qu'il n'y a nulle raison suffisante[b] qui puisse obliger un honnête homme à faire un acte flétrissant[c]. Dès que vous supposez l'obligation de dénoncer le malfaiteur, vous supposez aussi celle de le convaincre, parce que la prémiére de ces deux obligations emporte nécessairement l'autre[d], et qu'il faut ou se montrer et confondre l'accusé, ou si l'on veut se cacher de lui se taire avec tout le monde, il n'y a point de milieu. Cette conviction de celui qu'on accuse n'est pas seulement l'épreuve indispensable de la vérité qu'on se croit obligé de déclarer : elle est encore un devoir du dénonciateur envers lui-même dont rien ne peut le dispenser[e] : car il n'y a point [64.] de contradiction dans la vertu, et pour punir un fourbe elle ne permet point de l'imiter[f].

LE FRANÇOIS.

Vous ne pensez pas là dessus comme J.J.

C'est en le trahissant qu'il faut punir un traitre.[250]

Voila une de ses maximes. Qu'y répondez-vous ?

ROUSSEAU.

Ce que votre cœur y répond lui-même. Il n'est pas étonnant qu'un homme qui ne se fait scrupule de rien ne s'en fasse aucun de la trahison : mais il le seroit fort que d'honnêtes gens se crussent par son exemple autorisés à l'imiter[g].

LE FRANÇOIS.

L'imiter ! Non pas géneralement ; mais quel tort lui fait-on en suivant avec lui ses propres maximes pour l'empêcher d'en abuser ?

---

a L., G., P. *parce qu'en tout état de cause un dénonciateur* etc.

b Même leçon dans P. et G. ; L. *nulle bonne raison suffisante.*

c Même leçon dans L. ; P. et G. *injuste et flétrissant.* (Ajout dans P. *à faire un acte* [*injuste et*] *flétrissant*).

d Même leçon dans P. et G. ; L. *parce que la premiere obligation emporte nécessairement l'autre.*

e L. et G. *ne peut le dispenser, surtout dans le cas que vous posez.* P. *ne le peut dispenser* [*surtout dans le cas que vous supposez :*] *car il n'y a point* etc.

f L., P., G. *et jamais pour punir un fourbe elle ne permettra de l'imiter.*

g L., G., P. *se crussent autorisés par son exemple à l'imiter.*

ROUSSEAU.

Suivre avec lui ses propres maximes ! Y pensez-vous ? Quels principes ! quelle morale ! si l'on peut si l'on doit suivre avec les gens leurs propres maximes, il faudra donc mentir aux menteurs, voler les fripons, assassiner les assassins, empoisonner les empoisonneurs[a], être scelerat à l'envi avec ceux qui le sont, et si l'on n'est plus[b] obligé d'être honnête homme qu'avec les honnêtes gens, ce devoir ne mettra personne[c] en grands fraix de vertu dans le siécle où nous sommes. Il est digne du scelerat que vous m'avez peint de donner des leçons de fourberie et de trahison ; mais je suis fâché pour vos Messieurs que de toutes celles[d] qu'il a données et qu'il eut mieux valu suivre ils n'aient profité que de celle-là. Au reste je ne me souviens pas[e] d'avoir rien trouvé de pareil dans ses livres[f]. Où donc a-t-il donné ce nouveau precepte si contraire à tous les autres[g] ?

LE FRANÇOIS.

Dans un vers d'une Comédie.

ROUSSEAU.

Quand est-ce que cette Comédie a été réprésentée[h] ?

LE FRANÇOIS.

Jamais.

ROUSSEAU.

Où est-ce qu'il l'a fait imprimer.

LE FRANÇOIS.

Nulle part.

---

a Même leçon dans L. et P. ; G. *empoisonner les empoisonneurs, assassiner les assassins, être scelerat* etc.

b Même leçon dans L. et G. ; P. *et si l'on* [n'est] *plus.*

c Même leçon dans L. et G. ; P. *ne mettra pas en grands fraix* etc.

d L., P., G. *que parmi tant de meilleures leçons qu'il* etc.

e L. et G. entament ici un nouvel alinéa.

f Même leçon dans L. ; G. et P. *dans les livres de J.J.* (« de J.J. » est inséré à l'interligne dans P. où la phrase suivante est raturée ainsi : *a-t-il établi un precepte ~~si manifestement~~* [?]) *contraire ~~aux~~* [tous les] *autres ?).*

g Même leçon dans L. ; G. et P. *a-t-il établi.*

h Même leçon dans P. ; L. et G. *Quand est-ce qu'il a fait joüer cette Comedie.*

ROUSSEAU.

Ma foi, je ne vous entens point[251].

LE FRANÇOIS.

C'est une espéce de farce que J.J. écrivit[a] jadis à la campagne dans un moment de gaité, qu'il n'a pas même daigné corriger, et que nos Messieurs lui ont volée comme beaucoup d'autres choses qu'ils ajustent ensuite à leur façon pour l'édification publique[b].

ROUSSEAU.

Mais comment ce vers est-il employé dans cette pièce ? est-ce l'Auteur même qui le prononce[c] ?

LE FRANÇOIS.

Non, c'est une jeune fille qui, se croyant trahie par son amant le dit dans un moment de depit pour s'encourager à intercepter une lettre qu'elle croit écrite[d] par cet amant à sa rivale.

ROUSSEAU.

Quoi, Monsieur, un mot d'une jeune fille amoureuse et piquée dans l'intrigue galante d'une comédie écrite autrefois impromptu[e] et qui n'a été ni corrigée ni imprimée ni représentée[f], ce mot en l'air dont elle appuye dans sa colere un acte qui de sa part n'est pas même une [65.] trahison, ce mot dont il vous plait de faire une maxime de J.J.[g] est l'unique autorité sur laquelle vos Messieurs ont ourdi l'affreux tissu de trahisons dont il est la victime[h] ? Voudriez-vous que je répondisse à cela sérieusement ? Me l'avez-vous dit sérieusement vous même ? Non, votre air seul en le prononçant me dispensoit d'y répondre[252]. Eh ! qu'on lui doive ou non de n'être pas un traitre envers lui[i], tout homme ne se

a L., P., G. *qu'il écrivit jadis à la hâte et presque impromptu à la campagne dans un moment* etc.

b C. *ajustent ensuite à leur façon pour l'édification publique* est inséré dans l'interligne.

c Même leçon dans L. ; P. *Est-ce l'auteur même à qui vous l'attribuez qui la prononce ?* G. *Est-ce lui-même qui le prononce ?*

d L. *à intercepter, lire et garder une lettre qu'elle croit* etc. P. et G. *à intercepter, ouvrir et garder une lettre écrite par cet amant à sa rivale.*

e L., G., P. *d'une farce écrite autrefois à la hâte.*

f Même leçon dans L. et G. ; P. *et qui n'a été ni corrigée, ni représentée ni imprimée* etc.

g C. *dont il vous plait de faire une maxime de J. J.* est inséré dans l'interligne.

h Même leçon dans L. ; G. et P. *dont il est enveloppé.*

i L., P., G. *de ne pas le trahir.*

doit-il pas[a] à lui-même de n'être un traitre envers personne ? Nos devoirs envers autrui auroient beau changer selon les gens les temps les lieux les occasions[b], ceux envers nous-mêmes ne varient point ; et je ne puis penser que celui qui ne se croit pas obligé d'être honnête homme avec tout le monde le soit jamais avec qui que ce soit.

Mais sans insister sur ce point davantage, allons plus loin. Passons au dénonciateur d'être un lâche et un traitre sans neanmoins être un imposteur, et aux juges d'être faux et dissimulés[c] sans neanmoins être iniques. Quand cette maniére de procéder seroit aussi juste et permise qu'elle est insidieuse et maligne[d], quelle en seroit l'utilité dans cette occasion pour la fin que vous alleguez ? Où donc est la nécessité de ne pas entendre un criminel pour lui faire grace[e] ? Pourquoi lui cacher à lui seul avec tant de machines et d'artifices ses crimes qu'il doit savoir mieux que personne, s'il est vrai qu'il les ait commis ? Pourquoi fuir pourquoi rejetter avec tant d'effroi la maniére la plus sure la plus juste la plus raisonnable et la plus naturelle de s'assurer de lui sans lui infliger d'autre peine que celle d'un hypocrite qui se voit confondu. C'est la punition qui nait le mieux de la chose, qui s'accorde le mieux avec la grace qu'on veut lui faire, avec les suretés qu'on doit prendre pour l'avenir, et qui seule prévient deux grands scandales, savoir celui de la publication des crimes, et celui de leur impunité. Vos Messieurs alléguent neanmoins pour raison de leur maniére de procéder[f] le soin d'éviter le scandale ; mais si le scandale consiste essenciellement dans la publicité, je ne vois point celui qu'on évite en cachant le crime au coupable qui ne peut l'ignorer, et en le divulguant parmi tout le reste des hommes[g] : l'air de mistére[h] qu'on met à cette publication ne sert qu'à l'accelerer. Sans doute le public[i] n'abuse pas des secrets qu'on lui

a Même leçon dans L. et P. ; G. *tout homme d'honneur ne se doit* etc.

b L. et G. *Nos devoirs envers les autres auroient beau varier selon les tems, les gens, les occasions*. P. *selon les gens, les tems les occasions*.

c Même leçon dans L. ; P. *et aux Juges d'être dissimulés et faux*. G. *et aux Juges d'être menteurs et dissimulés*.

d Même leçon dans P. ; L. et G. *insidieuse et perfide*.

e L., G., P. *où donc est la necessité pour faire grace à un criminel, de ne pas l'entendre ?*

f L., P., G. *pour raison de leurs procédés frauduleux*.

g L. et G. *parmi tout le reste des hommes qui n'en savoient rien*. P. *parmi le reste des hommes qui n'en savoient rien*.

h L. *l'air de mistére et de réserve mis à cette publication*. G. et P. *qu'on met à cette publication*.

i L., P., G. *le public est toujours fidelle aux secrets* etc.

confie ; ils ne sortent jamais de son sein : mais il est risible qu'en disant ce secret à l'oreille à tout le monde et le cachant très soigneusement au seul qui, s'il est coupable, l'a su[a] necessairement avant tout autre, on veuille éviter par là le scandale et faire de ce badin mistére un acte de bienfaisance et de générosité. Pour moi, avec une si tendre bienveillance pour le coupable, j'aurois choisi de le confondre sans le diffamer plustot que de le diffamer sans le confondre, et il faut [66.] certainement pour avoir pris le parti contraire avoir eu d'autres raisons que vous ne m'avez pas dites et que cette bienveillance ne comporte pas.

Supposons qu'au lieu d'aller creusant sous ses pas tous ces tortueux souterrains, au lieu des triples murs de ténébres[253] qu'on élève avec tant d'efforts autour de lui, au lieu de rendre le public et l'Europe entiére complice et témoin du scandale qu'on feint de vouloir éviter, au lieu de lui laisser continuer tranquillement[b] ses crimes, en se contentant de les voir sans les empêcher[c] ; supposons, dis-je, qu'au lieu de tout ce tortillage[254] *on se fut ouvertement et directement addressé à lui-même, et à lui seul : qu'en lui présentant en face son accusateur armé de toutes ses preuves on lui eut dit « Misérable, qui fais l'honnête homme et qui n'es qu'un scelerat, te voila connu, te voila démasqué*[d]*, voila tes faits, en voila les preuves ; qu'as-tu à répondre ? » Il eut nié, direz-vous ; qu'importe*[e] *et que font de simples négations contre des démonstrations*[f] ? Il fut resté convaincu et confondu. Alors on eut ajouté en montrant son dénonciateur ; « Remercie cet homme généreux que sa conscience a forcé de t'accuser et que sa bonté porte à te protéger. Par son intercession l'on veut bien te laisser vivre et te laisser libre. Tu ne seras même démasqué aux yeux du public qu'autant que ta conduite rendra ce soin necessaire pour prevenir la continuation de tes forfaits. Songe que des yeux perçans sont sans cesse ouverts sur toi, que le glaive punisseur pend sur ta tête, et qu'à ton premier crime tu ne lui peux échapper. » Y avoit-il, à votre avis, une conduite plus simple plus sure et plus droite pour allier à son égard la justice la prudence et la charité ? Pour moi, je trouve qu'en s'y prenant ainsi l'on se fut assuré de lui par la crainte beaucoup mieux qu'on n'a fait par

---

a L., P., G. *le sait.*
b L., G., P. *au lieu de lui laisser tranquillement continuer et consommer.*
c Même leçon dans L. ; G. et P. *de les voir et de les compter sans en empêcher aucun.*
d Même leçon dans P. ; L. et G. *te voila demasqué, te voila connu.*
e L., G., P. *et qu'importe ? Que font* etc.
f L., P., G. *que font les négations contre les démonstrations ?*

tout cet immense appareil de machines qui ne l'empêche pas d'aller toujours son train. On n'eut point eu besoin de le plonger de le trainer[a] si barbarement ou selon vous si bénignement dans la fange[b], on n'eut point habillé la justice et la vertu des honteuses livrées de la perfidie et du mensonge, ses délateurs et ses juges n'eussent point été réduits à se tenir sans cesse enfoncés devant lui dans leurs terriers[c], comme fuyant en coupables les regards de leurs victimes et redoutant la lumière du jour : Enfin l'on eut prévenu, avec le double scandale des crimes et de leur impunité, celui d'une maxime aussi funeste qu'insensée[d] que vos Messieurs semblent vouloir établir par son exemple, savoir que pourvu qu'on ait de l'esprit et qu'on fasse de beaux livres, on peut se livrer à toutes sortes de crimes impunément.

Voila le seul vrai parti qu'on avoit à prendre si l'on vouloit absolument ménager un pareil misérable : mais pour moi je vous déclare que je suis aussi loin d'approuver que de comprendre cette prétendue clémence de laisser libre, nonobstant le péril, je ne dis pas un monstre affreux tel qu'on nous le représente, mais un malfaiteur tel qu'il soit. Je ne trouve dans cette espéce de grace ni raison ni humanité ni sureté, et j'y trouve beaucoup moins cette douceur et cette bienveillance dont se vantent vos Messieurs avec tant de bruit. Rendre un homme la risée du public le jouet de la canaille[e], le faire chasser successivement des aziles[f] les plus reculés les plus solitaires où il s'étoit de lui-même [67.] emprisonné et où[g] certainement il n'étoit à portée de faire aucun mal, le faire lapider par la populace, le promener par dérision de lieu en lieu toujours chargé de nouveaux outrages, lui ôter même les ressources les plus indispensables de la societé, lui voler sa subsistance pour lui faire l'aumône, le dépayser sur toute la face de la terre, faire de tout ce qu'il lui importe le plus de savoir autant pour lui de mistères impénétrables, le rendre tellement étranger odieux meprisable aux hommes, qu'au lieu des lumiéres de l'assistance et des conseils que chacun doit trouver au besoin parmi ses fréres, il ne trouve par tout qu'insultes mensonges trahisons

a Même leçon dans L. et P. ; G. *besoin de le traîner.*

b L., G., P. *dans le bourbier.*

c L., P., G. *dans leurs taniéres.*

d Même leçon dans L. et G. ; P. *aussi pernicieuse qu'insensée.*

e L., P., G. *Rendre un homme le jouet du public et de la canaille.*

f L., G., P. *de tous les azyles* etc.

g L., P., G. *et d'où.*

perils embuches[a], le livrer en un mot sans support[b] sans protection sans deffense à l'adroite animosité de ses ennemis, c'est le traiter cent fois[c] plus cruellement que si l'on se fut une bonne fois assuré de sa personne par une détention dans laquelle avec la sûreté publique[d] on lui eut fait trouver la sienne ou du moins la tranquillité. Vous m'avez appris qu'il désira qu'il demanda lui-même[e] cette détention[255] et que, loin de la lui accorder, on lui fit de cette demande un nouveau crime et un nouveau ridicule. Je crois voir à la fois la raison de la demande et celle du refus. Ne pouvant trouver de refuge dans les plus solitaires retraites, chassé successivement du sein des montagnes et du milieu des Lacs, forcé de fuir de lieu en lieu et d'errer sans cesse avec des peines et des depenses excessives au milieu des dangers et des outrages, réduit à l'entrée de l'hiver à courir l'Europe pour y chercher un azyle sans plus savoir où, et sûr d'avance de n'être laissé tranquille nulle part, il étoit naturel que, battu fatigué de tant d'orages, il désirât de finir ses malheureux jours[f] dans une paisible captivité plustot que de se voir dans sa vieillesse poursuivi chassé ballotté sans relâche de tous cotés, privé d'une pierre pour y poser sa tête[256] et d'un azile où il put respirer, jusqu'à ce qu'à force de courses et de dépenses on l'eut réduit à perir de misère, ou à vivre des dures aumones[g] de ses persécuteurs ardens à en venir là pour le rassasier enfin d'ignominie à leur aise. Pourquoi n'a-t-on pas consenti à cet expédient si sûr si court si facile, qu'il proposoit lui-même et qu'il demandoit comme une faveur ? N'est-ce point qu'on ne vouloit pas le traiter avec tant de douceur ni lui laisser jamais trouver cette tranquillité si désirée ? N'est-ce point qu'on ne vouloit lui donner[h] aucun relâche ni le mettre dans un état où l'on n'eut pu lui attribuer chaque jour de nouveaux crimes et de nouveaux livres, et où peut être à force de douceur et de patience eut-il fait perdre aux gens chargés de sa garde les fausses idées qu'on vouloit donner de lui ?[257] N'est-ce point enfin que dans le projet si chéri si suivi si bien concerté de l'envoyer en Angleterre, il entroit des vues dont son

---

a L., G., P. *qu'embuches, mensonges, trahisons, insultes.*

b L., P., G. *sans appui.*

c L., P., G. *beaucoup plus cruellement.*

d L., G., P. *avec la sureté de tout le monde.*

e Même leçon dans G. ; L. et P. *qu'il demanda même.*

f Même leçon dans L. et G. ; P. *de finir ses jours.*

g Même leçon dans P. ; L. et G. *ou à vivre toujours erranr des dures aumones.*

h L., P., G. *lui laisser.*

séjour en ce pays-là et les effets qu'il a produits[a] semblent développer assez l'objet. Si l'on peut donner à ce refus d'autres motifs [68.] qu'on me les dise, et je m'engage[b] à en montrer la fausseté.

Monsieur, tout ce que vous m'avez appris, tout ce que vous m'avez prouvé est à mes yeux plein de choses inconcevables contradictoires absurdes, qui pour être admises demanderoient encore d'autres genres de preuves[c] que celles qui sont suffisantes[258] pour les plus complettes démonstrations, et c'est precisement ces mêmes choses absurdes que vous dépouillez de l'epreuve nécessaire qui met le sceau à toutes les autres[d]. Vous m'avez fabriqué[e] un être tel qu'il n'en exista jamais, un monstre[f] hors de la nature hors de la vraisemblance, hors de toute possibilité[g], et formé de parties inaliables incompatibles[h] qui s'excluent mutuellement. Vous avez donné pour principe à tous ses crimes le plus furieux le plus intolerant le plus extravagant amour-propre, qu'il n'a pas laissé de déguiser si bien durant sa jeunesse[i] et jusqu'au déclin de ses ans qu'il n'en a paru nulle trace pendant tant d'années, et qu'encore aujourdui depuis ses malheurs il étouffe ou contient au point[j] qu'on n'en voit pas le moindre signe. Malgré tout cet indomptable orgueil vous m'avez fait voir dans le même être un petit menteur un petit fripon un petit coureur de cabarets et de mauvais lieux ; un vil et crapuleux débauché pourri de vérole et qui passoit son tems[k] à aller escroquant dans les tavernes quelques écus[l] à droite et à gauche aux manans qui les fréquentent[259]. Vous avez prétendu que ce même personnage étoit le même homme qui pendant quarante ans a vécu estimé bien voulu de tout le monde, l'auteur des seuls écrits dans ce siécle qui portent dans l'ame des lecteurs la persuasion qui les a dictés, et dont on sent en les lisant que l'amour de la vertu et le zéle de la vérité font l'inimitable

a Même leçon dans L. ; P. et G. *dans ce pays là.* ; G. *les effets qu'il y a produits.*

b Même leçon dans G. ; L. et P. *et je m'engage.*

c Même leçon dans G. ; L. et P. *de nouveaux genres de preuve que celles qui suffisent pour les plus complettes démonstrations.*

d L., G., P. *de l'épreuve la plus nécessaire et qui met le sceau* etc.

e Même leçon dans P. ; L. et G. *fabriqué tout à votre aise.*

f Même leçon dans G. ; L. *fabriqué un monstre hors de la nature* etc.

g L., G., P. *hors de la possibilité.*

h Même leçon dans L. et G. ; P. *et formé de parties inaliables qui s'excluent* etc.

i L., P., G. *si bien depuis sa naissance jusqu'au déclin de ses ans.*

j Même leçon dans L. et P. ; G. *et contient si bien.*

k Même leçon dans L. ; G. et P. *et qui passoit sa vie.*

l L., P., G. *quelque écu.*

éloquence. Vous dites que ces livres qui m'émeuvent ainsi le cœur sont les jeux d'un scelerat qui ne sentoit rien de ce qu'il disoit[a] avec tant de chaleur et de véhémence, et qui cachoit sous cet air[b] de probité le venin dont il vouloit infecter ses lecteurs : vous me forcez même de croire que ces écrits à la fois si fiers si touchans si modestes ont été composés parmi les pots et les pintes et chez les filles de joye[c] où l'Auteur passoit sa vie, et vous me transformez enfin cet orgueil[d] irascible et diabolique en l'abjection d'un cœur bas[e] qui se rassasie sans peine de l'ignominie dont l'abbreuve à plaisir la charité du public.

Vous m'avez figuré vos Messieurs qui disposent à leur gré de sa réputation, de sa personne et de toute sa destinée, comme des modeles de vertu, des prodiges de générosité, des anges pour lui de douceur et de bienfaisance, et vous m'avez appris en même temps que l'objet[f] de tous leurs tendres soins avoit été de le rendre l'horreur de l'univers, le plus méprisé[g] des êtres, de le trainer d'opprobre en opprobre et de misére en misére, et de lui faire sentir[h] dans les calamités de la plus malheureuse vie tous les déchiremens que peut éprouver une âme fiére en se voyant le jouet et le rebut du genre humain. Vous m'avez appris que par pitié par grace[i] tous ces hommes vertueux avoient bien voulu lui ôter tout moyen d'être instruit des raisons de tant d'outrages, s'abbaisser en sa faveur au rolle de cajoleurs et de traitres[260], faire adroitement le plongeon[261] à chaque éclaircissement [69.] qu'il cherchoit, l'environner de souterrains et de piéges tellement tendus que chacun de ses pas fut necessairement une chute[262] ; enfin le circonvenir avec tant d'adresse qu'en butte aux insultes de tout le monde, il ne put jamais[j] repousser aucun outrage

a L. et G. *qui ne sentoit rien de ce qu'il disait avec tant d'ardeur et de véhemence.* P. *qui ne pensoit qui ne sentoit rien de ce qu'il disoit.*

b Même leçon dans L. et P. ; G. *sous un air.*

c Même leçon dans L. et G. ; P. *et les pintes chez les filles de joye* etc.

d L. et G. *et vous me transformez enfin cet orgueil irascible* etc. P. *et vous me transformez cet orgueil irascible* etc.

e L., P., G. *d'un cœur insensible et vil.* (Dans P. « insensible » déborde dans la marge droite et « et » dans la marge gauche, comme s'ils avaient été insérés après-coup.)

f Même leçon dans G. ; L. et P. *que le but.*

g L., G. P. *le plus déprisé des êtres.* [« DÉPRISER Témoigner qu'on fait peu de cas d'une chose. Il ne se dit guère qu'en parlant de marchandise. » *Acad.*]

h L., G., P. *sentir à loisir.*

i *par grace* est inséré dans l'interligne.

j L., P., G. *jamais savoir la raison de rien, apprendre un seul mot de vérité, repousser aucun outrage, obtenir aucune explication, trouvers, saisir aucun aggresseur, et qu'à chaque* etc.

obtenir aucune explication, trouver saisir aucun aggresseur, apprendre un seul mot de vérité, et qu'à chaque instant atteint des plus cruelles morsures il sentit dans tous ceux qui l'entourent la flexibilité des serpens aussi bien que leur venin.

Vous avez fondé le sistème qu'on suit à son égard sur des devoirs dont je n'ai pas l'idée[a], sur des vertus qui me semblent des atrocités[b], sur des principes qui renversent dans mon esprit tous ceux de la justice et de la morale. Figurez[c]-vous des braves[d] qui commencent par se mettre chacun un bon masque bien attaché, qui s'arment de fer jusqu'aux dents, qui surprennent ensuite leur ennemi[e] le saisissent par derriére, le mettent nud, lui lient le corps les bras les mains les pieds[f] de façon qu'il ne puisse remuer, lui mettent un baîllon dans la bouche, lui crévent les yeux, l'étendent à terre, et passent enfin leur noble vie à le massacrer doucement, de peur que mourant de ses blessures, il ne cesse trop tôt de les sentir[263]. Voila les gens que vous voulez que j'admire. Pour moi, je ne vois d'admirable en eux qu'une cruauté sans mesure, et une lâcheté sans exemple[g]. Vous m'avez prouvé, j'en conviens, autant que cela se pouvoit par la méthode que vous avez suivie, que l'homme ainsi terrassé est un monstre abominable : Mais quand cela seroit aussi vrai que difficile à croire, l'inventeur[h] et les directeurs du[i] projet[j] qui s'execute à son égard seroient à mes yeux, je le déclare, encor plus abominables que lui.

Certainement vos preuves sont d'une grande force, mais il est faux que cette force aille pour moi jusqu'à l'évidence, puisqu'en fait de délits et de crimes cette évidence dépend essenciellement d'une épreuve qu'on écarte ici avec trop de soin pour qu'il n'y ait pas à cette omission quelque puissant motif qu'on nous cache et qu'il importeroit de connoitre[k]. J'avoue

a L., G., P. *dont je n'ai nulle idée.*

b L., P., G. *des vertus qui me font horreur.*

c Mot biffé dans C. *Figurez vous des ~~gens~~.* L., G., P. *Figurez-vous des gens.*

d C. *braves* est inséré dans l'interligne.

e Même leçon dans L. et G. ; P. *qui surprenant ensuite leur ennemi.*

f L., P., G. *les pieds, la tête* etc.

g Même leçon dans L. et P. Phrase absente dans G et remplacée par : *« Rappelez, Monsieur, votre équité, votre droiture, et sentez en votre conscience quelle sorte d'admiration je puis avoir pour eux ».* P. *Ah rappellez de grace vôtre équité, vôtre droiture, et cherchez en votre conscience* etc.

h L. et G. *l'Auteur et les directeurs.* P. *l'Auteur et les Directeurs.*

i Mot biffé dans C. *les directeurs du ~~complot~~ qui s'execute.*

j C. *projet* est inséré dans l'interligne.

k L., P., G. *de savoir.*

pourtant, et je ne puis trop le répéter, que ces preuves m'étonnent, et m'ébranleroient peut-être encore si je ne leur trouvois d'autres defauts non moins dirimans[264] selon moi. Le prémier est dans leur force même[a] et dans leur grand nombre de la part dont elles viennent. Tout cela me paroitroit fort bien dans des procédures juridiques faites[b] par le ministére public. Mais pour que des particuliers et qui plus est[c] des amis aient pris tant de peine aient fait tant de dépenses aient mis tant de tems à faire tant d'informations, à rassembler tant de preuves, à leur donner tant de force, sans y être obligés par aucun devoir, il faut qu'ils aient été animés pour cela par quelque passion bien vive, qui tant qu'ils s'obstineront à la cacher me rendra suspect tout ce qu'elle aura produit.

Un autre défaut que je trouve à ces mêmes preuves[d] est qu'elles prouvent trop[e], c'est qu'elles prouvent des choses qui naturellement ne sauroient exister, [70.] autant vaudroit me prouver des miracles, et vous savez que je n'y crois pas. Il y a dans tout cela des multitudes d'absurdités auxquelles avec toutes leurs preuves il ne dépend pas de mon esprit[f] d'acquiescer. Les explications qu'on leur donne et que tout le monde, à ce que vous m'assurez, trouve si claires, ne sont pas à mes yeux guére moins absurdes et ont le ridicule de plus. Vos Messieurs semblent avoir chargé J.J. de crimes de toute espéce[g], comme vos théologiens ont chargé leur doctrine d'articles de foi[h]. La facilité de faire tout croire les a séduits, aveuglés par leur passion ils ont entassé[i] crime sur crime, sans précaution sans mesure ; et quand enfin ils ont apperçu l'incompatibilité de tout cela, ils n'ont plus été à tems d'y remédier, le grand soin qu'ils avoient pris de tout prouver également les forçant de tout admettre sous peine de tout rejetter. Il a donc fallu chercher mille subtilités pour tâcher d'accorder tant de contradictions, et tout ce travail a produit sous le nom de J.J. l'être le plus chimérique et le plus extravagant que le delire de la fiévre puisse faire imaginer[265].

a Nouvel alinéa dans L., G., P.
b Même leçon dans G. et P. ; L. *dans une procédure juridique faite* etc.
c Même leçon dans P. ; L. et G. *et qui pis est.*
d Même leçon dans L. et P ; G. *à ces invincibles preuves.*
e Même leçon dans L. et P. ; G. *c'est qu'elles prouvent trop.*
f Même leçon dans G. et P. ; L. *il ne dépend pas de moi.*
g L., P., G. *de crimes comme vos Théologiens* etc.
h L., P., G. *de foi ;* [:] *l'avantage de persuader en affirmant, la facilité de faire tout croire les ont séduits.* (Dans P., « l'avantage de persuader en affirmant » est inséré dans l'interligne.)
i Même leçon dans L. ; P. et G. *entassé faits sur faits, crimes sur crimes* etc.

Un troisiéme défaut de ces invincibles preuves est dans la maniére de les administrer avec tant de reserve de mistére et de précaution[266]. Pourquoi tout cela ? La vérité ne cherche pas ainsi les ténébres et ne marche pas si timidement. C'est une maxime en jurisprudence[aa] qu'on presume le dol[267] dans celui qui suit au lieu de la droite route des voies obliques et clandestines. C'en est une autre[bb] que celui qui décline un jugement régulier et cache ses preuves est présumé soutenir une mauvaise cause[268]. Ces deux maximes conviennent si bien au système de vos Messieurs qu'on les croiroit faites exprès pour lui[c]. Si ce qu'on prouve d'un accusé dans son absence[269] n'est jamais assez bien prouvé[d], ce qu'on en prouve en se cachant de lui avec tant de précautions prouve contre l'accusateur[e], et par cela seul l'accusation revétue de toutes ses preuves clandestines doit être réputée[f] une imposture.

Enfin le grand vice de tout ce système, est que, fondé sur le mensonge ou sur la vérité, le succés n'en seroit pas moins assuré d'une façon que de l'autre. Supposez, au lieu de votre J.J. un véritable honnête homme isolé trahi trompé[g], seul sur la terre, à la merci[h] d'ennemis puissans nombreux, rusés[i], masqués implacables, qui, de l'aveu même du public et sans obstacle[j] de la part de personnne, dressent à loisir leurs machines autour de lui, et vous verrez que tout ce qui lui arrive méchant et coupable, lui doit arriver également[k] innocent et vertueux. Tant par le fond que par la forme des preuves tout cela ne prouve donc rien, précisément parce qu'il prouve trop[270].

Monsieur, quand les Geometres marchant de démonstration en démonstration parviennent à quelque absurdité ; au lieu de l'admettre, quoique démontrée, ils reviennent sur leurs pas, et surs qu'il s'est glissé dans leurs [71.] principes ou dans leurs raisonnemens quelque paralogisme

---

aa Dolus pra'sumitur in eo qui recta via non incedit, sed per anfractus et diverticula. *Menoch.* Même leçon pour la citation dans P. qui complète : *Menoch. in praesump.*

bb Judicium subterfugiens et probationes occultans malam causam fovere pra'sumitur. *Ib.* Même leçon dans P., qui ajoute « *ibid.* » après « Id. » (L. et G. corrigent « *pra'sumitur* » en « *praesumitur* »).

c L., P., G. *si je ne citais pas mon Auteur.* (Dans P. cettte formule est insérée dans l'interligne).

d L., G., P. *en son absence n'est jamais réguliérement prouvé.*

e L. et P. *ce qu'on prouve en se cachant si soigneusement de lui prouve contre l'accusateur beaucoup plus que contre l'accusé.* G. *prouve plus contre l'accusateur.*

f Même leçon dans P. ; L. et G. *doit être presumée.*

g Même leçon dans L. et P. ; G. *isolé, trompé, trahi.*

h L., G., P. *entouré.*

i L., P., G. *d'ennemis puissans, rusés* etc.

j L., G., P. *implacables, qui, sans obstacle* etc.

k L., P., G. *ne lui arriveroit pas moins.*

qu'ils n'ont pas apperçû, ils ne s'arrêtent pas qu'ils ne le trouvent, et s'ils ne peuvent le decouvrir, laissant là leur démonstration prétendue, ils prennent une autre route pour arriver à la vérité[a] qu'ils cherchent, sûrs qu'elle n'admet point d'absurdité[271].

LE FRANÇOIS.

N'appercevez-vous point que pour éviter de prétendues absurdités vous tombez dans une autre, sinon plus forte au moins plus choquante ? Vous justifiez un seul homme dont la condannation vous déplait, aux dépends de toute une Nation, que dis-je, de toute une génération dont vous faites une génération de fourbes : car enfin tout est d'accord, tout le public tout le monde sans exception a donné son assentiment au plan qui vous paroit si réprehensible ; tout se préte avec zèle à son éxecution : Personne ne l'a desaprouvé, personne n'a commis la moindre indiscretion qui put le faire échouer, personne n'a donné le moindre indice la moindre lumière à l'accusé qui put le mettre en état de se défendre[b], il n'a pu tirer d'aucune bouche aucun eclaircissement[c] sur les charges atroces dont on l'accable à l'envi, tout concourt à le tromper à le deshonorer à l'avilir[d], tout s'empresse à renforcer les ténèbres dont on l'environne l'opprobre dans lequel on le tient submergé[e], et l'on ne sait[f] à quoi chacun se livre avec le plus d'ardeur[g], ou de le persifler présent ou de le diffamer absent[h]. Il faudroit donc conclurre de vos raisonnemens qu'il ne se trouve dans la génération présente pas[i] un seul honnête homme, pas un seul ami de la justice et de la vérité[j]. Admettez-vous cette conséquence ?

ROUSSEAU.

A Dieu ne plaise ! Si j'étois tenté de l'admettre, ce ne seroit surement pas[k] auprès de vous dont je connois la droiture invariable et la sincére

a L., G., P. *pour trouver la vérité qu'ils cherchent.*
b Même leçon dans L. et G. ; P. *qui put lui fournir le moyen de se défendre.*
c P. *le moindre éclaircissement.* L. et G. *un seul mot d'éclaircissement.*
d Proposition supprimée dans L., P., G.
e « l'opprobre [...] submergé » : proposition supprimée dans L., G., P.
f L., P., G. *les ténébres dont on l'environne, et l'on ne sait à quoi* etc.
g L., G., P. *avec plus d'ardeur.*
h Même leçon dans P. ; L. et G. *ou de le diffamer absent ou de le persifler présent.*
i L. et P. *qu'il ne se trouve pas dans la génération* etc. G. *dans toute la génération* etc.
j Même leçon dans P. ; L. et G. *pas un seul ami de la vérité.*
k Même leçon dans P. ; L. et G. *ce ne seroit pas.*

équité : Mais je connois aussi ce que peuvent sur les meilleurs cœurs les passions et les préjugés[a], et combien leurs illusions sont quelquefois inévitables. Votre objection me paroit solide et forte : elle s'est présentée à mon esprit avant[b] que vous me la fissiez ; elle me paroit plus facile à rétorquer qu'à resoudre[272], et vous doit embarrasser du moins autant que moi. Car enfin si le public n'est pas tout composé de méchans et de fourbes tous d'accord pour trahir un seul homme, il est encore moins composé sans exception[c] d'hommes bienfaisans généreux, francs de jalousie d'envie[d] de malignité. Ces vices sont-ils donc tellement éteints sur la Terre qu'il n'en reste pas le moindre germe dans le cœur d'aucun individu ? C'est ce qu'il faudroit necessairement admettre[e] si ce système de mistére et de ténébres[f] qu'on suit si fidellement envers J.J. n'étoit qu'un ouvrage de miséricorde et de charité[g]. Laissons à part vos Messieurs qui sont des ames divines et dont vous admirez la tendre bienveillance pour lui. Il a dans tous les états, vous me l'avez dit vous-même, grand nombre[h] d'ennemis très ardens, qui ne cherchent assurément pas à lui rendre la vie agréable et douce. Concevez-vous que dans cette multitude de gens, tous d'accord pour épargner de l'inquiétude à un [72.] scelerat qu'ils abhorrent et la honte à un hypocrite qu'ils détestent[i], il ne s'en trouve pas un seul qui, pour jouir au moins de sa confusion soit tenté de lui dire ce qu'on sait[j] de lui ? Tout s'accorde avec une patience plus qu'angelique à l'entendre provoquer au milieu de Paris ses persecuteurs, donner des noms assez durs à ceux qui l'obsédent, leur dire insolemment ; *parlez haut, traitres que vous étes, me voila ; qu'avez-vous à dire* ? A ces stimulantes apostrophes la plus incroyable patience n'abbandonne pas un instant un seul homme dans toute cette multitude ; tous, insensibles à ses reproches les endurent uniquement pour son bien, et de peur de lui faire la moindre peine,

---

a L., G., P. *les préjugés et les passions.*

b L., P., G. *longtems avant.*

c Même leçon dans G. ; L. et P. *sans aucune exception.*

d L., G., P. *d'envie, de haine* etc.

e L., P., G. *C'est pourtant ce qu'il faudroit admettre.*

f L., G., P. *ce système de secret et de ténébres.*

g Même leçon dans L. ; P. et G. *n'étoit qu'une œuvre de bienfaisance et de charité.*

h L., P., G. *un grand nombre.*

i Même leçon dans L. et G. ; P. *de l'inquiétude à un scelerat qu'ils detestent et de la honte à un hypocrite qu'ils abhorrent.*

j Même leçon dans L. ; G. et P. *tout ce qu'on sait.*

se laissent[a] traiter par lui avec un mépris que leur silence autorise de plus en plus. Qu'une douceur si grande, qu'une si sublime vertu anime généralement tous ses ennemis sans qu'un seul démente un moment cette universelle mansuetude, convenez que dans une génération qui naturellement n'est pas trop aimante, ce concours de patience et de générosité est du moins aussi étonnant que celui de malignité dont vous rejettez la supposition.

La solution de ces difficultés doit se chercher selon moi[b] dans quelque intermédiaire qui ne suppose dans toute une génération ni des vertus angéliques, ni la noirceur des Démons, mais quelque disposition naturelle au cœur humain, qui produit des effets uniformes[c] par des moyens adroitement disposés à cette fin[d]. Mais, en attendant que mes propres observations me fournissent là-dessus quelque explication raisonnable, permettez-moi de vous faire une question qui s'y rapporte. Supposant un moment qu'après de soigneuses et impartiales[e] recherches J.J., au lieu d'être l'ame infernale et le monstre[f] que vous voyez en lui, se trouvât au contraire être un homme sensible et bon, que son innocence universellement reconnue par ceux-mêmes qui l'ont traité avec tant d'indignité vous forçat de lui rendre votre estime et de vous reprocher les durs jugemens que vous avez portés de lui : rentrez au fond de votre âme, et dites-moi comment vous seriez affecté de ce changement ?

LE FRANÇOIS.

Cruellement, soyez-en sûr. Je sens qu'en l'estimant et lui rendant justice, je le haïrois alors peut-être encor plus pour mes torts[g] que je ne le hais maintenant pour ses crimes : Je ne lui pardonnerois jamais mon injustice envers lui. Je me reproche cette disposition, j'en rougis ; mais je la sens dans mon cœur malgré moi.

---

a L., G., P. *ils se laissent traiter.*

b Même leçon dans G. ; L. et P. *doit se trouver selon moi.*

c L., P., G. *un effet uniforme.*

d Même leçon dans L. et G. ; P. *par des moyens disposés à cette fin.*

e L., P., G. *qu'après d'attentives et impartiales recherches.*

f C. *et le monstre* est inséré dans l'interligne.

g L. et G. *je le haïrois alors plus peut-être encor pour mes torts que je* etc. P. semble avoir dans un premier temps suivi la leçon de C., puis l'avoir rectifiée : *je le haïrois alors* [plus] *peut-être encor* ~~*plus*~~ *pour mes torts que je* etc.

ROUSSEAU.

Homme véridique et franc, je n'en veux pas davantage, et je prends acte de cet aveu pour vous le rappeller en tems et lieu[273]; il me suffit pour ce moment de vous y laisser réfléchir. Au reste consolez-vous de cette disposition qui n'est qu'un développement des plus naturels de l'amour-propre; elle vous est commune avec tous les juges de J. J. avec cette différence[a], que vous serez le seul peut-être qui ait le courage et la franchise de l'avouer[b].

Quant à moi, pour lever tant de difficultés et déterminer mon propre [73.] jugement, j'ai besoin d'observations[c] faites par moi-même. Alors seulement je pourrai vous proposer ma pensée avec confiance. Il faut avant tout commencer par voir J.J. et c'est à quoi je suis tout déterminé.

LE FRANÇOIS.

Ah ah! vous voila donc enfin revenu à ma proposition que vous avez si dédaigneusement rejettée? Vous voila donc disposé à vous rapprocher de cet homme entre lequel et vous le diametre de la terre étoit encore une distance trop courte à votre gré?

ROUSSEAU.

M'en rapprocher? Non, jamais de l'homme[d] que vous m'avez peint: mais bien de celui que j'imagine à sa place[e]. Que j'aille chercher un scelerat détestable pour le hanter le surprendre et le tromper[f], c'est une infamie qui ne peut approcher de mon cœur[g]: mais que, dans le doute si ce prétendu scelerat n'est point peut-être un honnête homme infortuné victime du plus noir complot[274], j'aille examiner par moi-même ce qu'il faut que j'en pense; c'est un des plus beaux devoirs que se puisse imposer un cœur juste, et je me livre à cette noble recherche avec autant d'estime et de contentement de moi-même, que j'aurois de regret et de honte de m'y livrer avec un motif opposé.

---

a Même leçon dans G.; L. et P. *à cette différence près.*

b Même leçon dans L. et G.; P. *d'en convenir.*

c L., P., G. *j'ai besoin d'éclaircissemens et d'observations.*

d Même leçon dans L. et P.; G. *jamais du scelerat.*

e Même leçon dans L.; G. *mais bien de l'homme défiguré que j'imagine à sa place.* P. *mais bien de l'homme que j'imagine à sa place.*

f L. et G. *pour le hanter l'épier et le tromper.* P. *pour le hanter l'épier le tromper.*

g Même leçon dans P.; L. *c'est une infamie qui jamais n'approchera de mon cœur.* G. *c'est une indignité qui jamais n'approchera de mon cœur.*

LE FRANÇOIS.

Fort bien ; mais avec le doute qu'il vous plait de conserver malgré[a] tant de preuves[275], comment vous y prendrez-vous pour accoster[b] cet Ours presque inabordable ? Il faudra bien que vous commenciez par ces cajoleries que vous avez en si grande aversion. Encore sera-ce un bonheur si elles vous reussissent mieux qu'à beaucoup de gens qui les lui prodiguent sans mesure et sans scrupule, et à qui elles n'attirent de sa part que des brusqueries et des mépris.

ROUSSEAU.

Est-ce à tort ? parlons franchement. Si cet homme étoit facile à prendre de cette maniére, il seroit par cela seul à demi jugé. Après tout ce que vous m'avez appris du système qu'on suit avec lui je suis peu surpris qu'il repousse avec dédain la plus part de ceux qui l'abordent et qui, pour cela, l'accusent bien à tort d'être défiant, car la défiance suppose du doute, et il n'en sauroit avoir à leur égard : et que peut-il penser de ces patelins flagorneurs desquels, vu l'œil dont il est regardé dans le monde et qui ne peut échapper au sien[c], il doit à l'instant pénétrer les motifs[d] dans l'empressement qu'ils lui marquent ? Il doit voir clairement que leur dessein n'est point de l'étudier[e] et de le connoitre, mais seulement de le circonvenir. Pour moi, comme je n'ai[f] ni besoin ni dessein de le tromper, je ne veux point prendre avec lui les allures cauteleuses[g] de ceux qui l'approchent dans cette intention. Je ne lui cacherai point la mienne : s'il s'en allarmoit[h] ma recherche seroit finie, et je n'aurois plus rien à faire auprès de lui.

---

a L., G., P. *au milieu de tant* etc.

b L., P., G. *pour apprivoiser.*

c Même leçon dans L. ; G. et P. *flagorneurs dont, vu l'œil dont il est regardé dans le monde, et qui ne peut* etc.

d L., G., P. *il doit penetrer aisement les motifs dans* etc.

e L. et G. *leur dessein n'est ni de se lier avec lui de bonne foi ni même de l'étudier* etc. P. paraît suivre d'abord la leçon de C. puis la corriger : *leur dessein n'est ni de se* *lier avec lui de bonne fois, ni même* *de l'étudier et le connoitre* etc.

f Même leçon dans L. ; G. *Pour moi qui n'ai*. P. semble avoir effacé la leçon L. (ou C.) : « comme je n'ai », car « qui » y est encadré de deux larges espaces : *Pour moi qui n'ai ni besoin* etc.

g Même leçon dans L. et P. ; G. *prendre les allures cauteleuses.*

h L. et P. *s'il en étoit fâché.* G. *s'il en étoit allarmé.*

LE FRANÇOIS.

Il vous sera moins aisé peut-être que vous ne pensez de vous faire distinguer de ceux qui l'abordent à mauvaise intention ; vous n'avez point la ressource de lui parler à cœur ouvert et de lui déclarer vos vrais motifs. Si vous me gardez la foi que vous m'avez donnée il doit ignorer à jamais ce que vous savez de ses œuvres criminelles et de son caractére atroce[276]. C'est un secret inviolable, qui, près de lui, doit rester à jamais [74.] caché dans votre cœur. Il appercevra votre réserve, il l'imitera, et par cela seul se tenant en garde contre vous, il ne se laissera voir que comme il veut qu'on le voye, et non comme il est en effet.

ROUSSEAU.

Et pourquoi voulez-vous me supposer seul aveugle parmi tous ceux qui l'abordent journellement, et qui, sans lui inspirer plus de confiance l'ont vu tous, et si clairement, à ce qu'ils vous disent, tel que vous me l'avez peint. S'il est si facile à pénétrer et à connoitre malgré sa défiance[a] et son hypocrisie, malgré ses efforts pour se cacher, pourquoi, plein du désir de l'apprecier, serai-je le seul à n'y pouvoir parvenir ; surtout avec une disposition si favorable à la vérité, et n'ayant d'autre intérest que de la connoitre ? Est-il étonnant que l'ayant si décidément jugé d'avance, et n'apportant aucun doute à cet examen, ils l'aient vu tel qu'ils vouloient le voir ? Mes doutes ne me rendront pas moins attentif et me rendront plus circonspect. Je ne cherche point à le voir tel que je me le figure, je cherche à le voir tel qu'il est[277].

LE FRANÇOIS.

Bon ! n'avez-vous pas aussi vos idées ? Vous le desirez innocent j'en suis très sûr : vous ferez comme eux dans le sens contraire ; Vous verrez en lui ce que vous y cherchez.

ROUSSEAU.

Le cas est fort différent. Oui, je le desire innocent, et de tout mon cœur. Sans doute je serois heureux de trouver en lui ce que j'y cherche : Mais ce seroit pour moi le plus grand des malheurs d'y trouver ce qui n'y seroit pas, de le croire honnête homme et de me

---

a Même leçon dans P. ; L. *facile à penétrer et à connoitre quand on y regarde, magré sa défiance.* G. *si facile à connoitre et à pénétrer quand on y regarde, malgré sa défiance et son hypocrisie.*

tromper. Vos Messieurs ne sont pas dans des dispositions si favorables[a] à la vérité ; je vois que leur projet est une ancienne et grande entreprise qu'à quelque prix que ce soit ils ne veulent pas abandonner[b], et qu'ils n'abbandonneroient pas impunement. L'ignominie dont ils l'ont couvert rejailliroit sur eux toute entiére, et ils ne seroient pas même à l'abri de la vindicte publique. Ainsi soit pour la sureté de leurs personnes soit pour celle de leurs consciences, il leur importe trop de ne voir en lui qu'un scelerat, pour qu'eux et les leurs y voyent jamais autre chose[c].

LE FRANÇOIS.

Mais enfin pouvez-vous concevoir imaginer quelque solide réponse aux preuves dont vous-même avez été si frappé ? Tout ce que vous verrez ou croirez voir pourra-t-il jamais les détruire ? Supposons que vous trouviez un honnête homme où la raison le bon sens et tout le monde vous montrent un scelerat ; que s'ensuivra-t-il ? Que vos yeux vous trompent, ou que le genre humain tout entier excepté vous seul est dépourvu de sens commun[d] ? Laquelle de ces deux suppositions vous paroit la plus naturelle, et à laquelle enfin vous en tiendrez-vous ?

ROUSSEAU.

A aucune des deux, et cette alternative ne me paroit pas si necessaire qu'à vous. Il est une autre explication plus naturelle qui lève bien des difficultés. C'est de supposer une ligue dont l'objet est la diffamation de J.J. qu'elle a pris soin d'isoler pour cet effet. Et que dis-je, supposer ? par quelque motif que cette ligue se soit formée, elle existe[278]. Sur votre propre rapport elle sembleroit presque universelle[e] ; elle est du moins grande nombreuse puissante[f] ; elle agit de concert, et dans le plus profond secret [75.] pour tout ce qui n'y entre pas, et surtout pour l'infortuné qui en est l'objet. Pour s'en deffendre il n'a ni secours ni ami ni appui ni conseil ni lumières ; tout n'est autour de lui que piéges mensonges trahisons ténébres. Il est absolument

a Même leçon dans L. et G. ; P. *dans une disposition si favorable.*

b Même leçon dans P. ; L. et G. *une grande entreprise qu'ils ne veulent pas abandonner.*

c Même leçon dans L. et P. ; G. *y voyent autre chose.*

d Même leçon dans L. et P. ; G. *est dépourvu de sens ?*

e L., G., P. *elle sembleroit universelle.*

f L., P., G. *grande, puissante, nombreuse.*

seul et n'a que lui seul pour ressource ; il ne doit attendre ni aide ni assistance de qui que ce soit sur la terre. Une position si singuliére est unique depuis l'existence du genre humain. Pour juger sainement de celui qui s'y trouve et de[a] ce qui se rapporte à lui, les formes ordinaires sur lesquelles s'établissent les jugemens humains ne peuvent plus suffire[279]. Il me faudroit, quand même l'accusé pourroit parler et se défendre, des suretés extraordinaires pour croire qu'en lui rendant cette liberté on lui a donné[b] en même tems les connoissances, et les moyens necessaires pour se justifier[c] s'il est innocent. Car enfin, si, quoique faussement accusé il ignore toutes les trames dont il est enlacé, tous les piéges dont on l'entoure, si les seuls deffenseurs qu'il pourra trouver et qui feindront pour lui du zèle, sont appostés[d] pour le trahir ; si les témoins qui pourroient déposer pour lui se taisent, si ceux qui parlent sont gagnés pour le charger, si l'on fabrique de fausses piéces pour le noircir, si l'on détruit celles qui le justifient[e], il aura beau dire *non* contre cent faux témoignages à qui l'on fera dire *oui,* sa négation sera sans effet contre tant d'affirmations unanimes, et il n'en sera pas moins convaincu aux yeux des hommes d'un délit[f] qu'il n'aura pas commis. Dans l'ordre ordinaire des choses, cette objection n'a pas la même force, parce qu'on laisse à l'accusé tous les moyens possibles de se défendre, de confondre les faux témoins[280], de manifester l'imposture, et qu'on ne présume pas cette odieuse ligue[g] de plusieurs hommes contre un. Mais ici cette ligue existe, rien n'est plus constant ; vous me l'avez appris vous-même, et par là[h] non seulement tous les avantages qu'ont dans l'ordre ordinaire les accusés[i] pour leur défense sont ôtés à celui-ci : Mais en les lui ôtant les accusateurs peuvent les tourner tous contre lui[j] ; il est pleinement à leur

---

a L., P., G. *de tout ce qui* etc.

b L. et G. *on lui donne en même tems.* P. *on lui a donné.*

c L. *les connoissances, les instrumens les moyens necessaires pour pouvoir se justifier.* P. *necessaires pour se justifier.* G. *les connoissances, les instrumens et les moyens necessaires pour pouvoir se justifier.*

d L., G., P. *sont choisis.*

e L. et G. *si l'on cache ou détruit celles qui le justifient.* P. *si l'on supprime celles qui le justifient.*

f L., G., P. *de délits qu'il n'aura pas commis.*

g Même leçon dans G. ; L. et P. *cette ligue odieuse.*

h Même leçon dans L. et P. ; G. *et par cela seul non seulement* etc.

i L., G., P. *tous les avantages qu'ont les accusés.*

j L. et G. *mais les accusateurs en les lui ôtant peuvent les tourner tous contre lui.* – G. *peuvent les tourner tous contre lui-même.* P. *mais les accusateurs en les lui ôtant les tournent tous contre lui.*

discretion : Maîtres absolus d'établir de montrer les faits[a] comme il leur plait, sans avoir aucune contradiction à craindre, ils sont seuls juges de la validité de leurs propres piéces ; leurs témoins, très surs de n'être[b] ni confrontés ni confondus ni punis, ne craignent rien de leurs mensonges ; ils sont surs en le chargeant de la protection des Grands, de l'appui des Médecins, de l'approbation des gens de lettres, et de la faveur publique[c] ; ils sont surs en le justifiant[d] d'être perdus. Voila, Monsieur, pourquoi tous les témoignages rendus contre lui sous les chefs de la ligue, c'est-à-dire depuis qu'elle s'est formée n'ont aucune autorité pour moi, et s'il en est d'antérieurs, dequoi je doute, je ne les admettrai qu'après avoir bien examiné s'il n'y a ni fraude ni antidate, et surtout après avoir entendu les réponses de l'accusé.

Par exemple, pour juger de sa conduite à Venise, je n'irai pas consulter sotement ce qu'on en dit et, si vous voulez, ce qu'on en prouve aujourdui[e] : [76.] mais bien ce qui a été prouvé et reconnu[f] à Venise à la Cour, chez les ministres du Roy et parmi tous ceux qui ont eu connoissance de cette affaire avant le Ministère du Duc de Choiseul[281], avant l'ambassade de l'Abbé de Bernis à Venise, et avant le voyage du Consul Le Blond à Paris. Plus ce qu'on en a pensé depuis est différent de ce qu'on en pensoit alors, et mieux j'éxaminerai les causes[g] d'un changement si tardif et si extraordinaire. De même pour me décider sur ses pillages en musique, ce ne sera ni à M. D'Alembert ni à ses suppots ni à tous vos Messieurs que je m'addresserai, mais je ferai rechercher sur les lieux par des personnes non suspectes, c'est à dire, qui ne soient pas de leur connoissance, s'il y a des preuves certaines[h] que ces ouvrages ont existé avant que J. J. se les soit attribués[i].

---

a L., G., P. *d'établir les faits.*

b L., P., G. *certains de n'être.*

c Même leçon dans G. ; L. *ils sont surs en le chargeant de la faveur publique de la protection des Grands de l'appui des Medecins de l'approbation des gens de lettres.* P. *ils sont surs en le chargeant de la faveur publique, de l'appui des Medecins, de l'approbation des gens de lettres, de la protection des Grands.*

d L., G., P. *en le défendant.*

e L. et G. *aujourdui, et puis m'en tenir là.* P. *et m'en tenir là.*

f Même leçon dans L. et G. ; P. *ce qui a été dit prouvé et reconnu.*

g L. *et plus je rechercherai les causes secretes d'un changement si tardif* etc. P. *et mieux je rechercherai les causes secretes* etc. G. *et mieux je rechercherai les causes d'un changement* etc.

h L. *des preuves solides.* G. *des preuves authentiques.* P. *des preuves bien sures.*

i L., P., G. *les ait donnés pour être de lui.*

Voila la marche que la raison m'oblige de suivre pour verifier les delits les pillages et les imputations de toute espéce dont on n'a cessé de le charger depuis la formation du complot et dont je n'apperçois pas auparavant le moindre vestige. Tant que cette vérification ne me sera pas possible, rien ne sera si aisé que de m'apporter[a] tant de preuves qu'on voudra auxquelles je n'aurai rien à répondre, mais qui n'opereront sur mon esprit aucune persuasion.

Pour savoir exactement quelle foi je puis donner à votre prétendue évidence, il faudroit que je connusse bien tout ce qu'une generation entiére liguée contre un seul homme totalement isolé peut faire pour se prouver de cet homme-là tout ce qui lui plait, et par surcroit de précaution, en se cachant de lui très soigneusement. A force de tems d'intrigue et d'argent, de quoi la puissance et la ruse ne viennent-elles point à bout[b] ? A quel point ne pourroit-on pas[c] tromper le public, si tous ceux qui le dirigent soit par la force soit par l'autorité, soit par l'opinion, s'accordoient pour l'abuser par de sourdes menées dont il seroit hors d'état de pénétrer le secret[d] ? Les magiciens de Pharaon, tous puissans parmi le peuple, n'avoient peut-être point d'autre magie pour operer leurs prodiges[282]. Ils faisoient si bien par leurs émissaires que tout le monde voyoit ce qui n'étoit pas. Si tout s'accordoit pour attester un fait faux, qui pourroit refuser de le croire[e] ? Qui est-ce qui a déterminé jusqu'où des conjurés, puissans nombreux et bien unis, comme ils le sont toujours pour le crime, peuvent fasciner les yeux, quand des gens qu'on ne croit pas se connoitre se concerteront bien entre eux, quand aux deux bouts de l'Europe des imposteurs d'intelligence et dirigés par quelque adroit et puissant intrigant, se conduiront sur le même plan, tiendront le même langage, présenteront sous le même aspect un homme à qui l'on a oté les yeux pour voir, la voix pour parler, les mains pour agir et qu'on a livré sans deffense[f] à la merci de ses enne-

a L., G., P. *que de me fournir.*

b Même leçon dans L. et P. ; G. *à bout, quand personne ne s'oppose à leurs manœuvres, quand rien n'arrête et ne contremine leurs sourdes opérations ?*

c Même leçon dans L. ; G. *ne pourroit-on point.*

d P. *pénétrer le secret ? Les magiciens de Pharaon, tout puissans parmi le peuple n'avoient peut être nulle autre magie pour opérer leurs prodiges : ils faisoient si bien par leurs emissaires que tout le monde voyoit ce qui n'étoit pas. Si tout s'accordoit pour attester un fait faux qui pourroit refuser de le croire ? Qui est ce qui a déterminé* etc.

e L. et G. suppriment la séquence : « Les magiciens [...] de le croire ».

f L. et G. *à qui l'on a ôté la voix, les yeux, les mains et qu'on livre pieds et poings liés à* etc. P. *à qui l'on a ôté les yeux la voix les mains et qu'on livre* etc.

mis ? Que vos Messieurs loin d'être[a] tels soient ses amis comme ils le crient à tout le monde, qu'en étouffant[b] leur protégé dans la fange ils n'agissent ainsi que par bonté [77.] par charité[c] par compassion pour lui, soit ; je n'entends point disputer ici sur[d] ces nouvelles vertus. Mais il resulte toujours de vos propres récits qu'il y a une ligue, et de mon raisonnement que, sitot qu'une ligue existe, on ne doit pas pour juger des preuves qu'elle apporte s'en tenir aux régles ordinaires, mais qu'on en doit établir[e] de plus rigoureuses pour s'assurer que cette ligue n'abuse point[f] de l'avantage immense de se concerter, et par là d'en imposer, comme elle peut aisément[g] le faire. Ici je vois, au contraire que tout se passe entre gens qui se prouvent entre eux sans résistance et sans contradiction ce qu'ils sont bien aises de croire, que donnant ensuite leur unanimité pour nouvelle preuve à ceux qu'ils desirent amener à leur sentiment, loin d'admettre au moins l'épreuve indispensable des réponses de l'accusé, on lui dérobe avec le plus grand soin la connoissance de l'accusation, de l'accusateur[h] et même de la ligue. C'est faire cent fois pis qu'à l'Inquisition : car si l'on y force le prévenu de s'accuser lui-même, du moins on ne refuse pas de l'entendre, on ne l'empêche pas de parler, on ne lui cache pas qu'il est accusé[i], et on ne le juge qu'après l'avoir entendu[j][283]. L'inquisition veut bien que l'accusé se défende s'il peut, mais ici l'on ne veut pas qu'il le puisse[k].

Cette explication qui dérive des faits que vous m'avez exposés vous-même doit vous faire sentir comment le public, sans être dépourvu de sens commun[l], mais séduit par mille prestiges, peut tomber dans une erreur involontaire et presque excusable, à l'egard d'un homme auquel

---

a L., P., G. *au lieu d'être.*

b L., G., P. *qu'étouffant.*

c L., P., G. *par générosité.*

d Même leçon dans P. ; L. et G. *je n'entends point leur disputer ici ces* etc.

e L., P., G. *mais en établir.*

f Même leçon dans L. et P. ; G. *n'abuse pas.*

g L., G., P. *comme elle peut certainement.*

h L. et P. *de l'accusation, de l'accusateur, des preuves, et même* etc. G. *de l'accusateur, des preuves et même* etc.

i C. *on ne lui cache pas qu'il est accusé* est inséré dans l'interligne.

j C. La phrase en petits caractères qui suit est insérée dans l'interligne de l'alinéa suivant. Même leçon pour cette phrase et la précédente dans L., P., G.

k C. *L'inquisition veut bien que l'accusé se défende s'il peut, mais ici l'on ne veut pas qu'il le puisse.* est inséré dans l'interligne.

l Même leçon dans L. et P. ; G. *sans être dépourvu de bon sens.*

il prend dans le fond très peu d'intérest, dont la singularité révolte son amour-propre et qu'il desire généralement de trouver coupable plustot qu'innocent ; et comment aussi avec un intérest plus sincére à ce même homme et plus de soin à l'étudier soi-même on pourroit le voir autrement que ne fait tout le monde, sans être obligé d'en conclurre que le public est dans le délire ou qu'on est trompé par ses propres yeux. Quand le pauvre Lazarille de Tormes attaché dans le fond d'une cuve, la tête seule hors de l'eau couronnée de roseaux et d'algue, étoit promené de ville en ville comme un monstre marin[284], les spectateurs extravagoient-ils de le prendre pour tel, ignorant qu'on l'empêchoit de parler, et que s'il vouloit crier qu'il n'étoit pas un monstre marin une corde tirée en cachette le forçoit de faire à l'instant le plongeon ? Supposons qu'un spectateur[a] plus attentif appercevant cette manœuvre et par là devinant tout le reste[b], leur eut crié : *l'on vous trompe, ce prétendu monstre est un homme*[285] ; n'y eut-il pas eu plus que de l'humeur à s'offenser de cette exclamation, comme d'un reproche qu'ils étoient tous des insensés ? Le public, qui ne voit des choses que l'apparence, trompé par elle est excusable ; mais ceux qui se disent plus sages que lui, en adoptant son erreur ne le sont pas.

Quoiqu'il en soit des raisons que je vous expose, je me sens digne[c] de douter, même indépendamment d'elles, de ce qui n'a paru douteux à personne, et j'ai dans le cœur[d] des témoignages plus forts que toutes vos preuves que l'homme que vous m'avez peint n'existe point, ou n'existe pas[e], du moins, où vous le voyez. La seule Patrie de J.J. qui est la [78.] mienne suffiroit pour m'assurer qu'il n'est point cet homme-là. Jamais elle n'a produit des êtres de cette espèce. Ce n'est ni dans les Républiques ni chez les Protestans[f] qu'ils sont connus. Les crimes dont il est accusé sont des crimes d'esclaves, qui n'approchérent jamais des âmes libres[g] : Dans nos contrées on n'en connoit point de pareils, et il me faudroit plus de preuves encor que celles que vous

a L., G., P. *qu'un d'entre eux.*

b L. *appercevant cette manœuvre leur eut crié.* G. et P. *appercevant cette manœuvre et par là devinant le reste.*

c L., P., G. *digne, même indépendamment d'elles, de douter de* etc.

d L., P., G. *à personne. J'ai dans le cœur.*

e L., G., P. *ou n'est pas du moins où* etc.

f Même leçon dans P. ; L. et G. *Ce n'est ni chez les Protestans ni dans les Républiques.*

g Même leçon dans G. ; L. et P. *qui jamais n'approchérent.*

m'avez fournies pour me persuader seulement que[a] Genève a pu produire[b] un empoisonneur[286].

Après vous avoir dit pourquoi vos preuves, toutes évidentes qu'elles vous paroissent ne sauroient être convaincantes pour moi, qui n'ai ni ne puis avoir les instructions necessaires pour juger jusqu'à quel point ces preuves peuvent être illusoires et m'en imposer par une fausse apparence de vérité, je vous avoue pourtant derechef que sans me convaincre elles m'inquietent m'ébranlent, et que j'ai quelquefois peine à leur resister. Je désire[c] sans doute et de tout mon [cœur] qu'elles soient fausses et que l'homme dont elles font un monstre n'en soit[d] pas un : mais je desire beaucoup davantage encore de ne pas m'égarer dans cette recherche et de ne pas me laisser séduire par mon penchant. Que puis-je faire dans une pareille situation[e][287] pour parvenir s'il est possible à démêler la vérité ? C'est de rejetter dans cette affaire toute autorité humaine, toute preuve qui dépend du témoignage d'autrui, et de me déterminer uniquement sur ce que je puis voir par mes yeux et connoitre par moi-même[288]. Si J.J. est tel que vous me l'avez peint[f], et s'il a été si aisement reconnu tel par tous ceux qui l'ont approché, je ne serai pas plus malheureux qu'eux, car je ne porterai pas à cet examen moins d'attention de zèle et de bonne foi, et un être aussi difforme, aussi méchant aussi dépravé[g] doit en effet être très facile à pénettrer pour peu qu'on y regarde. Je m'en tiens donc à la resolution de l'examiner par moi-même et de le juger

---

a Séquences biffée dans C. *me persuader seulement que* ~~x~~[Genève] ~~exx~~[a] ~~x~~[pu] ~~xxxxxxxxxxxxxxx~~[produire] ~~xx~~ *un empoisonneur.* P. semble avoir d'abord reproduit puis effacé la leçon raturée, l'ajout le signalant par de larges blancs : *me persuader seulement que Genève a pu produire un empoisonneur.*

b C. *Genève a pu produire* est inséré dans l'interligne.

c L., G., P. *Je desirerois.*

d L., P., G. *n'en fut.*

e L. *une pareille situation**

* Pour justifier [*idem* dans L. et P. ; G. *excuser*] le public autant qu'il se peut je suppose par tout son erreur invincible [*idem* dans P. ; G. *son erreur presque invincible*] ; mais moi qui sais dans ma conscience qu'aucun crime jamais n'approcha du cœur de J.J. [*idem* dans L. et P. ; G. *de mon cœur*], je suis sûr que tout homme vraiment attentif, vraiment juste découvriroit l'imposture à travers tout l'art du complot quel qu'il soit [*idem* dans L. ; P. et G. *tout l'art du complot*], parce qu'enfin je ne crois pas possible que jamais le mensonge usurpe et s'approprie toutes les preuves [*idem* dans L. ; P. et G. *tous les caractéres*] de la vérité. – (G. lève ici ponctuellement la fiction de « J.J. » ; pour une autre occurrence, toujours dans G. seulement, voir la note e de la p. 495 dans le IIIe entretien).

f Même leçon dans P. ; L. et G. *tel que l'ont peint vos Messieurs.*

g Même leçon dans P. ; L. et G. *aussi méchant, aussi difforme, aussi dépravé.*

en tout ce que je verrai de lui, non par les secrets desirs de mon cœur, encore moins[a] par les interprétations d'autrui, mais par la mesure de bon sens et de jugement que je puis avoir receue, sans m'en rapporter sur ce point à l'autorité de personne. Je pourrai me tromper, sans doute, parce que je suis homme ; mais après avoir fait tous mes efforts pour éviter ce malheur, je me rendrai, si néanmoins il m'arrive, le consolant témoignage que mes passions ni ma volonté ne sont point complices de mon erreur, et qu'il n'a pas dépendu de moi de m'en garantir. Voila ma résolution. Donnez-moi maintenant les moyens de l'accomplir et d'arriver à notre homme ; car, à ce que vous m'avez fait entendre, son accés n'est pas aisé.

LE FRANÇOIS.

Surtout pour vous qui avez tant de répugnance à prendre les seuls[b] qui pourroient vous l'ouvrir. Ces moyens sont, je le répette, de s'insinuer à force d'adresse, de patelinage[289], d'opiniâtreté, d'importunité[c], de le cajoler outre mesure[d] ; de lui parler avec transport de ses livres, de ses [79.] talens et même de ses vertus[e]. Le mot d'admiration[f], surtout, d'un effet admirable auprès de lui, exprime assez bien dans un autre sens le sentiment[g] que l'aspect d'un pareil monstre inspire, et ces doubles ententes jésuitiques, si recherchées de nos Messieurs[290], leur rendent l'usage de ce mot très familier avec J.J. et très comode en lui parlant*[291]. Si tout cela ne réussit pas, on ne se rebute point de son froid accueil, on compte pour rien ses rebuffades ; passant tout de suite

a Même leçon dans L. et P. ; G. *et encore moins.*

b L., G., P. *qui dédaignez les seuls qui pourroient* etc.

c L., P., G. *d'opiniâtre importunité.*

d L., G., P. *de le cajoler sans cesse.*

e L. *de ses talens, même de ses vertus.* P. *de ses talens, même de ses vertus,* *car ici le mensonge et la fausseté sont des œuvres pies*. G. *de ses talens, de ses livres et même de ses vertus car ici le mensonge et la fausseté sont des œuvres pies.*

f Souligné dans L. et G.

g L., P., G. *l'idée des sentimens.*

* En m'écrivant c'est la même affectation [G. *c'est la même franchise.* L. et P. *ce sont encore les mêmes tournures équivoques.*]. *J'ai l'honneur d'être avec tous les sentimens qui vous sont dus, avec les sentimens les plus distingués, avec une considération très particulière, avec autant d'estime que de respect*, etc. Ces Messieurs sont-ils donc avec ces tournures amphibologiques [L. et P. *ces amphibologies*] moins menteurs que ceux qui mentent tout rondement [P. *sans finesse et sans art*] ? Non, ils sont seulement plus faux et plus doubles, ils mentent seulement plus traitreusement.

à l'autre extrémité, on le rudoye on le gourmande[a], et prenant le ton le plus arrogant qu'il est possible on tâche de le subjuguer de haute lutte. S'il vous fait des grossieretés, on les endure comme venant d'un misérable de l'estime duquel on s'embarrasse fort peu[b] : S'il vous chasse de chez lui, on y revient ; s'il vous ferme la porte on y reste jusqu'à ce qu'elle se rouvre et qu'on tache de s'y fourrer[c]. Une fois entré dans son repaire on s'y établit on s'y maintient malgré lui[d]. S'il osoit vous en chasser de force, tant mieux ; c'est précisément ce qu'on demande. On feroit beau bruit[e], et l'on iroit crier par toute la terre qu'il assassine les gens qui lui font l'honneur de l'aller voir[292]. Il n'y a point, à ce qu'on assure, d'autre voye pour s'insinuer auprès de lui. Etes-vous homme à prendre celle-là ?

ROUSSEAU.

Mais vous-même pourquoi ne l'avez-vous jamais voulu prendre ?

LE FRANÇOIS.

Oh moi ! je n'avois pas besoin de le voir pour le connoitre. Je le connois par ses œuvres ; c'en est assez et même trop.

ROUSSEAU.

Que pensez-vous de ceux qui, tout aussi décidés que vous sur son compte, ne laissent pas de le fréquenter de l'obséder, et de vouloir s'introduire à toute force dans sa plus intime familiarité ?

LE FRANÇOIS.

Je vois que vous n'étes pas content de la réponse que j'ai déja faite à cette question.

ROUSSEAU.

Ni vous non plus, je le vois aussi ; j'ai donc mes raisons pour y revenir. Presque tout ce que vous m'avez dit dans cet entretien me prouve que vous n'y parliez pas de vous-même[293]. Après avoir appris de vous les

---

a L., P., G. *on le tance, on le gourmande.*

b L., P., G. *d'un miserable dont on s'embarrasse fort peu d'être méprisé.*

c Même leçon dans L. et P. ; G. *se rouvre, on tâche de s'y fourrer.*

d L., G., P. *on s'y maintient bon gré mal gré.*

e Même leçon dans L. et P. ; G. *tant mieux* : *on feroit beau bruit* etc.

sentimens d'autrui, n'apprendrai-je jamais les vôtres ? Je le sens[a] ; vous feignez d'établir des maximes que vous seriez au desespoir d'adopter. Parlez-moi donc enfin plus franchement.

LE FRANÇOIS.

Ecoutez. Je n'aime pas J.J. : mais je hais encor plus l'injustice ; encor plus la trahison. Vous m'avez dit des choses qui me frappent et auxquelles je veux réfléchir. Vous refusiez de voir cet infortuné : vous vous y déterminez maintenant. J'ai refusé de lire ses livres ; je me ravise ainsi que vous, et pour cause. Voyez l'homme ; je lirai les livres. Ensuite[b] nous nous reverrons[c].

a Même leçon dans L. ; G. *Je le vois.*
b L. et G. *après quoi.*
c L. et G. *Fin du prémier Dialogue*, centré.

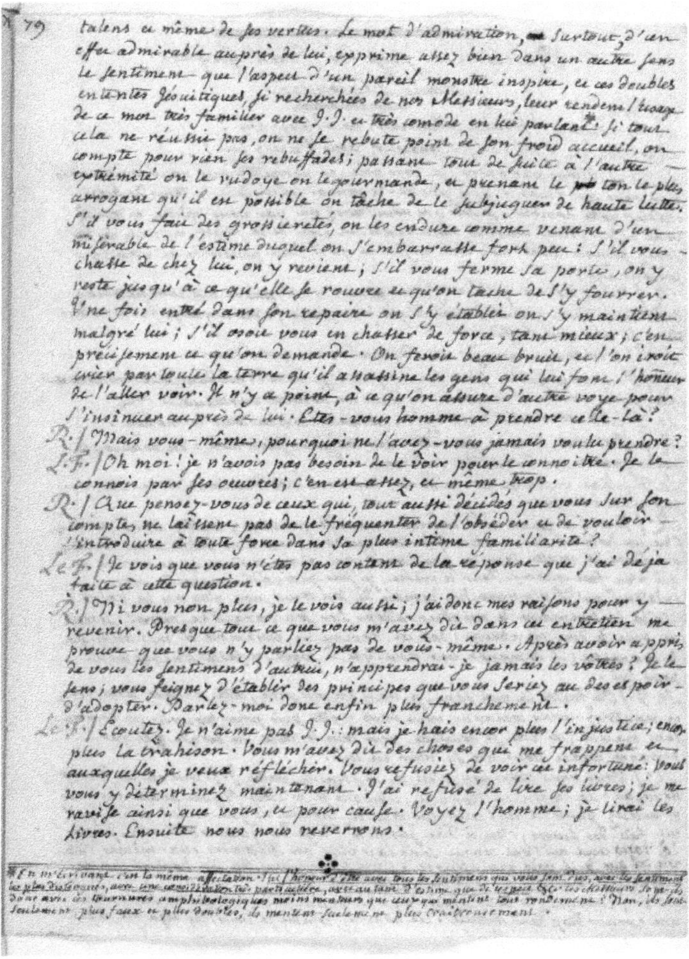

79 talens et même de ses vertus. Le mot d'admiration, ~~et~~ surtout, d'un effet admirable auprès de lui, exprime assez bien dans un autre sens le sentiment que l'aspect d'un pareil monstre inspire, et ces doubles ententes jésuitiques, si recherchées de nos Messieurs, leur rendent l'usage de ce mot très familier avec J.J. et très commode en lui parlant*. Si tout cela ne réussit pas, on ne se rebute point de son froid accueil, on compte pour rien ses rebuffades; passant tout de suite à l'autre extrémité on le rudoye on le gourmande, et prenant le ~~p~~ ton le plus arrogant qu'il est possible on tâche de le subjuguer de haute lutte. S'il vous fait des grossieretés, on les endure comme venant d'un misérable de l'estime duquel on s'embarrasse fort peu: s'il vous chasse de chez lui, on y revient; s'il vous ferme sa porte, on y reste jusqu'à ce qu'elle se rouvre et qu'on tache de s'y fourrer. Une fois entré dans son repaire on s'y établit on s'y maintient malgré lui; s'il osoit vous en chasser de force, tant mieux; c'est précisement ce qu'on demande. On feroit beau bruit, et l'on iroit crier par toute la terre qu'il assassine les gens qui lui font l'honneur de l'aller voir. Il n'y a point, à ce qu'on assure d'autre voye pour l'insinuer auprès de lui. Etes-vous homme à prendre celle-là?

R./ Mais vous-même, pourquoi ne l'avez-vous jamais voulu prendre?

Le F./ Oh moi! je n'avois pas besoin de le voir pour le connoitre. Je le connois par ses oeuvres; c'en est assez, et même trop.

R./ Que pensez-vous de ceux qui, tout aussi décidés que vous sur son compte, ne laissent pas de le fréquenter de l'obséder et de vouloir s'introduire à toute force dans sa plus intime familiarité?

Le F./ Je vois que vous n'êtes pas content de la réponse que j'ai déja faite à cette question.

R./ Ni vous non plus, je le vois aussi; j'ai donc mes raisons pour y revenir. Presque tout ce que vous m'avez dit dans cet entretien me prouve que vous n'y parliez pas de vous-même. Après avoir appris de vous les sentimens d'autrui, n'apprendrai-je jamais les vôtres? Je le sens; vous feignez d'établir des principes que vous seriez au desespoir d'adopter. Parlez-moi donc enfin plus franchement.

Le F./ Ecoutez. Je n'aime pas J.J.: mais je hais encor plus l'injustice; encor plus la trahison. Vous m'avez dit des choses qui me frappent et auxquelles je veux réfléchir. Vous refusiez de voir cet infortuné: vous vous y déterminez maintenant. J'ai refusé de lire ses livres; je me ravise ainsi que vous, et pour cause. Voyez l'homme; je lirai les livres. Ensuite nous nous reverrons.

* En m'écrivant, c'est la même affectation. J'ai l'honneur d'être avec tous les sentimens qui vous sont dus, avec les sentimens les plus distingués, avec une considération très particulière, avec autant d'estime que de respect &c. Ces Messieurs [illegible] donc avec ces tournures amphibologiques moins menteurs que ceux qui mentent tout rondement? Non, ils sont seulement plus faux et plus doubles, ils mentent seulement plus traitreusement.

FIG. 8 – Manuscrit « Condillac » – BnF, NAF 25700 (p. 79).

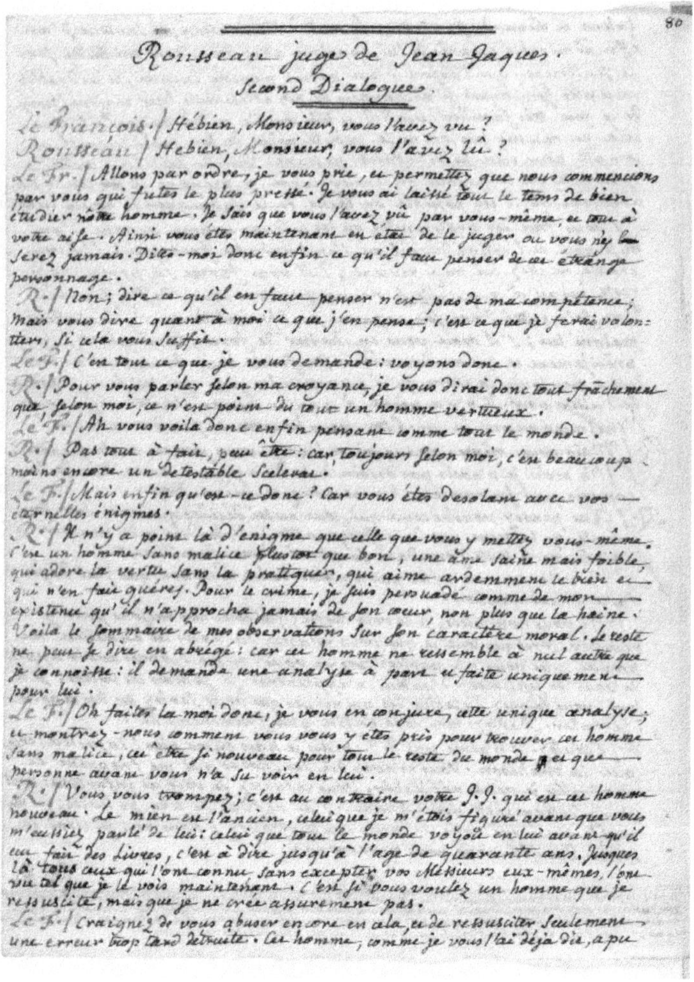
80

Rousseau juge de Jean Jaques.

Second Dialogue.

Le François. | Hébien, Monsieur, vous l'avez vu ?

Rousseau | Hebien, Monsieur, vous l'avez lû ?

Le Fr. | Allons par ordre, je vous prie, et permettez que nous commencions par vous qui futes le plus pressé. Je vous ai laissé tout le tems de bien étudier notre homme. Je sais que vous l'avez vû par vous-même, et tout à votre aise. Ainsi vous êtes maintenant en état de le juger ou vous ne le serez jamais. Dites-moi donc enfin ce qu'il faut penser de cet étrange personnage.

R. | Non ; dire ce qu'il en faut penser n'est pas de ma compétence ; mais vous dire quant à moi ce que j'en pense ; c'est ce que je ferai volontiers, si cela vous suffit.

Le F. | C'est tout ce que je vous demande : voyons donc.

R. | Pour vous parler selon ma croyance, je vous dirai donc tout franchement que, selon moi, ce n'est point du tout un homme vertueux.

Le F. | Ah vous voila donc enfin pensant comme tout le monde.

R. | Pas tout à fait, peut être : car, toujours selon moi, c'est beaucoup moins encore un detestable Scelerat.

Le F. | Mais enfin qu'est-ce donc ? Car vous êtes desolant avec vos eternelles énigmes.

R. | Il n'y a point là d'enigme que celle que vous y mettez vous-même. C'est un homme sans malice plustot que bon, une ame saine mais foible, qui adore la vertu sans la pratiquer, qui aime ardemment le bien et qui n'en fait guéres. Pour le crime, je suis persuadé comme de mon existence qu'il n'approcha jamais de son coeur, non plus que la haine. Voila le sommaire de mes observations sur son caractére moral. Le reste ne peut se dire en abrégé : car cet homme ne ressemble à nul autre que je connoisse : il demande une analyse à part et faite uniquement pour lui.

Le F. | Oh faites la moi donc, je vous en conjure, cette unique analyse ; et montrez-nous comment vous vous y êtes pris pour trouver cet homme sans malice, cet être si nouveau pour tout le reste du monde et que personne avant vous n'a su voir en lui.

R. | Vous vous trompez ; c'est au contraire votre J. J. qui est cet homme nouveau. Le mien est l'ancien, celui que je m'étois figuré avant que vous m'eussiez parlé de lui : celui que tout le monde voyoit en lui avant qu'il eut fait des Livres, c'est à dire jusqu'à l'age de quarante ans. Jusques là tous ceux qui l'ont connu sans excepter vos Messieurs eux-mêmes, l'ont vu tel que je le vois maintenant. C'est si vous voulez un homme que je ressuscite, mais que je ne crée assurement pas.

Le F. | Craignez de vous abuser encore en cela, et de ressusciter seulement une erreur trop tard detruite. Cet homme, comme je vous l'ai déja dit, a pu

FIG. 9 – Manuscrit « Condillac » – BnF, NAF 25700 (p. 80).

ROUSSEAU JUGE DE JEAN JAQUES.

SECOND DIALOGUE.

LE FRANÇOIS.

Hébien, Monsieur, vous l'avez vu ?

ROUSSEAU.

Hebien, Monsieur, vous l'avez lû[1] ?

LE FRANÇOIS.

Allons par ordre, je vous prie, et permettez que nous commencions par vous[a] qui futes le plus pressé. Je vous ai laissé tout le tems de bien étudier nôtre homme. Je sais que vous l'avez vû par vous-même, et tout à votre aise. Ainsi vous êtes maintenant en état de le juger ou vous n'y serez jamais. Dites-moi donc enfin ce qu'il faut penser de cet étrange personnage.

ROUSSEAU.

Non ; dire ce qu'il en faut penser n'est pas de ma competence ; mais vous dire quant à moi ce que j'en pense ; c'est ce que je ferai volontiers, si cela vous suffit.

LE FRANÇOIS.

C'est tout ce que je vous demande[b] : voyons donc.

ROUSSEAU.

Pour vous parler selon ma croyance, je vous dirai donc tout franchement que, selon moi, ce n'est point du tout un homme vertueux.

LE FRANÇOIS.

Ah vous voila donc enfin pensant comme tout le monde.

---

a Même leçon dans G. ; P. *et commençons par vous qui* etc.

b G. et P. *Je ne vous en demande pas davantage.*

ROUSSEAU.

Pas tout à fait, peut-être : car, toujours selon moi, c'est beaucoup moins encore un detestable scelerat.

LE FRANÇOIS.

Mais enfin qu'est-ce donc ? Car vous étes desolant avec vos éternelles énigmes[2].

ROUSSEAU.

Il n'y a point là d'énigme que celle que vous y mettez vous-même. C'est un homme sans malice plustot que bon, une ame saine mais foible[a], qui adore la vertu sans la pratiquer, qui aime ardemment le bien et qui n'en fait guéres. Pour le crime, je suis persuadé comme de mon existence qu'il n'approcha jamais de son cœur, non plus que la haine[b]. Voila le sommaire de mes observations sur son caractére moral. Le reste ne peut se dire en abrégé : car cet homme ne ressemble à nul autre que je connoisse ; il demande une analyse à part et faite uniquement pour lui.

LE FRANÇOIS.

Oh faites la-moi donc, je vous en conjure[c], cette unique analyse ; et montrez-nous[d] comment vous vous y étes pris pour trouver cet homme sans malice, cet être si nouveau pour tout le reste du monde et que personne avant vous n'a su voir en lui.

ROUSSEAU.

Vous vous trompez ; c'est au contraire votre J.J.[e] qui est cet homme nouveau. Le mien est l'ancien, celui que je m'étois figuré avant que vous m'eussiez parlé de lui[3] : celui que tout le monde voyoit en lui avant qu'il eut fait des livres, c'est à dire, jusqu'à l'age de quarante ans. Jusques là tous ceux qui l'ont connu sans en excepter vos Messieurs eux-mêmes, l'ont vu tel que je le vois maintenant. C'est si vous voulez un homme que je ressuscite, mais que je ne crée assurement pas.

---

a Même leçon dans G., P. *Une ame foible mais saine.*

b « non plus que de la haine » ajouté en interligne dans P.

c P. *je vous conjure.* G. supprime *je vous en conjure.*

d Même leçon dans G. ; P. *et montrez-moi.*

e Même leçon dans G. ; P. *votre J.J. ou plustot celui de vos Messieurs.*

LE FRANÇOIS.

Craignez de vous abuser encore en cela, et de ressusciter seulement une erreur trop tard détruite. Cet homme, comme je vous l'ai déja dit, a pu[a] [81.] tromper longtems ceux qui l'ont jugé sur les apparences, et la preuve qu'il les trompoit est qu'eux-mêmes quand on le leur a fait mieux connoitre ont abjuré leur ancienne erreur. En revenant sur ce qu'ils avoient vu jadis, ils en ont jugé tout différemment.

ROUSSEAU.

Ce changement d'opinion me paroit très naturel sans fournir la preuve que vous en tirez. Ils le voyoient alors par leurs propres yeux, ils l'ont vu depuis par ceux des autres. Vous pensez qu'ils se trompoient autrefois, moi je[b] crois[c] que c'est aujourdui qu'ils se trompent. Je ne vois point à votre opinion de raison solide, et j'en vois à la mienne une d'un très grand poids : c'est qu'alors il n'y avoit point de ligue et qu'il en existe une aujourdui[4] : c'est qu'alors personne n'avoit intérest à déguiser la vérité et à voir ce qui n'étoit pas ; qu'aujourdui quiconque oseroit dire de J.J. le bien qu'il en pourroit savoir seroit un homme perdu, que pour faire sa cour et parvenir il n'y a point de moyen plus prompt et plus sûr[d] que de rencherir sur les charges dont on l'accable à l'envi, et qu'enfin tous ceux qui l'ont vu dans sa jeunesse sont surs de s'avancer eux et les leurs en tenant sur son compte le langage qui convient à vos Messieurs. D'où je concluds que qui cherche en sincérité de cœur la vérité doit remonter[e] aux tems où personne n'avoit intérest à la déguiser. Voila pourquoi les jugemens qu'on portoit jadis sur cet homme font autorité pour moi[5], et pourquoi ceux que les mêmes gens en peuvent porter aujourdui[f] n'en font plus. Si vous avez à cela quelque bonne réponse, vous m'obligerez de m'en faire part ; car je n'entreprends point de soutenir ici mon sentiment ni de vous le faire adopter, et je serai toujours prêt à l'abandonner, quoiqu'à regret, quand je croirai voir la vérité dans le sentiment contraire. Quoiqu'il en soit, il ne s'agit point ici de ce que d'autres ont vu ; mais de ce que j'ai vu moi-même ou crû voir. C'est ce que vous demandez, et

a Même leçon dans P. ; G. *Cet homme a pu, comme je vous l'ai déja dit.*

b Mot biffé dans C. *moi je ~~pense~~ que* etc.

c C. *crois* est inséré dans l'interligne.

d G. et P. *plus sûr et plus prompt.*

e G. et P. *doit remonter pour la connoitre.*

f Même leçon dans G. ; P. *ceux qu'on en porte aujourdui.*

c'est tout ce que j'ai à vous dire. Sauf à vous d'admettre ou de rejetter[a] mon opinion, quand vous aurez vu[b] sur quoi je la fonde.

Commençons par le prémier abord. Je crus, sur les difficultés auxquelles vous m'aviez préparé devoir premiérement lui écrire. Voici ma lettre, et voici sa réponse.

LE FRANÇOIS.

Comment ! Il vous a répondu ?

ROUSSEAU.

Dans l'instant même.

LE FRANÇOIS.

Voila qui est particulier ! Voyons donc cette lettre qui lui a fait faire un si grand effort.

ROUSSEAU.

Elle n'est pas bien recherchée, comme vous allez voir.

Il lit. « J'ai besoin de vous voir, de vous connoitre, et ce besoin est[c] fondé sur[d] l'amour de la justice et de la vérité. On dit que vous rebuttez les nouveaux visages : Je ne dirai pas si vous avez tort ou raison ; mais si vous étes l'homme de vos livres, ouvrez-moi votre porte avec confiance ; je vous en conjure pour moi, je vous le conseille pour vous. Si vous ne l'étes pas, vous pouvez encor m'admettre sans crainte. Je ne vous importunerai pas longtems. »

[82.] RÉPONSE. « Vous étes le prémier que le motif qui vous amene ait conduit ici : De[e] tant de gens qui ont la curiosité de me voir, pas un n'a celle de me connoitre. Tous croyent me connoitre assez. Venez donc pour la rareté du fait. Mais que me voulez-vous, et pourquoi me parler de mes livres ? Si les ayant lus ils vous laissent en doute[f] sur les sentimens de l'auteur, ne venez pas. En ce cas je ne suis pas vôtre homme ; car vous ne sauriez être le mien. »

---

a P. et G. *d'admettre ou rejetter.*

b P. et G. *quand vous saurez.*

c Mots biffés illisibles dans P. *et ce besoin est* ~~xxxxxxxxx~~ *fondé* etc.

d Mots biffés dans C. *sur* ~~*ce que j'aime*~~ *l'amour* etc.

e Mot biffé dans C. ~~*car*~~ *De tant*. G. et P. *car de tant.*

f Même leçon dans P. ; G. *ils ont pu vous laisser en doute.*

La conformité de cette réponse avec mes idées ne ralentit pas mon zèle ; je vole à lui, je le vois… Je vous l'avoue, avant même que je l'abordasse, en le voyant j'augurai bien de mon projet.

Sur ces portraits de lui si vantés qu'on étale de toutes parts[6] et qu'on pronoit comme des chef-d'œuvres de ressemblance avant qu'il revint à Paris, je m'attendois à voir la figure d'un petit crispin[7] grimacier comme celui de Fiquet[8] ; ou d'un Cyclope affreux comme celui[9] d'Angleterre[a][10], et croyant trouver sur son visage les traits du caractére que tout le monde lui donne, je m'avertissois de me tenir en garde contre une prémière impression, si puissante toujours sur moi[b], et de suspendre malgré ma repugnance, le préjugé qu'elle alloit m'inspirer.

Je n'ai pas eu cette peine. Au lieu du feroce ou doucereux aspect auquel je m'étois attendu, je n'ai vu qu'une physionomie ouverte et simple qui promettoit et inspiroit de la confiance et de la sensibilité.

LE FRANÇOIS.

Il faut donc qu'il n'ait cette physionomie que pour vous : car generalement tous ceux qui l'abordent se plaignent de son air froid et de son accueil repoussant, dont heureusement ils ne s'embarrassent guéres.

ROUSSEAU.

Il est vrai que personne au monde ne cache mieux que lui l'eloignement et le dédain pour ceux qui lui en inspirent. Mais ce n'est point là son abord naturel, quoiqu'aujourdui très fréquent, et vous devez concevoir pourquoi cet accueil dédaigneux[c] que vous lui reprochez est pour moi la preuve qu'il ne se contrefait pas comme ceux qui l'abordent, et qu'il n'y a point de fausseté sur son visage, non plus que dans son cœur[d].

J.J. n'est assurément pas un bel homme. Il est petit, et s'appetisse encore en baissant la tête ; il a la vue courte, de petits yeux enfoncés, des dents horribles, ses traits, altérés par l'age n'ont rien de fort régulier : mais tout dément en lui l'idée que vous m'en aviez donnée : ni le regard ni le son de voix, ni l'accent ni le maintien ne sont de l'homme que vous m'avez peint.

---

a G. et P. *je m'attendois à voir la figure d'un Cyclope affreux comme celui d'Angleterre ou d'un petit crispin grimacier comme celui de Fiquet.*

b Même leçon dans G. ; P. *toujours si puissante sur moi.*

c G. et P. *et cet accueil dédaigneux que vous lui reprochez.*

d Même leçon dans G. ; P. *non plus qu'au fond de son cœur.*

LE FRANÇOIS.

Bon ! n'allez-vous pas bientot le dépouiller de ses traits, comme de ses livres ?

ROUSSEAU.

Mais tout cela va très bien ensemble et sembleroit assez[a] appartenir au même individu[b]. Je lui trouve aujourdui les traits du Mentor d'Emile ; peut-être dans sa jeunesse lui aurois-je trouvé ceux de S[t]. Preux. Enfin je pense que si sous sa physionomie la nature a caché l'ame d'un scelerat, elle ne pouvoit en effet la mieux cacher.

LE FRANÇOIS.

J'entens ; vous voila livré en sa faveur au même préjugé contre lequel vous vous étiez si bien armé, s'il lui eut été contraire.

[83.] ROUSSEAU.

Non ; le seul préjugé auquel je me livre ici, parce qu'il me paroît raisonnable est bien moins pour lui que contre ses bruyans protecteurs. Ils ont eux-mêmes fait faire ces portraits avec beaucoup de dépense et de soin[c] par pur zèle d'amitié, à ce qu'ils assurent. Ils les ont annoncés avec éclat[d] dans les journaux dans les gazettes ; ils les ont pronés partout : mais s'ils n'en peignent pas mieux l'original au moral qu'au physique, on le connoitra surement fort mal d'après eux. Voici un quatrain que J.J. mit au dessous d'un de ces portraits :

Hommes savans dans l'art de feindre
Qui me prêtez des traits si doux ;
Vous aurez beau vouloir me peindre,
Vous ne peindrez jamais que vous[11].

LE FRANÇOIS.

Il faut que ce quatrain soit tout nouveau ; car il est assez joli, et je n'en avois point entendu parler[e].

---

a G. et P. *et me paroitrait assez.*

b P. et G. *au même homme.*

c G. et P. suppriment : *par pur zèle d'amitié, à ce qu'ils assurent.*

d P. et G. *avec pompe.*

e Même leçon dans G. ; P. *point ouï parler.*

ROUSSEAU.

Il y a six ou sept ans[a] qu'il est fait ; l'Auteur l'a donné ou récité à plus de cinquante personnes, qui toutes lui en ont très fidellement gardé le secret qu'il ne leur demandoit pas, et vous ne vous attendez pas, je pense[b], à trouver ce quatrain dans le Mercure.

J'ai cru voir[c] dans toute cette histoire de portraits des singularités qui m'ont porté à la suivre, et j'y ai trouvé, surtout pour celui d'Angleterre des circonstances bien extraordinaires. David Hume, étroitement lié à Paris avec vos Messieurs ; sans oublier les Dames, devient, on ne sait comment le patron le protecteur[d], le bienfaiteur à toute outrance de J.J. ; et fait tant, de concert avec eux qu'il parvient enfin, malgré toute la répugnance de celui-ci, à l'emmener en Angleterre. Là, le prémier et le plus important de ses soins est de faire faire par Ramsay[12] son ami particulier le portrait de son ami public J.J. Hume[e] desiroit aussi ardemment ce portrait[f] qu'un amant bien épris desire celui de sa maitresse[13]. A force d'importunités[g] il arrache le consentement de J.J. On lui fait mettre un bonnet bien noir, un vétement bien brun, on le place dans un lieu bien sombre, et là pour le peindre assis on le fait tenir debout, courbé, appuyé d'une de ses mains sur une table bien basse dans une attitude où ses muscles fortement tendus altérent les traits de son visage[14]. De toutes ces précautions devoit resulter un portrait très peu flatté, quand il eût été fidelle[h]. Vous avez vû ce terrible portrait : vous jugerez de la ressemblance si jamais vous voyez l'original[15]. Pendant le séjour de J.J. en Angleterre ce portrait y a été gravé publié débité[i] par tout sans qu'il lui ait été possible de le voir une seule fois[j]. Il revient en France, et bientôt il apprend[k] que son portrait d'Angleterre est annoncé célébré vanté par tout[l], comme un chef d'œuvre de peinture de gravure

a G. et P. *Il y a plus de six ans.*
b P. et G. *et je ne crois pas que vous vous attendiez.*
c G. Pas d'alinéa. Alinéa maintenu dans P.
d G. et P. *le zélé protecteur.*
e P. et G. *Il desiroit.*
f Même leçon dans P. ; G. *Il desiroit ce portrait aussi ardemment.*
g Même leçon dans G. ; P. *à force de priéres et d'importunités.*
h G. et P. *très peu flatté quand il eut été fidelle.*
i P. et G. *vendu.*
j G. et P. *été possible de voir cette gravure.*
k G. *et il y apprend.* P. *et là il apprend.*
l P. et G. suppriment *par tout.*

et surtout de ressemblance. Il parvient enfin, [84.] non sans peine, à le voir il frémit à cet aspect ; il dit ce qu'il en pense[a] : tout le monde se moque de lui : tout le détail qu'il fait paroit la chose la plus simple[b], et loin d'y voir rien qui puisse faire suspecter la droiture du généreux David Hume, on n'apperçoit que les soins de l'amitié la plus tendre dans ceux qu'il a pris pour donner à son ami J.J. la figure d'un Ciclope affreux[16]. Pensez-vous comme le public à cet égard ?

LE FRANÇOIS.

Le moyen, sur un pareil exposé ! J'avoue au contraire que ce fait seul bien avéré me paroittroit déceler bien des choses : mais qui m'assurera qu'il est vrai ?

ROUSSEAU.

La figure du portrait : Sur la question présente cette figure ne mentira pas.

LE FRANÇOIS.

Mais ne donnez-vous point aussi trop d'importance à des bagatelles ? Qu'un portrait soit difforme ou peu ressemblant, c'est la chose du monde la[c] moins extraordinaire. Tous les jours on grave on contrefait on défigure les hommes célébres, sans que de ces grossiéres gravures on tire aucune consequence pareille à la vôtre.

ROUSSEAU.

J'en conviens ; mais ces copies défigurées sont l'ouvrage de mauvais ouvriers avides et non les productions d'artistes distingués, ni les fruits du zèle et de l'amitié. On ne les prône pas avec bruit dans toute l'Europe, on ne les annonce pas dans les papiers publics, on ne les étale pas dans les appartemens[17], ornés de cadres et de glaces ; on les laisse pourrir sur les quais, ou parer les chambres des cabarets et les boutiques des barbiers.

Je ne prétends pas vous donner pour des réalités toutes les idées inquietantes que fournit à J.J. l'obscurité profonde dont on s'applique à l'entourer. Les mistéres qu'on lui fait de tout ont un aspect si noir qu'il

a G. et P. *il frémit, et dit ce qu'il en pense.*

b P. et G. *la plus naturelle.*

c Correction dans C. *la ~~plus~~ moins extraordinaire.*

n'est pas surprenant qu'ils affectent de la même teinte son imagination effarouchée : mais parmi les idées outrées et fantastiques que cela peut lui donner, il en est qui, vû la maniére extraordinaire dont on procede avec lui, méritent un examen serieux avant d'être rejettées. Il croit par exemple que tous les desastres de sa destinée depuis sa funeste célébrité sont les fruits d'un complot formé de longue main dans un grand secret entre peu de personnes qui ont trouvé le moyen d'y faire entrer successivement toutes celles dont ils avoient besoin pour son exécution. Les Grands, les Auteurs[18], les Medecins[a][19], tous les hommes puissans, toutes les femmes galantes, tous les corps accredités, tous ceux qui dirigent[b] l'administration, tous ceux qui gouvernent les opinions publiques. Il prétend que tous les événemens relatifs à lui qui paroissent accidentels et fortuits ne sont que de successifs développemens concertés d'avance, et tellement ordonnés, que tout ce qui lui doit arriver dans la suite a déja sa place dans le tableau, et ne doit avoir son effet qu'au moment marqué. Tout cela se rapporte [85.] assez à ce que vous m'avez[c] dit vous-même et à ce que j'ai cru voir sous d'autres noms[d]. Selon vous, c'est un système de bienfaisance envers un scelerat ; selon lui c'est un complot d'imposture contre un innocent ; selon moi, c'est une ligue dont je ne détermine pas l'objet, mais dont vous ne pouvez nier l'existence puisque vous-même y êtes entré[20].

Il pense que du moment qu'on entreprit l'œuvre complette de sa diffamation, pour faciliter le succés de cette entreprise, alors difficile, on résolut de la graduer ; de commencer par le rendre odieux et noir, et de finir par le rendre abjet ridicule et méprisable. Vos Messieurs, qui n'oublient rien, n'oubliérent pas[e] sa figure, et après l'avoir éloigné de Paris travaillérent à lui en donner une aux yeux du public conforme au caractére dont ils vouloient le gratifier. Il fallut d'abord faire disparoitre la gravure[f] qui avoit été faite sur le portrait de[g] La Tour[21]. Cela fut bientôt fait. Après son départ pour l'Angleterre, sur un modèle qu'on

---

a G. *(cela n'étoit point difficile)*.
b P. et G. *qui disposent de*.
c Mots biffés dans C. ~~*à ce que vous m'avez dit*~~ *dit vous-même*.
d Même leçon dans P. ; G. *sous des noms différens*.
e Même leçon dans P. et G. La leçon de l'édition de la Pléiade : « *n'oublieront pas* », est fausse.
f Même leçon dans G. ; P. *détruire et changer la gravure*.
g G. qui avoit été faite sur le portrait fait par La Tour. *P. qui avoit été faite sur le portrait de La Tour.*

avoit fait faire par Le Moine[a] [22], on fit faire une gravure telle qu'on la désiroit : Mais la figure en étoit hideuse à tel point que pour ne pas se découvrir trop ou trop tot, on fut contraint de supprimer la gravure. On fit faire à Londres par les bons offices de l'ami Hume le portrait dont je viens de parler, et n'épargnant aucun soin de l'art pour en faire valoir la gravure, on la rendit moins difforme que la précédente, mais plus terrible et plus noire mille fois. Ce portrait a fait longtems à l'aide de vos Messieurs l'admiration de Paris et de Londres, jusqu'à[b] ce qu'ayant gagné pleinement le prémier point, et rendu aux yeux du public l'original aussi noir que la gravure, on en vint au second article et dégradant habilement cet affreux coloris, de l'homme terrible et vigoureux qu'on avoit d'abord peint, on fit peu à peu un petit fourbe, un petit menteur, un petit escroc, un coureur de tavernes et de mauvais lieux. C'est alors que parut le portrait grimacier de Fiquet[23] qu'on avoit tenu longtems en réserve, jusqu'à ce que le moment de le publier fut venu, afin que la mine basse et risible de la figure répondit à l'idée qu'on donnoit[c] de l'original. C'est encore alors que parut un petit médaillon en plâtre sur le costume de la gravure angloise[24], mais dont on avoit eu soin de changer l'air terrible et fier en un souris traitre et sardonique comme celui de Panurge achettant les moutons de Dindenaut[25], ou comme celui des gens qui rencontrent J.J. dans les rues[d], et il est certain que depuis lors[26] vos Messieurs se sont moins attachés à faire de lui un objet d'horreur qu'un objet de dérision. Or cela ne paroit point du tout[e] aller à la fin qu'ils disent avoir de mettre tout le monde en garde contre lui : car on se tient en garde contre [86.] lui ; car on se tient en garde contre les gens qu'on redoute, mais non pas contre ceux qu'on meprise.

Voila l'idée que l'histoire de ces différens portraits a fait naittre à J.J. Mais toutes ces graduations préparées de si loin ont bien l'air d'être des conjectures chimériques[f], fruits assez naturels d'une imagination frappée par tant de mistéres et de malheurs. Sans donc adopter ni

a Même leçon dans G. ; P. *sur un modele en terre qu'on avoit fait* etc.

b Mots biffés dans C. *jusqu'à* ~~*quel xxxxxx*~~ *ce qu'ayant* etc.

c Même leçon dans P. ; G. *qu'on vouloit donner.*

d Même leçon dans G. ; P. *ou comme celui que font en voyant J.J. ceux qui le rencontrent dans les rues.*

e G. *ce qui toutefois ne paroit pas aller etc.* P. *ce qui ne paroit pas aller* etc.

f Même leçon dans G. ; P. *ont bien l'air de conjectures chimeriques.*

rejetter quant à présent ces idées, laissons tous ces étranges portraits, et revenons à l'original.

J'avois percé jusqu'à lui, mais que de difficultés me restoient à vaincre dans la maniére dont je me proposois de l'éxaminer ! Après avoir étudié l'homme toute ma vie, j'avais cru connoitre les hommes, je m'étois trompé. Je ne parvins jamais à en connoitre un seul ; non qu'ils soient en effet difficiles à connoitre : mais je m'y prenois mal, et toujours interprétant d'après mon cœur ce que je voyais faire aux autres, je leur prêtois les motifs qui m'auroient fait agir à leur place, et je m'abusois toujours. Donnant trop d'attention à leurs discours et pas assez à leurs œuvres je les écoutois parler plustot que je ne les regardois agir, ce qui dans ce siécle de philosophie et de beaux discours me les faisoit prendre pour autant de sages, et juger de leurs vertus par leurs sentences. Que si quelquefois leurs actions attiroient mes regards, c'étoient celles qu'ils destinoient à cette fin, lorsqu'ils montoient sur le theatre pour y faire une œuvre d'éclat[a] qui s'y fit admirer ; sans songer dans ma bétise que souvent ils mettoient en avant cette œuvre brillante pour masquer dans le cours de leur vie un tissu de bassesses et d'iniquités. Je voyois presque tous ceux qui se piquent de finesse et de pénétration s'abuser en sens contraire par le même principe de juger du cœur d'autrui par le sien[27]. Je les voyois saisir avidement en l'air un trait un regard[b] un mot inconsidéré, et l'interprétant à leur mode s'applaudir de leur sagacité en prêtant à chaque mouvement fortuit d'un homme un sens subtil qui n'existoit[c] que dans leur esprit. Eh quel est l'homme sensé[d] qui ne dit jamais de sotise ? Quel est l'honnête homme à qui jamais il n'échappe[e] un propos répréhensible que son cœur n'a point dicté ? Si l'on tenoit un registre exact de toutes les fautes que l'homme le plus parfait a commises, de tous les mots inconsiderés qu'il a pu dire[f], et qu'on supprimât soigneusement tout le reste, quelle opinion donneroit-on de cet homme-là ? Que dis-je les fautes[g] ? Non, les actions les plus innocentes, les gestes

a Même leçon dans G. ; P. *pour y faire quelque œuvre d'éclat.*

b P. et G. *un trait, un geste.*

c P. et G. *qui n'existoit souvent.* (« souvent » est ajouté en interligne dans P.)

d G. et P. *l'homme d'esprit.*

e G. *auquel il n'échappe jamais.* P. *auquel jamais il n'échappa.*

f Même leçon dans P. ; G. supprime « de tous les mots inconsiderés qu'il a pu dire ».

g Même leçon dans G. ; P. *Et que dis-je, les fautes !*

les plus indiférens, les discours les plus raisonnables[a], tout dans un observateur prévenu[b] qui se passionne, augmente et nourrit le préjuge dans lequel il se complait, quand il détache chaque mot ou chaque fait de sa place, pour le mettre dans le jour qui lui convient ?

Je voulois m'y prendre autrement pour étudier à part moi un homme si cruellement si légérement[c] si universellement jugé[d]. Sans m'arrêter à de vains [87.] discours qui peuvent tromper ou à des signes passagers plus incertains encore, mais si comodes à la paresse[e] et à la malignité, je résolus de l'étudier, par ses inclinations ses mœurs ses gouts ses penchans ses habitudes, de suivre les détails de sa vie, le cours de son humeur la pente de ses affections, de le voir agir en l'entendant parler, de le pénétrer s'il étoit possible en dedans de lui-même ; en un mot de l'observer moins par des signes équivoques et rapides, que par sa constante maniére d'être, seule régle infaillible de bien juger du vrai caractére d'un homme et des passions qu'il peut cacher au fond de son cœur. Mon embarras étoit d'applanir[f] les obstacles que prévenu par vous je prévoyois dans l'éxécution de ce projet.

Je savois qu'irrité des perfides empressemens de ceux qui l'abordent, il ne cherchoit qu'à repousser tous les nouveaux venus ; je savois qu'il jugeoit et ce me semble avec assez de raison de l'intention des gens par l'air ouvert ou réservé qu'ils prenoient avec lui, et mes engagemens m'ôtant le pouvoir de lui rien dire, je devois m'attendre que ces mistéres ne le disposeroient pas à la familiarité dont j'avois besoin pour mon dessein. Je ne vis de reméde à cela que de lui laisser voir mon projet autant que cela pouvoit s'accorder avec le silence qui m'étoit imposé, et cela même pouvoit me fournir un prémier préjugé legitime[g] pour ou contre lui : Car si, bien convaincu par ma conduite et par mon langage de la droiture de mes intentions, il s'allarmoit neanmoins de mon dessein, s'inquiettoit de mes regards, cherchoit à donner le change à ma curiosité, et commençoit par se mettre en garde ; c'étoit dans mon esprit un homme à demi-jugé. Loin de rien voir ici de semblable, je fus aussi

a P. et G. *les plus sensés.*
b C. *prévenu* est inséré dans l'interligne.
c C. *si légérement* est inséré dans l'interligne.
d P. et G. *un homme si cruellement si légérement si universellement jugé.*
e Même leçon dans P. ; G. *à la légèreté.*
f Même leçon dans P. ; G. *d'écarter.*
g G. supprime *legitime.*

touché que surpris ; non de l'accueil que cette idée m'attira de sa part ; car il n'y mit aucun empressement ostensible, mais de la joye qu'elle me parut exciter dans son cœur. Ses regards attendris m'en dirent plus que n'auroient fait ses[a] caresses. Je le vis à son aise avec moi, c'étoit le meilleur moyen de m'y mettre avec lui. A la maniére dont il me distinga dès le prémier abord de tous ceux qui l'obsédoient, je compris qu'il n'avoit pas un instant pris le change sur mes motifs. Car quoique cherchant tous également à l'observer, ce dessein commun dût donner à tous une allure assez semblable, nos recherches étoient trop différentes par leur objet pour que la distinction n'en fut pas facile à faire. Il vit que tous les autres ne cherchant que le mal ne vouloient voir que cela[b], que j'étois le seul qui cherchant le bien ne voulut voir que la vérité, et ce motif qu'il démêla sans peine m'attira sa confiance.

Entre tous les exemples qu'il m'a donnés de l'intention de ceux qui l'approchent, je ne vous en citerai qu'un. L'un d'eux s'étoit tellement [88.] distingué des autres par de plus affectueuses demonstrations et par un attendrissement souvent[c] poussé jusqu'aux larmes, qu'il crut pouvoir s'ouvrir à lui sans reserve et lui lire ses confessions[d]. Il lui permit même de l'arrêter dans sa lecture pour prendre note de tout ce qu'il voudroit retenir par préférence, et il remarqua durant cette longue lecture que n'écrivant presque jamais dans aucun endroit favorable et honorable[e], il ne manqua point d'écrire avec soin dans tous ceux où la vérité le forçoit à s'accuser et se charger lui-même. Voila comment se font les remarques de ces Messieurs, et moi aussi j'ai fait celles-là, mais je n'ai pas comme eux omis les autres, et le tout m'a donné des résultats bien différens des leurs.

Par l'heureux effet de ma franchise j'avois l'occasion la plus rare et la plus sure de bien connoitre un homme, qui est de l'étudier à loisir dans sa vie privée et vivant pour ainsi dire avec lui-même : Car il se livra sans réserve et me rendit aussi maitre chez lui que chez moi. Je n'avois presque d'autre habitation que la sienne[f].

---

a P. et G. *des.*

b Même leçon dans P. ; G. *ne cherchoient, ne vouloient voir que le mal.*

c G. supprime *souvent.*

d G. ne souligne pas ce titre. (Les italiques de l'édition de la Pléiade sont injustifiés).

e G. *que n'écrivant presque jamais dans les endroits favorables et honorables.* P. *que sans l'arrêter dans nul endroit honorable et favorable.*

f Cette phrase et l'ensemble du persiflage des médecins qui suit, ainsi que les deux notes, sont supprimés par l'éditeur dans l'édition originale de 1782 et celles qui la reprennent.

LE FRANÇOIS.

Comment ! vous y mangiez aussi ?

ROUSSEAU.

Tous les jours.

LE FRANÇOIS.

Quelles précautions avez-vous donc prises pour que ce fut impunément ?

ROUSSEAU.

Une seule, qui vous paroitra plus bizarre qu'utile ; mais dont il a fait une condition necessaire pour être admis à sa table. C'étoit de renoncer durant tout ce tems[a] à celle de vos Messieurs ; et surtout de ne jamais diner avec ni chez aucun Médecin[b] après avoir, eux le sachant, diné chez lui la veille.

LE FRANÇOIS.

Voila sans mentir, une étrange précaution ! Que signifie-t-elle, et quel peut en être le but ? Pour justifier un monstre, prétendriez-vous en faire cent ?

ROUSSEAU.

Ah ! je ne prétends rien, je vous jure[c]. Je n'entens accuser ici ni justifier personne. Dieu seul sait la vérité. Pour moi je me tais et gémis. Tout ce que je sais en general est que ces Messieurs sont bien de leur siécle, et que grace au Ciel mon J.J. n'est pas du sien[*].

LE FRANÇOIS.

Quoi[d], vous osez rendre suspecte la vertu des Medecins[e] ? Mais en vérité[f] vous n'y pensez pas ! Si peut-être il y a chez quelques-uns[g] un peu

---

a G. *de renoncer pour lors à celle* etc. P. *de renoncer à celle* etc.

b Même leçon dans P. ; G. *ni chez aucun Medecin quelque instance qu'on m'en put faire.*

c Même leçon dans G. ; P. *je vous le proteste.*

* Je souhaiterois, et de bien bon cœur, que faire le mal soi-même pour en charger ceux qu'on hait, fut une manœuvre étrangére au siécle où j'ai eu le malheur de vivre.

d Mots biffés dans C. ~~*Maisxxx*~~ *Quoi, vous* etc.

e Phrase supprimée dans P. et G.

f Même leçon dans G. ; P. *Mais en vérité, Monsieur Rousseau, vous* etc.

g G. et P. *chez quelques Medecins.*

de rancune cachée[a] contre J.J. ; vous n'ignorez pas en revanche combien leur corps se distingue[b] par sa grande probité.

ROUSSEAU.

Pardonnez-moi, Monsieur. Je sais qu'il se distingue ; mais j'ignorois que ce fut par-là.

LE FRANÇOIS.

Tant pis, Monsieur[c] ; il faut l'apprendre. Mais au reste, quelque opinion[d] que vous puissiez avoir d'eux et de leurs principes, soyez persuadé que dès qu'il s'agira de J.J. ils ne seront point accusés de prévarication[28 **].

ROUSSEAU.

Oh cela doit être[e] ; leur impartialité à son égard est si bien établie[f] ! Mais revenons.

Une fois admis dans sa retraite[g], mon prémier soin fut de m'informer des raisons qui l'y tenoient confiné[h]. [89.]. Je savois qu'il avoit toujours fui le grand monde et aimé la retraite[i] ; mais je savois aussi que, dans des societés peu nombreuses, il avoit jadis joui des douceurs de l'intimité en homme dont le cœur étoit fait pour elle. Je voulus apprendre pourquoi maintenant[j] détaché de tout, il s'étoit tellement concentré dans la solitude[k 29] que ce n'étoit plus que par force qu'on parvenoit à l'aborder.

---

a C. *cachée* est inséré dans l'interligne.

b P. et G. *se distingue de tous les autres.*

c Même leçon dans P. ; G. *Vous l'ignoriez ! Tant pis, Monsieur, il faut l'apprendre.*

d G. et P. *Mais quelque opinion.*

** J'en connois un que j'en crois incapable [*idem* dans P. ; G. *Il en est un que j'en crois incapable*] ; je me fais un devoir et un plaisir de le déclarer [G. et P. *de cette déclaration*]. Homme de bien et aimant la vertu, il peut être trompé comme le public ; mais non seduit ni corrompu. Cependant pour ne pas l'exposer aux batteries de ces Messieurs, je me garderai de le nommer.

e Même leçon dans P. ; G. *Oh le moyen ?*

f Même leçon dans P. ; G. *est trop bien établie !*

g G. crée ici un alinéa. P. supprime « une fois admis dans sa retraite ». Dans l'édition originale (qui suit G.), cet alinéa qui fait suite à un long passage censuré, enchaîne sur « me rendit aussi maitre chez lui que chez moi », élidant ainsi toute la satire des médecins.

h Même leçon dans G. ; P. *Mon prémier soin fut de m'informer des raisons de cette maniére de vivre solitaire qu'il avoit choisie.*

i Même leçon dans P. ; G. *et aimé la solitude.*

j C. *maintenant* est inséré dans l'interligne.

k Même leçon dans P. ; G. *dans sa retraite.*

LE FRANÇOIS.

Cela n'est-il[a] pas tout clair ? Il se génoit autrefois parce qu'on ne le connaissoit pas encore. Aujourdui que bien connu de tous il ne gagneroit plus rien à se contraindre, il se livre tout à fait à son horrible misantropie. Il fuit les hommes parce qu'il les déteste. Il vit en Loup-garou[30], parce qu'il n'y a rien d'humain dans son cœur.

ROUSSEAU.

Non, cela ne me paroit pas aussi clair qu'à vous, et ce discours que j'entens tenir à tout le monde me prouve bien que les hommes le haïssent, mais non pas que c'est lui qui les hait.

LE FRANÇOIS.

Mais enfin[b] ne l'avez-vous pas vu, ne le voyez-vous pas tous les jours recherché de beaucoup de gens se refuser durement à leurs avances ? Comment donc expliquez-vous cela ?

ROUSSEAU.

Beaucoup plus naturellement que vous : car la fuite est un effet bien plus naturel de la crainte que de la haine. Il ne fuit point les hommes parce qu'il les hait, mais parce qu'il en a peur. Il ne les fuit pas pour leur faire du mal, mais pour tâcher d'échapper à celui qu'ils lui veulent. Eux au contraire, ne le recherchent[c] pas par amitié mais par haine. Ils le cherchent et il les fuit comme dans les sables d'Afrique où sont peu d'hommes et beaucoup de Tigres, les hommes fuyent les Tigres et les Tigres cherchent les hommes ; s'ensuit-il de là que les hommes sont méchans, sauvages[d], et que les Tigres sont sociables et humains ? Quelque opinion même qu'il doive avoir de ceux qui, malgré celle qu'ils ont de lui[e], ne laissent pas de le rechercher, il ne ferme point sa porte à tout le monde ; il reçoit honnêtement ses anciennes connoissances, quelquefois même les nouveaux venus, quand ils ne montrent ni patelinage ni arrogance. Je ne l'ai jamais vu se refuser durement qu'à des avances tiranniques insolentes et malhonnêtes, qui

---

a Même leçon dans P. ; G. *Cela n'étoit-il pas.*

b G. et P. *Quoi ! ne l'avez-vous pas vu.*

c C. La syllabe *re* est insérée dans l'interligne.

d P. *que les hommes sont méchans et sauvages.* G. *que les hommes sont méchans, farouches.*

e P. et G. *Même, quelque opinion que doive avoir J.J. de ceux qui, malgré celle qu'on a de lui.*

déceloient[a] l'intention de ceux qui les faisoient. Cette maniére ouverte et franche[b] de repousser la perfidie et la trahison ne fut jamais l'allure des méchans : S'il ressembloit à ceux qui le recherchent, au lieu de se refuser[c] à leurs avances, il y répondroit pour tâcher de les payer en même monoye, et leur rendant fourberie pour fourberie, trahison pour trahison, il se serviroit de leurs propres armes pour se défendre et se venger d'eux ; mais loin qu'on l'ait jamais accusé d'avoir tracassé[31] dans les societés où il a vécu, ni brouillé ses amis entre eux, ni[d] desservi personne avec qui il fut en liaison, le seul reproche que lui aient fait ses amis[e] ou ceux qui prenoient ce titre, a été de les avoir quittés ouvertement, comme il a dû faire sitôt que les trouvant faux et perfides, il a cessé de les estimer.

Non, Monsieur, le vrai misantrope, si un être aussi contradictoire [90.] pouvoit exister[*][32], ne fuiroit point dans la solitude, quel mal peut et veut faire aux hommes celui qui vit seul ? Celui qui les hait veut leur nuire, et pour leur nuire il ne faut pas les fuir. Les méchans ne sont point dans les deserts, ils sont dans le monde. C'est là qu'ils intriguent[f] pour satisfaire leurs passions et tourmenter les objets de leur haine. De quelque motif que soit animé celui qui veut s'engager dans la foule et s'y faire jour, il doit s'armer de vigueur pour repousser ceux qui le poussent, pour écarter ceux qui sont devant lui, pour fendre la presse et faire son chemin. L'homme débonnaire et doux, l'homme timide et foible qui n'a point ce courage et qui tâche de se tirer à l'écart de peur d'être abbattu et foulé aux pieds, est donc un méchant à votre compte ; les autres plus forts plus durs plus ardens à percer sont les bons. J'ai vu pour la premiere fois cette nouvelle doctrine dans un écrit[g] publié par le philosophe Diderot précisément dans le tems que son ami J.J. s'étoit retiré dans la solitude. *Il n'y a que le méchant,* dit-il, *qui soit seul*[33].

a G. et P. *qui deceloient clairement.*

b P. et G. *et généreuse.*

c G. et P. *de se dérober.*

d Correction dans C. *ni desservi ~~jam~~ personne.*

e P. *le seul reproche que lui aient fait ses soi disans amis a été.* G. *le seul reproche qu'aient pu lui faire ses soi-disans amis a été.*

* Timon n'étoit point naturellement misantrope [*idem* dans P. ; G. *et même ne méritoit pas ce nom*] : Il y avoit dans son fait plus de dépit et d'enfantillage que de véritable méchanceté : c'étoit un fou mécontent qui boudoit contre le genre humain.

f P. et G. *qu'ils intriguent et travaillent.*

g G. et P. *dans un discours.*

Jusqu'alors on avoit regardé l'amour de la retraite comme un des signes les moins équivoques d'une ame paisible et saine, exempte d'ambition d'envie, et de toutes les ardentes passions filles de l'amour-propre, qui fermentent[a] dans la societé. Au lieu de cela, voici par un coup de plume inattendu ; ce gout paisible et doux, jadis si universellement admiré, transformé tout d'un coup en une fureur[b] infernale ; voila tant de sages[c] et Descartes lui-même changés dans un instant en autant de misantropes affreux et de scelerats[34]. Le philosophe Diderot étoit seul peut-être en écrivant cette sentence, mais à coup sûr il n'avoit pas été seul à la méditer[d], et il prit grand soin de la faire circuler dans le monde. Eh plut à Dieu que le méchant fut toujours seul ! Il ne se feroit jamais aucun[e] mal[35].

Je crois bien que des solitaires qui le sont par force, peuvent, rongés de dépit et de regrets dans la retraite où ils sont detenus, devenir inhumains féroces, et prendre en haine avec leurs fers[f] tout ce qui n'en est pas chargé comme eux. Mais les solitaires par gout et par choix sont naturellement humains, hospitaliers, caressans. Ce n'est pas parce qu'ils haissent les hommes, mais parce qu'ils aiment le repos et la paix qu'ils fuyent le tumulte et le bruit. La longue privation de la societé la leur rend même agréable et douce quand elle s'offre à eux sans contrainte : ils en jouïssent alors délicieusement, et cela se voit. Elle est pour eux ce qu'est le commerce des femmes pour ceux qui ne passent pas leur vie avec elles, mais qui, dans les courts momens qu'ils y passent y trouvent des charmes ignorés des galans de profession.

Je ne comprends pas comment un homme de bon sens peut adopter un seul moment la sentence du philosophe Diderot ; elle a beau être hautaine et tranchante, elle n'en est pas moins inepte et absurde[g]. Eh qui ne voit, au contraire, qu'il n'est pas possible que le méchant aime à vivre seul et vis à vis de lui-même ? Il s'y sentiroit en trop [91.] mauvaise compagnie, il y seroit trop mal à son aise, il ne s'y souffriroit[h]

a P. et G. *qui naissent et fermentent.*
b G. et P. *en une rage.*
c P. et G. *de sages respectés.*
d G. et P. *mais je doute qu'il eut été seul à la méditer.*
e P. et G. *il ne se feroit guéres de mal.*
f G. et P. *avec leur chaine.*
g P. et G. *elle n'en est pas moins absurde et fausse.*
h G. et P. *s'y supporteroit.*

pas longtems, ou bien, sa passion dominante y restant toujours oisive, il faudroit qu'elle s'éteignit et qu'il y redevint bon. L'amour propre, principe de toute méchanceté[a] s'avive et s'exalte dans la societé, qui l'a fait naitre et où l'on est à chaque instant forcé de se comparer[b] ; il languit et[c] meurt[d] faute d'aliment dans la solitude[36]. *Quiconque se suffit à lui-même ne veut nuire à qui que ce soit* ; cette maxime est moins éclattante et moins arrogante il est vrai[e], mais plus sensée et plus juste que celle du philosophe Diderot[f], et préférable au moins en ce qu'elle ne tend à outrager personne[g]. Ne nous laissons pas éblouïr par l'éclat sententieux dont souvent l'erreur et le mensonge[h] se couvrent ; ce n'est pas la foule qui fait la societé, et c'est en vain que les corps se rapprochent lorsque les cœurs se repoussent. L'homme vraiment sociable est plus difficile en liaisons qu'un autre ; celles qui ne consistent qu'en fausses apparences ne sauroient lui convenir : il aime mieux vivre loin des méchans sans penser à eux, que de les voir et de les[i] haïr ; il aime mieux fuir son ennemi[37] que de le rechercher pour lui nuire. Celui qui ne connoit[j] d'autre societé que celle des cœurs n'ira pas chercher la sienne dans vos cercles. Voila comment J.J. a dû penser et se conduire avant la ligue dont il est l'objet ; jugez si depuis[k] qu'elle existe et qu'elle tend de toutes parts ses piéges autour de lui, il doit prendre plaisir[l] à vivre avec ses persécuteurs, à se voir l'objet de leur dérision, le jouet de leur haine, la dupe de leurs perfides caresses à travers lesquelles ils font malignement percer l'air insultant et moqueur qui doit les lui rendre odieuses. Le mépris, l'indignation, la colére ne sauroient le quitter au milieu de tous ces gens-là. Il les fuit pour s'épargner des sentimens si pénibles ; il les fuit parce qu'ils méritent sa haine, et qu'il étoit fait pour les aimer.

a Même leçon dans G. ; P. *principe et source de toute méchanceté.*

b C. *et où l'on est à chaque instant forcé de se comparer* est inséré dans l'interligne.

c Mots biffés dans C. *et ~~s'éteint~~ faute d'aliment.*

d C. *meurt* est inséré dans l'interligne.

e Mots biffés dans C. *il est vrai, ~~que celle~~ mais* etc. P. et G. suppriment *il est vrai.*

f L'ajout qui suit est également en interligne dans P. Il est intégré à la phrase dans G.

g C. *et préférable au moins en ce qu'elle ne tend à outrager personne* est inséré dans l'interligne.

h Même leçon dans G. ; P. *dont souvent le mensonge et l'erreur.*

i P. et G. *et les.*

j Même leçon dans P. ; G. *qui ne connoit pas d'autre societé.*

k P. et G. *jugez si maintenant qu'elle existe.*

l G. et P. *il doit trouver du plaisir.*

LE FRANÇOIS.

Je ne puis apprécier vos préjugés en sa faveur avant d'avoir appris sur quoi vous les fondez. Quant à ce que vous dites à l'avantage des solitaires, cela peut être vrai de quelques hommes singuliers qui s'étoient fait de fausses idées de la sagesse ; mais au moins ils donnoient des signes non équivoques du louable emploi de leur tems. Les méditations profondes et les immortels ouvrages dont les philosophes que vous citez ont illustré leur solitude prouvent qu'ils s'y occupoient d'une maniére utile et glorieuse, et qu'ils n'y passoient pas uniquement leur tems comme votre homme à tramer des crimes et des noirceurs.

ROUSSEAU.

C'est à quoi, ce me semble, il n'y passa pas non plus uniquement le sien. La lettre à M. d'Alembert sur les spectacles, Héloïse, Emile, le Contrat social, les essais sur la paix perpetuelle et sur l'imitation théatrale[a], et d'autres écrits non moins estimables qui n'ont point paru sont des fruits de la retraite de J.J. Je doute qu'aucun philosophe ait médité plus profondement, plus utilement peut-être ; et plus écrit en si peu de tems. Appelez-vous tout cela des noirceurs et des crimes ?

LE FRANÇOIS.

Je connois des gens aux yeux de qui c'en pourroient bien être. Vous savez ce que pensent, ou du moins ce que disent[b] nos Messieurs de ces livres : mais avez-vous oublié qu'ils ne sont pas de lui, et que c'est vous-même qui me l'avez persuadé ?

[92.] ROUSSEAU.

Je vous ai dit ce que j'imaginois pour expliquer des contradictions que je voyois alors et que je ne vois plus. Mais si nous continuons à passer ainsi d'un sujet à l'autre, nous perdrons notre objet de vue et nous ne l'atteindrons jamais. Reprenons avec un peu plus de suite le fil de mes observations, avant de passer aux conclusions que j'en ai tirées.

Ma prémière attention après m'être introduit dans la familiarité de J.J. fut d'éxaminer si nos liaisons ne lui faisoient rien changer dans sa

a Aucun de ces titres n'est souligné dans L., P., G. Les italiques de l'édition de la Pléiade ne sont pas justifiés.

b Même leçon dans P. ; G. *ce que pensent ou ce que disent.*

maniére de vivre, et j'eus bientôt toute la certitude possible que non seulement il n'y changeoit rien pour moi, mais que de tous tems elle avoit toujours été la même[a] et parfaitement uniforme, quand, maitre de la choisir, il avoit pu suivre en liberté son penchant. Il y avoit cinq ans que, de retour à Paris[38] il avoit recommencé d'y vivre. D'abord, ne voulant se cacher en aucune maniére, il avoit fréquenté quelques maisons avec l'intention d'y reprendre d'anciennes liaisons[b], et même d'en former de nouvelles. Mais au bout d'un an il cessa de faire des visites, et reprenant dans la capitale la vie solitaire qu'il menoit depuis tant d'années à la campagne, il partagea son tems entre l'occupation journaliére dont il s'étoit fait une ressource et les promenades champêtres dont il faisoit son unique amusement. Je lui demandai la raison de cette conduite. Il me dit qu'ayant vu toute la génération presente concourir à l'œuvre de ténébres dont il étoit l'objet[39], il avoit d'abord mis tous ses soins à chercher[c] quelqu'un qui ne partageat pas l'iniquité publique ; qu'après de vaines recherches dans les provinces il étoit venu les continuer à Paris, esperant qu'au moins parmi ses anciennes connoissances il se trouveroit quelqu'un moins dissimulé moins faux qui lui donneroit les lumiéres[d] dont il avoit besoin pour percer cette obscurité : qu'après bien des soins inutiles, il n'avoit trouvé, même parmi les plus honnêtes gens que trahison duplicité mensonge, et que tous, en s'empressant à le recevoir à le prevenir à l'attirer, paroissoient si contens de sa diffamation, y contribuoient de si bon cœur, lui faisoient des caresses si fardées, le louoient d'un ton si peu sensible à son cœur, lui prodigoient l'admiration la plus outrée avec si peu d'estime et de consideration, qu'ennuyé de ces démonstrations moqueuses et mensongéres, et indigné d'être ainsi le jouet de ses prétendus amis, il cessa de les voir, se retira sans leur cacher son dédain, et après avoir cherché longtems sans succés un homme, éteignit sa lanterne[40] et se renferma tout à fait au dedans de lui.

C'est dans cet état de retraite absolue que je le trouvai et que j'entrepris de le connoitre. Attentif à tout ce qui pouvoit manifester à mes yeux son intérieur, en garde contre tout jugement précipité, résolu de le juger

---

a Même leçon dans G. ; P. *elle avoit été la même.*

b P. *ses anciennes liaisons.* G. *ses plus anciennes liaisons.*

c Même leçon dans G. ; P. *à trouver quelqu'un.*

d Mot biffé dans C. *les lumiéres ~~necessaires~~ dont il avoit.*

non sur quelques mots épars ni sur quelque action[a] particuliére (à moins toutefois que cette action ne fut un crime)[b] mais sur le concours de ses discours de ses actions de ses habitudes, et sur cette constante maniére d'être, qui seule décéle infailliblement un caractére[41], mais qui demande pour être apperçûe plus de suite, plus de perseverance, et moins de confiance au prémier coup d'œil, que le tiede [93.] amour de la justice dépouillé de tout autre intérest et combattu par les tranchantes décisions de l'amour-propre, n'en inspire au commun des hommes. Il fallut par consequent, commencer par tout voir tout entendre[c], par tenir note de tout avant de prononcer sur rien jusqu'à ce que j'eusse assemblé des materiaux suffisans pour fonder un jugement solide qui ne fut l'ouvrage ni de la passion ni des préjugés[d].

Je ne fus pas surpris de le trouver[e] tranquille, vous m'aviez prevenu qu'il l'étoit; mais vous attribuiiez cette tranquillité à bassesse d'ame; elle pouvoit venir d'une cause toute contraire; j'avois à déterminer la véritable. Cela n'étoit pas difficile : car, à moins que cette tranquillité ne fut toujours inaltérable, il ne falloit pour en découvrir la cause, que remarquer ce qui pouvoit la troubler. Si c'étoit la crainte, vous aviez raison; si c'étoit l'indignation, vous aviez tort. Cette vérification ne fut pas longue, et je sus bientôt à quoi m'en tenir.

Je le trouvai copiant[f] de la musique à tant la page. Cette occupation m'avoit paru comme à vous ridicule et affectée. Je m'appliquai d'abord à connoitre s'il s'y livroit serieusement ou par jeu, et puis à savoir au juste quel motif la lui avoit fait prendre[g]; et ceci demandoit plus de recherche et de soin. Il falloit connoitre exactement ses ressources et l'état de sa fortune, vérifier ce que vous m'aviez dit de son aisance, examiner sa maniére de vivre, entrer dans le détail de son petit ménage, comparer sa dépense et son revenu, en un mot connoitre sa situation présente autrement que par son dire et le dire contradictoire de vos Messieurs.

---

a G. et P. *ni sur quelques circonstances particuliéres mais sur le concours* etc. (Un passage semble avoir été effacé dans P sous « circonstances particulières », écrit en plus gros caractères et couvrant une demi ligne, avec un tiret de rattrapage en haut de la page suivante (p. 91), avant « Mais sur le concours ».

b Parenthèse supprimée dans P. et G.

c Même leçon dans P. ; G. *par tout entendre.*

d G. et P. *ni du préjugé.*

e P. et G. *de le voir.*

f G. et P. *s'occupant à copier.*

g P. et G. *reprendre.*

C'est à quoi je donnai la plus grande attention. Je crus m'appercevoir que cette occupation lui plaisoit, quoiqu'il n'y réussit pas trop bien. Je cherchai la cause de ce bizarre plaisir, et je trouvai qu'elle tenoit au fond de son naturel et de son humeur, dont je n'avois encore aucune idée, et qu'à cette occasion je commençai de pénétrer. Il associoit ce travail à un amusement dans lequel je le suivis avec une égale attention. Ses longs séjours à la campagne lui avoient donné du goût pour l'étude des plantes[42] : il continuoit de se livrer à cette étude avec plus d'ardeur que de succés, soit que sa mémoire défaillante commençat à lui refuser tout service ; soit, comme je crus le remarquer, qu'il se fit de cette occupation plustot[a] un jeu d'enfant qu'une étude véritable. Il s'attachoit plus à faire de jolis herbiers qu'à classer et caracteriser[43] les genres et les espéces. Il employoit un tems et des soins incroyables à dessecher et applatir des rameaux, à étendre et déployer de petits feuillages, à conserver aux fleurs leurs couleurs naturelles. De sorte que, collant avec soin ces fragmens sur des papiers qu'il ornoit de petits cadres, à toute la vérité de la nature il joignoit l'éclat de la miniature et le charme de l'imitation.

Je l'ai vu s'attiedir enfin sur cet amusement devenu trop fatigant pour son âge, trop coûteux pour sa bourse, et qui lui prenoit un tems[b] dont il ne le dédommageoit pas. Peut-être nos liaisons ont-elles contribué à l'en détacher. On voit que la contemplation de la nature eut toujours un grand attrait pour son cœur : il y trouvoit un supplément aux attachemens dont il avoit besoin, mais il eut volontiers laissé[c] le supplément pour la chose s'il en avoit eu le choix, et il ne se reduisit à converser avec les plantes qu'après de vains efforts pour converser avec des humains. Je [94.] quitterai volontiers, m'a-t-il dit, la societé des végétaux pour celle des hommes, au prémier espoir d'en retrouver.

Mes prémières recherches m'ayant jetté dans les détails de sa vie domestique, je m'y suis particulierement attaché, persuadé que j'en tirerois pour mon objet des lumiéres plus sures que de tout ce qu'il peut avoir dit ou fait en public[d]. C'est dans la familiarité d'un commerce intime, dans la continuité de la vie privée ; qu'un homme à la longue se laisse voir tel qu'il est, quand le ressort de l'attention sur soi se relâche,

a Même leçon dans G. ; P. *qu'il se fit plustot de cette occupation un jeu d'enfant* etc.

b P. et G. *un tems necessaire.*

c G. et P. *mais il eut laissé.*

d G. *ou fait en public et que d'ailleurs je n'avois pas vu par moi-même.* (Cet ajout est inséré en interligne dans P.)

et qu'oubliant le reste du monde on se livre à l'impulsion du moment. Cette méthode est sure, mais longue et pénible, elle demande une patience et une assiduité[a] dont on se dispense aisément en substituant quelque remarque fortuite et rapide aux observations lentes mais solides que donne un examen égal et suivi[44].

J'ai donc regardé s'il régnoit chez lui du desordre ou de la régle, de la gène ou de la liberté, s'il étoit sobre ou dissolu, sensuel ou grossier, si ses gouts étoient[b] dépravés ou sains, s'il étoit[c] sombre ou gai dans ses repas, dominé par l'habitude ou sujet aux fantaisies, avare[d] ou prodigue dans son ménage ; entier impérieux tiran dans sa petite sphére d'autorité, ou trop doux peut-être au contraire et trop mou[e], craignant les dissentions encor plus qu'il n'aime l'ordre[f], et souffrant pour la paix les choses les plus contraires à son goût et à sa volonté[g] : comment il supporte l'adversité, le mépris et la haine publique : quelles sortes d'affections lui sont habituelles ; quels genres de peine ou de plaisir altérent le plus son humeur. Je l'ai suivi dans sa plus constante maniére d'être, et dans ces petites inégalités non moins inévitables non moins utiles peut-être dans le calme de la vie privée que de légéres variétés[h] de l'air et du vent dans celui des plus beaux jours[45]. J'ai voulu voir comment il se fâche et comment il s'appaise, s'il exhâle ou contient sa colére, s'il est rancunier ou emporté[i], facile ou difficile à appaiser, s'il aggrave ou répare ses torts[j], s'il est doux et facile à vivre ou dur et fâcheux dans le commerce familier : s'il aime à s'épancher au dehors ou s'il se concentre[k] en lui-même, si son cœur s'ouvre aisément ou se ferme aux caresses ; s'il est toujours prudent circonspect maitre de lui-même, ou si se laissant dominer par ses mouvemens il montre indiscretement le sentiment[l] dont il est ému. Je l'ai pris dans les situations d'esprit les plus diverses les plus contraires

a G. *et une assiduité que peut soutenir le seul vrai zèle de la justice et de la vérité et dont* etc. (Cet ajout est inséré en interligne dans P.)
b Même leçon dans G. ; P. *si ses gouts sont.*
c Même leçon dans G. ; P. *s'il est.*
d P. et G. *chiche.*
e Même leçon dans G. ; P. *trop doux peut être et trop mou.*
f Même leçon dans G. ; P. *craignant plus les dissentions qu'il n'aime l'ordre.*
g Même leçon dans G. ; P. *les choses du monde les plus* etc.
h P. et G. *de légeres variations.*
i Mots biffés dans C. *emporté, ~~s'il aggrave ou répare ses torts~~ facile ou difficile* etc.
j P. et G. *ses torts, s'il sait endurer et pardonner ceux des autres.*
k G. et P. *ou à se concentrer.*
l P. et G. *chaque sentiment.*

qu'il m'a été possible de saisir, tantot calme et tantot agité, dans un transport de colére et dans une effusion d'attendrissement, dans la tristesse et l'abbattement de cœur, dans ces courts mais doux moments de joye que la nature lui fournit encore et que les hommes n'ont pu lui ôter, dans la gaité d'un repas un peu prolongé, dans ces circonstances imprévues où un homme ardent n'a pas le tems de se deguiser, et où le prémier mouvement de la nature prévient toute réflexion. En suivant tous les détails de sa vie je n'ai point négligé ses discours ses maximes ses opinions[a] : je n'ai rien omis pour bien connoitre ses vrais sentimens sur les matiéres qu'il traite dans ses écrits. Je l'ai sondé sur la nature de l'ame, sur l'existence de Dieu, sur la moralité de la vie humaine, sur le vrai bonheur, [95.] sur ce qu'il pense de la doctrine à la mode et de ses auteurs, enfin sur tout ce qui peut faire connoitre, avec les sentimens[b] d'un homme sur l'usage de cette vie et sur sa destination, ses vrais principes de conduite. J'ai soigneusement comparé tout ce qu'il m'a dit avec ce que j'ai vu de lui dans la pratique, n'admettant jamais pour vrai que ce que cette épreuve a confirmé.

Je l'ai particulierement étudié par les cotés qui tiennent à l'amour-propre, bien sur qu'un orgueil irascible au point d'en avoir fait un monstre doit avoir de fortes et fréquentes explosions difficiles à contenir et impossibles à deguiser aux yeux d'un homme attentif à l'examiner par ce côté là surtout dans la position cruelle où je le trouvois.

Par les idées dont un homme pétri d'amour-propre s'occupe le plus souvent, par les sujets favoris de ses entretiens[c], par l'effet inopiné des nouvelles imprevues, par la maniére de s'affecter des propos qu'on lui tient, par les impressions qu'il reçoit de la contenance et du ton des gens qui l'approchent, par l'air dont il entend louer ou blâmer ses ennemis[d], par la façon dont il en parle lui-même, par le dégré de joye ou de déplaisir dont l'affectent leurs prospérités ou leurs revers, on peut à la longue le pénétrer et lire dans son ame, surtout lorsqu'un tempérament ardent[46] lui ôte le pouvoir de reprimer ses prémiers mouvemens, si tant est neanmoins qu'un temperament ardent et un violent amour-propre

---

a Même leçon dans G. ; P. *ses discours ses opinions ses maximes.*

b G. *avec les vrais sentimens.*

c Séquence biffée illisible (2/3 de ligne) dans C. *de ses entretiens,* ~~xxxxxxxxxxxxxxxxxxxxxxxxxx~~ *par l'effet* etc.

d P. et G. *ou décrier ses ennemis ou ses rivaux.*

puissent compatir[a] [47] dans un même cœur[b]. Mais c'est surtout en parlant de leurs confreres et de leurs livres[c] que les Auteurs se contiennent le moins et se decelent le mieux. C'est aussi par là que je n'ai pas manqué d'examiner celui-ci. Je l'ai mis souvent et vu mettre par d'autres sur ce chapitre en divers tems et à diverses occasions.J'ai sondé ce qu'il pensoit de la gloire littéraire, le prix qu'il donnoit[d] à sa jouissance, et ce qu'il estimoit le plus en fait de réputation, de celle qui brille par les talens, ou de celle moins éclatante que donne un caractére estimable. J'ai voulu voir s'il étoit curieux de l'histoire des réputations naissantes ou déclinantes, s'il épluchoit malignement celles qui faisoient le plus de bruit ; comment il s'affectoit des succes ou des chutes des livres et des Auteurs, et comment il supportoit pour sa part les dures censures des critiques, les malignes louanges des rivaux, et le mêpris apparent[e] des brillans écrivains de ce siécle. Enfin[f], je l'ai éxaminé par tous les sens où mes regards ont pu penetrer ; et sans chercher à rien interpréter selon mon désir, mais éclairant mes observations les unes par les autres pour découvrir la vérité, je n'ai pas un instant oublié dans mes recherches[g] qu'il y alloit du destin de ma vie à ne pas me tromper dans ma conclusion.

LE FRANÇOIS.

Je vois que vous avez regardé à beaucoup de choses. Apprendrai-je enfin ce que vous avez vu ?

[96.] ROUSSEAU.

Ce que j'ai vu est meilleur à voir qu'à dire ; ce que j'ai vu me suffit, à moi qui l'ai vu, pour déterminer mon jugement, mais non pas à vous pour déterminer le votre sur mon rapport ; car il a besoin d'être vu pour être crû, et après la façon dont vous m'aviez prévenu, je ne l'aurois pas cru moi-même sur le rapport d'autrui. Ce que j'ai vu ne sont que des choses bien communes en apparence mais très rares en effet[48]. Ce sont

---

a Même leçon dans P. ; G. *puissent compatir ensemble.*

b Cette proposition est mise entre parenthèses dans P. et G.

c G. et P. *en parlant des talens et des livres.*

d P. et G. *quel prix il donnoit.*

e G. et P. *le mépris affecté.*

f Longue séquence biffée illisible dans C. sous les trois lignes du segment ajouté.

g C. *je l'ai éxaminé par tous les sens où mes regards ont pu penetrer ; et sans chercher à rien interpréter selon mon désir, mais éclairant mes observations les unes par les autres pour découvrir la vérité, je n'ai pas un instant oublié dans mes recherches* est inséré dans l'interligne.

des récits qui[a] conviendroient mal dans ma bouche, et pour les faire avec bienseance[49] il faudrait être un autre que moi.

LE FRANÇOIS.

Comment, Monsieur ! espérez-vous me donner ainsi le change ? remplissez-vous ainsi vos engagemens, et ne tirerai-je aucun fruit du conseil que je vous ai donné ? Les lumiéres qu'il vous a procurées ne doivent-elles pas nous être communes, et après avoir ébranlé la persuasion où j'étois, vous croyez-vous permis de me laisser les doutes que vous avez fait naitre, si vous avez de quoi m'en tirer ?

ROUSSEAU.

Il vous est aisé d'en sortir à mon exemple en prenant pour vous-même ce conseil que vous dites m'avoir donné. Il est malheureux pour J. J. que Rousseau ne puisse dire tout ce qu'il sait de lui. Ces déclarations sont desormais impossibles parce qu'elles seroient inutiles, et que le courage de les faire ne m'attireroit que l'humiliation de n'être pas cru.

Voulez-vous par exemple, avoir une idée sommaire de mes observations ? Prenez directement et en tout, tant en bien qu'en mal, le contrepied de votre J.J. ou plustot de celui de vos Messieurs[b], vous aurez très exactement celui que j'ai trouvé. Le leur est cruel féroce insensible et dur[c] jusqu'à la dépravation, le mien est doux et compatissant jusqu'à la foiblesse ; le leur est intraitable inflexible et toujours repoussant ; le mien est facile et mou, ne pouvant resister aux caresses qu'il croit sincéres, et se laissant subjuguer, quand on sait s'y prendre, par les gens mêmes qu'il n'estime pas : Le leur misantrope farouche deteste les hommes, le mien humain jusqu'à l'excés et trop sensible à leurs peines s'affecte autant des maux qu'ils se font entre eux que de ceux qu'ils lui font à lui-même : Le leur ne songe qu'à faire du bruit dans le monde aux dépends du repos d'autrui et du sien, le mien préfere le repos à tout, et voudroit être ignoré de toute la terre, pourvu qu'on le laissât en paix dans son coin : Le leur, dévoré d'orgueil et du plus intolerant amour-propre, est tourmenté de l'existence de ses semblables et voudroit voir tout le genre humain s'aneantir devant lui ; le mien, s'aimant sans se comparer, n'est

---

a P. et G. *des récits qui* [d'ailleurs] *conviendroient mal* etc.

b P. et G. *le contrepied du J.J. de vos Messieurs.*

c G. et P. *féroce et dur.*

pas plus susceptible de vanité que de modestie, content de sentir ce qu'il est, il ne cherche point s'il est au dessus ou au dessous du commun des hommes[a], et je suis sûr qu'il ne lui entra de ses jours dans l'esprit[b] de se mesurer avec un autre, pour savoir lequel étoit le plus grand ou le plus petit : Le leur, plein de ruse et d'art pour en imposer, et toujours maitre de lui-même[c], voile ses vices avec la plus [97.] grande adresse et cache sa méchanceté sous une candeur apparente ; le mien emporté, violent même, dans ses prémiers momens plus rapides que l'éclair, passe sa vie à faire de grandes et courtes fautes et à les expier par de longs et vifs repentirs ; au surplus sans prudence, sans présence d'esprit[d] et d'une balourdise incroyable, il offense quand il veut plaire, et dans sa naiveté plustot étourdie que franche, dit également ce qui lui sert et ce qui lui nuit, sans même en sentir la différence : Enfin le leur est un esprit diabolique aigu pénétrant, le mien ne pensant qu'avec effort[e] en craint la fatigue, et souvent n'entendant les choses les plus communes qu'en y rêvant à son aise et seul, peut à peine passer pour un homme d'esprit.

N'est-il pas vrai que si je multipliois ces oppositions[50], comme je le pourrois faire, vous les prendriez pour des jeux d'imagination qui n'auroient aucune réalité ? et cependant je ne vous dirois rien qui ne me fut, non comme à vous affirmé par d'autres, mais attesté par ma propre conscience. Cette maniére simple mais peu croyable de dementir les assertions bruyantes des gens passionnés, par les observations paisibles et sures[f] d'un homme impartial, seroit donc inutile et ne produiroit aucun effet. D'ailleurs la situation de J.J. à certains égards est même trop incroyable pour pouvoir être bien dévoilée. Cependant pour le bien connoitre il faudroit la connoitre à fond ; il faudroit connoitre ce qu'il endure[g] et ce qui le lui fait supporter : Or tout cela ne peut bien se dire ; pour le croire il faut l'avoir vu.

Mais essayons s'il n'y auroit point quelque autre route aussi droite et moins traversée pour arriver à peu près au même but[h] ; s'il n'y auroit point

a P. et G. *il ne cherche point quelle est sa place parmi les hommes.*
b G. et P. *que de sa vie il ne lui entra dans l'esprit.*
c P. et G. suppriment « et toujours maître de lui-même ».
d C. *sans prudence, sans présence d'esprit* est inséré dans l'interligne.
e G. *qu'avec beaucoup de lenteur et d'effort.* (« beaucoup de lenteur et d' » est inséré en interligne dans P.)
f P. et G. *paisibles mais sures.*
g G. et P. *connoitre et ce qu'il endure et ce qui* etc.
h Même leçon dans P. ; G. *pour arriver au même but.*

quelque moyen de vous faire sentir tout d'un coup par une impression simple et immédiate, ce que dans les opinions où vous étes je ne saurois vous persuader en procédant graduellement, sans attaquer sans cesse à chaque instant[a] par des négations dures[b] les tranchantes assertions de vos Messieurs. Je voudrois tâcher, pour cela, de vous esquisser ici le portrait de mon J.J. tel qu'après un long éxamen de l'original l'idée s'en est empreinte dans mon esprit. D'abord vous pourrez comparer ce portrait à celui qu'ils en ont tracé, juger lequel des deux est le plus lié dans ses parties et paroit former le mieux un seul tout[51], lequel explique le plus naturellement et le plus clairement[c] la conduite de celui qu'il réprésente ses gouts, ses habitudes, tout ce qu'on connoit de lui, non seulement depuis qu'il a fait des livres, mais dès son enfance et de tous les tems : après quoi, il ne tiendra qu'à vous de vérifier par vous-même si j'ai bien ou mal vû.

LE FRANÇOIS.

Rien de mieux que tout cela. Parlez donc ; je vous écoute.

ROUSSEAU.

De tous les hommes que j'ai connus, celui dont le caractére dérive le plus pleinement de son seul temperament est J.J. Il est ce que l'a fait la nature, l'éducation ne l'a que bien peu modifié. Si dès sa naissance ses facultés [98.] s'étoient tout à coup développées, dès lors on l'eut trouvé tel à peu près qu'il fut dans son age mur[52], et maintenant après soixante ans de peines et de misères, le tems l'adversité les hommes l'ont encore très peu changé. Tandis que son corps vieillit et se casse, son cœur reste jeune toujours ; il garde encore les mêmes gouts les mêmes passions de son jeune age, et jusqu'à la fin de sa vie il ne cessera d'être un vieux enfant[53].

Mais ce temperament qui lui a donné sa forme morale a des singularités qui pour être démêlées demandent une attention plus suivie que le coup d'œil suffisant qu'on jette sur un homme qu'on croit connoitre et qu'on a déja jugé. Je puis même dire que c'est par son exterieur vulgaire et par ce qu'il a de plus commun qu'en y regardant mieux je l'ai

a C. *sans attaquer sans cesse à chaque instant* est inséré dans l'interligne.

b P. et G. *sans attaquer sans cesse par des négations dures* etc.

c Mot biffé dans C. *le plus ~~sensiblement~~* ; *claire* est inséré dans l'interligne pour former *clairement*.

trouvé le plus extraordinaire[a]. Ce paradoxe s'expliquera[b] de lui-même à mesure que vous m'ecouterez.

Si, comme je vous l'ai dit, je fus surpris au prémier abord de le trouver si différent de ce que je me l'étois figuré sur vos récits, je le fus bien davantage[c] du peu d'éclat, pour ne pas dire de la betise de son entretien[d] : Moi qui, ayant vécu[e] parmi des gens de lettres les avois toujours trouvés[f] brillans, élancés[54], sententieux comme des oracles, subjugant tout par leur docte faconde et par la hauteur de leurs décisions. Celui-ci ne disant gueres que des choses communes et les disant presque toujours sans précision[g] sans finesse et sans force, paroit toujours fatigué, soit de parler même en parlant peu[h], soit de la peine d'entendre, souvent même n'entendant point sitot qu'on dit des choses un peu fines et n'y répondant jamais à propos[i] : Que s'il lui vient par[j] hasard[k] quelque mot heureusement trouvé, il en est si aise que pour avoir quelque chose à dire il le répette éternellement. On le prendroit dans ses conversations[l], non pour un penseur plein d'idées vives et neuves, pensant avec force et s'exprimant avec élégance[m] ; mais pour un écolier embarrassé du choix de ses termes et subjugué par la suffisance des gens qui en savent plus que lui. Je n'avois jamais vu ce maintien timide et gêné dans nos moindres barbouilleurs de brochures ; comment le concevoir dans un homme qui foulant aux pieds les opinions de son siécle sembloit en toute chose moins disposé à faire la loi qu'à la recevoir[n] ? S'il n'eut fait que dire des choses triviales et plates, j'aurois pu croire qu'il faisoit l'imbécille pour dépayser les espions dont il se sent entouré : mais quels que soient les gens qui l'écoutent, loin d'user avec eux de la moindre précaution, il lâche étourdiment cent propos inconsidérés qui donnent sur lui de

a P. et G. *je l'ai trouvé le plus singulier.*

b G. *Ce paradoxe s'éclaircira de lui-même.* P. *ce paradoxe s'éclaircira mieux.*

c Même leçon dans P. ; G. *bien plus.*

d Même leçon dans P. ; G. *de ses entretiens.*

e P. *Moi qui ayant eu à vivre.*

f G. et P. *moi qui, ayant eu à vivre avec des gens de lettres les ai toujours trouvés.*

g P. *sans précision, sans esprit et sans force.* G. *et les disant sans précision* etc.

h Même leçon dans P. ; G. *paroit toujours fatigué de parler, même en parlant peu.*

i Longue séquence biffée illisible d'une ligne un tiers dans C.

j Rature dans C. *par ~~bonheur~~.*

k C. *hasard* est inséré dans l'interligne.

l P. et G. *dans la conversation.*

m G. et P. *avec justesse.*

n P. *plus disposé à faire la loi qu'à la recevoir.* G. *moins disposé à recevoir la loi qu'à la faire.*

grandes prises ; non qu'au fond ces propos soient répréhensibles, mais parce qu'il est possible de leur donner un mauvais sens qui, sans lui être venu dans l'esprit, ne manque pas de se presenter par préference à celui des gens qui l'écoutent[a]. En un mot, je l'ai toujours trouvé pesant à penser, [99.] maladroit à dire, se fatigant sans cesse à chercher le mot propre qui ne lui venoit jamais, et embrouillant des idées déja peu claires par une mauvaise maniére de les exprimer[b].

Une pareille ineptie étoit déja fort extraordinaire[c] dans un homme assez adroit pour avoir trompé quarante ans par de fausses apparences tous ceux qui l'ont approché ; mais ce n'est pas tout : ce même homme dont l'œil terne et la physionomie effacée semble dans les entretiens indifférens n'annoncer que de la stupidité, change tout à coup d'air et de maintien sitot qu'une matiére intéressante pour lui le tire de sa léthargie. On voit sa physionomie éteinte s'animer se vivifier, devenir parlante expressive et promettre de l'esprit. A juger par l'éclat qu'ont encor[d] ses yeux à son age, dans sa jeunesse ils ont dû lancer des éclairs. A son geste impétueux à sa contenance agitée on voit que son sang bouillonne, on croiroit que des traits de feu vont partir de sa bouche, et point du tout ; toute cette effervescence ne produit que des propos communs, confus, mal ordonnés, qui, sans être plus expressifs qu'à l'ordinaire, sont seulement plus inconsidérés : Il élève beaucoup la voix, mais ce qu'il dit devient plus bruyant sans être plus vigoureux. Quelquefois, cependant je lui ai trouvé de l'énergie dans l'expression ; mais ce n'étoit jamais au moment d'une explosion subite. C'étoit seulement lorsque cette explosion[e] ayant précédé avoit déja produit son prémier effet. Alors cette émotion prolongée agissant avec plus de régle sembloit agir avec plus de force et lui suggeroit des expressions vigoureuses, pleines du sentiment dont il étoit encore agité. J'ai compris par là comment cet homme pouvoit quand son sujet échauffoit son cœur écrire avec force, quoiqu'il parlât foiblement, et comment sa plume devoit mieux que sa langue parler le langage des passions.

---

a G. et P. *qui l'écoutent, et qui ne cherchent que cela.*

b Ajout dans P. et G. *J'ajoûte en passant que si dans nos prémiers entretiens j'avois pu deviner cet extrême embarras de parler j'en aurois tiré sur vos propres argumens une preuve nouvelle qu'il n'avoit pas fait ses livres. Car si, selon vous, déchiffrant si mal la musique il n'en avoit pu composer, à plus forte raison sachant si mal parler il n'avoit pu si bien écrire.* (Cet ajout est placé en note dans P.)

c P. et G. *fort étonnante.*

d G. et P. *qu'ont encore alors.*

e Mot biffé dans C. *cette explosion ~~subite~~ ayant* etc.

LE FRANÇOIS.

Tout cela me paroit en effet s'accorder assez, quoique vous en disiez, avec les idées[a] qu'on m'a données de son caractére. Cette honte d'abord et cette timidité que vous lui attribuez sont reconnus[b] dans le monde pour être les plus sures enseignes de l'amour-propre et de l'Orgueil.

ROUSSEAU.

D'où il suit que nos petits pâtres et nos pauvres villageoises regorgent d'amour-propre, et que nos brillans académiciens, nos jeunes militaires[c] et nos Dames du grand air sont des exemples d'humilité[d] ? Oh, malheureuse nation où toutes les idées de l'aimable et du bon sont renversées, et où l'arrogant amour-propre des gens du monde transforme en orgueil et en vices les vertus qu'ils foulent aux pieds !

LE FRANÇOIS.

Ne vous échauffez pas[55] ; laissons ce point[e] sur lequel on peut disputer, et revenons à la sensibilité de notre homme, dont vous convenez vous-même, et qui se déduit de vos observations[f]. D'une profonde indifférence sur tout ce qui ne touche pas son petit individu, il ne s'anime jamais que pour son propre intérest : Mais toutes les fois qu'il s'agit de lui, la violente intensité de son amour-propre doit en effet l'agiter jusqu'au transport, et ce n'est que quand cette agitation se modére qu'il commence d'exhaler sa bile et sa rage, qui dans les premiers momens se concentre avec force autour de son cœur.

[100.] ROUSSEAU.

Mes observations dont vous tirez ce resultat m'en fournissent un tout contraire. Il est certain qu'il ne s'affecte pas generalement comme tous nos auteurs, de toutes les questions un peu fines qui se présentent, et qu'il ne suffit pas, pour qu'une discussion l'interesse que l'esprit puisse y briller. J'ai toujours vu, j'en conviens, que pour vaincre sa paresse

a G. et P. *Tout cela n'est pas si contraire que vous pensez aux idées* etc.

b P. *Cet embarras d'abord, cette honte et cette timidité de penser que vous lui attribuez sont maintenant reconnus*. G. *Cet embarras d'abord et cette timidité que vous lui attribuez sont reconnus maintenant.*

c G. *nos jeunes abbés.*

d G. *sont des prodiges de modestie et d'humilité.* P. *sont des prodiges d'humilité.*

e P. *ce paradoxe*. G. *ce nouveau paradoxe.*

f Mot biffé dans C. *de vos ~~propres~~ observations.*

à parler et l'émouvoir dans la conversation il falloit un autre intérest que celui de la vanité du babil, mais je n'ai guéres vû que cet intérest capable de l'animer fut son intérest propre, celui de son individu. Au contraire quand il s'agit de lui, soit qu'on le cajole par des flateries, soit qu'on cherche à l'outrager à mots couverts, je lui ai toujours trouvé un air froid[a] et dédaigneux qui ne montroit pas qu'il fit un grand cas de tous ces discours, ni de ceux qui les lui tenoient, ni de leurs opinions sur son compte : Mais l'intérest plus grand plus noble qui l'anime et le passionne est celui de la justice et de la vérité, et je ne l'ai jamais vu écouter de sang froid toute doctrine qu'il crut nuisible au bien public. Son embarras de parler peut souvent l'empêcher de se commettre lui et la bonne cause vis-à-vis[56] ces brillants peroreurs qui savent habiller en termes séduisans et magnifiques leur cruelle philosophie : mais il est aisé de voir alors l'effort qu'il fait pour se taire, et combien son cœur souffre à laisser propager des erreurs qu'il croit funestes au genre humain. Defenseur indiscret du foible et de l'opprimé qu'il ne connoit même pas, je l'ai vu souvent rompre impetueusement en visiére[57] au puissant oppresseur, qui, sans paroitre offensé de son audace, s'apprêtoit sous l'air de la modération à lui faire payer cher un jour cette incartade : de sorte que tandis qu'au zèle emporté de l'un on le prend pour un furieux ; l'autre en méditant en secret des noirceurs paroit un sage qui se posséde, et voila comment, jugeant toujours sur les apparences, les hommes le plus souvent prennent le contrepied de la vérité.

Je l'ai vû se passionner de même et souvent jusqu'aux larmes pour les choses bonnes et belles dont il étoit frappé dans les merveilles de la nature, dans les œuvres des hommes, dans les vertus, dans les talens, dans les beaux-arts, et généralement dans tout ce qui porte un caractére de force de grace ou de vérité[b] digne d'émouvoir une ame sensible. Mais surtout, ce que je n'ai vu qu'en lui seul au monde, c'est un égal attachement pour les productions de ses plus cruels ennemis, même[c] pour celles qui déposoient[d] contre[e] ses propres idées, lorsqu'il y trouvoit les beautés faites pour toucher son cœur, les goûtant avec le même plaisir,

a P. et G. *un air nonchalant et dédaigneux.*

b Même leçon dans G. ; P. *de force et de vérité.*

c G. et P. *et même.*

d Mot biffé dans C. *déposoient ~~pour~~ ses propres idées.*

e C. *contre* est inséré dans l'interligne.

les louant avec le même zèle que si son amour propre n'en eut point reçu d'atteinte, que si l'Auteur eut été son meilleur ami, et s'indignant avec le même feu des cabales faites pour leur ôter [101.] avec les suffrages du public le prix qui leur étoit dû. Son grand malheur est que tout cela n'est jamais réglé par la prudence, et qu'il se livre impétueusement au mouvement dont il est agité sans en prévoir l'effet et les suites, ou sans s'en soucier. S'animer modérément n'est pas une chose en sa puissance. Il faut qu'il soit de flamme ou de glace ; quand il est tiède, il est nul.

Enfin j'ai remarqué que l'activité de son ame duroit peu, qu'elle étoit courte à proportion qu'elle étoit vive, que l'ardeur de ses passions les consumoit, les dévoroit elles-mêmes, et qu'après de fortes et rapides explosions, elles s'anéantissoient aussitot et le laissoient retomber dans ce prémier engourdissement, qui le livre au seul empire de l'habitude et[a] me paroit être son état permanent et naturel.

Voila le précis des observations d'où j'ai tiré la connoissance de sa constitution physique[58], et, par des conséquences necessaires, confirmées par sa conduite en toute chose celle de son vrai caractére[59]. Ces observations et les autres qui s'y rapportent offrent pour résultat un temperament mixte[60] formé d'élémens qui paroissent contraires : un cœur sensible, ardent ou du moins très inflammable[b] ; un cerveau compacte[61] et lourd dont les parties solides et massives ne peuvent être ébranlées que par une agitation du sang vive et prolongée. Je ne cherche point à lever en physicien ces apparentes contradictions, et que m'importe ? Ce qui m'importoit, étoit de m'assurer de leur réalité, et c'est aussi tout ce que j'ai fait. Mais ce résultat pour[c] paroitre à vos yeux[d] dans tout son jour a besoin des explications que je vais tâcher d'y joindre.

J'ai souvent ouï reprocher à J.J. comme vous venez de faire un excés de sensibilité[62], et tirer de là l'évidente conséquence qu'il étoit un monstre. C'est surtout le but d'un nouveau livre anglois intitulé *recherches sur l'ame*[63], où à la faveur[e] de je ne sais combien de beaux détails anatomiques et tout à fait concluans, on prouve qu'il n'y a point d'ame puisque l'Auteur n'en a point vu à l'origine des nerfs, et l'on établit en principe que la sensibilité dans l'homme, (surtout dans J.J., ce qu'il faut

a C. *le livre au seul empire de l'habitude et* est inséré dans l'interligne.

b P. et G. *ou très inflammable.*

c Mot biffé dans C. *pour ~~mieux~~ paroitre.*

d C. *à vos yeux* est inséré dans l'interligne.

e Même leçon dans G. ; P. *dans lequel à la faveur de* etc.

toujours sous-entendre[*])[a] est la seule cause de ses vices et de ses crimes, et qu'il est méchant en raison de cette sensibilité, quoique l'Auteur accorde que par exception à la régle ordinaire[b], cette même sensibilité peut quelquefois engendrer des vertus[64]. Sans disputer sur la doctrine impartiale du philosophe chirurgien[65], tâchons d'abord de bien entendre ce mot de *sensibilité,* auquel, faute de notions exactes on applique à chaque instant des idées si vagues et souvent si contradictoire[s][c].

La sensibilité est le principe de toute action. Un être quoiqu'animé qui ne sentiroit rien n'agiroit point, car où seroit pour lui le motif d'agir ? Dieu lui-même est sensible, puisqu'il agit. Tous les hommes sont donc sensibles, et peut-être au même degré ; mais non pas de la même maniére. [102.] Il y a une sensibilité physique et organique qui, purement passive, paroit n'avoir pour fin que la conservation de notre corps et celle de notre espéce[66] par les avertissemens[d] du plaisir et de la douleur. Il y a une autre sensibilité que j'appelle active et morale, qui n'est autre chose que la faculté[e] d'attacher nos affections à des êtres qui nous sont étrangers. Celle-ci, dont l'étude des paires de nerfs[67] ne donne pas la connoissance, semble offrir dans les ames l'analogie la plus parfaite[f] avec la faculté attractive des corps[68]. Sa force est en raison des rapports que nous sentons entre nous et les autres êtres, et selon la nature de ces rapports elle agit tantot positivement par attraction, tantot négativement par repulsion, comme un aimant par ses poles. L'action positive ou attirante est l'œuvre simple de la nature qui cherche à étendre[g] le sentiment de nôtre être[69], la négative ou repoussante qui comprime et rétrecit celui d'autrui est une combinaison que la réflexion produit. De la prémiére naissent toutes les passions aimantes et douces, de la seconde toutes les passions haineuses et cruelles. Veuillez, Monsieur, vous rappeller ici, avec les distinctions faites dans nos premiers entretiens[70] entre l'amour de soi-même et l'amour-propre, la maniére dont l'un et l'autre agissent

* L'auteur a eu soin de m'envoyer ce livre avec une lettre ironiquement polie.

a G. et P. *et surtout dans J.J. (ce qu'il faut toujours sousentendre)*. Cette proposition est supprimée dans l'édition originale de 1782.

b G. *quoique par une exception à la régle l'Auteur accorde que cette même sensibilité.* P. *Quoique par une exception à la régle ordinaire.*

c C. *si contradictoire.*

d Même leçon dans P. ; G. *par les directions du plaisir.*

e C. *la faculté* est ajouté dans l'interligne.

f G. *une analogie assez claire.* P. *une assez claire analogie.*

g Même leçon dans P. ; G. *étendre et renforcer.*

sur le cœur humain. La sensibilité positive dérive immédiatement de l'amour de soi : Il est très naturel que celui qui s'aime cherche à étendre son être et ses jouissances[71], et à s'approprier par l'attachement ce qu'il sent devoir être un bien pour lui : ceci est une pure affaire de sentiment où la reflexion n'entre pour rien. Mais sitot que cet amour absolu dégénere[a] en amour-propre et comparatif, il produit la sensibilité négative ; parce qu'aussitot qu'on prend l'habitude de se mesurer avec d'autres et de se transporter hors de soi pour s'assigner la meilleure[b] place, il est impossible de ne pas prendre en aversion tout ce qui nous surpasse, tout ce qui nous rabaisse, tout ce qui nous comprime, tout ce qui étant quelque chose nous empêche d'être tout. L'amour-propre est toujours irrité et mécontent, parce qu'il voudroit que chacun nous préferât à tout et à lui-même, ce qui ne se peut. Il s'irrite des préférences qu'il sent que d'autres méritent, quand même ils ne les obtiendroient pas ; il s'irrite des avantages qu'un autre a sur nous, sans s'appaiser par ceux dont il se sent dédomagé. Le sentiment de l'infériorité à un seul égard empoisonne alors celui de la supériorité à mille autres ; on oublie ce qu'on a de plus pour s'occuper[c] uniquement[d] de ce qu'on a de moins. Vous sentez qu'il n'y a pas à tout cela de quoi disposer l'ame à la bienveillance.

Si vous me demandez d'où nait cette disposition à se comparer qui change une passion naturelle et bonne en une autre passion factice et mauvaise ; je vous répondrai qu'elle vient des relations sociales, du progrès des idées, de[e] la culture de l'esprit. Tant qu'occupé des seuls besoins absolus [103.] on se borne à rechercher ce qui nous est vraiment utile, on ne jette guéres sur d'autres un regard oiseux : mais à mesure que la societé se resserre par le lien des besoins mutuels, à mesure que l'esprit s'étend s'exerce et s'éclaire, il prend plus d'activité, il embrasse plus d'objets saisit plus de rapports, examine, compare : Dans ces fréquentes comparaisons il n'oublie ni lui-même, ni ses semblables, ni la place à laquelle il prétend parmi eux. Dès qu'on a commencé de se mesurer ainsi l'on ne cesse plus, et le cœur ne sait plus s'occuper desormais qu'à mettre tout le monde au dessous de nous. Aussi remarque-t-on[f],

a Même leçon dans G. ; P. *sitot que cet amour dégénere.*

b P. et G. *la prémiére et meilleure.*

c Mot biffé dans C. *pour s'occuper ~~alors~~ de ce qu'on* a etc.

d C. *uniquement* est ajouté dans l'interligne.

e G. *et de.*

f Même leçon dans P. ; G. *remarque-t-on generalement.*

en confirmation de cette theorie, que les gens d'esprit, et surtout les gens de lettres, sont de tous les hommes ceux qui ont une plus grande intensité d'amour-propre et de sensibilité négative[a], les moins portés à aimer, les plus portés à haïr.

Vous me direz, peut-être, que rien n'est plus commun que des sots pétris d'amour-propre ? Cela n'est vrai qu'en distingant. Très souvent[b] les sots sont vains, mais rarement ils sont jaloux, parce que se croyant bonnement à la prémiére place, ils sont toujours très contens de leur lot. Un homme d'esprit n'a guéres le même bonheur ; il sent très bien ce qui lui manque[c] et l'avantage qu'en fait de mérite ou de talens un autre peut avoir sur lui. Il n'avoue cela qu'à lui-même, mais il le sent en depit de lui ; et voila ce que l'amour-propre ne pardonne point.

Ces éclaircissemens m'ont paru necessaires pour jetter du jour sur ces imputations de sensibilité, tournées par les uns en éloges et par les autres en reproches, sans que les uns ni les autres sachent trop ce qu'ils veulent dire par là, faute d'avoir conçu qu'il est des genres de sensibilité de natures différentes et même contraires, qui ne sauroient s'allier dans les mêmes ames[d]. Passons maintenant à l'application.

J.J. m'a paru doué de la sensibilité physique à un assez haut dégré. Il dépend beaucoup de ses sens, et il en dépendroit bien davantage si la sensibilité morale n'y faisoit souvent diversion, et c'est même encor souvent par elle[e] que l'autre l'affecte si vivement[72]. De beaux sons, un beau ciel, un beau paysage, un beau lac, des fleurs, des parfums, de beaux yeux, un doux regard, tout cela ne réagit si fort sur ses sens qu'après avoir percé par quelque côté jusqu'à son cœur. Je l'ai vu faire deux lieues par jour durant un printems[f] pour aller écouter à Berci le rossignol à son aise ; il falloit l'eau la verdure la solitude et les bois[73] pour rendre le chant de cet oiseau touchant à son oreille, et la campagne elle-même auroit moins de charme à ses yeux s'il n'y voyoit les soins de la mére commune qui se plait à parer le séjour de ses enfans. Ce qu'il y a de mixte dans la pluspart de ses sensations les tempére, et ôtant à celles qui sont purement matérielles l'attrait seducteur des

a Même leçon dans P. ; G. *une plus grande intensité d'amour-propre, les moins* etc.
b Même leçon dans P. ; G. *Fort souvent.*
c G *il sent très bien et ce qui lui manque* etc. P. *il sent parfaitement et ce qui* etc.
d G. et P. *dans un même individu.*
e P. et G. *par celle-ci.*
f G. et P. *durant presque tout un printems.*

prémiéres[a] fait que toutes agissent sur lui plus modérement. Ainsi sa sensualité quoique vive n'est jamais fougueuse ; il sent moins les privations que les jouissances, et pourroit se dire[b] en un sens plustot tempérant que sobre. Cependant l'abstinence totale peut lui coûter quand l'imagination le tourmente, au lieu que la modération ne lui coûte rien dans ce qu'il posséde, parce qu'alors l'imagination n'agit plus. S'il aime à jouir, c'est seulement après avoir desiré, et il n'attend [104.] pas pour cesser que le desir cesse, il suffit qu'il soit attiedi. Ses gouts sont sains, délicats même, mais non pas rafinés. Le bon vin les bons mets lui plaisent fort ; mais il aime par préference ceux qui sont simples communs sans apprét mais choisis dans leur espéce, et ne fait aucun cas en aucune chose du prix que donne uniquement la rareté. Il hait les mets fins et la chere trop recherchée. Il entre bien rarement chez lui du gibier, et il n'y en entreroit jamais s'il y étoit mieux le maître. Ses festins ses repas[c] sont d'un plat unique et toujours le même jusqu'à ce qu'il soit achevé. En un mot, il est sensuel plus qu'il ne faudroit peut être, mais pas assez pour n'être que cela. On dit du mal de ceux qui le sont. Cependant ils suivent dans toute sa simplicité l'instinct naturel[d] qui nous porte à rechercher ce qui nous flate et à fuir ce qui nous répugne ; je ne vois pas quel mal produit un pareil penchant. L'homme sensuel est l'homme de la nature ; l'homme réflechi est celui de l'opinion : c'est celui-ci qui est dangereux, l'autre peut à peine l'être, même en tombant dans l'excés[e]. Il est vrai qu'il faut borner ce mot de sensualité à l'acception que je lui donne[74], et ne pas l'étendre à ces voluptueux de parade qui se font une vanité de l'être, ou qui pour vouloir passer les limites du plaisir tombent dans la dépravation, ou qui, dans les rafinemens du luxe cherchant moins les charmes de la jouissance que ceux de l'exclusion, dédaignent les plaisirs dont tout homme a le choix et se bornent à ceux qui font envie au peuple.

J.J. esclave de ses sens ne s'affecte pas néanmoins de toutes les sensations, et pour qu'un objet lui fasse impression il faut qu'à la simple sensation se joigne un sentiment distinct de plaisir ou de peine qui

a Même leçon dans P. ; G. *des autres*.

b P. et G. *et sentant moins les privations que le jouissances, il pourroit se dire*.

c Même leçon dans P. ; G. *Ses repas, ses festins*.

d Même leçon dans P. ; G. *l'instinct de la nature*.

e P. et G. *ne peut jamais l'être quand même il tomberoit dans l'excés*.

l'attire ou qui le repousse ; il en est de même des idées qui peuvent frapper son cerveau, si l'impression n'en pénétre jusqu'à son cœur, elle est nulle. Rien d'indifférent pour lui ne reste un instant dans sa mémoire[a], et à peine peut-on dire qu'il apperçoive ce qu'il ne fait qu'appercevoir. Tout cela fait qu'il n'y eut jamais sur la terre d'homme moins curieux des affaires d'autrui et de ce qui ne le touche en aucune sorte, ni de plus mauvais observateur, quoiqu'il ait cru longtems en être un très bon, parce qu'il croyoit toujours bien voir ce qu'il ne faisoit[b] que sentir vivement. Mais celui qui ne sait voir que les objets qui le touchent en détermine mal les rapports, et quelque délicat que soit le toucher d'un aveugle, il ne lui tiendra jamais lieu de deux bons yeux. En un mot tout ce qui n'est que de pure curiosité, soit dans les arts, soit chez les hommes soit dans la nature[c], ne tente ni ne flate J.J. en aucune sorte, et jamais on ne le verra s'en occuper volontairement un moment[d]. Tout cela tient encore à cette paresse de penser qui déja trop contrariée pour son propre compte, l'empêche d'être affecté des objets indifférens. C'est aussi par là qu'il faut expliquer ces distractions continuelles qui, dans les conversations ordinaires l'empêchent d'être attentif à ce qu'on dit[e], et [105.] vont quelquefois jusqu'à la stupidité. Ces distractions ne viennent pas de ce qu'il pense à autre chose, mais de ce qu'il ne pense à rien, et qu'il ne peut supporter la fatigue d'écouter ce qu'il lui importe peu de savoir : Il paroit distrait sans l'être ; il n'est[f] exactement qu'engourdi.

Delà les imprudences et les balourdises qui lui echappent à tout moment, et qui lui ont fait plus de mal que ne lui feroient[g] les vices les plus odieux : car ces vices l'auroient forcé d'être attentif sur lui-même pour les déguiser aux yeux d'autrui. Les gens faux adroits malfaisans[h] sont toujours en garde, et ne donnent aucune prise sur eux par leurs discours. On est bien moins soigneux de cacher le mal quand on sent le bien qui le rachette, et qu'on ne risque rien à se montrer tel qu'on est. Quel est l'honnête homme qui n'ait ni vice ni défaut, et qui se mettant

---

a G. et P. *ne peut rester dans sa mémoire.*

b Même leçon dans G. ; P. *lorsqu'il ne faisoit.*

c G. *soit dans le monde, soit dans la nature.* P. *soit dans le monde, soit même dans la nature.*

d P. et G. *un seul moment.*

e G. et P. *l'empêchent d'entendre presque rien de ce qui se dit.*

f P. et G. *il paroit distrait sans l'être et n'est.*

g G. et P. *que ne lui auroient fait.*

h P. et G. *les gens adroits faux malfaisans.*

toujours tout à découvert ne dise et ne fasse jamais rien de répréhensible[a] ? L'homme rusé qui ne se montre que tel qu'il veut qu'on le voye n'en paroit point faire, et n'en dit jamais, du moins en public : Mais défions-nous des gens parfaits. Même indépendamment des imposteurs qui le défigurent, J.J. eut toujours difficilement paru ce qu'il vaut ; parce qu'il ne sait pas mettre son prix en montre, et que sa maladresse y met incessamment ses défauts. Tels sont en lui les effets bons et mauvais de la sensibilité physique.

Quant à la sensibilité morale, je n'ai connu aucun homme qui en fut autant subjugué ; mais c'est ici qu'il faut s'entendre : car je n'ai trouvé en lui que celle qui agit positivement, qui vient de la nature, et que j'ai ci-devant décrite. Le besoin d'attacher son cœur satisfait avec plus d'empressement que de choix a causé tous les malheurs de sa vie. Mais quoiqu'il[b] s'anime[c] assez frequemment et souvent très vivement, je ne lui ai jamais vu de ces demonstrations affectées et convulsives, de ces singeries à la mode appellées[d] maladies de nerfs[75]. Ses émotions s'apperçoivent quoiqu'il ne s'agite pas. Elles sont naturelles et simples comme son caractére : il est parmi tous ces energuménes de sensibilité[76] comme une belle femme sans rouge qui, n'ayant que les couleurs de la nature, paroit pâle au milieu des visages fardés[e].

Pour la sensibilité répulsive qui s'exalte dans la societé, (et dont je distingue l'impression machinale[f] du prémier moment, qui produit la colére et non pas la haine,) je ne lui en ai trouvé des vestiges que par le coté qui tient à l'instinct moral[77] ; c'est à dire que la haine de l'injustice et de la méchanceté peut bien lui rendre odieux l'homme injuste et le méchant, mais sans qu'il se mêle à cette aversion rien de personnel qui tienne à l'amour-propre. Rien de [106.] celui d'auteur et d'homme de lettres[g] ne se fait sentir en lui. Jamais sentiment de haine et de jalousie contre aucun homme ne prit racine[h] au fond de son cœur ; jamais on ne l'ouit rabbaisser et déprimer[i] les auteurs celebres

a Même leçon dans P. ; G. *ne fasse jamais de choses répréhensibles.*

b Mot biffé dans C. *quoiqu'il ~~s'affecte~~.*

c C. *s'anime* est inséré dans l'interligne.

d G. et P. *dont on nous fait des maladies de nerfs.*

e G. Le texte poursuit sans nouvel alinéa.

f Même leçon dans P. ; G. *l'impression vive et rapide.*

g Même leçon dans G. ; P. *et d'homme à talens.*

h Même leçon dans G. ; P. *Jamais sentiment de jalousie ou de haine ne prit racine* etc.

i P. et G. *déprimer ni rabbaisser les hommes célébres.*

pour nuire à leur réputation. De sa vie il n'a tenté, même durant[a] ses courts succés, de se faire ni parti, ni prosélites ni de primer nulle part. Dans toutes les societés où il a vécu il a toujours laissé donner le ton par d'autres, s'attachant lui-même[b] à leur char, parce qu'il leur trouvoit du mérite et que leur esprit épargnoit de la peine au sien ; tellement que dans aucune de ces societés on ne s'est jamais douté des talens prodigieux dont, pour en faire les instruments de ses crimes, le public le gratifie aujourdui[c] ; et maintenant encore, s'il vivoit parmi des gens non prévenus qui ne sussent point qu'il a fait des livres, je suis sûr que loin de l'en croire capable tous s'accorderoient à ne lui trouver ni gout ni vocation pour ce metier.

Ce même naturel ardent et doux se fait constamment sentir dans ses discours comme dans ses écrits[d]. Il[e] s'affecte[f] avec transport de tout ce qui lui paroit vraiment aimable et digne d'estime, même dans les personnes qu'il ne connoit pas ou qu'il ne doit pas aimer[g]. Il ne cherche ni n'évite de parler de ses ennemis. Quand il en parle c'est avec une fierté sans dédain, avec[h] une plaisanterie sans fiel[i], avec des plaintes[j] sans amertume, avec une franchise sans malignité. Et de même il ne parle de ses rivaux de gloire qu'avec des éloges mérités sous lesquels aucun venin ne se cache ; ce qu'on ne dira surement pas de ceux qu'ils font quelquefois de lui. Enfin ce que je trouve en lui[k] de plus rare dans un Auteur et même dans tout homme sensible, c'est la tolérance la plus parfaite en fait de sentimens et d'opinions, et l'éloignement de tout esprit de parti, même en sa faveur : voulant dire en liberté son avis et ses raisons[l] et même, quand son cœur s'échauffe, y mettant de la passion, mais ne blâmant pas plus qu'on n'adopte pas son sentiment qu'il ne souffre qu'on le lui veuille ôter, et laissant à chacun la même liberté[m] de

a Même leçon dans P. ; G. *même dans.*

b Même leçon dans P. ; G. *lui-même des prémiers.*

c G. et P. *de ces talens prodigieux ont le public le gratifie aujourdui pour en faire* etc.

d G. *dans tous ses écrits comme dans ses discours.* P. *dans ses écrits comme dans ses discours.*

e Mot biffé dans C. *il ~~parle~~.*

f C. *s'affecte* est inséré dans l'interligne.

g Même leçon dans P. ; G. supprime cette phrase.

h Mots biffés illisibles dans C. sous l'ajout.

i C. *une plaisanterie sans fiel* est inséré dans l'interligne.

j Même leçon dans P. ; G. *avec des reproches.*

k Même leçon dans P. ; G. *Mais ce que j'ai trouvé en lui de plus rare.*

l P. et G. *et ses raisons quand la chose le demande.*

m Un ou deux mots biffés illisibles dans C.

penser qu'il réclame pour lui-même. J'entends tout le monde parler de tolérance, mais je n'ai trouvé[a] de vrai tolérant que lui seul.

Enfin l'espéce de sensibilité que j'ai trouvée en lui peut rendre peu sages et très malheureux ceux qu'elle gouverne, mais elle n'en fait ni des cerveaux brulés ni des monstres : elle en fait seulement des hommes inconséquens et souvent en contradiction avec eux-mêmes[78], quand, unissant comme celui-ci un cœur vif et un esprit lent, ils commencent par ne suivre que leur penchant, et finissent par vouloir rétrograder mais trop tard, quand leur raison plus tardive les avertit enfin qu'ils s'égarent.

Cette opposition entre les prémiers élemens de sa constitution se fait sentir dans la pluspart des qualités qui en dérivent, et dans toute sa conduite. Il y a peu de suite dans ses actions, parce que ses mouvemens naturels et ses projets réfléchis ne le menant jamais[b] sur la même ligne, les prémiers le détournent à chaque instant de la route qu'il s'est tracée, et qu'en agissant beaucoup il n'avance point. Il n'y a rien de grand de beau de généreux dont par élans il ne soit capable ; mais il se lasse bien vite et retombe aussitot dans son inertie. C'est en vain que les actions nobles et belles sont quelques instans dans son courage, [107.] bientôt la paresse et la timidité qui succédent[c] l'anéantissent, et voila comment avec des sentimens quelquefois élevés et grands[d] il fut toujours petit et nul par sa conduite.

Voulez-vous donc connoitre à fond son caractére[e] et ses mœurs ? Etudiez bien son temperament[f] et ses gouts ; cette connoissance vous donnera l'autre parfaitement ; car jamais homme ne se conduisit moins sur des principes et des régles, et ne suivit plus aveuglément ses penchans. Prudence, raison, précaution, prévoyance ; tout cela ne sont pour lui que des mots sans effet. Quand il est tenté il succombe, quand il ne l'est pas il reste dans sa langueur. Vous voyez par là[g] que sa conduite doit être inégale et sautillante, quelques instans impétueuse, et presque toujours molle ou nulle. Il ne marche pas, il fait des bonds et retombe

a Même leçon dans P. ; G. *mais je n'ai connu.*

b Même leçon dans G. ; P. *ne le menant pas.*

c G. *la paresse et la timidité qui succedent bientôt.* P. *qui succedent aussitôt.*

d C. *et grands* est inséré dans l'interligne.

e P. et G. *sa conduite et ses mœurs.*

f G. et P. *ses inclinations et ses gouts.*

g Même leçon dans P. ; G. *Par là vous voyez.*

à la même place[a]. Il se tourmenteroit toute sa vie pour faire un projet[b], qu'avec toute cette fatigue il n'executeroit rien. Ce qu'il fait aussi de mieux et de plus volontiers est de rester en place[79], son activité même ne tend que là si rien ne le poussoit il resteroit éternellement immobile[c] et son plus grand motif quand il se met hors d'haleine est l'espoir de se reposer. Jamais il n'exista d'être plus sensible à l'émotion et moins propre à l'action[d].

J.J. n'a pas toujours fui les hommes ; mais il a toujours recherché[e] la solitude. Il se plaisoit avec les amis qu'il croyoit avoir ; mais il se plaisoit encor plus avec lui-même : il chérissoit leur societé, mais il avoit quelquefois besoin de se recueillir, et peut-être eut-il encor mieux aimé vivre toujours seul que toujours avec eux. Son affection pour le Roman de Robinson[f] m'a fait juger qu'il ne se fut pas cru si malheureux que lui confiné dans son ile déserte[80]. Pour un homme sensible sans ambition et sans vanité, il est moins cruel et moins difficile de vivre seul dans un desert que de vivre seul au milieu de ses semblables. Du reste quoique cette inclination pour la vie retirée et solitaire n'ait rien de méchant ni de misantrope, elle est neanmoins si singuliére que je ne l'ai jamais trouvée à ce point qu'en lui seul, et qu'il en falloit absolument démêler la cause précise, ou renoncer à bien connoitre l'homme dans lequel je la remarquois.

J'ai bien vu d'abord que la mesure des societés ordinaires, où régne une familiarité apparente et une réserve réelle, ne pouvoit lui convenir. L'impossibilité de flatter son langage[g] et de cacher les mouvemens de son cœur[h] mettoit de son coté un desavantage enorme vis-à-vis du reste des hommes, qui, sachant cacher ce qu'ils sentent et ce qu'ils sont, se montrent uniquement comme il leur convient qu'on les voye. Il n'y avoit qu'une intimité parfaite qui put entre eux et lui rétablir l'égalité.

---

a Même leçon dans P. (à la ponctuation près) pour les lignes qui suivent, jusqu'à « se reposer ». Leçon différente dans G. : *son activité même ne tend qu'à le ramener à celle dont la force des choses le tire, et s'il n'étoit poussé que par son plus constant desir, il resteroit toujours immobile.*

b Quatre à cinq mots biffés illisibles dans C.

c C. *si rien ne le poussoit il resteroit éternellement immobile* est inséré dans l'interligne.

d G. et P. *Enfin jamais il n'exista d'être plus sensible à l'émotion et moins formé pour l'action.* (« Enfin » ajouté à l'interligne dans P.)

e P. et G. *toujours aimé.*

f Même leçon dans G. (titre non souligné) ; P. *Robinson Crusoé.*

g C. *de flatter son langage et de* est inséré dans l'interligne.

h Mots biffés dans C. ~~avec xxxxxxxxxxx~~

Mais quand il l'y a mise, ils n'en ont mis eux que l'apparence : elle étoit de sa part une imprudence et de la leur une embuche ; et cette tromperie, dont il fut la victime, une fois sentie, a du pour jamais le tenir éloigné d'eux.

[108.] Mais enfin, perdant les douceurs de la societé humaine qu'a-t-il mis à la place[a] qui put l'en dédomager et lui faire préférer ce nouvel[b] état à l'autre malgré ses inconvéniens ? Je sais que le bruit du monde effarouche les cœurs aimans et tendres, qu'ils se resserrent et se compriment dans la foule, qu'ils se dilatent et s'épanchent entre eux, qu'il n'y a de véritable effusion que dans le tête-à-tête, qu'enfin cette intimité délicieuse qui fait la véritable jouissance de l'amitié ne peut se former et se nourrir que dans la retraite : Mais je sais aussi qu'une solitude absolue est un état triste et contraire à la nature ; les sentimens affectueux nourrissent l'ame, la communication des idées avive l'esprit ; Notre plus douce existence est relative et collective, et notre vrai moi[c] n'est pas tout entier en nous[81] ; enfin telle est la constitution de l'homme en cette vie qu'on n'y parvient jamais à bien jouir de soi sans le concours d'autrui. Le solitaire J.J. devroit donc être sombre taciturne et vivre toujours mécontent. C'est en effet ainsi qu'il paroit dans tous ses portraits, et c'est ainsi qu'on me l'a toujours dépeint depuis ses malheurs, et même on lui fait dire[d] dans une lettre imprimée sous son nom[e] qu'il n'a ri dans toute sa vie que deux fois qu'il cite, et toutes deux d'un rire de méchanceté[82] : mais on me parloit jadis de lui tout autrement, et je l'ai vu tout autre lui-même sitot qu'il s'est mis à son aise avec moi. J'ai surtout été frappé de ne lui trouver jamais l'esprit si gai si serein que quand on l'avoit laissé seul et tranquille[83], ou au retour de sa promenade solitaire[f], pourvu que ce ne fut pas un importun[g] qui l'accostat. Sa conversation étoit alors encor plus ouverte et plus douce[h] qu'à l'ordinaire, comme seroit celle d'un homme qui sort d'avoir du plaisir. De quoi s'occupoit-il donc ainsi seul, lui qui devenu la risée et

a Même leçon dans P. ; G. *qu'a-t-il substitué.*

b C. *nouvel* est inséré dans l'interligne.

c P. et G. notre vrai moi.

d Même leçon dans P. : G. *depuis ses malheurs ; même on lui fait dire* etc.

e Même leçon dans P. ; G. *dans une lettre imprimée qu'il n'a* etc.

f Même leçon dans G. ; P. *d'une promenade solitaire.*

g Même leçon dans P. ; G. *que ce ne fut pas un flagorneur.*

h P. et G. *plus ouverte et douce.*

l'horreur de ses contemporains, ne voit dans sa triste destinée que des sujets de larmes et de désespoir[a] ?

O providence, o nature ! trésor du pauvre, ressource de l'infortuné ! celui qui sent et connoit vos saintes lois[b], celui dont le cœur est en paix et dont le corps[c] ne souffre[d] pas, grace à vous n'est point tout entier en proye à l'adversité : malgré tous les complots des hommes tous les succés des méchans, il ne peut être absolument misérable. Dépouillé par des mains cruelles de tous les biens de cette vie, l'esperance l'en dédomage dans l'avenir, l'imagination les lui rend dans l'instant même ; d'heureuses fictions lui tiennent lieu d'un bonheur réel, et que dis-je ! Lui seul est[e] solidement[f] heureux, puisque les biens terrestres peuvent à chaque instant échapper en mille maniéres à celui qui croit les tenir : mais rien ne peut ôter ceux de l'imagination à quiconque sait en jouir : Il les possede sans risque et sans crainte, la fortune et les hommes ne sauroient l'en dépouiller.

Foible ressource, allez-vous dire, que des visions contre une grande adversité ! Eh, Monsieur, ces visions ont plus de réalité peut-être que [109.] tous ces biens apparens dont les hommes font tant de cas, puisqu'ils[g] ne portent jamais dans l'ame un vrai sentiment de bonheur, et que ceux qui les possédent[h] sont forcés[i] de se jetter egalement dans l'avenir, faute de trouver dans le présent des jouissances qui les satisfassent.

Si l'on vous disoit qu'un mortel, d'ailleurs très infortuné, passe réguliérement cinq ou six heures par jour dans des societés délicieuses, composées d'hommes justes, vrais, gais, aimables, simples avec de grandes lumiéres, doux avec de grandes vertus ; de femmes charmantes et sages, pleines de sentimens et de graces, modestes sans grimace, badines sans étourderie, n'usant de l'ascendant de leur sexe et de l'empire de leurs charmes, que pour nourrir entre les hommes l'émulation des grandes choses et le zèle de la vertu ; que ce mortel connu bien voulu[j] chéri

---

a Même leçon dans G. ; P. *que des sujets de douleurs, de larmes et de désespoir.*
b G. et P. *qui sent, qui connoit vos saintes loix et s'y confie.*
c Mots biffés illisible dans C. sous l'ajout.
d C. *ne souffre* est inséré dans l'interligne.
e Mot raturé dans C. sous l'ajout. *est ~~vraiment~~ heureux.*
f C. *solide* est inséré dans l'interligne pour former *solidement.*
g Même leçon dans G. ; P. *font tant de cas, et qui ne portent jamais* etc.
h Même leçon dans G. ; P. *puisque ceux qui les possedent* etc.
i P. et G. *sont egalement forcés.*
j G. et P. *connu, estimé chéri* etc.

dans ces societés d'élite y vit avec tout ce qui les compose dans un commerce intime de confiance[a] d'attachement de familiarité ; qu'il y trouve à son choix des amis surs, des maitresses fidelles, de tendres et solides amies, qui valent peut être encor mieux : pensez-vous que la moitié de chaque jour ainsi passée ne rachetteroit pas bien les peines de l'autre moitié ? Le souvenir toujours present d'une si douce vie et l'espoir assuré de son prochain retour n'adouciroit-il pas bien encore l'amertume du reste du tems, et croyez-vous qu'à tout prendre l'homme le plus heureux de la terre compte dans le même espace plus de momens aussi doux ? Pour moi, je pense, et vous penserez[b], je m'assure, que cet homme pourroit se flatter malgré ses peines, de passer de cette maniére une vie aussi pleine de bonheur et de jouissance que tel autre mortel que ce soit. Hé bien, Monsieur, tel est l'état de J.J. au milieu de ses fictions[c] ; de ce J.J. si cruellement si constamment si indignement[d] noirci flétri diffamé, et qu'avec des soucis des soins des frais énormes, ses adroits et puissans[e] persécuteurs travaillent depuis si longtems sans relâche à rendre le plus malheureux des êtres. Au milieu de tous leurs succés il leur échappe, et se refugiant dans les régions étherées il y vit heureux en dépit d'eux. Jamais avec toutes leurs machines[84] ils ne le poursuivront jusques-là.

Les hommes, livrés à l'amour-propre et à son triste cortége, ne connoissent plus le charme et l'effet de l'imagination. Ils pervertissent l'usage de cette faculté consolatrice[85], et au lieu de s'en servir pour adoucir le sentiment de leurs maux[86], ils ne s'en servent que pour l'irriter. Plus occupés des objets qui les blessent que de ceux qui les flattent, ils voyent par tout quelque sujet de peine, ils gardent toujours quelque souvenir attristant, et quand ensuite ils méditent dans la solitude sur ce qui les a le plus affectés, leurs cœurs ulcérés [110.] remplissent leur imagination de mille objets funestes. Les concurrences les preférences, les jalousies, les rivalités, les offenses, les vengeances, les mécontentemens de toute espéce, l'ambition les désirs, les projets, les moyens, les obstacles, remplissent de pensées inquietantes les heures de leurs courts

---

a P. et G. *dans un commerce de confiance* etc.

b Mot biffé dans C. *vous penserez ~~aussi~~, je m'assure.*

c G. et P. *au milieu de ses afflictions et de ses fictions.*

d Même leçon dans P. ; G. *de ce J.J. si cruellement, si obstinément, si indignement* etc.

e Même leçon dans P. ; G. *ses adroits, ses puissans.*

loisirs, et si quelque image agréable ose y paroitre avec l'esperance, elle est effacée ou obscurcie par cent images penibles que le doute du succés vient bientot y substituer.

Mais celui qui, franchissant l'étroite prison de l'intérest personnel et des petites passions terrestres, s'élève sur les ailes de l'imagination au dessus des vapeurs de notre atmosphére, celui qui peut[a] s'élancer dans les régions éthérées, y planer et s'y[b] soutenir[c] par de sublimes contemplations[87], peut de là braver les coups du sort et les insensés jugemens des hommes, il est au-dessus de leurs atteintes, il n'a pas besoin de leurs suffrages pour être sage ni de[d] leur faveur pour être heureux[e].

Un cœur actif et un naturel paresseux doivent inspirer le gout de la rêverie ; ce gout perce et devient une passion trés vive, pour peu qu'il soit secondé par l'imagination. C'est ce qui arrive très fréquemment aux orientaux ; c'est ce qui est arrivé à J.J. qui leur ressemble à bien des égards[88]. Trop soumis à ses sens pour pouvoir dans les jeux de la sienne en secouer le joug, il ne s'éleveroit pas sans peine à des méditations abstraites[f], et ne s'y soutiendroit pas longtems. Mais cette foiblesse d'entendement lui est peut-être plus avantageuse que ne seroit une tête plus philosophique. Le concours des objets sensibles rend ses méditations moins séches, plus douces, plus illusoires, plus appropriées à lui tout entier. La nature s'habille pour lui des formes les plus charmantes, se peint à ses yeux des couleurs les plus vives[g], se peuple pour son usage d'êtres selon son cœur ; et lequel est plus consolant dans l'infortune, de profondes conceptions qui fatiguent, ou de riantes fictions qui ravissent, et transportent celui qui s'y livre au sein de la félicité ? Il raisonne moins

a Même leçon dans P. ; G. *celui qui sans épuiser sa force et ses facultés à lutter contre la fortune et la destinée, sait s'élancer sur les ailes de l'imagination dans* etc.

b Mot biffé dans C. *s'y ~~maintenir~~.*

c C. La syllabe *sou* est insérée dans l'interligne pour former *soutenir.*

d C. *de* est inséré dans l'interligne.

e P. poursuit : *Enfin réfléchissez bien sur l'empire de l'imagination et sur ses influences, vous trouverez qu'elle est en nous la principale source non seulement des vices et des vertus, mais des biens et des maux de la vie, et que c'est elle par son usage qui rend les hommes bons ou méchans, heureux ou malheureux ici bas.* Autre leçon dans G. : *Enfin tel est en nous l'empire de l'imagination et telle en est l'influence, que d'elle naissent non seulement les vertus et les vices, mais les biens et les maux de la vie humaine, et que c'est principalement la maniére dont on s'y livre qui rend les hommes bons ou méchans, heureux ou malheureux ici bas.*

f G. et P. *à des méditations purement abstraites.*

g Mot biffé dans C. *plus vives, ~~elle~~ se peuple* etc.

il est vrai, mais il jouit davantage ; il ne perd pas un moment pour la jouissance, et sitot qu'il est seul il est heureux.

La rêverie, quelque douce qu'elle soit, épuise et[a] fatigue à la longue, elle a besoin de délassement ; on le trouve en laissant reposer sa tête et livrant[b] uniquement ses sens à l'impression des objets extérieurs. Le plus indifférent spectacle a sa douceur[c] par le relâche[89] qu'il nous procure, et pour peu que l'impression ne soit pas[d] tout à fait nulle, le mouvement léger dont elle nous agite suffit pour nous préserver d'un engourdissement léthargique, et nourrir en nous le plaisir d'exister sans donner de l'éxercice à nos facultés[90]. Le contemplatif J.J. en tout autre tems si peu attentif aux objets qui l'entourent, a souvent grand [111.] besoin de ce repos et le goûte alors avec une sensualité d'enfant dont nos sages ne se doutent guéres. Il n'apperçoit rien sinon quelque mouvement à son oreille ou devant ses yeux, mais c'en est assez pour lui. Non seulement une parade de foire une revue un exercice une procession l'amuse[e] ; mais la grue, le cabestan le mouton[91] le jeu d'une machine quelconque, un bateau qui passe[f], un moulin qui tourne, un bouvier qui laboure, des joueurs de boule ou de battoir[92], la rivière qui court, l'oiseau qui vole attachent ses regards : il s'arrête même[g] à des spectacles sans mouvement, pour peu que la variété y supplée ; des colifichets en étalage[h], des bouquins ouverts sur les quais et dont il ne lit que les titres, des images contre les murs qu'il parcourt d'un œil stupide, tout cela l'arrête et l'amuse[i] quand sa tête fatiguée a besoin de delassement[j][93] : Mais nos doctes observateurs[k] qui le suivent et l'épient dans tout ce badaudage[94] en tirent des conséquences à leur mode sur les motifs de son attention, et toujours dans l'aimable caractére dont ils l'ont obligeamment gratifié. Je le vis une fois[l] assez longtems arrêté devant une gravure. De jeunes

a C. *épuise et* est inséré dans l'interligne.

b Mot biffé dans C. *en livrant ~~ses~~ uniquement* etc.

c Même leçon dans G. ; P. *a sa douceur alors.*

d Même leçon dans G. ; P. *n'en soit pas tout à fait nulle.*

e Même leçon dans P. ; G. *l'amusent.*

f Même leçon dans G. ; P. *mais le jeu d'une machine quelconque, le cabestan, le mouton, la grue, un bateau qui passe.*

g Même leçon dans G. ; P. *Il s'arrêtera même.*

h Même leçon dans G. ; P. *des colifichets étalés.*

i Même leçon dans G. ; P. *tout l'arrête et l'amuse.*

j P. *quand sa tête fatiguée a besoin de repos.* G. *quand son imagination fatiguée a besoin de repos.*

k G. et P. *Mais nos modernes sages.*

l G. et P. *Je le vis un jour.*

gens inquiets de savoir ce qui l'occupoit si fort, mais assez polis contre l'ordinaire pour ne pas aller sans façon s'interposer[a] entre l'objet et lui, attendirent avec une risible impatience : Sitot qu'il partit ils coururent à la gravure et trouvérent que c'étoit le plan des attaques du fort de Kell[95]. Je les vis ensuite occupés[b] d'un entretien fort animé, dans lequel je compris qu'ils fatiguoient leur Minerve à chercher quel crime on pouvoit méditer le plan des attaques du fort de Kell.

Voila, Monsieur, une grande découverte et dont je me suis beaucoup félicité ; car je la regarde comme la clef des autres singularités de cet homme. De cette pente aux douces rêveries j'ai vu dériver tous les gouts tous les penchant toutes les habitudes de J.J. ses vices mêmes et les vertus qu'il peut avoir. Il n'a guére assez de suite dans ses idées pour former de vrais projets ; mais enflammé par la longue contemplation d'un objet il forme[c] parfois dans sa chambre de fortes et promptes résolutions qu'il oublie ou qu'il abbandonne avant d'être arrivé dans la rue. Toute la vigueur de sa volonté s'épuise à résoudre ; il n'en a plus pour executer : tout suit en lui d'une prémiére inconsequence. La même opposition qu'offrent les élémens de sa constitution se retrouve dans ses inclinations, dans ses mœurs et dans toute sa conduite[d]. Il est actif ardent laborieux infatigable, il est indolent paresseux sans vigueur ; il est fier audacieux témeraire, il est craintif timide embarrassé ; il est froid dedaigneux rebutant jusqu'à la dureté, il est doux caressant facile jusqu'à la foiblesse et ne sait pas se défendre de faire ou souffrir ce qui lui plait le moins. En un mot il passe en toute chose d'une éxtremité à l'autre[e] avec une incroyable rapidité, sans même remarquer ce passage, ni se rappeller ce qu'il étoit[f] l'instant auparavant[g] ; et pour rapporter ces effets divers à leurs causes primitives, il est lâche et mou tant que la seule raison l'excite, il devient tout de feu sitot qu'il est animé par quelque [112.] passion. Vous me direz que c'est comme cela que sont tous les hommes. Je pense tout le contraire, et vous ne penseriez pas ainsi vous-même, si j'avois mis le mot *intérest* à la place du mot *raison*

a G. et P. *pour ne pas s'aller interposer.*
b G. et P. *longtems et vivement occupés.*
c P. et G. *il fait parfois.*
d Même leçon dans P. ; G. *et dans sa conduite.*
e G. et P. *En un mot il passe d'une extrémité à l'autre.*
f P. et G. *ni se souvenir de ce qu'il étoit.*
g Même leçon dans G. ; P. *l'instant d'auparavant.*

qui dans le fond signifie ici la même chose : car qu'est-ce que la raison pratique, si ce n'est le sacrifice d'un bien présent et passager aux moyens de s'en procurer un jour de plus grands ou de plus solides ; et qu'est-ce que l'intérest, si ce n'est l'augmentation et l'extension continuelle de ces mêmes moyens ? L'homme intéressé songe moins à jouir qu'à multiplier pour lui l'instrument des jouissances. Il n'a point proprement de passions non plus que l'avare, ou il les surmonte, et travaille uniquement par un excès de prévoyance à se mettre en état de satisfaire à son aise celles qui pourront lui venir un jour. Les véritables passions, plus rares qu'on ne pense parmi les hommes, le deviennent davantage de jour en jour[a][96] ; l'intérest les élime les attenue les engloutit toutes[97], et la vanité qui n'est qu'une bêtise de l'amour-propre, aide encore à les étouffer. La devise du Baron de Feneste se lit en gros caractéres sur toutes les actions des hommes de nos jours : *C'est pour paroistre*[98]. Ces dispositions habituelles ne sont guéres propres à laisser agir les vrais mouvemens du cœur.

Pour J.J., incapable d'une prévoyance un peu suivie, et tout entier à chaque sentiment qui l'agite, il ne conçoit pas même[b] pendant sa durée qu'il puisse jamais cesser d'en être affecté. Il ne pense à son intérest, c'est à dire à l'avenir, que dans un calme absolu ; mais il tombe alors dans un tel engourdissement qu'autant vaudroit qu'il n'y pensât point du tout. Il peut bien dire, au contraire de ces gens de l'Evangile et de tous les temps[c], qu'où est son cœur là est aussi son trésor[99]. En un mot son ame est forte ou foible à l'excés, selon les rapports sous lesquels on l'envisage : Sa force n'est pas dans l'action, mais dans la résistance ; toutes les puissances de l'univers ne feroient pas fléchir un instant les directions de sa volonté, quand il fait tant que d'en avoir une[d] ; L'amitié seule eut eu le pouvoir de[e] l'égarer[f] ; il est à l'epreuve de tout le reste. Sa foiblesse ne consiste pas à se laisser détourner de son but, mais à manquer de vigueur pour l'atteindre, et à se laisser arrêter tout court par le premier obstacle qu'il rencontre[g][100], quoique facile à surmonter.

a G. et P. *le deviennent de jour en jour davantage.*

b Même leçon dans P. ; G. *il ne connoit pas même pendant sa durée.*

c P. et G. *de l'Evangile et de ceux de nos jours.*

d G. et P. suppriment cette proposition.

e Mots biffés dans la ligne et l'interligne, correspondant au rajout.

f C. *égarer* est inséré dans l'interligne.

g P. et G. *qu'elle rencontre.*

Jugez si ces dispositions le rendoient propre à faire son chemin dans le monde, où l'on ne marche que par Zig-Zag[101].

Tout a concouru dès ses prémiéres années à détacher son ame[a] des lieux qu'habitoit son corps pour l'élever et la fixer dans ces régions éthérées dont je vous parlois ci-devant. Les hommes illustres de Plutarque furent sa prémiére lecture dans un age où rarement les enfans savent lire. Les traces de ces hommes antiques firent en lui une impresssion qui jamais n'a pu[b] s'effacer. A ces lectures succeda celle de Cassandre et des vieux romans[102] qui, tempérant sa fierté romaine, ouvrirent ce cœur naissant à tous les sentimens expansifs et tendres auxquels il n'étoit [113.] déja que trop disposé. Dès lors il se fit des hommes et de la societé des idées romanesques et fausses dont tant d'expériences funestes[c] n'ont jamais bien pu le guérir. Ne trouvant rien autour de lui qui réalisât ses idées, il quitta sa patrie encor jeune adolescent, et se lança dans le monde avec confiance, cherchant les Aristides, les Lycurgues et les Astrées[103] dont il le croyoit rempli. Il passa sa vie à jetter son cœur dans ceux qu'il crut s'ouvrir pour le recevoir, à croire avoir trouvé ce qu'il cherchoit, et à se désabuser. Durant sa jeunesse il trouva des âmes bonnes et simples, mais sans chaleur et sans énergie. Dans son age mur il trouva des esprits éclairés et fins[d], mais faux doubles et méchans, qui parurent l'aimer tant qu'ils eurent la prémiere place, mais qui, dès qu'ils s'en crurent offusqués[104], n'usérent de sa confiance que pour l'accabler d'opprobres et de malheurs. Enfin se voyant devenu la risée et le jouet de son siécle sans savoir comment ni pourquoi, il comprit que vieillissant dans la haine publique, il n'avoit plus rien à espérer de la part des hommes[e], et se détrompant trop tard des illusions qui l'avoient abusé si longtems, il se livra tout entier à celles qu'il pouvoit realiser tous les jours, et finit par nourrir de ses seules chiméres son cœur que le besoin d'aimer avoit toujours dévoré. Tous ses gouts toutes ses passions ont ainsi leurs objets dans une autre sphére : Cet homme tient moins à celle-ci qu'aucun autre mortel qui me soit connu. Ce n'est pas de quoi se faire aimer de ceux qui l'habitent, et qui se sentant dépendre de tout le monde veulent aussi que tout le monde dépende d'eux.

---

a Même leçon dans G. ; P. *à détacher son cœur.*

b G. et P. *firent en lui des impressions qui jamais n'ont pu.*

c Même leçon dans G. ; P. *dont tant d'expériences n'ont jamais bien pu.*

d P. et G. *des esprits vifs, éclairés et fins.*

e G. et P. *plus rien à espérer des hommes.*

Ces causes tirées des événemens de sa vie auroient pu seules lui faire fuir[a] la foule et rechercher la solitude. Les causes naturelles tirées de sa constitution auroient dû seules produire aussi le même effet. Jugez s'il pouvoit échapper au concours de ces differentes causes pour le rendre ce qu'il est aujourdui. Pour mieux sentir cette necessité, écartons un moment tous les faits[105], ne supposons connu que le temperament que je vous ai décrit, et voyons ce qui devroit naturellement en resulter dans un être fictif dont nous n'aurions aucune autre idée.

Doué d'un cœur très sensible et d'une imagination très vive, mais lent à penser, arrangeant difficilement ses pensées, et plus difficilement ses paroles, il fuira les situations qui lui sont pénibles et recherchera celles qui lui sont comodes[b] ; il se complaira dans le sentiment de ses avantages, il en jouira tout à son aise dans des rêveries délicieuses ; mais il aura la plus forte répugnance à étaler sa gaucherie dans les assemblées, et l'inutile effort[c] d'être toujours attentif à ce qui se dit et d'avoir toujours l'esprit tendu[d] pour y répondre, lui rendra les societés indiférentes aussi fatigantes que déplaisantes. La mémoire et la réflexion renforceront encor cette répugnance en lui rappellant[e] après coup des multitudes de choses qu'il n'a pu d'abord entendre et auxquelles, forcé de répondre à l'instant, il a répondu de travers, faute [113.] d'avoir le tems d'y penser. Mais né pour de vrais attachemens, la societé des cœurs et l'intimité lui seront très précieuses, et il se sentira d'autant plus à son aise avec ses amis, que, bien connu d'eux ou croyant l'être, il n'aura pas peur qu'ils le jugent sur les sotises qui peuvent lui échapper dans le bavardage rapide[f] de la conversation. Aussi le plaisir de vivre avec eux exclusivement se marquera-t-il sensiblement dans ses yeux et dans ses maniéres : mais l'arrivée d'un seul survenant[g] fera disparaître à l'instant sa confiance et sa gaité.

Sentant ce qu'il vaut en-dedans, le sentiment de son invincible ineptie au dehors pourra lui donner souvent du depit contre lui-même et quelquefois contre ceux qui le forceront de la montrer[h]. Il devra prendre en

a P. et G. *auroient suffi seules pour lui faire fuir.*

b Mot biffé illisible dans C. *qui lui sont ~~xxxxxxxx~~ comodes.*

c Mot biffé illisiblet dans C. *et l'inutile effort ~~xxxx~~ d'être.*

d P. et G. *l'esprit présent et tendu.*

e G. et P. *en lui faisant entendre.*

f Même leçon dans P. ; G. *dans le rapide bavardage.*

g P. et G. *l'arrivée d'un survenant.*

h G. et P. *à la montrer.*

aversion tout ce flux de[a] complimens qui n'est[b] qu'un art de s'en attirer à soi-même et de provoquer une escrime en paroles : Art surtout employé par les femmes et chéri d'elles, sures de l'avantage qui leur en doit[c] revenir[d]. Par consequent, quelque penchant qu'ait notre homme à la tendresse, quelque gout qu'il ait naturellement pour les femmes, il n'en pourra souffrir le commerce ordinaire, où il faut fournir un perpétuel tribut de gentillesses qu'il se sent hors d'état de payer. Il parlera peut-être aussi bien qu'un autre le langage de l'amour dans le tête-à-tête, mais plus mal que qui que ce soit celui de la galanterie dans un cercle.

Les hommes, qui ne peuvent juger d'autrui que par ce qu'ils en apperçoivent ne trouvant rien en lui que de médiocre et de commun tout au plus, l'estimeront au dessous de son prix. Ses yeux, animés par intervalles promettroient en vain ce qu'il seroit hors d'état de tenir. Ils brilleroient en vain quelquefois d'un feu bien différent de celui de l'esprit, ceux qui ne connoissent que celui-ci, ne le trouvant point en lui n'iroient pas plus loin, et le jugeant[e] sur cette apparence, ils diroient ; c'est un homme d'esprit en peinture, c'est un sot en original. Ses amis mêmes pourroient se tromper comme les autres sur sa mesure[f], et si quelque evenement imprévu les forçoit de reconnoitre en lui plus de talent et d'esprit qu'ils ne lui en avoient d'abord accordé, leur amour-propre ne lui pardonneroit point[g] leur prémiere erreur sur son compte, et ils pourroient le haïr toute leur vie, uniquement pour n'avoir pas sû d'abord l'apprecier.

Cet homme, enivré par ses contemplations des charmes de la nature, l'imagination pleine de types[106] de vertus, de beautés, de perfections de toute espéce chercheroit longtems dans le monde des sujets où il trouvât tout cela. A force de desirer, il croiroit souvent trouver ce qu'il cherche, les moindres apparences lui paroitroient des qualités réelles ; les moindres protestations lui tiendroient lieu de preuves ; dans tous ses attachemens il croiroit trouver ce qu'il y porteroit lui-même[h] ; toujours trompé dans

---

a Mot biffé dans C. *de ~~mauvais~~* [?] *complimens.*

b P. et G. *qui ne sont.*

c C. *doit* est inséré dans l'interligne.

d Mot biffé dans C. *qui ~~doit~~ leur en revenir.* G. *qui doit leur en revenir.*

e Même leçon dans P. ; G. *et jugeant de lui.*

f G. et P. *pourroient se tromper sur sa mesure.*

g Même leçon dans G. ; P. *ne lui pardonneroit pas.*

h Même leçon dans P. ; G. *il croiroit toujours trouver ce qu'il y porteroit lui-même.*

son attente, et toujours caressant son erreur, il passeroit sa jeunesse à croire avoir réalisé ses fictions ; à peine l'âge mur et l'expérience les lui montreroient-ils[a] enfin pour ce qu'elles sont, et malgré [115.] les erreurs les fautes les expiations[b] d'une longue vie, il n'y auroit peut être que le concours des plus cruels malheurs qui put détruire son illusion chérie, et lui faire sentir que ce qu'il cherche ne se trouve point sur la terre[107], ou ne s'y trouve que dans un ordre de choses bien différent de celui où il l'a cherché.

La vie contemplative dégoute de l'action[108]. Il n'y a point d'attrait plus séducteur que celui des fictions d'un cœur aimant et tendre, qui, dans l'univers qu'il se crée à son gré, se dilate s'étend à son aise, délivré des dures entraves qui le gênent[c] dans celui-ci. La reflexion, la prévoyance mére des soucis et des peines n'approchent guéres d'une ame enivrée des charmes de la contemplation. Tous les soins fatigans de la vie active lui deviennent insupportables et lui semblent superflus ; et pourquoi se donner tant de peines dans l'espoir[d] d'un succés si pauvre si incertain, tandis qu'on peut dès l'instant même dans une délicieuse rêverie jouir à son aise de toute la félicité dont on sent en soi la puissance et le besoin ? Il deviendroit donc indolent paresseux par gout[e] quand il ne le seroit pas par temperament[109]. Que si par intervalle quelque projet de gloire ou d'ambition pouvoit l'émouvoir, il le suivroit d'abord avec ardeur avec impétuosité, mais la moindre difficulté le moindre obstacle l'arrêteroit le rebuteroit le rejetteroit[f] dans l'inaction. La seule incertitude du succés le détacheroit de toute entreprise douteuse. Sa nonchalance lui montreroit de la folie à compter sur quelque chose ici bas, à se tourmenter pour un avenir si précaire, et de la sagesse à renoncer à la prévoyance, pour s'attacher uniquement au présent, qui seul est en notre pouvoir[110].

Ainsi livré par système à sa douce oisiveté, il rempliroit ses loisirs de jouissances à sa mode, et négligeant ces foules de prétendus devoirs que la sagesse humaine prescrit comme indispensables, il passeroit pour fouler aux pieds les bienseances, parce qu'il dédaigneroit[g] les simagrées. Enfin,

---

a P. et G. *les lui montreroient enfin pour ce qu'elles sont.*

b G. et P. *les fautes et les expiations.*

c P. et G. *qui le compriment.*

d G. et P. *dans l'espoir éloigné.*

e P. et G. *par gout, par raison même* etc.

f Même leçon dans G. ; P. *le rebuteroit et le rejetteroit.*

g Même leçon dans G. ; P. *il négligeroit.*

[loin][a] de cultiver sa raison pour apprendre à se conduire prudemment[b] parmi les hommes, il n'y chercheroit en effet que de nouveaux motifs de vivre séparé d'eux[c], et de se livrer tout entier à sa passion dominante[d].

Cette humeur indolente et voluptueuse se fixant toujours sur des objets rians, le détourneroit par consequent des idées pénibles et déplaisantes ; les souvenirs douloureux s'effaceroient très promptement de son esprit : les auteurs de ses maux n'y tiendroient pas plus de place que ces maux mêmes, et tout cela, parfaitement oublié dans très peu de tems[111] seroit bientôt[e] pour lui comme nul, à moins que le mal ou l'ennemi qu'il auroit encore à craindre ne lui rappelât[f] ce qu'il en auroit déja souffert. Alors il pourroit être extrémement effarouché des maux à venir ; moins précisément à cause de ces maux, que par le trouble du repos, la privation du loisir, la nécessité d'agir de maniére ou d'autre, [116.] qui s'ensuivroient inévitablement, et qui allarmeroient plus sa paresse que la crainte du mal n'épouvanteroit son courage : Mais tout cet effroi subit et momentané seroit sans suite et sterile en effets[112]. Il craindroit moins la souffrance que l'action. Il aimeroit mieux voir augmenter ses maux et rester tranquille, que de se tourmenter pour les adoucir : disposition qui donneroit beau jeu aux ennemis qu'il pourroit avoir.

J'ai dit que J.J. n'étoit pas vertueux : notre homme ne le seroit pas non plus ; et comment, foible et subjugué par ses penchans pourroit-il l'être, n'ayant toujours pour guide que son propre cœur, jamais son devoir ni sa raison ?[#] Il seroit bon parce que la nature l'auroit fait tel, il feroit du bien parce qu'il lui seroit doux d'en faire : mais s'il s'agissoit de combattre ses plus chers desirs et de déchirer son cœur pour remplir son devoir, le feroit-il aussi ? J'en doute : La loi de la nature, sa voix du moins ne s'étend pas jusques là. Il en faut une autre alors qui commande, et que la nature se taise.

Mais se mettroit-il aussi dans ces situations violentes d'où naissent des devoirs si cruels ? J'en doute encor plus. Du tumulte des societés

---

a C. Le manuscrit porte *lieu de* etc.

b C. *prudemment* est inséré dans l'interligne.

c P. et G. *de vivre éloigné d'eux*.

d Même leçon dans P. ; G. *tout entier à ses fictions*.

e C. *bientôt* est inséré dans l'interligne.

f Même leçon dans G. ; P. *ne lui rappellât ainsi*.

\# Comment la vertu qui n'est que travail et combat, régneroit-elle au sein de la molesse et des doux loisirs ? (Note intégrée au texte à cette place dans P. et G.)

naissent des multitudes de rapports nouveaux et souvent opposés[a] qui tiraillent en sens contraires ceux qui marchent avec ardeur dans la route sociale. A peine ont-ils alors d'autre bonne régle de justice que de résister à tous leurs penchans, et de faire toujours le contraire de ce qu'ils desirent, par cela seul qu'ils le desirent. Mais celui qui se tient à l'ecart, et fuit ces dangereux combats n'a pas besoin d'adopter cette morale cruelle. N'étant point entraîné par le torrent ni forcé de ceder à sa fougue impétueuse ou de se roidir pour y résister, il se trouve naturellement soumis à ce grand precepte de morale, mais destructif de tout l'ordre social, de ne se mettre jamais en situation à pouvoir trouver son avantage dans le mal d'autrui[113]. Celui qui veut suivre ce precepte à la rigueur n'a point d'autre moyen pour cela que de se retirer tout à fait de la societé, et celui qui en vit séparé suit par cela seul ce précepte sans avoir besoin d'y songer.

Notre homme ne sera donc pas vertueux, parce qu'il n'aura[b] pas besoin de l'être, et par la même raison il ne sera ni vicieux ni méchant : car l'indolence et l'oisiveté, qui dans la societé sont un si grand vice n'en sont plus un dans quiconque a sû renoncer à ses avantages pour n'en pas supporter les travaux[114]. Le méchant n'est méchant[c] qu'à cause du besoin qu'il a des autres, que ceux-ci lui font obstacle, que ceux-là ne le favorisent pas assez[d], et qu'il ne peut ni les employer ni les écarter à son gré. Le solitaire n'a besoin que de sa subsistance qu'il aime mieux se procurer par son travail dans la retraite que par ses intrigues dans le monde, qui seroient un bien plus grand travail pour lui. Du reste il n'a besoin d'autrui que parce que son cœur a besoin d'attachement ; il se donne des amis imaginaires pour n'en avoir pu [117.] trouver de réels : il ne fuit les hommes qu'après avoir vainement cherché parmi eux ce qu'il doit aimer.

Notre homme ne sera pas vertueux, parce qu'il sera foible et que la vertu n'appartient qu'aux ames fortes. Mais cette vertu à laquelle il ne peut atteindre, qui est-ce qui l'admirera la chérira l'adorera plus que lui ? Qui est-ce qui avec une imagination plus vive s'en peindra mieux le divin simulacre ? Qui est-ce qui avec un cœur plus tendre s'enivrera plus d'amour pour elle ? Ordre, harmonie, beauté, perfection sont les

---

a Même leçon dans G. ; P. *et souvent opposés entre eux qui* etc.
b Même leçon dans P. ; G. *parce qu'il n'auroit pas besoin* etc.
c Même leçon dans G. ; P. *le méchant n'est tel.*
d Même leçon dans P. ; G. *que ceux-ci ne le favorisent pas assez, que ceux-là lui font obstacle.*

objets de ses plus douces méditations. Idolâtre du beau dans tous les genres, resteroit-il froid uniquement pour la suprème beauté ?[115] Non, elle ornera de ses charmes immortels toutes ces images chéries qui remplissent son âme, qui repaissent son cœur. Tous ses premiers mouvemens seront vifs et purs ; les seconds auront sur lui peu d'empire. Il voudra toujours ce qui est bien, il le fera quelquefois[116], et si souvent il laisse éteindre sa volonté par sa foiblesse, ce sera pour retomber dans sa langueur. Il cessera de bien faire, il ne commencera pas même lorsque la grandeur de l'effort épouvantera sa paresse ; mais jamais il ne fera volontairement ce qui est mal. En un mot, s'il agit rarement comme il doit, plus rarement encore il agira comme il ne doit pas, et toutes ses fautes, même les plus graves, seront des péchés d'omission[a]. Mais c'est par là précisément qu'il sera le plus en scandale aux hommes, qui, ayant mis toute la morale en petites formules, comptent pour rien le mal dont on s'abstient, pour tout l'étiquette des petits procédés[117], et sont bien plus attentifs[b] à remarquer les devoirs auxquels on manque qu'à tenir compte de ceux qu'on remplit.

Tel sera l'homme doué du temperament que j'ai décrit[c] ; tel j'ai trouvé celui que je viens d'étudier. Son ame, forte en ce qu'elle ne se laisse point détourner de son objet, mais foible pour surmonter les obstacles, ne prend point[d] de mauvaises directions, mais suit lâchement la bonne. Quand il est quelque chose, il est bon ; mais plus souvent il est nul, et c'est pour cela que sans être persévérant il est ferme ; que les traits de l'adversité ont moins de prise sur lui qu'ils n'auroient sur tout autre homme, et que, malgré tous ses malheurs ses sentimens sont encor plus affectueux que douloureux. Son cœur, avide de bonheur et de joye, ne peut garder nulle impression pénible : la douleur peut le déchirer un moment sans pouvoir y prendre racine. Jamais idée affligeante n'a pu longtems l'occuper. Je l'ai vu dans les plus grandes calamités de sa malheureuse vie passer rapidement de la plus profonde affliction à la plus pure joye, et cela sans qu'il restât pour le moment dans son ame aucune trace des douleurs qui venoient de la déchirer, qui l'alloient déchirer encore, et qui constituoient alors son état habituel.

---

a Même leçon dans P. ; G. *ne seront que des péchés d'omission.*

b Même leçon dans G. ; P. *bien plus soigneux à remarquer.*

c P. et G. *dont j'ai parlé.*

d G. et P. *ne prend guéres.*

Les affections auxquelles il a le plus de pente se distinguent même par des [118.] signes physiques. Pour peu qu'il soit ému ses yeux se mouillent à l'instant. Cependant jamais la seule douleur ne lui fit verser une larme : mais tout sentiment tendre et doux ou grand et noble dont la vérité passe à son cœur lui en arrache[a] infailliblement. Il ne sauroit pleurer que d'attendrissement ou d'admiration : la tendresse et la générosité sont les deux seules cordes[b] sensibles par lesquelles on peut vraiment l'affecter. Il peut[c] voir[d] ses malheurs d'un œil sec, mais il pleure en pensant à son innocence, et au prix qu'avoit mérité son cœur.

Il est des malheurs auxquels il n'est pas même permis à un honnête homme d'être préparé[118]. Tels sont ceux qu'on lui destinoit. En le prenant au dépourvu ils ont commencé par l'abbattre ; cela devoit être : mais ils n'ont pu le changer. Il a pu quelques instans se laisser dégrader jusqu'à la bassesse, jusqu'à la lâcheté ; jamais jusqu'à l'injustice jusqu'à la fausseté jusqu'à la trahison. Revenu de cette prémiére surprise il s'est relevé, et vraisemblablement ne se laissera plus abbattre, parce que son naturel a repris le dessus, que connoissant enfin les gens auxquels il a à faire, il est préparé à tout, et qu'après avoir épuisé sur lui tous les traits de leur rage, ils se sont mis hors d'état de lui faire pis.

Je l'ai vu dans une position unique et presque incroyable, plus seul au milieu de Paris que Robinson dans son Ile et séquestré du commerce des hommes par la foule même empressée à l'entourer pour empêcher qu'il ne se lie avec personne. Je l'ai vu concourir volontairement avec ses persecuteurs à se rendre sans cesse plus isolé[119], et tandis qu'ils travailloient sans relâche à le tenir séparé des autres[e], s'éloigner des autres et d'eux-mêmes de plus en plus. Ils veulent rester pour lui servir de barriére, pour veiller à tous ceux qui pourroient l'approcher, pour les tromper les gagner ou les ecarter, pour observer ses discours, sa contenance, pour jouir à longs traits du doux aspect de sa misére, pour chercher d'un œil curieux s'il reste quelque place en son cœur déchiré où ils puissent porter encore quelque atteinte. De son côté il voudroit les éloigner, ou plustot s'éloigner d'eux[f] parce que leur malignité leur

---

a Une dizaine de mots biffés illisibles dans C., entre « arrache » et « infailliblement ».

b P. et G. *sont les seules cordes sensibles*.

c Mot biffé illisible sous l'ajout dans C.

d C. *voir* est inséré dans l'interligne.

e G. et P. *des autres hommes*.

f Même leçon dans P. ; G. *s'en éloigner*.

duplicité leurs vues cruelles blessent ses yeux de toutes parts, et que le spectacle de la haine l'afflige et le déchire encor plus que ses effets. Ses sens le subjuguent alors, et sitot qu'ils sont frappés d'un objet de peine, il n'est plus maitre de lui. La présence d'un malveillant le trouble au point de ne pouvoir déguiser son angoisse. S'il voit un traitre le cajoler pour le surprendre, l'indignation le saisit, perce de toutes parts dans son accent dans son regard dans son geste. Que le traitre disparoisse, à l'instant il est oublié, et l'idée des noirceurs que l'un va brasser ne sauroit occuper l'autre une minutte à [119.] chercher les moyens de s'en deffendre. C'est pour écarter de lui cet objet de peine dont l'aspect le tourmente[a] qu'il voudroit être seul : Il voudroit être seul pour vivre à son aise avec les amis qu'il s'est crées. Mais tout cela n'est qu'une raison de plus à ceux qui en prennent le titre[b] pour l'obseder plus étroitement. Ils ne voudroient pas même, s'il leur étoit possible, lui laisser dans cette vie la ressource des fictions.

Je l'ai vu, serré dans leurs lacs, se débattre très peu pour en sortir, entouré par eux de mensonges et de tenebres attendre sans murmure la lumiére et la vérité, enfermé vif dans un cercueil[120] s'y tenir assez tranquille sans même invoquer la mort. Je l'ai vu pauvre passant pour riche, vieux passant pour jeune, doux passant pour féroce, complaisant et foible passant pour inflexible et dur, gai passant pour sombre, simple enfin jusqu'à la bétise passant pour rusé jusqu'à la noirceur : Je l'ai vu livré par vos Messieurs à la dérision publique, persiflé flagorné moqué[c] des honnêtes gens, servir de jouet à la canaille, le voir le sentir en gémir, déplorer la misére humaine, et supporter patiemment son état.

Dans cet état devoit-il se manquer à lui-même au point d'aller chercher dans la societé les indignités peu déguisées dont on se plaisoit à l'y charger ? Devoit-il s'aller donner en spectacle à ces barbares qui se faisant de ses peines un objet d'amusement ne cherchoient qu'à lui serrer le cœur par toutes les étreintes de la détresse et de la douleur qui lui pouvoient être[d] les plus sensibles ? Voila ce qui lui rendit indispensable la maniére de vivre à laquelle il s'est réduit ou pour mieux dire, à laquelle on l'a réduit, car c'est à quoi l'on en vouloit venir, et l'on s'est attaché à lui

a Même leçon dans G. Mots biffés illisibles dans C. entre « peine » et « dont l'aspect ». P. *ces objets de peine qui le tourmentent.*

b Même leçon dans P. ; G. *qui en prennent le masque.*

c Même leçon dans P. ; G. *flagorné, persiflé, moqué.*

d G. et P. *qui pouvoient lui être.*

rendre si cruelle et si déchirante la fréquentation des hommes qu'il fut forcé d'y renoncer tout à fait[a]. Vous me demandez, disoit-il, pourquoi je fuis les hommes ? Demandez-le à eux-mêmes ; c'est à eux de vous répondre[b] ; ils le savent encore mieux que moi[c]. Mais une ame expansive change-t-elle ainsi de nature et se détache-t-elle ainsi de tout ? Tous ses malheurs ne vinrent que de ce besoin d'aimer qui dévora son cœur dès son enfance[121] et qui l'inquiete et le trouble encore au point que, resté seul sur la terre il attend le moment d'en sortir pour voir réaliser enfin ses visions favorites, et retrouver dans un meilleur ordre de choses une patrie et des amis.

Il atteignit et passa l'âge mur sans songer à faire des livres, et sans sentir un instant le besoin de cette célebrité fatale qui n'étoit pas faite pour lui, qu'il n'a jamais bien goutée[d], et qu'on lui a fait payer si cher. Ses visions chéries lui tenoient lieu de tout, et dans le feu de la jeunesse sa vive imagination surchargée accablée d'objets charmans qui venoient incessamment la remplir tenoit son cœur dans une ivresse continuelle qui ne lui laissoit ni le pouvoir d'arranger [120.] ses idées, ni celui de les fixer, ni le tems de les écrire, ni le desir de les communiquer[122]. Ce ne fut que quand ces grands mouvemens[e] commençant[f] à s'apaiser, et ses idées[g] prenant[h] une marche plus reglée et plus lente il en put suivre assez la trace pour la marquer ; ce fut, dis-je, alors seulement que l'usage de la plume lui devint possible[123], et qu'à l'exemple et à l'instigation des gens de lettres avec lesquels il vivoit[i], il lui vint en fantaisie de communiquer au public ces mêmes idées dont il s'étoit si longtems nourri lui-même et qu'il crut utiles au genre humain. Ce fut même en quelque façon par surprise et sans en avoir formé le projet qu'il se trouva jetté dans cette funeste carriére où dès lors peut-être on creusoit déja sous ses pas ces gouffres de malheurs dans lesquels on l'a précipité.

---

a Même leçon dans P. ; G. *qu'il fut forcé d'y renoncer enfin tout à fait.*

b Proposition supprimée dans P. et G.

c La citation de J.J. est soulignée dans G.

d P. et G. *dont il n'a gouté que les amertumes.*

e Rature dans C. *quand ces grands mouvemens commen~~cérent~~ à* etc.

f La syllabe *çant* est insérée dans l'interligne.

g Mot biffé illisible sous l'ajout dans C. ; G. et P. *Ce ne fut que quand ces grands mouvemens commencérent à s'appaiser, quand ses idées prenant* etc.

h C. *prenant* est inséré dans l'interligne.

i P. et G. *il vivoit alors.*

Dès sa prémiére jeunesse[a] il s'étoit souvent demandé pourquoi il ne trouvoit pas tous les hommes bons sages heureux comme ils lui sembloient faits pour l'être : il cherchoit dans son cœur l'obstacle qui les en empêchoit et ne le trouvoit pas. Si tous les hommes, se disoit-il, me ressembloient, il regneroit sans doute une extrème langueur dans leur industrie[124] ; ils auroient peu d'activité, et n'en auroient que par brusques et rares secousses ; mais ils vivroient entre eux dans une très douce societé. Pourquoi n'y vivent-ils pas ainsi ? Pourquoi toujours accusant le Ciel de leurs miséres travaillent-ils sans cesse à les augmenter ? En admirant les progrés de l'esprit humain il s'étonnoit de voir croitre en même proportion les calamités publiques. Il entrevoyoit une secrette opposition entre la constitution de l'homme et celle de nos societés ; mais c'étoit plustot un sentiment sourd[125] une notion confuse[b] qu'un jugement clair et développé. L'opinion publique l'avoit trop subjugué lui-même pour qu'il osat réclamer contre de si unanimes décisions[c]. Une malheureuse question d'Academie qu'il lut dans un Mercure[d 126] vint tout à coup dessiller ses yeux, débrouiller ce cahos dans sa tête, lui montrer un autre univers, un véritable age d'or[127], des societés d'hommes simples sages heureux, et réaliser en espérance toutes ses visions, par la seule destruction[e] des préjugés qu'il avoit respectés[f] lui-même, mais dont il crut en ce moment voir découler les vices et les miséres du genre humain. De la vive effervescence qui se fit alors dans son ame sortirent ces étincelles de génie qu'on a vu briller dans ses écrits durant dix ans de délire et de fiévre[g 128]. Enflammé par la contemplation de ces grands objets il les avoit toujours présens à sa pensée, et les comparant à l'état reel des choses, il les voyoit chaque jour sous des rapports tout nouveaux pour lui. Bercé du ridicule espoir de faire enfin triompher des préjugés et du mensonge[h] la raison la vérité, et de rendre les hommes sages en leur montrant leur véritable intérest, son cœur, échauffé par [121.] l'idée

a G. et P. *Dès sa jeunesse.* (Rature dans P. *Dès sa ~~premiere~~ jeunesse.*)

b Même leçon dans G. ; P. *une notion confuse un sentiment sourd.*

c Nouvel alinéa dans P. et G. pour les lignes qui suivent.

d Titre non souligné dans G. et P. (Italiques ajoutés par l'éd. Pléiade).

e P. et G. *par la destruction.*

f G. et P. *qui l'avoient subjugué lui-même.*

g P. et G. ajoutent : *mais dont aucun vestige n'avoit paru jusqu'alors, et qui vraisemblablement n'auroient plus brillé dans la suite, si cet accés passé il eut voulu continuer d'écrire.*

h Même leçon dans G. ; P. *triompher des préjugés, du mensonge.*

du bonheur futur du genre humain et par l'honneur d'y contribuer, lui dictoit un langage digne d'une si grande entreprise[129]. Contraint par là de s'occuper fortement et longtems du même sujet il assujettit sa tête à la fatigue de la réfléxion, il apprit à méditer profondément, et pour un moment il étonna l'Europe par des productions dans lesquelles les ames vulgaires ne virent que de l'éloquence et de l'esprit ; mais où celles qui habitent nos régions ethérées reconnurent avec joye une des leurs.

LE FRANÇOIS.

Je vous ai laissé parler sans vous interrompre ; mais souffrez que[a] je vous arrête un moment…

ROUSSEAU.

Je devine[b]. Une contradiction, n'est-ce-pas ?

LE FRANÇOIS.

Non ; j'en ai vu l'apparence. On dit que cette apparence est un piége que J.J. s'amuse à tendre aux lecteurs étourdis.

ROUSSEAU

Si cela est, il en est bien puni par les lecteurs de mauvaise-foi, qui font semblant de s'y prendre pour l'accuser de ne savoir ce qu'il dit.

LE FRANÇOIS.

Je ne suis point de cette derniére classe, et je tâche de ne pas être de l'autre. Ce n'est donc pas[c] une contradiction qu'ici je vous reproche ; mais c'est un éclaircissement que je vous demande. Vous étiez persuadé ci-devant[d] que les livres qui portent le nom de J.J.[e] n'étoient pas plus de lui que cette prétendue traduction du Tasse qu'on lui attribue généralement[f][130]. Maintenant vous paroissez croire le contraire. Si vous avez changé d'opinion, veuillez m'apprendre sur quoi ce changement est fondé.

---

a G. et P. *mais permettez qu'ici je vous* etc.
b P. et G. *Je devine…*
c G. et P. *Ce n'est donc point.*
d P. et G. *Vous étiez ci-devant persuadé.*
e Même leçon dans G. ; P. *qui portent son nom.*
f G. *que cette traduction du Tasse si fidelle et si coulante qu'on répand avec tant d'affectation sous son nom.* P. *qu'on répand partout sous son nom.*

ROUSSEAU.

Cette recherche fut le premier objet de mes soins. Certain que l'Auteur de ces livres et le monstre que vous m'avez peint ne pouvoient être le même homme, je me bornois pour lever mes doutes à resoudre cette question. Cependant je suis sans y songer parvenu à la même solution[a] par la méthode contraire. Je voulois prémierement connoitre l'auteur pour me décider sur l'homme, et c'est par la connoissance de l'homme que je me suis décidé sur l'auteur.

Pour vous faire sentir comment une de ces deux recherches m'a dispensé de l'autre, il faut reprendre les détails dans lesquels je suis entré pour cet effet ; vous déduirez de vous-même et très aisement les consequences que j'en ai tirées.

Je vous ai dit que je l'avois trouvé copiant de la musique à dix sous[b] la page, occupation peu sortable[131] à la dignité d'Auteur, et qui ne ressembloit guére à celles qui lui ont acquis tant de célébrité[c] tant en bien qu'en mal. Ce prémier article m'offroit déja deux recherches à faire. L'une, s'il se livroit à ce travail tout de bon, ou seulement pour donner le change au public sur ses véritables occupations : [122.] l'autre, s'il avoit reellement besoin de ce métier pour vivre, ou si c'étoit une affectation de simplicité et de pauvreté[d] pour faire l'Epictète et le Diogéne, comme l'assurent tous vos Messieurs[e].

J'ai commencé par éxaminer son ouvrage, bien sûr que s'il n'y vaque[f] que par manière d'acquit[132], j'y verrois des traces de l'ennui qu'il doit lui donner depuis si longtems. Sa note, mal formée, m'a paru faite[g] lentement[h], pesamment[i], mais avec exactitude. On voit qu'il tâche de suppléer aux dispositions qui lui manquent, à force de travail et de soins. Mais ceux qu'il y met ne s'appercevant que par l'examen et n'ayant leur effet que dans l'execution[133], sur quoi les Musiciens, qui ne l'aiment pas, ne sont pas toujours sincéres, ne compensent pas aux yeux du public les defauts, qui d'abord sautent à la vue.

a G. et P. *parvenu à la resoudre.*

b Même leçon dans P. ; G. *à dix sols.*

c Même leçon dans P. ; G. *tant de réputation.*

d P. et G. *ou de pauvreté.*

e G. et P. *pour faire l'Epictéte ou le Diogene comme l'assurent vos Messieurs.*

f P. et G. *s'il n'y vacquoit.*

g Rature illisible sous l'ajout dans C.

h C. *lente* est inséré en interligne pour former *lentement.*

i G. et P. *faite pesamment, lentement, sans facilité, sans grace, mais* etc.

N'ayant l'esprit présent à rien, il ne l'a pas non plus à son travail, surtout forcé par l'affluence des survenans de l'associer avec le babil. Il fait beaucoup de fautes, et il les corrige ensuite en grattant son papier avec une perte de tems et des peines incroyables. J'ai vu des pages presque entiéres qu'il avoit mieux aimé grater ainsi que de recommencer la feuille, ce qui eut été[a] bien plustot fait ; mais il entre dans son tour d'esprit laborieusement paresseux de ne pouvoir se resoudre à refaire à neuf ce qu'il a fait une fois quoique mal. Il met à le corriger une opiniâtreté qu'il ne peut satisfaire qu'à force de peine et de tems. Du reste le plus long le plus ennuyeux travail ne sauroit lasser sa patience, et souvent, faisant fautes sur fautes[b], je l'ai vu gratter et regratter jusqu'à percer le papier, sur lequel ensuite il colloit des pièces[c] sans jamais se rebutter. Rien ne m'a fait juger que ce travail l'ennuyât, et il paroit au bout de cinq ans[d] s'y livrer avec le même gout et le même zèle que s'il ne faisoit que de commencer.

J'ai su qu'il tenoit registre de son ouvrage[e], j'ai désiré de voir ce registre ; il me l'a communiqué. J'y ai vu que dans ces cinq ans[f] il avoit écrit en simple copie plus de six mille pages de Musique, dont une partie, Musique de Harpe et de Clavecin[g], ou *Solo* et Concerto de Violon très chargés et en plus grand papier, demande une extrème attention[h] et prend un tems considerable. Mais ce registre ne faisant mention que de la copie à prix d'argent[134] ne contient qu'une partie de la musique qu'il a écrite dans le même espace de tems[i]. Prémiérement il a inventé, outre sa note par chiffres, une nouvelle maniére de copier la Musique ordinaire, qui la rend plus comode à lire[135], et pour prévenir et resoudre toutes les difficultés, il a écrit de cette maniére une grande quantité de Musiques[j] de toute espéce, tant en partition qu'en parties séparées[136].

a Même leçon dans P. ; G. *ce qui auroit été.*
b P. et G. *faute sur faute.*
c Même leçon dans P. ; G. *sur lequel il colloit des piéces.*
d G. *au bout de six ans.*
e P. et G. *de son travail.*
f P. et G. *dans ces six ans.* (La correction confirme que la copie C. a été réalisée un an auparavant, soit en 1775).
g Mot biffé illisible dans C. *de Clavecin* ~~xxxxxxxxxxx~~ *ou Solo* etc.
h P. et G. *demande une grande attention.*
i Cette phrase a été supprimée dans P. et G., ainsi que « Prémiérement » dans la phrase suivante.
j G. et P. *une grande quantité de piéces.*

[123.] Outre ce travail et son Opéra[a] de Daphnis et Chloé dont un Acte entier est fait et une partie du reste bien avancée[137], et le Devin du Village[b], sur lequel il a refait à neuf une seconde musique presque en entier[c][138], il a, dans le même intervalle, composé plus de cent morceaux de musique en divers genres, la plus part vocale avec des accompagnemens, tant pour obliger des personnes qui lui ont fourni les paroles que pour son propre amusement[d]. Il a fait et distribué des copies de cette Musique[e] tant en partition qu'en parties[f] séparées sur les originaux[g] qu'il a gardés[139]. Qu'il ait composé ou pillé toute cette musique, ce n'est pas de quoi il s'agit ici ; s'il ne l'a pas composée, toujours est-il certain qu'il l'a écritte et transcritte[h] plusieurs fois de sa main. S'il ne l'a pas composée, quel tems[i] ne lui a-t-il point fallu pour chercher et choisir dans des musiques toutes faites[j] celle qui convenoit aux paroles qu'on lui fournissoit, ou pour l'y ajuster si bien qu'elle y fut parfaitement appropriée[k] ? merite qu'a particuliérement toute la musique[l] qu'il donne pour sienne. Dans un pareil pillage il y a[m] moins d'invention sans doute, mais il y a plus d'art, de travail, plus surtout de consommation de tems, et c'étoit là pour lors l'unique objet de ma recherche. Tout ce travail qu'il a mis sous mes yeux, soit en nature soit par des preuves sans réplique, forme ensemble[n] plus de huit mille pages de musique[o], toute écrite de sa main depuis son retour à Paris[p].

a Même leçon dans G. ; P. *Outre ce travail, son Opera* etc.
b titre souligné dans G.
c Même leçon dans G. ; P. *une seconde musique.*
d C. *que pour son propre amusement* est inséré dans l'interligne.
e Même leçon dans G. ; P. *il a fait et donné des copies* etc.
f Mot biffé illisible dans C. *qu'en parties* ~~xxxxxxxxxx~~ *séparées.*
g P. *et sur les originaux.* G. *transcrites sur les originaux.*
h G. *qu'il l'a écrite et notée.* P. *qu'il l'a notée et transcritte.*
i P. et G. *que de temps ne lui a-t-il pas fallu.*
j P. *pour chercher pour choisir dans des musiques déjà faites.* G. *pour chercher, pour choisir dans des musiques déja toutes faites.*
k Même leçon dans G. ; P. *qu'elle parut faite pour elles.*
l Même leçon dans P. ; G. *qu'a particuliérement la musique qu'il donne* etc.
m Mots biffés illisibles dans C. entre « il y a » et « moins ».
n G. et P. *soit en nature soit par articles exactement détaillés fait ensemble* etc.
o P. et G. *son retour à Paris**
** Comme je faisois une partie de ce calcul d'avance et par régle de proportion je mettois tout fort au rabbais. Maintenant que mon régistre est plus avancé, je suis certain d'avoir écrit en cinq ans et demi plus de neuf mille pages de musique.* – G. *Voyez la note de la page 104.* (Elle se trouve bien à cette place dans le manuscrit de Genève ; on la lit p. 875 dans *OC.* I). Dans C., une première version de cette note figure p. 155, vers la fin du présent entretien (p. 405).
p Dans P. et G., cette phrase forme un alinéa.

Ces occupations ne l'ont pas empêché de se livrer à l'amusement de la botanique, à laquelle il a donné pendant plusieurs années la meilleure partie de son tems. Dans de grandes et frequentes herborisations il a fait une immense collection de plantes ; il les a desséchées avec des soins infinis, il les a collées avec une grande propreté sur des papiers qu'il ornoit de cadres rouges. Il s'est appliqué à conserver la figure et la couleur des fleurs et des feuilles au point de faire de ces herbiers ainsi préparés des recueils de miniatures[140]. Il en a donné envoyé à diverses personnes, et ce qui lui reste** suffiroit seul[a] pour persuader à ceux qui savent combien ce travail exige de tems et de patience qu'il en fait son unique occupation.

LE FRANÇOIS.

Ajoutez encor le tems[b] qu'il lui a fallu pour étudier à fond les proprietés de toutes ces plantes, pour les piler, les extraire, les distiller, pour en tirer les usages[c] auxquels il les destine ; car enfin quelque prevenu que vous puissiez être[d], vous comprenez bien, je pense[e], qu'on n'étudie pas la botanique pour rien.

ROUSSEAU.

Sans doute : je comprends que le charme de l'étude de la nature est quelque chose pour toute ame sensible, et beaucoup pour un solitaire. [124.] Quant aux préparations dont vous parlez et qui n'ont nul rapport à la botanique, je n'en ai pas vu chez lui le moindre vestige. Je ne me suis point apperçu qu'il eut fait aucune étude des proprietés[f] des plantes, ni même qu'il crut beaucoup à celles qu'on lui attribue[g] : « Je connois », m'a-t-il dit, « la structure des plantes

** Ce reste a été donné depuis lors [P. *a été donné*] presque en entier à M. Malthus gentilhomme Anglois qui a achetté [P. *à M. Malthus qui a achetté*] mes livres de botanique. [Même leçon dans G. (Il s'agit du révérend Daniel Malthus, père de l'économiste Thomas R. Malthus.)]

a P. et G. *et ce qui lui reste suffiroit pour* etc.

b G. et P. *Ajoûtez le temps qu'il lui a fallu.*

c P. *pour les préparer de maniére à en tirer les usages* etc. G. *les préparer* etc.

d G. et P. *car enfin quelque prevenu pour lui que vous puissiez être.* (« Pour lui » est inséré en interligne dans P.).

e Même leçon dans G. ; P. *vous comprenez bien qu'on* etc.

f P. et G. *des propriétés des plantes.*

g G. et P. *ni même qu'il y crut beaucoup.*

et l'organisation végétale sur la foi de la nature qui ne ment point[a] ; mais on ne connoit[b] leurs vertus que sur la foi des hommes, qui sont menteurs[c] : leur autorité a generalement sur moi trop peu d'empire, pour que je lui en donne beaucoup en cela. D'ailleurs cette étude, vraye ou fausse, ne se fait pas en pleins champs[d] comme celle de la botanique, mais chez les malades ou dans des laboratoires[e] ; elle demande une vie appliquée et sedentaire qui ne me plait ni ne me convient. » En effet je n'ai rien vu chez lui qui sentit[f] ce gout de pharmacie[141] : J'y ai vu seulement des cartons remplis des rameaux de plantes dont je viens de vous parler, et des graines distribuées dans de petites boetes, classées, comme les plantes qui les fournissent, selon le système de Linnæus.

LE FRANÇOIS.

Ah de petites boetes ![142] Hébien Monsieur, ces petites boetes, à quoi servent-elles ? Qu'en dites-vous ?

ROUSSEAU.

Belle demande ! A empoisonner les gens, à qui il fait avaler en bol toutes ces graines. Par exemple, vous avalerez par mégarde une once ou deux de graine de pavots[143] qui vous endormira pour toujours, et du reste comme cela. C'est encore la même chose à peu près dans les plantes : Il vous les fait brouter comme du fourrage, ou bien il vous en fait boire le jus dans des sauces.

LE FRANÇOIS.

Eh non, Monsieur ; on sait bien que ce n'est pas[g] de la sorte[h] que la chose peut se faire ; quoiqu'en aient dit[i] quelques Médecins qui[j]

---

a G. et P. (mais P. omet les guillemets dans cette citation) : *« Je connais », m'a-t-il dit, « l'organisation végétale et la structure des plantes sur le rapport de mes yeux, sur la foi de la nature qui me la montre et qui ne ment point.*

b P. et G. *mais je ne connois.*

c G. et P. *qui sont ignorans et menteurs.*

d P. et G. *en plein champ.*

e G. et P. *mais dans des laboratoires et chez les malades.*

f P. et G. *qui montrât.*

g Mot biffé dans C. *ce n'est pas ~~ainsi~~ que la chose* etc.

h C. *de la sorte* est inséré dans l'interligne.

i D. *dit* est inséré dans l'interligne.

j P. et G. *et nos medecins qui l'ont voulu decider ainsi.*

se sont fait tort chez les gens instruits. Une écuellée de jus de ciguë ne suffit pas à Socrate, il en fallut une seconde : Il faudroit donc que J.J. fit boire à son monde des bassins de jus d'herbes ou manger des litrons[144] de graines ? Oh que ce n'est pas ainsi qu'il s'y prend ! Il sait à force d'opérations et de manipulations[a] concentrer tellement les poisons des plantes, qu'ils agissent plus fortement que ceux-mêmes des minéraux. Il les escamote, et vous les fait avaler[b] sans qu'on s'en apperçoive ; il les fait même agir de loin comme la poudre de sympathie et comme le basilic[145] il sait empoisonner les gens en les regardant. Il a suivi[c] jadis un cours de chymie, rien n'est plus certain[146]. Or vous comprenez bien ce que c'est, ce que ce peut être, qu'un homme qui n'est ni Médecin ni Apothicaire, et qui neanmoins suit des cours de chymie et cultive la botanique. Vous dites[d] cependant n'avoir apperçû[e] chez lui nuls vestiges de préparations chymiques. Quoi, point d'alambics, de fourneaux, de chapiteaux[147], de cornues ? Rien qui ait rapport à un laboratoire ?

ROUSSEAU.

Pardonnez-moi, vraiment ; J'ai vu dans sa petite cuisine des plats des pots des ecuelles de terre un réchaud, des caffetiéres de fer blanc[f].

LE FRANÇOIS.

Des plats, des pots, des ecuelles ! Eh mais[g] voila l'affaire ! Il n'en faut pas davantage pour empoisonner tout le genre humain[148].

ROUSSEAU.

Témoin Mignot[149] et ses successeurs.

LE FRANÇOIS.

Vous me direz que les poisons qu'on prépare dans des ecuelles doivent se manger à la cuillére, et que les potages ne s'escamotent pas…

a G. et P. *à force d'operations, de manipulations.*

b C. *avaler* est inséré dans l'interligne.

c C. *suivi* est inséré dans l'interligne.

d Mot biffé dans C. *vous dites ~~neanmoins~~ cependant* etc.

e P. et G. *n'avoir vu.*

f G. *dans sa petite cuisine un rechaud, des caffetiéres de fer blanc, des plats, des pots, des ecuelles de terre.* P. supprime « de fer blanc ».

g P. et G. *Eh mais vraiment.*

ROUSSEAU.

Oh que non[a], je ne vous dirai point tout cela, je vous jure, ni rien de semblable[b]. Je me contenterai d'admirer. Oh la savante, la méthodique marche que[c] d'apprendre la botanique pour se faire empoisonneur ! C'est comme si l'on apprenoit la Geométrie pour se faire assassin.

LE FRANÇOIS.

Je vous vois sourire bien dédaigneusement[150]. Vous passionnerez-vous toujours pour cet homme-là[151] ?

ROUSSEAU.

Me passionner ! moi ! Rendez-moi plus de justice, et soyez même assuré que jamais Rousseau ne défendra Jean Jaques[d] accusé d'être un empoisonneur[152].

LE FRANÇOIS.

Laissons donc tous ces persifflages[153], et reprenez vos recits. J'y prête une oreille attentive ; ils m'interessent de plus en plus.

ROUSSEAU.

Ils vous interesseroient davantage encore, j'en suis très sur, s'il m'étoit possible ou permis ici de tout dire[e]. Ce seroit abuser de votre attention que de l'occuper à tous les soins que j'ai pris pour m'assurer du véritable emploi de son tems, de la nature de ses occupations, et de l'esprit dans lequel il s'y livre. Il vaut mieux me borner à des resultats et vous laisser le soin de tout vérifier par vous-même, si ces recherches vous interessent assez pour cela.

Je dois pourtant ajouter aux détails dans lesquels je viens d'entrer que J. J., au milieu de tout ce travail manuel a encore employé six mois

---

a G. et P. *Oh non !*

b Séquence biffée illisible dans C. sous la séquence ajoutée.

c C. *Je me contenterai d'admirer. Oh la savante, la méthodique marche que* est inséré dans l'interligne.

d Même leçon dans P. ; G. *ne défendra J.J.* Cette réplique (reprise littéralement dans P. seulement), est la seule occurrence dans C. du libellé « Jean Jaques » ailleurs que dans le titre de l'œuvre. (Une autre occurrence se lit, mais seulement dans G., à l'occasion d'une note du premier entretien, p. 216).

e Même leçon dans G. Séquences biffées dans C. *s'il m'étoit possible ou permis* [une demi-ligne illisible] *ici* avec ~~mon~~ [?][un mot biffé illisible] *de tout ~~vous~~ dire* [trois ou quatre mots biffés illisibles]. *Ce seroit abuser* etc. P. *s'il m'étoit possible ~~de~~* [séquence biffée illisible d'un tiers de ligne] *ou permis* [large blanc] *ici* [large blanc] *de tout dire* [large blanc].

dans le même tems[a], tant à l'examen de la constitution d'une Nation malheureuse, qu'à proposer ses idées sur les changemens[b] à faire à cette constitution[154], et cela, sur les instances reitérées jusqu'à l'obstination[c] d'un des prémiers patriotes de cette Nation[155], qui lui faisoit un devoir d'humanité des soins qu'il lui imposoit[d], et qui, pour toute gratitude du zèle et du tems qu'il a mis à ce travail, lui a marqué dans la suite qu'il ne vouloit lui avoir aucune obligation[156], et puis a voulu lui envoyer du vin*. Mais ceci n'est qu'un[e] échantillon de cette destinée qui, pour avoir consacré [126.] sa vie à bien mériter des hommes, la lui a fait passer à en être mal voulu.

Enfin, malgré la résolution qu'il avoit prise en arrivant à Paris de ne plus s'occuper de ses malheurs ni reprendre la plume à ce sujet, les indignités continuelles qu'il a souffertes, les harcellemens sans relâche que la crainte qu'il n'écrivit lui a fait essuyer, l'impudence avec laquelle on lui attribuoit chaque jour[f] de nouveaux livres, la stupide[g] ou maligne crédulité du public à cet égard, ayant lassé sa patience, et lui faisant sentir qu'il ne gagnoit rien pour son repos à se taire, il a fait encore un effort, et s'occupant derechef malgré lui de sa destinée et de ses persecuteurs, il a écrit en forme de Dialogue une espéce de jugement d'eux et de lui assez semblable à celui qui resultera[h] de nos entretiens[157]. J'ai cru voir[i] que cet écrit étoit de tous ceux qu'il a faits en sa vie, celui qu'il avoit entrepris avec le plus de répugnance et executé avec le plus d'ennui. Il l'eut cent fois abbandonné, si les outrages augmentant sans cesse, et enfin poussés[j] au dernier excés, ne l'avoient forcé[k] de le poursuivre : Mais loin qu'il ait jamais pu s'en occuper longtems de suite il n'en eut pas même

a P. et G. *dans le même intervalle.*
b G. et P. *sur les corrections à faire.*
c Même leçon dans P. ; G. *jusqu'à l'opiniâtreté.*
d La fin de l'alinéa est censurée par l'édition originale de 1782.
* Il faut que je passe pour un grand amateur de vin : car M. le Duc de Grammont a voulu aussi m'en envoyer, pour divers morceaux de musique qu'à sa priére j'avois composés pour lui : Mais cette derniére offre étoit beaucoup plus convenable, et même auroit pu s'accepter.
e C. *qu'un* est inséré dans l'interligne.
f P. et G. *on lui attribuoit incessamment.*
g G. et P. *et la stupide.*
h P. et G. *qui pourra résulter.*
i G. et P. *Il m'a souvent protesté que.*
j P. et G. *et poussés enfin.*
k G. et P. *ne l'avoient forcé malgré lui.*

enduré l'angoisse si son travail journalier ne fut venu l'interrompre et la lui faire oublier ; de sorte qu'il y a rarement donné plus d'un quart d'heure par jour, et cette maniére d'écrire coupée et interrompue est une des principales causes[a] du peu de suite et des repetitions continuelles qui régnent dans cet écrit.

Après m'être assuré que cette copie de Musique n'étoit point un jeu, il me restoit à savoir si en effet elle étoit necessaire à sa subsistance, et pourquoi, ayant d'autres talens qu'il pouvoit employer plus utilement pour lui-même et pour le public, il s'attachoit[b] de préférence à celui-là. Pour abréger ces recherches sans manquer à mes engagemens envers vous, je lui montrai[c] naturellement ma curiosité, et sans lui dire tout ce que vous m'aviez appris de son opulence, je me contentai de lui répeter ce que j'avois oui dire mille fois que du seul produit de ses livres, et sans avoir rançonné ses libraires, il devoit être assez riche pour vivre à son aise de son revenu. « Vous avez raison », me dit-il, « si vous ne voulez dire en cela que ce qui pouvoit être ; mais si vous prétendez en conclurre que la chose est réellement ainsi et que je suis riche en effet, vous avez tort tout au moins ; car un sophisme bien cruel pourroit se cacher sous cette erreur[d]. »

Alors il entra dans le détail articulé de ce qu'il avoit reçu de ses libraires pour chacun de ses livres, de toutes les ressources qu'il avoit pu avoir d'ailleurs ; des dépenses necessaires qu'il avoit faites pendant dix ans[e] qu'on s'est amusé à le faire voyager à grands fraix lui et sa compagne aujourdui sa femme[158] ; et de tout cela bien calculé et prouvé il [127.] resulte[f] qu'avec quelque argent comptant provenant, tant de son accord avec l'opera que de la vente de ses livres de botanique, et du reste d'un fond de mille écus qu'il avoit à Lyon et qu'il retira pour s'établir à Paris[g], toute sa fortune présente consiste en huit cent francs de rente viagére[h], incertaine et dont il n'a aucun titre, et trois cent francs de rente aussi viagére mais assurée, du moins autant que la personne qui doit la payer

a Même leçon dans P. ; G. *est une des causes.*

b P. et G. *il s'étoit attaché.*

c G. et P. *Je lui marquai.*

d Citation soulignée dans G. Pas de guillemets dans P.

e P. et G. *des dépenses auxquelles il avoit été forcé pendant huit ans qu'on s'est amusé* etc.

f G. et P. *et bien prouvé, il résulta.*

g C. *et du reste d'un fond de mille écus qu'il avoit à Lyon et qu'il retira pour s'établir à Paris* est inséré dans l'interligne.

h C. *viagére* est inséré dans l'interligne.

sera solvable. « Voila très fidellement » me dit-il, « à quoi se borne toute mon opulence. Si quelqu'un dit me savoir aucun autre fond ou revenu[a], je dis qu'il ment, et je me montre[b] ; et si quelqu'un dit en avoir à moi, qu'il m'en donne le quart et je lui fais quittance du tout[c] »[159].

« Vous pourriez »[d], continua-t-il, « dire comme font tant d'autres que pour un philosophe austére, onze cents francs de rente devroient, tandis au moins que j'en jouis[e], suffire à ma subsistance, sans avoir besoin d'y joindre un travail auquel je suis peu propre, et que je fais avec plus d'ostentation que de necessité. A cela je réponds prémierement que je ne suis ni philosophe, ni austere, que[f] cette vie dure dont il plait à vos Messieurs de me faire un devoir[g] n'a jamais été ni de mon gout ni dans mes principes tant que par des moyens justes et honnêtes j'ai pu éviter de m'y réduire, qu'en[h] me faisant copiste de musique je n'ai point prétendu prendre un état austére et de mortification[160], mais choisir au contraire une occupation de mon gout, qui ne fatigât pas mon esprit paresseux, et qui put me fournir les douceurs[i] de la vie que[j] mon[k] mince revenu me mettoit hors d'état d'avoir[l] sans ce supplément. En renonçant, et de grand cœur, à tout ce qui est de luxe et de vanité, je n'ai point renoncé aux plaisirs réels, et c'est même pour les gouter dans toute leur pureté que j'en ai détaché tout ce qui ne tient qu'à l'opinion. Les dissolutions ni les excés n'ont jamais été de mon gout ; mais sans avoir jamais été riche, j'ai toujours vécu commodement, et il m'est de toute impossibilité de vivre commodement dans mon petit ménage avec onze cents francs de rente[m] ; bien moins encore avec trois cents auxquels d'un jour à l'autre je puis être réduit : mais écartons

a Mots biffés dans C. *ou revenu* ~~*ou rente*~~ [?] *et si quelqu'un* etc. P. et G. *ou revenu de quelque espéce que ce puisse être.*
b C. *je dis qu'il ment, et je me montre* est inséré dans l'interligne.
c Citation sans guillemets dans P.
d Guillemets à partir d'ici dans P. et G.
e G. et P. *au moins tandis que je les ai.*
f P. et G. *et que.*
g Même leçon dans G. ; P. *un si indispensable devoir.*
h Même leçon dans G. ; P. *de m'y réduire. Je réponds qu'en me faisant* etc.
i G. et P. *les comodités.*
j Mot biffé dans C. *que* ~~*ce*~~ *mince revenu.*
k *mon* est inséré dans l'interligne.
l G. *que mon mince revenu ne pouvoit me procurer sans* etc. P. *que le mince revenu que j'ai ne pouvoit* etc.
m P. *de rente viagére.* G. *de rente quand même ils seroient assurés.*

cette prévoyance. Pourquoi voulez-vous que sur mes vieux jours je fasse sans necessité le dur apprentissage d'une vie plus que frugale à laquelle mon corps n'est point accoutumé, tandis qu'un travail qui n'est pour moi qu'un plaisir me procure la continuation de ces mêmes comodités dont l'habitude m'a fait un besoin, et qui de toute autre maniére seroient moins à ma portée ou me coûteroient beaucoup plus cher ? Vos Messieurs qui n'ont pas pris pour eux cette austérité qu'ils me prescrivent, font bien, puisque tel est leur goût[a], d'intriguer ou[b] emprunter[c] plustot que de s'assujetir à un travail manuel qui leur paroit ignoble [128.] usurier, insupportable, et ne procure pas tout d'un coup des raffles de cinquante mille francs[161]. Mais moi qui ne pense pas comme eux sur la véritable dignité ; moi qui trouve une jouissance très douce dans le passage alternatif du travail à la récréation ; par une occupation de mon gout que je mesure à ma volonté, j'ajoûte ce qui manque à ma petite fortune pour me procurer une subsistance aisée, et je jouis des douceurs d'une vie égale et simple, autant qu'il dépend de moi. Un désœuvrement absolu m'assujettiroit à l'ennui, me forceroit peut-être à chercher des amusemens toujours coûteux, souvent pénibles, rarement innocens, au lieu qu'après le travail le simple repos a son charme, et suffit avec la promenade pour l'amusement dont j'ai besoin. Enfin c'est peut-être un soin que je me dois dans une situation aussi triste, d'y jetter du moins tous les agrémens qui sont[d] à ma portée pour tâcher d'en adoucir l'amertume ; de peur que le sentiment de mes peines, aigri par une vie austére ne fermentât dans mon ame et n'y produisit des dispositions haineuses et vindicatives, propres à me rendre méchant et plus malheureux. Je me suis toujours bien trouvé d'armer mon cœur contre la haine par toutes les jouissances que j'ai pu me procurer. Le succés de cette méthode me la rendra toujours chére, et plus ma destinée est déplorable, plus je m'efforce à la parsemer de douceurs, pour me maintenir toujours bon. »

« Mais, disent-ils, parmi tant d'occupations dont il a le choix, pourquoi choisir par préférence celle à laquelle il paroit le moins propre, et qui doit lui rendre le moins ? Pourquoi copier de la musique au lieu de

a Proposition supprimée dans P. et G.

b Mot biffé illisible dans C. sous l'ajout.

c C. *emprunter* est inséré dans l'interligne.

d G. et P. *qui restent.*

faire des livres ?[162] Il y gagneroit davantage et ne se dégraderoit pas. Je répondrois volontiers à cette question en la renversant. Pourquoi faire des livres au lieu de copier de la musique, puisque ce travail me plait et me convient[a] plus que tout autre, et que son produit est un gain juste honnête, et qui me suffit. Penser est un travail très pénible[b] qui me fatigue me tourmente et me déplait : Travailler de la main et laisser ma tête en repos me récrée et m'amuse. Si j'aime quelquefois à penser, c'est librement et sans gêne, en laissant errer à leur gré mes idées sans les assujetir à rien[163]. Mais penser à ceci ou à cela par devoir par métier, mettre à mes productions de la methode et de la correction, être obligé de produire, est pour moi le travail[c] d'un Galerien, et penser pour vivre me paroit la plus penible ainsi que la plus ridicule de toutes les occupations. Que d'autres usent de leurs talens comme il leur plait, je ne les en blâme pas : Mais pour moi je n'entens point[d] prostituer les miens tels quels en les mettant à prix. Je vends le travail de mes mains, mais les productions de mon ame ne sont point à vendre[e][164]. C'est leur desinteressement qui peut seul[f] leur donner de la force et de l'élévation. Celles que je ferois pour de l'argent n'en vaudroient guère et m'en rendroient encor moins. »

« Pourquoi vouloir que je fasse encor des livres quand j'ai dit tout ce que j'avois à dire, et qu'il ne me resteroit que la ressource[g] de répéter et retourner[h] les mêmes idées ? A quoi bon redire une seconde fois et mal ce que j'ai dit une fois de mon mieux ? Ceux qui ont la démangeaison de parler[i] trouvent toujours quelque chose à dire ; cela est aisé pour qui ne veut qu'agencer des mots ; je n'ai jamais senti cette démangeaison[165] que pour dire[j] des choses grandes neuves et necessaires, et non pas pour rabâcher. Faire des livres est-il donc un métier comme faire des

---

a Même leçon dans G. ; P. *ce travail me plait me convient plus que* etc.

b P. et G. *un travail pour moi très pénible.*

c P. *mettre à mes productions de la methode, de la correction est* etc. G. *mettre à mes productions de la correction, de la méthode est* etc.

d G. et P. *je n'ai jamais voulu.*

e P. et G. *en les mettant à prix, sûr que cette vénalité même les auroit aneantis. Je vends* etc.

f Même leçon dans G. ; P. *qui peut leur donne*r etc.

g Même leçon dans P. ; G. *que la ressource trop chetive à mes yeux.*

h P. et G. *la ressource de retourner et répéter.*

i Même leçon dans P. ; G. *de parler toujours.*

j P. *je n'ai jamais senti cette démangeaison que pour des choses grandes* etc. G. *mais je n'ai jamais été tenté de prendre la plume que pour dire des choses grandes* etc.

souliers[a] ? Pourquoi faire semblant de vouloir que je fasse[b] des livres, quand en effet on a si grand'peur[c] que je n'en fasse, et qu'on met tant de vigilance à m'en ôter tous les moyens. On me ferme adroitement l'abord de toutes les maisons[d] ; on me cache avec le plus grand soin la demeure et l'adresse de tout le monde ; Les Suisses et les portiers ont tous relativement à moi de secrettes instructions, non de leurs maitres, mais de vos Messieurs[e] ; ils ne me laissent plus de communication avec les hommes[f], même pour parler, me permettroient-ils d'écrire ? Ils me laisseroient peut-être exprimer ma pensée pour la savoir eux-mêmes, mais très certainement ils m'empêcheroient[g] bien de la dire au public. »

« Dans la position où je suis, si j'avois à faire des livres, je n'en devrois et n'en voudrois faire que pour la défense de mon honneur, pour confondre et démasquer les imposteurs qui me[h] diffament. Il ne m'est plus permis, sans me manquer à moi-même de traiter aucun autre sujet. Quand j'aurois les lumiéres necessaires pour percer cet abyme tenebreux[i] où l'on m'a plongé et pour éclairer toutes ces trames souterraines, y a-t-il du bon sens à supposer qu'on me laisseroit faire, et que les gens qui disposent de moi souffriroient que j'instruisisse le public de leurs manœuvres et de mon sort. A qui m'addresserois-je pour me faire imprimer qui ne fut un de leurs émissaires ou qui ne le devint aussi-tot[j] ? Ne sait-on pas tous les jours et toutes[k] les heures à qui j'ai parlé et ce que j'ai dit[l], et doutez-vous que depuis nos entre-vues vous-même ne soyez aussi surveillé que moi ? Quelqu'un peut-il

---

a Phrase remplacée dans G. et P. par celle-ci : « J'ai fait des livres, il est vrai, mais jamais je ne fus un Livrier. »

b Même leçon dans P. ; G. *que je fasse encor.*

c Même leçon dans P. ; G. *on craint tant.*

d P. et G. *on me cache avec le plus grand soin la demeure et l'adresse de tout le monde* [...] *on me ferme l'abord de toutes les maisons.* – G. *de toutes les maisons hors celles des fauteurs de la ligue.* P. *hors celle des fauteurs du complot.*

e G. et P. *ont tous pour moi des ordres secrets, autres que ceux de leurs maîtres.*

f P. *On ne me laisse plus de communication avec* etc. G. *on ne me laisse plus de communication avec les humains* etc.

g P. et G. *me permettroit-on d'écrire ? On me laisseroit peut-être exprimer ma pensée afin de la savoir, mais très certainement on m'empêcheroit* etc.

h G. et P. *qui le diffament.*

i Même leçon dans P. ; G. *cet abîme de tenebres.*

j G. *ne le devint aussitôt. M'ont-ils laissé quelqu'un à qui je pusse me confier ?* P. *à qui je puisse me confier ?*

k P. et G. *à toutes.*

l G. et P. *à qui j'ai parlé, ce que j'ai dit* etc.

ne pas voir qu'investi de toutes parts, gardé à vue jour et nuit comme je le suis[a], il m'est impossible de faire entendre de nulle part la voix de la justice et de la vérité ? Si l'on m'en laissoit[b] le moyen ce seroit un piége. Quand j'aurois dit blanc on me feroit dire noir[c], et puisqu'on falsifie ouvertement mes anciens écrits[166] qui sont dans les mains de tout le monde, manqueroit-on de falsifier ceux qui n'auroient point encore paru, et dont rien ne pourroit constater la falsification, puisque mes protestations sont comptées pour rien[d] ? »

« Faire des livres pour subsister eut été me mettre dans la dépendance [130.] du public ; Il eut été dès lors question non d'instruire et de corriger, mais de plaire et de réussir. Cela ne pouvoit plus se faire en suivant la route que j'avois prise : Les tems étoient trop changés, et le public avoit trop changé pour moi. Quand je publiai mes prémiers écrits, encor livré à lui-même, il n'avoit point adopté de secte et pouvoit en total écouter[e] la voix de la vérité et de la raison. Mais aujourdui subjugué tout entier, il ne pense plus il ne raisonne plus, il n'est plus rien par lui-même, et ne suit plus que les impressions qu'on lui donne[f]. L'unique doctrine qu'il peut[g] gouter[h] est celle qui met ses passions à leur aise et couvre d'un vernis de sagesse le dereglement de ses mœurs. Il ne reste plus qu'une route pour quiconque aspire à lui plaire. C'est de suivre à la piste les brillans Auteurs de ce siécle, de verser comme eux[i] la satyre et le fiel avec l'encre[j], de prêcher comme eux dans une

a P. et G. *gardé à vue comme je le suis.*

b P. *si on paroissoit m'en laisser* etc. G. *Si l'on paroissoit.*

c P. et G. *Quand j'aurois dit blanc, on me feroit dire noir sans même que j'en susse rien**
* *Comme on fera certainement du contenu de cet écrit, si son existence est connue du public, et qu'il tombe entre les mains de ces Messieurs, ce qui paroit* [G. *naturellement*] *inévitable.*

d Suite et fin de l'alinéa dans P. : *Eh monsieur ! pouvez-vous ne pas voir le grand, le seul crime qu'ils redoutent de moi et qu'ils veulent empêcher à tout prix ? Crime affreux dont l'effroi les tient dans des transes continuelles : et ce crime, unique objet de tant de terreurs, de tant de travaux et d'allarmes n'est autre que ma justification.* Version de G. : *Eh, monsieur, pouvez-vous ne pas voir que le grand, le seul crime qu'ils redoutent de moi, crime affreux dont l'effroi les tient dans des transes continuelles, est ma justification ?*

e Même leçon dans P. ; G. *il n'avoit point en total adopté de secte et pouvoit écouter* etc.

f Même leçon dans P. ; G. *les impressions que lui donnent ses guides.*

g C. *peut* est inséré dans l'interligne.

h Même leçon dans P. ; G. *qu'il peut gouter désormais.*

i C. *comme eux* est inséré dans l'interligne.

j Proposition supprimée dans P. et G. Puis les propositions qui suivent sont inversées : « et de prêcher comme eux dans une morale hypocrite l'amour des vertus et la haine du vice, mais après avoir commencé par prononcer comme eux que tout cela » etc.

morale hypocrite l'amour des vertus et la haine du vice, après avoir commencé par prononcer comme eux que tout cela sont des mots[167] vides de sens[168], faits pour amuser le peuple, qu'il n'y a ni vice ni vertu dans le cœur de l'homme, ni liberté[a] dans sa volonté ni moralité dans ses actions, que tout jusqu'à cette volonté même est l'ouvrage d'une aveugle nécessité, qu'enfin la conscience et les remords ne sont que des préjugés et[b] des chimères[c], puisqu'on ne peut s'abstenir, ni s'applaudir d'une bonne action qu'on a été forcé de faire[d 169]. Or quelle[e] chaleur quelle vehemence, quel ton de persuasion et de vérité pourrois-je mettre quand je le voudrois dans ces cruelles doctrines qui, flattent les heureux[f] et les riches, accablent les infortunés et les pauvres, en ôtant aux uns tout frein toute crainte toute retenue, et aux autres toute espérance et[g] toute consolation[#] ? Non, j'ai dit ce que je savois ce que je croyois du moins être vrai, bon, consolant, utile. J'en ai dit assez pour qui voudra m'écouter en sincérité de cœur, et beaucoup trop pour le siécle où j'ai eu le malheur de vivre. Ce que je dirois de plus ne feroit aucun effet, et je le dirois mal, n'étant animé ni par l'espoir du succés comme les auteurs à la mode, ni comme autrefois, par cette hauteur de courage qui met l'ame au-dessus[h], et qu'inspire le seul amour de la vérité sans mélange d'aucun intérêt personnel. »

Voyant l'indignation dont il s'enflammoit à ces idées, je me gardai de lui parler de tous ces fatras de livres et de brochures qu'on lui fait barbouiller et publier chaque jour[i] avec autant de secret que de bon sens.

---

a G. et P. *puisqu'il n'y a ni liberté* etc.

b C. *que des préjugés et* est inséré dans l'interligne.

c Passage biffé dans P. *ne sont que des préjugés, de chiméres,* ~~*qu'il n'y a ni mérite ni démérite dans*~~ [~~*toutes les*~~ (?)] ~~*actions humaines*~~ *puisqu'on ne peut ni s'applaudir* etc. G. *ne sont que préjugés et chiméres.*

d P. et G. *puisqu'on ne peut, ni s'applaudir d'une bonne action qu'on a été forcé de faire, ni se reprocher un crime dont on n'a pas eu le pouvoir de s'abstenir*.*
** Voilà ce qu'ils ont ouvertement enseigné et publié jusqu'ici, sans qu'on ait songé à les decreter pour cette doctrine. Cette peine étoit réservée au Système impie de la Religion naturelle. A présent c'est à J.J. qu'ils font dire tout cela ; eux se taisent ou crient à l'impie, et le public avec eux. Risum teneatis, amici !*

e G. et P. *Et quelle.*

f Mot biffé illisible dans C. après « les heureux ».

g P. et G. *toute espérance, toute consolation.*

\# et comment enfin les accorderois-je avec mes propres écrits, pleins de la réfutation de tous ces sophismes ? (Note insérée au corps du texte à la suite dans G. et P.).

h P. et G. *qui met au dessus.*

i G. et P. *tous les jours.*

Par quelle inconcevable bêtise pourroit-il espérer, surveillé comme il l'est[a], de pouvoir garder un seul moment l'anonyme[170], et lui à qui l'on reproche tant de se défier à tort de tout le monde, comment auroit-il une confiance aussi stupide en ceux qu'il chargeroit de la publication de ses manuscrits ; et s'il avoit en quelqu'un cette confiance[b], est-il croyable qu'il ne s'en serviroit [131.] dans la position terrible où il est que pour publier d'arides traductions et de frivoles brochures* ? Enfin peut-on penser que se voyant ainsi journellement découvert, il ne laissât pas d'aller toujours son train avec le même mistére, avec le même secret si bien gardé ; soit en continuant de se confier au même traitre[c], soit en lui substituant[d] de nouveaux confidens tout aussi fidelles ?

J'entens insister ; pourquoi sans reprendre ce métier d'Auteur qui lui déplait tant, ne pas choisir au moins pour ressource quelque talent[e] plus honorable ou plus lucratif. Au lieu de copier de la musique, s'il était vrai qu'il la sut que n'en faisoit-il ou que ne l'enseignoit-il ? S'il ne la savoit pas, il avoit ou passoit pour avoir d'autres connoissances dont il pouvoit donner leçon ; L'Italien, la geographie, l'arithmetique, que sais-je moi ! tout, puisqu'on a tant de facilités à Paris pour enseigner ce qu'on ne sait pas soi-même. Les plus médiocres talens valoient mieux[f] à cultiver pour s'aider à vivre que le moindre de tous qu'il possédoit mal et dont il tiroit si peu de profit, même en taxant si haut son ouvrage. Il ne se fut point mis, comme il a fait dans la dépendance de quiconque vient armé d'un chiffon de musique lui faire essuyer son persiflage[g], ni des valets insolens qui dans leur arrogant maintien viennent lui deceler les sentimens cachés des maitres. Il n'eut point perdu si souvent le salaire de son travail, ne se fut point fait mépriser du peuple et traiter

---

a Même leçon dans P. ; G. *comme il est.*

b P. et G. *cette inepte confiance.*

* Aujourdui c'est autre chose ; ce sont des livres en forme ; mais il y a dans l'œuvre qui me regarde un progrès qu'il n'étoit pas aisé de prévoir. Voyez la note p. 225. (Rousseau renvoie à la pagination du manuscrit C. Voir ici p. 522.) P. comme G. élident le renvoi ; de plus, G. élide « c'est autre chose ».

c G. et P. *aux mêmes traitres.*

d G. *soit en choisissant.* P. *soit en choisissant chaque fois.*

e Même leçon dans G. ; P. *au moins quelque talent.*

f Un mot biffé illisible après « mieux » dans C.

g G. et P. *lui débiter son amphigouri.* Même leçon dans G. pour la suite jusqu'à « pour ce travail même » à l'exception d'une modification : « des valets insolens qui viennent dans leur arrogant maintien ». Dans P., cette séquence, appelée par « son amphigouri# », est rédigée (sans modification) dans la marge gauche de la p. 125.

de Juif par le philosophe Diderot pour ce travail même[171]. Tous ces profits mesquins sont méprisés des grandes ames : L'illustre Diderot, qui ne souille point ses mains d'un travail mercenaire et dedaigne les petits gains usuriers, est aux yeux de l'Europe entiere un sage aussi vertueux que desintéressé, et le copiste J.J. prenant dix sols par page de son travail pour s'aider à vivre est un Juif que sa basse avidité fait universellement mepriser. Mais en dépit de son âpreté la fortune paroit avoir ici tout remis assez dans l'ordre, et je ne vois point que les usures du Juif J.J. l'aient rendu fort riche, ni que le desintéressement du Philosophe Diderot l'ait appauvri[172].

Eh comment peut-on ne pas sentir que si J.J. eut pris cette occupation de copier de la musique par affectation ou pour donner le change au public[a], il n'eut pas manqué pour ôter cette arme à ses ennemis et se faire un mérite de son métier, de le faire au prix des autres, ou même au dessous[b] ?

LE FRANÇOIS.

L'avidité ne raisonne pas toujours bien.

ROUSSEAU.

L'animosité raisonne souvent plus mal encore. Cela se sent à merveilles quand on éxamine les allures de vos Messieurs, et leurs singuliers raisonnements qui les deceleroient bien [132.] vîte aux yeux de quiconque ne partageroit pas leur passion.

Toutes ces objections m'étoient présentes quand je commençai[c] d'observer notre homme : mais en le voyant familiérement j'ai senti bientot[d] et je sens mieux chaque jour que les vrais motifs qui le déterminent dans toute sa conduite[173] se trouvent rarement dans son plus grand intérest et plus rarement encore dans les opinions[e] de la multitude. Il les faut chercher plus près de lui si l'on ne veut s'abuser sans cesse.

---

a P. *de copier de la Musique, ou pour donner le change au public, ou par affectation, il n'auroit pas* etc. G. *de copier de la musique uniquement pour donner le change au public ou par affectation, il n'eut pas* etc.

b Même leçon dans P. ; Alinéa rattaché au précédent dans G.

c G. et P. *quand j'ai commencé.*

d Même leçon dans G. ; P. *j'ai bientôt senti.*

e P. et G. *et jamais dans les opinions.*

D'abord, comment ne sent-on pas que pour tirer parti de tous ces petits talens dont on parle, il en faudroit un qui lui manque, savoir celui de les faire valoir. Il faudroit intriguer courir à son age de maison en maison, faire sa cour aux grands, aux riches, aux femmes, aux Artistes aux protecteurs, à tous ceux[a] dont il auroit besoin et dont on le laisseroit approcher[b], et l'on ne le laisseroit jamais approcher que des fauteurs du complot dont il est l'objet[c]. Il a fait à Lyon une publique et[d] mémorable expérience de la façon dont le traiteroient[e] les musiciens s'il se mettoit à leur merci pour l'exécution de ses ouvrages, comme il y seroit forcé pour en pouvoir tirer parti[174]. J'ajoute que quand même à force de manége il pourroit réussir, et qu'on le laisseroit faire[f], il devroit toujours trouver trop chers des succés achettés à ce prix. Pour moi du moins pensant autrement que le public sur le véritable honneur, j'en trouve beaucoup plus à copier[g] de la musique à tant la page, qu'à courir de porte en porte pour y souffrir les rebuffades des valets, les caprices des maitres, et faire par tout le métier de cajoleur et de complaisant ? Voila ce que tout esprit judicieux eut dû[h] sentir de lui-même ; mais l'étude particulière de l'homme ajoûte un nouveau poids à tout cela.

J. J. est indolent et[i] paresseux comme tous les contemplatifs[175] : mais cette paresse n'est que dans sa tête. Il ne pense qu'avec effort, il se fatigue à penser ; il s'effraye de tout ce qui l'y force, à quelque foible degrès que ce soit, et s'il faut qu'il réponde à un bonjour dit avec quelque tournure, il en sera tourmenté. Cependant il est vif et[j] laborieux à sa maniére ; il ne peut souffrir une oisiveté absolue ; il faut que ses pieds que ses mains[k] que ses doigts agissent, que son corps soit en exercice et que sa tête reste en repos. Voila d'où vient sa passion pour

---

a G. et P. *aux artistes, à tous ceux* etc.

b Même leçon dans P. ; G. *à tous ceux dont on le laisseroit approcher.*

c Proposition remplacées dans G. et P. par celle ci : « car on mettroit le même choix aux gens dont on lui permettroit l'accés qu'on met à ceux à qui l'on permet le sien, et parmi lesquels je ne serois pas sans vous. »

d C. *publique et* est inséré dans l'interligne.

e Même leçon dans G. ; P. *dont l'accomoderoient les musiciens.*

f Proposition supprimée dans P. et G.

g G. et P. *à copier chez soi.*

h P. et G. *devroit.*

i Même leçon dans P. ; G. *indolent, paresseux.*

j Même leçon dans P. ; G. *vif, laborieux.*

k Même leçon dans P. ; G. *que ses mains, que ses pieds* etc.

la promenade ; il y est en mouvement sans être obligé de penser : Dans la rêverie on n'est point actif ; les images se tracent dans le cerveau, s'y combinent comme dans le sommeil sans le concours de la volonté ; on laisse à tout cela suivre sa marche, et l'on jouit sans agir. Mais quand on veut arrêter fixer les objets, les ordonner les arranger, c'est autre chose ; on y met du sien. Sitot que le raisonnement et la réflexion s'en mêlent, la méditation n'est plus un repos[176], elle est une action très pénible, et voila la peine qui fait l'effroi de J. J. et dont la seule idée l'accable et [133.][a] le rend paresseux. Je ne l'ai jamais trouvé tel qu'en œuvre[b] où il faut que l'esprit agisse, quelque peu que ce puisse être. Il n'est avare ni de son tems ni de sa peine, il ne peut rester oisif sans souffrir. Il passeroit volontiers sa vie à bêcher dans un jardin pour y rêver à son aise : Mais ce seroit pour lui le plus cruel supplice de la passer à croupir dans un fauteuil[c] en fatigant sa cervelle à chercher des riens pour amuser les femmes.

De plus, il déteste la gêne autant qu'il aime l'occupation. Le travail ne lui coûte rien, pourvu qu'il le fasse à son heure et non pas à celle d'autrui. Il porte sans peine le joug de la nécessité des choses, mais non celui de la volonté des hommes[177]. Il aimera mieux faire une tâche double en prenant son tems qu'une simple au moment prescrit. A-t-il une affaire, une visitte, un voyage à faire, il ira sur le champ si rien ne le presse ; s'il faut aller à l'instant il regimbera. Le moment où, renonçant à tout projet de fortune pour vivre au jour la journée il se défit de sa montre, fut un des plus doux de sa vie. Grâce au Ciel, s'ecria-t-il dans un transport de joye, je n'aurai plus besoin de savoir l'heure qu'il est[d] ![178]

S'il se plie avec peine aux fantaisies des autres ce n'est pas qu'il en ait beaucoup de son chef. Jamais homme ne fut moins[e] obeissant[f] et cependant moins capricieux : Ce n'est pas sa raison qui l'empêche de l'être, c'est sa paresse ; car les caprices sont des secousses de la volonté dont il craindroit la fatigue. Rebelle à toute autre volonté il ne sait pas même obéir à la sienne, ou plustot il trouve si fatigant même de

a Mot biffé illisible dans C. avant « le rend ».
b P. et G. *que dans toute œuvre.*
c G. et P. *de la passer dans un fauteuil en fatigant* etc.
d Alinéa rattaché au précédent dans P.
e Mot biffé dans C. *moins* ~~*imitateur*~~ [?] ; P. et G. *moins imitateur et cependant* etc.
f C. *obeissant* est inséré dans l'interligne.

vouloir, qu'il aime mieux dans le courant de la vie suivre une impression[a] purement machinale qui l'entraine sans qu'il ait la peine de la diriger. Nul n'a porté[b] plus pleinement et dès sa jeunesse le joug propre des ames foibles et des vieillards, savoir celui de l'habitude[179]. C'est par elle qu'il aime à faire encor aujourdui ce qu'il fit hier : La route étant déja toute tracée[c] il a moins de peine à la suivre qu'à l'effort d'une nouvelle direction. Il est incroyable à quel point cette paresse de vouloir le subjugue. Cela se voit jusques dans ses promenades ; il répétera tous les jours[d] la même jusqu'à ce que quelque motif le force absolument[e] d'en changer, ses pieds le reportent d'eux-mêmes où ils l'ont déja porté. Il aime à marcher toujours devant lui, parce que cela se fait sans avoir besoin d'y penser. Il iroit de cette façon toujours rêvant jusqu'à la Chine[180] sans s'en appercevoir ou sans s'en ennuyer[f]. Voila pourquoi les longues promenades lui plaisent ; mais il n'aime pas les jardins où à chaque bout d'allée une petite direction expresse est necessaire[g] pour revenir[h] sur ses pas, et[i] en compagnie il[j] se met sans y penser à la suite des autres[k] ; il est moins à son aise en marchant le prémier. Rien n'est plus uniforme que [134.] sa manière de vivre : il se lève se couche mange travaille sort et rentre aux mêmes heures, sans le vouloir et sans le savoir. Tous les jours sont le même jour toujours répété[l] ; sa routine lui tient lieu de toute autre régle : il la suit très exactement sans y manquer et sans y songer[m].

a Même leçon dans G. ; P. *une impulsion.*

b G. et P. *Jamais homme ne porta.*

c G. et P. *déja frayée.*

d P. et G. *toujours la même.*

e Même leçon dans G. ; P. *le force à la fin.*

f P. et G. *et sans s'ennuyer.*

g Même leçon dans P. ; G. *une petite direction est necessaire.*

h G. et P. *pour tourner et revenir.*

i C. *et* est inséré dans l'interligne.

j Mot biffé dans C. *et en compagnie ~~il marche~~* [?]

k G. et P *à la suite des autres pour n'avoir pas besoin de penser à son chemin ; aussi n'en a-t-il jamais retenu aucun qu'il ne l'eut fait seul.* L'alinéa se clôt ainsi dans G. et P., qui suppriment « il est moins à son aise en marchant le prémier ». Suit une importante recomposition des deux alinéas suivants. Le premier est modifié dans P. et G par l'adjonction en tête de la séquence « Tous les hommes [...] autant que je puis m'y connoitre » prélevée au deuxième alinéa qui suit dans le manuscrit, suivie par la séquence « Rien n'est plus uniforme [...] sans y songer ». Ces prélèvements recomposés sont eux-mêmes très réécrits.

l P. et G. *Tous les jours sont jettés au même moule ; c'est le même jour toujours répété.*

m Un mot biffé illisible dans C.

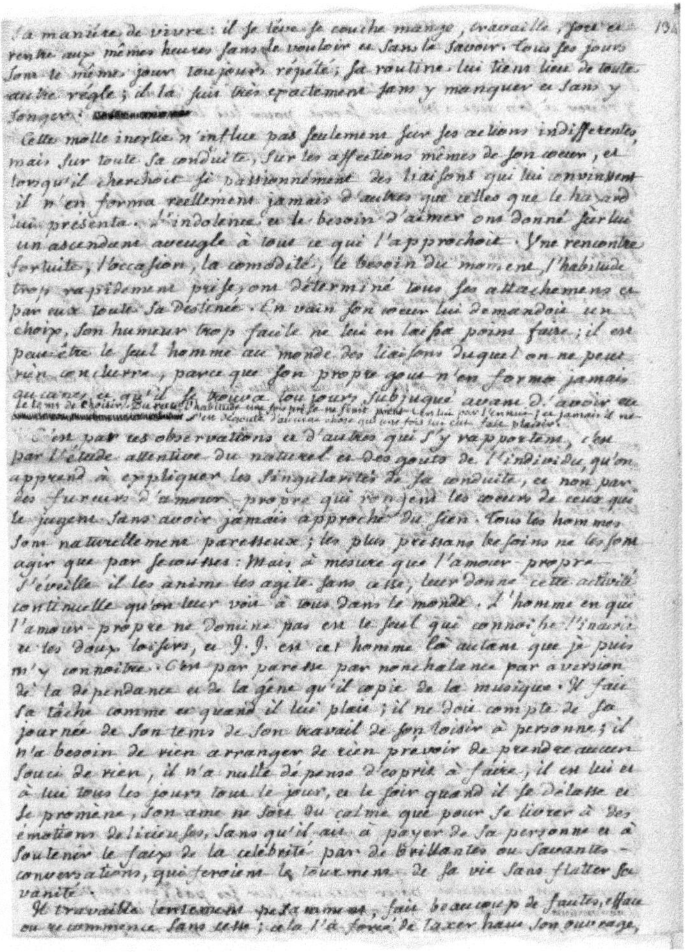

sa manière de vivre : il se lève, se couche, mange, travaille, sort et rentre aux mêmes heures sans le vouloir et sans le savoir. Tous ses jours sont le même jour toujours répété ; sa routine lui tient lieu de toute autre règle ; il la suit très exactement sans y manquer et sans y songer. 134

Cette molle inertie n'influe pas seulement sur ses actions indifférentes, mais sur toute sa conduite, sur les affections mêmes de son cœur, et lorsqu'il cherchoit si passionnément des liaisons qui lui convinssent il n'en forma réellement jamais d'autres que celles que le hazard lui présenta. L'indolence et le besoin d'aimer ont donné sur lui un ascendant aveugle à tout ce qui l'approchoit. Une rencontre fortuite, l'occasion, la commodité, le besoin du moment, l'habitude trop rapidement prise, ont déterminé tous ses attachemens et par eux toute sa destinée. En vain son cœur lui demandoit un choix, son humeur trop facile ne lui en laissa point faire ; il est peut-être le seul homme au monde des liaisons duquel on ne peut rien conclurre, parce que son propre goût n'en forma jamais aucune, et qu'il se trouva toujours subjugué avant d'avoir eu le tems de choisir. Du reste l'habitude une fois prise ne finit point chez lui par l'ennui, et jamais il ne s'en dégoûte d'aucune chose qui une fois lui eût fait plaisir.

C'est par ces observations et d'autres qui s'y rapportent, c'est par l'étude attentive du naturel et des goûts de l'individu, qu'on apprend à expliquer les singularités de sa conduite, et non par des fureurs d'amour-propre qui rongent les cœurs de ceux qui le jugent sans avoir jamais approché du sien. Tous les hommes sont naturellement paresseux ; les plus pressans besoins ne les font agir que par secousses : mais à mesure que l'amour-propre s'éveille il les anime, les agite sans cesse, leur donne cette activité continuelle qu'on leur voit à tous dans le monde. L'homme en qui l'amour-propre ne domine pas est le seul qui connoisse l'inaction et les doux loisirs, et J. J. est cet homme là autant que je puis m'y connoitre. C'est par paresse, par nonchalance, par aversion de la dépendance et de la gêne qu'il copie de la musique. Il fait sa tâche comme et quand il lui plait ; il ne doit compte de sa journée, de son tems, de son travail, de son loisir à personne ; il n'a besoin de rien arranger, de rien prévoir, de prendre aucun souci de rien, il n'a nulle dépense d'esprit à faire, il est lui et à lui tous les jours, tout le jour, et le soir quand il se délasse et se promène, son ame ne sort du calme que pour se livrer à des émotions délicieuses, sans qu'il ait à payer de sa personne et à soutenir le faix de la célébrité par de brillantes ou savantes conversations, qui feroient le tourment de sa vie sans flatter sa vanité.

Il travaille lentement, pesamment, fait beaucoup de fautes, efface ou recommence sans cesse ; cela l'a forcé de taxer haut son ouvrage,

FIG. 10 – Manuscrit « Condillac » – BnF, NAF 25700 (p. 134).

5 chemin; aussi n'en a-t-il jamais retenu aucun qu'il ne l'eut fait seul.

Tous les hommes sont naturellement paresseux, leur interest même ne les anime pas, et les plus pressans besoins ne les font agir que par secousses; mais à mesure que l'amour-propre s'éveille il les excite les pousse, les tient sans cesse en haleine parce qu'il est la seule passion qui leur parle toujours: c'est ainsi qu'on les voit tous dans le monde. L'homme en qui l'amour-propre ne domine pas et qui ne va point chercher son bonheur loin de lui est le seul qui connoisse l'incurie et les doux loisirs, et J. J. est cet homme-là autant que je puis m'y connoitre. Rien n'est plus uniforme que sa maniere de vivre: il se leve se couche mange travaille sort et rentre aux mêmes heures, sans le vouloir et sans le savoir. Tous ses jours sont jettés au même moule; c'est le même jour toujours répété; sa routine lui tient lieu de toute autre regle: il la suit très exactement sans y manquer et sans y songer. Cette molle inertie n'influe pas seulement sur ses actions indifferentes mais sur toute sa conduite, sur les affections mêmes de son cœur, et lorsqu'il cherchoit si passionnément des liaisons qui lui convinssent, il n'en forma reellement jamais d'autres que celles que le hazard lui présenta. L'indolence et le besoin d'aimer ont donné sur lui un ascendant aveugle à tout ce qui l'approchoit. Une rencontre fortuite, l'occasion, le besoin du moment, l'habitude trop rapidement prise, ont déterminé tous ses attachemens et par eux toute sa destinée. En vain son cœur lui demandoit un choix, son humeur trop facile ne lui en laissa point faire. Il est peut-être le seul homme au monde des liaisons duquel on ne peut rien conclurre; parce que son propre gout n'en forma jamais aucune, et qu'il se trouva toujours subjugué avant d'avoir eu le tems de choisir. Du reste l'habitude ne finit point en lui par l'ennui. Il vivroit éternellement du même mets, repeteroit sans cesse le même air, reliroit toujours le même

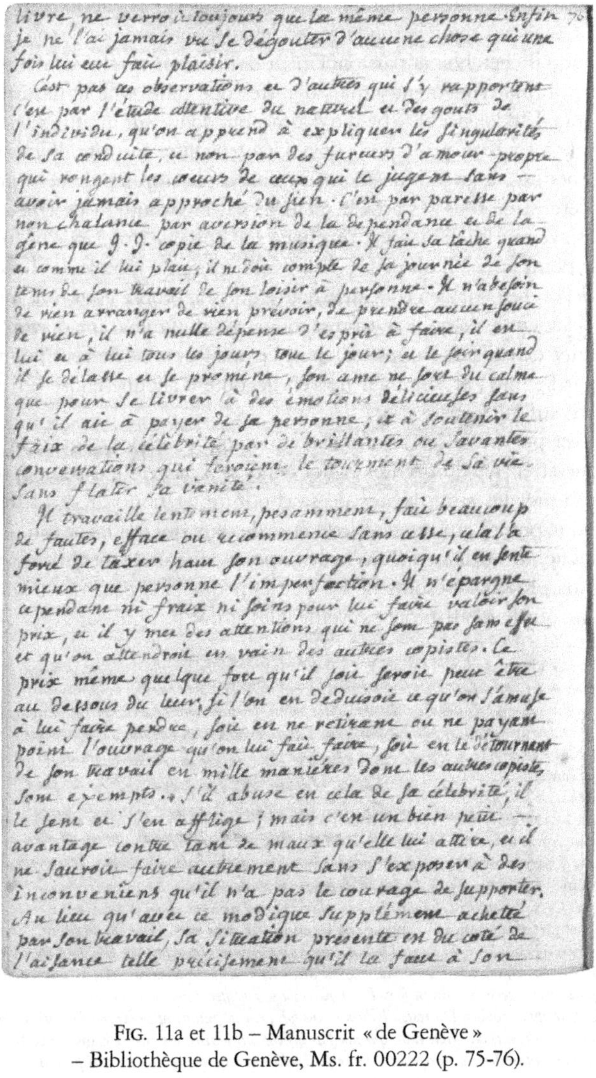

76

livre, ne verroit toujours que la même personne. Enfin je ne l'ai jamais vu se dégouter d'aucune chose qui une fois lui eut fait plaisir.

C'est par ces observations et d'autres qui s'y rapportent c'est par l'étude attentive du naturel et des gouts de l'individu, qu'on apprend à expliquer les singularités de sa conduite, et non par des fureurs d'amour-propre qui rongent les cœurs de ceux qui le jugent sans avoir jamais approché du sien. C'est par paresse par nonchalance par aversion de la dependance et de la gêne que J. J. copie de la musique. Il fait sa tâche quand et comme il lui plait, il ne doit compte de sa journée de son tems de son travail de son loisir à personne. Il n'a besoin de rien arranger de rien prevoir, de prendre aucun souci de rien, il n'a nulle dépense d'esprit à faire, il est lui et à lui tous les jours tout le jour; et le soir quand il se délasse et se proméne, son ame ne sort du calme que pour se livrer à des émotions délicieuses sans qu'il ait à payer de sa personne, et à soutenir le faix de la célébrité par de brillantes ou savantes conversations qui feroient le tourment de sa vie sans flater sa vanité.

Il travaille lentement, pesamment, fait beaucoup de fautes, efface ou recommence sans cesse, cela le fonde de taxer haut son ouvrage, quoiqu'il en sente mieux que personne l'imperfection. Il n'épargne cependant ni fraix ni soins pour lui faire valoir son prix, et il y met des attentions qui ne sont pas sans effet et qu'on attendroit en vain des autres copistes. Ce prix même quelque fort qu'il soit seroit peut être au dessous du leur, si l'on en deduisoit ce qu'on s'amuse à lui faire perdre, soit en ne retirant ou ne payant point l'ouvrage qu'on lui fait faire, soit en le détournant de son travail en mille maniéres dont les autres copistes sont exempts. S'il abuse en cela de sa célébrité, il le sent et s'en afflige; mais c'est un bien petit avantage contre tant de maux qu'elle lui attire, et il ne sauroit faire autrement sans s'exposer à des inconveniens qu'il n'a pas le courage de supporter. Au lieu qu'avec ce modique supplément acheté par son travail, sa situation presente est du coté de l'aisance telle précisement qu'il la faut à son

FIG. 11a et 11b – Manuscrit « de Genève » – Bibliothèque de Genève, Ms. fr. 00222 (p. 75-76).

Cette molle inertie[a] n'influe pas seulement sur ses actions indifferentes, mais sur toute sa conduite, sur les affections mêmes de son cœur, et lorsqu'il cherchoit si passionnément des liaisons qui lui convinssent il n'en forma reellement jamais d'autres que celles que le hazard lui présenta. L'indolence et le besoin d'aimer ont donné sur lui un ascendant aveugle à tout ce qui l'approchoit. Une rencontre fortuite, l'occasion, la comodité[b], le besoin du moment, l'habitude trop rapidement prise, ont déterminé tous ses attachemens et par eux toute sa destinée. En vain son cœur lui demandoit un choix, son humeur trop facile ne lui en laissa point faire[c] ; il est peut-être le seul homme au monde des liaisons duquel on ne peut rien conclurre, parce que son propre gout n'en forma jamais aucune, et qu'il se trouva toujours subjugué avant d'avoir[d] eu le temps de choisir. Du reste l'habitude une fois prise ne finit point en lui par l'ennui ; et jamais il ne s'en dégoute d'aucune chose qui une fois lui eut fait plaisir[e].

C'est par ces observations et d'autres qui s'y rapportent, c'est par l'étude attentive du naturel et des gouts de l'individu, qu'on apprend à expliquer les singularités de sa conduite, et non par des fureurs d'amour-propre qui rongent les cœurs de ceux qui le jugent sans avoir jamais approché du sien. Tous les hommes sont naturellement paresseux ; les plus pressans[f] besoins ne les font agir que par secousses : Mais à mesure que l'amour-propre s'éveille il les anime les agite sans cesse, leur

a P. et G. (Je suis la ponctuation de P.) *Tous les hommes sont naturellement paresseux, leur intérest même ne les anime pas, et les plus pressans besoins ne les font agir que par secousses ; mais à mesure que l'amour-propre s'éveille il les excite, les pousse, les tient sans cesse en haleine, parce qu'il est la seule passion qui leur parle toujours : c'est ainsi qu'on les voit tous dans le monde. L'homme en qui l'amour-propre ne domine pas et qui ne va point chercher son bonheur loin de lui est le seul qui connoisse l'incurie et les doux loisirs, et J.J. est cet homme-là autant que je puis m'y connoitre. Rien n'est plus uniforme que sa manière de vivre ; il se lève se couche mange travaille sort et rentre aux mêmes heures, sans le vouloir et sans le savoir. Tous les jours sont jettés au même moule ; c'est le même jour toujours répété ; sa routine lui tient lieu de toute autre régle : il la suit très exactement sans y songer et sans y manquer* [G. *sans y manquer et sans y songer*]. *Cette molle inertie* etc.

b Même leçon dans P. ; G. *l'occasion, le besoin du moment* etc.

c P. et G. *ne lui en laissa jamais faire.*

d Quelques mots biffés illisibles dans C. après « d'avoir eu ». G. et P. ajoutent après « le temps de choisir » : *Du reste l'habitude ne finit point en lui par l'ennui. Il vivroit éternellement du même mets, répéteroit sans cesse le même air, reliroit toujours le même livre, ne verroit toujours que la même personne. Enfin je ne l'ai jamais vu se dégouter d'aucune chose* etc.

e C. *le temps de choisir. Du reste l'habitude une fois prise ne finit point en lui par l'ennui ; et jamais il ne s'en dégoute d'aucune chose qui une fois lui eut fait plaisir.* est inséré dans l'interligne.

f G. *sont naturellement paresseux, leur intérest même ne les anime pas et les plus pressans* etc.

donne cette activité continuelle qu'on leur voit à tous dans le monde[a]. L'homme en qui l'amour-propre ne domine pas[b] est le seul qui connoisse l'incurie et les doux loisirs, et J.J. est cet homme-là autant que je puis m'y connoitre[c]. C'est par paresse par aversion de la dependance et de la gêne qu'il copie[d] de la musique. Il fait sa tâche comme et quand[e] il lui plait ; il ne doit compte de sa journée de son tems de son travail[f] de son loisir à personne ; il n'a besoin de rien arranger de rien prévoir de prendre aucun souci de rien, il n'a nulle dépense d'esprit à faire, il est lui et à lui[g] tous les jours tout le jour, et le soir quand il se délasse et se promène, son ame ne sort du calme que pour se livrer à des émotions délicieuses, sans qu'il ait à payer de sa personne et à soutenir le faix de la celebrité par de brillantes ou savantes conversations qui feroient le tourment de sa vie sans flatter sa vanité.

Il travaille lentement pesamment, fait beaucoup de fautes, efface ou recommence sans cesse ; cela l'a forcé de taxer haut son ouvrage, [135.] quoiqu'il en sente mieux que personne l'imperfection. Il n'épargne cependant ni tems ni soins[h] pour lui faire valoir son prix, et il y met des attentions qui ne sont pas sans effet[181], et qu'on attendroit en vain des autres copistes. Ce prix même, quelque fort qu'il soit seroit peut-être au-dessous du leur, si l'on en déduisoit ce qu'on s'amuse à lui faire perdre, soit en ne retirant ou ne payant[i] point l'ouvrage qu'on lui fait faire, soit en le détournant de son[j] travail[k] en mille maniéres dont les autres copistes sont exempts. S'il abuse en cela de sa célébrité, il le sent et s'en afflige ; mais c'est un bien petit avantage contre tant de maux qu'elle lui attire, et il ne sauroit faire autrement sans s'exposer à des inconveniens qu'il n'a pas le courage de supporter ; au lieu qu'avec ce modique supplément

a G. *il les excite, les pousse, les tient sans cesse en haleine parce qu'il est la seule passion qui leur parle toujours : c'est ainsi qu'on les voit tous dans le monde.*

b G. *ne domine pas et qui ne va point chercher son bonheur loin de lui est* etc.

c La séquence « Tous les hommes sont naturellement paresseux [...] que je puis m'y connoitre » a été déplacée, comme indiqué en variante k (p. 370) et a (p. 374).

d P. et G. ; *C'est par paresse, par nonchalance, par aversion de la dependance et de la gêne que J.J. copie* etc.

e G. et P. *quand et comme.*

f P. omet « de son travail ».

g Même leçon dans G. ; P. *il est à lui.*

h G. et P. *ni fraix ni soins.*

i C. *ou ne payant* est inséré dans l'interligne.

j Rature dans C. *en le détournant de son ~~ouvrage~~.*

k C. *travail* est inséré dans l'interligne.

achetté par son travail, sa situation présente est du coté de l'aisance telle précisément qu'il la faut à son humeur. Libre des chaines de la fortune il jouit avec modération de tous les biens réels qu'elle donne, il a retranché ceux de l'opinion qui ne sont qu'apparens et qui sont les plus coûteux. Plus pauvre il sentiroit des privations des souffrances ; plus riche, il auroit les embarras de l'opulence[a] il faudroit renoncer à l'incurie, pour lui la plus douce des voluptés ; en possedant davantage il jouiroit beaucoup moins.

Il est vrai qu'avancé déja dans la vieillesse il ne peut espérer de vaquer longtems encore à son travail : sa main déja tremblottante lui refuse un service aisé, sa note se déforme, son activité diminue, il fait moins d'ouvrage et moins bien dans plus de tems, un moment viendra[*], s'il vieillit beaucoup, qui, lui ôtant les ressources qu'il s'est ménagées, le forcera de faire un dur et tardif[b] apprentissage d'une frugalité bien austére. Il ne doute pas même que vos Messieurs n'aient déja pour ce tems qui s'approche et qu'ils sauront peut-être accélerer un nouveau plan de bénéficence[182], c'est à dire de nouveaux moyens de lui faire manger le pain d'amertume et de lui faire boire la coupe d'humiliation[c]. Il sent et prévoit tout cela[d] ; mais si près du terme de la vie il n'y voit plus un fort grand inconvenient : d'ailleurs comme cet inconvenient est inevitable, c'est folie de s'en tourmenter, et ce seroit s'y précipiter d'avance que de chercher à le prévenir. Il pourvoit au présent en ce qui dépend de lui, et laisse le soin[e] de l'avenir[f] à la providence.

J'ai donc vu J.J. livré tout entier aux occupations que je viens de vous décrire, se promenant toujours seul, pensant peu, rêvant beaucoup, travaillant presque machinalement, sans cesse occuppé des mêmes choses sans s'en rebutter jamais : enfin plus gai, plus content se portant mieux en menant cette vie presque automate [136.] qu'il ne fit tout le tems qu'il consacra si cruellement pour lui et si peu utilement pour les autres au triste métier d'auteur.

---

a G. *l'embarras des richesses, des soucis, des affaires*. P. *il auroit des embarras des soucis des affaires*.

* Un autre inconvenient très grave me forcera d'abandonner enfin un travail que d'ailleurs la mauvaise volonté du public me rend plus onereux qu'utile : c'est l'abord fréquent de quidams étrangers ou inconnus qui s'introduisent chez moi sous ce prétexte, et qui savent ensuite s'y cramponner malgré moi, sans que je puisse pénétrer leur dessein.

b Même leçon dans P. ; G. *un tardif et dur*.

c G. et P. et *boire la coupe d'humiliation*.

d P. et G. *Il sent et prévoit très bien tout cela*.

e Mot biffé illisible sous l'ajout dans C.

f *de l'avenir* est inséré dans l'interligne.

Mais n'apprécions pas cette conduite au-dessus de sa valeur. Dès que cette vie simple et laborieuse n'est pas jouée, elle seroit sublime dans un célébre Ecrivain qui pourroit s'y réduire : dans J. J. elle n'est que naturelle, parce qu'elle n'est l'ouvrage d'aucun effort, ni même celui de la raison, mais une simple impulsion du temperament[a] déterminé par la nécessité. Le seul mérite de celui qui s'y livre est d'avoir cédé sans résistance au penchant de la nature, et de ne s'être pas laissé détourner par une mauvaise honte ni par une sote vanité. Plus j'éxamine cet homme dans le détail de l'emploi[b] de ses journées, dans l'uniformité de cette vie machinale[c], dans le gout qu'il paroit y prendre dans le contentement qu'il y trouve ; dans l'avantage qu'il en tire pour son humeur et pour sa santé, plus je vois que cette maniére de vivre étoit celle pour laquelle il étoit né. Les hommes le figurant toujours à leur mode en ont fait tantot un profond génie, tantot un petit charlatan, d'abord un prodige de vertu, puis un monstre de sceleratesse, toujours l'être du monde le plus étrange et le plus bizarre. La nature n'en a fait qu'un bon artisan, sensible, il est vrai, jusqu'au transport, idolâtre du beau, passionné pour la justice, dans de courts momens d'effervescence capable de vigueur et d'élévation, mais dont l'état habituel fut et sera toujours l'inertie d'esprit et l'activité machinale, et pour tout dire en un mot, qui n'est rare que parce qu'il est simple. Une des choses dont il se félicite est de se retrouver dans sa vieillesse à peu près au même rang où il est né, sans avoir jamais beaucoup ni monté ni descendu[183] dans le cours de sa vie. Le sort l'a remis où l'avoit placé la nature ; il s'applaudit chaque jour de ce concours.

Ces solutions si simples et pour moi si claires de mes premiers doutes m'ont fait sentir de plus en plus que j'avois pris la seule bonne route pour aller à la source des singularités de cet homme, tant jugé et si peu connu. Le grand tort de ceux qui le jugent n'est pas de n'avoir point deviné les raisons[d] de sa conduite ; car il est sûr que cela leur étoit difficile ; des gens si fins ne s'en douteront jamais[e], mais[f] c'est de n'avoir pas voulu les apprendre,

a Mot raturé illisible entre « du » et « temperament » dans C.

b Même leçon dans G. ; P. *dans l'emploi de ses journées.*

c C. *de cette vie ~~presque entiérement~~ machinale.*

d P. *les motifs de sa conduite.* G. *les vrais motifs.*

e C. *des gens si fins ne s'en douteront jamais* est inséré dans l'interligne.

f G. *les vrais motifs de sa conduite ; des gens si fins ne s'en douteront jamais* ; P. les vrais motifs de sa conduite : Des gens si fins ne s'en douteront jamais#*

** Je ne connois pas deux François qui pussent parvenir à me connoitre, quand même ils le desireroient de tout leur cœur ; la nature primitive de l'homme est trop loin de toutes leurs idées. Je ne ne dis pas* d'avoir concouru de tout leur cœur aux moyens pris pour empêcher, lui de les dire, et eux de les savoir. Les gens mêmes les plus équitables sont portés à chercher des causes bizarres à une conduite extraordinaire, et au contraire c'est à force d'être naturelle que celle de J.J. est peu commune : mais c'est ce qu'on ne peut sentir qu'après avoir fait une étude attentive de son temperament de son humeur de ses gouts de toute sa constitution. Les hommes n'y font pas tant de façon pour se juger entre eux. Ils s'attribuent réciproquement les motifs qui pourroient faire agir le jugeant comme fait le jugé s'il étoit à sa place[a], et souvent ils rencontrent juste parce qu'ils sont tous conduits par l'opinion, par les préjugés par l'amour-propre, par toutes les passions [137.] factices qui en sont le cortége, et surtout par ce vif intérest prévoyant et pourvoyant, qui les jette toujours loin du présent et qui n'est rien pour l'homme de la nature.

Mais ils sont si loin de remonter aux pures impulsions de cette nature et de les connoitre, que s'ils parvenoient à comprendre enfin que ce n'est point par ostentation que J.J. se conduit si differemment qu'ils ne font, le plus grand nombre en concluroit aussi-tot que c'est donc par bassesse d'ame, quelques uns peut-être que c'est par une héroïque vertu, et tous se tromperoient également. Il y a de la bassesse à choisir volontairement un emploi digne de mépris, ou à recevoir par aumône ce qu'on pourroit[b] gagner par son travail ; mais il n'y en a point à vivre d'un travail honnête plustot que d'aumônes ou plustot que d'intriguer pour parvenir. Il y a de la vertu à vaincre ses penchans pour faire son devoir, mais il n'y en a point à les suivre pour se livrer à des occupations de son gout, quoiqu'ignobles aux yeux des hommes.

La cause des faux jugements portés sur J.J. est qu'on suppose toujours qu'il lui a fallu de grands efforts pour être autrement que les autres

---

neanmoins qu'il n'y en a point ; je dis seulement que je n'en connois pas deux. Dans P., la note# élide : « la nature primitive de l'homme [...] toutes leurs idées. », et l'adverbe « neanmoins ». – P. et G ajoutent une seconde note « à substituer » (selon P.) à la précédente. (Dans G. cette note est collée en bas de la p. 79 laissée vierge) : « *Les gens fins, totalement transformés par l'amour-propre, n'ont plus la moindre idée des vrais mouvemens de la nature, et ne connoitront jamais rien aux ames honnêtes, parce qu'ils ne voyent par tout que le mal excepté dans ceux qu'ils ont intérest de flatter. Aussi les observations des gens fins ne s'accordant avec la vérité que par hasard ne font point autorité chez les Sages.* ». – Version différente dans P. après « flatter » : « *Trop vains pour croire jamais avoir pu se tromper, ils ne voyent jamais dans autrui que ce qu'ils ont cru d'avance, et ce qu'ils y veulent voir.* »

a Même leçon dans G. ; P. *le jugeant comme fait le jugé, et souvent* etc.

b Même leçon dans P. ; G. *ce qu'on peut gagner.*

hommes, au lieu que, par la maniére dont il est constitué[a], il lui en eut fallu de très grands pour être comme eux. Une de mes observations les plus certaines et les plus éloignées de l'opinion publique[b] est qu'impatient, emporté, sujet aux plus vives colères, il ne connoit pas neanmoins la haine, et que jamais désir de vengeance ne germa[c] dans son cœur. Si quelqu'un pouvoit admettre un fait si contraire aux idées qu'on a de l'homme, on lui donneroit aussitôt pour cause un effort sublime, la pénible victoire sur l'amour-propre, la grande mais difficile vertu du pardon des ennemis, et c'est[d] simplement un effet naturel et necessaire du temperament[e] que je vous ai décrit. Toujours occupé de lui-même ou pour lui-même, et trop avide de son propre bien pour avoir le tems de songer au mal d'un autre, il ne s'avise point de ces jalouses comparaisons d'amour-propre d'où naissent les passions haineuses dont j'ai parlé[f]. J'ose même dire qu'il n'y a point de constitution plus éloignée que la sienne de la méchanceté : car son vice dominant est de s'occuper de lui plus que des autres ; et celui des méchans au contraire est de s'occuper plus des autres que d'eux, et c'est précisément pour cela qu'à prendre le mot d'*égoïsme* dans son vrai sens[184], ils sont tous égoïstes et qu'il ne l'est point ; parce qu'il ne se met ni à côté, ni au dessus ni au-dessous de personne, et que le déplacement de personne n'est necessaire à son bonheur. Toutes ses méditations sont douces parce qu'il aime à joüir. Dans les situations pénibles il n'y pense que quand elles l'y forcent : tous les momens qu'il peut leur[g] dérober sont donnés à ses rêveries ; il sait se soustraire aux idées déplaisantes et se transporter ailleurs qu'où il [138.] est mal. Occupé si peu de ses peines, comment le seroit-il beaucoup de ceux qui les lui font souffrir ? Il s'en venge en n'y pensant point, non par esprit de vengeance, mais pour se délivrer d'un tourment. Paresseux et voluptueux, comment seroit-il haineux et vindicatif ? Voudroit-il changer en supplices[h] les seuls plaisirs qu'on lui laisse ici-bas ? Les hommes bilieux et méchans ne cherchent la retraite que quand ils sont tristes, et la retraite les attriste encore plus.

a G. et P. *au lieu que, constitué comme il est*, etc.
b G. *les plus certaines et dont le public se doute le moins est* etc. P. *et dont assurement le public* etc.
c P. et G. *n'entra*.
d Deux mots biffés illisibles dans C. ~~*et xxxxxxxxxx*~~ *c'est*.
e Même leçon dans P. ; G. *un effet naturel du temperament*.
f P. et G. *comparaisons d'amour-propre dont j'ai parlé*.
g Même leçon dans G. ; P. *qu'il leur peut dérober*.
h G. et P. *changer en supplices ses consolations, ses jouissances et les seuls* etc.

Le levain de la vengeance fermente dans la solitude par le plaisir qu'on prend à s'y livrer ; mais ce triste et cruel plaisir dévore et consume celui qui s'y livre ; il le rend inquiet actif intrigant : la solitude qu'il cherchoit fait bientôt le supplice de son cœur haineux et tourmenté ; il n'y goute point cette aimable incurie, cette douce nonchalance qui fait le charme des vrais solitaires ; sa passion animée par ses chagrines réflexions cherche à se satisfaire, et bientot quittant sa sombre retraite il court attiser dans le monde le feu dont il veut détruire[a] son ennemi. S'il sort des écrits de la main d'un tel solitaire, ils ne ressembleront surement ni à l'Emile, ni à l'Heloïse[b], et porteront partout[c] la teinte de la bile amére qui les dicta. Pour J.J. les fruits de sa solitude attestent les sentimens dont il s'y nourrit : il eut de l'humeur tant qu'il vécut dans le monde, il n'en eut plus aussitot qu'il vécut seul[185].

Cette répugnance à se nourrir d'idées noires et deplaisantes se fait sentir dans ses écrits comme dans sa conversation, et surtout dans ceux de longue haleine, où l'Auteur avoit plus le tems d'être lui et où son cœur s'est pour ainsi dire mis[d] plus à son aise. Dans ses prémiers ouvrages, entraîné par son sujet, indigné par le spectacle des mœurs publiques, excité par les gens qui vivoient avec lui et qui peut-être avoient déja leurs vues[e], il s'est permis[f] de peindre les méchans et les vices en traits vifs et poignans mais[g] prompts et rapides, et l'on voit qu'il ne se complaisoit que dans les images riantes dont il aima de tout tems à s'occuper. Il se félicite à la fin de l'Héloïse d'en avoir soutenu l'intérest durant six volumes sans le concours d'aucun personnage méchant ni d'aucune mauvaise action. C'est là ce me semble le témoignage le moins équivoque des véritables gouts d'un Auteur.

LE FRANÇOIS.

Eh ! comme vous vous abusez ! Les bons peignent les méchans sans crainte ; ils n'ont pas peur d'être reconnus dans leurs portraits : mais un méchant n'ose peindre son semblable ; il redoute l'application.

---

a P. et G. *consumer.*

b Titres soulignés dans G.

c P. et G. *ils porteront, quelque art qu'employe l'Auteur à se déguiser, la teinte* etc.

d Même leçon dans P. ; G. *s'est mis, pour ainsi dire*, etc.

e P. et G. *et qui dès lors sans doute avoient déja leurs vues.*

f G. et P. *il s'est permis quelquefois.*

g P. et G. *mais toujours.*

ROUSSEAU.

Monsieur, cette interprétation si naturelle est-elle de votre façon ?

LE FRANÇOIS.

Non, elle est de nos Messieurs. Oh moi, je n'aurois jamais eu l'esprit de la trouver.

ROUSSEAU.

Du moins l'admettez-vous sérieusement pour bonne ?

LE FRANÇOIS.

Mais[a], je vous avoue que je n'aime point à vivre avec les méchans, et je ne crois pas qu'il s'ensuive de là que je sois un méchant moi-même.

[139.] ROUSSEAU.

Il s'ensuit tout le contraire, et non seulement les méchans aiment à vivre entre eux, mais leurs écrits comme leurs discours sont remplis de peintures effroyables de toutes sortes de méchancetés. Quand les bons s'attachent à les peindre c'est seulement pour les rendre odieuses[b] : Au lieu que les méchans ne se servent des mêmes peintures que pour rendre odieux, moins les vices que les personnages qu'ils ont en vue, et ces différences[c] se font bien sentir à la lecture ; les censures[d] vives mais générales[e] des uns[f] s'y distinguent facilement des satyres personnelles des autres[g]. Rien n'est plus naturel à un auteur que de s'occuper par préférence des matiéres qui sont le plus de son gout : Celui de J.J. en l'attachant à la solitude atteste par des productions dont il s'y est occupé, quelle espèce de charme a pu l'y attirer et l'y retenir. Dans sa jeunesse et durant ses courtes prospérités[h] il n'aima pas moins la retraite qu'il l'aime dans sa misére. Il se partageoit alors avec délices entre les amis qu'il croyoit avoir et la douceur du recueillement : Maintenant si cruellement

a Même leçon dans G. ; P. *Mais .... je vous avoue que* etc.

b P. et G. *Quelquefois les bons s'attachent de même à les peindre mais seulemen pour les rendre odieux.*

c G. et P. *en vue. Ces différences.*

d P. et G. *et les censures.*

e C. Mots biffés sous les ajouts. *mais genérales des ~~bons~~ s'y distinguent facilement des satyres personnelles des ~~méchans~~.*

f C. *uns* est inséré dans l'interligne.

g C. *autres* est inséré dans l'interligne.

h P. et G. *durant ses courtes prospérités et n'ayant encore à se plaindre de personne, il* etc.

désabusé il se livre à son gout dominant sans partage. Ce gout ne le tourmente ni ne le ronge ; il ne le rend ni triste ni sombre ; jamais il ne fut plus satisfait de lui-même, moins soucieux des affaires d'autrui, moins occupé de ses persecuteurs, plus content ni plus heureux autant qu'on peut l'être de son propre fait, vivant dans l'adversité. S'il étoit tel qu'on nous le représente, la prospérité de ses ennemis, l'opprobre dont ils le couvrent[a], l'impuissance de s'en venger l'auroient déja fait périr de rage : Il n'eut trouvé dans la solitude qu'il cherche que le desespoir et la mort. Il y trouve le repos d'esprit la douceur d'âme la santé la vie : Tous les mystérieux argumens de vos Messieurs n'ébranleront jamais la certitude qu'opére celui-là dans mon esprit.

Mais y a-t-il quelque vertu dans cette douceur ? Aucune. Il n'y a que la pente d'un naturel aimant et tendre, qui, nourri de visions délicieuses, ne peut s'en détacher pour s'occuper d'idées funestes et de sentimens déchirans. Pourquoi s'affliger quand on peut joüir ? Pourquoi noyer son cœur de fiel et de bile quand on peut l'abruver[186] de bienveillance et d'amour ? Ce choix si raisonnable n'est pourtant fait ni par la raison ni par la volonté ; il est l'ouvrage d'un pur instinct. Il n'a pas le mérite de la vertu, sans doute, mais il n'en a pas non plus l'instabilité. Celui qui durant soixante ans s'est livré aux seules impulsions de la nature, est bien sur de n'y resister jamais.

Si ces impulsions ne le mênent pas toujours dans la bonne route, rarement elles le mênent dans la mauvaise. Le peu de vertus qu'il a n'ont jamais fait de grands biens aux autres[187], mais ses vices, bien plus nombreux[b], ne font de mal qu'à lui seul[188]. Sa morale est moins une morale d'action que d'abstinence ; sa paresse la lui a donnée, et sa raison l'y a souvent confirmé : ne jamais faire de mal lui paroit une maxime plus utile[c] et beaucoup plus difficile que celle même de faire du bien : car souvent le bien qu'on fait sous un rapport devient un mal sous mille autres ; mais dans l'ordre de la [140.] nature il n'y a de vrai mal que le mal positif. Souvent il n'y a d'autre moyen de s'abstenir de nuire que de s'abstenir tout à fait d'agir, et selon lui, le meilleur régime tant moral que physique est un régime purement négatif. Mais ce n'est pas celui qui convient à une philosophie ostentatrice qui ne veut que

a G. et P. *l'accablent.*

b Deux ou trois mots biffés dans C., entre « nombreux » et « de mal ».

c G. et P. *plus utile, plus sublime.*

des actions d'éclat[a] et n'apprend rien tant à ses sectateurs qu'à beaucoup se montrer. Cette maxime de ne point faire de mal tient de bien près à une autre qu'il doit encore à sa paresse, mais qui se change en vertu pour quiconque s'en fait un devoir : c'est de ne se mettre jamais dans une situation qui lui fasse trouver son avantage dans le préjudice d'autrui[189]. Nul homme ne redoute une situation pareille ; ils sont tous trop vertueux trop forts[b] pour craindre jamais que leur intérest ne les tente contre leur devoir, et dans leur fiére confiance ils provoquent sans crainte les tentations auxquelles ils se sentent si supérieurs. Félicitons-les de leur force, mais ne blâmons pas le foible J. J. de n'oser se fier à la sienne, et qui aime mieux[c] fuir les tentations que d'avoir à les vaincre, trop peu sûr du succés d'un pareil combat.

Cette seule indolence l'eut perdu dans la société quand il n'y eut pas apporté d'autres vices. Les petits devoirs à remplir la lui ont rendue insupportable, et ces petits devoirs négligés lui ont fait cent fois plus de tort que des actions injustes ne lui en auroient pu faire. La morale du monde a été mise comme celle des dévots en menues pratiques, en petites formules, en étiquettes de procédés qui dispensent du reste[190]. Quiconque s'attache avec scrupule à tous ces petits détails peut au surplus être noir, faux, fourbe, traitre et méchant, peu importe ; pourvu qu'il soit exact aux régles des procédés, il est toujours assez honnête homme. L'amour-propre de ceux qu'on néglige en pareil cas leur peint cette omission comme un cruel outrage ou comme une monstrueuse ingratitude, et tel qui donneroit sa bourse et son sang pour un autre[d], n'en sera jamais pardonné pour avoir omis dans quelque rencontre une attention de civilité. J.J. en dédaignant tout ce qui n'est que de formule[e] et que font également bons et mauvais amis et indifférens, pour ne s'attacher qu'aux solides devoirs, qui n'ont rien de l'usage ordinaire et font peu de sensation, a fourni les prétextes que vos Messieurs ont si habilement employés. Il eut pu remplir sans bruit de grands devoirs dont jamais personne n'auroit rien dit ; mais la négligence des petits soins[f] a causé sa perte. Ces petits soins sont aussi quelquefois des devoirs qu'il

a P. et G. *que des œuvres d'éclat.*
b G. et P. *trop forts, trop vertueux.*
c P. et G. *et d'aimer mieux fuir.*
d G. et P. *qui donneroit pour un autre* etc.
e P. et G. *tout ce qui est de pure formule.*
f G. et P. *petits soins inutiles.*

n'est pas permis d'enfreindre, et je ne prétends pas en cela l'excuser. Je dis seulement que ce mal[a] qui n'en est pas un dans sa source[b] vient encore de cette indolence de caractére qui le domine et ne lui fait pas moins négliger[c] ses intérests que ses devoirs.

J.J. paroit n'avoir jamais convoité fort ardemment les biens de la fortune, non par une modération dont on puisse lui faire honneur, mais parce que ces biens loin de procurer ceux dont il est avide en ôtent la jouissance et le gout. Les pertes réelles ni les espérances frustrées ne l'ont jamais fort affecté. Il a trop desiré le bonheur pour desirer beaucoup la richesse, et s'il eut quelques momens d'ambition, ses desirs ainsi que ses [141.] efforts ont été vifs et courts. Au prémier obstacle que du prémier choc il n'a pu vaincre[d], il s'est rebuté, et retombant aussi-tot dans sa langueur il a oublié ce qu'il ne pouvoit atteindre[e] [191]. Il fut toujours si peu agissant, si peu propre au manége necessaire pour reussir en toute entreprise, que les choses les plus faciles pour d'autres devenant toujours difficiles pour lui, sa paresse les lui montroit[f] impossibles pour le dispenser des efforts necessaires[g] pour les obtenir. Un autre oreiller de paresse dans toute affaire un peu longue quoique aisée étoit pour lui l'incertitude que le tems jette sur les succés qui dans l'avenir semblent les plus assurés, mille empêchemens imprévus pouvant à chaque instant faire avorter les desseins les mieux concertés. La seule incertitude[h] de la vie réduit pour nous tous les évenemens futurs à de simples probabilités ; la peine qu'il faut prendre est certaine, le prix en est toujours douteux, et les projets éloignés ne peuvent paroitre que des leurres de dupes à quiconque a plus d'indolence que d'ambition. Tel est et fut toujours J.J., ardent et vif par temperament il n'a pu dans sa jeunesse être exempt de toute espéce de convoitise, et c'est beaucoup s'il l'est toujours, même aujourdui. Mais quelque désir qu'il ait pu former et quel qu'en ait pu être l'objet, si du prémier

a P. et G. *ce mal même.*

b G. *dans sa source et qui n'est tombé que sur lui*, etc. P. *et qui n'est retombé* etc.

c Même leçon dans G. ; P. *vient encore de cette indolence de caractére qui ne lui fait pas moins négliger* etc.

d G. et P. *Au premier obstacle qu'il n'a pu vaincre du prémier choc.*

e Même leçon dans P. ; G. *ce qu'il ne pouvait attendre.*

f Même leçon dans P. ; G. *les lui rendoit.*

g P. et G. *pour lui épargner les efforts indispensables.*

h G. et P. *La seule instabilité.*

effort il n'a pu l'atteindre, il fut toujours incapable d'un long travail pour l'obtenir[a].

Maintenant il paroit desormais ne plus rien desirer[b]. Indifférent sur le reste de sa carrière, il en voit avec plaisir approcher le terme, mais sans l'accelerer même par ses souhaits. Je doute que jamais mortel ait mieux et plus sincerement dit à Dieu ; *que ta volonté soit faite,* et ce n'est pas sans doute, une resignation fort méritoire à qui ne voit plus rien sur la terre qui puisse flatter son cœur. Mais dans la jeunesse où le feu de l'age et du temperament dut souvent enflammer[c] ses desirs[d] il en put former d'assez vifs, mais pas d'assez durables[e] pour forcer les obstacles quelquefois assez foibles[f] qui l'arrêtoient. En desirant beaucoup il dût obtenir fort peu, parce que ce ne sont pas les seuls élans du cœur qui font atteindre à l'objet, et qu'il y faut d'autres moyens qu'il n'a jamais su mettre en œuvre. La plus incroyable timidité la plus excessive indolence auroient cédé quelquefois peut être[g] à la force du desir, s'il n'eut trouvé dans cette force même l'art d'éluder les soins qu'elle sembloit exiger, et c'est encore ici des clefs de son caractére celle qui en découvre le mieux les ressorts. A force de s'occuper de l'objet qu'il convoite, à force d'y tendre par ses desirs, sa bienfaisante imagination arrive au terme en sautant par dessus les obstacles qui l'arrêtent, ou l'effaroûchent[192]. Elle fait plus ; écartant de l'objet tout ce qu'il a d'étranger à sa convoitise, elle ne le lui présente qu'approprié de tout point à son desir. Par là ses fictions lui deviennent plus douces que les réalités mêmes : elles en écartent les défauts avec les difficultés ; elles les lui livrent préparées tout exprès pour lui, et font que desirer et jouir ne sont pour lui qu'une même chose[193]. Est-il étonnant qu'un homme ainsi constitué soit sans goût pour la vie active ? [142.] Pour lui pourchasser[194] au loin quelques jouissances imparfaites et douteuses, elles lui ôteroient[h] celles qui valent cent fois mieux et sont toujours en son pouvoir. Il est plus heureux et plus riche par la possession des biens imaginaires qu'il crée, qu'il ne le

a P. et G. *d'une longue perseverance à y aspirer.*

b G. et P. *il paroit ne plus rien desirer.*

c Mot biffé illisible sous l'ajout dans C.

d C. *ses desirs* est inséré dans l'interligne.

e P. *mais jamais d'assez durables pour vaincre* etc. G. *mais rarement d'assez durables pour vaincre* etc.

f P. et G. *quelquefois très surmontables.*

g Même leçon dans G. ; P. *auroient cédé quelquefois.*

h G. et P. *elle lui ôteroit.*

seroit par celle des biens plus vrais[a] si l'on veut, mais moins désirables qui existent réellement[b].

Mais cette même imagination, si riche en tableaux rians et remplis de charmes rejette obstinément les objets de douleur et de peine, ou du moins elle ne les lui peint jamais si vivement que sa volonté ne les puisse effacer. L'incertitude de l'avenir et l'expérience de tant de malheurs, peuvent l'effaroucher à l'excés des maux qu'il doit craindre[c], en occupant son esprit des moyens de les éviter. Mais ces maux sont-ils arrivés ? Il les sent vivement un moment et puis les oublie. En mettant tout au pis dans l'avenir il se soulage et se tranquillise. Quand une fois le malheur est arrivé, il faut le souffrir sans doute, mais on n'est plus forcé d'y penser pour s'en garantir ; c'est un grand tourment de moins dans son ame. En comptant d'avance sur le mal qu'il craint il en ôte la plus grande amertume ; ce mal arrivant le trouve tout prêt à le supporter, et s'il n'arrive pas, c'est un bien qu'il goute avec d'autant plus de joye qu'il n'y comptoit point du tout. Comme il aime mieux jouir que souffrir[195], il se refuse aux souvenirs tristes et déplaisans[d] pour livrer son cœur[e] tout entier à ceux qui le flattent ; Quand sa destinée s'est trouvée telle qu'il n'y voyoit plus rien d'agréable à se rappeller il en a perdu toute la mémoire et retrogradant vers les heureux tems[f] de son enfance et de sa jeunesse, il les a souvent recommencés dans ses souvenirs[196]. Quelquefois s'élançant dans l'avenir qu'il espére et qu'il sent lui être dû, il tâche de s'en figurer les douceurs, en les proportionnant aux maux qu'on lui fait souffrir injustement en ce monde. Plus souvent laissant concourir ses sens à ses fictions[197], il se forme des êtres selon son cœur, et vivant avec eux dans une société dont il se sent digne, il plâne dans l'empyrée[g] au milieu des objets charmans et presque angéliques dont il s'est entouré[198]. Concevez-vous que dans une ame tendre ainsi disposée les levains haineux fermentent aisément[h] ? Non, non, Monsieur, comptez que celui qui put sentir un moment les délices habituelles de J.J. ne méditera jamais des noirceurs.

---

a Même leçon dans P. ; G. *plus reels.*

b C. ~~Mais cette même imagination si riche [en tableaux~~ (?)].

c P. *qu'il prévoit.* G. *qui le menacent.*

d G. et P. *qui sont inutiles.*

e Même leçon dans G. ; P. *pour se livrer tout entier.*

f Même leçon dans P. Rature dans C. vers les ~~tems~~ heureux tems. G *vers les tems heureux.*

g Deux mots biffés illisibles dans C. : *il plâne* ~~xxxxxxxxx~~ *dans l'empyrée.*

h P. et G. *facilement.*

La plus sublime des vertus, celle qui demande le plus de grandeur de courage et de force d'ame[a] est le pardon des injures et l'amour de ses ennemis. Le foible J.J., qui n'atteint pas même aux vertus médiocres iroit-il jusqu'à celle-là ? Je suis aussi loin de le croire que de l'affirmer. Mais qu'importe, si son naturel aimant et paisible le mène où l'auroit mené[b] la vertu ? Qu'eut pu faire en lui la haine s'il l'avoit connue ? Je l'ignore, il l'ignore lui-même. Comment sauroit-il où l'auroit conduit[c] un sentiment qui jamais n'approcha de son cœur ? Il n'a point eu là-dessus de combat à rendre, parce qu'il n'a point eu de tentation. Celle d'ôter ses facultés à ses jouissances pour les livrer aux passions irascibles et déchirantes n'en est pas même une pour lui. C'est le tourment des cœurs dévorés d'amour-propre et qui ne connoissent point [143.] d'autre amour. Ils n'ont pas cette passion par choix ; elle les tirannise, et n'en laisse point d'autre en leur pouvoir.

Lorsqu'il entreprit ses confessions, cette œuvre unique parmi les hommes, dont il a profané la lecture en la prodiguant aux oreilles les moins faites pour l'entendre[199], il avoit déja passé la maturité de l'age, et ignoroit encore l'adversité[200]. Il a dignement executé ce projet jusqu'au tems des malheurs de sa vie : dès lors il s'est vu forcé d'y renoncer. Accoutumé à ses douces rêveries, il ne trouva ni courage ni force pour soutenir la méditation de tant d'horreurs ; il n'auroit même pu s'en rappeller l'effroyable tissu quand il s'y seroit obstiné. Sa mémoire a refusé de se souiller de ces affreux souvenirs ; il ne peut se rappeller l'image que des tems qu'il verroit renaître avec plaisir. Ceux où il fut la proye des méchans en seroient pour jamais effacés avec les cruels qui les ont rendus si funestes, si les maux qu'ils continuent à lui faire ne réveilloient quelquefois malgré lui l'idée de ceux qu'ils lui ont déja fait souffrir. En un mot, un naturel aimant et tendre, une langueur d'ame qui le porte aux plus douces voluptés lui faisant rejetter tout sentiment douloureux, écarte de son souvenir tout objet désagréable. Il n'a pas le mérite de pardonner les offenses, parce qu'il les oublie ; il n'aime pas ses ennemis, mais il ne pense point à eux. Cela met tout l'avantage de leur coté, en ce que ne le perdant jamais de vue, sans cesse occupés de lui pour l'enlacer[201] de plus en plus dans leurs piéges, et ne le trouvant, ni assez attentif pour les voir ni assez actif

a Même leçon dans G. ; P. *celle qui demande le plus de force d'ame et de grandeur de courage est* etc.

b Même leçon dans G. ; P. *où l'eut mené.*

c P. et G. *où l'eut conduit.*

pour s'en défendre, ils sont toujours surs de le prendre au dépourvu quand et comme il leur plait, sans crainte de représailles. Tandis qu'il s'occupe avec lui-même, eux s'occupent aussi de lui. Il s'aime et ils le haïssent : voila l'occupation des uns et des autres. Il est tout pour lui-même, il est aussi tout pour eux : Car quant à eux, ils ne sont rien ni pour lui, ni pour eux-mêmes, et pourvu que J.J. soit misérable, ils n'ont pas besoin d'autre bonheur. Ainsi ils ont, chacun de leur côté[a] deux grandes expériences à faire ; eux de toutes les peines qu'il est possible aux hommes d'accumuler dans l'ame d'un innocent, et lui, de toutes les ressources que l'innocence peut tirer d'elle seule pour les supporter. Ce qu'il y a de plus impayable[b] dans tout cela est d'entendre vos benins Messieurs, se lamenter au milieu de leurs trames[c] du mal que fait la haine à celui qui s'y livre et plaindre tendrement leur ami J.J.[d] d'être la proye d'un sentiment aussi tourmentant.

Il faudroit qu'il fut insensible ou stupide[e] pour ne pas voir et sentir son état ; mais il s'occupe trop peu de ses peines pour s'en affecter beaucoup. Il se console avec lui-même des injustices des hommes ; en rentrant dans son cœur il y trouve des dédomagemens [144.] bien doux. Tant qu'il est seul il est heureux et quand le spectacle de la haine le navre[f], ou quand le mépris et la dérision l'indignent, c'est un mouvement passager qui cesse aussi tot que l'objet qui l'excite a disparu. Ses émotions sont promptes et vives mais rapides et peu durables, et cela se voit. Son cœur transparent comme le cristal[202] ne peut rien cacher de ce qui s'y passe : chaque mouvement qu'il éprouve se transmet à ses yeux et sur son visage. On voit quand et comment il s'agite ou se calme, quand et comment il s'irrite ou s'attendrit, et sitot que ce qu'il voit ou ce qu'il entend l'affecte, il lui est impossible d'en retenir ou dissimuler un moment l'impression. J'ignore comment il put s'y prendre pour tromper quarante ans tout le monde sur son caractére : Mais pour peu qu'on le tire de sa chére inertie, ce qui par malheur n'est que trop aisé, je le défie de cacher à personne ce qui se passe au fond de son cœur, et c'est néanmoins de ce même naturel

---

a P. et G. *Ainsi ils ont, eux et lui, chacun de leur côté.*

b G. et P. *Ce qu'il y a d'impayable.*

c P. *se lamenter tristement au milieu de leurs trames.* G. *se lamenter au milieu de leurs horribles trames.*

d Même leçon dans G. ; P. *l'infortuné J.J.*

e Même leçon dans G. ; P. *qu'il fut stupide ou insensible.*

f C. *le navre* est inséré dans l'interligne.

aussi ardent qu'indiscret qu'on a tiré par un prestige admirable le plus habile hypocrite et le plus rusé fourbe qui puisse exister.

Cette remarque étoit importante et j'y ai porté la plus grande attention. Le prémier art de tous les méchans est la prudence, c'est à dire la dissimulation[203]. Ayant tant de vues[a] et de sentimens à cacher, ils savent composer leur extérieur, gouverner leurs regards leur air leur maintien, se rendre maitres des apparences. Ils savent prendre leurs avantages, et couvrir d'un vernis stoïque[b] les noires passions dont ils sont rongés. Les cœurs vifs sont bouillans emportés, mais tout s'évapore au dehors ; les méchans sont froids posés ; le venin se dépose et se cache au fond de leurs cœurs pour n'agir qu'en tems et lieu ; jusqu'alors rien ne s'exhale[204] et pour rendre l'effet plus grand ou plus sûr ils le retardent à leur volonté. Ces différences ne viennent pas seulement des tempéramens, mais aussi de la nature des passions. Celles des cœurs ardens et sensibles étant l'ouvrage de la nature se montrent en dépit de celui qui les a ; leur prémiére explosion purement machinale est indépendante de sa volonté. Tout ce qu'il peut faire à force de résistance est d'en arrêter le cours avant qu'elle ait produit son effet ; mais non pas avant qu'elle se soit manifestée ou dans ses yeux ou par sa rougeur ou par sa voix ou par son maintien ou par quelque autre signe sensible.

Mais l'amour-propre et les mouvemens qui en dérivent n'étant que des passions secondaires produites par la réflexion n'agissent pas si sensiblement sur la machine. Voila pourquoi ceux que ces sortes de passions animent sont plus maitres des apparences, que ceux qui se livrent aux impulsions directes de la nature. En général si les naturels ardens et vifs sont plus aimans, ils sont aussi plus emportés, moins endurans plus coléres ; mais ces emportemens prompts et bruyans[c] sont sans consequence, et sitot que le signe de la colére s'efface sur le visage, elle est éteinte au fond du cœur[d]. Au contraire les gens flegmatiques et froids, si doux si patiens si modérés à l'extérieur, en dedans sont haineux vindicatifs implacables ; ils savent conserver [145.] nourrir déguiser[e] leur rancune, jusqu'à ce que l'occasion[f] de l'assouvir se présente. En

a P. et G. *Ayant tant de desseins et de sentimens* etc.
b G. et P. *d'un vernis de sagesse.*
c P. et G. *mais ces emportemens bruyans.*
d G. et P. *elle est éteinte aussi dans le cœur.*
e P. et G. *ils savent conserver, déguiser nourrir* etc.
f G. et P. *jusqu'à ce que le moment.*

général les prémiers aiment plus qu'ils ne haïssent, les seconds haïssent beaucoup plus qu'ils n'aiment, si tant est qu'ils puissent[a] aimer. Les ames d'une haute trempe sont néanmoins très souvent de cette seconde classe[b] comme supérieures aux passions. Les vrais sages sont des hommes froids, je n'en doute pas : mais dans la classe des hommes vulgaires, sans le contrepoids de la sensibilité l'amour-propre emportera toujours la balance, et s'ils ne restent nuls, il les rendra méchans.

Vous me direz qu'il y a des hommes vifs et sensibles qui ne laissent pas d'être méchans et rancuniers[c]. Je n'en crois rien, mais il faut s'entendre. Il y a deux sortes de vivacité ; celle des sentimens et celle des idées. Les ames sensibles s'affectent rapidement[d] : Le sang enflammé par une agitation subite porte à l'œil à la voix au visage ces mouvemens impétueux qui marquent la passion. Il est au contraire des esprits très vifs[e] qui s'associent avec des cœurs glacés, et qui ne tirent que du cerveau l'agitation qui paroit aussi dans les yeux, surtout dans le geste[f], et accompagne la parole, mais par des signes tout différens[g], pantomimes et comédiens. Ceux-ci riches d'idées les produisent avec une facilité extrème : ils ont la parole à commandement ; leur esprit toujours présent et pénétrant leur fournit sans cesse des pensées neuves, des saillies des reponses heureuses : quelque force et quelque finesse qu'on mette à ce qu'on peut leur dire, ils étonnent par la promptitude et le sel de leurs réparties[205] et ne restent jamais court. Dans les choses mêmes de sentiment ils ont un petit babil si bien agencé, qu'on les croiroit émus jusqu'au fond du cœur, si cette justesse même d'expression n'attestoit que c'est leur esprit seul qui travaille[206]. Les autres, tout occupés de ce qu'ils sentent soignent trop peu leurs paroles pour les arranger avec tant d'art. La pesante succession du discours leur est insupportable[207], ils se dépitent contre la lenteur de sa marche, il leur semble dans la rapidité des mouvemens qu'ils éprouvent que ce qu'ils sentent devroit se faire jour et pénétrer d'un cœur à l'autre sans le froid ministére de la parole. Les idées se présentent d'ordinaire aux gens d'esprit en phrases tout arrangées ; il n'en est pas ainsi des sentimens ; il faut chercher combiner choisir un langage

---

a P. et G. *qu'ils sachent.*
b G. *de celles-ci.* P. *de celle-ci.*
c Même leçon dans P. ; G. *méchans, haineux et rancuniers.*
d G. et P. *fortement et rapidement.*
e Même leçon dans P. ; G. *des esprits vifs.*
f G. et P. *dans les yeux, dans le geste.*
g P. et G. *pantomimes et comédiens plustot qu'animés ou passionnés.*

propre à rendre ceux qu'on éprouve, et quel est l'homme sensible qui aura la patience de suspendre le cours des affections qui l'agitent pour s'occuper à chaque instant de ce triage. Une violente émotion peut suggerer quelquefois des expressions énergiques et vigoureuses, mais ce sont d'heureux hazards que les mêmes situations ne fournissent pas toujours. D'ailleurs un homme vivement ému est-il en état de prêter une attention minutieuse à tout ce qu'on peut lui dire, à tout ce qui se passe autour de lui, pour y bien [146.] approprier[a] sa réponse ou son propos ? Je ne dis pas que tous seront aussi distraits aussi étourdis aussi stupides que J.J., mais je doute que quiconque a receu du Ciel un naturel vraiment ardent vif sensible et tendre, soit jamais un homme bien preste à la riposte.

N'allons donc pas prendre, comme on fait dans le monde, pour des cœurs sensibles des cerveaux brulés dont le seul desir de briller anime les discours les actions les écrits, et qui pour être applaudis des jeunes gens et des femmes, jouent de leur mieux la sensibilité qu'ils n'ont point. Tout entiers à leur unique objet, c'est à dire à la célébrité, ils ne s'echauffent sur rien au monde, ne prennent un véritable intérest à rien ; leurs têtes agitées d'idées rapides laissent leurs cœurs vuides de tout sentiment, excepté celui de l'amour-propre, qui leur étant habituel ne leur donne aucun mouvement sensible et remarquable au dehors. Ainsi tranquilles et de sang-froid en toutes choses, ils ne songent qu'aux avantages rélatifs de leur petit individu, et ne laissant jamais échapper aucune occasion, s'occupent sans cesse avec un succés qui n'a rien d'étonnant à rabbaisser leurs rivaux, à écarter leurs concurrens à briller dans le monde[b] et à déprimer tout ce qui n'est pas attaché à leur char. Que de tels hommes soient méchans et malfaisans ce n'est pas une merveille, mais qu'ils éprouvent d'autre passion que l'égoïsme qui les domine, qu'ils aient aucune véritable sensibilité, qu'ils soient capables d'attachement, d'amitié, même d'amour[c], c'est ce que je nie. Ils ne savent pas seulement s'aimer eux-mêmes ; ils ne savent que haïr ce qui n'est pas eux.

Celui qui sait régner sur son propre cœur, tenir toutes ses passions sous le joug, sur qui l'intérest personnel ni les voluptés n'ont aucune puissance, et qui, soit en public soit tout seul et sans témoin ne fait en

a Même leçon dans P. ; G. *Pour y approprier.*

b G. et P. *à briller dans le monde, à primer dans les lettres*, etc.

c Même leçon dans G. ; P. *d'attachement, même d'amour.*

toute[a] occasion[b] que ce qui est juste et honnête, sans egard aux vœux secrets de son cœur ; celui-là seul est homme vertueux. S'il existe, je m'en réjoüis pour l'honneur de l'espéce humaine : Je sais que des foules d'hommes vertueux ont jadis existé sur la terre ; je sais que Fenelon Catinat[c] ont honoré les siécles modernes[208], et parmi nous j'ai vu George Keith suivre encor leurs sublimes vestiges[209]. A cela près je n'ai vu dans les apparentes vertus des hommes que forfanterie hypocrisie et vanité. Mais ce qui se rapproche un peu plus de nous, ce qui est du moins beaucoup plus dans l'ordre de la nature, c'est un mortel bien né qui n'a receu du Ciel que des passions expansives et douces, que des penchans aimans et aimables, qu'un cœur ardent à desirer, mais sensible affectueux dans ses desirs, qui n'a que faire de gloire ni de tresors, mais de jouissances reelles, de véritables attachemens, et qui comptant pour rien l'apparence des choses et pour peu l'opinion des hommes, cherche son bonheur en dedans sans égard aux usages suivis et aux préjugés receus. Cet homme ne sera pas vertueux, puisqu'il [147.] ne vaincra pas ses penchans ; mais en les suivant il ne fera rien de contraire à ce que feroit en resistant aux siens[d] celui qui n'écoute que la vertu. La bonté la commiseration la générosité, ces premiéres inclinations de la nature qui ne sont que des émanations de l'amour de soi ne s'érigeront point dans sa tête en d'austères devoirs, mais elles seront des besoins de son cœur qu'il satisfera plus pour son propre bonheur que par un principe d'humanité qu'il ne songera guére à réduire en régle : l'instinct de la nature est moins pur peut-être mais certainement plus sûr que la loi de la vertu : Car on se met souvent en contradiction avec son devoir, jamais avec son penchant, pour mal faire.

L'homme de la nature éclairé[e] par la raison[210] a des appetits plus délicats mais non moins simples que dans sa premiére grossièreté. Les fantaisies d'autorité de célébrité de préeminence ne sont rien pour lui : il ne veut être connu que pour être aimé, il ne veut être loué que de ce qui est vraiment louable et qu'il possède en effet. L'esprit les talens ne sont pour lui que des ornemens du mérite et ne le constituent pas : ils

---

a C. *toute* est inséré dans l'interligne.

b Mot biffé dans C. *en ~~aucune~~ [?] occasion.*

c P. *Catinat* quelques autres moins connus *ont honoré* etc. G. *Catinat, d'autres moins connus* etc.

d G. et P. *en surmontant les siens.*

e Rature dans C. sur « éclairée » : *L'homme de la nature éclairée par la raison.* P. et G. *L'homme de la nature éclairé par la raison.*

sont des développemens necessaires dans le progrès des choses et qui ont leurs avantages pour les agrémens de la vie, mais subordonnés aux facultés plus précieuses qui rendent l'homme vraiment sociable et bon, et qui lui font priser l'ordre la droiture la justice et l'innocence[a] au-dessus de tous les autres biens. L'homme de la nature apprend à porter en toute chose le joug de la nécessité, à s'y soumettre et à ne murmurer jamais[b] contre la providence qui commença par le combler de dons précieux, qui promet à son cœur des biens plus précieux encore, mais qui pour réparer l'injustice[c] de la fortune et des hommes choisit son heure et non pas la nôtre, et dont les vues sont trop au dessus de nous pour qu'elle nous, pour qu'elle nous doive compte de ses moyens. L'homme de la nature est assujetti par elle et pour sa propre conservation à des transports irascibles et momentanés, à la colére à l'emportement, à l'indignation, jamais à des sentimens haineux et durables, nuisibles à celui qui en est la proye et à celui qui en est l'objet, et qui ne mènent qu'au mal et à la destruction, sans servir au bien ni à la conservation de personne. Enfin l'homme de la nature, sans épuiser ses débiles forces à se construire ici-bas des tabernacles[211], des machines énormes de plaisir ou d'opinion[d], jouit de lui-même et de son existence sans grand souci de ce qu'en pensent les hommes et sans grand soin de l'avenir.

Tel j'ai vu l'indolent J.J., sans affectation sans apprêt, livré par goût à ses douces rêveries, pensant profondément quelquefois, mais toujours avec plus de fatigue que de plaisir, et aimant mieux se laisser gouverner par une imagination riante, que de [148.] gouverner avec effort sa tête par sa raison. Je l'ai vu mener par goût une vie egale simple et routiniére sans s'en rebuter jamais. L'uniformité de cette vie et la douceur qu'il y trouve montrent que son ame est en paix. S'il étoit mal avec lui-même il se lasseroit enfin d'y vivre ; il lui faudroit des diversions que je ne lui vois point chercher ; et si par un tour d'esprit difficile à concevoir, il s'obstinoit à s'imposer ce genre de supplice, on verroit à la longue l'effet de cette contrainte sur son humeur sur son teint sur sa santé[e]. Il jauniroit, il languiroit, il deviendroit triste et sombre, il dépériroit. Au contraire il

a P. et G. *l'ordre la justice la droiture et l'innocence au dessus* etc.

b G. et P. *à s'y soumettre, à ne murmurer jamais* etc.

c P. et G. *les injustices.*

d G. et P. *de bonheur ou de plaisir.*

e Même leçon dans G. ; P. *sur son teint et sur sa santé.*

se porte mieux qu'il ne fit jamais* : il n'a plus ces souffrances habituelles, cette maigreur, ce teint pâle, cet air mourant qu'il eut constamment pendant dix ans de sa vie, c'est à dire, pendant tout le tems[a] qu'il se mêla d'écrire, métier aussi funeste à sa constitution que contraire à son goût, et qui l'eut enfin mis au tombeau s'il l'eut continué davantage. Depuis qu'il a repris les doux loisirs de sa jeunesse il en a repris la sérénité ; il occupe son corps et repose sa tête ; il s'en trouve bien à tous égards. En un mot, comme j'ai trouvé dans ses livres l'homme de la nature, j'ai trouvé dans lui[b] l'homme de ses livres, sans avoir eu besoin de chercher expressément s'il étoit vrai qu'il en fut l'Auteur[212].

Je n'ai eu qu'une seule curiosité que j'ai voulu satisfaire. C'est au sujet du Devin du Village. Ce que vous m'aviez dit là-dessus m'avoit tellement frappé que je n'aurois pas été tranquille, si je ne m'en fusse éclairci[c]. On ne conçoit guéres comment un homme doué de quelque genie et de talens par lesquels il pourroit legitimement aspirer à une gloire méritée, pour se parer effrontément d'un talent qu'il n'auroit pas iroit se fourrer sans necessité dans toutes les occasions de montrer là-dessus son ineptie. Qu'au milieu[d] de Paris et des artistes les moins disposés pour lui à l'indulgence, un tel homme se donne sans façon pour l'Auteur d'un ouvrage qu'il est évidemment incapable[e] de faire, qu'un homme aussi timide aussi peu suffisant s'érige parmi les maitres en precepteur d'un art auquel il n'entend rien et qu'il les accuse de ne pas entendre, c'est assurément une chose des plus incroyables que l'on puisse avancer. D'ailleurs il y a tant de bassesse à se parer ainsi des dépouilles d'autrui, cette manœuvre suppose tant de pauvreté d'esprit, une vanité si puerile, un jugement si borné, que quiconque peut s'y résoudre ne fera jamais rien de grand d'élevé de beau dans aucun genre, et que, malgré toutes mes autres observations il seroit toujours resté impossible à mes yeux que se donnant faussement pour l'Auteur du Devin J.J. eut fait[f] aucun des autres écrits qu'il s'attribue, et qui certainement ont trop

---

* Tout a son terme ici-bas. Si ma santé décline et succombe enfin sous tant d'afflictions sans relâche, il restera toujours etonnant qu'elle ait résisté si longtems.

a Même leçon dans G. ; P. *qu'il eut constamment pendant tout le tems qu'il* etc.

b Même leçon dans G. ; P. *j'ai retrouvé dans lui.*

c P. et G. *si je ne m'en fusse particulierement éclairci.*

d G. et P. *Mais qu'au milieu.*

e P. et G. *qu'il est incapable.*

f G. et P. *J.J. se donnant faussement pour l'Auteur du Devin du village eut fait* etc.

de force et d'elevation pour avoir pu sortir de la petite tête d'un petit pillard impudent. Tout cela me sembloit tellement incompatible que j'en revenois toujours à ma prémiére consequence de *tout ou rien.*

[149.] Une chose encore animoit le zéle de mes recherches. L'Auteur du Devin du Village n'est pas, quel qu'il soit, un Auteur ordinaire, non plus que celui des autres ouvrages qui portent le même nom. Il y a dans cette piéce une douceur un charme une simplicité surtout qui la distinguent sensiblement de tout autre production du même genre. Il n'y a dans les paroles ni situations vives, ni belles sentences ni pompeuse morale ; Il n'y a dans la musique ni traits savans, ni morceaux de travail ni chants brillans[a], ni harmonie pathétique. Le sujet en est plus comique qu'attendrissant[213] ; et cependant la piéce touche remue attendrit jusqu'aux larmes, on se sent ému sans savoir pourquoi. D'où ce charme secret qui coule ainsi dans les cœurs tire-t-il sa source ? Cette source unique o[ù] nul autre n'a puisé n'est pas celle de l'hypocrene[214], elle vient d'un autre pays[b] : L'Auteur doit être aussi singulier que la piéce est originale. Si connoissant déja J. J. j'avois vu pour la prémiére fois le Devin du Village sans qu'on m'en nommât l'Auteur, j'aurois dit sans balancer, c'est celui de la nouvelle Héloïse, c'est J.J. et ce ne peut être que lui. Colette interesse et touche comme Julie[215] sans magie de situations, sans apprets[c] d'evenemens romanesques, même naturel, même douceur, même accent ; elles sont sœurs ou je serois bien trompé. Voila ce que j'aurois dit ou pensé. Maintenant on m'assure au contraire que J.J. se donne faussement pour l'Auteur de cette pièce et qu'elle est d'un autre : qu'on me le montre donc cet autre-là, que je voye comment il est fait. Si ce n'est pas J.J. il doit du moins lui ressembler beaucoup, puisque leurs productions si originales si caractérisées se ressemblent si fort. Il est vrai que je ne puis avoir vu des productions de J.J. en musique puisqu'il n'en sait pas faire ; mais je suis sûr que s'il en savoit faire, elles auroient un caractére très approchant de celui-là. A m'en rapporter à mon propre jugement cette musique paroit[d] de lui ; par les preuves que l'on me donne elle n'en est pas : que dois-je croire ? Je résolus de m'éclaircir si bien par moi-même sur cet article qu'il ne put

a P. *ni traits savans ni chant tournés.* G. *ni traits savans, ni morceaux de travail, ni chants tournés.*
b P. et G. *elle vient d'ailleurs.*
c G. et P. *sans apprêt.*
d P. et G. *Cette musique est de lui.*

me rester là-dessus aucun doute ; et je m'y suis pris de la façon la plus courte et la plus sure pour y parvenir.

LE FRANÇOIS.

Rien n'est plus simple : vous avez fait comme tout le monde. Vous lui avez présenté de la musique à lire, et voyant qu'il ne faisoit que barbouiller, vous avez tiré la conséquence, et vous vous en étes tenu là.

ROUSSEAU

Non, Monsieur[a], ce n'est point là ce que j'ai fait, et ce n'étoit point de cela non plus qu'il s'agissoit ; car il ne s'est pas donné que je sache pour un croquesol[216] ni pour un Chantre de Cathedrale ; [150.] Mais en donnant de la musique pour être de lui, il s'est donné pour en savoir faire : C'étoit là[b] ce que j'avois à vérifier. Je lui ai donc proposé de la musique, non à lire mais à faire : C'étoit ce me semble aller[c] aussi directement qu'il étoit possible au vrai point de la question. Je l'ai prié de composer cette musique en ma présence sur des paroles qui lui étoient inconnues et que je lui ai fournies sur le champ.

LE FRANÇOIS.

Vous aviez bien de la bonté ; car enfin, vous assurer qu'il ne savoit pas lire la musique des autres[d], n'étoit-ce pas vous assurer de reste qu'il n'en savoit pas composer ?

ROUSSEAU.

Je n'en sais rien[e] ; je ne vois nulle impossibilité qu'un homme trop plein de ses propres idées ne sache ni saisir ni rendre celles d'autrui[f] : Mais ce que je sais bien, c'est que si de l'acte au possible la conséquence est valable[217], lui voir sous mes yeux composer de la musique étoit m'assurer qu'il en savoit composer.

a Segment supprimé dans G. et P.

b P. et G. *Voila ce que j'avois* etc.

c Même leçon dans P. ; G. *C'étoit aller ce me semble.*

d G. et P. *qu'il ne savoit pas lire la musique n'étoit-ce pas vous assurer* etc.

e P. intègre l'ajout dans la phrase et crée un appel de note sur : « celle des autres# »
et puisque ce n'est pas faute d'esprit qu'il sait si mal parler, ce peut aussi n'être pas par ignorance qu'il lit si mal la musique. L'ensemble est intégré à la réplique dans G.

f C. *je ne vois nulle impossibilité qu'un homme trop plein de ses propres idées ne sache ni saisir ni rendre celles d'autrui* est inséré dans l'interligne.

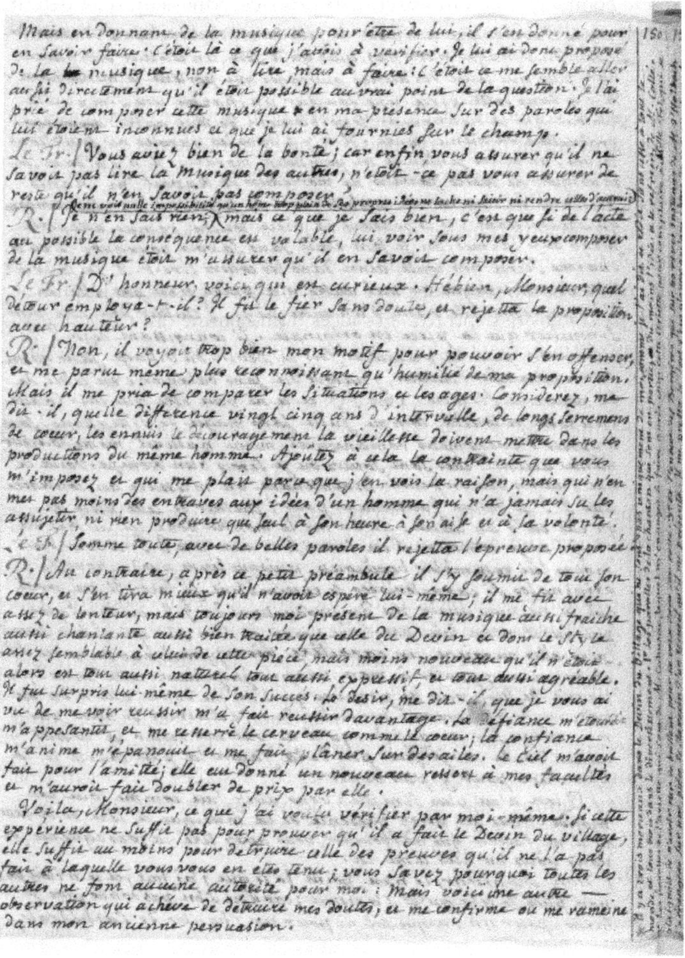
Mais en donnant de la musique pour être de lui, il s'en donne pour en savoir faire. C'étoit là ce que j'avois à vérifier. Je lui ai donc proposé de la musique, non à lire, mais à faire : c'étoit ce me semble aller aussi directement qu'il étoit possible au vrai point de la question. Je l'ai prié de composer cette musique en ma présence sur des paroles qui lui étoient inconnues et que je lui ai fournies sur le champ.

Le Fr. | Vous aviez bien de la bonté ; car enfin, vous assurer qu'il ne savoit pas lire la musique des autres, n'étoit-ce pas vous assurer de reste qu'il n'en savoit pas composer ?

R. | Je n'en sais rien, mais ce que je sais bien, c'est que si de l'acte au possible la conséquence est valable, lui voir sous mes yeux composer de la musique étoit m'assurer qu'il en savoit composer.

Le Fr. | D'honneur, voici qui est curieux. Hé bien, Monsieur, quel détour employa-t-il ? Il fit le fier sans doute, et rejetta la proposition avec hauteur ?

R. | Non, il voyoit trop bien mon motif pour pouvoir s'en offenser, et me parut même plus reconnoissant qu'humilié de ma proposition. Mais il me pria de comparer les situations et les ages. Considérez, me dit-il, quelle différence vingt cinq ans d'intervalle, de longs serremens de coeur, les ennuis le découragement la vieillesse doivent mettre dans les productions du même homme. Ajoutez à cela la contrainte que vous m'imposez et qui me plait parce que j'en vois la raison, mais qui n'en met pas moins des entraves aux idées d'un homme qui n'a jamais su les assujetir, ni rien produire que seul à son heure à son aise et à sa volonté.

Le F. | Somme toute, avec de belles paroles il rejetta l'épreuve proposée.

R. | Au contraire, après ce petit préambule il s'y soumit de tout son coeur, et s'en tira mieux qu'il n'avoit espéré lui-même ; il me fit avec assez de lenteur, mais toujours moi présent de la musique aussi fraiche aussi chantante aussi bien traitée que celle du Devin et dont le style assez semblable à celui de cette pièce, mais moins nouveau qu'il n'étoit alors est tout aussi naturel tout aussi expressif, et tout aussi agréable. Il fut surpris lui-même de son succès. Le desir, me dit-il, que je vous ai vu de me voir réussir m'a fait réussir davantage. La défiance m'étouffe m'appesantit, et me resserre le cerveau comme le coeur ; la confiance m'anime m'épanouit et me fait planer sur des ailes. Le Ciel m'avoit fait pour l'amitié ; elle eut donné un nouveau ressort à mes facultés et m'auroit fait doubler de prix par elle.

Voila, Monsieur, ce que j'ai voulu vérifier par moi-même. Si cette expérience ne suffit pas pour prouver qu'il a fait le Devin du village, elle suffit au moins pour détruire celle des preuves qu'il ne l'a pas fait à laquelle vous vous en êtes tenu ; vous savez pourquoi toutes les autres ne font aucune autorité pour moi : Mais voici une autre observation qui achève de détruire mes doutes, et me confirme ou me ramène dans mon ancienne persuasion.

FIG. 12 – Manuscrit « Condillac » – BnF, NAF 25700 (p. 150).

LE FRANÇOIS.

D'honneur, voici qui est curieux. Hébien, Monsieur, quel détour employa-t-il[a] ? Il fit le fier sans doute, et rejetta la proposition avec hauteur ?

ROUSSEAU.

Non, il voyoit trop bien mon motif pour pouvoir s'en offenser, et me parut même plus reconnoissant qu'humilié de ma proposition. Mais il me pria de comparer les situations et les ages. Considérez, me dit-il, quelle difference vingt-cinq ans d'intervalle, de longs serremens de cœur, les ennuis le découragement la vieillesse doivent mettre dans les productions du même homme. Ajoûtez à cela la contrainte que vous m'imposez et qui me plait parce que j'en vois la raison, mais qui n'en met pas moins des entraves aux idées d'un homme qui n'a jamais su les assujettir, ni rien produire qu'à son heure à son aise et à sa volonté[b].

LE FRANÇOIS.

Somme toute, avec de belles paroles il rejetta[c] l'épreuve proposée ?

ROUSSEAU.

Au contraire, après ce petit préambule il s'y soumit de tout son cœur, et s'en tira mieux qu'il n'avoit espéré lui-même ; Il me fit avec assez[d] de lenteur, mais moi toujours présent de la musique aussi fraiche aussi chantante aussi bien traitée que celle du Devin et dont le style assez semblable à celui de cette piéce, mais moins nouveau qu'il n'étoit alors est tout aussi naturel tout aussi expressif, et tout aussi agréable. Il fut surpris lui-même de son succés. Le desir, me dit-il, que je vous ai vu de me voir reussir m'a fait reussir davantage. La défiance m'étourdit m'appesantit, et me resserre le cerveau comme le cœur ; la confiance m'anime m'épanouit et me fait plâner sur des ailes. Le Ciel m'avoit fait pour l'amitié ; elle eut donné un nouveau ressort[e] à mes facultés et m'auroit fait doubler[f] de prix par elle[g].

---

a P. *quel détour vous donne-t-il ?* ; G. *de quelle defaite vous paya-t-il ?*

b Citation mise entre guillemets dans G.

c P. et G. *il refusa.*

d G. et P. *avec un peu.*

e Même leçon dans G. ; P. *un nouveau prix.*

f G. et P. *et j'aurois doublé.*

g Citation sans guillemets dans G.

Voila, Monsieur, ce que j'ai voulu vérifier par moi-même. Si cette expérience ne suffit pas pour prouver qu'il a fait le Devin du Village, elle suffit au moins pour détruire celle des preuves qu'il ne l'a pas fait à laquelle vous vous en étes tenu ; vous savez pourquoi toutes les autres ne font aucune[a] autorité pour moi : Mais voici une autre observation qui achéve de détruire mes doutes, et me confirme ou me rameine dans mon ancienne persuasion.

[151.] Après cette épreuve j'ai examiné toute la musique qu'il a composée depuis son retour à Paris et qui ne laisse pas de faire un recueil considérable, et j'y ai trouvé une uniformité de style et de faire qui tomberoit quelquefois dans la monotonie si elle n'étoit autorisée ou excusée par[b] le grand rapport des paroles dont il a fait choix le plus souvent. J.J. avec un cœur trop porté à la tendresse eut toujours un gout vif pour la vie champêtre. Toute sa musique, quoique variée selon les sujets, porte l'empreinte[c] de ce gout : On croit entendre l'accent pastoral des pipeaux, et cet accent se fait partout sentir le même que dans le Devin du Village. Un connoisseur ne peut pas plus s'y tromper qu'au[d] faire des peintres. Toute cette musique a d'ailleurs une simplicité, j'oserois dire une vérité que n'a parmi nous nulle autre musique moderne. Non seulement elle n'a besoin ni de trills[218] ni de petites notes ni d'agrémens ou de fleurtis[219] d'aucune espéce, mais elle ne peut même rien supporter de tout cela. Toute son expression est dans les seules nuances du fort et du doux, vrai caractére d'une bonne mélodie ; cette mélodie y est toujours une et bien phrasée[e], les accompagnemens l'animent sans l'offusquer ni la couvrir[f] ; tout cela ne convient encore qu'au seul Devin. S'il n'a pas fait cette piéce, il faut donc qu'il en ait l'Auteur toujours à ses ordres pour lui composer de nouvelle musique toutes les fois qu'il lui plait d'en produire sous son nom ; car il n'y a que lui seul qui en fasse comme celle-là. Je ne dis pas qu'en épluchant bien toute cette musique on n'y trouvera ni réminiscences ni ressemblances[g], ni traits pris ou imités

a P. et G. *ne font point.*

b C. *si elle n'étoit autorisée ou excusée par* est inséré dans l'interligne.

c P. et G. *une empreinte.*

d G. et P. *qu'on ne se trompe au.*

e P. et G. *et bien marquée.*

f G. *l'animent sans l'offusquer. On n'a pas besoin de crier sans cesse aux accompagnateurs : doux, plus doux.* P. *aux accompagnateurs jouez doux.*

g Même leçon dans P. ; G. *ni ressemblances ni reminiscences.*

d'autres Auteurs : cela n'est vrai d'aucune Musique que je connoisse. Mais, soit que ces imitations ou ces vols soient[a] des rencontres fortuites ou de vrais pillages, je dis que la maniére dont cet Auteur les employe les lui approprie, je dis que l'abondance des idées dont il est plein et qu'il associe à celles-là ne peut laisser supposer que ce soit par stérilité de son propre fonds qu'il se les attribue : c'est paresse ou précipitation, mais ce n'est pas pauvreté : il lui est trop aisé de produire pour avoir jamais besoin de piller[*][220].

Je lui ai conseillé de rassembler toute cette musique[b] et de chercher à s'en défaire pour s'aider à vivre quand il ne pourra plus continuer son

---

a G. et P. *Mais soit que ces imitations soient des rencontres fortuites.*

* Il y a trois morceaux [P. *idem.* G. *trois seuls morceaux*] dans le Devin du Village qui ne sont pas uniquement de moi, comme je l'ai dit et redit sans cesse à tout le monde [G. *comme dès le commencement je l'ai dit sans cesse à tout le monde.* P. *comme je l'ai dit sans cesse à tout le monde*], et tous trois dans le divertissement. 1° Les paroles de la chanson qui sont, en partie, du moins l'idée et le refrain de M. Collé. 2° Les parolles de l'Ariette qui sont de M. Cahusac, lequel m'engagea à faire [P. *de faire*] après coup cette Ariette pour complaire à Mademoiselle Fel, qui se plaignoit de n'avoir rien de brillant pour sa voix dans son rolle ; 3° et l'entrée des Bergéres que sur les vives instances de M. d'Holbach j'arrangeai sur une piéce de Clavecin d'un recueil qu'il me présenta. Je ne dirai pas quelle était l'intention [P. *quel étoit le motif*] de M. d'Holbach, mais il me pressa si fort d'employer quelque chose de ce recueil que sans imaginer son motif je ne crus pas dans cette bagatelle savoir resister [G. *que je ne pus pas dans cette bagatelle*] obstinement à son desir. Pour la Romance qu'on m'a fait tirer tantot de Suisse, tantôt de Languedoc, tantôt de nos Pseaumes, tantôt de je ne sais où, je ne l'ai tirée que de ma tête, ainsi que toute la Piéce. [P. et G. *Je la composai, revenu depuis peu d'Italie, passionné pour la musique que j'y avois entendue et dont on n'avoit encore aucune connoissance à Paris. Quand cette connoissance commença de s'y répandre on auroit bientôt découvert mes pillages si j'avois fait comme font* [P. *et doivent faire*] *les compositeurs françois, parce qu'ils sont pauvres d'idées, qu'ils ne connoissent point* [P. *pas même*] *le vrai chant et que leurs accompagnemens ne sont que du barbouillage.*] On a mis dans mes écrits [G. et P. *on a eu l'impudence de mettre en grande pompe dans le recueil de mes écrits*] la romance de M. Vernes pour faire croire [P. et G. *au public*] que je me l'attribuois. Toute ma réponse a été de faire à cette romance deux autres airs meilleurs que celui-là. [P. et G. *Mon argument est simple : celui qui a fait les meilleurs airs n'avoit pas besoin de s'attribuer faussement le moindre.*]

b P. appel sur « cette musique# », renvoyant en note, dans la marge gauche de la p. 142, à la suite de la phrase dans C. : *« # cette musique et de chercher à s'en défaire pour s'aider à vivre quand il ne pourra plus continuer son travail, mais de tâcher sur toute chose que ce recueil ne tombe qu'entre des mains fidelles et jeunes qui ne le laissent ni détruire ni diviser ; car quand la passion cessera de dicter les jugemens qui le regarde* (sic), *ce recueil fournira, ce me semble une forte preuve que toute la musique qui le le compose est d'un seul et même auteur.** ». (G. intègre ces lignes au corps de l'alinéa en corrigeant « les jugemens qui le regardent » et en remplaçant « *qu'entre des mains* » par « *qu'en des mains* »).

** J'ai mis fidellement dans ce recueil toute la musique de toute espéce que j'ai composée depuis mon retour à Paris, et dont j'aurois beaucoup retranché si je n'y avois laissé que ce qui me paroit bon. Mais j'ai voulu ne rien omettre de ce que j'ai reellement fait, afin qu'on en put discerner tout ce* travail, mais de tacher sur toute chose que ce recueil ne tombe qu'en des mains fidelles et sures qui ne le laissent ni détruire ni diviser. Quand la passion cessera de dicter les jugemens qui le regardent, ce recueil fournira ce me semble une grande preuve que toute la musique qui le compose est d'un seul et même Auteur.

Tout ce qui est sorti de la plume de J.J. durant son effervescence porte une empreinte impossible à méconnoitre et plus impossible [152.] à imiter[221]. Sa musique sa prose, ses vers, tout dans ces dix ans est d'un coloris d'une teinte qu'un autre ne trouvera point[a]. Oui, je le répéte, si j'ignorois quel est l'Auteur du Devin du Village je le sentirois à cette conformité. Mon doute levé sur cette pièce achéve de lever ceux qui pourroient me rester sur son Auteur ; La force des preuves qu'on a qu'elle n'est pas de lui ne sert plus qu'à détruire dans mon esprit celles des crimes dont on l'accuse[222], et tout cela ne me laisse plus qu'une surprise, c'est comment tant de mensonges peuvent être si bien prouvés.

J.J. étoit né pour la Musique, non pour y payer de sa personne dans l'execution ; mais pour en hâter les progrés et y faire des découvertes. Ses idées dans l'art et sur l'art sont intarissables[b]. Il a trouvé des maniéres[c] plus simples plus claires, plus comodes de l'écrire qui facilitent beaucoup les unes la composition les autres l'execution et auxquelles il n'a manqué[d] pour être admises que d'être proposées par d'autres[e] que lui. Il a fait dans l'harmonie une découverte qu'il ne daigne pas même annoncer, sûr d'avance qu'elle seroit rebutée ou ne lui attireroit, comme le Devin du village que l'imputation[f] de s'emparer du bien d'autrui. Il fera dix airs sur les mêmes paroles sans que cette abondance lui coute ou l'épuise. Je

---

qu'on m'attribue aussi faussement qu'impudemment dans le public [G. *même en ce genre*], *dans les journaux, et jusques dans les recueils de mes propres écrits. Pourvu que les paroles soient grossiéres et malhonnêtes, pourvu que les airs soient maussades et plats, on m'accordera volontiers le talent de composer de cette Musique-là* [G. *composer cette musique-là*]. *On affectera même de m'attribuer des airs d'un bon chant fait par d'autres, pour faire croire que je me les attribue moi-même, et que je m'approprie les ouvrages d'autrui. M'ôter mes productions et m'attribuer les leurs a été depuis vingt ans la manœuvre la plus constante de ces Messieurs, et la plus sure pour me décrier.* (Dans G. la note * est rédigée sur un rectangle de papier collé p. 101 en regard de l'appel *auteur**).

a G. *qu'un autre ne trouvera jamais.* P. *que nul autre ne trouvera jamais.*

b P. *sont* [*fécondes*] *intarissables.* G. *fécondes, intarissables.*

c P. *des methodes plus simples, plus claires, plus comodes, qui facilitent les unes la composition les autres l'execution et auxquelles* etc. G. *des methodes plus claires, plus comodes, plus simples* etc.

d P. et G. *et auxquelles il ne manque* etc.

e G. et P. *par un autre.*

f Même leçon dans G. ; P. *que l'accusation.*

l'ai vu lire aussi fort bien la musique, mieux que plusieurs de ceux qui la professent. Il aura même en cet art l'impromptu[a] de l'execution, quand rien ne l'intimidera, quand rien ne troublera cette présence d'esprit qu'il a si rarement qu'il perd si aisément, et qu'il ne peut plus rappeller dès qu'il l'a perdue. Il y a trente ans qu'on l'a vu dans Paris chanter tout à livre ouvert. Pourquoi ne le peut-il plus aujourdui ? C'est qu'alors personne ne doutoit du talent qu'aujourdui tout le monde lui refuse, et qu'un seul spectateur malveillant suffit pour troubler sa tête et ses yeux. Qu'un homme auquel il aura confiance lui présente de la Musique qu'il ne connoisse point. Je parie, à moins qu'elle ne soit barroque[223] ou[b] ne dise rien, qu'il la déchiffre encore à la premiére vue et la chante passablement. Mais si, lisant dans le cœur de cet homme il le voit mal intentionné il n'en dira pas une note, et voila parmi les spectateurs la conclusion tirée sans autre examen. J.J. est sur la Musique et sur les choses qu'il sait le mieux comme il étoit jadis aux échecs[224] Jouoit-il avec un plus fort que lui qu'il croyoit plus foible, il le battoit[c] ; avec un plus foible qu'il croyoit plus fort il étoit battu[d]. La suffisance des autres l'intimide et le démonte infailliblement. En ceci l'opinion l'a toujours subjugué, ou plustot, en toute chose, comme il le dit lui-même, c'est au dégré de sa confiance que se monte celui de ses facultés. Le plus grand mal est[e] que sentant en lui sa capacité, pour désabuser ceux qui en doutent il se [153.] livre sans crainte aux occasions de la montrer, comptant toujours[f] rester maître de lui-même, et toujours intimidé quoi qu'il fasse, il ne montre que son ineptie. L'expérience là-dessus a eu beau l'instruire, elle ne l'a jamais corrigé.

Les dispositions d'ordinaire annoncent l'inclination et reciproquement. Cela est encore vrai chez J.J. Je n'ai vu nul homme aussi passionné que lui pour la Musique, mais seulement pour celle qui parle à son cœur ; c'est pourquoi il aime mieux en faire qu'en entendre, surtout à Paris, parce qu'il n'y en a point d'aussi bien appropriée à lui que la sienne. Il la chante en anonnant avec une voix foible et cassée mais encore animée et tendre[g]. Il l'accompagne non sans peine, avec des doigts tremblans,

---

a P. et G. *l'impromptu de l'execution qui lui manque en toute autre chose, quand* etc.

b Même leçon dans P. ; G. *ou qu'elle.*

c G. et P. *il le battoit le plus souvent.*

d C. *il étoit battu* est inséré dans l'interligne.

e P. et G. *est ici.*

f G. et P. *toujours pour cette fois.*

g P. et G. *Il la chante avec une voix foible et cassée mais encore animée et douce.*

moins par l'effet des ans que d'une invincible[a] timidité[b]. Il se livre à cet amusement depuis quelques années avec plus d'ardeur que jamais, et il est aisé de voir qu'il s'en fait une aimable diversion à ses peines. Quand des sentimens douloureux affligent son cœur, il cherche sur son clavier les consolations que les hommes lui refusent. Sa douleur perd ainsi sa sécheresse et lui fournit à la fois des chants et des larmes[225]. Dans les rues il se distrait des regards insultans des passants en cherchant des Airs dans sa tête, et plusieurs romances de sa façon d'un chant triste et languissant mais tendre et doux n'ont point eu d'autre origine. Tout ce qui porte le même caractére lui plait et le charme. Il est passionné pour le chant du rossignol, il aime les gémissemens de la Tourterelle et les a parfaitement imités dans l'accompagnement d'un de ses airs ; les regrets qui tiennent à l'attachement l'intéressent. Sa passion la plus vive et la plus vaine étoit d'être aimé, il croyoit se sentir fait pour l'être : il satisfait du moins cette fantaisie avec les animaux. Toujours il prodiga son tems et ses soins à les attirer, à les caresser ; il étoit l'ami, presque l'esclave de son chien de sa chatte[c] : il avoit des pigeons qui le suivoient partout, qui lui voloient sur les bras sur la tête jusqu'à l'importunité. Il apprivoisoit les oiseaux les poissons avec une patience incroyable, et il est parvenu à Monquin à faire nicher des hyrondelles dans sa chambre avec tant de confiance qu'elles s'y laissoient même enfermer sans s'effaroûcher. En un mot ses amusemens ses plaisirs sont innocens et doux comme ses penchans[d]. Il n'y a pas dans son ame un gout qui soit hors de la nature ni coûteux ou criminel à satisfaire, et pour être heureux autant qu'il est possible ici-bas la fortune lui eut été inutile, encor plus la célébrité ; il ne lui falloit que la santé le necessaire le repos et l'amitié.

Je vous ai décrit les principaux traits de l'homme que j'ai vu, et [154.] je me suis borné dans mes descriptions non seulement à ce qui peut de même être vû de tout autre s'il porte à cet examen un œil attentif et non prévenu, mais à ce qui n'étant ni bien ni mal en soi ne peut être affecté longtems par hypocrisie. Quant à ce qui quoique vrai n'est pas vraisemblable, tout ce qui n'est connu que du Ciel et de moi mais eut pu mériter de l'être des hommes, ou qui même connu d'autrui, ne peut être

---

a C. *invincible* est inséré dans l'interligne.

b Mot biffé illisible sous l'ajout dans C.

c G. et P. *de sa chatte, de ses sereins.*

d P. et G. *comme ses travaux, comme ses penchans.*

dit de soi-même avec bienseance, n'espérez pas que je vous en parle[226], non plus que ceux dont il est connu. Si tout son prix est dans le suffrage des hommes, c'est à jamais autant de perdu. Je ne vous parlerai pas non plus de ses vices, non qu'il n'en ait de très grands, mais parce qu'ils n'ont jamais fait[a] de mal qu'à lui, et qu'il n'en doit aucun compte à d'autres[b]. Quand on s'abstient de dire le bien, le mal qui ne nuit point à autrui peut se taire[c]. Il n'a pas été si discret dans ses confessions[d], et peut-être n'en a-t-il pas mieux fait. A cela près, tous les détails que je pourrois ajouter aux précédens n'en sont que des consequences qu'en raisonnant bien chacun peut aisément suppléer ; ils suffisent pour connoitre à fond le naturel de l'homme et son caractère. Je[e] ne saurois aller plus loin sans manquer aux engagemens[f] par lesquels[g] vous m'avez lié[h]. Tant qu'ils dureront, tout ce que je puis éxiger et attendre de lui[i] est qu'il me donne comme il a fait une explication naturelle et raisonnable de sa conduite en toute occasion[j] : Car il seroit injuste et absurde de vouloir[k] qu'il répondit aux charges qu'il ignore et qu'on ne permet pas de lui déclarer ; et tout ce que je puis ajouter du mien à cela est de m'assurer que cette explication qu'il me donne s'accorde avec tout ce que j'ai vu de lui par moi-même en y donnant toute mon attention. Voila ce que j'ai fait : ainsi je m'arrête. Ou faites-moi sentir en quoi je m'abuse, ou montrez-moi comment mon J.J. peut s'accorder avec celui de vos Messieurs, ou convenez enfin que deux êtres si différens ne furent jamais le même homme.

LE FRANÇOIS.

Je vous ai écouté avec une attention dont vous devez être content. Au lieu de vous croiser par mes idées je vous ai suivi dans les vôtres ; et si quelquefois je vous ai machinalement interrompu, c'étoit lorsqu'étant

---

a C. *fait* est inséré dans l'interligne.

b G. et P. *aux autres.*

c P. *le mal qui ne nuit point à autrui peut se taire quand on s'abstient de dire le bien qui le rachette.* G. *quand on tait le bien* etc.

d Italiques injustifiés dans l'éd. Pléiade.

e Mot biffé dans C. ~~*ainsi*~~ *je ne saurois.*

f Mot biffé dans C. *aux engagemens* ~~*que*~~.

g C. *par lesquels* est inséré dans l'interligne.

h Deux mots biffés illisibles dans C., entre « m'avez » et « liés ».

i P. et G. *de J.J.*

j Même leçon dans G. ; P. *une explication raisonnable de sa conduite.*

k G. et P. *d'exiger.*

moi-même de votre avis, je voulois avoir votre réponse à des objections souvent rebattues que je craignois d'oublier[227]. Maintenant je vous demande en retour un peu de l'attention que je vous ai donnée. J'éviterai d'être diffus ; évitez, si vous pouvez, d'être impatient.

Je commence par vous accorder pleinement votre consequence, et je conviens franchement que votre J.J. et celui de nos Messieurs ne sauroit[a] être le même homme. L'un, j'en conviens encore, semble avoir été fait à plaisir pour le mettre en opposition avec l'autre. Je vois même entre eux des incompatibilités qui ne frapperont peut-être nul autre que moi[228]. [155.] L'empire de l'habitude et le gout du travail manuel sont par exemple, à mes yeux des choses inaliables avec les noires et fougueuses passions des méchans, et je réponds que jamais un déterminé scelerat ne fera de jolis herbiers en miniature et n'écrira dans six ans huit mille pages de musique*. Ainsi dès les prémiérs traits nos Messieurs et vous ne vous accordez en rien[b]. Il y a certainement erreur ou mensonge d'une des deux parts : le mensonge n'est pas de la votre, j'en suis très sûr ; mais l'erreur y peut être : Qui m'assurera qu'elle n'y est pas en effet. Vous accusez nos Messieurs d'être prévenus quand ils le diffament[c] ; n'est-ce point vous qui l'étes quand vous l'honorez ? Votre penchant pour lui[229] rend ce doute très raisonnable. Il faudroit pour démêler surement la vérité, des observations impartiales, et quelques précautions que vous ayez prises, les vôtres ne le sont pas plus que les leurs. Tout le monde, quoique vous en puissiez dire n'est pas entré dans le complot. Je connois d'honnêtes gens qui ne haïssent point J. J., c'est à dire, qui ne professent point pour lui cette bienveillance traitresse qui, selon vous, n'est qu'une haine plus meurtriére. Ils estiment ses talens sans aimer ni haïr sa personne, et n'ont pas une grande confiance en cette générosité si bruyante qu'on admire dans nos Messieurs. Cependant sur bien des

---

a P. et G. *ne sauroient être.*

* Ayant fait une partie de ce calcul d'avance et seulement par comparaison, j'ai mis tout trop au rabais, et c'est ce que je découvre bien sensiblement à mesure que j'avance dans mon registre, puisqu'au bout de cinq ans et demi seulement j'ai déja plus de neuf mille pages bien articulées, et sur lesquelles on ne peut contester. (Rousseau ayant repris son activité de copiste en juillet 1770, cette note a dû être ajoutée à la fin de l'année 1775. Pour la reprise de cette note dans P. [p. 145 du ms.] et G. [p. 104 du ms. fr. 00222 et *OC.* I, p. 875], voir la note f, p. 352).

b P. *Ainsi dès la premiere esquisse nos Messieurs et vous ne vous accordez en rien.* G. *dès la prémiére esquisse nos Messieurs et vous ne pouvez vous accorder.*

c G. et P. *décrient.*

points ces personnes équitables s'accordent à penser comme le public à son égard. Ce qu'elles ont vu par elles-mêmes, ce qu'elles ont appris les unes des autres donne une idée peu favorable de ses mœurs, de sa droiture, de sa douceur, de son humanité, de son desintéressement, de toutes les vertus qu'il étaloit avec tant de faste. Il faut lui passer des défauts, même des vices, puis qu'il est homme; mais il en est de trop bas pour pouvoir germer dans un cœur honnête. Je ne cherche point un homme parfait, mais je méprise un homme abjet, et ne croirai jamais que les heureux penchans que vous trouvez dans J.J. puissent compatir[230] avec des vices tels que ceux dont il est chargé. Vous voyez que je n'insiste pas sur des faits aussi prouvés qu'il y en ait au monde; mais dont l'omission affectée d'une seule formalité énerve[231] selon vous toutes les preuves. Je ne dis rien des créatures qu'il s'amuse à violer[232], quoique rien ne soit moins necessaire, des écus qu'il escroque aux passans dans les tavernes et qu'il nie ensuite d'avoir empruntés, des copies qu'il fait payer deux fois, de celles où il fait de faux comptes, de l'argent qu'il escamote dans les payemens qu'on lui fait et de mille autres imputations pareilles; Je veux que tous ces faits quoique prouvés soient sujets à chicane comme les autres; mais ce qui est généralement vu par tout le monde ne sauroit l'être[233]. Cet homme en qui vous trouvez une modestie, une timidité [156.] de vierge est si bien connu pour un satyre plein d'impudence que dans les maisons mêmes où l'on tâchoit de l'attirer à son arrivée à Paris, on faisoit dès qu'il paroissoit retirer la fille de la maison, pour ne pas l'exposer à la brutalité de ses propos et de ses maniéres : Cet homme qui vous paroit si doux si sociable fuit tout le monde sans distinction, dédaigne toutes les caresses, rebute toutes les avances, et vit seul comme un loup garou. Il se nourrit de visions, selon vous, et s'extasie avec des chiméres; mais s'il méprise et repousse les humains, si son cœur se ferme à leur société, que leur importe celle que vous lui prêtez avec des êtres imaginaires? Depuis qu'on s'est avisé de l'éplucher avec plus de soin, on l'a trouvé non seulement différent de ce qu'on le croyoit, mais contraire à tout ce qu'il prétendoit être. Il se disoit honnête et modeste, on l'a trouvé cynique et débauché; il se vantoit de bonnes mœurs, et il est pourri de vérole; il se disoit desintéressé et il est de la plus âpre[a] avidité; il se disoit humain compatissant, il repousse durement tout ce qui lui demande assistance; il se disoit pitoyable et doux, il est cruel

a Même leçon dans P.; G. *la plus basse.*

et sanguinaire ; il se disoit charitable, et il ne donne rien à personne ; il se disoit liant facile à subjuguer, et il rejette arrogamment toutes les honnêtetés dont on le comble. Plus on le recherche plus on en est dédaigné ; on a beau prendre en l'accostant[a] un ton patelin dolent lamentable, lui écrire[b] des lettres à faire pleurer, lui signifier net qu'on va se tuer sur le champ[c] si l'on n'est admis ; il n'est ému de rien, le barbare laisseroit[d] faire ceux qui seroient assez sots pour cela, et les plaignans qui affluent à sa porte s'en retournent tous sans consolation.

Dans une situation[e] pareille à la sienne se voyant observé de si près ne devroit-il pas s'attacher à rendre contens de lui tous[f] ceux qui l'abordent, à leur faire perdre à force de douceur et de bonnes maniéres les noires impressions qu'ils ont sur son compte, à substituer dans leurs ames la bienveillance à l'estime qu'il a perdue, et à les forcer au moins de le plaindre ne pouvant plus l'honorer ? Au lieu de cela il concourt par son humeur sauvage et par ses rudes maniéres à nourrir comme à plaisir la mauvaise opinion qu'ils ont de lui. En le trouvant si dur si repoussant si peu traitable, ils reconnoissent aisément l'homme féroce qu'on leur a peint, et ils s'en retournent convaincus par eux-mêmes qu'on n'a point exagéré son caractére et qu'il est aussi noir que son portrait.

Vous me répéterez sans doute que ce n'est point là l'homme que vous avez vu : mais c'est l'homme qu'a vu tout le monde excepté vous seul. Vous ne parlez, dites-vous, que d'après vos propres observations. La pluspart de ceux que vous démentez ne parlent non plus que d'après les leurs. Ils ont vu noir où vous voyez blanc ; mais ils sont tous d'accord sur cette couleur noire, la blanche ne frape nuls autres yeux que les vôtres : vous étes [157.] seul contre tous ; la vraisemblance est-elle pour vous ? La raison permet-elle de donner plus de force[g] à votre unique suffrage qu'aux suffrages unanimes de tout le public ? Tout est d'accord sur le compte de cet homme que vous vous obstinez seul à croire innocent et bon[h], malgré tant de preuves auxquelles vous-même ne trouvez rien à

a G. et P. *en l'accostant un air beat*, etc.
b Même leçon dans G. ; P. *on a beau lui écrire des lettres* etc.
c G. et P. *à l'instant.*
d G. *il laisseroit.* P. *il seroit homme à laisser faire.*
e P. et G. relient cet alinéa au précédent.
f C. *tout* est inséré dans l'interligne.
g C. *plus de force* est inséré dans l'interligne.
h G. et P. *que vous obstinez seul à croire innocen., malgré* etc.

répondre. Si ces preuves sont autant d'impostures et de sophismes, que faut-il donc penser de tout le genre humain ? Quoi, toute une génération s'accorde à calomnier un innocent, à le couvrir de fange, à le suffoquer, pour ainsi dire dans le bourbier de la diffamation ? Tandis qu'il ne faut, selon vous, qu'ouvrir les yeux sur cet accusé[a] pour se convaincre de son innocence et de la noirceur de ses ennemis. Prenez garde, M[b]. Rousseau ; c'est vous-même qui prouvez trop[234]. Si J.J. étoit tel que vous l'avez vû, seroit-il possible que vous fussiez le prémier et le seul à l'avoir vû sous cet aspect ? Ne reste-t-il donc que vous seul d'homme juste et sensé sur la terre ? S'il en reste un autre qui ne pense pas[c] comme vous, toutes vos observations sont anéanties, et vous restez seul chargé de l'accusation que vous intentez à tout le monde, d'avoir vu ce que vous désiriez de voir et non ce qui étoit en effet. Répondez à cette seule objection, mais répondez juste, et je me rends sur tout le reste.

ROUSSEAU.

Pour vous rendre ici franchise pour franchise, je commence par vous déclarer que cette objection[d] à laquelle vous me sommez de répondre, est à mes yeux un abyme de ténébres où mon entendement se perd. J.J. lui-même n'y comprend rien non plus que moi : Il s'avoue incapable d'expliquer d'entendre la conduite publique à son égard ; ce concert avec lequel toute une génération s'empresse d'adopter un plan aussi éxécrable[e], la lui rend incomprehensible ; Il n'y voit ni des bons ni des méchans ni des hommes. Il y voit des êtres dont il n'a nulle idée ; Il ne les honore ni ne les méprise ni ne les conçoit ; il ne sait pas ce que c'est. Son ame incapable de haine aime mieux se reposer dans cette entiére ignorance, que de se livrer par des interprétations cruelles à des sentimens toujours pénibles à celui qui les éprouve, quand ils ont pour objet des êtres qu'il ne peut estimer. J'approuve cette disposition et je l'adopte autant que je puis pour m'épargner un sentiment de mépris pour mes contemporains : Mais au fond je me surprends souvent à les juger malgré moi : ma raison fait son office en dépit de ma volonté, et je prends le Ciel à témoin que ce n'est pas ma faute si ce jugement leur est si désavantageux[235].

---

a P. et G. *sur lui.*

b Même leçon dans P. ; G. *Monsieur.*

c Même leçon dans P. ; G. *qui ne pense pas ici.*

d G. et P. *que cette seule objection.*

e P. et G. *un plan si excécrable.*

Si donc vous faites dépendre votre assentiment au résultat de mes recherches de la solution de votre objection, il y a grande apparence que me laissant dans mon opinion vous resterez dans la vôtre : car j'avoue [158.] que cette solution m'est impossible, sans neanmoins que cette impossibilité puisse détruire en moi la persuasion commencée par la marche clandestine et tortueuse de vos Messieurs et confirmée ensuite par la connoissance immédiate de l'homme. Toutes vos preuves contraires tirées de plus loin se brisent contre cet axiome[236] qui m'entraîne irresistiblement que la même chose ne sauroit être et n'être pas, et tout ce que disent avoir vû vos Messieurs est comme vous l'avouez[a], entiérement incompatible avec ce que je suis certain d'avoir vu moi-même.

J'en use dans mon jugement sur cet homme comme dans ma croyance en matière de foi. Je cede à la conviction[b] sans m'arrêter aux objections que je ne puis résoudre : tant parce que ces objections sont fondées sur des principes moins clairs moins solides dans mon esprit que ceux qui opérent ma persuasion, que parce qu'en cédant à ces objections il faudroit tomber dans une autre opinion moins bien fondée et sujette à des objections encore plus invincibles[c]. Je perdrois donc à ce changement la force de l'évidence sans éviter l'embarras des difficultés. Vous direz sans doute[d] que ma raison choisit le sentiment que mon cœur préfére, et je ne m'en défends pas[237]. C'est ce qui arrive necessairement dans toute délibération[e] où le jugement n'a pas assez de lumiéres pour se décider sans le concours de la volonté. Croyez-vous qu'en prenant avec tant d'ardeur le parti contraire, vos Messieurs soient déterminés par un motif plus impartial ?

Ne cherchant pas à vous surprendre je vous devois d'abord cette déclaration. A présent jettons un coup d'œil sur vos difficultés, non pour[f] les résoudre, mais pour y chercher s'il est possible, quelque sorte d'explication.

La principale et qui fait la base de toutes les autres est celle que vous m'avez ci-devant proposée sur le concours unanime de toute la génération présente à un complot d'imposture et d'iniquité, contre lequel il seroit

a P. et G. *est de votre propre aveu.*

b G. et P. *à la conviction directe.*

c P. et G. *parce qu'en cedant à ces objections, je tomberois dans d'autres encor plus invincibles.*

d G. et P. *Vous dites que ma raison etc.*

e P. et G. *C'est ce qui arrive dans toute deliberation.*

f G. et P. *si ce n'est pour.*

ou trop injurieux au genre humain de supposer qu'aucun mortel ne réclame s'il en voyoit l'injustice, ou, cette injustice étant aussi évidente qu'elle me paroit, trop orgueilleux à moi trop humiliant pour le sens commun de croire qu'elle n'est aperçue par personne autre.

Faisons pour un moment cette supposition triviale que tous les hommes ont la jaunisse, et que vous seul ne l'avez pas....... Je préviens l'interruption que vous me préparez....... *Quelle plate comparaison ! Qu'est-ce que c'est que cette jaunisse ? Comment tous les hommes l'ont-ils gagnée* [159.] *excepté vous seul ? C'est poser la même question en d'autres termes, mais ce n'est pas l'éclaircir*[a]. Vouliez-vous dire autre chose en m'interrompant ?

LE FRANÇOIS.

Non. Poursuivez.

ROUSSEAU.

Je réponds donc. Je crois l'éclaircir quoique vous en puissiez dire, lorsque je fais entendre qu'il est pour ainsi dire, des épidemies d'esprit qui gagnent les hommes de proche en proche comme une espèce de contagion[238] ; parce que l'esprit humain naturellement paresseux aime à s'épargner de la peine en pensant d'après les autres, surtout en ce qui flate ses propres penchans. Cette pente à se laisser entraîner ainsi s'étend encore aux inclinations aux gouts aux passions des hommes ; l'engouement général, maladie si commune dans votre nation, n'a point d'autre source ; et vous ne m'en dédirez pas quand je vous citerai pour exemple à vous-même. Rappellez-vous l'aveu que vous m'avez fait ci-devant dans la supposition de l'innocence de J. J. que vous ne lui pardonneriez point votre injustice envers lui[239]. Ainsi, par la peine que vous donneroit son souvenir vous aimeriez mieux l'aggraver que la réparer. Ce sentiment, naturel aux cœurs dévorés d'amour-propre peut-il l'être au vôtre où règne l'amour de la justice et de la raison. Si vous eussiez réfléchi là-dessus pour chercher en vous-même la cause d'un sentiment si injuste et qui vous est si étranger, vous auriez bientot trouvé que vous haïssiez dans J.J. non seulement le scelerat qu'on vous avoit peint, mais J.J. lui-même, que cette haine excitée d'abord par ses vices en étoit devenue indépendante, s'étoit attachée à sa personne, et qu'innocent ou coupable, il étoit devenu, sans que vous vous en apperceussiez vous-même, l'objet de votre aversion.

a Même leçon dans G. ; P. *mais ce n'est pas la resoudre.*

Aujourdui que vous me prêtez une attention plus impartiale, si je vous rappellois vos raisonnemens dans nos premiers entretiens, vous sentiriez qu'ils n'étoient point en vous l'ouvrage du jugement, mais celui d'une passion fougueuse[a] qui vous dominoit à votre insçu. Voila, Monsieur, cette cause étrangére qui[b] séduisoit votre cœur si juste et fascinoit votre jugement si sain dans leur état naturel. Vous trouviez une mauvaise face à tout ce qui venoit de cet infortuné, et une bonne à tout ce qui tendoit à le diffamer ; les perfidies les trahisons les noirceurs[c] perdoient à vos yeux toute leur atrocité[d] lorsqu'il en étoit l'objet, et pourvu que vous n'y trempassiez pas vous-même, vous vous étiez accoutumé à les voir sans horreur dans les autres[e]. Mais ce qui n'étoit en vous qu'un égarement passager est devenu pour le public un délire habituel [160.] un principe constant de conduite, une jaunisse universelle, fruit d'une bile acre et repandue, qui n'altére pas seulement le sens de la vue mais corrompt toutes les humeurs, et tue enfin tout à fait l'homme moral qui seroit demeuré bien constitué sans elle[240].

Cette animosité, plus vive plus agissante que la simple aversion[241], me paroit à l'égard de J.J.[f] la disposition générale de toute la génération présente. L'air seul dont il est regardé passant dans les rues montre évidemment cette disposition qui se gêne et se contraint quelquefois dans ceux qui le rencontrent, mais qui perce et se laisse appercevoir malgré eux. A l'empressement grossier et badaut de s'arrêter de se retourner de le fixer de le suivre, au chuchotement ricaneur qui dirige sur lui le concours de leurs regards[g], on les prendroit moins pour d'honnêtes gens qui ont le malheur de rencontrer un monstre horrible[h], que pour des tas de bandits tout joyeux de tenir leur proye, et qui se font un amusement digne d'eux d'insulter à son malheur. Voyez-le entrant au spectacle entouré dans l'instant d'une étroite enceinte de bras tendus et de cannes, dans laquelle vous pouvez penser comme il est à son aise ! A quoi sert[i] cette barriére ? S'il veut la forcer, résistera-t-elle ? Non sans

a Même leçon dans G. ; P. *mais d'une passion fougueuse.*
b Rature dans C. *qui ~~fascinoit~~ séduisoit* etc.
c P. et G. *les trahisons les mensonges.*
d G. et P. *toute leur noirceur.*
e P. et G. *dans autrui.*
f Même leçon dans G. ; P. *me paroit être envers J.J. la disposition* etc.
g Même leçon dans P. ; G. *de leurs impudens regards.*
h G. et P. *effrayant.*
i Même leçon dans G. ; P. *à quoi sert cependant.*

doute : A quoi sert-elle donc ? Uniquement à se donner l'amusement de le voir enfermé dans cette cage, et à lui bien faire sentir que tous ceux qui l'entourent se font un plaisir d'être à son égard autant d'Argouzins et d'Archers[a] [242]. Tous les signes de haine de mépris de fureur même qu'on peut tacitement donner à un homme sans y joindre une insulte ouverte et directe lui sont prodigués de toutes parts, et tout en l'accablant des plus fades complimens, en[b] affectant pour lui[c] les petits soins mielleux qu'on rend aux jolies femmes, s'il avoit besoin d'une assistance reelle, on le verroit périr avec joye, sans lui donner le moindre secours. Je l'ai vu dans la rue S[t] honoré faire presque sous un carrosse une chute très périlleuse[243]. On court à lui, mais sitot qu'on reconnoit J.J. tout se disperse, les passans[d] reprennent[e] leur chemin, les marchands rentrent dans leurs boutiques, et il seroit resté seul dans cet état, si un pauvre mercier rustre et mal instruit ne l'eut fait asseoir sur son petit banc, et si une servante tout aussi peu philosophe ne lui eut apporté un verre d'eau. Tel est en réalité l'intérest si[f] vif et la bienveillance si tendre[g] dont l'heureux J.J. est l'objet.

Une animosité de cette espéce ne suit pas quand elle est forte et durable la route la plus courte mais la plus sure pour s'assouvir. Or cette route étant déja toute tracée dans le plan de vos Messieurs, le public qu'ils ont mis peu à peu[h] dans leur confidence, n'a plus eu qu'à suivre cette route et tous avec le même secret entre eux ont concouru de concert à l'éxecution de ce plan. C'est là ce qui s'est fait ; mais comment cela s'est-il pu faire ? Voila votre difficulté qui [161.] revient toujours. Que cette animosité une fois excitée ait altéré les facultés de ceux qui s'y sont livrés au point de leur faire voir la bonté la générosité la clemence dans toutes les manœuvres de la plus noire méchanceté[i], rien n'est plus

---

a Même leçon dans P. ; G. ajoute : *Est-ce aussi par bonté qu'on ne manque pas de cracher sur lui toutes les fois qu'il passe à portée et qu'on le peut sans être apperçu de lui. Envoyer le vin d'honneur au même homme sur qui l'on crache c'est rendre l'honneur encor plus cruel que l'outrage.*

b Même leçon dans G. ; P. *en lui prodigant les petits soins mielleux.* Quelques mots biffés illisibles sous l'ajout dans C.

c C. *affectant pour lui* est inséré dans l'interligne.

d Mot biffé illisible sous l'ajout dans C.

e C. *reprennent* est inséré dans l'interligne.

f Mot biffé illisible dans C. *l'intérest si* ~~xxxxxxx~~ *vif* etc.

g P. et G. *l'intérest si vif et si tendre.*

h G. et P. *avec art.*

i Même leçon dans P. ; G. *perfidie.*

facile à concevoir. Chacun sait trop que toutes les passions véhémentes[a] commencent toujours par égarer la raison, et peuvent rendre l'homme injuste et méchant dans le fait et pour ainsi dire à l'insçu de lui-même, sans avoir cessé d'être juste et bon dans l'ame, ou du moins d'aimer la justice et la vertu.

Mais cette haine envenimée, comment est-on venu à bout de l'allumer ? Comment a-t-on pu rendre odieux à ce point l'homme du monde le moins fait pour la haine, qui n'eut jamais ni desir ni intérest de nuire à autrui[b], qui ne fit ne voulut ne rendit jamais de mal à personne, qui sans jalousie, sans concurrence, n'aspirant à rien et marchant toujours seul dans sa route, ne fut un obstacle à nul autre, et qui, au lieu des avantages attachés à la célébrité, n'a trouvé dans la sienne qu'outrages insultes misére et diffamation. J'entrevois bien dans tout cela la cause secrette qui a mis en fureur les auteurs du complot. La route que J.J. avoit prise étoit trop contraire à la leur pour qu'ils lui pardonnassent de donner un exemple qu'ils ne vouloient pas suivre et d'occasionner des comparaisons qu'il ne leur convenoit pas de souffrir. Outre ces causes générales et celles que vous-même avez assignées, cette haine primitive et radicale de vos Dames et de vos Messieurs en a d'autres particuliéres et relatives à chaque individu qu'il n'est ni convenable de dire ni facile de croire, et dont je m'abstiendrai de parler, mais que la force de leurs effets rend trop sensibles pour qu'on puisse douter de leur réalité, et l'on peut juger de la violence de cette même haine par l'art qu'on employe à la cacher en l'assouvissant. Mais plus cette haine individuelle se décéle, moins on comprend comment on est parvenu à y faire participer tout le monde, et ceux même sur qui nul des motifs qui l'ont fait naitre ne pouvoit agir. La passion qui dirigeoit les chefs du complot[c] étoit trop visible, malgré leur adresse, pour ne pas mettre[d] le public en garde contre tout ce qui venoit de leur part. Comment, écartant cette juste défiance[e], l'ont-ils fait entrer si aisément, si pleinement dans toutes leurs vues jusqu'à le rendre aussi ardent qu'eux-mêmes à les remplir ? Voila ce qui n'est pas facile à comprendre et à expliquer.

---

a G. et P. *que les passions violentes commençant toujours par égarer la raison, peuvent* etc.

b Rature dans C. *de nuire à ~~personne~~ autrui.* P. et G. *qui n'eut jamais ni intérest ni desir de nuire à autrui.*

c G. et P. *malgré l'adresse des chefs du complot la passion qui les dirigeoit.*

d P. et G. *mettre à cet égard.*

e G. et P. *écartant des soupçons si légitimes.*

Leurs marches souterraines sont trop ténébreuses pour qu'il soit possible de les y suivre. Je crois seulement appercevoir d'espace en espace au-dessus de ces gouffres quelques soupiraux qui peuvent en indiquer les détours. Vous m'avez décrit vous-même dans nôtre premier entretien [162.] plusieurs de ces manœuvres que vous supposiez légitimes comme ayant pour objet de démasquer un méchant ; destinées[a] à faire paroitre tel un homme qui n'est rien moins, elles auront également leur effet. Il sera necessairement haï soit qu'il mérite ou non de l'être, parce qu'on aura pris des mesures certaines pour[b] le rendre odieux. Jusques là ceci se comprend encore ; mais ici l'effet va plus loin. Il ne s'agit pas seulement de haine, il s'agit d'animosité ; il s'agit d'un concours actif de tous à l'éxecution du projet concerté par un petit nombre[244], qui seul doit y prendre assez d'intérest pour agir aussi vivement.

L'idée de la méchanceté est effrayante par elle-même. L'impression naturelle qu'on reçoit d'un méchant qui ne nous a pas personnellement fait du mal[c] est de le craindre et de le fuir. Content de n'être pas sa victime, personne ne s'avise de vouloir être son bourreau. Un méchant en place, qui peut et veut faire beaucoup de mal peut exciter l'animosité par la crainte[245], et le mal qu'on en redoute peut inspirer des efforts pour le prévenir ; mais l'impuissance jointe à la méchanceté ne peut produire que le mépris et l'éloignement. Un méchant sans pouvoir peut inspirer[d] de l'horreur, mais point d'animosité. On frémit à sa vue, loin de le poursuivre on le fuit, et rien n'est plus éloigné de l'effet que produit sa rencontre qu'un sourire insultant et moqueur. Laissant au ministére public le soin des châtimens[e] qu'il mérite, un honnête homme ne s'avilit pas jusqu'à daigner[f] y concourir. Quand il n'y auroit même dans ce châtiment d'autre peine afflictive[246] que l'ignominie et d'être exposé à la risée publique, quel est l'homme d'honneur qui voudroit prêter la main à cette œuvre de justice et attacher le coupable au carcan ? Il est si vrai qu'on n'a point généralement d'animosité contre les malfaiteurs que si l'on en voit un poursuivi par la justice et près d'être pris, le plus grand nombre loin de le livrer le

a P. et G. *destinées au contraire à* etc.

b Même leçon dans P. ; G. *pour parvenir* à.

c P. et G. *dont on n'a pas personnellement à se plaindre.*

d G. et P. *peut donner.*

e Même leçon dans P. ; G. *du châtiment.*

f P. et G. *vouloir.*

fera sauver s'il peut, son péril faisant oublier qu'il est criminel, pour se souvenir qu'il est homme.

Voila tout ce qu'opére la haine que les bons ont pour les méchans ; c'est une haine de répugnance et d'éloignement, d'horreur même et d'effroi, mais non pas d'animosité. Elle fuit son objet, en détourne les yeux, dédaigne de s'en occuper. Mais la haine contre[a] J.J.[b] est active ardente infatigable, loin de fuir son objet elle le cherche avec empressement pour en faire à son plaisir. Le tissu de ses malheurs l'œuvre combinée de sa diffamation montre une ligue très étroite et très agissante où tout le monde s'empresse d'entrer. Chacun concourt avec la plus vive émulation à le circonvenir à l'environner de trahisons et de piéges[c], à empêcher qu'aucun avis utile ne lui parvienne, à lui ôter tout moyen de justification, toute possibilité de repousser les atteintes [163.] qu'on lui porte, de défendre son honneur et sa réputation, à lui cacher tous ses ennemis, tous ses accusateurs, tous leurs complices. On tremble qu'il n'écrive pour sa défense, on s'inquiéte de tout ce qu'il dit, de tout ce qu'il fait, de tout ce qu'il peut faire ; chacun paroit agité de l'effroi de voir paroitre de lui quelque apologie[247] ; On l'observe on l'épie avec le plus grand soin pour tâcher d'éviter un si grand malheur[d]. On veille exactement à tout ce qui l'entoure, à tout ce qui l'approche, à quiconque lui dit un seul mot ; sa santé sa vie sont de nouveaux sujets d'inquietude pour le public ; on craint qu'une vieillesse aussi fraiche ne démente l'idée des maux honteux dont on se flattoit de le voir périr ; on craint qu'à la longue les précautions qu'on entasse ne suffisent plus pour l'empêcher de parler. Si la voix de l'innocence alloit enfin se faire entendre à travers les huées, quel malheur affreux[e] pour le corps des gens de lettres, pour celui des Médecins, pour les Grands, pour les Magistrats[f], pour tout le monde ? Oui, si forçant ses contemporains à le reconnoitre honnête homme il parvenoit à confondre enfin ses accusateurs, sa pleine justification seroit la désolation publique.

Tout cela prouve invinciblement que la haine dont J.J. est l'objet n'est point la haine du vice et de la méchanceté, mais celle de l'individu.

---

a C. *contre* est inséré dans l'interligne.

b Mots biffés dans C. *la haine ~~dont~~ J.J. ~~est l'objet~~.*

c Même leçon dans G. ; P. *de piéges et de trahisons.*

d Même leçon dans P. ; G. *d'éviter ce malheur.*

e P. et G. *quel malheur affreux ne seroit-ce point.*

f P. *pour celui des medecins, pour les magistrats, pour les grands* etc.

Méchant ou bon, il n'importe ; dévoué[248] à[a] la haine publique il ne lui peut plus échapper, et pour peu qu'on connoisse les routes du cœur humain, l'on voit que son innocence reconnue ne serviroit qu'à le rendre encore plus odieux[b] et à transformer en rage l'animosité dont il est l'objet. On ne lui pardonne pas maintenant de secoüer le pesant joug dont chacun voudroit l'accabler, on lui pardonneroit bien moins les torts qu'on se reprocheroit envers lui, et puisque vous-même avez un moment éprouvé un sentiment si injuste, ces gens si pétris d'amour-propre supporteroient-ils sans aigreur l'idée de leur propre bassesse comparée à sa patience et à sa douceur ? Eh soyez certain que si c'étoit en effet un monstre on le fuiroit davantage, mais on le haïroit beaucoup moins.

Quant à moi, pour expliquer de pareilles dispositions je ne puis présumer autre chose, sinon qu'on s'est servi pour exciter dans le public cette violente animosité de motifs semblables à ceux qui l'avoient fait naitre dans l'ame des auteurs du complot. Ils avoient vu cet homme, adoptant des principes tout contraires aux leurs, n'avoir ne vouloir ne suivre ni parti ni secte, ne dire que ce qui lui sembloit vrai bon utile aux hommes, sans consulter en cela son propre avantage ni celui de personne en particulier. Cette marche et la supériorité qu'elle lui donnoit sur eux fut la grande source de leur haine. Ils ne purent lui pardonner de ne pas plier comme eux sa morale à son profit, de tenir si peu à son intérest et au leur, et de montrer tout franchement l'abus des lettres et la forfanterie du métier d'Auteur, sans se soucier [164.] de l'application qu'on ne manqueroit pas de lui faire à lui même des principes[c] qu'il établissoit. Abhorrant la satyre[d] autant qu'il aimoit la vérité, on le vit toujours distinguer honorablement les particuliers et les combler de sincéres éloges, lorsqu'il soutenoit[e] des vérités générales dont ils auroient pu s'offenser. Il faisoit sentir que le mal tenoit à la nature des choses et le bien aux vertus des individus. Il faisoit, et

---

a G. et P. *consacré à.*

b P. et G. *plus odieux encore.*

c Correction et ajout dans P. *des maximes qu'il établissoit, ni de la haine qu'il alloit inspirer à ceux qui se vantent d'être des arbitres de la renommée, de la gloire et de la reputation des hommes, mais qui ne se vantent pas, que je sache, d'en faire la distribution avec justice et desinteressement.* – G. *ni de la fureur qu'il alloit inspirer à ceux qui se vantent d'être les arbitres de la renommée, les distributeurs de la gloire et de la reputation des actions et des hommes, mais qui ne se vantent pas, que je sache, de faire cette distribution avec justice et désinteressement.*

d Même leçon dans G. ; P. ménage ici un nouvel alinéa.

e P. et G. *lorsqu'il avançoit.*

pour ses amis et pour les auteurs qu'il jugeoit estimables les mêmes exceptions qu'il croyoit mériter ; et l'on sent en lisant ses ouvrages le plaisir que prenoit son cœur à ces honorables exceptions. Mais ceux qui s'en sentoient moins dignes qu'il ne les avoit crus et dont la conscience repoussoit[a] ses éloges s'en irritant à mesure qu'ils les méritoient moins, ne lui pardonnérent jamais d'avoir si bien dévoilé les secrets[b] d'un métier qu'ils tâchoient de faire admirer au vulgaire, ni d'avoir par sa conduite déprisé tacitement quoiqu'involontairement la leur. La haine envenimée que ces reflexions firent naître et fermenter[c] dans leurs cœurs, leur suggera les moyens d'en exciter une semblable dans les cœurs des autres hommes.

Ils commencérent par dénaturer tous ses principes, par travestir un républicain sévère en un brouillon séditieux, son amour pour la liberté légale en une licence effrénée, et son respect pour les loix en aversion pour les Princes. Ils l'accusérent de vouloir renverser tout l'ordre de la societé parce qu'il s'indignoit qu'osant consacrer sous ce nom les plus funestes désordres, on insultât aux miséres du genre humain en donnant les plus criminels abus pour les loix dont ils sont la ruine. Sa colére contre les brigandages publics, sa haine contre les puissans fripons qui les soutiennent, son intrépide audace à dire des vérités dures à tous les états, furent autant de moyens employés à les irriter tous contre lui. Pour le rendre odieux à ceux qui les remplissent on l'accusa de les mépriser personnellement. Les reproches durs mais generaux qu'il faisoit à tous furent tournés en autant de Satyres particuliéres dont on fit avec art les plus malignes applications[249].

Rien n'inspire tant de courage que le témoignage d'un cœur droit qui tire de la pureté de ses intentions l'audace de prononcer hautement et sans crainte des jugemens dictés par le seul amour de la justice et de la vertu[d]. Mais rien n'expose en même tems à tant de dangers et de risques de la part d'ennemis adroits, que cette même audace, qui précipite un homme ardent dans tous les piéges qu'ils lui tendent, et le livrant à une impétuosité sans régle, lui font faire contre la prudence mille fautes où ne tombe qu'une ame franche et généreuse, mais qu'ils

a G. et P. *repoussoit en secret.*
b Même leçon dans P. ; G. *les abus.*
c Même leçon dans P. ; G. *firent naitre dans leurs cœurs.*
d Même leçon dans P. ; G. *de la vérité.*

savent transformer en autant de crimes affreux. Les hommes vulgaires, incapables de sentimens élevés et nobles, n'en supposent jamais que d'interessés dans ceux qui se passionnent, et ne pouvant croire que l'amour de la justice et du bien public puisse exciter un pareil zèle, [165.] ils leur controuvent toujours des motifs personnels semblables à ceux qu'ils cachent eux-mêmes sous des noms pompeux et sans lesquels on ne les verroit jamais s'échauffer sur rien.

La chose qui se pardonne le moins est un mépris mérité. Celui que J.J. avoit marqué pour tout cet ordre[a] prétendu qui couvre en effet les plus cruels desordres tomboit bien plus sur la constitution des différens états que sur les sujets qui les remplissent et qui par cette constitution même sont nécessités à être ce qu'ils sont. Il avoit toujours fait une distinction très judicieuse entre les personnes et les conditions, estimant souvent les prémiéres, quoique livrées à l'esprit de leur état, lorsque le naturel reprenoit de tems à autre quelque ascendant sur leur intérest, comme il arrive souvent[b] à ceux qui sont bien nés. L'art de vos Messieurs fut de présenter les choses sous un tout autre jour[c], et de montrer en lui sous le nom de haine[d] des hommes celle que pour l'amour d'eux il porte aux maux qu'ils se font. Il paroit qu'ils ne s'en sont pas tenus à ces imputations générales, mais que lui prêtant des discours des écrits des œuvres conformes à leurs vues, il n'ont épargné ni fictions ni mensonges pour irriter contre lui l'amour-propre, et dans tous les états et chez tous les individus. J.J. a même une opinion[e] qui, si elle est juste, peut aider à expliquer cette animosité générale. Il est persuadé que dans les écrits qu'on fait passer sous son nom l'on a pris un soin particulier de lui faire insulter brutalement tous les états de la société et de changer en odieuses personnalités les reproches francs et forts qu'il leur fait quelquefois. Ce soupçon lui est venu[*] sur ce que dans plusieurs lettres, anonymes et autres on lui rappelle des choses comme étant de ses écrits, qu'il n'a jamais songé à y mettre. Dans

---

a Même leçon dans P. ; G. *cet ordre social.*

b P. et G. *comme il arrive assez frequemment.*

c Même leçon dans P. ; G. *un tout autre point de vue.*

d G. et P. *comme haine des hommes.*

e G. ménage ici un alinéa.

* C'est ce qu'il m'est impossible de vérifier, parce que ces Messieurs ne laissent parvenir [*idem* dans G. ; P. *ne laissent passer*] jusqu'à moi aucun exemplaire des écrits qu'ils fabriquent ou font fabriquer sous mon nom.

l'une il a, dit-on, mis fort plaisamment en *question*[a] *si les marins étoient des hommes ?* Dans une autre un officier lui avoue modestement que, selon l'expression de lui J. J., lui *militaire*[b] *radote de bonne foi comme la pluspart de ses camarades*[250]. Tous les jours il reçoit ainsi des citations de passages qu'on lui attribue faussement avec la plus grande confiance, et qui sont toujours outrageants pour quelqu'un. Il apprit il y a peu de tems qu'un homme de Lettres de sa plus ancienne connoissance et pour lequel il avoit conservé de l'estime ayant trop marqué peut-être un reste d'affection pour lui, on l'en guérit en lui persuadant que J.J. travailloit à une critique amère de ses écrits[251].

Tels sont à peu près les ressorts qu'on a pu mettre en œuvre[c] pour allumer et fomenter cette animosité si vive et si générale dont il est l'objet, et qui s'attachant particulierement à sa diffamation couvre d'un faux intérest pour sa personne le soin de l'avilir encore par cet air de faveur et de commisération. Pour moi je n'imagine que ce moyen d'expliquer les différens degrés de la haine qu'on lui porte à proportion que ceux qui s'y livrent sont plus dans le cas de s'appliquer les reproches [166.] qu'il fait à son siécle et à ses contemporains. Les fripons publics, les intrigans[d] les ambitieux dont il dévoile les manœuvres, les destructeurs[e] de toute religion, de toute liberté, de toute conscience de toute morale[f], atteints plus au vif par ses censures, doivent le haïr et le haïssent en effet beaucoup[g] plus que ne font les honnêtes gens trompés[h]. En l'entendant seulement nommer ils[i] ont peine à se contenir ; et la modération qu'ils tachent d'affecter se dément bien vite s'ils n'ont pas besoin de son masque[j] pour assouvir leur passion. Si la haine de l'homme n'étoit que celle du vice la proportion se renverseroit, la haine des gens de bien seroit plus marquée, les méchans seroient plus indifférens. L'observation contraire est générale frappante incontestable, et pourroit fournir bien

a Même leçon dans G. mais *fort plaisamment en* est souligné.

b « militaire » n'est pas souligné dans G.

c P. et G. mettre en jeu.

d Même leçon dans G. ; P. *les brigands.*

e G. et P. *les passionnés destructeurs.*

f P. et G. *destructeurs de toute religion de toute conscience de toute liberté de toute morale atteints* etc.

g G. et P. *encor plus.*

h Même leçon dans G. ; P. *que ne le haïssent les honnêtes gens* etc.

i G. et P. *les premiers ont peine.*

j Même leçon dans P. ; G. *pas besoin de masque.*

des consequences ; contentons nous ici de la confirmation que j'en tire de la justesse de mon explication.

Cette aversion une fois inspirée s'étend se communique de proche en proche dans les familles dans les societés, et devient en quelque sorte un sentiment inné qui s'affermit dans les enfans par l'éducation, et dans les jeunes gens par l'opinion publique. C'est encore une remarque à faire qu'excepté la confédération[a] secrette de vos Dames et de vos Messieurs, ce qui reste de la génération dans laquelle il a vécu n'a pas pour lui une haine aussi envenimée que celle qui se propage dans la génération qui suit. Toute la jeunesse est nourrie dans ce sentiment par un soin particulier de vos Messieurs dont les plus adroits se sont chargés de ce departement. C'est d'eux que tous les apprentifs philosophes prennent l'attache, c'est de leurs mains que sont placés les Gouverneurs des enfans, les Secrétaires des Pères, les confidens des mères, rien dans l'interieur[b] des familles ne se fait que par leur direction[252] sans qu'ils paroissent se mêler de rien[#][c]. Grands imitateurs de la marche des Jésuites ils furent leurs plus ardens ennemis, sans doute par jalousie de métier, et maintenant, gouvernant les esprits avec le même empire avec la même dextérité que les autres gouvernoient les consciences, plus fins qu'eux en ce qu'ils savent mieux se cacher en agissant, et substituant peu à peu l'intolerance philosophique à l'autre[253], ils deviennent sans qu'on s'en apperçoive aussi dangereux que leurs predecesseurs. C'est par eux que cette génération nouvelle, qui doit certainement à J.J. d'être moins tourmentée dans son enfance plus saine et mieux constituée dans tous les tems[d], loin de lui en savoir gré est nourrie dans les plus odieux préjugés et dans les plus cruels sentimens à son égard. Le venin d'animosité qu'elle a sucé presque avec le lait lui fait chercher à l'avilir et le déprimer avec plus de zèle encore que ceux[e] qui l'ont élevée dans ces dispositions haineuses. Voyez dans les rues et aux promenades l'infortuné J.J. entouré de gens qui, moins par curiosité que par dérision puisque la pluspart l'ont déja vu cent fois, se détournent

---

a Une ligne biffée illisible dans C. entre « qu'excepté » et « la confédération ».

b Même leçon dans G. ; P. *rien dans l'intérieur des maisons.*

\# Ils ont trouvé l'art de faire circuler leur doctrine et leur animosité dans les séminaires, dans les colléges, et toute la génération naissante leur est devouée dès le berceau.

c La précédente note est intégrée au corps du texte à la suite, dans P. et G.

d G. et P. *dans tous les ages.*

e P. et G. *ceux mêmes.*

s'arrêtent pour le fixer d'un œil qui n'a rien[a] de l'urbanité françoise ; vous trouverez toujours que les plus insultans les plus moqueurs les plus acharnés sont toujours de jeunes gens qui d'un air ironiquement poli s'amusent à lui donner tous les signes d'outrage et de haine qui peuvent l'affliger sans les compromettre.

Tout cela eut été moins facile à faire dans tout autre siécle ; mais celui-ci est particulièrement un siécle haineux et malveillant par caractére[b][254]. Cet esprit cruel et méchant se fait sentir dans toutes les societés dans tous les ecrits [167.] dans toutes les affaires publiques[c] ; il suffit seul pour mettre à la mode et faire briller dans le monde ceux qui se distinguent par là. L'orgueilleux despotisme de la philosophie moderne a porté l'égoïsme de l'amour propre à son dernier terme. Le gout qu'a pris toute la jeunesse pour une doctrine si impérieuse et en même tems si comode[d] la lui a fait adopter avec fureur et prêcher avec la plus vive intolérance[255]. Ils se sont accoutumés à porter dans la societé ce même ton de maitre avec lequel ils prononcent les oracles de leur secte, et à traiter avec un mépris apparent qui n'est qu'une haine plus insolente tout ce qui ose hésiter à se soumettre à leurs décisions. Ce gout de domination n'a pu manquer d'animer toutes les passions irascibles qui tiennent à l'amour-propre : Le même fiel qui coule avec l'encre dans les écrits des maitres abreuve les cœurs des disciples. Devenus esclaves pour être tyrans, ils sont parvenus à[e] prescrire en leur propre nom les loix que ceux-là leur avoient dictées et à voir dans toute résistance la plus punissable[f] rébellion. Une generation de Despotes[256] ne peut être ni fort douce ni fort paisible, et une doctrine[g] si hautaine qui d'ailleurs[h] n'admet ni vice ni vertu dans le cœur de

---

a G. et P. *rien assurement.*

b P. et G. *par caractére**

* *Freron vient de mourir. On demandoit qui feroit son épitaphe. Le prémier qui crachera sur sa tombe, répondit à l'instant M. de Marmontel* [P. *M. Marmontel* ; *M.M**** dans l'édition originale]. *Quand on ne m'auroit pas nommé l'auteur de ce mot, j'aurois deviné qu'il partoit d'une bouche philosophe, et qu'il étoit de ce siècle-ci.*

c P. *se fait sentir dans toutes les societés, dans tous les écrits, ~~dans toutes les societés~~ dans toutes affaires publiques.* G. *se fait sentir dans toutes les sociétés, dans toutes les affaires publiques.*

d P. et G. *pour une doctrine si comode.*

e G. et P. *ils ont fini par.*

f P. et G. *la plus coupable.*

g Mot biffé dans C. sous l'ajout : *une doctrine si hautaine ~~qui~~* etc.

h C. *si hautaine qui d'ailleurs* est inséré dans l'interligne.

l'homme, n'est pas propre à contenir par une morale indulgente pour les autres et réprimante pour soi l'orgueil de ses sectateurs. Delà les inclinations haineuses qui distinguent cette génération. Il n'y a plus ni moderation dans les ames ni vérité dans les attachemens. Chacun hait tout ce qui n'est pas lui plutôt qu'il ne s'aime lui-même. On s'occupe trop d'autrui pour savoir s'occuper de soi[a], et l'on ne tient point à son propre parti par attachement, encore moins par estime, mais uniquement par haine du parti contraire[257]. Voila les dispositions générales dans lesquelles vos Messieurs ont trouvé ou mis leurs contemporains, et qu'ils n'ont eu qu'à tourner ensuite contre J.J.* qui, tout aussi peu propre à recevoir la loi qu'à la faire, ne pouvoit manquer par cela seul[b] dans ce nouveau systême d'être l'objet de la haine des chefs et du dépit des disciples. La foule empressée à suivre une route qui l'égare ne voit pas de bon œil[c] ceux qui, prenant une route contraire, semblent par là lui reprocher son erreur.

Qui connoitroit bien toutes les causes concourantes[d][258], tous les différens ressorts mis en œuvre pour exciter dans tous les états cet engouement haineux seroit moins surpris de le voir de proche en proche devenir une contagion générale. Quand une fois le branle est donné, chacun suivant le torrent en augmente l'impulsion. Comment se défier de son sentiment, quand on le voit être celui de tout le monde ? Comment douter que l'objet d'une haine aussi universelle soit[e] réellement un homme odieux ? Alors plus les choses qu'on lui attribue sont absurdes et incroyables, plus on

---

a Même leçon dans P. ; G. *pour savoir s'occuper de soi ; on ne sait plus que haïr et l'on ne tient point* etc.

* Dans cette génération nourrie de philosophie et de fiel, rien n'est si facile aux intrigans que de faire tomber sur qui il leur plait cet appetit général de haïr. Leurs succés prodigieux en ce point prouvent encor moins leurs talens [*idem* dans G. ; P. *leur talent*] que la disposition du public, dont les apparens témoignages d'estime et d'attachement pour les uns ne sont en effet que des actes de haine pour d'autres.

b P. et G. *ne pouvoit par cela seul manquer* etc.

c Même leçon dans P. ; G. *ne voit pas avec plaisir.*

d G. et P. *causes concourantes#*

 # J'aurois dû peut-être insister ici sur [*idem* dans G. ; P. *insister sur*] *la ruse favorite de mes persecuteurs, qui est de satisfaire à mes dépends leurs passions haineuses, de faire le mal par leurs satellites et de faire en sorte qu'il me soit imputé. C'est ainsi qu'ils m'ont successivement attribué le* Système de la Nature, la Philosophie de la Nature, *la note du roman de Madame d'Ormoy, etc. C'est ainsi qu'ils tachoient de faire croire au peuple que c'étoit moi qui ameutois les bandits qu'ils tenaient à leur solde, lors de la cherté du pain.* (Dans G., cette note est collée dans la marge droite de la p. 110).

e Même leçon dans G. ; P. *ne soit.*

est prêt à les admettre. Tout fait qui le rend haïssable[a] ou ridicule[b] est par cela seul assez prouvé. S'il s'agissoit d'une bonne action qu'il eut faite, nul n'en croiroit à ses propres yeux, ou bien[c] quelque interprétation subtile la changeroit du blanc au noir. Les méchans ne croyent ni à la vertu ni même à la bonté : il faut être déja bon soi-même pour croire d'autres [168.] hommes meilleurs que soi, et il est presque impossible qu'un homme réellement bon le demeure ou soit reconnu tel dans une génération de méchans.

Les cœurs ainsi disposés tout le reste devint facile, et dès lors[d] vos Messieurs auroient pu sans aucun détour persécuter ouvertement J.J. avec l'approbation publique, mais ils n'auroient assouvi qu'à demi leur vengeance, et se compromettre vis-à-vis de lui étoit risquer d'être découverts. Le système qu'ils ont adopté remplit mieux toutes leurs vues en prévenant tous les inconvéniens ; et le chef d'œuvre[e] de leur art a été de transformer en ménagemens pour leur victime les precautions qu'ils ont prises pour leur propre[f] sureté[g]. Un vernis d'humanité couvrant la noirceur du complot acheva de séduire le public, et chacun s'empressa de concourir à cette bonne œuvre ; il est si doux d'obéir saintement à ses passions[h] et de joindre au venin de l'animosité le mérite de la vertu ! Chacun se glorifiant en lui-même de trahir un infortuné se disoit avec complaisance, Ah, que je suis généreux ! c'est pour son bien que je le diffame, c'est pour le proteger que je l'avilis ; et l'ingrat loin de sentir mon bienfait s'en offense ! mais cela ne m'empêchera pas d'aller mon train et de le servir de la sorte en dépit de lui[i]. Voila comment sous le prétexte de pourvoir à sa sureté, tous en s'admirant eux-mêmes se font contre lui les satellites de vos Messieurs, et, comme écrivoit J.J. à M. Dusaulx[259] *sont si fiers d'être des traitres*[*]. Concevez-vous qu'avec une

a C. *haïssable* est inséré dans l'interligne.

b Mot biffé dans C. *le rend ~~odieux~~ ou ridicule.* G. et P. *odieux ou ridicule.*

c Même leçon dans P. ; G. *ou bientôt.*

d P. et G. *devint facile. Dès lors.*

e Même leçon dans P. ; G. *et prévient tous les inconvéniens. Le chef d'œuvre* etc.

f C. *propre* est inséré dans l'interligne.

g P. et G. *pour leur sureté.*

h G. et P. *d'assouvir saintement une passion.*

i Discours souligné dans P. Guillemets dans G.

* Il y a eu [*idem* dans G. ; P. *il y a*] entre ce M. Dusaulx et moi une vive et courte correspondance digne peut-être de quelque curiosité. Par un propos que m'a tenu l'un de ces Messieurs j'ai lieu de présumer [P. et G. *de penser*] qu'en mon absence et à mon insçu ils

pareille disposition d'esprit on puisse être équitable et voir les choses comme elles sont ? On verroit Socrate, Aristide[260], on verroit un Ange, on verroit Dieu même avec des yeux ainsi fascinés, qu'on croiroit toujours voir un monstre infernal.

Mais quelque facile que soit cette pente, il est toujours bien étonnant dites-vous qu'elle soit universelle, que tous la suivent sans exception, que pas un seul n'y resiste et ne proteste, que la même passion entraîne en aveugle une génération toute entière, et que le consentement soit unanime dans un tel renversement du droit de la nature et des gens[261].

Je conviens que le fait est très extraordinaire, mais en le supposant très certain je le trouverois bien plus extraordinaire encore s'il avoit la vertu pour principe. Car il faudroit que toute la génération présente se fut élevée par cette unique vertu à une sublimité qu'elle ne montre assurément en nulle autre chose, et que parmi tant d'ennemis qu'a J.J. il ne s'en trouvât pas un seul qui eut la maligne franchise de gâter la merveilleuse œuvre de tous les autres. Dans mon explication un petit nombre de gens adroits, puissans intrigans concertés de longue main, abusant les uns par de fausses apparences et animant les autres par des passions auxquelles ils n'ont déja que trop de pente, fait tout concourir contre un innocent qu'on a pris soin de charger de crimes en lui ôtant tout moyen de s'en laver. Dans l'autre explication il faut que de toutes les générations la plus haineuse se transforme tout d'un coup toute entière et sans aucune exception en autant d'Anges célestes, en faveur du dernier des scelerats qu'on s'obstine à laisser libre et à protéger[a], malgré les attentats[b] qu'il continue de commettre tout à son aise, sans que personne au monde ose, tant on craint de lui déplaire, songer à l'en empêcher[#]. Dites-moi de grace laquelle de ces deux suppositions vous paroit la plus raisonnable et la plus admissible[c] ?

---

arrangent cette correspondance à leur gré [*idem* dans G. ; P. *ils arrangent cette correspondance*] comme tout le reste. Il y auroit peut être un peu plus d'embarras, moi présent : mais c'est un inconvenient dont ils savent se garantir. (Cette note est supprimée dans l'édition originale).

a G. et P. *à protéger et à laisser libre.*

b Même leçon dans P. ; G. *les attentats et les crimes.*

ni même à les lui reprocher. Note incluse à la suite dans P. et G.

c Même leçon dans G. ; P. *Dites-moi de grace laquelle de ces deux suppositions vous paroit la plus naturelle et la plus admissible.*

Au reste, cette objection tirée du concours[a] unanime de toute une génération[b] [169.] à l'execution d'un complot abominable a peut-être plus d'apparence que de réalité. Prémierement l'art des moteurs de toute la trame a été de ne la pas dévoiler également à tous les yeux. Ils en ont gardé le principal secret entre un petit nombre de conjurés ; ils n'ont laissé voir au reste des hommes que ce qu'il falloit pour les y faire concourir : chacun n'a vu l'objet que par le coté qui pouvoit l'émouvoir et n'a été initié dans le complot qu'autant que l'exigeoit la partie de l'execution qui lui étoit confiée. Il n'y a peut-être pas dix personnes qui sachent à quoi tient le fond de la trame, et de ces dix il n'y en a peut-être pas trois qui connoissent assez leur victime pour être surs qu'ils noircissent un innocent. Le secret du prémier complot est concentré entre deux hommes qui n'iront pas le révéler. Tout le reste des complices, plus ou moins coupable, se fait illusion sur des manœuvres qui selon eux tendent moins à persécuter l'innocence qu'à s'assurer d'un méchant. On a pris chacun par son caractére particulier, par sa passion favorite. S'il étoit possible que cette multitude de coopérateurs se rassemblât et s'éclairât par des confidences réciproques, ils seroient frappés eux-mêmes des contradictions absurdes qu'ils trouveroient dans les faits qu'on a prouvés à chacun d'eux, et des motifs non seulement differens mais souvent contraires par lesquels on les a fait concourir tous à l'œuvre commune sans qu'aucun d'eux en vit le vrai but. J.J. lui-même sait bien distinguer d'avec la canaille à laquelle on l'a livré[c] à Motier à Trye à Monquin, des personnes d'un vrai mérite, qui, trompées plustôt que séduites, et, sans être exemptes de blâme, à plaindre dans leur erreur, n'ont pas laissé malgré l'opinion qu'elles avoient de lui, de le rechercher avec le même empressement[d] et avec aussi peu de franchise que les autres, quoique dans de moins cruelles intentions. Les trois quarts peut-être de ceux qu'on a fait entrer dans le complot, n'y restent que parce qu'ils n'en ont pas vu toute la noirceur. Il y a même plus de bassesse que de malice dans les indignités dont le grand nombre l'accable, et l'on voit à leur air à leur ton dans leurs

a Même leçon dans G. ; P. *cette objection du concours.*

b G. et P. *de tout le monde.*

c Même leçon dans P. ; G. *à laquelle il a été livré.*

d Même leçon dans P. ; G. *avec le même empressement que les autres, quoique avec de moins cruelles intentions.*

maniéres, qu'ils l'ont bien moins en horreur comme objet de haine qu'en dérision comme infortuné.

De plus, quoique personne ne combatte ouvertement l'opinion générale, ce qui seroit se compromettre à pure perte, pensez-vous que tout le monde y acquiesce réellement ? Combien de particuliers peut-être, voyant tant de manœuvres et de mines souterraines s'en indignent refusent d'y concourir et gémissent en secret sur l'innocence opprimée ? Combien d'autres ne sachant à quoi s'en tenir sur le compte d'un homme enlacé dans tant de piéges, refusent de le juger sans l'avoir entendu, et jugeant seulement ses adroits persécuteurs, pensent que des gens à qui la ruse la fausseté la trahison coûtent si peu, pourroient bien n'être pas plus scrupuleux sur l'imposture. Suspendus entre la force des preuves qu'on leur allégue, et celles de la malignité des accusateurs, ils ne peuvent accorder tant de zèle pour la vérité avec tant d'aversion pour la justice, ni tant de générosité pour celui qu'ils accusent avec tant d'art à gauchir[262] devant lui et se soustraire à ses defenses. On peut s'abstenir de l'iniquité sans avoir le courage de la combattre. On peut refuser d'être complice d'une trahison sans oser démasquer les traitres. Un homme juste mais foible se retire alors de la foule, reste dans son coin, et n'osant s'exposer, plaint tout bas l'opprimé craint l'oppresseur et se tait. Qui peut savoir combien d'honnêtes gens sont dans ce cas ? Ils ne se font ni voir ni sentir : ils laissent le [170.] champ libre à vos Messieurs jusqu'à ce que le moment de parler sans danger arrive. Fondé sur l'opinion que j'eus toujours de la droiture naturelle du cœur humain, je crois que cela doit être ; sur quel fondement raisonnable peut-on soutenir que cela n'est pas ? Voila, Monsieur, tout ce que je puis répondre à l'unique objection à laquelle vous vous réduisez et qu'au reste je ne me charge pas de résoudre à votre gré[a], quoiqu'elle ne puisse ébranler la persuasion directe qu'ont produit en moi mes recherches.

Je vous ai vu prêt à m'interrompre, et j'ai compris que c'étoit pour me reprocher le soin superflu de vous établir un fait dont vous convenez si bien vous-même que vous le tournez en objection contre moi[b], savoir qu'il n'est pas vrai que tout le monde soit entré dans le complot. Mais remarquez qu'en paroissant nous accorder sur ce point nous sommes

a Même leçon dans P. ; G. *à votre gré ni même au mien.*

b Même leçon dans G. ; P. *en argument contre moi.*

néanmoins de sentimens tout contraires, en ce que, selon vous, ceux qui ne sont pas du complot pensent sur J.J. comme ceux qui en sont, et que selon moi ils doivent penser tout autrement[263]. Ainsi votre exception que je n'admets pas, et la mienne que vous n'admettez pas non plus tombant sur des personnes différentes s'excluent mutuellement ou du moins ne s'accordent pas. Je viens de vous dire sur quoi je fonde la mienne ; examinons la vôtre à présent.

D'honnêtes gens que vous dites ne pas entrer dans le complot et ne pas haïr J.J. voient cependant en lui tout ce qu'y voyent[a] ses plus mortels ennemis ; comme s'il en avoit qui convinssent de l'être et qui ne se vantassent pas[b] de l'aimer ! En me faisant cette objection vous ne vous êtes pas rappellé celle-ci qui la prévient et la détruit. S'il y a complot, tout par son effet devient facile à prouver à ceux-mêmes qui ne sont pas du complot, et quand ils croyent voir par leurs yeux, ils voyent sans s'en douter, par ceux[c] d'autrui. Si ces personnes[d] dont vous parlez ne sont pas de mauvaise foi, du moins elles sont certainement prévenues comme tout le public, et doivent par cela seul voir et juger comme lui. Et comment vos Messieurs ayant une fois l'avantage[e] de faire tout croire auroient-ils négligé de porter cet avantage aussi loin qu'il pouvoit aller ? Ceux qui dans cette persuasion générale ont écarté la plus sure épreuve pour distinguer le vrai du faux[264] ont beau n'être pas à vos yeux du complot, par cela seul ils en sont aux miens, et moi qui sens dans ma conscience qu'où ils croyent voir la certitude et la vérité il n'y a qu'erreur mensonge imposture, puis je douter qu'il n'y ait de leur faute dans leur persuasion, et que s'ils avoient aimé sincerement la vérité, ils ne l'eussent bientôt démêlée à travers les artifices des fourbes qui les ont abusés ? Mais ceux qui ont d'avance irrévocablement jugé l'objet de leur haine et qui n'en veulent pas démordre, ne voyant en lui que ce qu'ils y veulent voir, tordent et détournent tout au gré de leur passion, et à force de subtilités donnent aux choses les plus contraires à leurs idées l'interprétation qui les y peut ramener. Les personnes que vous croyez impartiales ont-elles pris les précautions nécessaires pour surmonter ces illusions ?

---

a G. et P. *tout ce que disent y voir.*

b P. et G. *et ne se vantassent pas.*

c Même leçon dans P. ; G. *par les yeux.*

d Nouvel alinéa dans G.

e G. et P. *la facilité.*

LE FRANÇOIS.

Mais, M. Rousseau, y pensez-vous, et qu'exigez-vous là du public ? avez-vous pu croire qu'il examineroit la chose aussi scrupuleusement que vous ?

ROUSSEAU.

Il en eut été dispensé sans doute s'il se fut abstenu d'une décision si cruelle et s'il n'eut agi en toutes choses consequemment à cette décision. Mais[a] en prononçant souverainement sur l'honneur[b] d'un homme et disposant de sa destinée, il n'a pu sans crime négliger aucun des moyens essenciels et possibles de s'assurer qu'il [171.] prononçoit justement.

Vous méprisez, dites-vous, un homme abject et ne croirez jamais que les heureux penchans que j'ai cru voir dans J.J. puissent compatir avec des vices aussi bas que ceux dont il est accusé. Je pense exactement comme vous sur cet article, mais je suis aussi certain que d'aucune vérité qui me soit connue que cette abjection que vous lui reprochez est de tous les vices le plus éloigné de son naturel. Bien plus près de l'extrémité contraire il a trop de hauteur dans l'ame pour pouvoir tendre à l'abjection. J.J. est foible, sans doute et peu capable de vaincre ses passions ; mais il ne peut avoir que des passions rélatives à son caractére, et des tentations basses ne sauroient approcher de son cœur. La source de toutes ses consolations est dans l'estime de lui-même. Il seroit le plus vertueux des hommes si sa force répondoit à sa volonté. Mais avec toute sa foiblesse il ne peut être un homme vil, parce qu'il n'y a pas dans son ame un penchant ignoble auquel il fut honteux de céder. Le seul qui l'eut pu mener au mal est la mauvaise honte[265], contre laquelle il a lutté toute sa vie avec des efforts aussi grands qu'inutiles, parce qu'elle tient à son humeur timide qui présente un obstacle invincible aux ardens desirs de son cœur, et le force à leur donner le change en mille façons souvent blâmables. Voila l'unique source de tout le mal qu'il a pu faire, mais dont rien ne peut sortir de semblable aux indignités dont vous l'accusez. Eh comment ne voyez-vous pas combien vos Messieurs eux-mêmes sont éloignés de ce mépris qu'ils veulent

a P. et G. suppriment « et s'il n'eut agi en toutes choses consequemment à cette décision. » : *s'il se fut abstenu d'une décision si cruelle. Mais* etc.

b P. *sur l'honneur et sur la destinée.* G. *sur l'honneur et la destinée.*

vous inspirer pour lui ? Comment ne voyez-vous pas que ce mépris qu'ils affectent n'est point réel, qu'il n'est que le voile bien transparent d'une estime qui les déchire et d'une rage qu'ils cachent très mal[266] ? La preuve en est manifeste ; on ne s'inquiete point ainsi des gens qu'on méprise : on en détourne les yeux, on les laisse pour ce qu'ils sont. On fait à leur égard non pas ce que font vos Messieurs à l'égard de J.J. mais ce que lui-même fait au leur. Il n'est pas étonnant qu'après l'avoir chargé de pierres ils le couvrent[a] de boue. Tous ces procédés sont très uniformes très concordans[b] de leur part, mais ceux qu'ils lui imputent ne le sont guére[c], et ces indignités auxquelles vous revenez sont-elles mieux prouvées que les crimes sur lesquels vous n'insistez plus ? Non, Monsieur, après nos discussions précédentes, je ne vois plus de milieu possible entre tout admettre et tout rejetter.

Des témoignages que vous supposez impartiaux, les uns portent sur des faits absurdes et faux, mais rendus croyables à force de prévention, tels que le viol la brutalité la débauche la cynique impudence les basses friponneries. Les autres sur des faits vrais mais faussement interprétés, tels que sa dureté, son dédain, son humeur colere et repoussante, l'obstination de fermer sa porte aux nouveaux visages et surtout aux quidams cajoleurs et pleureux[d][267].

Comme je ne défendrai jamais J.J. accusé d'empoisonnement ou d'assassinat[e] ; je n'entens pas non plus le justifier d'être un violateur de filles, un monstre de débauche, un petit filou ; si vous pouvez adopter sérieusement de pareilles [172.] opinions sur son compte, je ne puis que le plaindre et vous plaindre aussi, vous qui caressez des idées dont vous rougiriez comme ami de la justice, en y regardant de plus près, et faisant ce que j'ai fait. Lui, débauché, brutal, impudent, cynique auprès du sexe ! Eh j'ai grand peur que ce ne soit l'excés contraire[f] qui l'a perdu, et que s'il eut été ce que vous dites, il ne fut aujourdui bien moins malheureux[g]. Il est bien aisé de faire à son arrivée retirer les filles de la maison ; mais qu'est-ce que cela prouve, sinon la maligne disposition des parents

---

a P. et G. *le couvrent aussi.*
b G. et P. *Tous ces procédés sont très concordans.*
c Même leçon dans P. ; G. *guére de la sienne.*
d P. et G. *et aux arrogans mal appris.*
e G. et P. *accusé d'assassinat et d'empoisonnement.*
f P. et G. *le défaut contraire.*
g Même leçon dans G. ; P. *il n'eut été bien moins malheureux.*

envers lui[a] ? A-t-on l'exemple[b] de quelque fait qui ait rendu nécessaire une précaution si bizarre et si affectée ? Et qu'en dut-il penser à son arrivée à Paris, lui qui venoit de vivre à Lyon très familierement dans une maison des plus estimable[c], où la mére et trois filles charmantes[268], toutes trois dans la fleur de la jeunesse[d] et de la beauté l'accabloient à l'envi d'amitiés et de caresses[e] ? Est-ce en abusant de cette familiarité près de ces jeunes personnes, est-ce par des maniéres ou des propos libres avec elles qu'il mérita l'indigne et nouvel accueil qui l'attendoit à Paris en les quittant[f] ? Même[g] encore aujourdui des méres très-sages craignent-elles de mener leurs filles chez ce terrible satyre devant lequel ces autres-là[269] n'osent chez elles et en leur présence, laisser un moment les leurs[h] ? En vérité que des farces aussi grossières puissent abuser un moment des gens sensés, il faut en être témoin pour le croire.

Supposons un moment qu'on eut osé publier tout cela dix ans plustot, et lorsque l'estime des honnêtes gens qu'il eut toujours dès sa jeunesse étoit montée au plus haut degré ; ces opinions soutenues[i] des mêmes preuves auroient-elles acquis le même crédit chez ceux qui maintenant s'empressent de les adopter ? Non, sans doute ; ils les auroient tous rejettées[j] avec indignation. Ils auroient tous dit ; quand un homme[k] est

---

a Même leçon dans P. ; G. *envers lui** (la note est rédigée sur un rectangle de papier collé dans la marge gauche de la p. 117).
* *Au moment où je transcris ceci, je reçois plusieurs longues visites consécutives de la fille d'un Seigneur Anglois, jeune personne de dix huit ans, très aimable, très modeste, qui ne craint pas de venir passer avec moi des matinées entiéres sollicitées par son père et par elle-même. J'ignore, il faut l'avouer, le vrai motif de ces visites ; mais quel que soit ce motif, toujours est-il certain que le père de cette Demoiselle ne paroit pas effrayé des dangers dont les parens qui m'attiroient chez eux écartoient leurs filles avec tant d'affectation. Ce qu'il y a de singulier est que cette opposition de conduite à mon égard se trouve entre deux Ministres de différens pays, à la vérité, mais tous deux à la même Cour. Celui qui fait disparoitre sa fille à mon arrivée est plénipotentiaire de France ; celui qui envoye la sienne seule chez moi est Ambassadeur d'Angleterre.* (Cette note est censurée par l'édition originale genevoise).

b Nouvel alinéa dans G.

c P. *lui qui venait de vivre à Lyon dans une maison des plus estimable.* ; G. *très estimable.*

d P. et G. *fleur de l'age.*

e C. Trois lignes biffées illisibles sous le segment ajouté.

f C. *Est-ce en abusant de cette familiarité près de ces jeunes personnes, est-ce par des maniéres ou des propos libres avec elles qu'il mérita l'indigne et nouvel accueil qui l'attendoit à Paris en les quittant ?* est inséré dans l'interligne.

g G. et P. *et même.*

h P. et G. *N'osent laisser un moment les leurs.*

i G. et P. *ces opinions, quoique soutenues.*

j P. et G. *ils les auroient rejettées.*

k Guillemets dans G. pour cette citation, jusqu'à « belle ame ».

parvenu jusqu'à cet âge avec l'estime publique, quand sans patrie sans fortune et sans azile, dans une situation gênée, et forcé pour subsister de recourir sans cesse aux expédiens, il n'en n'a jamais employé que d'honorables, quand on s'est fait toujours considérer et bien vouloir dans sa détresse, on ne commence pas après l'âge mûr et quand tous les yeux sont tournés[a] sur nous à se dévoyer de la droite route pour s'enfoncer dans les sentiers bourbeux du vice, on n'associe point la bassesse des plus vils fripons avec le courage et l'élévation des ames fiéres, ni l'amour de la gloire aux manœuvres des filoux, et si quarante ans d'honneur permettoient à quelqu'un de se[s] démentir si tard à ce point, il perdroit bientot cette vigueur de sentiment, ce courage[b] cette franchise qu'on n'a point avec des passions basses, et qui jamais ne survit à l'honneur. Un fripon doit être[c] lâche, un méchant peut être arrogant ; mais la douceur de l'innocence et la fierté de la vertu ne peuvent s'unir que dans une belle âme.

Voila ce qu'ils auroient tous dit ou pensé, et ils auroient certainement refusé de le croire atteint de vices aussi bas à moins qu'il n'en eut été convaincu sous leurs yeux. Ils auroient du moins voulu l'étudier eux-mêmes avant de le juger si cruellement et si décisivement[d] : Ils auroient fait ce que j'ai fait, et avec l'impartialité que vous leur supposez, ils auroient tiré de leurs recherches la [173.] même conclusion que je tire des miennes. Ils n'ont rien fait de tout cela. Les preuves les plus ténébreuses, les témoignages les plus suspects leur ont suffi pour se décider en mal sans autre vérification, et ils ont soigneusement évité tout éclaircissement qui pouvoit leur montrer leur erreur. Donc, quoique vous en puissiez dire, ils sont du complot : car ce que j'appelle en être n'est pas seulement être dans le secret de vos Messieurs ; je présume que peu de gens y sont admis ; mais c'est adopter leur inique principe ; c'est se faire une loi de dire à tout le monde et de cacher au seul accusé le mal qu'on pense ou qu'on feint de penser de lui, et les raisons sur lesquelles on fonde ce jugement, afin de le mettre hors d'état d'y répondre et de faire entendre les siennes. Sitot[e] qu'on s'est laissé persuader qu'il faut le juger non seulement sans l'entendre, mais sans en être entendu,

a Même leçon dans P. ; G. *sont ouverts.*

b G. et P. *cette vigueur de sentiment, ce ressort, cette franchise intrépide* etc.

c P. et G. *peut être.*

d G. et P. *si décidément et si cruellement.*

e P. et G. *Car sitot.*

tout le reste est forcé, et il n'est pas possible qu'on résiste à tant de témoignages si bien arrangés et mis à l'abri de l'inquiétante épreuve des réponses de l'accusé. Comme tout le succés de la trame dépendoit de cette importante précaution, son auteur aura mis toute la sagacité de son esprit à donner à cette injustice le tour le plus spécieux, et à la couvrir même d'un vernis de bénéficence[a] qui n'eut ébloui nul esprit impartial, mais qu'on s'est empressé d'admirer à l'egard d'un homme qu'on n'estimoit que par force, et dont la singularité n'étoit vue[b] de bon œil par qui que ce fut.

Tout tient à la prémiére accusation qui l'a fait déchoir tout d'un coup du titre d'honnête homme qu'il avoit porté jusqu'alors pour y substituer celui du plus affreux scelerat. Quiconque a l'ame saine et croit sincerement à la vertu[c] ne se départ pas aisément de l'estime fondée qu'il a conçue pour un homme de bien. Je verrois commettre un crime s'il étoit possible ou faire un[e] action basse à Mylord Marêchal[d] [270] que je n'en croirois pas à mes yeux. Quand j'ai cru de J.J. tout ce que vous m'avez bien[e] prouvé[f], c'étoit en le supposant convaincu. Changer à ce point sur le compte d'un homme estimé durant toute sa vie[g] n'est pas une chose facile : Mais aussi, ce prémier pas fait, tout le reste va de lui-même. De crime en crime, un homme coupable d'un seul devient, comme vous l'avez dit, capable de tous. Rien n'est moins étonnant[h] que le passage de la méchanceté à l'abjection, et ce n'est pas la peine de mesurer[i] l'intervalle qui peut quelquefois séparer un scelerat d'un fripon. On peut donc avilir tout à son aise l'homme qu'on a commencé par noircir. Quand on croit qu'il n'y a dans lui que du mal, on n'y voit plus que cela : ses actions bonnes ou indiférentes

---

a G. et P. *de beneficence et de générosité.*

b Même leçon dans P. ; G. *et dont les singularités n'étoient vues.*

c G. *croit vraiment à la probité.* P. *croit sincerement.*

d P. et G. *Mylord Maréchal**

** Il est vrai que Mylord Maréchal est d'une illustre naissance et J. J. un homme du peuple ; mais il faut penser que Rousseau qui parle ici n'a pas en général une opinion bien sublime de la haute vertu des gens de qualité, et que l'histoire de J.J. ne doit pas naturellement agrandir cette opinion.* (C'est la seule occurrence, l'avant-propos mis à part, d'un commentaire de l'auteur concernant le personnage « Rousseau » ; voir la note i, p. 441).

e C. *bien* est inséré dans l'interligne.

f G. et P. *tout ce que vous m'avez prouvé.*

g Même leçon dans G. ; P. *estimé toute sa vie.*

h P. et G. *moins surprenant.*

i G. et P. *de mesurer si soigneusement.*

changent bientot d'apparence avec beaucoup de préjugés et un peu d'interprétation, et l'on rétracte alors ses jugement précedens avec autant d'assurance[a] que si ceux qu'on leur substitue étoient mieux fondés. L'amour-propre fait qu'on veut toujours avoir vû soi-même ce qu'on sait ou qu'on croit savoir d'ailleurs. Rien n'est si manifeste aussitôt qu'on y regarde ; on a honte de ne l'avoir pas apperçû plustôt : c'est[b] qu'on étoit si distrait ou si prévenu qu'on ne portoit pas son attention de ce coté : C'est qu'on est si bon soi-même, qu'on ne peut supposer la méchanceté dans autrui.

Quand enfin l'engouement devenu général parvient à l'excés, on ne se contente plus de tout croire ; chacun pour prendre par à la fête cherche à renchérir ; et tout le monde en s'affectionnant[c] à ce systême se pique d'y [173.] apporter du sien pour l'orner ou pour l'affermir. Les uns ne sont pas plus empressés d'inventer que les autres de croire : Toute imputation passe en preuve invincible, et si l'on apprenoit aujourdui qu'il s'est commis un crime dans la lune, il seroit prouvé demain plus clair que le jour à tout le monde que c'est J.J. qui en est l'auteur.

La réputation qu'on lui a donnée[d] une fois bien établie, il est donc très naturel qu'il en résulte, même chez les gens de bonne foi[e], les effets que vous m'avez détaillés. S'il fait une erreur de compte ce sera toujours à dessein ; est-elle à son avantage ? c'est une friponnerie ; est-elle à son préjudice ? c'est une ruse. Un homme ainsi vû, quelque sujet qu'il soit aux oublis aux distractions aux balourdises, ne peut plus rien avoir de tout cela ; tout ce qu'il fait par inadvertance est toujours vu comme fait exprès. Au contraire les oublis les omissions des autres[f] à son égard ne trouvent créance dans l'esprit de personne ; s'il les relève, il ment ; s'il les endure, c'est à pure perte. Des femmes étourdies, de jeunes gens évaporés feront des quiproquo dont il restera chargé, et ce sera beaucoup si des laquais gagnés ou fripons[g], trop instruits des sentimens des maîtres à son égard ne sont pas quelquefois tentés d'en tirer avantage à ses dépends ; bien surs que l'affaire ne s'éclaircira pas en sa présence, et

a Même leçon dans P. ; G. *et l'on retracte alors ses jugemens avec autant d'assurance.*
b Même leçon dans P. ; G. *Mais c'est.*
c Même leçon dans P. ; G. *et tout le monde s'affectionnant.*
d Alinéa rattaché au précédent dans P.
e C. *même chez les gens de bonne foi*, est inséré dans l'interligne.
f Même leçon dans P. ; G. *les omissions, les bévues des autres.*
g G. et P. *gagnés ou peu fidelles.*

que, quand cela arriveroit, un peu d'effronterie aidée des préjugés des maîtres les tireroit[a] d'affaire aisément[b][271].

D'autres causes encore ont pu concourir à ces faux jugemens. Cet homme a donné à vos Messieurs par ses confessions[c] qu'ils appellent ses Mémoires[272] une prise sur lui qu'ils n'ont eu garde de négliger. Cette lecture qu'il a prodiguée à tant de gens, mais dont si peu d'hommes étoient capables et dont bien moins encore étoient dignes, a initié le public dans toutes ses foiblesses, dans toutes ses fautes les plus secrettes. L'espoir que ces confessions ne seroient vues qu'après sa mort lui avoit donné le courage de tout dire et de se traiter avec une justice souvent même trop rigoureuse. Quand il se vit défiguré parmi les hommes au point d'y passer pour un monstre, la conscience, qui lui faisoit sentir en lui plus de bien que de mal lui donna le courage que lui seul peut-être eut et aura jamais de se montrer tel qu'il étoit ; il crut qu'en manifestant à plein son intérieur[d][273] et révélant ses confessions, l'explication si franche si simple si naturelle de tout ce qu'on a pu trouver de bizarre[274] dans sa conduite portant avec elle son propre témoignage feroit sentir la vérité de ses déclarations et la fausseté des idées horribles et fantastiques qu'il voyoit répandre de lui sans en pouvoir découvrir la source[e]. Bien loin de soupçonner alors vos Messieurs, la confiance en eux de cet homme si défiant alla, non seulement jusqu'à leur lire cette histoire de son ame[275], mais jusqu'à leur en laisser le dépot assez longtems. L'usage qu'ils ont fait de cette imprudence a été d'en tirer parti pour diffamer celui qui l'avoit commise, et le plus sacré dépot de l'amitié est devenu dans leurs mains l'instrument de la trahison. Ils ont travesti ses défauts en vices, ses fautes en crimes, les foiblesses de sa jeunesse en noirceurs de son age mur : ils ont dénaturé les effets quelquefois ridicules de tout ce que la nature a mis de bon et de sain[f] dans son ame, et ce qui n'est que des singularités d'un tempérament ardent [175.] retenu par un

a Même leçon dans G. ; P. *les tireroit aisément d'affaire.*

b Ajout dans P. *J'ai supposé comme vous ceux qui traitent avec lui tous sinceres et de bonne foi : mais si l'on cherchoit à le tromper pour le prendre en faute, quelle facilité sa vivacité ses distractions son défaut de mémoire ne donneroient-ils point pour cela ?* – G en fait un nouvel alinéa avec quelques corrections : *Quelle facilité sa vivacité, son étourderie, ses distractions, sa mauvaise mémoire ne donneroient-elles pas pour cela.*

c *confessions* également non souligné dans G. et P.

d P. et G. *l'intérieur de son âme.*

e Même leçon dans G. ; P. *sans pouvoir en découvrir.*

f G. et P. *a mis d'aimable et de bon.*

naturel timide est devenu par leurs soins une horrible dépravation de cœur et de gout. Enfin toutes leurs maniéres de proceder à son égard et des allures[276] dont le vent m'est parvenu me portent à croire que pour décrier ses confessions après en avoir tiré contre lui tous les avantages possibles, ils ont intrigué manœuvré dans tous les lieux où il a vécu et dont il leur a fourni les renseignemens, pour défigurer toute sa vie, pour[a] fabriquer avec art des mensonges qui en donnent l'air à ses confessions, et pour lui ôter le mérite de la franchise, même dans les aveux qu'il fait contre lui. Eh puisqu'ils savent empoisonner ses écrits qui sont sous les yeux de tout le monde, comment n'empoisonneroient-ils pas sa vie, que le public ne connoit que sur leur rapport ?

L'Héloise[b] avoit tourné sur lui les regards des femmes ; elles avoient des droits assés naturels sur un homme qui décrivoit ainsi l'amour ; mais n'en connoissant guére que le côté physique[c] elles crurent qu'il n'y avoit que des sens très vifs qui pussent inspirer des sentimens si tendres, et cela leur put donner[d] de celui qui les exprimoit plus grande opinion qu'il ne la méritoit peut-être. Supposez cette opinion portée chez quelques unes jusqu'à la curiosité et que cette curiosité ne fut pas assez-tot devinée ou satisfaite par celui qui en étoit l'objet : vous concevrez aisément dans sa destinée les conséquences de cette balourdise.

Quant à l'accueil sec et dur qu'il fait aux quidams qui s'adressent à lui[e] j'en ai souvent été le témoin moi-même, et je conviens qu'en pareille situation cette conduite seroit fort imprudente dans un hypocrite démasqué qui trop heureux qu'on voulut bien feindre de prendre le change devroit se prêter avec une dissimulation pareille à cette feinte, et aux ménagemens[f] qu'on voudroit bien faire semblant d'avoir pour lui. Mais osez-vous reprocher à un homme d'honneur outragé de ne pas se conduire en coupable et de n'avoir pas dans ses infortunes la lâcheté d'un vil scelerat ? De quel œil voulez-vous qu'il envisage les perfides empressemens des fourbes[g] qui l'obsédent, et qui feignant pour lui[h] le

---

a Mots biffés dans C. ~~pour défigurer toute sa vie~~ *fabriquer avec art* etc.

b Titre également non souligné dans P. et G.

c G. et P. *que le physique.*

d P. et G. *put leur donner.*

e G. *aux quidams arrogans ou pleureux qui viennent à lui.* P. *aux Quidams* *arrogans ou pleureux* *qui* etc.

f Même leçon dans P. ; G. *et aux apparens ménagemens.*

g G. et P. *des traitres.*

h Même leçon dans P. ; G. *et qui tout en affectant.*

plus pur zèle n'ont en effet d'autre but que de l'enlacer de plus en plus dans les piéges de ceux qui les employent. Il faudroit pour les accueillir qu'il fut en effet ce qu'ils le supposent ; il faudroit qu'aussi fourbe qu'eux, et feignant de ne pas voir leur perfidie[a], il leur rendit trahison pour trahison. Tout son crime est d'être aussi franc qu'ils sont faux, mais après tout que leur importe qu'il les reçoive bien ou mal ? Les signes les plus manifestes de son impatience ou de son dédain n'ont rien qui les rebute. Il les outrageroit ouvertement qu'ils ne s'en iroient pas pour cela. Tous de concert laissant à sa porte les sentimens d'honneur qu'ils peuvent avoir, ne lui montrent qu'insensibilité duplicité lâcheté perfidie, et sont auprès de lui comme il devroit être auprès d'eux s'il étoit tel qu'ils le représentent : et comment voulez-vous qu'il leur montre une estime qu'ils ont pris si grand soin de ne lui pas laisser ? Je conviens que le mépris d'un homme qu'on méprise soi-même est facile à supporter ; mais encore n'est-ce pas chez lui qu'il faut aller [176.] chercher les marques de ce mépris et les mériter[b]. Malgré tout ce patelinage insidieux, pour peu qu'il croye appercevoir au fond des ames des sentimens naturellement honnêtes et quelques bonnes dispositions, il se laisse encor subjuguer. Je ris de sa simplicité et je l'en fais rire lui-même. Il espére toujours qu'en le voyant tel qu'il est quelques uns du moins n'auront plus le courage de le haïr, et croit à force de franchise toucher enfin ces cœurs de bronze. Vous concevez comment cela lui réussit ! il le voit lui-même, et après tant d'expériences il doit enfin[c] savoir à quoi s'en tenir.

Si vous eussiez fait une fois les réflexions que la raison suggère et les perquisitions[d] que la justice exige avant de juger si sevérement un infortuné, vous auriez senti que dans une situation pareille à la sienne et victime d'aussi détestables complots, il ne peut plus, il ne doit plus du moins se livrer pour ce qui l'entoure à ses penchans naturels, dont vos Messieurs se sont servis si longtems et avec tant de succés pour le prendre dans leurs filets. Il ne peut plus, sans s'y précipiter lui-même, agir en rien dans la simplicité de son cœur. Ainsi ce n'est plus sur ses œuvres présentes qu'il faut le juger, même quand on pourroit en avoir le narré fidelle. Il faut rétrograder vers les tems où rien ne l'empêchoit

a G. et P. *de ne les pas pénétrer.*

b P. *qu'il en faut aller chercher les marques.* G. *qu'il faut aller en chercher les marques.*

c C. *enfin* est inséré dans l'interligne.

d C. *les perquisitions* est inséré dans l'interligne.

d'être lui-même, ou bien le pénétrer plus intimement, *intus et in cute*[277] pour y lire immédiatement les véritables dispositions de son ame[278] que tant de malheurs n'ont pu aigrir[a]. En le prenant[b] dans les tems heureux de sa vie, dans ceux-mêmes[c] où déja la proye de vos Messieurs il ne s'en doutoit pas encore, vous eussiez trouvé l'homme bienfaisant et doux qu'il[d] étoit et passoit pour être[279] avant qu'on l'eut défiguré. Dans tous les lieux où il a vécu jadis, dans les habitations où on lui a laissé faire assez de séjour pour y laisser des traces de son caractére, les regrets des habitans l'ont toujours suivi dans sa retraite, et seul peut être de tous les étrangers qui jamais vecurent en Angleterre il a vu le peuple de Wootton pleurer à son départ. Mais vos Dames et vos Messieurs ont pris un tel soin d'effacer toutes ces traces, que c'est seulement tandis qu'elles étoient encor fraîches qu'on a pu les distinguer. Montmorenci plus près de nous offre un exemple frappant de ces différences. Grace aux Oratoriens[e], devenus je ne sais comment ni pourquoi[f] les plus ardens satellites de la ligue[g][280], vous n'y retrouverez plus aucun vestige de l'attachement et j'ose dire de la vénération qu'on y eut jadis pour J.J., et tant qu'il y vécut, et après qu'il en fut parti : Mais les traditions du moins en restent encore dans la mémoire des honnêtes gens qui fréquentoient alors ce pays-là[281].

Dans ces épanchemens auxquels il aime encore à se livrer, et souvent avec plus de plaisir que de prudence, il m'a quelquefois confié ses

---

a La proposition : « Ou bien le pénétrer [...] n'ont pu aigrir » est absente dans P.

b G. et P. *en le suivant.*

c P. et G. *et dans ceux mêmes.*

d Mot biffé illisible dans C. *qu'il ~~xxxxxx~~ étoit et passoit* etc.

e G. et P. *grace à des personnes que je ne veux pas nommer et aux Oratoriens.*

f P. *sans que je sache comment ni pourquoi.* G. *devenus je ne sais comment.*

g P. et G. *satellites de la ligue**
* *Dangereux ennemis s'il en fut jamais, non seulement à cause du corps qu'ils composent et des colléges qu'ils gouvernent; mais parce qu'ils savent encore mieux que les philosophes cacher leur animosité cruelle sous un air beat et doucereux. Pendant mon séjour à Montmorency ils eurent avec moi le plus beau jeu du monde par l'estime que j'avois pour eux et par l'aveugle confiance qui en étoit l'effet. J'y fus encore enlacé par deux Prêtres déguisés, qui faisoient la gazètte ecclesiastique et qui prenoient à mon égard les directions de M. d'Alembert avec lequel ils logeaient* [P. *étoient logés*] *à Paris. Dans la sécurité de l'innocence et sans le moindre soupçon d'aucun complot, je donnai tout à plein dans tous leurs piéges, jusqu'à ce qu'il en résulta enfin ce beau decret et l'explosion qui en fut la suite. Tout cela ne suffit pas encore pour m'ouvrir les yeux : mais les Oratoriens m'ayant détaché dans la suite à Monquin un Jacobin frére d'un des leurs, celui-ci me fit enfin sentir par ses monastiques œuvres ce que j'avais eu la bêtise de ne pas même soupçonner jusqu'alors.* (Cette note est supprimée dans l'édition originale).

peines, et j'ai vu que la patience avec laquelle il les supporte n'ôtoit rien à l'impression qu'elles font sur son cœur. Celles que le temps adoucit le moins se réduisent à deux principales qu'il compte pour les seuls vrais maux que lui aient faits ses ennemis. La prémiére est de lui avoir ôté la douceur d'être[a] secourable aux malheureux, soit en lui en ôtant adroitement les moyens[b], soit [177.] en ne laissant plus approcher de lui sous ce passeport que des fourbes qui ne cherchent à l'intéresser pour eux qu'afin de[c] s'insinuer dans sa confiance, l'épier et le trahir. La maniére affectée[d] dont ils se présentent, le ton qu'ils prennent en lui parlant, les fades louanges qu'ils lui donnent, le sot patelinage dont ils les habillent[e], le fiel qu'ils ne peuvent s'abstenir d'y mêler, tout décéle en eux de petits histrions grimaciers qui ne daignent ou ne savent[f] pas mieux jouer leur rolle. Les lettres qu'il reçoit ne sont, avec des lieux communs de collège et des leçons bien magistrales sur ses devoirs envers ceux qui les écrivent[g], que de sottes déclamations contre les Grands et les riches par lesquelles on pense bien[h] le leurrer, d'amers sarcasmes sur tous les états, d'aigres reproches à la fortune de priver le grand homme Auteur de la lettre[i], et par compagnie l'autre grand homme à qui elle s'adresse des honneurs et des biens qui leur étoient dus pour les prodiguer aux indignes[j], des preuves tirées delà qu'il n'existe point de providence, de pathetiques déclarations de la prompte assistance dont on a besoin, suivies de fiéres protestations de n'en vouloir neanmoins aucune. Le tout finit d'ordinaire par la confidence de la ferme résolution où l'on est de se tuer, et par l'avis que cette résolution sera mise en exécution *sonica*[282], si l'on ne reçoit bien vite une réponse satisfaisante à la lettre.

Après avoir été très sotement plusieurs fois la dupe[k] de ces menaçans suicides, il a fini par se moquer et d'eux et de sa propre bétise.

---

a P. et G. *d'être utile aux hommes et secourable* etc.
b G. et P. *soit en lui en ôtant les moyens.*
c C. *l'intéresser pour eux qu'afin de* est inséré dans l'interligne.
d P. et G. *La façon dont ils.*
e P. et G. *le patelinage qu'ils y joignent.*
f G. et P. *qui ne savent ou ne daignent.*
g C. *et des leçons bien magistrales sur ses devoirs envers ceux qui les écrivent,* est inséré dans l'interligne.
h Même leçon dans P. ; G. *on croit bien.*
i P. et G. *de priver un grand homme comme l'Auteur de la lettre* etc.
j C. *aux indignes,* est inséré dans l'interligne.
k Même leçon dans P. ; G. *avoir été plusieurs fois sotement la dupe.*

Mais quand ils n'ont plus trouvé la facilité de s'introduire avec ce pathos, ils ont bientot repris leur allure naturelle, et substitué pour forcer sa porte la férocité des tigres à la flexibilité des serpens. Il faut avoir vu les assauts que sa femme est forcée de soutenir sans cesse[283], les injures et les outrages qu'elle essuye journellement de tous ces humbles admirateurs, de tous ces vertueux infortunés, à la moindre resistance qu'ils trouvent, pour juger du motif qui les amene et des gens qui les envoient. Croyez-vous qu'il ait tort d'éconduire toute cette canaille, et de ne vouloir pas s'en laisser subjuguer ? Il lui faudroit vingt ans d'application pour lire seulement tous les manuscrits qu'on le vient prier de revoir de corriger de refondre[a] ; car son travail et son tems[b] ne coûtent rien à vos Messieurs[*]. Il lui faudroit cent mains et dix secretaires[c] pour écrire les[d] requêtes[e], placets, projets, lettres, mémoires, complimens, vers, bouquets[284] dont on vient à l'envi le charger[f], vû la grande éloquence de sa plume et la grande bonté de son cœur ; car c'est toujours là le refrein[g] de ces personnages sincéres. Au mot d'humanité qu'ont appris à bourdonner autour de lui[h] des essains de guépes, elles prétendent le cribler de leurs aiguillons bien à leur aise, sans qu'il lui soit permis de[i] s'y dérober, et tout ce qui lui peut arriver de plus heureux est de s'en délivrer avec de l'argent, dont ils le remercient ensuite par des injures.

Après avoir tant réchauffé de serpens dans son sein, il s'est enfin déterminé par une réflexion très simple à se conduire comme il fait avec tous ces nouveaux venus. A force de bontés et de soins généreux

---

a Même leçon dans G. ; P. *qu'on le vient prier d'éxaminer de revoir* etc.

b G. et P. *car son tems et sa peine.*

* Je dois pourtant faire honneur à la libéralité de ceux [G. *à ceux qui*] qui m'offrent de payer mes peines et qui sont en assez grand nombre. A l'instant [G. *au moment*] même où je relisois ceci une Dame de province vient de me proposer douze francs, en attendant mieux, pour lui faire [G. *écrire*] une belle lettre à un Prince. C'est domage que je ne me sois pas avisé de lever boutique sous les charniers St Innocent [G. *des Innocens*]. J'y aurois pu faire assez bien mes affaires. (Note absente de P.)

c G. et P. *il lui faudroit dix mains et dix secrétaires.*

d Mot biffé dans C. *écrire les ~~billets~~, placets* etc.

e C. *requêtes* est inséré dans l'interligne.

f P. et G. *pour écrire les requêtes, placets, lettres, mémoires, complimens, vers, bouquets* etc.

g Même leçon dans P. ; G. *l'ordinaire refrein.*

h Même leçon dans G. ; P. *Au mot d'humanité qu'ont appris à bourdonner de lui des essains de guépes, elles prétendent* etc.

i Même leçon dans P. ; G. *sans qu'il ose.*

vos Messieurs parvenus à le rendre exécrable à tout le monde ne lui ont plus laissé l'estime de personne. Tout homme ayant de la droiture et de l'honneur ne peut plus qu'abhorrer et fuir un être ainsi défiguré : nul homme sensé n'en peut [178.] rien espérer de bon. Dans cet état que doit il donc[a] penser de ceux qui s'adressent à lui par préférence, le recherchent[b], lui demandent des services[c] ou son amitié, qui dans l'opinion qu'ils ont de lui desirent néanmoins d'être liés ou redevables, au dernier des scelerats ? Peuvent-ils même ignorer que loin qu'il ait ni crédit, ni pouvoir ni faveur auprès de personne, l'intérest qu'il témoigneroit prendre à eux ne pourroit que[d] leur nuire aussi bien qu'à lui ; que tout l'effet de sa recommandation seroit, ou de les perdre s'ils avoient eu recours à lui de bonne foi, ou d'en faire de nouveaux traitres destinés à l'enlacer par ses propres bienfaits ? En toute supposition possible avec les jugemens portés de lui dans le monde, quiconque ne laisse pas de recourir à lui n'est-il pas lui-même un homme jugé, et quel honnête homme peut prendre intérest à de pareils miserables ? S'ils n'étoient pas des fourbes, ne seroient-ils pas toujours des infames, et qui peut implorer des bienfaits d'un homme qu'il méprise n'est-il pas lui-même encore plus méprisable que lui ?

Si tous ces empressés ne venoient que pour voir et chercher la vérité[e], sans doute il auroit tort de les éconduire ; mais pas un seul n'a cet objet, et[f] il faudroit bien peu connoitre les hommes et la situation de J. J. pour espérer de tous ces gens-là ni vérité ni fidélité. Ceux qui sont payés veulent gagner leur argent, et ils savent bien qu'ils n'ont qu'un seul moyen pour cela, qui est de dire, non ce qui est mais ce qui plaît, et qu'ils seroient mal venus à dire du bien de lui. Ceux qui l'épient de leur propre mouvement, mus par leur passion ne verront jamais que ce qui la flate ; aucun[g] ne vient[h] pour voir ce qu'il voit, mais pour l'interpréter à sa mode : Le blanc et le noir, le pour et le contre leur servent également. Donne-t-il l'aumone ? *ah le Caffard !*

---

a Même leçon dans P. ; G. *que peut-il donc.*
b G. et P. *le recherchent, le comblent d'éloges.*
c G. et P. *lui demandent ou des services* etc.
d G. et P. *qu'il pourroit prendre à eux ne feroit que.*
e Même leçon dans P. ; G. *et chercher ce qui est.*
f C. *pas un seul n'a cet objet, et* est inséré dans l'interligne.
g C. *aucun* est inséré dans l'interligne.
h Mots biffés dans C. *~~pas un seul~~ ne vient.*

la refuse-t-il ? *voila cet homme si charitable*[a] *?* S'il s'enflamme en parlant de la vertu, c'est un tartuffe[b] ; s'il s'anime en parlant de l'amour, c'est un satyre[c]. S'il lit la gazette[d][285], il médite une conspiration, s'il cueille une rose, on cherche quel poison la rose contient. Trouvez à un homme ainsi vu quelque propos qui soit innocent, quelque action qui ne soit pas un crime. Je vous en défie.

Si l'administration publique elle-même eut été moins prévenue ou de bonne foi, la constante uniformité de sa vie égale et simple l'eut bientôt désabusée ; elle auroit compris qu'elle ne verroit jamais que les mêmes choses, et que c'étoit bien perdre son tems et ses peines[e] que d'espionner un homme qui vivoit ainsi. Mais comme ce n'est pas la vérité qu'on cherche, mais seulement à[f] noircir la victime, et qu'au lieu d'étudier son caractére on ne veut que le diffamer, peu importe qu'il se conduise bien ou mal et qu'il soit innocent ou coupable ; Tout ce qui importe est d'être assez au fait de sa conduite pour avoir des points fixes sur lesquels on puisse appuyer le Systême d'impostures dont il est l'objet, sans s'exposer à être convaincus de mensonge et voila à quoi l'espionnage est uniquement destiné[g]. Si vous me reprochez ici de rendre à ses accusateurs les imputations dont ils le chargent j'en conviendrai sans peine, mais[h] avec cette différence qu'en parlant d'eux Rousseau[i] ne s'en cache pas. Je ne pense même et ne dis tout ceci qu'avec la plus grande répugnance. Je voudrois de tout mon cœur pouvoir croire que le gouvernement est à son égard dans l'erreur de bonne foi, mais c'est ce

---

a Citations non soulignées dans G. et P.

b P. c'est un Tartuffe.

c P. c'est un Satyre.

d G. et P. *La gazette**

* *A la grande satisfaction de mes très inquiets patrons, je renonce à cette triste lecture* [P. *j'ai renoncé à cette lecture*] *devenue indifferente à un homme qu'on a rendu tout à fait étranger sur la terre. Je n'y ai plus ni patrie ni fréres ; habitée par des êtres qui ne me sont rien, elle est pour moi comme une autre sphére, et je suis aussi peu curieux désormais d'apprendre ce qui se fait dans le monde, que ce qui se passe à Bicêtre ou aux petites Maisons.* [P. *d'apprendre ce qui se passe dans le monde qu'à Bicêtre ou aux petites maisons.*]

e P. *perdre son tems, son argent et ses peines* etc. G. *perdre son argent, son tems* etc.

f Un mot ou deux biffés dans C. *mais seulement* ~~xxxxxxxxxx~~ *à noircir* etc. – G. et P. *qu'on cherche, qu'on ne veut que noircir* etc.

g C. *et voila à quoi l'espionnage est uniquement destiné.* est inséré dans l'interligne.

h C. *mais* est inséré dans l'interligne.

i Même leçon dans P. et G. (C'est le seul cas où l'auteur parle de lui-même par la voix d'un personnage des *Dialogues*, sans passer par la médiation du personnage J.J. ; voir la note de la variante d, p. 432) qui m'est impossible. Quand je n'aurois nulle autre preuve du contraire, la methode qu'on suit avec lui[a] m'en fourniroit une invincible. Ce n'est point aux méchans qu'on[b] fait toutes[c] ces choses-là, ce sont eux qui les font aux autres[d].

Que de raisons nous font sentir que dans l'étrange[e] position[f] de cet homme infortuné personne ne peut plus juger de lui avec certitude ni sur le rapport d'autrui, ni sur aucune espéce de preuve. Il ne suffit pas même de voir, il faut vérifier comparer approfondir tout par soi-même, ou s'abstenir de juger[286]. Ici, par exemple, il est clair comme le jour qu'à s'en tenir au témoignage des autres le reproche de dureté et d'incommiseration[287], mérité ou non[g], lui seroit toujours également inévitable : car supposez un moment qu'il remplit de toutes ses forces les devoirs d'humanité de charité de bienfaisance dont tout homme est entouré[h]. Qui est-ce qui lui rendroit dans le public la justice de les avoir remplis. Ce ne seroit pas lui-même à moins qu'il n'y mit cette ostentation philosophique[i] qui gâte l'œuvre par le motif ; ce ne seroit pas ceux envers qui il les auroit remplis, qui deviennent sitot qu'ils l'approchent ministres et créatures de vos Messieurs ; ce seroit encore moins vos Messieurs eux-mêmes, non moins zélés à cacher le bien qu'il pourroit chercher à faire qu'à publier à grand bruit celui qu'ils disent lui faire en secret. En lui faisant des devoirs à leur mode, pour le blâmer de ne les pas remplir[j], ils tairoient les véritables qu'il auroit remplis de tout son cœur, et lui feroient le même reproche avec le même succès ; ce reproche ne prouve donc rien. Je remarque seulement qu'il étoit bienfaisant et[k] bon quand livré sans gène à son naturel il suivoit en toute liberté ses penchans ; et maintenant qu'il

a C. *lui* est inséré dans l'interligne.

b Même leçon dans G. ; P. que l'on fait.

c C. *toutes* est inséré dans l'interligne.

d P. Ajout d'une note marginale. *Pesez la consequence qui suit de là. Si#*
 # l'administration, si la police elle-même trempe dans le complot pour abuser le public sur le compte de J.J. quel homme au monde, quelque sage qu'il puisse être, pourra se garantir de l'erreur à son égard ? – Cette phrase forme un alinéa dans G.

e C. *l'étrange* est inséré dans l'interligne.

f Mot biffé dans C. *dans ~~la~~ position.*

g Mots biffés dans C. *d'incommiseration ~~lui seroit toujours~~ mérité ou non, lui seroit toujours.*

h Même leçon dans P. ; G. *est sans cesse entouré.*

i Même leçon dans G. ; P. *cette ostentation philosophe.*

j Mots biffés dans C. *le blâmer de ne les ~~avoir~~ pas ~~remplis~~ remplir.*

k C. *bienfaisant et* est inséré dans l'interligne.

se sent entravé dans mille piéges, entouré d'espions de mouches de surveillans[a] ; Maintenant qu'il sait ne pas dire un mot qui ne soit recueilli, ne pas faire un mouvement qui ne soit enrégistré[b], c'est ce tems qu'il choisit pour[c] lever le masque[d] de l'hypocrisie et se livrer à toute cette dureté[e] tardive à tous ces petits larcins de bandit[f] dont l'accuse aujourdui le public : Convenez que voila un hypocrite bien bête et un trompeur bien maladroit ! Quand je n'aurois rien vu par moi-même, cette seule reflexion me rendroit suspecte la réputation qu'on lui donne à présent. Il en est de tout ceci comme des revenus qu'on lui prodigue avec tant de magnificence. Ne faudroit-il pas dans sa position qu'il fut plus qu'imbecille pour tenter s'ils étoient réels[g] d'en derober un moment la connoissance au public ?

Ces reflexions sur les friponneries qu'il s'est mis à faire et sur les bonnes œuvres qu'il ne fait plus, peuvent s'étendre aux livres qu'il fait et publie encore, et dont il se cache si heureusement que le public sait qu'ils sont de lui sitot qu'ils paroissent[h]. Quoi Monsieur, ce mortel si ombrageux si farouche qui voit à peine approcher de lui un seul homme qu'il ne sache ou ne croye être un traitre, qui sait ou qui croit que le vigilant Magistrat chargé tout exprès des deux départemens[i] de la police et de la librairie[288] le [180.] tient enlacé dans d'inextricables filets, ne laisse pas d'aller barbouillant éternellement des livres à la douzaine, et de les confier bonnement[j] au tiers et au quart pour les faire imprimer en grand secret. Ces livres s'impriment se publient se débitent hautement sous son nom, même avec une affectation ridicule, comme s'il avoit peur de n'être pas connu, et mon butor sans voir sans soupçonner même cette manœuvre si publique[k], sans jamais croire être découvert, va toujours[l] son train, toujours barbouillant

---

a Même leçon dans G. ; P. *et de surveillans.*

b Même leçon dans P. ; G. *noté.*

c Mots biffés dans C. sous l'ajout. *pour* ~~*xxxxxxxx joug*~~ *de l'hypocrisie* etc.

d C. *lever le masque* est inséré dans l'interligne.

e P. et G. *à cette dureté.*

f G. et P. *de bandits.*

g C. *réels* est inséré dans l'interligne.

h P. et G. *que tout le monde aussi tot qu'ils paroissent est instruit qu'il en est l'auteur.*

i C. *des deux départemens* est inséré dans l'interligne.

j G. et P. *de les confier sans crainte.*

k Même leçon dans G. ; P. *ces manœuvres si publiques.*

l P. et G. *va toujours prudemment.*

toujours imprimant, toujours se confiant à des confidents si discrets et toujours ignorant qu'il en est trompé[a] ? Que de stupidité pour tant de finesse ! que de confiance pour un homme aussi soupçonneux ? Tout cela vous paroit-il donc si bien arrangé, si naturel, si croyable ? Pour moi je n'ai vu dans J.J. aucun de ces deux extrêmes. Il n'est pas aussi fin que vos Messieurs ni aussi bête que le public, et ne se payeroit pas comme lui de pareilles bourdes[289]. Quand un libraire vient en grand appareil s'établir à sa porte[290], que d'autres lui écrivent des lettres bien amicales, lui proposent de belles éditions, affectent d'avoir avec lui des relations bien étroites et bien publiques[b], il n'ignore pas que ce voisinage ces visites ces lettres lui viennent de plus loin, et tandis que tant de gens se tourmentent à lui faire faire des livres dont le dernier cuistre rougiroit d'être l'Auteur, il pleure amerement les dix ans de sa vie employés à en faire d'un peu moins plats.

Voila, Monsieur les raisons qui l'ont forcé de changer de conduite avec ceux qui l'approchent, et de resister aux penchans de son cœur pour ne pas s'enlacer lui-même[291] dans les piéges tendus tout autour de lui[c]. J'ajoûte à cela que son naturel timide et son gout éloigné de toute ostentation ne sont pas propres à mettre en évidence son penchant à faire du bien, et peuvent même dans une situation si triste l'arrêter quand il auroit l'air de se mettre en scéne. Je l'ai vu dans un quartier très vivant de Paris s'abstenir malgré lui d'une bonne œuvre[292] qui se présentoit, ne pouvant se résoudre à fixer sur lui les regards malveuillans de deux cents personnes, et dans un quartier peu éloigné mais moins frequenté je l'ai vu se conduire différemment dans une occasion pareille. Cette mauvaise honte ou cette blâmable fierté me semble bien naturelle à un infortuné sûr d'avance que tout ce qu'il pourroit[d] faire de bien sera mal interprété. Il vaudroit mieux sans doute braver l'injustice du public ; mais avec un naturel timide et une ame fiére[e], qui peut se résoudre en faisant une bonne action qu'on taxera[f] d'hypocrisie de lire dans les yeux[g] des spectateurs l'indigne

a G. et P. *qu'ils se moquent de lui.*
b P. et G. *d'avoir avec lui des relations bien étroites, il n'ignore pas* etc.
c Même leçon dans G. ; P. *dans les rets tendus tout autour de lui.*
d G. et P. *tout ce qu'il pourra.*
e P. et G. *mais avec une ame haute et un naturel timide.*
f G. et P. *qu'on accusera.*
g Même leçon dans G. ; P. *à voir dans les yeux.*

jugement qu'ils s'empressent d'en porter[a]. Dans une pareille situation celui qui voudroit faire encore du bien s'en cacheroit comme d'une mauvaise œuvre, et ce ne seroit pas ce secret-là qu'on iroit épiant pour le publier.

Quant à la seconde et à la plus sensible des peines que lui ont fait les barbares qui le tourmentent, il la dévore en secret, elle reste en réserve au fond de son cœur ; il ne s'en [s']est ouvert à personne et je ne la saurois pas moi-même s'il eut pu me la cacher. C'est par elle que lui ôtant toutes les consolations qui restoient à sa portée, ils lui ont rendu la vie à [181.] charge autant qu'elle peut l'être à un innocent. A juger du vrai but de vos Messieurs par toute leur conduite à son égard, ce but paroit être de l'amener par degrés et toujours sans qu'il y paroisse jusqu'au plus violent désespoir, et sous l'air de l'intérest et de la commiseration de le contraindre à force de secrettes angoisses à finir par les délivrer de lui[293]. Jamais tant qu'il vivra ils ne seront malgré toute leur vigilance sans inquiétude de se voir découverts. Malgré la triple enceinte de ténébres qu'ils renforcent sans cesse autour de lui[294], toujours ils trembleront qu'[b]un trait de lumiére ne perce par quelque fissure et n'éclaire leurs travaux souterrains. Ils espérent quand il n'y sera plus jouir plus tranquillement de leur œuvre : Mais ils se sont abstenus jusqu'ici de disposer tout à fait de lui, soit qu'ils craignent de ne pouvoir tenir cet attentat aussi caché que les autres, soit qu'ils se fassent encore un scrupule d'opérer par eux-mêmes l'acte auquel ils ne s'en font aucun de le forcer, soit qu'attachés[c] au plaisir de le tourmenter encore, ils aiment mieux attendre de sa main la preuve complette de sa misére. Quels que soient leurs vrais motifs[d] ils ont pris tous les moyens possibles pour le rendre à force de déchiremens le ministre de la haine dont il est l'objet. Ils se sont singuliérement appliqués à le navrer de profondes et continuelles blessures par tous les endroits sensibles de son cœur. Ils savoient combien il étoit ardent et sincére dans ses attachemens[e], ils se sont appliqués sans relâche à ne lui pas laisser un seul ami. Ils savoient que sensible à l'honneur et à l'estime des honnêtes gens il faisoit un cas très mediocre des talents

---

a P. et G. *l'indigne jugement qu'ils en portent.*

b C. *ils trembleront qu'* est inséré dans l'interligne.

c G. et P. *soit qu'enfin attachés.*

d Même leçon dans P. ; G. *Quel que soit leur vrai motif.*

e P. et G. *dans tous ses attachemens.*

de l'esprit et de toute[a] leur réputation[b], ils ont affecté de prôner les siens en couvrant d'opprôbres son caractére ; ils ont vanté son esprit pour deshonorer son cœur : Ils le connoissoient ouvert et franc jusqu'à l'imprudence détestant le mistére et la fausseté, ils l'ont entouré de trahisons de mensonges de ténèbres[c] de duplicité[d]. Ils savoient combien il cherissoit sa patrie, ils n'ont rien épargné pour la rendre méprisable, et pour l'y faire haïr[e]. Ils connoissoient son dédain pour le metier d'auteur, combien il déploroit le court tems de sa vie qu'il perdit à ce triste métier et parmi les brigands qui l'éxercent, ils lui font incessamment barbouiller des livres, et ils ont grand soin que ces livres, très dignes des plumes dont ils sortent, deshonorent le nom qu'ils leur font porter : Ils l'ont fait abhorrer du peuple dont il déplora la misére, des bons dont il honora les vertus, des femmes dont son cœur fut[f] idolâtre, de tous ceux dont la haine pouvoit le plus l'affliger[g]. A force d'outrages tacites mais sanglants ; à force d'attroupemens de chuchotemens de ricanemens, à force de regards cruels et farouches ou insultans et moqueurs, ils sont parvenus à le chasser de toute assemblée, de tout spectacle, des promenades publiques ; leur projet est de le chasser enfin des rues[h], de le renfermer chez lui, de l'y tenir bloqué[i] [295] par leurs satellites, et de lui rendre enfin la vie si douloureuse qu'il ne la puisse plus endurer. En un mot en lui portant à la fois toutes les atteintes possibles[j] sans qu'il puisse en parer aucune[k] et ne lui laissant qu'un seul moyen de s'y

a C. *toute* est inséré dans l'interligne.

b G. et P. *un cas très médiocre de la reputation qu'on n'acquiert que par des talens.*

c C. *de ténèbres* est inséré dans l'interligne.

d Même leçon dans G. ; P. *de trahison, de mensonge et de duplicité.*

e C. « haïr » est encadré de deux mots biffés illisibles.

f P. et G. *dont il fut.*

g Trois lignes raturées suivent sous l'ajout dans C. L'ajout est ainsi corrigé dans P. et G. : *A force d'outrages tacites mais sanglans* [G. *sanglans mais tacites*] *; à force d'atroupemens, de chuchotemens, de ricanemens, de regards cruels et farouches ou insultans et moqueurs, ils sont parvenus à le chasser de toute assemblée, de tout spectacle* [G. *tout spectacle*], *des cafés, des promenades publiques, leur projet* etc.

h C. *A force d'outrages tacites mais sanglants ; à force d'attroupemens de chuchotemens de ricanemens, à force de regards cruels et farouches ou insultans et moqueurs, ils sont parvenus à le chasser de toute assemblée, de tout spectacle, des promenades publiques ; leur projet est de le chasser enfin des rues* est inséré dans l'interligne.

i Un mot biffé illisible sous l'ajout dans C. ; P. *de l'y tenir assiégé par* etc. G. *de l'y tenir investi par* etc.

j G. et P. *toutes les atteintes qu'ils savoient lui être les plus sensibles.*

k Même leçon dans G. ; P. *sans qu'il put en parer aucune.*

dérober, il est [182.] clair qu'ils l'ont voulu forcer à le prendre. Mais ils ont tout calculé, sans doute, hors les ressources[a] de l'innocence et de la résignation. Malgré la vieillesse et l'adversité[b] sa santé s'est affermie[c] et se maintient ; le calme de son ame semble le rajeunir, et quoiqu'il ne lui reste plus d'espérance parmi les hommes, il ne fut jamais plus loin du desespoir.

J'ai jetté sur vos objections et vos doutes l'éclaircissement qui dépendoit de moi. Cet éclaircissement, je le repete, n'en peut dissiper l'obscurité, même à mes yeux[d] : car la réunion de toutes ces causes est encore au-dessous des effets[e], pour qu'il n'ait pas quelque autre cause encor plus puissante que j'ignore et qu'il m'est impossible d'imaginer[f]. Mais je ne trouverois rien du tout à vous répondre que je n'en resterois pas moins dans mon sentiment, non par un entêtement ridicule, mais parce que j'y vois moins d'intermediaires entre moi et le personnage jugé, et que de tous les yeux auxquels il faut que je m'en rapporte, ceux dont j'ai le moins à me défier sont les miens[g]. On nous prouve, j'en conviens, des choses que je n'ai pu vérifier, et qui me tiendroient[h] peut-être encore en doute, si l'on ne prouvoit tout aussi bien beaucoup d'autres choses que je sais très certainement être fausses ; et quelle autorité peut rester pour être crus en aucune chose à ceux qui savent donner au mensonge tous les signes de la vérité.

Au reste[i], souvenez-vous que je ne prétends point[j] que mon jugement fasse autorité pour vous, mais après les détails[k] dans lesquels je viens d'entrer, vous ne sauriez blâmer qu'il la fasse pour moi, et quelque appareil de preuves qu'on m'étale en se cachant de l'accusé, tant qu'il ne sera pas convaincu en personne et en ma présence[l], d'être tel que

a P. et G. *hors la ressource.*

b G. et P. *malgré l'age et l'adversité.*

c Même leçon dans P. ; G. *s'est raffermie.*

d Même leçon dans G. ; P. supprime « même à mes yeux ».

e P. et G. *est trop au au dessous de l'effet.*

f G. et P. *quelque autre cause encore plus puissante qu'il m'est impossible d'imaginer.*

g Suit dans C. une séquence biffée illisible sous l'ajout.

h C. *On nous prouve, j'en conviens, des choses que je n'ai pu vérifier, et qui me tiendroient* est inséré dans l'interligne.

i P. souligne l'alinéa par un crochet devant « Au reste ». Alinéa rattaché au précédent dans G.

j P. et G. *point ici.*

k Mot biffé illisible dans C. *mais après les détails ~~xxx~~ dans* etc.

l G. et P. *et moi présent.*

l'ont peint vos Messieurs, je me croirai bien fondé à le juger tel que je l'ai vu moi-même. A présent[a] que j'ai fait ce que vous avez desiré, il est tems de vous expliquer à vôtre tour, et de m'apprendre d'après vos lectures quel jugement vous portez de l'Auteur[b].

LE FRANÇOIS.

Il est tard pour aujourdui ; je pars demain pour la campagne. Nous nous verrons à mon retour[c].

---

a Alinéa rattaché au précédent dans P. Alinéa maintenu dans G.

b G. et P. *d'après vos lectures comment vous l'avez vu dans ses écrits.*

c P. et G. Un blanc, puis, centré : « Fin du second Dialogue. »

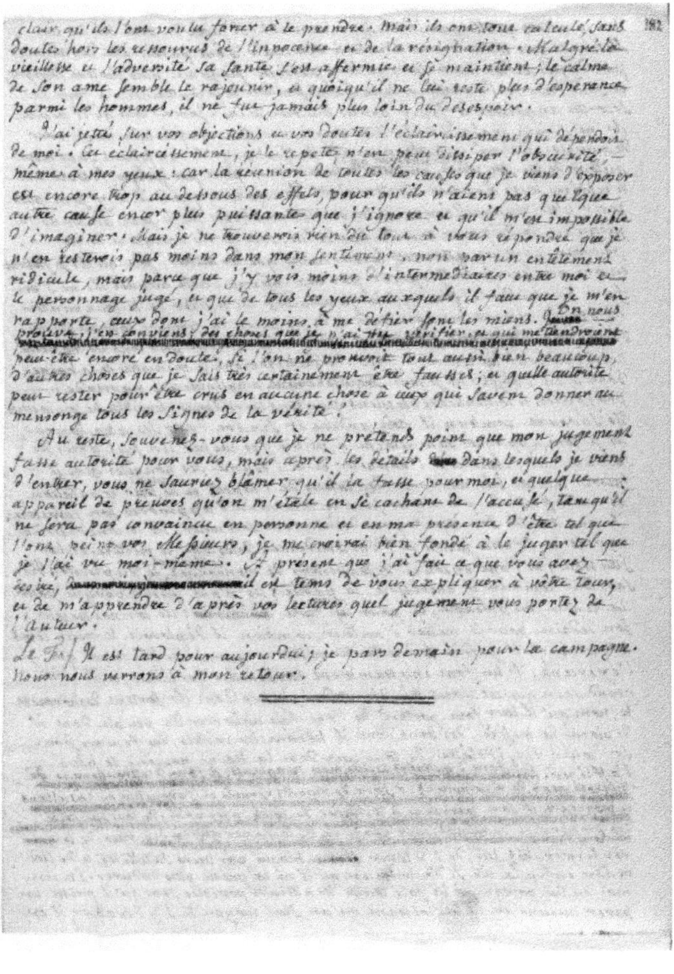

clair qu'ils l'ont voulu forcer à le prendre. Mais ils ont tout calculé, sans doute, hors les ressources de l'innocence et de la résignation. Malgré la vieillesse et l'adversité sa santé s'est affermie et se maintient; le calme de son ame semble le rajeunir, et quoiqu'il ne lui reste plus d'esperance parmi les hommes, il ne fut jamais plus loin du desespoir. 182

J'ai jetté sur vos objections et vos doutes l'éclaircissement qui dépendoit de moi. Cet éclaircissement, je le repete, n'en peut dissiper l'obscurité, même à mes yeux: car la réunion de toutes les causes que je viens d'exposer est encore trop au dessous des effets, pour qu'ils n'aient pas quelque autre cause encor plus puissante que j'ignore et qu'il m'est impossible d'imaginer. Mais je ne trouverois rien du tout à vous répondre que je n'en resterois pas moins dans mon sentiment, non par un entêtement ridicule, mais parce que j'y vois moins d'intermédiaires entre moi et le personnage jugé, et que de tous les yeux auxquels il faut que je m'en rapporte, ceux dont j'ai le moins à me défier sont les miens. On nous prouve, j'en conviens, des choses que je n'ai pu vérifier, et qui me tiendroient peut-être encore en doute, si l'on ne prouvoit tout aussi bien beaucoup d'autres choses que je sais très certainement être fausses; et quelle autorité peut rester pour être crus en aucune chose à ceux qui savent donner au mensonge tous les signes de la vérité?

Au reste, souvenez-vous que je ne prétends point que mon jugement fasse autorité pour vous, mais après les détails dans lesquels je viens d'entrer, vous ne sauriez blâmer qu'il la fasse pour moi, et quelque appareil de preuves qu'on m'étale en se cachant de l'accusé, tant qu'il ne sera pas convaincu en personne et en ma présence d'être tel que l'ont peint vos Messieurs, je me croirai bien fondé à le juger tel que je l'ai vu moi-même. A présent que j'ai fait ce que vous avez desiré, il est tems de vous expliquer à vôtre tour, et de m'apprendre d'après vos lectures quel jugement vous portez de l'Auteur.

Le Fr. Il est tard pour aujourd'hui; je pars demain pour la campagne. Nous nous verrons à mon retour.

FIG. 13 – Manuscrit « Condillac » – BnF, NAF 25700 (p. 182).

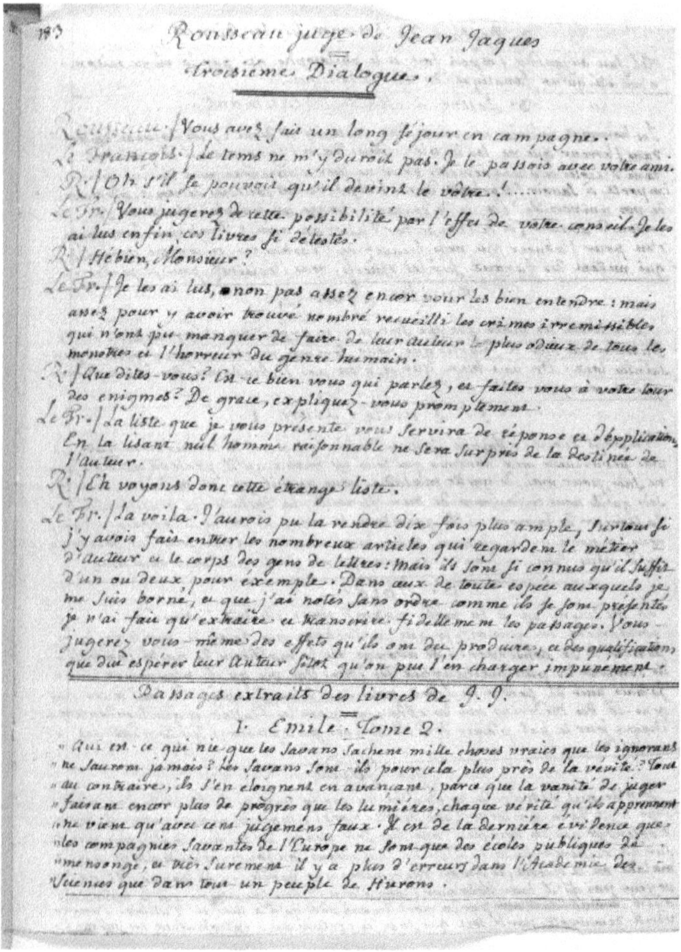

183 Rousseau juge de Jean Jaques

Troisième Dialogue.

Rousseau. / Vous avez fait un long séjour en campagne.

Le François. / Le tems ne m'y duroit pas. Je le passois avec votre ami.

R. / Oh s'il se pouvoit qu'il devint le vôtre! ......

Le Fr. / Vous jugerez de cette possibilité par l'effet de votre conseil. Je les ai lus enfin, ces livres si détestés.

R. / Hé bien, Monsieur?

Le Fr. / Je les ai lus, non pas assez encor pour les bien entendre: mais assez pour y avoir trouvé nombre recueilli les crimes irremissibles qui n'ont pu manquer de faire de leur Auteur le plus odieux de tous les monstres et l'horreur du genre humain.

R. / Que dites-vous? Est-ce bien vous qui parlez, et faites vous à votre tour des enigmes? De grace, expliquez-vous promptement.

Le Fr. / La liste que je vous présente vous servira de réponse et d'explication. En la lisant nul homme raisonnable ne sera surpris de la destinée de l'auteur.

R. / Eh voyons donc cette étrange liste.

Le Fr. / La voila. J'aurois pu la rendre dix fois plus ample, surtout si j'y avois fait entrer les nombreux articles qui regardent le métier d'auteur et le corps des gens de lettres: mais ils sont si connus qu'il suffit d'un ou deux pour exemple. Dans ceux de toute espèce auxquels je me suis borné, et que j'ai notés sans ordre comme ils se sont présentés je n'ai fait qu'extraire et transcrire fidellement les passages. Vous jugerez vous-même des effets qu'ils ont du produire, et des qualifications que dut espérer leur Auteur sitot qu'on put l'en charger impunement.

Passages extraits des livres de J. J.

1. Emile. Tome 2.

« Qui est ce qui nie que les Savans sachent mille choses vraies que les ignorans « ne sauront jamais? Les Savans sont-ils pour cela plus près de la vérité? Tout « au contraire, ils s'en éloignent en avançant, parce que la vanité de juger « faisant encor plus de progrès que les lumières, chaque vérité qu'ils apprennent « ne vient qu'avec cent jugemens faux. Il est de la dernière évidence que « les compagnies savantes de l'Europe ne sont que des écoles publiques de « mensonge, et très surement il y a plus d'erreurs dans l'Académie des Sciences que dans tout un peuple de Hurons.

FIG. 14 – Manuscrit « Condillac » – BnF, NAF 25700 (p. 183).

[183.] ROUSSEAU JUGE DE JEAN JAQUES

TROISIÉME DIALOGUE[a]

ROUSSEAU.

Vous avez fait un long séjour en campagne[1].

LE FRANÇOIS.

Le tems ne m'y duroit pas. Je le passois avec votre ami.

ROUSSEAU.

Oh ! s'il se pouvoit qu'il devint le vôtre[b] !

LE FRANÇOIS.

Vous jugerez de cette possibilité par l'effet de votre conseil. Je les ai lus enfin ces livres si détestés[c].

ROUSSEAU.

Hé bien, Monsieur[d] ?

LE FRANÇOIS.

Je les ai lus, non pas assez encor pour les bien entendre : mais assez pour y avoir trouvé nombré recueilli les crimes irremissibles[2] qui n'ont pu manquer de faire de leur Auteur le plus odieux de tous les monstres et l'horreur du genre humain.

ROUSSEAU.

Que dites-vous ? Est-ce bien vous qui parlez, et faites-vous à votre tour des enigmes ?[3] De grace, expliquez-vous promptement.

---

a Même leçon dans P. ; G. *DIALOGUE TROISIÉME.*

b P. et G. *qu'un jour il devint.*

c Même leçon dans P. ; G. *si justement détestés.*

d Même leçon dans P. ; G. *Monsieur !...*

LE FRANÇOIS.

La liste que je vous présente vous servira de réponse et d'explication. En la lisant nul homme raisonnable ne sera surpris de la destinée de l'Auteur.

ROUSSEAU.

Eh voyons donc[a] cette étrange liste.

LE FRANÇOIS.

La voila. J'aurois pu la rendre dix fois plus ample[b], surtout si j'y avois fait entrer les nombreux articles qui regardent le métier d'Auteur et le corps des gens de lettres [4] : Mais ils sont si connus qu'il suffit d'un ou deux[c] pour éxemple. Dans ceux de toute espéce auxquels je me suis borné, et que j'ai notés sans ordre comme ils se sont présentés je n'ai fait qu'extraire et transcrire[d] fidellement les passages. Vous jugerez vous-même des effets qu'ils ont du produire, et des qualifications que dut espérer leur Auteur sitot qu'on put l'en charger impunément.

PASSAGES EXTRAITS DES LIVRES DE J.J.[e]

I. EMILE. TOME 2.

« Qui est-ce qui nie que les savans sachent mille choses vraies que les ignorans ne sauront jamais ? Les savans sont-ils pour cela plus près de

a P. et G. *Voyons donc.*

b G. et P. *la rendre aisément.*

c P. et G. *qu'il suffit d'en donner un ou deux pour exemple.*

d Même leçon dans G. ; P. *je n'ai fait que transcrire* etc.

e P. Aucun intitulé général. Comme dans C., les extraits sont numérotés de 1 à 21 + le n° 22 (*Contrat social*) et sont intitulés par leur référence. La distribution thématique apparaît dans les marges gauche et droite des pages : *Les gens de lettres, Les Medecins, Les Rois, les Grands, la noblesse les riches, Les femmes du monde, Les Anglois.* – G. Substitution sur deux lignes centrées, du titre suivant : EXTRAITS. Suit une distribution thématique des extraits numérotés en continu, de 1 à 18 + le n° 19 (*Contrat social*) avec assemblage en continu, au n° 5, de trois des extraits consacrés à la médecine. Les intitulés apparaissent dans la marge droite : *Les gens de lettres* ; *Les médecins* ; *Les rois, les grands, les riches* ; *Les femmes* ; *Les Anglois.* La référence de chaque extrait est donnée en fin de citation.

la vérité ? Tout au contraire, ils s'en éloignent en avançant, parce que la vanité de juger faisant encore plus de progrès que les lumiéres, chaque vérité qu'ils apprennent ne vient qu'avec cent jugements faux. Il est de la derniére évidence que les compagnies savantes de l'Europe ne sont que des écoles publiques de mensonge, et très surement il y a plus d'erreurs dans l'Académie des Sciences que dans tout un peuple de Hurons[a]. »

[184.] 2. PRÉFACE DU DISCOURS SUR LES SCIENCES

« Tel fait aujourdui l'esprit fort et le philosophe qui par la même raison n'eut été qu'un fanatique du temps de la Ligue[5][b]. »[6]

---

3. LETTRE À M. DE BEAUMONT.

« Les hommes ne doivent point être instruits à demi. S'ils doivent[c] rester dans l'erreur, que ne les laissiez-vous dans l'ignorance ? A quoi bon tant d'écoles et d'universités pour ne leur apprendre rien de ce qui leur importe à savoir ? Quel est donc l'objet de vos colléges de vos Academies de vos universités[d] ? Est-ce de donner le change au peuple, d'altérer sa raison d'avance, et de l'empêcher d'aller au vrai ? Professeurs de mensonge, c'est pour l'abuser[e] que vous feignez de l'instruire, et comme ces brigands qui mettent des fanaux sur les ecueils, vous l'éclairez pour le perdre[f]. »

---

a G. *Emile, L.3.*
b G. *Préface du Discours de Dijon.*
c Même leçon dans P. ; G. devoient.
d P. *de vos academies, de toutes vos fondations*. G. *de vos universités, de toutes vos fondations savantes.*
e Même leçon dans P. ; G. *pour l'égarer.*
f G. *Lettre à M. de Beaumont.*

4. EMILE LIVRE 4.

« On lisoit ces mots gravés sur un marbre aux Termopiles. *Passant va dire à Sparte que nous sommes morts ici pour obéir à ses saintes loix.* On voit bien que ce n'est pas l'Académie des inscriptions qui a composé celle-là[a]. »

---

5. EMILE LIVRE I[b].

« Un corps débile affaiblit l'ame. De là l'empire de la médecine[7], art plus pernicieux aux hommes que tous les maux qu'il prétend guérir. Je ne sais, pour moi, de quelle maladie nous guerissent les Medecins, mais je sais qu'ils nous en donnent de bien funestes ; la lâcheté, la pusillanimité, la terreur de la mort : s'ils guerissent le corps ils tuent le courage. Que nous importe qu'ils fassent marcher des cadavres ? Ce sont des hommes qu'il nous faut et l'on n'en voit point sortir de leurs mains. »

---

6. *IBID.*[c]

« La medecine est à la mode parmi nous, elle doit l'être. C'est l'amusement des gens oisifs[d] qui ne sachant que faire de leur tems, le passent à se conserver. S'ils avoient eu le malheur de naitre immortels, ils seroient les plus malheureux[e] des êtres. Une vie qu'ils n'auroient

a G. *Emile, L. 4.*

b G. Les extraits 5 à 8 y sont regroupés en trois alinéas au n° 5 de la rubrique consacrée aux médecins. P. suit la numérotation de C.

c P. *ID.* pour les n° 6, 7, 8.

d (Quelques variantes par rapport à l'édition originale de l'*Émile* (Amsterdam, Néaulme, 1763) et de l'édition collective (Rey, 1772), ainsi que par rapport à l'édition originale du *Contrat social* (Rey, 1762 et 1772) ont été relevées par Robert Osmont. Elles sont ici donnée sous l'entrée « Orig »). Même leçon dans G. et P. ; Orig. *des gens oisifs et désœuvrés.*

e G. et P. *les plus misérables.*

jamais peur de perdre ne seroit pour eux d'aucun prix. Il faut à ces gens-là des Médecins qui les effrayent pour les flatter[a], et qui leur donnent chaque jour le seul plaisir dont ils soient susceptibles, celui de n'être pas morts. »

---

7. *IBID.*

« Je n'ai nul dessein de m'étendre ici sur la vanité de la médecine ; mon objet n'est de la considérer que par le côté moral : Mais je ne puis[b] m'empêcher d'observer que les hommes font sur son usage les mêmes sophismes que sur la recherche de la vérité. Ils supposent toujours qu'en traitant un malade on le guérit[c], et qu'en cherchant une vérité on la trouve. Ils ne voyent pas qu'il faut balancer l'avantage d'une guérison que le médecin opere, par la mort[d] des malades[e] qu'il a tués, et l'utilité d'une vérité découverte par le tort que font les erreurs qui s'introduisent[f] en même [185.] tems. La science qui instruit et la medecine qui guérit sont fort bonnes sans doute, mais la science qui trompe et la médecine qui tue sont mauvaises : aprenez-nous donc à les distinguer. Voila le nœud de la question. Si nous savions ignorer la vérité nous ne serions jamais les dupes du mensonge ; si nous ne voulions[g] pas guérir malgré la nature, nous ne mourrions jamais par la main du medecin. Ces deux abstinences seroient sages : on gagneroit évidemment à s'y soumettre. Je ne disconviens pas[h] que la Medecine ne soit utile à quelques hommes, mais je dis qu'elle est nuisible au genre humain[i]. »

---

a Orig. *qui les menacent pour les flatter.*
b P. et G. *Je ne puis pourtant.*
c Même leçon dans Orig. et dans P. ; G. *qu'en traitant une maladie on la guerit.*
d C. Rature illisible de deux ou trois mots entre « opere » et « par la mort ».
e G. et P. *de cent malades.*
f Orig. *qui passent.* G. et P. *qui s'établissent.*
g P. et G. *si nous savions ne vouloir pas.*
h Même leçon dans G. et P. ; Orig. *je ne dispute donc pas.*
i Orig. *funeste au genre humain.*

8. *IBID.*

« On me dira, comme on fait sans cesse que les fautes sont du médecin, mais que la médecine en elle-même est infaillible. A la bonne heure ; mais qu'elle vienne donc sans le Medecin ; car tant qu'ils viendront ensemble il y aura cent fois plus à craindre des erreurs de l'artiste qu'à espérer des secours de l'art[a]. »

---

9. *IBID.*[b]

« Vis selon la nature, sois patient et chasse les Medecins[8]. Tu n'éviteras pas la mort, mais tu ne la sentiras qu'une fois, au lieu qu'ils la portent chaque jour dans ton imagination troublée, et que leur art mensonger au lieu de prolonger tes jours t'en ôte la jouissance. Je demanderai toujours quel vrai bien cet art a fait aux hommes ? Quelques uns de ceux qu'il guérit mourroient il est vrai ; mais des milliers qu'il tue[c] resteroient en vie. Homme sensé[d], ne mets point à cette loterie où trop de chances sont contre toi. Souffre, meurs ou guéris, mais surtout, vis jusqu'à ta[e] dernière heure[f]. »

---

10. EMILE. TOME 2[g].

« Inoculerons-nous notre élève[9] ? Oui, et non selon l'occasion, les tems les lieux les circonstances. Si on lui donne la petite verole on aura

a G. *Emile, L. I.*

b P. *Emile. L. I.*

c Même leçon dans P. et G. ; Orig. *des millions qu'il tue.* Cet extrait provient du livre II.

d Même leçon dans G. ; P. *homme sage.*

e Même leçon dans G. ; P. *jusqu'à la derniére heure.*

f G. *Emile, L. I.*

g P. Les intitulés des extraits d'*Emile* renvoient non aux tomes de l'édition mais à la division de l'œuvre en livres (qui est donnée en fin d'extrait dans G.)

l'avantage de prévoir et connoitre son mal d'avance, c'est quelque chose : mais s'il la prend naturellement nous l'aurons préservé du Médecin, c'est encore plus[a]. »

---

11. EMILE. T. I

« S'agit-il de chercher une Nourrice, on la fait choisir par l'accoucheur[10]. Qu'arrive-t-il de là ? Que la meilleure est toujours celle qui l'a le mieux payé. Je n'irai donc point chercher un accoucheur[b] pour celle d'Emile ; j'aurai soin de la choisir moi-même. Je ne raisonnerai point[c] là-dessus si disertement qu'un Chirurgien, mais à coup sûr je serai de meilleure foi, et mon zèle me trompera moins que son avarice[d]. »

---

12. EMILE T. I.

« Nous étions faits pour être hommes, la societé et les loix[e] nous ont replongés dans l'enfance. Les riches les Grands Les Rois[f] sont tous des enfans qui voyant qu'on s'empresse à soulager leur misére, tirent de cela même une vanité puerile, et sont tout fiers de soins qu'on ne leur rendroit pas s'ils étoient hommes faits[g]. »

---

a G. *Emile, L. 3.*
b Même leçon dans P. et G. ; Orig. *point consulter un accoucheur.*
c Même leçon dans P. ; Orig. *je ne raisonnerai peut-être pas.* G. *je ne raisonnerai pas.*
d G. *Emile, L. I.*
e G. et P. *les loix et la societé.*
f Même leçon dans P. ; G. *les Rois, les Grands, les riches sont.*
g *Emile, L. 2.*

[186.]

13. DISCOURS SUR L'INÉGALITÉ.

« C'est ainsi qu'il dut venir un tems où les yeux du peuple furent fascinés à tel point que ses conducteurs n'avoient qu'à dire au plus petit des hommes : *Sois grand, toi et toute ta race*[a] ; aussitôt il paroissoit grand aux yeux de tout le monde et aux siens[b] ; et ses descendans s'élevoient encore à mesure qu'ils s'éloignoient de lui ; plus la cause étoit reculée et incertaine, plus l'effet augmentoit[c] ; plus on pouvoit compter de faineans dans une famille, plus elle devenoit illustre[d][e]. »

---

14. EPITRE DÉDICATOIRE DU DISCOURS SUR L'INÉGALITÉ.

« Les peuples une fois accoutumés à des maitres ne sont plus en état de s'en passer. S'ils tentent de secouer le joug, ils s'éloignent d'autant plus de la liberté que, prenant pour elle une licence[f] qui lui est opposée, leurs revolutions[11] les livrent presque toujours à des seducteurs qui sous le leurre de la liberté ne font qu'aggraver[g] leurs chaines en feignant de les briser[h].[i] »

---

a Non souligné dans P. et G.

b Même leçon dans G. et P. ; Orig. *il paroissoit grand à tout le monde, ainsi qu'à ses propres yeux.*

c Même leçon dans P. ; G. *et plus l'effet l'augmentoit.*

d P. *plus on comptoit de fainéans dans une famille, plus elle devenoit illustre.* G. *et plus elle devenoit illustre.*

e G. *Disc. sur l'inégalité.*

f G. et P. *une licence effrénée.*

g Même leçon dans P. et G. ; Orig. *des seducteurs qui ne font qu'aggraver* etc.

h Note dans P. : *N.B. Il ne faut pas oublier qu'il y a plus de vingt ans que ceci fut non seulement écrit mais imprimé.* (Cette note n'apparaît pas dans G.).

i G. *Ép. dédic. du Disc. sur l'inégalité.*

15. EMILE T. 1

« *Ce petit garçon que vous voyez-là,* disoit Themistocle[12] à ses amis, *est l'arbitre de la Gréce ; car il gouverne sa mére, sa mére me gouverne, je gouverne les Atheniens, et les Atheniens gouvernent les Grecs.* Oh quels petits conducteurs on trouveroit souvent aux plus grands empires[a], si du Prince on descendoit par degrés jusqu'à la prémiére main qui donne le branle en secret[b] ! »

---

16. EMILE L. IV.

« Je me suppose riche, il me faut donc des plaisirs exclusifs, des plaisirs destructifs ; voici de tout autres affaires. Il me faut des terres des bois des gardes des redevances des honneurs seigneuriaux, surtout de l'encens et de l'eau bénite.

Fort bien : mais cette terre aura des voisins jaloux de leurs droits, et desireux d'usurper ceux des autres : Nos gardes se chamailleront, et peut-être les maitres. Voila des altercations des querelles, des haines, des procés tout au moins : cela n'est déja pas fort agréable. Mes vassaux ne verront point[c] avec plaisir labourer leurs bleds par mes Lievres et leurs féves par mes sangliers : chacun n'osant tuer l'ennemi qui détruit son travail[d], voudra du moins l'écarter[e] de son champ. Après avoir passé le jour à cultiver leurs terres, il faudra qu'ils passent la nuit à les garder : ils auront des mâtins, des tambours des cornets des sonnettes ; avec tout ce tintamarre ils troubleront mon sommeil ; je songerai malgré moi à la misére de ces pauvres gens et ne pourrai m'empêcher de me la reprocher. Si j'avois l'honneur d'être Prince tout cela ne me toucheroit guére ; mais moi nouveau parvenu nouveau riche, j'aurai le cœur encore un peu roturier. »

a P. *on trouveroit quelquefois aux plus grands empires* ; G. *on trouveroit souvent aux plus grands Etats.*
b G. *Emile, L. 2.*
c P. et G. *ne verront pas.*
d Mot biffé dans C. *qui détruit son ~~champ~~ travail.*
e G. et P. *le chasser.*

« Ce n'est pas tout ; l'abondance du gibier tentera les chasseurs ; j'aurai bientôt des bracconniers à punir[a] ; il me faudra des prisons, des geoliers, des archers, des galéres ; tout cela paroit assez cruel. Les femmes de ces malheureux viendront assiéger ma porte et m'importuner de leurs cris, ou bien il faudra[b] qu'on les chasse qu'on les maltraite. Les pauvres gens qui n'auront point bracconné, et dont mon gibier aura fourragé la récolte viendront se plaindre de leur côté : [187.] les uns seront punis pour avoir tué le gibier, les autres ruinés pour l'avoir épargné ; quelle triste alternative ! Je ne verrai de tous cotés qu'objets de misére, je n'entendrai que gémissemens : cela doit troubler beaucoup, ce me semble, le plaisir de massacrer à son aise des foules de perdrix et de Lievres presque sous ses pieds. »

« Voulez-vous dégager les plaisirs de leurs peines ? Ôtez-en ------ ------ l'exclusion. -------------[c] Le plaisir n'est donc pas moindre, et ------------ l'inconvénient est oté[d] quand on n'a ni terre à garder, ni bracconnier à punir, ni misérable à tourmenter. Voila donc une solide raison de préférence. Quoi qu'on fasse, on ne tourmente point sans fin les hommes qu'on n'en reçoive aussi quelque malaise, et les longues malédictions du peuple rendent tôt ou tard le gibier amer[e]. »

---

17. DISCOURS SUR L'ECONOMIE POLITIQUE[13]

« Tous les avantages de la societé ne sont-ils pas pour les puissans et les riches ? Tous les emplois lucratifs ne sont-ils pas remplis par eux seuls ? Toutes les graces toutes les exemptions ne leur sont-elles pas reservées, et l'autorité publique n'est-elle pas toute en leur faveur ? Qu'un homme de considération vole ses créanciers ou fasse d'autres friponneries, n'est-il pas toujours sûr de l'impunité ? Les coups de bâton qu'il distribue, les violences qu'il commet, les meurtres mêmes et les

a P. *j'aurai bientôt des braconniers à punir.* G. *j'aurai des bracconiers à punir.*
b G. et P. *de leurs cris, il faudra.*
c P. *ôtez-en l'exclusion etc.* G. *Otez en l'exclusion…*
d P. *Le plaisir n'est donc pas moindre et l'inconvénient est ôté* etc. ; G. *en est ôté.*
e G. *Emile, L. 4.*

assassinats dont il se rend coupable, ne sont-ce pas des bruits passagers qu'on assoupit[a] et dont au bout de six mois il n'est plus question ? Que ce même homme soit volé lui-même, toute la police est aussi-tot en mouvement, et malheur aux innocens qu'il soupçonne ! Passe-t-il dans un lieu dangereux ? Voila les escortes en campagne : L'essieu de sa chaise vient-il à rompre ? tout vole à son secours : fait-on du bruit à sa porte, il dit un mot, et tout se tait : la foule l'incomode-t-elle, il fait un signe, et tout se range. Un chartier se trouve-t-il sur son passage, ses gens sont prets à l'assommer ; et cinquante honnêtes pietons allant à leurs affaires seroient plustot écrasés cent fois qu'un faquin oisif un moment retardé[b] dans son équipage. Tous ces égards ne lui coutent pas un sou[c] ; ils sont le droit de l'homme riche et non le prix de la richesse. Que le tableau du pauvre est différent ! plus l'humanité lui doit, plus la societé lui refuse. Toutes les portes lui sont fermées, même quand[d] il a le droit de se les faire ouvrir ; et si quelquefois il obtient justice c'est avec plus de peine qu'un autre n'obtiendroit grace. S'il y a des corvées à faire, une milice à tirer[14], c'est à lui qu'on donne alors la préférence[e] ; il porte toujours outre sa charge celle dont son voisin plus riche a le crédit de se faire exempter ; au moindre accident qui lui arrive, chacun s'éloigne de lui. Si sa pauvre charrette renverse, loin d'être aidé par personne, il aura du bonheur s'il évite[f] en passant les avanies des gens lestes d'un jeune Duc. En un mot toute assistance gratuite le fuit au besoin précisément parce qu'il n'a pas de quoi la payer. [188.] Mais je le tiens pour un homme perdu s'il a le malheur d'avoir l'ame honnête une fille aimable et un puissant voisin[g]. »

a Même leçon dans orig. P. et G. *des bruits passagers qu'on assoupit.*
b Même leçon dans orig. et G. ; P. *un faquin oisif retardé* etc.
c G. et P. *un sol.*
d P. et G. *fermées quand il a le droit.*
e G. et P. *qu'on donne la préférence.*
f Même leçon dans P. et G. Orig. *je le tiens heureux s'il évite.*
g G. *Disc. sur l'Econ. polit.*

18. EMILE L. IV.

« Femmes de Paris et de Londres pardonnez-le-moi. Mais si une seule de vous a l'ame vraiment honnête, je n'entends rien à nos institutions[a]. »

---

19. NOUVELLE HÉLOÏSE. V[e] PARTIE LETTRE 13.

« Il jouit de l'estime publique, il la mérite. Avec cela fut-il le dernier des hommes, encor ne faudroit-il pas balancer ; car il vaut mieux déroger à la noblesse qu'à la vertu, et la femme d'un charbonnier est plus respectable que la maitresse d'un Prince[b]. »[15]

---

20. EXTRAIT DE LA PAIX PERPÉTUELLE.

« Les choses ont changé depuis que j'écrivois ceci (en 1756), mais mon principe sera toujours vrai. Il est par exemple très aisé de prévoir que dans vingt ans d'ici[*][16] l'Angleterre avec toute sa gloire sera ruinée, et de plus aura perdu le reste de sa liberté. Tout le monde assure que l'agriculture fleurit dans cette Ile, et moi je parie qu'elle y depérit. Londres s'aggrandit tous les jours ; donc le Royaume se dépeuple. Les Anglois veulent être conquérans ; donc ils ne tarderont pas d'être esclaves[c]. »

---

a G. *Emile, L. 4.*

b G. *Nouvelle Heloïse, 5[e] Partie ; lettre 13.*

* Il est bon de remarquer que ceci fut écrit et publié en 1760, l'époque de la plus grande prospérité de l'Angleterre durant le ministére de M. Pitt, aujourdui Lord Chatham.

c G. *Extr. du projet de paix perp.*

21. EMILE. L. 2.

« Je sais que les Anglois vantent beaucoup leur humanité et le bon naturel de leur peuple, qu'ils appellent *Good natured people* ; mais ils ont beau crier cela tant qu'ils peuvent, personne ne le répete après eux[a]. »

LE FRANÇOIS.

Vous auriez trop à faire s'il falloit achever, et vous voyez que cela n'est pas nécessaire. Je savois que tous les états étoient maltraités dans les écrits de J.J. Mais les voyant tous s'interesser néanmoins si tendrement pour lui[b], j'étois fort éloigné de comprendre jusqu'à[c] quel point son crime envers chacun d'eux étoit irrémissible. Je l'ai senti[d] durant ma lecture, et seulement en lisant ces articles, vous devez sentir comme moi qu'un homme isolé et sans appui qui dans le siécle où nous sommes ose ainsi parler de la Medecine et qui pis est, des Medecins[e] ne peut manquer d'être un empoisonneur, que celui qui traite ainsi la philosophie moderne, ne peut être qu'un abominable impie, que celui qui paroit respecter[f] si peu les femmes galantes et les maîtresses des Princes ne peut être qu'un monstre de débauche, que celui qui ne croit pas à l'infaillibilité des livres à la mode doit voir bruler les siens par la main du bourreau, que celui qui rebelle aux nouveaux oracles ose continuer de croire en Dieu doit être brulé lui-même à l'inquisition philosophique[17] comme un hypocrite et un scelerat, que celui qui ose réclamer les droits roturiers de la nature pour ces canailles de paysans, contre de si respectables droits de chasse, doit être traité des Princes comme les bêtes fauves qu'ils ne protègent que pour les tuer [189.] à leur mode et à leur aise[g]. A l'égard de l'Angleterre, les deux derniers passages[h] expliquent trop

a G. *Emile, L. 2.*
b Même leçon dans G. ; P. *à lui.*
c P. et G. *de comprendre à quel point.*
d G. et P. *je l'ai compris.*
e Même leçon dans P. ; G. *de la Medecine et des Medecins.*
f P. *qui respecte si peu.* G. *paroit estimer si peu.*
g P. et G. *à leur aise et à leur mode.*
h Même leçon dans G. ; P. *les deux derniers articles.*

bien l'ardeur des bons amis de J.J. à l'y envoyer et celle de David Hume à l'y conduire, pour qu'on puisse douter de la bénignité des protecteurs et de l'ingratitude du protégé dans toute cette affaire. Tous ces crimes irrémissibles, encore aggravés par les circonstances des tems et des lieux[18], montrent[a] qu'il n'y a rien d'étonnant dans le sort du coupable, et qu'il ne se soit bien attiré[19]. Molière, je le sais, plaisantoit les Medecins, mais outre qu'il ne faisoit que plaisanter, il ne les craignoit point. Il avoit de bons appuis, il étoit aimé de Louis quatorze, et les Medecins, qui n'avoient pas encore succédé aux Directeurs dans le gouvernement des femmes, n'étoient pas alors versés comme aujourdui dans l'art des secretes intrigues. Tout a bien changé pour eux, et depuis vingt ans ils ont trop d'influence dans les affaires privées et publiques[20], pour qu'il fut prudent même à des gens en crédit[b] d'oser librement parler d'eux[c] : jugez comme un J.J. y dût être bien venu ! Mais sans nous embarquer ici dans d'inutiles et dangereux détails, lisez seulement le dernier article de cette liste, il surpasse seul tous les autres.

---

22. CONTRAT SOCIAL L. 3 CHAP. 6[d].

« Mais s'il est difficile qu'un grand Etat soit bien gouverné, il l'est beaucoup plus qu'il soit bien gouverné[e] par un seul homme, et chacun sait ce qu'il arrive quand le Roi se donne des substituts[21].

Un défaut essentiel et inévitable qui mettra toujours le Gouvernement monarchique au dessous du républicain, est que dans celui-ci la voix publique n'éleve presque jamais aux prémiéres places que des hommes éclairés et capables qui les remplissent avec honneur. Au lieu que ceux qui parviennent dans les Monarchies ne sont le plus souvent que de

a G. et P. *prouvent qu'il n'y a.*

b Même leçon dans G. ; P. *à des gens en place.* Mots biffés illisibles dans C. *pour qu'il fut prudent* ~~xxxxx~~ *même* ~~xxxxx~~ ~~xxxxx~~ *à des gens* etc.

c G. et P. *parler d'eux librement.*

d Même leçon, même numérotation dans P. ; titre absent dans G. La citation y est numérotée 19.

e P. et G. *qu'il soit gouverné.*

petits brouillons de petits fripons de petits intrigans, à qui les petits talens qui font parvenir dans les Cours aux grandes places ne servent qu'à montrer au public leur ineptie aussitot qu'ils y sont parvenus. Le peuple se trompe bien moins sur[a] ce choix[b], et un homme d'un vrai mérite est presque aussi rare dans le ministére qu'un sot à la tête d'une république[c]. Aussi quand par quelque heureux hazard un de ces hommes nés pour gouverner prend le timon des affaires dans une Monarchie abymée[d] par ces tas de jolis regisseurs, on est tout surpris des ressources qu'il trouve, et cela fait époque dans un pays[e]. »

LE FRANÇOIS.

Je n'ajoûterai rien sur ce dernier article : sa seule lecture vous a tout dit. Tenez, Monsieur, il n'y a dans tout ceci qu'une chose qui m'étonne ; c'est qu'un étranger isolé sans parens sans parti sans appui[f], ne tenant à rien sur la terre, et voulant dire toutes ces choses-là[g], ait cru les pouvoir dire impunément.

[190.] ROUSSEAU.

Voila ce qu'il n'a point cru, je vous assure. Il a du s'attendre aux cruelles vengeances de tous ceux qu'offense la vérité, et il s'y est attendu. Il savoit que les Grands les Princes les Visirs[h] les Robins les Financiers les Medecins les Pretres les Philosophes et tous les gens de parti qui font de la societé un vrai brigandage ne lui pardonneroient jamais de les avoir vus et montrés tels qu'ils sont. Il a dû s'attendre[i] à la haine aux persecutions de toute espéce, non au deshonneur à l'opprobre à la diffamation : Il a dû s'attendre à vivre accablé de miséres et d'infortunes mais

a C. mot biffé illisible sous l'ajout. ; Orig. *sur ce choix que le Prince.*

b C. *ce choix* est inséré dans l'interligne.

c Même leçon dans G. et P. ; Orig. *à la tête d'un gouvernement républicain.*

d Même leçon dans P. et G. ; Orig. *dans une Monarchie presque abimée.*

e G. *Contrat social, L. 3, ch.* 6.

f Même leçon dans P. ; G. *sans parens, sans appui.*

g Même leçon dans G. ; P. *et voulant dire toutes ces choses, ait cru* etc.

h G. et P. *les Grands, les Visirs, les Robins* etc.

i Mots biffés dans C. *Il a dû s'attendre à ~~vivre accablé~~ la haine.*

non d'infamie et de mépris. Il est, je le répette, des genres de malheurs auxquels il n'est pas même permis à un honnête homme d'être préparé, et ce sont ceux-là précisément qu'on a choisis pour l'en accabler. Comme ils l'ont pris au depourvu, du premier choc il s'est laissé abbattre et ne s'est pas relevé sans peine : il lui a fallu du tems pour reprendre son courage et sa tranquillité. Pour les conserver toujours, il eut eu besoin d'une prévoyance qui n'étoit pas dans l'ordre des choses, non plus que le sort qu'on lui préparoit. Non, Monsieur, ne croyez point que la destinée dans laquelle il est enseveli soit le fruit naturel de son zèle à dire sans crainte[a] tout ce qu'il crut être vrai bon utile[b] ; elle a d'autres causes plus secretes plus fortuites plus ridicules, qui ne tiennent en aucune sorte à ses écrits[22]. C'est un plan médité de longue main, et même avant sa célébrité. C'est l'œuvre d'un génie infernal mais profond[23], à l'école duquel le persecuteur de Job auroit pu beaucoup apprendre dans l'art de rendre un mortel malheureux[24]. Si cet homme ne fut point né, J.J. malgré l'audace de ses censures eut vécu dans l'infortune et dans la gloire, et les maux dont on n'eut pas manqué de l'accabler, loin de l'avilir l'auroient illustré davantage. Non jamais un projet aussi éxecrable n'eut été inventé par ceux mêmes qui se sont livrés avec le plus d'ardeur à son execution : c'est une justice que J. J. aime encore à rendre à la Nation qui s'empresse à le couvrir d'opprobres. Le complot s'est formé dans le sein de cette nation mais il n'est pas venu d'elle. Les François en sont les executeurs[c] : c'est trop sans doute, mais du moins ils n'en sont pas les Auteurs : il a fallu pour l'être une noirceur meditée et réfléchie dont ils ne sont pas capables ; au lieu qu'il ne faut pour en être les ministres qu'une animosité qui n'est qu'un effet fortuit de certaines circonstances et de leur penchant à s'engouer tant en mal qu'en bien.

LE FRANÇOIS.

Quoiqu'il en soit de la cause et des Auteurs du complot, l'effet n'en est plus étonnant pour quiconque a lu les écrits de J.J. Les dures vérités qu'il a dites, quoique générales, sont de ces traits dont la blessure ne se ferme jamais[d] dans les cœurs qui s'en sentent atteints. De tous ceux qui

a Mots biffés dans C. *dire ~~la vérité~~ sans crainte.*

b P. et G. *vrai bon, salutaire, utile.*

c G. et P. *les ardens executeurs.*

d Même leçon dans G. ; P. *dont jamais la blessure ne se ferme.*

se font avec tant d'ostentation ses patrons et ses protecteurs, il n'y en a pas un sur qui quelqu'un de ces traits n'ait porté jusqu'au vif. De quelle trempe sont donc ces divines ames dont les plus poignantes atteintes n'ont [191.] fait qu'exciter la bienveillance et l'amour, et par le plus frappant de tous les prodiges d'un scelerat qu'elles devoient détester[a] ont fait l'objet de leur plus tendre sollicitude ? Si c'est là de la vertu[b], elle est bizarre, mais elle est magnanime et ne peut appartenir qu'à des ames fort au-dessus des petites passions vulgaires : mais comment accorder des motifs si sublimes avec les indignes moyens employés par ceux qui s'en disent animés ? Vous le savez, quelque prévenu quelque irrité que je fusse contre J.J., quelque mauvaise opinion que j'eusse de son caractére et de ses mœurs, je n'ai jamais pu goûter le systême de nos Messieurs ni me resoudre à pratiquer leurs maximes. J'ai toujours trouvé autant de bassesse que de fausseté dans cette maligne ostentation de bienfaisance[25], qui n'avoit pour but que d'en avilir l'objet Il est vrai qu'en[c] ne concevant aucun défaut à tant de preuves si claires, je ne doutois pas un moment que J.J. ne fut un détestable hypocrite et un monstre qui n'eut jamais dû naitre, et cela bien accordé, j'avoue qu'avec tant de facilité[d] qu'ils disoient avoir à le confondre, j'admirois leur patience et leur douceur à se laisser provoquer par ses clameurs sans jamais s'en émouvoir, et sans autre effet que de l'enlacer de plus en plus dans leurs rets pour toute réponse. Pouvant le convaincre si aisément je voyois une héroïque modération à n'en rien faire, et même en blâmant la méthode qu'ils vouloient suivre, je ne pouvois qu'admirer leur flegme stoïque à s'y tenir.

Vous ébranlâtes dans nos prémiers entretiens la confiance que j'avois dans des preuves si fortes, quoiqu'administrées avec tant de mistére. En y repensant depuis, je fus plus frappé de l'extrême soin qu'on prenoit de les cacher à l'accusé que je ne l'avois été de leur force, et je commençois à trouver sophistiques et foibles les motifs qu'on allégoit de cette conduite. Ces doutes étoient augmentés par mes reflexions sur cette affectation d'intérest et de bienveillance pour un pareil scelerat. La vertu peut ne faire haïr que le vice, mais il est impossible qu'elle fasse aimer le vicieux ;

---

a Même leçon dans P. ; G. *devoient abhorrer.*

b Nouvel alinéa dans P. et G.

c G. et P. *Il est vrai que.*

d Mot biffé peu lisible dans C. *tant de facilité à la ~~connoissance~~* [?] *qu'ils disoient avoir.*

et pour s'obstiner à le laisser en liberté malgré les crimes qu'on le voit continuer de commettre, il faut certainement avoir quelque autre motif[a] que la commiseration naturelle et l'humanité, qui demanderoient même une conduite contraire. Vous m'aviez dit cela ; je le sentois, et le zèle très singulier de nos Messieurs pour l'impunité du coupable et[b] pour sa diffamation me présentoit des foules de contradictions et d'inconsequences, qui commençoient à troubler ma prémiére securité.

J'étois dans ces dispositions quand, sur les exhortations que vous m'aviez faites, commençant à parcourir les livres de J.J. je tombai successivement sur les passages que j'ai transcrits et dont je n'avois[c] nulle idée, car en me parlant de ses durs sarcasmes nos Messieurs m'avoient fait un secret de ceux qui les regardoient, et à la maniére dont ils s'intéressoient à l'Auteur, je n'aurois jamais pensé qu'ils eussent des griefs particuliers contre lui. Cette découverte et le mistére qu'ils m'avoient fait achéverent de m'éclairer[d] sur leurs vrais motifs : toute ma confiance en eux s'évanouit, et je ne doutai plus que ce que j'avois pris sur leur parole[e] pour [192.] bienfaisance et générosité ne fut l'ouvrage d'une animosité cruelle masquée avec art par un extérieur de bonté.

Une autre réflexion renforçoit les précédentes. De si sublimes vertus ne vont point seules ; elles ne sont que des branches de la vertu. Je cherchois le tronc et ne le trouvois point. Comment nos Messieurs d'ailleurs si vains si haineux si rancuniers, s'avisoient-ils une seule fois en leur vie d'être humains généreux debonnaires autrement qu'en paroles, et cela précisément pour le mortel, selon eux le moins digne de cette commiseration qu'ils lui prodigoient malgré lui ? Cette vertu si nouvelle et si déplacée eut dû m'être suspecte quand elle eut agi tout à découvert sans déguisement sans ténébres ; qu'en devois-je pens[er][f] en la voyant s'enfoncer avec tant de soin dans des routes obscures et tortueuses, et surprendre en trahison celui qui en étoit l'objet pour le charger malgré lui de leurs ignominieux bienfaits ?

Plus, ajoutant ainsi mes propres observations aux reflexions que vous m'aviez fait faire, je méditois sur ce même sujet, plus je m'étonnois de

---

a P. et G. *quelque motif plus fort.*

b G. et P. *du coupable ainsi que pour.*

c P. et G. *dont je n'avois auparavant.*

d Même leçon dans P. ; G. *achevérent de m'éclaircir.*

e Même leçon dans P. ; G. *que ce que sur leur parole j'avois pris.*

f C. *qu'en devois je pensois* ; G. et P. *qu'en devois-je penser.*

l'aveuglement où j'avois été jusqu'alors sur le compte de nos Messieurs, et ma confiance[a] s'évanouit au point de ne plus douter de leur fausseté[26]. Mais la duplicité de leur manœuvre et l'addresse avec laquelle ils cachoient leurs vrais motifs n'ébranla pas à mes yeux la certitude de leurs preuves. Je jugeai qu'ils exerceoient dans des vues injustes un acte de justice, et tout ce que je concluois de l'art avec lequel ils enlaçoient leur victime étoit qu'un méchant étoit en proye à d'autres méchans.

Ce qui me confirmoit[b] dans cette opinion étoit celle où je vous avois vu vous-même que J.J. n'étoit point l'Auteur des ecrits qui portent son nom. La seule chose qui put me faire bien penser de lui étoit ces mêmes ecrits dont vous m'aviez fait un si bel éloge, et dont j'avois ouï quelquefois parler avantageusement par d'autres. Mais dès qu'il n'en étoit pas l'Auteur il ne me restoit aucune idée favorable qui put balancer les horribles impressions que j'avois reçues sur son compte, et il n'étoit pas étonnant qu'un homme aussi abominable en toute chose fut assez impudent et assez vil pour s'attribuer les ouvrages d'autrui.

Telles furent à peu près les réfléxions que je fis ensuite de[c] notre prémier entretien sur[d] la lecture éparse et rapide qui me désabusa sur le compte de nos Messieurs. Je n'avois commencé cette lecture que par une espéce de complaisance pour l'intérest que vous paroissiez y prendre. L'opinion où je continuois d'être que ces livres étoient d'un autre auteur ne m'inspiroit[e] guéres pour leur lecture qu'un intérest de curiosité[f].

Je n'allai pas loin sans y joindre un autre motif qui répondoit mieux à vos vues. Je ne tardai pas à sentir en lisant ces livres qu'on m'avoit trompé sur leur contenu, que[g] ce qu'on m'avoit donné pour de fastueuses déclamations ornées de beau langage, mais décousues et pleines de contradictions, étoient des choses profondément pensées et formant un [193.] systême[h] qui pouvoit n'être pas vrai, mais qui n'offroit rien de contradictoire. Pour juger du vrai but de ces livres je ne m'attachai

a P. et G. *ma confiance en eux.*

b G. et P. *m'avoit confirmé.*

c Même leçon dans P. ; G. *que je fis ensuite sur.*

d Même leçon dans P. ; G. *et sur la lecture.*

e Même leçon dans P. ; G. *ne me laissoit.*

f Même leçon dans G. ; P. *qu'un desir de curiosité.* (Ce mot semble avoir été substitué à un mot effacé).

g P. et G. *et que.*

h Même leçon dans P. ; G. *un systême lié.*

pas à éplucher ça et là quelques phrases éparses et séparées ; mais me consultant moi même et durant ces lectures et en les achevant, j'éxaminois, comme vous l'aviez désiré, en quelles dispositions[a] d'ame elles me mettoient et me laissoient, jugeant[b] que c'étoit le meilleur moyen de pénétrer celle où étoit l'Auteur en les écrivant et l'effet qu'il s'étoit proposé de produire. Je n'ai pas besoin de vous dire qu'au lieu des mauvaises intentions qu'on lui prêtoit[c] je n'y trouvai qu'une doctrine aussi saine que simple, qui, sans épicureisme et sans caffardage[27] ne tendoit qu'au bonheur du genre humain. Je sentis qu'un homme bien plein de ces sentimens devoit donner peu d'importance à la fortune et aux affaires de la vie[d], et j'aurois craint moi-même, en m'y livrant trop, de tomber bien plutôt dans l'incurie et le quietisme[28], que de devenir factieux turbulent et brouillon, comme on prétendoit qu'étoit l'Auteur et qu'il vouloit rendre ses disciples.

S'il ne se fut agi que de cet Auteur j'aurois dès lors été désabusé sur le compte de J.J. : mais cette lecture en me penetrant pour l'un de l'estime la plus sincere, me laissoit pour l'autre dans la même situation qu'auparavant, puisqu'en paroissant voir en eux deux hommes différens vous m'aviez inspiré autant de veneration pour l'un que je me sentois d'aversion pour l'autre. La seule chose qui résultât pour moi de cette lecture, comparée à ce que nos Messieurs m'en avoient dit étoit que, persuadés que ces livres étoient de J.J. et les interprétant dans un tout autre esprit que celui dans lequel ils étoient écrits, ils m'en avoient imposé sur leur contenu. Ma lecture ne fit donc qu'achever ce qu'avoit commencé notre entretien, savoir de m'ôter toute l'estime et la confiance qui m'avoient[e] fait livrer aux impressions de la ligue, mais sans changer de sentiment sur l'homme qu'elle avoit diffamé. Les livres qu'on m'avoit dit être si dangereux n'étoient rien moins. Ils inspiroient des sentimens tout contraires à ceux qu'on prétoit à leur Auteur : mais si J.J. ne l'étoit pas de quoi servoient-ils à sa justification ? Le soin que vous m'aviez fait prendre étoit inutile pour me faire changer d'opinion sur son compte, et restant dans celle que vous m'aviez donnée que ces livres étoient l'ouvrage d'un homme d'un tout autre caractére, je ne pouvois assez

a P. *en quelle disposition*. G. *dans quelles dispositions.*

b G. et P. *jugeant comme vous.*

c Même leçon dans P. ; G. *qu'on lui avoit prêtées.*

d P. et G. *de cette vie.*

e Même leçon dans P. ; G. *qui m'avoit fait.*

m'étonner que jusqu'ici[a] vous eussiez été le prémier et le seul à sentir qu'un cerveau nourri de pareilles idées étoit inaliable[29] avec un cœur plein de noirceurs.

J'attendois avec empressement l'histoire de vos observations[30] pour savoir à quoi m'en tenir sur le compte de notre homme ; car déja flottant dans le jugement[b] que, fondé sur tant de preuves, j'en portois auparavant[c], inquiet[d] depuis notre entretien, je l'étois devenu d'avantage[e] depuis que mes lectures m'avoient convaincu de la mauvaise foi de nos Messieurs. Ne pouvant plus les estimer falloit-il donc n'estimer personne, et ne trouver partout que des méchans ? Je sentois peu à peu germer en [194.] moi le desir que J.J. n'en fut pas un. Se sentir seul plein de bons sentimens et ne trouver personne qui les partage est un état trop cruel. On est alors tenté de se croire la dupe de son propre cœur, et de prendre la vertu pour une chimére.

Le récit de ce que vous aviez vu me frappa. J'y trouvai si peu de rapport avec les rélations des autres que, forcé d'opter pour l'exclusion, je penchois à la donner tout à fait à ceux pour qui j'avois déja perdu toute estime. La force même de leurs preuves me retenoit moins ; Les ayant trouvés trompeurs en tant de choses, je commençai de croire qu'ils pouvoient bien l'être en tout, et à me familiariser avec l'idée qui m'avoit paru jusqu'alors si ridicule de J.J. innocent et persécuté. Il falloit, il est vrai, supposer dans un pareil tissu d'impostures un art et des prestiges qui me sembloient inconcevables[f] : Mais je trouvois encore plus d'absurdités entassées dans l'obstination de mon prémier sentiment.

Avant neanmoins de me décider tout à fait je résolus de relire ses écrits avec plus de suite et d'attention que je n'avois fait jusqu'alors. J'y avois trouvé des idées et des maximes très paradoxes[31], d'autres que je n'avois pu bien entendre. Pris en détail[g] j'y croyois avoir senti[h] des inégalités, même des contradictions. Je n'en avois pas saisi l'ensemble assez pour juger solidement d'un systême aussi nouveau pour moi. Ces

---

a G. et P. *que jusque là.*

b Même leçon dans P. ; G. *flottant sur le jugement.*

c Même leçon dans G. ; P. *j'en avois porté auparavant.*

d Mots biffés dans C. *inquiet* ~~*sur son compte*~~ *depuis notre entretien.*

e Même leçon dans P. ; G. *davantage encore.*

f Même leçon dans G. ; P. *un art et des prestiges inconcevables.*

g C. *Pris en détail* est inséré dans l'interligne.

h Même leçon dans P. ; G. *bien entendre. J'y croyais avoir senti.*

livres-là ne sont pas, comme ceux d'aujourdui[a] des aggregations de pensées détachées[32], sur chacune desquelles l'esprit du lecteur puisse se reposer. Ce sont les méditations d'un solitaire, elles demandent une attention suivie qui n'est pas trop du gout de notre nation : quand on s'obstine à vouloir en[b] suivre le fil il y faut revenir avec effort et plus d'une fois[33]. Je l'avois trouvé passionné pour la vertu pour la liberté pour l'ordre, mais d'une véhémence qui souvent l'entrainoit au-delà du but. En tout, je sentois en lui un homme très ardent très extraordinaire ; mais dont le caractére et les principes ne m'étoient pas encore assez développés[c]. Je crus qu'en méditant très attentivement ses ouvrages, et comparant leur Auteur[d] avec l'homme que vous m'aviez peint[34], je parviendrois à éclairer ces deux objets l'un par l'autre et à m'assurer si tout étoit bien d'accord et appartenoit incontestablement au même individu. Cette question décidée me parut devoir me tirer tout à fait de mon irrésolution sur son compte ; et prenant un plus vif intérest à ces recherches que je n'avois fait jusqu'alors, je me fis un devoir à votre exemple de parvenir, en joignant mes reflexions aux lumiéres que je tenois de vous, à me délivrer enfin du doute où vous m'aviez jetté, et à juger l'accusé par moi-même, après avoir jugé ses accusateurs[35].

Pour faire cette recherche avec plus de suite et de recueillement, j'allai passer quelques mois à la campagne, et j'y portai les écrits de J.J. autant que j'en pus faire le discernement parmi les recueils frauduleux publiés sous son nom. J'avois senti dès ma prémiére lecture que ces différens ecrits[e] marchoient dans un ordre retrograde[f] à celui de leur publication[36], et que l'Auteur remontant de principe en principe[g] n'avoit atteint les premiers que dans ses derniers écrits. Il falloit donc pour [195.] marcher par synthese commencer par ceux-ci, et c'est ce que je fis en m'attachant d'abord à l'Emile[h] par lequel il a fini ; les deux autres écrits qu'il a publiés depuis[37] ne faisant plus partie de son système, et n'étant destinés qu'à la défense personnelle de sa patrie et de son honneur.

---

a P. et G. *comme tous ceux d'aujourdui.*

b Même leçon dans P. ; G. *à vouloir bien en suivre.*

c Même leçon dans G. ; P. *ne m'étoient pas assez développés.*

d Même leçon dans P. ; G. *et comparant soigneusement l'Auteur.*

e G. et P. *que ces écrits.*

f P. et G. *marchoient dans un certain ordre qu'il falloit trouver pour suivre la chaine de leur contenu. J'avois cru voir que cet ordre étoit retrograde à celui* etc.

g Même leçon dans P. ; G. *remontant de principe en principes.*

h Titre non souligné dans G. et P.

ROUSSEAU.

Vous ne lui attribuez donc plus ces autres livres qu'on publie journellement sous son nom, et dont on a soin de farcir les recueils de ses écrits pour qu'on ne puisse plus démêler[a] les véritables ?

LE FRANÇOIS.

J'ai pu m'y tromper tant que j'en jugeai sur la parole d'autrui ; mais après l'avoir lu moi-même j'ai su bientôt à quoi m'en tenir. Après avoir suivi les manœuvres de nos Messieurs, je suis surpris, à la facilité qu'ils ont de lui attribuer des livres qu'ils ne lui en attribuent pas davantage, car vu la disposition[b] où ils ont mis le public à son égard il ne s'imprimera plus rien de si plat ou de si punissable qu'on ne s'empresse à croire être de lui sitot qu'ils voudront l'affirmer.

Pour moi, quand même j'ignorerois que depuis douze ans il a quitté la plume[38], un coup d'œil sur les écrits qu'ils lui prétent me suffiroit pour sentir qu'ils ne sauroient être de l'Auteur des autres. Non que je me croye un juge infaillible en fait de style[c] ; je sais que fort peu de gens le sont, et j'ignore jusqu'à quel point un Auteur adroit[d] peut imiter le style d'un autre comme Boileau a imité Voiture et Balzac[39]. Mais c'est sur les choses mêmes que je crois ne pouvoir être trompé. J'ai trouvé les écrits de J.J. pleins d'affections d'ame qui ont pénétré la mienne : j'y ai trouvé des maniéres de sentir et de voir qui le distinguent aisement de tous les écrivains de son tems et de la pluspart de ceux qui l'ont précédé : c'est comme vous le disiez, un habitant d'une autre sphére où rien ne ressemble à celle-ci. Son système peut être faux, mais en le développant il s'est peint lui-même au vrai d'une façon si caracteristique et si sure qu'il m'est impossible de m'y tromper. Je ne suis pas à la seconde page de ses sots ou malins[e] imitateurs, que je sens la singerie[*][f][40], et combien

---

a Même leçon dans P. ; G. *plus discerner.*

b Même leçon dans P. ; G. *car dans la disposition.*

c P. et G. *en matiére de style.*

d Même leçon dans G. ; P. *un homme adroit.*

e C. *ou malins* est inséré dans l'interligne.

* Voyez la note à la fin de cet écrit, p. 225.

f G. et P. reprennent ici cette note en la modifiant : « Voyez par exemple *la philosophie de la nature* [G. *la Philosophie de la Nature*] qu'on a brulée au Châtelet. Livre exécrable et couteau à deux tranchans fait [P. ~~xxxxxxx infernal par des mains habiles~~] tout exprès par des mains habiles pour me l'attribuer [P. et G. *tout exprès pour me l'attribuer, du moins en province et chez l'étranger*], pour agir en conséquence, et propager à mes dépens croyant dire comme lui ils sont loin de penser et sentir comme lui, même en le copiant ils le dénaturent[a]. Il est bien aisé de contrefaire le tour de ses phrases[41] ; ce qui est difficile est[b] de saisir ses idées et d'exprimer ses sentimens. Rien n'est si contraire à l'esprit philosophique de ce siécle, dans lequel ses faux imitateurs retombent toujours[c].

Dans cette seconde lecture mieux ordonnée et plus refléchie que la prémiére, suivant de mon mieux le fil de ses méditations j'y vis par tout le développement de son grand principe que la nature a fait l'homme heureux et bon, mais que la societé le déprave et le rend misérable. L'Émile, en particulier, ce livre tant lu si peu entendu et si mal apprecié, n'est qu'un traité de la bonté originelle de l'homme, destiné à montrer comment l'erreur et le vice[d], étrangers à sa constitution, s'y introduisent du dehors et l'altérent insensiblement. Dans ses premiers écrits il s'attache davantage à détruire ce prestige d'illusion qui nous donne une admiration stupide pour tous les instrumens[e] de nos misères, et à corriger cette estimation trompeuse qui nous fait honorer des talens pernicieux et mépriser des vertus utiles. Partout il nous fait voir l'espéce humaine meilleure plus sage et plus heureuse dans sa constitution primitive, aveugle[f] malheureuse et méchante à mesure qu'elle s'en éloigne. Son but est de redresser l'erreur [196.] de nos jugements pour retarder le progrès de nos vices, et de nous montrer que là où nous cherchons la gloire et l'éclat, nous ne trouvons en effet qu'erreurs et miséres.

---

leur propre doctrine [G. et P. *la doctrine de ces Messieurs*] sous le masque de la mienne. Je n'ai point vu ce livre et, j'espère, ne le verrai jamais, mais j'ai lu tout cela dans le réquisitoire trop clairement pour pouvoir m'y tromper, et je suis certain [P. *je suis sûr*] qu'il ne peut y avoir aucune vraye ressemblance entre ce livre et les miens [P. *entre ce livre et les miens aucune vraye ressemblance*], parce qu'il n'y en a aucune entre les ames qui les ont dictés. J'ai de vifs pressentimens que de ce livre sortiront un jour les prémiers traits de lumiére qui montreront toute la trame au public. [P. et G. suppriment la phrase précédente et la remplacent par *Notez que depuis qu'on a su que j'avais vu ce réquisitoire, on a pris de nouvelles mesures pour qu'il ne me parvînt rien de pareil à l'avenir.*] » L'analyse de ces variantes suggère l'antériorité de la copie P. sur la copie G. Voir la note 153 à la fin du présent entretien.

a P. et G. *de sentir et penser comme lui ; en le copiant même ils le dénaturent par la maniére de l'encadrer.*

b G. et P. *ce qui est difficile à tout autre est* etc.

c C. *Rien n'est si contraire à l'esprit philosophique de ce siécle, dans lequel ses faux imitateurs retombent toujours.* est inséré dans l'interligne.

d P. et G. *le vice et l'erreur.*

e G. et P. *pour les instrumens.*

f P. et G. *aveugle, misérable et méchante.*

Mais la nature humaine ne retrograde pas, et l'on ne remonte plus[a] vers les tems d'innocence et d'égalité quand une fois on s'en est éloigné. C'est encore un des principes sur lesquels il a le plus insisté. Ainsi son objet ne pouvoit être de ramener les peuples nombreux ni les grands Etats à leur première simplicité, mais seulement d'arrêter, s'il étoit possible le progrès de ceux dont la petitesse ou la sagesse ou la situation[b] les a préservés d'une marche aussi rapide vers la perfection de la societé et vers la détérioration de l'espéce[42]. Ces distinctions méritoient d'être faites et ne l'ont point été. On s'est obstiné à l'accuser de vouloir détruire les sciences, les arts, les théâtres, les académies et de vouloir replonger[c] l'univers dans son ancienne barbarie[d43], et il a toujours insisté au contraire sur la conservation des institutions existantes, soutenant que leur destruction ne feroit qu'ôter les palliatifs en laissant les vices, et substituer le brigandage à la corruption. Il avoit travaillé pour sa patrie et pour les petits Etats constitués comme elle. Si sa doctrine pouvoit être aux autres de quelque utilité, c'étoit en changeant les objets de leur estime et retardant peut-être ainsi leur décadence qu'ils accelerent par leurs fausses appreciations. Mais malgré ces distinctions si souvent et si fortement répétées, la mauvaise foi des gens de lettres et la sottise de l'amour-propre qui persuade à chacun que c'est toujours de lui qu'on s'occupe quand même on n'y pense pas[e], ont fait que les grandes nations se sont obstinées à prendre pour elles[f] ce qui n'avoit pour objet que les petites républiques, et l'on se complait[g] à voir un promoteur de bouleversemens et de troubles dans l'homme du monde qui porte un plus vrai respect aux loix aux constitutions nationnales, et qui a le plus d'aversion pour les revolutions et pour les ligueurs de toute espéce, qui la lui rendent bien.

En saisissant peu à peu ce système par toutes ses branches dans une lecture plus refléchie, je m'arrêtai pourtant moins d'abord à l'examen direct de cette doctrine, qu'à son rapport avec le caractére de celui dont elle portoit le nom, et sur le portrait que vous m'aviez fait de lui ce rapport me parut si frappant que je ne pus refuser mon assentiment à

a G. et P. *et jamais on ne remonte.* (Correction dans P. *et* [*jamais*] *on ne remonte* ~~*pas*~~ etc.)
b P. et G. *de ceux dont la petitesse et la situation.*
c G. et P. *et replonger l'univers.*
d P. et G. *dans sa prémiére barbarie.*
e Même leçon dans P. ; G. *lors même qu'on n'y pense pas.*
f P. *les grandes nations ont voulu prendre pour elles.* G. *les grandes nations ont pris pour elles.*
g P. *et l'on s'obstine.* G. *et l'on s'est obstiné.*

son évidence[44]. D'où le peintre et l'apologiste de la nature aujourdui si défigurée et si calomniée peut-il avoir tiré son modéle, si ce n'est de son propre cœur ? Il l'a décrite comme il se sentoit lui-même. Les préjugés dont il n'étoit pas subjugué, les passions factices, dont il n'étoit pas l'esclave[a], n'offusquoient point à ses yeux comme à ceux des autres ces prémiers traits si géneralement oubliés ou méconnus. Ces traits si nouveaux[b] et si vrais une fois tracés trouvoient bien encore au fond des cœurs l'attestation de leur justesse, mais jamais ils ne s'y seroient remontrés[45] d'eux-mêmes si l'historien de la nature n'eut commencé par ôter la rouille qui les cachoit[46]. Une vie retirée et solitaire, un gout vif de rêverie et de contemplation, l'habitude de rentrer en soi et d'y rechercher dans le calme des passions ces prémiers traits [197.] disparus chez la multitude, pouvoient seuls les lui faire retrouver[47]. En un mot, il falloit qu'un homme se fut peint lui-même pour nous montrer ainsi l'homme primitif, et si l'Auteur n'eût été tout aussi singulier que ses livres jamais il ne les eut écrits. Mais où est-il cet homme de la nature, qui vit vraiment de la vie humaine, qui comptant pour rien l'opinion d'autrui se conduit uniquement d'après ses penchans et sa raison, sans égard à ce que le public approuve ou blâme ? On le chercheroit en vain parmi nous. Tous avec un beau vernis de paroles tâchent en vain de donner le change sur leur vrai but, aucun ne s'y trompe et pas un n'est la dupe des autres, quoique tous parlent comme lui : tous cherchent leur bonheur dans l'apparence, nul ne se soucie de la réalité : tous mettent leur être dans le paroitre ; tous esclaves et dupes de l'amour-propre ne vivent point pour vivre, mais pour faire croire qu'ils ont vécu. Si vous ne m'eussiez dépeint votre J.J. j'aurois cru que l'homme naturel n'existoit plus ; mais le rapport frappant de celui que vous m'avez peint avec l'Auteur dont j'ai lu les livres[c] ne me laisseroit pas douter que l'un ne fut l'autre, quand je n'aurois nulle autre raison de le croire. Ce rapport marqué me décide ; et sans m'embarrasser du J.J. de nos Messieurs plus monstrueux[d] par son éloignement de la nature que le vôtre n'est singulier pour en être resté si près, j'adopte pleinement les idées que vous m'en avez données, et si votre J J. n'est pas tout à fait devenu le mien[48], il a l'honneur de plus d'avoir arraché mon estime

---

a P. et G. *dont il n'étoit pas la proie.*

b G. et P. *ces traits si nouveaux pour nous.*

c Même leçon dans G. ; P. *l'Auteur des livres que j'ai lus.*

d Même leçon dans P. ; G. *plus monstrueux encore.*

sans que mon penchant ait rien fait pour lui Je ne l'aimerai peut-être jamais, parce que cela ne dépend pas de moi, mais je l'honore parce que je veux être juste que je le crois innocent, et que je le vois opprimé. Le tort que je lui ai fait en pensant si mal de lui, étoit l'effet[a] d'une erreur presque invincible dont je n'ai nul reproche à faire à ma volonté. Quand l'aversion que j'eus pour lui dureroit dans toute sa force, je n'en serois pas moins disposé à l'estimer et le plaindre. Sa destinée est un exemple peut-être unique de toutes les humiliations possibles et d'une patience aussi grande[b] à les supporter. Enfin le souvenir de l'illusion dont je sors sur son compte me laisse un grand préservatif[49] contre une orgueilleuse confiance en mes lumiéres, et contre la suffisance du faux savoir.

ROUSSEAU.

C'est vraiment mettre à profit l'expérience et rendre utile l'erreur même, que d'apprendre ainsi de celle où l'on a pu tomber à compter moins sur les oracles de nos jugemens, et à ne négliger jamais, quand on veut disposer arbitrairement de l'honneur et du sort d'un homme, aucun des moyens prescrits par la justice et par la raison pour constater la vérité. Si malgré toutes ces précautions nous nous trompons encore, c'est un effet de la misére humaine, et nous n'aurons pas du moins à nous reprocher d'avoir failli par nôtre faute. Mais rien peut-il excuser[c] la présomption de ceux qui rejettant obstinément et sans raison les formes les plus inviolables, et tout fiers de partager avec les Grands et les Princes[d] une œuvre d'iniquité, condannent sans crainte un accusé et [198.] disposent en maitres de sa destinée et de sa réputation[e] sans vouloir ni l'entendre ni l'instruire, uniquement parce qu'ils aiment à le trouver coupable, et qu'il leur plait de voir l'évidence et la justice[f] où la fraude et l'imposture sauteroient à des yeux non prévenus.

Je n'aurai pas[g] un pareil reproche à me faire à l'égard de J.J. et si je m'abuse en le jugeant innocent, ce n'est du moins qu'après avoir pris toutes les mesures qui étoient en mon pouvoir[h] pour me garantir de l'erreur.

---

a Même leçon dans G. ; P. *est l'effet.*

b P. *d'une patience presque aussi grande.* G. *d'une patience presque invincible.*

c G. et P. *rien peut-il excuser ceux qui rejettant* etc.

d G. *avec des Grands et des Princes.*

e Même leçon dans P. ; G. *de sa réputation, uniquement parce qu'ils aiment à* etc.

f P. et G. *la justice et l'évidence.*

g G. et P. *Je n'aurai point.*

h P. et G. *en ma puissance.*

Vous n'en pouvez pas encor dire autant[a], puisque vous ne l'avez ni vu ni étudié par vous-même et qu'au milieu de tant de prestiges d'illusions de préjugés de mensonges[b] ce soit, selon moi, le seul moyen sûr de le connoitre. Ce moyen en amêne un autre non moins indispensable, et qui devroit être le prémier s'il étoit permis de suivre ici l'ordre naturel : c'est la discussion contradictoire des faits par les parties elles-mêmes, en sorte que les accusateurs et l'accusé soient mis en confrontation[c]. L'effroi qu'elle[d] paroit faire[e] aux prémiers et leur obstination à s'y opposer[f] font contre eux je l'avoue un préjugé très fort très raisonnable et qui suffiroit seul pour leur condannation si la foule et la force de leurs preuves si frappantes si éblouissantes n'arrêtoit en quelque sorte l'effet de ce refus. On ne conçoit pas ce que l'accusé peut répondre, mais enfin jusqu'à ce qu'il ait ou répondu ou refusé de le faire[g], personne[h] n'a droit de prononcer pour lui qu'il n'a rien à répondre, ni se supposant parfaitement instruit de ce qu'il peut ou ne peut pas dire de le tenir pour pleinement convaincu tant qu'il ne l'a point été, ni pour pleinement justifié tant qu'il n'a pas confondu ses accusateurs[i]. Voila, Monsieur[j], ce qui manque encore à la certitude de nos jugemens sur cette affaire. Hommes et sujets à l'erreur nous pouvons nous tromper en jugeant innocent un coupable, comme en jugeant coupable un innocent[50]. La prémiére erreur semble il est vrai plus excusable ; mais peut-on l'être en restant dans une erreur[k] qui peut nuire et dont on s'est pu garantir ? Non, tant[l] qu'il reste un moyen possible d'éclaircir la vérité et qu'on le[m] néglige[n], l'erreur n'est point involontaire et doit être imputée à celui qui veut y rester. Si donc

a G. et P. *Vous n'en pouvez pas tout à fait dire autant encore.*

b Même leçon dans P. ; G. *de mensonges, et de faux témoignages.*

c P. et G. *mis en confrontation et qu'on l'entende dans ses réponses.*

d G. et P. *L'effroi que cette forme si sacrée.*

e Même leçon dans G. ; P. *paroit causer.*

f P. et G. *à s'y refuser.*

g G. *Mais enfin jusqu'à ce qu'il ait donné ou refusé ses réponses.* P. *Mais jusqu'à ce qu'il ait donné ou refusé* etc.

h Même leçon dans P. ; G. *nul n'a droit.*

i P. et G. *de le tenir, ou pour convaincu tant qu'il ne l'a pas été, ou pour tout à fait justifié tant qu'il n'a pas* etc.

j Nouvel alinéa dans G.

k Même leçon dans P. ; G. mais peut-on l'être dans une erreur.

l C. *tant* est inséré dans l'interligne.

m C. *le* est inséré dans l'interligne.

n Mots biffés dans C. *et qu'on néglige ~~de le prendre~~ l'erreur n'est point* etc.

vous prenez assez d'intérest aux livres que vous avez lus pour vouloir vous décider sur l'auteur, et si vous haïssez assez l'injustice pour vouloir réparer celle que d'une façon si cruelle vous avez pu commettre à son égard, je vous propose prémiérement de voir l'homme : venez, je vous introduirai chez lui sans peine : il est déja prévenu ; je lui ai dit de vous tout ce que j'ai pu dire[a] sans blesser mes engagemens. Il sait d'avance que si jamais vous vous presentez à sa porte ce sera pour le connoitre et non pas pour le tromper. Après avoir refusé de le voir tant que vous l'avez jugé comme a fait tout le monde[b], votre prémiére visite sera pour lui la consolante preuve que vous ne désespérez plus de lui devoir votre estime et d'avoir des torts à réparer envers lui.

Sitot que cessant de le voir par les yeux de vos Messieurs vous le verrez [199.] par les votres, je ne doute point que vos jugemens ne confirment les miens et que, retrouvant en lui l'auteur de ses livres vous ne restiez persuadé comme moi qu'il est l'homme de la nature et point du tout[c] le monstre[d] qu'on vous a peint[e]. Mais enfin, pouvant nous abuser l'un et l'autre dans des jugemens destitués de preuves positives et réguliéres, il nous restera toujours une juste crainte fondée sur la possibilité d'être dans l'erreur, et sur la difficulté d'expliquer d'une maniére satisfaisante les faits allegués contre lui. Un pas seul alors nous reste à faire pour constater la vérité, pour lui rendre hommage et la manifester à tous les yeux. C'est de nous réunir pour forcer enfin vos Messieurs à s'expliquer hautement en sa présence et à confondre un coupable aussi impudent ; ou du moins à nous dégager du secret qu'ils nous imposent envers lui[f], en nous permettant de le confondre nous-mêmes[51]. Une instance aussi légitime sera le prémier pas............

LE FRANÇOIS.

Arrêtez[g] !... je frémis seulement à vous entendre. Je vous ai fait sans détour l'aveu que j'ai cru devoir à la justice et à la vérité. Je veux être juste, mais sans témérité : Je ne veux point me perdre inutilement sans

---

a G. et P. *je lui ait dit tout ce que j'ai pu dire à votre egard.*
b Même leçon dans G. ; P. *comme tout le monde.*
c Mot biffé illisible sous l'ajout dans C.
d C. *le monstre* est inséré dans l'interligne.
e G. et P. *qu'on vous a peint sous son nom.*
f G. *qu'ils ont exigé de nous.*
g C. Ce mot est rédigé en plus gros caractères.

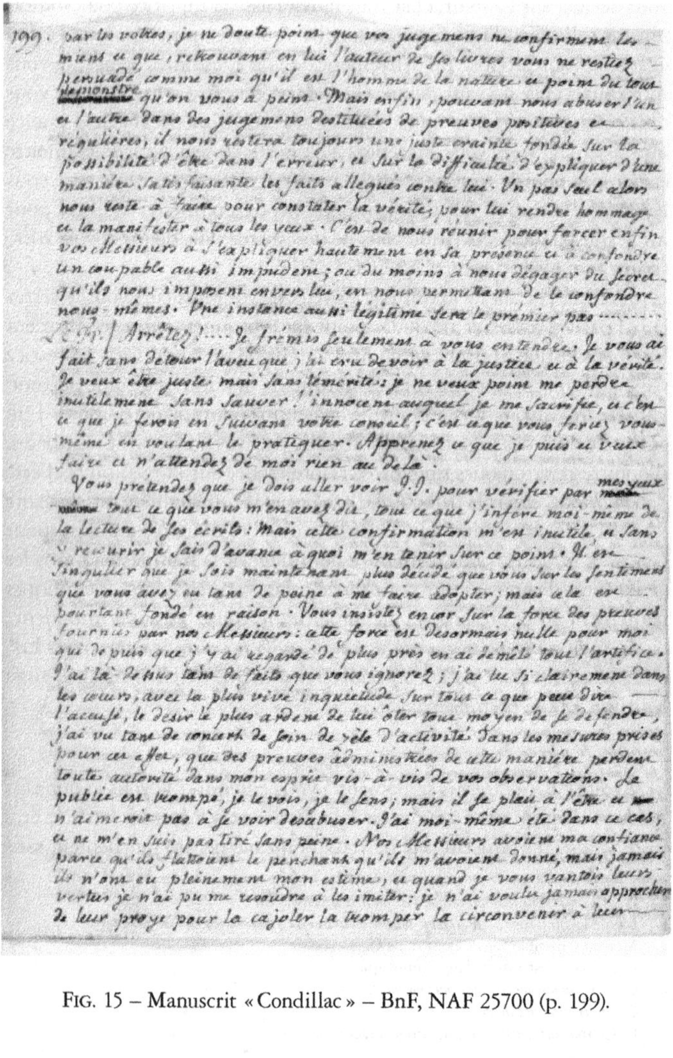
199. par les vôtres, je ne doute point que vos jugemens ne confirment les miens et que, reconnoissant en lui l'auteur de ses livres vous ne restiez persuadé comme moi qu'il est l'homme de la nature et point du tout le monstre qu'on vous a peint. Mais enfin, pouvant nous abuser l'un et l'autre dans des jugemens destitués de preuves positives et régulières, il nous restera toujours une juste crainte fondée sur la possibilité d'être dans l'erreur, et sur la difficulté d'expliquer d'une manière satisfaisante les faits allegués contre lui. Un pas seul alors nous reste à faire pour constater la vérité, pour lui rendre hommage et la manifester à tous les yeux. C'est de nous réunir pour forcer enfin vos Messieurs à s'expliquer hautement en sa présence et à confondre un coupable aussi impudent; ou du moins à nous dégager du secret qu'ils nous imposent envers lui, en nous permettant de le confondre nous-mêmes. Une instance aussi légitime sera le premier pas........

Le Fr. Arrêtez!.... Je frémis seulement à vous entendre. Je vous ai fait sans détour l'aveu que j'ai cru devoir à la justice et à la vérité. Je veux être juste mais sans témérité: je ne veux point me perdre inutilement sans sauver l'innocent auquel je me sacrifie, et c'est ce que je ferois en suivant votre conseil; c'est ce que vous feriez vous-même en voulant le pratiquer. Apprenez ce que je puis et veux faire et n'attendez de moi rien au delà.

Vous prétendez que je dois aller voir J.J. pour vérifier par mes yeux tout ce que vous m'en avez dit, tout ce que j'infère moi-même de la lecture de ses écrits: Mais cette confirmation m'est inutile, et sans y recourir je sais d'avance à quoi m'en tenir sur ce point. Il est singulier que je sois maintenant plus décidé que vous sur les sentimens que vous avez eu tant de peine à me faire adopter; mais cela est pourtant fondé en raison. Vous insistez encore sur la force des preuves fournies par nos Messieurs: cette force est désormais nulle pour moi qui depuis que j'y ai regardé de plus près en ai demêlé tout l'artifice. J'ai là-dessus tant de faits que vous ignorez; j'ai vu si clairement dans les coeurs, avec la plus vive inquiétude sur tout ce que peut dire l'accusé, le désir le plus ardent de lui ôter tout moyen de se défendre, j'ai vu tant de concert de soin de zèle d'activité dans les mesures prises pour cet effet, que des preuves administrées de cette manière perdent toute autorité dans mon esprit vis-à-vis de vos observations. Le public est trompé, je le vois, je le sens; mais il se plait à l'être et n'aimeroit pas à se voir desabuser. J'ai moi-même été dans ce cas, et ne m'en suis pas tiré sans peine. Nos Messieurs avoient ma confiance parce qu'ils flattoient le penchant qu'ils m'avoient donné, mais jamais ils n'ont eu pleinement mon estime, et quand je vous vantois leurs vertus je n'ai pu me resoudre à les imiter: je n'ai voulu jamais approcher de leur proye pour la cajoler la tromper la circonvenir à leur

FIG. 15 – Manuscrit « Condillac » – BnF, NAF 25700 (p. 199).

sauver l'innocent auquel je me sacrifie, et c'est ce que je ferois en suivant votre conseil ; c'est ce que vous feriez vous-même en voulant le pratiquer. Apprenez ce que je puis et veux faire et n'attendez de moi rien au delà.

Vous prétendez que je dois aller voir J.J. pour vérifier[a] par mes yeux[b] tout ce que vous m'en avez dit, tout ce que j'infére moi-même[c] de la lecture de ses écrits : Mais cette confirmation m'est inutile[d], et sans y recourir je sais d'avance à quoi m'en tenir sur ce point. Il est singulier que je sois maintenant plus décidé[52] que vous sur les sentimens que vous avez eu tant de peine à me faire adopter ; mais cela est pourtant fondé en raison. Vous insistez encor sur la force des preuves alléguées contre lui par nos Messieurs : cette force est desormais nulle pour moi qui depuis que j'y ai regardé de plus près[e] en ai démêlé tout l'artifice. J'ai là-dessus tant de faits que vous ignorez[53] ; j'ai lu si clairement dans les cœurs, avec la plus vive inquietude sur ce que peut dire l'accusé, le desir le plus ardent de lui ôter tout moyen de se defendre, j'ai vu tant de concert de soin de zèle d'activité[f] dans les mesures prises pour cet effet, que des preuves administrées de cette maniére[g] perdent toute autorité dans mon esprit vis à vis de vos observations. Le public est trompé, je le vois, je le sens[h] ; mais il se plait à l'être et n'aimeroit pas à se voir desabuser. J'ai moi-même été dans ce cas et ne m'en suis pas tiré sans peine. Nos Messieurs avoient ma confiance parce qu'ils flattoient le penchant qu'ils m'avoient donné, mais jamais ils n'ont eu pleinement[i] mon estime, et quand je vous vantois leurs vertus je n'ai pu me resoudre à les imiter : je n'ai voulu jamais approcher de leur proye pour la cajoler la tromper la circonvenir à leur [200.] exemple, et la même répugnance que je voyois dans votre cœur étoit dans le mien quand je cherchois à la combattre. J'approuvois leurs manœuvres sans vouloir les adopter. Leur fausseté qu'ils appelloient bienveillance ne pouvoit me séduire,

---

a Mot biffé sous l'ajout dans C. *vérifier par* ~~*moi-même*~~.

b C. *par mes yeux* est inséré dans l'interligne.

c P. *pour vérifier par mes yeux tout ce que vous m'avez dit et que j'infére moi-même*. G. *ce que vous m'en avez dit et ce que j'infére moi-même*.

d G. et P. *Cette confirmation m'est superflue*.

e Même leçon dans P. ; G. *moi qui en ai démêlé tout l'artifice depuis que j'y ai regardé de plus près*.

f Même leçon dans P. ; G. *tant de concert, de soin, d'activité, de chaleur*.

g P. et G. *de cette maniére par des gens si passionés*.

h G. et P. *je le sais*.

i Même leçon dans G. ; P. *ils n'ont eu parfaitement*.

parce qu'au lieu de cette bienveillance dont ils se vantoient, je ne sentois pour celui qui en étoit l'objet qu'antipathie répugnance aversion. J'étois bien aise de les voir nourrir pour lui une sorte d'affection méprisante et dérisoire qui avoit tous les effets de la plus mortelle haine. Mais je ne pouvois ainsi me donner le change à moi-même, et ils me l'avoient rendu si odieux que je le haïssois de tout mon cœur sans feinte et tout à découvert. J'aurois craint d'approcher de lui comme d'un monstre effroyable, et j'aimois mieux n'avoir pas le plaisir de lui nuire pour n'avoir pas l'horreur de le voir.

En me ramenant par degrés à la raison vous m'avez inspiré autant d'estime pour sa patience et sa douceur que de compassion pour ses infortunes. Ses livres ont achevé l'ouvrage que vous aviez commencé. J'ai senti par tout en les lisant[a] quelle passion donnoit tant d'énergie à son ame et de véhemence à sa diction[54]. Ce n'est pas une explosion passagére, c'est un sentiment dominant et permanent qui peut se soutenir ainsi durant dix ans et produire douze volumes[55] toujours pleins du même zèle, toujours arrachés par la même persuasion. Oui, je le sens et le soutiens comme vous, dès qu'il est auteur[b] des écrits qui portent son nom il ne peut avoir que le cœur d'un homme de bien.

Cette lecture attentive et réfléchie a pleinement achevé dans mon esprit la révolution que vous aviez commencée. C'est en faisant cette lecture avec le soin qu'elle éxige que j'ai senti toute la malignité toute la détestable adresse de ses amers commentateurs. Dans tout ce que je lisois de l'original je sentois la sincérité la droiture d'une ame haute et fiére mais franche et sans fiel qui se montre sans précaution sans crainte, qui censure à découvert qui loue sans réticence et qui n'a point de sentiment à cacher. Au contraire tout ce que je lisois dans les réponses[56] montroit une brutalité feroce ou une politesse insidieuse traitresse, et couvroit du miel des éloges le fiel de la satyre et le poison de la calomnie. Qu'on lise avec soin la lettre honnête mais franche à M. d'Alembert sur les spectacles, et qu'on la compare avec la réponse de celui-ci[57], cette réponse si subtilement[c] mesurée, si pleine de circonspection affectée, de complimens aigres doux, si propres[d] à faire penser le mal en feignant

a Même leçon dans P. ; G. *J'ai senti en les lisant.*

b Même leçon dans P. ; G. *dès qu'il est l'auteur.*

c Même leçon dans P. ; G. *si soigneusement.*

d P. et G. *si propre à.*

de ne le pas dire. Qu'on cherche ensuite sur ces lectures à découvrir lequel des deux auteurs est le méchant. Croyez-vous qu'il se trouve dans l'univers un mortel assez impudent pour dire que c'est J.J. ?

Cette différence s'annonce dès l'abord par leurs épigraphes : Celle de votre ami tirée de Virgile[a] est une priére au Ciel[b] de garantir les bons d'une erreur si funeste, et de la laisser aux ennemis[58]. Voici celle de M. d'Alembert tirée de La Fontaine[c] :

Quittez-moi votre serpe, instrument de domage[59].

[201.] L'un ne songe qu'à prévenir un mal : l'autre dès l'abord oublie la question pour ne songer qu'à nuire à[d] son adversaire, et dans l'examen de l'utilité des théâtres, addresse très à propos à J.J. ce même vers que dans La Fontaine le serpent adresse à l'homme.

Ah brillant et bruyant[e][60] d'Alembert, si vous n'avez pas une serpe, instrument très utile, quoiqu'en dise le serpent ; vous avez en revanche un stilet bien affilé qui n'est guére, et surtout dans vos mains, un outil de bienfaisance.

Vous voyez que je suis plus avancé que vous dans votre propre recherche, puisqu'il vous reste à cet égard des scrupules que je n'ai plus. Non, Monsieur, je n'ai pas même besoin de voir J.J. pour savoir à quoi m'en tenir sur son compte. J'ai vu de trop près les manœuvres dont il est la victime pour laisser dans mon esprit la moindre autorité à tout ce qui peut en resulter. Ce qu'il étoit aux yeux du public lors de la publication de son prémier ouvrage, il le redevient[f] maintenant aux miens, parce que le prestige de tout ce qu'on a fait dès lors pour le défigurer est détruit, et que je ne vois plus dans toutes les preuves qui vous frappent encore que fraude mensonge illusion.

Vous demandiez s'il existoit un complot. Oui, sans doute, il en éxiste un, et tel qu'il n'y en eut et n'y en aura jamais de semblable. Cela n'étoit-il pas clair[g] dès l'année du Décret[61] par la brusque et incroyable sortie de

---

a G. et P. de l'Enéide. (Titre non souligné alors qu'il est en italiques dans l'éd. Osmont)

b P. et G. *une priére aux Dieux*.

c Citation non soulignée dans P. et G.

d C. *nuire à* est inséré dans l'interligne.

e G. et P. *Ah subtil et rusé*.

f Même leçon dans P. ; G. *il le redevient aux miens*.

g Même leçon dans P. ; G. *cela étoit clair dès l'année*.

tous les imprimés de tous les journaux de toutes les gazettes, de toutes les brochures contre cet infortuné. Ce decret fut le tocsin de toutes ces fureurs. Pouvez-vous croire que les Auteurs de tout cela, quelque jaloux quelque méchans quelque cruels[a] qu'ils pussent être se fussent jamais ainsi déchainés[b] de concert en loups enragés contre un homme alors et dès lors en proye aux plus funestes[c] adversités ? Pouvez-vous croire qu'on eut impudemment[d] farci les recueils de ses propres écrits de tous ces noirs libelles[62] si ceux qui les écrivoient et ceux qui les employoient n'eussent été inspirés par cette ligue qui depuis longtems graduoit sa marche en silence mais qui prit alors son premier essor[e] ?

La lecture des écrits[f] de J.J. m'a fait faire en même tems celle de ces venimeuses productions qu'on y a très soigneusement jointes[g]. Si j'avois fait plustot cette lecture[h] j'aurois compris dès lors tout le reste : Cela n'est pas difficile à qui peut les parcourir de sang froid. Les ligueurs eux-mêmes l'ont senti, et bientot ils ont pris une methode[i] moins visible qui leur a beaucoup mieux réussi : C'est de n'attaquer J.J. en public qu'à mots couverts, le plus souvent[j] sans nommer ni lui ni ses livres, mais de faire que[k] l'application de ce qu'on en diroit fut si claire que chacun la fit sur le champ. Depuis dix ans que l'on suit cette méthode, elle a produit plus d'effet que des outrages trop ouverts[l] qui par cela seul peuvent déplaire ou devenir suspects[m]. C'est dans les entretiens particuliers, dans les cercles, dans les petits commités secrets dans tous ces petits tribunaux littéraires dont les femmes sont les présidens[n] que s'affilent les poignards dont on le crible sous le manteau. Le fougueux Voltaire alloit d'abord rondement vomissant[63] à torrens ses ordinaires

a P. et G. *quelque vils.*

b P. *se fussent ~~jamais~~ ainsi déchainés* [de concert] *en loups enragés.* G. *se fussent ainsi déchainés de concert* etc.

c Même leçon dans P. ; G. *aux plus cruelles adversités.*

d P. et G. *qu'ont eu insolemment farci.*

e P. *Mais qui prit alors en public son premier essor.* G. *et prit alors en public* etc.

f Alinéa rattaché au précédent dans P. et G.

g Même leçon dans P. ; G. *qu'on a pris grand soin d'y mêler.*

h Même leçon dans P. ; G. *ces lectures.*

i G. et P. *ils ont pris une autre methode.*

j Même leçon dans P. ; G. *et le plus souvent.*

k P. et G. *mais de faire en sorte que.*

l G. et P. *trop grossiers.*

m Même leçon dans P. ; G. *déplaire au public ou lui devenir suspects.*

n Même leçon dans G. ; P. *dans les petits commités secrets dont les femmes sont les présidens.*

injures[a] : Mais le cauteleux d'Alembert, sous le prétexte d'un voyage d'Italie qu'il ne vouloit point faire, et qu'il ne fit point*, se rendit à Fernex[64], et là, s'abouchant avec lui tout à son aise, lui fit comprendre que cette maniére ouverte de[b] dire[c] et de faire[d] n'étoit point dans [202.] [le][e] systême[f] de la ligue et n'en avoit point l'approbation ; qu'il devoit se conformer à la méthode convenue d'agir toujours sans jamais se montrer, de dire en public et même [avec] affectation[g] du bien de J.J. et de ses talens et de paroitre toujours s'interesser[h] tendrement à lui, mais de tacher à force de sourdes et continuelles indignités de le forcer à se tuer enfin de desespoir[65], ce qu'on interpréteroit sans peine[i] dans le public comme s'il s'étoit tué de rage : Car c'est là, n'en doutez pas, le vrai but caché de la ligue, et auquel quoique vous en puissiez dire, elle n'a point encore désespéré de parvenir[j]. *Taisez-vous,* disoit d'Alembert à Voltaire ; *ne parlez point du tout de lui, et laissez-nous faire ; bientot nous serons tous délivrés de ce**[k] *— là.* L'autre depuis lors a suivi cet avis[66], attendant toujours l'effet de la promesse, qu'il est pressé de voir accomplir[l].

On ne conçoit pas comment la diffamation d'un particulier sans emploi sans projet sans parti sans crédit a pu faire une affaire aussi importante et aussi universelle. On concoit beaucoup moins comment une pareille entreprise a pu paroitre assez belle pour que tous les rangs sans exception

a Même leçon dans G. ; P. *vomissant ses ordinaires injures.*

* J'ai deviné tout ceci [G. et P. *Je devinai que ce voyage d'Italie n'étoit qu'une feinte*] par l'affectation avec laquelle [P. et G. *on m'en parloit*] longtems avant le départ de M. d'Alembert on me parloit de son prochain voyage en Italie necessaire me disoit-on pour sa santé [G. et P. supression de ce segment à partir de : « de M. d'Alembert »]. Cette affectation pouvoit-elle m'échapper, à moi à qui l'on fait des secrets [P. et G. *mistéres*] de tout, même des choses les plus indiférentes ? J'étois si sur de mon fait que je prédisois hautement que d'Alembert n'iroit point en Italie, et qu'il s'arrêteroit en chemin. [La dernière phrase est supprimée dans P. et G.].

b Mots biffés sous les ajouts dans C. *de ~~faire~~ et de ~~dire~~.*

c C. *dire* est inséré dans l'interligne.

d C. *faire* est inséré dans l'interligne.

e C. *les systême.*

f G. et P. *le systême.*

g C. *et même affectation.* G. et P. *et même avec affectation.*

h C. *s'interesser* est inséré dans l'interligne.

i Même leçon dans P. ; G. *ce qu'on interpréteroit aisément.*

j G. et P. *de réussir.*

k P. et G. *de ce B. – là.*

l Toute la fin de la seconde partie de cet alinéa, depuis « Le fougueux Voltaire », est supprimée, la note y compris, dans l'édition originale de 1782 et les suivantes.

se soient empressés d'y concourir *per fas et nefas*[a] [67], comme à l'œuvre la plus glorieuse. Si les Auteurs de cet étonnant complot, si les chefs qui en ont pris la direction avoient mis à quelque honorable entreprise la moitié des soins des peines du travail[b] de la dépense qu'ils ont prodigués à l'exécution de ce beau projet ils auroient pu se couronner d'une gloire immortelle à beaucoup moindres fraix[c] * qu'il ne leur en a couté[68] pour accomplir cette œuvre de ténébres dont il ne peut resulter pour eux ni bien ni honneur, mais seulement le plaisir d'assouvir en secret la plus lâche de toutes les passions, et dont encore la patience et la douceur de leur victime ne les laissera jamais jouir pleinement.

Il est impossible que vous ayez une juste idée de la position de votre ami[d] ni de la maniére dont il est enlacé. Tout est si bien concerté à son égard qu'un Ange descendroit du Ciel pour le defendre qu'il n'y parviendroit pas[e]. Le complot dont il est l'objet[f] n'est pas de ces impostures jettées au hazard qui font un effet rapide mais passager, et qu'un instant découvre et détruit. C'est, comme il l'a senti lui-même, un projet médité de longue main, dont l'execution lente et graduée ne s'opére qu'avec autant de précaution que de méthode ; effaçant à mesure qu'elle avance et les traces des routes qu'elle a suivies et les vestiges de la vérité qu'elle a fait disparoitre. Pouvez-vous croire qu'évitant avec tant de soin toute espéce d'explication, les auteurs et les chefs de ce complot négligent de détruire et dénaturer tout ce qui pourroit un jour servir à les confondre, et depuis plus de quinze ans qu'il est en pleine execution n'ont-ils pas eu tout le tems qu'il leur falloit pour y parvenir[g] ? Plus ils avancent dans l'avenir plus il leur est facile [203.] d'oblitérer[69] le passé ou de lui donner la tournure[70] qui leur convient. Le moment doit venir où tous les témoignages étant à leur disposition ils pourroient sans

---

a Même leçon dans G. ; P. *d'y concourir per fas et nefas comme à l'œuvre* etc.

b P. et G. *du travail du tems de la dépense* etc.

c Même leçon dans P. ; G. *à beaucoup moins de fraix.*

* On me reprochera, j'en suis sûr [G. et P. *très sur*], de me donner une importance prodigieuse. Ah ! si je n'en avois pas plus aux yeux d'autrui qu'aux miens, que ma destinée [P. et G. *que mon sort*] seroit moins à plaindre ! Je demande à [G. et P. *Je prie*] ceux qui me feront ce reproche qu'ils expliquent seulement deux choses d'une façon qui puisse contenter un homme sensé. L'une, la conquête [P. et G. *l'invasion*] de la Corse ; l'autre, l'entreprise de la Ville de Versoi. (Cette note est censurée par l'édition originale genevoise).

d Même leçon dans P. ; G. *la position de J.J.*

e G. et P. *sans y pouvoir parvenir.*

f Même leçon dans P. ; G. *dont il est le sujet.*

g P. et G. *pour y reussir ?*

risque lever le voile impénétrable[71] qu'ils ont mis sur les yeux de leur victime. Qui sait si ce moment n'est pas déja venu ? Qui sait si[a] par les mesures qu'ils ont eu tout le tems de prendre ils ne pourroient pas dès à présent s'exposer à des confrontations[b] qui confondroient l'innocence et feroient triompher l'imposture ? Peut être ne les évitent-ils encore que pour ne pas paroitre changer de maximes, et, si vous voulez, par un reste de crainte attachée au mensonge de n'avoir jamais assez tout prévu. Je vous le répette, ils ont travaillé sans relâche à disposer toutes choses pour n'avoir rien à craindre d'une discussion réguliére, si jamais ils étoient forcés d'y acquiescer et il me paroit qu'ils ont eu tout le tems et tous les moyens de mettre le succés de leur entreprise à l'abri de tout evenement imprévu. Eh ! quelles seroient désormais les ressources de J.J. et de ses défenseurs s'il s'en pouvoit[c] présenter ? Où trouveroit-il des juges qui ne fussent pas du complot, des témoins qui ne fussent pas subornés, des conseils fidelles qui ne l'égarassent pas ? Seul contre toute une génération liguée, d'où réclameroit-il la vérité, que le mensonge ne répondit à sa place ? Quel support[d] quel appui trouveroit-il pour résister à cette conspiration générale ? Existe-t-il, peut-il même exister parmi les gens en place un seul homme assez intégre pour se condanner lui-même, assez courageux pour oser défendre un opprimé dévoué[72] depuis si longtems à la haine publique[e] ? Soyez sûr que quelque crédit quelque autorité que put avoir celui qui oseroit élever la voix en sa faveur et réclamer pour lui les prémiéres loix de la justice il se perdroit lui-même[f] sans sauver son client, et que toute la ligue réunie contre ce protecteur téméraire[g], commençant par l'écarter de maniére ou d'autre, finiroit par tenir comme auparavant sa victime à sa merci[73]. Rien ne peut plus la soustraire à sa destinée, et tout ce que peut faire un homme sage qui s'interesse à son sort est de rechercher en silence les vestiges de la

a Même leçon dans P. ; G. *déjà venu ? Si par les mesures* etc.

b Même leçon dans G. ; P. *s'exposer impunément.*

c G. et P. *s'il s'en osoit.*

d P. et G. *Quelle protection.*

e P. *à la haine publique#,*
 # assez généreux pour s'animer d'un pareil zéle sans autre intérest que celui de l'équité ? G. intègre cet ajout à la phrase.

f Même leçon dans P. C. Long segment biffé illisible sous l'ajout. G. *il se perdroit sans sauver* etc.

g C. *sans sauver son client, et que toute la ligue réunie contre ce protecteur téméraire* est inséré dans l'interligne.

vérité pour diriger son propre jugement, non[a] pour le faire adopter par la multitude, incapable de renoncer par raison au parti que la passion lui a fait prendre.

Pour moi je veux vous faire ici ma confession sans détour. Je crois J.J. innocent et vertueux, et cette croyance est telle[b] qu'elle n'a pas besoin d'autre confirmation. Bien persuadé de son innocence je n'aurai jamais l'indignité de parler là-dessus contre ma pensée, ni de joindre contre lui ma voix à la voix publique, comme j'ai fait jusqu'ici dans une autre opinion. Mais ne vous attendez pas non plus que j'aille étourdiment me porter à découvert pour son défenseur, et forcer ses delateurs à quitter leur masque pour l'accuser hautement en face. Je ferois en cela une démarche aussi imprudente qu'inutile, à laquelle je ne veux point m'exposer[74]. J'ai un état des amis à conserver, une famille à soutenir, des patrons à ménager. Je ne veux point faire ici le Dom Quichotte, et lutter contre les puissances pour faire un moment parler de moi, et me perdre pour le reste de ma vie. Si je puis réparer mes torts [204.] envers l'infortuné J. J. et lui être utile sans m'exposer, à la bonne heure : Je le ferai de tout mon cœur. Mais si vous attendez de moi quelque démarche d'éclat qui me compromette[75] et m'expose au blâme des miens, détrompez-vous ; je n'irai jamais jusques-là. Vous ne pouvez vous même aller plus loin que vous n'avez fait sans manquer à votre parole et me mettre avec vous dans des embarras[c] dont nous ne sortirions ni l'un ni l'autre aussi aisement que vous l'avez présumé.

ROUSSEAU.

Rassurez-vous, je vous prie ; je veux bien plustot me conformer moi-même à vôtre façon de penser[d] que d'éxiger de vous rien qui vous déplaise. Dans les démarches[e] que j'aurois désiré de faire j'avois plus pour objet nôtre entiére et commune satisfaction que de ramener ni le public ni vos Messieurs aux sentimens de la justice et au chemin de la vérité. Quoiqu'interieurement bien persuadé[f] de l'innocence de J.J., je n'en suis pas reguliérement convaincu[76], puisque n'ayant pu l'instruire des choses

a Même leçon dans P. ; G. *pour diriger son propre jugement, mais jamais pour.*

b Même leçon dans P. ; G. *est telle au fond de mon ame.*

c P. et G. *dans un embarras.*

d G. et P. *à vos resolutions.* P. *vos résolutions——— que.* (Correction sur segment effacé)

e Même leçon dans P. ; G. *dans la démarche.*

f Même leçon dans P. ; G. *aussi persuadé que vous.*

qu'on lui impute je n'ai pu ni le confondre par son silence ni l'absoudre par ses réponses. A cet égard je me tiens au jugement immédiat que j'ai porté sur l'homme sans prononcer sur les faits qui combattent ce jugement, puisqu'ils manquent du caractére qui seul peut les constater[a] ou les détruire à mes yeux. Je n'ai pas assez de confiance en mes lumiéres[b] pour croire qu'elles ne peuvent me tromper, et je resterois peut-être encore ici dans le doute, si le plus légitime et le plus fort des préjugés ne venoit à l'appui de mes propres remarques, et ne me montroit le mensonge du côté qui se refuse à l'épreuve de la vérité[77]. Loin de craindre une discussion contradictoire J.J. n'a cessé de la rechercher, de provoquer à grands cris ses accusateurs et de dire hautement ce qu'il avoit à dire. Eux au contraire ont toujours esquivé, fait le plongeon[78], parlé toujours entre eux à voix basse, lui cachant avec le plus grand soin leurs accusations[79] leurs preuves[c], surtout leurs personnes, et fuyant avec le plus évident effroi toute espéce de confrontation. Donc ils ont de fortes raisons pour la craindre, celles qu'ils alléguent pour cela étant ineptes au point d'être même outrageantes[d] pour ceux qu'ils en veulent payer, et qui, je ne sais comment, ne laissent pas de s'en contenter ; mais pour moi je ne m'en contenterai jamais, et dès-là toutes leurs preuves clandestines sont sans autorité sur moi. Vous voila dans le même cas où je suis, mais avec un moindre degré de certitude sur l'innocence de l'accusé, puisque ne l'ayant point examiné par vos propres yeux vous ne jugez de lui que par ses écrits et sur mon témoignage[80]. Donc vos scrupules devroient être plus grands que les miens, si les manœuvres de ses persecuteurs que vous avez mieux suivies ne faisoient pour vous une espéce de compensation. Dans cette position j'ai pensé que ce que nous avions de mieux à faire pour nous assurer de la vérité étoit de la mettre à sa derniére et plus sure épreuve, celle précisément qu'éludent si soigneusement vos Messieurs. Il me sembloit que sans trop nous compromettre nous aurions pu leur dire : « Nous ne saurions approuver qu'aux dépends de la justice, [205.] et de la sureté publique, vous fassiez à un scelerat une grace tacite qu'il n'accepte point et qu'il dit n'être qu'une barbarie horrible[e] que vous couvrez d'un beau

---

a P. et G. *qui peut seul les constater.*
b G. et P. *en mes propres lumiéres.*
c P. et G. *leurs accusations, leurs témoins, leurs preuves.*
d G. et P. *d'être même offensantes.*
e Même leçon dans P. ; G. *qu'une horrible barbarie.*

nom. Quand cette grace en seroit reellement une, étant faite par force elle change de nature : au lieu d'être un bienfait elle devient un cruel outrage, et rien n'est plus injuste et plus tyrannique que de forcer un homme à nous être obligé malgré lui[81]. C'est, sans doute, un des crimes de J.J. de n'avoir, au lieu de la reconnaissance qu'il vous doit, qu'un dédain plus que méprisant pour vous et pour vos manœuvres. Cette impudence de sa part mérite en particulier une punition sortable[82], et cette punition que vous lui devez et que vous vous devez surtout à vous-mêmes[a] est de le confondre, afin que forcé de reconnoitre enfin votre indulgence, il ne jette plus des nuages sur les motifs qui vous font agir. Que la confusion d'un hypocrite aussi arrogant soit sa seule peine[b], mais qu'il la sente pour l'édification pour la sureté publiques[c] et pour l'honneur de la génération présente[d] dont il parle avec[e] un si grand mépris[f]. Alors seulement on pourra sans risque le laisser errer parmi nous avec honte, quand il sera bien authentiquement convaincu et démasqué. Jusques[g] à quand[h] souffrirez-vous cet odieux scandale, qu'avec la sécurité de l'innocence le crime ose insolemment provoquer la vertu, qui gauchit devant lui[83] et se cache dans l'obscurité ? C'est lui qu'il faut reduire à cet indigne silence que vous gardez lui présent. Sans quoi l'avenir ne voudra jamais croire que celui qui se montre seul, sans appui et sans crainte[i] est le coupable, et que celui qui, bien escorté, n'ose l'attendre est l'innocent. »

En leur parlant ainsi nous les aurions forcés à s'expliquer ouvertement[84] ou à convenir tacitement de leur imposture, et par la discussion contradictoire des faits nous aurions pu porter un jugement[j] sur les accusateurs et sur l'accusé, et prononcer définitivement entre eux et lui. Vous dites que les juges et les témoins entrant tous dans la ligue auroient rendu la prévarication[85] très facile à executer et très difficile à

---

a P. *que vous lui devez et que vous devez surtout à vous-mêmes*. G. *que vous lui devez et à vous-mêmes.*

b G. et P. *soit si vous voulez sa seule peine.*

c G. *publiques.*

d Rature dans C. sous l'ajout. ~~*pour laquelle il paroit plein d*~~*'un.*

e C. *dont il parle avec* est inséré dans l'interligne.

f P. et G. *de la génération presente qu'il paroit dédaigner si fort.* (P. semble avoir substitué « qu'il paroit dédaigner si fort » à un segment effacé un peu plus long : *de la génération présente qu'il paroit dédaigner si fort------. Alors seulement* etc.)

g C. *ques* est ajouté dans l'interligne pour former *jusques.*

h Mots biffés sous l'ajout dans C. *Jusq*~~*u'à*~~ *quand.* G. *Jusqu'à quand.*

i P. *seul sans appui mais sans crainte.* G. *seul et sans crainte.*

j G. et P. *un jugement certain.*

découvrir[a] : c'est de quoi je conviens ; mais il n'est pas impossible aussi que l'accusé n'eut trouvé quelque réponse imprévue et peremptoire qui eut démonté toutes leurs batteries et manifesté le complot. Tout est contre lui, je le sais, le pouvoir, la ruse, l'argent, l'intrigue le tems, les préjugés, son ineptie, ses distractions, son défaut de mémoire, son embarras de s'énoncer, tout enfin hors l'innocence et la vérité qui seules lui ont donné l'assurance de rechercher, de demander, de provoquer avec ardeur ces explications qu'il auroit tant de raisons de craindre si sa conscience déposoit contre lui. Mais ses désirs attiedis ne sont plus animés, ni par l'espoir d'un succés qu'il ne peut plus attendre que d'un [206.] miracle, ni par l'idée d'une réparation qui put flatter son cœur. Mettez-vous un moment à sa place, et sentez ce qu'il doit penser de la génération présente et de sa conduite à son égard. Après le plaisir qu'elle a pris à le diffamer[b], quel cas pourroit-il faire du retour de son estime, et de quel prix pourroient être à ses yeux les caresses sincéres des mêmes gens qui lui en prodiguérent de si fausses avec des cœurs pleins d'aversion pour lui ? Leur duplicité leur trahison leur perfidie ont-elles pu lui laisser pour eux le moindre sentiment favorable, et ne seroit-il pas plus indigné que flatté de s'en voir fêté[c] avec les mêmes démonstrations qu'ils employérent si longtems en dérision à faire de lui le jouet de la canaille ?

Non, Monsieur, quand ses contemporains, aussi repentans et vrais qu'ils ont été jusqu'ici faux et cruels à son égard reviendroient enfin de leur erreur ou plustot de leur haine, et que réparant leur longue injustice ils tâcheroient à force d'honneurs de lui faire oublier leurs outrages, pourroit-il oublier la bassesse et l'indignité de leur conduite[d] précédente, pourroit-il cesser de se dire que quand même il eut été le scelerat qu'ils se plaisent à voir en lui, leurs maniéres[e] de proceder avec ce prétendu scelerat, moins inique, n'en seroit que plus abjecte, et que s'avilir autour d'un monstre à tant de manéges insidieux étoit se mettre soi-même au-dessous de lui. Non, il n'est plus au pouvoir de ses contemporains de lui ôter le dédain qu'ils ont tant pris de peine à lui inspirer. Devenu même insensible à leurs insultes, comment pourroit-il

a P. et G. *très facile à executer, très difficile à découvrir, et cela doit être.*
b G. et P. *à le diffamer en le cajolant.*
c P. et G. *s'en voir fêté sincérement.*
d G. et P. *l'indignité de leur conduite, pourroit-il* etc.
e G. et P. *leur maniére de proceder.*

être touché de leurs éloges ? Comment pourroit-il agréer le retour tardif et forcé de leur estime, ne pouvant plus lui-même en avoir pour eux ? Non, ce retour de la part d'un public si méprisable ne pourroit plus lui donner aucun plaisir ni lui rendre aucun honneur : il en seroit plus importuné, sans en être plus satisfait. Ainsi l'explication juridique et décisive qu'il n'a pu jamais obtenir et qu'il a cessé de désirer étoit plus pour nous que pour lui. Elle ne pourroit plus, même avec la plus eclattante justification jetter aucune véritable douceur dans sa vieillesse. Il est désormais trop étranger ici bas pour prendre à ce qui s'y fait aucun intérest qui lui soit personnel. N'ayant plus de suffisante raison pour agir il reste tranquille, en attendant avec la mort la fin de ses peines[86], et ne voit plus qu'avec indifference le sort du peu de jours[a] qu'il lui reste encore à passer sur la terre.

Quelque consolation néanmoins reste[b] encore à sa portée ; je consacre ma vie à la lui donner[87], et je vous exhorte d'y[88] concourir. Nous ne sommes entrés ni l'un ni l'autre dans les secrets de la ligue dont il est l'objet[c] ; nous n'avons point cherché à le surprendre par des caresses perfides. Tant que vous l'avez haï vous l'avez fui, moi je ne l'ai recherché que dans l'espoir de le trouver digne de mon amitié, et l'épreuve nécessaire pour porter un jugement éclairé sur son compte ayant été longtems autant recherchée par lui qu'écartée par vos Messieurs, cette opposition[d] forme[e] un préjugé qui supplée autant qu'il se peut[f] à cette épreuve, et confirme ce que j'ai pensé de lui après un examen aussi long qu'impartial. Il m'a dit cent fois qu'il se seroit [207.] consolé de l'injustice publique, s'il eut trouvé un seul cœur d'homme qui s'ouvrit au sien, qui sentit ses peines et qui les plaignit ; l'estime franche et pleine d'un seul l'eut dédomagé du mépris de tous les autres. Je puis lui donner ce dédomagement et je le lui voue. Si vous vous joignez à moi pour cette bonne œuvre nous pouvons lui rendre dans ses vieux jours la douceur d'une societé véritable qu'il a perdue depuis si longtems et

a Même leçon dans P. ; G. *le peu de jours qui lui restent à*, etc.

b P. et G. *est encore à sa portée.*

c G. et P. *il est l'objet ; nous n'avons point partagé la fausseté de ceux qui la composent : nous n'avons point cherché* etc.

d C. *cette opposition* est inséré dans l'interligne.

e P. *par vos Messsieurs, cette opposition forme un puissant préjugé.* G. *par vos Messieurs, forme un préjugé* etc.

f Même leçon dans G ; P. *autant qu'il est possible.*

qu'il n'espéroit plus retrouver[a] ici bas. Laissons le public dans l'erreur où il se complait et dont il est digne, et montrons seulement à celui qui en est la victime que nous ne la partageons pas. Il ne s'y trompe déja plus à mon égard, il ne s'y trompera point au vôtre, et si vous venez à lui avec les sentimens qui lui sont dus, vous le trouverez prêt à vous les rendre. Les nôtres lui seront d'autant plus sensibles qu'il ne les attendoit plus de personne, et avec le cœur que je lui connois, il n'avoit pas besoin d'une si longue privation pour lui en faire sentir le prix. Que ses persécuteurs continuent de triompher, il verra leur prospérité sans peine. Le desir de la vengeance ne le tourmenta jamais : au milieu de tous leurs succés il les plaint encore, et les croit bien plus malheureux que lui. En effet quand la triste jouissance des maux qu'ils lui ont faits[b] pourroit remplir leurs cœurs d'un contentement véritable, peut-elle jamais les garantir de la crainte d'être un jour découverts et démasqués ? Tant de soins qu'ils se donnent, tant de mesures qu'ils prennent sans relâche et sans cesse depuis tant d'années[c] ne marquent-elles pas la frayeur de n'en avoir jamais pris assés. Ils ont beau renfermer la vérité dans de triples murs de mensonges et d'impostures qu'ils renforcent continuellement, ils tremblent toujours qu'elle ne s'échappe par quelque fissure. L'immense édifice de ténébres qu'ils ont élevé autour de J.J.[d] ne suffit pas pour les rassurer. Tant qu'il vit, un accident imprévu peut lui dévoiler leur mistère et les exposer à se voir confondus. Sa mort même loin de les[e] tranquilliser[f] doit augmenter leurs allarmes. Qui sait s'il n'a point trouvé quelque confident discret, qui, lorsque l'animosité du public cessera d'être attisée par la présence du condanné, saisira pour se faire écouter le moment où les yeux commenceront à s'ouvrir ? Qui sait si quelque dépositaire fidelle[89] ne produira pas en tems et lieu de telles preuves de son innocence que le public, forcé de s'y rendre, sente et déplore sa longue erreur ? Qui sait si dans le nombre infini de leurs complices il ne s'en trouvera pas quelqu'un que le repentir et le remord[g] fasse parler[90] ? On a beau prévoir ou arranger toutes les combinaisons

a Même leçon dans G. ; P. *qu'il n'esperoit plus trouver.*

b Même leçon dans G. ; P. *qu'ils lui font.*

c P. et G. *sans relâche depuis tant d'années.*

d G. et P. *autour de lui.*

e C. Mot biffé illisible sous l'ajout.

f C. *tranquilliser* est inséré dans l'interligne.

g P. et G. *que le repentir, que le remord fasse parler ?*

imaginables ; on craint toujours qu'il n'en reste quelqu'une qu'on n'ait[a] pas prévue et qui fasse découvrir la vérité quand on y pensera le moins. La prévoyance a beau travailler, la crainte est encore plus active, et les Auteurs d'un pareil projet ont sans y penser sacrifié à leur haine le repos du reste de leurs jours.

Si leurs accusations étoient véritables, et que J.J. fut tel qu'ils l'ont [208.] peint, l'ayant une fois demasqué pour l'acquit de leur conscience et déposé leur secret chez ceux qui doivent veiller à l'ordre public, ils se reposeroient sur eux du reste, cesseroient de s'occuper du coupable et ne penseroient plus à lui. Mais l'œil inquiet et vigilant qu'ils ont sans cesse[b] attaché sur lui, les emissaires dont ils le tiennent entouré[c], les mesures qu'ils ne cessent de prendre pour lui fermer toute voye à toute explication, pour qu'il ne leur puisse[d] échapper en aucune sorte, décélent avec leurs allarmes la cause qui les entretient et les perpétue. Elles ne peuvent plus cesser quoiqu'ils fassent ; vivant ou mort il les inquietera toujours, et s'il aimoit la vengeance il en auroit une bien assurée dans la frayeur dont malgré tant de précautions entassées ils ne cesseront plus d'être agités.

Voila le contrepoids de leurs succés et de toute leur prospérité[e]. Ils ont employé tous les ressorts[f] de leur art pour faire de lui le plus malheureux des êtres ; à force d'ajoûter moyen sur moyen[g] ils les ont tous épuisés ; et loin de parvenir à leurs fins ils ont produit l'effet contraire. Ils ont fait trouver à J. J. des ressources en lui-même qu'il ne connoitroit pas sans eux[91]. Après lui avoir fait le pis qu'ils pouvoient lui faire, ils l'ont mis en état de n'avoir plus rien à craindre ni d'eux ni de personne, et de voir avec la plus profonde indifférence tous les evenemens humains. Il n'y a point d'atteinte sensible à son ame qu'ils ne lui aient portée : mais en lui faisant tout le mal qu'ils lui pouvoient faire ils l'ont forcé de se réfugier dans des aziles où il n'est plus en leur pouvoir de pénétrer : Il peut maintenant les défier et se moquer de leur impuissance. Hors d'état de le rendre plus malheureux ils le deviennent chaque jour davantage, en voyant que tant d'efforts n'ont abouti qu'à empirer leur

a G. et P. *qu'on n'a pas.*
b Même leçon dans G. ; P. *qu'ils tiennent sans cesse attaché.*
c P. et G. *dont ils l'entourent.*
d G. et P. *pour qu'il ne puisse leur échapper.*
e P. et G. *et de toutes leurs prospérités.*
f Même leçon dans P. ; G. *toutes les ressources.* Ratures dans C. *toutes les ressorts~~rces~~.*
g G. et P. *moyens sur moyens.*

situation et adoucir la sienne. Leur rage devenue impuissante n'a fait que s'irriter en voulant s'assouvir.

Au reste, il ne doute point que malgré tant d'efforts le tems ne lêve enfin le voile de l'imposture et ne découvre son innocence. La certitude qu'un jour on sentira le prix de sa patience contribue à la soutenir, en lui ôtant[a] tout, ses persecuteurs n'ont pu lui ôter la confiance et l'espoir[92]. « Si ma mémoire, dit-il, devoit[b] s'éteindre avec moi[93], je me consolerois aisément d'avoir été[c] si mal connu des hommes, dont je serois bientôt oublié. Mais puisque mon existence doit être connue après moi[d] par mes livres et bien plus par mes malheurs, je ne me trouve point je l'avoue[e] assez de résignation pour penser sans impatience, moi qui me sens meilleur et plus juste qu'aucun homme qui me soit connu[94], qu'on ne se souviendra de moi que comme d'un monstre et que mes écrits, où le cœur qui les dicta est empreint à chaque page, passeront pour les déclamations d'un Tartuffe qui ne cherchoit qu'à tromper le public. Qu'auront donc servi mon courage et mon zèle, si leurs monumens loin d'être utiles aux bons*[95] ne font qu'aigrir et fomenter l'animosité des méchans ; si tout ce que l'amour de la vertu m'a fait [209.] dire sans crainte et sans intérest ne fait à l'avenir comme aujourdui qu'exciter contre moi la prévention et la haine, et ne produit jamais aucun bien ? si au lieu des benedictions qui m'étoient dues, mon nom que tout devoit rendre honorable n'est prononcé dans l'avenir qu'avec imprécation ? Non je ne supporterois jamais une si cruelle idée ; elle absorberoit tout ce qui m'est resté de courage et de constance. Je consentirois sans peine à cesser d'exister dans la mémoire des hommes, je ne puis consentir à y rester diffamé[f]. Non le Ciel ne le permettra point, et dans quelque état

---

a P. *et en lui tout ôtant.* G. *et en lui ôtant tout.*

b Même leçon dans P. ; G. *si ma mémoire devoit, dit-il, s'éteindre avec moi.*

c Même leçon dans P. ; G. *je me consolerois d'avoir été* etc.

d Même leçon dans G. ; P. *après ma mort.*

e C. *je l'avoue* est inséré dans l'interligne.

* Jamais les discours d'un homme qu'on croit parler contre sa pensée ne toucheront ceux qui ont cette opinion ; et tous ceux qui pensant mal de J.J. [*idem* dans P. ; G. *cette opinion. Tous ceux qui pensant mal de moi*] disent avoir proffité dans la vertu par la lecture de ses [*idem* dans P. ; G. *mes*] livres, mentent, et même très sottement. Ce sont ceux-là qui sont vraiment des Tartuffes. – (Les corrections introduites par le ms. G. lèvent ponctuellement la fiction de « J.J. ». C'est également ce qui se produit, toujours dans G. seulement, à l'occasion d'une note du premier entretien (p. 283), où G. susbstitue « de mon cœur » à « du cœur de J.J. »).

f P. et G. *à ne point exister dans la mémoire des hommes, mais je ne puis consentir, je l'avoue, à y rester diffamé.*

que m'ait réduit la destinée, jamais je ne desespérerai[a] de la providence, sachant bien qu'elle choisit son heure et non pas la nôtre, et qu'elle aime à frapper son coup au moment qu'on ne l'attend plus. Ce n'est pas que je donne encore aucune importance, et surtout par rapport à moi[b] au peu de jours qui me restent à vivre, quand même j'y pourrois[c] retrouver[d] toutes les douceurs[e] dont on a pris peine à tarir le cours. J'ai trop connu la misére des prospérités humaines pour être sensible à mon age à leur tardif et vain retour, et quelque peu croyable qu'il soit, il leur seroit encore plus aisé de revenir qu'à moi d'en reprendre le gout. Je n'espére plus et je desire très peu de voir de mon vivant la révolution qui doit desabuser le public sur mon compte. Que mes persecuteurs jouissent en paix s'ils peuvent et toute leur vie du bonheur qu'ils se sont fait des miséres de la mienne : Je ne désire de les voir ni confondus ni punis, et pourvu qu'enfin la vérité soit connue, je ne demande point que ce soit à leurs dépends. Mais je ne puis regarder comme une chose indifférente aux hommes le rétablissement de ma mémoire et le retour de l'estime publique qui m'étoit due. Ce seroit un trop grand malheur pour le genre humain que la maniére dont on a procédé à mon égard servit de modéle et d'éxemple, que l'honneur des particuliers fut à la discrétion[f] de tout imposteur adroit, et que la societé, foulant aux pieds les plus saintes loix de la justice, ne fut plus qu'un ténébreux brigandage[96] de trahisons secretes et d'impostures adoptées sans confrontation sans contradiction sans vérification, et sans aucune defense laissée aux accusés[97]. Bientôt les hommes à la merci les uns des autres n'auroient de force et d'action que pour s'entre-déchirer entre eux, sans en avoir aucune pour la résistance. Les bons livrés tout à fait aux méchans deviendroient d'abord leur proye, enfin leurs imitateurs[g] ; l'innocence n'auroit plus d'azile, et la terre devenue un enfer[98] ne seroit plus couverte[h] que de Démons occupés à se tourmenter les uns

a G. et P. *je ne desespererai jamais.*

b Même leçon dans G. ; P. *Ce n'est pas que je donne encore et surtout par rapport à moi aucune importance* etc.

c Même leçon dans G. ; mots biffés sous l'ajout dans C. *j'y pourrois ~~voir renaitre pour moi~~*.

d C. *retrouver* est inséré dans l'interligne.

e P. et G. *quand même j'y pourrois voir renaitre pour moi toutes les douceurs* etc.

f G. et P. *que l'honneur des particuliers dependit*. P. *que l'honneur des particuliers dependit de tout* etc. (Correction sur segment effacé).

g Même leçon dans P. ; G. *enfin leurs disciples.*

h Même leçon dans P. ; G. *ne seroit couverte que.*

les autres. Le Ciel[a] ne laissera point un exemple aussi funeste ouvrir au crime une route nouvelle inconnue jusqu'à ce jour ; il découvrira la noirceur d'une trame aussi criminelle[b]. Un jour viendra, j'en ai la juste confiance[99], que les honnêtes gens béniront ma mémoire et pleureront sur mon sort. Je suis sûr de la chose, quoique j'en ignore le tems[c]. Voila le fondement de ma patience et de mes consolations. L'ordre sera rétabli tôt ou tard, même sur la terre, je n'en doute point[d]. Mes oppresseurs peuvent reculer le moment de ma justification, mais ils ne sauroient empêcher qu'il ne vienne. [210.] Cela me suffit pour être tranquille au milieu de leurs œuvres : qu'ils continuent à disposer de moi durant ma vie mais qu'ils se pressent ; je vais bientôt leur échapper. »

Tels sont sur ce point les sentimens de J.J. et tels sont aussi les miens. Par un décret dont il ne m'appartient pas de sonder la profondeur, il doit passer le reste de ses jours dans le mépris et l'humiliation : Mais j'ai le plus vif pressentiment qu'après sa mort et celle de ses persecuteurs leurs trames seront découvertes et sa mémoire justifiée. Ce sentiment me paroit[e] même si bien fondé que pour peu qu'on y réfléchisse je ne vois pas qu'on en puisse douter. C'est un axiome généralement admis que tot ou tard la vérité se découvre, et tant d'exemples l'ont confirmé que l'expérience ne permet plus qu'on en doute. Ici surtout[f] il n'est pas concevable qu'une trame aussi compliquée reste cachée aux âges futurs : il n'est pas même à présumer qu'elle le soit longtems dans le notre. Trop de signes la decélent, pour qu'elle échape au prémier qui voudra bien y regarder, et cette volonté viendra surement à plusieurs sitot que J.J. aura cessé de vivre. De tant de gens employés à fasciner les yeux du public, il n'est pas possible qu'un grand nombre n'apperçoive la mauvaise foi de ceux qui les dirigent, et ne sentent que si cet homme étoit reellement tel qu'ils le font il seroit superflu d'en imposer au public sur son compte, et d'employer tant d'impostures pour le charger de mille choses[g] qu'il ne fait pas et déguiser toutes celles[h] qu'il fait. Si l'intérest l'animosité

a P. et G. *Non, le Ciel.*
b G. et P. *aussi cruelle.*
c Même leçon dans G. ; Phrase absente de P.
d P. et G. *je n'en doute pas.*
e G. et P. *me paroit si bien fondé.*
f P. et G. *Ici du moins.*
g Même leçon dans P. ; G. *le charger de choses.*
h G. et P. *et déguiser celles.*

la crainte les font concourir aujourdui sans peine à ces manœuvres, un tems peut venir où leur passion calmée et leur intérest changé leur feront voir d'un œil bien différent[a] les œuvres sourdes dont ils sont aujourdui témoins et complices. Est-il croyable, alors, qu'aucun de ces cooperateurs subalternes ne parlera confidemment à personne de ce qu'il a vu, de ce qu'on lui a fait faire, et de l'effet de tout cela pour abuser le public, que, trouvant d'honnêtes gens empressés à la recherche de la vérité défigurée, ils ne seront point tentés de se rendre encor nécessaires en la découvrant comme ils le sont à present pour la cacher, et de se donner[b] quelque importance en montrant qu'ils furent admis dans la confidence des Grands et qu'ils savent des anecdotes ignorées du public ? Et pourquoi ne croirois-je pas que le regret d'avoir contribué à noircir un innocent en rendra quelques uns indiscrets et véridiques[c], surtout à l'heure où prêts à sortir de cette vie ils seront sollicités par leur conscience à ne pas emporter leur coulpe avec eux ? Enfin pourquoi les reflexions que vous et moi faisons aujourdui ne viendroient-elles pas alors dans l'esprit de plusieurs personnes, quand elles examineront de sang-froid la conduite qu'on a tenue et la facilité qu'on eut par elle de peindre cet homme comme on a voulu ? On sentira qu'il est beaucoup moins croyable[d] qu'un pareil homme ait existé reellement qu'il ne l'est que la crédulité publique enhardissant les imposteurs les ait portés à le peindre ainsi successivement et en rencherissant toujours, sans s'appercevoir qu'ils passoient même la mesure du possible. Cette marche, très naturelle à la passion, est un piége qui la decèle et dont elle se garantit rarement. Celui qui voudroit tenir un registre exact de ce que[e] [211.] selon vos Messieurs il a fait dit écrit imprimé depuis qu'ils se sont emparés de sa personne, joint à tout ce qu'il a fait reellement, trouveroit qu'en cent ans il n'auroit pu suffire à tant de choses. On l'a vu dans le même tems en divers pays à de grandes distances les uns des autres[100], toujours courant et toujours arrêté. Dans les uns il faisoit des vers, dans d'autres des journaux, dans d'autres des satyres, dans d'autres des romans, dans d'autres des complots, dans tous il passoit une partie de sa vie avec des filles, une autre avec des joueurs, une autre avec des filoux, une autre

a P. et G. *voir sous un jour bien différent.*

b G. et P. *comme ils le sont maintenan pour la cacher, de se donner* etc.

c P. et G. *indiscrets ou véridiques.*

d Même leçon dans G. ; P. *beaucoup plus incroyable que cet homme* etc.

e Même leçon dans G. ; P. *de tout ce que.*

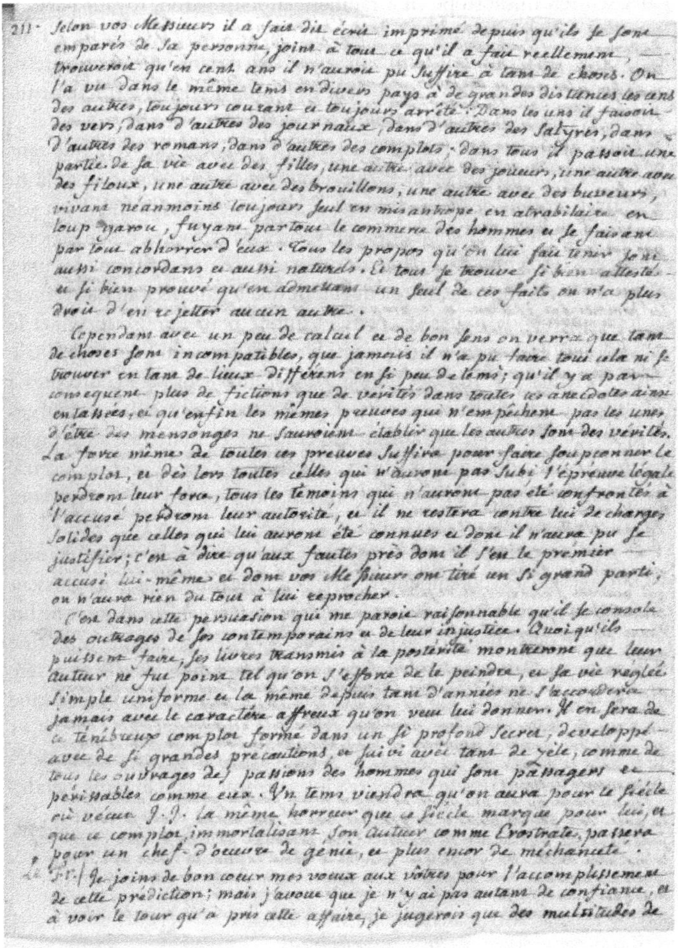

211. selon vos Messieurs il a fait dit écrit imprimé depuis qu'ils se sont emparés de sa personne, joint à tout ce qu'il a fait reellement, trouveroit qu'en cent ans il n'auroit pu suffire à tant de choses. On l'a vu dans le même tems en divers pays à de grandes distances les uns des autres, toujours courant et toujours arrêté. Dans les uns il faisoit des vers, dans d'autres des journaux, dans d'autres des satyres, dans d'autres des romans, dans d'autres des complots. Dans tous il passoit une partie de sa vie avec des filles, une autre avec des joueurs, une autre avec des filoux, une autre avec des brouillons, une autre avec des buveurs, vivant néanmoins toujours seul en misantrope en atrabilaire en loup garou, fuyant partout le commerce des hommes et se faisant par tout abhorrer d'eux. Tous les propos qu'on lui fait tenir sont aussi concordans et aussi naturels. Et tout se trouve si bien attesté et si bien prouvé qu'en admettant un seul de ces faits on n'a plus droit d'en rejetter aucun autre.

Cependant avec un peu de calcul et de bon sens on verra que tant de choses sont incompatibles, que jamais il n'a pu faire tout cela ni se trouver en tant de lieux differens en si peu de tems ; qu'il y a par consequent plus de fictions que de verités dans toutes ces anecdotes ainsi entassées, et qu'enfin les mêmes preuves qui n'empêchent pas les unes d'être des mensonges ne sauroient établir que les autres sont des verités. La force même de toutes ces preuves suffira pour faire soupçonner le complot, et dès lors toutes celles qui n'auront pas subi l'épreuve légale perdront leur force, tous les témoins qui n'auront pas été confrontés à l'accusé perdront leur autorité, et il ne restera contre lui de charges solides que celles qui lui auront été connues et dont il n'aura pu se justifier ; c'est à dire qu'aux fautes près dont il s'est le premier accusé lui-même et dont vos Messieurs ont tiré un si grand parti, on n'aura rien du tout à lui reprocher.

C'est dans cette persuasion qui me paroit raisonnable qu'il se console des outrages de ses contemporains et de leur injustice. Quoiqu'ils puissent faire, ses livres transmis à la posterité montreront que leur auteur ne fut point tel qu'on s'efforce de le peindre, et sa vie reglée simple uniforme et la même depuis tant d'années ne s'accordera jamais avec le caractère affreux qu'on veut lui donner. Il en sera de ce ténébreux complot formé dans un si profond secret, developpé avec de si grandes précautions, et suivi avec tant de zèle, comme de tous les ouvrages des passions des hommes qui sont passagers et perissables comme eux. Un tems viendra qu'on aura pour le siécle où vécut J. J. la même horreur que ce siécle marque pour lui, et que ce complot, immortalisant son auteur comme Erostrate, passera pour un chef-d'oeuvre de génie, et plus encor de méchanceté.

Le Fr. | Je joins de bon coeur mes voeux aux vôtres pour l'accomplissement de cette prédiction ; mais j'avoue que je n'y ai pas autant de confiance, et à voir le tour qu'a pris cette affaire, je jugerois que des multitudes de

FIG. 16 – Manuscrit « Condillac » – BnF, NAF 2570 (p. 211).

avec des brouillons, une autre avec des buveurs, vivant néanmoins toujours seul en misantrope en atrabilaire en loup garou, fuyant partout le commerce des hommes et se faisant partout abhorrer d'eux[a]. Tous les propos[b] qu'on lui fait tenir sont aussi concordans et aussi naturels[c]. Et tout se trouve si bien attesté et si bien prouvé[d] qu'en admettant un seul de ces faits on n'a plus droit d'en rejetter aucun autre.

Cependant avec un peu de calcul et de bon sens on verra que tant de choses sont incompatibles, que jamais il n'a pu faire tout cela ni se trouver en tant de lieux différens en si peu de temps ; qu'il y a par conséquent plus de fictions que de vérités dans toutes ces anecdotes entassées et qu'enfin les mêmes preuves qui n'empêchent pas les unes d'être des mensonges ne sauroient établir que les autres sont des vérités. La force même[e] de toutes ces preuves suffira[f] pour faire soupçonner le complot, et dès lors toutes celles qui n'auront pas subi l'épreuve légale perdront leur force, tous les témoins qui n'auront pas été confrontés à l'accusé[101] perdront leur autorité, et il ne restera contre lui de charges solides que celles qui lui auront été connues et dont il n'aura pu se justifier ; c'est-à-dire qu'aux fautes près dont il s'est le prémier accusé lui même[g] et dont vos Messieurs ont tiré un si grand parti, on n'aura rien du tout à lui reprocher.

C'est dans cette persuasion qui me paroit raisonnable qu'il se console des outrages de ses contemporains et de leur injustice. Quoiqu'ils puissent faire, ses livres transmis à la postérité montreront que leur Auteur ne fut point tel qu'on s'efforce de le peindre, et sa vie réglée, simple uniforme et la même depuis tant d'années ne s'accordera jamais avec le caractére affreux qu'on veut lui donner. Il en sera de ce ténébreux complot formé dans un si profond secret, développé avec de si grandes précautions, et suivi avec tant de zèle, comme de tous les ouvrages des passions des hommes qui sont passagers et périssables comme eux. Un tems viendra

---

a La séquence « On l'a vu […] partout abhorrer d'eux » est supprimée dans P. et G. Si elle avait été maintenue dans le manuscrit de Genève, elle figurerait dans *OC* I à la p. 955, entre l'alinéa se terminant par « d'en rejetter aucun autre » et celui commençant par « Cependant avec un peu de calcul ».

b G. et P. *Tous les livres qu'on lui attribue, tous les propos* etc.

c P. et G. *et aussi naturels que les faits qu'on lui impute.*

d P. *Et tout cela se trouve si bien prouvé.* G. *Et tout cela toujours si bien prouvé.*

e G. et P. *La force même et le nombre.*

f Même leçon dans P. ; G. *suffiront.*

g P. *qu'il a déclarées lui-même.* G. *qu'il a déclarées le prémier.*

qu'on aura pour le siécle où vécut J.J. la même horreur que ce siécle marque pour lui, et que ce complot immortalisant son Auteur comme Erostrate[102], passera pour un chef-d'œuvre de génie et plus encore de méchanceté.

LE FRANÇOIS.

Je joins de bon cœur mes vœux aux vôtres pour l'accomplissement de cette prédiction ; mais j'avoue que je n'y ai pas autant de confiance[a], et à voir le tour qu'a pris cette affaire, je jugerois que des multitudes de [212.] caractéres et d'évenemens décrits dans l'histoire n'ont peut être d'autre fondement que l'invention de ceux qui se sont avisés de les affirmer. Que le tems fasse triompher la vérité, c'est ce qui doit arriver très souvent, mais que cela arrive toujours, comment le sait-on, et sur quelle preuve peut-on l'assurer ? Des vérités longtems cachées se decouvrent enfin par quelque évenement fortuit[b] : cent mille autres peut être resteront à jamais offusquées par le mensonge, sans que nous ayons aucun moyen de les reconnoitre et de les manifester : car tant qu'elles restent cachées elles sont pour nous comme n'existant pas. Otez le hazard qui en fait découvrir quelqu'une, elle continueroit d'être cachée, et qui sait combien il en reste pour qui ce hazard ne viendra jamais ? Ne disons donc pas que le tems fait toujours triompher la vérité ; car c'est ce qu'il nous est impossible de savoir ; et il est bien plus croyable qu'effaçant pas à pas toutes ses traces, il fait plus souvent triompher le mensonge, surtout[c] quand les hommes ont intérest à le propager[d]. Les conjectures sur lesquelles vous croyez que le mistere[e] de ce complot sera dévoilé, me paroissent, à moi qui l'ai vu de plus près, beaucoup moins plausibles qu'à vous. La ligue est trop forte trop nombreuse et trop bien liée pour pouvoir se dissoudre aisément, et tant qu'elle durera comme elle est il est trop périlleux de s'en détacher pour que personne s'y hazarde sans autre intérest que celui de la justice. De tant de fils divers qui composent cette trame, chacun de ceux qui la conduisent ne voit que celui qu'il doit gouverner ou tout au plus[f] ceux qui l'avoisinent. Le concours général

a Même leçon dans G. ; P. *pas la même confiance.*

b P. et G. *quelques circonstances fortuites.*

c C. *surtout* est inséré dans l'interligne.

d Même leçon dans P. ; G. *à le soutenir.*

e C. *le mistere* est inséré dans l'interligne.

f Même leçon dans P. ; G. *et tout au plus.*

du tout n'est apperçu que des directeurs, qui travaillent sans relâche à démêler ce qui s'embrouille, à ôter les tiraillemens les contradictions et à faire jouer le tout d'une manière uniforme. La multitude des choses incompatibles entre elles qu'on fait dire et faire à J. J. n'est pour ainsi dire que le magazin des matériaux, dans lequel les entrepreneurs faisant un triage, choisiront à loisir les choses assortissantes qui peuvent s'accorder, et rejettant celles qui tranchent répugnent et se contredisent, parviendront bientot à les faire oublier[a]. *Inventez toujours disent-ils aux ligueurs subalternes ; nous nous chargeons de choisir et d'arranger après*[103]. Leur projet est comme je vous l'ai dit de faire une refonte générale de toutes les anecdotes recueillies ou fabriquées par leurs satellites, et de les arranger en un corps d'histoire disposée avec tant d'art et travaillée avec tant de soin, que tout ce qui est absurde et contradictoire, loin de paroitre un tissu de fables grossiéres, paroitra l'effet de l'inconsequence de l'homme, qui, avec des passions opposées[b] et monstrueuses vouloit à la fois le blanc et le noir[c], et passoit sa vie à faire et défaire, faute de pouvoir accomplir ses mauvais desseins.

Cet ouvrage qu'on prépare de longue main[104] pour le publier d'abord après[105] sa mort doit, par les piéces et les preuves dont il sera muni, fixer si bien le jugement du public sur sa mémoire, que personne ne s'avise même de former là dessus le moindre doute[d]. On y affectera pour lui le même intérest la même affection dont l'apparence bien ménagée a eu tant d'effet de son vivant ; et pour marquer plus d'impartialité, pour lui donner comme à regret un caractére affreux, on y joindra les éloges les plus outrés de sa plume et de ses talens, [213.] mais tournés de façon à le rendre odieux encor par là, comme si dire et prouver également le pour et le contre, tout persuader et ne rien croire eut été le jeu favori de son esprit. En un mot l'écrivain de cette vie, admirablement choisi pour cela saura comme l'*Aletés* du Tasse[106]

Menteur adroit, savant dans l'art de nuire,
Sous la forme d'éloge habiller la satyre[e].

---

a P. *se contredisent, après qu'elles auront fait leur effet, parviendront bientôt à les faire oublier.* G. *se contredisent, parviendront bientôt à les faire oublier, après qu'elles auront produit leur effet.*

b Même leçon dans P. ; G. *des passions diverses et monstrueuses.*

c Même leçon dans P. ; G. *vouloit le blanc et le noir.*

d Même leçon dans P. ; G. *de former le moindre doute.*

e P. * *Menteur adroi*t etc.
* *Gran fabro di calumnie adorne in modi / novi, che sono accuse, e paion lodi.*

Ses livres, dites-vous, transmis à la postérité, déposeront en faveur de leur Auteur ? Ce sera, je l'avoue, un témoignage[a] bien fort pour ceux qui penseront comme vous et moi sur ces livres. Mais savez-vous à quel point on peut les défigurer, et tout ce qui a déja été fait pour cela avec le plus grand succés, ne prouve-t-il pas qu'on peut tout faire sans que le public le croye[b] ou le trouve mauvais ? Cet argument tiré de ses livres a toujours inquiété nos Messieurs. Ne pouvant les aneantir, et leurs plus malignes interprétations ne suffisant pas encore pour les décrier à leur gré, ils en ont entrepris la falsification, et cette entreprise qui sembloit d'abord presque impossible est devenue par la connivence du public de la plus facile execution. L'Auteur n'a fait qu'une seule édition de chaque piéce. Ces impressions eparses ont disparu depuis longtems, et le peu d'exemplaires qui peuvent rester cachés dans quelques cabinets n'ont excité la curiosité de personne pour les comparer avec les recueils dont on affecte d'inonder le public. Tous ces recueils, grossis de critiques outrageantes, de libelles venimeux, et faits avec l'unique projet de défigurer les productions de l'Auteur, d'en altérer les maximes, et d'en changer peu à peu l'esprit, ont été dans cette vue arrangés et falsifiés avec beaucoup d'art, d'abord seulement par des retranchemens qui supprimant les éclaircissemens necessaires altéroient le sens de ce qu'on laissoit ; puis par d'apparentes négligences qu'on pouvoit faire passer pour des fautes d'impression, mais qui produisoient des contresens terribles, et qui, fidellement transcrites à chaque impression nouvelle, ont enfin substitué par tradition ces fausses leçons aux véritables. Pour mieux réussir dans ce projet, on a imaginé de faire de belles éditions, qui, par leur perfection typographique fissent tomber les précédentes et restassent dans les bibliotheques. Et pour leur donner un plus grand crédit, on a tâché d'y intéresser l'Auteur même par l'appât du gain, et on lui a fait pour cela par le libraire chargé de toutes ces manœuvres[c], des propositions assez magnifiques pour devoir naturellement le tenter[107]. Le projet étoit d'établir ainsi la confiance du public, de ne faire passer sous les yeux de l'Auteur que des épreuves correctes, et de tirer à son insçu les feuilles destinées pour le public, et où le texte eut été accomodé selon les vues de nos Messieurs[108]. Rien n'eut été si facile par

a Même leçon dans P. ; G. *un argument bien fort.*

b Même leçon dans G. ; P. *sans que le public le voye.*

c P. et G. *chargé de ces manœuvres.*

la maniére dont il est enlacé que de lui cacher ce petit manége, et de le faire ainsi servir lui-même à autoriser la fraude dont il devoit être la [214.] victime et qu'il eut ignorée, croyant transmettre à la postérité une édition fidèle de ses écrits. Mais soit dégoût, soit paresse, soit qu'il ait eu quelque vent du projet, non content de s'être refusé à la proposition, il a désavoué dans une protestation signée tout ce qui s'imprimeroit désormais sous son nom[109]. L'on a donc pris le parti de se passer de lui et d'aller en avant[a]. L'édition se fait par souscription et s'imprime, dit-on, à Bruxelles, en beau papier beau caractére belles estampes[110]. On n'épargnera rien pour la prôner dans toute l'Europe, et pour en vanter surtout l'exactitude et la fidélité[b]. Comme elle contiendra beaucoup de nouvelles piéces refondues ou fabriquées par nos Messieurs, on aura grand soin de les munir de titres plus que suffisans auprès d'un public qui ne demande pas mieux que de tout croire, et qui ne s'avisera pas si tard de faire le difficile sur leur autenticité.

ROUSSEAU.

Mais comment ! cette déclaration de J.J. dont vous parlez[c] ne lui servira donc de rien pour se garantir[d] de toutes ces fraudes, et quoiqu'il puisse dire, vos Messieurs feront passer sans obstacle tout ce qu'il leur plaira d'imprimer sous son nom ?

LE FRANÇOIS.

Bien plus. Ils ont su tourner contre lui jusqu'à son desaveu. En le faisant imprimer eux-mêmes[111] ils en ont tiré pour eux un nouvel avantage, en publiant que voyant ses mauvais principes mis à découvert et consignés dans ses écrits, il tâchoit de se disculper en rendant leur fidélité suspecte. Passant habilement sous silence les falsifications réelles, ils ont fait entendre qu'il accusoit d'être falsifiés des passages que tout le monde sait bien ne l'être pas, et fixant toute l'attention du public sur ces passages, ils l'ont ainsi détourné de vérifier leurs infidélités. Supposez qu'un homme vous dise. *J.J. dit qu'on lui a volé des poires, et il ment ; car il a son compte de pommes ; donc on ne lui a point volé de poires.* Ils ont exactement

a G. et P. *en avant comme s'il participoit à l'entreprise.*

b P. *et la fidélité* [*dont on ne doutera pas plus que de la ressemblance du portrait publié par l'ami Hume.*] G. *et la fidélité dont on ne doutera pas plus que de la ressemblance du portrait publié par l'ami Hume.*

c Même leçon dans P. ; G. *dont vous venez de parler.*

d Même leçon dans G. ; P. *pour le garantir.*

raisonné comme cet homme-là, et c'est sur ce raisonnement qu'ils ont persiflé sa déclaration. Ils étoient si sûrs de son peu d'effet qu'en même tems qu'ils la faisoient imprimer, ils imprimoient aussi cette prétendue traduction du Tasse tout exprès pour la lui attribuer[112], et qu'ils lui ont en effet attribuée, sans la moindre objection de la part du public, comme si cette maniére d'écrire aride sautillante[a] sans harmonie et sans grace étoit en effet celle de J.J.[b] De sorte que, selon eux, tout en protestant contre tout ce qui paroitroit désormais sous son nom[c], il publioit neanmoins en même tems ce barbouillage[d], non seulement sans s'en cacher, mais voulant même être bien connu pour[e] l'Auteur, comme il paroit par la préface singeresse[113] qu'ils ont mise à la tête du livre.

Vous croirez[f] qu'une balourdise aussi grossiere une aussi extravagante contradiction devoit ouvrir les yeux à tout le monde et revolter contre l'impudence de nos Messieurs poussée ici jusqu'à la bêtise. Point du [215.] tout, en réglant leurs manœuvres sur les dispositions où ils ont mis le public[g], ils ne sont pas moins surs[h] de réussir que s'ils agissoient avec plus de finesse. Dès qu'il s'agit de J.J. il n'est besoin de mettre ni bon sens ni vraisemblance dans les choses qu'on lui impute[i], plus elles sont absurdes et ridicules, plus on s'empresse à n'en pas[j] douter. Si quelqu'un s'avisoit[k] d'affirmer aujourdui qu'il a deux têtes, en le voyant passer demain dans la rue tout le monde lui verroit deux têtes très distinctement[114], et chacun seroit très surpris de n'avoir pas apperçu plustot cette monstruosité.

Nos Messieurs sentent si bien cet avantage et savent si bien s'en prévaloir, qu'il entre dans leurs plus efficaces ruses d'employer des manœuvres impudentes[l] au point d'en être incroyables, afin que s'il les apprend et s'en plaint personne n'y veuille ajoûter foi. Quand par exemple un honnête

---

a Même leçon dans P., à la ponctuation près : « *sautillante, sans harmonie* ». G. *aride et sautillante, sans liaison*, etc.
b P. et G. *la sienne.*
c G. et P. *sous son nom ou qui lui seroit attribué.*
d G. *il publioit neanmoins ce barbouillage.*
e P. et G. *mais ayant grand peur de n'en être pas cru.*
f G. et P. *vous croyez.*
g G. *sur la disposition où ils ont mis le public, sur la crédulité qu'ils lui ont donnée.* P. *et sur l'aveugle crédulité* etc.
h Même leçon dans P. ; G. *ils sont bien plus surs.*
i P. et G. *qu'on en débite.*
j Même leçon dans G. ; P. *de n'en pas douter.*
k Même leçon dans P. ; G. *Si d'Alembert ou Diderot s'avisoient.*
l G. et P. *des manœuvres pleines d'audace et d'impudence.*

imprimeur Simon[115] dira publiquement à tout le monde que J.J. vient souvent chez lui voir et corriger les épreuves de ces éditions frauduleuses qu'ils font[a] de ses écrits, qui est-ce qui croira que J.J. ne connoit point[b] l'imprimeur Simon et n'avoit pas même ouï parler de ces éditions quand ce discours lui revint ? Quand encore on verra son nom pompeusement étalé dans les listes des souscripteurs de livres de prix, qui est-ce qui dès à present ou dans l'avenir[c] ira s'imaginer que toutes ces souscriptions prétendues sont autant de fictions inventées[d] pour lui donner un air d'opulence et de prétention qui démente le ton qu'il a pris. Et cependant…

ROUSSEAU.

Je sais ce qu'il en est : car il m'a protesté n'avoir fait en sa vie qu'une seule souscription ; savoir celle pour la statue de M. de Voltaire.

LE FRANÇOIS.

Hé bien, Monsieur, cette seule souscription qu'il a faite, est la seule dont on ne sait rien : car le discret d'Alembert qui l'a receue, n'en a pas fait beaucoup de bruit[116]. Je comprends bien que cette souscription est moins une générosité qu'une vengeance ; mais c'est une vengeance à la Jean Jaques que Voltaire ne lui rendra pas.

Vous devez sentir par ces exemples que de quelque façon qu'il s'y prenne et dans aucun tems, il ne peut raisonnablement espérer que la vérité perce à son égard à travers les filets tendus autour de lui, et dans lesquels en s'y debattant il ne fait que s'enlacer davantage. Tout ce qui lui arrive est trop hors de l'ordre commun des choses pour pouvoir jamais être cru, et ses protestations mêmes ne feront qu'attirer sur lui les reproches d'impudence et de mensonge que méritent ses ennemis.

Donnez à J.J. un conseil le meilleur peut être qui lui reste à suivre environné comme il est d'embuches et de piéges où chaque pas ne peut manquer de l'attirer ; c'est de rester s'il se peut immobile, de ne point agir du tout[e] [117] de n'acquiescer à rien de ce qu'on lui propose sous quelque

a Même leçon dans G. ; P. *qu'ils y font faire de ses écrits.*

b P. et G. *ne connoit pas.*

c G. et P. *dès à present et dans l'avenir.*

d P. et G. *sont là mises à son insçu ou malgré lui, seulement pour* etc.

e G. et P. *de ne point agir du tout**

* Il ne m'est pas permis de suivre ce conseil en ce qui regarde la juste défense de mon honneur. Je dois jusqu'à la fin faire tout ce qui dépend de moi, sinon pour ouvrir les yeux

prétexte que ce soit, et de resister même à ses propres mouvemens tant qu'il peut s'abstenir de les suivre[118]. Sous quelque face avantageuse qu'une chose à faire ou à dire se présente à son esprit il doit compter que des qu'on lui laisse le pouvoir de l'exécuter, c'est qu'on est sur d'en tourner l'effet contre lui et de la lui rendre[a] funeste. Par exemple, pour mettre[b] le public en garde [216.] contre les falsifications de ses livres[c], qu'y avoit-il de meilleur en apparence et dont on put moins abuser pour lui nuire, que la déclaration dont nous venons de parler ? et cependant vous seriez étonné du parti qu'on en a tiré[d] pour un effet tout contraire, et il a du sentir cela de lui-même par le soin qu'on a pris de la faire imprimer à son insçu ; car il n'a surement pas pu croire qu'on ait pris ce soin pour lui faire plaisir. L'écrit sur le Gouvernement de Pologne[e] [119] qu'il n'a fait que sur les plus touchantes instances, avec le plus parfait desintéressement, et par les seuls motifs de la plus pure vertu, sembloit ne pouvoir qu'honorer son Auteur et le rendre respectable, quand même cet écrit n'eut été qu'un tissu d'erreurs. Si vous saviez par qui, pour qui, pourquoi cet écrit étoit

---

à cette aveugle génération, du moins pour en éclairer une plus équitable. Tous les moyens pour cela me sont ôtés, je le sais ; mais sans aucun espoir de succés tous les efforts possibles quoiqu'inutiles n'en sont pas moins dans mon devoir, et je ne cesserai de les faire jusqu'à mon dernier soupir. *Fay ce que doy, arrive que pourra.*

a Même leçon dans G. ; P. *et de le lui rendre.*

b Même leçon dans P. ; G. *pour tenir.*

c P. et G. *de ses livres, et contre tous les ecrits pseudonymes qu'on fait courir journellement sous son nom*, etc.

d G. et P. *qu'on a tiré de cette déclaration pour* etc.

e P. et G. *L'écrit sur le Gouvernement de Pologne***
** Cet Ecrit est tombé dans les mains de M. d'Alembert peut-être aussitot qu'il est sorti des miennes, et Dieu sait quel usage il en a su faire. M. le Comte Wielhorsky m'apprit en venant me dire adieu à son départ de Paris qu'on avoit mis des horreurs de lui dans la gazette d'Hollande. A l'air dont il me dit cela j'ai jugé en y repensant qu'il me croyoit l'Auteur de l'article et je ne doute pas qu'il n'y ait du d'Alembert dans cette affaire ; aussi bien que dans celle d'un certain Comte Zanowisch Dalmate, et d'un prêtre aventurier Polonois qui a fait [P. *et fait encore*] mille efforts pour penetrer chez moi. Les manœuvres de ce M. d'Alembert ne me surprennent plus, j'y suis tout accoutumé. Je ne puis assurément approuver la conduite du Comte Wielhorsky à mon egard. Mais cet article à part, que je n'entreprends pas d'expliquer, j'ai toujours regardé et je regarde encore ce Seigneur Polonois comme un honnête homme et un bon patriote, et si j'avois la fantaisie et les moyens de faire inserer des articles dans les gazettes, j'aurois assurément des choses plus pressées à dire et plus importantes pour moi que des Satyres du Comte Wielhorsky. Le succés de toutes ces ménées est un effet nécessaire du systême de conduite qu'on suit [G. *que l'on suit*] à mon égard. Qu'est-ce qui pourroit empêcher de reussir tout ce qu'on entreprend contre moi, dont je ne sais rien, à quoi je ne peux rien, et que tout le monde favorise ?

sollicité, l'usage qu'on s'est empressé d'en faire et le tour qu'on a su lui donner, vous sentiriez parfaitement combien il eut été à désirer pour l'Auteur que résistant à toute cajolerie, il se refusât à l'appat de cette bonne œuvre, qui, de la part de ceux qui la sollicitoient avec tant d'instance, n'avoit pour but que de la rendre pernicieuse pour lui. En un mot, s'il connoit sa situation, il doit, pour peu qu'il y réfléchisse[a] comprendre que toute proposition qu'on lui fait et quelque couleur qu'on lui donne[b], a toujours quelque but secret qu'on lui cache, et qui l'empêcheroit d'y consentir si ce but lui étoit connu. Il doit sentir sur tout, que le motif de faire du bien ne peut être qu'un piége pour lui de la part de ceux qui le lui proposent, et pour eux un moyen réel de faire du mal à lui ou par lui[c] qu'après l'avoir mis hors d'état de rien faire d'utile aux autres ni à lui-même, on ne peut plus lui présenter un pareil motif que pour le tromper; qu'enfin n'étant plus dans sa position en puissance de faire aucun bien, tout ce qu'il peut desormais faire de mieux est de s'abstenir tout à fait d'agir, de peur de mal faire sans le voir ni le vouloir, comme cela lui arrivera infailliblement toutes les fois[d] qu'il cédera aux instances des gens qui l'environnent, et qui ont toujours leur leçon toute faite sur les choses qu'ils doivent lui proposer. Sur tout qu'il ne se laisse point émouvoir par le reproche de se refuser à quelque bonne œuvre; sûr, au contraire, que si c'étoit reellement une bonne œuvre, loin de l'exhorter d'y concourir[e], tout se réuniroit pour l'en empêcher de peur qu'il n'en eut le mérite, et qu'il n'en résultat quelque effet en sa faveur.

Par les mesures extraordinaires qu'on prend pour altérer et défigurer ses écrits, et pour lui en attribuer auxquels il n'a jamais songé, vous devez juger que l'objet de la ligue ne se borne pas à la génération présente, pour qui ces soins ne sont plus nécessaires; et puis qu'ayant sous les yeux ses livres tels à peu près qu'il les a composés, on n'en a pas tiré l'objection qui nous paroit si forte à l'un et à l'autre contre l'affreux caractére qu'on prête à l'Auteur; Puisqu'au contraire on les a [217.] su mettre au rang de ses crimes, que la profession de foi du Vicaire est devenue un écrit impie, l'Héloïse un roman obscène, le contrat social un livre séditieux[120];

---

a Même leçon dans P.; G. *il doit comprendre, pour peu qu'il y réflechisse, que* etc.

b P. et *quelque couleur qu'on y donne a toujours un but secret qu'on lui cache.* G. *a toujours un but qu'on lui cache.*

c G. *ou par lui, pour le lui imputer dans suite; qu'après* etc. P. *pour le lui imputer ensuite* etc.

d Même leçon dans P.; G. *chaque fois.*

e P. et G. *l'exhorter à y concourir.*

puisqu'en cet instant même on met à Paris malgré lui Pygmalion[121] sur la scéne[a] tout exprès pour exciter ce risible scandale qui n'a fait rire personne, et dont nul n'a senti la comique absurdité ; puisqu'enfin ses écrits[b] tels qu'ils existent n'ont pas garanti leur Auteur de la diffamation durant son vivant[c], l'en garantiront-ils mieux après sa mort, quand on les aura mis dans l'état projetté pour rendre sa mémoire odieuse[d] et méprisable, et quand les auteurs du complot auront eu tout le tems d'effacer toutes les traces de son innocence et de leur imposture ? Ayant pris toutes leurs mesures en gens prévoyans[e] qui songent à tout, auroient-ils oublié la supposition que vous faites du repentir de quelque complice, du moins à l'heure de la mort, et les déclarations incomodes qui pourroient en résulter s'ils n'y mettoient ordre ? Non, Monsieur, comptez que leurs mesures[f] sont si bien prises qu'il leur reste peu de chose à craindre de ce coté-là.

Parmi les singularités qui distinguent le siécle où nous vivons de tous les autres est l'esprit méthodique et consequent qui depuis vingt ans dirige les opinions publiques. Jusqu'ici ces opinions erroient sans suite et sans régle au gré des passions des hommes, et ces passions diverses s'entrechoquant[g] sans cesse faisoient flotter le public de l'une à l'autre sans aucune direction constante. Il n'en est plus de même aujourdui. Les préjugés eux-mêmes ont leur marche et leurs régles, et ces régles auxquelles le public est asservi sans qu'il s'en doute s'établissent uniquement sur les vues de ceux qui le dirigent. Depuis que la secte philosophique s'est réunie en un corps sous des chefs, ces chefs, par l'art de l'intrigue auquel ils se sont appliqués, devenus les arbitres de l'opinion publique[122], le sont devenus par elle de la réputation, de la destinée des particuliers[123] et par eux de celle-même de l'Etat[h]. Leur essai fut fait sur J.J. et la grandeur du succés qui dut les étonner eux-mêmes, leur fit sentir jusqu'où leur crédit pouvoit s'étendre. Alors ils songérent à s'associer des hommes puissans pour devenir avec eux les arbitres de la société, ceux surtout qui, disposés comme eux aux

a P. *puisqu'on vient de mettre à Paris Pygmalion, malgré lui, sur la scéne*. G. *Pygmalion, malgré lui* etc.

b Même leçon dans P. ; G. *ces écrits*.

c P. *durant sa vie*. G. *de son vivant*.

d G. et P. *pour rendre sa mémoire odieuse, et quand* etc.

e Même leçon dans P. ; G. *prévoyans et pourvoyans*.

f G. *que toutes leurs mesures*.

g Même leçon dans P. ; G. *et ces passions s'entrechoquant*.

h P. et G. *le sont par elle de la réputation, même de la destinée des particuliers et par eux de celle de l'Etat*.

intrigues[a] secretes et aux mines souterraines, ne pouvoient manquer de rencontrer et d'éventer souvent les leurs. Ils leur firent sentir que travaillant de concert ils pouvoient étendre tellement leurs rameaux sous les pas des hommes[124], que nul ne trouvât plus d'assiette solide, et ne put marcher que sur des terrains contreminés[125]. Ils se donnerent des Chefs principaux qui de leur côté, dirigeant sourdement toutes les forces publiques[b] sur les plans convenus entre eux, rendent infaillible l'execution de tous [218.] leurs projets. Ces chefs de la ligue philosophique la méprisent et n'en sont pas estimés ; mais l'intérest commun les tient étroitement unis les uns aux autres, parce que la haine ardente et cachée est la grande passion de tous, et que par une rencontre assez naturelle, cette haine commune est tombée sur les mêmes objets[c 126]. Voila comment le siécle où nous vivons est devenu le siécle des sourdes trames[d] et des secrets complots : Siécle où tout agit de concert sans affection pour personne, où nul ne tient à son parti par attachement mais par aversion du parti[e] contraire, où, pourvû qu'on fasse le mal d'autrui nul ne se soucie de son propre bien.

ROUSSEAU.

C'étoit pourtant chez tous ces gens si haineux que vous trouviez pour J.J. une affection si tendre.

LE FRANÇOIS.

Ne me rappellez pas mes torts ; ils étoient moins reels qu'apparens. Quoique tous ces ligueurs m'eussent fasciné l'esprit par un certain jargon papilloté[127], toutes ces ridicules vertus si pompeusement étalées

---

a Même leçon dans P. ; G. *aux secretes intrigues.*

b G. et P. *dirigeant toutes les forces publiques.*

c P. et G. *sur les mêmes objets**

* *En ce moment la France vient de se diviser en deux partis : l'un de la Cour et du Duc de Choiseul qui mène tout sous le voile ; l'autre de la ville et des philosophes qui dirigent les opinions publiques. A la tête de chacun de ces deux partis sont mes plus implacables ennemis. En general tout homme de parti, par cela seul ennemi de la vérité, haïra toujours J. J. Les François n'ont point d'existence personnelle ; ils ne pensent et n'agissent que par masses, chacun d'eux par lui seul n'est rien. Or il n'y a jamais dans ces corps collectifs nul amour desintéressé pour la justice : la nature ne l'a gravé que dans les cœurs des individus, où il est bientot éteint par l'esprit de ligue. On peut juger de l'équité qu'au milieu de toutes ces cabales, je dois, moi pauvre isolé, espérer du public.* (Dans G. cette note, est rédigée sur un carré collé en bas de la p. 59 laissée vierge). La note est censurée par l'édition originale genevoise.

d G. et P. *le siécle de la haine et des secrets complots.*

e Même leçon dans P. ; G. *pour le parti.*

étoient presque aussi choquantes à mes yeux qu'aux vôtres. J'y sentois une forfanterie que je ne savois pas démêler, et mon jugement subjugué mais non satisfait, cherchoit les éclaircissemens que vous m'avez donnés, sans savoir les trouver de lui-même.

Les complots ainsi arrangés, rien n'a été plus facile que de les mettre à execution par des moyens assortis à cet effet. Les Oracles des Grands ont eu toujours[a] un grand crédit sur le peuple; on n'a fait qu'y ajoûter un air de mystére pour les faire mieux circuler. Les philosophes, pour conserver une certaine gravité, se sont donné en se faisant chefs de parti des multitudes de petits élèves qu'ils ont initiés aux secrets de la secte, et dont ils ont fait autant d'émissaires et d'opérateurs de sourdes iniquités, et répandant par eux les noirceurs qu'ils inventoient et qu'ils feignoient eux de vouloir cacher eux-mêmes, ils étendoient[b] ainsi leur cruelle influence dans tous les rangs sans excepter les plus élevés. Pour s'attacher inviolablement leurs créatures les chefs ont commencé par les employer à mal faire, comme Catilina fit boire à ses conjurés le sang d'un homme[128], sûrs que par ce mal où ils les avoient fait tremper, ils les tenoient liés pour le reste de leur vie. Vous avez dit que la vertu n'unit les hommes que par des liens fragiles, au lieu que les chaines du crime sont impossibles à rompre. L'expérience en est sensible dans l'histoire de J.J. Tout ce qui tenoit à lui par l'estime et la bienveillance que la droiture[c] et la douceur de son commerce devoit[d] naturellement inspirer s'est éparpillé sans retour à la premiére épreuve, ou n'est resté que pour le trahir[e] : Mais les complices de nos Messieurs n'oseront jamais ni les démasquer, quoiqu'il arrive, de peur d'être démasqués eux-mêmes, ni se détacher d'eux de peur de leur vengeance, trop bien instruits de ce qu'ils savent faire pour l'exercer. Demeurant ainsi tous unis par la crainte, plus que les bons ne le sont par l'amour, ils forment un corps indissoluble dont chaque membre ne peut plus être séparé.

Dans l'objet de disposer par leurs disciples de l'opinion publique [219.] et de la réputation des hommes, ils ont assorti leur doctrine à leurs vues, ils ont fait adopter à leurs sectateurs les principes les plus propres

---

a P. *ont toujours eu*. G. *ont toujours*.

b G. et P. *de vouloir cacher, ils étendoient ainsi*.

c P. et G. *sa droiture*.

d Même leçon dans P. ; G. *devoient*.

e Même leçon dans G. ; P. *sans retour ou n'est resté que pour le trahir*.

à se les tenir aveuglément[a] attachés quelque usage qu'ils en veuillent faire, et pour empêcher que les directions d'une importune morale ne vinssent contrarier les leurs, ils l'ont sapée par la base en détruisant toute religion, tout libre arbitre, et par conséquent toute moralité tout remord[b], d'abord avec quelque précaution par la secrete prédication de leur doctrine, et ensuite tout ouvertement, quand ils[c] n'ont plus eu de puissance réprimante à craindre. En paroissant prendre le contrepied des Jésuites, ils ont tendu neanmoins au même but par des routes detournées en se faisant comme eux chefs de parti[129]. Les Jésuites se rendoient tout puissans en exerçant l'autorité divine sur les consciences, et se faisant au nom de Dieu les arbitres du bien et du mal. Les philosophes, ne pouvant usurper la même autorité, se sont appliqués à la détruire, et puis en paroissant expliquer la nature[d] à leurs dociles admirateurs[e] et s'en faisant les suprêmes interprétes[130], ils se sont établis en son nom une autorité non moins absolue que celle de leurs ennemis, quoiqu'elle paroisse libre et ne régner[131] sur les volontés que par la raison. Cette haine mutuelle étoit au fond une rivalité de puissance comme celle de Carthage et de Rome. Ces deux corps, tous deux impérieux, tous deux intolérans, étoient par consequent incompatibles, puisque le but principal[f] de l'un et de l'autre étoit de régner despotiquement. Chacun voulant régner seul ils ne pouvoient partager l'empire et régner ensemble ; ils s'excluoient mutuellement. Le nouveau, suivant plus adroitement les errements[132] de l'autre l'a supplanté en lui débauchant ses appuis, et par eux est venu à bout de le détruire. Mais on le voit déja marcher sur ses traces avec autant d'audace et plus de succés que l'autre n'a jamais fait, puisque il a toujours éprouvé[g] [133] de la résistance et que celui-ci n'en éprouve plus[134]. Son intolérance plus cachée et non moins cruelle ne paroit pas exercer la même rigueur, parce qu'elle ne trouve[h] plus de

a Même leçon dans P. ; G. *les tenir inviolablement.*
b P. et G. *tout libre arbitre, et par conséquent tout remord.*
c G. et P. *lorsqu'ils.*
d G. *expliquer la nature**
** Nos philosophes ne manquent pas d'étaler pompeusement ce mot de nature à la tête de tous leurs écrits. Mais ouvrez le livre et vous verrez quel jargon métaphysique ils ont décoré de ce beau nom.* (Note absente dans P.)
e Même leçon dans P. ; G. *leurs dociles sectateurs.*
f Même leçon dans P. ; G. *le système fondamental.*
g P. et G. *et plus de succés, puisque l'autre a toujours éprouvé.*
h Même leçon dans P. ; G. *parce qu'elle n'éprouve plus.*

rebelles. Mais s'il renaissoit quelques vrais défenseurs du Théisme[135] et de la morale[a], on verroit bientot s'élever contre eux les plus terribles persécutions; bientot une inquisition philosophique, plus cauteleuse mais non moins[b] sanguinaire que l'autre, feroit brûler sans miséricorde quiconque oseroit croire en Dieu[136]. Je ne vous déguiserai point qu'au fond du cœur je suis resté croyant moi-même aussi bien que vous. Je pense là-dessus, comme[c] J.J., que chacun est porté naturellement à croire ce qu'il desire, et que celui qui se sent digne du prix des ames justes ne peut se passer[d] de l'espérer. Mais sur ce point, comme sur J.J. lui-même, je ne me crois point obligé de[e] professer hautement et inutilement des sentimens qui me perdroient. Je veux tâcher d'allier la prudence avec la droiture et ne faire en public ma véritable profession[f] de foi que quand j'y serai forcé sous peine de mensonge.

[220.] Or cette doctrine de matérialisme et d'Atheisme, prêchée et propagée avec toute l'ardeur des plus zélés missionnaires[137], n'a pas seulement pour objet de faire dominer les chefs sur leurs prosélytes et par eux sur tout le public, mais dans les ministéres[138] secrets[g] où ils les employent de n'en craindre aucune indiscretion durant leur vie ni aucune repentance à leur mort. Leurs trames après le succés meurent avec leurs complices, auxquels ils n'ont rien tant appris qu'à ne pas craindre dans l'autre vie ce *Poul-Serrho*[h] des Persans[139] objecté par J.J. à ceux qui disent que la Religion ne fait aucun bien. Le dogme de l'ordre moral rétabli dans l'autre vie a fait jadis réparer bien des torts dans celle-ci, et les imposteurs ont eu dans les derniers momens de leurs complices un danger à courir qui souvent leur servit de frein. Mais notre philosophie en délivrant ses professeurs[i] de cette crainte et leurs disciples de cette obligation a détruit pour jamais tout retour au repentir. A quoi bon des révélations non moins dangereuses qu'inutiles? Si l'on meurt, on ne risque rien selon eux à se taire, et l'on risque tout à parler si l'on

---

a P. et G. *défenseurs du Théïsme de la tolerance et de la morale, on verroit* etc.

b G. et P. *et non moins sanguinaire.*

c P. et G. *ainsi que J.J.*

d Même leçon dans P.; G. *ne peut s'empêcher.*

e Même leçon dans P.; G. *je ne veux point professer.*

f G. et P. *et ne faire ma véritable profession de foi.*

g P. *sur leurs proselytes, mais dans les ministéres secrets où* etc. G. *mais dans les mistéres secrets.*

h Même leçon dans G.; P. *qu'à ne pas craindre ce Poul-Serrho* etc.

i P. et G. *ses prédicateurs.*

en revient. Ne voyez-vous pas que depuis longtems on n'entend plus parler de restitutions de réparations de réconciliations au lit de mort ? que tous les mourans sans repentir sans remord emportent sans effroi dans leur conscience le bien d'autrui le mensonge et la fraude dont ils la chargerent[a] pendant leur vie ? Et que serviroit même à J.J. ce repentir supposé d'un mourant, dont les tardives déclarations, étouffées par ceux qui l'entourent[b], par les prêtres mêmes qui la recevroient[c] devenus philosophes comme les autres, ne transpireroient jamais au dehors et ne parviendroient à la connoissance de personne ? Ignorez-vous que les confesseurs sont gagnés, que les médecins sont complices[d], que tous les ligueurs surveillans les uns des autres forcent et sont forcés de rester fidelles au complot, et qu'entourés, surtout à leur mort, aucun d'eux ne trouveroit pour recevoir sa confession, du moins à l'égard de J.J. que de faux dépositaires qui ne s'en chargeroient que pour l'ensevelir dans un secret éternel. Ainsi toutes les bouches sont ouvertes au mensonge, sans que parmi les vivans et les mourans il s'en trouve desormais aucune qui s'ouvre à la vérité. Dites-moi donc quelle ressource lui reste pour triompher même à force de tems de l'imposture et se manifester au public, quand tous les intérests concourent à la tenir cachée, et qu'aucun ne porte à la révéler ?

ROUSSEAU.

Non, ce n'est pas à moi de vous dire cela, c'est à vous-même, et ma réponse est écrite dans votre cœur. Eh dites-moi donc à votre tour quel intérest quel motif vous a ramené de l'aversion de l'animosité même qu'on vous inspira pour J.J. à des sentimens si différents ? Après l'avoir si cruellement haï quand vous l'avez cru méchant et coupable, pourquoi le plaignez-vous si sincerement aujourdui que vous le croyez[e] innocent ? Croyez-vous donc être le seul homme au [221.] cœur duquel parle encore la justice indépendamment de tout autre intérest[140] ? Non, Monsieur, il en est encore, et peut-être plus qu'on ne pense, qui sont plustot abusés que séduits, qui font aujourdui par foiblesse et par imitation ce qu'ils

---

a Mots biffés dans C. *dont ils la chargerent* ~~*dans les*~~ [?] ~~*xxxxxxxxx*~~ *pendant leur vie ?*

b P. et G. *qui les entourent.*

c G. et P. *qui les recevroient.*

d Les phrases : « par les prêtres [...] comme les autres » et les deux propositions : « les confesseurs [...] sont complices » ont été censurées par l'édition de Genève.

e P. et G. *que vous le jugez.*

voyent faire à tout le monde, mais qui rendus à eux-mêmes agiroient tout différemment. J.J. lui-même pense plus favorablement que vous de plusieurs de ceux qui l'approchent ; il les voit, trompés par ses soi-disans patrons, suivre sans le savoir les impressions de la haine, croyant de bonne foi suivre celles de la pitié. Il y a dans la disposition publique[a] un prestige entretenu par les chefs de la ligue. S'ils se relâchoient un moment de leur vigilance les idées devoyées par leurs artifices ne tarderoient pas à reprendre leur cours naturel, et la tourbe[141] elle-même ouvrant enfin les yeux et voyant où l'on l'a conduite, s'étonneroit de son propre égarement. Cela, quoique vous en disiez, arrivera tot ou tard. La question si cavalierement décidée dans ce siécle[b] sera mieux discutée dans un autre, quand la haine dans laquelle on entretient le public cessera d'être fomentée, et quand dans des générations meilleures celle-ci aura été mise à son prix, ses jugemens formeront des préjugés contraires ; ce sera une honte d'en avoir été loué et une gloire d'en avoir été haï. Dans cette génération même il faut distinguer encore et les auteurs du complot ses directeurs[c] des deux sexes et leurs confidens en très petit[d] nombre initiés dans le secret de l'imposture[e], d'avec le public qui, trompé par eux et le croyant reellement coupable[f], se prête sans scrupule aux artifices[g] qu'ils inventent pour le rendre plus odieux de jour en jour. La conscience éteinte dans les prémiers n'y laisse plus de prise au repentir. Mais l'égarement des autres est l'effet d'un prestige qui peut s'évanouïr, et leur conscience rendue à elle-même, peut leur faire sentir cette vérité si sure et si simple, que la méchanceté qu'on employe à diffamer un homme prouve que ce n'est point pour sa méchanceté qu'il est diffamé. Sitot que la passion et la prévention cesseront d'être entretenues, mille choses qu'on ne remarque pas aujourdui frapperont tous les yeux. Ces éditions frauduleuses de ses écrits dont vos Messieurs attendent de si grands effets[h] en produiront alors un tout contraire et serviront à les deceler, en manifestant aux plus stupides les perfides intentions des

a Même leçon dans G. ; P. *la disposition publique à son égard.*

b G. et P. *dans notre siécle.*

c Même leçon dans P. ; G. *les auteurs du complot et ses directeurs des deux sexes.*

d Même leçon dans G. ; P. *en fort petit nombre.*

e Mot biffé dans C. *initiés dans ~~l'imposture~~ le secret de l'imposture.* P. *initiés* [peut-être] *dans le secret de.*

f Même leçon dans G. ; P. *et croyant J.J. reellement coupable.*

g P. *à tous les artifices qu'ils inventent* etc. G. *à tout ce qu'ils inventent pour le rendre* etc.

h P. et G. *un si grand effet.*

éditeurs. L'histoire de sa vie écrite[a] de son vivant par des traitres en se cachant très soigneusement de lui portera tous les caractéres des plus affreux libelles[b] : enfin tous les maneges dont il est l'objet[c] paroitront alors ce qu'ils sont : c'est tout dire.

Que les nouveaux philosophes ayent voulu prevenir les remords des mourans par une doctrine qui mit leur conscience à son aise, de quelque poids qu'ils aient pu la charger, c'est de quoi je ne doute pas plus que vous, remarquant surtout que la prédication passionnée de cette doctrine a commencé précisément avec l'execution du complot et paroit tenir à [222.] d'autres complots dont celui-ci ne fait que partie[142]. Mais cet engouement d'Atheisme est un fanatisme éphémère ouvrage de la mode, qui passera et se[d] détruira par elle, et l'on voit par l'emportement avec lequel le peuple s'y livre que ce n'est qu'une mutinerie contre sa conscience dont il sent le murmure avec dépit. Cette comode philosophie des heureux et des riches qui font leur paradis en ce monde ne sauroit être longtems celle de la multitude victime de leurs passions, et qui faute de bonheur en cette vie a besoin d'y trouver au moins l'espérance et les consolations que cette barbare doctrine leur ôte. Des hommes nourris dès l'enfance dans une intolérante impiété poussée jusqu'au fanatisme et dans un libertinage[e] sans crainte et sans honte, une jeunesse sans discipline, des femmes sans mœurs[f], des peuples sans foi, des Rois sans loi sans Superieur qu'ils craignent et délivrés de toute espéce de frein, tous les devoirs de la conscience aneantis, l'amour de la patrie éteints[g] dans tous les cœurs[143], enfin nul autre lien social que la force ; on peut[h]

a G. et P. *intentions des éditeurs. Sa vie ecrite* etc.

b P. et G. *des plus noirs libelles.*

c Même leçon dans G. ; P. *dont il est le sujet.*

d Inadvertance dans C. : « *et ses détruira* ». P. *éphemere ouvrage de la mode* [a] *qui ~~passera et~~ se détruira par elle.* G. *de la mode, et qui se détruira par elle.*

e P. et G. *jusqu'au fanatisme, dans un libertinage.*

f G. et P. *des femmes sans mœurs**

** Je viens d'apprendre que la génération présente se vante singuliérement de bonnes mœurs. J'aurois dû deviner cela. Je ne doute pas qu'elle ne se vante aussi de desinteressement, de droiture, de franchise et de loyauté. C'est être aussi loin des vertus qu'il est possible que d'en perdre l'idée au point de prendre pour elles les vices contraires. Au reste il est très naturel qu'à force de sourdes intrigues et de noirs complots, à force de se nourrir de bile et de fiel, on perde enfin le goût des vrais plaisirs. Celui de nuire une fois goûté rend insensible à tous les autres : c'est une des punitions des méchans.*

g P. et G. *l'amour de la patrie et l'attachement au Prince éteints* etc.

h Mots biffés dans C. *on peut ~~ce me semble~~ prévoir aisément.*

prévoir aisément ce me semble[a] ce qui doit[b] bientot[c] resulter de tout cela[144]. L'Europe[*] en proye à des maitres instruits par leurs instituteurs mêmes à n'avoir d'autre morale[d] que leur intérest ni d'autres[e] Dieu que leurs passions, tantot sourdement affamée tantot ouvertement dévastée, partout inondée de soldats, de Comédiens, de filles publiques[f], de livres corrupteurs, et de vices destructeurs, voyant naitre et périr dans son sein des races indignes de vivre, sentira tot ou tard dans ses calamités le fruit des nouvelles instructions, et jugeant d'elles par leurs funestes effets, prendra dans la même horreur et les professeurs et les disciples, et toutes ces doctrines cruelles qui laissant l'empire absolu de l'homme à ses sens et bornant tout à la jouissance de cette courte vie, rendent le siécle où elles règnent aussi méprisable que malheureux[g].

Ces sentiments innés que la nature a gravés dans tous les cœurs pour consoler l'homme dans ses miséres et l'encourager à la vertu peuvent bien à force d'art d'intrigues et de sophismes être étouffés dans les individus, mais prompts à renaitre dans les générations suivantes ils rameneront toujours l'homme à ses dispositions primitives, comme la semence d'un arbre greffé redonne toujours le sauvageon[145]. Ce sentiment intérieur que nos philosophes admettent quand il leur est comode et rejettent quand il leur est importun[146], perce à travers les écarts de la raison, et crie à tous les cœurs que la justice a une autre base que l'intérest de cette vie, et que l'ordre moral dont rien ici bas ne nous donne l'idée a son siége dans un système différent qu'on cherche en vain sur la terre, mais où tout doit être un jour ramené[#][147]. La voix de la conscience ne peut pas plus être étouffée dans le cœur humain que celle de la raison

a C. *ce me semble* est inséré dans l'interligne.

b Mot biffés illisible dans C. sous l'ajout.

c C. *bientot* est inséré dans l'interligne.

* Si j'ai le bonheur de trouver enfin un lecteur équitable quoique François, j'espére qu'il pourra comprendre au moins cette fois qu'*Europe* et *France* ne sont pas pour moi des mots synonymes. [Note absente de P. Appelée, quelques lignes plus loin dans G., par « inondée de soldats »].

d P. et G. *d'autre guide.*

e G. et P. *ni d'autre Dieu.*

f C. *de Comédiens, de filles publiques*, est inséré dans l'interligne.

g P. Rousseau a déplacé à la suite un alinéa qui vient deux alinéas plus bas et qui commence par « Voila Monsieur », puis il l'a entièrement biffé et reproduit la disposition primitive dans C., telle qu'on la retrouve dans G.

\# *De l'utilité de la Réligion.* Titre d'un beau livre à faire, et bien necessaire. Mais ce titre ne peut être dignement rempli ni par un homme d'Eglise ni par un Auteur de profession. Il dans l'entendement, et l'insensibilité morale est tout aussi peu naturelle que la folie.

Ne croyez donc pas que tous[a] les complices d'une trame execrable puissent[b] vivre et mourir toujours en repos[c] dans leur crime. Quand ceux [223.] qui les dirigent n'attiseront plus la passion qui les anima, quand cette passion se sera suffisamment assouvie, quand ils en auront fait perir l'objet dans les ennuis, la nature insensiblement reprendra son empire ; ceux qui commirent l'iniquité en sentiront l'insupportable poids quand son souvenir ne sera plus accompagné d'aucune jouissance ; ceux qui en furent les témoins sans y tremper mais sans la connoitre, revenus de l'illusion qui les abuse, attesteront ce qu'ils ont vu ce qu'ils ont entendu ce qu'ils savent, et rendront hommage à la vérité. Tout a été mis en œuvre pour prevenir et empêcher ce retour. Mais on a beau faire, l'ordre naturel se rétablit tôt ou tard, et le prémier qui soupçonnera que J.J. pourroit bien n'avoir pas été coupable sera bien près de s'en convaincre, et d'en convaincre s'il veut ses contemporains, qui, le complot et ses Auteurs n'existant plus, n'auront d'autre intérest que celui d'être justes et de connoitre la vérité. C'est alors que tous ses monumens[d] seront précieux et que tel fait qui peut n'être aujourdui qu'un indice incertain, conduira peut être jusqu'à l'évidence.

Voila, Monsieur, à quoi tout ami de la justice et de la vérité peut sans se compromettre et doit consacrer tous les soins qui sont en son pouvoir. Transmettre à la postérité des éclaircissemens sur ce point, c'est préparer et remplir peut-être l'œuvre de la providence. Le Ciel bénira, n'en doutez pas, une si juste entreprise. Il en resultera pour le public deux grandes leçons et dont il avoit grand besoin : l'une d'avoir une confiance[e] moins téméraire aux dépends d'autrui dans l'orgueil du savoir humain ; l'autre d'apprendre par un exemple aussi mémorable à respecter en tout et toujours le droit naturel, et à sentir que toute vertu qui se fonde sur une violation de ce droit est une vertu fausse qui couvre infailliblement quelque iniquité[148]. Je me devoue[f] à cette œuvre de justice en tout ce qui

---

faudroit un homme tel qu'il n'en est plus parmi nous [G. et P *n'en existe plus de nos jours*], et qu'il n'en renaîtra de longtems. (Le titre suggéré est rédigé en plus gros caractères).

a C. *tous* est inséré dans l'interligne.

b Mot biffé dans C. *puissent ~~toujours~~ vivre*.

c Même leçon dans G. ; P. *toujours en paix*.

d Même leçon dans P. et G. La leçon de l'éd. Pléiade : « tous ces monumens » est fausse.

e P. et G. *d'avoir, et surtout aux dépends d'autrui, une confiance* etc.

f G. et P. *Je me dévoue donc*.

dépend de moi, et je vous exhorte à y concourir, puisque vous le pouvez faire sans risque, et que vous avez vu de plus près[a] des multitudes de faits qui peuvent éclairer ceux qui voudront un jour examiner cette affaire. Nous pouvons à loisir et sans bruit faire nos recherches, les recueillir, y joindre nos réfléxions, et reprenant autant qu'il se peut la trace de toutes ces manœuvres dont nous decouvrons déja les vestiges, fournir à ceux qui viendront après nous un fil qui les guide dans ce labyrinthe[149]. Si nous pouvions conferer avec J. J. sur tout cela, je ne doute point que nous ne tirassions de lui beaucoup de lumiéres qui resteront à jamais éteintes, et que nous ne fussions surpris nous mêmes de la facilité avec laquelle quelques mots de sa part expliqueroient des énigmes qui sans cela demeureront à jamais impénétrables[b]. Souvent dans mes entretiens avec lui j'en ai receu de son propre mouvement des éclaircissemens inattendus sur des objets que j'avois vus bien différens, faute d'une circonstance que je n'avois pu deviner et qui leur donnoit un tout autre aspect. Mais gêné par mes engagemens et forcé de supprimer mes objections, [224.] je me suis souvent refusé malgré moi aux solutions qu'il sembloit m'offrir pour ne pas paroitre instruit de ce que j'étois contraint de lui taire.

Si nous nous unissons pour former avec lui une societé sincére et sans fraude, une fois sûr de nôtre droiture et d'être estimé de nous, il nous ouvrira son cœur sans peine, et recevant dans les notres les épanchemens auxquels il est naturellement si disposé, nous en pourrons tirer de quoi former de précieux mémoires dont d'autres générations sentiront la valeur, et qui du moins les mettront à portée de discuter contradictoirement des questions aujourdui décidées sur le seul rapport de ses ennemis. Le moment viendra, mon cœur me l'assure, où sa deffense aussi périlleuse aujourdui qu'inutile, honorera ceux qui s'en voudront charger, et les couvrira, sans aucun risque, d'une gloire aussi belle aussi pure que la vertu généreuse en puisse obtenir ici bas.

LE FRANÇOIS.

Cette proposition est tout à fait de mon gout, et j'y consens avec d'autant plus de plaisir que c'est peut-être le seul moyen qui soit en mon pouvoir de réparer mes torts envers un innocent persécuté[c], sans

---

a Même leçon dans G. ; P. *vu de près.*

b P. et G. *peut-être impénétrables par l'adresse de ses ennemis.*

c Même leçon dans G. ; P. *envers un infortuné persécuté.*

danger[a] de m'en faire à moi-même. Ce n'est pas que la societé que vous me proposez soit tout à fait sans peril. L'extrème attention qu'on a sur tous ceux qui lui parlent, même une seule fois, ne s'oubliera pas pour nous. Nos Messieurs ont trop vu ma répugnance à suivre leurs erremens et à circonvenir comme eux un homme dont ils avoient fait de si affreux portraits, pour qu'ils ne soupçonnent pas tout au moins qu'ayant changé de langage à son égard j'ai vraisemblablement aussi changé d'opinion. Depuis longtems déja, malgré toutes vos précautions[b] et les siennes, vous êtes inscrit comme suspect sur leurs régîstres, et je vous préviens que, de maniére ou d'autre, vous ne tarderez pas à sentir qu'ils se sont occupés de vous. Ils sont trop attentifs à tout ce qui approche de J.J. pour que personne puisse leur échapper[c]. Moi surtout qu'ils ont admis dans leur demi confidence, je suis sûr de ne pouvoir approcher de celui qui en fut l'objet sans les inquietter beaucoup : Mais je tâcherai de me conduire sans fausseté de maniére à leur donner le moins d'ombrage qu'il sera possible. S'ils ont quelque sujet de me craindre, ils en ont aussi de me ménager, et je me flatte qu'ils me connoissent trop d'honneur pour craindre des trahisons d'un homme qui n'a jamais voulu tremper dans les leurs.

Je ne refuse donc pas de le voir quelquefois avec prudence et précaution ; il ne tiendra qu'à lui de connoitre que je partage vos sentimens à son égard, et si je ne puis lui révéler les mistères de ses ennemis, il verra du moins que, forcé de me taire, je ne cherche pas à le tromper. Je concourrai de bon cœur avec vous pour dérober à leur vigilance et transmettre à de meilleurs tems les faits qu'on travaille à faire disparoitre, et qui fourniront un jour de puissans indices[d] pour parvenir à la connoissance de la vérité. Je sais que[e] ses papiers déposés en divers temps[f] avec plus de confiance que de choix dans des mains[g] qu'il crut fidelles[h], [225.] sont tous passés dans celles de ses persecuteurs, qui n'ont pas manqué d'aneantir ceux qui pouvoient ne leur

a G. et P. *sans risque.*

b Même leçon dans P. ; G. *malgré vos précautions et les siennes.*

c G. et P. *pour que personne leur puisse échapper.*

d Même leçon dans G. ; P. *et qui fourniront de puissans indices.*

e Mot biffé dans C. *que ~~tous~~ ses papiers.*

f C. *en divers temps* est inséré dans l'interligne.

g Mots biffés sous l'ajout dans C. *~~de gens qu'il crut~~*[?]~~xxxxxxxx~~.

h C. *qu'il crut fidelles* est inséré dans l'interligne.

pas convenir[a] et d'accomoder à leur gré les autres ; ce qu'ils ont pu faire à discretion ne craignant ni l'éxamen ni la vérification de qui que ce fut[b], ni surtout de gens intéressés à decouvrir et manifester leur fraude. Si depuis lors il lui reste quelques papiers encore, on les guette pour s'en emparer au plus tard[c] à sa mort, et par les mesures prises, il est bien difficile qu'il en échape aucun aux mains commises pour tout saisir. Le seul moyen qu'il ait de les conserver est de les déposer secrettement, s'il est possible, en des mains vraiment[d] fidelles et sures. Je m'offre à partager avec vous les risques de ce dépot, et je m'engage à n'épargner aucun soin pour qu'il paroisse un jour aux yeux du public tel que je l'aurai receu, augmenté de toutes les observations que j'aurai pu recueillir tendantes[150] à dévoiler[e] la vérité. Voila tout ce que la prudence me permet de faire pour l'acquit de ma conscience, et pour le service de votre ami[f][151].

ROUSSEAU.

Et c'est aussi tout ce qu'il desire lui-même. L'espoir que sa mémoire soit rétablie un jour dans l'honneur qu'elle mérite, et que ses livres deviennent utiles par l'estime due à l'auteur[g] est desormais le seul qui peut le flatter en ce monde. Ajoûtons-y de plus la douceur de voir encore deux cœurs honnêtes et vrais s'ouvrir au sien*. Temperons ainsi l'horreur de cette solitude où l'on le force à vivre[h] au milieu du genre humain. Enfin sans faire en sa faveur d'inutiles efforts qui pourroient causer de grands desordres et dont le succés même ne le toucheroit plus, ménageons-lui cette consolation pour sa derniére heure, que des mains amies lui ferment les yeux[i].

---

a P. et G. *ne leur pas convenir.*

b G. et P. *ni examen ni vérification de la part de qui que ce fut.*

c C. *au plus tard* est inséré dans l'interligne.

d C. *vraiment* est inséré dans l'interligne.

e Même leçon dans P. ; G. *tendant à dévoiler.*

f P. *et pour le service de votre ami.* (C'est à tort que R. Osmont lit ici « notre ami »). G. *pour l'acquit de ma conscience, pour l'intérest de la justice, et pour le service de la vérité.*

g P. et G. *due à leur Auteur.*

* Je n'en espére pas tant ; mais un desir me reste encore en ce monde [P. *me reste encore*]. Si j'apprends un jour que cet écrit ait été lu par un homme ayant un cœur droit et un jugement sain, je n'en demande pas davantage, et je meurs content. (Note maintenue dans P., absente de G.)

h G. et P. *où l'on se force de vivre.*

i P. Sous la dernière note s'inscrit le mot « *Fin.* ».

* *Note qui doit être ajoûtée à la page 195 après ces mots : que je sens la singerie.*

Voyez par éxemple *la philosophie de la nature* qu'on a brûlée au Châtelet[152]. Livre exécrable et couteau à deux tranchans, fait avec un art infernal par des mains habiles tout exprès pour me l'attribuer, pour agir en consequence, et propager à mes dépens leur propre[a] doctrine sous le masque de la mienne. Je n'ai point vu ce livre et, j'espére, ne le verrai jamais : mais j'ai lu tout cela dans le réquisitoire trop clairement pour pouvoir m'y tromper, et je suis certain qu'il ne peut y avoir aucune vraye ressemblance entre ce livre et les miens, parce qu'il n'y en a aucune entre les ames qui les ont dictés. J'ai de vifs pressentimens que de ce livre sortiront un jour les prémiers traits de lumiére qui montreront toute la trame au public[b 153].

a C. *propre* est inséré dans l'interligne.

b Cette note figure à la place indiquée dans P. (cote 1493, p. 186) et G. (ms fr. 00223, p. 20) avec certaines variantes importantes qui révèlent l'antériorité de la copie P. sur la copie G. (J'omets les variations orthographiques et de ponctuation) : *Voyez par éxemple la philosophie de la nature* (G. *La philosophie de la nature) qu'on a brûlée au Châtelet. Livre exécrable et couteau à deux tranchans, fait avec un art infernal par des mains habiles tout exprès pour me l'attribuer* [P. et G. *fait tout exprès pour me l'attribuer, du moins en province et chez l'étranger*], *pour agir en consequence, et propager à mes dépens leur propre doctrine* [G. *la doctrine de ces Messieurs*] *sous le masque de la mienne. Je n'ai point vu ce livre et, j'espére, ne le verrai jamais : mais j'ai lu tout cela dans le réquisitoire trop clairement pour pouvoir m'y tromper, et je suis certain qu'il ne peut y avoir aucune vraye ressemblance entre ce livre et les miens, parce qu'il n'y en a aucune entre les ames qui les ont dictés. J'ai de vifs pressentimens que de ce livre sortiront un jour les prémiers traits de lumiére qui montreront toute la trame au public.* [P. et G. Cette phrase est supprimée et remplacée par celle-ci : *Notez que depuis qu'on a su que j'avois vu ce requisitoire, on a pris de nouvelles mesures pour qu'il ne me parvint rien de pareil à l'avenir.*] – (P. est ici clairement la version intermédiaire entre C. et G. en effet, la séquence *fait avec un art infernal par des mains habiles* y est biffée (mais reste lisible sous la biffure) et la séquence *du moins en province et chez l'étranger* y est ajoutée dans l'interligne. En outre Rousseau a amorcé la séquence *à mes dépends leur propre doctrine*, mais l'a ausitôt raturée : *à mes dépends* ~~*laur*~~ *doctrine sous le masque de la mienne*, ajoutant *de ces Messieurs* dans l'interligne supérieur. Enfin, la phrase finale de la note n'est pas biffée mais semble avoir été effacée, car c'est d'une encre plus noire et dans une écriture un peu plus large qu'est rédigée la phrase qui la remplace : *Notez que depuis qu'on a su que j'avois vu ce requisitoire on a pris de nouvelles mesures pour qu'il ne me parvint rien de pareil à l'avenir.*)

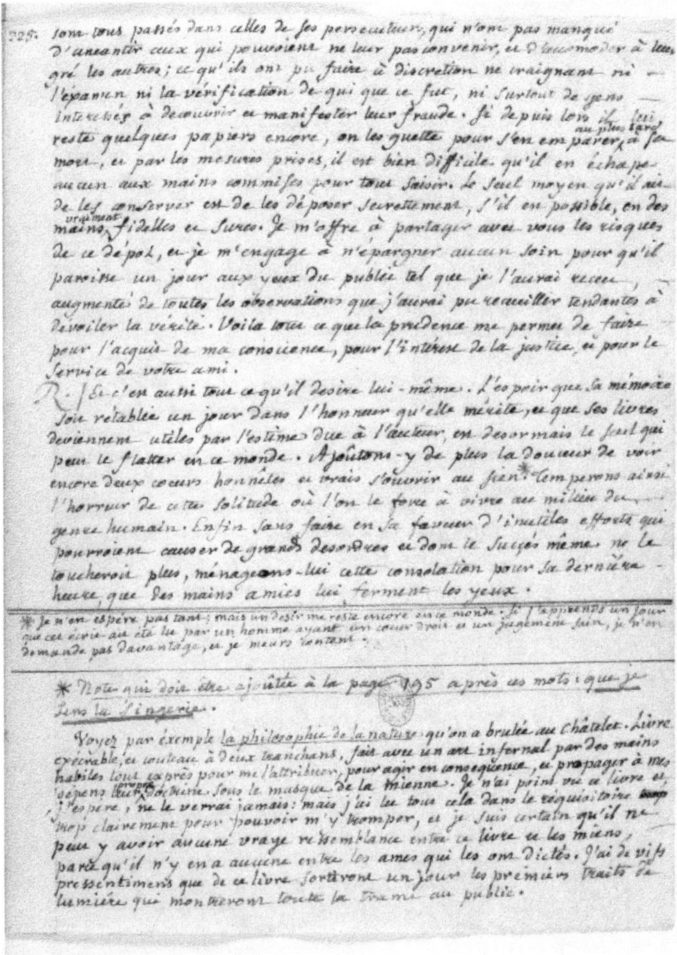

225. sont tous passés dans celles de ses persécuteurs, qui n'ont pas manqué d'anéantir ceux qui pouvoient ne leur pas convenir, et d'accommoder à leur gré les autres; ce qu'ils ont pu faire à discretion ne craignant ni l'examen ni la vérification de qui que ce fut, ni surtout de gens interessés à decouvrir et manifester leur fraude. Si depuis lors il lui reste quelques papiers encore, on les guette pour s'en emparer au plus tard à sa mort, et par les mesures prises, il est bien difficile qu'il en échape aucun aux mains commises pour tout saisir. Le seul moyen qu'il ait de les conserver est de les déposer secrettement, s'il est possible, en des mains vraiment fidelles et sures. Je m'offre à partager avec vous les risques de ce dépot, et je m'engage à n'épargner aucun soin pour qu'il paroisse un jour aux yeux du public tel que je l'aurai receu, augmenté de toutes les observations que j'aurai pu recueillir tendantes à dévoiler la vérité. Voila tout ce que la prudence me permet de faire pour l'acquit de ma conscience, pour l'intérest de la justice, et pour le service de votre ami.

R. Et c'est aussi tout ce qu'il desire lui-même. L'espoir que sa mémoire soit rétablie un jour dans l'honneur qu'elle mérite, et que ses livres deviennent utiles par l'estime due à l'auteur, est desormais le seul qui peut le flatter en ce monde. Ajoutons-y de plus la douceur de voir encore deux coeurs honnêtes et vrais s'ouvrir au sien.* Tempérons ainsi l'horreur de cette solitude où l'on le force à vivre au milieu du genre humain. Enfin sans faire en sa faveur d'inutiles efforts qui pourroient causer de grands desordres et dont le succès même ne le toucheroit plus, ménageons-lui cette consolation pour sa dernière heure, que des mains amies lui ferment les yeux.

* Je n'en espère pas tant; mais un desir me reste encore en ce monde. Si j'apprends un jour que cet écrit ait été lu par un homme ayant un coeur droit et un jugement sain, je n'en demande pas davantage, et je meurs content.

* Note qui doit être ajoutée à la page 195 après ces mots: que je sens la singerie.

Voyez par exemple la philosophie de la nature qu'on a brulée au Chatelet. Livre execrable, et couteau à deux tranchans, fait avec un art infernal par des mains habiles tout exprès pour me l'attribuer, pour agir en conséquence, et propager à mes dépens leur propre doctrine sous le masque de la mienne. Je n'ai point vu ce livre et, j'espère, ne le verrai jamais: mais j'ai lu tout cela dans le réquisitoire trop clairement pour pouvoir m'y tromper, et je suis certain qu'il ne peut y avoir aucune vraye ressemblance entre ce livre et les miens, parce qu'il n'y en a aucune entre les ames qui les ont dictés. J'ai de vifs pressentimens que de ce livre sortiront un jour les premiers traits de lumière qui montreront toute la trame au public.

FIG. 17 – Manuscrit « Condillac » – BnF, NAF 25700 (p. 225).

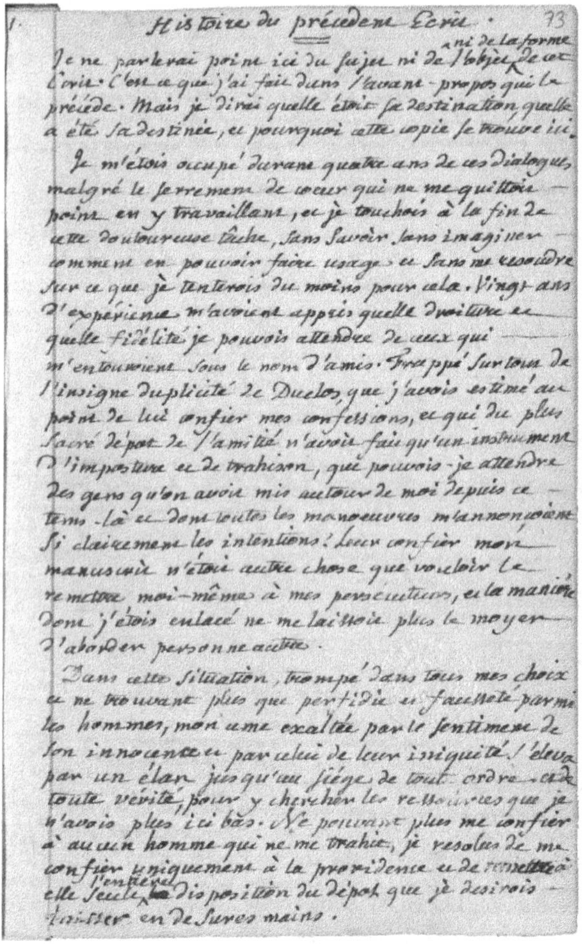

Histoire du précédent Ecrit. 73

Je ne parlerai point ici du sujet ni de l'objet ni de la forme de cet écrit. C'est ce que j'ai fait dans l'avant-propos qui le précède. Mais je dirai quelle étoit sa destination, quelle a été sa destinée, et pourquoi cette copie se trouve ici.

Je m'étois occupé durant quatre ans de ces Dialogues, malgré le serrement de cœur qui ne me quittoit point en y travaillant, et je touchois à la fin de cette douloureuse tâche, sans savoir, sans imaginer comment en pouvoir faire usage et sans me resoudre sur ce que je tenterois du moins pour cela. Vingt ans d'expérience m'avoient appris quelle droiture et quelle fidélité je pouvois attendre de ceux qui m'entouroient sous le nom d'amis. Frappé surtout de l'insigne duplicité de Duclos, que j'avois estimé au point de lui confier mes confessions, et qui du plus sacré dépot de l'amitié n'avoit fait qu'un instrument d'imposture et de trahison, que pouvois-je attendre des gens qu'on avoit mis autour de moi depuis ce tems-là et dont toutes les manoeuvres m'annonçoient si clairement les intentions? Leur confier mon manuscrit n'étoit autre chose que vouloir le remettre moi-même à mes persécuteurs, et la manière dont j'étois enlacé ne me laissoit plus le moyen d'aborder personne autre.

Dans cette situation, trompé dans tous mes choix et ne trouvant plus que perfidie et fausseté parmi les hommes, mon ame exaltée par le sentiment de son innocence et par celui de leur iniquité s'éleva par un élan jusqu'au siége de tout ordre et de toute vérité, pour y chercher les ressources que je n'avois plus ici bas. Ne pouvant plus me confier à aucun homme qui ne me trahit, je resolus de me confier uniquement à la providence et de remettre à elle seule l'entière disposition du dépot que je desirois laisser en de sûres mains.

FIG. 18 – Manuscrit « de Genève » –
Bibliothèque de Genève, Ms. fr. 00223-2- (p. 1).

[1.] HISTOIRE DU PRÉCEDENT ECRIT[a]

Je ne parlerai point ici du sujet, ni de l'objet, ni de la forme de cet Ecrit. C'est ce que j'ai fait dans l'avant-propos qui le précéde. Mais je dirai quelle étoit sa destination, quelle a été sa destinée, et pourquoi cette copie se trouve ici[b].

Je m'étois occupé durant quatre ans de ces dialogues[1] malgré le serrement de cœur qui ne me quittoit point en y travaillant, et je touchois à la fin de cette douloureuse tâche, sans savoir, sans imaginer comment en pouvoir faire usage et sans me résoudre sur ce que je tenterois du moins pour cela. Vingt ans d'expérience m'avoient appris quelle droiture et quelle fidélité je pouvois attendre de ceux qui m'entouroient sous le nom d'amis. Frappé surtout de l'insigne duplicité de Duclos[2], que j'avois estimé au point de lui confier mes confessions[c], et qui du plus sacré dépot de l'amitié n'avoit fait qu'un instrument d'imposture et de trahison, que pouvois-je attendre des gens qu'on avoit mis autour de moi depuis ce tems[d] et dont toutes les manœuvres m'annonçoient si clairement les intentions[e] ? Leur confier mon manuscrit n'étoit autre chose que vouloir le remettre moi-même à mes persecuteurs, et la maniére dont j'étois enlacé ne me laissoit plus le moyen d'aborder personne autre.

Dans cette situation, trompé dans tous mes choix et ne trouvant plus que perfidie et fausseté parmi les hommes, mon ame exaltée par le sentiment de son innocence et par celui de leur iniquité s'éleva par un élan jusqu'au siége de tout ordre et de toute vérité, pour y chercher

---

a La leçon suivie dans la présente édition est celle du manuscrit de Genève. P. *Histoire du precedent manuscrit*. Le brouillon : MsR 79, p. 4-13 (chiffrage gris), est sans titre.

b MsR 79. *ce manuscrit se trouve ici.*

c Titre non souligné dans P. et G.

d P. *depuis ce tems-là.*

e MsR 79. *depuis ce tems là, et que je savois être autour de moi les emissaires de mes persecuteurs.* Trois lignes barrées.

les ressources que je n'avois plus ici bas. Ne pouvant plus me confier à aucun homme qui ne me trahit, je résolus de me confier uniquement à la providence et de remettre à elle seule l'entiére disposition du dépot que je désirois laisser en de sures mains[a].

[2.] J'imaginai pour cela de faire une copie au net[3] de cet écrit[b] et de la déposer dans une Eglise sur un autel, et pour rendre[c] cette démarche aussi solennelle qu'il étoit possible, je choisis le grand Autel de l'Eglise de notre Dame[d], jugeant que[e] par tout ailleurs mon dépot seroit plus aisement caché et détourné par les Curés ou les Moines, et tomberoit infailliblement dans les mains de mes ennemis, au lieu qu'il pouvoit arriver que le bruit de cette action fit parvenir mon manuscrit jusque sous les yeux du Roi[f]; ce qui étoit tout ce que j'avois à desirer[g] de plus favorable[4], et qui ne pouvoit jamais arriver en m'y prenant de toute autre façon.

Tandis que je travaillois à transcrire au net mon écrit, je méditois sur les moyens d'executer mon projet, ce qui n'étoit pas fort facile et surtout pour un homme aussi timide que moi. Je pensai qu'un samedi, jour auquel toutes les semaines on va chanter devant l'autel de notre Dame un motet durant lequel le Chœur reste vuide[h], seroit le jour où j'aurois le plus de facilité d'y entrer, d'arriver jusqu'à l'Autel et d'y placer mon dépot. Pour combiner plus surement ma démarche, j'allai plusieurs fois de loin en loin examiner l'état des choses et la disposition du Chœur et de ses avenues; car ce que j'avois à redouter étoit d'être retenu au passage, sûr que dès lors mon projet étoit manqué. Enfin mon Manuscrit étant prêt, je l'enveloppai, et j'y mis la Suscription suivante[i].

---

a MsR 79. *que je desirois ~~transmettre à de meilleurs tems~~*.

b MsR 79. *une copie au net de cé ~~manu~~s écrit.*

c MsR 79. *et ~~de la déposer sur le grand autel de l'Eglise de Notre Dame comme le lieu le mieux fait pour rendre~~*.

d P. *le grand autel de nôtre Dame de Paris.*

e MsR 79 et P. *sachant bien que.* P. *sachant bien que par tout ailleurs mon dépot* etc.

f MsR 79. *au lieu qu'il pouvoit arriver que l'eclat de ~~ma demarche~~ fit arriver mon manuscrit jusques dans les mains du Roy.* (Quatres lignes très raturées.)

g MsR 79 et P. *tout ce que je pouvois desirer.*

h MsR 79. *vuide ~~et neanmoins ouvert~~*.

i MsR 79. *je l'enveloppai et je ~~m'acheminai~~ me rendis le 24 fev[r] 1776 sur les deux heures à Notre Dame dans l'intention d'executer* [?] *ce même jour ma resolution et j'y mis la suscription suivante.*

DÉPOT REMIS À LA PROVIDENCE.[a]

« Protecteur des opprimés, Dieu de justice et de vérité, reçois ce dépot que remet sur ton Autel[b] et confie à ta providence un étranger infortuné, seul, sans appui, sans défenseur sur la terre, outragé, moqué, diffamé, trahi de[c] toute une generation, chargé [3.] depuis quinze ans à l'envi de traitemens pires que la mort et d'indignités inouïes jusqu'ici parmi les humains, sans avoir pu jamais en apprendre au moins la cause. Toute explication m'est refusée, toute communication m'est ôtée, je n'attends plus des hommes aigris par leur propre injustice qu'affronts, mensonges et trahisons. Providence éternelle, mon seul espoir est en toi ; daigne prendre mon dépot sous ta garde et le faire tomber en des mains jeunes et fidelles[d], qui le transmettent exempt de fraude à une meilleure generation ; qu'elle apprenne en déplorant mon sort comment fut traité par celle-ci un homme sans fiel et sans fard, ennemi de l'injustice[e], mais patient à l'endurer, et qui jamais n'a fait, ni voulu, ni rendu de mal à personne. Nul n'a droit, je le sais d'esperer un miracle, pas même l'innocence opprimée et méconnue. Puisque tout doit rentrer dans l'ordre un jour, il suffit d'attendre. Si donc mon travail est perdu, s'il doit être livré à mes ennemis et par eux détruit ou défiguré, comme cela paroit inévitable, je n'en compterai pas moins sur ton œuvre, quoique j'en ignore l'heure et les moyens, et après avoir fait, comme je l'ai dû, mes efforts pour y concourir, j'attends avec confiance, je me repose sur ta justice, et me résigne à ta volonté[f]. »

Au verso du titre et avant la prémiére page étoit écrit ce qui suit[g].

« Qui que vous soyez que le Ciel a fait l'arbitre de cet écrit, quelque usage que vous ayez résolu d'en faire, et quelque opinion que vous ayez de l'Auteur, cet Auteur infortuné vous conjure par vos entrailles humaines et par les angoisses qu'il a [4.] souffertes en l'écrivant, de n'en disposer qu'après l'avoir lu tout entier. Songez que cette grace que vous

---

a P. *« Dépot remis à la Providence.*

*

Sur toute la largeur de la page, un trait plein sépare ce titre de l'alinéa précédent.

b Même leçon dans L. et P. ; C. *qu'apporte à ton Autel.*

c Même leçon dans L. et P. ; C. *trahi par.*

d Même leçon dans L. et P. ; C. *sous ta garde, le faire tomber en des mains fidelles et jeunes.*

e Même leçon dans C. et P. ; L. *ennemi de toute injustice.*

f P. *à ta volonté: /. »* Un trait plein sur la largeur de la page sépare cet alinéa du suivant.

g P. Nouveau trait plein sur la largeur de la page avant l'alinéa suivant.

demande un cœur brisé de douleur, est un devoir d'équité que le Ciel vous impose[5][a]. »

Tout cela fait, je pris sur moi mon paquet, et je me rendis le samedi 24 fevrier 1776 sur les deux heures à Nôtre Dame dans l'intention d'y présenter le meme jour mon offrande[b].

Je voulus entrer par une des portes laterales par laquelle[c] je comptois penetrer dans le Chœur. Surpris de la trouver fermée[d], j'allai passer plus bas par l'autre porte laterale qui donne dans la nef. En entrant, mes yeux furent frappés d'une grille que je n'avois jamais remarquée et qui séparoit de la nef la partie des bas-cotés qui entoure le Chœur[e]. Les portes de cette grille étoient fermées, de sorte que cette partie des bas-cotés dont je viens de parler étoit vuide et qu'il m'étoit impossible d'y penetrer[f]. Au moment où j'apperçus cette grille je fus saisi d'un vertige comme un homme qui tombe en apoplexie[6], et ce vertige fut suivi d'un bouleversement dans tout mon être[7], tel que je ne me souviens pas d'en avoir éprouvé jamais un pareil[g]. L'Eglise me parut avoir tellement changé de face[h][8] que doutant si j'étois bien dans Notre-Dame, je cherchois avec effort à me reconnoitre et à mieux discerner[i] ce que je voyois. Depuis trente six ans que je suis à Paris, j'étois venu fort souvent et en divers temps à Notre Dame ; j'avois toujours vu le passage autour du Chœur ouvert et libre, et je n'y avois même jamais remarqué ni grille ni porte autant qu'il put m'en souvenir[j]. D'autant plus frappé de cet obstacle imprévu que je n'avois dit mon projet à personne[k], je crus dans mon premier transport voir concourir le Ciel même à l'œuvre d'iniquité

---

a P. Nouveau trait plein.

b MsR 79. *dans l'intention d'executer le même jour ma resolution.*

c MsR 79. *une des petites portes des bas cotés par lesquels.* P. *une des petites portes latérales par laquelle.*

d MsR 79. *je fus surpris de la trouver fermée~~, ce que ne me souvenois pas d'avoir vu~~.*

e MsR 79. *en entrant je vis une grille que je n'avois jamais apperçue et qui fermoit la partie de ces mêmes bas cotés qui entoure le chœur.*

f MsR 79. ~~*cette grille étoit fermée des deux cotés ainsi que*~~ *de sorte que personne ne penetroit n'y penetroit.* Fin de phrase illisible.

g MsR 79. Élision du segment « et ce vertige … un pareil ».

h MsR 79. *l'Eglise me parut quelques instans avoir tellement changé de forme que je doutois si j'étois* etc. P. *l'Eglise me parut avoir tellement changé de forme.*

i MsR 79. et P. *à discerner mieux.*

j MsR 79. *je n'avois même apperçu jamais ni grille ni porte.*

k MsR 79. *à personne j'éprouvai à ~~sa vue~~ [ce nouvel] ~~son~~ aspect un bouleversement tel que je n'en avois encore eu jamais un pareil.*

des hommes[a] et le murmure d'indignation qui m'échappa ne peut être conçu que par celui qui sauroit se mettre à ma place, ni éxcusé que par [5.] celui qui sait lire au fond des cœurs.

Je sortis rapidement de cette Eglise, résolu de n'y rentrer de mes jours, et me livrant à toute mon agitation, je courus tout le reste du jour, errant de toutes parts sans savoir ni où j'étois ni où j'allois[9], jusqu'à ce que, n'en pouvant plus, la lassitude et la nuit me forcérent de rentrer chez moi rendu de fatigue et presque hébété de douleur.

Revenu peu à peu de ce prémier saisissement je commençai à refléchir[b] plus posément à ce qui m'étoit arrivé, et par ce tour d'esprit qui m'est propre[10], aussi prompt à me consoler d'un malheur arrivé qu'à m'effrayer d'un malheur à craindre[c], je ne tardai pas d'envisager d'un autre œil le mauvais succés de ma tentative. J'avois dit dans ma suscription que je n'attendois pas un miracle, et il étoit clair neanmoins qu'il en auroit fallu un pour faire reussir mon projet : car l'idée que mon manuscrit parviendroit directement au Roi, et que ce jeune Prince[11] prendroit lui-même la peine de lire ce long écrit, cette idée, dis-je, étoit si folle[*][12] que[d] je m'étonnois moi-même d'avoir pu m'en bercer un moment[e]. Avois-je pu douter que quand même l'éclat de cette démarche[f] auroit fait arriver mon dépot jusqu'à la Cour, ce n'eut été que pour y tomber, non dans les mains du Roi, mais dans celles de mes plus malins persecuteurs ou de leurs amis, et par consequent pour être ou tout à fait supprimé ou defiguré selon leurs vues pour le rendre funeste à ma mémoire ? Enfin le mauvais succés de mon projet dont je m'étois si fort affecté, me parut à force d'y refléchir un bienfait du Ciel[g] [6.] qui m'avoit empêché d'accomplir un dessein si contraire à mes intérets ; je trouvai que c'étoit un grand avantage que mon manuscrit me fut resté pour en disposer plus sagement, et voici l'usage que je résolus d'en faire.

---

a P. *à l'iniquité des hommes.*

b P. *je commençai de réfléchir plus posément.*

c MsR 79. *par ce tour d'esprit qui bientot adoucit mes peines.*

* Cette idée et celle du dépot sur l'autel m'étoit venue durant la vie de Louis quinze, et alors elle étoit un peu moins ridicule. (*Idem* dans P.) Cette note est supprimée dans l'édition originale.

d MsR 79. ~~*étoit si folle et si chimérique qu'il étoit étonnant que j'eusse pensé que*~~ *étoit si ridicule que je m'étonnois moi-même* etc. P. *si romanesque et si folle que.*

e P. *d'avoir à mon age pu m'en bercer un moment.*

f P. *quand même le bruit de ma démarche.*

g MsR 79 et P. *un bienfait de la providence.*

Je venois d'apprendre qu'un homme de lettres de ma plus ancienne connoissance[13] avec lequel j'avois eu quelque liaison, que je n'avois point cessé d'estimer, et qui passoit une grande partie de l'année à la Campagne, étoit à Paris depuis peu de jours. Je regardai la nouvelle de son retour comme une direction de la providence[a], qui m'indiquoit le vrai dépositaire de mon Manuscrit[b]. Cet homme étoit il est vrai, philosophe, Auteur, Académicien, et d'une province dont les habitans n'ont pas une grande réputation de droiture : mais que faisoient tous ces préjugés contre un point aussi bien établi que sa probité l'étoit dans mon esprit ? L'exception, d'autant plus honorable qu'elle étoit rare ne faisoit qu'augmenter ma confiance en lui, et quel plus digne instrument le Ciel pouvoit-il choisir pour son œuvre, que la main d'un homme vertueux[c] ?

Je me détermine donc ; je cherche sa demeure ; enfin je la trouve, et non sans peine. Je lui porte mon manuscrit[14], et je le lui remets avec un transport de joye, avec un battement de cœur qui fut peut-être le plus digne hommage qu'un mortel ait pu rendre à la vertu. Sans savoir encore de quoi il s'agissoit, il me dit en le recevant qu'il ne feroit qu'un bon et honnête usage de mon dépot. L'opinion que j'avois de lui me rendoit cette assurance très superflue.

Quinze jours après je retourne chez lui, fortement persuadé que le moment étoit venu où le voile de ténébres qu'on tient depuis vingt ans sur mes yeux alloit tomber[d], et que de maniére ou d'autre, j'aurois de mon dépositaire des eclaircissemens qui me paroissoient devoir necessairement suivre[e] [7.] de la lecture de mon manuscrit. Rien de ce que j'avois prévu n'arriva. Il me parla de cet écrit comme il auroit parlé d'un ouvrage de litterature que je l'aurois prié d'éxaminer pour m'en dire son sentiment. Il me parla de transpositions à faire pour donner un meilleur ordre à mes matiéres[f] : mais il ne me dit rien de l'effet qu'avoit fait sur lui mon écrit, ni de ce qu'il pensoit de l'auteur[g]. Il me

a P. *une direction du Ciel.*

b MsR 79. *le vrai dépositaire de mon manuscrit, quel plus digne instrument de son œuvre que la main d'un homme vertueux.*

c MsR 79. Phrase absente à cette place (« et quel plus digne … vertueux »). *Cf.* la variante précédente.

d MsR 79. *où le voile de tenebres qu'on tenoit sur mes yeux depuis quinze ans alloit tomber.*

e P. *qui me paroissoient necessairement devoir suivre.*

f MsR 79. *à mes matiéres, de longueurs et de repétitions à retrancher.*

g MsR 79 et P. *ni du jugement qu'il portoit de l'auteur.*

proposa seulement de faire une édition correcte de mes œuvres[a] en me demandant pour cela mes directions. Cette même proposition qui avoit été faite[b] et même avec opiniâtreté par tous ceux qui m'ont entouré me fit penser que leurs dispositions et les siennes étoient les mêmes. Voyant ensuite que sa proposition ne me plaisoit point il offrit de me rendre mon dépot. Sans accepter cette offre je le priai seulement de le remettre à quelqu'un[c] plus jeune que lui, qui put survivre assez et à moi et à mes persecuteurs pour pouvoir le publier un jour sans crainte d'offenser personne. Il s'attacha singuliérement à cette derniére idée, et il m'a paru par la suscription qu'il a faite pour l'enveloppe du paquet et qu'il m'a communiquée[15], qu'il portoit tous ses soins à faire en sorte, comme je l'en ai prié que le manuscrit ne fut point imprimé ni connu avant la fin du siécle présent[16]. Quant à l'autre partie de mon intention[d], qui étoit qu'après ce terme l'écrit fut fidellement imprimé et publié, j'ignore ce qu'il a fait pour la remplir[e].

Depuis lors j'ai cessé d'aller chez lui. Il m'a fait deux ou trois visites que nous avons eu bien de la peine à remplir de quelques mots indifférens, moi n'ayant plus rien à lui dire, et lui ne voulant me rien dire du tout.

[8.] Sans porter un jugement décisif sur mon dépositaire, je sentis que j'avois manqué mon but et que vraisemblablement j'avois perdu mes peines et mon dépot : mais je ne perdis point encore courage. Je me dis que mon mauvais succés venoit de mon mauvais choix ; qu'il falloit être bien aveugle et bien prévenu pour me confier à un François trop jaloux de l'honneur de sa nation pour en manifester l'iniquité, à un homme de lettres, à un philosophe, à un Académicien trop jaloux de l'intérest du corps pour en dévoiler la turpitude, à un homme âgé, trop prudent, trop circonspect pour s'échauffer pour la justice et pour la défense d'un opprimé[f]. Quand j'aurois cherché tout exprès le dépositaire le moins propre à remplir mes vues[g], je n'aurois pas pu mieux choisir. C'est donc ma faute si j'ai mal réussi ; mon succés ne dépend que d'un meilleur choix.

---

a MsR 79 et P. *de faire lui-même une édition correcte de mes ecrits.*

b P. *qui m'a été faite et même* etc.

c La leçon « quelqu'une » dans l'éd. Pléiade est fausse.

d P. *quant à ma principale intention.*

e MsR 79. Les deux phrases précédentes en sont absentes.

f MsR 79. *pour l'interest d'un opprimé.* P. *pour l'amour de la justice et pour l'interest d'un opprimé.*

g P. *le moins propre à l'être d'un pareil dépot.*

Bercé de cette nouvelle espérance je me remis à transcrire et mettre au net avec une nouvelle ardeur[17]. Tandis que je vaquois à ce travail un jeune Anglois que j'avois eu pour voisin à Wootton passa par Paris revenant d'Italie et me vint voir[18]. Je fis comme tous les malheureux qui croyent voir[a] dans tout ce qui leur arrive une expresse direction du sort[b]. Je me dis : voila le dépositaire que la providence m'a choisi ; c'est elle qui me l'envoye, elle n'a rebuté mon choix que pour m'amener au sien. Comment avois-je pu ne pas voir que c'étoit un jeune homme, un étranger qu'il me falloit[c], hors du tripot des Auteurs, loin des intrigans de ce pays, sans intérest de me nuire et sans passion contre moi ? Tout cela me parut si clair que, croyant voir le doigt de Dieu dans cette occasion fortuite je me pressai de la saisir. Malheureusement ma nouvelle copie n'étoit pas avancée, mais je me hâtai de lui remettre ce qui étoit fait[d] renvoyant à l'année prochaine à lui remettre le reste si, comme je n'en doutois pas, l'amour de la vérité lui donnoit [9.] le zèle de revenir le chercher.

Depuis son départ de nouvelles reflexions ont jetté dans mon esprit des doutes sur la sagesse de ce nouveau choix. Je n'ai point trouvé dans la maniére dont ce jeune homme receut mon dépot[e] ni dans tout ce qu'il me dit en me quittant le ton d'un homme qui sentit le prix de ma confiance et qui en fut touché[f]. Je savois qu'il avoit des liaisons dans la ligue dont je suis l'objet, je trouvois plus de cajolerie que de vrai sentiment dans la façon dont il s'étoit conduit avec moi, et je m'accusois de folie d'avoir été me confier à un Anglois, nation personnellement animée contre moi, et dont on n'a jamais cité aucun acte de justice contre son propre intérest. D'ailleurs pourquoi m'étoit-il venu voir ? Pourquoi de[g] petites attentions mignardes ? Cela seul ne devoit-il pas me le rendre suspect, et pouvois-je ignorer que depuis longtemps nul ne m'approche[h] qui ne soit expressement envoyé, et que me confier aux gens qui m'entourent c'est me livrer à mes ennemis ? Pour trouver un

a P. *qui voyent.*
b MsR 79. *une expresse direction du ciel.*
c P. *que c'étoit un étranger un jeune homme qu'il me falloit ?*
d MsR 79. *le prémiér dialogue qui étoit achevé.*
e Passage supprimé par Moultou dans l'édition de 1782, depuis « Je n'ai point trouvé » jusqu'à « me le rendre suspect ».
f P. *qui eut senti le prix de ma confiance et qui en eut été touché.*
g P. *ses petites attentions* etc.
h P. *on ne laisse approcher de moi personne qui* etc.

confident fidelle il auroit fallu l'aller chercher loin de moi parmi ceux dont je ne pouvois approcher. Mon espérance étoit donc vaine, toutes mes mesures étoient fausses, tous mes soins étoient inutiles[a], et je devois être sûr que l'usage le moins criminel que feroient de mon dépot ceux à qui je l'allois ainsi confiant seroit de l'aneantir.

Cette idée me suggera une nouvelle tentative dont j'attendis plus d'effet. Ce fut d'écrire une espéce de billet circulaire addressé à la nation françoise, d'en faire plusieurs copies et de les distribuer aux promenades et dans les rües aux inconnus[b] dont la physionomie me plairoit le plus. Je ne manquai pas d'argumenter à ma maniére [10.] ordinaire[c] en faveur de cette nouvelle résolution. On ne me laisse de communication me disois-je qu'avec des gens appostés par mes persécuteurs. Me confier à quelqu'un qui m'approche n'est autre chose que me confier à eux. Du moins parmi les inconnus il s'en peut trouver qui soient de bonne foi : mais quiconque vient chez moi n'y vient qu'à mauvaise intention ; je dois être sur de cela.

Je fis donc mon petit écrit en forme de billet et j'eus la patience d'en tirer un grand nombre de copies. Mais pour en faire la distribution, j'éprouvai un obstacle que je n'avois pas prévû, dans le refus de le recevoir par ceux à qui je le présentois. La suscription étoit, *A tout François aimant encor la justice et la vérité.* Je n'imaginois pas que sur cette adresse aucun l'osât refuser[d] ; presque aucun ne l'accepta. Tous après avoir lu l'addresse me déclarérent avec une ingenuité qui me fit rire au milieu de ma douleur qu'il ne s'adressoit pas à eux. Vous avez raison[e], leur disois-je en le reprenant, je vois bien que je m'étois trompé[f]. Voila la seule parole franche que depuis quinze ans j'aye obtenue d'aucune bouche françoise.

Econduit aussi par ce côté, je ne me rebutai pas encore. J'envoyai des copies de ce billet en reponse à quelques lettres[g] d'inconnus qui vouloient à toute force venir chez moi[h], et je crus faire merveilles en mettant au

a MsR 79. ~~*étoient inutiles, à moins que je ne trouvasse le moyen d'interesser à mon sort quelque inconnu*~~.

b MsR 79. *dans les rues à droite et à gauche aux inconnus.*

c P. *argumenter à ma mode.*

d MsR 79. *le refuser ;* ~~*mais pour le coup ils eurent plus de franchise que je ne m'y étois attendu*~~.

e P. *Vous avez raison.*

f P. *je vois bien que je m'étois trompé.*

g P. *à des lettres d'inconnus.*

h MsR 79. *chez moi. J'en remis quelques uns à des personnes de ma connoissance.*

prix d'une réponse decisive à ce même billet[19] l'acquiescement à leur fantaisie. J'en remis deux ou trois autres aux personnes qui m'accostoient ou qui me venoient voir. Mais tout cela ne produisit que des réponses amphigouriques et normandes qui m'attestoient dans leurs Auteurs une fausseté à toute épreuve.

Ce dernier mauvais succès, qui devoit mettre le comble à mon desespoir, ne m'affecta point comme les précédens. En m'apprenant que mon sort étoit sans ressources [11.] il m'apprit à ne plus lutter contre la nécessité. Un passage de l'Emile que je me rappellai me fit rentrer en moi-même[a] et m'y fit trouver ce que j'avois cherché vainement au-dehors[20]. Quel mal t'a fait ce complot ? Que t'a-t-il ôté de toi ? Quel membre t'a-t-il mutilé ? Quel crime t'a-t-il fait commettre ? Tant que les hommes n'arracheront pas de ma poitrine le cœur qu'elle enferme pour y substituer, moi vivant, celui d'un malhonnête homme[21], en quoi pourront-ils altérer, changer, detériorer mon être[b] ? Ils auront beau faire un J.J. à leur mode[c], Rousseau restera toujours le même en dépit d'eux[22].

N'ai-je donc connu la vanité de l'opinion que pour me remettre sous son joug aux dépends de la paix de mon âme et du repos de mon cœur ? Si les hommes veulent me voir autre que je ne suis, que m'importe ? L'essence de mon être est-elle dans leurs regards ? S'ils abusent et trompent sur mon compte les générations suivantes, que m'importe encore ? Je n'y serai plus pour être victime de leur erreur. S'ils empoisonnent et tournent à mal tout ce que le desir de leur bonheur m'a fait dire et faire d'utile, c'est à leur dam[23] et non pas au mien. Emportant avec moi le témoignage de ma conscience je trouverai en dépit d'eux le dédomagement de toutes

---

a MsR 79. *me fit rentrer en moi-même, quel mal t'a fait* [...] *et je me dis : n'ai-je donc si longtems mis à son prix l'opinion des hommes que pour m'en laisser subjuguer.* Six lignes plus bas (p. 9, f° gauche) un paragraphe placé entre deux lignes horizontales développe le thème : *N'ai-je donc mis à son prix cette opinion que pour m'en laisser ainsi subjuguer ~~de moi-même~~ moi-même. Ils s'efforcent de me rendre haïssable parce qu'ils veulent me haïr. ~~Restant toujours digne d'être aimé~~ leur animosité même me prouve leur estime en dépit d'eux. Si j'étois tel qu'ils feignent de le croire se tourmenteroient-ils ainsi de moi. ~~Si j'étois méchant ils mempecheroient de nuire.~~ L'iniquité de leur conduite à mon* (p. 9, f° droit) *égard atteste leur mauvais foi. Comment ne seroient-ils pas faux avec moi puisqu'ils le sont avec eux-mêmes. Pour assouvir leur cruauté ils se font ce qu'ils m'accusent d'être et pour faire de J.J. un monstre ils se changent en monstres pires que lui. Et moi je m'affecte de leur* [cinq mots illisibles] *haine comme si de leur part elle pouvoit m'offenser tandis qu'en effet elle m'honore. Ah ! s'ils m'avoient pu mépriser* [?] *~~il y a longtems qu'~~ jamais ils ne m'auroient haï.*

b P. *changer altérer détériorer mon être.*

c P. *un Jean Jaques à leur mode.*

leurs indignités[a]. S'ils étoient dans l'erreur de bonne foi, je pourrois en me plaignant les plaindre encore et gémir sur eux et sur moi ; mais quelle erreur peut excuser un système aussi execrable[b] que celui qu'ils suivent à mon égard avec un zèle impossible à qualifier ; quelle erreur peut faire traiter publiquement en scelerat convaincu le même homme qu'on empêche avec tant de soins [12.] d'apprendre au moins de quoi on l'accuse ? Dans le rafinement de leur barbarie, ils ont trouvé l'art de me faire souffrir une longue mort en me tenant enterré tout vif[c]. S'ils trouvent ce traitement doux il faut qu'ils aient des ames de fange[d] ; s'ils le trouvent aussi cruel qu'il l'est, les Phalaris, les Agatocle[24] ont été plus débonnaires qu'eux. J'ai donc eu tort d'espérer les ramener en leur montrant qu'ils se trompent ; ce n'est pas de cela qu'il s'agit, et quand ils se tromperoient sur mon compte, ils ne peuvent ignorer leur propre iniquité. Ils ne sont pas injustes et méchans envers moi par erreur mais par volonté : ils le sont parce qu'ils veulent l'être, et ce n'est pas à leur raison qu'il faudroit parler, c'est à leurs cœurs dépravés par la haine[e]. Toutes les preuves de leur injustice ne feront que l'augmenter ; elle est un grief de plus qu'ils ne me pardonneront jamais[f].

Mais c'est encore plus à tort que je me suis affecté de leurs outrages au point d'en tomber dans l'abbattement et presque dans le desespoir. Comme s'il étoit au pouvoir des hommes de changer la nature des choses, et de m'ôter les consolations dont rien ne peut dépouiller l'innocent[g] ! Et pourquoi donc est-il necessaire à mon bonheur éternel qu'ils me

a MsR 79. *de toutes leurs iniquités. Il faut me détacher de ce qui se ~~passe~~ fait sur la terre, que je vais bien tot la quitter, et ~~s'ils rebutent le bien que j'ai voulu leur faire~~.* (Trois lignes barrées).

b MsR 79. *execrable. Quand je serois tel qu'ils me voyent en seroient-ils eux moins ~~laches~~ faux moins fourbes moins cruels et moins vils dans la conduite qu'ils ont avec moi. Dans le rafinement de leur barbarie* etc.

c MsR 79. *l'art de me tenir enterré vif.*

d MsR 79. *des ames de boue. S'ils le trouvent aussi terrible qu'il est, le pire de tous les supplices que les hommes puissent inventer, de quel droit me l'infligent-ils sans vouloir m'entendre ni me juger selon les loix.*

e MsR 79. *leurs cœurs ~~pervertis~~ ~~envenimés~~ pervertis par la haine.* (Passage très surchargé, p. 10, milieu du f° gauche). P. *mais à leurs cœurs dépravés par la haine.*

f MsR 79. *Ainsi je ne ~~puis~~ dois je ne puis rien espérer de la generation presente et de celles qui lui ressembleront qu'outrages, affronts, impostures, masquées pour les rendre plus cruelles d'une apparence de bienveillance et de pitié.* (Cinq lignes barrées d'un trait).

g MsR 79. *les consolations plus fortes et que tout le genre humain et que toutes les rigueurs de la destinée et dont rien ne peut jamais ~~dépouiller l'innocence~~ ~~de remplir un~~ cœur ~~innocent des~~ et de m'oter les consolations dont rien ne peut dépouiller l'innocence.* (Quatre lignes barrées).

connoissent et me rendent justice ? Le Ciel n'a-t-il donc nul autre moyen de rendre mon ame heureuse et de la dedomager des maux qu'ils m'ont fait souffrir injustement ? Quand la mort m'aura tiré de leurs mains saurai-je et m'inquieterai-je de savoir ce qui se passe encore à mon égard sur la terre ? À l'instant que la barriére de l'éternité s'ouvrira devant moi, tout ce qui est en-deça disparoitra pour jamais[a], et si je me [13.] souviens alors de l'existence du genre humain, il ne sera pour moi dès cet instant même que comme n'existant déja plus[b][25].

J'ai donc pris enfin mon parti tout à fait[c] ; détaché de tout ce qui tient à la terre et des insensés jugemens des hommes, je me résigne à être à jamais défiguré parmi eux[d], sans en moins compter sur le prix de mon innocence et de ma souffrance. Ma félicité doit être d'un autre ordre ; ce n'est plus chez eux que je dois la chercher, et il n'est pas plus en leur pouvoir de l'empêcher que de la connoitre[e]. Destiné à être dans cette vie la proye de l'erreur et du mensonge, j'attens l'heure de ma délivrance et le triomphe de la vérité sans les plus chercher parmi les mortels[f]. Détaché[g] de toute affection terrestre et délivré même de l'inquietude

---

a MsR 79. *dès l'instant que la barriére de l'éternité me sera ouverte tout ce qui est en deça disparoitra devant moi.*

b MsR 79. Depuis « et pourquoi donc est-il necessaire » jusqu'à « déjà plus », ce passage figure au crayon et presque sans rature à la fin du brouillon. Rousseau l'a inséré dans la version définitive par la mention « crayon » en bas du f° gauche de la p. 10.

c MsR 79. *tout à ~~fait et me resignant en toute chose à la volonté du ciel, j'ai mis les choses qui~~* [?] ~~*ne* [un verbe illisible] *pas et delivré du tourment de l'esperance et détaché de la*~~ [*quatre mots illisibles*] ~~*et délivré des travaux*~~ [?] ~~de l'espérance parmi les hommes~~, *détaché de tout ce qui tient à la terre, et mettant au pis tous les* [*faux*] *jugemens des hommes je me suis resigné à être à jamais défiguré parmi* [*eux*] ~~*sans m'en affecter davantage*~~ *de leurs injustice* ~~*plus que des evenemens*~~ [mot illisible biffé] *que* [?] *sans en moins compter* etc.

d MsR 79. *parmi eux, sans m'affecter davantage de leur injustice.*

e MsR 79. *la connoitre. Délivré du tourment de l'espérance ici-bas, je renonce aux* ~~*soucis*~~ [*soins*] *qui l'accompagnent* ~~*et j'attends que mon heure vienne*~~ *sans plus* [verbe illisible] ~~*ici bas dans l'estime des hommes*~~ [mot illisible] *équivalent, destiné à être dans cette vie la proye de l'erreur* ~~*et de la*~~ [mot illisible biffé] *du mensonge, j'attends la lumiére après les tenebres sans plus chercher à la porter aux yeux qui veulent s'y fermer.* [quatre mots illisibles biffés] *J'attends l'heure de ma délivrance.*

f MsR 79. (p. 10-11) : *sans plus les chercher sur la terre. Il me semble que cette disposition me tranquillise et anticipe en quelque sorte sur mon être futur. Je vivrai* [~~*Je*~~ *vivant* ?] *encore au milieu des hommes, je me tiens ainsi presque inaccessible à leurs atteintes. Je n'ai pas vaincu, je ne vaincrai jamais sans doute le prémier mouvement de la nature. La colére, l'indignation feront encore bouillonner mon sang à l'approche insidieuse des flagorneurs et des traitres. Mais ces mouvemens passagers plus rapides que l'éclair me laisseront bientot rentrer dans la quiétude et le calme qui sera desormais mon état permanent.* (Version définitive à la fin du brouillon.)

g P. *Dégagé desormais.*

de l'espérance ici-bas[26], je ne vois plus de prise par laquelle ils puissent encore troubler le repos de mon cœur. Je ne reprimerai jamais le premier mouvement d'indignation, d'emportement, de colére, et même je n'y tache plus ; mais le calme qui succede à cette agitation passagére est un état permanent dont rien ne peut plus me tirer.

L'espérance eteinte étouffe bien le desir, mais elle n'aneantit pas le devoir, et je veux jusqu'à la fin remplir le mien dans ma conduite avec les hommes. Je suis dispensé désormais de vains efforts pour leur faire connoitre la vérité qu'ils sont déterminés à rejetter toujours, mais je ne le suis pas de leur laisser les moyens d'y revenir autant qu'il dépend de moi[a], et c'est le dernier usage qui me reste à faire de cet écrit. En multiplier incessamment les copies pour les déposer ainsi çà et là dans les mains des gens qui m'approchent seroit exceder inutilement mes forces, et je ne puis raisonnablement espérer que de toutes ces copies ainsi dispersées [14.] une seule parvint entiére à sa destination. Je vais donc me borner à une[27] dont j'offrirai la lecture à ceux de ma connoissance[b] que je croirai les moins injustes, les moins prevenus, ou qui quoique liés avec mes persecuteurs me paroitront avoir neanmoins encore[c] du ressor[t] dans l'ame et pouvoir être quelque chose par eux-mêmes. Tous, je n'en doute pas, resteront sourds à mes raisons, insensibles à ma destinée, aussi cachés et faux qu'auparavant. C'est un parti pris universellement et sans retour, surtout par ceux qui m'approchent. Je sais tout cela d'avance, et je ne m'en tiens pas moins à cette derniére résolution, parce qu'elle est le seul moyen qui reste en mon pouvoir de concourir à l'œuvre de la providence[d], et d'y mettre la possibilité qui dépend de moi[e]. Nul ne m'écoutera, l'expérience m'en avertit[f], mais il n'est pas impossible qu'il s'en trouve un qui m'écoute, et il est desormais impossible que les yeux des hommes s'ouvrent d'eux-mêmes à la vérité. C'en est assez pour m'imposer l'obligation de la tentative, sans en espérer aucun succés. Si je me contente de laisser cet écrit après moi, cette proye n'échappera pas aux mains de rapine qui n'attendent que ma derniére heure pour tout saisir et bruler ou falsifier. Mais si parmi

a P. *mais je ne le suis pas de leur laisser autant qu'il depend de moi les moyens d'y revenir.*

b P. *à ceux des gens qui m'approchent que je croirai* etc.

c P. *me paroitront neanmoins avoir encor du ressort.*

d MsR 79. et P. *de favoriser l'œuvre de la providence.*

e MsR 79. *mettre à son succés la possibilité qui depend de moi.*

f P. *l'expérience m'en a convaincu.*

ceux qui m'auront lû[28] il se trouvoit un seul cœur d'homme ou seulement un esprit vraiment sensé, mes persecuteurs auroient perdu leur peine[a] et bientot la vérité perceroit aux yeux du public[b]. La certitude si ce bonheur inespéré m'arrive, de ne pouvoir m'y tromper un moment m'encourage à ce nouvel essai. Je sais d'avance quel ton tous prendront après m'avoir lû. Ce ton sera le même qu'auparavant, ingénu, patelin, benevole ; ils me plaindront beaucoup de voir si noir ce qui est si blanc, car ils ont tous la candeur des Cygnes : mais ils ne comprendront rien à tout ce que j'ai dit là. Ceux-là, jugés à l'instant, ne me surprendront point du tout, et me fâcheront très peu. Mais si, contre toute attente, il s'en trouve un que mes raisons frappent[c] et qui commence à soupçonner la vérité, je ne resterai pas un moment en doute sur cet effet, et j'ai le signe assuré pour le distinguer des autres quand même il ne voudroit pas s'ouvrir à moi. C'est de [15.] celui-là que je ferai mon dépositaire[29], sans même examiner si je dois compter sur sa probité : car je n'ai besoin que de son jugement pour l'interesser à m'être fidelle. Il sentira qu'en supprimant mon dépot il n'en tire aucun avantage, qu'en le livrant à mes ennemis il ne leur livre que ce qu'ils ont déja, qu'il ne peut par consequent donner un grand prix à cette trahison, ni éviter tôt ou tard[d] par elle le juste reproche d'avoir fait une vilaine action. Au lieu qu'en gardant mon dépot il reste toujours le maitre de le supprimer quand il voudra, et peut un jour, si des révolutions assez naturelles changent les dispositions du public se faire un honneur infini et tirer de ce même dépot un grand avantage dont il se prive en le sacrifiant. S'il sait prévoir et s'il peut attendre, il doit en raisonnant bien m'être fidelle. Je dis plus ; quand même le public persisteroit[e] dans les mêmes dispositions où il est à mon égard, encor un mouvement très naturel le portera-t-il tôt ou tard à desirer de savoir au moins ce que J.J. auroit pu dire si on lui eut laissé la liberté de parler. Que mon dépositaire se montrant leur dise

---

a P. *perdu leurs peines.*

b MsR 79. À la suite : *Cet homme ne se trouvera pas, j'en suis très persuadé d'avance, mais il suffit qu'il puisse se trouver pour que cette possibilité m'impose l'obligation d'en faire l'épreuve, et j'y suis déterminé. Ce n'est pas de l'amour de la vérité et de la justice que j'attends ce miracle* [sept lignes raturées et barrées se terminant par :] *Ce n'est pas l'amour de la vérité qui peut désormais produire ~~ce miracle~~, mais ce peut être le bon sens, la raison, le seul amour propre ~~bien entendu~~.*

c P. *un que la solidité de mes raisons frappe.*

d P. *ni tot ou tard éviter par elle* etc.

e P. *persisteroit toujours.*

alors : vous voulez donc savoir ce qu'il auroit dit, eh bien, le voila[a]. Sans prendre mon parti, sans vouloir defendre ma cause ni ma mémoire[b], il peut en se faisant mon simple rapporteur, et restant au surplus, s'il peut, dans l'opinion de tout le monde, jetter cependant un nouveau jour sur le caractére de l'homme jugé : car c'est toujours un trait de plus à son portrait de savoir comment un pareil homme osa parler de lui-même.

Si parmi mes lecteurs je trouve cet homme sensé, disposé pour son propre avantage à m'être fidelle[30], je suis déterminé à lui remettre, non seulement cet écrit, mais aussi mes confessions et tous les papiers qui restent entre mes mains[31], et desquels on peut tirer un jour de grandes lumiéres sur ma destinée, puisqu'ils contiennent des anecdotes, des explications et des faits que nul autre [16.] que moi ne peut donner, et qui sont les seules clefs de beaucoup d'enigmes qui sans cela resteront à jamais inexplicables.

Si cet homme ne se trouve point, il est possible au moins que la mémoire de cette lecture restée dans l'esprit de ceux qui l'auront faite, réveille un jour en quelqu'un d'eux quelque sentiment de justice et de commisération, quand, longtems après ma mort, le délire public commencera de s'affoiblir. Alors ce souvenir peut produire en son ame quelque heureux effet que la passion qui les anime arrête de mon vivant, et il n'en faut pas davantage pour commencer l'œuvre de la providence[c]. Je profiterai donc des occasions de faire connoitre cet écrit, si je les trouve, sans en attendre aucun succés. Si je trouve un dépositaire que j'en puisse raisonnablement charger, je le ferai, regardant néanmoins mon dépot comme perdu et m'en consolant d'avance. Si je n'en trouve

---

a P. *Hé bien le voila**
** La premiére condition requise pour répondre à une accusation est sans contredit de la connoitre. Moi je me suis vu forcé de répondre sans avoir pu jamais savoir à quoi. En me parlant toujours comme à un honnête homme, on me traite publiquement comme un scelerat convaincu. Cette étrange et incroyable position ne doit jamais être oubliée et je crois qu'elle suffira seule pour décider la question chez tout homme qu'on n'aura pas jetté dans le délire et qui ne sera ni passionné ni fou.*
Note absente dans G.

b MsR 79. En haut du f° droit de la p. 12, une ébauche de l'alinéa suivant séparée de la suite de la phrase par un trait horizontal : *Je suis déterminé à lui garder sur ce qu'il me dira un inviolable secret s'il l'exige et sur* [alors] *de sa sincérité je lui remettrai des eclaircissemens et des preuves qu'on n'aura jamais que de moi et qui jetteront un grand jour sur toute ma destinée ~~qui~~* [laquelle] *sans cela restera pour jamais une enigme inexplicable.*

c MsR.79 (f° gauche, p. 13). *l'œuvre de la providence. Ce que je dis ici qui peut arriver, n'arrivera point, je le crois ainsi, mais puisqu'il est possible enfin qu'il arrive cette seule possibilité m'oblige à faire même sans espérance ce qu'il faut pour ne la pas empêcher. Et telle est ma resolution.*

point, comme je m'y attends, je continuerai de garder ce que je lui aurois remis, jusqu'à ce qu'à ma mort si ce n'est plustôt mes persecuteurs s'en saisissent. Ce destin de mes papiers que je vois inévitable ne m'allarme plus. Quoique fassent les hommes, le Ciel à son tour fera son œuvre. J'en ignore le tems, les moyens, l'espéce. Ce que je sais, c'est que l'arbitre suprème est puissant et juste, que mon ame est innocente et que je n'ai pas mérité mon sort. Cela me suffit. Ceder désormais à ma destinée, ne plus m'obstiner[a] à lutter contre elle, laisser mes persécuteurs disposer à leur gré de leur proye, rester leur jouet sans aucune resistance durant le reste de mes vieux et tristes jours[b], leur abandonner même l'honneur de mon nom et ma réputation dans l'avenir, s'il plait au Ciel qu'ils en disposent, sans plus m'affecter de rien quoiqu'il arrive ; c'est ma derniére résolution. Que les hommes fassent désormais tout ce qu'ils voudront, après avoir fait moi ce que j'ai du, ils auront beau tourmenter ma vie, ils ne m'empêcheront pas de mourir en paix[c].

---

a P. *sans plus m'obstiner à* etc.

b MsR.79. À la suite : *~~que je dois le ciel me condanne à passer encore avec eux au milieu d'eux~~ ~~me~~* [suite peu lisible].

c MsR.79 (fº droit de la p. 13) : la page est divisée en quatre zones par des traits horizontaux ; très raturée, elle présente diverses ébauches, dont cet essai pour l'*explicit* : *que les hommes tourmentent à leur gré le reste de ma vie, ils ne m'empêcheront pas* [*du moins*] *de mourir en paix*. Autre essai (fº gauche en haut) : *après avoir fait moi ce que j'ai du ils ne m'empêcheront pas de mourir en paix*. Dans les dernières lignes du Ms (p. 14, fºgauche), les variantes se succèdent ainsi : *~~qu'ils fassent~~ de moi tout ce qui leur convient ~~durant le reste de ma vie. Après avoir fait moi ce que j'ai du je les laisserai sans resistance disposer du reste de ma vie~~. Après avoir fait moi ce que j'ai du ~~rien ne m'empêchera de mourir en paix~~. Qu'ils* [*tourmentent*] *~~aujourdui~~* [*à leur gré*] *les restes de ma vie ~~ils ne m'empêcheront pas~~ de mourir en paix*. Enfin : *~~une chose me paroit leur être~~* [*~~impossible~~* (?)] *c'est ils* [*ne*] *m'empêchent* [*pas*] *~~de mourir en paix~~*.

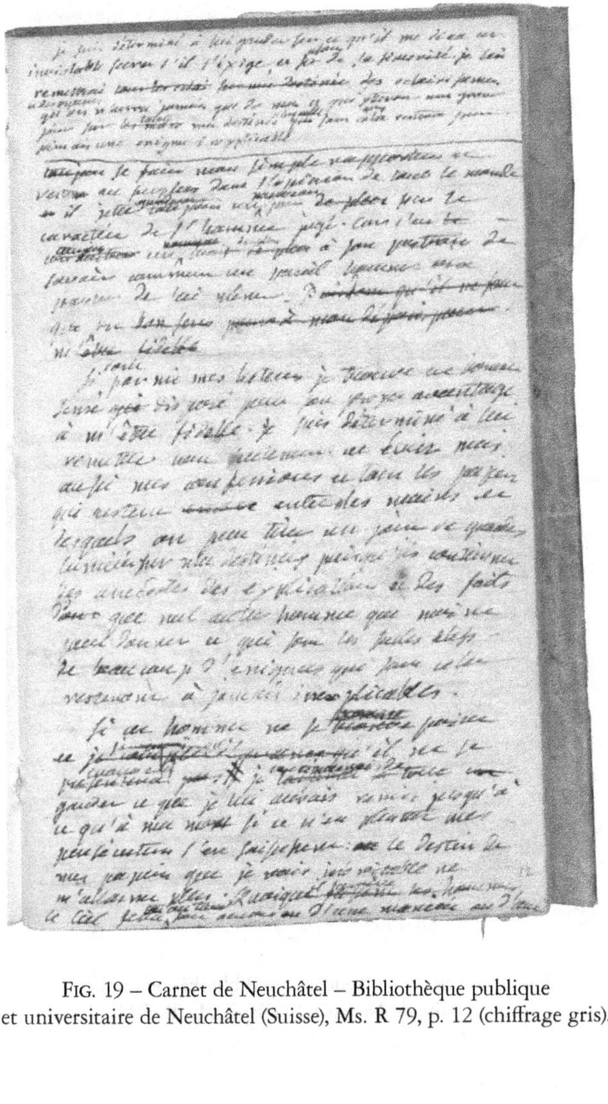

FIG. 19 – Carnet de Neuchâtel – Bibliothèque publique et universitaire de Neuchâtel (Suisse), Ms. R 79, p. 12 (chiffrage gris).

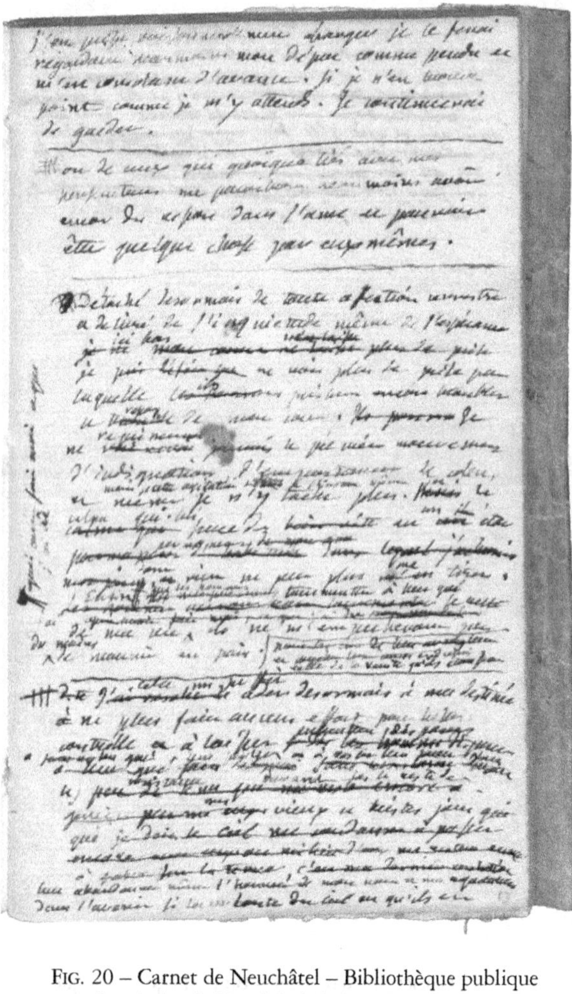

FIG. 20 – Carnet de Neuchâtel – Bibliothèque publique et universitaire de Neuchâtel (Suisse), Ms. R. 79 (p. 13).

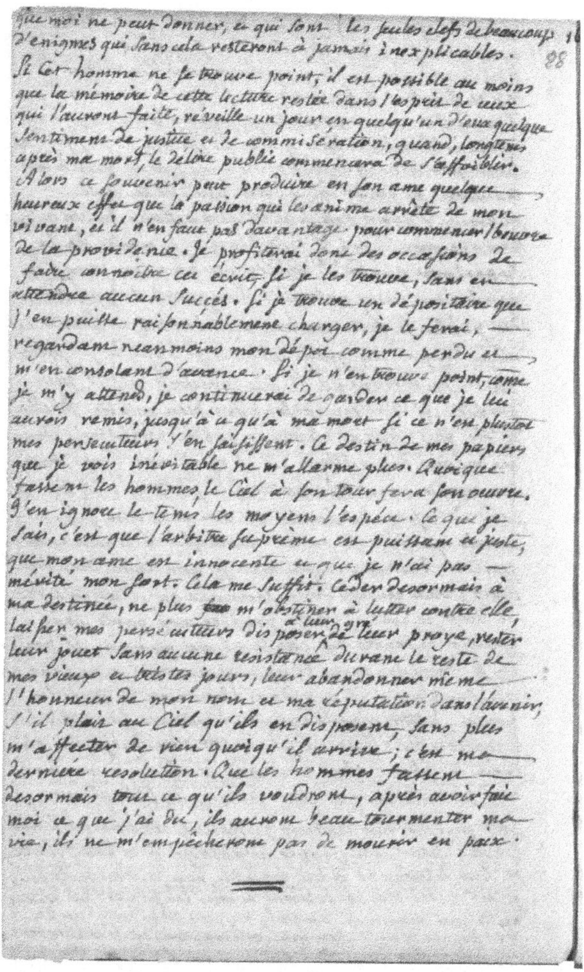
que moi ne peut donner, et qui sont les seules clefs de beaucoup d'enigmes qui sans cela resteront à jamais inexplicables. 16 88

Si cet homme ne se trouve point, il est possible au moins que la mémoire de cette lecture restée dans l'esprit de ceux qui l'auront faite, réveille un jour en quelqu'un d'eux quelque sentiment de justice et de commisération, quand, longtems après ma mort, le délire public commencera de s'affoiblir. Alors ce souvenir peut produire en son ame quelque heureux effet que la passion qui les anime arrête de mon vivant, et il n'en faut pas davantage pour commencer l'ouvrage de la providence. Je profiterai donc des occasions de faire connoitre cet écrit, si je les trouve, sans en attendre aucun succès. Si je trouve un dépositaire que j'en puisse raisonnablement charger, je le ferai, regardant neanmoins mon dépot comme perdu et m'en consolant d'avance. Si je n'en trouve point, come je m'y attends, je continuerai de garder ce que je lui aurois remis, jusqu'à ce qu'à ma mort si ce n'est plustot mes persécuteurs s'en saisissent. Ce destin de mes papiers que je vois inévitable ne m'allarme plus. Quoique fassent les hommes, le Ciel à son tour fera son oeuvre. J'en ignore le tems les moyens l'espéce. Ce que je sais, c'est que l'arbitre suprême est puissant et juste, que mon ame est innocente et que je n'ai pas mérité mon sort. Cela me suffit. Céder desormais à ma destinée, ne plus m'obstiner à lutter contre elle, laisser mes persécuteurs disposer à leur gré de leur proye, rester leur jouet sans aucune résistance durant le reste de mes vieux et tristes jours, leur abandonner même l'honneur de mon nom et ma réputation dans l'avenir, s'il plait au Ciel qu'ils en disposent, sans plus m'affecter de rien quoiqu'il arrive; c'est ma derniére resolution. Que les hommes fassent desormais tout ce qu'ils voudront, aprés avoir fait moi ce que j'ai du, ils auront beau tourmenter ma vie, ils ne m'empêcheront pas de mourir en paix.

FIG. 21 – Manuscrit « de Genève » – Bibliothèque de Genève, Ms. fr. 00223-2 (p. 16/88).

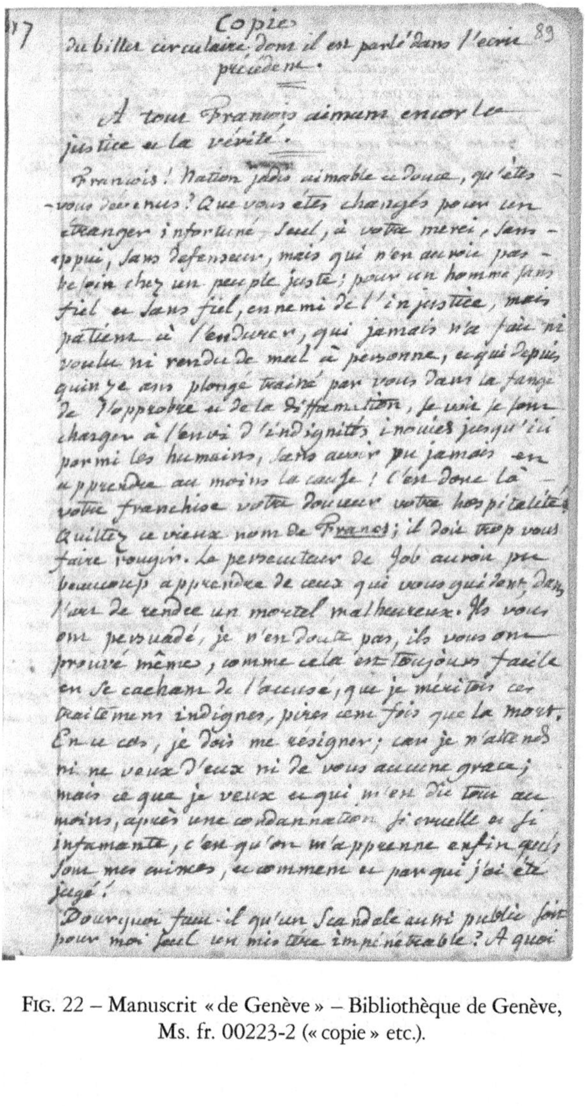
17 Copie
du billet circulaire dont il est parlé dans l'écrit 89
précédent.

A tout François aimant encor la justice et la vérité.

François! Nation jadis aimable et douce, qu'êtes-vous devenus? Que vous êtes changés pour un étranger infortuné, seul, à votre merci, sans appui, sans défenseur, mais qui n'en auroit pas besoin chez un peuple juste; pour un homme sans fiel et sans fiel, ennemi de l'injustice, mais patient à l'endurer, qui jamais n'a fait ni voulu ni rendu de mal à personne, et qui depuis quinze ans plongé traîné par vous dans la fange de l'opprobre et de la diffamation, se voit se sent charger à l'envi d'indignités inouies jusqu'ici parmi les humains, sans avoir pu jamais en apprendre au moins la cause! C'est donc là votre franchise votre douceur votre hospitalité? Quittez ce vieux nom de Francs; il doit trop vous faire rougir. Le persécuteur de Job auroit pu beaucoup apprendre de ceux qui vous guident dans l'art de rendre un mortel malheureux. Ils vous ont persuadé, je n'en doute pas, ils vous ont prouvé même, comme cela est toujours facile en se cachant de l'accusé, que je méritois ces traitemens indignes, pires cent fois que la mort. En ce cas, je dois me résigner; car je n'attends ni ne veux d'eux ni de vous aucune grace; mais ce que je veux et qui m'est dû tout au moins, après une condamnation si cruelle et si infamante, c'est qu'on m'apprenne enfin quels sont mes crimes, et comment et par qui j'ai été jugé!

Pourquoi faut-il qu'un Scandale aussi public soit pour moi seul un mistère impénétrable? A quoi

FIG. 22 – Manuscrit « de Genève » – Bibliothèque de Genève, Ms. fr. 00223-2 (« copie » etc.).

[17.] COPIE

du billet circulaire dont il est parlé dans l'ecrit précédent.

A tout François aimant encor la justice et la vérité[a].

François ! Nation jadis aimable et douce, qu'êtes-vous devenus ? Que vous êtes changés pour un étranger infortuné, seul, à votre merci, sans appui, sans defenseur, mais qui n'en auroit[b] pas besoin chez un peuple juste ; pour un homme sans [fard] et sans fiel, ennemi de l'injustice, mais patient à l'endurer, qui jamais n'a fait, ni voulu, ni rendu de mal à personne, et qui depuis quinze ans plongé, trainé par vous dans la fange de l'opprobre et de la diffamation, se voit, se sent charger à l'envi d'indignités inouïes jusqu'ici parmi les humains, sans avoir pu jamais en apprendre au moins la cause ! C'est donc là votre franchise, votre douceur, votre hospitalité ? Quittez ce vieux nom de *Francs ;* il doit trop vous faire rougir[32]. Le persecuteur de Job auroit pu beaucoup apprendre de ceux qui vous guident, dans l'art de rendre un mortel malheureux. Ils vous ont persuadé, je n'en doute pas, ils vous ont prouvé même, comme cela est toujours facile en se cachant de l'accusé, que je méritois ces traitemens indignes, pires cent fois que la mort. En ce cas, je dois me résigner ; car je n'attens ni ne veux d'eux ni de vous aucune grace ; mais ce que je veux et qui m'est du tout au moins, après une condannation si cruelle et si infamante, c'est qu'on m'apprenne enfin quels sont mes crimes, et comment et par qui j'ai été jugé !

Pourquoi faut-il qu'un scandale aussi public soit pour moi seul un mistére impénétrable ? A quoi [18.] bon tant de machines, de ruses, de trahisons, de mensonges pour cacher au coupable ses crimes qu'il doit savoir mieux que personne s'il est vrai qu'il les ait commis ? Que

---

a Cette suscription n'apparaît pas dans P.

b P. *n'en sauroit pas besoin.*

si, pour des raisons qui me passent, persistant à m'oter un droit* dont on n'a privé jamais aucun criminel, vous avez résolu d'abruver le reste de mes tristes jours d'angoisses, de dérision, d'opprobres, sans vouloir que je sache pourquoi, sans daigner écouter mes griefs, mes raisons, mes plaintes, sans me permettre même de parler**, j'éléverai au Ciel pour toute defense un cœur sans fraude et des mains pures de tout mal, lui demandant, non peuple cruel, qu'il me venge et vous punisse (Ah qu'il éloigne de vous tout malheur et toute erreur !) mais qu'il ouvre bientôt à ma vieillesse un meilleur asyle où vos outrages ne m'atteignent plus.

JJR.

P.S. François, on vous tient dans un délire qui ne cessera pas de mon vivant. Mais quand [19.] je n'y serai plus, que l'acçés sera passé, et que votre animosité, cessant d'être attisée, laissera l'équité naturelle parler à vos cœurs, vous regarderez mieux, je l'espére, à tous les faits, dits, écrits que l'on m'attribue en se cachant de moi très soigneusement, à tout ce qu'on vous fait croire de mon caractére, à tout ce qu'on vous [fait] faire par bonté pour moi. Vous serez alors bien surpris ! et, moins contens de vous que vous ne l'êtes, vous trouverez, j'ose vous le prédire la lecture de ce billet plus interessante qu'elle ne peut vous paroitre aujourdui. Quand enfin ces Messieurs, couronnant toutes leurs bontés, auront publié la vie de l'infortuné qu'ils auront fait mourir de douleur, cette vie impartiale et fidelle qu'ils préparent depuis longtems avec tant de secret et de soin, avant que d'ajouter foi à leur dire et à leurs preuves,

* Quel homme de bon sens croira jamais qu'une aussi criante violation de la loi naturelle et du droit des gens puisse avoir pour principe une vertu ? S'il est permis de dépouiller un mortel de son état d'homme, ce ne peut être qu'après l'avoir jugé, mais non pas pour le juger [P. *mais non pour le juger*]. Je vois beaucoup d'ardens executeurs, mais je n'ai point apperçu de juge [BnF ms. 1262, fol. 106. *Je ne vois partout qu'ardens executeurs, sans avoir apperçu jamais aucun juge*]. Si tels sont les preceptes d'équité [Bibl. Neuchâtel, ms 7872 c. *Si tels sont les principes de justice*] de la philosophie moderne, malheur sous ses auspices au foible innocent et simple ; honneur et gloire aux intrigans cruels et rusés.

** De bonnes raisons doivent toujours être écoutées surtout de la part d'un accusé qui se défend ou d'un opprimé qui se plaint ; et si je n'ai rien de solide à dire, que ne me laisse-t-on parler en liberté ! C'est le plus sur moyen de décrier tout à fait ma cause et de justifier pleinement mes accusateurs. Mais tant qu'on m'empêchera de parler ou qu'on refusera de m'entendre, qui pourra jamais sans témérité prononcer que je n'avois rien à dire ?

vous rechercherez, je m'assure, la source de tant de zèle, le motif de tant de peine, la conduite surtout qu'ils eurent envers moi de mon vivant. Ces recherches bien faites, je consens, je le déclare, puisque vous voulez me juger sans m'entendre, que vous jugiez entre eux et moi sur leur propre production.

NOTES EXPLICATIVES

NOTES DE LA PAGE DE TITRE ET DE [DU SUJET ET DE LA FORME DE CET ÉCRIT]

1 *« Barbarus hic ego sum, quia non intelligor illis. Ovi. Trist. »*

Cette épigraphe n'apparaît ni dans P. ni dans G. La leçon correcte de ce vers est la suivante : *Barbarus hic ego sum, qui non intellegor ulli, / Et rident stolidi uerba latina Getae. Tristivm*, liber V, 10, v. 37-38. « Ici le barbare, c'est moi que nul ne comprend, et les Gètes stupides rient des mots latins. » (Trad. J. André, Paris, Les Belles-Lettres, 1968, p. 154). La leçon la plus courante au XVIIIe siècle est la suivante : *Barbarus his ego sum quia non intelligor ulli / et rident stolidi verba latina Getae.* « Je passe ici pour barbare, et les Getes impertinents se rient des mots latins. » *Les Élégies d'Ovide pendant son exil. Traduites en françois* [...] *par le P. J.-M. de Kervillars*, t. I, élégie X, v. 36-37 (Paris, chez d'Houry, 1738, p. 433). Rousseau corrige « his » par « hic » et « ulli » par « illis » dès la première citation qu'il en fait dans sa longue lettre philosophique adressée le 17 janvier 1742 au comte des Charmettes, François-Joseph de Conzié, à propos de l'*Essay on Man* de Pope, qu'il pratiquait dans la traduction de l'abbé du Resnel (1737). Les vers d'Ovide y apparaissent en conclusion : « J'espère, Monsieur, qu'en prenant ma franchise dans le sens où je vous l'offre, elle n'aura rien qui vous déplaise, et que vous la pardonnerez à un homme qui parle par expérience, et qui a eu plusieurs fois occasion de dire comme Ovide chez les Sarmathes : Barbarus hic ego sum, quia non intelligor illis : / Et rident Stolidi verba latina Getae. » (*CC*. n° 1742, t. I, p. 139). La même épigraphe revient la même année dans un florilège autographe de ses vers intitulé *La Muse Allobroge ou les Œuvres du petit Poucet*. Enfin, le premier vers procure l'épigraphe du *Discours qui a remporté le prix à l'Académie de Dijon. En l'année 1750.* [...] *Par un Citoyen de Genève.*

2 *« Je ne me serois pas conduit avec lui comme ils font avec moi. »*

Voici, par exemple, comment il le dit à la marquise de Mesmes, en août 1772 : « Je me suis dit ; ils sont trompés leur erreur est invincible, mais me suis-je répondu, non seulement ils sont trompés mais loin de déplorer leur erreur ils l'aiment ils la chérissent. [...] Ils sont trompés ? hé bien supposons ; mais, trompés doivent-ils se conduire comme ils font ! d'honnêtes gens doivent-ils se conduire ainsy ? Me conduirois-je ainsi moi même à leur place ? Jamais, jamais. » (14 août 1772, *CC.* n° 6959 ; on trouvera cette lettre au n° V. 2. du « Dossier documentaire »). Cette alternative reviendra vers la fin du premier dialogue : à la supposition, émise par « le François », qu'un ancien ami de J.J. ayant découvert ses crimes et la réalité de son caractère, ait cru devoir « mettre à sa dénonciation la condition de la grace du scelerat » et « qu'en lui donnant la réputation d'un coquin on lui conservât la liberté d'un honnête homme », le personnage « Rousseau » rétorque : « Dans cette supposition même je me serois conduit, et vous aussi, j'en suis très sur, et tout autre homme d'honneur, d'une façon très différente. » (p. 258). Pour une analyse de cet incipit en termes de contrat virtuel passé avec le lecteur, voir Michel Launay, « Signes et formes-sens de l'écriture contractuelle dans *Rousseau juge de Jean-Jacques-Dialogues* », in J. Grivel et R. Osmont, *Index de Rousseau juge de Jean-Jacques, Dialogues*, *op. cit.*, p. 245-245.

3 *« Je ne pouvois supposer que cet accord unanime n'eut aucun fondement raisonnable. »*
Sur les enjeux du mot « raison » et de son réseau lexical dans cette préface et dans les trois entretiens, et sur les variations de leur distribution entre les deux interlocuteurs au fil du texte, on peut se reporter au n° 3 du présent dialogue dans le « Glossaire ».

4 *« Une hypothese générale qui put tous les rassembler. »*
Il s'agit là de la seule occurrence du mot HYPOTHESE dans *Rousseau juge de Jean Jaques*. Selon Gibert, on admet trois sortes d'hypothèses : « 1°. La *Judiciaire*, où il s'agit de la justice ou de l'injustice d'une chose faite, qui intéresse celui qui parle. 2°. La *Délibérative*, où il s'agit de conseiller ou de dissuader l'auditeur de faire une chose, comme bonne ou mauvaise, utile ou nuisible, agréable ou désagréable ; c'est donc une hypothèse qui intéresse celui à qui on parle. Il y a encore la *Théorique*, autrement appelée *Démonstrative*, où l'on donne à connoître les bonnes ou mauvaises qualités du sujet que l'on traite, pour le louer ou le blâmer [...]. On peut assurer que les hypotheses sont proprement la matière de l'orateur, et pour ainsi dire son partage ; puisque c'est un citoyen qui parle à d'autres citoyens sur quelque fait dont il est question de juger par les règles établies dans la République. » Mais il note aussi qu'il y a « des auteurs qui donnent le nom d'*Hypotheses générales* à [des] questions qui ne sont pas circonstanciées, parce qu'ils veulent donner le nom d'hypothèse à toutes sortes de sujets que l'orateur peut traiter. L'usage, néanmoins le plus commun, est de distinguer le *Fait*, qui s'appelle hypothèse ou cause ; et la

Question qui s'appelle These ou Lieu commun. » (*La Rhétorique ou les règles de l'éloquence* (désormais *Rhét.*), Paris, Huart et Moreau, 1749, p. 31-33, italiques siennes). Sur la dimension argumentative dans *Rousseau Juge de Jean Jaques*, on peut consulter l'étude de Jean Dagen : « La question de la preuve et la logique des *Dialogues* », *AJJR* 50, 2012, p. 185-216.

5 *« Ce qu'ils disent en effet. »*

« EN EFFET. Réellement. *Cela n'est pas en imagination, mais en effet. Il a raison en effet. Il le mérite en effet.* » *Acad.*

6 *« En cumulant contre moi toutes les charges imaginables, et mettant de leur côté tout ce que j'ai pu y mettre de motifs plausibles et d'argumens spécieux. »*

« L'avocat doit être le premier juge de son client et le plus sevére » écrit Rousseau dans les *Considérations sur le gouvernement de Pologne* (*OC*. III Pléiade, p. 1001). Ce jeu de rôle mental est une technique classique de l'éloquence judiciaire ; ainsi Cicéron : « Je me fais instruire de l'affaire sous [un nom d'emprunt], par la partie elle-même qui implore mon secours ; et je ne veux avoir aucun témoin de notre conversation, afin que celui que j'interroge ait toute liberté de s'expliquer. J'ai soin même de plaider la cause de la partie adverse, afin que mon client plaide la sienne, et qu'il ne laisse rien échapper de tout ce qu'il a pensé sur son affaire. Lorsqu'il s'est retiré, je remanie tout ce qu'il m'a dit, et je soutiens moi seul trois rôles différents avec une exacte impartialité, le mien, celui de l'avocat adverse, celui du juge. Je fais ainsi le triage et l'estimation de mes moyens. Par là je me procure l'avantage de penser dans un temps et de parler dans un autre ; deux choses que la plupart des avocats, comptant sur leurs talents, font à la fois. » Cicéron (*De Orat.* II, 99-103). Crevier, dont ce passage est tiré, ajoute ceci : « l'auteur de la préface des œuvres de M. Cochin, assure que la pratique recommandée ici par Cicéron, était suivie exactement par cet illustre orateur de nos jours. » J.B.L. Crevier, *Rhétorique française* (désormais *Rh. fr.*), vol. I, Paris, 1765, p. 169-170.

7 *« De motifs plausibles. »*

C'est ce que recommande Quintilien à propos de la prosopopée : « grâce à elle, nous dévoilons les pensées de nos adversaires, comme s'ils s'entretenaient avec eux-mêmes, mais on ne les croira que si nous les représentons avec des idées qu'il n'est pas absurde de leur attribuer. » (*Institution oratoire*, IX, 2, 29-32. Trad. Jean Cousin, Les Belles-Lettres, coll. des Universités de France, 1978). Tout lettré des Lumières a étudié Quintilien ; l'abrégé latin de Rollin (1715) est le manuel en usage dans les collèges. Dans son premier projet pédagogique (vers fin 1740), Rousseau recommande que le fils de M. de Mably l'apprenne par cœur. Voir le *Mémoire présenté à M. de Mably sur l'éducation de son fils*, (*OC*. IV Pléiade, p. 29). *Cf.* aussi Gin : « L'orateur qui lui [*i. e.* à la première plaidoirie] répondra, présentera infailliblement la cause sous le point de vue qui aura été prévu par le premier plaidant. Je dis infailliblement, car toute autre manière d'envisager la cause donnerait au premier plaidant les avantages d'une mauvaise défense. » *De l'éloquence du barreau* (désormais *E.B.*) Paris, Herissant, 1768, p. 35.

8 *« Et d'argumens spécieux. »*

« SPÉCIEUX, EUSE. Qui a belle apparence, une apparence séduisante et trompeuse. *Speciosus*. Raison spécieuse. Voilà un argument bien spécieux, bien probable. L'excuse est spécieuse. Vos raisons sont plus spécieuses que convaincantes. » *Trévoux*.

9 *« Si j'en avois trouvé de meilleures, je les aurois employées de tout mon cœur. »*

Cette stratégie rhétorique a été mise en œuvre très tôt dans ses écrits antérieurs ; il y fait allusion dans un fragment intitulé *Idée de la méthode dans la composition d'un livre* : « en entrant en matiére, je mettrois en tel jour ce que j'aurois à prouver que je paroitrois d'abord accorder au sentiment opposé beaucoup plus de choses que je ne lui en accorderois réellement, laissant à la force de mes raisons le droit de revendiquer dans la suitte ce que j'aurois d'abord cédé de trop. Cette adresse est encore d'un grand effet pour se concilier l'estime du Lecteur. » (*OC*. II Pléiade, p. 1243). Ce texte aurait été écrit aux alentours de 1745-1747.

10 *« La forme du dialogue m'ayant paru la plus propre à discuter le pour et le contre. »*

Rousseau juge de Jean Jaques s'apparente donc génériquement au *factum* en *pro et contra* en vogue à cette époque, où lettrés et avocats publient leurs versions des affaires (affaire Calas et autres erreurs judiciaires, affaires politico-religieuses Mémoires Goëzman, etc.), transgressant ainsi le secret de l'instruction judiciaire pour les porter devant le tribunal de l'opinion publique. Voir S. Maza, *Vies privées, affaires publiques, les causes célèbres dans la France prérévolutionnaire*, Fayard, 1997.

11 *« J'ai pris la liberté de reprendre [...] mon nom de famille que le public a jugé à propos de m'ôter, et je me suis désigné en tiers [...] par celui de baptême auquel il lui a plu de me réduire. »*

Parlant des Mémoires judiciaires, Gin indique qu'il « est un genre de causes dans lesquelles le public a un tribunal séparé de celui des juges, parce qu'elles intéressent la réputation des citoyens [...] L'orateur doit alors donner à son Mémoire assez d'étendue pour instruire ceux qui n'ont pas assisté aux plaidoiries.

[...] Il est une forme des Mémoires qui leur donne plus de vie. l'Orateur y fait parler la Partie elle-même. » (*E.B.*, p. 310). L'intelligence oratoire de Rousseau sur ce plan est bien sûr d'avoir tiré de la disjonction (ou de la concurrence) de son nom et de son prénom dans le public, un dispositif énonciatif original divisant sa « Partie » en deux instances : l'accusé et son avocat, « J.J. » et « Rousseau ». À titre d'illustration de la concurrence des deux désignatifs dans le discours public, voici ce qu'écrit à son frère Pietro Verri, un grand acteur des Lumières italiennes : « le marquis Catiglioni étant à Paris, voulut connaître Jean-Jacques du mont Jura. il grimpa force escaliers délabrés jusqu'au quatrième ou cinquième étage, il était vêtu grossièrement, il frappa. Une laide vieille surgit, qui est la femme du philosophe. Il demanda si Mr. Rousseau était là. » (Lettre du 15 février 1777, citée par R. Trousson : *Rousseau par ceux qui l'ont vu*, Bruxelles, Le Cri éd., 2004, p. 21). On sait que Rousseau s'est singularisé dans la République des lettres en assumant clairement l'auctorialité de ses ouvrages, et donc sa responsabilité, à l'inverse des pratiques d'anonymat ou de pseudonymat alors encore dominantes, notamment chez Voltaire. Il est en outre le seul de ses grands contemporains à avoir vu son prénom concurrencer son nom de famille dans l'usage public courant. Il y sacrifie d'ailleurs lui-même dans *Les Confessions* : ainsi à propos du concert catastrophique de Lausanne : « Pauvre Jean-Jaques ; dans ce cruel moment tu n'espérois guére qu'un jour, devant le Roi de France et toute sa cour, tes sons exciteroient des murmures de surprises et d'applaudissement » (l. IV, *OC*. I Pléiade, p. 149), ou encore au sujet de l'abandon de ses enfants : « Jamais un seul instant de sa vie J.J. n'a pu être un homme sans sentiment, sans entrailles, un pere dénaturé. » (l. VIII, *ibid.*, p. 357). En ce qui concerne *Rousseau juge de Jean Jaques*, la mutation du nom de famille et du prénom de l'auteur en hétéronymes chacun lesté d'une personnalité, d'une histoire et d'un discours (il est vrai délibérément très réduit dans le cas de J.J.), s'incrit dans une stratégie rhétorique opérant à rebours de l'économie énonciative dominante que combat l'ouvrage : puisque le public est incapable de le juger l'auteur comme il le ferait lui-même, son nom de famille désignera le seul juge qu'il admette désormais ; quant à son prénom, par la criminalité exceptionnelle à laquelle l'associe le procès à charge, autant que par son exemplarité d'« homme de la nature éclairé par la raison » selon la thèse à décharge, il incarnera l'altérité radicale d'un homme et d'un propos dont il s'agit de rappeler au public qu'ils sont aux antipodes de la familiarité du prénom en circulation dans la sociabilité contemporaine.

12 « Je n'ai rien fait que d'obligeant et d'honnête pour le nom qu'il porte. »

En 1770, Rousseau parlait ainsi de la nation française à Buirette de Belloy, dont il avait apprécié la tragédie *Gaston et Bayard* qu'il lui avait donnée à lire :

« J'ai toujours aimé votre Nation, elle est même celle de l'Europe que j'honore le plus, non que j'y croye appercevoir plus de vertus que dans les autres, mais par un précieux reste de leur amour qui s'y est conservé, & que vous réveillez, quand il étoit prêt à s'éteindre. Il ne faut jamais désespérer d'un peuple qui aime encore ce qui est juste & honnête, quoiqu'il ne le pratique plus. Les François auront beau applaudir aux traits héroïques que vous leur présentez, je doute qu'ils les imitent, mais ils s'en transporteront dans vos Pièces, & les aimeront dans les autres hommes, quand on ne les empêchera pas de les y voir. On est encore forcé de les tromper pour les rendre injustes, précaution dont je n'ai pas vu qu'on eût grand besoin pour d'autres peuples. Voila, Monsieur, comment je pense constamment à l'égard des François, quoique je n'attende plus de leur part qu'injustice, outrages & persécution ; mais ce n'est pas à la Nation que je les impute, & tout cela n'empêche pas que plusieurs de ses membres n'aient toute mon estime, & ne la méritent, même dans l'erreur où on les tient. » (*CC.* n° 6686, § [3]). Pour une analyse de l'ensemble des enjeux de cette lettre, voir Gautier Ambrus, « Retout au théâtre : Rousseau lecteur de Ducis et de Belloy », *Cahiers Roucher-André Chénier*, n° 32, p. 40-50.

13 « Le personnage que toute sa nation s'empresse de prendre à mon égard. »

Ce dispositif d'objectivation fictionnelle des instances en procès a été exploré antérieurement à l'adresse de Hume, dans l'immense lettre-procès que Rousseau lui envoie de Wooton, le 10 juillet 1766 : « Vous demandez [...] qu'on vous nomme votre accusateur. Cet accusateur, Monsieur, est le seul homme au monde qui, déposant contre vous, pouvait se faire écouter de moi ; c'est vous-même. [...] Je vous parlerai avec la même franchise que si vous étiez un autre en qui j'eusse toute la confiance que je n'ai plus en vous. Je vous ferai l'histoire des mouvements de mon âme et de ce qui les a produits, et nommant M. Hume en tierce personne, je vous ferai juge vous-même de ce que je dois penser de lui. » Cette lettre fut rendue publique par Hume dans l'*Exposé succinct de la contestation qui s'est élevée entre M. Hume et M. Rousseau, avec les pièces justificatives*, Londres, 1766, p. 47-48 pour la citation.

14 « Le rolle humiliant de ma propre défense. »

Rousseau a choisi de dédoubler son identité civile pour instruire fictionnellement le procès public qu'appelle le titre de l'œuvre ; cependant, ce choix rhétorique en implique un autre : il va falloir parler de soi sans cesse, mais « sans louange et sans dépression », soit en se privant des ressources du genre démonstratif (celles de l'éloge et du blâme) ; c'est du moins ce qu'il prétend car en réalité, il s'en prive moins qu'il ne le circonscrit, en surdéterminant l'« autobiographique » – qu'on appelait à l'époque confession ou apologie –, par le juridique et le philosophique, c'est-à-dire en travaillant le genre démonstratif sous l'instance des genres judiciaire et délibératif. Or c'est bien cela déjà qu'il avait dû apprendre à négocier dans les *Lettres de la Montagne*, comme on s'en assure en relisant leur « Avertissement » : « Réduit au triste emploi de me défendre moi-même, j'ai du me borner à raisonner ; m'échauffer eut été m'avilir. » (*OC*. III Pléiade, p. 685). Mais s'il prétendait ainsi se résoudre (nécessité faisant loi) à concentrer ses forces sur le seul terrain argumentatif, c'était pour s'étonner aussitôt que la vérité dût nécessairement être « dite froidement » : il trouvait alors une formule qui donne en quelque sorte d'avance la clef de toute le dispositif fictionnel des *Dialogues* : « l'honneur de défendre un opprimé eut enflammé mon cœur si j'avois parlé pour un autre. » (*Ibid.*). N'est-ce pas en effet la trouvaille remarquable de *Rousseau juge de Jean Jaques*, que d'avoir tenté de concevoir par fiction un procès de soi-même comme un autre ?

15 *« La colère anime quelquefois le talent. »*

Rousseau considère l'indignation comme l'une des sources de son éloquence ; il l'évoque en ces termes dans une lettre du 8 octobre 1762 à Paul-Claude Moultou, à l'époque où il songe à répondre au Mandement contre l'*Émile* de l'archevêque de Paris : « je n'ai point encore pris la plume ; je veux même voir un peu mieux la suite de tout ceci avant de la prendre. Peut-être l'effet de cet écrit m'en dispensera-t-il si la chaleur que l'indignation commence à me rendre s'exhale sur le papier » (*CC*. n° 2218, t. 13, p. 181). Il y revient dans *Les Confessions*, à propos de l'époque où il compose la *Lettre sur les spectacles* : « jusqu'alors l'indignation de la vertu m'avoit tenu lieu d'Apollon, la tendresse et la douceur d'âme m'en tinrent lieu cette fois. » (*OC*. I Pléiade, p. 495). La source de ce thème est un vers de Juvénal : *Natura si negat facit indignatio versum* (*Satire* I, v. 79) ; Boileau l'avait traduit ainsi : « La colère suffit et vaut un Apollon » (*Satire* I, v. 144) ; une formule que Rousseau reprend dans une lettre à Mme de Warens à l'époque de ses premiers démêlés avec Rameau : « Je tiens au cu et aux chausses des gens qui m'ont fait du mal et la bile me donne des forces de même de l'esprit et de la science : La colère suffit et vaut un Apollon » (de Paris, 27 janvier 1749, *CC*. n° 146, t. 2, p. 113). Selon J. Starobinski, le vers de Juvénal « resté proverbial au XVIIIe siècle, était appliqué à toute réussite littéraire dans le domaine de la satire et de l'éloquence polémique. » (« Accuser et séduire », in *Table d'orientation*, Lausanne, L'Age d'homme, 1989, p. 36).

16 *« Mais le dégout et le serrement de cœur l'étouffent. »*

C'est déjà ainsi que Rousseau présentait son immense lettre du 26 février 1770 à M. de Saint-Germain où il synthétisait, pour la première fois dans sa correspondance, le cœur de son argumentaire à propos du complot qu'il croyait dirigé contre sa personne : « je vous avoue que l'angoisse et les serremens de cœur que j'éprouvois en l'écrivant ne m'ont pas permis d'en faire une autre copie plus au net ; l'indignation qui m'arrêtoit à chaque ligne m'a trop fait sentir que le rolle d'accusé n'est pas fait pour moi. » (*CC.* n° 6674).

17 « Sans louange et sans dépression. »

« DÉPRESSION. *Abaissement.* Il se dit au propre en Physique, et au figuré, pour *humiliation.* Vivre dans *la dépression.* "Laissons Genève à sa place, et Rousseau dans *sa dépression.*" » *Féraud.* « DÉPRESSION, signifie en morale, abaissement, humiliation. *Humilitas.* Les Supérieurs des couvents tiennent leurs religieux dans la dépression pour éprouver leur patience. Un philosophe est content de vivre dans la dépression et refuse souvent les emplois qu'on lui présente. Ce mot n'est pas d'un grand usage. » *Trévoux.*

18 « Que je disse de quel œil si jétois un autre je verrois un homme tel que je suis. »

Le projet de cette étude de soi-même sous le point de vue d'autrui engage moins une psychologie qu'une anthropologie. Il procède d'une interrogation sur la possibilité d'une identification rationnelle à l'altérité d'autrui qui sous-tend toute l'entreprise théorique de Rousseau. « Nul n'est assez philosophe pour se mettre à la place d'un enfant » avait-il écrit dans l'*Émile* (l. 2, *OC.* IV Pléiade, p. 355) ; et dans la note X du *Discours sur l'origine de l'inégalité* : « Depuis trois ou quatre cents ans que les habitans de l'Europe inondent les autres parties du monde et publient sans cesse de nouveaux recueils de voyages et de rélations, je suis persuadé que nous ne connoissons d'hommes que les seuls Européens [...] chacun ne fait guéres sous le nom pompeux d'étude de l'homme, que celle des hommes de son pays. » (*OC.* III Pléiade, p. 212). C'est la même interrogation qui fonde sa conception de la connaissance de soi telle qu'elle se trouve exprimée dans le premier préambule des *Confessions* : « comment bien déterminer un être par les seuls rapports qui sont en lui-même, et sans le comparer avec rien ? [...] j'ai résolu de faire faire à mes lecteurs un pas de plus dans la connoissance des hommes, en les tirant s'il est possible de cette régle unique et fautive de juger toujours du cœur d'autrui par le sien ; tandis qu'au contraire il faudroit souvent pour connoitre le sien même, commencer par lire dans celui d'autrui. » (*OC.* I Pléiade, p. 1148-1149). Les *Dialogues* radicalisent l'hypothèse en confrontant les observations des « Messieurs », du « François » et de « Rousseau » à propos de J.J.

19 « Sans insulter à. »

La construction transitive indirecte du verbe *insulter* est ainsi présentée par *Acad.* : « Il signifie aussi manquer à ce que l'on doit aux personnes ou aux choses. En ce sens il s'emploie avec la préposition *à. Insulter aux misérables. Il ne faut pas insulter aux malheureux. Insulter à la misère d'un homme.* » (éd. 1798).

20 *« Ce que j'aurois déduit d'une constitution semblable à la mienne étudiée avec soin dans un autre homme. »*

À cette époque, le verbe « déduire » a plusieurs sens : outre celui de soustraire, que nous avons conservé, il en comporte deux autres : nous avons perdu le premier, « narrer, raconter au long et par le menu », et conservé le second, « inférer, tirer comme conséquence » (*Acad.*, 1798). Ce que confirme l'article « Déduction » du *Trévoux* : « En logique et dans les autres sciences, *déduction* signifie une suite de raisonnements ou de conséquences tirées d'un premier principe qui, pour que la déduction soit bonne, doit être évident ou reconnu pour vrai. [...] Dans le langage ordinaire ce mot se prend souvent pour énumération en détail. *Il nous a fait une longue déduction de ses raisons.* [...] *Déduire* se dit encore pour raconter fort au long par le menu ; *exponere, enarrare. Un avocat doit avoir soin de bien déduire et expliquer le fait et les circonstances de sa cause.* » C'est le propos du second entretien qui est ici annoncé : au terme de son enquête auprès de J.J., le personnage « Rousseau » en expose les résultats au « François » dans un long rapport d'où il déduit le caractère « mixte » du tempérament de J.J. : « Voila le précis des observations d'où j'ai tiré la connoissance de sa constitution physique, et, par des conséquences necessaires, confirmées par sa conduite en toute chose celle de son vrai caractére. Ces observations et les autres qui s'y rapportent offrent pour résultat un temperament mixte formé d'élémens qui paroissent contraires. » (p. 322). Par la suite, ce résultat sera posé comme principe d'une déduction logique tendant à prouver que le caractère de J.J. devait nécessairement résulter d'un tel tempérament : « Pour mieux sentir cette necessité, écartons un moment tous les faits, ne supposons connu que le temperament que je vous ai décrit, et voyons ce qui devroit naturellement en resulter dans un être fictif dont nous n'aurions aucune autre idée. » (p. 340).

21 *« Que si l'on trouve dans mes descriptions. »*

Outre le sens général : « discours par lequel on décrit, on dépeint », le mot « description » comporte deux autres sens qui peuvent jouer ici ; l'un juridique : état ou inventaire, l'autre philosophique : « une définition imparfaite. *Ce n'est pas une définition, ce n'est qu'une description.* » *Acad.*

22 *« Il ne m'a manqué qu'un peu plus de modestie. »*

« MODESTIE. Retenue dans la manière de se conduire et de parler de soi ». *Acad. Trévoux* distingue trois genres de modestie « par rapport au cœur, à l'esprit et au corps » ; il leur oppose respectivement l'ambition, la vanité et l'immodestie.

23 *« J'ai tenté plusieurs fois de les élaguer, d'en ôter les frequentes répétitions. […] Jamais je n'ai pu soutenir ce nouveau tourment »*

Cet alinéa est résumé dans le second entretien (p. 358) à l'endroit où Rousseau met son texte en abyme. Il subsiste deux traces nettes de ces tentatives. Dans le IIe entretien, les ms P. et G. recomposent la fin d'un alinéa et les deux suivants sans d'ailleurs modifier significativement le propos (note k, p. 370) ; et dans le IIIe, Rousseau tente de déplacer tout un alinéa dans le ms. P. mais revient dans G. à la disposition initiale (note g, p. 517). Par ailleurs et surtout, les incessantes variantes stylistiques des copies ultérieures montrent qu'il n'a cessé de chercher à en améliorer la diction, tout en considérant comme *ne varietur* l'architecture argumentative.

24 *« Je me borne à transcrire ces informes essais que je suis hors d'état de corriger. »*

Cet avant-propos est donc postérieur à la rédaction originale : Rousseau copie le manuscrit C. à partir d'un brouillon qui est vraisemblablement le manuscrit confié au comte d'Angiviller, dont Thérèse Levasseur écrivait à Du Peyrou qu'il était « le vrai et premier manuscrit, sortant des mains de mon mari par confiance » (*CC.* n° 7681, t. 44, p. 178), et dont le comte lui-même avait écrit au marquis de Girardin « qu'il ne croioit pas cet écrit de nature à être imprimé » (*CC.* n° 7313, t. 42, p. 19). Ce manuscrit demeure aujourd'hui introuvable, de même que la copie que le comte en avait fait tirer pour Girardin. Voir sur ce point l'« Histoire du précédent écrit », note 3, et le n° I.B. du « Dossier documentaire ».

25 *« Ces informes essais. »*

L'imprégnation de Rousseau par Montaigne n'est plus à démontrer. Indépendamment de la *captatio benevolentiae* ici évidente, on peut penser par exemple à ceci : « Je peins principalement mes cogitations, subject informe, qui ne peut tomber en production ouvragere. A toute peine le puis je coucher en ce corps aëré de la voix. » (*Essais*, II, 6), ou encore à cela : « nous sommes tous de lopins, et d'une contexture si informe et diverse, que chaque pièce, chaque moment, faict son jeu. Et se trouve autant de differences de nous à nous-mesmes, que de nous à autruy. » (*Essais* II, 1).

26 *« Des multitudes d'idées meilleures et mieux rendues […] que j'avois jettées sur des papiers détachés dans l'espoir de les encadrer aisément. »*

Le *Dictionnaire de l'Académie* ne donne pas d'exemple de cet usage littéraire du verbe « encadrer » avant 1832 : « il se dit quelquefois, figurément, en parlant de ce qu'on insère dans un ouvrage d'esprit comme digression ou autrement. *Cette anecdote est fort intéressante, mais l'auteur l'a mal encadrée. Il a fort habilement encadré l'éloge du prince dans son discours.* » On retrouve cette question de l'art d'encadrer chez Rollin, à propos de la liaison des preuves dans le discours (il traduit ici Quintilien, l. 7, ch. 1) : « La liaison des preuves entre elles n'est pas une chose indifférente, et elle contribue beaucoup à la clarté et à l'ornement du discours. Elle dépend de la justesse et de la délicatesse des transitions, qui sont comme un nœud dont on se sert pour unir des parties et des propositions qui souvent paraissent n'avoir aucun rapport, qui sont indépendantes et comme étrangères à l'égard les unes des autres, et qui, sans ce lieu commun, s'entreheurteraient mutuellement, *et ne pourraient cadrer ensemble.* » (*Traité des études*, vol. I, livre IV. « Rhétorique » [désormais *T.E.* IV], ch. 3, art. 2, Paris, Firmin Didot, 1872, p. 431, mes italiques). On touche ici un aspect important des techniques de composition de Rousseau, qui s'apparentent à un art du montage *a posteriori* ; des fragments conçus *di prima intenzione* sont ensuite agencés pour ainsi dire à froid : « je vois très bien certains objets, écrivait-il à Dom Deschamps en 1761, mais [...] je n'en sais point comparer ; [...] jamais rien ne s'offre à moi qu'isolé et [...] au lieu de lier mes idées dans mes écrits j'use d'une charlatanerie de transitions qui vous en impose tous les premiers à tous vous autres grands philosophes. » (*CC*. n° 1490). On dispose de quelques-uns de ces fragments en attente d'encadrement avec les cartes à jouer où Rousseau a noté quelques phrases, lesquelles ne sont certainement pas seulement des ébauches des *Rêveries du promeneur solitaire* : un bon tiers eût en effet parfaitement trouvé sa place dans *Rousseau juge de Jean Jaques* (on les retrouvera au fil de l'annotation). En revanche, on peut admettre sans crainte d'erreur que l'essentiel des « idées » qu'il regrette ici de n'avoir su insérer est passé dans les *Rêveries* dont bien des pages consonnent d'ailleurs avec l'esprit et la lettre des *Dialogues*, comme on l'observera souvent au fil de l'annotation.

27 *« Un cahos de désordre et de redites. »*

C'est déjà ainsi qu'il parle de la lettre à Saint-Germain du 26 février 1770 : « Malgré le désordre qui régne dans cette lettre elle contient des éclaircissemens dont j'ai cru que vous ne dédaigneriez pas d'être le dépositaire, et qui peuvent importer un jour au triomphe de la vérité. » (*CC*. n° 6674). C'est encore ainsi qu'il parle au comte Wielhorski du manuscrit des *Considérations* qu'il lui envoie en juin 1771 : « A mesure que j'avançois mes idées se multiplioi[en]t sans s'arranger, cet arrangement est désormais au dessus de mes forces et le desordre que j'ai été contraint de laisser dans ces feuilles a produit les redites éternelles que vous y trouverez. » (*CC*. n° 6867).

28 *« Et loin de chercher à leur plaire. »*

C'est une constante de la rhétorique de Rousseau que de diviser son public en prétendant n'écrire que pour une élite : « Tel fait aujourdui l'Esprit fort et le Philosophe, qui, par la même raison n'eût été qu'un fanatique du tems de la Ligue. Il ne faut point écrire pour de tels Lecteurs, quand on veut vivre au-delà de son siécle » (Préface du *Discours de Dijon*) ; « Pour être utile il faut être agréable, et ma plume a perdu cert art-là » (préface de la *Lettre sur les spectacles*) ; « On croira moins lire un Traité d'éducation que les rêveries d'un visionnaire sur l'éducation. Qu'y faire ? Ce n'est pas sur les idées d'autrui que j'écris ; c'est sur les miennes » (préface de l'*Émile*) ; « Ce livre convient à très peu de lecteurs » (préface de *La Nouvelle Héloïse*) ; « Rien de moins important pour le public, j'en conviens, que la matière de ces Lettres » (Avertissement des *Lettres écrites de la Montagne*) ; enfin, *last but nos least* : « Les meilleurs Livres sont ceux que le Vulgaire décrie, et dont les gens à talent profitent sans en parler. » (Préface du *Dictionnaire de musique*).

29 *« Toute la peine que je prends est à pure perte. »*

À propos de l'expression « à pure perte », Alexis François observe que « J.J. Rousseau a employé fréquemment cette expression genevoise qui a fini par s'introduire en France dans le langage populaire. » (*Provincialismes JJR*. p. 60). Il en cite quelques occurrences dans l'œuvre et la correspondance, auxquelles on doit ajouter, pour les *Dialogues*, les deux suivantes qui sont tirées du second : « ce qui seroit se compromettre à pure perte » (p. 426), et « s'il les endure, c'est à pure perte » (p. 433). « Au 17e et au 18e siècle, les écrivains français ont toujours dit *en pure perte* et jamais *à pure perte* » poursuit A. François, en citant le *Nouveau glossaire genevois* de J. Humbert (1852). De fait l'Académie ignore *à pure perte* (comme *Trévoux*), et c'est *en pure perte* qu'emploient, selon Littré, Massillon, Mme de Sévigné et Gresset, réserve faite de Fénelon : « on s'est mis à pure perte dans une espèce de torture pour faire un ouvrage » (*Lettre à l'Académie*). En revanche, « à pure perte » domine chez les écrivains suisses cités par A. François, parmi lesquels N. de Saussure et Mme de Charrière. Signalons que selon Féraud : « Un auteur moderne dit, *à pure perte*, contre l'usage. “Si je vous disois que non, je blesserois la vérité *à pure perte* ; vous ne me croiriez pas” » (art. « Perte »).

NOTES DU PREMIER DIALOGUE

1 « *Rousseau juge de Jean Jaques.* »

Selon *Féraud*, « JUGE. Est celui qui a le droit et l'autorité de juger, ou qui se l'arroge. *Dieu est le souverain Juge. Les Rois sont les Juges naturels de leurs Sujets.* [...] On *décide* une contestation et une question : on *juge* une personne et un ouvrage. Les particuliers et les arbitres *décident* : les Corps et les Magistrats *jugent.* » *Trévoux* rappelle que « les rois rendoient eux-mêmes la justice à leurs peuples, mais ne pouvant suffire à pourvoir aux affaires de l'Etat et à juger pour leurs sujets, ils créérent des personnes sages pour le faire sous leur autorité. C'est ce que nous appelons *Juges*. Le devoir des Juges est de rendre la justice. La Bruyère ajoute que leur métier est de la différer. [...] Anciennement les *Juges* étoient personnellement responsables de leurs jugemens. On les prenoit à partie et on les assignoit sur l'appel, et ils étoient condamnés à l'amende s'ils avoient mal jugé, coutume pour l'essentiel abolie ». Dans les *Considérations sur le gouvernement de Pologne*, Rousseau considère que, comme à Rome, la fonction de juge ne devrait pas être un métier : « Les deux états d'homme d'épée et d'homme de robe étoient inconnus des anciens. Les Citoyens n'étoient par métier ni soldats ni juges, ni prêtres ; ils étoient tout par devoir. Voila le vrai secret de faire que tout marche au but commun, d'empêcher que l'esprit d'état ne s'enracine dans le corps aux dépends du patriotisme et que l'hydre de la chicane ne dévore une nation. La fonction de juge, tant dans les tribunaux suprêmes que dans les justices terrestres, doit être un état passager d'épreuves sur lequel la nation puisse apprécier le mérite et la probité d'un Citoyen, pour l'élever ensuite aux postes plus éminens dont il est trouvé capable. Cette maniére de s'envisager eux-mêmes ne peut que rendre les juges très attentifs à se mettre à l'abri de tout reproche, et leur donner généralement toute l'attention et toute l'intégrité que leur place exige. C'est ainsi que dans les beaux tems de Rome on passoit par la Preture pour arriver au Consulat. Voila le moyen qu'avec peu de loix claires et simples, même avec peu de juges la justice soit bien administrée, en laissant aux juges le pouvoir de les interpréter et d'y suppléer au besoin par les lumiéres naturelles de la droiture et du bon sens. » (*OC.* III, p. 1000).

2 « *Juste ciel ! Quel abominable homme !* »

« Ce que je viens d'entendre, ô ciel ! est-il croyable ? » s'exclame Orgon, après que Damis eut imprudemment révélé la déclaration que Tartuffe vient de faire à sa mère (acte III, sc. 6, v. 1073). Il n'est en rien détrompé à ce stade, comme le montre le succès de la confession paradoxale du faux dévot qui provoque sa colère contre les siens et lui fait hâter le mariage de sa fille. Il faudra qu'on lui fasse vérifier en personne l'hypocrisie du sire pour qu'il s'exclame enfin : « Voilà je vous l'avoue un abominable homme ! / Je n'en puis revenir, et tout ceci m'assomme » (acte IV, sc. 6, v. 1529-1530). Avec ce montage citationnel, l'incipit des *Dialogues* dessine d'emblée, en filigrane, le processus de désenchantement du « François » à l'égard du discours des maîtres de l'opinion qui est l'enjeu des trois entretiens. En outre, citant implicitement le persiflage dont Elmire accueille l'aveu de son mari : « laissez-vous bien convaincre… etc. » (acte IV, sc. 6), Rousseau indique par là, dès l'*incipit*, de quelle oreille il faudra écouter cet entretien. Laurence Viglieno avait signalé une partie de cet intertexte dans son article : « Échos de *Tartuffe* dans les *Dialogues* » (*EJJR* n° 17, 2007-2009, p. 103-112). Deux autres allusions persifleuses, mais cette fois explicites, au personnage Tartuffe se lisent plus loin, p. 201 et 202. *Cf.* également le IIIe entretien, p. 495.

3 *« Qu'il m'a fait de mal ! Que je le vais détester. »*

Si « Rousseau » joue ici, et sans doute déjà ironiquement, l'étonnement et l'indignation, la suite de l'entretien dévoilera que cet affichage masquait une violente détresse : malmené par la vie, sa seule consolation était en effet de trouver dans l'existence de J.J. l'assurance d'une âme sœur en qui placer tous ses espoirs : « J'étois plein de ces sentimens, et vous l'avez dû connoitre, quand avec vos cruelles confidences vous étes venu resserrer mon cœur, et en chasser les douces illusions auxquelles il étoit prêt à s'ouvrir encore. Non vous ne connoitrez jamais à quel point vous l'avez déchiré. […] Vos premiéres déclarations me bouleverserent ; l'appui de vos preuves me les rendit plus accablantes, et vous navrâtes mon ame de la plus amère douleur que j'aye jamais sentie. » (p. 236).

4 *« Qu'il y étale avec tant de faste. – Dites, de force. »*

« FASTE. Vaine ostentation, affectation de paroître avec éclat. » *Acad.* « En morale, on le dit […] en mauvaise part, pour une affectation de faire paraître sa grandeur, son mérite, ses talents, ses bonnes qualités, etc. » *Trévoux.* Dans le *Tartuffe* de Molière, l'adjectif connote l'hypocrisie du faux dévot (voir la note suivante). Sur le plan oratoire, Rollin évoque « cette attention des anciens à cacher l'art, qui cesse en effet de l'être s'il est visible, bien différente de l'ostentation et du faste de ces écrivains qui ne cherchent qu'à faire montre de leur esprit. » (*T.E.* IV, ch. 3, art. 1, § 4, p. 401-402). Le procès en faux brillant du style de J.J. qui s'amorce avait été engagé de longue date par les adversaires de Rousseau, comme en témoigne le second alinéa de la réponse de d'Alembert à la *Lettre sur les spectacles* : « je ne cherche point à écrire des choses brillantes, mais des choses vraies » (*Lettre de Monsieur d'Alembert à Mr. J.J. Rousseau, citoyen de Genève*, Amsterdam, M.M. Rey, 1760, p. 4). En 1766, Dom Cajot affirmait que « sa ressource ordinaire consiste en une vaine subtilité d'expressions fastueuses, l'expédient des esprits superficiels, la gloire des sophistes, et le mépris des vrais sages » (*Les plagiats de M. J.J.R. de Genève, sur l'Éducation*, La Haye, 1766, p. 212). Le mot « faste » revient plusieurs fois dans la bouche du « François » au cours de ce premier entretien (p. 7, 205, 250). L'antithèse réapparaîtra au IIIe entretien (p. 478 et 481), « le François » abondant alors dans le sens ici défendu par « Rousseau ».

5 *« Ce sublime jargon tiré par l'hypocrisie d'une tête exaltée. »*

Cf. Molière, *Tartuffe* (Cléante à Orgon, à propos des vrais dévots) : « Ce ne sont point du tout fanfarons de vertu, / On ne voit point en eux *ce faste* insupportable, / Et leur dévotion est humaine, est traitable. Votre homme, à dire vrai, n'est pas de ce modèle. / [...] Mais par un *faux éclat* je vous crois ébloui. » (Acte I, sc. 5, v. 388-407, mes italiques).

6 *« Ce choix du mot me paroit moins indifférent qu'à vous ; il change pour moi beaucoup les idées. »*

Comme son avatar fictionnel, Rousseau est très attentif à ses choix lexicaux et se montre extrêmement ferme lorsqu'ils sont mis en cause. On le vérifie à propos de *La Nouvelle Héloïse* ; la censure s'inquiétant d'une occurrence théologiquement douteuse du mot « hasard », il répond ainsi à Malesherbes : « À l'égard du mot *par hasard*, je ne sais ce qu'il a de déplacé dans la bouche de M. de Wolmar : mais je sais bien que ce seroit un grand hasard, s'il y avoit un seul chrétien sur la terre. Cependant, s'il ne tient qu'à sacrifier ce mot-là, j'y consens. Qu'on en substitue un autre équivalent, si l'on peut, pourvu que ce mot substitué soit court, serré, dans les principes de Wolmar ; qu'il ne gâte pas l'harmonie de la phrase, et que la réponse de Saint-Preux puisse s'y rapporter. » (*CC.* n° 1350). Il sait bien que c'est impossible. Même fermeté à propos de l'épigraphe de la Ve estampe, « L'inoculation de l'amour » ; François Coindet lui transmettant un souci de Mme de Luxembourg à l'égard de l'interprétation qui risquait d'en courir, il répond en effet : « Je n'ai jamais rien voulu changer à mes écrits pour prévenir les interprétations deshonnétes. Quand mes idées sont pures et mes expressions correctes, je ne m'embarrasse point S'il plait au lecteur de les salir ; c'est son affaire. D'ailleurs je serois fort embarrassé de trouver un autre mot à la place de celui-là. L'estampe l'explique de manière qu'il faudroit avoir l'imagination bien obscéne pour y trouver une autre explication. Cependant si [...] [Madame la Mareschale] peut trouver quelque autre mot qui ne puisse être équivoque, je consens qu'il soit substitué ; voila tout ce que je puis faire ; car pour moi je ne trouve rien. » (*CC.*, n° 1280). Bien d'autres exemples peuvent être donnés de son exigence constante à l'égard de la précision dans le choix des termes, autant d'ailleurs qu'en matière de prosodie, tout particulièrement dans sa correspondance avec son éditeur M.-M. Rey. Sur ce « côté Flaubert » de son style, je me permets de renvoyer au premier chapitre de mon essai *Rousseau, Le chemin de ronde*, Paris, Hermann, 2014.

7 *« Comment, s'il peut exister ? »*

La reprise d'une formule de l'adversaire est un procédé réfutatif récurrent dans ce dialogue, en même temps que le régime dominant d'enchaînement des répliques dans le premier tiers, jusqu'au moment où « le François » concède à « Rousseau » de prendre connaissance par lui-même des écrits de J.J. La parenté avec les *Provinciales* coule de source : « [le bon Père] : voilà de subtiles méthodes ; mais une des meilleures à mon sens est celle du contrat Mohatra. Le contrat Mohatra mon Père ! » ; « [le bon Père] : c'est au tr. 5, ex 5, n. 120, dans la *Pratique de la Société pour la charité envers le prochain.* Cette charité est véritablement grande, mon Père de sauver la perte de l'un par le dommage de l'autre » ; « [le bon Père] : *On peut disposer de ce qu'on reçoit par des homicides* [...] *on acquiert le domaine et la propriété des choses que l'on y gagne.* Ô mon Père, lui dis-je, je n'avais jamais ouï parler de cette voie d'acquérir » (Huitième Lettre, Paris, folio-Gallimard, 1987, p. 121, 133, 135). Quant à la dynamique de la mise en œuvre du procédé, la parenté est également frappante avec l'art de la « réplique sur le mot » caractéristique du théâtre de Marivaux, et l'on retrouverait sans difficulté dans ce premier entretien bon nombre des figures de reprise inventoriées par Frédéric Deloffre (*Une préciosité nouvelle – Marivaux et le marivaudage*, Paris, Les Belles-Lettres, 1955). Ici, la reprise interrogative du « François » prend acte d'une objection imprévue : l'invraisemblance d'un tel monstre, qui va s'avérer l'un des argument principaux de « Rousseau » durant cette conversation, son interlocuteur devant avouer au IIIe entretien qu'il en avait été secrètement ébranlé (p. 467). Cette économie de la réplique "sur le mot" revient dans les dernières pages et réapparaît à l'occasion dans le second entretien (*cf.* le persiflage sur le thème de l'empoisonneur, p. 355).

8 *« Après les entretiens que nous venons d'avoir. »*

Cette ouverture *in medias res* et le hors-champ qu'elle signale conditionne toute la suite des entretiens : les deux interlocuteurs se connaissent et s'estiment, le « François » a été mandaté pour révéler à « Rousseau » les accusations criminelles pesant sur J.J., « Rousseau » a passé un pacte de silence dont il n'a pas mesuré la portée tant pour lui-même que pour l'objectivité de l'enquête qu'il mènera auprès de J.J. au IIe entretien. Pour de plus amples développements, on peut se reporter au n° 8 du présent dialogue dans le « Glossaire ».

9 *« Tout ce que je vous dirai ne sauroit être entendu que par ceux à qui l'on n'a pas besoin de le dire. »*
En termes de dynamique dialogique, la fiction philosophique qui va suivre illustrerait, *mutatis mutandis*, ce qu'écrivait Marmontel à propos des dialogues de Marivaux : « Un amant reproche à sa maîtresse d'être coquette ; elle répond par une définition de la coquetterie. » (*Éléments de littérature*, art. « Dialogue poétique », Paris, Desjonquères, 2005, p. 405).

10 *« Figurez-vous donc un monde idéal semblable au nôtre et néanmoins tout différent. »*
D'après *Acad.* (1694 et 1762), l'adjectif IDÉAL peut s'entendre en deux sens : « qui n'est qu'en idée » et « qui n'existe que dans l'entendement » ; ou bien « chimérique » et « qui n'a d'existence que dans l'imagination », comme l'ajoute *Trévoux*. Le premier est donné pour « terme de logique et de métaphysique », le second engage la dichotomie de la fiction et du réel. Mais le rédacteur de *Trévoux* distingue encore une « philosophie idéale [...] qui est opposée à la philosophie d'expérience et d'observation », ce qui rencontre l'antithèse caractéristique du XVIIIe siècle entre empirisme et métaphysique, et plus largement entre idéalisme et matérialisme. Le second sens est illustré par ce que Rousseau évoque dans le IIe entretien d'une sorte de monde alternatif imaginaire où J.J. passe le meilleur de son temps en compagnie d'êtres selon son cœur (p. 333). On en trouve un écho dans une lettre du 20 octobre 1771 à Mme Delessert : « combien de fois dans mes promenades solitaires je transporte avec moi ma cousine dans ce monde idéal dont je m'entoure et que je peuple d'êtres selon mon cœur » (*CC.* n° 6899). À mi-chemin du premier et du second sens, Rousseau connaît, chez Marivaux, la fiction du « Nouveau monde ou autrement le Monde vrai » qui n'est pas « un monde plus réel que le nôtre » mais où les hommes « disent tout ce qu'ils pensent et tout ce qu'ils sentent » sans pour autant se trouver meilleurs ni pires que les autres hommes. (*Le Cabinet du philosophe* [1734], feuilles VI, in *Journaux et œuvres diverses*, Classiques Garnier, Paris, 1988, p. 389). En stricte philosophie, il connaît les deux traités où Descartes prétend recréer le monde et l'homme tels qu'ils sont, en les déduisant par fiction (il parle lui-même d'une « fable ») du postulat d'une matière réduite à l'étendue et animée par les lois de la mécanique, l'animation morale des automates vivants étant laissée à la charge de Dieu (*Le Monde et le traité de l'homme*, *Œuvres philosophiques* I, Paris, Classiques Garnier, 1997). En ce qui le concerne lui-même, il projette au IIe entretien son expérience

personnelle de la transmutation du *muthos* en *logos* (ou de la fiction en théorie), à travers le récit que présente son avatar « Rousseau » du processus qui, depuis les rêveries romanesque confuses d'une jeunesse hantées par l'écart entre ce qui devrait être et ce qui est, finit par aboutir, à l'occasion de la lecture de la question de l'académie de Dijon, en vision claire et distincte des causes de cet écart et des moyens de le conjurer : « Enflammé par la contemplation de ces grands objets il les avoit toujours présens à sa pensée, et les comparant à l'état reel des choses, il les voyoit chaque jour sous des rapports tout nouveaux pour lui. » (p. 349). C'est ainsi que dans cette fiction de son histoire intellectuelle, se nourrissent réciproquement la logique du concept et la poétique du récit. C'est ainsi également que les personnages du « monde idéal » sont identifiés par « le François » à ceux de la *Nouvelle Héloïse*, au même titre que le caractère de J.J. étudié par « Rousseau » s'explique par les lois particulières régissant les personnages de ce monde. La fiction du monde idéal s'avère ainsi une propédeutique à l'enquête menée au second entretien.

11 « De là nait une exquise sensibilité. »

Jean Sgard remarque qu'après avoir longtemps conservé chez Rousseau « une connotation biologique » correspondant à sa définition classique, doublée d'une « valeur morale » héritée d'une tradition littéraire séculaire – cela particulièrement dans l'*Émile* et la *Julie* –, « la vogue extraordinaire dont jouit le mot entre 1760 et 1775 » l'amène à s'interroger sur son ambivalence, ce qui le conduit à une « critique de la sensibilité » développée dans le second entretien, « où il se sépare résolument du sensualisme et d'une définition de la sensibilité qui relevait partie llement du matérialisme. » (*VS*., p. 3-5).

12 « Que les mêmes contemplations n'ont pas avivés. »

« AVIVER. Donner de la vivacité, rendre une matière telle que le marbre, les métaux, plus fraîche et plus nette. *On avive une statue de bronze en la gratant légérement pour la dorer. On avive une poutre en la taillant à vive-arête.* » *Acad.*

13 « Tous les premiers mouvemens de la nature sont bons et droits. »

Il s'agit là de la thèse centrale dont se déduit tout le système de Rousseau : « le principe fondamental de toute morale, sur lequel j'ai raisonné dans tous mes écrits, et que j'ai développé [dans l'*Émile*] avec toute la clarté dont j'étois capable, est que l'homme est un être naturellement bon, aimant la justice et l'ordre ; qu'il n'y a point de perversité originelle dans le cœur humain, et que les premiers mouvemens de la nature sont toujours droits » (*Lettre à C. de Beaumont, OC*. IV Pléiade, p. 935-936). C'est précisément cette déduction systématique dans toutes les branches de ce qu'il appelle sa « théorie de l'homme » qui procure une portée neuve à une idée de la bonté primitive de l'homme qui n'a rien en elle-même d'original. Par rapport au second *Discours* et à l'*Émile*, l'originalité de la version qu'en procure ce dialogue est sans doute sa présentation pour ainsi dire énergétique, à travers une dynamique imitée du jeu des forces en physique. Cette métaphorisation quasi newtonienne s'épanouit au IIe entretien, dans une sorte de mime des lois de l'attraction gravitationnelle transposées à celles du monde moral : « Il y a une autre sensibilité que j'appelle active et morale, qui n'est autre chose que la faculté d'attacher nos affections à des êtres qui nous sont étrangers. Celle-ci [...] semble offrir dans les ames l'analogie la plus parfaite avec la faculté attractive des corps. Sa force est en raison des rapports que nous sentons entre nous et les autres êtres, et selon la nature de ces rapports elle agit tantot positivement par attraction, tantot négativement par repulsion, comme un aimant par ses poles. » (p. 323).

14 *« Ils se laissent défléchir par mille obstacles. »*

Le verbe DÉFLÉCHIR n'est pas d'usage courant ; il n'y a en effet pas d'entrée le concernant dans les dictionnaires d'époque. Il n'apparaît qu'au XIXe siècle dans *Littré*, au sens de « détourner de la direction », avec comme unique exemple son occurrence dans le premier entretien des *Dialogues*. Il faut attendre la VIIIe édition d'*Acad.* (1932) pour l'y rencontrer : « détourner de sa direction. En termes de botanique, *tige défléchie*. En termes de physique, *rayons défléchis*, rayons qui ont changé de direction. » En revanche, l'édition de 1762 définissait ainsi le terme DÉFLEXION : « Terme de physique. Action par laquelle un corps se détourne de son chemin en vertu d'une cause étrangère, ou par le détour même. » *Trévoux* reprit cette définition et ajoutant : « Il vient du latin *deflectere*, détourner. *Deflexio*. Déflexion des rayons de lumière, propriété qui consiste en ce que les rayons de lumière qui rasent un corps opaque, au lieu de continuer leur chemin en ligne droite, se détournent en se pliant, et se plient d'autant plus qu'ils sont plus proches. Newton dit *inflexion*, d'autres *diffraction*. »

15 *« Comme une boule prend l'angle de la réflexion. »*

« RÉFLEXION. Rejaillissement, réverbération. *La réflexion des rayons. La réflexion de la voix. Angle de réflexion.* » *Acad.* « C'est une des grandes lois de la *réflexion* que l'angle qu'un corps réfléchi fait avec le plan de l'obstacle réfléchissant, est égal à celui sous lequel il frappe cet obstacle. » *Encyclopédie*, art. « Réflexion ».

16 *« Dans cet heureux point de vue où [la nature] nous a placés tous. »*

« On appelle POINT DE VUE, l'étendue d'un lieu qui borne la vue, et où la vue peut se porter. *Cette maison a de beaux points de vue.* On appelle aussi

Point de vue, l'endroit précis d'où il faut voir les objets pour les bien voir. *Ce tableau n'est pas dans son point de vue.* » (*Acad.*). Même définition dans *Trévoux.* C'est le second sens qui prévaut ici. On en trouve une occurrence intéressante au livre IV de l'*Émile*, à l'endroit où s'amorce la préparation de l'adolescent au rapport à autrui : « Que votre élève connoisse donc le sort de l'homme et les miseres de ses semblables ; mais qu'il n'en soit pas trop souvent le témoin. Un seul objet bien choisi, et montré dans un jour convenable, lui donnera pour un mois d'attendrissement et de réflexion. Ce n'est pas tant ce qu'il voit, que son retour sur ce qu'il a vu, qui détermine le jugement qu'il en porte ; et l'impression durable qu'il reçoit d'un objet, lui vient moins de l'objet même que du point de vue sous lequel on le porte à se le rappeler. » (*OC.* IV Pléiade, p. 517-518).

17 « Les passions primitives [...] changent de nature et deviennent irascibles. »

« IRASCIBLE. Terme philosophique. Épithète qu'on donne à l'appétit ou à la partie inférieure de l'âme, où réside la colère et les passions qui se portent contre les choses difficiles, ou pour lesquelles on a de l'aversion. Des onze genres de passions qu'on attribue à l'âme, on en donne cinq à l'appétit *irascible*, savoir la colère, l'audace, la crainte, l'espérance et le désespoir. On rapporte les six autres à l'appétit *concupiscible*, c'est-à-dire, la volupté, la douleur, la cupidité, la fuite, l'amour et la haine. Platon partageait l'âme en trois parties : en partie raisonnable, en partie irascible et concupiscible. [...] On a fait d'autres divisions des passions qui sont traitées par Gassendi dans sa *Morale* et par Bernier son abréviateur. » *Trévoux*. Diderot résume cette définition à l'article « Irascible » de l'*Encyclopédie*, en concluant ironiquement : « Platon complétait le système de l'âme, en ajoutant à ces deux branches une partie raisonnable, c'était la seule qui subsistât après la destruction du corps ; la seule immortelle ; les deux autres périssaient avec lui. Il plaçait la qualité *irascible* dans le cœur ; la concupiscible dans le foie, la raisonnable dans la tête. Il est certain que nos passions, et même plus généralement nos actions, ont toutes des organes qui leur sont affectés ; mais la substance est une. On ne conçoit pas que l'une passe et que l'autre reste. Quoi qu'il en soit, cette vision prouve bien que Socrate et Platon n'avoient aucune idée de la spiritualité. »

18 « Un sentiment bon et absolu. »

Jean Sgard observe qu'« avec 375 occurrences dans l'*Héloïse*, près de 200 dans *Émile*, 160 dans les *Confessions*, 111 dans les *Dialogues* et 43 dans les *Rêveries*, le "sentiment" est le mot le plus employé par Rousseau après "âme" et "cœur" ; sous ce terme générique, poursuit-il, les dictionnaires classiques entendent quatre sens différents : 1) le sentiment désigne une "opinion", un “avis”, un jugement, comme dans l’expression *mon sentiment est que …* ; 2) il désigne le fait de sentir, d’éprouver des impressions, mais aussi ces impressions elles-mêmes […] ; 3) en “morale des passions”, c’est-à-dire en général dans le roman, il signifie “affection, amour, tendresse” (*Trévoux*, 1721) […] ; 4) enfin le mot tend à exprimer de plus en plus à l’époque classique toutes les “passions de l’âme”, tous ses “mouvements”. […] Dans tous les cas, le “sentiment” implique une intuition, une évidence intérieure […] ; l’intuition intellectuelle et morale est en même temps une évidence de cœur […]. Discerner dans tout sentiment ce qui est premier et “naturel”, tel est le projet de Rousseau dès qu’il emploie ce mot. Le sentiment apparaît comme le fondement de son anthropologie. […] Personne n’a cherché autant que [lui] à distinguer dans le sentiment ce qui est naturel et ce qui est social. » (*VS.*, p. 7-11).

19 « L’amour de soi qui est un sentiment bon et absolu, devient amour-propre, c’est-à-dire un sentiment rélatif, comparatif. »

Pour une contextualisation de l’antithèse de l’amour de soi et de l’amour-propre dans l’histoire des idées avant Rousseau, pour l’assimilation critique qu’il en fait afin de la placer au fondement de son système, et pour une approche de la réévaluation qu’y opère *Rousseau juge de Jean Jaques*, on peut se reporter au n° 19 du présent dialogue dans le « Glossaire ».

20 « On fait prendre le change à l’homme. »

« On dit figurément, *Donner le change à quelqu’un*, pour dire, Détourner adroitement quelqu’un du dessein et des vues qu’il peut avoir, en lui donnant lieu de croire une chose pour une autre. Et on dit de celui qui se laisse ainsi tromper, ou par ignorance, ou par simplicité, qu’*il prend le change, qu’il a pris le change.* » *Acad.*

21 « C’est de se tirer de la foule. »

« On dit figurément, *Se tirer de la foule*, pour dire, se distinguer, se tirer du commun. » (*Acad.*) Littré signale une occurrence chez d’Alembert : « *Quelques hommes importants à la cour qui s’étaient persuadés que Son Altesse Sérénissime [le comte de Clermont] ne pouvait paraître à l’Académie sans y occuper une place qui le tirât, disaient-ils, de la foule, dont il se tirait bien mieux en cherchant à s’y cacher* [D’Alembert, *Œuv.* t. XI, p. 410] ».

22 « Encor. »

Le manuscrit admet les deux orthographes. *Acad.* relève qu’« en Poësie, on dit indifféremment, *Encor*, ou *Encore*, selon le besoin. »

23 « *Sans sortir, ni de sa place, ni du calme où il veut rester.* »

Cette éthique d'abstention est d'origine stoïcienne. Sur cette composante de la pensée de Rousseau, voir Denise Leduc-Lafayette, *J.-J. Rousseau et le mythe de l'Antiquité*, Paris, Vrin, 1974 ; Gisèle Bretonneau, *Stoïcisme et valeurs chez J.-J. Rousseau*, Paris, S.E.D.E.S, 1977 ; Yves Touchefeu, *L'Antiquité et le christianisme dans la pensée de J.-J. Rousseau*, Oxford, SVEC, 1999, p. 429-436. Carole Dornier, « L'écriture de la citadelle intérieure ou la thérapeutique de l'âme du promeneur solitaire », *AJJR* 48, 2008.

24 « *C'est leur ardeur même qui les tient dans l'inaction.* »

Cette paradoxale alliance de mots prépare un trait du caractère mixte de J.J. tel qu'il est présenté au second entretien : « Que si par intervalle quelque projet de gloire ou d'ambition pouvoit l'émouvoir, il le suivroit d'abord avec ardeur avec impétuosité, mais la moindre difficulté le moindre obstacle l'arrêteroit le rebuteroit le rejetteroit dans l'inaction. » (p. 342).

25 « *Cette inaction totale quand ils desespèrent d'atteindre au seul objet de tous leurs vœux.* »

Tout l'alinéa s'applique d'avance parfaitement au caractère de J.J., tel qu'il sera analysé puis déduit dans le second entretien : « La seule incertitude du succés le détacheroit de toute entreprise douteuse. Sa nonchalance lui montreroit de la folie à compter sur quelque chose ici bas, à se tourmenter pour un avenir si précaire, et de la sagesse à renoncer à la prévoyance, pour s'attacher uniquement au présent, qui seul est en notre pouvoir. » (p. 342). L'arrière-plan dans l'ensemble des *Dialogues* et dans la pensée morale de Rousseau en général, est la dichotomie entre l'amour (ou l'enthousiasme) de la vertu et la difficulté (ou l'inaptitude) à la pratiquer du fait d'un manque de force d'âme assumé vaille que vaille. Ce qui n'exclut pas chez lui une pente quiétiste récurrente où l'abandon et le renoncement sont les vraies clefs de l'« état céleste » dont il est question, selon une leçon évangélique méditée par toute la tradition contemplative à travers l'opposition des deux figures de Marthe et Marie : la passivité attentive de l'une lui assurant, selon le Christ, la « meilleure part » (*Luc* 38, 10-41).

26 « *Ne se laissent pas dévoyer.* »

« DÉVOYER. Détourner de la voie, du chemin. *Ce guide l'a dévoyé. Il ne savoit pas le chemin, il s'est dévoyé.* En ce sens il vieillit. » *Acad.*

27 « *La longue inhabitude de résister.* »

Ce substantif est récent : « INHABITUDE, s. f. Défaut d'habitude. Mot forgé par M. de Condorcet. Il dit, en parlant de la déclamation d'un comédien, que, par parenthèse, il appelle mal-à-propos, *la diction* : "C'est de l'*inhabitude* de phraser, et de moduler que naissent ces transitions brusques, qui étonnent sans séduire". "Je passe, dit M. Linguet, l'*inhabitude*, pour le défaut d'habitude." L'usage ne sera pas peut être aussi complaisant. *Inhabitude* serait pourtant un mot utile. Il est à souhaiter qu'il passe. » *Féraud.*

28 *« Connoissant trop bien l'art de jouïr. »*

« De l'art de jouir » est le titre d'un recueil de treize fragments incluant quelques ébauches des *Lettres à Malesherbes*, voire des *Confessions*, qui s'inscrit dans la réflexion de Rousseau sur une « morale sensitive » dont il se proposait de traiter lors de sa retraite à Montmorency, selon une perspective opposée au libertinage de mœurs et à ses attendus philosophiques, mais néanmoins très attentive à la composante sensible du bonheur ou de son illusion : « Solitude cherie où je passe encore avec plaisir les restes d'une vie livrée aux souffrances, forests sans bois, marais sans eaux, genets, roseaux, tristes bruyères, objets inanimés qui ne pouvez ni me parler ni m'entendre, quel charme secret me ramene sans cesse au milieu de vous. [...] ce charme n'est point en vous, il n'y sauroit être, il est dans mon propre cœur qui veut tout rapporter à lui. le commerce des hommes m'éloigne de celui qui m'est le plus cher, et ce n'est que dans vos aziles que je puis être en paix avec moi. » (Fragment 2, *OC*. I Pléiade, p. 1173).

29 *« Et quant au bien que peut faire un riche. »*

Selon Rousseau, bienfaits et services n'ont jamais à être valorisés comme tels car ils sont de simples rouages d'une sorte de mécanisme compensatoire de l'inégalité à l'échelle de l'ensemble de la communauté ; ainsi, ce qui est reçu d'une main repartira vers d'autres ; et quand le baron d'Holbach, par exemple, fait en sorte que Rousseau touche les droits d'un livre qu'il a fait, « ce don ne fut pas d'un ami mais d'un honnête homme aisé à un honnête homme indigent [...] ce fut un prêt fait à l'humanité ; c'est à l'humanité qu'il faut le rendre » (*CC.*, n° 592, t. 4, p. 396). Voir à ce propos l'introduction du présent volume, p. 67.

30 *« Ce qu'il peut y avoir de commun entre les êtres fantastiques que vous décrivez, et le monstre dont nous parlions. »*

« FANTASTIQUE. Chimérique, imaginaire. Dessein, projet *fantastique.* » (*Féraud*). Rousseau appliquait cette qualification à son personnage public en conclusion d'une réponse à M. de La Tourrette du 25 janvier 1772 : « Je ne vous parle point de moi, Parce que je n'ai plus rien de nouveau à vous en dire, et que je ne prends plus aucun intérêt à ce que disent, publient, impriment, inventent, assurent et prouvent à ce qu'ils prétendent, mes contemporains, de *l'être imaginaire et fantastique* auquel il leur a plu de donner mon nom. » (*CC.* n° 6926, mes italiques). Pour une contextualisation des mots « monstre » et « scélérat » dans le discours public à cette époque, et pour un aperçu de l'application de ces qualificatifs à J.-J. Rousseau dans le discours de ses adversaires dès 1766, on peut se reporter au n° 30 du présent dialogue dans le « Glossaire ».

31 « Rien sans doute, et je le crois ainsi. »

On trouve ici une première occurrence de l'équivoque dont sont souvent marquées les réponses de « Rousseau » dans ce premier entretien. Gibert présente ainsi le procédé : « les équivoques doivent répéter deux fois le même mot en deux significations différentes, ou que le même mot n'étant prononcé qu'une fois, puisse également avoir deux rapports ou deux signification » (*Rhét*, l. III, p. 561). La reprise de mot est souvent l'occasion d'une équivoque au premier sens et le présent exemple illustre le second : en effet, semblant approuver l'idée de son interlocuteur, « Rousseau » affirme déjà implicitement sa thèse sur l'impossibilité que le criminel J.J. et l'auteur des livres qui lui sont attribués soient le même individu. On retrouve plus loin un autre échange du même type : « il est le même qu'il fut toujours » affirme « le François », c'est-à-dire un criminel invétéré d'abord dissimulé puis avéré ; « voila de quoi je ne doute point » répond « Rousseau », sous-entendant au contraire une innocence sans faille (p. 250). Au fil de l'entretien, il arrive que « le François » joue lui aussi sur l'équivoque, mais pour laisser entendre sa distance implicite au discours qu'il relaie en le poussant à l'absurde ; ainsi quand son interlocuteur lui demande si c'est « contre ses ennemis » qu'a écrit J.J., il lui répond « Non, contre les ennemis de ses ennemis » (p. 191), absurdité délibérée admise dans le persiflage mondain, qui est un art de la double entente cultivée. L'exemple le plus flagrant en est l'échange à propos des plagiats musicaux de J.J., où accumulant absurdité sur absurdité, « le François » en vient à évoquer un morceau de Pergolèse fait « vingt ans après sa mort », puis tel « miracle éclattant de M. d'Alembert », sur quoi « Rousseau » enchaîne dans le même ton en présentant celui-ci comme « saint à miracles » (p. 184). Au cours du IIe entretien, un échange du même ordre à propos des supposés talents d'empoisonneur de J.J. se conclura d'ailleurs, de la part du « François », par un « Laissons donc tous ces persifflages » (p. 357). C'est enfin « Rousseau », à la fin du premier entretien, qui révèle au lecteur le caractère ironiquement citationnel du discours de son interlocuteur : « Presque tout ce que vous m'avez dit dans cet entretien me prouve que vous n'y parliez pas de vous-même. Après avoir appris de vous les sentimens d'autrui, n'apprendrai-je jamais les vôtres ? Je le sens ; vous feignez d'établir des maximes que vous seriez au desespoir d'adopter. » Ainsi le lecteur est-il préparé de loin à entendre celui-ci avouer, dès le IIe entretien : « si quelquefois je vous ai machinalement interrompu, c'étoit lorsqu'étant moi-même de votre avis, je voulois avoir votre réponse à des objections souvent rebattues que je craignois d'oublier » (p. 405), et enfin au IIIe : « Vous ébranlâtes dans nos prémiers entretiens la confiance que j'avois dans des preuves si fortes, quoiqu'administrées avec tant de mistére. » (p. 467).

32 *« Des ames si différemment modifiées. »*

« MODIFICATION est aussi un terme didactique, qui signifie une manière d'être d'une substance. *Les corps sont susceptibles de différentes modifications. Les sensations sont des modifications de l'âme.* » *Acad.* La problématique des modifications de l'âme est d'origine malebranchienne : « on pourrait appeler aussi les inclinations de l'âme des *modifications* de la même âme. » (*Recherche de la vérité*, livre I, ch. I, I, *Œuvres* I, Gallimard, Pléiade, 1979, p. 24, il souligne).

33 *« Les initiés se reconnoissent entre eux. »*

C'est seulement dans l'édition de 1798 qu'*Acad.* intègre la substantivation du participe : « Initié, ée. participe. On l'emploie aussi substantivement, en parlant de l'initiation aux Mystères. *Un Initié.* » L'édition de 1771 du *Trévoux* ne signale pas cet emploi, mais ajoute qu'« on le dit encore en parlant de science. *Il n'est pas encore initié à la philosophie*, et [...] aussi figurément, être initié dans quelque société. *Nous l'avons initié parmi nous. Adlegimus. Nous l'avons admis* ». Il n'est évidemment pas question de rencontrer chez les jésuites le sens maçonnique du mot : outre le « signe caractéristique » de reconnaissance, Rousseau semble jouer avec le vocabulaire des loges en écrivant aussi que « l'initié distingue bientot son frére de celui qui sans l'être veut seulement en prendre l'accent » et que cette société est dévouée à l'« utilité publique ». Qu'il s'agisse d'initiation, de reconnaissance par des signes codés, et surtout d'aspirations humanitaires, c'est bien ce qui se pratiquait à une époque où les affiliés se comptent par milliers, où le duc d'Orléans dirige le Grand Orient de France et où la Loge des Neuf Sœurs accueille Franklin et Voltaire.

34 *« Il est vrai lorqu'il est senti. »*

Cette immanence du signe à l'affect propre aux habitants de ce monde (voir à ce propos les pages de J. Starobinski sur le « pouvoir des signes » dans *J.-J. Rousseau : la transparence et l'obstacle*, Paris Gallimard, 1971, p. 168-199) caractérise également l'éloquence et la musique de J.J. selon le personnage « Rousseau » (voir le second entretien, p. 394-395). Elle avait déjà été thématisée en 1757 dans la grande lettre du 17 décembre à Mme d'Houdetot qui oppose à la civilité artificielle du code de l'honnêteté la transparence des âmes dans l'amour et l'amitié : « je ne veux point que mes amis se tourmentent plus que moi de ma pauvreté ; mais qu'ils m'aiment tel que je suis ; je ne veux point qu'ils tournent leur attachement en soins officieux mais en sentimens ; je veux qu'ils ne fassent valoir leur amitié que par des signes qui lui soient tellement propres qu'ils ne puissent avoir un autre motif. » (*CC.* n° 592, t. 4, p. 394).

35 *« En prendre l'accent. »*

À l'article ACCENT de son *Dictionnaire de Musique*, Rousseau en distingue trois sortes : « l'accent grammatical », « l'accent logique ou rationnel » et « l'accent pathétique ou oratoire, qui, par diverses inflexions de voix, par un ton plus ou moins élevé, par un parler plus vif ou plus lent, exprime les sentimens dont celui qui parle est agité, et les communique à ceux qui l'écoutent. » Il note en outre, au livre I de l'*Émile*, que « L'accent est l'ame du discours ; il lui donne le sentiment et la vérité. L'accent ment moins que la parole. » (*OC.* IV Pléiade, p. 296).

36 *« Leur mettre la plume à la main. »*

Ce rapport désintéressé à l'art d'écrire est également caractéristique de J.J. dans le second entretien : « Je vends le travail de mes mains, mais les productions de mon ame ne sont point à vendre. C'est leur desinteressement qui peut seul leur donner de la force et de l'élévation. Celles que je ferois pour de l'argent n'en vaudroient guère et m'en rendroient encor moins. » (p. 362).

37 *« Pour mettre leur zèle en effervescence. »*

Le substantif EFFERVESCENCE revient fréquemment sous la plume de Rousseau pour caractériser sa grande période de créativité, que ce soit dans *Les Confessions* : « cette effervescence se soutint dans mon cœur durant plus de quatre ou cinq ans » (*OC.* I, Pléiade, p. 351), « pendant quatre ans au moins que dura cette effervescence dans toute sa force » (*ibid.*, p. 416), ou dans les *Dialogues* : « de la vive effervescence qui se fit alors dans son ame sortirent ces étincelles de génie qu'on a vu briller dans ses écrits durant dix ans de délire et de fiévre » (p. 349). Le *Grand Larousse de la Langue Française* date « de 1772, J.-J. Rousseau » le sens « Fig. Agitation vive, mais passagère… ». Il a raison et tort. Raison à cause de l'impact dans la langue de l'œuvre de Rousseau, mais tort parce que l'élargissement sémantique de ce mot spécialisé de la chimie est attribué par les lexicographes contemporains à Descartes, *via* Mme de Sévigné. Après avoir rappelé qu'« en chimie on n'entend point par ce mot un mouvement, un bouillonnement causé par le feu, mais le mouvement intestin excité dans un liquide, dans lequel il se fait une combinaison de substances, […] qui se mêlent et produisent ordinairement de la chaleur, avec un nombre considérable de petites bulles, poussées vers la surface du liquide », le rédacteur du *Trévoux* poursuit en relevant son emploi « dans un sens figuré » : « Madame de Grignan avoit rendu compte à Madame de Sévigné, sa mère, de quelques tracasseries de famille, causées, disoit-elle par des *effervescences* d'humeur, madame de Sévigné répond : cela s'appelle donc (comment dites-vous, ma fille ?) des *effervescences* d'humeur ? Voilà un mot dont je n'avois jamais entendu parler : mais il est de votre Père Descartes : je l'honore à cause de vous. » (*Trévoux*). Sur quoi Féraud confirme la fortune de cette innovation, désormais passée dans l'usage : « Que n'honorait pas Mde *de Sévigné*, à cause de sa fille ? ce n'en était pas moins une vraie pédanterie dans une femme, de se servir de ce mot. Depuis quelque tems il est devenu à la mode, et une femme d'esprit aurait honte de dire aujourd'hui qu'elle n'en a pas entendu parler. On l'emploie au figuré. "On s'intéressait, on raisonnait ; peu à peu on s'échauffait. En général, dans toutes les affaires susceptibles de discussion, c'est un malheur que cette *effervescence*." Linguet. "*Effervescence* causée par un zèle de parti et par d'odieuses animosités" *Targe*. »

38 *« La force de vos preuves ne me laisse pas douter un instant. »*

« En jurisprudence, la preuve est une conséquence légitime, qui résulte d'un fait évident, dont la certitude fait conclure qu'un autre fait est véritable ou ne l'est pas. Ces preuves sont fondées sur la foi des actes par écrit ; sur la déposition des témoins, sur la commune renommée, et autres présomptions qui résultent des circonstances de fait. » (*Trévoux*). Même définition dans *Ferrière*, vol. 2, p. 370-371. On sait que la jurisprudence criminelle de cette époque admet une échelle dans la qualité des preuves, distinguant notamment entre « preuve pleine et entière » et « semi-preuves » ; en matière criminelle, en outre, selon Ferrière, « à défaut de preuves vocales ou littérales, ou d'évidence du fait, la loi admet les présomptions, dont il y en a de si fortes qu'elles vont à la certitude et qu'elles tiennent même dans les crimes lieu de preuves. [...] Ainsi quand les présomptions sont très fortes, le juge doit condamner l'accusé à quelque peine, suivant les circonstances, mais ordinairement à une moindre peine que celle qui est prononcée par la loi contre ceux qui sont pleinement convaincus du crime dont il est accusé, à moins que ces fortes présomptions ne soient suivies de la confession de l'accusé. » *Id.*, p. 377.

39 *« Des crimes qu'elles attestent. »*

Quoique le dialogue commence *in medias res*, dérobant la liste des charges qui pèsent sur J.J., la suite de l'entretien permet de reconstituer ce dont on l'accuse, soit huit forfaits majeurs (la justice criminelle de l'époque les nomme « atroces » ou « énormes ») : crimes de sang, vol, viol, abandon d'enfant, tentatives d'empoisonnement, traîtrise, impiété publique, sédition ouverte ; à quoi s'ajoute, *last but not least* quoique seulement sous-entendu, le crime des crimes : celui de lèse-Majesté.

40 *« Pour moi je n'entends rien à ces contradictions. […] Vous joignez des choses que je sépare. »*

Sur le sens et l'usage du mot « contradiction » et de sa constellation sémantique dans *Rousseau juge de Jean Jaques* et selon les dictionnaires, ainsi que sur la dimension logique du débat dans ce dialogue et dans les suivants, on peut se reporter au n° 40 du présent dialogue dans le « Glossaire ».

41 *« L'auteur des livres et celui des crimes vous paroit le même homme ; je me crois fondé à en faire deux. »*

La réfutation des preuves concernant un accusé par la démonstration qu'elles ne s'appliquent pas à lui, mais à un autre, appartient au répertoire des erreurs judiciaires évitées de justesse ou révélées *a posteriori* auquel « Rousseau » fera allusion par la suite, p. 246. À titre de contrepoint, voici comment Cochin présente un cas d'imposture de la part d'un certain M. de Virasel qui, cherchant à faire passer une jeune femme pour sa fille légitime (pourtant réputée morte à sa naissance), est attaqué pour cela par les héritiers de sa femme, elle aussi décédée : « supposant contre l'évidence des preuves qui viennent d'être rapportées, que la fille de M. de Virasel étoit encore vivante en 1702, supposant même que ce soit elle qui a été remise par Jeannotte à la Peluchon [une tenancière de maison de prostitution], on soutient qu'il y a une preuve claire comme le jour que ce n'est point cette même fille qui a été remise dans la suite par la Peluchon à M. de Virasel, que par conséquent ce n'est point elle qu'on nous représente. » (*Œuvres de feu M. Cochin […]*, nouvelle édition, tome I, Paris, Herissant, 1771, p. 31-32).

42 *« Le second dépouillement. »* (variante d dans G. et P.)

« DÉPOUILLEMENT. Signifie aussi l'état abrégé, l'extrait qui se fait d'un inventaire, d'un compte, d'un procès. » (*Acad.*, 1798). Le ms. G. remplace donc un terme de logique par un terme ordinaire à connotation juridique. Pour une opération analogue mais en sens inverse, voir dans ce dialogue la note 222.

43 *« La seconde assertion me paroit pourtant une consequence assez prochaine de l'autre. »*

Dans ce premier entretien, « Rousseau » mentionne parfois explicitement les principes logiques qu'il mobilise contre le discours adverse ; plus loin il en fait de même avec ceux du droit naturel. Dans l'économie des *Dialogues*, il porte en effet un discours où sont censés s'articuler esprit de géométrie et esprit de finesse, alors que « le François », s'il dispose assez fréquemment du second, demeure par définition privé du premier puisqu'il est, par hypothèse, souvent engagé dans des « raisonnemens absurdes » ainsi que l'annonce l'avant-propos, p. 158. – S'engage ici un questionnement à longue portée qui, depuis la question de l'attribution du *Devin* jusqu'à celle de l'absence d'un procès dans les formes, va permettre à « Rousseau » de faire progressivement constater au « François » les contradictions et les incohérences des accusations sur J.J. dont il est le porteur. Cette maïeutique s'inscrit dans la vaste postérité du dialogue philosophique platonicien, comme le signalent C. Kelly et Roger D. Masters dans l'introduction de leur édition des *Dialogues* : « [la scission de soi en de nombreux personnages, images et contre-images] n'est propre ni à Rousseau ni aux fous présumés [par une grande part de la critique]. La trilogie des dialogues platoniciens constituée par le *Théétète*, le *Sophiste* et le *Politique*, consiste en conversations entre une distribution de personnages, Socrate y compris ; un garçon nommé Théétète, qui ressemble exactement à Socrate ; un jeune ami de Théétète qui se nomme Socrate ; et un étranger éléate un peu mystérieux qui interroge ses interlocuteurs d'une façon qui ressemble en partie (quoique pas totalement) à celle de Socrate lui-même. Un des thèmes majeurs de cette trilogie est le problème du rapport entre les images et leurs originaux. En outre, la trilogie est partiellement encadrée par un autre dialogue à propos de la façon dont les dialogues socratiques en sont venus à être transcrits et conservés. Ainsi, Platon pensait apparemment qu'une sorte de scission des personnages serait narrativement appropriée à l'illustration d'un important problème philosophique aussi bien que comme démonstration de la relation problématique entre un texte écrit et les gens ou le sujet à propos desquels il est écrit. » Introduction à *Rousseau Judge of Jean-Jacques* : dialogues, dans *The Collective Writings of Rousseau*, vol. I, Hanover and London, U. Press of New England (1990), p. XIV. Ma traduction.

44 *« La preuve ! Il y en a cent, toutes péremptoires. »*

« PÉREMPTOIRE : terme de Pratique, qui n'a guère d'usage que dans cette phrase, *Exception péremptoire*, qui se dit des défenses qui consistent dans la seule allégation de la péremption. Il signifie aussi, Décisif, contre quoi il n'y a rien à alléguer, à répliquer. *Raisons péremptoires. Cela est péremptoire.* » *Acad.*

45 *« C'est beaucoup ; je me contente d'une. »*

La qualité de la preuve opposée à la quantité des preuves est un trait constant de l'exigence de « Rousseau », autant que du discours juridique des Lumières. Il y revient vers la fin de l'entretien, en disqualifiant l'appropriation des preuves des « Messieurs » à leur qualité d'amis réputés de J.J., autant que leur excès : « Tout cela me paroitroit fort bien dans des procédures juridiques faites par le ministére public. Mais pour que des particuliers et qui plus est des amis aient pris tant de peine aient fait tant de dépenses aient mis tant de tems à faire tant d'informations, à rassembler tant de preuves, à leur donner tant de force, sans y être obligés par aucun devoir, il faut qu'ils aient été animés pour cela par quelque passion bien vive, qui tant qu'ils s'obstineront à la cacher me rendra suspect tout ce qu'elle aura produit. Un autre défaut que je trouve à ces mêmes preuves est qu'elles prouvent trop, c'est qu'elles prouvent des choses qui naturellement ne sauroient exister, autant vaudroit me prouver des miracles, et vous savez que je n'y crois pas. » (p. 269).

46 *« Il ne sait pas la musique ! »*

Nouvel exemple d'objection par répétition d'une formule de l'interlocuteur : parfois, « reprendre quelques mots sur un ton donné suffit. » (B. Dupriez, *Gradus*, art. « Réponse » Paris, UGE, 1980, p. 398).

47 *« Lorsqu'il s'agit d'un pareil scelerat. »*

C'est la première occurrence du mot SCELERAT dans le texte ; il y est employé le plus souvent substantivement, quelquefois au pluriel. Pour une contextualisation lexicographique et littéraire de ce mot, un rappel de l'origine de cette qualification à l'adresse de J.-J. Rousseau lors de la crise de l'Ermitage, et un aperçu de l'évolution de l'emploi de ce terme dans *Rousseau juge de Jean Jaques*, on peut se reporter à l'Introduction de ce volume, p. 24 et suiv.

48 *« Nos messieurs. »*

C'est la première occurrence de ce personnage collectif dans le texte des *Dialogues*. Ce n'est pas la première dans l'œuvre et la correspondance de Rousseau : « Il me semble que tous ces Messieurs, qui se mettent si fiérement en avant pour m'enseigner l'humanité, trouvent la leçon meilleure à donner qu'à suivre. » (*Lettre à C. de Beaumont*, Pléiade IV, p. 995) ; « Mais voici comment vos messieurs et lui (l'auteur des *Lettres de la campagne*) tournent la chose pour autoriser le jugement rendu contre mes livres et contre moi », « Voyez d'abord que ces messieurs sont agreables ! » (*Lettres écrites de la montagne*, 2e lettre, Pléiade III, p. 712 et 4e lettre, p. 757) ; « Je le vois, Messieurs, mes malheurs plus que mes écrits m'ont fait un nom qui vous chagrine et dont je me passerois bien. En me tourmentant vous travaillez à l'augmenter vous mêmes », « (Allez) continuez, Messieurs, tout à votre aise, toutes vos ruses, vos manœuvres, vos menées sourdes. » (brouillon de la lettre à Hume du 10 juillet 1766, *CC*. 5274 bis, t. 30, p. 72) ; « Messieurs, Messieurs, quand il serait généralement permis de juger un accusé sans l'ouir, il y à du moins des hommes, qui mériteroient d'être exceptés, et Jean Jacques Rousseau pouvoit Se flatter, ce me semble, d'être mis au nombre de ces hommes là. » (Lettre à Saint-Germain de juillet 1770, *CC.* t. 37, p. 260). En fond de scène, les « Messieurs » auxquels s'en prennent les *Dialogues*, sont cousins germains en ridicule des « Pères » des *Provinciales* : « je vous avoue que j'ai été surpris de voir que vos Pères ont tellement étendu leurs soins à toutes sortes de conditions, qu'ils ont voulu même régler le gain légitime des sorciers » (VIIIe Lettre, *op. cit.*, p. 139) ; « Vous avez raison, me dit-il ; mais c'est que vous ne savez pas encore cette belle maxime de nos Pères : *Que les loix de l'Église perdent leur force, quand on ne les observe plus.* » (VIe Lettre, *ibid.*, p. 106).

49 *« Lorsqu'il s'agit d'un tel personnage on ne doit négliger ni le plus ni le moins. »*
En répliquant par un traitement burlesque de l'argument *a fortiori* (qui inclut précisément le « moins » dans le « plus »), « le François » révèle qu'en cette affaire le cumulatif prévaut, du côté des « Messieurs », sur l'argumentatif. Or, comme l'écrit Beccaria contre le système des tiers et des quarts de preuves en usage sous l'Ancien Régime : « lorsque les preuves du fait sont dépendantes les unes des autres [...] le nombre des preuves n'augmente ni ne diminue la probabilité du fait ; parce qu'alors la force de toutes les preuves n'est que la force même de celle dont elles dépendent. » (*Des Délits*, § 7 [§ XIV dans l'original], p. 38-39). Un peu plus haut, « Rousseau » s'inscrivait dans cette perspective à propos de la preuve que J.J. n'est pas l'auteur du *Devin*, en répondant « c'est beaucoup ; je me contente d'une », au « François » affirmant : « Il y en a cent, toutes peremptoires. » (p. 172).

50 *« Sa vie est coupée en deux parties qui semblent appartenir à deux individus différens. »*
Le personnage « Rousseau » engage ici une argumentation classique sur la cohérence de la conduite passée d'un accusé avec les crimes qui lui sont reprochés ; comme l'écrit en effet Pufendorf : « le Droit naturel autorise une pratique semblable à celle des anciens Perses, qui faisaient entrer dans l'estimation de la peine que méritait un crime, la conduite passée de celui qui l'avait commis, en sorte que si, dans le cours de sa vie précédente, le bien l'emportait sur le mal, il obtenait sa grâce. [...] De là vient qu'autrefois, dans le Barreau romain, l'accusateur ne manquait pas ordinairement d'étaler tout ce qu'il pouvait trouver à reprendre dans la vie de l'accusé, comme d'un autre côté l'avocat de celui-ci n'oubliait rien pour faire valoir la régularité et l'innocence de toute la conduite passée de sa partie, et alléguait même, s'il pouvait, les éloges que d'autres en faisaient. » *Le droit de la nature et des gens* (trad. Barbeyrac), t. II, liv. VIII, ch. III, § 22, Bâle, 1732, p. 401.

51 « Bien voulu de tous ceux qui le connurent. »

« Bien voulu, mal voulu, pour qui on a de bonnes, de mauvaises dispositions. » *Littré.*

52 « Sans vouloir suivre cette opposition dans toutes ses branches. »

« OPPOSITION, en terme de Logique, se dit d'une qualité de disconvenance que des propositions qui ont le même sujet et le même attribut ont entr'elles. On compte ordinairement quatre sortes d'oppositions [...] Pour connaître comment et en quoi des propositions sont opposées, il faut les comparer en qualité et en quantité de toutes les manières dont elles peuvent être comparées. » *Trévoux.*

53 « L'avantage des méthodes qu'il proposoit. »

Il s'agit notamment de la nouvelle méthode de notation chiffrée proposée par Rousseau à son arrivée à Paris. Critiquée par l'Académie où il la présenta sous l'égide de Réaumur, il en résume les avantages et les défauts au livre VII des *Confessions*, où il atteste l'avoir expérimentée avec succès avec l'une de ses élèves. (Pléiade I, p. 283-287). Il la publia à frais partagés sous le titre *Dissertation sur la musique moderne* (1743) mais elle n'eut aucun succès. Sur son approche de la composition, on peut lire l'article qui la concerne dans son *Dictionnaire de Musique* (rédaction 1753-1764, publication 1767). Après en avoir spécifié les aspects techniques, il ajoute que « toutes ces choses ne sont encore que des préparatifs à la Composition [...] il faut trouver en soi-même la source des beaux Chants, de la grande Harmonie, les Tableaux, l'expression ; être enfin capable de saisir ou former l'ordonnance de tout un ouvrage, d'en suivre les convenances de toute espéce et de se remplir de l'esprit du Poète sans s'amuser à courir après les mots ». Il conclut que « Tous nos artistes savent le remplissage, à peine en avons-nous qui sachent la Composition. » (Pléiade V, p. 720). Sur d'autres innovations de Rousseau dans ce domaine, voir le n° 53 du présent dialogue dans le « Glossaire ».

54 « Vous m'avouerez que voila des contradictions difficiles à expliquer/concilier. »

« *Les Jurisconsultes sont bien embarrassés à concilier les Antinomies.* » *(Acad.)*. Le remplacement du verbe *expliquer* par le verbe *concilier* dans L. et G. suggère un discret rappel de l'art de la conciliation des propositions les plus contradictoires qu'est la casuistique selon les *Provinciales* : « Le bon père continua donc ainsi : Vous entendez bien maintenant comment on se sert des circonstances favorables. Mais il y en a quelquefois de si précises, qu'on ne peut accorder par là les contradictions. » (VIe lettre, *op. cit.*, p. 100).

55 « Il n'y a plus de question sur le fait que vous venez d'exposer. »

Dans cet échange, les deux interlocuteurs rivalisent dans l'art de la « requestion » (Dupriez, *op. cit.*, p. 370) qui consiste à répondre à une question par une autre question, tout en reprenant chacun, pour ce faire, les mots de l'autre. La dernière réponse de « Rousseau » délaisse ce terrain en amorçant une réfutation par rétorsion qui va élargir à l'ensemble des écrits musicaux attribués à J.J. la thèse soutenue par « le François ».

56 *« J'adopte pleinement votre conséquence mais je la porte plus loin. »*

À partir d'ici, jusqu'à l'endroit où « le François » se voit acculé à reconnaître que faire de J.J. l'empoisonneur d'un musicien auquel il aurait volé la musique du *Devin* se déduit logiquement des positions qu'il défend, Rousseau semble s'être plu à imiter la dialectique socratique de la démonstration par l'absurde, en établissant, au fil des questions de « Rousseau », l'impossibilité logique que J.J. soit l'auteur d'aucun de ses livres s'il ne sait pas la musique. Son interlocuteur essaiera successivement quatre sortes de réfutations du premier volet (musical) de cet argument *a fortiori*, qui se solderont toutes par un échec reconnu : autorité d'un musicien étranger, non-invraisemblance d'écrire sur ce qu'on ignore, autorité de l'opinion, argument de l'œuvre entièrement dérobée à un autre musicien, chacun de ces arguments s'écroule au fil des questions de son interlocuteur : que sait-il réellement de ce fameux musicien et des raisons de son goût pour J.J. ? S'y connaît-il lui-même en musique ? Depuis quand l'opinion est-elle pertinente en matière de recherche de la vérité ? N'est-il pas vrai que tout le monde loue l'unité d'effet du *Devin* ? Pourquoi l'auteur volé ne s'est-il pas manifesté ? Finalement, « Rousseau » l'emporte en suscitant l'indignation de son interlocuteur pour avoir envisagé que J.J. fût l'assassin du musicien qu'il a volé ; il a beau jeu alors de lui faire observer que cette thèse est cohérente avec les soi-disant révélations qui sont à l'origine de leur débat. Il se peut d'ailleurs que la fin de ce débat, très colorée de persiflage, signale une sorte de connivence ironique des deux personnages pour passer à la moulinette dialectique les absurdités du discours des « Messieurs ».

57 *« Il n'a pas fait non plus* L'allée de Sylvie. *»*

« Qu'à m'égarer dans ces bocages / Mon cœur goûte de voluptés ! / Que je me plais sous ces ombrages ! / Que j'aime ces flots argentés ! » y prélude-t-il, en mémoire, peut-être, de Théophile de Viau ; mais il y moralise bien vite. Ce poème en octosyllabes fut composé à Chenonceaux, chez les Dupin qui employaient alors Rousseau comme secrétaire en vue d'ouvrages qu'ils préparaient. Il fut publié, à la demande de l'abbé Raynal, dans le numéro de septembre 1750 du *Mercure*. Il en est question au livre VII des *Confessions* (Pléiade I, p. 342). On le lira en Pléiade II, p. 1146-1149.

58 *« Il n'a pas fait non plus la Lettre sur la musique francoise. »*

La *Lettre sur la musique françoise* (1753), pièce importante de la Querelle des Bouffons, laisse un exemple notoire d'articulation de force argumentative et d'éloquence satirique ; plus de soixante réfutation en furent publiées. Prenant fait et cause pour la musique italienne contre la musique française, c'est-à-dire pour la mélodie et le naturel contre l'harmonie et l'artifice savant, et s'attaquant tout à la fois au morceau le plus fameux de Lully, à la théorie musicale de Rameau et aux musiciens français de son temps, elle valut à son auteur de se trouver pendu (ou brûlé ?) en effigie à l'Opéra et de s'y voir retirer ses entrées d'auteur. Rousseau conte l'affaire au livre VIII des *Confessions*, tout en suggérant les enjeux politiques latents au débat artistique. (Pléiade I, p. 384-385).

59 *« Encore moins le Dictionnaire de musique. »*

La préface du *Dictionnaire de musique* (Paris, Duchesne, 1768) le donne pour un ouvrage composé par un artiste à l'usage de ses pairs. À ce propos, on peut se reporter aux notes 133 et 181 du IIe entretien.

60 *« Un grand musicien étranger. »*

Il s'agit de Gluck, qui avait publié son admiration pour Rousseau dans une lettre au *Mercure* en février 1773 et qui partageait bonne part de ses options musicales. Puisque tous les manuscrits disponibles des *Dialogues* donnent pour l'essentiel le même texte, il faut dès lors admettre que ce passage a été écrit après février 1773, et par conséquent que l'ordre compositionnel de ce dialogue ne reflète pas la chronologie de sa rédaction qui, chez Rousseau, obéit plus à l'ordre de l'inspiration qu'à celui du calendrier (voir la note 26 de « Du sujet et de la forme de cet écrit »). Quant aux rapports avec Gluck, l'estime fut d'abord réciproque : en avril 1774, Rousseau assista aux deux représentations d'*Iphigénie en Aulide* et ne manqua aucune de celles d'*Orphée et Eurydice*, dont il admirait particulièrement l'ariette *J'ai perdu mon Eurydice.* Gluck lui ayant demandé son opinion sur son *Alceste*, Rousseau assista à la représentation donnée le 23 avril 1776 et s'exécuta par des *Fragmens d'observations sur l'Alceste italien de Monsieur le Chevalier Gluck*. Rédigés en 1775, ils forment la seconde partie d'une longue *Lettre à M. Burney* (lui-même admirateur de Gluck) qu'on peut considérer comme le dernier mot de l'auteur du *Devin* en matière de théorie musicale (1777). Ces *Fragmens* témoignent d'une nette réserve à l'égard de la traduction pratique des options fondamentales partagées avec Gluck, notamment sur les rapports entre musique et parole dans les récitatifs et sur la proportion entre musique instrumentale et mélodie, ce qui recoupe certains aspects des débats contemporains entre Piccinistes et Gluckistes. En outre, Rousseau avait lui-même initié une voie neuve dans son *Pygmalion* (Lyon, 1770, Paris, 1775), d'ailleurs ressentie comme telle par le public parisien lors de sa représentation triomphale, avec l'alternance du récitatif et des parties orchestrales qui régit ce monologue lyrique – dont il s'ouvre d'ailleurs largement dans les *Fragmens* (voir la note 121 au IIIe entretien). Ainsi peut-on comprendre la réserve exprimée par le « Rousseau » des *Dialogues*, en des termes à vrai dire un peu obscurs : « Admirateur de son talent, d'accord ; je le suis aussi. Mais quant à son suffrage, il faudroit prémiérement être au fait de bien des choses avant de savoir quelle autorité l'on doit lui donne ». Quant à l'altération des rapports personnels entre les deux hommes dans la réalité, Corancez rapporte qu'ayant interrogé Rousseau sur la raison pour laquelle il avait brusquement demandé à Gluck de cesser ses visites au point que « celui-ci en pleurait encore le lendemain », Rousseau lui aurait répondu que si Gluck avait entrepris de faire de la bonne musique sur des paroles françaises, c'était pour lui « donner un démenti ». (*De J.-J. Rousseau, Extraits du Journal de Paris* [...] *de l'an VI*, p. 38-39).

61 *« Mais quant à son suffrage. »*

Nouvel exemple de « distinguo » : « Rousseau » ne concède l'admiration de J.J. pour Gluck qu'à l'égard de son talent musical, réserve qui dénie l'autorité de celui-ci à tout autre égard.

62 *« Je suis moins surpris que nous pensions vous et moi si differemment. »*

Dans cet échange, le verbe « penser » fait l'objet d'une antanaclase : « le François » reconnaissant son incompétence, non seulement leurs pensées diffèrent sur ce qui est en question mais également leurs façons de penser. Le procédé est ainsi défini par Dupriez (d'après Lausberg) : « dans un dialogue, voire une plaidoirie, il s'agit de reprendre les mots de l'interlocuteur (ou de la partie adverse) en leur donnant une signification autre dont on pourra tirer avantage. » (*Gradus, op. cit.*, p. 50). Un peu plus loin en effet, « le François » sera requis de se rendre compétent ou de renoncer à débattre : « je juge ici par moi même, lui dit en effet "Rousseau", nous ne pouvons donc raisonner au pair vous et moi que vous ne vous mettiez en état de juger par vous-même aussi. » (p. 200).

63 *« Qu'il n'eut pas beaucoup de peine à faire. »* (Note * dans L, G., P.)

L'accusation implicite de plagiat dans la note de Rousseau n'a pas laissé indifférent l'auteur des *Élémens de musique* (1752) : « M. Rousseau, dans ses Articles de Musique, a très-souvent passé [les principes de Rameau] sous silence, ou n'en a guère fait mention que pour les combattre ; il les avoit d'abord fort approuvés ; mais il changea d'avis, depuis une querelle qu'il eut avec le Savant Musicien. Je me suis cru obligé de suppléer, à la fin même des Articles de M. Rousseau, à ce qu'il n'avoit pas dit, ou de repousser les coups qu'il portoit, selon moi très-injustement, à M. Rameau ; et ces additions sont toutes désignées de ma marque distinctive. Mon Ouvrage [*i. e.* les *Elémens de musique*] n'est donc point fait d'après les articles dont il est question, puisqu'il renferme une doctrine qui très-souvent ne s'y trouve pas, & quelquefois une doctrine contraire. » (*Mercure*, 14 octobre 1780, p. 85-87, cité dans *CC.*, n° 7760). Pour le fond historique et musicologique de l'affaire, on peut consulter Michael O'Dea, « Consonances et dissonances : Rousseau et D'Alembert face à l'œuvre théorique de Jean-Philippe Rameau », *RDE* n° 35 (2003), p. 105-130. – Au point de vue du dispositif énonciatif, cette note introduit la première identification de l'auteur avec le personnage de J.J.

64 *« Ne connoissant ni l'un ni l'autre ouvrage, je ne puis par moi même juger de votre raisonnement. »*

Une fois acquis cet aveu d'incompétence de la part de son interlocuteur, « Rousseau » va s'employer à en étendre l'application au discours qu'il relaie : n'ayant pas lu ces œuvres, il ne peut donc juger par lui-même de la validité des accusations dont leur auteur fait l'objet, il lui faut donc les lire : « Imbu des principes de ces grands philosophes qui ne se trompent jamais, mais sincére dans l'amour de la vérité, mettez-vous en état de prononcer comme eux avec connoissance de cause, et de décider sur cet article [...] Pour cela, lisez vous-même les livres dont il s'agit et sur les dispositions où vous laissera leur lecture, jugez de celle où étoit l'Auteur en les écrivant. » (p. 198).

65 *« Un article génie que tout le monde prône. »*

Quelques phrases de cet article s'harmonisent par avance avec le motif de l'immanence du signe à l'affect chez les habitants du « Monde idéal » : « même en peignant les horreurs de la mort, il porte dans l'ame ce sentiment de vie qui ne l'abandonne point, et qu'il communique aux cœurs faits pour le sentir. Mais hélas ! il ne sait rien dire à ceux où son germe n'est pas, et ses prodiges sont peu sensibles à qui ne les peut imiter ». Il est curieux à cet égard que la séquence du « monde idéal » comme univers d'« initiés » élude le caractère à la fois électif et inné de la sensibilité musicale évoqué dans cet article : « Ne cherche point, jeune Artiste, ce que c'est que le *Génie*. En as-tu : tu le sens en toi-même. N'en as-tu pas : tu ne le connoîtras jamais » ; le critère décisif de reconnaissance en cette matière est évidemment l'amour spontané de la musique italienne : « Veux-tu donc savoir si quelque étincelle de ce feu dévorant t'anime ? Cours, vole à Naples écouter les chefs d'œuvre de *Léo*, de *Durante*, de *Jommelli*, de *Pergolèse*. Si tes yeux s'emplissent de larmes, si tu sens ton cœur palpiter [...] prends le *Métastase* et travaille ; son génie échauffera le tien ». La lecture de l'article « Génie » (Diderot) dans l'*Encyclopédie* aide à mieux percevoir, par contraste, la dimension proprement intérieure et morale qui spécifie l'expérience esthétique chez Rousseau.

66 *« Quand il s'engoüe comme il a fait. »*

« ENGOUER. On l'emploie figurément avec le pronom personnel, *S'engouer, être engoué d'une personne, d'un ouvrage*, pour dire, se passionner, s'enthousiasmer pour une personne, pour un ouvrage, en être entêté. » (*Acad*, 1798). Quoique un peu vieillissant et critiqué par l'Académie, l'emploi de *faire* comme substitut d'un verbe actif est un tour constant chez Rousseau, comme l'attestent les nombreux exemples donnés par *A.W.* (p. 45). *Les Confessions* insistent plusieurs fois sur l'étonnante capacité de Rousseau à s'engouer d'un être (Bacle, Venture, Grimm…) ou d'une activité (la lecture, les échecs, l'étude, la musique…) au point de tout abandonner séance tenante pour s'y livrer jour et nuit.

67 *« Quand il s'engoüe, comme il a fait tout d'un coup pour le devin du village après l'avoir entendu pendant vingt ans avec un plaisir plus modéré. »*

La première représentation du *Devin du village* se déroula à Fontainebleau devant le Roi et la Cour, au printemps de 1752. Sur les reprises du *Devin du village* dans les années 1770-1777, on pourra se reporter au n° 67 du présent dialogue dans le « Glossaire ».

68 *« Ce principe, ignoré de tous nos compositeurs. »*

Il s'agit du principe d'unité de la mélodie, que Rousseau déduit, dans la *Lettre sur la musique françoise*, des caractères de la musique italienne : à la complexité (ou la complication savante) de la musique française basée, selon lui sur la prééminence de l'harmonie et du contrepoint (une sorte d'art pour l'art au fond), il oppose une musique qui parle naturellement à la sensibilité parce qu'elle y fait tout converger : « Pour qu'une musique devienne intéressante, pour qu'elle propre à l'âme les sentimens qu'on y veut exciter, il faut que toutes les parties concourent à fortifier l'expression du sujet ; que l'harmonie ne serve qu'à le rendre plus énergique ; que l'accompagnement l'embellisse, sans le couvrir ni le défigurer ; que la Basse, par une marche uniforme et simple, guide en quelque sorte celui qui chante et celui qui écoute, sans que l'un ni l'autre s'en aperçoive ; il faut, en un mot, que la tout ensemble ne porte à la fois qu'une mélodie à l'oreille et qu'une idée à l'esprit. » C'est tout à fait l'esprit (très français pour le coup !) des préfaces de Racine ; Rousseau signale d'ailleurs le lien avec la doctrine classique au théâtre : « Cette unité de mélodie me paroît une regle indispensable et non moins importante en Musique, que l'unité d'action dans une Tragédie ; car elle est fondée sur le même principe, et dirigée vers le même objet. » (*OC*. V Pléiade, p. 305). L'abbé Batteux, dans *Les Beaux-Arts réduits à un même principe* (1747), avait réactualisé cette poétique des unités.

69 *« Ce récitatif [...] adapté à la langue plus qu'aucun autre. »*

Les Confessions soulignent que le sien « étoit accentué d'une façon toute nouvelle et marchoit avec le débit de la parole » ; il consentit à la substitution (*OC*. I Pléiade, p. 376). Un des traits marquants, pour le public du temps, de l'apparition de Rousseau sur le terrain musical est qu'il compose aussi bien le livret que la musique : qu'il est, autrement dit, poète et musicien (d'où l'allusion au « moderne Orphée »). Au siècle précédent, la langue des opéras de Lully était presque un idiome en soi, élaboré par Quinault en étroite collaboration avec le musicien pour que s'harmonisent au mieux paroles et musique. Rousseau n'est donc pas le premier à se préoccuper de cette question, non plus d'ailleurs que de celle de l'accord de la diction et du rythme du vers, qui obsédait Racine au point de faire répéter lui-même la Champmeslé. Mais son approche de la langue est si obstinément défiante à l'égard du prétendu défaut de musicalité du français, qu'il a développé, du *Devin* jusqu'à *Pygmalion* (mais aussi bien dans sa prose littéraire), tout un art personnel de le faire chanter malgré tout ; il retrouve d'ailleurs là une hantise de la puissance émotive du chœur tragique grec que tous les théoriciens classiques, jusqu'à Dubos et Condillac, rattachent à la musicalité intrinsèque des langues anciennes : « j'ai dit et je le crois, écrit-il dans la Lettre à M. Burney, que les tragédies grecques étoient de vrais Opéra (sic). La langue Grecque, vraiment harmonieuse et musicale, avoit par elle-même un accent mélodieux ; il ne falloit qu'y joindre le rythme, pour rendre la déclamation musicale ; ainsi, non seulement les tragedies mais toutes les poésies étoient chantées » (*op. cit.*, p. 445). On verrait, en parcourant l'article de l'*Encyclopédie* consacré par son ami l'académicien Duclos à la « Déclamation des Anciens », qu'il exprime là un lieu commun de son époque. Il reste qu'il a saisi le problème à bras le corps dans sa double dimension prosodique et musicale, en suppléant au défaut d'accent et de musicalité des langues modernes par un soin jaloux de la langue du livret et par le « récitatif obligé » « où les paroles et la Musique, au lieu de marcher ensemble, se font entendre successivement, et où la phrase parlée est en quelque sorte annoncée et préparée par la phrase musicale », comme il s'y est employé dans *Pygmalion* (*Lettre à M. Burney*, *op. cit.*, p. 448). Sur ces questions, on peut consulter Philippe Beaussant, *Lully ou le musicien du soleil*, Gallimard, 1992 ; Pierre Saby, « Accent, expression, unité de la mélodie dans *Le Devin du village* : la théorie esthétique éclairée par l'analyse musicale ? », in Cl. Dauphin (dir.), *Musique et langage chez Rousseau*, Oxford, Svec 2004 :08, p. 203-210 ; et pour une perspective générale sur l'opéra aux XVIIe-XVIIIe siècles, Catherine Kintzler, *Poétique de l'opéra français de Corneille à Rousseau*, Paris, Minerve [1991], 2006.

70 *« Prisable. »*

Aucun dictionnaire de l'époque ne mentionne cet adjectif. Littré le signale et le définit : « estimable, digne d'être prisé » et donne un exemple tiré de Montaigne : *Le sçavoir est moins prisable que le jugement.*

71 *« Soit donc ; car l'une et l'autre de ces deux vérités contradictoires est égale pour mon objet. »*

Si le personnage « Rousseau » paraît désinvolte à l'égard de l'alternative, du moins à cette étape du débat, c'est que les deux thèses s'excluent mutuellement et que, dans un cas comme dans l'autre, il faut, au mieux, conclure que J.J. et l'auteur du *Devin* sont deux êtres différents. En revanche, l'enjeu est d'importance pour un musicien contemporain comme Grétry : « ses ouvrages étoient à lui, parce que nul homme n'a pu être mis à sa place ; mais on voulut lui contester son *Devin du Village* ; s'il eût menti une seule fois en face du public, l'apôtre de la vérité n'étoit en tout qu'un imposteur et il perdoit son premier droit à l'immortalité. Comment un tel homme eût-il pu forger et soutenir un tel mensonge ? » (*Mémoires*, Paris, 1789, p. 326). Cette accusation a la vie dure selon ce qu'en écrit le marquis de Girardin à Du Peyrou, le 7 mai 1779, en lui anonçant sa volonté de publier telle quelle la partition inachevée de *Daphnis et Chloé*, afin de clouer le bec à « ce troupeau de badaux, qui [...] vont disant d'après quelque Grim, que la première musique du Devin de village n'est pas de JJ., et que L'auteur de La Lettre sur la musique moderne et françoise, et celui du Dictionaire de musique n'avoit jamais été capable d'en faire. » (*CC.* n° 7530, t. 43, p. 226). Ce procès est parti du *Journal encyclopédique* de Pierre Rousseau, qui, en 1765, accuse son homonyme d'avoir volé un musicien lyonnais ; il revient à la charge en 1780 dans un compte-rendu du premier entretien, en nommant un certain Grenet ou Garnier qui lui aurait écrit en se méprenant sur son identité, pour réclamer un accusé de réception de la musique du *Devin*. Confronté à l'exigence de produire cette lettre, P. Rousseau se déconsidéra en assurant qu'il l'avait perdue, mais la rumeur était lancée.

72 *« En disant l'avoir fait pour Mlle Fel. »*

Marie Fel (1713-1794) était l'une des *stars* de l'opéra de cette époque. Elle y entre en 1734 et y incarne les premiers rôles entre 1739 et 1759. En 1752, elle crée le rôle de Colette lors de la première du *Devin du village* à Fontainebleau, aini que le motet *Salve Regina* au Concert spirituel.

73 *« Il ne faudroit pas multiplier les auteurs sans nécessité. »*

Parodie du principe logique connu sous le nom de « rasoir d'Ockham » : *Entia non sunt multiplicanda sine necessitate.* Condillac le désigne comme « rasoir des nominaux » dans l'*Essai sur l'origine des connaissances humaines* (I^e partie, section V, § 5, note a.). Ce dernier échange est délibérément confus car le François entre ouvertement dans le jeu du persiflage à l'égard du discours qu'il est censé relayer, en proférant d'énormes absurdités qui révèlent le mal qu'il en pense déjà à part lui, mais qui n'apparaîtra explicitement qu'au début du IIIe entretien : « Vous ébranlâtes dans nos prémiers entretiens la confiance que j'avois dans des preuves si fortes, quoiqu'administrées avec tant de mistére. En y repensant depuis, je fus plus frappé de l'extrême soin qu'on prenoit de les cacher à l'accusé que je ne l'avois été de leur force, et je commençois à trouver sophistiques et foibles les motifs qu'on allégoit de cette conduite. [...] Vous m'aviez dit cela ; je le sentois, et le zèle très singulier de nos Messieurs pour l'impunité du coupable et pour sa diffamation me présentoit des foules de contradictions et d'inconsequences, qui commençoient à troubler ma prémiére securité. » (p. 467-468).

74 *« Et puis il l'aura empoisonné. »*

Dans l'échelle de gravité des crimes selon les traités de justice criminelle contemporains, l'empoisonnement est considéré comme un « crime atroce », de même que l'infanticide, l'homicide prémédité, le viol, le vol sur grand chemin, la fabrication de fausse monnaie. Rousseau s'est cru soupçonné d'empoisonnement par son ami Du Peyrou lors du séjour de ce dernier au château de Trye (voir plus loin p. 215, et le n° 154 du présent dialogue dans le « Glossaire »). Sur la gravité de l'empoisonnement dans l'échelle des crimes, voir au IIe entretien la note 152.

75 *« Ces idées vous appartiennent. »*

Nouvel exemple de rétorsion : « Rousseau » affirme déduire logiquement cette hypothèse du vol et de l'empoisonnement, des thèses sur la criminalité de J.J. portées par son interlocuteur. L'indignation de celui-ci montre soit sa naïveté, soit (ce qui paraît plus adéquat à son caractère) sa capacité à entrer dans le persiflage du discours « des Messieurs » par son ami.

76 *« Laisser meurir vingt ans sa tête dans le silence. »*

La même idée d'une œuvre longuement mûrie depuis la jeunesse est reprise un peu plus loin (p. 254). Le rapport de « Rousseau » dans le IIe entretien (p. 349-350) ne présente pas les choses dans ces termes : le long différé de l'entrée en écriture n'y procède aucunement d'une volonté délibérée de laisser mûrir la matière du propos, mais d'un processus spontané de ralentissement des productions imaginaires en clef de haute Romancie doublées de don quichottisme dont se repaît la jeunesse de J.J., qui se coagule en écriture au contact des lettrés parisiens, jusqu'à ce que l'événement de Vincennes et le succès qui s'ensuit le fasse basculer entièrement dans la sphère des auteurs. Pour un plus ample développement sur l'enjeu de cette contradiction relativement à l'interprétation de la dynamique d'ensemble de l'œuvre théorique de J.-J. Rousseau, on peut se reporter au n° 36 du troisième dialogue dans le « Glossaire », ainsi qu'à l'introduction, p. 73-75.

77 *« À toute âme sensible et douée de l'instinct moral. »*

Chacun sait que Rousseau définit la conscience comme un « instinct divin », retrouvant là une formule utilisée dans le monde protestant par Béat de Muralt dans *L'Instinct divin recommandé aux hommes* (1727) et par Abauzit dans sa *Religion naturelle* (1732). Du côté catholique, s'il ouvrait l'édition de 1743 du *Trévoux* à l'article « Conscience », il y rencontrait cette phrase de Paul Poiret, l'éditeur de Mme Guyon : « il ne faut pas confondre la conscience, cet instinct secret que Dieu donne à l'âme pour l'éclairer et pour lui faire discerner le bien et le mal, avec les fantaisies et les caprices de notre raison pervertie ». Mais familier de Burlamaqui, il savait que celui-ci « appelle *instinct moral* ce penchant ou cette inclination naturelle qui nous porte à approuver certaines choses comme bonnes et louables, et à en condamner d'autres comme mauvaises et blamâbles, indépendamment de toute réflexion ; ou si l'on veut donner à cet instinct le nom de *sens moral*, comme fait Hutcheson, savant écossais, c'est une faculté de notre âme qui discerne tout d'un coup en certains cas le bien et le mal moral, par une sorte de sensation et par goût, indépendamment du raisonnement et de la réflexion. » (*Trévoux*, art. « Instinct » – fidèlement plagié par Jaucourt, dans l'article « Sens moral » de l'*Encyclopédie*). On rencontre une seconde occurrence de cette catégorie dans le IIe entretien, où elle est définie comme « haine » spontanée « de l'injustice et de la méchanceté mais sans qu'il se mêle à cette aversion rien de personnel qui tienne à l'amour-propre » (p. 328). On rencontre enfin dans le IIIe entretien une occurrence d'un concept voisin : « Ce sentiment intérieur que nos philosophes admettent quand il leur est comode et rejettent quand il leur est importun, perce à travers les écarts de la raison, et crie à tous les cœurs que la justice a une autre base que l'intérest de cette vie, et que l'ordre moral dont rien ici bas ne nous donne l'idée a son siége dans un système différent qu'on cherche en vain sur la terre, mais où tout doit être un jour ramené. » (p. 517). Ce qui nous ramène à Burlamaqui : « Le premier principe de direction que nous trouvons en nous-mêmes, est une sorte d'instinct, que nous avons appelé sentiment moral ; qui nous indiquant promptement, mais confusément et sans réflexion, ce qu'il y a de plus frappant dans la différence du bien et du mal, nous fait aimer l'un et nous donne de l'aversion pour l'autre, comme par sensation et par goût. »

(*Principes du droit naturel*, II, ch. VII, § 3, Genève, Barillot, 1747, p. 231). Sur le « sentiment intérieur » selon l'époque et chez Rousseau, voir le n° 146 du IIIe dialogue dans le « Glossaire ».

78 *« Mes êtres surlunaires. »*

Contrairement à ce que pensait Robert Osmont, cet adjectif n'est pas une création de Rousseau. Il appartient au vocabulaire de l'astronomie. : « SURLUNAIRE ou SUPRALUNAIRE. Qui est au-desus de la lune. C'est l'opposé de sublunaire. Ocellas prétendait que l'espace qui est au-dessus de la lune était composé d'une matière différente de celle dont est composé l'espace qui est au-dessous : et c'est cette matière surlunaire qu'il nommait le cinquième élément, et que les philosophes du Lycée et de l'Académie ont nommée depuis l'Ether. » *Trévoux*. Selon le père Bertier, « il se forme nécessairement de grands tourbillons dans l'ether surlunaire ou supérieur, lorsque ce fluide est pressé extraordinairement par les planètes supérieures, comme il s'en forme dans l'éther sublunaire et dans nos rivières, lorsque ce fluide ou ce liquide est pressée extraordinairement. » *Physique des cometes*, Paris, Imprimerie royale, 1760, p. xvj.

79 *« Dans le cours de quinze volumes. »*

Les éditions Rey (1769 et 1772) comptaient onze volumes. L'Avertissement du libraire y signale que l'auteur avait conseillé de prendre pour base « l'Édition faite à Paris chez Du Chesne en 14 volumes, non compris les *Lettres de la Montagne*, la *Lettre à De Beaumont*, le *Contract Social* et le *Dictionnaire de Musique* ».

80 *« Il a établi tout cela. »*

Cet alinéa présente un de ces résumés doctrinaux où Rousseau aime condenser ses principes dans la langue la plus simple. On en trouve d'autres exemples dans la *Lettre à C. de Beaumont* et dans les *Lettres de la Montagne*, mais aussi dans l'*Émile* avec des sortes de modules propédeutiques qui préparent le lecteur, au fil des livres I à III, à la « Profession de foi du vicaire savoyard », tout en étayant les argumentaires en cours. Ce passage prépare l'exposé que donnera « le François », au IIIe entretien, de ce qu'il aura compris des principes du système de J.J. après une lecture attentive de ses écrits qui aura commencé par l'*Émile*.

81 *« Il est pourri de vérole. »*

C'est ce dont était accusé l'auteur par le *Sentiment des Citoyens*, pamphlet diffusé en décembre 1764, lors de son exil à Môtiers : « c'est un homme qui porte encore les marques funestes de ses débauches », en révélant l'abandon de ses enfants et en le dénonçant comme « traître », « impie » et « séditieux » digne de la peine capitale. Voici ce qu'en dit le livre XII des *Confessions* : « … parut une lettre anonyme qui sembloit écrite au lieu d'encre avec l'eau du Phlegeton. On m'accusoit dans cette lettre d'avoir exposé mes enfants dans les rues, de traîner après moi une coureuse de corps de garde, d'être usé de débauche, pourri de vérole et autres gentillesses semblables ». Croyant que le pasteur Vernes en était l'auteur, Rousseau n'a jamais su – ou voulu savoir – que ce pamphlet était de la main de Voltaire. Pour toute réponse, il envoya à Duchesne, au mois de janvier suivant, un exemplaire du pamphlet brièvement annoté, en le priant de le publier. On peut lire ce document au n° III. du « Dossier documentaire ».

82 *« Tros rutulusve, tout est peint tout est démasqué. »*

Tros Rutulusve fuat, nullo discrimine habebo (« Et Troyens et Latins seront égaux pour moi », *Énéide*, livre X, v. 108, trad. J. Delille). Maxime issue du discours de Jupiter au Conseil des Dieux, refusant de prendre parti entre Vénus, avocate des premiers, et Junon dénonçant leur agression illégitime contre les Rutules, habitants du Latium. La formule figure déjà dans une lettre du 8 octobre 1762 où Rousseau se moque du pasteur Vernet qui prétend lui faire rétracter publiquement la « Profession de foi du vicaire savoyard » : « M. Vernet m'a enfin répondu, et je suis tombé des nues à la lecture de sa lettre. Il ne me demande qu'une rétractation authentique, aussi publique, prétend-il, que l'a été la doctrine qu'il veut que je retracte. Nous sommes loin de compte, assurément. Mon Dieu, que les Ministres se conduisent étourdiment dans cette affaire ! Le décret du Parlement de Paris leur a fait à tous tourner la tête, ils avoient si beau jeu pour pousser toujours les prêtres en avant et se tirer de côté ; mais ils veulent absolument faire cause commune avec eux ; qu'ils fassent donc, ils me mettent fort à mon aise, Tros rutulusve fuat, j'aurai moins à discerner où portent mes coups, et je vous réponds que tout rogues qu'ils sont je suis fort trompé s'ils ne les sentent. » *CC.* 2218, t. 13, p. 181.

83 *« Jamais un mot d'aigreur ni de personnalité. »*

« PERSONNALITÉ se prend communément en mauvaise part, et signifie alors un trait piquant, injurieux et personnel contre quelqu'un. *Il y a dans cette histoire, dans cette critique beaucoup de personnalités.* » *Acad.*

84 *« Faux et fin. »*

« FIN s'emploie aussi dans le sens de rusé. Ainsi on dit, *Faire le fin d'une chose, en faire le fin*, pour dire, Ne vouloir point découvrir ce que l'on en fait, ce qu'on en pense. *Je l'ai sondé sur cette affaire, mais il fait le fin. Vous en faites le fin.* On dit en ce sens, *Jouer au fin, au plus fin.* » *Acad.*

85 *« L'Emile et surtout l'article du gout. »*

Il s'agit du long développement qui commence par cette définition générale : « le goût n'est que la faculté de juger de ce qui plaît ou déplaît au plus grand nombre » et qui se termine par une application en forme de fiction de pensée, avec le fameux morceau « si j'étois riche », en passant par cette définition pédagogique : « Mon principal objet, en lui apprenant à sentir et aimer le beau dans tous les genres, est d'y fixer ses affections et ses goûts, d'empêcher que ses appétits naturels ne s'altèrent et qu'il ne cherche un jour dans sa richesse les moyens d'être heureux, qu'il doit trouver plus près de lui. » (*OC*. IV Pléiade, p. 671-691). On retrouvera une partie de la séquence « si j'étois riche » dans la liste d'extraits « criminels » des œuvres de J.J. présentés à « Rousseau » par « le François » au début du IIIe entretien. Depuis l'abbé Dubos (*Réflexions critiques*) jusqu'à Kant (*Critique du jugement*), en passant par Hutcheson (*Recherche sur l'origine de nos idées de la beauté*), Hume (*Essais esthétiques*) et Diderot (*Salons*), la question du jugement de goût et de ses apories est un terrain sensible de la réflexion des Modernes sur les problèmes d'esthétique et leur conditionnement physique, géographique, politique et social, autant que dans leur lien avec les questions morales et religieuses. La réflexion de Rousseau à ce propos n'a jamais cessé depuis les thèses provocatrices du *Discours de Dijon*. Il y résiste, comme partout dans son œuvre, à un écrasement de la sphère morale sur celle des besoins et de l'intérêt, et défend au contraire une approche de type platonicien fidèle à l'idéal d'un « beau moral » et soucieuse d'éduquer Émile à le chercher d'abord en lui-même, en prenant soin de ne pas brûler les étapes de son développement selon « la marche de la nature ». Sur ces questions, on peut lire Fabienne Brugère, *L'expérience de la beauté, essai sur la banalisation du beau au* XVIII*e siècle*, Paris, Vrin, 2006 ; *Rousseau, politique et esthétique : Sur la* Lettre à d'Alembert (dir. B. Bachofen et B. Bernardi), Lyon, ENS éditions, 2011 ; Philippe Lacoue-Labarthe, *L'imitation des modernes*, Paris, Galilée, 1986.

86 *« Une ame double. »*

Cf. Molière, *Tartuffe* : (Orgon après avoir découvert que Tartuffe a emporté la cassette compromettante) : « Quoi ! sous un beau semblant de ferveur si touchante, / Cacher un cœur si double, une âme si méchante ! » (acte V, sc. 1, v. 1601-1602).

87 *« Le sommaire du projet de paix perpétuelle. »*

Il s'agit du *Projet pour rendre la paix perpétuelle en Europe de l'abbé de Saint-Pierre* (1713) sur lequel Rousseau a travaillé à l'Ermitage, avec de nombreux autres écrits à lui confiés par le neveu de l'abbé pour qu'il en éclaircît la forme et la langue. Un travail plutôt centré sur le droit des gens, et parallèle à sa réflexion en cours sur ses *Institutions politiques* dont se détacherait finalement le *Contrat social.* Rétif au rationalisme abstrait de l'abbé, peu intéressé par son optimisme historique mais séduit par ses idées généreuses, Rousseau le lut attentivement et rédigea un *Extrait du Projet* auquel il ajouta un *Jugement sur le projet de paix perpétuelle* (1761) ; il procédera de même avec sa *Polysynodie.* La réception en fut globalement positive, au point que les contemporains assimilèrent peu ou prou les idées de l'abbé aux siennes.

88 *« Pour faire le pauvre quoiqu'il soit riche. »*

Cette accusation circule en effet dans l'opinion : « Je le dis avec regret, mais je suis forcé de le dire : je sais aujourd'hui avec certitude que cette affectation de misère et de pauvreté extrême n'est qu'une petite charlatanerie que M. Rousseau emploie avec succès pour se rendre plus intéressant et exciter la commisération du public. » D. Hume, *Exposé succinct*, *op. cit.*, p. 10.

89 *« Quand j'écrivois ceci je ne songeois pas à ce que me préparoient ces messieurs. voyez la note qui est à la fin de cet écrit, page 225. »* (Note *)

Il s'agit de la note sur la condamnation de *De la philosophie de la nature* de Delisle de Sales, brûlé le 14 décembre 1775 en place de Grève. Voir le IIIe entretien, p. 522-523 et le n° V du dossier de « l'atelier de l'œuvre ».

90 *« Non, contre les ennemis de ses ennemis. »*

L'emballement des répliques sur le mot auxquelles se livre ici « le François » débouche sur une absurdité ironiquement marquées par la réplique suivante. Plus loin, « Rousseau » rappellera à son interlocuteur ce qu'est un « paralogisme » : « quand les Geometres marchant de démonstration en démonstration parviennent à quelque absurdité ; au lieu de l'admettre, quoique démontrée, ils reviennent sur leurs pas, et surs qu'il s'est glissé dans leurs principes ou dans leurs raisonnemens quelque paralogisme qu'ils n'ont pas apperçû. » (p. 270-271).

91 *« En faveur de l'ancien parlement qui l'a si indignement traité. »*

Cette allusion à « l'ancien Parlement » qui a condamné l'*Emile* et décrété Rousseau en 1762 reflète la profonde crise politique qui se trouve à l'arrière-plan de la période où Rousseau écrit ses *Dialogues* : C'est en 1771 en effet, que Louis XV et le chancelier Maupeou, afin de briser une opposition parlementaire qui n'a cessé de croître en vigueur tout au long du règne, entravant systématiquement des réformes nécessaires, particulièrement sur le plan fiscal, exilent le Parlement de Paris et forment un nouveau parlement plus docile, en supprimant notamment la vénalité des offices. Brocardés sous le nom de

« parlement Maupeou » par l'opinion « patriotique » ou par Beaumarchais dans les quatre mémoires judiciaires dit « Mémoires Goëzman », les nouveaux parlementaires souscrivent à toutes les réformes que leurs prédécesseurs entravaient. Cependant, Louis XV meurt en mai 1774, et Louis XVI retire les sceaux à Maupeou pour les confier à Maurepas en août, lequel prépare le retour en grâce de l'ancien parlement dont le roi signera le rappel le 27 septembre 1774.

92 *« L'auteur de toutes ses miséres. »*

En disgrâce depuis le 24 décembre 1770, CHOISEUL avait exercé la fonction de premier ministre depuis 1758, époque où Rousseau, retiré à Montmorency travaillait à son traité d'éducation et au *Contrat social*, avec dans ce dernier ouvrage une phrase dont il pense *a posteriori* qu'elle lui a valu la haine du ministre : « Un défaut essentiel et inévitable qui mettra toujours le Gouvernement monarchique au dessous du républicain, est que dans celui-ci la voix publique n'éleve presque jamais aux prémiéres places que des hommes éclairés et capables qui les remplissent avec honneur. Au lieu que ceux qui parviennent dans les Monarchies ne sont le plus souvent que de petits brouillons de petits fripons de petits intrigans, à qui les petits talens qui font parvenir dans les Cours aux grandes places ne servent qu'à montrer au public leur ineptie aussitot qu'ils y sont parvenus. » (*Contrat social*, liv. III, ch. 6, *OC*. III Pléiade, p. 410). On retrouve ce passage au n° 22 de la liste d'extraits sélectionnés par « le François » dans le IIIe entretien, comme pièces à convictions attestant la réalité des atteintes portées par J.J. aux puissants de son siècle. Rousseau avait pensé parer l'application qui ne manquerait pas d'être faite, en insérant sur épreuves à la fin de l'alinéa un éloge censé transparent de Choiseul : « Aussi, quand par quelque heureux hazard un de ces hommes nés pour gouverner prend le timon des affaires dans une Monarchie abimée par ces tas de jolis regisseurs, on est tout surpris des ressources qu'il trouve, et cela fait époque dans un pays. » Au livre IX des *Confessions*, il explicite son intention et son espoir à cet égard, avant d'apprendre, par la voix du Maréchal de Luxembourg, son hôte à Montmorency, que la rumeur court qu'il a « mal parlé de M. de Choiseul » dans le *Contrat social*, et qu'il aurait dû se taire ou « être plus clair » à son propos. (Livre IX, *OC*. I, Pléiade, p. 571 et 576-577). Dans sa grande lettre du 26 février 1770 à M. de Saint-Germain, Rousseau voir en Choiseul le maître d'œuvre du complot dont il se pense l'objet, tout en admettant qu'il n'est pas celui de « l'imposture » première qui le fonde, attribuée à Grimm et Diderot supposés avoir fait commettre des faux en écriture lui attribuant « quelques écrits abominables » dont Choiseul aurait facilité l'authentification : « au reste quand la Puissance s'en mêle, beaucoup de difficultés s'applanissent, et quand il s'agirait, par exemple, de décider si une écriture est ou n'est pas contrefaite, je ne crois pas qu'on eut beaucoup de peine à trouver des experts prêts à être de l'avis qui plairait à Monsieur[de Choiseul] ». Sur quoi, « pour mieux assouvir sa vengeance, il n'a voulu ni ma mort, qui finissoit tous mes malheurs, ni ma captivité qui m'eut du moins donné le repos. Il a conçu que le plus grand supplice d'une âme fiere et brullante d'amour pour la gloire étoit le mépris et l'opprobre, et qu'il n'y avoit point pour moi de pire tourment que celui d'être haï. C'est sur ce double objet qu'il a dirigé son plan. » (*CC*. n° 6673, t. 37, p. 248-249).

93 *« Un livre fort plat intitulé* L'an 2240. *»*

« Imprimé à Londres », ce livre, paru anonymement, « est très rigoureusement défendu, et par conséquent très vivement recherché », note Grimm dans la *CL* de l'année 1770, en le situant dans la mouvance physiocratique. Il ne semble pas qu'aucun contemporain ait attribué à Rousseau ce roman de toutes les réformes qu'est celui de Louis-Sébastien Mercier. Il est exact en revanche que dans cette uchronie (sous-titrée *Rêve s'il en fût jamais*), l'intégrale de son œuvre, en compagnie de quelques-uns des « ouvrages nombreux et philosophiques que le siècle de Louis XV a produits » échappe à l'épuration drastique (Voltaire compris) dont la Bibliothèque du Roi fait l'objet au chapitre 28.

94 *« Pour chanter la palinodie si mal à propos. »*

« Discours contraire à un précédent. *Palinodia*. Ce mot n'est en usage qu'en cette phrase proverbiale : chanter la *palinodie* ; pour signifier se rétracter, dire le contraire de ce qu'on avoit dit. [...] Ce mot vient du Grec où il signifie chanter derechef ; et c'est pour cela que l'on a donné le nom de *palinodie* à toutes ces sortes de poèmes qui contiennent une rétractation en faveur de la personne que le poète avait offensé. » *Trévoux*.

95 *« On voit bien que vous n'êtes pas françois. »*

« Chacun y veut être fait comme les autres. Ils sont peut-être aussi la nation qui a le plus de facilité à renoncer à une certaine liberté que d'autres conservent », écrit son compatriote B.L. de Muralt à propos de l'autorité de la mode en France, dans ses *Lettres sur les Anglois et sur les François* (1728), lettre III, Paris, Champion, 1933, p. 206.

96 *« À travers tout ce pathos. »*

C'est la seule occurrence de ce mot dans ce dialogue ; il revient une fois au second, à propos des visiteurs de J.J. qui le menacent de suicide s'il leur ferme sa porte : « Mais quand ils n'ont plus trouvé la facilité de s'introduire avec ce pathos, ils ont bientot repris leur allure naturelle, et substitué pour forcer sa porte la férocité des tigres à la flexibilité des serpens » (p. 439). Après avoir rappelé sont sens en rhétorique, *Trévoux* restreint ainsi son emploi : « il n'est en usage que dans la conversation et dans le comique. *On voit bien partout chez vous l'ethos et le pathos.* Mol[ière] ». On trouvera une analyse détaillée des deux occurrences de *pathos* dans les *Dialogues* chez Anne Coudreuse, *Le goût des larmes au* XVIII*e siècle*, Paris, PUF, 1999, p. 49-54.

97 *« Vous ouvrez de nouvelles vues qui pourroient avoir leur usage communiquées à nos messieurs. »*

Réplique cousine de celle du Jésuite dans la VIe lettre des *Provinciales* : « [*Montalte* :] puisque les juges civils s'obstinent à condamner quelquefois pour un meurtre ou quelque affaire de ce genre, obligez-les d'absoudre les criminels qui ont une opinion probable, à peine d'être exclus des sacrements… [*Le bon Père* :] il y faudra songer me dit-il, cela n'est pas à négliger. Je le proposerai à notre Père provincial. » (*Op. cit.*, p. 110-111).

98 *« Éplucher. »*

« On dit figur. et famil. *Éplucher un ouvrage. Éplucher la généalogie, la vie, les actions de quelqu'un*, pour dire, rechercher ce qu'il peut y avoir de mauvais, de reprochable. » *Acad.*

99 *« Pour en extraire le poison. »*

La métaphore est depuis longtemps lexicalisée : « On dit figurément d'un homme dont la conversation est dangereuse et maligne, et d'un auteur, d'un écrivain qui répand, qui insinue de dangereuses maximes dans ses écrits, que *Dans ses discours, dans ses écrits, il glisse un poison dangereux*, pour dire, qu'il mêle dans sa conversation, dans ses écrits, des maximes pernicieuses, des dogmes dangereux. » *Acad.* Dans les *Conclusions* de son réquisitoire contre l'*Émile* et le *Contrat social*, Tronchin évoque « la nécessité d'en flétrir les principes et de prémunir le public contre des poisons d'autant plus dangereux qu'ils sont habilement préparés. » (*CC.* A266, t. 11, p. 298).

100 *« Des passages horribles ! »*

Nouvel exemple de réfutation introduite par la reprise d'un terme de l'interlocuteur. Ici, « Rousseau » accuse implicitement les adversaires de ces livres de pratiquer à leur propos le sophisme dit « de l'épouvantail » ou de l'« homme de paille », soit présenter la position de son adversaire de façon volontairement erronée.

101 *« On cite une note dans l'Emile où il enseigne ouvertement l'assassinat. »*

Il importe de rendre à son contexte judiciaire cette qualification de la note de l'*Émile* relative au duel. En effet, selon Jousse (1771) : « Le duel est une espèce d'homicide, plus criminel que l'homicide ordinaire ; parce que c'est un sacrifice volontaire qu'on fait à la vengeance, ou à un point d'honneur, le plus souvent imaginaire, qui est suivi ordinairement de la perte de la vie et des biens. » Jousse rappelle ensuite la constance de l'interdiction des duels par ordonnances royales, de Henri II à Louis XIV, et jusque « sous le roi présentement régnant [...] par l'article 9 de son Edit contre les duels du mois de février 1723. » (*Jousse*, t. III, p. 320-321). – La note de l'*Émile* présente le duel comme une réponse presque inévitable à des situations d'offense qui échappent à la loi civile. Un soufflet, un démenti insolent rend l'offensé « seul magistrat, seul juge entre l'offenseur et lui » et pouvant donc se faire justice s'il le souhaite sans devoir être lui-même jugé pour cela : « il ne dépend pas de l'homme le plus ferme d'empêcher qu'on ne l'insulte, mais il dépend de lui d'empêcher qu'on ne se vante longtems de l'avoir insulté. » (*Émile*, l. IV, *OC*. IV Pléiade, p. 544-545). Il ne variera pas sur ce point : « Sur ce chapitre de l'honneur, écrit-il ainsi dans une lettre à l'abbé Maydieu du 14 mars 1770, l'insuffisance des lois nous laisse toujours dans l'état de nature : je crois avoir prouvé cela dans ma Lettre à d'Alembert sur les Spectacles. L'honneur d'un homme ne peut avoir de vrai défenseur ni de vrai vengeur que lui-même [...] laisser impuni son deshonneur c'est y consentir. On lui doit sa vengeance, on se la doit à soi-même, on la doit même à la société et aux autres gens d'honneur qui la composent, et c'est ici l'une des fortes raisons qui rendent le duel extravagant, moins parce qu'il expose l'innocent à périr, que parce qu'il l'expose à périr sans vengeance et à laisser le coupable triomphant. » (*CC*. n°6689, t. 37, p. 332). Il répondait là à une question sur la querelle d'honneur entre Saint-Preux et Milord Edouard dans *La Nouvelle Héloïse* (Ie partie, lettre 56) qui est la source d'une vaste dissertation contre le duel sous la plume de Julie (Ie partie, lettre 57) ; la *Lettre sur les spectacles* traite de la réparation d'honneur à propos de l'institution du tribunal des Maréchaux de France. (*OC*. V Pléiade, p. 62-67).

102 « Le bon, le judicieux joli de fleuri. »

L'avocat général du Parlement de Paris, Omer Joly de Fleury auteur du réquisitoire condamnant l'*Emile* et son auteur, suivi par le procureur général (son frère Guillaume François Louis) dans ses conclusions : le troisième alinéa de l'arrêt du Parlement du 9 juin 1762 porte en effet que « cet ouvrage ne paroit composé que dans la vue de ramener tout à la religion naturelle et que l'auteur s'occupe dans le plan de l'éducation qu'il prétend donner à son élève, à développer ce systême criminel ». Le traité, publié à La Haye chez Jean Néaulme sous le nom de J.J. Rousseau, Citoyen de Genève, avait été parallèlement imprimé à Paris par Duchesne sous permission tacite, Malesherbes ayant estimé qu'il pouvait sans risques être diffusé en France, étant donné l'immense succès de la *Nouvelle Héloïse* dont les audaces éducatives et théologiques n'étaient guère moindres. Sur l'arrière-plan déterminant des conflits de cette époque entre l'institution parlementaire et le directeur de la Librairie (et à travers lui le pouvoir royal), on lira avec profit l'ouvrage de Barbara de Négroni, *Lectures interdites, Le travail des censeurs au* XVIII*e siècle, 1723-1774*, Paris, Albin-Michel, 1995.

103 « Ou peut-être, comme vous dites, son extrème prévention pour le livre l'empêchoit-elle de les remarquer ? »

Ici l'argumentation par rétorsion est à double détente : 1. s'il enseignait ouvertement l'assassinat, Joli de Fleuri en aurait fait un chef d'accusation ; or il ne l'a pas fait. 2. s'il ne l'a pas fait c'est sans doute par « extrême prévention » contre les livres de l'accusé. Ce qui démontre et la prévention des juges et l'inanité des accusations.

104 « La réponse qu'il a eu la foiblesse d'y faire. »

Il s'agit de sa réponse du 14 mars 1770 à l'abbé Maydieu déjà citée. Les lettres de l'abbé à Rousseau n'ont pas été conservées.

105 « Ces écrivains methodistes. »

« Partisan des méthodes, qui les croit bonnes pour apprendre les sciences. Les moins métodistes des professions avouent que les méthodes procurent des commodités et des facilités pour étudier. » (*Trévoux*). Dans le sillage de Buffon, qui dénonce le dogmatisme classificatoire de ses confrères, Diderot écrit : « Aussitôt qu'un méthodiste a mis dans son système l'homme à la tête des quadrupèdes, il ne l'aperçoit plus dans la nature que comme un animal à quatre pieds. [...] "Il est vrai, continue le méthodiste, qu'en conséquence de mes principes d'histoire naturelle, je n'ai jamais su distinguer l'homme du singe". » *Pensées sur l'interprétation de la nature*, § XLVII-XLIX.

106 « Nos philosophes ont bien ce qu'ils appellent leur doctrine intérieure. »

On connaît le mot attribué à Fontenelle : « Si je tenois toutes les vérités dans ma main, je me garderois bien de l'ouvrir pour les montrer aux hommes », qui résume assez bien la prudence de la République des Lettres à l'égard de la foule. Rousseau partage à bien des égards cette culture du secret lettré et condamne moins les savants qu'il ne regrette la diffusion des sciences vers un public trop peu éclairé, « car si tous les hommes étoient des Socrate, la science alors ne leur seroit pas nuisible, mais ils n'auroient aucun besoin d'elle » (Préface de *Narcisse*, *OC*. II Pléiade, p. 971). En parlant de « doctrine intérieure », il applique à ses anciens amis encyclopédistes une distinction classique entre l'exotérique et l'ésotérique en matière philosophique. (Il existe un article « Exotérisme, Ésotérisme » de Formey dans l'*Encyclopédie*). Ce thème apparaît sous sa plume au cours de la polémique sur le *Discours de Dijon*, dans une longue note de sa réponse à la réfutation du roi de Pologne, à propos des « sectes » philosophiques de l'Antiquité : « y a-t-il une seule de toutes les sectes qui ne soit tombée dans quelque erreur dangereuse ; et que dirons-nous de la distinction des deux doctrines si avidement reçüe de tous les Philosophes, et par laquelle ils professoient en secret des sentimens contraires à ceux qu'ils enseignoient publiquement ? » Suivent les exemples de Pythagore et de Ciceron donnés pour professer secrètement l'athéisme tout en sacrifiant publiquement aux Dieux : « l'Histoire de cette fatale doctrine, conclut-il, faite par un homme instruit et sincére, seroit un terrible coup porté à la Philosophie ancienne et moderne. » (*OC*. III Pléiade, p. 46). Quand il en parle au livre IX des *Confessions*, c'est surtout en termes d'éthique de conduite : « Je me rappelai le sommaire de sa morale, que madame d'Épinay m'avait dit, et qu'elle avait adopté. Ce sommaire consistait en un seul article, savoir, que l'unique devoir de l'homme est de suivre en tout les penchants de son cœur. [...]. C'est la doctrine intérieure dont Diderot m'a tant parlé, mais qu'il ne m'a jamais expliquée. » (*OC*. I Pléiade, p. 468). C'est enfin à propos de ses propres doutes en matière de foi qu'il y revient dans la IIIe Promenade : « En prenant la doctrine de mes persecuteurs prendrois-je aussi leur morale ? Cette morale sans racine et sans fruit, qu'ils étalent pompeusement dans des livres ou dans quelque action d'éclat sur le théâtre, sans qu'il en penetre jamais rien dans le cœur ni dans la raison ; ou bien cette autre morale secrette et cruelle, doctrine intérieure de tous leurs initiés à laquelle l'autre ne sert que de masque, qu'ils suivent seule dans leur conduite et qu'ils ont si habilement pratiquée à mon égard. Cette morale purement offensive, ne sert point à la défense et n'est bonne qu'à l'agression. De quoi me serviroit-elle dans l'état où ils m'ont réduit ? » (*OC*. XX, Cl. Garnier, p. 185). Sur cette question, on peut consulter Roland Mortier : « Ésotérisme et Lumières » (1949), repris dans *Clartés et ombres du siècle des Lumières*, Genève, Droz, 1969 ; et Christopher Kelly : « L'histoire de cette fatale doctrine : Rousseau and the Background of the Doctrine intérieure », in *Rousseau et les Anciens*, Ruth Grant et Philip Stewart (dir.), *PL* n° 8, 2001.

107 *« Lisez tous ces passages dans le sens qu'ils présentent naturellement à l'esprit du lecteur et qu'ils avoient dans celui de l'auteur en les écrivant. »*

C'est un principe généralement reçu : « Il ne faut pas légèrement donner des sens désavantageux aux paroles de ceux qui ne pensent pas en tout comme nous ; il faut que ces sens cachés soient si facilement développés par les circonstances, qu'un homme de bon sens qui n'est pas prévenu ne puisse pas s'y méprendre. » (Dumarsais, cité par Beauzée dans l'article « Sens » de l'*Encyclopédie*). Dans une note d'*Émile*, Rousseau insiste sur la part du contexte d'emploi dans la signification des termes : « on peut être clair [...] en faisant en sorte, autant de fois qu'on employe chaque mot, que l'acception qu'on lui donne soit suffisamment déterminée par les idées qui s'y rapportent, et que chaque période où ce mot se trouve lui serve, pour ainsi dire, de définition » (l. II, *op. cit.*, p. 345). Il y aurait cependant là un risque d'émiettement du sens au fil des redéfinitions : « j'ai fait cent fois réflexion en écrivant qu'il est impossible dans un long ouvrage de donner toujours le même sens aux mêmes mots ». (*Id*). Autrement dit, la langue qu'on parle et qu'on écrit n'est pas la métalangue universelle et parfaitement claire dont rêvent par ailleurs un Leibniz ou un Condillac. C'est pourquoi Rousseau insiste aussi beaucoup sur l'orientation globale de la pensée en tant qu'elle agit sur le lecteur, qui peut ainsi évaluer par lui-même la qualité morale de ce qu'il lit : « un bon livre n'est pas celui qui ne contient rien de mauvais ou rien qu'on puisse interpréter en mal ; autrement il n'y auroit point de bons livres : mais un bon livre est celui qui contient plus de bonnes choses que de mauvaises, un bon livre est celui dont l'effet total est de mener au bien, malgré le mal qui peut s'y trouver. » (*Lettres de la Montagne* I, *op. cit.*, p. 708).

108 « Consultez la disposition de cœur où ils vous mettent. »

Cette lecture méditative, qui est également celle de Julie dans la *Nouvelle Héloïse* (IIe partie, lettre 18, *OC* II, p. 261), est une propédeutique à celle du livre de la nature inscrit au fond de toute conscience « en lettres ineffaçables », selon la « Profession de foi du vicaire savoyard » (*Émile*, livre IV, *OC* IV, p. 594). À contre-courant d'une certaine pratique contemporaine de la lecture extensive, cette œuvre exige ainsi de ses lecteurs un apprentissage de leur vie intérieure. Rousseau réactive ici un modèle de lecture intensive inspiré de la méditation religieuse et que le XVIIIe siècle laïcise parfois en modèle de lecture intime. (Voir Roger Chartier, *Lecture et lecteurs dans la France d'ancien régime*, Seuil, 1987, p. 200).

109 « Ces sinistres interprétateurs. »

« Interprétateur » n'est défini ni par *Acad.*, ni par *Richelet*, ni par *Trévoux*. Selon Littré, il remonte au XVIe siècle.

110 « Cette manière d'isoler et défigurer les passages d'un auteur. »

Dans la première des *Lettres de la Montagne*, Rousseau avait donné une fameuse démonstration par l'absurde de cet art de défigurer le sens des textes, en fabriquant un centon de citations de l'Évangile détachées de leur contexte, de façon à produire une « Profession de foi évangélique » d'obédience infernale. (*OC.* III Pléiade, p. 709). Sur l'art de discréditer un texte au XVIIIe siècle, on peut consulter Olivier Ferret, *La fureur de nuire : échanges pamphlétaires entre philosophes et antiphilosophes (1750-1770)*, Oxford, SVEC, 2007 :03, p. 243-277. Je me permets de renvoyer également à mon étude : « L'art de ces Messieurs : Rousseau et la question herméneutique », in Michael O'Dea (dir.), *Rousseau et les philosophes*, Oxford, *SVEC*, 2010 :12, p. 77-98.

111 « Cet effet qu'ils ont produit. »

L'enchaînement des reprises sur la formule « effet total » et sur le mot « effet » exprime à nouveau la thèse constante de « Rousseau » sur l'incompatibilité de cette œuvre telle qu'il la pratique avec celle que dénigre sans l'avoir lue son interlocuteur ; en termes logiques, l'œuvre et son effet ne renvoient pas au même référent selon qui pratique cette œuvre et/ou selon la façon dont elle est pratiquée ; d'où le débat qui s'engage ensuite sur l'objectivité du jugement.

112 « Tout honnête homme qui les lira avec la même impartialité. – dites avec la même prévention. »

Avec cette reprise de mots en forme d'antithèse, on retrouve l'affrontement sur le choix des termes qui ouvrait l'entretien. Cette antithèse existe bien en langue : « IMPARTIAL. *In omnes equus.* Un historien impartial seroit celui qui n'auroit ni prévention, ni préjugés, qui seroit absolument indifférent et désintéressé, c'est-à-dire un homme sans passions, sans inclinations, sans patrie, sans liaisons, isolé, ne tenant à rien dans la société ». « PRÉVENTION signifie aussi préoccupation d'esprit, entêtement, sans aucun principe certain. *Animi praeoccupatio.* La prévention nous empêche de bien raisonner. Le premier principe des cartésiens est de se guérir de toutes préventions, de tous préjugés. [...] Le cœur a ses préventions aussi bien que l'esprit. S. Evr. La prévention fascine la raison. Id. » (*Trévoux*). – Cette antithèse est une sorte de porte ou de jalon vers le débat qui aura lieu à la fin de l'entretien, lorsque « Rousseau » ayant annoncé sa décision de se rendre auprès de J.J. pour l'examiner par lui-même, « le François » lui objectera que son inclination pour lui faussera son jugement, « Rousseau » répondant qu'il lui semble possible de s'en garantir jusqu'à un certain point (p. 274-277). Dans l'éloquence judiciaire, c'est le problème classique de la capacité de l'avocat à s'ériger en juge, ainsi présenté par Gin : « lorsque l'orateur a dressé son plan, à plus forte raison dans sa plaidoirie, il doit se défier de son propre jugement. Son attachement à la cause qu'il défend n'ira pas sans doute jusqu'à l'aveugler ; mais la réponse se présente presque au même instant que l'objection, et il est possible que la prévention lui fasse donner à cette réponse un degré de force qu'elle n'a pas. » (*E.B.*, p. 47). Le débat sur les conditions de possibilité de l'objectivité est central dans la pensée anthropologique de Rousseau, qui a critiqué dès la note X de l'*Inégalité*, les projections inconscientes opérées par les Européens sur les peuples qu'ils ont prétendu observer, et qui se demande dans l'*Émile* quelles sont les conditions garantissant l'objectivité dans l'étude de l'enfance chez l'enfant. Ce débat sur la prévention du jugement par l'inclination aussi bien que par l'animosité, prendra une nouvelle ampleur dans la seconde moitié du IIe entretien, quand « le François » demandera à son interlocuteur comment il peut soutenir avoir vu ce que personne n'a vu.

113 « Je n'ai rien encore à dire à cela. »

À nouveau, « Rousseau » a fait semblant d'admettre un argument du « François » (ici l'infaillibilité de ses maîtres) pour en tirer une conséquence qu'il n'attend pas (ici celle de se rendre compétent pour juger par lui-même J.J.) ; c'est encore une forme d'argumentation par rétorsion. Quant à la méthode de lecture « intériorisée » qu'il conseille, « le François » dira au IIIe entretien que c'est bien ainsi qu'il aura finalement lu les œuvres attribuées à J.J. (p. 470).

114 « Je veux que vous lisiez le vrai système du cœur humain. »

Réplique au *Système criminel de la Réligion naturelle* plus haut mentionné à charge contre l'auteur.

115 « Tant que vous continuerez de la sorte à mettre en fait sur l'autorité d'autrui l'opinion contraire à la mienne. »

« On dit, *mettre en fait, poser en fait*, pour dire, Avancer une proposition qu'on soutient être véritable. » (*Acad*). Comme seul écho à la suggestion faite au « François » de découvrir par lui-même l'œuvre dont il est question, celui-ci a répondu par l'argument *ad hominem* en déqualifiant l'auteur comme « coquin » ; sur quoi « Rousseau » l'a requalifié comme « honnête homme », son interlocuteur le redéfinissant à son tour comme « fourbe ». Rompant avec ce cercle verbal qui masque l'inégalité de leurs compétences à l'égard de la réalité de ce dont il s'agit, il met son interlocuteur au pied du mur : se rendre compétent ou se reconnaître disqualifié en tant qu'ils ne peuvent « raisonner au pair ». Le recours aussitôt trouvé par « le François » pour ne pas rompre le contact avec son ami tout en s'évitant l'inconvénient d'une lecture, consiste à envisager, pour lui complaire, l'expédient expéditif d'une adhésion de façade à son opinion ; et s'il s'y résoudra finalement, c'est encore au nom de cette complaisance : « Je n'avois commencé cette lecture que par une espéce de complaisance pour l'intérest que vous paroissiez y prendre. L'opinion où je continuois d'être que ces livres étoient d'un autre auteur ne m'inspiroit guéres pour leur lecture qu'un intérest de curiosité. » (IIIe entretien, p. 469).

116 « Comptez-vous pour rien le calcul des voix, quand vous êtes le seul à voir autrement que tout le monde ? »

Cette question prélude à celle que « le François » posera à son interlocuteur quand celui-ci, vers la fin de l'entretien (p. 274), annoncera sa décision de rendre visite à J.J. : comment sera-t-il assuré, étant donné son penchant à son égard, de le « voir » avec objectivité ? Pour l'instant, « le François » pose le problème de l'unanimité dans la Cité et donc, plus globalement, de la volonté générale. En effet, lit-on au ch. II du livre IV du *Contrat social* : « Plus le concert règne dans les assemblées, c'est-à-dire plus les avis approchent de l'unanimité, plus aussi la volonté générale est dominante » ; et par conséquent, « quand donc l'avis contraire au mien l'emporte, cela ne prouve autre chose sinon que je m'étois trompé. » (*OC.* III Pléiade, p. 439 et 441). Dans sa réponse, « Rousseau » objecte qu'outre la minorité silencieuse dont le suffrage ne s'exprime pas, on ne doit pas confondre la volonté générale avec l'opinion publique en tant que celle-ci peut être manipulée par une minorité active. Il s'appuie là implicitement sur le ch. III du livre II du *Contrat social* : « Si la volonté générale peut errer », selon lequel la volonté générale est à l'intérêt commun ce que « la volonté de tous » est à « une somme de volontés particulieres », lesquelles en s'agrégeant forment « des associations partie lles », au point que si l'une d'elles l'emporte dans l'opinion, « alors il n'y a plus de volonté générale, et l'avis qui l'emporte n'est qu'un intérêt particulier » *(Ibid.*, p. 371-372). Cette analyse sera amplifiée au cours du IIe entretien, avec la thèse d'une propagation mimétique de l'erreur dans les esprits (p. 410). Voir sur ce point l'article de Gérald Allard : « La pensée politique des *Dialogues* : le juste, l'injuste et le juge », *EJJR* n° 7, 1995, repris et remanié dans *Lectures de Rousseau. Rousseau juge de Jean-Jacques* (dir. I. Brouard-Arends), P.U Rennes, 2003, p. 105-126.

117 « Nous ne pouvons donc raisonner au pair. »

Cette expression semble propre à Rousseau. La locution en usage la plus proche serait « Etre pair à pair » (*Trévoux*).

118 « Que je le voye, que je le hante ! »

« HANTER. Fréquenter, visiter souvent et familièrement. *Hanter quelqu'un. Hanter les bonnes compagnies. Hanter mauvaise compagnie.* » *Acad.* S'amorce ici, non sans réticence calculée, le contrat par lequel les deux amis s'engageront l'un à lire par lui-même les livres dont on lui a parlé, l'autre à voir par lui-même l'homme dont il ne connaît que l'œuvre.

119 *« Je n'ai pu supposer que l'obligation de silence allât plus loin que ne le permettent la justice et la loi. »*

On sait qu'à cette époque, l'instruction criminelle est une procédure qui se déroule pour l'essentiel à l'insu de l'accusé : « sur une procédure secrète faite par un seul homme, qui a entendu, confronté dans les ténèbres et écrit ce qu'il a voulu, que les juges s'égarent et condamnent l'innocence, cela se peut [...]. Le mystère de l'instruction est l'excuse banale, même lorsque la vérité est démontrée. Ce n'était pas la même chose à Rome. L'accusateur, l'accusé, les témoins respectifs, les avocats et les juges, tout était, comme on le voit encore à Londres, soumis à l'inspection respectueuse mais sévère du public. » (*Prost du Royer*, t. 2, Art. « Accusation », p. 215).

120 *« À étendre et accroitre. »*

Selon *A.W.* (p. 275), les grammairiens contemporains « exigent de plus en plus la répétition des prépositions, surtout pour *à*, *de* et *en* ». Pour autant, il cite une vingtaine d'exemples montrant que Rousseau « garde, ici comme ailleurs, ses libertés et reste fidèle à une syntaxe archaïsante ».

121 *« Loin de lui donner jamais aucune explication qui le mette à portée de répondre et de se défendre. »*

À titre de contrepoint contemporain voici ce qu'écrit Prost du Royer au sujet de la procédure criminelle anglaise : « l'instruction et le jugement sont publics [...]. Les témoins et les pièces à conviction sont produits. L'accusé et ses conseils ont le droit de reprocher et d'interroger. La preuve et la défense marchent d'un pas égal [...]. Avant de résumer [l'instruction], le juge adresse au public cette phrase touchante : *n'y aura-t-il personne qui veuille prendre encore la défense de ce malheureux accusé ?* Comme si la justice ne pouvait pas perdre un homme sans avoir invité tout le monde à voir s'il y a quelque moyen de le sauver ! » (*Op. cit.*, t. I, préface, p. LXIX).

122 *« Cet homme qui n'auroit jamais dû naitre. »*

Affirmant dans sa *Lettre à Christophe de Beaumont* (1764) que s'il eût ouvertement défendu l'athéisme au lieu de proclamer la « cause de Dieu » dans l'*Émile*, il eût été bien mieux ménagé, Rousseau s'assure qu'on n'eût « point pris la peine de m'assurer humblement que j'étois un scélérat, un monstre exécrable, et que le monde eût été trop heureux si quelque bonne ame eût pris le soin de m'étouffer au berceau. » (*OC.* IV Pléiade, p. 965). Il reste qu'aux termes des *Confessions* (ouverture du livre I), il dit pardonner à sa tante de l'« avoir fait vivre » et donne sa naissance pour « le premier de [s]es malheurs ».

123 « Une faute grave. »

Sur la question de l'abandon des enfants de J.-J. Rousseau, on pourra lire la notice qui lui est consacrée au n° X. 4. du « Dossier documentaire ».

124 « Qui depuis quarante ans masquoit l'ame d'un scelerat sous les dehors d'un honnête homme. »

Cette capacité à voiler longtemps une nature monstrueuse est un *topos* de la scélératesse politique chez Suétone : *Cf. Vie de Tibère*, XLII, 1 ; *Vie de Caligula*, X-XI, XV pour la dissimulation, puis « j'ai parlé jusqu'ici d'un prince ; je vais parler d'un monstre » (XVII, 1) ; *Vie de Néron* : « peu à peu ses vices se développèrent, à un tel point que, laissant là toute plaisanterie et tout mystère, il se jeta publiquement dans les plus grands excès, sans s'inquiéter du soin de les dissimuler. » (XXVII, 1). L'abbé Dubos prête à Catilina « le talent d'être [...] simulateur de tout ce qu'on veut », et à Cromwell celui « d'avoir su paraître pénétré des sentiments qu'il voulait feindre, et aussi ému des passions qu'il voulait inspirer aux autres, que s'il les avait senties véritablement » (*Réflexions* I, 4, *op. cit.*, p. 14). Sa constante duplicité est aussi le trait dominant de son caractère au livre I de *Cleveland.* Il est frappant que Diderot parle exactement la langue des accusations relayées par « le François » dans la note de l'*Essai sur la vie de Sénèque* dénonçant en son ancien ami qui venait de mourir, un « artificieux scelerat » ayant derrière lui « la turpitude secrette d'une vie cachée pendant plus de cinquante ans sous le masque le plus epais de l'hypocrisie ». On sait d'ailleurs que cette note, encore aggravée dans l'*Essai sur les règnes de Claude et de Néron* (1782), lui valut la désapprobation générale, y compris dans la *CL* de décembre 1778 (voir sur ce point R. Trousson, *Jean-Jacques Rousseau jugé par ses contemporains*, Paris, Champion, 2000, p. 507-512).

125 « Voila vraiment des choses surprenantes que vous me racontez-là ! »

Nouvelle allusion au style des *Provinciales* : citant Caramuel, le bon Père mentionne la question de « *Savoir si les jésuites peuvent tuer les jansénistes ?* Voilà, mon père, m'écriai-je, un point de théologie bien surprenant ! et je tiens les jansénistes morts par la doctrine du père L'Amy. » (VIIe lettre, *op. cit.*, p. 124).

126 « Ses fautes mises dans le jour le plus odieux. »

Ce jour sinistre est celui jeté par le pamphlet du *Sentiment des Citoyens.* Quant à l'aveu, le voici : « Celui qui ne peut remplir les devoirs de pére n'a point droit de le devenir. Il n'y a ni pauvreté ni travaux ni respect humain qui le dispensent de nourrir ses enfans et de les élever lui-même. Lecteur, vous pouvez m'en croire. Je prédis à quiconque a des entrailles et néglige de si saints devoirs qu'il versera toujours sur sa faute des larmes amères et n'en sera jamais consolé. » (*Émile*, *OC.* IV Pléiade, p. 262).

127 « Il avoit [...] attaqué tous les états. »

La preuve en sera établie au début du IIIe entretien avec la liste de « crimes irremissibles » contre tous les états qu'illustrent 21 + 1 « passages extraits des livres de J.J. » S'ils y sont implicitement classés par corps visés dans le ms. C., c'est seulement dans P. et G. que ces cibles sont explicitées. La distribution thématique y apparaît dans les marges : *Les gens de lettres, Les Medecins, Les Rois, les Grands, la noblesse les riches, Les femmes du monde, Les Anglois*.

128 « On capitula qu'elles ne porteroient aucun préjudice. »

« CAPITULER. Il s'emploie pour dire, entrer en traité sur quelque affaire, sur quelque démêlé, venir à un accommodement. *Il commence à se défier de son droit, il demande à capituler.* » *Acad.*

129 « Ces crimes sont de ceux qu'il faut, ou punir sévérement, ou laisser dans l'obscurité. »

« Le François » y revient plus loin : « la nature des crimes [qui] rendroit leur déclaration publique trop scandaleuse, et [qui] ne souffre pas qu'il soit convaincu sans être puni. » (p. 229). Lors de l'affaire Damiens, il y eut un débat au gouvernement sur l'opportunité de l'impression des pièces du procès ; Bernis s'y opposa vigoureusement, au motif que « les monstres qui ressemblent [à Damiens] peuvent prendre des leçons de fermeté et d'adresse dans la procédure imprimée ; d'ailleurs le public n'a pas été content des interrogatoires et cela a laissé un louche affreux dans cette affaire. » (*Mémoires*, in P. Rétat (dir.), *L'attentat de Damiens, Discours sur l'événement au* XVIII*[e] siècle*, Lyon, PUL, 1979, p. 96). Le problème est ainsi présenté par Pufendorf : « Si donc, en certains cas [...] il ne paraît pas à propos de publier un certain crime ; ou [...] si en faisant grâce on peut procurer autant ou même plus d'utilité [...] : rien n'oblige alors précisément et indispensablement à punir. [Par exemple] lorsqu'un péché n'est connu que de très peu de gens, il n'est pas nécessaire, et quelquefois même il serait dangereux de le publier en le punissant. Car plusieurs s'abstiennent de faire le mal plutôt par l'ignorance du vice que par la connaissance et l'amour de la vertu. » (*Le droit de la nature et des gens* (trad. Barbeyrac), t. II, l. VIII, ch. III, § 16, Bâle, 1732, p. 391). – Ce danger du scandale public se retrouve chez Prost du Royer : « *Accusations dangereuses.* J'appelle ainsi toutes celles qui compromettent la religion, la sûreté, les mœurs, la tranquillité et la pudeur publique. N'est-il pas des crimes qu'il faut étouffer quelquefois et dans certaines circonstances ? [...] Vous pouvez lire les procès de la Cadiere, de Duchauffour, l'arrêt de 1588 contre ce Guitel qui fut conduit *baillonné* au supplice. Ces exemples ont-ils fait plus de bien que de mal ? En justice comme en administration et en saine politique, tout se réduit à balancer les inconvénients. C'est un art que l'on sait bien dans la capitale, et malheur aux provinces dont les faibles supérieurs l'ignorent ou ne le pratiquent pas ! » (*Op. cit.*, t. 2, Art. « Accusation », p. 255-256). À propos du secret dont furent systématiquement voilées toutes les poursuites policières et judiciaires relatives à l'attentat de Damiens et à la recherche de ses complices présumés dans les années qui suivirent l'attentat, voir Dale van Kley, *The Damiens Affair and the Unravelling of the Ancient Regime*, 1750-1770, Princeton U. Press, 1984, p. 255-265.

130 « Il faut que j'y rêve longtems. »

« RÊVER. Signifie aussi, penser, méditer profondément sur quelque chose. *Cette affaire-là est de grande conséquence, il y faut rêver.* » *Acad.*

131 « Ils ont le plus grand intérest à se ménager toujours réciproquement. »

C'est ce qu'a très bien résumé le marquis de Sade dans les « Statuts de la société des amis du crime » : « la société protège tous ses membres ; elle leur promet à tous, secours, abri, refuge, protection, crédit, contre les entreprises de la Loi ; elle prend sous sa sauvegarde tous ceux qui l'enfreignent, et se regarde comme au-dessus d'elle, parce que la Loi est l'ouvrage des hommes, et que la Société, fille de la nature, n'écoute et ne suit que la Nature. [...] Les amis de cette Société, unis comme on l'est au sein d'une famille, partagent toutes leurs peines comme tous leurs plaisirs ; ils s'aident et se secourent mutuellement dans toutes les différentes situations de la vie. [...] Aucune flétrissure juridique, aucun mépris public, aucune diffamation n'empêchera d'être reçu dans la Société. Ses principes étant basés sur le crime, comment ce qui vient du crime pourrait-il jamais l'entraver ! » (*Histoire de Juliette*, III, *Œuvres* III, Paris, Gallimard, Pléiade, p. 551-552). Selon Jean Deprun, « la “société” décrite par Sade s'inspire d'associations secrètes qui se sont formées au XVIIIe siècle sur le modèle des loges maçonniques. » (*Ibid.*, p. 1460).

132 « Du pacte que les scelerats font entre eux. »

« Le François » se souvient sans doute ici de Locke : « La justice et l'observation des contrats est le point sur lequel la plupart des hommes semblent s'accorder entre-eux. C'est un principe qui est reçu, à ce qu'on croit, dans les cavernes même des brigands et parmi les sociétés des plus grands scélérats ; de sorte que ceux qui détruisent le plus l'humanité sont fidèles les uns aux autres et observent entre-eux les règles de la justice ». Pour autant, il ne s'agit pas là d'un principe inné mais d'un principe pratique : « La justice et la vérité sont les liens communs de toute société : c'est pourquoi les bandits et les voleurs qui ont rompu avec tout le reste des hommes, sont obligés d'avoir de la fidélité et de garder quelques règles de justice entre-eux, sans quoi ils ne pourraient pas vivre ensemble. » (*Essai philosophique concernant l'entendement humain*, Liv. I, ch. II, § 2 (trad. Coste), Amtserdam-Leipzig, 1755, p. 25). Diderot résumait cela ainsi dans l'article « Droit naturel » de l'*Encyclopédie* : « la soumission à la volonté générale est le lien de toutes les sociétés, sans en excepter celles qui sont formées par le crime. Hélas, la vertu est si belle, que les voleurs en respectent l'image dans le fond même de leurs cavernes ! »

133 « La nature n'en a jamais produit et j'espère n'en reproduira plus un semblable. »

C'est le *négatif* exact de la thèse initiale des *Confessions* : « Je ne suis fait comme aucun de ceux que j'ai vus ; j'ose croire n'être fait comme aucun de ceux qui existent. Si je ne vaux pas mieux au moins je suis autre. Si la nature a bien ou mal fait de briser le moule dans lequel elle m'a jetté, c'est ce dont on ne peut juger qu'après m'avoir lu. »

134 « De chaines dont il ne put [...] voir le moindre vestige. »

« VESTIGE. On dit aussi, qu'*on ne trouve aucun vestige d'une chose dans l'histoire*, pour dire, qu'on n'y en trouve aucune trace, aucun témoignage. » *Acad.*

135 « Ils ont élevé autour de lui des murs de ténébres. [...] Ils l'ont enterré vif. »

Sur la formule « murs de ténébres » et ses équivalents (*œuvre de ténèbres, système de ténèbres, triple enceinte de ténèbres*, etc.) ainsi que sur son enracinement mythologique, on peut se reporter à l'Introduction de ce volume, p. 56 et suiv. Il s'agit ici de la première occurrence, dans les *Dialogues*, du fantasme de l'enterré vif. Sur le réseau thématique auquel il participe dans *Rousseau juge de Jean Jaques, Les Confessions* et la Correspondance, et sur les hantises de cette époque à propos des morts douteuses et des enterrements prématurés, Voir également l'Introduction, p. 57.

136 « La grandeur la beauté du plan. »

Cette lecture de « l'œuvre de ténèbres » comme œuvre d'art géniale revient ailleurs dans les *Dialogues* et dans *Les Confessions* : « les auteurs de ma ruine ont trouvé l'art inconcevable de rendre le public complice de ce complot sans qu'il s'en doute lui-même et sans qu'il en aperçoive l'effet. » (l. XII, *op. cit.*, p. 589). Outre un art consommé de l'intrigue, son côté littéraire est marqué par la composition d'écrits falsifiés ou controuvés destinés à faire détester leur auteur par tous les états, la réédition elle aussi falsifiée de ses œuvres, et surtout à la réalisation d'une « histoire de sa vie » alternative à ses Mémoires (voir à ce propos le IIIe entretien, note 104). Graduée dans le temps, systématique, savamment concertée en toutes ses « branches », à la fois très publique et fort secrète en son dessein profond, cette œuvre alternative pourrait être interprétée comme une projection inconsciente inversée de l'idée que Rousseau se fait de l'art et des enjeux de sa propre œuvre théorique.

137 « Qui, dit-on haïssoit le vizirat, méprisoit les vizirs. »

Cette métaphore orientaliste se rencontre chez l'abbé de Saint-Pierre au ch. 3 de sa *Polysynodie*, qui fut éditée par Rousseau : « le vizirat, le demi-vizirat et la polysynodie se rapportent manifestement dans l'économie du Gouvernement subalterne, aux trois formes spécifiques du Gouvernement supême. » (*OC*. III Pléiade, p. 621). Sur Choiseul, voir les notes 92 et 181 du présent dialogue.

138 « Et que tout obéït à la loi. »

C'est ce que disent le *Contrat social* et les *Lettres de la Montagne* : « lisez-le, Monsieur, ce livre si décrié, mais si nécessaire ; vous y verrez partout la Loi mise au dessus des hommes ; vous y verrez par tout la liberté réclamée, mais toujours sous l'autorité des loix, sans lesquelles la liberté ne peut exister, et sous lesquelles on est toujours libre, de quelque façon qu'on soit gouverné. » (*Lettres de la Montagne* VI, *op. cit.*, p. 811.) *Cf. Contrat social*, II, vi.

139 « Tous les momens de sa vie. »

Sans aller jusque là, des versions de sa vie antérieures à sa vie publique circulèrent en effet : dès l'époque de la controverse sur le *Discours de Dijon*, le *Journal hélvétique* publie en 1751 une biographie abrégée de son auteur ; et lors de l'affaire de l'*Émile*, un long article de Grimm dans la *CL* livre un abrégé fielleux, quoique point trop faux factuellement, de sa vie passée (voir au IIIe entretien, la note 204 ainsi que le n° IX. 2. du « Dossier documentaire »). Quant à Voltaire, il était passé maître ès calomnies et insultes en la matière, avec le *Sentiment des Citoyens* au premier chef, mais aussi une lettre ostensible à Hume datée du 24 octobre 1766, imprimée la même année puis jointe à l'*Exposé succinct*, et qui, entre autres insinuations ou falsifications, argue de lettres de 1743 retrouvées après une enquête auprès de « M. du Theil, premier commis des affaires étrangères, alors son protecteur », pour fausser adroitement la réalité de la situation de Rousseau auprès du comte de Montaigu à l'ambassade de Venise. Voir à ce propos le commentaire de R.A. Leigh, *CC*. n° 5491, t. 31, p. 61.

140 « Une loi toute nouvelle dans le code du genre humain. »

Cette phrase suppose d'admettre le caractère originaire de la loi naturelle : « Il y a certainement, écrit Burlamaqui, un droit des gens universel, de nécessité obligatoire par lui-même, qui ne diffère en rien du droit naturel ;

qui est par conséquent immuable et dont les peuples et les souverains ne sauraient se dispenser, même d'un commun accord, sans manquer à leur devoir. Il y aura ensuite un autre droit des gens, que l'on pourra nommer arbitraire et de liberté, comme n'étant fondé que sur quelque convention ou expresse ou tacite ; dont l'effet n'est pas lui-même universel ; et qui n'oblige que ceux qui s'y sont volontairement soumis, et seulement pour aussi longtemps qu'ils le veulent. » (*Principes du droit naturel*, IIe partie, ch. VI, § IX, Genève, Barillot, 1747, p. 225). – Pour un écho contemporain de Rousseau, on peut citer ce passage de *La science du gouvernement* du juriste Réal de Curban (1762) : « Fondée sur l'existence et la socialité des êtres raisonnables, et non sur des dispositions ou des volontés particulières de ces êtres, la justice est indépendante des loix humaines. [...] toutes les nations doivent l'observer religieusement ; elle est aussi ancienne que le monde, et ne finira qu'avec lui. Quiconque la viole ne doit pas seulement être regardé comme un méchant ; mais comme un monstre ennemi de la société et comme un perturbateur du repos de toutes les nations. » (*Réal de Curban*, tome VI, Paris, 1762, p. 11-12). Voir aussi le IIIe entretien, p. 496.

141 « L'interdiction romaine menoit à la mort. »

« Il est digne de vous et de Sa Majesté [Frédéric II] de ne pas me refuser le feu et l'eau qu'on veut m'ôter par toute la terre », écrivait Rousseau, le 11 juillet 1762 à George Keith, gouverneur de la principauté de Neuchâtel (alors territoire prussien). En droit romain, ce châtiment constitue effectivement une peine capitale : « le mot exil, *exilium*, dit l'*Encyclopédie*, signifi[ant] proprement une interdiction ou exclusion de l'eau et du feu » (article *Exil*). Selon François Richer, cette peine fut inventée à Rome pour pallier l'impossibilité de mettre à mort un citoyen romain, et fut remplacée sous Auguste par la déportation : « *aquae & ignis interdictio*. Il étoit défendu à tous les citoïens d'assister ceux qui avoient mérité cette punition, non pas même d'eau et de feu, qui ne se refusent à personne. Cet usage fut introduit, parce que, suivant les anciennes loix de la république, il étoit défendu d'ôter la vie à un citoïen romain. Pour éluder cette loi, on imagina de priver ceux qui se trouvoient coupables d'un crime digne de mort, de tout ce qui étoit nécessaire pour le soutien de la vie. En sorte qu'ils étoient obligés de sortir des terres soumises à la domination de la république. Auguste abolit par une loi cet usage de prononcer l'interdiction du feu et de l'eau, à laquelle on substitua la déportation. » (*Traité de la mort civile*, partie II, ch. I, p. 22). Giorgio Agamben inclut cette interdiction dans la « relation d'abandon », « cette zone d'indifférence dans laquelle la vie du réfugié ou de l'*aqua et igni interdictus* rejoint celle de l'*homo sacer*, à la fois exposée au meurtre et insacrifiable. » (*Homo sacer* I, *op. cit.*, p. 121).

142 « Mais cette interdiction romaine étoit décernée dans une forme légale. »

À l'article LÉGAL, Féraud écrit que « C'est *la forme* qui rend la chose *légale* ; c'est le *droit* qui la rend *légitime*, c'est le *pouvoir* qui la rend *licite.* » *Trévoux* porte que « c'est l'ordre et le style que l'on observe dans la procédure et les jugements. Cette forme doit être beaucoup plus exactement observée en matières criminelles qu'en matières civiles. »

143 « Tous les flambeaux de l'évidence. »

La formule n'est pas propre à Rousseau. On la rencontre par exemple dans *L'Histoire du ciel* de l'abbé Pluche : « cet homme dont la raison n'est point distraite par le trouble des sensations, devroit sans doute aller de découverte en découverte. Le flambeau de l'Evidence apparemment va lui dévoiler tout. Il ne lui dévoilera rien. » (*Histoire du ciel considéré selon les idées des philosophes et des poëtes* [...] t. II, La Haye, Neaulme, 1740, p. 240). On la trouve également dans les *Éphémérides du Citoyen* de N. Baudeau, organe des physiocrates : « tout notre secret n'est que de déchirer de voile ourdi de formes captieuses. le flambeau de l'évidence est derrière [...] il éclairera tous les hommes capables de voir le jour. » (*Éphémérides du citoyen*, t. IX, Paris, Lacombe, 1768, p. 79). Dans la correspondance de Rousseau, cette expression apparaît en août 1772, dans une longue lettre à la marquise de Mesmes : « Cependant il est parmi eux [ses adversaires] des personnes d'ailleurs si dignes d'estime qu'il paroit injuste de la leur refuser. Comment expliquer ces contradictions ? J'ai fait mille efforts pour y parvenir. J'ai fait toutes les suppositions possibles ; je me suis représenté l'imposture armée de tous les flambeaux de l'évidence. Je me suis dit ; ils sont trompés leur erreur est invincible. » (*CC*. n° 6959). On peut lire cette lettre au n° V. 2. du « Dossier documentaire ».

144 « Bénignité. »

« Peu usité » note *Féraud* (1761). « Douceur, bonté du puissant à l'égard du faible, du supérieur à l'égard de l'inférieur. *Un air de bénignité.* Il vieillit. » (*Acad.*, 1798). On en rencontre une autre occurrence au Ier entretien : « des formalités judiciaires [...] font-elles loi dans des cas de grâce et de bénignité comme celui-ci ? » (p. 238) et au IIIe : « A l'égard de l'Angleterre, les deux derniers passages expliquent trop bien l'ardeur des bons amis de J.J. à l'y envoyer et celle de David Hume à l'y conduire, pour qu'on puisse douter de la bénignité des protecteurs et de l'ingratitude du protégé dans toute cette affaire. » (p. 464). L'adjectif correspondant apparaît dans la lettre du 14 août 1772 à la marquise de Mesmes : « tous ont le même empressement à M'abreuver de la coupe de L'ignominie, et à me cacher la bénigne main qui prit Soin de le préparer. » (*CC*. n° 6959).

145 *« C'est très gratuitement qu'il se plait au crime. »*

Tel est le caractère de *Phalante, ou le Scélérat* chez Vauvenargues : « Phalante a voué ses talens aux fureurs et au crime [...] son génie violent et hardi préside en secret à tous les crimes qui sont ensévelis dans les ténèbres. il est dès longtems à la tête de tous les débauchés et les scélérats. Il ne se commet point de meurtres ni de brigandages, où son noir ascendant ne le fasse tremper. Il ne connaît ni l'amour, ni la crainte, ni la foi, ni la compassion. Il méprise l'honneur autant que la vertu, et il hait les dieux et les lois. *le crime lui plaît par lui-même. Il est scélérat sans dessein* et audacieux sans motif [...] éloquent seulement pour persuader le crime et pour pervertir l'innocence [...] sa témérité insolente triomphe des lois. » (*Œuvres complètes de Vauvenargues*, vol. I, Paris, Delance, 1797, p. 307, mes italique). Son *Essai sur quelques caractères* d'où cette pièce est extraite était demeuré jusque-là inédit. – Sur la question du « raisonneur violent » (Diderot) dont le bonheur passe par la transgression active de la loi naturelle et sur sa discussion par Rousseau, voir l'introduction du présent volume, p. 38.

146 *« Il ne connoit d'autre bien pour lui que le mal d'autrui. »*

Sur cette question du plaisir, voire du bonheur, dans le mal, Rousseau a deux interlocuteurs virtuels : Montaigne et Sade. On le montre dans l'Introduction de ce volume, p. 37.

147 *« On éloigne de lui les plus scelerats par la terreur. »*

« Qu'ils me haïssent pourvu qu'ils me craignent » proclamait Caligula selon Suétone (*Vie de Caligula*, XXX, 2), qui rapporte aussi comment Tibère fit périr presque tous ses amis et conseillers politiques (*Vie de Tibère*, L, 1-2). Au XVIIIe siècle, ce sont les tragédies de Crébillon qui mettent en scène les monstres politiques en suscitant autant d'horreur que d'admiration pervertie, selon l'analyse de la *Lettre sur les spectacles* : « Aussi la scéne françoise, sans contredit [...] la plus régulière qui ait encore existé, n'est-elle pas moins le triomphe des grands scelerats » ; ainsi Atrée, proclamant à la fin de la pièce : « Et je joüis enfin du prix de mes forfaits », ou « l'infâme Catilina, couvert de crimes qu'on n'oseroit nommer, prêt d'égorger tous ses magistrats et de reduire sa patrie en cendres. » (*OC.* V Pléiade, p. 26-27).

148 *« Qu'un excés de sceleratesse put ainsi rapprocher de la vertu. »*

Diderot en était fasciné, il l'écrivit à Sophie Volland, à propos du mot de Damiens à l'énoncé de sa sentence : « qu'après l'avoir entendue il ait dit froidement : *La journée sera rude*, à l'instant j'imagine aussi qu'il respire à côté de moi une âme de la trempe de celle de Régulus, un homme qui, si quelque grand intérêt général ou particulier l'exigeait, entrerait sans pâlir dans le tonneau hérissé de pointes. Quoi donc ! le crime serait-il capable d'un enthousiasme que la vertu ne pourrait concevoir ! ou plutôt y a-t-il sous le ciel quelque chose autre que la vertu qui puisse inspirer un enthousiasme durable et vrai ? » (Lettre du Grandval, 14-15 octobre 1760). Cette rivalité dans le sublime du vice et de la vertu est précisément ce que Rousseau reproche à la tragédie dans la *Lettre sur les spectacles* : « Vice ou vertu, qu'importe, pourvu qu'on en impose par un air de grandeur ? [...] l'infâme Catilina [...] fait le rolle d'un grand homme, et reunit par ses talens, sa fermeté, son courage, toute l'estime des spectateurs [...] Qu'il eut, si l'on veut, une ame forte ; en étoit-il moins un scelerat détestable, et faloit-il donner aux forfaits d'un brigand le coloris des exploits d'un Heros ? [...] À quoi donc aboutit la morale d'une pareille piéce, si ce n'est à encourager des Catilina, et à donner aux méchans habiles le prix de l'estime publique düe aux gens de bien ? » (*Ibid.*). Lors de l'affaire Damiens, le *Courrier d'Avignon* observe que « les hommes qui excellent en scélératesse, ont cela de commun avec ceux qui excellent en vertu, que le public également empressé de les connoître veut être instruit jusqu'au plus menu détail de tout ce qui les concerne. » (Cité dans P. Rétat, *L'attentat de Damiens*, *op. cit.*, p. 199).

149 « Tout ce qu'on en fait n'est que pour son bien. »

Rousseau a déjà cité cette formule dans les *Lettres de la Montagne* pour caractériser l'hypocrisie du Procureur Tronchin à son égard : « Il est vrai que le même auteur [celui des *Lettres de la Campagne*] s'égaye à prouver ensuite que c'est par pure bonté pour moi qu'ils m'ont décrété [...] Ainsi plaisantoit, dit Brantome, l'exécuteur de l'infortuné Don Carlos Infant d'Espagne. Comme le prince crioit et vouloit se débattre : *Paix, Monseigneur*, lui disait-il en l'étranglant, *tout ce qu'on en fait n'est que pour votre bien.* » (*OC*. III Pléiade, p. 757). Ce trait n'est pas dans Brantôme ; mais on connaissait une lettre de Philippe II à sa sœur l'impératrice où, voulant prévenir sa colère à la nouvelle de l'arrestation de son neveu, il lui écrivait « qu'il n'avait jamais découvert dans le prince son fils aucun vice capital ni aucun crime déshonorant, et *qu'il l'avait fait enfermer pour son bien* et celui du royaume » (mes italiques). Voltaire cite cette phrase au ch. CLXVI de l'*Essai sur les mœurs*, et l'intégralité de la lettre se lit dans le chapitre des *Causes célèbres* de Gayot de Pitaval consacré à la condamnation à mort de Don Carlos par son père : « je dois dire pour ma consolation et pour la vôtre que je n'ai jamais découvert dans le prince mon fils aucun vice capital, aucun crime capable de le déshonorer, quoique j'aie remarqué en lui quantité de défauts et d'égarements que j'attribue au feu d'une jeunesse violente et impétueuse. *Cependant je me suis vu contraint de le faire enfermer dans son propre appartement pour son bien particulier* et même pour l'avantage de mes royaumes, au repos desquels je ne dois pas moins mes soins qu'à la conservation de mon fils. » (*Causes célèbres*, t. XIII, Amsterdam, 1775, p. 229-230, *idem* au t. XII de l'édition de Paris, 1738 ; mes italiques). Le rédacteur observe à cet endroit que « suivant cette lettre, Philippe ne jugeoit pas Don Carlos coupable d'aucun crime punissable d'une peine capitale. S'il a ensuite fait mourir ce prince, quelle idée n'aurons-nous pas de l'inhumanité de ce monarque qui fait de son propre fils la victime de son ressentiment ? » Si Rousseau connaissait ce chapitre des *Causes célèbres*, c'est aussi ce qu'il pouvait se dire en projetant là son propre traitement par Genève ; c'est en tout cas chez Pitaval – ou directement chez Saint-Evremond – qu'il a rencontré la véritable source de l'anecdote du "bourreau compatissant" qu'il attribue à Brantôme : « St. Evremond dit dans un de ses Discours, que l'Espagnol qui étrangla Dom Carlos, lui crioit : *Calla, calla, Sennor : todo que se baze es por su bien* : Taisez-vous, taisez-vous, Monseigneur ; ce que l'on fait est pour votre bien. » (*Causes célèbres*, *op. cit.*, p. 253). Sur la portée de cette formule dans l'argumentaire des *Dialogues*, et pour la référence chez Saint-Evremond, on peut se reporter à l'introduction du présent volume, p. 40-41.

150 « Quel mal donc lui a-t-on fait ? »

Cette litanie des « quel mal lui a-t-on fait » pourrait rejouer, en l'amplifiant fantasmatiquement, la mémoire des vexations subies lors du scandale occasionné par la *Lettre sur la musique françoise* en 1753 : c'est en effet la réponse qu'on aurait faite à Rousseau, selon les *Nouvelles à la main*, alors qu'il se sentait étouffé par un mouvement de foule : « L'autre jour à l'Opéra Rousseau étoit au milieu du parterre et comme il y avoit beaucoup de monde, on le presse un peu exprès, il cria qu'on l'étouffoit, et on lui dit qu'il n'y avoit pas de mal à cela ; il fut obligé de sortir » (*Nouvelles à la main*, 5 déc. 1753, *CC*. A92, t. II, p. 330). On voit comment chez lui ce souvenir s'associe presque automatiquement avec un imaginaire du supplice, dans une lettre adressée six ans après à son ami Lenieps, à propos des *Muses galantes* et de négociations financières en cours sur le *Devin*, quand abordant la question de la suppression de ses entrées, il réfute avec une sorte d'humour noir le prétexte selon laquelle il troublait les représentations : « Tout le monde a su avec quel soin j'étois consigné, recomandé, aux sentinelles ; par tout on n'attendoit qu'un mot qu'un geste pour m'arrêter, et sitôt que j'allois au parterre j'étois environné de mouches qui cherchoient à m'exciter. Imaginez s'il falut user de prudence pour ne donner aucune prise sur moi. [...] Premièrement donc, ils mentent ; et en second lieu, quand ils ne mentiroient pas, ils ont tort : Car quelque mal que j'eusse pu dire, écrire ; ou faire, il ne faloit point m'ôter les entrées, attendu que l'opera n'en étant pas moins possesseur de mon ouvrage n'en devoit pas moins payer le prix convenu. Que faloit-il donc faire ? M'arrêter ; me traduire devant les tribunaux ; me faire mon procès, me faire pendre, ecarteler, brûler ; jetter ma cendre au vent, si je l'avois mérité : Mais il ne faloit pas m'ôter les entrées. Aussi bien, comment, étant prisonnier ou pendu, serois-je allé faire du bruit à l'opera ? » – Il trouve d'ailleurs déjà, dans l'alinéa suivant, la fameuse formule « quel mal lui a-t-on fait » : « Ils disent encore ; puisqu'il se déplait à nôtre Théâtre, que mal lui a-t-on fait de lui en ôter l'entrée ? Je réponds qu'on m'a fait tort, violence, injustice, affront ; et c'est du mal que cela. » (*CC.* n° 795, t. VI, p. 62).

151 « Et quand chaque passant lui cracheroit au visage. »

Ce thème revient au second entretien dans une note ajoutée à G. : « Est-ce aussi par bonté qu'on ne manque pas de cracher sur lui toutes les fois qu'il passe à portée et qu'on le peut sans être apperçu de lui » ; puis dans une note à propos de la mort de Fréron ajoutée dans P. et G., selon laquelle Marmontel aurait proposé de cracher sur sa tombe en guise d'épitaphe (p. 412 et 421). On le retrouve dans les *Rêveries* : « toute la salutation que me feraient les passants serait de cracher sur moi. » (début de la Ie Promenade). On peut évoquer ici la figure du Christ aux outrages dans *Matthieu* XXVI, 67-68 : « Alors il lui crachèrent au visage, et ils le frappèrent à coups de poing, et d'autres lui donnèrent des soufflets, en disant : Christ, prophétise-nous qui est celui qui t'a frappé ? » (Trad. Lemaistre de Sacy).

152 « Ce monstre d'ingratitude. »

Sur l'histoire du procès en ingratitude instruit contre J.-J. Rousseau depuis la crise de l'ermitage, et sur la gravité de cette accusation dans le contexte des usages de la civilité et des droits et devoirs de l'amitié à cette époque, on peut se reporter à l'Introduction de ce volume, p. 66-68.

153 « Et mon ours n'étoit pas content ! »

Attribuée à Mme d'Épinay, mais sans intention de le blesser (*Confessions*, l. IX, *op. cit.*, p. 475), cette qualification ursine résume aussi le jugement de Rousseau sur sa gaucherie en société : « si je me force à parler aux gens que je rencontre, je dis une balourdise infailliblement ; si je ne dis rien, je suis un misanthrope, un animal farouche, un ours » (l. X, *ibid.*, p. 536). L'image de l'animal de foire est implicitement présentée au second entretien par « le François » : « Voyez-le entrant au spectacle entouré dans l'instant d'une étroite enceinte de bras tendus et de cannes, dans laquelle vous pouvez penser comme il est à son aise ! A quoi sert cette barriére ? S'il veut la forcer, résistera-t-elle ? Non sans doute : A quoi sert-elle donc ? Uniquement à se donner l'amusement de le voir enfermé dans cette cage. » (p. 412). Relevant l'anagramme qui laisse entendre « ours » dans « Rousseau », et rappelant que c'est « rue aux Ours » que se déroule la cérémonie burlesque où l'auteur des *Dialogues* a le sentiment de se voir brûlé en effigie, Jacques Berchtold a suggéré l'analogie qui relierait le héros du conte médiéval *Valentin et Ourson* au statut d'isolé défiguré, voire bestialisé, qui est celui de J.J. dans l'opinion telle que la représente « le François », autant que leur commun statut de victime émissaire (Voir « Jean-Jacques dans le taureau de Phalaris », art. cité, p. 190-196).

154 « On a dit-on rendu le château de Trye inhabitable depuis que j'y ai logé. » (Note *)

Sur l'analogie entre J.J. et le Connétable de Bourbon au point de vue du rituel du « ban », et sur les circonstances du séjour de J.-J. Rousseau au château de Trye (propriété du prince de Conti) lors de son retour d'Angleterre, on peut se reporter au n° 154 du présent dialogue dans le « Glossaire ».

155 « On l'obsede si bien. »

« OBSÉDER. Être assidument autour de quelqu'un, pour empêcher que d'autres n'en approchent, et pour se rendre maître de son esprit. *Le Ministre obsédait le Prince. Ses héritiers l'obsèdent si fort. Il est obsédé par deux ou trois de ses domestiques, qui ne laissent approcher personne de lui.* Il se prend en mauvaise part. » *Acad.*

156 « La vigilance de ceux qui l'approchent. »

À en croire ce qu'écrit L.-S. Mercier au chapitre « Signalement » du *Tableau de Paris* cette expérience est le fait de tout homme suivi par les mouches, dont l'« œil sûr et intatigable l'environne et ne l'abandonne point » ; toute tentative de leur échapper est en effet inutile : « il lui faudroit l'anneau de Gigès ; encore la mouche diroit-elle : *il est disparu là.* » (*Tableau de Paris*, t. 9, ch. DCCXLIX. « Signalement », Amsterdam, 1789, p. 183).

157 « L'envoisiner convenablement. »

Le verbe ENVOISINER n'apparaît qu'au participe dans les dictionnaires du XVIIIe siècle, qui le classent tous dans le registre familier ; selon Trévoux, « il se dit en bonne ou en mauvaise part, selon la qualité des voisins. Cet homme est bien, est mal *envoisiné* » ; quant à Littré, il le le définit par « entourer de voisins » en citant la phrase du Ier entretien. Le thème de la surveillance généralisée s'exprime en des termes proches au début de la seconde partie des *Confessions* : « les planchers sous lesquels je suis ont des yeux, les murs qui m'entourent ont des oreilles, environné d'espions et de surveillans malveillans et vigilans, inquiet et distrait je jette à la hâte sur le papier quelques mots interrompus qu'à peine j'ai le tems de relire, encore moins de corriger. » (*Op. cit.*, p. 279). Sur le thème de la surveillance dont J.J. fait l'objet, le système d'auto-surveillance et de dénonciation établi à Clarens parmi les domestiques, et la thématique de l'espionnage de tous par tous dans le roman du XVIIIe siècle, on peut se reporter à l'introduction du présent volume, p. 45-46.

158 « Les barboteuses de nos messieurs. »

« BARBOTEUSE. Raccrocheuse. Terme d'injure et de mépris, en parlant d'une femme de mauvaise vie, qui sollicite les hommes dans la rue. *C'est une barboteuse. Il voit des barboteuses.* Il est familier et même populaire. » *Acad.*, 1798. Eymar rapporte que descendant de chez Rousseau lors de sa première visite en 1774, il fut abordé au troisième étage par « une fille du monde assez jolie » qui en fut pour ses frais. (*Mes visites à J.J. Rousseau*, in *Œuvres inédites de J.J. Rousseau* (éd. Musset-Pathay), t. II, Paris, Dupont, 1825, p. 13).

159 « Ce pourceau d'Epicure est devenu tout à coup un Xenocrate. »

On dit familièrement et proverbialement d'un Épicurien, d'un voluptueux, *Un pourceau d'Épicure.* (*Acad.*, 1798). « [Xénocrate] représenta Platon par la pureté des mœurs et la gravité de son maintien et de ses discours. Telle fut l'opinion qu'on eut de sa véracité, qu'appelé en témoignage, les juges le dispensèrent de serment. [...]. Phryné, qui avait fait gageure avec quelques jeunes libertins qu'elle le corromprait, eut perdu la haute opinion qu'elle avait de ses charmes [...] et la somme qu'elle avait déposée ; mais elle retira son argent, en disant qu'elle s'était engagée à émouvoir un homme, mais non une statue. » *Encyclopédie*, art. « Platonisme ». Voir Laurence Viglieno, « Rousseau et les femmes dans les *Dialogues* : Un pourceau d'Épicure ou un Xenocrate », *AJJR* n° 49, 2010, p. 129-142.

160 « Pour vos dames. »

Ici, le dialogisme de la réplique « sur le mot » s'apparente à l'art de la stichomythie. Le côté Xenocrate de Rousseau est illustré par un passage des *Confesssions* à propos du succès de la *Julie* : « les femmes surtout s'enivrèrent et du livre et de l'auteur, au point qu'il y en avoit peu, même dans les hauts rangs, dont je n'eusse fait la conquête si je l'avois entrepris » (l. XI, *OC*. I, Pléiade, p. 545).

161 « De fausses routes qui l'égarent de plus en plus. »

Ce thème du labyrinthe est relié, dans la correspondance et dans les *Confessions* à celui du souterrain et de la muraille de ténèbres. (Voir au IIe entretien la note 125). Ses connotations mythologiques sont trop connue pour y insister. En revanche, il convient de remarquer que c'est aussi, dans le discours des juristes réformistes du dernier tiers du siècle, une figure de la complication proprement effrayante de la procédure criminelle d'Ancien Régime : c'est ainsi que Prost du Royer en parle dans la préface de son *Dictionnaire de jurisprudence* (1781), en reprenant à son compte une formule de François Ier : « Notre jurisprudence est un labyrinthe tortueux et obscur, dont l'entrée semble interdite au plus grand nombre de mes sujets, et dans lequel les hommes les plus éclairés s'égarent. » (Tome 1, p. LXXXIV). Parallèlement sur le plan littéraire, le thème des souterrains labyrinthiques deviendra un ingrédient obligé du roman noir fin de siècle depuis Lewis jusqu'à Sade, tandis que celui de la ville-labyrinthe émerge dans la fiction, comme le note Henri Lafon à propos de Restif de la Bretonne : « la ville va devenir beaucoup plus qu'un décor compliqué et ingénieux qui permet à un personnage de ne pas être vu d'un autre [...] : l'espace urbain commence à devenir inquiétant dans la mesure où il défie la perception limitée de l'individu : c'est le labyrinthe urbain moderne qui s'esquisse » (H. Lafon, *Le décor et les choses dans le roman français du* XVIIIe *siècle de Prévost à Sade*, Oxford, Svec, 1992, p. 73). – Enfin, le jeu du labyrinthe est un des artifices imaginés dans l'*Émile* (l. II) pour débarrasser l'enfant de la peur de l'obscurité (*OC*. IV, *op. cit.*, p. 387) ; une peur qui perdure en Rousseau chez l'adulte, comme en témoigne une lettre de mars 1770 à Buirette de Belloy : « Rien ne m'épouvanta jamais au grand jour, mais tout m'effarouche dans les ténèbres qui m'environnent, & je ne vois que du noir dans l'obscurité. Jamais l'objet le plus hideux ne me fit peur dans mon enfance, mais une figure cachée sous un drap blanc me donnoit des convulsions ; sur ce point, comme sur beaucoup d'autres, je resterai enfant jusqu'à la mort. Ma défiance est d'autant plus déplorable, que, presque toujours fondée, (& je n'ajoute presque qu'à cause de vous), elle est toujours sans bornes, parce que tout ce qui est hors de la nature n'en connoît plus. » (*CC*. n° 6686, § [2]).

162 « Tout le monde l'entoure et le fixe. »

Cet emploi direct du verbe fixer au lieu de la locution « fixer du regard » est assez fréquent chez Rousseau. Alexis François en recense une dizaine d'occurrences dans son œuvre et sa correspondance (*Provincialismes JJR*., p. 52). Ainsi, dans le IIe entretien : « A l'empressement grossier et badaut de s'arrêter de se retourner de le fixer » (p. 411). Cet emploi était ressenti comme un barbarisme par Voltaire : « la langue s'embellit tous les jours : on fixe une femme au lieu de fixer les yeux sur elle » (lettre à Linguet du 16 mars 1769). Dans son *Aloisia* (*Mélanges*, Pléiade, p. 398), il avait déjà attaqué sur ce plan, une phrase de Saint-Preux à propos de la manière « intrépide et curieuse [qu'ont les parisiennes] de fixer les gens » (*NH*., II, 21, *OC*. II Pléiade, p. 268). Littré confirme la faute : « On dit très fréquemment, et même quelques-uns l'écrivent : fixer une personne, un objet, pour fixer ses regards sur cette personne, sur cet objet. C'est certainement une grosse faute : fixer quelqu'un c'est le rendre fixe, et non pas le regarder. Voltaire a combattu cette locution qui a commencé, à ce qu'il paraît, de son temps : *Quelques Gascons hasardèrent de dire : j'ai fixé cette dame pour je l'ai regardée fixement, j'ai fixé mes yeux sur elle ; de là est venue la mode de dire : fixer une personne* (Voltaire, *Dict. phil. Franç.*) ». Selon A. François, l'exemple cité dans la *Julie* « paraît bien être le plus ancien de cet emploi dans la littérature » et s'est amplement diffusé dans la langue des écrivains à partir de 1772. » (Art. cité, *ibid.*).

163 « On l'a montré signalé recommandé par tout. »

« Quand un homme est *signalé*, écrit L.-S. Mercier, il ne peut plus faire un pas sans être suivi ; livré aux mouches, il a beau modérer sa marche ou l'accélérer, un œil sûr et infatigable l'environne et ne l'abandonne point. Il est reconduit tous les soirs chez lui » (*Tableau de Paris*, ch. DCCXLIX « Signalement », *op. cit.*, p. 182, ses italiques). Quant aux Savoyards, ils « sont décrotteurs, frotteurs et scieurs de bois » ; avec eux, « les gens de peine, porteurs d'eau, gagne-deniers, crocheteurs, [...] sont en grouppe au coin des carrefours [...] attendant qu'on les emploie ». (*Ibid.*, ch. DCCXVII, « Mélange des individus »).

164 « Trouver une chose telle qu'elle soit. (Variante G.) »

Selon A.W. (p. 22), la leçon « telle qu'elle soit », qui apparaît seulement dans G., quoique condamnée par Vaugelas, était très fréquente au XVIIe siècle et le restait au XVIIIe malgré les observations des grammairiens. Rousseau écrit plus loin dans C. : « un malfaiteur tel qu'il soit » (p. 264).

165 « Vis-à-vis des quatre nations. »

Le collège en question (aujourd'hui l'Institut) accueillait, comme son nom l'indique, des étudiants originaires de quatre nations. Il se situait à l'endroit de l'actuelle bibliothèque Mazarine, en face du Louvre. Selon *A.W.* (p. 63), le tour *vis-à-vis les* (seulement dans P. et G.) est employé couramment par Rousseau (il en donne quatre autres exemples) ; il « se maintient dans le style familier » et « chez tous les écrivains même chez Voltaire le puriste ». Il note en revanche que *vis-à-vis de(s)* (ici seulement dans C. et L.) est moins fréquent chez lui.

166 « Ceux qui distribuent des billets imprimés à la porte. »

Il pourrait y avoir ici une transposition de ce que Rousseau a réellement vécu à l'époque du scandale provoqué par sa *Lettre sur la musique françoise* (1753). Dans son ouvrage sur Fréron, Jean Balcou confirme en effet « l'unanimité que Rousseau a dressée contre lui » à cette occasion, y compris chez certains de ses amis comme Grimm (*Fréron contre les philosophes*, Genève, Droz, 1975, p. 85). Dans un contexte où l'on parlait d'une lettre de cachet, et où son effigie avait été pendue à l'opéra, où *L'Année littéraire* s'en donnait à cœur joie pour susciter les ripostes, on n'avait pas hésité à lui retirer ses entrées d'auteur à l'Opéra (pourtant légitimes comme contrepartie de la cession des droits du *Devin*) : « Si l'on n'attenta pas à ma liberté, l'on ne m'épargna pas du moins les insultes ; ma vie même fut en danger. L'Orchestre de l'Opera fit l'honnête complot de m'assassiner quand j'en sortirois. On me le dit : je n'en fus que plus assidu à l'Opera, et je ne sus que longtems après que M. Ancelet Officier des Mousquetaires, qui avoit de l'amitié pour moi avoit détourné l'effet du complot, en me faisant escorter à mon insçu à la sortie du spectacle. La Ville venoit d'avoir la direction de l'Opera. Le prémier exploit du Prévot des Marchands fut de me faire ôter mes entrées, et cela de la façon la plus malhonnête possible ; c'est-à-dire en me les faisant refuser publiquement à mon passage ; de sorte que je fus obligé de prendre un billet d'amphitéâtre pour n'avoir pas l'affront de m'en retourner ce jour-là [...] Il y avoit dans ce procédé une telle complication d'iniquité et de brutalité, que le public, alors dans la plus grande animosité contre moi, ne laissa pas d'en être unanimement choqué. » (*Confessions*, l. VIII, Pléiade I, p. 385). – Les *Mémoires* du marquis d'Argenson confirment la menace d'exil et la violence des musiciens : « Décembre 1753. [...] Il y a grand bruit contre Jean-Jacques Rousseau, prétendu philosophe génevois, pour une brochure qu'il a publiée contre la musique françoise, en prétendant qu'elle n'existoit pas [...]. On avoit expédié une lettre de cachet pour le faire sortir du royaume ; mais de tristes articles en ont détourné. On lui a toujours ôté ses entrées à l'Opéra. Ayant été reconnu à l'Opéra, il a été maltraité de paroles et de coups de pied au cul ; l'orchestre l'a pendu en effigie. Cela devint une querelle nationale. » (*Mémoires et journal inédit du marquis d'Argenson Ministre des affaires étrangères sous Louis XV*, t. IV, Paris, P. Jannet, 1858, p. 160-161). L'affaire inquiètera rapidement Genève, comme le note Olivier Pot (Introduction à la *Lettre*, *OC*. V Pléiade, p. CIII).

167 *« Brûler un suisse de paille dans la rue aux ours. »* (Note * dans les copies P. et G.)

Le *Tableau de Paris* de S. Mercier atteste ce rituel populaire désuet (voir le n° VIII du « Dossier documentaire »). Ici également, il s'opère probablement une surimpression fantasmatique, chez Rousseau, avec le souvenir mouvementé du scandale occasionné par la *Lettre sur la musique françoise*. Selon Grimm en effet « L'orchestre de l'opéra a brûlé l'auteur de cette lettre en effigie » à l'occasion de la seconde édition, et « ce qui est difficile à croire et qui n'en est pas moins vrai pour cela, c'est que M. Rousseau a pensé être exilé pour cette brochure ; il aurait été singulier de voir Jean-Jacques Rousseau exilé pour avoir dit du mal de la musique française, après avoir traité impunément les matières de politique les plus délicates. » Grimm ne savait pas alors qu'il prophétisait juste (à la réserve du motif) en ajoutant qu'il « aurait été plaisant de voir le citoyen de Genève, l'ennemi des arts, prendre son bâton et sortir de Paris en secouant la poussière de ses pieds, pour avoir prêché l'évangile de la musique italienne. » (*CL*, 15 janvier 1754, tome I de l'édition Furne, Paris, 1829, p. 100-101). Pour une situation de cet épisode dans la perspective de la consécration de J.J. à la haine publique qui l'identifie à la figure romaine de l'*homo sacer*, on peut se reporter à l'introduction du présent volume, p. 23 et suiv.

168 « Jamais mortel n'a vécu dans une pareille dépression. »

C'est déjà ce qu'il écrivait à Buirette de Belloy, le 12 mars 1770 : « je n'entends rien à ce que vous me dites [des malheurs] que vous avez essuyés : assurément je suis fait pour les plaindre ; mais que peuvent-ils avoir de commun avec les miens ? Ma situation est unique, elle est inouie depuis que le monde existe, & je ne puis présumer qu'il s'en retrouve jamais de pareille. Je ne comprends donc point quel rapport il peut y avoir dans nos destinées, & j'aime à croire que vous vous abusez sur ce point. » *CC*. n° 6686, § [4]).

169 « La coupe de l'opprobre. »

Pain ou coupe d'affliction, de douleur, de larmes, de misère, d'abomination, d'ignominie, etc., les clichés bibliques ne sont pas l'apanage de Rousseau ; ainsi dans l'*Encyclopédie* : « la douleur est toujours un mal, la coupe de l'ignominie est toujours amère » (art. « Vertu »). Toutefois, ce grand lecteur de la Bible en a une approche inventive, improvisant toutes sortes de variations sur le clavier des *Psaumes* ou des prophètes, y compris dans sa correspondance. La lettre de février 1770 à M. de Saint-Germain en offre une bel exemple : « Pour me forcer [...] de boire la coupe amere de l'ignominie, on aura soin de la faire circuler sans cesse autour de moi dans l'obscurité, de la faire dégoûter, ruisseler sur ma tête, afin qu'elle m'abreuve, m'innonde, me suffoque, mais sans qu'aucun trait de lumière l'offre jamais à ma vue et me laisse discerner ce qu'elle contient. » (*CC*. n° 6673, § [28]).

170 « Sancho dans son île. »

Allusion au ch. 47 de *Don Quichotte*, déjà formulée dans la lettre du 26 février 1770 à M. de Saint-Germain : « l'on aura soin de répandre une telle horreur de moi sur ma route qu'à chaque pas que je fairai, à chaque objet que je verrai mon ame soit déchirée. Ce qui n'empêchera pas que, traité comme Sancho je ne reçoive partout cent courbétes moqueuses avec autant de complimens de respect et d'admiration ; car *l'admiration* est surtout le mot du guet des traitres. Ce sont de ces politesses de tigres qui semblent vous sourire au moment qu'ils vont vous déchirer. » Une version plus enjouée de la comparaison se lit, quelques années auparavant, dans la lettre qu'il écrit le Ier janvier 1766 à son ami Du Peyrou lors de son séjour à Paris au Temple, avant son départ pour l'Angleterre : « Je suis ici dans mon hôtel de St-Simon comme Sancho dans son île Barataria en représentation toute la journée. » (*CC.* n° 4955).

171 « Les gens dont on s'est assuré. »

Le libraire Guy fut emprisonné à la Bastille pour une contrefaçon du *Contrat social*, mais Rousseau, alors en Angleterre, et qui n'avait d'autre information que celle des gazettes, crut que c'était pour l'impression des mémoire de la Chalotais. (Lettre à Du Peyrou, 2 avril 1767, *CC.* n° 5809, t. 33, p. 5). Le lien avec l'emprisonnement de son ami Lenieps (embastillé le 20 novembre 1766 à l'instigation du Résident de Genève à Paris) est déjà fait dans la lettre du 26 février 1770 à M. de Saint-Germain : « J'avois à Paris un vieux compatriote, un ami, très bon homme : on le met à la Bastille ; j'ignore pourquoi, c'est-à-dire sur quel prétexte. Le longtems qu'il y a resté lui fait honneur ; on l'aura trouvé moins docile qu'on n'avoit cru ; je veux espérer qu'on n'aura pas lassé sa patience, et qu'au bout de seize mois il sera sorti de la Bastille aussi honnête homme qu'il y est entré. Je désire la même chose du libraire Guy qu'on y a mis de même et détenu presque aussi longtems. On disoit avoir trouvé dans les papiers du premier un projet de moi pour l'établissement d'une pure démocratie à Genève, et j'ai toujours blâmé la pure démocratie à Genève, et partout ailleurs ; on disoit y avoir trouvé des lettres par lesquelles j'excitois les brouilleries de Genève, et non seulement j'ai toujours blâmé les brouilleries de Genève, mais je n'ai rien épargné pour porter les Représentans à la paix. Mais qu'importe qu'on en impose et qu'on mente ? Un mensonge dit en l'air fait toujours son effet ; surtout quand il vient des bureaux d'un ministre, et quand il tire sur moi. » (*Op. cit.*, p. 289). Il tenait une partie de ces accusations de son ami François-Henri d'Ivernois, un des leaders du parti libéral (dit des « Représentants ») à Genève, qui lui écrivait, dans une lettre du 5 janvier 1767, avoir vu « une lettre du Bureau du Ministre » indiquant qu'on avait trouvé dans les papiers de Lenieps « un plan de législation pour nôtre republique qui renverse nôtre constitution et qui établit une pure démocratie, fait et écrit de la main de J.J. Rousseau », et lui demandait ce qu'il en était exactement. (*CC.* n° 5663, t. 32, p. 21-22). Il lui fut répondu le 31 janvier par un démenti formel.

172 « Cette charité bruyante. »

Sur ce problème classique d'une charité tellement ostentatoire qu'elle écrase le bénéficiaire, Duclos est ici en consonance lorsqu'il écrit « qu'il n'y a point d'équation pour les sentimens ; que l'avantage du bienfaiteur sur celui qu'il a prévenu par ses services est inapréciable ; qu'il faudroit pour rétablir l'égalité, sans détruire l'obligation, que le Public fût frapé par des actes de reconoissance si éclatans, qu'il regardât comme un bonheur pour le bienfaicteur les services qu'il auroit rendus ; sans cela ses droits seront toujours imprescriptibles » (*Considérations sur les mœurs de ce siècle* (1751 puis 1764), éd. C. Dornier, ch. XVI, Paris, Champion-Classiques, 2005, p. 228). Il y aura d'autres rencontres avec les *Considérations* au fil de l'annotation. Duclos et Rousseau s'apprécièrent longtemps (voir le n° 2 de l'« Histoire du précédent écrit » dans le « Glossaire ») ; le premier envoya au second, en décembre 1764, la seconde édition des *Considérations*, en lui demandant de la comparer à la première : « comme l'ouvrage est assés diferent de ce qu'il etoit, vous me ferez plaisir de m'en dire votre avis. » (*CC*. n° 3739).

173 « Je vieillis ainsi seul parmi tous ces forcenés. » (Note *)

On trouve un écho à cette phrase dans une lettre de l'été 1771 à Mme Boy de La Tour : « je me vois mourir par dégrés dans tout ce qui donne un prix à la vie, et destiné, si je vis longtems encore à ne rester sur la terre que pour m'y pleurer tout vivant. » (*CC*. 6875, juillet 1771).

174 « L'affectation de le tympaniser. »

TYMPANISER. « Décrier hautement et publiquement quelqu'un, déclamer contre lui. *Il l'a tympanisé par tout. Il a eu peur que l'Avocat de sa partie ne le tympanisât. Quel plaisir prenez-vous à vous faire tympaniser en plein Palais, à l'Audience ?* » *Acad.*

175 « En retournant votre question. »

Ce procédé dialectique de la « rétorsion », consistant à employer « contre son adversaire, des raisons, des argumens, des preuves dont il s'est servi » (même définition dans *Acad.* et *Trévoux*), est une des techniques favorites de « Rousseau » dans ce premier entretien, on l'a déjà observé plusieurs fois. C'est également une ressource constante de la logique argumentative de l'auteur, particulièrement dans la controverse sur le *Discours de Dijon* : « ceci peut montrer combien il me seroit aisé de retourner en ma faveur la plûpart des choses qu'on prétend m'opposer ; mais à parler franchement, je ne les trouve pas assez bien prouvées pour avoir le courage de m'en prévaloir. » (*Dernière réponse*, *OC*. III, Pléiade, p. 80). Pour une analyse de ce mode de réfutation à propos de la question de l'aumône, voir Michael O'Dea, « L'image de Socrate dans les *Dialogues* », *EJJR* n° 17, 2007-2009, p. 93-102.

176 « Mieux manifester son ingratitude. »

Selon Hobbes, l'ingratitude détruit le lien social : « La troisième loi de nature est qu'on ne permette point que celui qui, s'assurant de notre reconnoissance a commencé le premier à nous bien faire, reçoive de l'incommodité de sa franchise, et qu'on n'accepte un bienfait qu'avec une disposition intérieure de faire en sorte que le bienfaiteur n'ait jamais de juste sujet de se repentir de sa bénéficence. [...] D'où il s'ensuivroit qu'il ne se trouveroit plus de courtoisie parmi les hommes, et que toutes l'amitié et la fidélité qui les lient en seroient ôtées ; qu'ils ne se prêteroient aucune assistance [...] Ce qui étant, on demeureroit nécessairement dans l'état de guerre, qui est contre la loi fondamentale de la nature ». (*De Cive*, trad. Sorbiere [1649], *Œuvres philosophiques de Th. Hobbes*, t. I, contenant les *Élémens du Citoyen* [...], Neuchâtel, Société typographique, 1787, p. 49-50). En 1765, on lit dans l'*Encyclopédie* (t. 8) à l'article « Ingratitude », qu'« il arrive quelquefois, dit Tacite, que lorsqu'un service est au-dessus de la récompense, l'ingratitude et la haine même prennent la place de la reconnaissance et de l'amitié, *pro gratiâ rependitur odium.* Sénèque qui a épuisé ce sujet, va plus loin que Tacite ; il ajoute que de tels monstres sont capables de haïr à proportion qu'on les oblige [...]. S'il était vrai que la bienfaisance pût exciter la haine, et qu'une si belle mère fût capable de mettre au jour un enfant si difforme il ne faudrait pas s'étonner de voir des caractères difficiles à recevoir des faveurs. » (Jaucourt).

177 *« Quelle que soit l'intention de celui qui donne même par force, il reste toujours bienfaiteur. »*

Maxime contraire à toute la philosophie classique du bienfait : « car si vous rendez service dans votre propre intérêt, ce n'est plus une grâce que vous faites, c'est un trafic ; et l'on ne doit aucune reconnaissance à celui qui ne vous oblige que pour se servir lui-même. » (Ciceron, *De Finibus*, II, § XXXV). Cela dit, Rousseau avait écrit en janvier 1762, dans l'une de ses *Lettres à Malesherbes*, que le devoir de reconnaissance lui répugnait par principe : « car tout bienfait exige reconnoissance ; et je me sens le cœur ingrat par cela seul que la reconnoissance est un devoir » (*OC*. I Pléiade, p. 1132). Quoique non imprimées, ces lettres étaient connues ; Diderot s'y réfère en 1779, dans sa note sur Rousseau de l'*Essai sur les règnes de Claude et Néron* : « Ce qu'il écrit à M. de Malesherbes, il me l'a dit vingt fois : "Je me sens le cœur ingrat ; je hais les bienfaiteurs, parce que le bienfait exige de la reconnaissance, que la reconnaissance est un devoir, et que le devoir m'est insupportable". » (I[e] partie, § 66, *Œuvres complètes*, Paris, Hermann, t. 25, 1986, p. 129). Le procès de Rousseau en ingrat est un trait constant de la réception de ces *Lettres* au XIXe siècle ; il y eut tant de paraphrases de la note de Diderot que l'accusation était passée en lieu commun, comme le remarque un critique en 1851 : « Il n'est pas de si petit écrivailleur qui, en déclamant contre Rousseau, ne cite de lui ce célèbre propos : *Je me sens le cœur ingrat.* Pas un seul, peut-être, ne saurait dire dans quel endroit de ses écrits il se trouve. » (G. H. Morin, *Essai sur le caractère et la vie de J.-J. Rousseau*, Paris, Le doyen, 1851, p. 499-503). En revanche, dans ses *Lettres sur les ouvrages et le caractère de J.-J. Rousseau* (1788), Mme de Staël admettait la contradiction du devoir et du sentiment : « L'on a souvent accusé Rousseau d'être né ingrat ; mais je ne sais pas s'il est vrai que son éloignement pour les bienfaits en soit une preuve. Peut-être est-il des cœurs qui sentent trop ce qu'exige la reconnaissance, pour se soumettre à la devoir à ceux qu'ils n'aiment pas ; peut-être en est-il aussi qui trouvent plus de charme dans le sentiment, lorsqu'il naît d'un attrait invincible, d'un choix volontaire, qu'aucun devoir ne commande. » (Lettre VII, sans lieu d'édition, 1788, p. 124). Ces questions ont été débattues à fond entre Rousseau, Diderot, Mme d'Épinay et Mme d'Houdetot lors de la crise de l'Ermitage, sous l'angle des devoirs de l'amitié entre honnêtes gens – Rousseau dénonçant systématiquement les limites d'une telle problématique viciée par les jeux d'intérêts voilés inhérents à l'amitié des riches et des puissants. La correspondance de cette époque y donne pleinement accès ; je me permets de renvoyer sur ce point à mon article : « Penser aux limites : Le débat sur l'amitié entre Rousseau et Diderot dans la crise de 1757-1758 », in Franck Salaün (dir.), *Diderot et Rousseau : Un entretien à distance*, Paris, Desjonquères, 2006, p. 51-66.

178 « De meilleure qualité et par conséquent plus chères. »

Note de Boothby dans l'édition originale, p. 174 : « Voici une explication que la vérité semble exiger de moi. L'augmentation du prix des denrées, et les commencements de caducité qui paroissoient en M. Rousseau vers la fin de ses jours, faisoient craindre à sa femme qu'il ne succombât, faute d'une nourriture saine. Elle se décida alors, avec l'aveu d'une personne en qui elle avoit de la confiance, de tromper pieusement son mari, sur le prix qu'on la faisoit payer sa petite provision de bouche. Voici le fait ; et c'est ainsi que cet infortuné voyoit partout la confirmation de ses malheurs. Ses adversaires s'y sont pris bien adroitement, en poussant à bout sa sensibilité : c'étoit seulement de ce côté-là qu'ils pouvoient avoir quelque prise sur sa grande ame. »

179 « Il se montre tant plus ingrat et féroce. »

Selon A. François (art. cité, p. 65), « *tant plus* seul, pour *d'autant plus* » est ressenti comme un archaisme dès le 17e siècle. Quant aux dictionnaires, l'édition de 1762 de l'Académie ne le mentionne que dans l'expression « tant plus que moins », et Féraud s'avoue surpris qu'elle l'ait mentionné alors « que dans ses *Observations sur les Remarques de Vaugelas*, elle le rejetait ». Pour sa part, Littré, n'en cite que deux exemples tirés de de Rousseau : « si je m'en souviens quelquefois encore, c'est pour honorer tant plus la vertu » (Lettre à Zinzendorf, 20 oct. 1764), et « Je ne me suis pas moquée de vous alors ; mais je m'en moque tant plus aujourd'hui » (*NH.*, V., 10, *OC.* II, Pléiade, p. 620, lettre de Mme d'Orbe à Saint-Preux). H. Coulet observe d'ailleurs qu'il s'agit là d'un choix stylistique : « ce provincialisme de Suisse romande [...] n'est pas venu spontanément sous la plume de Rousseau. Il a d'abord écrit dans Br. : "plus que je n'aurois fait", puis dans C.P. : *d'autant plus aujourd'hui* » (*Ibid.*, p. 1721, note de la p. 620). Il a fait un choix inverse dans les manuscrits L., P. et G. de ce premier entretien en tournant la phrase autrement et en remplaçant « tant plus » par « de plus en plus » ; quant à la suite des *Dialogues* il y fait systématiquement prévaloir « d'autant plus ».

180 « Je hais J.J. nos Messieurs l'aiment. »

« Le François » est ainsi le seul, dans ce premier entretien, à dire ouvertement qu'il hait J.J. à l'inverse des « Messieurs » qui se disent ses amis et le couvrent d'apparents bienfaits, et bien sûr de « Rousseau » qui l'admire et l'aime véritablement. Cette singularité de sa position sera confirmée au IIIe entretien lorsqu'ayant rompu avec l'opinion des « Messieurs » et concédé son estime à J.J. après la lecture de ses écrits, il dit ne pas vouloir aller jusqu'à l'amitié avec lui et refuse de s'engager dans une action publique pour exiger l'ouverture d'un authentique procès. Si c'est alors au nom du réalisme et de la prudence, c'est ici au nom de l'honneur qu'il se refuse à collaborer à l'avilissement public de J.J. Il y revient en des termes analogues au début du IIIe entretien : « Vous le savez, quelque prévenu quelque irrité que je fusse contre J.J., quelque mauvaise opinion que j'eusse de son caractére et de ses mœurs, je n'ai jamais pu goûter le système de nos Messieurs ni me resoudre à pratiquer leurs maximes. J'ai toujours trouvé autant de bassesse que de fausseté dans cette maligne ostentation de bienfaisance, qui n'avoit pour but que d'en avilir l'objet. » (p. 467).

181 « Car on ne va point au bien par le mal. »

Nouvel affleurement des *Provinciales* : « quand nous ne pouvons pas empêcher l'action nous purifions au moins l'intention. » (VIIe lettre, *op. cit.*, p. 114). Mais il convient de rappeler ici les termes de la dénonciation de la calomnie dans la XIe lettre, adressée non pas au Provincial cette fois mais à la Compagnie de Jésus : « il n'y a point de direction d'intention qui puisse rectifier la calomnie, et quand il s'agirait de convertir toute la terre, il ne serait pas permis de noircir des personnes innocentes ; parce qu'on ne doit pas faire le moindre mal pour en faire réussir le plus grand bien. » (*Op. cit.*, p. 180).

182 « Cette association d'attentions et d'outrages. »

L'alliance de ces deux termes, qui sont antinomiques dans le langage de la sociabilité, fait oxymore. On en avait déjà rencontré une formulation approchante : « devenu l'objet de l'horreur publique il s'est vu par là celui des attentions de tout le monde » (p. 215). Selon *Trévoux*, « ATTENTION, signifie aussi soins officieux [...] qui fait qu'on se conduit dans le commerce du monde d'une manière propre à contribuer à la satisfaction des autres, et qu'on ne manque à rien de ce que la politesse ou la bienséance exige. *Il m'a donné mille preuves d'attention durant ma maladie* » ; et « OUTRAGE, insulte faite avec un excès de violence. *Les Juifs firent mille outrages à Jésus-Christ.* Celui qui reçoit l'outrage n'est qu'à plaindre, celui qui outrage à mépriser ».

183 « Abandonner ainsi les honnêtes gens à la furie d'un scélérat. »

Cette question de l'impunité d'un criminel considéré comme inamendable n'est pas une fantaisie de Rousseau : elle est abordée par Grotius : « Il paroît qu'il y a un peu d'inexactitude dans la maniére dont le philosophe Taurus traitait [la question de la punition]. Voici ce qu'il disoit au rapport d'Aulu-Gelle : *Lorsque le coupable paroît disposé de telle maniére que l'on a grand sujet d'espérer qu'il se corrigera de lui-même, ou qu'au contraire il n'y a aucun lieu d'espérer qu'il se corrige, quoi qu'on fasse* [...] *on a cru qu'il ne valoit pas la peine de punir.* Le philosophe [...] a omis le cas où l'on ôte la vie à un homme incorrigible pour empêcher qu'il ne commette d'autres crimes, ou même de plus énormes. » (H. Grotius, *Du droit de la guerre et de la paix* [trad. J. Barbeyrac], t. II, Livre II, ch. XX, Bâle, 1746, p. 63-64).

184 « Mais les auteurs mêmes des crimes ont sans doute aussi leurs raisons. »

Nouvelle réfutation par « équivoque » (nous dirions par antanaclase) : les excellentes raisons cachées qu'ont les « Messieurs » de laisser libre un tel criminel prétendu sont comparables aux raisons tout aussi secrètes qu'exécrables dont s'autorisent les criminels eux-mêmes. Au IIIe entretien, « le François » n'en aura rien oublié : « pour s'obstiner à le laisser en liberté malgré les crimes qu'on le voit continuer de commettre, il faut certainement avoir quelque autre motif que la commiseration naturelle et l'humanité, qui demanderoient même une conduite contraire. Vous m'aviez dit cela ; je le sentois. » (p. 468).

185 « On m'a promis de m'expliquer tout. »

Nouveau clin d'œil aux *Provinciales* ; l'ami janséniste de Montalte ayant réfuté le bon Père en replaçant dans leur contexte les passages d'Aristote et de saint Augustin que ses livres utilisaient pour justifier les péchés involontaires, celui-ci les quitte en s'excusant : « J'en parlerai, dit-il, à nos Pères. Ils y trouveront bien quelque réponse. Nous en avons ici de bien subtils. » (IVe lettre, *op. cit.*, p. 83).

186 « Puisqu'un homme coupable d'un crime est capable de cent. »

Cet argument *a fortiori* fera l'objet d'une réfutation en règle, une fois acquise la certitude que J.J. n'a pas été convaincu, n'ayant pas été entendu : « Je ne doute point qu'un homme coupable d'un crime ne soit capable de cent, mais ce que je sais mieux encore c'est qu'un homme accusé de cent crimes peut n'être coupable d'aucun. Entasser les accusations n'est pas convaincre et n'en sauroit dispenser. » (p. 248).

187 *« Lui ôter toute lumière certaine des choses dont il est accusé. »*

Procédure analogue celle de l'Inquisition : « Voici quelle est cette forme : on ne confronte point les accusés aux délateurs, et il n'y a point de délateur qui ne soit écouté [...] enfin l'accusé est obligé d'être lui-même son propre délateur, de deviner, et d'avouer le délit qu'on lui suppose et que souvent il ignore. » *Encyclopédie*, art. « Inquisition » (Jaucourt).

188 *« Leur déclaration publique trop scandaleuse. »*

« SCANDALE. Signifie plus ordinairement, occasion de chute que l'on donne par quelque mauvaise action, par quelque méchant discours. *Grand scandale. Horrible scandale. Scandale public. Il faut craindre le scandale.* [...] On appeloit autrefois, en termes de Pratique, *un amené sans scandale*, un ordre du Juge pour faire amener quelqu'un devant lui secrètement, et sans éclat. Mais cette sorte de procédure est supprimée et défendue. » (*Acad.*). À Genève, c'est en tant que « téméraires, scandaleux, impies, tendant à détruire la Religion Chrétienne et tous Gouvernemens » que l'*Émile* et le *Contrat social* furent condamnés à être « lacérés et brûlés par l'Exécuteur de la Haute Justice devant la porte de l'Hôtel de ville. » (*CC*. A267, t. 11, p. 301).

189 *« Or voulez-vous qu'on le punisse sans le convaincre ? »*

« On dit, *Convaincre un accusé de quelque crime*, c'est-à-dire, prouver par des preuves juridiques et suffisantes à un homme prévenu d'un crime, qu'il a fait le crime dont on l'accuse. » (*Acad.*). Dans la suite, la nécessité d'un jugement dans les formes à l'égard de J.J. va faire l'objet d'un argumentaire serré de la part de « Rousseau ». Il convient ici de remarquer que l'évitement des formes pouvait dans certains cas être jugé préférable, comme en témoigne L.-S. Mercier à propos de l'utilité des mouchards, puisque grâce à « cette inquisition » en quelque sorte omniprésente dans la rue, « la police découvre, dans certaines âmes, des inclinations dangereuses, qui les meneroient promptement aux forfaits. Tel caractère tourne déjà au crime ; *il est temps de le séquestrer de la société ; et quoique ce soit un jugement très délicat à porter, il est impossible néanmoins d'abandonner le châtiment aux formes reçues dans les tribunaux ordinaires.* Ce qui manque à la police, selon moi, c'est un tribunal. Plusieurs magistrats devroient prononcer lorsqu'il s'agit de l'emprisonnement établi pour prévenir les crimes. » (*Tableau de Paris*, t. 9, ch. DCCXLIX, *op. cit.*, p. 183-184, mes italiques).

190 « Il ne voit avec plaisir que ses ennemis. »

Plus haut, « le François » s'était laissé entraîner à affirmer que J.J. écrivait « contre les ennemis de ses ennemis » ; il récidive dans ce paradoxe jusqu'à pratiquer l'adynaton, une figure d'accumulation hyperbolique proche du raisonnement par l'absurde, alimentant par conséquent le propos de son interlocuteur, qui vise précisément à établir l'absurdité des charges alléguées contre J.J.

191 « On ne doit pas disputer contre les faits. »

C'est aussi ce que rappelait le bon Père à Montalte, en lui reprochant de le railler alors qu'il ne faisait que lui rapporter un point de casuistique : « Disputez, me dit-il contre le P. Bauny. Je vous fais un récit et vous contestez contre moi. Il ne faut jamais disputer sur le fait. » (*Provinciales*, VIe lettre, *op. cit.*, p. 102). Quant à l'échange en cours entre les deux interlocuteurs des *Dialogues*, indépendamment du persiflage, puisque les « faits » en question sont contradictoires dans les termes, la maxime n'a rien d'une évidence pour un juriste du XVIIIe siècle ; ainsi Boucher d'Argis : « [La] *preuve démonstrative*, est celle qui établit le fait d'une manière si solide que l'on est certain qu'il ne peut être faux ; il n'y a que les vérités de principe qui puissent être prouvées de cette manière, car pour les vérités de fait, quelques complètes que paraissent les preuves que l'on en peut apporter, elles ne sont jamais démonstratives. » (*Encyclopédie*, art. « Preuve »). Ainsi également Servan : « Qu'est-ce qu'un fait ? une chose qui se passe hors de nous, et nous ne pouvons rien connaître qu'en nous-même : c'est un être éloigné qu'il faut voir là où il n'est pas ; et saisir avec un instrument qui ne peut le toucher : comment osons-nous l'assurer ? Voilà de ces difficultés que le peuple ne sait pas se faire, et que le philosophe ne sait pas résoudre. » (*Discours sur l'administration de la justice criminelle*, Genève, 1767, p. 54).

192 « Comptez-vous pour rien le plaisir de persifler. »

Ce verbe et le substantif correspondant caractérisent le ton de la conversation dite de « bonne compagnie » et l'esprit du libertinage mondain. La définition qu'en donne l'abbé Prévost convient assez au propos du « François » : « PERSIFLAGE. […] Art ou action de railler agréablement un sot, par des raisonnements et des figures qu'il n'entend pas, ou qu'il prend dans un autre sens : ainsi persifler quelqu'un, c'est le railler, sans qu'il s'en aperçoive. Cependant, il semble que sous ce mot on comprend aussi tout badinage d'idées et d'expressions, qui laisse du doute ou de l'embarras sur leur véritable sens. » (*Supplément à la première édition du Manuel lexique*, Paris, Didot, 1755, p. 205). Voir Elizabeth Bourguinat, *Le siècle du persiflage*, Paris, PUF, 1998.

193 « Où règne l'évidence du délit la conviction du coupable n'est-elle pas superflue ? »

Thèse évidemment contraire au principe de la présomption d'innocence : à l'article CONVICTION de son *Dictionnaire du droit et des pratiques*, Ferrière écrit que celle-ci « doit être évidente, pleine et entière, pour que celui qui est accusé de quelque crime soit condamné à la peine que la loi prononce contre le coupable de ce crime. Il est certain que quand il y a un corps de délit, l'accusé contre lequel s'élèvent quelques présomptions est censé l'avoir commis ; mais les indices n'étant envisagés par les personnes qui font usage de leur raison, que comme des possibilités, condamnera-t-on un accusé sur des possibilités ? Ne doit-on pas plutôt, sur une possibilité, présumer l'innocence que le crime ? Autrement, quelle innocence serait à l'abri si on lui faisait son procès sur des conjectures ? » (*Op. cit.*, vol. 1, p. 378).

194 « D'où naît cet épanouissement subit ? »

C'est une des rares didascalies de cet entretien : elle révèle l'attitude mélancolique de « Rousseau » jusque-ici, et le coloris « sanguin » du jeu des « Messieurs ». Dans le second entretien, « le François » lui recommandera de ne pas s'« échauffer » (p. 320).

195 « Dans les sentimens que j'avois conservé. »

À propos de l'accord du participe passé et des cas où Rousseau enfreint, comme ici, la règle d'accord avec le complément d'objet placé avant le verbe, André Wyss observe qu'il reproche à Moultou, d'avoir écrit « les notes que vous avez transcrit », « faute que tout le monde fait à Genève », alors qu'à son sens c'est « pour ainsi dire la pierre de touche des Grammairiens. » (*CC*. n° 2126, cité dans *A.W.*, p. 165).

196 « J'étois croyant. »

Rien n'est dit, en revanche, dans cet entretien, du rapport à la foi du « François », ce qui laisse supposer au lecteur qu'il pourrait partager sur ce point l'incroyance du milieu « philosophique » auquel il est lié ; ce suspens est maintenu jusque vers la fin du IIIe entretien qui le révèle croyant : « Je ne vous déguiserai point qu'au fond du cœur je suis resté croyant moi-même aussi bien que vous. Je pense là-dessus, comme J. J., que chacun est porté naturellement à croire ce qu'il desire, et que celui qui se sent digne du prix des ames justes ne peut se passer de l'espérer. » (p. 513).

197 « Un gouffre d'iniquité. »

Étranger sur la terre, abymes et gouffres de maux, d'iniquité, d'hypocrisie, : c'est la langue des *Psaumes*.

198 « J'admirois comment. »

« ADMIRER. Il se dit aussi de ce qui paraît extrême, excessif dans son genre. *J'admire la folie des hommes. Je vous admire de vouloir qu'on suive aveuglément vos avis.* » *Acad.*

199 « Pour tant de crimes atroces. »

Dans le vocabulaire juridique, « atroce » est synonyme d'« énorme ». « ATROCE. Énorme, excessif. Il ne se dit guère que des crimes, des injures, et des supplices. » *Acad.* « ATROCITÉ. Qualité de ce qui est atroce. Énormité. *Atrocitas.* » *Trévoux.* Dans l'échelle des crimes, on distingue entre crimes légers et graves, et « parmi ceux-ci on en distingue de différents degrés ; car les uns méritent une peine capitale et son appelés *crimes atroces*, comme les vols de grands chemins, les assassinats prémédités, etc. » ; parmi ceux-ci on distingue encore « ceux qu'on appelle *crimes exceptés* », à cause de leur énormité, comme « ceux de lèse-majesté, hérésie, vol de grand chemin, simonie. » (*Jousse*, t. I, p. 5. et 731).

200 « Cette évidence au moins a tellement disparu. »

Dans une lettre de janvier 1772 au lieutenant de police Sartine, Rousseau présente une analyse juridique de sa situation qui condense l'essentiel de son argumentaire sur ce plan. Voici ce qu'il y dit de l'évidence en matière de preuves : « L'évidence et les ténèbres sont incompatibles ; les preuves administrées par de malhonnêtes gens sont toujours suspectes, et celui qui, commençant par fouler aux pieds la plus inviolable loi du droit naturel et de la justice, se déclare par là déjà lâche et méchant, peut bien être encore imposteur et fourbe, comment donneroit-il à son témoignage et si l'on veut à ses preuves la force que l'équité n'accorde même à nulle évidence, de disposer de l'honneur d'un homme, plus précieux que sa vie sans l'avoir mis préalablement en état de se défendre et d'être entendu. Que celui donc qui s'obstine à me juger ainsi reste dans le stupide aveuglement qu'il aime ; son erreur est de son propre fait ; c'est lui seul qu'elle déshonore. » (15 janv. 1772, *CC.* n° 6922, § [2]). Cette lettre importante peut être consultée au n° V. 1. du « Dossier documentaire ».

201 « Les preuves qui le condannent. »

Autrement dit, ces preuves peuvent persuader mais non pas convaincre, selon la distinction qu'indique *Trévoux* : « CONVICTION. On le dit le plus souvent de l'effet qu'une preuve évidente produit dans l'esprit, c'est-à-dire de la connoissance qu'on a qu'une chose est ou n'est pas fondée sur des preuves évidentes. Ainsi, conviction et persuasion ne sont point synonymes. Ce dont on est convaincu est nécessairement vrai : on peut être persuadé d'une chose fausse. »

202 « Procès à la mémoire d'un mort. »

« L'accusé meurt *integri statûs*, c'est-à-dire, sans flétrissure, lorsqu'il meurt avant le jugement de son procès, nonobstant que les informations fussent achevées et qu'elles fussent concluantes contre lui ; nonobstant même qu'il fût déja condamné par les premiers Juges, pourvu que l'appel n'ait point encore été confirmé par des Juges souverains, si ce n'est que l'accusation ait pour objet un crime de lèse-Majesté. » *Encyclopédie*, art. « Accusé » (Boucher d'Argis). Dans ce dernier cas en effet, il en va tout autrement, puisque « ce crime se poursuit après la mort du coupable ; et l'on condamne son cadavre ou sa mémoire ». (*Jousse*, t. III, p. 702). En effet, dans le cas de crimes extrêmement graves comme le crime de lèse-Majesté divine ou humaine, de duel, de parricide, etc., « le crime, écrit F. Richer, survit au criminel, et l'on peut faire des poursuites contre le cadavre ou la mémoire d'un homme prévenu d'un de ces crimes. Si le crime se trouve prouvé, l'effet de la condamnation qu'on prononce remonte au jour où il a été commis : mais toujours faut-il une condamnation. [...] Il faut avoir recours aux voïes juridiques pour constater le crime, le rendre vraiment notoire, et le punir, surtout quand il est question d'une peine aussi grave que celles qui emportent la mort civile. » (*Richer*, partie II, ch. II, p. 50).

203 « On a tort de changer cette présomption en certitude pour le condanner. »

Cette distinction se décline ainsi dans le *Ferrière* à l'article « PRÉSOMPTIONS en matière criminelle » : « Elle peuvent bien, quand elles sont fortes, servir à faire condamner l'accusé, mais à une moindre peine. Celui, par exemple, qui dans le cas d'une preuve complète devrait être condamné à mort, ne sera condamné qu'aux galères ou au fouet ; car quand il s'agit de la vie d'un homme, il faut que la condamnation qui la lui fait perdre soit fondée sur une preuve certaine qu'il est coupable du crime dont il s'agit : or les présomptions sont des signes équivoques, qui sont toujours accompagnés de doutes et d'obscurité. » (*Op. cit.*, vol. 2, p. 358).

204 « Quand on vient jusqu'à refuser d'entendre l'accusé vivant et présent. »

« En Droit, L'ACCUSÉ est celui qu'on poursuit en Justice pour la réparation d'un crime qu'on lui impute. Il est de l'essence de la procédure criminelle, qu'il soit entendu avant que d'être jugé, si ce n'est qu'il soit contumax ou refuse de répondre ; auxquels cas, après l'avoir sommé de se représenter ou de répondre, on passe outre au jugement du procès. Il doit répondre présent et en personne, et non pas par Procureur, si ce n'est qu'il ne sût pas le Français, auquel cas on lui adjoindrait un Interprète qui expliquerait ses réponses au Juge. » (*Encyclopédie*, art. « Accusé »). Ceci pour les formes. – Quant à la réalité des pratiques judiciaires, voici comment la résume Voltaire : « Un homme est-il accusé d'un crime, vous l'enfermez d'abord dans un cachot affreux ; vous ne lui permettez communication avec personne : vous le chargez de fers, comme si vous l'aviez déjà jugé coupable. Les témoins qui déposent contre lui sont entendus secrètement. il ne les voit qu'au moment de la confrontation ; avant d'entendre leur déposition, il doit alléguer les moyens de reproches qu'il a contre eux : il faut les circonstancier : il faut qu'il nomme au même instant, toutes les personnes qui peuvent appuyer ces moyens : il n'est plus admis aux reproches après la lecture des dépositions. S'il montre aux témoins, ou qu'ils ont exagéré les faits, ou qu'ils en omis d'autres, ou qu'ils se sont trompés sur des détails, la crainte du supplice les fera persister dans leur parjure. Si des circonstances que l'accusé aura énoncées dans son interrogatoire sont rapportées différemment par les témoins, c'en sera assez à des juges, ou ignorants ou prévenus, pour condamner un innocent. » *Commentaire sur le livre des délits et des peines*, § XXIII.

205 *« Ce grand principe base et sceau de toute justice. »*

Prost du Royer renvoie ici au droit romain. « Avant d'admettre l'accusation, les Romains examinaient la qualité et la réputation de l'accusateur et des témoins, la possibilité, la vraisemblance et les détails des faits circonstanciés : *causa scilicet cognita*. L'accusation est une voie extraordinaire et violente qui compromet l'honneur, le repos, la fortune et quelquefois la vie d'un homme [...]. Donc il faut que le juge avant d'inscrire l'accusation puisse examiner l'accusateur, l'accusé, les témoins, les faits exposés. » (*Op. cit.*, t. 2, art. « Accusation », p. 243).

206 *« Encore ne puniroit-on point le coupable sans l'avoir préalablement entendu. »*

Ferrière argumente dans le même sens à l'article PREUVE : « le juge qui a vu commettre un crime ne peut condamner le criminel sur la propre certitude qu'il en a ; il faut qu'il y ait un accusateur, qu'il entende des témoins, et qu'il garde les mêmes formalités que si ce crime ne lui était pas notoire. La raison est que ce crime ne lui est connu qu'en qualité de témoin qui l'a vu commettre, et non en qualité de juge. » (Vol. 2, *op. cit.*, p. 377). Dans la Ve des *Lettres écrites de la Montagne*, le même cas d'école que celui évoqué ici par « Rousseau » répond à l'argumentation de J.-R. Tronchin arguant, pour justifier le décret contre Rousseau et ses livres sans l'avoir entendu, que ces mesures n'exigent pas de preuves autres que la notorité du fait (*Lettres de la campagne*, Genève, 1764, p. 19-20). « Vainement diroit-on avec l'auteur des *Lettres*, rétorque Rousseau, que le délit est évident, qu'il est dans le livre même ; cela ne dispense point de suivre la forme judiciaire qu'on suit dans les plus grands crimes, dans les plus avérés, dans les mieux prouvés. Car quand toute la ville auroit vu, etc. » (*OC*. III, *op. cit.*, p. 793).

207 « Et sur la seule notoriété du fait. »

Contrairement au principe de la présomption d'innocence que va défendre « Rousseau » un peu plus loin, et que les *Lettres de la montagne* présentent ainsi : pointant dans la procédure genevoise (dont le cadre général est l'ordonnance française de 1670), qu'« il n'y a que le seul cas du flagrant délit ou du crime notoire, où l'on puisse appeler criminel un accusé avant que son procès lui soit fait », Rousseau observe « que si l'on s'obstine à vouloir qu'*accusé* et *criminel* soient synonymes, il faudra, par ce même langage, qu'*innocent* et *criminel* le soient aussi. » Huitième Lettre, *op. cit.*, p. 865.

208 « Quand on l'auroit roué sans tous ces interrogatoires d'usage. »

Selon l'ordonnance de 1670 qui encadre la procédure criminelle en France : « Les prisonniers pour crime doivent être interrogés incessamment, et les interrogatoires commencés au plus tard dans les 24 heures après leur emprisonnement, à peine de tous dépens, dommages et intérêts contre le juge qui doit faire l'interrogatoire ; et faute par lui d'y satisfaire, il doit y être procédé par un autre officier suivant l'ordre du tableau. [...] De quelque qualité et condition que soit l'accusé, il doit répondre par sa bouche sans le ministère d'aucun conseil, lequel ne peut leur être donné, même après la confrontation, nonobstant tous usages contraires [sauf pour le crimes d'ordre bancaire ou financier] et autres crimes où il s'agit de l'état des personnes, à l'égard desquels les juges peuvent ordonner si la matière le requiert, que les accusés après l'interrogatoire communiqueront avec leur conseil ou leur commis. » *Encyclopédie*, art. « Interrogatoire » (Boucher d'Argis). – La procédure française exclut donc l'aide d'un avocat en matière criminelle (c'est le contraire à Genève depuis 1730), ce que les Lumières contestent en se référant au Droit romain et à la justice anglaise : « Quoi ! votre loi permet qu'un concussionnaire, un banqueroutier frauduleux ait recours au ministère d'un avocat ; et très souvent un homme d'honneur est privé de ce secours ! S'il peut se trouver une seule occasion où un innocent serait justifié par le ministère d'un avocat, n'est-il pas clair que la loi qui l'en prive est injuste ? » (Voltaire, *Commentaire sur le livre des délits et des peines*, § XXIII).

209 « En seroit-on moins assuré d'avoir puni justement un assassin ? »

Raisonnement proche de celui que dénonce Prost du Royer à l'article ASSASSIN, ASSASSINAT, en observant qu'est presque passée en « maxime, la pensée de quelques criminalistes, que plus le crime est atroce, moins le juge doit se montrer difficile dans le choix des preuves qui servent à l'établir. On ne peut lire sans effroi dans Jousse, parlant de l'assassinat : "il n'est pas nécessaire, dans cette espèce de crimes, d'avoir des témoins *de visu* pour pouvoir condamner l'accusé ; la preuve conjecturale y est aussi admise, et lorsque les présomptions sont violentes, elles suffisent pour faire condamner l'accusé à la question, ou à une autre peine capitale" (*Jousse*, tom. 3, p. 253). Si les tribunaux adoptaient une façon de penser aussi barbare, quel citoyen honnête et vertueux pourrait se promettre de ne pas périr victime d'une condamnation injuste ? » (*Dictionnaire de jurisprudence*, t. VII, 1788, art. 11, p. 227).

210 « La honte et l'opprobre de l'humanité. »

« Votre ignominie sera découverte, votre opprobre paraîtra à tout le monde. » *Isaïe*, ch. XLVII, 3. Trad. Lemaistre de Sacy, *op. cit.*, p. 934.

211 « Le droit de faire grâce suppose celui de punir et par conséquent la préalable conviction du coupable. »

En France, le droit de grâce appartient au roi : « GRÂCE se dit aussi du pardon que le Prince accorde de son autorité souveraine à un criminel, en lui remettant la peine que méritoit son crime. [...] En ce sens, *Grâce* est opposé à Justice. » (*Acad.*). On distingue en outre entre « grâce et "abolition" : "abolition", en terme de Chancellerie, est l'indulgence du Prince par laquelle il éteint entièrement un crime, qui selon les règles ordinaires de la Justice, et suivant la rigueur des Ordonnances était irrémissible ; en quoi *abolition* diffère de *grâce* ; cette dernière étant au contraire le pardon d'un crime qui de sa nature et par ses circonstances est digne de rémission : aussi les Lettres d'abolition laissent-elles quelque note infamante ; ce que ne font point les Lettres de grâce. » *Encyclopédie*, art. « Abolition » (Toussaint). Les juristes de la fin du siècle revendiquent l'attribution de ce droit aux juges : « Lorsqu'il y a lieu de faire grâce [nous] ne pouvons que renvoyer au monarque, seul maître de l'accorder. Mais [le peuple romain] magistrat, législateur, souverain, ne connaissait de lois irréfragables que celles du droit naturel, et laissait à ses juges le droit de faire grâce, comme de condamner ou d'absoudre. » (*Prost du Royer*, t. I, art. « Accusation », p. 215). À Genève, le droit de grâce appartient au Conseil des Deux-cents : cependant, Rousseau lui reproche dans la VIIe des *Lettres de la Montagne* le peu d'usage qu'il en fait. (*OC* III, *op. cit.*, p. 833).

212 « Afin que la raison seule et la justice rompe. »

Accord au singulier dans le cas de sujets coordonnés « approchans » d'un point de vue sémantique (Vaugelas).

213 « Arranger ses machines. »

« Se dit aussi figurément d'une invention, d'une intrigue, d'une ruse, d'une adresse d'esprit dont on se sert dans quelque affaire. *Voyez quelle machine il a fait jouer dans cette affaire. Il a remué toutes sortes de machines pour parvenir à ses fins.* » Acad.

214 *« Concerter ses moyens et ses preuves. »*

« CONCERTER signifie aussi figur. Conferer ensemble, pour exécuter un dessein, et pour convenir des moyens de faire réussir, une intrigue, une affaire. » *Acad.*

215 *« Les exposer à l'examen et aux réponses de l'accusé. »*

« L'usage le plus ordinaire de la *confrontation* est, en matière criminelle, pour représenter à l'accusé les témoins qui ont déposé contre lui, afin qu'ils le reconnaissent, et qu'ils déclarent si c'est de lui qu'ils ont entendu parler dans leur déposition ; que l'accusé puisse fournir contre eux ses reproches, s'il en a, et les témoins y répondre [...] L'ordonnance de 1670 contient un titre exprès des récolements et confrontations, qui est le quinzième : il est dit que si l'accusation mérite d'être instruite, le juge ordonnera que les témoins seront récolés en leurs dépositions, et si besoin est, confrontés à l'accusé ; l'ordonnance dit *si besoin est*, parce que si les témoins se rétractaient au récolement, et qu'il n'y eût plus de charges contre l'accusé, il serait inutile de lui confronter les témoins. » (*Encyclopédie*, Boucher d'Argis). – Telles sont les formes ; quant à ce qui se pratique, voici comment Voltaire résume l'opinion éclairée : « L'usage semble en ce point contraire à la loi qui est équivoque ; il y a toujours confrontation, mais le juge ne confronte pas toujours tous les témoins ; il omet souvent ceux qui ne lui semblent pas faire une charge considérable : cependant tel témoin qui n'a rien dit contre l'accusé dans l'information, peut déposer en sa faveur à la confrontation. Le témoin peut avoir oublié des circonstances favorables au prévenu ; le juge peut même n'avoir pas senti d'abord la valeur de ces circonstances, et ne les avoir pas rédigées. Il est donc très important que l'on confronte tous les témoins avec le prévenu, et qu'en ce point la confrontation ne soit pas arbitraire. » Quant à la pratique du récolement : « les déposants sont pour l'ordinaire des gens de la lie du peuple, et à qui le juge, enfermé avec eux, peut faire dire tout ce qu'il voudra. Ces témoins sont entendus une seconde fois, toujours en secret, ce qui s'appelle *récolement.* Et si après ce récolement ils se rétractent dans leurs dépositions, ou s'ils les changent dans des circonstances essentielles, ils sont punis comme faux témoins. De sorte qu'un homme d'un esprit simple, et ne sachant pas s'exprimer, mais ayant le cœur droit et se souvenant qu'il en a dit trop ou trop peu, qu'il a mal entendu un juge ou que le juge l'a mal entendu, révoque ce qu'il a dit, par un principe de justice, il est puni comme un scélérat, et il est forcé souvent de soutenir un faux témoignage par la seule crainte d'être traité en faux témoin. » (*Commentaire sur le livre des délits et des peines*, § 23).

216 *« Ceux que l'accusateur controuve. »*

« CONTROUVER. Inventer une fausseté pour nuire à quelqu'un. *C'est un fait qu'on a controuvé pour le perdre.* » *Acad.*

217 *« Un juge [...] animé d'un désir secret de trouver l'accusé coupable. »*

Cette supposition n'est pas une hypothèse d'école : « [À Rome], les juges n'ayant qu'une année d'exercice [...] ils n'avaient pas le temps de contracter [l'] habitude de vivre, pour ainsi dire, dans le crime ; [...] habitude qui fait un métier du droit de juger, une routine de l'instruction, et un jeu de la condamnation ; habitude qui fait quelquefois du magistrat un agresseur vif et rusé, plutôt qu'un juge patient et humain ; qui met de la vanité à découvrir les choses les plus cachées, et à surprendre les accusés par toutes sortes de moyens, comme s'ils étaient des ennemis ; habitude enfin qui attache une étrange gloire à avoir beaucoup d'occupations, à rendre les supplices éclatants et nombreux, comme si au milieu des échafauds et des bûchers le crime ne renaissait pas de ses cendres ! » (*Prost du Royer*, t. 2, art. « Accusation », p. 213). Rousseau part du même exemple dans les *Considérations sur le gouvernement de Pologne*, pour critiquer ce qu'il appelle « l'esprit d'état » en ce domaine : « La fonction de juge, tant dans les tribunaux suprêmes que dans les justices terrestres doit être un état passager d'épreuves sur lequel la nation puisse apprécier le mérite et la probité d'un Citoyen, pour l'élever ensuite aux postes plus éminens dont il est trouvé capable. Cette maniere de s'envisager eux-mêmes ne peut que rendre les juges très attentifs à se mettre à l'abri de tout reproche, et leur donner généralement toute l'attention et toute l'intégrité que leur place éxige. C'est ainsi que dans les beaux tems de Rome on passoit par la Préture pour arriver au Consulat. » (*OC*. III Pléiade, p. 1000).

218 *« À travers tant de trames. »*

Jusqu'ici, le vocabulaire de la *trame* (comme celui du *complot*) désignait les activités criminelles de J.J. Désormais, il va s'appliquer à celles des « Messieurs » au fil de l'enquête du personnage « Rousseau » sur la possibilité de l'existence d'un complot ou d'une ligue contre sa personne. Ce vocabulaire est associé dans le texte à la constellation sémantique des verbes *lier*, *enlacer*, *serrer enserrer*, *enchaîner* et aux substantifs correspondants (dont « fils », « filets », « tissu », « lacs », « machines ») qui ouvre sur le thème du *piège* et de l'*embûche*, voire celui de *l'enterré vif*. À la différence des thèmes du complot et de la ligue qui se rattachent surtout au discours idéologico-politique contemporain, cette nébuleuse lexicale obsédante a de profondes racines littéraires au sein d'un répertoire encore très actif dans la culture de l'époque : celui de la Bible et de la tragédie classique. (Voir à ce propos A. Wyss, *J.-J. Roussseau, L'accent de l'écriture*, ch. IV, Neuchâtel, La Baconnière, 1988, p. 219-223). Pour une approche du vocabulaire de la *ligue* et du *complot*, on peut se reporter aux notes 274 et 278 du présent dialogue.

219 *« La premiére et la plus sainte des lois sociales. »*

« Partout où l'innocence n'est pas en sûreté, rien n'y peut-être : partout où les lois sont violées impunément, il n'y a plus de liberté », écrivait Rousseau à l'ouverture de la septième des *Lettres de la Montagne*. *Cf.* Hobbes : « Un mauvais traitement infligé de par l'autorité publique, mais sans qu'il y ait eu antérieurement une condamnation officielle, ne doit pas recevoir le nom de châtiment, mais celui d'acte hostile, car l'action pour laquelle on est châtié doit d'abord avoir été jugée, de par l'autorité publique, constituer une transgression de la loi. » ; « Tout châtiment de sujets innocents, qu'il soit lourd ou léger, est contraire à la loi de nature. [...] aucun bien ne peut arriver à la République du fait du châtiment de l'innocent. C'est une violation [...]. étant donné, en effet, que tout pouvoir souverain est accordé à l'origine par le consentement de chacun des sujets, afin qu'ils soient par là protégés aussi longtemps qu'ils obéiront, le châtiment de l'innocent revient à rendre le mal pour le bien. » *Léviathan*, II, ch. XVIII (trad. F. Tricaud,) Paris, Sirey, 1971, p. 333 et 338.

220 *« Vous demandez néanmoins quel inconvénient il y auroit, quand le crime est évident, à rouer l'accusé sans l'entendre ? »*

Dans le monde de la fiction d'Ancien Régime, il est un juge qui devra essuyer d'être condamné sans être entendu : c'est celui du *Président mystifié* du marquis de Sade. Apprenant par d'Olincourt qu'une plainte a été déposée contre lui au Parlement et qu'il se trouve en passe d'être décrété, il proteste : « – Eh quoi, sans m'entendre, dit le président effrayé. – Est-ce la règle, répond d'Olincourt, permet-on des moyens de défense à celui que la loi décrète, et l'un de vos respectables usages n'est-il pas de le flétrir avant que de l'écouter. On n'emploie avec vous que les armes dont vous vous êtes servi contre les autres ; après avoir exercé l'injustice trente ans, n'est-il pas raisonnable que vous en deveniez une fois victime dans votre vie ? » (*Le Président mystifié* [1787], *OC*. II, Paris J.-J. Pauvert [1986-1991], p. 140). Il est certain que le marquis avait déduit de son expérience personnelle de la justice criminelle des préoccupations fort proches de celles qui sont celles de Rousseau à l'époque où il écrit les *Dialogues* : « vous savez mieux que moi, écrivait-il au Lieutenant de police Lenoir depuis Vincennes où il était enfermé depuis 1778, qu'il est contre nos lois, et même, j'ose le dire, contre l'autorité du Monarque, de punir un de ses sujets sans l'entendre. » (20 février 1781, dans J.-B. Jeangène Vilmer, *Sade moraliste*, Genève, Droz, 2005, p. 430).

221 *« Mis à mort avec la plus grande confiance pour des crimes qu'ils n'avoient point commis. »*

Interpellation sur l'erreur judiciaire et la peine de mort récurrente chez les penseurs et les juristes des Lumières : « Ayons le courage, écrit Michel Servan, de nous rappeler le souvenir de ces lamentables histoires consignées dans toutes les archives de la magistrature ; de ces fatales erreurs qui ont fait périr l'innocence sous les apparences du crime. [...] Pleurons sur les cendres de ces infortunés ; écoutons surtout la voix salutaire qui s'élève du fond de leur tombeau, elle crie à tout magistrat : toi qui disposes quelquefois de la vie des hommes [...] toi qui juges tes semblables, fais-toi réciter mon histoire et tremble de ce que tu vas faire, ne t'assure ni sur ton expérience, ni sur les preuves, cette confiance a égaré tes prédécesseurs [...]. Mesure ta raison avant que de mesurer tout par elle, sens ta faiblesse et juge après si tu l'oses. Après ces terribles exemples de l'innocence condamnée, ose dire à ce malheureux accusé : *cela est, c'est toi qui l'as fait et tu mourras.* » (J.M.A. Servan, *Discours sur l'administration de la justice criminelle, op. cité.*, p. 61-63).

222 *« Votre supposition est contradictoire et impossible »* (C. et P.) / *« Est contradictoire dans les termes* (L. et G.). »

L. et G. font ici apparaître une catégorie logique : « contradictoire dans les termes », là où C. et P. s'en tiennent à une formulation sans technicité : « contradictoire et impossible ».

223 *« Évidence ou notoriété. »*

« Évidence d'une chose de fait généralement reconnue. *Cela est de toute notoriété. On l'a arrêté prisonnier sur la notoriété du fait. Cela est de notoriété publique.* » *Acad.* Cette notoriété ne vaut pas preuve : « il faut avoir recours aux voïes juridiques, écrit à ce propos F. Richer, pour constater le crime, le rendre vraiment notoire, et le punir [...]. S'il en étoit autrement, la notoriété publique suffiroit donc pour enlever à un homme son état : mais on sçait trop combien cette notoriété est un témoignage suspect et équivoque. [...] En un mot, ce n'est point au public que l'instruction des crimes est confiée. » (*Richer*, Partie II, ch. II, p. 50-51).

224 *« Si sur une prétendue notoriété on se fut pressé d'expédier cet homme sans daigner l'écouter. »*

Prost du Royer illustre précisément ce cas à l'article ALIBI (t. IV, § 16) : « L'ordonnance de 1670 achève de compromettre l'innocence par la terrible combinaison du *titre 28 des faits justificatifs* : d'abord en ce que, par l'*art. I.*, il est *défendu d'ordonner la preuve d'*AUCUNS *faits justificatifs, ni d'entendre* *aucun témoin pour y parvenir, qu'après la visite du procès.* Ainsi, l'accusé ignorant ou faible, pourrait être déclaré non-recevable, pour avoir manqué l'instant d'articuler son *alibi*, et d'en demander la preuve ; cette précision fatale n'aurait d'autre but que de le perdre : on se garderait bien d'instruire sur ce fait *pressant, décisif, péremptoire* ; on s'occuperait seulement d'assembler sur sa tête toutes les preuves de l'accusation, tous ces indices et ces adminicules qui ont fait condamner si souvent l'innocence ; il a beau dire : "Si je démontre que j'étais à Rome le jour où le crime a été commis à Paris, cette preuve lumineuse éclairera bien mieux la justice, que les ténèbres dont on m'environne" [...] on ne doit pas l'entendre ; on ne doit examiner s'il se peut justifier qu'après que dans la *visite du procès* on a décidé s'il peut être innocent. La procédure doit se compléter. Elle peut durer plusieurs mois, plusieurs années. Dans cet intervalle il peut mourir de désespoir ou de langueur ; sa tête peut se perdre ; la preuve peut dépérir par la mort ou la dispersion des témoins : tout innocent qu'il peut être, la loi affaiblit sa justification et quelquefois la rend impossible. » (Italiques et majuscules siennes).

225 *« Les procédures, toujours ignorées du public, restent, ainsi que l'erreur ou l'iniquité des juges dans un secret éternel. »*

De ce secret de l'accusation et de l'instruction, voici un témoignage contemporain autorisé : « Le titre de l'accusation étant aussi aisé à aggraver que les formes à remplir, on peut sans obstacle donner plainte contre qui et de tel fait qu'on voudra. Avec une feuille de papier écrite dans les ténébres, on va désoler un citoyen, ruiner une famille, [...] compromettre le repos public et la justice elle-même ; car telle est la marche de notre procédure que la plainte une fois donnée, on ne peut plus reculer, et que tout doit marcher dans le secret le plus profond. De là nécessairement, plus d'un citoyen dort tranquille, sans savoir qu'il existe contre lui une accusation dans quelque greffe. On a vu, il y a quelques années, un ambassadeur l'ignorer pendant trois mois, et dans la fameuse affaire de l'abbé G... contre le comte de B..., l'abbé ne sut que par hasard qu'il était accusé. » (*Prost-du Royer*, t. 2, art. « Accusation », p. 242).

226 *« La messe de la pie que j'entends sonner à St-Eustache. »*

« Messe de la pie, messe qu'on disait en souvenir de la condamnation portée contre la servante innocente du vol commis par une pie, à Palaiseau. » (*Littré*). Selon une édition ancienne des *Dialogues*, « ce n'était point à Saint-Eustache, mais à l'église du Saint-Esprit, située près de l'Hôtel de ville, et détruite depuis, qu'on disait tous les jours à une heure la *messe de la pie.* » (*Œuvres complètes de J.J. Rousseau, Dialogues*, t. I, Paris, Baudoin frères et Henri Féret, 1825, p. 125).

227 *« Le trouver coupable à tout prix. »*

« L'ordonnance criminelle, en plusieurs points, semble n'avoir été dirigée qu'à la perte des accusés. C'est la seule loi qui soit uniforme dans tout le royaume ; ne devrait-elle pas aussi favorable à l'innocent que terrible au coupable ? » (Voltaire, *Commentaire sur le livre des délits et des peines*, § 23 – « De la Procédure criminelle, et de quelques autres formes »). C'est un thème récurrent chez les juristes des Lumières : « Aura-t-on recours aux indices, aux présomptions, aux adminicules ? Mais combien d'innocents ces prétendus moyens de découvrir et de convaincre des criminels n'ont-ils pas conduits sur l'échafaud. On ne saurait trop souvent rappeler à la mémoire des juges les Lebrun, les Langlade, les Monbailly, etc. Ces infortunés, et un grand nombre d'autres, ont trouvé une mort ignominieuse dans les prétendus calculs de probabilités, dans les présomptions, les indices, les adminicules. [...] Toutes les fois, avons-nous dit après Cujas, que la vérité ne paraît pas pleine, c'est le mensonge. » (*Prost du Royer*, t. VII, art. « Aspect », § 3, p. 168).

228 *« Grandier, Calas, Langlade. »*

Le curé de Loudun, Urbain Grandier (1590-1634), fut accusé de sorcellerie et brûlé vif à l'occasion des possessions diaboliques des Ursulines de sa paroisse. Rousseau se compare à lui dans sa lettre à M. de Saint-Germain du 26 février 1770 : « Je ne sais ni parler ni répondre ; je n'ai jamais su trouver qu'après coup la chose que j'avais à dire ou le mot qu'il fallait employer. Urbain Grandier, dans le même cas que moi, avait l'assurance et la facilité qui me manquent, et il périt. » (*C.C.*, n° 6673, p. 267). L'affaire de la possession de Loudun est étudiée au t. 2 de la fameuse série des *Causes célèbres et intéressantes* de F. Gayot de Pitaval (Paris, 1735, nombreuses rééditions) qui instruit à décharge, sur plus de deux cents pages, le procès de Grandier ; Pitaval avait déjà consacré un essai entier à cette affaire (Amsterdam, 1735). L'affaire Langlade (un gentilhomme condamné injustement aux galères pour vol) est évoquée au vol. 1 des *Causes célèbres*. Voltaire la mentionne fréquemment (notamment dans l'article « Certain, certitude » du *Dictionnaire philosophique*) et l'associe à l'affaire Calas dans son *Essai sur les probabilités en fait de justice* (1772).

229 *« À qui souvent on arrache à force de tourmens l'aveu des crimes qu'ils n'ont pas commis. »*

« La loi ne les a pas encore condamnés, et on leur inflige, dans l'incertitude où l'on est de leur crime, un supplice beaucoup plus affreux que la mort qu'on leur donne quand on est certain qu'ils la méritent. Quoi ! j'ignore encore si tu es coupable, et il faudra que je te tourmente pour m'éclairer ; et si tu es innocent, je n'expierai point envers toi ces mille morts que je te fais souffrir, au lieu d'une seul que je te préparais ! Chacun frissonne à cette idée. » (Voltaire, *Commentaire sur le livre des délits et des peines*, § 13). La « question préparatoire » est abolie à Genève depuis 1738.

230 *« Rouer l'accusé. »*
Ce supplice est aboli à Genève depuis 1728.

231 *« Dans l'année 1751. »*
C'est l'année de la publication et du succès foudroyant du *Discours sur les sciences et les arts*.

232 *« Vous dites que les précautions prescrittes par le bon sens et l'équité avec les hommes ordinaires sont superflues avec un pareil monstre. »*
À propos de l'analogie sous-jacente du cas de J.J. avec celui du criminel pour ainsi dire absolu qu'a représenté le régicide Damiens dans la presse et dans l'opinion de la seconde moitié du siècle, et sur l'inquiétude qu'a connue J.-J. Rousseau, lors de son séjour en Dauphiné, de se trouver accusé de complicité dans cette affaire, on peut se reporter à l'Introduction de ce volume, p. 50, ainsi qu'au « Dossier Documentaire », n° X. 3.

233 *« Vous dites [...] qu'ayant foulé aux pieds toute justice et toute humanité il est indigne qu'on s'assujettisse en sa faveur aux règles qu'elles inspirent. »*
L'argument du « François » se ramène à faire valoir la nécessité d'une juridiction d'exception pour les criminels exceptionnels ; après y avoir résisté, « Rousseau » finira par reprendre ce thème mais dans une perspective bien différente (voir le présent dialogue, p. 211). Les traités de droit criminel font état de « règles particulières » à propos du crime de lèse-Majesté « au premier chef » (qui ne se réduit pas au seul régicide mais inclut la rébellion contre l'Etat ou l'intelligence avec l'étranger). Dans ce cas, écrit Jousse : « On observe pour la punition du crime de Leze-Majesté plusieurs règles particulieres qui n'ont pas lieu dans la punition des autres crimes. » Il en énumère onze, dont celles-ci : « Il n'est pas nécessaire que les preuves du crime de Leze-majesté soient aussi complettes que pour les autres crimes. Ainsi, les témoins, même inhabiles, comme sont les infames, sont reçus à déposer. C'est pourquoi l'esclave pouvoit autrefois déposer contre son maître, et l'affranchi contre son patron, dans l'accusation de ce crime. [...] On y admet même la preuve par conjecture. [...] Lorsque l'accusation, pour raison de ce crime, n'est pas prouvée, on ne doit point prononcer l'absolution de l'accusé. [...] Les dénonciateurs qui succombent, faute de preuves, ne sont pas condamnés aux dommages et intérêts ; à moins qu'ils ne soient convaincus de calomnies bien évidentes. » (*Jousse*, t. III, titre XXVIII, article VI, p. 702-704).

234 *« Vous me forgez un monstre tel qu'il n'en exista jamais. »*

Pour un contrepoint sur l'art de persuader de la vérité de l'invraisemblable dont procède implicitement cette forgerie, voici ce qu'en écrit Gin : « Si les faits sont entièrement destitués de vraisemblance, l'orateur doit prévenir lui-même sur cette objection, qui s'élèvera infailliblement dans l'esprit du juge. [...] Peignez un caractère tellement féroce que les plus grands excès se puissent présumer ; appuyez ce portrait des preuves que la cause vous fournira ; vous parviendrez à rendre croyables les faits dont vous demandez de faire preuve, si vous démontrez que les auteurs sont eux-mêmes hors des règles communes. » (*E.B.*, p. 171-172). L'amas des « preuves » données en hors champ avant l'entretien est évidemment homogène à l'essence criminelle du caractère de J.J. reconnue à l'unanimité, prouvant sa culpabilité sans qu'il soit besoin de recourir à la confrontation réclamée par « Rousseau ».

235 *« Pour sauver l'embarras de tant de preuves, je n'en veux qu'une, mais [...] invincible et dans toutes les formes. »*

L'argument se décline ainsi chez Beccaria : « On peut distinguer deux sortes de preuves d'un crime, les preuves parfaites et les preuves imparfaites. J'appelle parfaites celles qui excluent la possibilité de l'innocence de l'accusé : imparfaites, celles qui n'excluent pas cette possibilité. Une seule preuve parfaite suffit pour autoriser la condamnation. » (*Délits*, § 7, p. 40). Il admet cependant que la réunion de plusieurs preuves imparfaites peut également l'autoriser si, prises ensemble, elles excluent son innocence, évaluation délicate conduisant à souhaiter que le juge dispose d'assesseurs pour éclairer sa décision.

236 *« De supplément à la preuve juridique. »*

« SUPPLÉMENT. Ce qu'on donne pour suppléer. » *Acad.*

237 *« Son vertueux patron. »*

Au sens de protecteur : « PATRON se dit aussi en parlant d'un Prince, d'un Ministre, d'un grand Seigneur auquel on s'attache, & sous la protection duquel on se met pour faire sa fortune, pour avoir de l'appui. *Un tel Prince est son patron. Il a un bon patron à la Cour.* » *Acad.* Dans les premiers temps de leur amitié, Hume désigne Rousseau comme son « pupil » : « My pupil an I, dear Madam, arrived safely in this place, both of us in good health. » (à Mme de Boufflers, London, 19 january 1766, *CC.*, n° 4990).

238 *« Et le reconnoissent unanimement pour être, comme disoit très bien son vertueux patron Monsieur Hume, la honte de l'espèce humaine et un monstre de méchanceté. »*

Pour un aperçu de la diffusion de l'accusation de « scélératesse » à l'égard de J.-J. Rousseau dans les milieux « philosophiques », parmi ses propres amis, puis dans l'opinion française et européenne, à partir de la crise avec Hume de juillet 1766, on peut se reporter à l'Introduction de ce volume, p. 24-25.

239 *« L'horreur et l'aversion des hommes est due au méchant. »*

Dans les cas de sujets coordonnés « synonymes et approchans », Vaugelas accepte l'accord du verbe au singulier.

240 *« Je ne m'attendois pas à cete distinction nouvelle. »*

« DISTINCTION signifie aussi l'explication de divers sens qu'une proposition peut recevoir. *Bonne, mauvaise distinction. Acad.* DISTINCTION en terme de philosophie, est une négation d'identité, qui fait que, de deux ou plusieurs choses, l'une n'est pas l'autre. » *Trévoux.* Mis en difficulté, « le François » considère comme au fond négligeables les preuves factuelles de la culpabilité de J.J., puisqu'on dispose de celles résultant de son caractère.

241 *« Pour le juger par son caractére indépendamment des faits. »*

On peut trouver dans cette réplique un abrégé de l'enjeu des deux premiers entretiens : une fois démontrée par l'absurde l'inanité des faits reprochés à J.J. (Ier entretien), l'étude du naturel de J.J. doit renverser l'*ethos* du criminel-né en celui de l'innocent foncier : l'enquête de « Rousseau » rapportée dans la première partie du second entretien aboutira ainsi à démontrer une corrélation nécessaire entre son « tempérament mixte » et son inaptitude à la méchanceté.

242 *« Qu'afin d'outrager impunément son honneur. »*

Comme souvent sur ce thème, les *Dialogues* rencontrent les *Psaumes* : « Que je ne sois point un sujet de joie et d'insulte à ceux qui m'attaquent injustement, qui me haïssent sans raison, et qui feignent par leur regard d'être mes amis. » *Psaume XXXIV* -22- (trad. Lemaistre de Sacy).

243 *« Les ames viles insensibles à la honte y sont dans leur élément. »*

« Lorsque le méchant est venu au plus profond des péchés, il méprise tout ; mais l'ignominie et l'opprobre le suivent. » *Proverbes*, ch. XVIII, 3 (*id.*).

244 *« Car une grace ainsi que tout autre don n'est légitime qu'avec le consentement au moins présumé de celui qui la reçoit. »*

Le même argument à propos d'une « grâce tacite » refusée par J.J. réapparaît au IIIe entretien, p. 489. C'est « une torture insupportable », écrit Sénèque, que d'être à contre-cœur l'obligé de quelqu'un » ; et encore : « il n'y a pas de bienfait lorsqu'il y a acceptation forcée, il n'y a pas de bienfait non plus lorsqu'il y a refus d'acceptation » ; enfin, sur le thème du vol : « c'est un honteux procédé d'usurier que de porter en compte, comme avance, un bienfait. » (*De Beneficiis*, II (xviii, 3 et xix, 2) et I, ii, 3, in Sénèque, *Entretiens, Lettres à Lucilius*, éd. P. Veyne, Paris, R. Laffont, « Bouquins », p. 433, 437, 408). Le rejet du don contraint est une constante de l'attitude de Rousseau, qui se méfie de l'aliénation qu'engendre obligatoirement le bienfait s'il n'est pas absolument désintéressé.

245 *« Voyez comme vous me ballotez. »*

« BALLOTER dans le sens figuré, est actif et s'applique aux personnes et aux choses. Dans le premier cas, balloter quelqu'un, c'est le tenir lontemps en haleine, l'amuser par de vaines promesses, le renvoyer de l'un à l'autre, sans avoir envie de l'obliger. » (*Trévoux*). *Idem* chez Richelet. Inconnu dans *Acad.*

246 *« Et vous vous servez de la connoissance de son caractére pour éluder la régulière discussion des faits. »*

C'est par l'observation quotidienne du comportement de J.J. que l'enquête de « Rousseau » rapportée dans le IIe entretien établira par induction le caractère « mixte » de son tempérament (p. 322), avant d'« écarter un moment tous les faits » pour déduire de ce tempérament « une être fictif dont nous n'aurions aucune idée » (p. 340), lequel coïncidera en tous points avec J.J. au terme de la déduction.

247 *« Un être d'imagination tel qu'en peut enfanter le delire de la fiévre. »*

« Un tel caractère tient du prodige » avait dit « le François » (p. 232). C'est au IIIe entretien qu'il y reconnaîtra une forgerie des « Messieurs » (p. 476). Pour autant, ce caractère en forme d'oxymoron n'est pas sans contexte dans le discours public à cette époque : « Le scélérat Damiens ne dément point le caractère indéfinissable qu'on lui a connu toute sa vie. [...] On ne finiroit pas si l'on vouloit rendre toutes les inconséquences, toutes les contrarietez qu'on aperçoit dans le caractère et le langage de ce monstre. [...] Plus on s'appesantit sur la définition du caractère de ce malheureux, moins on conçoit l'assemblage énorme de ses monstrueuses qualitéz » (*Gazette d'Amsterdam*, février-mars 1757, in P. Rétat, *L'attentat de Damiens*, *op. cit.*, p. 201). Quant à Rousseau il présente son propre caractère comme un tissu de contradictions, un « bisarre assemblage », dont toute son entreprise est de tenter d'en délivrer l'unité : « quel ton, quel style prendre pour débrouiller ce cahos immense de sentimens si divers, si contradictoires, souvent si vils et quelquefois si sublimes dont je fus sans cesse agité ? [...] si je tais quelque chose on ne me connoitra sur rien, tant tout se tient, tant tout est un dans mon caractére, et tant ce bisarre et singulier assemblage a besoin de toutes les circonstances de ma vie pour être bien dévoilé. » (Ébauche des *Confessions*, *OC.* I Pléiade, p. 1153).

248 « Vous changez encore ici l'état de la question. »

Autrement dit, le « François » abandonne le terrain juridique sur lequel il est en difficulté, pour argumenter sur celui des règles de civilité entre amis de longue date. – ÉTAT DE LA QUESTION : « dans toute cause, il est extrêmement important de bien poser l'état de la question ; de voir et de marquer jusqu'à quel terme l'adversaire est d'accord avec nous ; où commence la ligne de division ; ce qu'il nie, ce que nous soutenons. par cette analyse se découvre souvent un principe lumineux, qui influe sur toute l'affaire, et qui la décide. pour parvenir à ce point, il faut avoir bien étudié le fonds et toutes les circonstances. [...] M. d'Aguesseau et M. Cochin nous donnent l'exemple de l'attention à déterminer dans chaque cause l'état de la question. A la tête de tous leurs plaidoyers paraissent des sommaires qui expliquent et annoncent en très peu de mots les questions qui faisaient l'objet de la contestation [...]. M. Cochin avait une pratique singulière à cet égard [...] il réduisait quelque cause que ce soit à un unique point de controverse [...] Cette méthode simplifie les choses : elle est très lumineuse, et elle introduit dans un plaidoyer l'unité du sujet, tant recommandée en poésie. » (Crevier, *Rh. fr.*, t. I, Paris, 1767, p. 146-148).

249 « Un dénonciateur qui se cache. »

En ce sens, il est plutôt un délateur : « On est porté à croire que le *délateur* est un homme vendu ; l'*accusateur*, un homme irrité ; le *dénonciateur*, un homme indigné [...] on n'est point *délateur*, tant qu'on a dans l'âme une ombre d'élévation, d'honnêteté, de dignité. » (*Encyclopédie*, art. « Dénonciateur »). Voici l'article « Accusateur » (Toussaint) : « en Droit, est celui qui poursuit quelqu'un en Justice pour la réparation d'un crime qu'il lui impute. Chez les Romains l'accusation était publique ; et tout citoyen se pouvait porter accusateur. En France un particulier ne se peut porter accusateur qu'en tant que le crime lui a apporté personnellement du dommage. [...] Le particulier qui révèle en Justice un crime où il n'est point intéressé, n'est point accusateur, mais simple dénonciateur, attendu qu'il n'entre pour rien dans la procédure, et n'est point poursuivant concurremment avec le Procureur Général, comme l'est l'accusateur intéressé. [...] Dans le cas où l'accusé se trouverait innocent par l'événement du procès, l'accusateur privé doit être condamné à des dommages et intérêts, à l'exception d'un petit nombre de cas. »

250 « C'est en le trahissant qu'il faut punir un traitre. »

Citation tirée de *L'engagement téméraire*, acte II, sc. 3 (*OC*. II Pléiade, p. 902). Ce vers est déjà cité dans une sorte de post scriptum la lettre à Saint-Germain du 26 février 1770 : *Note oubliée dans ma Lettre à M. de Saint-Germain*, avec un argumentaire qui anticipe pour l'essentiel celui de « Rousseau » dans les deux répliques qui suivent.

251 « Ma foi, je ne vous entens point. »

Le rytme de la stichomythie dans cet échange accentue l'effet d'adynaton. D'autant que toute la charge repose sur un seul vers, promu maxime, pour l'occasion, dans le persiflage du « François ».

252 « Votre air seul en le prononçant. »

C'est la seconde didascalie glissée dans cet entretien (pour la précédente qui concerne « Rousseau », voir p. 233) : elle souligne la caractère ostensiblement citationnel des paroles du « François » en cette occurrence, autrement dit son persiflage discret à l'égard du discours qu'il relaie, et par conséquent une connivence désapprobatrice entre lui et son interlocuteur, à l'égard de pratiques et de discours qu'ils jugent mahonnêtes. Pour les didascalies du second entretien, voir p. 320 et 357.

253 « Triples murs de ténébres. »

Sur cette formule, sa source mythologique et ses enjeux, voir l'introduction du présent volume, p. 56.

254 « Tout ce tortillage. »

« Façon de s'exprimer confuse et embarrassée. *Que veut-il dire avec ce tortillage ?* » *Acad.*, 1798. « TORTILLER. Signifie figurément, chercher des détours, des subterfuges. *Cet homme ne fait que tortiller dans les affaires. Il ne faut point tant tortiller, il faut aller droit.* En ce sens il est neutre, et n'est en usage que dans le style familier. » *Acad.*

255 « Il demanda lui-même cette détention. »

Pour autant que J.J. ait affronté les mêmes épreuves que son auteur, c'est exact. À la réception de l'ordre de quitter l'île Saint-Pierre, Rousseau pria M. de Graffenried, bailli de Nidau, de transmettre cette requête aux autorités de Berne : « Le triste état où je me trouve, et la confiance que j'ai dans vos bontés me déterminent à vous supplier de vouloir bien faire agréer à leurs Excellences une proposition qui tend à me délivrer une fois pour toutes des tourmens d'une vie orageuse, et qui va mieux, ce me semble, au but de ceux qui me poursuivant que ne fera mon éloignement. [...] C'est qu'il leur plaise que je passe en prison le reste de mes jours dans quelqu'un de leurs Châteaux ou tel autre lieu dans leurs Etats qu'il leur semblera bon de choisir. J'y vivrai à mes dépends et je donnerai sûreté de n'être jamais à leur charge. Je me soumets à n'avoir ni papier ni plume, ni aucune communication au dehors, si ce n'est pour l'absolue nécessité et par le canal de ceux qui seront chargés de moi. Seulement qu'on me laisse avec quelques livres la liberté de me promener dans le jardin et je suis content. » (Lettre du 20 octobre 1765, de l'Isle St. Pierre, *CC.* n° 4740, t. 27, p. 147-148). Cette issue trouvée dans l'enfermement reflète sans doute en partie une identification au sort de son compatriote Micheli Du Crest, fameux opposant genevois détenu depuis 1748 par les autorités bernoises et qu'il évoque ainsi au livre XII des *Confessions* : « Je jettois un œil d'envie sur l'heureux Micheli Du Cret qui tanquille au Château d'Arberg n'avoit eu qu'à vouloir être heureux pour l'être. » (*OC.* I Pléiade, p. 646). Pour autant, cela répond aussi chez lui à un vieux rêve qui s'exprime ainsi dans sa première lettre à M. de Malesherbes, en janvier 1762 : « La vie active n'a rien qui me tente, je consentirois cent fois plutot à ne jamais rien faire qu'à faire quelque chose malgré moi ; et j'ai cent fois pensé que je n'aurois pas vécu trop malheureux à la Bastille, n'y etant tenu à rien du tout qu'à rester là. » (*OC.* I Pléiade, p. 1132). Jacques Berchtold a montré dans son livre *Les prisons du roman : XVIIe-XVIIe siècle* (Genève, Droz, 2000), que « le désir claustrophile » (p. 33) s'inscrit lui-même dans une longue tradition littéraire et philosophique de méditation de l'enfermement. Voir également le chapitre intitulé « La réclusion à perpétuité » dans *J.-J. Rousseau, la transparence et l'obstacle*, de Jean Starobinski.

256 *« Privé d'une pierre pour y poser la tête. »*

« Un scribe s'approcha, et lui dit : Maître, je te suivrai partout où tu iras. Jésus lui répondit : Les renards ont leur tanière, et les oiseaux du ciel ont des nids ; mais le Fils de l'homme n'a pas où reposer sa tête. » (*Matthieu*, ch. VIII, v. 19-20, *op. cit.*, p. 1276). L'identification de l'exilé au Christ (couplée à celle du châtiment romain) remonte aux *Lettres de la Montagne* : « Il ne tint pas à eux qu'on ne m'ôtât le feu et l'eau dans l'Europe entière, qu'il ne me restât pas une terre pour lit, pas une pierre pour chevet. » (*OC.* III Pléiade, p. 764).

257 *« À force de douceur et de patience. »*

Peut-être Rousseau se souvient-il ici de l'effet constamment produit par Mme Guyon sur ses gardien[ne]s, selon tous les témoins et sa *Vie par elle-même*, au cours de ses divers enfermements en couvents ou cachots entre 1695 et 1703.

258 *« D'autres genres de preuves que celles qui sont suffisantes pour les plus complettes démonstrations. »*

« Quand les preuves sont insuffisantes, c'est-à-dire qu'elles ne sont pas claires et précises, ou qu'il y manque quelque chose du côté de la forme, on ne peut pas asseoir un jugement sur de telles preuves ; le juge doit chercher à instruire plus amplement sa religion, soit en ordonnant une nouvelle enquête, si c'est en matière civile, ou en ordonnant un plus amplement informé, si c'est en matière criminelle. Si toutes les ressources sont épuisées et que les preuves ne soient pas claires, on doit dans le doute prononcer la décharge de celui qui est poursuivi, plutôt que de le condamner. » *Encyclopédie*, art. « Preuves » (Boucher d'Argis).

259 *« Escroquant dans les tavernes quelques écus à droite et à gauche aux manans qui les fréquentent. »*

Allusion à « l'affaire Thévenin ». Le 22 août 1768, alors que Rousseau se trouve à Bourgoin en Dauphiné, une lettre de son précédent hôte grenoblois, l'avocat Bovier, prétend qu'un chamoiseur lui réclame neuf francs qu'il lui aurait avancés quelques années auparavant dans une auberge de Verrières (à la frontière franco-neuchâtelloise). Rousseau prend immédiatement l'affaire très au sérieux en envoyant un démenti circonstancié à Bovier puis en écrivant directement au gouverneur du Dauphiné, M. de Clermont-Tonnerre, pour lui demander d'éclaircir juridiquement l'affaire. Parallèlement, il engage lui-même l'enquête en Suisse par l'intermédiaire de ses amis. Thévenin refusant de se déjuger devant Clermont-Tonnerre sur le fait de cette dette non recouvrée, une confrontation est organisée le 14 septembre à Grenoble : « il arriva, écrit Servan, ce que tout le monde avait déjà prévu ; le chamoiseur, dans le Rousseau de Grenoble, ne reconnut plus celui de Verrières » (*Œuvres choisies* Liège, 1819, t. II, p. 274-275, *CC*, t. 36, p. 46) ; Bovier, cependant, persista à soutenir la thèse d'un Rousseau débiteur. L'affaire se clôt le 9 octobre par la réception d'une déclaration juridique du cabaretier de Verrières transmise par le maire de cette ville, établissant que Thévenin à confondu Rousseau avec un autre individu, Décrusteau, la paronymie justifiant peut-être la méprise ou l'imposture. R.-A. Leigh relève d'ailleurs plusieurs cas d'imposteurs s'étant fait passer pour Rousseau lors de son exil en Suisse (*CC*. t. 36, p. 45). – La crise aura duré deux mois au cours desquels Rousseau aura tout mis en œuvre pour démontrer juridiquement son innocence en argumentant minutieusement sa cause, tant à l'adresse de M. de Clermont-Tonnerre qu'à celle des nombreux correspondants devant lesquels il la plaide. Thévenin était un repris de justice : condamné aux galères en 1761, il avait fui en Suisse pour échapper à sa peine ; Clermont-Tonnerre proposa à Rousseau de le punir d'emprisonnement, ce que celui-ci déclina. S'il a déployé une telle énergie dans une « farce ridicule » où chacun, sauf Bovier, l'a tenu d'emblée pour innocent, c'est qu'il y voyait de la part de ses adversaires une sorte de test expérimental de ses ressources, en vue d'une accusation de bien plus vaste envergure dont le prince de Conti, sans l'en informer explicitement, cherchait à le protéger (*CC*. n° 6480, *ibid.*, p. 173-174). R.-A. Leigh offre une présentation très complète de cette affaire dans l'« Avertissement » de *CC*., t. 36, et dans son annotation de l'abondante correspondance active et passive de Rousseau à cette occasion. Au n° X. 2. du « Dossier documentaire », on pourra lire la lettre de Bovier, la réponse de

Rousseau, sa défense à l'adresse du gouverneur du Dauphiné, ainsi que son analyse sur le fond dans la perspective d'un complot politique contre sa personne.

260 *« Ces hommes vertueux avoient bien voulu [...] s'abbaisser en sa faveur au rolle de cajoleurs et de traitres. »*

L'idée et sa formule circulent dans la correspondance de Rousseau avec Dusaulx en février 1771, à propos d'un portrait littéraire du caractère du *fourbe* lu au premier par le second et qu'il avait mal pris, lui demandant dès lors « s'il étoit possible que m'ayant pris pour un hypocrite et un scélérat vous m'eussiez cependant prodigué tant d'avances de caresses et de cajoleries de toute espèce pour capter ma confiance et mon amitié » (1er févr. *CC*. n° 6832, § 3) : « je cherche inutilement comment on peut être vertueux et faux tout à la fois, comme on peut se faire un honneur de tromper les gens qu'on aime. Non, je n'aurois jamais cru qu'on put être aussi fiers d'être des traitres » (16 février, § 10, *CC*. n° 6837).

261 *« Faire adroitement le plongeon. »*

« On dit aussi, d'un homme, qui aprés avoir voulu soutenir quelque chose, se relâche tout d'un coup par faiblesse, ou n'allègue que faiblement de mauvaises raisons, qu'*il fait le plongeon.* » (*Acad.*, 1694). L'expression se rencontre dans la grande lettre à la marquise de Mesmes du 14 août 1772 : « J'ai provoqué Les imposteurs et Les traîtres par tous les moyens permis et justes qui pouvoient avoir prise Sur des Cœurs humains. Tout a été inutile, ils ont fait le plongeon, et continuant Leurs manœuvres Souterraines, ils se sont Cachés de moi avec le plus grand soin. » (*CC*. n° 6959). On peut lire cette lettre au n° V. 2. du « Dossier documentaire ».

262 *« Que chacun de ses pas fut necessairement une chute. »*

Cette image d'un sol contreminé par des « ouvriers de ténèbres » (*CC*. n° 6875, t. 38, p. 240) qui s'emploient à provoquer la chute de J.J. (et de Rousseau lui-même selon la correspondance ou les *Confessions*) renvoie à l'imaginaire cyclopéen. Voir l'introduction du présent volume, p. 56-57, et la note 125 du IIIe dialogue.

263 *« Le massacrer doucement de peur que mourant de ses blessures, il ne cesse trop tôt de les sentir. »*

Souvenir de Caligula selon Suétone ? « Il ne faisait guère périr ses victimes qu'à petits coups réitérés, et l'on connaît de lui ce mot qu'il répétait souvent : “Fais en sorte qu'il se sente mourir”. » (*Vie de Caligula*, XXX, 1). Un fragment noté sur une carte à jouer fait écho plus elliptiquement à cette scène pour ainsi dire sadienne avant la lettre : « Ces M. font comme une troupe de flibustiers qui tenaillant à leur aise un pauvre Espagnol le consoloient bénignement en lui prouvant par des argumens bien stoïques que la douleur n'étoit point un mal ». (Carte 7, *OC*. XX Cl. Garnier, p. 615, *OC*. I Pléiade, p. 1167). *Cf.* aussi ce passage de la grande lettre de février 1770 à M. de Saint-Germain : « Pour m'étouffer sans que je crie, ils m'ont auparavant attaché un bâillon, à voir enfin leur contenance bénigne, on les prendroit pour les bourreaux de l'infortuné Don Carlos qui prétendoient qu'il leurs (sic) fut encore redevable de la peine qu'ils prenoient de l'étrangler. » (*CC*. n° 6673, § [34]). Ce motif du « bourreau compatissant » apparaît en termes proches dans les *Lettres de la Montagne* à propos du décret de Genève contre Rousseau (*OC*. III Pléiade, p. 757) et il s'enracine sans doute aussi dans les avanies que dut subir l'auteur de la *Lettre sur la musique françoise* de la part des musiciens de l'opéra. Sur tous ces points, on peut se reporter à l'introduction du présent volume, p. 39-41.

264 *« D'autres défauts non moins dirimans. »*

« DIRIMANT, ANTE. Terme de Droit Canonique. *Empêchement dirimant*, c'est-à-dire, Défaut qui emporte la nullité d'un mariage. » *Acad.* Même définition das Trévoux. *Acad.*1932 ajoute : « On dit aussi *Objection dirimante*, Qui détruit un raisonnement. » Extension déjà active au XVIIIe siècle : « *plus d'une fois des raisons dirimantes ont ou gêné les vues de la compagnie ou repoussé son suffrage.* » D'Alembert, cité par *Littré.*

265 *« L'être le plus chimérique et le plux extravagant que le delire de la fiévre puisse faire imaginer. »*

Si les mots « délire », « fureur » et « folie » condensent, dans les trois entretiens, l'irrrationalité foncière du public égaré par ses maîtres qui est d'emblée thématisée dans « Du sujet et de la forme de cet écrit », ils peuvent aussi parfois désigner l'énergie créatrice, comme c'est le cas dans la présente occurrence, quoique avec une coloration négative, la coloration positive apparaissant lorsqu'il est question de la créativité intellectuelle de J.J. livré au « délire » et à l'« attrait » du « travail d'esprit » (ce dialogue p. 186), ou enflammé de « ces étincelles de génie qu'on a vu briller dans ses écrits durant dix ans de délire et de fiévre » (IIe entretien, p. 349).

266 *« Un troisiéme défaut de ces invincibles preuves est […] de les administrer avec tant de reserve de mistére et de précaution. »*

C'est la réalité des pratiques judiciaires telles que les reflètent les factums d'avocats de la seconde moitié du siècle : « il faut bien du temps à un seul rayon de lumière pour en pénétrer les ténèbres », écrit par exemple Dupaty à propos de la justice criminelle. (*Mémoire justificatif pour trois hommes condamnés à la roue*, Paris, 1786, p. 251).

267 « Qu'on présume le dol. »

« DOL. Vieux mot qui n'est plus en usage qu'au Palais. Il signifie Tromperie, fraude. *Sans dol ni fraude.* » *Acad.*

268 « C'est une maxime de jurisprudence. »

Rousseau traduit lui-même les deux maximes. Le *De praesumptionibus* de Jacobi Menochius paraît à Venise en 1587-1590. Il en existe une édition genevoise en deux volumes (Cramer, 1724). Leibniz le tenait en telle estime qu'il envisagea d'en donner un abrégé. Il est cité par Boucher d'Argis aux articles « Jurisconsulte » et « Sodomie » de l'*Encyclopédie.* Montesquieu y renvoie dans les *Pensées*, sur la question des indices de la sodomie (f456r, https://www.unicaen.fr/services/puc/sources/Montesquieu/index.php?texte=643).

269 « Ce qu'on prouve d'un accusé dans son absence n'est jamais assez bien prouvé. »

C'est la thèse que défend l'article CONTUMAX du *Ferrière* : « Il importe véritablement au public que les crimes ne demeurent pas impunis ; mais il importe encore infiniment davantage que personne ne soit condamné que sur une évidence complète, et non pas sur des présomptions, quelques concluantes qu'elles puissent être. Si la fuite d'un accusé le dénonce, elle ne le convainc pas ; ou si elle le convainc, elle déclare tout au plus convaincu d'une timidité pardonnable, d'autant que l'intrépidité n'accompagne pas toujours l'innocence. Ne voit-on pas au contraire tous les jours le crime audacieux, pendant que la timide innocence paraît tremblante ? Si l'âme n'est pas assez forte pour soutenir la présence du Juge sans s'émouvoir, le témoignage de la conscience n'est pas capable de rassurer. » (Vol. 1, *op. cit.*, p. 376).

270 « Tout cela ne prouve donc rien, précisément parce qu'il prouve trop. »

C'est déjà la substance de ce qu'écrivait Rousseau à la comtesse de Berthier en 1770 : « Jeune femme, écoutez-moi. Quoiqu'il arrive, et quelque sort qu'on me prépare ; quand on vous aura fait l'énumération de mes crimes, quand on vous en aura montré les frapans témoignages, les preuves sans réplique, la démonstration, l'évidence ; souvenez-vous des trois mots par lesquels ont fini mes adieux. Je suis innocent. » (Le 16 mars, *CC.* n° 6694).

271 « Quand les geometres [...] parviennent à quelque absurdité. »

La référence aux mathématiques comme modèle de toute méthode démonstrative rattache le personnage « Rousseau » à la *Logique* de Port-Royal et au Pascal de *L'Esprit de géométrie.* Au ch. XIX de *La logique*, les « mauvais raisonnements » sont identifiés à « ce que l'on appelle sophismes ou paralogismes. » (A. Arnauld, P. Nicole, *La logique ou l'art de penser*, Paris, Gallimard, coll. « Tel », 1992, p. 227). Ce traité fait partie du fonds d'études de Rousseau aux Charmettes. Il le mentionne dans *Les Confessions*, aux côtés de Locke, Malebranche, Leibniz, Descartes. Il travaillait la géométrie dans les traité du père Bernard Lamy (un cartésien) et du père Reynaud (*Confessions*, l. VI, *op. cit.*, p. 237-238). Le *Verger de Mme la baronne de Warens* mentionne également les mathématiciens John Wallis et Bernard Nieuwentyt. On conserve deux de ses cahiers d'exercices.

272 « Votre objection [...] me paroit plus facile à rétorquer quà résoudre. »

RÉTORQUER : « Tourner, employer contre son adversaire les preuves, les raisons, les arguments dont il s'est servi. » RÉSOUDRE : « Expliquer une difficulté, décider une question, trouver la solution, l'explication d'un problème. Résoudre les cas de conscience. » *Trévoux*.

273 « Homme véridique et franc [...] je prends acte de cet aveu pour vous le rappeller en tems et lieu. »

Cet aveu sera rappelé au « François » au IIe entretien, lorsqu'il sera question d'expliquer la quasi unanimité de l'animosité du public à l'égard de J.J. comme l'effet de la même logique d'amour-propre que celle dont il vient de se reconnaître le porteur, démultipliée par un phénomène collectif de contagion mentale : « ce qui n'étoit en vous qu'un égarement passager est devenu pour le public un délire habituel » (p. 411). Pour la suite des effets-boomerang de cet aveu, voir également le IIIe entretien, p. 514 et la note 140. Dans son annotation de la première Promenade, A. Grosrichard illustre par La Bruyère (*Caractères*, IV, § 68), Tacite (*Vie d'Agricola*) et Sénèque (*De Ira*), l'idée selon laquelle « nous haïssons violemment ceux que nous avons beaucoup offensé » (La Bruyère). *OC.* XX, *op. cit.*, p. 358, n. 31.

274 « Dans le doute si ce prétendu scelerat n'est point peut-être un honnête homme infortuné victime du plus noir complot. »

Dans le discours et l'imaginaire criminaliste de l'époque, le mot COMPLOT renvoie d'abord, depuis 1757, aux complices supposés du régicide Damiens et à l'instance cachée qui aurait dirigé son geste : Anglais ? jésuites ? jansénistes ? parlementaires ? Philosophes ? etc. (Voir P. Rétat, *L'attentat de Damiens*, *op. cit.*, ch. 3). Plus largement, il recoupe un imaginaire politique de la « Ligue » réactualisé par Damiens et vivace à travers les tensions qui secouent le régime dans la seconde moitié du siècle (multiplication des remontrances, activisme janséniste et dissolution de la Compagnie de Jésus par le Parlement en 1762, dissolution du Parlement en 1771, émeutes de la guerre des farine en 1775, etc.). – Quant à *Rousseau juge de Jean Jaques*, jusqu'ici (la suscription mise à part), c'était J.J. qui se trouvait accusé de comploter avec la lie de la société. En entreprenant d'explorer la thèse inverse, « Rousseau » relie ici le thème du complot à celui de la « ligue », toujours associé au personnage collectif des « Messieurs ». Si l'apparition de ce dernier thème est relativement récente dans l'œuvre et la correspondance (voir notre introduction p. 42-43), celui du complot remonte aux démêlés de Rousseau avec les musiciens français à l'époque de la querelle des Bouffons ; c'est en ces termes qu'il en parle dans les pages consacrées au scandale de sa *Lettre sur la musique françoise* au livre VIII des *Confessions* (Pléiade I, p. 385) ; et c'est également lisible dans certains de ses écrits musicaux de cette époque, comme la *Lettre d'un symphoniste* (automne 1753), un pamphlet précédant de quelques mois la *Lettre sur la musique françoise* où les musiciens de l'Opéra s'entendent pour « défigurer » une pièce de Jommelli en la jouant aussi faux que possible : « La plus essentielle précaution que nous ayons à prendre en cette occasion est de tenir nos déliberations secrètes, conclut le symphoniste [...] si l'on nous reproche de manquer de talent, ce ne sera pas au moins de celui de bien cabaler. » (*OC*. V Pléiade, p. 280 et 284). Il semble que Rousseau ait effectivement interprété en termes de cabale les difficultés rencontrées par les musiciens italiens à cette époque, lesquelles recoupaient celles qu'il avait lui-même connues avec les musiciens professionnels, que ce soit l'échec de sa *Dissertation sur la musique françoise* ou l'accusation de plagiat essuyée de la part de Rameau, lors de la représentation des *Muses galantes* en 1745 (*Confessions*, l. VII, Pléiade I, p. 333-334). Voir à ce propos les suggestions d'Olivier Pot (*OC*. V, Pléiade, p. XCI), et celles d'Amélie Tissoires : « L'écriture mineure dans la *Lettre d'un symphoniste* de Rousseau : dénégation ou stratégie oratoire ? », in C. Bahier-Porte et R. Jomand-Baudry (dir.), *Écrire en mineur au XVIIIe siècle*, Paris, Desjonquères, 2009, p. 292-303.

275 « Avec le doute qu'il vous plait de conserver malgré tant de preuves. »

En lui-même, ce doute disqualifie la qualité de ces preuves puisque, selon Gibert, la fourniture des preuves sert précisément « à établir des choses qui paroissent douteuses » (*Rhét.*, p. 48). Cet *a priori* dubitatif de « Rousseau » face à l'accumulation de « preuves » fournies par « le François » lors de la conversation précédant l'ouverture de ce dialogue, quoique longtemps dissimulé dans l'équivoque de ses réponses, avait d'emblée été perçu par son interlocuteur dès le début de l'entretien, lorsque « Rousseau » avait glissé : « s'il peut exister », à propos du criminel J.J. : « Comment, s'il peut exister ? Sur l'effet qu'ont produit en vous les écrits de ce misérable, qu'entendez-vous par ce doute après les entretiens que nous venons d'avoir ? Expliquez-vous. » (p. 164).

276 « Ce que vous savez de ses œuvres criminelles et de son caractère atroce. »

Interroger la réalité des œuvres criminelles de J.J. est l'objet de ce premier entretien ; examiner son caractère sera l'objet de l'enquête de « Rousseau » auprès de J.J. telle qu'elle est rapportée au second entretien.

277 *« Je ne cherche point à le voir tel que je me le figure, je cherche à le voir tel qu'il est. »*

Sous des allures un peu persifleuses de la part du « François » et sur un ton sans prétention de la part de son interlocuteur, ce débat prépare le lecteur à l'enquête menée auprès de J.J. en prenant au sérieux les objections sceptiques présentées par « le François » à la possibilité d'une étude objective : 1. est-il possible d'observer J.J. sans le manipuler ; à moins que ce ne soit lui qui parvienne à manipuler l'observateur ? 2. Sera-t-il possible de conduire une observation dénuée de préjugés, puisque le secret imposé par la « ligue » conditionne l'observateur, et que celui-ci n'est pas sans intérêt personnel à ce que l'observation soit favorable à J.J. ? « Rousseau » répond en livrant un jeu de critères qui constituent une sorte de discours de la méthode ethnographique avant la lettre : authenticité de l'intention de connaissance, pratique du doute méthodique, primat de l'observation sur le témoignage ; crédit au bons sens ; reconnaissance de l'erreur possible comme exigence de tout faire pour la circonscrire. Cette méthode procède de la réflexion de son auteur sur les conditions de possibilité d'une authentique connaissance d'autrui qui remonte à la note X du second *Discours*. On peut se reporter sur ce point au n° 277 du présent dialogue dans le « Glossaire ». Voir également, au IIe entretien, les notes 229 et 286.

278 *« Par quelque motif que cette ligue se soit formée, elle existe. »*

« LIGUE, union, confédération de plusieurs Princes ou États, pour se défendre ou pour attaquer. [...] En France, on appelle particulièrement *La Ligue*, Cette union de quelques Princes & de quelques villes, qui se fit sur la fin du seizième siècle, sous prétexte de défendre la Religion Catholique contre les Huguenots. *Du temps de la Ligue. Les mémoires de la Ligue.* LIGUE se dit aussi Du complot & des cabales que plusieurs particuliers font ensemble pour quelque dessein. *Dans cette ville, dans cette compagnie il y a des ligues.* Alors il se dit toujours dans un sens odieux. » (*Acad.*). C'est la première occurrence de ce mot dans le texte. « Rousseau » réaffirmera cette thèse au IIe entretien, en la distinguant de l'hypothèse du « complot » attribuée au seul J.J. Sur la mémoire factieuse de la « Ligue » dans l'imaginaire et la langue politique du XVIIIe siècle, son emploi dans d'autres textes de J.-J. Rousseau, et un aperçu de ses occurrences dans sa correspondance entre août 1766 et février 1770, on peut se reporter à l'introduction du présent volume, p. 42-43.

279 *« Une position si singuliere est unique depuis l'existence du genre humain. pour juger sainement de celui qui s'y trouve et de ce qui s'y rapporte à lui, les formes ordinaires sur lesquelles s'établissent les jugemens humains ne peuvent plus suffire. »*

L'auteur l'écrivait déjà à la comtesse de Berthier en mars 1770 : « Ma situation est unique, mon cas est inoui depuis que le monde existe, selon toutes les régles de la prévoyance humaine je dois succomber, et toutes les mesures sont tellement prises qu'il n'y a qu'un miracle de la providence qui puisse confondre les imposteurs. » (3 mars, *CC.* n° 6694). Quant à l'avocat « Rousseau », il abandonne ici le cadre des formes juridiques en cours selon lequel il raisonnait jusqu'alors, en admettant qu'un procès dans les formes serait légalement truqué par la « ligue » ; il pose ainsi le problème de l'exception de l'état de droit à ses propres règles face à une criminalité hors normes. Il rejoint dès lors implicitement la problématique de l'« homo sacer » dans le Droit romain, à laquelle fait allusion la première version du *Contrat social*. Pour plus de précisions sur la façon dont la figure de J.J. est concernée par cette problématique, on peut se reporter à l'Introduction de ce volume, p. 23 et suiv.

280 « Dans l'ordre ordinaire des choses [...] on laisse à l'accusé tous les moyens de se défendre. »

Cette confiance dans les possibilités légales d'une authentique défense de l'accusé pourrait être le point de vue d'un Anglais, voire d'un Genevois (mais Genève a refusé d'entendre Rousseau avant de le décréter). Quant à la France, où l'accusé est privé d'avocat, les témoignages d'époque sur les pratiques effectives de la justice criminelle attestent du contraire.

281 « Parmi tous ceux qui ont eu connoissance de cette affaire avant le Ministère du Duc de Choiseul. »

Choiseul était aux affaires de 1758 à 1770 ; il y avait remplacé Bernis, devenu cardinal, lequel fut ambassadeur à Venise en 1756, puis entra en disgrâce pour avoir mal à propos, en tant que secrétaire d'État, engagé la France auprès de l'Autriche contre Frédéric II ; il était revenu en grâce depuis 1764. Le consul Le Blond, en poste à Venise quand Rousseau s'y trouvait, lui avait « rendu service » aux termes des *Confessions* : Rousseau lui avait rendu visite lors de son voyage en France, dans la maison qu'il louait près de Montmorency (l. X, *op. cit.*, p. 508). Quant à la conduite de Rousseau à Venise et ce qui s'en disait, c'est Voltaire qui est ici visé : à l'époque de l'affaire avec Hume, il se procura des lettres de Rousseau à Du Theil, premier commis aux Affaires étrangères lors de son secrétariat d'ambassade à Venise auprès du comte de Montaigu, entre septembre 1743 et août 1744 ; il en inséra quelques lignes dans une longue lettre ostensible à Hume destinée à prouver qu'il n'était qu'un domestique du comte et que celui-ci l'avait chassé ; ergo : « ce pauvre homme n'a jamais pu ni se maintenir sous aucun maître, ni se conserver aucun ami » (24 oct. 1766, *CC.* n° 5491) ; elle fut publiée à Genève en 1766 puis jointe au dossier de l'*Examen succinct*. Un M. Chauvet s'en étant enquis auprès de Rousseau, celui-ci lui répondit que son statut de domestique de l'ambassadeur de France à Venise incluait des responsabilités et des relations avec les diplomates qui excluaient qu'on le présentât en valet, et que les conditions de son départ furent plus qu'honorables. (5 janv. 1767, *CC*. n° 5661).

282 « Les magiciens de pharaon. »

C'est un point de l'argumentation contre les miracles au l. IV de l'*Émile* : « Qui est-ce qui m'osera dire combien il faut de témoins oculaires pour rendre un prodige digne de foi ? [...] puisque les magiciens de Phraraon osaient, en présence même de Moyse, faire les mêmes signes qu'il faisoit par l'ordre exprès de Dieu, pourquoi dans son absence n'eussent-ils pas aux mêmes titres prétendu à la même autorité ? » (*OC*. IV Pléiade, p. 612).

283 « L'inquisition veut bien que l'accusé se défende s'il peut. »

Cependant, l'accusé n'y est jamais confronté avec les sept témoins qui ont témoigné contre lui. Une comparaison plus développée avec l'Inquisition se lit déjà dans la lettre du 26 février 1770 à M. de Saint-Germain : « J'ai beau chercher des cas où il soit permis d'accuser, de diffamer un homme à son insçu, sans vouloir l'entendre, sans souffrir qu'il réponde, et même qu'il parle ; je ne trouve rien. Je veux supposer toutes les preuves possible ; mais quand en plein midi toute la ville verroit un homme en assassiner un autre sur la place publique ; encore en jugeant l'accusé ne l'empêcheroit-on pas de répondre, encore ne le jugeroit-on pas sans l'avoir interrogé, à l'inquisition on cache à l'accusé son délateur, je l'avoue ; mais au moins lui dit-on qu'il est accusé, au moins ne le condamne-t-on pas sans l'entendre, au moins ne l'empêche-t-on pas de parler. Un délateur secret accuse. Mais il ne prouve pas ; il ne peut prouver dans aucun cas possible, car comment prouveroit-il ? Par des témoins ; mais l'accusé peut avoir contre ces témoins des moyens de récusation que les juges ignorent. Par des écritures, Mais l'accusé y peut faire apercevoir des marques de fausseté que d'autres n'auront pu connoitre. Un délateur qui se cache, est toujours un lâche : S'il prend des mesures pour que l'accusé ne puisse répondre à l'accusation ni même en être instruit, il est un fourbe ; s'il prenoit en même temps avec l'accusé le masque de l'amitié, il seroit un traitre. Or un traitre qui prouve ne prouve jamais assez, ou ne prouve que contre lui-même ; et quiconque est un traitre peut bien être encore un imposteur. Eh quel seroit, grand Dieu, le sort des particuliers, s'il étoit permis de leurs (sic) faire à leur inçsu leur procès, et puis de les aller prendre chez eux pour les mener tout de suite au supplice, sous prétexte que les preuves sont si claires qu'il leur est inutile d'être entendus ! » (*CC*. n° 6673, t. 37, p. 259-260).

284 *« Le pauvre Lazarillo de Tormès. »*

Cet épisode apparaît aux chapitres IV-V de la IIe partie de la continuation du *Lazarillo de Tormes* par Juan de Luna, traduite par un anonyme signant « L.S.D. » (Paris, chez Arnoud Cotinet, 1660, p. 283-305). L'une des cibles principales de la verve du continuateur est l'Inquisition espagnole. Au cours de ces pages, alors que Lazarillo-poisson est montré à la Cour, deux étudiants soupçonnent la mystification, assurant que « s'ils estoient ministres de la Justice, ils feroient voir cette vérité nettement en nous nettoyant à tous les épaules à coups de fouët » ; le héros tente alors de confirmer leur analyse mais on lui replonge la tête dans l'eau tout en poussant des cris, ce qui décourage les étudiants. On peut consulter à ce propos les articles de J.-P. Le Bouler, « Lazarillo-Jean-Jacques : sur une page des *Dialogues* » (*AJJR*, n° 39, 1972-1977, p. 281-292) ; et J. Berchtold, « La sottise moquée de Lazarille, de Sancho, d'Arlequin : échos redressés dans l'œuvre de Rousseau » (*Sottise et ineptie, de la Renaissance aux Lumières*, *Littérales* n° 34/35, 2004, p. 165-181).

285 *« L'on vous trompe, ce prétendu monstre est un homme. »*

Toutes choses égales d'ailleurs, cette proclamation de l'imposture fait littéralement écho dans l'œuvre de Rousseau à l'ouverture de la seconde partie du *Discours sur l'origine de l'inégalité parmi les hommes* : « Le premier qui ayant enclos un terrain, s'avisa de dire, *ceci est à moi*, et trouva des gens assés simples pour le croire, fut le vrai fondateur de la société civile. Que de crimes, de guerres, de meurtres, que de miséres et d'horreurs, n'eût point épargné au Genre-humain celui qui arrachant les pieux ou comblant le fossé, eût crié à ses semblables. gardez-vous d'écouter cet imposteur. Vous oubliez que les fruits sont à tous et que la terre n'est à personne. »

286 *« Il me faudroit plus de preuves encor que celles que vous m'avez fournies pour me persuader seulement que genève a pu produire un empoisonneur. »*

Quoique la criminalité à Genève soit nettement moindre qu'en France, l'auteur des *Dialogues* sait fort bien que le crime d'empoisonnement n'y est pas inconnu (voir sur ce point Michel Porret, *Le crime et ses circonstances. De l'esprit de l'arbitraire au siècle des Lumières selon les réquisitoires des procureurs de Genève*, Genève, Droz, 1995, p. 203-206). Mais c'est la *preuve de cœur* qui détermine son avatar dans cette fiction et, de ce point de vue, c'est l'esprit de la *Dédicace* du *Discours sur l'origine de l'inégalité* qui donne ici la ligne, par une idéalisation résolue de Genève dont ses compatriotes avaient déjà noté, à l'époque, le décalage avec la réalité : une distorsion sciemment accusée par Rousseau qui n'a jamais cessé de rappeler à la République ce qu'elle *devrait être* à ses yeux. Il convient de remarquer ici que le principal argument du procureur Tronchin pour condamner ses livres et non sa personne était que la rentrée en citoyenneté genevoise accordée à Rousseau en août 1754 n'était pas valable du fait de son abjuration à Turin narrée dans la « Profession de foi du vicaire savoyard » et confirmée par cet aveu : « Je me lasse de parler en tierce personne, et c'est un soin fort superflu, sar vous sentes bien, cher Concitoyen, que ce malheureux fugitif c'est moi-même &c. » ; « si l'Autheur, poursuit Tronchin, ne jouit plus des droits de la Cité il ne sçauroit, à mon avis, être condamné par les Loix de la Cité ; ses ouvrages n'ayant été ni composés ni imprimés dans cette ville, n'y étant à proprement parler envoyés que par le libraire, absent lui-même depuis prés de 40 ans sans avoir fait ici dans ce long intervalle qu'un voyage de quelques semaines, il n'y a point contracté par son délit ; et il s'agit bien plus de flétrir des ouvrages dangereux que de punir *un attentat commis dans un pais Etranger et par un Homme qui nous étoit devenu Etranger.* » (*CC.* t. XI, A266, § [8]-[10], mes italiques). – On sait enfin que le 12 mai 1763, Rousseau émut violemment (et durablement) Genève en abdiquant publiquement sa citoyenneté dans une lettre au premier Syndic : « J'ai tâché d'honorer le nom Genevois : j'ai tendrement Aimé mes Compatriotes ; je n'ai rien oublié pour me faire aimer d'eux : on ne sauroit plus mal réussir. Je veux leur complaire jusques dans leur haine : le dernier sacrifice qui me reste à leur faire est celui d'un nom qui me fut cher. Mais, Monsieur, ma Patrie en me devenant étrangère ne peut me devenir indifférente : je lui reste attaché par un tendre Souvenir, et je n'oublie d'elle que ses outrages. Puisse-t-elle prospérer toujours et voir augmenter sa gloire : puisse-t-elle abonder en Citoyens meilleurs et surtout plus heureux que moi ! » (*CC.*, n° 2686).

287 « Du cœur de J.J » (L. et P.) / *« De mon cœur »* (G.)

Cette note ajoutée dans L. est maintenue dans P. et G. Cependant, G offre une identification explicite de l'auteur à J.J. qui est absente des manuscrits précédents, en substituant « de mon cœur » à « du cœur de J.J. ». Un cas identique se présente au IIIe entretien, p. 495.

288 « Ce que je puis voir par mes yeux et connoitre par moi-même. »

« Rousseau » généralise ici, mais à son propre égard cette fois, l'exigence qu'il avait formulée à l'adresse du « François » au début de leur entretien, à propos des preuves concernant l'attribution du *Devin du village* : « je me contente d'une, mais je la veux, et pour cause, independante du témoignage d'autrui. » (p. 172).

289 « À force d'adresse, de patelinage. »

« PATELINAGE. Artifice, tromperie d'un Patelin qui flatte quelqu'un, et qui le tourne en tant de manières, qu'il vient à bout d'en tirer quelque profit. » *Trévoux.*

290 « Ces doubles ententes jésuitiques. »

Cette équivoque persifleuse dans l'usage du lexique de l'admiration est dans l'usage : « ADMIRER. Considérer avec surprise, avec étonnement ce qui paroit merveilleux. *Admirer la Nature.* [...] *Admirer la sagesse, la valeur* [...] Il se dit aussi, en critique ou par ironie, De ce qui paroît extrême, étrange, excessif dans son genre. *J'admire la folie des hommes. Je vous admire de vouloir qu'on suive aveuglément vos avis.* » *Acad.*, 1798. S'annonce ici l'assimilation des méthodes de la « ligue » sous hégémonie « philosophique » avec celles de la Compagnie de Jésus qui sera développée au IIIe entretien (p. 512).

291 « En m'écrivant c'est la même affectation. » (Note *)

Cette note dans C. y procure la première occurrence d'une assimilation explicite du personnage de fiction J.J. avec l'auteur de *Rousseau juge de Jean Jaques*. On a vu plus haut que G. en opère une autre dans la note précédente.

292 « Et l'on iroit crier qu'il assassine les gens qui lui font l'honneur de l'aller voir. »

Mutatis mutandis, c'est le thème de la nouvelle « Les envahisseurs » (1951), d'Abé Kôbô, in *Mort anonyme* (trad. Minh Nguyen-Mordvinoff), Paris, Denoël.

293 « Presque tout ce que vous m'avez dit dans cet entretien me prouve que vous n'y parliez pas de vous-même. »

On peut encore penser ici aux *Provinciales* : la crédibilité de l'interlocuteur jésuite que Pascal donne à Montalte à partir de la IVe lettre tient à ce qu'il « ne ment jamais », relayant ainsi parfaitement, d'un strict point de vue pratique, la sophistique des casuistes ; sa confiance absolue en ses autorités n'implique en effet pas sa conscience : ainsi lorsqu'il justifie, d'après un casuiste espagnol, le fait de pécher pour son propre bien ou celui d'autrui et que Montalte scandalisé lui demande s'il est lui-même « de ce sentiment-là » : « Non vraiment, me dit le Père. Vous parlez donc, continuai-je, contre votre conscience ? Point du tout, dit-il. Je ne parlais pas en cela selon ma conscience, mais selon celle de Ponce et du P. Bauny. Et vous pourriez les suivre en sûreté ; car ce sont d'habiles gens » (Ve lettre, *op. cit.*, p. 84 et 91). Plus loin, sa proximité au « François » du premier dialogue tient à ce que ni l'un ni l'autre ne sont conscients des implications profondes des pratiques qu'ils relaient : « il me fit voir ensuite dans ses auteurs des choses [...] si infâmes que je n'oserais les rapporter et dont il aurait eu horreur lui-même (car il est bon homme) sans le respect qu'il a pour ses Pères. » (VIIIe lettre, *ibid.*, p. 137).

NOTES DU SECOND DIALOGUE

1 *« Hébien, Monsieur, vous l'avez vu ? Hébien, Monsieur, vous l'avez lû ? »*

La pratique du métagramme est un aspect important du style de Rousseau. L'exemple le plus connu en est l'antithèse de la logique du besoin et de celle de l'affect au chapitre x de l'*Essai sur l'origine des langues* selon lequel, chez les hommes du Nord, « le premier mot ne fut pas [...], *aimez-moi*, mais *aidez-moi*. » (*OC.* V, p. 408). Dans cette paronomase, une simple permutation de consonnes condense à l'extrême, et d'une façon on ne peut plus efficace, le cœur de la thèse. On rencontre dans les *Dialogues* d'autres exemples de ce procédé que Beauzée nomme « antithèse » : « Le *métaplasme* par immutation donne deux différentes figures, l'*antithèse*, quand une lettre est mise pour une autre, comme *olli* pour *illi ;* & la *métathèse*, quand l'ordre des lettres est transposé, comme *Hanovre* pour *Hanover.* » (*Encyclopédie*, article « Métaplasme »). En voici quelques-uns : « Je ne doute point qu'un homme coupable d'un crime ne soit capable de cent » (*Dial.* I, p. 229), « et pour leur nuire il ne faut pas les fuir » (*Dial.* II, p. 305), « il n'a pas besoin de leurs suffrages pour être sage » (*Dial.* II, p. 335), « Ah brillant et bruyant d'Alembert », (*Dial.* III, p. 483), « des Rois sans loi » (*Dial.* III, p. 516), « Ah qu'il éloigne de vous tout malheur et toute erreur ! » (*Billet circulaire*, p. 546).

2 *« Car vous êtes desolant avec vos éternelles énigmes. »*

Dans la bouche du « François », ce mot signifie *contradictions* ; c'est en effet ainsi qu'il avait qualifié les distinctions introduites par son interlocuteur dès l'ouverture du premier entretien : « Mais après avoir paru convaincu tout à l'heure des abominations de cet homme, vous voila maintenant le plaçant dans les astres parce qu'il a fait des romans. Pour moi je n'entends rien à ces contradictions. » À cette leçon du ms. C., les trois copies suivantes substituèrent « à ces énigmes » (p. 171). Son agacement souligne combien le dictionnaire de « Rousseau » (et de leur auteur) reconfigure les rapports sémantiques entre les « mots de la tribu », où un homme absolument non-vertueux équivaut à un scélérat. Au début du IIIe entretien, ce sera au tour de « Rousseau » de reprocher à son interlocuteur de s'exprimer par énigmes.

3 *« Vous vous trompez ; c'est au contraire votre J.J. qui est cet homme nouveau. Le mien est l'ancien. »*

Dans une sorte de parallèle avec le mouvement initial du premier dialogue, « Rousseau » remonte dans le temps qui a précédé leur entretien, et annonce que produire les résultats de ses observations équivaudra à produire sur la scène l'équivalent exact du caractère qui se déduisait de sa lecture des œuvres de J.J. C'est bien à ce résultat que parviendra « le François » lui-même après sa lecture : « En saisissant peu à peu ce système par toutes ses branches dans une lecture plus refléchie, je m'arrêtai pourtant moins d'abord à l'examen direct de cette doctrine, qu'à son rapport avec le caractére de celui dont elle portoit le nom, et sur le portrait que vous m'aviez fait de lui ce rapport me parut si frappant que je ne pus refuser mon assentiment à son évidence. » (p. 475-476).

4 *« C'est qu'alors il n'y avoit point de ligue et qu'il en existe une aujourdui. »*
Au premier dialogue, la thèse de la « Ligue » avait été posée comme un fait. Dans celui-ci et dans le suivant, elle va être historicisée, dans le cadre d'une analyse portant sur l'histoire de la structuration de l'opinion par les philosophes à partir de la seconde moitié du siècle : c'est « le François » qui portera cette analyse au IIIe entretien.

5 *« Voila pourquoi les jugemens qu'on portoit jadis sur cet homme font autorité pour moi. »*
En termes de rhétorique judiciaire, si « Rousseau » est l'avocat de J.J. dans ce procès, il joue l'*ethos* passé de son client avant qu'il eût écrit, comme preuve à l'appui de sa dénonciation de celui que lui font endosser ses adversaires.

6 *« Sur ces portraits de lui si vantés qu'on étale de toutes parts. »*
À son époque, ce que nous appellerions aujourd'hui la médiatisation de Rousseau est à tous égards exceptionnelle. Selon le marquis de Girardin, « de tous les personnages connus des XVIIe et XVIIIe siècles, le citoyen de Genève est certainement l'homme dont les traits ont été, après ceux de l'empereur Napoléon I, le plus reproduits et cela même de son vivant. [...]. Si l'on considère en masse la quantité d'estampes, je ne dirai pas ayant trait aux œuvres de J.-J. Rousseau, mais contenant simplement la reproduction de sa personne proprement dite, on arrive, chose incroyable, au nombre phénoménal de plus de six mille portraits ! Les traits du citoyen de Genève ont tenté presque tous les artistes un peu connus de son époque. » (*Iconographie*, p. 12).

7 *« La figure d'un petit crispin. »*
Crispin rival de son maître de Lesage (1707) et *Le légataire universel* de Regnard (1708) avaient renouvelé le personnage du valet de comédie, devenu sous leur plume une sorte de truand cynique et sans scrupules, artiste du double langage et de la manipulation, maître du jeu par son emprise sur son jeune maître. Rousseau a été comparé à Crispin lors de la violente polémique déclenchée par sa *Lettre sur la musique françoise*. À l'occasion de sa réédition, *l'AL* du 20 décembre

1753 s'ouvrait sur ces vers de Juvénal : « *Ecce iterum Crispinus, et est mihi saepe vocandus / Ad partes* ... » (J. Balcou, *Fréron contre les philosophes*, *op. cit.*, p. 85), dont la suite n'est guère amène : « Voici de nouveau Crispinus, et je le citerai souvent : c'est un monstre dont les vices ne sont rachetés par aucune vertu » (*Satires de Juvénal traduites par M. Dusaulx*, I, iv, v. 1-4, Paris, 1770, p. 115). Et l'on sait qu'à l'acte III, sc. 9 des *Philosophes* de Palissot (1760), qui fit salle comble plusieurs semaines, broutait de la laitue un Crispin que des vers transparents (II, 6) donnaient pour disciple de Rousseau. Le personnage lui collait désormais à la peau, comme s'en fait l'écho, parmi tant d'autres, le *Journal helvétique*, dans un article consacré à Voltaire : « Je conçois, dit M. de Voltaire écrivant à M. Palissot, que Crispin philosophe, marchant à quatre pattes, a dû beaucoup faire rire, et je crois que mon ami Jean Jaques en rira tout le premier ; cela est gai, cela n'est point méchant, et d'ailleurs le Citoïen de Genève étant coupable de Lèze-Comédie, il est tout naturel que la Comédie le lui rende. » Ce que n'a garde d'approuver le rédacteur, qui poursuit : « je ne sais si M. Rousseau, qu'on a joué sur le théâtre de Paris sous le nom de Crispin, aura ri de cette fade plaisanterie, beaucoup trop poussée ; mais je sais bien que notre compatriote ne mérite pas ce ridicule » (*J.H*, novembre 1760, p. 227-228).

8 « Un petit crispin grimacier comme celui de Fiquet. »

Le Genevois François Coindet avec qui Rousseau s'était lié à Montmorency s'est occupé de l'impression des gravures de Gravelot pour *La Nouvelle Héloïse*. Lors de l'exil de Rousseau, il fit graver son portrait par Étienne Ficquet, d'après une copie du pastel de La Tour qu'il avait. Le libraire Duchesne en informa Rousseau dans une lettre du 6 août 1763 (*CC*. n° 2858), lequel s'étonna de n'avoir pas été averti : « Tachez, je vous prie de m'avoir une épreuve du portrait qu'a fait graver M. Coindet. je suis surpris qu'il ait fait cette entreprise à mon insçu. Si au lieu d'être en habit à la françoise, j'eusse été peint en habit arménien et en bonnet fourré tel que je le porte aujourdui le portrait eut eu bien meilleure grâce, car cet habillement me va beaucoup mieux. » (De Motiers, le 21 août 1763, *CC*. n° 2882, t. 17, p. 168). Dans ses échanges de cette époque avec Duchesne, Rousseau exprime par ailleurs de fortes réserves à l'égard d'une gravure tirée du portrait de La Tour qui doit figurer en frontispice de ses *Œuvres* : « il est certain que mon portrait n'est pas bien ; Vous me marquez l'avoir donné à un autre [graveur] ; vous m'obligerez de m'en envoyer une épreuve à l'eau forte sitôt que vous en aurez » (*Ibid.*, p. 167). Selon René de Girardin cependant, « le portrait que grava cet artiste d'après La Tour, est certainement, avec celui de Saint-Aubin le meilleur qui fut fait d'après le pastelliste. » (*Iconographie* p. 47). On trouvera une reproduction de cette gravure au n° 6 du « Dossier iconographique ».

9 *« Affreux comme celui d'Angleterre. »*

A.W. observe (p. 124) que dans cette phrase, l'ambiguïté naît de ce que « celui » ne se rapporte pas à « Cyclope » mais au pluriel « portraits » (tout au début de la phrase), « par un zeugme de nombre » dont il cite ailleurs plusieurs exemples chez Rousseau (p. 300).

10 *« La figure d'un cyclope affreux. »*

C'est en mars 1766 que le peintre écossais Allan Ramsay, peintre attitré de la cour de Georges III, réalise le portrait de Rousseau en habit d'Arménien que lui avait commandé David Hume. Sur les estampes qui en furent tirées peu après et les mérites comparées de la figure du vieux berger botaniste et du sombre cyclope selon la correspondance de J.-J. Rousseau et les *Rêveries*, on peut se reporter à l'Introduction de ce volume, p. 52-54.

11 *« Voici un quatrain que J.J. mit au dessous d'un de ces portraits. »*

Pour un aperçu de l'histoire des rapports de J.-J. Rousseau avec la poésie latine, et de sa propre production poétique en divers genres depuis l'époque de Chambéry, on peut se reporter au n° 11 du présent dialogue dans le « Glossaire ». On trouvera dans le « Dossier iconographique » les reproduction des portrait de Rousseau et de Hume par Ramsay, ainsi que les estampes tirées du premier par D. Martin et Ch. Corbutt.

12 *« Faire faire par Ramsay son ami particulier le portrait de son ami public »*

J.J. Allan Ramsay (Edimbourg, 1713 – Douvres, 1784) est le fils aîné d'un poète écossais. Bénéficiant d'une solide formation académique, il se forme également en Italie où ses recherches ne concernent d'ailleurs pas seulement la peinture ou le dessin. Assez rapidement reconnu, il devient le peintre attitré de la Cour d'Angleterre en 1761, peu après l'avènement du roi George III : son atelier réalisait notamment des portraits du couple royal qui étaient diffusés dans les ambassades et les colonies anglaises. Il y employait sept assistants à plein temps, produisant ainsi, entre 1761 et 1784, plus de 80 portraits couplés qui lui assuraient un revenu régulier. (C'est l'un de ses assistants, David Martin, qui grava le portrait à l'huile de Rousseau peint en mars 1766). Ami personnel de Hume, ce membre en vue de l'élite britannique est également porteur d'une ambition littéraire : il est l'auteur d'un *Essay on Ridicule* (1753) et d'un pamphlet contre le *Contrat social* : *Thoughts on the Origin and Nature of Government, occasionned by the late disputes between Great Britain and her American Colonies, Written in the Year* 1766 (London, 1769). C'est qu'il ne partage en rien les idées fondamentales de Rousseau, tant sur les désavantages du luxe et de la civilisation ou les méfaits du colonialisme européen, que sur l'hypothèse d'une bonté naturelle de l'homme primitif en qui il voyait surtout le comble de la misère, ainsi qu'il l'écrivit à Diderot vers la fin janvier 1766 : « si l'on se réduit au nécessaire absolu, adieu la poésie, la peinture, toutes les branches agréables de la philosophie, et salut à la nature de Rousseau, à la nature à quatre pattes » (trad. Diderot). La même lettre le montre également conservateur par scepticisme à l'égard des thèses de Beccaria qu'il jugeait au mieux utopiques et irréalistes après avoir parcouru son essai, évoqué par Suard et Diderot chez le baron d'Holbach lors d'un séjour parisien (Roth 2, 1955, v. 245). Sur son œuvre, l'ouvrage de référence est celui d'Alastair Smart : *Allan Ramsay, Painter, Essayist and Man of the Enlightenment* (Yale University Press, New Haven & London, 1992). Pour une contextualisation poussée des enjeux politiques et philosophiques des portraits couplés de Hume et Rousseau par Ramsay, voir Douglas Fordham, « Allan Ramsay's Enlightenment : or, Hume and the Patronizing Portrait », *The Art Bulletin*, 88, 3 (septembre 2006), p. 508-524.

13 *« Hume desiroit aussi ardemment ce portrait qu'un amant bien épris desire celui de sa maitresse. »*

Parlant des bontés qu'eut pour lui Hume au début de son séjour en Angleterre, Rousseau écrit ceci dans l'immense lettre du 10 juillet 1766 où il a choisi de parler de son « patron » à la 3e personne : « il m'en a quelquefois donné des marques dont je me suis senti très touché. Celle de faire faire mon portrait en grand ne fut pourtant pas de ce nombre. Cette fantaisie me parut trop affichée, et j'y trouvai je ne sais quel air d'ostentation qui ne me plut pas. C'est tout ce que j'aurois pu passer à M. Hume s'il eût été homme à jeter son argent par les fenêtres, et qu'il eût eu dans une galerie tous les portraits de ses amis. Au reste j'avouerai sans peine en cela que je puis avoir tort. » Dans l'*Exposé succinct*, Hume donne en note à ces lignes le commentaire suivant : « Voici le fait, M. Ramsay, peintre distingué et homme de mérite, me proposa de faire le portrait de M. Rousseau ; lorsqu'il l'eut commencé, il me dit que son intention était de m'en faire présent. Ainsi ce n'est point à moi que l'idée en vint, et ce portrait ne me coûta rien. » (*Op. cit.*, Londres, 1766, p. 51-52). Aucun des deux hommes ne dit toute la vérité à ce propos. C'est dans la première semaine de mars 1766 que Rousseau posa pour ce portrait ; or le 29 du même mois, écrivant à Du Peyrou alors qu'il venait d'emménager à Wooton, il n'émettait encore aucune réserve ni sur son portrait ni sur le principe de la gravure qui s'en annonçait : « un bon peintre d'ici m'a aussi peint à l'huile pour M. Hume. Le roy voulut voir son ouvrage et il a si bien réussi qu'on croit qu'il sera gravé. Si l'estampe est bonne j'aurai soin qu'elle vous parvienne. » Quant à Hume, c'était bien lui qui avait souhaité ce portrait, ainsi qu'il l'écrivait à son frère, John Home de Ninewells, le 22 mars 1766 : « He sat for his Picture at my Désire : It was to Allan Ramsay, who has succeeded to Admiration, and has made me a most valuable Portrait. » (*CC*. n° 5120).

14 *« Dans une attitude où ses muscles fortement tendus altérent les traits de son visage. »*

Ramsay a peint Rousseau en mars 1766, alors qu'il se trouvait encore à Londres. À cette occasion, le peintre a changé de manière, comme l'a montré Douglas Fordham (« Allan Ramsay's Enlightenment », art. cité) : voir à ce propos l'introduction du présent volume, p. 53. Fordham montre que la scénographie du portrait, son clair-obscur et sa simplicité relative de facture furent sans doute conçus pour faciliter le passage rapide à la gravure (celle-ci fut réalisée en un mois dans l'atelier de Ramsay dont D. Martin était le premier assistant). L'estampe fut exposée peu après lors d'une exposition de la Society of Artists de Londres. D'un point de vue esthétique, on pourrait objecter à l'analyse de Rousseau que son portrait, l'original du moins, a un « côté Rembrandt » et que les contrastes qu'il juge durs engagent au contraire une sorte de spiritualisation de son image ; le geste de sa main n'est d'ailleurs pas sans rappeler une célèbre toile de Léonard de Vinci. Mais son approche est moins esthétique que politique : il ne se place pas au point de vue des connaisseurs mais à celui du grand public qui négligera la médiation de l'art au profit d'une identification du modèle à son image. Une image que Rousseau juge rude, sombre et tendue, par contraste avec l'image placide, débonnaire et richement colorée que Ramsay a peinte ensuite de Hume, dans un contexte politico-médiatique où le refus inattendu par Rousseau d'une pension du roi d'Angleterre de 100 livres/an (12 mai 1776, *CC*. n° 5200) qu'avait obtenue pour lui son ami avec son accord de principe (confirmé, à sa demande par son ancien protecteur G. Keith [*CC*. n° 4990, 5045, 5046, 5183, 5206, 5207, 5901]), avait mis Hume en difficulté devant le roi et le public. Placés côte à côte, les deux portraits n'ont en commun que leur format ; tous les oppose sur le plan artistique : posture et scénographie, costumes, coloris, facture et syle ; Rousseau incarne la mélancolie dans son étrangeté foncière renforcée par son costume oriental et Hume le bonheur d'exister, non sans un certain faste, au siècle des Lumières. Sur la dispute et ses enjeux, voir Dena Goodman, « The Hume-Rousseau Affair : From Private *Querelle* to Public *Procès* », *Eighteenth-Century Studies* (Winter 1991-1992), p. 171-201 ; R.A. Leigh, « Rousseau's English Pension », *Studies in 18th Century French Litterature presented to Robert Niklaus*, University of Exeter, 1975, p. 109-122 ; Henri Guillemin, *Cette affaire infernale* (1942), Paris, Utovie, 2002. On trouvera les reproductions des deux portraits aux n° 1 et 2 du « Dossier iconographique ».

15 *« Vous jugerez de la ressemblance si jamais vous voyez l'original. »*

Bernardin de Saint-Pierre, qui a beaucoup fréquenté le modèle, en pensait ceci : « On voit chez M. Necker un portrait de J.-J. Rousseau fort ressemblant ; mais de toutes les gravures qu'on a données de lui au public je n'en ai vu qu'une seule où l'on reconnût quelques uns de ses traits : c'est une grande estampe de 10 à douze pouces, gravée, je crois, en Angleterre ; il y est représenté en bonnet et en habit d'Arménien. » *Essai sur J.-J. Rousseau*, in *Œuvres complètes de J.-H. Bernardin de Saint-Pierre, Mélanges*, Bruxelles, A. Wahlen et Comp., 1820, p. 26.

16 *« On n'apperçoit que les soins de l'amitié la plus tendre dans ceux qu'il a pris pour donner à son ami J.J. la figure d'un ciclope affreux. »*

Sur la « part maudite » des rapports de Rousseau avec ses anciens amis encyclopédistes projetée dans cette interprétation de son portrait et des reproductions qui en furent largement diffusées, on peut se reporter à l'Introduction du présent volume, p. 55-56.

17 *« On ne l'étale pas dans les appartemens. »*

Une lettre de madame Alissan de La Tour témoigne de cet usage, mais dans un registre plus intime : commentant l'aveu par son correspondant d'une « petite méchanceté », elle lui écrit chercher « actuellement dans vos yeux la dose de malice qu'il faut avoir pour jouer un pareil tour à une amie qu'on ne peut détromper qu'au bout d'un siècle ; et ce n'est pas là tout ce que j'y trouve… Mais peut-être vous paroîtra-t-il bien singulier que je m'occupe en vous écrivant à étudier votre phisionomie ? […] Voici le mot de l'énigme. j'ai votre portrait gravé à Londres d'après l'original de Ramsay ; et je l'ai placé au dessus de la table qui me sert de secrétaire, précisément comme une dévote place au dessus de son oratoire l'image du saint à qui elle a la plus fervente dévotion. Hélas je n'en reçois pas plus d'influence qu'elle ; je reste toujours bien loin de ce que j'admire. » (9 juillet 1769, *CC.* n° 6589, t. 37, p. 109).

18 *« Les grands, les auteurs, les medecins, tous les hommes puissans, toutes les femmes galantes, tous les corps accredités, tous ceux qui dirigent l'administration, tous ceux qui gouvernent les opinions publiques. »*

Indépendamment de son habillage « complotiste » et de son tour hyperbolique, cet accouplement des écrivains aux élites du temps n'a rien de circonstanciel et n'est pas propre à Rousseau : il est caractéristique de l'esprit des Lumières alors qu'il n'aurait eu aucun sens au siècle précédent où le meilleur écrivain reste un domestique attaché à une maison aristocratique ou pensionné par le roi. En 1753, dans un *Essai sur la société des gens de lettres et des grands*, d'Alembert montre la réciprocité de services qu'ils peuvent et doivent se rendre dans l'espace de la sociabilité mondaine, par le biais du prestige désormais reçu des biens culturels. Le mécénat s'habille dès lors aux livrées d'un discours de l'amitié où se reconnaissent les élites du pouvoir et de l'argent et celles de la culture. Cette montée en prestige se projette à l'échelle nationale dans l'article « Gens de lettres » de l'*Encyclopédie*, où Voltaire écrit qu'« écartés de la société jusqu'au temps de Balzac et de Voiture, ils en ont fait depuis une partie devenue nécessaire » et « contribué beaucoup à instruire et polir la nation ». En 1775 enfin, à l'époque où Rousseau finit de rédiger les *Dialogues*, Malesherbes proclame, dans son discours de réception à l'Académie Française, l'achèvement d'une « révolution » qui fait des gens de lettres une instance de pouvoir indépendante « de toutes les puissances et que toutes les puissances respectent », puisque « dans un siècle éclairé [...] où chaque citoyen peut parler à la nation entière par la voie de l'impression, ceux qui ont le talent d'instruire les hommes, ou le don de les émouvoir, les gens de lettres, en un mot, sont, au milieu du public dispersé, ce qu'étaient les orateurs de Rome et d'Athènes au milieu du peuple assemblé ». Voir sur ce point Antoine Lilti, *Le Monde des salons, Sociabilité et mondanité à Paris au* XVIII*e siècle, op. cit.*

19 *« Les grands [...] les medecins, tous les hommes puissans. »*

Cette approche politique, et non plus seulement satirique, de la médecine est un trait caractéristique de *Rousseau juge de Jean Jaques* dans l'œuvre de Rousseau ; indépendamment de l'illusion d'un « complot » contre lui impliquant les médecins, elle reflète la réelle métamorphose de leur statut public et de celui de leur discipline au cours du XVIIIe siècle. Voir, la note 20 du IIIe dialogue dans le « Glossaire ».

20 *« Selon vous c'est un système de bienfaisance envers un scelerat ; selon lui c'est un complot d'imposture contre un innocent ; selon moi c'est une ligue. »*

Il y a donc trois systèmes d'interprétation des pièces versées au dossier du procès : bienveillance pour un criminel (système des « Messieurs »), complot d'imposture contre un innocent (hypothèse de J.J.), ligue sans objet déterminable (conviction de « Rousseau »). Il convient de rappeler que le conviction de ce dernier sur ce point a déjà été affirmée au Ier dialogue : « le François » lui demandant de trancher, concernant la criminalité de J.J., entre l'avis unanime du genre humain et le sien, il refusait l'alternative : « Il est une autre explication plus naturelle qui lève bien des difficultés. C'est de supposer une ligue dont l'objet est la diffamation de J.J. qu'elle a pris soin d'isoler pour cet effet. Et que dis-je, supposer ? par quelque motif que cette ligue se soit formée, elle existe. Sur votre propre rapport elle sembleroit presque universelle » (p. 277). Après sa rencontre avec J.J., il a cependant dû en rabattre sur l'objet véritable de cette ligue ; on doit aussi souligner le caractère de

« conjectures chimériques » qu'il attribue un peu plus loin à l'hypothèse du complot (p. 298), lequel ne se confond donc aucunement à ses yeux avec une « ligue », sans doute parce que cette dernière inclut une dimension politique déterminante quoique inassignable. Toutefois, « le François » confirmera la thèse du complot au IIIe entretien, en l'étayant de sa connaissance concrète de ses agents : « Vous demandiez s'il existoit un complot. Oui, sans doute, il en éxiste un, et tel qu'il n'y en eut et n'y en aura jamais de semblable. Cela n'étoit-il pas clair dès l'année du Décret par la brusque et incroyable sortie de tous les imprimés de tous les journaux de toutes les gazettes, de toutes les brochures contre cet infortuné. Ce decret fut le tocsin de toutes ces fureurs. » (p. 483-484). Pour autant, « complot » et « ligue » semblent synonymes dans son discours ; ainsi au IIIe entretien : « Ma lecture ne fit donc qu'achever ce qu'avoit commencé notre entretien, savoir de m'ôter toute l'estime et la confiance qui m'avoient fait livrer aux impressions de la ligue. » (p. 470).

21 *« Il fallut d'abord faire disparoitre la gravure qui avoit été faite sur le portrait de La Tour. »*

Dans une lettre du 28 mars 1770 adressée à Paul-Claude Moultou, Rousseau reprend sa critique du portrait d'Angleterre en l'opposant à celui de La Tour : « Il faut assurément que vous soyez peu difficile en ressemblance pour trouver la mienne dans cette figure de Cyclope qu'on débite à si grand bruit sous mon nom [...] Je comprends que les bruyans éloges qu'on vous a faits de ce portrait vous ont subjugué ; mais regardez-y mieux et otez-moi de votre chambre cette mine farouche qui n'est pas la mienne assurément. Les gravures faites sur le portrait peint par la Tour, me font plus jeune en vérité, mais beaucoup plus ressemblant. » (*CC.* 6699, t. 37, p. 350). Ce portrait le dépeint à l'âge de quarante ans, auréolé de sa première gloire comme auteur du *Discours de Dijon* et du *Devin du village*. La Tour l'exposa au salon de 1753. Rousseau possédait une réplique au pastel de ce portrait, offerte par le peintre en octobre 1764 : « M. de la Tour, est le seul qui m'ait peint ressemblant, écrit-il encore le 26 juillet 1770 à son libraire Rey, qui voulait faire faire une gravure d'après son portrait par Liotard ; [...] je préférerai toujours la moindre esquisse de sa main aux plus parfaits chefs-d'œuvre d'un autre, parce que je fais encore plus de cas de sa probité que de son talent. » (*CC.* n° 6764, t. 38, p. 79). Il n'avait pas posé pour le pastel de Liotard qui l'a représenté en costume oriental de fantaisie. On trouvera au n° 5 du « Dossier iconographique » une reproduction d'un des pastels de La Tour représentant Rousseau.

22 *« Sur un modèle qu'on avoit fait faire par Le Moine. »*

Dans une lettre de la fin décembre 1765, Hume transmet à Rousseau, alors en transit à Paris avant l'embarquement pour l'Angleterre, une requête de Le

Moyne « le célébré sculpteur [...] pour obtenir de vous la permission de faire votre buste en plâtre » (*CC.* 4917, t. 28, p. 77). Il avait en effet le projet d'un buste en marbre. Selon Henri Laliaud, « ce fut chez M. le Prince de Conti que M. Rousseau nous donna plusieurs séances » (Neuchâtel ms R. 121, p. 6-8, cité dans *CC., id.*, p. 78). C'est d'après ce plâtre réalisé fin 1765-début 1766 que fut faite la gravure de Simon-Charles Miger. « Rousseau est représenté presque de face, la tête découverte, le col de la chemise ouverte, le col de son vêtement en fourrure. » (*Iconographie*, p. 38-39). Au-dessous du médaillon, un cartouche rappelle sa devise *vitam impendere vero*. On trouvera au n° 7 du « Dossier iconographique » une reproduction du buste en terre cuite de Rousseau par Lemoyne (1768).

23 *« C'est alors que parut le portrait grimacier de Fiquet. »*

L'estampe de Ficquet ne fut mise en vente qu'en 1771 selon le *Mercure de* novembre 1771 (d'après *OC.* I Pléiade, p. 1665) et plus précisément en octobre de cette année, selon *L'Avant-Coureur* du 21 octobre 1771, qui signale « un Portrait de M. Jean-Jacques Rousseau, gravé par E. Ficquet, d'après le tableau de M. de La Tour, Peintre du Roi : prix 3 livres. A Paris [...]. Ce Portrait est un des trois quarts & renfermé dans un ovale orné d'attributs allégoriques. Au bas est un livre éclairé par une lampe, & sur lequel on lit cette maxime : *Vitam impendere vero* [...] » (*CC.* n° 6900, note critique). Voir sa reproduction au n° 6 du « Dossier iconographique ».

24 *« Un petit médaillon en plâtre sur le costume de la gravure angloise. »*

Le *Mercure* d'août 1770 (p. 187-188) assure qu'on le trouve « soit en blanc, soit en rouge » pour 12 sols, en compagnie de celui de Voltaire, « chez le sieur Lauraire de l'Académie royale de St. Luc, rue des Prêtres-St Germain l'Auxerrois ».

25 *« Un souris traitre et sardonique comme celui de Panurge. »*

Allusion au *Quart livre* de Rabelais, ch. 6-8. « *Rire sardonique*, sorte de rire qui donne au visage une expression de moquerie acerbe et qui se traduit par une contraction dans les muscles du visage. » (*Acad.*).

26 *« Depuis lors. »*

Selon le *Nouveau glossaire genevois* de Jean Humbert (1852), « cette expression qui nous vient du Midi, se rencontre fréquemment dans J.J. Rousseau, dans de Saussure et dans la plupart des écrivains suisses ; mais on la chercherait vainement, je crois, dans Voltaire et dans les auteurs classiques français du 17e et 18e siècles ». Ce que confirme A. François (*Provincialismes JJR.*, p. 64) qui note son inexistence pour l'Académie et sa condamnation par Féraud : « on ne dit point *depuis lors* mais simplement *depuis* ». En ce qui concerne les *Dialogues*, on en rencontre une autre occurrence dans celui-ci (p. 354), deux autres dans le premier (var. g, p. 184 et m, p. 213), et encore dans le troisième, p. 485 et 521.

27 *« S'abuser [...] par le même principe de juger du cœur d'autrui par le sien. »*

La problématique est la même dans le premier Préambule des *Confessions* : « j'ai résolu de faire faire à mes lecteurs un pas de plus dans la connoissance des hommes, en les tirant s'il est possible de cette regle unique et fautive de juger toujours du cœur d'autrui par le sien ; tandis qu'au contraire il faudroit souvent pour connoitre le sien même, commencer par lire dans celui d'autrui. » *OC*. I Pléiade, p. 1149.

28 *« Ils ne seront point accusés de prévarication. »*

« PRÉVARICATION. Trahison faite à la cause des personnes qu'on est obligé de soutenir, manquement par mauvaise foi contre le devoir de sa charge, contre les obligations de son ministère. » (*Acad.*). Celui que Rousseau évite de nommer dans la note ** est le médecin suisse Samuel-Auguste TISSOT (1728-1797), figure importante du courant « hygiéniste » de la médecine des Lumières, auteur de traités sur *L'inoculation justifiée* et sur *L'Onanisme*, d'un *Avis au peuple sur sa santé*, d'un *Avis aux Gens de lettres sur leur santé* et d'un *Traité sur les nerfs*. Défenseur de Rousseau lors de la condamnation de l'*Émile*, il lui rend visite à Yverdon ; puis les deux hommes entament une correspondance.

29 *« Il s'étoit tellement concentré dans la solitude. »*

Il s'agit de la première occurrence du mot « solitude » dans ce dialogue ; il était déjà apparu une fois au cours du précédent : « On a trouvé l'art de lui faire de Paris une solitude plus affreuse que les cavernes et les bois, où il ne trouve au milieu des hommes ni communication ni consolation ni conseil ni lumiére. » (p. 217). Au fil des quatorze occurrences du mot dans le présent entretien, apparaissent les thèmes suivants : goût foncier de J.J. pour la vie retirée (p. 331), lequel est un produit de son tempérament (p. 340), rappel de la topique classique des bienfaits moraux de la *vita solitaria* (jusqu'à Descartes) (p. 306) et des bienfaits de la campagne par rapport à la cité (p. 380), antinomie radicale de la solitude et de la méchanceté (p. 305-306), incapacité du méchant à la solitude prolongée (p. 334), fuite des hommes par amour des hommes autant que par crainte de leur haine (p. 304), extinction de l'amour-propre par défaut de rapports (p. 307), créativité du solitaire dont les œuvres enrichissent le patrimoine moral de son espèce (p. 308), regret cependant d'avoir dû renoncer à l'amitié d'autrui car « notre plus douce existence est relative et collective » (p. 332). Sur ce thème central dans la littérature européenne moderne depuis Pétrarque, encore cultivé par le XVIIe siècle et que les écrivains du siècle suivant renouvellent, de Prévost à Senancour en passant par Young, on peut consulter la thèse de Pierre Naudin : *L'expérience et le sentiment de la solitude, de l'aube des Lumières à la révolution*, Paris, Klincksieck, 1995. Pour une approche dialectique des « antinomies de la solitude » chez Rousseau, voir surtout Bronislaw Baczko, *Rousseau, solitude et communauté*, ch. III, Paris-La Haye, Mouton, 1974.

30 *« Il vit en loup-garou. »*

« Du Cange dérive ce mot de l'Anglois *Were*, homme, du latin *vir.* Loup-garou, homme loup. D'autres disent loup-garou, loup dont il faut se garer ou se garder. Aussi dans quelques endrois on l'appelle *guère loup.* » *(Trévoux).* Selon Littré, le mot remonte au bas latin *gerulphus*, qui représente l'anglo-saxon *were wolf.* Selon G. Agamben, il figure celui qui a été banni de la communauté : plus tout à fait humain, pas tout à fait animal, sans appartenance stable, incarnant « une zone d'indétermination entre l'homme et la bête », entre *phusis* et *nomos*, qui l'apparente à l'*homo sacer* romain. » (*Homo sacer* I, *op. cit.*, p. 115-116). C'est la première occurrence de ce terme dans les *Dialogues* ; il revient dans celui-ci, p. 406, ainsi que dans le IIIe, p. 500. Il était apparu au livre I des *Confessions* à propos des livres de la Tribu que dévorait l'apprenti graveur, dans le contexte des brutalités de maître Ducommun : « mon humeur devint taciturne, sauvage, ma tête commençoit à s'alterer, et je vivois en vrai loup-garou » (*OC*. I Pléiade, p. 40) ; il revient au livre XII, à propos des ennuis que lui causa le pasteur de Môtiers, M. Montmollin : « Je fus prêché en chaire, nommé l'antechrist, et poursuivi dans la campagne comme un Loup-garou. Mon habit d'Armenien servoit de renseignement à la populace. » (*Id*, p. 627-628). Voltaire avait également été prêché de la sorte : le curé de Ferney, évoquant pour un correspondant l'arrivée prochaine du corps de son fameux paroissien, parlait à son propos de « la mort de notre Antechrist » et du mal qu'avait « fait à [s]on troupeau le loup-garou ». Sur le bestiaire des *Dialogues*, voir Anne Coudreuse : « Trente millions d'ennemis : Le bestiaire des *Dialogues* de Jean-Jacques Rousseau », *Méthode !*, 2003, p. 125-131.

31 *« Loin qu'on l'ait jamais accusé d'avoir tracassé dans les societés. »*

« TRACASSER. Il se dit en parlant des manières d'agir d'un esprit inquiet, indiscret, brouillon et malin. *Ne recevez point cet homme-là dans votre société, il ne fera que tracasser.* Il est du style familier. » *Acad.*

32 *« Timon n'étoit point naturellement misantrope. »* (Note *)

L'histoire de Timon d'Athènes se lit dans les *Vies parallèles* de Plutarque : « Ce Timon estoit un citoyen d'Athènes, lequel avoit vescu environ la guerre du Péloponèse ; comme l'on peult juger par les comédies de Platon et d'Aristophanes, esquelles il est moqué et touché comme malveuillant et ennemy du genre humain, refusant et abhorrissant toute compagnie et communication des autres hommes, fors que d'Alcibiades, jeune, audacieux et insolent, auquel faisoit bonne chère, et l'embrassoit et baisoit volontiers, dequoy s'esbahissant Apémantus, et lui en demandant la cause pourquoi il chérissoit ainsi ce jeune homme là seul, et abominoit tous les autres : « Je l'aime, répondit-il, pour autant que je sçay bien et suis seur qu'un jour il sera cause de grands maulx aux Athéniens. » (*Vie d'Antoine*, trad. Amyot). Depuis la comédie de Molière, la figure du misanthrope interroge la culture de la sociabilité moderne. Au XVIIIe siècle, les Italiens donnent *Timon le Misanthrope* de Delisle (1722), tandis que *Le Triomphe de Plutus* de Marivaux (1728) n'ignore pas *Timon ou le misanthrope* de Lucien. Dans l'univers du journalisme naissant à l'imitation du *Spectator* et du *Tatler*, *Le Misanthrope* de Van Effen est ainsi présenté : « ce n'est que par l'amour qu'il a pour les hommes qu'il s'efforce à développer toute l'extravagance de leur ridicule et toute la noirceur de leur crime » (cité dans Alexis Lévrier, *Les journaux de Marivaux et le monde des « spectateurs »*, Paris, PUPS, 2007, p. 203). *Le Spectateur français* de Marivaux est plutôt un observateur discret qui se plaît à lire la comédie de ses semblables : « c'est une fête délicieuse pour un misanthrope que le spectacle d'un [...] grand nombre d'hommes assemblés ; c'est le temps de sa récolte d'idée » (*Journaux et œuvres diverses*, Paris, « Classiques Garnier », 1988, p. 132) ; c'est ainsi qu'il révèle l'hypocrisie inconsciente du sage Hermocrate qui s'est coupé de ses semblables par dépit plus que par raison. Quant à Rousseau, il réécrit la comédie de Molière dans la *Lettre sur les spectacles* pour nier qu'il soit d'un authentique misanthrope de s'emporter pour des puérilités : comme le héros de *La Vie est un songe*, « le vrai misanthrope est un monstre. S'il pouvoit exister, il ne feroit pas rire, il feroit horreur ». Son Alceste est un homme dont les passions dominantes sont la haine du vice et l'amour de la vertu qui définissent l'humanité telle qu'elle devrait être : il incarne donc la figure du « véritable honnête homme ». C'est à peu près ainsi que Malesherbes parlait à Rousseau de son caractère à l'époque de la crise de l'impression de l'*Émile* : « Etant assés malheureux pour voir souvent des horreurs où Democrite n'auroit vu que du ridicule, il est tout simple que vous ayés fui dans les déserts pour n'en plus estre témoin. » (*CC*. n° 1610, t. 9, p. 355).

33 *« Il n'y a que le méchant, dit-il, qui soit seul. »*

Tirée du *Fils naturel* (1757), acte IV, sc. 3, cette phrase est prononcée par Constance à l'adresse de Dorval, qui n'est en rien un misanthrope par principe mais veut quitter ses amis pour ne pas troubler leur union par une passion qu'il souhaite tenir secrète : « Vous, renoncer à la société ! s'exclame-t-elle, J'en appelle à votre cœur, interrogez-le, et il vous dira que l'homme de bien est dans la société et qu'il n'y a que le méchant qui soit seul. » Au livre IX des *Confessions*, Rousseau recontextualise par erreur l'énoncé dans les *Entretiens sur le fils naturel* : « Après la publication du Fils naturel, il m'en avoit envoyé un exemplaire, que j'avois lu avec l'intérest et l'attention qu'on donne aux ouvrages d'un ami. En lisant l'espéce de Poétique en dialogue qu'il y a jointe, je fus surpris, et même un peu contristé, d'y trouver, parmi plusieurs choses desobligeantes mais tolérables, contre les solitaires cette âpre et dure sentence, sans aucun adoucissement. *Il n'y a que le méchant qui soit seul.* » (*Op. cit.*, p. 455). Pour autant, il n'avait pas tort de se sentir visé car, à cette époque, Diderot faisait tout pour le dissuader de demeurer à Montmorency (Rousseau vit à l'ermitage depuis avril 1756) au lieu de participer, à Paris même, au combat philosophique ; l'année 1757, celle de l'attentat de Damiens, voit en effet se déclencher la violente campagne d'opinion contre les « Cacouacs », l'année suivante voyant d'Alembert se retirer de la direction de l'*Encyclopédie*. La lettre que Rousseau lui a écrite alors a été perdue ; quant à la réponse de Diderot, elle souffle délibérément le chaud et le foid : « je suis bien aise que mon ouvrage vous ait plu, qu'il vous ait touché ! Vous n'êtes pas de mon avis sur les Hermites ; dites en du bien tant qu'il vous plaira, vous serez le seul au monde dont j'en penserai ! Encore y auroit-il bien à dire la dessus si l'on pouvoit vous parler sans vous fâcher. [...] Je vous demande pardon de ce que je vous dis sur la solitude où vous vivez. [...] Oubliez ce que je vous en dis et soyez sur que je ne vous en parleroi plus. Adieu, le Citoyen ! C'est pourtant un citoyen bien singulier qu'un Hermite. » (10 mars 1757, *CC*. n° 479, t. 4., p. 169). – La correspondance des années 1757-1758 (celles de la crise de l'ermitage), montre l'impact déterminant du paradoxe final de cette lettre et de la « sentence » de Diderot sur la réflexion morale de Rousseau qui ne cessera plus d'en méditer la réfutation jusqu'aux *Rêveries*. Voir notamment *CC*. n° 482-484 et 491-493 (échanges Diderot-Rousseau), 494 (à Mme d'Épinay sur l'amitié, les bienfaits, la solitude), 529 et 530 (de Mme d'Épinay et de Mme d'Houdetot sur son différend avec Diderot et Grimm), 562 (de Rousseau à Mme d'Houdetot : est-il un méchant ou le meilleur des hommes ?), 574 (de Diderot : « il est certain qu'il ne vous reste d'ami que moi... »), 592 (de Rousseau à Mme d'Houdetot, sur ses principes en matière d'amitié). Sur ces questions, on peut consulter Bronislaw Baczko, *op. cit.* ; Anne-Vincent-Buffault, *L'exercice de l'amitié : pour une histoire des pratiques amicales au* XVIIIe-XIXe *siècles*, Paris, Seuil, 1995 ; Svein E. Fauskevåg, *Philosophie de l'amitié*, Paris-Oslo, L'Harmattan-Solum Forlag, 2008 ; J.-F. Perrin, « Un questionnement radical de la civilité des Lumières : la question de l'amitié dans la correspondance de Rousseau durant la crise de 1757-1758 », dans *Puisqu'enfin mon nom doit vivre*, M. O'Dea (dir.), Oxford, *SVEC* 2012 :4, p. 9-28.

34 « Et Descartes lui-même. »

De son ermitage hollandais sans misanthropie témoigne cette lettre d'un visiteur de 1642 : « Je remarquai avec beaucoup de joie la civilité de ce gentilhomme, sa retraite et son économie. Il étoit dans un petit château en très belle situation, aux portes d'une grande et belle université, à trois lieues de la cour et deux petites lieues de la mer. Il avoit [...] un assez beau jardin au bout duquel étoit un verger et tout à l'entour des prairies dont on voyoit sortir quantité de clochers plus ou moins élevés. » S. Sorbière, 10 nov 1747, cité dans Bernard Beugnot, *Le Discours de la retraite au XVIIe siècle*, Paris, PUF, 1996, p. 198.

35 « Eh plut à dieu que le méchant fut toujours seul ! Il ne se feroit aucun mal. »

L'argument prenait un tour plus littéraire dans la lettre à M. de Saint-Germain de Février 1770 : « ... quoique cette sentence ait je ne sçai quoi qui papillote à l'oreille, je n'y trouve qu'une absurdité, et il est si faux qu'il n'y ait que le méchant qui soit seul, qu'au contraire il est impossible qu'un homme qui sait vivre seul soit méchant, et qu'un méchant veuille vivre seul ; car à qui feroit-il du mal et avec qui formeroit-il ses intrigues ? [...] Je vais faire une remarque qui peut paroitre légère, mais qui me paroit à moi des plus sures pour juger de l'état interne et vrai d'un auteur. On sent dans les ouvrages que j'écrivois à Paris, la bile d'un homme importuné du tracas de cette grande ville, et aigri par le spectacle continuel de ses vices. Ceux que j'écrivis depuis ma retraite à l'Hermitage respirent une tendresse de cœur une douceur d'âme qu'on ne trouve que dans les bocages, et qui prouvent l'effet que faisoient sur moi la retraite et la campagne, et qu'elles feront toujours sur quiconque en saura sentir le charme et y vivre aussi volontiers que moi. *Les pensées mâles de la vertu*, dit le nerveux Y[o]ung, *les nobles élans du génie, les brûlans transports d'un cœur sensible sont perdus pour l'homme qui croit qu'être seul est une solitude. Le malheureux s'est condamné à ne les jamais sentir. Dieu et la raison ! quelle immense société ! que leurs entretiens sont sublimes ! que leur commerce est plein de douceur* Voila Messieurs Y[o]ung et D[iderot] d'avis un peu différent, sans ajouter celui de Virgile. Pour moi je me fait l'honneur d'avoir imité le scélérat Descartes quand il s'en alla méchamment philosopher dans sa solitude de Nort-Hollande. » (*CC.*, n° 6673 bis, *op. cit.*, p. 257). La citation des *Nuits* de Young (*Douzième nuit, Les avantages de la nuit et de la solitude*) est tirée de la récente traduction de Le Tourneur (*Les Nuits d'Young*, t. I, Paris, Lejay 1769, p. 303). Quant à Virgile, c'est celui des *Bucoliques*.

36 « Il languit et meurt faute d'aliment dans la solitude. »

Cette involution spontanée de l'amour-propre par défaut de lien comparatif est ainsi présentée dans la VIIIe Promenade : « cette passion factice s'étoit exaltée en moi dans le monde et surtout quand je fus auteur [...]. Les terribles leçons que j'ai receues l'ont bientôt renfermé dans ses premiéres bornes ; il commença par se revolter contre l'injustice mais il a fini par la dedaigner. En se repliant sur mon ame et en coupant les relations extérieures qui le rendent exigeant, en renonçant aux comparaisons et aux préférences il s'est contenté que je fusse bon pour moi ; alors redevenant amour de moi-même il est rentré dans l'odre de la nature et m'a délivré de l'opinion. » (*OC*. I Pléiade, p. 1079 ; *OC*. XX, Cl. Garnier, p. 509).

37 « Fuir son ennemi. »

« J'aime mieux les fuir que les haïr » écrira Rousseau dans la VIe Promenade, c'est déjà un leitmotiv de ce dialogue.

38 « Il y avait cinq ans que, de retour à Paris. »

Rousseau est rentré à Paris le 24 juin 1770.

39 « L'œuvre de ténébres dont il étoit l'objet. »

Le syntagme « œuvre de ténèbre » est issu de l'Écriture : « La nuit est déjà fort avancée, et le jour approche. Quittons donc les œuvres de ténèbres, et revêtons-nous des armes de la lumière » (*Épître aux Romains*, XIII, 12 trad. Lemaistre de Sacy). Il est l'occasion de nombreuses variations sous la plume de Rousseau. Il apparaît dans la grande lettre à Hume du 10 juillet 1766 : « Jusqu'ici M. Hume a semblé marcher dans les ténèbres ; vous l'allez voir désormais dans la lumière et marcher à découvert. » (*CC*. n° 5274). On le retrouve dans *Les Confessions*, au début du livre XII : « Ici commence l'œuvre de tenebres dans lequel depuis huit ans je me trouve enseveli, sans que de quelque façon que je m'y sois pu prendre il m'ait été possible d'en percer l'effrayante obscurité » (*op. cit.*, p. 589). La formule « tenebreux système » apparaît sans le Ier dialogue : « Vous avez beau me faire sonner ces mots de bienveillance et de grace. Dans le tenebreux système auquel vous donnez ces noms, je ne vois qu'un rafinement de cruauté pour accabler un infortuné de miseres pires que la mort. » (p. 255) ; autre variation : « ce système de mistére et de ténébres qu'on suit si fidellement envers J. J. » (Ier Dial., p. 272). Rousseau parle aussi de « murs de ténébres impénétrables » (Ier Dial., p. 208), de « l'immense édifice de ténébres qu'ils ont élevé autour de J.J. » (IIIe Dial., p. 493), ou encore de « triple enceinte de ténébres » (IIe Dial., p. 445), une image qui vient d'Hésiode (*Théogonie*, v. 725-727, voir l'Introduction de ce volume, p. 56, pour la traduction utilisée par Roussseau). Ses adversaires sont alors des « ouvriers de ténèbres » (*CC*. n° 6875, 20 juill. 1771, et n° 7082, mi-mai 1776). Parfois, le contexte connote le sens littéraire ou artistique du mot « œuvre » : « du moment qu'on entreprit l'œuvre complette de sa diffamation, pour faciliter le succés de cette entreprise, alors difficile, on résolut de la graduer » (IIe Dial.,

p. 297) ; « ce complot immortalisant son Auteur comme Erostrate, passera pour un chef-d'œuvre de génie et plus encore de méchanceté » (IIIe Dial., p. 501).

40 *« Et après avoir cherché longtems sans succés un homme, éteignit sa lanterne. »*

L'image classique de Diogène le Cynique éteignant sa lanterne est issue des *Vies et doctrines des philosophes illustres* de Diogène Laërce : « Ayant allumé une lanterne en plein jour, il dit : je cherche un homme » (l. VI, § 4). L'identification est ancienne chez Rousseau, puisqu'on la trouve dans une lettre de conseil adressée à un jeune homme à l'époque des Charmettes : « les hommes quoi qu'on dise sont nos freres, en dépit de nous et d'eux, frères fort durs à la vérité, mais nous n'en sommes pas moins obligés de remplir à leur égard tous les devoirs qui nous sont imposés. A cela prés, il faut avouer qu'on ne peut se dispenser de porter la lanterne dans la quantité pour s'établir un commerce et des liaisons, et quand malheureusement la lanterne ne montre rien, c'est bien une nécessité de traiter avec soi-même, et de se prendre faute d'auttre, pour ami et pour confident. » (Été 1738 ? destinataire inconnu, *CC.* n° 23, p. 72). Dans la conclusion du *Discours sur l'origine de l'inégalité*, c'est parce que « le genre humain d'un âge n'[est] pas le genre humain d'un autre âge » que « Diogène ne trouvoit point d'homme, [...] il cherchoit parmi ses contemporains l'homme d'un tems qui n'étoit plus ». Dans *Les Confessions*, Rousseau voit son affichage cynique comme une sorte de supplément à sa timidité lors de ses premiers succès : « je me fis cynique et caustique par honte » (*op. cit.*, p. 368) ; pour autant, son cynisme paraît modéré au regard de celui de l'« Indigent philosophe » de Marivaux ou du neveu de Rameau selon Diderot. Mais Rousseau demeure fidèle au chercheur d'hommes authentiques, qui fait une ultime apparition dans la VIIIe Promenade : « après avoir vainement cherché dix ans un homme il fallut éteindre enfin ma lanterne et m'écrier, il n'y en a plus ». – Les contemporains l'ont fréquemment identifié au Cynique ; ainsi Grimm à propos de sa « réforme » : « tout à coup il prit le manteau du Cynique, et n'ayant point de naturel dans le caractère ; il se livra à l'autre excès. » (*CL*, cité dans *CC.* A258, t. 11, p. 282) ; ainsi d'Alembert écrivant à Mlle de l'Espinasse à l'époque du scandale de l'*Émile* : « C'est pour s'être mis à son aise comme lui, que Diogene a dit beaucoup plus de choses dignes d'être retenues qu'aucun philosophe de l'antiquité [...]. Il est vrai pourtant que quand tout le monde se feroit Diogene comme Mr Rousseau, il faudroit parcourir bien des tonneaux avant de rencontrer un Diogene tel que celui-là ; il faut avoir connu, comme moi Mr Rousseau, pour voir à quel point la hardiesse de braver tout a donné l'essor à son esprit. » (*CC.* A257, t. 11, p. 275). Certains comme « le François », un peu loin dans ce dialogue, le soupçonnent d'affecter la pauvreté « pour faire l'Épictète ou le Diogène, comme l'assurent vos Messieurs ». Voltaire, c'est bien connu, le voit comme un descendant du chien de Diogène et de la chienne d'Erostrate (*CC.*, n° 2021) et multiplie les variations sur le thème du « bâtard de Diogène » ; le théâtre n'est pas en reste, comme le montre l'étude de Hervé Guénot : « Jean-Jacques : Crispin, Diogène ? Socrate ? La représentation théâtrale de Rousseau (1755-1819) », *EJJR* I (1987), p. 93-124. Dans le registre sublime, Moreau le Jeune le grave aux Champs-Elysées accueilli par Platon et Montaigne, tandis que Diogène souffle sa lanterne. Voir Yves Touchefeu, *L'Antiquité et le christianisme dans la pensée de J.-J. Rousseau*, *op. cit.*, p. 429-435. Voir également Jacques Berchtold, « L'identification nourrie par l'iconographie : le cas de Diogène », *AJJR*, t. 45, 2003, p. 567-582.

41 *« Sur cette constante manière d'être, qui seule décéle infailliblement un caractére. »*
L'évaluation la plus exacte des mœurs de son client et de son adversaire a toujours été un élément déterminant du travail préparatoire de l'avocat : « il est [...] souvent obligé de remonter jusqu'aux mœurs et de s'instruire de toute la vie de son client et de celle de son adversaire. Le défaut de ces connoissances a fait perdre les meilleures causes, surtout celles qui ne roulent que sur des intérêts particuliers, qui sont souvent les plus obscurs. » (Cicéron, *De Oratore*, liv. 2, cité par Gin, *De l'éloquence du barreau*, Paris, Herissant, 1768, p. 43). À l'époque où Rousseau compose ce dialogue, la pratique des factums judiciaires imprimés visant à impliquer l'opinion dans les affaires ainsi rendues publiques, développe ces éléments biographiques en narrations recourant parfois à l'énonciation en première personne, voire à la scénarisation dialogique, et dont Sarah Maza écrit qu'elles étaient « rédigé[e]s dans un style littéraire apparenté à celui des romans de l'époque » (*Vies privées, affaires publiques*, *op. cit.*, p. 119). Gin recommande d'ailleurs aux jeunes avocats de se familiariser avec les normes du drame larmoyant à la mode, citant *Nanine*, *L'Enfant prodigue*, *Le Philosophe marié* ou *Le Glorieux* en arguant de ce que « l'orateur y trouvera l'avantage d'apprendre à voir les hommes tels qu'ils sont dans la société ; l'action des pièces de ce genre lui sera d'autant plus utile, que les événemens de la vie privée sont les sujets ordinaires des causes qu'il est obligé de traiter. » (*E.B.*, p. 302-303). – Quant à la méthode préconisée dans ce paragraphe pour créer les conditions d'une objectivité de l'observation par le recueil minutieux de « matériaux » comportementaux suffisamment diversifiés, et ce qui la distingue de l'approche de Condillac dans l'*Essai sur l'origine des connaissances humaines*, I^e^ partie : « Des matériaux de nos connaissances, et plus particulièrement des opérations de l'âme », on peut consulter Cécile Nail : « Le recours à la forme du dialogue dans *Rousseau juge de Jean-Jacques* », in Anne Bailliot et Charlotte Coulombeau : *Die Formen der Philosophie in Deutschland und Frankreich – Les formes de la philosophie en Allemagne et en France (1750-1830)*, Aufklärung und Moderne, Band 6, Saarbrücken, Wehrhahn Verlag, 2007, p. 111 et suiv.

42 « *Du gout pour l'étude des plantes.* »

C'est le 22 août 1771 que Rousseau envoie à Mme Delessert sa première lettre sur la botanique : « à tout âge l'étude de la nature emousse le goût des amusemens frivoles, prévient le tumulte des passions et porte à l'ame une nourriture qui lui profite en la remplissant du plus digne objet de ses contemplations. » (*CC.* n° 6883, § 2).

43 « *Il s'attachoit plus à faire de jolis herbiers qu'à classer et caracteriser.* »

« Je reçois de vôtre part, Monsieur, un Si joli herbier qu'il inspire le goût de la botanique à tous ceux à qui je l'ay fait voir », écrit Malesherbes à Rousseau le 28 octobre 1771, en lui passant commande, s'il le veut bien, d'un second pour l'année suivante (*CC.* n° 6901). Cet herbier rassemblait cent plantes et Malesherbes avait raison de lui écrire, le 8 novembre : « Vous vous êtes donné, Monsieur, une peine incroyable pour la préparation des cent plantes que vous m'avez envoyées, vous y avez employé un tems précieux et qui vous est nécessaire. Ce travail vous a même coûté quelques dépenses » (*CC.* n° 6905). Sur la réalité des connaissances botaniques de J.-J. Rousseau, en dépit de la modestie qu'il affiche à cet égard, on peut se reporter au n° 43 du présent dialogue dans le « Glossaire » et au n° VII du « Dossier documentaire ».

44 « *Aux observations lentes mais solides que donne un examen egal et suivi.* »

Sur les méthodes d'observation de « Rousseau », leur apparentement à celles des sciences naturelles contemporaines ainsi qu'à celles de Plutarque et Montaigne, et sur l'éthique qui les soutient, on peut se reporter au n° 44 du présent dialogue dans le « Glossaire ».

45 « *Ces petites inégalités non moins inévitables [...] dans le calme de la vie privée que de légéres variétés de l'air et du vent dans celui des plus beaux jours.* »

La méthode de « Rousseau » s'inspire ici des hypothèses de son auteur sur la dépendance des caractères aux circonstances qu'il avait l'intention de développer dans un ouvrage qu'il intitule *Morale sensitive* dans *Les Confessions* : « Que d'écarts on sauveroit à la raison, que de vices on empêcheroit de naitre, si l'on savoit forcer l'économie animale à favoriser l'ordre moral qu'elle trouble si souvent ! Les climats, les saisons, les sons, les couleurs, l'obscurité, la lumiére, les élemens, les alimens, le bruit, le silence, le mouvement, le repos, tout agit sur notre machine, et sur notre ame par conséquent ; tout nous offre mille prises presque assurées, pour gouverner dans leur origine les sentimens dont nous nous laissons dominer. Telle était l'idée fondamentale dont j'avois déjà jetté l'esquisse sur le papier. » (l. 9, *op. cit.*, p. 409).

46 *« Un tempérament ardent. »*

Au livre I des *Confessions*, Rousseau se dit doté d'un « tempérament très ardent, très lascif, très précoce » (*OC.* I Pléiade, p. 17). Dans les *Dialogues*, Il emploie fréquemment ce mot en corrélation avec celui de « constitution » (y compris la « constitution primitive » de l'espèce, p. 474 du IIIe entretien), conformément à l'usage, puisque selon l'article TEMPÉRAMENT de l'*Encyclopédie* (Jaucourt), le mot « s'entend plus particulièrement de la constitution naturelle du corps de l'homme, ou de l'état des humeurs dans chaque sujet. » En termes humoraux, l'ardeur caractérise un tempérament sanguin : « Sanguin se dit, en pratique de Médecine, d'un homme qui a beaucoup de sang, où le sang et la chaleur prédomine, et qui a enfin tous les signes du tempérament *sanguin.* » (*Id.*, art « Sanguin »). Cette dominante se double, chez Rousseau, d'une tendance bilieuse également donnée comme constitutive dans la I[e] lettre à Malesherbes : « un tempérament ardent, bilieux, facile à s'affecter », mais il s'agit à ma connaissance de la seule occurrence de mention d'une humeur bilieuse innée ; généralement en effet, il la donne pour acquise au contact de Paris et de ses lettrés (voir les notes 35 et 240 du présent dialogue). À la fin de la première partie de son rapport, « Rousseau » conclut du physique au moral : « voila le précis des observations d'où j'ai tiré la connaissance de sa constitution physique, et par des conséquences nécessaires [...] celle de son vrai caractère » (p. 322) ; un caractère dont les contradictions s'expliquent par un « tempérament mixte » parfois explosif malgré une tendance profonde à la langueur. L'insistance sur la détermination des mœurs par le tempérament reflète ici l'influence de la médecine galénique, certes fortement remise en question au XVIIIe siècle, comme le signale d'ailleurs Jaucourt dans l'aticle plus haut cité, mais restée active chez des médecins comme Le Camus ou Tissot. (Voir Jackie Pigeaud, « La survivance de Galien » in *Aux portes de la psychiatrie*, 2001). Selon Antoinette Emch-Dériaz, Tissot (un des rares médecins – sinon le seul – à faire l'objet des éloges de Rousseau) proposait « une médecine qui en apparence semblait démodée par son utilisation extensive du modèle de la physiologie humorale et de la clinique galéniste, mais qui dans la pratique était conçue comme un puissant moyen pour acclimater le grand public aux principes innovants de la médecine expectante. » (*Tissot, Physician of the Enlightenment*, N.Y [...] Paris, Peter Lang, 1992, p. 237, ma traduction).

47 *« Qu'un temperament ardent et un violent amour-propre puissent compatir dans un même cœur. »*

« COMPATIR. Se dit aussi des personnes et des choses qui conviennent l'une avec l'autre. *Ils sont tous deux d'une humeur à compatir aisément ensemble.* [...] *Pensez-vous qu'ils puissent compatir ensemble ? L'esprit de Dieu ne peut compatir avec celui du monde. Ces deux projets ne peuvent compatir l'un avec l'autre.* En ce sens il se met plus ordinairement avec la négative. » *Acad.*

48 « Des choses bien communes en apparence mais très rares en effet. »

Le même paradoxe apparaît dans l'« Entretien sur les romans ». À son interlocuteur qui critique la banalité de l'intrigue de la *Julie*, R. répond : « C'est-à-dire, qu'il vous faut des hommes communs et des événemens rares ? Je crois que j'aimerois mieux le contraire. » *OC.* II Pléiade, p. 13.

49 « Et pour les faire avec bienseance il faudroit être un autre que moi. »

« BIENSÉANCE. Convenance de ce qui se dit, de ce qui se fait par rapport aux personnes, à l'âge, au sexe, au temps, au lieu, etc. » (*Acad.*). « Les convenances, écrit Crevier, doivent régler nos actions, nos discours, souvent notre silence même. L'attention aux convenances par rapport à tout ce qui regarde les personnes et les choses, les temps et les lieux, doit diriger partout l'orateur, autant dans l'Invention et la Disposition que dans l'Elocution. » (*Rh. fr.*, t. II, ch. IV « De la convenance », p. 278-279).

50 « Si je multipliois ces oppositions. »

Selon Gibert, « l'Opposition [...] consiste à opposer dans le discours deux choses l'une à l'autre, pour en montrer la différence. [...] On oppose ou les choses en elles-mêmes, ou les faits ou les preuves, ou les personnes ou les mouvements ou les mœurs [...] On peut voir au Psaume premier dans le Psautier une manière excellente d'opposer le sort ou le bonheur de l'homme juste au sort et au malheur de l'impie. » (*Rhét.*, p. 541-542) ; les autres exemples qu'il prend indiquent qu'il s'agit là d'un parallèle ou d'un contraste filés. Selon « Rousseau », cependant, les oppositions par lesquelles il pourrait pour ainsi dire déduire *a priori* le véritable caractère de J.J. en renversant un par un tous les traits de son image criminelle, ne seraient pas reçue car il est des cas où le vrai passe le vraisemblable ; Gin ne dit rien d'autre : « (dans le plaidoyer), il suffit d'observer que la vraisemblance résulte presque toujours de la gradation des dispositions intermédiaires, par lesquelles les hommes passent d'un caractère à un autre qui lui est opposé [...] Si l'orateur n'a parlé que des deux extrêmes, il a dit la vérité ; mais il ne la persuadera pas. » (*E B.*, p. 149). Sur la délicate question du maniement des antithèses dans une plaidoirie sans induire un sentiment d'artifice, Crevier écrit qu'« il faut en user avec sobriété et discrétion » et qu'« elles sortent si naturellement de la chose même, qu'elles ne donnent aucun soupçon de recherche » (*Rh. fr.*, t. II, p. 147). Quant à Gin, voici ce qu'il en dit à partir d'exemples tirés d'Horace, La Bruyère et Bossuet : « l'antithèse est d'un grand usage dans les portraits : le sujet même la fournit à l'orateur par les contrariétés du cœur humain. Mais j'ai déjà dit que l'orateur ne devoit faire des portraits qu'autant qu'ils conduisoient à l'établissement de la proposition. Ajoutons qu'il est un art d'éviter l'antithèse dans les portraits mêmes, et d'augmenter la force par la simplicité de l'expression. C'est le mérite du contraste. » (*E B.*, p. 273-274).

51 *« Juger lequel des deux est le plus lié dans ses parties et paroit former le mieux un seul tout. »*

Le critère d'évaluation de la vérité des deux portraits sera donc leur cohérence interne. Dans le premier entretien, « Rousseau » avait conclu à la disparate foncière du portrait de J.J. en criminel, jugé « hors de la vraisemblance, hors de toute possibilité, et formé de parties inaliables incompatibles qui s'excluent mutuellement » (p. 266). À cet égard, il convient sans doute de rappeler ici que l'objectif de l'entreprise des *Confessions* était de rendre cohérent à force d'exhaustivité et de précision, un caractère qui semblait de prime abord marqué de telles disparates : « tant ce bisarre et singulier assemblage a besoin de toutes les circonstances de ma vie pour être bien dévoilé. » (« Ébauche », *OC*. I Pléiade, p. 1153). L'originalité de l'entreprise du second entretien consiste à renoncer à cette voie biographique qui conviendrait au « François » mais dont le simple témoin qu'est « Rousseau » juge qu'il n'est pas convenable qu'il s'en charge, et que d'ailleurs elle échappe à toute narration à cause de la singularité extrême de son objet qui la rendrait à coup sûr invraisemblable. En lieu et place, il va déshistoriciser radicalement le caractère de J.J. en tentant de l'articuler directement sur l'analyse de son tempérament déduit de son comportement. Au IIIe entretien, « le François » admettra que des deux portraits en présence, celui-ci est le moins invraisemblable : « sans m'embarrasser du J.J. de nos Messieurs plus monstrueux par son éloignement de la nature que le vôtre n'est singulier pour en être resté si près, j'adopte pleinement les idées que vous m'en avez données. » (p. 476).

52 *« Si dès sa naissance ses facultés s'étoient tout à coup développées, dès lors on l'eut trouvé tel à peu près qu'il fut dans son age mur. »*

Par le biais du rapport de son avatar fictionnel, Rousseau rompt explicitement ici – et de façon provocante – avec la méthode généalogique pratiquée jusqu'alors dans son œuvre, soit pour penser l'advenue de l'espèce aux rapports sociaux depuis le « pur état de nature », soit pour construire un enfant de la nature capable de vivre en société, soit pour analyser la genèse de ses propres affects depuis sa naissance. J.J. fait en effet exception à la thèse présentée dans l'*Émile* sur le rôle crucial joué par l'éducation dans le processus social de l'hominisation : « On façonne les plantes par la culture et les hommes par l'éducation. Si l'homme naissoit grand et fort, sa taille et sa force lui seroient inutiles jusqu'à ce qu'il eut appris à s'en servir [...]; abandonné à lui-même, il mourroit de misére avant d'avoir connu ses besoins. » (*OC.* IV *Pléiade*, p. 246). Le traité d'éducation pose en effet (comme déjà Pufendorf et Burlamaqui) que l'homme né tout achevé serait un « parfait imbécile », un automate quasi insensible et non viable (*ibid.*, p. 280). Or « Rousseau » affirme à l'inverse la constance irréductible du caractère de J.J. à travers le temps ; ce qui le différencie d'ailleurs tout aussi radicalement de l'homme primitif du second *Discours*, dont « la constitution originelle » est rendue « presque méconnoissable » par le temps et les circonstances (*OC.* III Pléiade, p. 122) – alors qu'ils ont « très peu changé » J.J. Au modèle *historico-généalogique* (parallèlement pratiqué par Condillac dans le *Traité des sensations* et revendiqué par le *Discours préliminaire* de l'*Encyclopédie* comme le meilleur héritage de Bacon) se substitue ici un modèle anhistorique et pour ainsi dire *physiologique*. Un modèle qui déduit les contradictions du caractère « mixte » du tempérament (voir plus loin la note 60).

53 *« Il ne cessera d'être un vieux enfant. »*

Rousseau réactive le topos classique du *senex-puer ;* c'est déjà le cas au livre XII des *Confessions* : « L'oisiveté que j'aime n'est pas celle d'un faineant qui reste là les bras croisés dans une inaction totale, et ne pense pas plus qu'il n'agit. C'est à la fois celle d'un enfant qui est sans cesse en mouvement pour ne rien faire, et celle d'un radoteur qui bat la campagne, tandis que ses bras sont en repos. » (*Op. cit.*, p. 641) ; il y revient dans la VIIIe Promenade : « j'y ris des incroyables tourmens que mes persécuteurs se donnent sans cesse tandis que je reste en paix occupé de fleurs, d'etamines et d'enfantillages, et que je ne songe pas même à eux. » (*OC.* XX Cl.Garnier, p. 285). Cependant, il convient de mentionner ici une autre problématique, liée cette fois aux enjeux philosophiques du topos. Comme Rousseau après lui, Hobbes nie en effet que la méchanceté humaine procède de la nature « parce que les affections de l'âme qui viennent de la nature animale ne sont point mauvaises en elles-mêmes » en dépit de la négativité apparente de la crainte, de la colère, du désir, etc., car « elle ne leur a pas donné en les mettant au monde les disciplines ni l'usage de la raison » ; ainsi un enfant ne peut être qualifié de méchant parce qu'il est encore dépourvu de raison. En revanche, « un méchant homme est le même qu'en enfant robuste, ou qu'un homme qui a l'âme d'un enfant » car « la méchanceté n'est autre chose que le défaut de raison en un âge auquel elle a accoutumé de venir aux hommes. » (*De Cive* [1642], préface, trad. Sorbiere [1649], *op. cit.*, p. xxxi-xxxij). Or plus loin, J.J. sera défini comme « un homme de la nature éclairé par la raison » (p. 392). Rousseau reprend donc ici à Hobbes le personnage du *vir animo puerili*, mais en le dotant de raison et en démontrant, dans les pages qui vont suivre, que si sa sensibilité physique est extrême, son caractère est soumis de façon dominante à une sentiment expansif dérivant de l'amour de soi et non aux passions relatives découlant de l'amour-propre, le rendant ainsi incapable de méchanceté. Sur Hobbes et Rousseau, voir Robert Derathé, *J.-J. Rousseau et la science politique de son temps*, Paris, Vrin, 1970, p. 100-113.

54 *« Moi qui, ayant vécu parmi des gens de lettres les avois toujours trouvés brillans, élancés. »*

Selon *Acad.*, le verbe ÉLANCER dénote l'impétuosité. Selon *Trévoux*, « quelques auteurs ont employé ce verbe à l'actif, pour animer, exciter, donner l'essor » ; mais il y peut se glisser ici une connotation persifleuse : « On dit aussi, par dérision, homme *élancé*, personne *élancée*, dont la taille est trop afilée. » (*Féraud*).

55 *« Ne vous échauffez pas. »*

C'est une des rares didascalies de ce dialogue. « Le François » avait noté, lors du précédent (p. 233), la transformation de la physionomie de son interlocuteur, passant de la mélancolie à l'épanouissement après avoir compris que J.J. n'avait été ni entendu ni convaincu par ses juges.

56 *« Vis-à-vis ces brillans peroreurs. »*

Cet emploi de « vis-à-vis » mis pour « envers » est dénoncé par *Trévoux* comme « détestable façon de parler ». On en rencontre deux autre occurrences dans la suite de ce dialogue : « un desavantage enorme vis-à-vis du reste des hommes » (p. 331), et « se compromettre vis-à-vis de lui » (p. 423), et une autre encore dans le IIIe : « des preuves administrées de cette maniére perdent toute autorité dans mon esprit vis à vis de vos observations » (p. 481). Cela reste une faute pour Littré, qui rapporte à ce propos l'opposition de Voltaire : « Vis-à-vis s'emploie souvent aujourd'hui au lieu de envers, à l'égard de ; c'est une faute ; d'après Humbert, elle est commune à Genève, et c'est J. J. Rousseau qui l'a introduite dans le français. Voltaire protesta : *La langue*, dit-il ironiquement, *s'embellit tous les jours : le roi n'est plus endetté envers le public, mais vis-à-vis le public*, Lett. Linguet, 15 mars 1769. *Vis-à-vis s'introduit partout : on se trouve dans toutes les conversations vis-à-vis de ses goûts et de ses intérêts ; les courtisans sont bien ou mal vis-à-vis du roi ; le parlement en corps fait souvenir la nation qu'il a été le soutien des lois vis-à-vis de l'archevêque ; et les hommes, en chaire, sont vis-à-vis de Dieu dans un état de perdition*, Dict. phil. Langue franç. » La première lettre de l'*Aloisia* ne manquait évidemment pas de relever que, selon Saint-Preux (II, 21, Pléiade, p. 273), l'art d'observer les femmes n'est « *point difficile vis-à-vis des femmes* de Paris. » (*Mélanges*, Paris, Gallimard, Pléiade, p. 398). Pour d'autres occurrences dans la littérature de l'époque, même avant Rousseau, voir *Provincialismes JJR*, p. 55.

57 *« Je l'ai vu souvent rompre impetueusement en visière au puissant oppresseur. »*

« ROMPRE EN VISIÈRE se disait autrefois au propre, quand un Gendarme rompait sa lance dans la visière de celui contre qui il couroit ; et il signifie figurément dire en face à quelqu'un quelque chose de fâcheux, d'injurieux, fièrement, brusquement, incivilement. *Il lui rompit en visière.* » *Acad.*

58 *« La connoissance de sa constitution physique. »*

Cette catégorie en usage dans la médecine de l'époque désigne une individualité physique irréductible à toute autre : « Chaque individu, écrit Étienne Tourtelle, dans ses *Éléments d'hygiène*, a une manière d'être qui lui est propre, et qui, ainsi que l'a dit Bordeu, lorsqu'elle tourne à son avantage, établit sa santé. C'est cette manière d'être qu'on a appelée constitution, et dont il existe presque autant d'espèces qu'il y a d'individus. » (*Éléments d'hygiène ou De l'influence des choses physiques et morales sur l'homme et des moyens de conserver la santé* [1796], 3e édition, Paris, 1815, t. I, p. 95).

59 *« La connoissance de sa constitution physique et, par des conséquences necessaires, [...] celle de son vrai caractére. »*

On a déjà rappelé que cette approche galénique n'est pas propre à Rousseau : quoique sujette à controverse, elle demeure encore active à cette époque, notamment dans le courant hygiéniste dont son ami le médecin suisse Tissot est une figure de proue. Cependant, si « Galien conclut [...] que toutes les mœurs et habiletés de l'âme raisonnable suivent sans doute le tempérament du corps dont elle est revêtue », selon J. Huarte de San Juan, *Examen des los ingenios* [...], Baeza, 1575 – *Examen des esprits pour les sciences où se montrent les différences d'esprit qui se trouvent parmi les hommes*, Lyon 1668, I, chap. V, p. 45 (24 éditions françaises de 1580 à 1675), Helvétius intitule en revanche le ch. I de la section IV de *De l'homme* : « Du peu d'influence de l'organisation et du tempérament sur les passions et les caractères des hommes » et conclut « que le caractère original de chaque homme (comme l'observe Pascal) n'est que le produit de ses premières habitudes. » (*De l'homme*, t. II, « Récapitulation de la section IV », Paris, Fayard, coll. Corpus, 1989, p. 935). Le livre paraît en 1773 (Londres, société typographique) ; Rousseau pouvait en avoir entendu parler mais sa lecture antérieure de *De l'esprit*, comme sa fréquentation personnelle de l'auteur dès 1755, ne lui avaient rien laissé ignorer de sa thèse. Celle-ci est d'ailleurs débattue dans *La Nouvelle Héloïse* : en réponse à Saint-Preux qui insiste, exactement comme Helvétius, sur le rôle déterminant de l'éducation dans la diversité des esprits, Wolmar réplique, en lui montrant deux chiens, que « la seule différence des tempéramens a produit en eux celle des caractéres, comme la seule différence de l'organisation intérieure produit en nous celle des esprits. » (Ve partie, l. III, *OC.* II Pléiade, p. 564-565). Quant à Diderot, il est proche de

Rousseau et de Wolmar sur ce plan, quand il écrit que « l'organisation bonne ou mauvaise constitue entre les hommes une différence que rien ne saurait réparer. Les anatomistes, les médecins, les physiologistes vous le démontreront par un nombre infini de phénomènes. » (*Réfutation suivie de l'ouvrage d'Helvétius intitulé L'homme*, chap. VII [composition en 1775], *Œuvres philosophiques* [éd. P. Vernière], Classiques Garnier, 1990, p. 611). Sur ces questions, outre Jackie Pigeaud, *Aux portes de la psychiatrie*, *op. cit.*, on peut consulter Gilles Barroux, *Philosophie, maladie et médecine au XVIIIe siècle*, ch. 6 : « L'hygiène au cœur de l'ancienne et de la nouvelle médecine », Paris, H. Champion, 2008.

60 *« Ces observations [...] offrent pour résultat un temperament mixte. »*

L'adjectif MIXTE mérite un commentaire parce qu'il appartient au vocabulaire scientifique de l'époque, notamment celui de la chimie dont Rousseau s'est beaucoup occupé à l'époque où il travaillait pour Mme Dupin : selon *Trévoux*, il s'agit en effet d'un « terme de physique [...] souvent employé substantivement. Un mixte, ou corps mixte, c'est-à-dire composé du mélange des éléments, de parties hétérogènes [...], ainsi mixte en tant qu'il signifie ce qui est composé de divers éléments ou principes, est opposé à simple ou élémentaire, qui se dit des corps qui ne sont composés que d'un principe seulement, tels que sont le soufre, le sel etc. [...] Le propre de l'art chimique est de résoudre les mixtes en leurs principes, en leurs petites parties ». On peut ici ajouter que selon l'article « Mixte » de l'*Encyclopédie*, « la mixtion est un acte naturel spontané », en quoi elle est dite « très supérieure à la cohésion aggrégative qui est l'attraction de cohésion des physiciens. » C'était bien l'objet du « précis » des observations du personnage « Rousseau » qui précèdent, que de rendre compte du tempérament mixte de J.J. en le décomposant empiriquement selon les différents « élémens » énuméré dans cet alinéa. Ce résultat acquis, trois étapes vont se succéder : 1. l'introduction d'une définition originale de la sensibilité distinguant une forme passive purement physique et une forme active purement morale, 2. son application à la constitution de J.J., 3. la vérification des résultats induits de l'observation, par pure déduction rationnelle de la mixtion des éléments observés. Sur l'importation des concepts chimiques dans la théorie politique de Rousseau, voir Bruno Bernardi, *La fabrique des concepts, recherche sur l'invention conceptuelle chez Rousseau*, Paris, H. Champion, 2006.

61 *« Un cerveau compacte et lourd. »*

« COMPACTE. Terme didactique. Qui est condensé, dont les parties sont fort serrées. *Corps compacte. Substance compacte. Les métaux les plus compactes sont les plus pesans.* (*Acad.*) C'est un cas de "masculin non différencié" » encore préconisé par Littré. (*A.W.*, p. 13).

62 *« Un excès de sensibilité. »*

C'est en effet un trait de son image publique : « Pour moi, Monsieur, lui écrivait Malesherbes le 25 décembre 1761, à l'occasion de l'affaire de l'impression de l'*Émile*, je vous dirai avec toute la franchise qui vous est due que j'ai vu dans tous vos procédés une extrême sensibilité, un grand fond[s] de mélancolie et beaucoup de disposition à voir les objets du côté le plus noir, mais une disposition au moins égale à vous rendre à la justice et à la vérité quand elle vous est présentée. » (*CC*. n° 1610). C'est aussi l'avis de Hume dès avant leur dispute : « Surely Rousseau is one of the most singular of all human Beings, and one of the most unhappy. His extrême Sensibility of Temper is his Torment. » (à John Home de Ninewells, 22 mars 1766, *CC*. n° 5120). Pour autant, la sensibilité exacerbée, sincère ou affichée, est aussi un trait de mentalité à une époque où les larmes, voire le « corps pathétique », font partie de l'habitus social (*cf.* Anne Coudreuse, *Le goût des larmes au* XVIIIe *siècle*, *op. cit.*). « La vogue extraordinaire dont jouit le mot [sensibilité] entre 1760 et 1775, écrit Jean Sgard, amène Rousseau à s'interroger sur les équivoques de la sensibilité [...] : la sensibilité morale [...] peut elle-même s'inverser sous l'emprise de la vie sociale et devenir sensibilité négative. Il appartiendra à des êtres déviés, libertins, cyniques, de s'abandonner à la sensibilité, jusqu'à devenir des *énergumènes de sensibilité.* » (*VS*., p. 4-5).

63 *« Un nouveau livre anglois intitulé recherches sur l'ame, où à la faveur de je ne sais combien de beaux détails anatomiques [...] on prouve qu'il n'y a point d'ame puisque l'auteur n'en a point vu à l'origine des nerfs. »*

Dans sa bibliographie du siècle des Lumières, Pierre M. Conlon note la publication en 1771 (sans lieu d'édition) de *Dialogues sur l'âme. Par les interlocuteurs en ce temps-là.* (*Le siècle des lumières, Bibliographie chronologique*, t. XVI, 1770-1772, Droz, 1996, p. 207). Cette publication anonyme séparée procède d'un recueil intitulé *Pièces philosophiques*, également anonyme mais en général attribué au baron d'Holbach, où ces *Dialogues* sont précédés d'un essai intitulé *Parité de la vie et de la mort* et suivi d'un *J. Brunus redivivus ou Traité des erreurs populaires, ouvrage critique, historique et philosophique, imité de Pomponace*, *Première partie*, également daté de 1771. C'est dans *Parité de la vie et de la mort* qu'on rencontre, comme intitulé de l'article XXV, une formule extrêmement proche de celle qu'emploie Rousseau : « *L'âme n'est point à l'origine des nerfs, comme croyent quelques anatomistes modernes.* » Le raisonnement est le suivant : « Si l'ame entendoit et connoissoit à l'origine des nerfs, comme plusieurs le croyent, elle devroit avoir la même propriété par tout le corps, puisqu'ils en tirent aussi l'origine. Le cœur bat & sent, avant que le cerveau soit formé, ni qu'il puisse en recevoir les influences ; il a des nerfs, des artères et des veines, sans qu'il puisse acquérir ces facultés de l'ame. Conséquemment l'hypothèse qui établit l'ame comme origine des nerfs dans le cerveau, n'est pas juste, puisqu'elle ne peut expliquer pourquoi elle ne voit ni n'entend point à l'autre bout dans les chairs et les viscères. » (*Op. cit.*, p. 64). Si la problématique de cet essai est foncièrement sceptique, celle des *Dialogues sur l'âme* développe une thèse matérialiste : un Saducéen et un Pharisien y débattent de l'immortalité de l'âme, le premier soutenant qu'elle est ignorée de Moïse. Au fil de leurs entretiens, le propos s'élargit à la question de la capacité de la matière à penser, qui est discutée devant eux à Paris par un moine et un « philosophe » : du mouvement inhérent à la matière ce dernier déduit sensibilité puis pensée, laquelle « est, comme le sentiment, un résultat de l'organisation » (IIIe dialogue, p. 53) ; sur quoi le Pharisien conclut : « il paroît clair que nous ne sommes que matiere, & que toutes nos opérations sont des accidens résultans des combinaisons de la matiere » (*Ibid.*, p. 62). Si Rousseau ne parlait pas d'un ouvrage anglais, tout porterait à penser qu'il vise précisément ce recueil, au prix, toutefois, d'une approximation sur le titre. L'énigme se redouble de ce qu'il n'existe pas, à cette date, de titre anglais correspondant, et que la lettre de l'auteur anglais évoquée par la note est introuvable dans la *Corrrespondance complète.* Il reste que les travaux d'Hartley, proches de la problématique neuro-physiologique ici dénoncée par « Rousseau », étaient connus en France dès 1755 par une traduction de l'abbé Jurain, et que l'*Essai analytique sur les facultés de l'âme* (1760) du Genevois Charles Bonnet développe un associationnisme de la vibration des fibres nerveuses assez proche de celui de Hartley, qu'il connaissait par la traduction de Jurain ; on sait également l'adhésion de Diderot à ce modèle vibratoire qu'il utilise, en s'inspirant de Bordeu et de l'école de Montpellier, pour concevoir le passage de la sensibilité au sentiment et à la pensée. (Voir J. Roger, *Les sciences de la vie dans la pensée du XVIIIe siècle* [1963], Paris, Albin-Michel, 1993, p. 620 et suiv.). Enfin, Joseph Priestley avait publié en 1775 un ouvrage de vulgarisation intitulé *Hartley's Theory of the Human Mind, on the principle of the associations of ideas.* On trouvera plus de précisions sur cette dimension neuro-physiologique au n° XIII du « Dossier documentaire ».

64 *« Cette même sensibilité peut quelquefois engendrer des vertus. »*

Cette radicalité n'apparaît pas chez Hartley selon la traduction de Jurain ; il tient seulement que « les associations ajoutent une force particulière à l'honneur et à la honte qui regardent respectivement la vertu et le vice [et comment] cette espèce d'honneur et de honte peut enfin par la force supérieure des plaisirs et des peines associées, absorber pour ainsi dire toutes les autres espèces. » *Explication physique des sens, des idées et des mouvements tant volontaires qu'involontaires, traduits de l'Anglois de M. Hartley*, t. II, Reims, p. 326.

65 *« La doctrine impartiale du philosophe chirurgien. »*

Indépendamment de la référence anglaise (Hartley n'était d'ailleurs pas chirurgien), on ne peut guère éviter de penser ici au médecin français La Mettrie, dans son *Traité de l'âme* (1751), pour qui l'âme dépend de la substance nerveuse : « où est votre âme, lorsque votre odorat lui communique des odeurs qui lui plaisent [...] si ce n'est dans ces couches d'où les nerfs olfactifs tirent leur origine ? [...] Pour entendre, il faut qu'elle soit placée à la naissance du nerf auditif, etc. » *Œuvres philosophiques* I, Fayard 1987, p. 169-170.

66 *« Une sensibilité physique qui [...] paroit n'avoir pour fin que la conservation de notre corps. »*

Toutes les occurrences du mot « sensibilité » dans la traduction de l'ouvrage de Hartley par l'abbé Jurain renvoient exclusivement à celle des organes. En revanche, l'ambition de rendre intégralement compte de la sphère morale par l'associationnisme est ainsi présentée au ch. 4 : « J'ai fini l'histoire et l'analyse des sensations, des mouvements et des idées [...] Il ne me reste plus à présent que d'examiner en particulier la naissance, l'accroissement des plaisirs et des peines de l'imagination, de l'ambition, de l'intérêt, sympathie, théopathie et sens moral, et de voir comment on peut les déduire dans leurs formes et degrés particuliers, des plaisirs et des peines sensibles, par le moyen des lois générales de l'association, etc. » *Explication physique* t. II, *op. cit.*, p. 262.

67 *« Il y a une autre sensibilité que j'appelle active et morale [...] dont l'étude des paires de nerfs ne donne pas connoissance. »*

La formule « paire de nerfs » appartient au vocabulaire courant de l'anatomie. Elle se rencontre fréquemment dans la traduction de Jurain ; par exemple : « les jeunes enfants ne peuvent point répandre de larmes librement, à cause qu'il n'arrive dans leur cerveau aucun désordre général assez grand pour influer sur la cinquième paire de nerfs jusqu'à ce que les associations intellectuelles soient formées » ; ou encore à propos des sensations gustatives : « les amers et les acides étant appliqués aux nerfs de la cinquième paire dans les circonvolutions du cerveau, et à ceux de la septième, et peut-être encore de la cinquième dans leurs issues [...] envoient leurs propres vibrations spécifiques dans ces régions du cerveau qui correspondent à la cinquième paire, selon les anatomistes. » *Explication physique*, t. I, *op. cit.*, p. 474-475 et 274-275.

68 *« Semble offrir dans les ames l'analogie la plus parfaite avec la faculté attractive des corps. »*

À l'article ATTRACTION, l'*Encyclopédie* distingue le sens ancien et le sens newtonien de la locution « force attractive » : à un modèle supposant cette force inhérente aux corps eux-mêmes, Newton substitue « l'effet d'une puissance, par laquelle chaque particule de matiere tend vers une autre particule », c'est-à-dire, en ce qui concerne la pesanteur, « cette force qui est toujours proportionnelle à la quantité de matiere, et qui agit en raison inverse du quarré de la distance ». Il semble ainsi que chez Rousseau, la sensibilité « active et morale » dont « [l]a force est en raison des rapports que nous sentons entre nous et les autres êtres » soit analogiquement décalquée de la loi de Newton, censée renouveler la vieille métaphore platonisante de l'aimantation élective des âmes, dont Julie joue tendrement avec Saint-Preux : « Nos ames se sont, pour ainsi dire, touchées par tous les points, et nous avons par tout senti la même cohérence. (Corrigez-moi mon ami, si j'applique mal vos leçons de physique) [...], comme ces aimans dont vous me parliez, qui ont, dit-on, les mêmes mouvemens en différens lieux, nous sentirions les mêmes choses aux deux extrémités du monde. » *OC* II Pléiade, p. 55.

69 *« L'action positive ou attirante est l'œuvre simple de la nature qui cherche à étendre le sentiment de notre être. »*

Selon une méthode qui lui est familière depuis ses premières polémiques publiques, Rousseau reprend une catégorie centrale de la pensée adverse pour la redéfinir et l'articuler au sein de sa propre problématique : il reconfigure ainsi en termes quasi dualistes la catégorie moniste de « sensibilité active » qu'avait élaborée Diderot pour penser la sensibilité universelle de la matière. Ainsi dans *Le Rêve de d'Alembert* : « c'est une comparaison qu'il m'a faite, raconte Mlle de L'Espinasse ; un réseau homogène, entre les molécules duquel d'autres s'interposent et forment peut-être un autre réseau homogène, un tissu de matière sensible, un contact qui assimile de la sensibilité active ici, inerte là, qui se communique comme le mouvement [...]. » *Cf.* également l'*Entretien entre d'Alembert et Diderot*, avec la mise en place de la dichotomie sensibilité active / sensibilité inerte (mais en puissance), censée frayer la voie à une théorie matérialiste de la sensibilité générale de la matière, par l'assimilation de l'une à l'autre dans le « laboratoire » animal. (Diderot, *Œuvres philosophiques*, éd. P. Vernière, Classiques Garnier, 1990, p. 290 et 260-261).

70 *« Les distinctions faites dans nos premiers entretiens. »*

L'exposé du « Monde idéal » (p. 164) apparaît ainsi sous un jour nouveau. « Le François » n'y avait vu qu'un monde « fantastique » quand il s'agissait d'une propédeutique. Rousseau domine cet art de préparer progressivement son lecteur à affronter les difficultés de son système en lui en présentant des sortes de modules pédagogiques au fil de l'exposé, comme c'est le cas au livre II de l'*Émile* où trois de ces modules anticipent ce qu'on trouvera dans la « Profession de foi » concernant la théorie de la connaissance ou la définition de la conscience morale. Je me permets de renvoyer sur ce point à mon étude : « Une *passiveté* sous haute surveillance : la mémoire de l'enfant selon l'*Émile* », in Claude Habib (dir.), *Éduquer selon la nature. Seize études sur Émile*, Paris, Desjonquères, 2011, p. 38-53.

71 *« Il est très naturel que celui qui aime cherche à étendre son être. »*

Cette thèse correspond à la définition de la pitié comme « sentiment relatif » et comme « force expansive » au livre IV de l'*Émile*, dans un passage qui préfigure l'antithèse ici présentée entre sensibilité active et passive. Jusque-là, l'enfant a vécu selon la seule passion naturelle de l'amour de soi ; aux abords de la puberté, « le prémier développement des sens allume en lui le feu de l'imagination, il commence à se sentir dans ses semblables » : il s'agit alors « d'offrir au jeune homme des objets sur lesquels puisse agir la force expansive de son cœur, qui le dilatent, qui l'étendent sur les autres êtres, qui le fassent par tout retrouver hors de lui, d'écarter avec soin ceux qui le resserrent, le concentrent et tendent le ressort du moi humain [...] C'est à dire en d'autres termes d'exciter en lui la bonté, l'humanité, la commisération, la bienfaisance, toutes les passions attirantes et douces [...] et d'empêcher de naître l'envie, la convoitise, la haine, toutes les passions repoussantes et cruelles qui rendent, pour ainsi dire, la sensibilité non seulement nulle, mais négative et font le tourment de celui qui les éprouve. » (*OC*. IV Pléiade, p. 504-506). Il importe de remarquer que, dans les *Dialogues*, le mot « pitié » et ses synonymes (bienveillance, bienveuillance, bénéficence, etc.) sont systématiquement rattachés au « système » hypocrite des « Messieurs » qui masquent de cet affichage pitoyable leur haine envers J.J. L'auteur des *Dialogues* prend ainsi acte de l'impossibilité de maintenir sous ce lexique sa théorie de l'expansivité des passions naturelles, d'où la mise en place supplétive de la dichotomie sensibilité naturelle passive / sensibilité morale active. Voir l'introduction du présent volume, p. 77-78.

72 *« C'est même souvent par [la sensibilité morale] que l'autre l'affecte si vivement. »*

La thèse de Hartley est inverse, quoiqu'il admette une efficace dérivée du plan moral sur le plan physique qui demeure à sa base : « Ce sera donc une preuve suffisante que tous les plaisirs et toutes les peines intellectuelles se peuvent déduire immédiatement des sensibles, si nous montrons de chaque plaisirs et peines (sic) en particulier, qu'ils viennent des autres plaisirs et peines soit sensibles, soit intellectuelles (sic) ; car de cette façon aucun plaisir et peine intellectuelle ne peut être originale (sic), mais les plaisirs sensibles le sont évidemment. » *Explication physique*, vol. 2, *op. cit.*, p. 263.

73 *« Il falloit l'eau la verdure la solitude et les bois. »*

Hartley s'inspire des mêmes exemples pour illustrer sur le plan moral sa thèse associationniste : « Les goûts et les odeurs agréables, les couleurs fines des fruits et des fleurs, la mélodie des oiseaux et la chaleur ou fraîcheur agréable de l'air dans les saisons propres, transfèrent aux scènes de la campagne les miniatures de ces plaisirs, elles tressaillissent, pour ainsi dire, à chaque instant, et sont si mêlées l'une avec l'autre et avec [d'autres beautés de la nature et des arts qui les représentent] qu'on les comptera immédiatement avec celles-là, de manière à ne pouvoir plus les distinguer. » *Explication physique*, *ibid.*, p. 266.

74 *« Il faut borner ce mot de sensualité à l'acception que je lui donne. »*

Ce mot est défini par un « attachement au plaisir des sens » dans *Féraud*, chez qui « sensuel » signifie aussi « qui est trop attaché au plaisir des sens ». Quant à l'*Encyclopédie*, Jaucourt le classe dans la rubrique « Morale » : « La plupart des objets qui flattent si fort nos sens, nous enchantent moins par eux-mêmes, que par la bizarrerie des couleurs que leur prête l'imagination ; mais le dégoût est si près de la jouissance ! c'est une fleur dont le parfum s'évapore, et dont l'éclat s'éteint sous la main qui la cueille. » *Trévoux* note, comme Rousseau, que « les libertins mènent une vie brutale et sensuelle » mais aussi qu'« il y a des dévots sensuels qui suivent une voie douce et commode, et qui n'aiment qu'eux-mêmes en croyant aimer Dieu. » On ne sait ce que le rédacteur aurait pensé de ces lignes du livre VI des *Confessions*, lorsque Rousseau évoque la douceur des Charmettes : « Les dévots ont pour l'ordinaire une petite sensualité trés vive qui leur fait savourer avec délices les plaisirs innocens qui leur sont permis. Les mondains leur en font un crime, je ne sais pourquoi ; ou plustot je le sais bien. C'est qu'ils envient aux autres la jouissance des plaisirs simples dont eux-mêmes ont perdu le goût. Je l'avois, ce gout, et je trouvois charmant de le satisfaire en sureté de conscience. » (*OC*. I Pléiade, p. 244). Selon Michel Gilot et Jean Oudart, « les *Dialogues* "représentent la dernière étape de la réhabilitation de la sensualité" chez Rousseau : "*Sensuel* tend à s'y opposer à *grossier* aussi fortement que *sobre* à *dissolu*." » (*VS*., p. 62).

75 *« Ces singeries à la mode appellées maladies de nerfs. »*

« Dans la seconde moitié du siècle, écrit Robert Mauzi, toute une littérature médicale traite de ces maladies [...] tous ceux qui décrivent les mélancolies et les vapeurs les considèrent sans doute comme des maladies éternelles, mais surtout comme le signe à la fois ridicule et tragique de leur époque » (*L'idée de bonheur dans la littérature et la pensée française au* XVIIIe *siècle*, Genève-Paris, Slatkine Reprints, 1979, p. 23-24). Comme le note *Acad.*, la physiologie moderne renouvelle l'approche des « vapeurs » : « on les croyait causées par des fumées élevées de l'estomac ou du bas ventre vers le cerveau. Les Médecins les attribuent aujourd'hui aux mouvemens spasmodiques des nerfs. On sait que le médecin suisse Tissot publie en 1770 la première partie de son *Traité des nerfs et de leurs maladies*. Rousseau, qui est en correspondance avec lui depuis les premiers temps de son exil, lui écrit depuis Bourgoin en janvier 1768, pour lui décrire par le menu tous les symptômes d'une enflure d'estomac aussi gênante que douloureuse et qui lui occasionne "de l'oppression, surtout la nuit" où le poursuivent "fièvre, mal à la tête" et "bourdonnemens d'oreille" », etc. (*CC*. n° 6520). Il terminait à cette époque la seconde partie des *Confessions*. La réponse de Tissot n'a pas été retrouvée, mais une lettre de Rousseau, envoyée de Monquin en février de l'année suivante le félicite de la justesse de son diagnostic et de l'avantage qui en résulte pour lui de ne plus se soucier d'autres causes que physiques à son mal : « vous m'avez guéri d'une cruelle maladie ; celle d'oser chercher ici plus loin que vous n'avez vu [...] et les coups portés par les seules mains de la nature n'étant point dirigés par la haine, ne me feront jamais murmurer. » (*CC*. n° 6536).

76 *« Parmi tous ces energuménes de sensibilité. »*

« ÉNERGUMÈNE. Possédé du diable. Exorciser un énergumène. On le dit au figuré, d'un homme qui se livre à des mouvements excessifs, d'enthousiasme, de colère. » (*Acad.*, 1798). Cette phrase de « Rousseau » retourne l'accusation par lui rapportée un peu plus haut : « J'ai souvent ouï reprocher à J.J. comme vous venez de faire un excés de sensibilité, et tirer de là l'évidente conséquence qu'il étoit un monstre. » (p. 322).

77 *« Le coté qui tient à l'instinct moral. »*

Cette catégorie n'apparaît qu'à cet endroit dans le IIe entretien, elle est absente du IIIe ; voir au Ier dialogue, la note 77 concernant son occurrence précédente.

78 *« Des hommes inconséquens et souvent en contradiction avec eux-mêmes. »*

Ce trait enferme probablement le fond de toute la recherche de Rousseau concernant son caractère depuis les *Lettres à Malesherbes* de janvier 1762 : « une ame paresseuse qui s'effraye de tout soin, un temperament ardent, bilieux, facile à s'affecter et sensible à l'excès à tout ce qui l'affecte semblent ne pouvoir s'allier dans le même caractere, et ces deux contraires composent pourtant le fond du mien. Quoique je ne puisse résoudre cette opposition par des principes, elle existe pourtant, je la sens rien n'est plus certain, et j'en puis du moins donner par les faits une espèce d'historique qui peut servir à la concevoir » (*op. cit.*, p. 1135) Cette méthode, qui consiste à tenter une généalogie de son caractère en remontant d'abord aux « affections secrètes » de l'enfance qui l'ont, écrit-il « jusqu'au bout mis en contradiction avec moi-même » (*ibid.*, p. 12), puis en suivant leur fil dans la suite des événements de sa vie, est celle qu'il applique dans *Les Confessions*. La grande originalité du IIe entretien sur ce plan est de renoncer à la méthode généalogique d'analyse du caractère en déduisant strictement celui-ci du tempérament.

79 *« Ce qu'il fait aussi de mieux et de plus volontiers est de rester en place. »*

C'est ce qu'écrit Rousseau à Mme Delessert, le 6 décembre 1771, à propos de la « commisération » exprimée par son frère au sujet de l'appartement de la rue Plâtrière : « Loin d'avoir à me plaindre de la manière dont je suis actuellement, j'en bénis le Ciel chaque jour davantage, quand j'aurois cent mille livres de rentes je ne voudrois être ni logé ni nourri ni vêtu autrement que je ne suis, et le seul vœu qui me reste à faire à cet égard est d'achever mes jours dans la même situation, sans monter ni descendre, c'est à peu près celle ou je suis né et pour laquelle j'étois fait. » (*CC.* n° 6910).

80 *« Son affection pour le roman de Robinson. »*

Le roman de Defoe est la seule lecture moderne qui convienne à Émile. L'identification de l'auteur à Robinson isolé sur son île est un trait récurrent sous sa plume : épisode de sa quarantaine au lazaret de Gênes (*OC.* I Pléiade, p. 296), séjour à l'Ile saint-Pierre « comme un autre Robinson » (*ibid.*, p. 644). Pour le traitement du mythe de Robinson dans l'*Émile* et sa postérité littéraire, on peut se reporter à la notice bien documentée de R. Trousson (*DJRR.*, p. 823-824).

81 *« Notre plus douce existence est relative et collective, et notre vrai moi n'est pas tout entier en nous. »*

Ce thème apparaît au livre IV de l'*Émile*, dans les pages consacrées à l'éveil de la pitié chez l'adolescent, comme « premier sentiment relatif qui touche le cœur humain » : « C'est la foiblesse de l'homme qui le rend sociable : ce sont nos miséres communes qui portent nos cœurs à l'humanité, nous ne lui devrions rien si nous n'étions pas hommes. Tout attachement est un signe d'insuffisance : si chacun de nous n'avoit nul besoin des autres il ne songeroit guéres à s'unir à eux. Ainsi de notre infirmité même naît notre frêle bonheur. Un être vraiment heureux est un être solitaire : Dieu seul jouït d'un bonheur absolu ; mais qui de nous en a l'idée ? si quelque être imparfait pouvoit se suffire à lui-même, dequoi jouiroit-il selon nous ? Il seroit seul, il seroit misérable. » (*OC.* IV Pléiade, p. 503). Le thème de l'attachement par insuffisance vient de Vauvenargues : « C'est l'insuffisance de notre être qui fait naître l'amitié, et c'est l'insuffisance de l'amitié même qui la détruit. Est-on seul, on sent sa misère ; on sent qu'on a besoin d'appui ; on cherche un fauteur de ses goûts, un compagnon de ses plaisirs et de ses peines ; on veut un homme dont on puisse occuper le cœur et la pensée : alors l'*amitié* paroît être ce qu'il y a de plus doux au monde. [...] » (*Introduction à la connaissance de l'esprit humain* (1746) l. II, § 35, in *Œuvres choisies de Vauvenargues*, Paris, Aubier-Montaigne, 1942, p. 68). Ces lignes sont intégrées telles quelles dans l'article « Amitié » de l'*Encyclopédie* (réd. Yvon et Diderot) qui paraphrase la suite du § 35. Rousseau les connaissait forcément.

82 *« Qu'il n'a ri que deux fois dans sa vie. »*

Il s'agit d'une lettre apocryphe : « Je n'ai pu m'empêcher, Monsieur, de vous avouer mon étonnement sur ce passage de votre Lettre, où vous me parlez d'exil & de bannissement ; je vous dirai même, je vous demande pardon, qu'il m'est échappé d'en rire, quoique cela ne me soit arrivé que deux fois en ma vie, la première à la vue du rolle de Crispin, dans la comédie des Nouveaux Philosophes, & la seconde *ad hoc.* » Cette longue lettre est jointe à la suite de plusieurs contrefaçons du *Contrat social* datée de 1762, et intitulé : *Lettre de J.-J. Rousseau de Genève qui contient sa renonciation à la Société civile, et ses derniers adieux aux Hommes, adressée au seul Ami qui lui reste dans le monde.* (*CC.* t. 12, A 286, p. 303). Sur la question de l'humour de Rousseau, voir Anne Chamayou, *J.-J. Rousseau ou le sujet d'en rire*, Artois Presses Université, 2009.

83 *« Jamais l'esprit si gai si serein que quand on l'avoit laissé seul et tranquille. »*

La IIIe lettre à Malesherbes évoquait déjà ce trait : « (après la promenade solitaire) ma gaieté durant toute la soirée temoignoit que j'avois vécu seul tout le jour ; j'étois bien different quand j'avois vu de la compagnie : j'étais rarement content des autres et jamais de moi. Le soir j'étois grondeur et taciturne : cette remarque est de ma gouvernante, et depuis qu'elle me l'a dite je l'ai toujours trouvée juste en m'observant. » (*Op. cit.*, p. 1141).

84 *« Jamais avec toutes leurs machines ils ne le poursuivront jusque-là. »*

« MACHINE se dit aussi figurément d'une invention, d'une intrigue, d'une ruse, d'une adresse d'esprit dont on se sert dans quelque affaire. *Voyez quelle machine il a fait jouer dans cette affaire. Il a remué toutes sortes de machines pour parvenir à ses fins. Quelles machines n'y a-t-il pas employées ? Il a bien fallu des machines pour cela.* » *Acad.*

85 *« Ils pervertissent l'usage de cette faculté consolatrice. »*

Tout en renouvelant de façon décisive le statut de l'imagination dans l'économie morale par rapport à la méfiance dont elle fait l'objet dans la pensée classique, de Montaigne à Malebranche, Rousseau reste fidèle à une psychologie des facultés ; cela au rebours de l'empirisme contemporain qui les déduit de l'expérience comme c'est le cas chez Hume, Condillac, Helvétius ou encore Hartley : « [En ce qui concerne] les plaisirs et les peines de l'imagination [...] je tâcherai de les dériver chacune (sic) de leurs espèces par associations, soit de celles de sensation, d'ambition, d'intérêt, sympathie, théopathie et sens moral, ou des étrangères à l'imagination. » *Explication physique*, t. II, *op. cit.*, p. 265.

86 *« S'en servir pour adoucir le sentiment de leurs maux. »*

Cet usage libérateur de l'imagination, et plus largement de la rêverie, doit être situé ; il participe en effet d'une réévaluation en cours de cette faculté : un médecin comme Tissot étudie par exemple les effets des imaginations fortement affectées dans ce qu'il appelle les maladies des nerfs. (*Traité des nerfs et de leurs maladies*, Paris, 1779, t. II, partie I, ch. IX, art. I, § 97-104). Pour sa part, Rousseau participe évidemment du courant de valorisation de l'imagination créatrice caractéristique des Lumières, mais sa pratique de la rêverie s'inscrit aussi dans une reprise originale des techniques de contrôle des affects liés à l'imagerie mentale qui ont été mises au point dans l'Antiquité par les stoïciens et les épicuriens. Parmi ces techniques, trois ressortent particulièrement : la *praemeditatio malorum*, l'*avocatio* et la *revocatio*. La première, principalement en usage chez les stoïciens, a pour fonction d'entraîner le pratiquant à s'imaginer face aux malheurs possibles afin de se trouver prêt à toute éventualité s'ils doivent survenir. Cette pratique est rejetée par les épicuriens car « penser tout le temps à l'adversité qui peut arriver, c'est rendre ce mal continuel ; s'il ne doit pas avoir lieu, c'est vainement assumer un malheur volontaire » (Cicéron, *Tusculanes*, II, III, XV, trad. J. Humbert, Paris, Les Belles Lettres). Ils lui opposent deux pratiques que M. Foucault définit ainsi : « l'*avocatio*, qui a pour fonction de détourner les représentations ou les pensées du malheur en se tournant au contraire vers la pensée des plaisirs, et la pensée de tous les plaisirs qui pourraient nous venir un jour ou l'autre dans l'existence ; et puis l'exercice de la *revocatio*, qui, au contraire, nous protège et nous défend des malheurs ou des soi-disant maux qui peuvent nous arriver, par le rappel des plaisirs que nous avons connus autrefois. » (*L'Herméneutique du sujet, Cours au Collège de France. 1981-1982*, Seuil, 2001, p. 450). Cet art antique du bon usage des représentations s'est transmis à l'époque moderne via Pétrarque, Erasme, Montaigne. Quant à Rousseau, il se dit spontanément sujet à la *praemeditatio malorum*, alors même que le malheur survenu le laisse indifférent ; et il pratique avec assiduité l'*avocatio* et la *revocatio* par l'exercice de l'imagination créatrice et de la mémoire affective. Je me permets de renvoyer ici au ch. 8 de mon essai : *Rousseau, Le chemin de ronde.*

87 *« Celui qui peut s'élancer dans les régions éthérées, y planer et s'y soutenir par de sublimes contemplations. »*

La proximité est frappante avec les fameuses strophes de Baudelaire dans *Élévation* : « Derrière les ennuis et les vastes chagrins / Qui chargent de leur poids l'existence brumeuse, / Heureux celui qui peut d'une aile vigoureuse / S'élancer vers les champs lumineux et sereins ; / [...] Qui plane sur la vie ... ».

88 *« C'est ce qui arrive très fréquemment aux orientaux ; c'est ce qui est arrivé à J.J. qui leur ressemble à bien des égards. »*

Sur l'imprégnation orientaliste de Rousseau, tant comme théoricien de la musicalité des langues, lecteur des relations de voyage et de Montesquieu, amateur des *Mille et Une Nuits* et conteur de la *Reine Fantasque*, que comme allégorie incarnée de l'Orient et de son équivoque dans l'Europe des Lumières, voir le n° XIV du « Dossier documentaire ».

89 *« Le relâche qu'il nous procure. »*

« RELÂCHE. s.m. Interruption, discontinuation de quelque travail, de quelque étude, de quelque exercice. [...] Il signifie aussi, Repos, intermission dans quelque état douloureux. *Son mal commence à lui donner du relâche.* » *Acad.*

90 *« Nourrir en nous le plaisir d'exister sans donner de l'exercice à nos facultés. »*

Se marque ici à la fois une proximité et une opposition avec la théologie mystique. Proximité dans la recherche des états de suspension des puissances de l'âme, antinomie dans l'usage de l'expérience sensible. Dans l'oraison mystique, le sujet livré entièrement à la grâce se trouve en état de neutralisation des sens et des facultés de l'âme : « Les sens sont quelquefois comme des enfants vagabonds qui courent ; mais ils ne troublent point ce fond sans fond qui est tout perdu, tout nu et qui n'est plus empêché de rien comme il n'est plus soutenu de rien », écrit ainsi Mme Guyon à propos de cet état où elle dit se délaisser entre les mains de Dieu. (*Vie par elle-même*, IIe partie, ch. 9, § 11, Paris, H. Champion, 2001, p. 499-500). En revanche, si le sujet, dans la rêverie d'abandon ici décrite, met en « léthargie » ses « facultés » à la réserve du maintien d'une sorte d'attention flottante aux objets environnants, c'est pour s'abandonner le plus entièrement possible au seul pouvoir de ses sens. Cette sorte de rêverie passive est plus amplement décrite dans la Ve Promenade mais le propos et le vocabulaire sont identiques : « il n'y faut ni un repos absolu ni trop d'agitation, mais un mouvement uniforme et modéré qui n'ait ni secousses ni intervalles. Sans mouvement la vie n'est qu'une lethargie. Si le mouvement est inégal ou trop fort il [...] détruit le charme de la rêverie ».

91 *« La grue, le cabestan, le mouton. »*

« CABESTAN. Terme de Marine. Machine, espèce de tourniquet, dont le mouvement sert à rouler ou à dérouler un cable. » (*Acad.*). « MOUTON signifie aussi une espèce de gros billot de bois armé de fer, avec quoi on enfonce des pieux. *On a enfoncé ces pieux jusqu'à refus de mouton.* [...]. *Acad.*

92 *« Des joueurs de boule ou de battoir. »*
« BATTOIR. Terme de Paume, est un instrument rond ou quarré par un bout, garni d'un long manche, le tout couvert d'un parchemin fort dur : on s'en sert à la longue paume pour chasser les balles. » *Encyclopédie.*

93 *« Tout cela l'arrête et l'amuse quand sa tête fatiguée a besoin de delassement. »*
La singularité de ce passage, sans doute unique dans l'œuvre de Rousseau, est de signaler que sa pratique de la rêverie ne s'exerce pas seulement dans la nature mais dans la cité, avec comme supports non plus les classiques bosquets, les ruisseaux et les lacs de la tradition pastorale, mais les activités urbaines et le jeu des machines et du commerce. Ainsi ouvre-t-il la voie au regard du flâneur baudelairien, voire au goût rimbaldien des « peintures idiotes, dessus de portes, décors, toiles de saltimbanques, enseignes, enluminures populaires », etc. évoqué dans *Une saison en Enfer.*

94 *« Dans tout ce badaudage. »*
« BADAUDAGE, s. m. ou BADAUDERIE. *Trév. Rich. Port.* l'*Acad.* ne mettent que le second : ils sont tous deux fort bas. [...] Action, discours de badaud. Le *badaudage* est le défaut du peuple dans les grandes Villes : Cet homme est d'une grande *badauderie.* Ce que vous dites-là est *une* franche *badauderie.* » *Féraud.*

95 *« Le plan des attaques du fort de Kell. »*
Il s'agit du fort de Kehl, une forteresse de Vauban destinée à la défense de Strabourg. Sur l'attention de Rousseau à l'architecture militaire, voir J. Berchtold, « La musique des murailles : Rousseau visiteur de Vauban », *AJJR*, t. 48 (2008), p. 41-60.

96 *« Les véritables passions, plus rares qu'on ne pense parmi les hommes, le deviennent davantage de jour en jour. »*
Ce sont précisément ces passions en voie d'extinction chez les autres peuples, et tout particulièrement le patriotisme, que Rousseau entendait réveiller dans le peuple polonais ; l'exemple de l'avare figure ainsi déjà dans les *Considérations sur le gouvernement de Pologne*, pour illustrer la réalité latente des passions authentiques sous celle de l'argent : « On ne peut faire agir les hommes que par leur intérest, je le sais ; mais l'interest pecuniaire est le plus mauvais de tous le plus vil le plus propre à la corruption, et même, je le répete avec confiance et le soutiendrai toujours, le moindre et le plus foible aux yeux de qui connoit bien le cœur humain. Il est naturellement dans tous les cœurs

de grandes passions en réserve ; quand il n'y reste plus que celle de l'argent, c'est qu'on a enervé etouffé toutes les autres qu'il falloit exciter et déveloper. L'avare n'a point proprement de passion qui le domine, il n'aspire à l'argent que par prévoyance, pour contenter celles qui pourront lui venir. Sachez les fomenter et les contenter directement sans cette ressource ; bientot elle perdra tout son prix. » (*OC*. III Pléiade, p. 1005-1006).

97 *« L'interest les elime les attenue les engloutit toutes. »*

Si Rousseau semble ici se détacher de l'analyse classique des passions en faisant prévaloir la catégorie d'intérêt, telle que son siècle la conçoit, autrement dit la raison pratique de « l'intérêt bien conçu » tel qu'il a cours par exemple chez Mandeville, c'est pour déplorer que l'évolution des sociétés en soit venue là. Pour une discussion dialectique des deux conceptions, on peut lire sa longue réponse à D'Offreville, du 4 octobre 1761 (*CC*. n° 1500, dans Rousseau, *Lettres philosophiques*, Paris, Livre de poche classique, 2003, p. 231-239). La question de la place de l'intérêt dans l'anthropologie générale de Rousseau a été réévaluée ces dernières années ; s'il intègre l'approche augustinienne des moralistes de l'âge classique, c'est pour la repenser selon les principes de sa théorie des sociétés, en tentant une sorte d'assimilation critique des thèses de ses adversaires matérialistes sur cette question. Voir à ce propos l'étude de Michael O'Dea : « L'intérêt chez Rousseau : une réhabilitation en cours », in *J.-J. Rousseau en 2012* (dir. M. O'Dea), Oxford, Svec, 2012 :01, p. 151-171.

98 *« C'est pour paroistre. »*

Cette phrase figure en plus gros caractères sur le manuscrit. Voici ce qu'écrit Agrippa d'Aubigné dans la préface de son roman : « L'auteur a commencé ces Dialogues par un baron de Gascogne (baron en l'air), qui a pour seigneurie *Faeneste*, signifiant en grec, paroistre, cettui-là jeune esventé, demi courtisan, demi-soldat ; et, d'autre part, un vieil gentilhomme, nommé *Enay*, qui, en mesme langue signifie estre, homme consommé aux lettres, aux expériences de la cour et de la guerre [...] qui prend occasion de la rencontre de Faeneste pour s'en donner du plaisir, et mesme en faire part à quelque voisin qui estoit alors chez lui. » (*Aventures du baron de Faeneste*, édition de Prosper Mérimée, Paris, Jannet, 1855, p. 3). Ce roman dialogué dans une langue savoureuse qui n'est pas loin de celle de Rabelais, fut publié entre 1617 et 1630 (année de la mort de l'auteur). Le baron ne cesse de débiter à tout propos : « c'est pour parestre », au fil des questions faussement naïves de son interlocuteur. Le caractère du « Rousseau » des *Dialogues* répond assez à celui d'Enay. Quant à Faeneste, il illustre « l'éloge paradoxal d'un naïf par lui-même » étudié par P. Dandrey dans son essai sur *L'éloge paradoxal de Gorgias à Molière*, *op. cit.*, p. 57 et 177.

99 « Où est son cœur là est aussi son trésor. »

Citation du « Sermon sur la montagne » : « Ne vous faites pas des trésors dans la terre [...] mais faites-vous des trésors dans le Ciel [...] Car où est votre trésor, là aussi est votre cœur » *Évangile selon saint Matthieu*, VI, 19-21 (traduction de Lemaistre de Sacy).

100 « Se laisser arrêter tout court par le premier obstacle qu'il rencontre. »

Cette analyse pour ainsi dire balistique du rapport entre désir et action a été préparée dans la fiction du « Monde idéal », dont les habitants ont exactement le même rapport aux obstacles. *Cf.* Ier dialogue, p. 168.

101 « Dans le monde, où l'on ne marche que par zig-zag. »

« ZIG-ZAG. Pièces de bois ou de fer, attachées de manière qu'elles se plient les unes sur les autres, et qu'on allonge ou qu'on rétrécit comme on veut. — Broderie *en zig-zag* ; tranchée en *zigzag*. — Ivrogne qui *fait des zigzags*, qui en marchant, va tantôt d'un côté, tantôt d'un autre. » (*Féraud*). On rencontre également la formule comme expression d'une courbe statistique : « Quesnay, occupé à tracer le *Zig-Zag* du *produit net*, ne me demanda pas même ce que j'allois faire chez Mme de Pompadour. » (Marmontel, *Mémoires*, livre V).

102 « A ces lectures succeda celle de Cassandre et des vieux romans. »

Cassandre est un roman de La Calprenède (10 vol. 1642-1645) ; il en existait un *Abrégé* du marquis de Surgères, publié en 1752. Rousseau relisait la version intégrale à l'automne de 1770, l'ayant emprunté à la marquise de Créqui, à qui il demandait le tome VII en septembre en lui renvoyant les tomes V et VI (*CC*. n° 6787). Il lut ensuite *Cléopâtre* (10 vol.) à l'automne 1771, comme l'indique une lettre à Mme de Créqui à propos de la cinquième partie, où il lit une analogie entre la situation de Coriolan et la sienne : « une chose qui m'affecte beaucoup plus en ce moment c'est l'histoire de Coriolan. J'ignore encore comment il se tirera des trames dont il est la victime. Il n'y a nulle supposition nulle évidence, (car l'imposture en a toujours,) qui put excuser Cleopatre et Marcel ; après avoir connu Coriolan jamais ils ne dévoient le juger sans l'entendre, et ils lui auroient vu faire une mauvaise action qu'ils ne l'auroient pas du croire. Cleopatre et Marcel se sont cruellement trompés et ont mal jugé Coriolan, mais du moins il[s] ne lui ont pas caché qu'ils l'avoient jugé, et de cette franchise doivent naitre infailliblement sa justification et leur repentir. Vous m'avez déclaré, Madame, que vous n'étiez pas Cleopatre ; j'ai grand peur qu'il n'y en ait plus guère et bien moins encor de Marcels. » (*CC*., n° 6907). Rousseau vient sans doute de finir le livre II de cette Ve partie, où, sur le point de révéler à Coriolan la raison pour laquelle elle le juge coupable de perfidie, Cléopâtre est enlevée par une troupe de cavaliers malgré les prouesses du héros pour la défendre, et où les ayant poursuivis jusqu'à la mer, il y rencontre un cavalier qui veut le tuer. Celui-ci se révélant son ami Marcel au cours du combat, Coriolan jette son épée et lui demande quel est son crime, mais Marcel l'abandonne en l'accusant de dissimulation sur une perfidie qu'il connaît mieux que personne. (*Cléopâtre*, V[e] partie, livre 2, Paris, Sommaville, 1652, p. 143-176). On ne peut qu'être frappé par la surimpression, ici, de la problématique centrale des *Dialogues* : juger J.J/Coriolan sans l'entendre, cacher ou non le fait de son jugement à l'intéressé, lexique de l'*imposture* et de la *trame*. Pour un résumé de l'intrigue, voir « L'atelier de l'œuvre, p. 911. – L'impact sur le caractère de Rousseau des romans héroïques et précieux du XVIIe siècle ainsi que des *Vies parallèles* qu'il a lus avec son père dans son enfance est un trait récurrent de son analyse de la formation de sa personnalité et des violentes contradictions qui la caractérisent. Il en parle dès les *Lettres à Malesherbes* (IIe lettre) et y revient au livre I des *Confessions* (où il mentionne des personnages du *Grand Cyrus* de Mlle de Scudéry et du *Cléopâtre*). Sa vie durant, il n'a jamais cessé de dévorer des fictions romanesques de toutes époque et dans tous les genres. Bernardin de Saint-Pierre affirme qu'il rêvait à la fin de sa vie de se lancer dans une troisième lecture de *L'Astrée*. Quant à Plutarque, que Rousseau lit dans Amyot, toute son œuvre en est imprégnée au moins autant que celle de Montaigne ; non seulement les *Vie parallèles*, mais aussi les traités moraux qui fournissent souvent des prétextes ou des pilotis à ses méditations, notamment dans les *Rêveries* : « Dans le petit nombre de Livres que je lis quelquefois encore, Plutarque est celui qui m'attache et me profite le plus. Ce fut la prémiére lecture de mon enfance, ce sera la derniére de ma vieillesse ; c'est presque le seul auteur que je n'ai jamais lu sans en tirer quelque fruit » (*incipit* de la IVe Promenade). Dans l'état dressé par le marquis de Girardin des livres emportés par Rousseau à Ermenonville, figure « Le Plutarque d'Amyot 12 volumes in-12 » (*CC*. n° 7313, t. 42, p. 10). On trouvera un répertoire très fourni des références à Plutarque dans l'index de l'ouvrage d'Y. Touchefeu : *L'Antiquité et le christianisme dans la pensée de J.-J. Rousseau*, *op. cit.*, p. 700. Pour une perspective d'ensemble, l'ouvrage de Jean-Louis Lecercle, *Rousseau et l'art du roman*, Paris, Armand Colin, 1969, reste utile. Voir également C. Bourneville et C. Duflo (dir.), *Rousseau et le roman*, Paris, Classiques Garnier, 2012 et *L'amour dans* La Nouvelle Héloïse, *Texte et intertexte*, *AJJR*, t. 44, 2002.

103 « Cherchant les Aristides, les Lycurgues. »

Les vies d'Aristide le juste (ostracisé « par le seul motif de la supériorité que la vertu lui donnoit sur ses concitoyens », Gin, *E.B.*, p. 145) et du législateur Lycurgue se lisent dans Plutarque. Ce sont deux figures majeures de l'imaginaire politique et moral de Rousseau. Voir l'index d'Yves Touchefeu (ouvrage cité).

104 « Dès qu'ils s'en crurent offusqués. »

« OFFUSQUER. Empêcher de voir, ou d'être vu. [...] Signifie figurément, Surpasser quelqu'un, exceller par-dessus lui, en sorte que sa gloire en soit diminuée. *Il étoit en grande estime parmi les Peintres, parmi les Poëtes; mais il en est venu un autre qui l'a offusqué.* » *Acad.*

105 « Pour mieux sentir cette necessité, écartons un moment tous les faits. »

On a souvent remarqué la parenté de cette phrase avec celle qui résume la méthode hypothético-déductive du second *Discours* : « Commençons donc par écarter tous les faits, car ils ne touchent point à la question. Il ne faut pas prendre les recherches dans lesquelles on peut entrer sur ce sujet, pour des vérités historiques, mais seulement pour des raisonnemens hypothétiques et conditionnels ; plus propres à éclaircir la nature des choses qu'à montrer la véritable origine, et semblable à ceux que font tous les jours nos physiciens sur la formation du monde. » (*OC.* III Pléiade, p. 133).

106 « L'Imagination pleine de types de vertus. »

« TYPE. Modèle, figure originale. En ce sens, il n'est usité que dans le didactique. *Selon les Platoniciens, les idées de Dieu sont les types de toutes les choses créées.* » *Acad.*

107 « Lui faire sentir que ce qu'il cherche ne se trouve point sur la terre. »

Tout ce passage paraphrase à la troisième personne un récit des désillusions de Rousseau à l'égard du monde réel qu'on rencontre déjà dans la IIe lettre à Malesherbes (*OC.* I Pléiade, p. 1134).

108 « La vie contemplative dégoute de l'action. »

La disjonction de la vie active et de la vie contemplative est attestée par toutes les traditions spirituelles ; si Aristote la confirme sur le plan philosophique dans sa définition de la vie théorétique, Bacon, suivi par les Lumières, juge la première préférable à la seconde. Pour un développement sur cette question, voir le n° 108 du présent dialogue dans le « Glossaire ».

109 « Indolent paresseux par gout quand il ne le seroit pas par temperament. »

Depuis la première des lettre à Malesherbes de janvier 1762, Rousseau a beaucoup insisté sur le fonds indolent de son caractère auquel il rapporte son « indomptable esprit de liberté » : « Il est certain que cet esprit de liberté me vient moins d'orgueil que de paresse ; mais cette paresse est incroyable ; tout l'effarouche ; les moindres devoirs de la vie civile lui sont insupportables » (*op. cit.*, p. 1132) ; il y revient dans *Les Confessions* : « l'oisiveté me suffit, et pourvu que je ne fasse rien, j'aime encore mieux rêver éveillé qu'en songe »

(*Ibid.*, p. 640). Il projette ici le mythe de « l'indolent sauvage » qui « doit aimer à dormir, et avoir le sommeil léger comme les animaux, qui, pensant peu, dorment, pour ainsi dire, tout le temps qu'ils ne pensent point. » (*Inégalité, OC.* III Pléiade, p. 195 et 140). On sait que d'un point de vue religieux la paresse est un des sept péchés capitaux, et qu'au point de vue des Lumières elle ne vaut guère mieux : « on voit encore par tout ce que nous venons de dire, combien s'éloignent de la juste idée du *philosophe* ces indolents, qui, livrés à une méditation paresseuse, négligent le soin de leurs affaires temporelles, et de tout ce qui s'appelle *fortune.* » *Encyclopédi*e, art. « Philosophe » (Du Marsais).

110 « S'attacher uniquement au présent, qui seul est en notre pouvoir. »

La concentration sur le présent est la clef de la vie heureuse ; elle suppose un entraînement mental au détachement qui se cultive dans toutes les écoles de sagesse connues. *Cf.* le dialogue d'Hélène et de Faust dans *Le second Faust* de Goethe : « FAUST. Notre esprit n'est plus tourné vers le passé ni vers l'avenir, / Le présent seul – / HÉLÈNE. – Est notre bonheur. », Goethe, *Le second Faust*, acte III, v. 9381-9382, Aubier-Montaigne, 1980, p. 164. Voir Pierre Hadot, *N'oublie pas de vivre, Goethe et la tradition des exercices spirituels*, Albin Michel, 2008, p. 15.

111 « Parfaitement oublié dans très peu de temps. »

Selon *A.W.* (p. 271), « Rousseau ne distingue pas "en dix jours" (*intra decem dies*) et "dans dix jours" (*post decem dies*) bien que la distinction soit nette "chez tous les grammairiens" ».

112 « Tout cet effroi subit et momentané seroit sans suite et stérile en effets. »

En termes épicuriens, cette indolence naturelle dissout donc la tendance à la *praemeditatio malorum* : « Quant au soulagement du chagrin, Épicure le fait dépendre de deux choses : se détacher de la pensée des peines (*avocatione a cogitanda molestia*) et s'attacher à la contemplation des plaisirs (*revocatione ad contemplandas voluptates*) », Cicéron, *Tusculanes* II, III, xv, trad. J. Humbert, *op. cit.*

113 « Ne se mettre jamais en situation à pouvoir trouver son avantage dans le mal d'autrui. »

Cette éthique de l'abstention radicale, qui doit sans doute quelque chose à l'épicurisme, est déjà présentée au livre II de l'*Émile*, dans une note à propos du « bien [que] fait necessairement à ses semblables celui d'entre eux, s'il en est un qui ne leur fait jamais de mal* ». *Le précepte de ne jamais nuire à autrui emporte celui de tenir à la société humaine le moins qu'il est possible ; car dans l'état social, le bien de l'un fait nécessairement le mal de l'autre. Ce rapport est dans l'essence de la chose et rien ne le sauroit changer ;

qu'on cherche sur ce principe lequel est le meilleur de l'homme social ou du solitaire. Un auteur illustre dit qu'il n'y a que le méchant qui soit seul ; moi je dis qu'il n'y a que le bon qui soit seul. Si cette proposition est moins sententieuse, elle est plus vraye et mieux raisonée que la précédente. Si le méchant étoit seul quel mal feroit-il ? C'est dans la société qu'il dresse ses machines pour nuire aux autres. » (*OC.* IV Pléiade, p. 340-341). Ce précepte joue un rôle central dans la casuistique du mensonge et de la vérité exposée par la IVe Promenade : « car si l'obligation de dire la vérité n'est fondée que sur son utilité, comment me constituerai-je juge de cette utilité ? Très souvent l'avantage de l'un fait le préjudice de l'autre, l'intérest particulier est presque toujours en opposition avec l'intérest public [...] Faut-il sacrifier l'utilité de l'absent à celle de la personne à qui l'on parle ? faut-il taire ou dire la vérité qui profitant à l'un nuit à l'autre [...] et suis-je assuré de connoitre assez tous les rapports de la chose pour ne dispenser les lumiéres dont je dispose que sur les régles de l'équité ? » (*OC.* XX, Cl. Garnier, p. 195). Pour une application aux rapports entre devoir paternel et intérêt, voir au livre II des *Confessions*, l'insinuation du rôle des questions d'héritage dans l'attitude passablement désinvolte d'Isaac Rousseau à l'égard des fugues de ses fils (*OC.* I Pléiade, p. 55-56).

114 « Quiconque a sû renoncer à ses avantages pour n'en pas supporter les travaux. »

Sur cet éloge raisonné de la paresse et du renoncement au devoir social, voir la note 124 à propos du mot « industrie ».

115 « Idolâtre du beau dans tous les genres, resteroit-il froid uniquement pour la suprème beauté ? »

Il s'agit là d'un vocabulaire et d'une inspiration platonisants. La *Lettre sur les spectacles* lie l'amour de soi et le sentiment du Beau en donnant celui-ci comme une intuition irréductible de l'âme : « l'amour du beau est un sentiment aussi naturel au cœur humain que l'amour de soi-même ; il n'y naît pas d'un arrangement de scènes. » (*OC.* V Pléiade, p. 22). Quant au thème du « divin simulacre » intérieur, il intervient et se diffuse dans la *Nouvelle Héloïse* à partir de la lettre qu'envoie Julie à son amant en partance pour Paris : « rentre au fond de ton âme, c'est là que tu retrouveras toujours la source de ce feu sacré qui nous embrasa tant de fois de l'amour des sublimes vertus ; c'est là que tu verras ce simulacre éternel du vrai beau dont la contemplation nous anime d'un saint enthousiasme. » (I[e] partie, lettre 11, *OC.* II Pléiade, p. 223). Rousseau lit Platon dans la traduction latine de Marsile Ficin révisée par Simon Grynaeus : *Divini Platonis operum a M. Ficino* [...], Lyon, 5 vol. 1550. Son exemplaire annoté est conservé à la British Library (voir sur ce point D. El Murr, « Rousseau lecteur du *Politique* de Platon », *Revue française d'histoire des idées politiques* n° 37 : « Usages de Platon », 2013/1). Sur la dimension platonicienne dans la pensée de Rousseau, voir H. Gouhier, *Les Méditations métaphysiques de J.-J. Rousseau*, *op. cit.*, ch. IV. Sur l'interprétation de Platon au XVIIIe siècle, voir D. Lay Williams, *Rousseau's Platonic Enlightenment*, The Pennsylviana State University press, 2007 ; également J.-L. Vieillard-Baron, *Platonisme et interprétation de Platon à l'époque moderne*, Vrin, 1988, p. 50 *sq.*

116 *« Il voudra toujours le bien, il le fera quelquefois. »*

C'est également le cas pour les habitants du « Monde idéal ». *Cf.* premier dialogue, (p. 167-168).

117 *« Pour tout l'étiquette des petits procédés. »*

La formule est un peu énigmatique. D'une part, le mot « étiquette » est toujours donné pour féminin dans les dictionnaires, et d'autre part, on n'y rencontre pas le syntagme « petits procédés », mais un emploi au pluriel sans adjectif comme dans les formules *La règle des procédés veut que… Cet homme ne connoît pas les procédés. Manquer aux procédés. J'ai éprouvé de sa part d'étranges procédés. Il a eu pour moi les meilleurs procédés. C'est un homme à procédés. Il se pique de procédés.* (*Acad.*, 1798). On peut supposer qu'il s'agit là des formes et rituels de la civilité polie, dénoncés comme gratuits, à l'inverse de ce qu'il en coûte de s'abstenir de nuire.

118 *« Il est des malheurs auxquels il n'est même pas permis à un honnête homme d'être préparé. »*

Cette maxime apparaît en 1766 dans la lettre au général Conway où Rousseau décline la pension du roi d'Angleterre : « Après tant de malheurs je me croyois préparé à tous les événemens possibles ; il m'en arrive pourtant que je n'avois pas prévus, et qu'il n'est pas même permis à un honnête homme de prévoir » (12 mai, *CC.* n° 5200) ; elle revient en 1770, toujours dans sa correspondance : « J'avoue pourtant que ces mêmes malheurs m'ont d'abord pris au dépourvu, parce qu'il en est auxquels il n'est pas même permis à un honnête homme d'être préparé. » (À P.-L. Buirette de Dormont du Belloy, 12 mars 1770, *CC.* n° 6686) ; et encore en 1772 : « Il est Madame, des Situations auxquelles il n'est pas permis à un honnête homme d'être préparé. » (à la Marquise de Mesmes, 14 août 1772, *CC.* n° 6959 ; on peut lire cette lettre au n° V. 2. du « Dossier documentaire »).

119 *« À se rendre sans cesse plus isolé. »*

Selon A. François, *(se) rendre* suivi d'un participe passé est « pourchassé » par les grammairiens, mais le tour reste vivant chez Voltaire ou La Harpe. (*HLF*, p. 1487).

120 « Enfermé vif dans un cercueil. »

Sur ce fantasme de l'enterré vif et sa résonance dans l'opinion à cette époque, voir l'introduction du présent volume, p. 57-58.

121 « Ce besoin d'aimer qui dévora son cœur dès son enfance. »

Rousseau parle au livre IX des *Confessions*, de son âme « naturellement expansive, pour qui vivre c'étoit aimer », et s'y décrit « dévoré du besoin d'aimer sans l'avoir jamais bien pu satisfaire. » (*OC*. I Pléiade, p. 426).

122 « Ni le tems de les écrire ni le desir de les communiquer. »

De ces romans mentaux composés au fil des voyages à pied – et de l'impossibilité de les écrire –, le livre IV des *Confessions* dit ceci : « La chose que je regrette le plus dans les détails de ma vie dont j'ai perdu la mémoire est de n'avoir pas fait des journaux de mes voyages. Jamais je n'ai tant pensé, tant existé, tant vécu, tant été moi. [...] Je dispose en maître de la nature entiére ; mon cœur errant d'objet en objet s'unit, s'identifie à ceux qui le flatent, s'entoure d'images charmantes, s'enivre de sentimens délicieux. Si pour les fixer je m'amuse à les décrire en moi-même, quelle vigueur de pinceau, quelle fraîcheur de coloris, quelle énergie d'expression je leur donne ! On a, dit-on, trouvé de tout cela dans mes ouvrages, quoique écris (sic) vers le déclin de mes ans. O si l'on eût vu ceux de ma prémiére jeunesse, ceux que j'ai faits durant mes voyages, ceux que j'ai composés et que je n'ai jamais écrits... pourquoi, direz-vous, ne les pas écrire ? et pourquoi les écrire, vous répondrai-je : Pourquoi m'ôter le charme actuel de la jouissance pour dire à d'autres que j'avois joui ? Que m'importoient des lecteurs, un public et toute la terre, tandis que je plânois dans le Ciel ? D'ailleurs portois-je avec moi du papier, des plumes ? Si j'avois pensé à tout cela rien ne me seroit venu. Je ne prévoyois pas que j'aurois des idées ; elles viennent quand il leur plait, non quand il me plait. » (*OC*. I Pléiade, p. 162-163).

123 « Ce fut [...] alors seulement que l'usage de la plume lui devint possible. »

Il faut ici opérer une double distinction : la première, entre l'histoire réelle des rapports de Rousseau avec l'écriture littéraire et celle qui est prêtée au personnage J.J. dans la fiction littéraire des *Dialogues ;* la seconde, entre deux versions contradictoires à ce propos dans cette fiction elle-même. La version ici donnée de l'entrée en écriture de J.J. présente les choses en termes de tempérament et de rythme intérieur : ce sont la modération de l'énergie vitale et les circonstances qui provoquent l'entrée en écriture, la volonté du sujet n'y ayant guère de part ; dans le premier dialogue au contraire, les livres faussement attribués à J.J. procèdent d'une rétention délibérée de l'expression, leur auteur ayant eu « assez de courage d'orgueil de force pour résister à la démangeaison d'écrire si naturelle aux jeunes gens qui se sentent quelque talent, pour laisser meurir vingt ans sa tête dans le silence, afin de donner plus de profondeur et de poids à ses productions longtems méditées » (p. 186). – Dans la réalité, la démangeaison d'écrire survient assez tôt chez Rousseau, et en tous cas, bien avant son arrivée à Paris au cours de l'été de 1742. En voici un aperçu : *Narcisse ou l'amant de lui-même*, comédie née à Chambéry entre 1732 et 1740, retouchée par Marivaux, proposée aux Italiens vers 1746 avant d'être jouée au Français en 1752 (Voir *Les Confessions, OC.* I, Pléiade, p. 120, 287, 341) ; *Le Verger de Madame la Baronne de Warens* (Londres [en réalité Chambéry], 1739) ; *Projet pour l'éducation de M de Sainte-Marie* (1740, non publié) ; *Épître à M. Bordes*, composée en 1740 à Lyon lors du préceptorat chez M. de Mably et publiée en 1743 dans le *Journal de Verdun* ; *Projet concernant de nouveaux signes pour la musique*, commencé à Chambéry en 1741, lu à l'Académie des sciences en août 1742 et publié en 1743, à Paris, sous le titre : *Dissertation sur la musique moderne* ; *Épître à M. Parisot* (1742, non publiée).

124 « Il regneroit sans doute une extrème langueur dans leur industrie. »

Après avoir rappelé le sens métaphysique du mot INDUSTRIE : « faculté de l'âme qui s'exerce sur les productions et sur les opérations mécaniques qu'elle invente ou qu'elle imite », *Trévoux* ajoute : « ce mot signifie quelquefois le simple travail des mains, l'art d'augmenter son revenu par différentes inventions relativement aux arts, aux métiers, au commerce, à la société », et cite Saint-Évremond : *les hommes se sont assemblés en société afin de jouir des secours de leur industrie mutuelle, dont les besoins de la vie ont rendu le commerce nécessaire* ». Dans cette perspective, il importe ici de rappeler telle observation de la Ve Promenade à propos de l'état d'abandon contemplatif propre à la rêverie : « la pluspart des hommes agités de passions continuelles connoissent peu cet état et ne l'ayant gouté qu'imparfaitement durant peu d'instans n'en conservent qu'une idée obscure et confuse qui ne leur en fait pas sentir le charme. Il ne seroit pas même bon dans la présente constitution des choses qu'avides de ces douces extases ils s'y dégoutassent de la vie active dont leurs besoins toujours renaissans leur prescrivent le devoir. » (*OC.* XX, Cl. Garnier, p. 229). N'y a-t-il pas là une tentation un peu ironiquement offerte à des contemporains suractifs ? En effet, selon la conclusion du *Discours sur l'origine de l'inégalité* : « l'homme sauvage [...] ne respire que le repos et la liberté, il ne veut que vivre et rester oisif, et l'ataraxie même du stoïcien n'approche pas de sa profonde indifférence pour tout autre objet. Au contraire, le citoyen toujours actif, suë, s'agite, se tourmente sans cesse pour chercher des occupations encore plus laborieuses : il travaille jusqu'à la mort, il y court même pour se mettre en état de vivre, ou renonce à la vie pour acquerir l'immortalité. » (*OC.* III Pléiade, p. 192). Certes, l'*Émile* stipule bien que si « dans la société, où il vit nécessairement aux dépens des autres », l'individu « leur doit en travail le prix de son entretien », et cela « sans exception », en revanche, le solitaire authentique est sans devoirs à cet égard : « hors de la societé, l'homme isolé ne devant rien à personne, a droit de vivre comme il lui plaît » (*Émile*, l. III, *OC.* IV Pléiade, p. 470). C'est bien dans cette optique que le IIe entretien réaffirme fortement le droit du solitaire à la paresse : « car l'indolence et l'oisiveté, qui dans la societé sont un si grand vice n'en sont plus un dans quiconque a sû renoncer à ses avantages pour n'en pas supporter les travaux » (p. 344).

125 *« C'etoit plustot un sentiment sourd une notion confuse qu'un jugement clair et développé. »*

S'agissant de l'expression « sentiments sourds », *Furetière* (éd. 1725) donne cet exemple à l'article « Sentiment » : « sentiments sourds qu'il est plus aisé d'expérimenter que d'expliquer » ; cette notion est incluse dans le « sentiment intime ou intérieur » selon *Trévoux*, « comme une persuasion que nous sentons intérieurement, sans qu'on en puisse rendre raison aux autres ». Dans *Les Confessions*, Rousseau, en parlant au livre IV de la genèse de ses idées, écrit qu'elles « s'arrangent dans [s]a tête avec la plus incroyable difficulté. Elles y circulent sourdement ; elles y fermentent jusqu'à m'émouvoir, m'échauffer, me donner des palpitations, et au milieu de toute cette émotion je ne vois rien nettement ; je ne saurois écrire un seul mot » (*OC.* I Pléiade, p. 113). Dans la présente version de la découverte des thèses centrales du système de J.J., le transport de Vincennes est moins un commencement absolu qu'une mutation en idées claires et distinctes d'une intuition longtemps diffuse en rêveries romanesques depuis sa jeunesse.

126 *« Une malheureuse question d'Academie qu'il lut dans un Mercure. »*

Lors de l'automne de 1749, rendant visite à Diderot emprisonné à Vincennes, Rousseau a lu dans le *Mercure de France* la question mise au concours par l'Académie de Dijon pour le prix de morale de 1750 : « Si le rétablissement des sciences et des arts a contribué à épurer les mœurs. » Donnant cette circonstance comme le point de départ de sa carrière littéraire, il l'a évoquée deux fois : dans la deuxième des *Lettres à Malesherbes* de janvier 1762 (qui ont circulé dans les milieux éclairés mais n'ont été imprimées qu'après sa mort) et au livre VIII des *Confessions*. Douze ans après l'événement, la première version donne un rapport quasi clinique sur un état d'extrême exaltation poussé jusqu'à l'évanouissement, et présente un abrégé des « vérités » aperçues au cours de cette transe, mais dont le détail et la chaîne ont été perdus (à l'exception de la « prosopopée de Fabricius »), à charge pour Rousseau de les reconstituer laborieusement dans les trois ouvrages qui suivront : le discours de Dijon, celui sur l'inégalité et l'Émile, « lesquels trois ouvrages sont inseparables et forment ensemble un meme tout » (*OC.* I Pléiade, p. 1136). Sept ans plus tard, la version des *Confessions* renvoie à la version précédente pour le détail des faits, donné pour oublié depuis qu'il a été couché sur le papier, mais en insistant sur « le souvenir vif » qui perdure de « l'impression » alors ressentie, et en modifiant l'énoncé de la question dans le sens de l'interprétation qu'en donne premier *Discours* : « Si le progrès des sciences et des arts a contribué à corrompre ou à épurer les mœurs ? » Suivent le récit de la lecture à Diderot de la prosopopée et de l'encouragement de celui-ci à concourir ; l'évocation de la mutation morale de Rousseau durant « quatre ou cinq ans » d'« effeverscence » où toutes « [s]es petites passions furent étouffées par l'enthousiasme de la vérité, de la liberté, de la vertu » ; enfin un développement sur la solution trouvée (une sorte de secrétariat de Mme Levasseur) pour noter les résultats d'une composition mentale laborieuse et nocturne qui se dérobe à l'écriture, quoique mémorisée. (*OC.* I Pléiade, p. 351-352).

127 *« Lui montrer un autre univers, un véritable age d'or. »*

Ce lieu commun littéraire issu des *Métamorphoses* d'Ovide et de la littérature pastorale – en plein regain à cette époque avec notamment les *Idylles* de Salomon Gessner (1756) que Rousseau appréciait (*CC.* n° 1607 et *OC.* I Pléiade, p. 586) –, prend évidemment chez lui une couleur particulière dans la mesure où sa conception originale de l'état de nature comme possible non actualisé, mais vraisemblable, de l'espèce humaine, le projette en surimpression de toute son analyse critique des sociétés réelles. Une formule équivalente apparaît dans la lettre à Malesherbes du 28 janvier 1762, à propos de ses extases dans la nature à Montmorency : « Je transportois dans les asiles de la nature des hommes dignes de les habiter. Je m'en formois une societé charmante dont je ne me sentois pas indigne. Je me faisois un siecle d'or à ma fantaisie. » (*OC.* I Pléiade, p. 1140). Outre cette dimension de rêverie, l'œuvre filigrane également ce mythe dans le tableau de sociétés existantes, comme celle des « Montagnons » du Valais suisse dans la *Lettre sur les spectacles*, ou dans la perception des paysages comme dans la lettre de Saint-Preux sur le Valais (*Nouvelle Héloïse*, II, xxiii). On peut consulter à ce propos Jean Terrasse, *Jean-Jacques Rousseau et la quête de l'âge d'or*, Bruxelles, 1970, et Marc Eigeldinger, *Jean-Jacques Rousseau et la réalité de l'imaginaire*, Neuchâtel, 1962, p. 137-162.

128 *« Dix ans de délire et de fiévre. »*

C'est déjà la durée qu'il donne dans sa lettre à Malesherbes du 4 janvier 1762 (*OC.* I Pléiade, p. 1133). *La Nouvelle Héloïse* a été publié en 1760-1761, le *Contrat social* et l'*Émile* sortiront en mai 1762.

129 *« Son cœur [...] lui dictoit un langage digne d'un si grande entreprise. »*

Rousseau a beaucoup insisté sur l'indélibéré de son éloquence depuis le premier *Discours*, la rattachant à une mutation de son caractère « enivré de la vertu » à la suite de la découverte de Vincennes : « pendant quatre ans au moins que dura cette effervescence dans toute sa force, rien de grand et de beau ne peut entrer dans un cœur d'homme, dont je ne fusse capable entre le Ciel et moi. Voila d'où naquit ma subite éloquence. Voila d'où se répandit dans mes prémiers livres ce feu vraiment celeste qui m'embrasoit, et dont pendant quarante ans il ne s'étoit pas échappé la moindre étincelle, parce qu'il n'étoit pas encore allumé. » (*Les Confessions*, l. IX, *OC*. I Pléiade, p. 416). On sait qu'au ch. XII de l'*Essai sur l'origine des langues*, il rattache « les effets prodigieux » de l'éloquence antique à une énergie civique collective dont les Modernes n'ont plus aucune idée. (*OC*. V Pléiade, p. 411). J. Starobinski a signalé dans son édition que s'inscrivait là toute une tradition issue de Tacite et dont on peut suivre la trace jusqu'à Batteux, Voltaire ou Diderot. (*Ibid.*, n. 3, p. 1584).

130 « Cette prétendue traduction du tasse qu'on lui attribue généralement. »

C'est ce que confirme La Harpe dans une lettre de juin 1774 au comte Schouvalov : « Il paraît une nouvelle traduction du Tasse magnifiquement imprimée et que l'on vend fort cher. Le bruit se répand que c'est un ouvrage de la jeunesse de Jean-Jacques. Ce qu'on dit du mérite de l'ouvrage, joint à ce que l'on savait déjà que Rousseau s'était occupé autrefois de cette traduction, peut accréditer ce bruit qui pourtant n'est pas encore confirmé. Ce qui peut en faire douter c'est que Rousseau a toujours mis son nom à tous ses ouvrages et qu'il n'y a nulle raison pour qu'il ne le mette pas à celui-là. Il se peut que le libraire ait semé ce bruit pour donner du cours à une production anonyme. » (*CC*. n° 7039). Sur cette traduction et sa préface, ainsi que sur sa passion invérérée de J.-J. Rousseau pour l'œuvre du Tasse, on peut se reporter au n° 130 du présent dialogue dans le « Glossaire ».

131 « Occupation peu sortable à la dignité d'auteur. »

« SORTABLE. Qui est convenable, qui convient à l'état et à la condition de personnes. *Un mariage sortable. Un parti sortable. Cet emploi-là n'est pas sortable pour vous.* » *Acad.*

132 « S'il ny va que que par manière d'acquit. »

« On dit, *Faire quelque chose par manière d'acquit*, pour dire, Négligemment, et seulement parce qu'on ne peut pas s'en dispenser. » *Id.*

133 « [Les soins] qu'il y met n'ayant leur effet que dans l'execution. »

C'est ainsi que Rousseau présente son approche à l'article « Copiste » de son *Dictionnaire de musique* : « Le plus habile Copiste est celui dont la Musique s'exécute avec le plus de facilité, sans que le Musicien même devine pourquoi.

[...] Tout ce qui tend à faciliter l'exécution n'est point indifférent à la perfection d'un Art dont elle est toujours le plus grand écueil. » *OC.* V Pléiade, p. 735.

134 « La copie à prix d'argent. »

Selon Elizabeth E. Forster, entre le 1er avril 1772 et le 22 août 1777, Rousseau a copié 9236 pages de musique, qui lui ont rapporté 838 fr. par an, soit, ajouté à ses rentes viagères diverses, un revenu d'environ 2200 fr. par an entre 1772 et 1776. Un an avant sa mort, ayant dû abandonner ce travail trop fatigant, il était retombé à 1440 fr./an, alors que Thérèse était malade. « Le dernier séjour de Rousseau à Paris, 1770-1778 », *Smith College Studies in Modern Languages*, vol. II, n° 2-3, janvier-avril 1921, p. 22.

135 « Une nouvelle maniére de copier la musique ordinaire, qui la rend plus comode à lire. »

Il s'agit sans doute de l'écriture dite « boustrophédon » (ou en sillons) qui enchaîne une portée écrite de gauche à droite avec la suivante écrite de droite à gauche. On peut voir au musée de Chaalis quelques partitions de Rousseau ainsi présentées. La notation chiffrée est l'invention qu'il présenta à l'Académie des sciences lors de son arrivée à Paris, mais on lui reprocha de n'avoir pas été entièrement original. Censée faciliter le déchiffrage chez les apprenants, cette notation, il l'admet dans *Les Confessions*, est peu pratique pour les musiciens habitués à voir immédiatement d'un coup d'oeil la dynamique des mouvements sur la partition (livre VII, *op. cit.*, p. 285-286). Édité sous le titre *Dissertation sur la musique moderne* (1743), son système n'eut guère d'audience à son époque. Il l'a pratiqué à son propre usage en le perfectionnant par sa combinaison avec l'écriture « en sillons », comme il l'explique au Dr. Burney en octobre 1777 (*OC.* V Pléiade, p. 434 *sq.*). Sur les rapports de cette pratique avec la méthode de lecture de l'œuvre de J.J. par « ordre rétrograde » préconisée par « le François » au IIIe entretien (p. 472), on peut se reporter au n° 36 du IIIe dialogue dans le « Glossaire » et à l'introduction de ce volume, p. 71.

136 « Tant en partition qu'en parties séparées. »

« PARTIE en musique, signifie chacune des mélodies séparées, dont la réunion forme l'harmonie ou le concert. » (*Acad.*, 1832-1835).

137 « Son opéra de Daphnis et Chloé. »

Il s'agit d'une pastorale en quatre actes (*CC.* n° 7047 à Mme Delessert, § 4) commencée en 1774 et demeurée inachevée ; subsistent la musique du prologue et de l'acte I ainsi que des esquisses de l'acte II. Le livret de Corancez est inspiré du récit de Longus dans la traduction d'Amyot. Le marquis de Girardin publia cela en 1779, sous le titre *Fragments de Daphnis et Chloé.* Rousseau a montré le premier acte à François de Chambrier le 13 juin 1774, ainsi que celui-ci l'a noté dans son journal : « j'ai été voir J.J. Rousseau qui m'a fait voir le premier Acte de l'opéra de *Daphnis & Cloé* dont il a fait la musique. Il m'en a chanté plusieurs morceaux que j'ai trouvé infiniment agréables. » (*CC.* n° 7039). Sur les circonstances dans lesquelles Rousseau en a passé commande à Corancez et la collaboration qui s'ensuivit, voir *De J.J. Rousseau*, Paris, an VI, p. 233-235.

138 « Une seconde musique presque en entier. »

François de Chambrier en témoigne dans une lettre du 12 décembre 1774 : « étant chez J.J. Rousseau, il me dit qu'il refesoit entièrement la musique de son Devin du Village, il y joignit la complaisance de m'en chanter quelques morceaux en s'accompagnant du Clavecin ; il est plus content de cette dernière production que de la première. » (*CC.* n° 7054). Six nouveaux airs furent chantés à l'opéra lors de la représentation du *Devin* qui y fut donnée le 20 avril 1779 ; la partition fut gravée la même année et déposée à la Bibliothèque royale. Un autre air fut découvert, « sur ces paroles du Devin, *Je vais revoir ma charmante maîtresse*, terminé quant au chant et à la partie de basse ». (V.D. Musset-Pathay, « Avis de l'éditeur », in *Œuvres complètes de J.J. Rousseau, Beaux arts, Écrits sur la musique*, Paris, Dupont, 1824, p. XV-XVI).

139 « Les originaux qu'il a gardés. »

Rousseau avait effectivement constitué en recueil ces compositions vocales qui furent publiés en 1781 par le marquis de Girardin sous un titre de son invention : *Les consolations des misères de ma vie.* « Cette collection [...] comprend 95 morceaux de chant, duo, romances, pastourelles, etc., sur des paroles françaises ou italiennes » (V.D. Musset-Pathay, *op. cit.*, p. XV). Sur la diversité, les richesses et l'inventivité de ce recueil qui mêle des compositions de toutes époques, chansons italiennes, chansons populaires, romances, duos, etc. sur des textes de poètes de la Renaissance, de Rousseau lui-même ou de certains amis, on consultera avec profit la notice de Daniel Paquette, *DJJR.*, p. 171-172.

140 « Au point de faire de ces herbiers ainsi préparés des recueils de miniatures. »

« J'ai le projet aussi, écrivait Rousseau à Malesherbes le 17 avril 1772, d'une forme de petits herbiers à mettre dans la poche pour les plantes en miniature qui ne sont pas les moins curieuses, et je n'y ferois entrer néanmoins que des plantes qui pourroient y tenir entières racines et tout ; entre autres la pluspart des mousses, les Glaux, Peplis, Montia, Sagina, Perchepiert, &c. Il me semble que ces herbiers mignons pourroient devenir charmans et précieux en même tems. » (*CC.* n° 6933). Il lui donne plus de précisions le 18 avril 1773 : « Je comptois diviser ces herbiers par petits portefeuilles ou cahiers chacun de cent plantes ; mais la petitesse du format et aussi ma pauvreté m'ont forcé de réduire ces cahiers à soixante, pour les rendre plus portatifs et plus comodes. Ces herbiers plustot destinés pour des Dames que pour des botanistes ne contiennent guéres que des fragmens de plantes, mais que j'ai tâché d'y rendre bien reconnoissables par leur forme et par leur couleur, autant que la chose a été possible. Mon projet étoit d'abord de porter chacun de ces petits herbiers à six cents plantes choisies des environs de Paris, et j'en aurois fourni chaque année un cahier de cent plantes ; en les réduisant à soixante, il me faudroit dix ans au lieu de six pour les completter, et c'est un projet assez chimérique à mon âge. Toutefois si cet arrangement peut convenir à quelqu'un je le suivrai autant qu'il me sera possible : c'est tout ce que je peux promettre. » (*CC*. n° 6989). Malesherbes avait en effet proposé à Rousseau de vendre ces herbiers pour améliorer ses revenus parallèlement à la copie de musique. Pour plus de précisions, on peut se reporter au n° 140 du présent dialogue dans le « Glossaire ».

141 « Je n'ai rien vu chez lui qui sentit ce gout de pharmacie. »

L'antithèse de la pharmacie et de la botanique est pleinement développée dans la VIIe Promenade, mais on peut aussi relire les pages des Charmettes dans *Les Confessions*, où Madame de Warens fabrique des potions tandis que Claude Anet herborise pour elle dans les montagnes : « n'ayant alors aucune idée de la botanique, je l'avois prise en une sorte de mépris et même de dégout ; je ne la regardois que comme une étude d'Apothicaire. Maman, qui l'aimoit, n'en faisoit pas elle-même un autre usage ; elle ne recherchoit que les plantes usuelles, pour les appliquer à ses drogues » (l. V, *op. cit.*, p. 180). Pour un état de la question des rapports entre chimie et botanique à cette époque et chez Rousseau, on doit consulter le chapitre 2 : « Rousseau's botany : the chemical background », du livre déjà cité d'Alexandra Cook.

142 « Ah de petites boetes ! »

Nouvelle occurrence de la « réplique sur le mot » qui réglait le rythme des échanges dans le premier entretien. C'est que dans cette passe d'armes sur les poisons, « le François » a repris le ton du persiflage.

143 « Une once ou deux de graine de pavots. »

Une once vaut 30 g ½ : « Rousseau » surenchérit dans le même registre. Plus loin, les deux interlocuteurs rivalisent d'absurdités à propos d'un des crimes attribués à J.J. selon le premier dialogue ; en effet, le persiflage signifie aussi « tenir, de propos formé, des discours sans idées liées » (*Trévoux*, art. « Persifler »).

144 « Des litrons de graines. »

« LITRON. Certaine mesure contenant la seizième partie d'un boisseau de Paris, ou trente-six pouces cubes » (*Acad.*). Un boisseau vaut entre 12 et 13 litres.

145 « Il les fait même agir de loin comme la poudre de sympathie et le basilic. »

« On appelle *Poudre de sympathie*, une poudre préparée que l'on applique sur le sang sorti d'une blessure, & que l'on prétend qui agit sur la personne blessée, quoiqu'elle soit éloignée. *Cet Empirique prétend avoir guéri son malade avec de la poudre de sympathie* ». « BASILIC. Serpent fabuleux, qui tue de sa vue. *Le regard du basilic. Des yeux de basilic.* » *Acad.* L'empoisonneur se double donc d'un sorcier. Mais « le François » ridiculise ici un discours auquel il n'adhère plus.

146 « Il a suivi jadis un cours de chymie. »

Lorsqu'il était employé comme secrétaire par Mme Dupin, Rousseau eut à monter un cabinet de chimie destiné à son fils ; il suivit effectivement les cours de Rouelle et rédigea une sorte de manuel de vulgarisation rédigé vers 1746-1747 : les *Institutions chimiques* (mille deux-cents pages manuscrites). Voir *Les Confessions*, livre VII, *op. cit.*, p. 293. Sur le rôle de la chimie dans la culture scientifique de Rousseau, voir le n° 36 (1999) de la revue *Corpus* (B. Bensaude-Vincent et B. Bernardi dir.) : *Jean-Jacques Rousseau et la chimie.*

147 « Quoi, point d'alambics, de fourneaux, de chapiteaux ? »

« En Chimie, on appelle *Chapiteau*, Un vaisseau qu'on place au-dessus d'un autre appelé *Cucurbite*, et dans lequel s'élèvent les vapeurs ou liqueurs que le feu fait monter dans la distillation. Le chapiteau est garni d'un tuyau que l'on nomme *Bec*, par où les liqueurs vont tomber dans le récipient. » *Acad.*

148 « Des plats, des pots, des ecuelles [...] il n'en faut pas davantage pour empoisonner tout le genre humain. »

Il peut s'agir ici d'une allusion à Juvénal : *Sed nulla aconita bibuntur Fictilibus : tunc illa time, quum pocula sumes Gemmata* (Satire X, v. 25-26) ; « Ce n'est point dans l'argile que l'on boit du poison : frémissez quand vous saisirez une coupe enrichie de perles ». Je cite la traduction de Dusaulx (qui fréquentait Rousseau à cette époque) : *Satires de Juvénal*, Paris, Lambert, 1770, p. 322. Rousseau pouvait aussi se souvenir de la version de Pétrarque : [*Solitarius*] *scit non spargi venena fictilibus (De vita solitaria*, livre I)*;* « Il sait qu'on n'a pas enduit de poison sa vaisselle de terre » (*La Vie solitaire*, trad. P. Maréchaux, Paris, Rivages & Payot, 199, p. 41).

149 « Témoin Mignot et ses successeurs. »

Jacques Mignot, fameux pâtissier-traiteur attaché à la Maison du Roi, moqué par Boileau dans ses *Satires* : « Car Mignot, c'est tout dire, et dans le monde entier / Jamais empoisonneur ne sut mieux son métier. » (Satire III, v. 67-68).

150 « Je vous vois sourire bien dédaigneusement. »

C'est la seconde didascalie de l'entretien, toujours introduite par « le François » ; ici, elle atteste le caractère persifleur des réponses de « Rousseau » à son propre persiflage des supposés talents d'empoisonneur et de sorcier de J.J.

151 « Vous passionnerez-vous toujours pour cet homme-là ? »

Cf. Molière, *Tartuffe* : « Cléante (à propos de Mme Pernelle) "[...] Et que de son Tartuffe elle paraît coiffée !" » (Acte I, sc. 2) ; et aussi *Le malade imaginaire*, Béralde (à Argan) : « Est-il possible que vous serez toujours embéguiné de vos apothicaires et de vos médecins [...] ? » (Acte III, sc. 3).

152 « Jamais Rousseau ne défendra Jean Jaques accusé d'être un empoisonneur. »

Cette réplique, reprise dans P. seulement, est la seule occurrence du libellé « Jean Jaques » ailleurs que dans le titre de l'œuvre. Le persiflage de cet échange est une façon pour l'auteur de dominer l'angoisse par l'humour noir : Rousseau s'était en effet cru soupçonné d'empoisonnement sur la personne de son ami Du Peyrou et sur celle du concierge du château de Trye, et ses activités botaniques faisaient courir les langues en Dauphiné (*cf.* les n° X. 1. et IV.2. du « Dossier documentaire »). Selon Michel Porret, le crime d'empoisonnement est l'un des pires qui soit selon les normes de l'époque : « Mêlant secrètement un produit toxique dans la nourriture d'un particulier (vin, tisane d'herbes, soupe, bouillie de céréales [...], le crime d'empoisonnement constitue [...] l'exemple le plus qualifié de l'intention homicide. Cette utilisation des aliments ou de l'eau à des fins homicides constitue d'ailleurs une circonstance particulièrement "atroce". À Genève, la qualification de ce crime entraîne une procédure minutieuse, ininterrompue, visant à l'épuisement physique et moral du suspect qui peut être appliqué à la question infligée dans la chambre criminelle au moyen de l'estrapade. Chacune des circonstances de ce délit est aggravante [...] Longuement prémédité [...] le crime de poison détermine une pénalité particulièrement expiatoire. » (*Le crime et ses circonstances*, *op. cit.*, p. 203).

153 « Laissons donc tous ces persiflages. »

C'est la première fois que « le François » admet explicitement sa distance ironique au discours qu'il relaie. La connivence persifleuse des deux interlocuteurs détruit ici par l'absurde l'un des pires crimes attribués à J.J. selon le premier dialogue.

154 « L'examen de la constitution d'une nation malheureuse. »

Il s'agit des *Considérations sur le gouvernement de Pologne* : « C'étoit le travail de six mois, écrit-il dans une lettre du 20 avril 1774 au comte Wielhorski, dans un tems dont ma situation me rendoit un autre emploi nécessaire. » (*CC*. n° 7033, t. 39, p. 243). Il y a travaillé de janvier à juin 1771.

155 *« Sur les instances réitérées [...] d'un des prémiers patriotes de cette nation. »*
Il s'agit du comte Michał Wielhorski qui tentait à Paris de défendre la cause de la confédération de Bar alors que les « Philosophes » défendaient celle de ses adversaires, le roi de Pologne, le roi de Prusse et l'impératrice de Russie. Il s'était d'abord adressé à Mably qui écrivit pour lui, dans l'année 1770, ses *Observations* [...] *sur la réforme des loix de la Pologne*; puis il se tourna vers Rousseau, probablement par l'intermédiaire de Claude Carloman de Rulhière qui restait en bons termes avec lui. Rousseau signale, au début des *Considérations*, que le comte l'a documenté par un « exposé succinct des mœurs des polonais » ainsi que d'autres éléments touchant les questions économiques. Des recherches récentes ont montré qu'il lui avait également fourni un exposé sur les institutions politiques polonaises et différents projets de réformes. (Cette note et la précédente reprennent quelques éléments de l'introduction d'Anna Grześkowiak-Krwawicz à l'édition critique des *Considérations* préparée en collaboration avec Dominique Triaire, à paraître au tome XVI des *Œuvres complètes* en Classiques Garnier).

156 *« Qu'il ne vouloit lui avoir aucune obligation. »*
Dans la lettre du 20 avril 1778 plus haut citée, Rousseau s'inquiète d'un billet du comte à ce propos : « *Le comte de Wielhorski, ne voulant rien devoir a M. Rousseau que son estime et son amitié, lui envoyé trente sols qu'il lui redoit.* Assurément, Monsieur, dans le travail que j'ai fait pour vous obéir je n'ai jamais ni prétendu ni pensé que vous eussiez contracté une dette envers moi, mais peut être avec les sentimens que j'ai cru vous connoitre ne deviez-vous pas tout-à-fait penser de même, et un billet si singulier ne sauroit avoir été écrit sans dessein. Je ne vous dissimulerai pas que ce billet n'excita d'abord en moi qu'un mouvement d'indignation et que ma fierté ne me permit pas d'y répondre. »

157 *« Il a écrit en forme de dialogue une espéce de jugement d'eux et de lui assez semblable à celui qui resultera de nos entretiens. »*
On ne saurait sans doute mieux paraphraser par anticipation la définition de la mise en abyme procurée par Lucien Dällenbach : « est mise en abyme toute enclave entretenant une relation de similitude avec l'œuvre qui la contient. » (*Le récit spéculaire*, Paris, Seuil, 1976, p. 18). On observera au passage que l'enjeu central des *Dialogues* ne se réduit pas au jugement du seul J.J., comme semble l'annoncer le titre : *Rousseau juge de Jean Jaques*, mais inclut celui du personnage collectif que la fiction nomme « nos Messieurs ».

158 « Sa compagne aujourdui sa femme. »

Rousseau a épousé civilement Thérèse Levasseur à Bourgoin, le 30 août 1768. C'est un des rares passages des *Dialogues* où il fait état de son existence. *Cf.* également, plus loin, p. 439.

159 « Voila très fidellement, me dit-il à quoi se borne toute mon opulence. »

Il faut cependant ajouter une petite pension de 300 francs versés depuis 1763 par Rey pour Thérèse Levasseur, et retirer 100 francs versés par Rousseau à sa tante Goncerut à Genève. Le total de son revenu annuel net monte donc à environ 1 400 francs (ou livres) ; à quoi s'ajoutent selon E. Forster (article cité) environ 800 fr. provenant de son travail de copiste entre 1772 et 1777, date à laquelle devant abandonner ce travail harassant, il était retombé à 1 400 fr/£. Selon l'échelle des revenus de Turgot (*cf.* J. Sgard, « L'échelle des revenus au XVIIIe siècle », *DHS* 14, 1982), on vit convenablement à Paris avec 6 000 £ par an mais on n'est pas riche pour autant, quoiqu'on le soit beaucoup plus que quatre-vingt dix pour cent des travailleurs manuels qui gagnent moins de 300 fr par an. Pour indiquer un ordre de grandeur en ce qui concerne les revenus des auteurs, celui de Diderot pour l'*Encyclopédie* et ses autres ressources lui assurent, selon Jacques Proust, un revenu de 4 500 £ par an jusqu'en 1765 (*Diderot et l'Encyclopédie*, Paris, Albin Michel, 1962, p. 96), tandis que Voltaire jouit de 200 000 £ de rentes par an à la fin de sa vie. L'étiage fort médiocre des dépenses et des revenus de Rousseau n'a guère varié au cours de sa vie d'écrivain : rappelons qu'en décembre 1764, alors qu'il se prépare à charger Du Peyrou de la gestion de son « édition générale » auprès du libraire Fauche de Neuchâtel, il chiffre sa « dépense ordinaire » depuis vingt ans à soixante Louis par an, soit 1 440 £ ; pour s'assurer ce revenu, il propose que soit versé un capital de 10 à 12 000 £ à Du Peyrou (chargé de le placer pour lui en rentes viagères), auquel s'ajouterait un versement de 50 Louis (1 200 £) au démarrage de l'édition. (*CC*. n° 3735).

160 « Je n'ai point prétendu prendre un état austére et de mortification. »

En rejetant cette interprétation ascétique de sa conduite, et en justifiant au contraire son activité de copiste par son refus de se priver de certaines commodités, Rousseau rejoint, sur ce point au moins, l'image du sage éclairé que projette l'article « Philosophe » de l'*Encyclopédie* : « Le vrai *philosophe* n'est point tourmenté par l'ambition, mais il veut avoir les commodités de la vie ; il lui faut, outre le nécessaire précis, un honnête superflu nécessaire à un honnête homme, et par lequel seul on est heureux : c'est le fond des bienséances et des agréments. Ce sont de faux *philosophes* qui ont fait naître ce prejugé, que le plus exact nécessaire lui suffit, par leur indolence et par des maximes éblouissantes. »

161 « Des raffles de cinquante mille francs. »

« RAFLE. Se dit au jeu des dés, quand les trois dés dont on joue, amènent le même point. [...] On dit proverbialement et figurément, *Faire rafle*, pour dire enlever tout sans rien laisser. *Les Sergens, les soldats, les voleurs ont été dans cette maison, et y ont fait rafle.* Il est du style familier. » *Acad.*

162 « Pourquoi copier de la musique au lieu de faire des livres ? »

La critique récente s'est intéressée aux enjeux littéraires de la copie musicale chez Rousseau. Voir Jacqueline Waeber : « Rousseau copiste de musique : l'envers de l'auteur ? » in M. O'Dea (dir.), *Puisqu'enfin mon nom doit vivre*, Oxford, Svec 2012 :01. Plus largement, on peut découvrir dans l'œuvre littéraire elle-même une sorte de surimpression esthétique des principes musicaux de Rousseau. Voir Amélie Tissoires, *L'Opéra mental, formes et enjeux de l'écriture du spectacle chez J.-J. Rousseau*, *op. cit.*

163 « En laissant errer à leur gré mes idées sans les assujetir à rien. »

La VIIe Promenade reprend cette problématique à travers la distinction de la méditation et de la rêverie : « J'ai pensé quelquefois assez profondement ; mais rarement avec plaisir, presque toujours contre mon gré et comme par force : la rêverie me delasse et m'amuse, la réflexion me fatigue et m'attriste ; penser fut toujours pour moi une occupation pénible et sans charme. Quelquefois mes rêveries finissent par la méditation, mais plus souvent mes méditations finissent par la rêverie, et durant ces égaremens mon ame erre et plâne dans l'univers sur les ailes de l'imagination dans des extases qui passent toute autre jouissance. » (*OC.* XX, Cl. Garnier, p. 257). *Mutatis mutandis*, cette dialectique ressemble assez à celle qu'indique Fénelon dans les *Maximes des saints* : « le passage de la méditation à la contemplation [...] est d'ordinaire long, imperceptible, et mélangé de ces deux états ; comme les nuances de couleurs font un passage insensible d'une couleur à une autre où elles se mêlent toutes deux. [...] Tous les bons mystiques disent avec le père Balthazar Alvarez, qu'il faut prendre la rame de la méditation quand le vent de la contemplation n'enfle plus les voiles. » (Fénelon, *Explication des maximes des saints*, art. XXIII, *Œuvres* I, Paris, Gallimard, Pléiade, 1983, p. 1063).

164 « Les productions de mon ame ne sont point à vendre. »

Comme Voltaire (qui dispose d'autres moyens financiers), Rousseau rejette la posture d'écrivain professionnel au nom de l'indépendance de la pensée : « il est trop difficile de penser noblement quand on ne pense que pour vivre. Pour pouvoir, pour oser dire de grandes vérités il ne faut pas dépendre de son succès. » (*Confessions*, l. IX, *OC.* I Pléiade, p. 343). Sur les compromissions auxquelles mène l'attitude contraire, voir R. Darnton, *Gens de lettres, gens du livre*, Paris, O. Jacob, 1992, p. 13-85.

165 *« Je n'ai jamais senti cette démangeaison que pour dire des choses grandes neuves et necessaires. »*

Dans la réalité, la démangeaison d'écrire vient aussi à Rousseau pour polémiquer. Ainsi écrit-il à Paul-Claude Moultou, le 13 novembre 1762, alors qu'il songe à répondre au Mandement épiscopal de Christophe de Beaumont contre l'Émile (28 août) : « car je vous jure que les mains me démangent ; le genre polémique n'est que trop de mon goût ; j'y avois renoncé pourtant. Que n'ai-je seulement un peu de santé ; ceux qui me forcent à le reprendre ne s'en trouveroient pas longtems aussi bien qu'ils l'ont espéré. » (*CC*. n° 2296, t. 14, p. 33-34).

166 *« Et puisqu'on falsifie ouvertement mes anciens écrits. »*

Il s'agit de la première occurrence dans le texte du verbe FALSIFIER. Il appartient au vocabulaire juridique et signifie : « Faire un faux acte, une fausse pièce en imitant la véritable [...] un acte falsifié se prend ordinairement, non pas pour un acte fabriqué à plaisir et entièrement supposé, mais pour un acte auquel on a ajouté, ou dont on a retranché quelque chose pour en induire autre chose que ce qu'il contenoit. » (Trévoux). Même définition à l'article FALSIFICATION de l'*Encyclopédie* (Boucher d'Argis). Rousseau utilise ce mot dans l'une des *Lettres de la Montagne* pour dénoncer les interprétations délibérément faussées de l'*Émile* par ses adversaires : « mes propositions ne pouvoient faire aucun mal à leur place ; elles étoient vraies, utiles, honnêtes dans le sens que je leur donnois. Ce sont leurs falsifications, leurs subreptions, leurs interprétations frauduleuses qui les rendent punissables : il faut les brûler dans leurs Livres, et les couronner dans les miens. » (*OC*. III Pléiade, p. 707).

167 *« Que tout cela sont des mots. »*

A.W. (p. 160) cite cette proposition comme illustrant un cas d'accord du verbe avec l'attribut par attraction dont il cite plusieurs exemples sous la plume de Rousseau.

168 *« Que tout cela sont des mots vides de sens. »*

Le passage qui suit résume ironiquement les idées de Diderot et de ses amis sur ces questions, telles qu'elle sont présentées dans sa « Lettre à Landois », publiée dans la *CL* le Ier juillet 1756 : « Regardez-y de près, et vous verrez que le mot liberté est un mot vide de sens ; qu'il n'y a point et qu'il ne peut y avoir d'êtres libres ; que nous ne sommes que ce qui convient à l'ordre général, à l'organisation, à l'éducation et à la chaîne des événements. Voilà ce qui dispose de nous invinciblement. [...] Mais s'il n'y a point de liberté, il n'y a point d'action qui mérite la louange ou le blâme ; il n'y a ni vice ni vertu, rien dont il faille récompenser ou châtier. Qu'est-ce qui distingue donc les hommes ? la bienfaisance et la malfaisance. Le malfaisant est un homme qu'il faut détruire et non punir ; la bienfaisance est une bonne fortune, et non une vertu. [...] Il n'y a qu'une sorte de causes, à proprement parler ; ce sont les causes physiques. Il n'y a qu'une sorte de nécessité ; c'est la même pour tous les êtres, quelque distinction qu'il nous plaise d'établir entre eux, ou qui y soit réellement. [...] Ne rien reprocher aux autres, ne se repentir de rien : voilà les premiers pas vers la sagesse. » (*OC.* de Diderot – DPV, t. IX, Paris, Hermann, 1976, p. 257). Rousseau en avait déjà résumé la teneur dans sa grande lettre à M. de Franquières, en janvier 1769 : « comment ne sentez-vous pas que cette même *loi de la nécessité* qui seule régie (sic) selon vous la marche du monde et tous les événemens, régie aussi toutes les actions des hommes, toutes les pensées de leurs têtes, tous les sentimens de leurs cœurs, que rien n'est libre, que tout est forcé, nécessaire, inévitable, que tous les mouvemens de l'homme dirigés par *la matiére aveugle*, ne dépendent de sa volonté que parce *que sa volonté même dépend de la nécessité* ; qu'il n'y a par conséquent ni vertus, ni vices, ni mérite, ni démérite, ni moralité dans les actions humaines et que ces mots d'honnête homme ou de Scélérat doivent être pour vous *totalement vides de sens*. Ils ne le sont pas toutefois, j'en suis très sûr. Vôtre honnête cœur en dépit de vos argumens réclame contre votre triste philosophie. » (15 janvier, *CC.* n° 6529, § 24, mes italiques).

169 « Risum teneatis amici ! » (Note * dans G. et P.)

Pourriez-vous, mes amis, ne pas éclater de rire ! La citation provient d'Horace, *Épître aux Pisons*, v. 5. Elle est d'un usage courant en milieu lettré.

170 « Garder un seul instant l'anonyme. »

Ce n'est que dans *Acad.*, 1832-1835 qu'est enregistré le tour *Il a voulu garder l'anonyme.* Selon le *Trésor de la langue française*, le substantif 'anonymat' n'est attesté qu'à partir de 1864.

171 « Ne se fut point fait [...] traiter de Juif par le philosophe Diderot. »

On ne trouve pas trace de cette insulte sous la plume de Diderot, non plus que de considérations méprisantes pour le peuple juif. *Cf.* l'article « Juif » de l'*Encyclopédie*.

172 « Que le desinteressement du philosophe Diderot l'ait appauvri. »

« Il est vrai, écrivait-il à Rousseau le 14 mars 1757, qu'il y a quinze ans que j'ai femme, enfant, domestique, nulle fortune, et que ma vie est si pleine d'embarras et de peines que souvent même je ne peux jouir de quelques heures de bonheur et de relâche que je me promets. » (*CC.* n° 482, t. 4, p. 172). Ses revenus annuels tournent autour de 4500 livres par an jusqu'en 1765 ; mais une fois sa fille mariée et l'*Encyclopédie* achevée, il doit vendre sa bibliothèque à Catherine II pour se maintenir à niveau, s'exposant ainsi aux embarras propres au bénéficiaire du mécénat.

173 « *Les vrais motifs qui le déterminent dans toute sa conduite.* »

Cette formule exprimait déjà le programme des *Lettres à Malesherbes* de janvier 1762, dans la suscription que Rousseau rédigea lorsque Malesherbes les lui renvoya à sa demande (en octobre) : *Quatre lettres à M. le Président de Malesherbes contenant le vrai tableau de mon caractére et les vrais motifs de toute ma conduite.*

174 « *Il a fait à Lyon une publique et mémorable expérience de la façon dont le traiteroient les musiciens s'il se mettoit à leur merci.* »

Allusion au four qu'essuya un de ses motets à Lyon, en 1770. Au témoignage du musicien Horace Coignet (principal auteur des intermèdes instrumentaux de *Pygmalion*) qu'il fréquentait alors : « Rousseau, voulant faire entendre au grand concert un motet qu'il avait composé, il y avait alors vingt ans, me chargea, à la première répétition, de conduire l'orchestre. Les musiciens en prirent de l'humeur contre lui, disant qu'il ne les croyait donc pas capables d'accompagner sa musique. Celle-ci, froide et sans effet, se ressentait du temps où il l'avait composée. Depuis, cet art avait fait des pas de géants, en Italie, grâces à Jomelli, Piccini, etc. ; en France, grâces à Philidor, Grétry, Monsigny. Des oreilles déjà accoutumées à entendre leurs productions ne purent être flattées du motet de Rousseau, malgré l'enthousiasme que sa personne inspirait. [...] Enfin son motet eut le sort que j'avais prévu ; il ne réussit point. Une nombreuse réunion était allée pour l'entendre. Rousseau s'en prit aux musiciens. Le chagrin qu'il éprouva de ce mauvais succès le décida à quitter Lyon. » (*CC.*, t. 38, appendice 592, p. 308-309).

175 « *Indolent et paresseux comme tous les contemplatifs.* »

Sur la dimension contemplative, voir le n° 108 du présent dialogue dans le « Glossaire ». Sur le tempérament paresseux de J.J. et ce qu'il emporte de provocation à l'esprit du temps, voir les notes 109 et 124.

176 « *Sitot que le raisonnement et la réflexion s'en mêlent, la méditation n'est plus un repos.* »

Ainsi la méditation est-elle ici proche de la contemplation. De la peine de penser, Rousseau parle ainsi dans la VIIe Promenade : « J'ai pensé quelquefois assez profondément ; mais rarement avec plaisir, presque toujours contre mon gré et comme par force : la rêverie me delasse et m'amuse, la reflexion me fatigue et m'attriste ; penser fut toujours pour moi une occupation pénible et sans charme » (Pléiade, *op. cit.*, p. 1062 ; *OC*. XX, *op. cit.*, p. 257). Le premier dialogue atteste cependant de l'expérience du « délire » et de l'« attrait » du « travail d'esprit » (p. 186).

177 *« Il porte sans peine le joug de la nécessité des choses, mais non celui de la volonté des hommes. »*

Paraphrase d'un principe cardinal de l'*Émile* hérité des stoïciens : « qu'il sente de bonne heure sur sa tête altiére le dur joug que la nature impose à l'homme, le pesant joug de la nécessité, sous lequel il faut que tout être fini ploye ; qu'il voie cette nécessité dans les choses, jamais dans le caprice des hommes. » (Livre II, *OC*. IV Pléiade, p. 320). J.J. possède donc naturellement cette aptitude que l'enfant du traité doit acquérir.

178 *« Je n'aurai plus besoin de savoir l'heure qu'il est ! »*

Allusion à l'époque où l'auteur désormais célèbre du *Discours de Dijon* rejette un emploi de caissier, qui lui est offert par ses protecteurs d'alors, pour se faire copiste de musique : geste de rupture avec les usages du temps touchant la rémunération des hommes de lettre en vogue par sinécures ou mécénat, et corrélatif de ce qu'il appelle dans les *Confessions* sa « réforme » : « Je commençai ma réforme par ma parure ; je quittai la dorure et les bas blancs ; je pris une perruque ronde ; je posai l'épée ; je vendis ma montre en me disant avec une joye incroyable : Grace au Ciel, je n'aurai plus besoin de savoir l'heure qu'il est. » *Les Confessions*, livre VIII, *OC*. I Pléiade, p. 363.

179 *« Il aime mieux dans le courant de la vie suivre une impression purement machinale. [...] Nul n'a porté plus pleinement [...] le joug [...] de l'habitude. »*

« MACHINAL. Son plus grand usage est dans ces phrases, *Mouvement machinal*, qui se dit des mouvemens naturels où la volonté n'a point de part. *Action machinale. Agir d'une manière purement machinale.* » (*Acad.*). À propos de cette identification récurrente de J.J. à sa propre machine organique, il importe de rappeler ce qu'écrit Condillac, dans le *Traité des animaux*, à propos des deux *moi* qui cohabitent en tout être humain : le *moi d'habitude* et le *moi de réflexion.* Le premier est pour ainsi dire l'automate animal : « son objet est de conduire le corps, de le garantir de tout accident, et de veiller continuellement à sa conservation [...] [il] est tenu en action par les objets dont les impressions reproduisent dans l'âme les idées, les besoins et les désirs qui déterminent dans le corps les mouvements nécessaires à la conservation de l'animal » ; quant au second, « abandonnant tous ces détails [...], il s'occupe du soin d'ajouter à notre bonheur [...], [il] est excité par toutes les choses qui, en nous donnant de la curiosité, nous portent à multiplier nos besoins. » (*Traité des sensations, Traité des animaux*, Paris, Fayard, coll. Corpus, 1984, p. 376).

180 « Toujours rêvant jusqu'à la Chine. »

Selon *A.W.* (p. 252), « A la Chine est encore du bon usage au XVIIIe siècle (à côté de "en Chine", comme disent les missionnaires revenus de ce pays, au témoignage de *Trévoux*) ».

181 « Des attentions qui ne sont pas sans effet. »

C'est bien l'esprit de l'article « Copiste » du *Dictionnaire de Musique* : « l'intelligence d'une Musique difficile dépend beaucoup de la manière dont elle est copiée ; car outre la netteté de la Note, il y a divers moyens de présenter plus clairement au Lecteur les idées qu'on veut lui peindre et qu'il doit rendre [...] Le plus habile Copiste est celui dont la Musique s'exécutera avec le plus de facilité, sans que le Musicien même devine pourquoi. » (*OC.* V, Pléiade, p. 735).

182 « Vos messieurs sauront peut-être accélerer un nouveau plan de bénéficence. »

On rencontre un peu plus loin une autre occurrence du mot BÉNÉFICENCE : « un vernis de bénéficence » (p. 432). Dans son étude sur le vocabulaire de Rousseau, A. François classe ce terme parmi les « archaïsmes » de son style, en remarquant que « ce vieux mot avait encore des partisans à Paris vers la fin du XVIIe siècle » (*Provincialismes JJR.*, p. 33). Cet archaïsme était également marqué par Littré : « Synonyme peu usité de bienfaisance. J.J. ROUSS., *Hél. VI, 10 : L'autre, un peu plus fort, est un prix de bénéficence.* » Selon *Trévoux*, il signifie « penchant à faire du bien, grâce extraordinaire », mais le rédacteur note que « ce mot [...] quelque doux qu'il soit, n'est pas assez heureux pour plaire à tout le monde ; au contraire le nombre de ceux à qui il déplaît est bien plus grand que le nombre de ceux à qui il plaît [...] Il n'a pas réussi chez nous ; mais nous avons reçu *bienfaisance* qui signifie la même chose. » L'abbé Féraud en résume l'histoire dans son dictionnaire : « [Ce mot] s'était établi dans les pays étrangers ; mais on ne pouvait pas dire qu'il fût reçu en France. *Trév.* On ne le trouvait point dans les Dictionnaires. [...] On l'y inséra dans la suite, en avertissant que l'usage était contre lui. [...] Cependant ce mot manquait à notre langue : mais il n'a pu y être admis, et on l'a remplacé par celui de *bienfaisance*, qui est plus français, et qui est aujourd'hui universellement reçu. *Bénéficence* sentait trop le pays latin. *Bienfaisant*, au contraire, avait préparé les voies à *bienfaisance.* » Il fait ici allusion à la résurrection de ce mot sous la plume de l'abbé de Saint-Pierre, comme le signale *Trévoux* : « Ce mot est nouveau, et a été hasardé par M. l'Abbé de Saint-Pierre dans cette phrase : L'esprit de la vraie religion et le principal but de l'Évangile, c'est la bienfaisance, c'est-à-dire la pratique de la charité envers le prochain. *Mém de Trév. Mai 1725* ».

183 « Sans avoir jamais beaucoup monté ni descendu. »

Cet emploi de l'auxiliaire avoir en régime intransitif est reçu comme incorrect avec les verbes *monter* et *descendre*, mais reste attesté chez d'autres écrivains avant Rousseau. A. François en donne des exemples chez Montesquieu et Marivaux. (*HLF.*, p. 1476).

184 « À prendre le mot d'égoïsme dans son vrai sens. »

« ÉGOÏSME. Mot inventé par Messieurs de Port-Royal, et adopté dans notre langue pour exprimer le ridicule amour-propre, qui consiste à parler trop de soi, à se citer sans cesse, ou qui rapporte tout à soi. L'égoïsme provient nécessairement d'un grand fonds d'amour-propre et de suffisance. Il va très bien avec la petitesse d'esprit, et suppose toujours une mauvaise éducation. » (*Trévoux*). « Il se dit encore de l'opinion de certains Philosophes qui prétendent qu'on ne peut être sûr que de sa propre existence. » *Acad.*

185 « Il eut de l'humeur tant qu'il vécut dans le monde, il n'en eut plus aussitot qu'il vécut seul. »

Cette analyse de la composante bilieuse du caractère de J.J. en tant que produit des mœurs de la Cité est aussi celle que Rousseau présente de son cas dans les *Lettres à Malesherbes* de janvier 1762 : « c'est à Paris qu'une bile noire rongeoit mon cœur, et l'amertume de cette bile ne se fait que trop sentir dans tous les écrits que j'ai publiés tant que j'y suis resté » (*op. cit.*, p. 1131), ainsi qu'au au livre VIII des *Confessions*, à propos des contradictions où il se trouve empêtré après le succès du Ier Discours : « voila comment je portai dans tous mes prémiers ouvrages la bile et l'humeur qui m'en faisoient occuper » (*Ibid.*, p. 368). À quoi s'ajoute l'influence négative du milieu lettré et particulièrement celle de Diderot, accusé d'avoir donné un « ton dur et noir » aux écrits que Rousseau lui soumit avant leur rupture (*ibid.*, p. 389) ; mais on a vu (Ier Dial. note 15) qu'il tient lui-même la colère de la vertu pour inspiratrice occasionnelle de son éloquence. Quelle qu'en soit la pertinence, cette analyse procède de toute une tradition classique de dénonciation des violences des affaires civiles opposées aux douceurs de la vie retirée. (*Cf.* Pétrarque, *De vita solitaria*, I, II).

186 « Quand on peut l'abruver. »

« *La Touche* prétend qu'on écrit et qu'on prononce *abruver* : il se trompe. Il se plaint que l'*Académie* ne distingue point l'usage de ce mot au figuré ; & cite pour exemple cette phrase : tout le monde *est abreuvé*, ou, comme il écrit, *abruvé de* cette nouvelle ; mais il remarque avec raison, que cela n'est que du style familier. » (Entrée ABRUVER dans *Féraud*).

187 « Le peu de vertus qu'il a n'ont jamais fait de grands biens aux autres. »

Citant cet exemple parmi de nombreux autres, *A.W.* observe (p. 161-162) que « lorsqu'un collectif ou un indéfini est suivi d'un complément au pluriel, c'est presque toujours avec ce dernier que Rousseau fait l'accord. » Autres exemples dans le IIIe dialogue : « au peu de jours qui me restent à vivre » (p. 496), « le peu d'éxemplaires qui peuvent rester cachés » (p. 503).

188 « Mais ses vices, bien plus nombreux, ne font de mal qu'à lui seul. »

L'idée et la formule sont apparues dès 1770 dans la correspondance de Rousseau : « J'ai de grands vices, sans doute, mais qui n'ont jamais fait de mal qu'à moi, et tous mes malheurs ne me viennent que de mes vertus. » (À la comtesse de Berthier, 16 mars 1770, *CC.* n° 6694). *Cf.* aussi la lettre à Sartine de 1772 (« Dossier documentaire », n° V. 1.)

189 « Ne se mettre jamais dans une situation qui lui fasse trouver un avantage dans le préjudice d'autrui. »

Cette maxime apparaît dans l'*Émile*, l. II, *op. cit.*, p. 540. Les *Confessions* illustrent le cas par les raisons d'intérêt qu'aurait eu Isaac Rousseau à ne pas poursuivre trop longtemps ses recherches pour retrouver son fils cadet en fugue, après avoir perdu de la même façon son aîné : « Nous avions mon frére et moi quelque bien de ma mère, dont le revenu devoit appartenir à mon pere durant notre éloignement. Cette idée ne s'offroit pas à lui directement et ne l'empêchoit pas de faire son devoir, mais elle agissoit sourdement sans qu'il s'en apperçut lui-même, et ralentissoit quelquefois son zèle, qu'il eut poussé plus loin sans cela. [...] Cette conduite d'un pére dont j'ai si bien connu la tendresse et la vertu m'a fait faire des reflexions sur moi-même qui n'ont pas peu contribué à me maintenir le cœur sain. J'en ai tiré cette grande maxime de morale, la seule peut-être d'usage dans la pratique, d'éviter les situations qui mettent nos devoirs en opposition avec nos intérets, et qui nous montrent nôtre bien dans le mal d'autrui : sûr que, dans de telles situations, quelque sincère amour de la vertu qu'on y porte, on foiblit tôt ou tard sans s'en apercevoir, et l'on devient injuste et méchant dans le fait, sans avoir cessé d'être juste et bon dans l'âme. » (L. II, *op. cit.*, p. 55-56).

190 « En petites formules, en étiquettes de procédés qui dispensent du reste. »

« On appelle aussi *Étiquette*, Les différentes formules dont on se sert, soit dans les lettres, soit dans les placets, selon les personnes à qui on les adresse. » *Acad.*, 1798. Voir plus haut la note 117.

191 *« Et retombant aussitot dans sa langueur il a oublié ce qu'il ne pouvoit atteindre. »*

Si cette paresse de J.J. à affronter l'obstacle est analogue à celle des personnages du monde idéal au premier dialogue, elle l'est aussi à la disjonction du caractère et de l'esprit qu'observe Duclos chez certains individus : « Un home, par exemple, sera capable des plus grandes vûes, de concevoir, digérer & ordoner un grand dessein. Il passe à l'exécution & il échoue, parce qu'il se dégoûte, qu'il est rebuté des obstacles mêmes qu'il avoit prévus & dont il voyoit les ressources. On le reconoît d'ailleurs pour un home de beaucoup d'esprit, & ce n'est pas en èfet par là qu'il a manqué. On est étonné de sa conduite, parce qu'on ignore qu'il est léger & incapable de suite dans le caractère ; qu'il n'a que des accès d'ambition qui cèdent à une paresse naturèle ; qu'il est incapable d'une volonté forte à laquèle peu de choses résistent, même pour les gens bornés ; et qu'enfin il n'a pas le caractère de son esprit. » (*Considérations sur les mœurs*, ch. XIII, *op. cit.*, p. 207-208).

192 *« Sa bienfaisante imagination arrive au terme en sautant par dessus les obstacles qui l'arrêtent. »*

Cette « balistique » de la ressource imaginaire face aux obstacles du réel est également celle du « monde idéal » dans le premier dialogue.

193 *« Desirer et jouir ne sont pour lui qu'une même chose. »*

Ce thème est illustré dans *Les Confessions* par l'épisode de la « journée de Toune », au début du livre IV.

194 *« Pour lui pourchasser au loin quelques jouissances. »*

« POURCHASSER. Rechercher, poursuivre. *Trév.* et l'*Acad.* disent que ce mot est vieux. Il parait pourtant qu'on l'emploie encore dans le style famil. plaisant ou critique. Il y a longtems que cet homme *pourchasse* cet emploi. » *Féraud.*

195 *« Comme il aime mieux jouir que souffrir. »*

Ce passage (depuis « Comme il aime mieux » jusqu'à « dont il s'est entouré ») donne pour produits naturels ou spontanés du tempérament de J.J. trois « techniques de soi » en vue de la *vita beata* auxquelles s'est exercé Rousseau sa vie durant : oubli des maux passé et à venir ; réminiscence heureuse ; imagination créatrice.

196 *« Il les a souvent recommencés dans ses souvenirs. »*

Cette aptitude à la réminiscence heureuse apparaît en de nombreux passages des *Confessions*. Ainsi lorsque Rousseau évoque son état d'esprit alors qu'il s'enfuit de Montmorency après la condamnation de l'*Émile* : « sans cesse occupé de mon bonheur passé, je le rappelle et le rumine pour ainsi dire, au point d'en jouir derechef quand je veux. » (livre XI, *OC.* I Pléiade, p. 585). Il importe ici de souligner le caractère volontaire de la mémoire affective telle que la pratique Rousseau, et de le relier à la pratique épicurienne de la *revocatio.* Voir dans ce dialogue la note 86.

197 *« Plus souvent laissant concourir ses sens à ses fictions. »*

« CONCOURIR. Coopérer, produire un effet conjointement avec quelque cause, avec quelque agent. On le dit aussi des occasions et des choses qui semblent s'unir pour tendre à quelque fin. *Toutes choses ont concouru à sa fortune, à sa perte. Il semble que le Ciel & la Terre aient voulu concourir pour l'élever, &c. Concourir à sa perte,&c.* » (*Acad.*). *Trévoux* donne aussi cet exemple : « Nous avons besoin que la grâce de Dieu concoure avec nous pour produire de bonnes œuvres ». Ce verbe et le substantif correspondant reviennent fréquemment chez Rousseau pour dire la coopération des apparences du monde à la rêverie ; par exemple dans la IIIe lettre à Malesherbes, à propos des beautés de la nature lors de ses promenades solitaires : « le concours de tant d'objets interessans qui se disputoient mon attention, m'attirant sans cesse de l'un à l'autre, favorisoit mon humeur reveuse et paresseuse » (*op. cit.*, p. 1140). Dans l'approche mystique des états extatiques, la sphère des sens tend à se trouver annihilée en même temps que l'exercice de ce qu'on appelle alors les « puissances de l'âme » (mémoire-imagination, raison, volonté). Rousseau ne l'ignore évidemment pas : il signale donc que, dans son expérience, le monde sensible collabore avec l'imagination aux extases de la rêverie. La fin de la Ve Promenade en donne un aperçu développé : « Sans mouvement la vie n'est qu'une letargie. Si le mouvement est inégal ou trop fort il réveille ; en nous rappellant aux objets environnans, il détruit le charme de la rêverie, et nous arrache d'au dedans de nous pour nous remettre à l'instant sous le joug de la fortune et des hommes et nous rendre au sentiment de nos malheurs. Un silence absolu porte à la tristesse. Il offre une image de la mort. Alors le secours d'une imagination riante est necessaire et se présente assez naturellement à ceux que le Ciel en a gratifiés. Le mouvement qui ne vient pas du dehors se fait alors au dedans de nous [...]. En sortant d'une longue et douce rêverie, en me voyant entouré de verdure, de fleurs, d'oiseaux et laissant errer mes yeux au loin sur les romanesques rivages qui bordoient une vaste étendue d'eau claire et cristalline, j'assimilois à mes fictions tous ces aimables objets et me trouvant enfin ramené par degrés à moi-même et à ce qui m'entouroit, je ne pouvois marquer le point de séparation des fictions aux réalités ; tant tout concouroit egalement à me rendre chére la vie recueillie et solitaire que je menois dans ce beau séjour. » (*OC.* XX, Cl. Garnier, p. 229-231).

198 *« Il plâne dans l'empyrée au milieu des objets charmans et presque angéliques dont il s'est entouré. »*

« EMPYRÉE. Il ne se dit que du Ciel le plus élevé où l'on établit le séjour des bienheureux. *Le Ciel Empyrée.* » (*Acad.*). Le terme apparaît en contexte mi-platonicien, mi-religieux dans les *Lettres morales* destinées à la comtesse d'Houdetot (1757-1758 ?) : « N'avez-vous jamais éprouvé ces transports involontaires qui saisissent quelquefois une ame sensible à la contemplation du beau moral et de l'ordre intellectuel des choses, cette ardeur dévorante qui vient tout à coup embraser le cœur de l'amour des celestes vertus, ces sublimes egaremens qui nous élêvent au desus de notre être, et nous portent dans l'empirée à côté de Dieu même ? » (IVe Lettre, *OC.* III Pléiade, p. 1101). Il revient dans *Les Confessions*, lorsque Rousseau évoque les rêveries de Montmorency qui vont le conduire à l'écriture de son roman : « L'impossibilité d'atteindre aux êtres réels me jetta dans le pays des chiméres, et ne voyant rien d'existant qui fut digne de mon délire, je le nourris dans un monde idéal que mon imagination créatrice eut bientôt peuplé d'êtres selon mon cœur [...] je me fis des societés de créatures parfaites aussi celestes par leurs vertus que par leurs beautés, d'amis sûrs, tendres, fidèles, tels que je n'en trouvai jamais ici-bas. Je pris un tel goût à plâner ainsi dans l'empyrée au milieu des objets charmans dont je m'étois entouré que j'y passois les heures, les jours sans compter, et perdant le souvenir de toute autre chose. » (*Op. cit.*, p. 427-428). Le mot n'apparaît pas dans le premier dialogue, mais il y est question, dans la fiction du « monde idéal », de « l'état celeste » auquel ses habitants « aspirent et qui fait leur prémier besoin par la force avec laquelle il s'offre à leur cœur leur fait rassembler et tendre sans cesse toutes les puissances de leur ame pour y parvenir » (p. 166). La connotation mythico-platonisante de ce type de rêverie réapparaît plus explicitement dans la Ve Promenade, alors que Rousseau rêve d'un oubli bienheureux et définitif à l'Ile Saint-Pierre : « Delivré de toutes les passions terrestres qu'engendre le tumulte de la vie sociale, mon ame s'élanceroit fréquemment au-dessus de cette atmosphére, et commerceroit d'avance avec les intelligences celestes dont elle espére aller augmenter le nombre dans peu de tems. » (*OC.* I Pléiade, p. 1049, *OC.* XX, Cl. Garnier, p. 231).

199 *« Ses confessions dont il a profané la lecture en la prodiguant aux oreilles les moins faites pour l'entendre. »*

Sur l'histoire de ces lectures lors de l'hiver 1770-1771 et sur la rumeur publique à propos des *Mémoires* de Rousseau entre 1766 et 1778, on pourra se reporter au n° 199 du présent dialogue dans le « Glossaire ».

200 *« Il avoit déjà passé la maturité de l'age, et ignoroit encore l'adversité. »*

Cette chronologie peut valoir pour J.J. en tant que personnage de fiction, mais elle est fausse en ce qui concerne l'auteur réel des *Confessions*. Leur première ébauche est en effet rédigée dans l'hiver 1764-1765 à Môtiers, alors que Rousseau est condamné à Paris et à Genève depuis 1762, que le libelle du *Sentiment des Citoyens* publie l'abandon de ses enfants et le dénonce comme séditieux, et qu'il va devoir sous peu quitter l'Ile Saint-Pierre où il s'est réfugié après que sa demeure eut été lapidée. La rédaction de la première partie se poursuit durant sa péripétie anglaise, dont on sait qu'elle ne fut pas précisément paisible en dépit de quelques accalmies : l'immense lettre à Hume du 10 juillet 1766 laisse en effet apparaître tous les éléments de la hantise du complot et de l'argumentation à décharge dont Rousseau esquisse déjà l'essentiel. Il reste vrai que l'ouverture de la IIe partie des *Confessions*, reprises à l'automne de 1769, alors que Rousseau vit en Dauphiné après avoir quitté le château de Trye où il s'est cru soupçonné dêtre une empoisonneur, embellit déjà *a posteriori* les circonstances précédentes, si puissante est en effet chez lui la faculté de rêver sa vie : « J'écrivois la première partie avec plaisir, avec complaisance, à mon aise, à Wooton ou dans le château de Trye : tous les souvenirs que j'avois à me rappeler étoient autant de nouvelles jouissances. J'y revenois sans cesse avec un nouveau plaisir, et je pouvois tourner mes descriptions sans gène jusqu'à ce que j'en fusse content. » (*Op. cit.*, p. 279). Sur les circonstances et la chronologie de la composition des *Confessions*, ainsi que sur l'émergence de la thèse du complot, l'ouvrage indispensable demeure celui d'Hermine de Saussure : *Rousseau et les manuscrits des Confessions*, Paris, de Boccard, 1958.

201 « Sans cesse occupés de lui pour l'enlacer de plus en plus dans leurs piéges. »

« ENLACER. Se dit aussi figurément, et signifie surprendre, embarrasser. Ne vous engagez pas dans une dispute ; on ne cherche qu'à vous enlacer. » (*Trévoux*). Ce sens figuré n'est pas indiqué dans les autres dictionnaires du XVIIIe siècle. Il apparaît dans *Littré* : STAËL, *Corinne, XX, 3* : *Les circonstances m'enlacèrent.*

202 « Son cœur transparent comme le cristal. »

La formule est devenue fameuse depuis l'essai classique de Jean Starobinski. Si le thème de la transparence apparaît ici comme une donnée du caractère, et selon une modalité expressive, la fin du livre IV des *Confessions* le présente plutôt comme un programme impliquant le lecteur dans sa capacité à interpréter ce qu'il lit : « je voudrois pouvoir en quelque sorte rendre mon âme transparente aux yeux du lecteur, et pour cela je cherche à la lui montrer sous tous les points de vue, à l'éclairer par tous les jours, à faire en sorte qu'il ne s'y passe pas un mouvement qu'il n'apperçoive, afin qu'il puisse juger par lui-même du principe qui le produit. » (*OC.* I Pléiade, p. 175).

203 « Le prémier art de tous les méchans est la prudence. »

Parole d'Évangile que D'Alembert s'amusa à détourner à propos du bannissement des Jésuites (1764), lesquels « ont prouvé, à ce que disent leurs ennemis, la vérité de cette maxime de l'écriture, que les enfants de ténébres agissent avec plus de prudence dans leurs affaires que les enfants de lumière. » (*Sur la destruction des jésuites en France*, Genève, 1765, p. 60). *Cf. Luc*, XVI, 8.

204 « Jusqu'alors rien ne s'exhale. »

L'antithèse des tempérament ardents et des tempéraments froids est ici filée selon une allégorie chimique : à l'explosion prématurée des premiers répond la lente coction sans exhalaison des seconds.

205 « La promptitude et le sel de leurs réparties. »

À titre de contrepoint contemporain, voici l'opinion de Duclos à ce propos, selon le comte d'Angiviller : « Duclos, honnête homme, philosophe dans ses opinions […] détest[ait] l'abus que l'on faisait de la philosophie et cet esprit de secte, brusque dans son ton et ses manières, pétillant d'esprit et de saillies piquantes pleines de justesse et de sel. » (*Mémoires de Ch. Cl. Flahaut, comte de la Billarderie d'Angiviller*, Copenhague-Paris, 1933, p. 28)

206 « C'est leur esprit seul qui travaille. »

Le personnage « Rousseau » retrouve et critique là une culture de l'impassibilité sous le masque et le rôle remontant à Castiglione et Gracian, et qui est passée en se dégradant chez les personnages libertins de Crébillon, Richardson et Laclos, lesquels ne sont jamais en peine ni d'esprit ni de larmes, ni de propos *ad hoc.* Mais la formulation la plus radicale de sa thèse se lit dans le *Paradoxe du comédien* de Diderot : « C'est l'extrême sensibilité qui fait les acteurs médiocres ; c'est la sensibilité médiocre qui fait la multitude des mauvais acteurs ; et c'est le manque absolu de sensibilité qui prépare les acteurs sublimes. les larmes du comédien descendent de son cerveau ; celles de l'homme sensible montent de son cœur : ce sont les entrailles qui troublent sans mesure la tête de l'homme sensible ; c'est la tête du comédien qui porte quelquefois un trouble passager dans ses entrailles. » (Diderot, *Entretiens sur le fils naturel* […] *Paradoxe sur le comédien*, Paris, GF Flammarion, 2005, p. 281). Le personnage « Rousseau » généralise pour ainsi dire ce principe aux « cœurs glacés » de la mondanité et plus généralement aux tempéraments froids. Consonance également avec Duclos : « la naïveté n'est que l'expression la plus simple & la plus naturèle d'une idée dont le fonds peut être fin & délicat ; & cète expression simple a tant de grâce, & d'autant plus de mérite, qu'elle est le chef-d'œuvre de l'art dans ceux à qui elle n'est pas naturèle. » (*Considérations sur les mœurs*, ch. XIII, *op. cit.*, p. 206).

207 *« La pesante succession du discours leur est insupportable. »*

Tout le passage depuis « Dans les choses mêmes du sentiment » généralise au caractère de l'âme sensible une analyse réservée au langage de l'amour dans l'« Entretien sur les romans » : « Ce n'est que dans le monde qu'on apprend à parler avec énergie. Premiérement, parce qu'il faut toujours dire autrement et mieux que les autres, et puis que, forcé d'affirmer à chaque instant ce qu'on ne croit pas, d'exprimer des sentimens qu'on n'a point ; on cherche à donner à ce qu'on dit un tour persuasif qui supplée à la persuasion intérieure [...] Au contraire, une lettre que l'amour a réellement dictée ; une lettre d'un Amant vraiment passionné, sera lâche, diffuse, toute en longueurs, en désordre, en répétitions. Son cœur, plein d'un sentiment qui déborde, redit toujours la même chose, et n'a jamais achevé de dire ; comme une source vive qui coule sans cesse et ne s'épuise jamais. Rien de saillant, rien de remarquable ; on ne retient ni mots, ni tours, ni phrases ; on n'admire rien, l'on n'est frappé de rien. Cependant on se sent l'ame attendrie ; on se sent ému sans savoir pourquoi. Si la force du sentiment ne nous frappe pas, sa vérité nous touche ; et c'est ainsi que le cœur sait parler au cœur. » (*OC*. II Pléiade, p. 14-15).

208 *« Je sais que Fenelon Catinat ont honoré les siécles modernes. »*

Julie les voit déjà tous deux comme « les deux plus grands, les deux plus vertueux des modernes » (*Nouvelle Héloïse*, Lettre 18 de la IIe partie). Le maréchal Nicolas de Catinat (1637-1712), après une brillante carrière militaire, s'était retiré dans sa propriété de Saint-Gratien ; il y vécut, écrit madame de Coulanges à madame de Grignan, le 27 juillet 1703, en « parfait philosophe et en philosophe chrétien » ; ce château est le fond de perspective que Rousseau contemple en composant la *Lettre sur les spectacles* depuis sa tour de Montmorency : « Ce donjon, qui terminoit une allée en terrasse [...] m'offroit, pour terme de point de vue, le simple mais respectable château de St. Gratien, retraite du vertueux Catinat. » (*OC*. I Pléiade, p. 495). La réputation de celui-ci perdurait en effet : « Catinat réunit, par un rare assemblage, / Les talents du guerrier et les vertus du sage » écrit Voltaire dans *La Henriade* ; selon Bachaumont, il apparaît avec Fénelon parmi les grands hommes du siècle précédent dont l'Académie propose le panégyrique (Additions de l'année 1768, t. XIX, Londres, 1783, p. 209) ; c'est en 1775 que La Harpe prononcera son éloge. L'admiration de Rousseau pour Fénelon passe par sa lecture du *Télémaque*, qu'il fait lire à Sophie dans l'*Émile* ; le livre VII, consacré à la Bétique, a sans doute marqué l'éloge des Montagnons dans la *Lettre sur les spectacles*. En outre, comme l'a montré Henri Gouhier, la métaphysique du Cygne de Cambrai a des affinités avec celle de la « Profession de foi du vicaire savoyard » (*Les Méditations métaphysiques de J.-J. Rousseau*, Paris, Vrin, p. 118-119). Enfin, son quiétisme convient bien aux tendances contemplatives de Rousseau depuis l'époque des Charmettes, comme le suggère la IIIe Promenade : « la solitude champêtre où j'ai passé la fleur de ma jeunesse, l'étude des bons livres à laquelle je me livrai renforcérent auprès [de Mme de Warens] mes dispositions aux sentimens affectueux, et me rendirent dévot presque à la maniére de Fénelon ».

209 *« J'ai vu Georges Keith suivre encor leurs vestiges. »*

« On dit figurément, *suivre les vestiges de quelqu'un*, pour dire, l'imiter. *Il a suivi les vestiges de ses aïeux.* » (*Acad.*). Georges Keith (1686-1778), dit aussi « Milord Maréchal », est un aristocrate écossais exilé comme partisan des Stuart et qui a connu des passes difficiles avant de se mettre au service de Frédéric II. Celui-ci l'a d'abord employé comme ambassadeur avant de le nommer gouverneur de la principauté de Neuchâtel. Ce vieux diplomate libre-penseur, farouchement indépendant et d'une intégrité à toute épreuve aide et soutient fermement Rousseau, pour lequel il éprouve une véritable amitié, doublée d'une compréhension indulgente de son excentricité qui répondait à certains traits de son propre caractère ; c'est seulement avec l'affaire Hume qu'il finira par renoncer à leur correspondance après avoir tenté de calmer son protégé (*CC.* n° 5569). Rousseau en sera violemment affecté mais continuera à lui porter la plus haute estime. Voir *Les Confessions*, l. XII, *OC.* I, Pléiade, p. 595 et suiv.

210 *« L'homme de la nature éclairé par la raison. »*

Pour une situation de cette approche expérimentale du caractère de l'homme naturel dans la perspective des précédentes fictions de pensée de J.-J. Rousseau à cet égard, depuis le second *Discours* jusqu'aux *Confessions*, et pour ce qu'a de tout à fait original le second entretien en substituant une dérivation du caractère à partir du tempérament au modèle généalogique jusque-là pratiqué par Rousseau, on peut se reporter à l'Introduction du présent volume, p. 75-77.

211 *« À Se construire ici-bas des tabernacles. »*

Selon les dictionnaires, le sens courant est le sens biblique : « TABERNACLE. En langage de l'Ecriture, signifie aussi, demeure, logement, tente, pavillon. Les Apôtres dirent à Jésus-Christ, lors de sa transfiguration, qu'il fallait faire là trois Tabernacles pour y demeurer. » (*Trévoux*). Ils signalent également le réceptacle du Saint ciboire au-dessus de l'autel dans les églises.

212 *« J'ai trouvé en lui l'homme de ses livres, sans avoir eu besoin de chercher expressément s'il étoit vrai qu'il en fut l'auteur. »*

Ce jugement, qui laisse de côté la question de identification de l'auteur pour centrer l'intérêt sur la correspondance d'un caractère et d'une œuvre, reprend la suggestion qui avait été faite au « François » lors du premier entretien : « Faites mieux encore. Ne songez point à l'Auteur en les lisant, et sans vous prévenir ni pour ni contre livrez votre ame aux impressions qu'elle en recevra. Vous vous assurerez ainsi par vous-même si ces livres sont faits à mauvaise intention, et peuvent être l'ouvrage d'un scelerat qui couvoit de mauvais desseins. » (p. 200).

213 « Le sujet en est plus comique qu'attendrissant. »

À l'article « Duo » de son *Dictionnaire de musique*, Rousseau cite le fameux premier duo de la *Serva Padrona* : *lo conosco a quegl' occhietti* comme « un duo comique parfait dans toutes ses parties », « un modèle de chant agréable, d'unité de mélodie, d'harmonie simple, brillante et pure, d'accent de dialogue et de goût ».

214 « Cette source unique n'est pas celle de l'hypocrene. »

« HIPPOCRÈNE. Fontaine célèbre parmi les Poëtes, qui sortait du Mont-Parnasse. On dit, *Il a bu des eaux de l'Hippocrène*, pour dire, Il a le talent de la Poésie. » (*Acad.*, 1798). « Fontaine du mont Hélicon, consacrée aux Muses, que, selon la Fable, Pégase fit jaillir d'un coup de pied, et qui passait pour inspirer les poëtes. Étymologie : Termes grecs dont l'un est dérivé du mot cheval, et dont l'autre signifie source. » *Littré.*

215 « Colette interesse et touche comme Julie. »

Colette est l'héroïne du *Devin du Village* ; croyant son amant Colin épris d'une « dame de la ville », elle consulte le devin qui lui conseille de le rendre jaloux en feignant de l'aimer moins, tandis qu'il lui fera croire qu'elle est inconstante – ce qui répugne à son cœur : « Non, Colette n'est pas trompeuse ». Moyennant quelques faux tours de magie et un zeste de marivaudage campagnard, la réconciliation survient aux applaudissements du village qui célèbre son devin. Julie aura de ces inquiétudes lors du séjour parisien de son amant et voudra recourir à la magie de son portrait qu'elle lui envoie tandis qu'il s'égare dans les séductions de la capitale ; mais c'est la constance de l'amour qui le lui ramènera dès l'annonce de la maladie qui menace sa vie. Au-delà de l'intrigue, sentimentale et dépourvue d'aucun méchant, et de ce que les deux œuvres doivent à l'univers pastoral revisité par l'époque (*cf.* le succès de Gessner), c'est pour ainsi dire leur commune mélodie affective qui les relie selon « Rousseau » et leur auteur. C'est d'ailleurs en termes musicaux que l'« Entretien sur les romans » présentait la composition romanesque, en la comparant à une « longue romance dont les couplets pris à part n'ont rien qui touche, mais dont la suite produit à la fin son effet. » (*OC.* II Pléiade, p. 18). Selon Michael O'Dea, « une empreinte impossible à méconnaître marque et par conséquent unifie [dans les *Dialogues*] toute l'œuvre de Rousseau, sans distinction de genre ou de catégorie. Cette empreinte est décrite en des termes plutôt esthétiques que philosophiques. » (« *Le Devin du village* dans les *Dialogues* [...]. » dans *Rousseau et la musique, J.J. et l'opéra.* éd. Pierre Saby, Lyon, Université Lumière-Lyon 2, 2006, p. 109-110).

216 *« Il ne s'est pas donné que je sache pour un croquesol. »*

« CROQUE-NOTE. Il se dit, par dénigrement, d'un musicien qui lit couramment la musique, mais qui l'exécute sans expression, sans goût. On dit aussi, *Croque-sol.* L'un et l'autre sont familiers. » *Acad.* 1832-1835.

217 *« Si de l'acte au possible la conséquence est valable. »*

Surprenante réémergence, en un tel contexte, du fonds logicien du personnage « Rousseau » manifesté dans le premier dialogue. « ACTE. Il se dit en Logique par opposition à ce qu'on appelle *Puissance*, c'est-à-dire, capacité d'agir, qui n'agit pas encore. *Réduire la puissance à l'acte. La consequence est bonne de l'acte à la puissance.* » *Acad.*

218 *« Elle n'a besoin ni de trills ni de petites notes. »*

« CADENCE est, en terme de chant, ce battement de gosier que les Italiens appellent *Trillo*, que nous appelons autrement Tremblement, et qui se fait ordinairement sur la pénultième note d'une phrase musicale. » J.-J. Rousseau, *Dictionnaire de musique*, art. « Cadence ».

219 *« Ni d'agrémens ou de fleurtis d'aucune espéce. »*

« BRODERIES, DOUBLES, FLEURTIS. Tout cela se dit en musique de plusieurs notes de goût que le musicien ajoute à sa partie dans l'exécution, pour varier un chant souvent répété, pour orner des passages trop simples, ou pour faire briller la légèreté de son gosier ou de ses doigts. » *Id.*

220 *« Trois morceaux dans le devin du village qui ne sont pas de moi. »* (Note *)

Charles Collé, est un chansonnier célèbre, également dramaturge ; Louis de Cahusac, collaborateur de l'*Encyclopédie* pour les articles relatifs à l'opéra et au ballet, a composé plusieurs livrets pour Rameau et il est l'auteur d'un *Traité historique de la danse.* En ce qui concerne Mlle Fel, voir au Ier dialogue la note 72. L'allusion à d'Holbach est mieux développée dans *Les Confessions* (l. 8, *op. cit.*, p. 382). Jacob Vernes essayiste, romancier, poète à ses heures, et néanmoins pasteur, était un fidèle de Rousseau jusqu'à l'époque de son conflit avec Genève. La « Romance de M. Vernes sur un nouvel air » se lit p. 77, dans le recueil des *Manuscrits Originaux de la Musique de J. J. Rousseau, trouvés après sa mort parmi Ses Papiers, et déposés à la Bibliotheque du Roi – le dix avril 1781.* (http://gallica.bnf.fr/ark:/12148/btv1b8470437d/f27.item). Cette romance a également été mise en musique par Chérubini.

221 *« Une empreinte impossible à méconnoitre et plus impossible à imiter. »*

Cette empreinte, qui signe l'adéquation parfaite de l'œuvre et de l'homme, apparente J.J. aux habitants du « monde idéal » décrit dans le premier dialogue : « Des êtres si singuliérement constitués doivent necessairement s'exprimer autrement que les hommes ordinaires ; il est impossible qu'avec des ames si différemment modifiées ils ne portent pas dans l'expression de leurs sentimens et de leurs idées l'empreinte de ces modifications. Si cette empreinte échappe à ceux qui n'ont aucune notion de cette maniére d'être, elle ne peut échapper à ceux qui la connoissent et qui en sont affectés eux-mêmes. C'est un signe caractéristique auquel les initiés se reconnoissent entre eux, et ce qui donne un grand prix à ce signe si peu connu et encore moins employé, est qu'il ne peut se contrefaire. » (p. 169). André Wyss trouve dans l'« accent » ce qui condense cette empreinte dans l'éloquence de Rousseau (*Jean-Jacques Rousseau, L'*accent *de l'écriture*, Neuchâtel, La Baconnière, 1988, p. 61-64).

222 *« La force des preuve qu'on a [que cette piéce] n'est pas de lui ne sert plus qu'à détruire dans mon esprit celle des crimes dont on l'accuse. »*

CQFD, par l'argument *a fortiori* : si les preuves de son incapacité à composer le *Devin* tombent, alors celles de sa criminalité tombent aussi. La musique de J.J. apparaît ainsi comme la clef de son caractère, ce qui vaut évidemment pour celle de l'auteur des *Dialogues.* Et puisque Colette et Julie sont « sœurs » (p. 395), la musique est également la clef de l'œuvre. On pourra lire à ce propos l'article de Michael O'Dea : « Le cœur, la voix et la fiction dans les *Dialogues* », in *Rousseau juge de Jean-Jacques, Études sur les Dialogues* (dir. Ph. Knee et G. Allard), *PL.* n° 7, Ottawa, 1998, p. 165-177. (Réédition H. Champion, Paris, 2003).

223 *« À moins qu'elle ne soit barroque. »*

« BAROQUE. Une musique baroque est celle dont l'harmonie est confuse, chargée de modulations et de dissonances, le chant dur et peu naturel, l'intonation difficile, et le mouvement contraint. » J.-J. Rousseau, *Dictionnaire de musique.*

224 *« J.J. est sur la musique et sur les choses qu'il sait le mieux comme il étoit jadis aux échecs. »*

Le jeu d'échecs est un de ces « goûts » nés à l'époque de Chambéry dont Rousseau dit que sa capacité à tout oublier pour s'y livrer en vrai « forcené » est un trait constant de sa personnalité. Le livre V rapporte qu'il y fut initié par le Genevois Bagueret et se perfectionna en travaillant le traité, classique à l'époque, de Gioachino Greco, dit Le Calabrais, ainsi que ceux de Stamma et de Philidor. Par la suite, il a joué avec des célébrités comme Philidor, Husson, Légal et toutes sortes de gens dont le prince de Conti qu'il se refusa à laisser gagner diplomatiquement lors d'une visite de celui-ci à Montmorency : « Monseigneur : j'honore trop Votre Altesse Serenissime pour ne la pas gagner toujours aux échecs » (livre X, *op. cit.*, p. 543). Lors de son retour à Paris en 1770, on s'écrase pour le voir faire sa partie au café de la Régence, au point que la police lui demande d'y renoncer. On consultera avec profit l'article très documenté de J. Berchtold dans le *DJJR.*, p. 269-270.

225 *« Sa douleur [...] lui fournit à la fois des chants et des larmes. »*

C'est ce qu'il écrivait à Henri Laliaud, le 28 novembre 1768, lors de son séjour en Dauphiné : « Mes plantes ne m'amusent plus, je ne fais que chanter des Strophes du Tasse. Il est étonnant quel charme je trouve dans ce chant avec ma pauvre voix cassée et déjà tremblotante. Je me mis hier tout en larmes sans presque m'en apercevoir en chantant l'histoire D'Olinde et de Sophronie. Si j'avois une pauvre petite épinette pour soutenir un peu ma voix foiblissante je chanterois du matin jusqu'au soir. Il est impossible à ma mauvaise tête de renoncer aux châteaux en Espagne. Le foin de la cour du château de Lavagnac, une Epinette et mon Tasse, voila celui qui m'occupe aujourdui malgré moi. » (*CC.*, n° 6497).

226 *« Quant à ce qui quoique vrai n'est pas vraisemblable [...] ou [...] ne peut être dit de soi-même avec bienseance, n'espérez pas que je vous en parle. »*

Il y a donc de l'indicible. Mais l'écrire est faire entendre quelque chose de ce qu'on dérobe ; comme le dit Rollin (glosant ici Quintilien) : « il y a des occasions où des raisons d'intérêt ou de bienséance ne nous permettent pas de nous expliquer en termes clairs et précis, et où cependant nous voulons faire entendre au juge ce que nous n'osons lui dire ouvertement » (*T. E.* IV, p. 512). Sur la rupture ici prononcée avec la visée d'un « tout dire » qui orientait *Les Confessions*, on peut se reporter à l'Introduction du présent volume, p. 102-103.

227 *« Étant moi-même de votre avis, je voulois avoir votre réponse à des objections souvent rebattues que je craignois d'oublier. »*

On se rappelle qu'à la fin du Ier dialogue déjà, « Rousseau » ayant senti leur accord implicite sur les failles des adversaires de J.J., avait tenté de provoquer « le François » à une franchise explicite : « Presque tout ce que vous m'avez dit dans cet entretien me prouve que vous n'y parliez pas de vous-même. Après avoir appris de vous les sentimens d'autrui, n'apprendrai-je jamais les vôtres ? Je le sens ; vous feignez d'établir des maximes que vous seriez au desespoir d'adopter. Parlez-moi donc enfin plus franchement. »

228 *« Des incompatibilités qui ne frapperont peut-être nul autre que moi. »*

Apparaît ici un élément qui prendra de la force au IIIe dialogue, lorsque « Rousseau » voudra entraîner « le François » dans une action publique en faveur de J.J. Par sa connaissance pratique des « Messieurs » et de leurs réseaux, son ami en sait plus que lui sur les réalités de la fabrication de l'image criminelle de J.J. et sur la puissance durable de son impact : « J'ai là-dessus tant de faits que vous ignorez ; j'ai lu si clairement dans les cœurs, avec la plus vive inquietude sur ce que peut dire l'accusé, le desir le plus ardent de lui ôter tout moyen de se defendre, j'ai vu tant de concert de soin de zèle d'activité dans les mesures prises pour cet effet, que des preuves administrées de cette maniére perdent toute autorité dans mon esprit vis à vis de vos observations. Le public est trompé, je le vois, je le sens ; mais il se plait à l'être et n'aimeroit pas à se voir desabuser. J'ai moi-même été dans ce cas et ne m'en suis pas tiré sans peine. » (p. 481).

229 *« Votre penchant pour lui. »*

« Le François » reprend donc ici la discussion sur prévention et impartialité entamée au Ier dialogue, p. 198, puis sur la difficulté d'une approche objective de J.J. quand « Rousseau » avait annoncé sa décision de lui rendre visite (p. 275-278). Il la renouvelle en nuançant fortement, par sa connaissance des réalités du milieu auquel il appartient, la thèse de la ligue universelle contre J.J. avancée par « Rousseau » au Ier dialogue : « par quelque motif que cette ligue se soit formée, elle existe. Sur votre propre rapport elle sembleroit presque universelle » (p. 277).

230 *« Que les heureux penchans que vous trouvez dans J.J. puissent compatir avec des vices tels que ceux dont il est chargé. »*

« COMPATIR. Se dit aussi des personnes & des choses qui conviennent l'une avec l'autre. *Ils sont tous deux d'une humeur à compatir aisément ensemble. L'esprit de Dieu ne peut compatir avec celui du monde. Ces deux projets ne peuvent compatir l'un avec l'autre.* En ce sens il se met plus ordinairement avec la négative. » (*Acad.*).

231 *« L'omission affectée d'une seule formalité énerve selon vous toutes les preuves. »*

« ÉNERVER. Au propre, affaiblir par la débauche, ou par quelque autre cause. [...] Ce mot est beau au figuré. [...] Le trop d'ornement *énerve le* style. Tout ce qui rend l'autorité injuste et odieuse l'*énerve* et la diminue. *Massill.* La vertu dédaigne un vain faste, qui ne pourroit que l'affoiblir, en *l'énervant.* » *Féraud.*

232 *« Je ne dis rien des créatures qu'il s'amuse à violer. »*

Abandonnant définitivement le terrain de la corrélation homme-œuvre, c'est-à-dire toute la partie proprement argumentative de l'accusation, désormais reconnue comme incohérente et invraisemblable au regard des mœurs de J.J. telles que les produit le rapport de « Rousseau », « Le François » revient à l'attaque sur ce terrain précisément, en s'autorisant de la *vox populi* ; ce faisant, il suit la maxime aristotélicienne ainsi présentée par Gibert : « les Mœurs sont un puissant moyen de persuader, lors même qu'on manque de preuves » (*Rhét.*, p. 53). Suivent donc les accusations portant sur les « attentats aux mœurs », les escroqueries, les paiements de copie musicale etc. et plus généralement l'inhumanité pratique dont s'est rendu coupable J.J. – accusations qui ont effectivement circulé dans la réalité à propos de Rousseau. On a vu ce qu'il en était de l'affaire Thévenin (Ier dialogue, note 259 et n° X. 2. du « Dossier documentaire ») ; pour l'accusation de viol, elle émanait d'une servante du marquis de Césarges, que Rousseau, dans une lettre, traite de « bandit en cotillon » en dénonçant au marquis les avanies que Thérèse en subit lors de leur séjour à Montquin (*CC*. n° 6602, t. 37). Selon le témoignage de M. de Saint-Germain « Une femme de chambre prétendant à l'esprit fatiguait M. Rousseau par des visites continuelles. Furieuse de ce qu'il l'avait chassé de chés lui, elle dit qu'il l'avait voulu violer, et ce bruit se repandit partout » (*CC*. t. 36, Appendice 580 ; voir le n° IV. 2. du « Dossier documentaire »). Dans sa lettre à Saint-Germain de février 1770, Rousseau ironise ainsi sur cette affaire : « Les femmes !... Oh voici le grand article ; car assurément le violateur de la chaste Vertier doit être un terrible homme auprès d'elles, et le plus difficile des travaux d'Hercule doit peu lui coûter après celui-là. Il y a quinze ans qu'on eût été bien étonné de m'entendre accuser de pareille infamie. » On pourra consulter au n° IV. 2. du « Dossier documentaire » le témoignage de Saint-Germain sur le séjour de Rousseau à Montquin. – On peut ici remarquer que dans *Le Lévite d'Ephraïm*, les hommes de Gabaa, qui exigent que leur soit livré le jeune homme afin qu'ils le violent, sont explicitement reliée à l'imaginaire du Cyclope : « des hommes de cette ville, enfants de Bélial, sans joug, sans frein, sans retenue, et bravant le Ciel comme les Cyclopes du Mont Etna, vinrent environner la maison ... etc. » (*OC*. II Pléiade, p. 1213).

233 « Je veux que tous ces faits quoique prouvés soient sujets à chicane [...] mais ce qui est généralement vu de tout le monde ne sauroit l'être. »

À l'inverse exact du courant qui porte les avocats du derniers tiers du siècle à impliquer l'opinion dans la cause de leur client en la faisant connaître par la publication de leurs plaidoiries, le « François » accorde que les preuves produites contre J.J. ne sont pas de première force sur le terrain juridique, mais justifie la pertinence de l'accusation au nom de ce que tout le monde sait déjà des mœurs détestables de l'accusé. « Rousseau » se trouve donc confronté à un ensemble de témoignages contraires au sien, de la part de tous ceux qui, comme lui, sont censés eux aussi avoir vu J.J. Le public prend ainsi statut de témoin à charge dans un procès qui, d'une certaine façon, ne cesse de reconfirmer depuis longtemps la culpabilité de J.J. *Mutatis mutandis*, Molière décrivait une situation analogue à son propre égard, dans son second placet au Roi à propos de l'interdiction du *Tartuffe* : « Je ne doute point, Sire, que des gens que je peins dans ma comédie ne remuent bien des ressorts auprès de Votre Majesté, et ne jettent dans leur parti, comme ils ont déjà fait, de véritables gens de bien, qui sont d'autant plus prompts à se laisser tromper, qu'ils jugent d'autrui par eux-mêmes. »

234 *« C'est vous-même qui prouvez trop. »*

On se rappelle que c'était l'argument de « Rousseau, à la fin du premier dialogue, à l'égard de l'entassement des preuves produites contre J.J. et de leur invraisemblance globale (p. 248). Le « François » tâte à son tour de l'argumentation par rétorsion.

235 *« Je me surprends souvent à les juger malgré moi. »*

Rousseau juge de Jean Jaques est donc également un procès intenté au public contemporain et plus largement à toute l'époque. À cet égard, le *Billet circulaire* diffusé par Rousseau dans la rue et dans sa correspondance ne fait que reprendre cette accusation en la condensant.

236 *« Toutes vos preuves contraires [...] se brisent contre cet axiome [...] que la même chose ne sauroit être et n'être pas. »*

« AXIOME. Principe qu'on a établi dans un art, ou science, qui est indubitable, ou tenu pour tel. [...] On appelle aussi les *axiomes*, des communes notions de l'esprit, ou maximes, ou vérités, parce qu'à cause de leur évidence, l'on ne peut les nier sans démentir la raison naturelle. » (*Trévoux*). Il s'agit ici du principe d'identité. La culture logique de « Rousseau » (et de son auteur) est à l'œuvre depuis le début des *Dialogues*, et se manifeste parfois explicitement comme ici, quoiqu'elle demeure généralement voilée par les exigences de la conversation entre honnêtes gens. Cet axiome intègre et formalise le résultat acquis un peu plus haut, selon l'aveu même du « François », de la disparate totale du J.J. des « Messieurs » avec celui qu'il a vu.

237 *« Vous direz sans doute que ma raison choisit le sentiment que mon cœur préfère, et je ne m'en défends pas. »*

Cette prééminence du cœur dans les situations où la raison doit rendre les armes a de longs antécédents dans la tradition chrétienne. La singularité est ici son application au sein d'une problématique juridico-politique où « Rousseau » oppose à la fausse évidence des preuves de l'accusation, l'évidence de sa conviction intime selon l'état de la question. Ce qui rejoint ce qu'a montré John H. Langbein de la transformation du statut de la preuve aux XVIIe-XVIIIe siècles, avec la prévalence progressive de l'intime conviction du juge sur le système des preuves dépendant de l'aveu de l'inculpé (*Torture and the Law of Proof, Europe and England in the Ancient Regime*, Chicago-Londres, University of Chicago Press, 1977). Quant à la preuve de sentiment dans le domaine métaphysique, qui est ici le paradigme explicite de l'argumentation de « Rousseau », elle est ainsi présentée dans la grande lettre de Rousseau à M. de Franquières, qui révèle peut-être mieux que le fameux passage sur la « conscience-instinct divin » de la « Profession de foi », son fondement rationaliste : « Ne vous livrez à vos argumens que quand vous vous sentez d'accord avec le dictamen de votre conscience, et toutes les fois que vous y sentirez de la contradiction, soyez sûr que ce sont eux qui vous trompent. » (Lettre du 25 mars 1769, *OC.* IV Pléiade, p. 1145).

238 *« Il est pour ainsi dire des épidemies d'esprit qui gagnent les hommes de proche en proche comme une espéce de contagion. »*

L'image de l'épidémie d'esprit n'est pas une invention de Rousseau : « Que seroit-ce si la contagion venoit à gagner toutes les autres professions ? » demande Duclos à propos de la diffusion, chez les militaires et les magistrats du modèle de « l'home aimable » superficiel et uniquement soucieux de plaire : « cependant l'ambition de parvenir à cète réputation devient de jour en jour une espéce de maladie épidémique » (*Considérations sur les mœurs de ce siècle*, ch. VIII, *op. cit.*, p. 164 et 162). Et puis il suffit d'ouvrir Montesquieu pour y lire soit qu'il ne faut souvent qu'« un tour d'imagination » dans un peuple « pour le rendre beaucoup plus nombreux qu'il n'était » (*Lettres persanes*, l. CXIX), soit qu'une « maladie nouvelle s'est répandue en Europe », laquelle « a ses redoublements et devient nécessairement contagieuse ; car sitôt qu'un État augmente ce qu'il appelle ses troupes, les autres soudain augmentent les leurs ; de façon qu'on ne gagne rien par là que la ruine commune. » (*Esprit des lois*, l. XIII, ch. XVII). On retrouve l'image sous la plume du comte d'Angiviller supposant un inventeur de l'idée de Dieu et demandant à Diderot « comme tout à coup et d'une manière si rapide elle a aveuglé ensemble et à la fois toutes les têtes, et tellement obscurci la raison humaine, qu'hors la vôtre et celles de quelques-uns, aucune autre n'a échappé à la contagion » (*Mémoires*, *op. cit.*, p. 40). Lecteur de Malebranche, Rousseau a rencontré ce thème de la contagion mentale dans la *Recherche de la vérité* dont le chapitre consacré à « la communication contagieuse des imaginations fortes » montre « la disposition que nous avons à imiter les autres en toutes choses, laquelle est à l'origine de la communication des erreurs qui dépendent de la puissance de l'imagination ».

Parmi les illustrations qu'en donne l'Oratorien, figurent des phénomènes collectifs comme les « soumissions déréglées des peuples aux volontés impies de leurs princes » ou les « modes » initiées par ceux-ci dans le domaine des mœurs : « c'est ainsi que les princes peuvent changer les vices en vertus et les vertus en vices. » (*De la recherche de la vérité*, l. III, 3e partie, ch. 1, *Œuvres I*, Paris, Gallimard, Pléiade, 1979, p. 243, 254, 256). Cette problématique de la contagion imaginative est enfin bien illustrée par Tissot, qui donne plusieurs exemples d'accès maladifs mimétiques et de « délires contagieux », particulièrement dans les communautés religieuses (*Traité des nerfs et de leurs maladies*, *op. cit.*, t. II, partie I, ch. IX, art. I, § 99).

239 *« Rappellez-vous l'aveu que vous m'avez fait ci-devant dans la supposition de l'innocence de J.J. que vous ne lui pardonneriez point votre injustice envers lui. »*

Première activation de l'aveu acquis lors du premier entretien, p. 274. « Le François » est ici convié à généraliser son expérience à toute sa génération. C'est un parfait exemple de l'argumentation par rétorsion déjà observée au cours du Ier dialogue. Elle se double d'un argument *ad hominem* renforcé par l'invocation de l'honnêteté foncière du « François ». La suite dédouane son interlocuteur de la responsabilité de son aversion pour J.J. expliquée comme un état délirant provoqué par le jeu des passions qui, dans son cas, fut passager mais qui, dans le public est devenu permanent. On voit ici à l'œuvre la réflexion de Rousseau comme théoricien de l'opinion : non seulement celle-ci a ses lois, comme le dira « le François » au IIIe entretien (p. 509-510), mais ses mouvements peuvent être interprétés dans le cadre d'une théorie des passions collectives. C'est là anticiper sur une psychologie sociale bien incarnée par l'œuvre de Gabriel Tarde.

240 *« Une jaunisse universelle, fruit d'une bile acre et repandue. »*

Dans le discours du personnage « Rousseau », les occurrences des mots « bile » et « bilieux » caractérisent surtout les adversaires de J.J. En ce qui concerne l'infection de toutes les humeurs par la bile jaune, c'est un phénomène avéré selon l'article « Jaunisse » de l'*Encyclopédie* (Menuret) : « toutes les humeurs de notre corps reçoivent aussi quelquefois la même couleur, la salive, la transpiration, la sueur, mais plus fréquemment les urines en sont teintes. On lit dans les relations du fameux voyageur Tavernier, que chez les Persans la sueur est quelquefois tellement jaune, que non seulement elle teint de cette couleur les linges, les habits, les couvertures, mais que les vapeurs qui s'en exhalent font une impression jaune très sensible sur les murs et les portraits qui se trouvent dans la chambre. [...] Il y a quelques observations qui prouvent, si elles sont vraies, que la couleur même du sang a été changée en jaune ; Théodore Wuingerus dit avoir vu quelquefois le sang des personnes ictériques imitant la couleur de l'urine des chevaux, et il assure qu'ayant fait saigner une femme attaquée de jaunisse, il avait peine à distinguer son sang d'avec son urine. »

241 « Cette animosité, plus vive plus agissante que la simple aversion. »

« ANIMOSITÉ. Mouvement de haine, par lequel on est porté à nuire à quelqu'un, de qui on a reçu ou cru recevoir quelque offense. » (*Acad*). « Sentiment permanent de haine qui porte à nuire. » *(Littré*). Le caractère systématique, collectif et pour ainsi dire politique que Rousseau prête, dans ses *Dialogues*, à cette passion, se rencontre dans certains articles de l'*Encyclopédie* (par ex. « Euripe », « Gibelin », « Gomaristes », « Paris », « Puritains ») et dans certains écrits contemporains, par exemple les *Considérations sur les mœurs* de Duclos : « la haine contre le parti contraire est d'obligation, c'est le seul devoir [...] dont [les partis] s'acquitent religieusement, souvent pour des questions qu'ils n'entendent point [...] & n'en sont adoptées & défendues qu'avec plus d'animosité. » (*Op. cit.*, ch. XIV, p. 216). Le sens d'entraînement collectif apparaît sous la plume de J.-B. Targe, traducteur de l'*Histoire d'Angleterre* de Smolett : « esprit d'animosité et de faction », « les deux partis étoient enflammés d'une telle animosité réciproque » (*Op. cit.* t. XIX, Orléans, 1764, p. 32 et 48). À l'époque du scandale de l'*Émile*, Grimm utilise le mot pour faire le départ avec le traitement de *De l'esprit* par Joly de Fleury : « On a remarqué cependant que ce réquisitoire [contre l'*Émile*] était fait sans animosité, au lieu que celui que le même avocat général fit, il y a trois ans, contre le livre de l'Esprit, voulant envelopper tous les Philosophes sous la même condamnation devait faire trembler par son fanatisme pour les progrès de la raison en France, et pour la sûreté de ceux qui osoient la professer. » (*CL*, cité dans *CC*. A258, t. XI, p. 283). Le mot « animosité » apparaît en un contexte proche de l'esprit des *Dialogues*, dans la grande lettre de Rousseau à la marquise de Mesmes du 14 août 1772 : « j'ai vu avec dédain la grossière fausseté de ceux qui vouloient m'abuser par des Caresses si maladroites et Sy peu dictées par la bienveillance et l'estime qu'elles cachoient même assez mal une secrète animosité » (*CC*. n° 6959) ; on peut lire cette lettre au n° V. 2. du « Dossier documentaire »). Sur les occurrences du terme dans les écrits polémiques de Rousseau et dans les *Dialogues*, on peut se reporter à l'introduction de ce volume, p. 78-80.

242 « Autant d'argouzins et d'archers. »

« ARGOUSIN. Bas officier de galère qui veille sur les forçats. » « ARCHERS se dit aujourd'hui de certains petits Officiers de Justice ou de Police, qui sont armés d'épées, de hallebardes, d'armes à feu, soit pour prendre des voleurs, soit pour faire la garde dans les Villes, soit pour exécuter quelque ordre de Justice ou de Police. » *Acad.*

243 *« Je l'ai vu dans la rue St Honoré faire presque sous un carrosse une chute très périlleuse. »*

C'est ce qui s'est également produit au retour de la promenade de Ménilmontant relatée dans la IIe Promenade. Mais Rousseau y est bien entouré au sortir de son évanouissement. Le personnage « Rousseau », ici donné pour assister à la scène, n'a pas vocation à interférer : il se réduit à la fonction d'observateur-rapporteur.

244 *« Il s'agit d'animosité ; il s'agit d'un concours actif de tous à l'execution du projet concerté par un petit nombre. »*

À titre de contrepoint contemporain à ce concours d'animosité, on peut citer l'interprétation que donne l'historien J.-B. Targe de la campagne d'opinion de l'amirauté anglaise contre l'amiral Byng, à l'occasion de la perte de Minorque au début de la guerre de sept ans : une lettre de sa main à leur adresse ayant été publiée sans ses justifications ni ses observations critiques, « elle produisit tout l'effet que pouvoient désirer ses plus cruels ennemis. La populace devint aussi furieuse, et marqua autant d'indignation que si cet amiral dévoué à la vengeance du Ministère eût causé la perte de toute la marine angloise, et eût laissé les côtes du Royaume sans défense contre une invasion. Cette animosité fut fomentée et entretenue avec soin par des émissaires artificieux qui se répandirent dans toutes les assemblées publiques, depuis l'Antichambre de Saint James jusque parmi la plus vile canaille de Charing-Cross. Ils ne parloient que de l'insolence, de la folie, de la poltonnerie et de la mauvaise conduite du malheureux amiral [...] Enfin M. Byng fut le vrai bouc émissaire des Ministres, dont la négligence, l'ignorance et le défaut d'attention avaient incontestablement occasionné la perte de cette Isle importante. » *Histoire d'Angleterre depuis le traité d'Aix-la-Chapelle en 1748, jusqu'au Traité de Paris en 1763, pour servir de continuation aux Histoires de MM. Smolett et Hume*, t. I, Londres-Paris, 1768, p. 427-428.

245 *« Un méchant en place peut exciter l'animosité par la crainte. »*

Pour un contexte : « La méchanceté se trouve aujourd'hui l'âme de certaines sociétés, & a cessé d'être odieuse, sans même perdre son nom. » Duclos, *Considérations sur les mœurs*, ch. VIII, *op. cit.*, p. 166. « MÉCHANCETÉ : Nouveau terme fait pour notre nation en particulier, et qu'il faut définir.

C'est une espèce de médisance débitée avec agrément et dans le goût du bon ton. Il ne suffit pas de nuire, il faut surtout amuser, sans quoi le discours le plus méchant retombe plus sur son auteur que sur celui qui en est le sujet. » Jaucourt, *Encyclopédie.*

246 *« D'autre peine afflictive que l'ignominie. »*

« AFFLICTIF [afflict]ive. Se dit seulement des peines corporelles ausquelles la Justice condamne les criminels, *Peine afflictive. L'amende honorable est une peine afflictive.* » (*Acad.*, 1694). « Il ne se dit qu'au *fém.* avec *peine.* Il y a eu des conclusions à *peine afflictîve.* » (*Féraud*).

247 *« L'effroi de voir paroitre de lui quelque apologie. »*

« APOLOGIE. Discours par écrit, ou de vive voix, pour la justification, pour la défense de quelqu'un, de quelque action, de quelque ouvrage. *Faire l'apologie de quelqu'un. Il a écrit lui-même son apologie. On disoit alors du mal de vous, mais depuis on a bien fait votre apologie.* » *Acad.*

248 *« Dévoué à la haine publique il ne peut lui échapper. »*

« DÉVOUER. Dédier, consacrer, donner sans réserve. *Il a dévoué ses enfans au service de la Patrie, au service du Prince* [...] *Les deux Décius père & fils se dévouèrent à la mort pour leur Patrie.* » (*Acad.*). La formule réapparaît littéralement au IIIe entretien, p. 487. Sur le statut de l'*homo sacer* à Rome et dans la pensée politique de Rousseau, voir l'introduction du présent volume p. 23 et suiv.

249 *« Son intrépide audace à dire des vérités dures à tous les états. »*

Cet alinéa prépare la liste d'extraits « criminels » des œuvres de Rousseau-J.J. collectée par « le François » au début du IIIe entretien.

250 *« Selon l'expression de lui J.J., lui militaire radote de bonne foi comme la plus part de ses camarades. »*

C'est ce qu'écrit à Rousseau Charles-Gaspard de Toustain, le 28 avril 1774, fort vexé, après une premier accueil honorable, d'avoir été mal reçu par sa femme lors d'une seconde visite : « Ce procédé ne paraît pas philosophique ; &, quelqu'attention qu'on doive avoir à ne pas troubler les instans précieux de M. Rousseau, il offre un triste contraste avec le premier ; au reste, cet officier qui, suivant une expression de M. Rousseau, RADOTE DE BONNE FOI, COMME LA PLUPART DES MILITAIRES, s'est nommé tout naïvement, & n'en demeure pas moins avec une vénération sincère son très-humble serviteur. » (*CC.* n° 7035, t. 39, p. 248).

251 « En lui persuadant que J.J. travailloit à une critique amère de ses écrits. »

Il pourrait s'agir d'Helvétius, mais ce serait un mauvais procès à son égard. Rousseau avait noté sur son exemplaire les éléments de sa réfutation des thèses philosophiques de *De l'esprit* (*OC.* IV Pléiade, p. 1121 *sq.*). Se refusant à les publier pour ne pas crier avec les loups, le livre ayant été condamné peu de temps après sa publication en 1758, il se borna à une note générale dans l'*Émile* contre la « philosophie moderne » (*OC.* IV Pléiade, p. 584). Cependant, ayant vendu sa bibliothèque en 1767, le livre devint la propriété de Louis Dutens, ce qu'on sut presque aussitôt, comme l'atteste cette année-là le journal de Mme Necker : « M. du Tems a acheté la petite bibliothèque de Rousseau, d'environ cinq cents volumes, avec des notes marginales ; le livre de l'Esprit, entre autres, est couvert de critiques » (*CC.* n° 6893, notes explicatives). Dutens transmit à Helvétius l'essentiel des annotations en novembre 1771 ; celui-ci (*CC.* 6909) reconnaît la force des objections en précisant que l'essentiel est résolu dans un autre essai qui ne sera publié qu'après sa mort (Il s'agit de *De l'homme*). Il n'y a pas un mot dans cette lettre contre la personne de Rousseau. Helvétius meurt cette année-là. Les annotations furent publiées en 1779 par Dutens : *Lettres à Monsieur DB Sur la Réfutation du Livre de L'Esprit d'Helvétius par J.J. Rousseau avec quelques lettres de ces deux auteurs.* La presse s'en fit rapidement l'écho.

252 « Rien dans l'interieur des familles ne se fait que par leur direction. »

« Rousseau » projette sur son époque, aujourd'hui identifiée par les historiens modernes comme celle de l'émergence de la famille nucléaire centrée sur son intimité et l'éducation de l'enfant, un modèle interprétatif tout droit sorti des hantises du XVIIe siècle à propos de la Compagnie du Saint-Sacrement et de sa pénétration au sein des familles. Dans sa structure, ce modèle de l'hégémonie souterraine ne lui est pas propre : il était en effet redevenu d'actualité après que les analyses des Constitutions de la Compagnie de Jésus au Parlement de Paris, dans les années 1760-1762, eurent révélé l'ampleur de ses ramifications au sein de la société, ainsi que sa logique d'État dans l'État. C'est ainsi qu'en février 1764, un an après leur bannissement, un réquisitoire de Joly de Fleury contre quatre publications dénonçait encore « leurs agents cachés répandus de tous côtés » (*Nouvelles ecclésiastiques*, 1764, p. 127). Dix ans plus tard, alors que la suppression de l'ordre vient d'être prononcée par le pape Clément XIV, les *Nouvelles ecclésiastiques* rappellent à nouveau la mémoire de « ce Corps répandu partout, également initié au secret des familles et aux mystères des Cours » et dont « les sujets n'étoient pas seulement ceux qui portoient l'habit de Jésuites, mais encore une multitude de Citoyens, également liés par le vœu d'obéissance au Général, mais cachés dans tous les états et toutes les professions, dans le mariage comme dans le célibat, dans la Robe comme dans l'Épée [...] et jusque sur le trône. » (Année 1774, p. 1). Il semble bien que Rousseau ait décalqué l'analyse alors dominante de la structure de l'ordre et de son hégémonie passée, sur ce qu'il observait de l'influence montante des Philosophes parmi les élites cultivées et les sphères liées au Pouvoir. Voir le n° 129 du IIIe dialogue dans le « Glossaire ».

253 *« Et substituant peu à peu l'intolérance philosophique à l'autre. »*

La Compagnie de Jésus est officiellement proscrite de France en novembre 1764, par édit royal, deux ans après que le Parlement de Paris eut déclaré, en août 1762 (l'*Émile* avait été condamné en juin), qu'elle « nuit à l'ordre civil, viole la loi naturelle, détruit la religion et la moralité, corrompt la jeunesse ». Sur « l'intolérance philosophique » et ses réseaux, le personnage « Rousseau » (et « le François » au IIIe entretien, p. 512-513) s'expriment à peu près comme l'abbé Gérard dans son roman *Le Comte de Valmont*, qui produit comme trouvé dans les papiers d'un grand libertin, « le plan et les détails d'un projet formé en faveur de l'irréligion par nos prétendus sages » : « Pour obtenir, sur la superstition, un triomphe plus facile, nous nous prêterons la main, nous ferons corps, et nous nous répondrons d'un bout du monde à l'autre [...] Nous exalterons à l'envi ceux qui pensent comme nous ; et, pour peu qu'il se rencontre parmi eux quelque homme à talents, nous en ferons, par des éloges pompeux et répétés de bouche en bouche, un génie rare et un homme extraordinaire. Nous déprimerons au contraire, avec le ton du plus parfait mépris, quiconque se ferait un nom en dépit de nous, et en montrant sur la religion d'autres opinions que les nôtres. [...] Il est essentiel d'établir dans nos ouvrages le tolérantisme universel, excepté pour les intolérants [...]. Après avoir quelques temps, endormi les hommes par les beaux noms de Grand être, de loi naturelle, et les avoir amusés de tous ces rêves brillants, [...] il sera temps [...] que quelqu'un de nos chefs fasse paraître un de ces ouvrages vraiment philosophiques et pensé fortement où, sans le détour du verbiage, on établisse nettement l'athéisme. » (*AL.*, t. 3, 1774, compte rendu du *Comte de Valmont ou les égarements de la raison*, p. 205). Au début du siècle suivant, le comte d'Angiviller écrivait encore dans ses notes sur les *Mémoires* de Marmontel : « Avec quelle fanatique intolérance ils [Diderot et Helvétius] s'attachoient à calomnier ceux qui embrassoient la deffense de la religion ! » (*Mémoires*, *op. cit.*, p. 52).

254 *« Freron vient de mourir. on demandoit qui feroit son épitaphe. »* (Note * dans P. et G.)

Le directeur de *L'Année littéraire* est mort le 10 mars 1776. Selon Duclos, « aujourd'hui la méchanceté est réduite en art, elle tient lieu de mérite à ceux qui n'en ont point d'autre, & souvent leur done de la considération. » *Considérations*, ch. VIII, *op. cit.*, p. 166.

255 *« Et prêcher avec la plus vive intolérance. »*

Dans son essai sur Fréron, Jean Balcou rapporte que rendant compte dans l'*AL*. de 1761 d'un dictionnaire parodique qui venait de paraître, Fréron ajouta ce commentaire à l'article « Aigreur » : « produit la haine implacable et cette haine des faux philosophes ressemble assez à celle des faux dévots. » (*Fréron contre les philosophes*, Genève, Droz, 1975, p. 240).

256 *« Une generation de despotes. »*

Pris à la lettre, cet oxymore tient de la contradiction dans les termes. Le mot « despotisme » n'est entré dans la langue qu'au début du XVIIIe siècle : le *Dictionnaire de Trévoux* l'enregistre en 1721, se bornant à la définition suivante : « forme de gouvernement [...] dans lequel le souverain est maître absolu. Comme les Mogols gouvernèrent leurs États avec un despotisme entier ». La définition de 1771 est d'une autre qualité : il s'agit d'« une forme de gouvernement dans lequel le souverain est maître absolu, a une autorité sans bornes, un pouvoir arbitraire, qui n'a pour règle que sa volonté. Tel est le gouvernement de la Turquie, du Mogol, du Japon, de Perse et presque de toute l'Asie. Le principe, le caractère et les maux qu'entraîne le despotisme sont suffisamment développés dans nos meilleurs écrivains » ; même teneur, sous la plume de Jaucourt, dans l'*Encyclopédie* – entre-temps, les analyses de Montesquieu s'étaient imposées. Rousseau pratique bien entendu ce sens dans l'*Inégalité* : « le Contract de Gouvernement est tellement dissous par le despotisme que le despote n'est le Maître qu'aussi longtems qu'il est le plus fort [...] L'émeute qui finit par l'étrangler est un acte aussi juridique que ceux par lesquels il disposoit la veille des vies et des biens de ses Sujets ». Ce qui peut éclairer la formule « génération de despotes », c'est ce qu'on y lit quelques lignes plus haut : « c'est ici que tout se ramene à la seule Loi du plus fort et par consequent à un nouvel état de Nature. » (*OC*. III Pléiade, p. 191). Deux lignes plus haut, « Rousseau » donne cette génération despotique comme engendrée par les écrits de « maîtres [...] devenus esclaves pour être tyrans ». R. Osmont avait rattaché cette alliance de mots à Tacite (*Histoires* I, 36, à propos d'Othon n'omettant « rien de servile pour commander »), via La Bruyère : « Les hommes veulent être esclaves quelque part, et puiser là de quoi dominer ailleurs » (*Caractères*, VIII-12).

257 *« Et l'on ne tient pas à son propre parti par attachement [...] mais uniquement par haine du parti contraire. »*

C'est l'analyse de Duclos, comme on l'a vu ; voici le texte entier : « La fureur des partis se porte encore plus loin. Ils ne se bornent pas à leurs avantages réels, la haine contre le parti contraire est d'obligation, c'est le seul devoir que la plûpart sont en état de remplir, & dont ils s'acquitent religieusement, souvent pour des questions qu'ils n'entendent point, qui, à la vérité, ne méritent pas d'être entendues, & n'en sont adoptées & défendues qu'avec plus d'animosité. Nous en avons, de nos jours, & sous nos yeux, des exemples frapans. » *Considérations sur les mœurs*, ch. XIV.

258 « C'est ainsi qu'ils m'ont successivement attribué le Système de la Nature, *la* Philosophie de la Nature, *la note du roman de Madame d'Ormoy. »* (Note # dans P. et G.)

Cette note est absente de C. et n'apparaît que dans P. et G. Le roman de Mme d'Ormoy s'intitule *Les Malheurs de la jeune Emélie, pour servir d'instruction aux âmes vertueuses et sensibles;* un compte-rendu en est publié en 1776 dans l'*Année littéraire* (t. VI); l'allusion du second dialogue ne peut être antérieure à l'automne de cette année-là, date à laquelle Rousseau parcourt ce roman selon la IIe Promenade. Sur la note en question et son lien avec les émeutes parisiennes de la « guerre des farines » (avril-juin 1775), on peut se reporter au n° XII du « Dossier documentaire ». *Le Système de la Nature ou Des loix du monde physique et du monde moral* est l'œuvre du baron d'Holbach, sans doute aidé par Diderot. Ce livre fait scandale dès sa parution pour son matérialisme et son athéisme : condamné et brûlé par le Parlement le 18 août 1770, il suscitera de nombreuses réfutations. *De la philosophie de la nature* de Delisle de Sales a été publié en 1769 et sa réédition a été brûlée par décision de justice en décembre 1775. (*Cf.*, au IIIe entretien, les notes 130 et 152).

259 « Comme écrivoit J.J. à M. Dusaulx. »

« Je suis toujours surpris je l'avoue de les voir m'étaler pompeusement et leurs vertus et leur amitié pour moi ; je cherche inutilement comment on peut être vertueux et faux tout à la fois, comme on peut se faire un honneur de tromper les gens qu'on aime. Non, je n'aurois jamais cru qu'on put être aussi fiers d'être des traîtres. » (Rousseau à Dusaulx, 6 février 1771, *CC.*, t. 38, p. 184 ; voir aussi n° 6832). C'est cependant dès 1770 que cette maxime vient sous la plume de Rousseau, dans sa lettre de février à M. de Saint-Germain : « Non jamais on ne vit des gens aussi fiers d'être des traitres ; prudemment enfoncés dans leurs tanières, ils s'aplaudissent de leurs lâchetés, et insultent à ma franchise en la redoutant. » (*CC.* n° 6673, § [34]). Elle revient un mois plus tard dans une lettre à Belloy : « ces honnêtes gens si zélés si vertueux, si fiers surtout d'être des traitres, et qui se masquent avec tant de soin pour me démasquer » (*CC.* n° 6686). – Jean-Joseph Dusaulx (1728-1799) est l'auteur d'une traduction des *Satires* de Juvénal. C'est par Duclos qu'il fut introduit auprès de Rousseau lors de son retour à Paris. Leurs rapports devinrent rapidement des plus cordiaux jusqu'à ce que Dusaulx fasse lire à Rousseau un *Portrait du fourbe* qu'il venait de terminer. Celui-ci se croyant persiflé, la rupture ne tarda pas à survenir malgré les protestations de bonne foi de l'accusé. Il est vrai que le traducteur de Juvénal appelait un chat un chat : « Pauvre humanité ! Bon Dieu, que les grands Hommes sont petits quelquefois ! Le généreux J.J., le vertueux J.J. aussi inquiet aussi défiant qu'un lâche criminel ! … je n'en croirois rien, Si je n'en faisois pas moi-même la dure expérience. Quel dommage ! qu'avec une aussi belle ame que la vôtre, vous n'ayez plus d'organes pour commercer avec vos semblables ; car vous êtes sourd et aveugle, ou, ce qui est pire encore, vous entendez mal, et vous voyez mal, puisque vous m'avez pris pour un flagorneur, pour un Espion. […] Je m'attends bien que vous expierez quelque jour cet attentat ; c'est pourquoi je vous le pardonne dés à présent. Je fais plus, je vous estime encore ; mais je vous plains. » (*CC*. n° 6833, *ibid.*, p. 174-175). En 1798, il publia l'histoire de leur relation et leur correspondance sous le titre : *De mes rapports avec Jean-Jacques Rousseau*. Le *Portrait d'un fourbe* se lit aux p. 133-136 de l'édition de 1798 (Paris, Didot) ; le passage incriminé est le suivant : « Tel fut le monstre qui s'était emparé de ma jeunesse. Que d'art et de perfidie ! il me tenait de beaux discours, et de non moins touchants que l'illustre Jean-Jacques en a composé depuis sur les mœurs et sur l'éducation ».

260 « On verroit Socrate, Aristide. »

Aristide le Juste. Adversaire de Thémistocle. Plutarque rapporte qu'il aida un paysan illettré, qui le prenait pour un homme ordinaire, à écrire son nom lors du scrutin qui le frappa d'ostracisme. Rousseau le cite plus haut dans ce dialogue, ainsi qu'au livre I des *Confessions*, lorsqu'il évoque ses lectures d'enfance.

261 « Dans un tel renversement du droit de la nature et des gens. »

Selon Burlamaqui, « le DROIT DES GENS […] n'est autre chose que le Droit naturel lui-même, appliqué, non aux hommes envisagés simplement comme tels, mais aux peuples, aux nations, aux états ou à leurs chefs, dans les relations qu'ils ont ensemble, et dans les intérêts qu'ils ont à ménager entre eux. » (*Principes du droit naturel*, IIe partie, ch. VI, § VI-VII, Genève, Barillot, 1747, p. 221-222). L'indignation du personnage « Rousseau » vient de ce que la volonté générale soit si unanimement mystifiée. C'est au ch. II du livre IV du *Contrat social* qu'en apparaît la cause : dans la Rome républicaine, l'unanimité coule de source au terme des débats car « les Citoyens n'ayant qu'un intérêt, le peuple n'avoit qu'une volonté » ; mais il existe une autre sorte d'unanimité « quand les citoyens tombés dans la servitude n'ont plus ni liberté ni volonté [.] alors la crainte et la flaterie changent en acclamations les suffrages ; on ne délibère plus, on adore ou l'on maudit. » (*OC*. III Pléiade, p. 439).

262 « *À gauchir devant lui et se soustraire à ses defenses.* »

« GAUCHIR. On dit figurément *gauchir dans une affaire*, pour dire n'y agir pas franchement. *On n'aime point à traiter avec les gens qui gauchissent dans les affaires. Au lieu de me répondre nettement, il a gauchi.* » (*Acad.*). La formule « gauchit devant lui » revient au IIIe entretien, p. 490, dans un contexte analogue.

263 « *Selon vous, ceux qui ne sont pas du complot pensent sur J.J. comme ceux qui en sont, [...] selon moi ils doivent penser autrement.* »

Autrement dit, s'ils n'en sont pas, ils devraient penser autrement et le manifester. « Rousseau » réfute donc ainsi l'argument de l'unanimité des honnêtes gens contre J.J. qui lui était présenté, en lui objectant le caractère seulement apparent de l'unanimité dans une société de factions, puisque lorsqu'« une association est si grande qu'elle l'emporte sur toutes les autres, vous n'avez plus pour résultat une somme de petites différences, mais une différence unique ; alors il n'y a plus de volonté générale et l'avis qui l'emporte n'est qu'un avis particulier. » (*Contrat social*, l. II, ch. 3, *OC*. III Pléiade, p. 372).

264 « *La plus sure épreuve pour distinguer le vrai du faux.* »

C'est-à-dire le procès en bonne et due forme de J.J. dont la nécessité a été établie au cours du premier entretien, en des termes qui identifient son élusion à l'annihilation radicale de tout Droit. Ce qui entraîne « Rousseau » à qualifier de « crime », dans la réplique qui suit l'objection du « François », le silence de ceux qui réservent leur opinion dans cette affaire : « quoi que vous puissiez dire ils sont du complot » ajoutera-t-il plus loin (p. 431). Puis il en vient à la réfutation des dernières accusations portées par « le François » sur les « indignités » imputées à J.J., fondée sur ce qui a été acquis de l'absurdité des accusations précédentes. On voit à cet égard que le premier dialogue est le socle argumentatif de toute la dimension juridique du procès fictionnel qu'est *Rousseau juge de Jean Jaques*.

265 « *La mauvaise honte, contre laquelle il a lutté toute sa vie.* »

« MAUVAISE HONTE. Fausse honte de ce qui n'est pas blâmable, et quelquefois même de ce qui est louable » écrit *Littré*, qui cite Fénelon : « la mauvaise honte est le mal le plus dangereux et le plus pressé à guérir » (*Éducation des filles*). Quant à Plutarque, dont Rousseau connaît bien les traités, il y voit, à peu près comme J.J., le produit vicié d'un naturel sain : « Entre les plantes que la terre produit il y en a aucunes qui non seulement de leur nature sont sauvages & ne portent aucun fruits, mais qui pis est, en croissant nuisent aux bonnes et fructueuses plantes & semences, & toutefois les jardiniers & laboureurs jugent que ce sont signes de terre qui n'est pas mauvaise, mais bonne & grasse : aussi y a il des passions de l'ame qui ne sont pas bonnes quant à elles, mais ce sont comme fleurs & boutons d'une bonne nature généreuse,et qui se laisse bien cultiver par raison : entre lesquelles je compte celle que les Grecs appellent Dysopie, c'est-à-dire mauvaise honte » ; ainsi, « ceux qui sont par trop honteux, & là où il ne le faut pas estre, font bien souvent autant de fautes comme ceulx qui sont effrontez & impudents, excepté qu'ils sont marrys & desplaisants quand ils faillent, & les autres en sont bien aises » (*De la mauvaise honte*, premier alinéa, trad. Amyot). Rousseau n'analyse pas autrement sa calomnie contre la servante Marion : « La honte seule fit mon impudence », écrit-il à ce propos à la fin du livre II des *Confessions* ; et encore dans la IVe Promenade : « Ce mensonge, qui fut un grand crime en lui-même en dut être un plus grand encore par ses effets que j'ai toujours ignorés, mais que le remord m'a fait supposer aussi cruels qu'il étoit possible. Cependant à ne consulter que la disposition où j'etois en le faisant, ce mensonge ne fut qu'un fruit de la mauvaise honte ». La phrase qui suit dans le dialogue semble faire allusion à ses goûts particuliers avec les femmes qu'il aimait, ainsi présentés au livre I des *Confessions* à propos de l'affaire du peigne cassé et de ses conséquences pour la formation de sa personnalité : « J'ai ainsi passé ma vie à convoiter et me taire auprès des personnes que j'aimois le plus. N'osant jamais déclarer mon gout, je l'amusois du moins par des rapports qui m'en conservoient l'idée. Etre aux genoux d'une maitresse impérieuse, obéir à ses ordres, avoir des pardons à lui demander, étoient pour moi de très douces jouissances ; et plus ma vive imagination m'enflammoit le sang, plus j'avois l'air d'un amant transi. » (*OC*. I Pléiade, p. 17).

266 *« Ce mépris [...] n'est que le voile bien transparent d'une estime qui les déchire. »*

« Car la haine, écrit Duclos, prouve souvent plus de motifs d'estime, que l'aveu même d'une estime sincère. » *Considérations*, ch. XIV, *op. cit.*, p. 219.

267 *« Et surtout aux quidams cajoleurs et pleureux. »*

« PLEUREUX, EUSE. Il n'a guère d'usage que dans les phrases suivantes. *Avoir les yeux encore tout pleureux* [...] et *avoir l'air pleureux, la mine pleureuse*, pour dire, avoir l'air & la mine d'une personne triste & affligée. On dit dans le même sens, *un ton pleureux.* » (*Acad.*). *A.W.* (p. 14) y voit, comme pour la forme « chercheux », « l'indice d'une prononciation archaïque pour un effet plaisant ».

268 « La mère et trois jeunes filles charmantes. »

Il s'agit de Mme Boy de La Tour avec laquelle Rousseau entretenait une profonde amitié depuis 1762. Il lui rend visite lors de ses passages à Lyon et elle lui rend de nombreux services durant son séjour à Monquin. Séjournant à Lyon du 10 avril au 2 juin 1770, avant de se rendre à Paris, il invite la famille à la représentation de *Pygmalion* et du *Devin* et leur fait une ultime visite en mai. À Paris, leur correspondance se poursuit quelques temps assez régulièrement, puis s'exténue. – La jeune anglaise mentionnée dans la note (seulement dans G.) est probablement Charlotte Gunning, fille de l'ambassadeur d'Angleterre à Saint-Petersbourg, qui fit copier de la musique à Rousseau en juin 1776 (*CC.* n° 7089).

269 « Ce terrible satyre devant lequel ces autres-là n'osent chez elles [...] laisser un moment les leurs. »

En citant cette phrase, Alexis François signale que dans *Les Confessions* (l. IX), Rousseau emploie également l'expression « cette autre-ci » (pour *cette autre que voici*), qu'il juge « peut-être régionale » : « J'avois cru que cette question tenoit de bien près à cette autre ci. » (*HLF.*, VI, p. 1436).

270 « Mylord Marêchal. »

Georges Keith (1686-1778), dit aussi « Milord Maréchal ». Voir plus haut la note 209.

271 « Un peu d'effronterie aidée des préjugés des maitres les tireroit d'affaire aisément. »

Il importe d'observer ici que c'est exactement ainsi que le valet Rousseau l'a emporté sur la servante Marion : « elle arrive, je la charge effrontément [...] Il ne sembloit pas naturel de supposer d'un côté une audace aussi diabolique, et de l'autre une aussi angélique douceur. On ne parut pas se décider absolument, mais les apparences étoient pour moi. » (*OC.* I Pléiade, p. 85).

272 « Ses confessions qu'ils appellent ses mémoires. »

Il l'a fait lui-même en quelques endroits. « La suite de ces Mémoires développera cette odieuse trame ; je n'en montre ici que l'origine : on en verra bientôt former le premier nœud. » (*Confessions*, l. VIII, *op. cit.*, p. 363). Sur les rapports entre les deux genres à cette époque et l'impact de ce qu'apporte Rousseau, voir notamment G. Gusdorf, *Les écritures du moi*, Paris, O. Jacobs, 1991.

273 *« En manifestant à plein son intérieur. »*

« INTÉRIEUR. Il signifie figurément, Les pensées les plus secrettes, les mouvemens les plus intimes de l'ame. *Dieu seul connoît l'intérieur.* [...] *Rentrer dans son intérieur. La grâce de Dieu agit dans l'intérieur. Quand on veut vivre chrétiennement, il faut commencer par réformer l'intérieur.* [...] On dit en termes de dévotion, *l'homme intérieur*, pour dire, l'homme spirituel, qui est opposé à l'homme charnel. On dit en termes de spiritualité, qu'*un homme est fort intérieur*, pour dire, qu'il est fort recueilli, qu'il rentre souvent en lui-même. » *Acad.*

274 *« Tout ce qu'on a pu trouver de bizarre dans sa conduite. »*

« BIZARRE. Qui a des mœurs inégales, des opinions extraordinaires et particulières. *C'est un homme bizarre, avec lequel on ne peut vivre.* Les gens bizarres ne sont pas un moment dans la même situation d'esprit. Ils passent d'une extrémité à l'autre, de la plus belle humeur ils passent tout d'un coup à un sérieux et à un silence morne et mélancolique. Ils n'ont point de sentiments fixes et leur humeur chagrine s'oppose à tout ce que les autres souhaitent. [...] L'acad. dit *fantasque, extravagant, capricieux.* Les vocabulistes ajoutent à toutes ces épithètes celle de *quinteux.* Que ne disaient-ils encore difficile, bourru, etc. [...] Toutes ces qualités font bien l'effet et en même temps l'expression d'un goût particulier, qui s'écarte mal à propos de celui des autres. Il signifie aussi figurément, *extraordinaire, singulier, hors de l'usage commun.* » *Trévoux.*

275 *« Jusqu'à leur lire cette histoire de son ame. »*

C'est au début du livre VII que Rousseau écrit, à propos du défaut de documents pour étayer sa mémoire à ce stade de la rédaction : « l'objet propre de mes confessions est de faire connoitre exactement mon interieur dans toutes les situations de ma vie. C'est l'histoire de mon ame que j'ai promise, et pour l'écrire fidellement je n'ai pas besoin d'autres mémoires : il me suffit, comme j'ai fait jusqu'ici, de rentrer au dedans de moi. » (*Op. cit.*, p. 278).

276 *« Et des allures dont le vent m'est parvenu. »*

« ALLURE. Figurément et en mauvaise part, il se dit de la manière dont un homme se conduit dans une affaire. *J'ai reconnu ses allures. Il faudra bien qu'il change d'allure. Cette affaire prend une méchante allure.* » Acad., 1798.

277 *« Intus et in cute. »*

Cette citation de Perse tirée de la *Satire* III, vers 30 : *Ego te intus et in cute novi*, est l'épigraphe du premier livre des *Confessions.* Dans l'original, ce vers ne concerne pas Perse lui-même, qui s'en prend à la jeunesse dorée vivant dans l'indolence et la débauche. Au XVIIIe siècle, l'abbé Le Monnier le traduisait ainsi : « Pour moi, je vous connois dans l'intérieur, je vous connois à fond » (*Satires de Perse*, Paris, 1771, p. 75). Les traductions antérieures ne paraissent jamais traduire *in cute* par « sous la peau » comme on le fait aujourd'hui, cela sans doute par souci des bienséances. Rousseau, pour sa part, annonce à son lecteur qu'il va le connaître « à plein », pour peu qu'il lise l'épisode de la Zulietta, au livre VII des *Confessions* : « Qui que vous soyez qui voulez connoitre un homme, osez lire les deux ou trois pages qui suivent vous allez connoitre à plein J.J. Rousseau. » (*Op. cit.*, p. 320).

278 *« Pour y lire immédiatement les véritables dispositions de son ame. »*

Si l'on n'oublie pas que l'objectif de pénétrer le plus intérieur de la conscience de J.J. s'inscrit dans un contexte où il s'agit d'évaluer sa capacité à la grande criminalité, il importe de l'entendre selon le nouveau sens qu'a pris l'adjectif « intime » à la fin du siècle : « on dit encore, *Persuasion intime*, pour dire, Persuasion intérieure et profonde. On dit de même, *Le sentiment intime de la conscience.* » (*Acad.* 1798). Ce sens n'apparaît pas dans les éditions antérieures, ni dans *Richelet, Féraud et Trévoux*. Il s'agit, autrement dit, d'aller à l'intime par l'intime pour persuader « le François », c'est-à-dire le lecteur-juge.

279 *« L'homme bienfaisant et doux qu'il étoit et passoit pour être. »*

Après avoir réfuté les nouvelles preuves des œuvres criminelles récentes de J.J., « Rousseau » revient à son propos initial dans cet l'entretien : sa rencontre avec J.J. l'a déterminé à reconnaître en lui l'homme qu'il était avant que l'opinion ne défigure son image : Vous vous trompez, rétorquait-il au « François » qui ironisait sur la nouveauté de ce qu'il y avait trouvé ; c'est au contraire votre J.J. qui est cet homme nouveau. Le mien est l'ancien, celui que je m'étois figuré avant que vous m'eussiez parlé de lui : celui que tout le monde voyoit en lui avant qu'il eut fait des livres, c'est à dire, jusqu'à l'age de quarante ans. Jusques là tous ceux qui l'ont connu sans en excepter vos Messieurs eux-mêmes, l'ont vu tel que je le vois maintenant. C'est si vous voulez un homme que je ressuscite, mais que je ne crée assurement pas. » (p. 290).

280 *« Grace aux oratoriens, devenus je ne sais comment ni pourquoi les plus ardens satellites de la ligue. »*

On ne le sait pas plus aujourd'hui ; en effet, Rousseau n'a eu qu'à se louer des Oratoriens tant qu'il est resté en contact direct avec eux. Lecteur du père Lamy et de Malebranche aux Charmettes, il dit avoir goûté les livres « qui mêlaient la dévotion aux sciences [...] tels étoient particulièrement ceux de l'Oratoire et de Port-Royal » (*OC.* I Pléiade, p. 231-232). Il les fréquente familièrement à Montmorency où l'ordre est installé depuis 1617 ; la maison est un centre de formation philosophique et théologique de haut niveau ; la bibliothèque compte près de 8500 volumes auxquels Rousseau pouvait aisément avoir accès ; aux dires de Mme de Verdelin en effet, il « est dans cette maison aussi cher qu'un affilié » (26 septembre 1762, *CC.* 2194, orthographe corrigée). Rousseau raconte dans *Les Confessions* qu'il se promenait régulièrement avec les Pères Alamani et Mandard (livre XI, *OC* I, Pléiade, p. 579), qui avaient été supérieurs de plusieurs maisons de l'ordre et enseignaient la théologie à Montmorency. Il appréciait aussi le père Bertier, professeur de physique dont il appréciait le savoir et la bonhommie et qui « savait se faire tout à tous » ; cependant, il l'a soupçonné *a posteriori* d'avoir intrigué avec Grimm et la mère de Thérèse et surtout d'être lié avec deux jansénistes qu'il évoque dans la note (la *Gazette ecclésiastique* est l'organe de leur parti), avec qui il vivait néanmoins assez familièrement lui-même, puisqu'ils jouaient aux échecs et mangeaient de compagnie (Livre X, *id*, p. 505-506). Voir Georges Py, « Jean-Jacques Rousseau et la congrégation des prêtres de l'Oratoire de Jésus », *AJJR*, 38, 1971, p. 128-153 ; on peut aussi consulter le vaste article qu'il a consacré à cette question dans le *DJJR.*, p. 663-672.

281 « Les traditions du moins en restent encore dans la mémoire des honnêtes gens qui fréquentoient ce pays-là. »

« A Montmorenci ce Philosophe errant est adoré des Païsans, comme à Moustiers-travers, parce qu'il y faisoit beaucoup d'aumônes », écrivait le pasteur J.-H. Meister à J.-J. Bodmer, le 12 septembre 1771 (*CC.* n° 6890). « J'apprends avec transport que vous êtes adoré dans le pays que vous habitez [le Dauphiné], écrivait à Rousseau Mme Alissan de La Tour, le 25 mars 1770 : Surtout de cette classe de gens dont les préjugés ne dirigent point les affections, et qui ne S'attache qu'à ce qui lui est vraiment utile. Il en étoit de même à Montmorenci ! Cette perpétuelle démonstration de votre bienfaisance, parle plus énergiquement que tous les prôneurs du monde. » (*CC.* n° 6697). Ce trait de réputation devint légendaire, comme en témoignera Gérard de Nerval pour un autre « pays », en rapportant dans *Angélique* une visite à Ermenonville : « On nous laissa seulement parcourir les bords du grand lac, dont la vue, à gauche, est dominée par la tour dite de Gabrielle, reste d'un ancien château. Un paysan qui nous accompagnait nous dit : « Voici la tour où était enfermée la belle Gabrielle… tous les soirs Rousseau venait pincer de la guitare sous sa fenêtre, et le roi, qui était jaloux, le guettait souvent, et a fini par le faire mourir. » Voilà pourtant comment se forment les légendes. Dans quelques centaines d'années, on croira cela. – Henri IV, Gabrielle et Rousseau sont les grands souvenirs du pays. On a confondu déjà, – à deux cents ans d'intervalle, – les deux souvenirs, et Rousseau devient peu à peu le contemporain d'Henri IV. Comme la population l'aime, elle suppose que le roi a été jaloux de lui, et trahi par sa maîtresse, – en faveur de l'homme sympathique aux races souffrantes. Le sentiment qui a dicté cette pensée est peut-être plus vrai qu'on ne croit. Rousseau, qui a refusé cent louis de madame de Pompadour, a ruiné profondément l'édifice royal fondé par Henri. Tout a croulé. – Son image immortelle demeure debout sur les ruines. » *Angélique*, XIe Lettre, in *Les Filles du feu, Œuvres*, Paris, Garnier frères, 1966, p. 576-577.

282 *« Cette résolution sera mise en exécution sonica. »*

« SONICA. Terme du jeu de la Bassette, qui se dit d'une carte qui vient ou en gain ou en perte, tout le plutôt qu'elle puisse venir pour faire gagner ou pour faire perdre. *Il a gagné sonica.* On a transporté ce mot dans la conversation, pour dire, À point nommé, justement, précisément. *On alloit partir sans lui, il est arrivé sonica.* » *Acad.*

283 *« Il faut avoir vu les assauts que sa femme est forcée de soutenir sans cesse. »*

C'est la seconde allusion à Thérèse Levasseur dans cet entretien.

284 *« Lettres, mémoires, complimens, vers, bouquets. »*

« BOUQUET. Il se dit, figurément, d'une petite pièce de vers adressée à une personne le jour de sa fête. *Bouquet à une jeune personne, à ma sœur, etc.* » (*Acad.*, 1835). Ce sens n'est pas signalé dans les dictionnaires du XVIIIe siècle.

285 *« Tout à fait étranger sur la terre [...] elle est pour moi comme une autre sphère. »*

(Note * dans P. et G.)

Ce sont là des expressions très proches des fameuses formules de la première Promenade : « Me voici donc seul sur la terre », « Je suis sur la terre comme dans une planete étrangere où je serois tombé de celle que j'habitois. » *Cf.* le psaume CXVIII (19) : « Je suis un étranger sur la terre, ne me cachez pas vos commandements. » (Trad. Lemaistre de Sacy). Mais c'est déjà en août 1772 que Rousseau écrivait à la marquise de Mesmes, à propos de ses contemporains : « je ne les estime donc ny ne les hais, ny ne les méprise, ils sont nuls à mes yeux : ce sont pour moi des habitans de la Lune, je n'ai pas la moindre idée de leur être moral. La seule chose que je sçai est qu'il n'y a point de rapport au mien et qu'eux et moi ne sommes plus de la même Espèce. j'ai donc renoncé avec eux a Cette Seule societé qui pouvoit mêtre douce et que j'ai si bêtement Cherchée, Savoir à celle des cœurs. Je ne les cherche ni ne les fuis, à moins d'affaires. » (14 août 1772, *CC.* n° 6959 ; on peut lire cette lettre au n° V. 2. du « Dossier documentaire »).

286 *« Il ne suffit pas même de voir, il faut vérifier comparer approfondir tout par soi-même. »*

« Rousseau » redéfinit enfin la thématique du « voir » constamment employée par « le François » pour mettre en question son impartialité, en rappelant les exigences méthodiques auxquelles il s'est soumis pour mener son enquête, lesquelles avaient d'emblée été posées comme conditions d'une objectivité raisonnable à la fin du premier entretien.

287 *« Le reproche de dureté et d'incommiseration. »*

Le mot INCOMMISERATION n'apparaît pas dans les dictionnaires du XVIIIe siècle. On le rencontre pourtant chez Quesnay : « les passions féroces sont l'incommisération, l'ingratitude, la rigueur, l'inflexibilité, la cruauté. » (*Essai physique sur l'Œconomie animale*, seconde édition, t. III, Paris, G. Cavelier, 1747, p. 243).

288 *« Le vigilant magistrat chargé [...] des deux départements de la police et de la librairie. »*

Il s'agit de M. de Sartine, Lieutenant de police de 1759 à 1774 et directeur de la Librairie depuis 1763.

289 *« De pareilles bourdes. »*

« BOURDE. Mensonge, défaite. *Ce laquais donne des bourdes à son maître. C'est un donneur de bourdes.* Il est populaire. » *Acad.*

290 *« Quand un libraire vient en grand appareil s'établir à sa porte, [...] que d'autres affectent d'avoir avec lui des relations bien étroites. »*

Il s'en est ouvert à Sartine dans une lettre du 15 janvier 1772, en se disant affecté d'une rumeur selon laquelle les libraires Duchesne, Guy et Simon imprimeraient une édition de ses œuvres qu'ils lui auraient déjà payée à hauteur de mille écus pour lui et de six cents comme pension à sa femme. Simon aurait affirmé à son informateur qu'il « venoit d'imprimer quelques uns de mes écrits sous mes yeux, que j'en avois revu les épreuves, et que moi-même j'étois allé chez lui, il n'y a pas longtems », ce qu'il dénie évidemment. Un post-scriptum ajoute que Guy lui rend régulièrement visite sans raison précise, et que sous prétexte de lui apporter des romans pour sa femme, il transporte des « paquets de brochures » qui lui donnent l'air d'être en affaires avec lui, en quoi il lui paraît suspect d'être manipulé. On trouvera cette lettre au n° V. 1. du « Dossier documentaire ».

291 *« Pour ne pas s'enlacer lui-même. »*

Il convient de noter ici que cette expression prend un tout autre sens dans la Ve Promenade, à propos de l'Ile Saint-Pierre : « L'espoir qu'on ne demanderoit pas mieux que de me laisser dans ce séjour isolé où je m'étois enlacé de moi-même, dont il m'étoit impossible de sortir sans assistance et sans être bien apperçu, […] me donnoit celui d'y finir mes jours plus tranquillement que je ne les avois passés. »

292 « S'abstenir malgré lui d'une bonne œuvre. »

La sixième Promenade revient de façon détaillée sur le problème de l'ambivalence du bienfait et de sa publicité. Ces problèmes sont classiques même si l'appréhension qu'en a Rousseau ne l'est pas : « Les bienfaicteurs, écrit Duclos, doivent des égards à ceux qu'ils ont obligés ; & ceux-ci contractent des devoirs indispensables. On ne devroit donc placer les bienfaits qu'avec discernement. » *Considération*, ch. XVI, *op. cit.*, p. 233.

293 « Le contraindre à force de secrettes angoisses à finir par les délivrer de lui. »

On sait qu'après la mort de Rousseau, le débat fit rage autour de la question de son éventuel suicide. C'est en particulier la thèse de la *CL* en juillet 1778, qui argue de sa mélancolie chronique, de sa manie de se croire persécuté, de ses inquiétudes concernant la publication de ses mémoires, des « tracasseries » de sa femme, etc. (Voir *CC.*, XL, Appendice A679, p. 331-332). En 1778, Mme de Staël défend encore cette thèse, avec évidemment d'autres raisons que Grimm ! (*Lettre sur les ouvrages et le caractère de J.-J. Rousseau*), tandis que Corancez la nie dans ses *Observations sur les circonstances qui ont précédé, accompagné et suivi la mort de J.-J. Rousseau* (*CC.* XL, A 688). Le débat se poursuit au XIXe siècle. Pour une analyse de cette discussion dans la presse de l'époque, voir mon étude « Storytelling sous Louis XVI : luttes pour l'hégémonie sur le cadavre de Rousseau (1778-1798) », in *Politique du renonçant*, *op. cit.*, p. 261-274.

294 « Malgré la triple enceinte de ténébres qu'ils renforcent sans cesse autour de lui. »

L'image de la « triple enceinte de ténébres » provient d'Hésiode, sans doute par la médiation d'une traduction de N. Fréret ; elle est porteuse d'une charge mythologique puissante identifiant J.J. (de même que son auteur) aux Titans ensevelis au Tartare. Pour plus de précisions, on peut se reporter à l'Introduction du présent volume, p. 56-57.

295 « De l'y tenir bloqué. »

« BLOQUER. Il n'a guère d'usage que dans cette phrase, *Bloquer une Place*, qui signifie, Occuper avec des troupes toutes les avenues d'une Place. » *Acad.*

NOTES DU TROISIÈME DIALOGUE

1 *« Vous avez fait un long séjour en campagne. »*

Selon *Féraud*, « en termes de guerre, on dit, *en campagne*, et non pas, *à la campagne :* hors de là, il faut se servir du dernier. Un citadin qui dirait : je vais *en campagne* (on le dit en Provence), et un guerrier qui dirait : nous allons *entrer à la campagne*, parleraient tous les deux fort mal. » D'après A. François (*Provincialismes JJR.*, p. 63), qui cite le *Glossaire genevois* de Humbert, « À Genève les deux expressions sont encore confondues au 19e siècle ».

2 *« Les crimes irrémissibles. »*

« On refuse les grâces en Chancellerie quand les crimes sont énormes et irrémissibles. [...] Le Roi veut que les duels soient punis irrémissiblement, il ne donne point de grâce aux duellistes. » (*Trévoux*). Voici le détail des crimes irrémissibles selon Jousse : « Il arrive quelquefois que le Roi accorde des lettres d'abolition à une ville entière, ou à une province, ou à une communauté d'habitants, ou à tous les déserteurs de l'armée, etc. pour crimes commis contre l'autorité royale [...]. Mais ces sortes d'abolitions générales ne comprennent point les cas irrémissibles, comme est le crime de Leze-Majesté, celui d'assassinat prémédité, le crime de faux, et celui commis par les juges dans les fonctions de leur office. » (*Jousse*, tome II, IIIe partie, livre II, titre XX, section IV, art. I, § 78). L'article 72 ajoute à cette liste les crimes de duel, de complicité d'assassinat prémédité et/ou commandité, de rapt avec violence, d'outrage à magistrat, de sodomie, de parricide et de poison. L'article III, § 54, précise en outre que la partie civile peut s'opposer à l'entérinement des Lettres de grâce, sans pouvoir cependant les annuler mais en obligeant l'accusé à demeurer emprisonné jusqu'à ce qu'il l'ait satisfaite.

3 *« Faites-vous à votre tour des énigmes ? »*

Le discours du « François » est en effet contradictoire : d'une part il annonce que fréquenter les écrits de J.J. équivaut à le fréquenter lui-même sans ennui, semblant avoir ainsi admis l'adéquation du caractère à l'œuvre dans le sens souhaité par son interlocuteur ; d'autre part, cependant, cette lecture semble avoir confirmé à ses yeux la thèse de la criminalité hors-pair de l'auteur. La question de « Rousseau » est symétrique de celle que lui posait son interlocuteur au début du Ier dialogue après l'exposé du « monde idéal » (p. 171), mais elle rappelle aussi le dédoublement énonciatif du « François » déjà mis en question à la fin de leur entretien. Cet apparent reploiement sur soi de l'économie dialogique prépare le lecteur à découvrir la mutation du discours du « François » qui sera désormais complémentaire de celui de « Rousseau », quoique sans s'y confondre.

4 *« Les nombreux articles qui regardent le métier d'auteur et le corps des gens de lettres. »*

Sur l'association des gens de lettres aux grands, aux riches, aux puissants et au monde des salons incarné par les femmes, voir au IIe entretien la note 18.

5 *« Du tems de la ligue. »*

Autrement dit la « Sainte Ligue » catholique, à l'époque des guerres de religion. Comme l'a montré Catherine Maire (*De la cause de Dieu à la cause de la Nation*, *op. cit.*), le mythe de la Ligue hante l'imaginaire politique du XVIIIe siècle français, à cause de la sécession janséniste consécutive à la bulle *Unigenitus*, de la méfiance grandissante de l'opinion vis à vis de la Compagnie de Jésus et de la résistance parlementaire acharnée aux réformes souhaitées par la monarchie. L'affaire Damiens (1757) réactive en outre puissamment la mémoire de l'assassinat d'Henri IV par Ravaillac, nourrissant la rumeur d'un complot. Damiens fut souvent présenté comme un fanatique ; ainsi la *Gazette d'Utecht* : « l'on reconnoît un esprit animé du même fanatisme qui arma la main parricide d'un Clément, d'un Châtel, d'un Ravaillac. » (In P. Rétat, *L'attentat de Damiens*, *op. cit.*, p. 206). Sur le réseau des mots « ligue » et « complot » dans les *Dialogues* et dans la correspondance de Rousseau, voir les notes 218, 274 et 278 du Ier dialogue. Sur la hantise qu'eut Rousseau d'être inculpé de complicité avec Damiens, voir notre introduction et le n° X. 3. du « Dossier documentaire ».

6 *« Tel fait aujourdui l'esprit fort et le philosophe qui par la même raison n'eut été qu'un fanatique du tems de la ligue. »*

L'Année littéraire de 1786 développe la même idée en l'appliquant à Voltaire, dans un article intitulé : *Réflexions préliminaires sur le fanatisme philosophique* : « C'était du temps de la ligue qu'il falloit s'élever contre ce fléau terrible : où étoient alors nos philosophes ? Qu'il eut été beau d'entendre Voltaire haranguer les seize et leur faire un sermon pathétique sur la tolérance ; à ce noble courage on eut reconnu un héros de l'humanité qui s'immole pour le salut de ses frères. Mais le grand homme, s'il eut vécu alors, pour avoir les rieurs de son côté, auroit probablement composé un très beau poëme en faveur de la ligue, plein d'éloquentes invectives contre les protestans ; suivant sa louable coutume de flatter les passions de son siècle plutôt que de chercher à les réformer » (*AL* n° 1, janv. 1786, p. 5).

7 *« De là l'empire de la médecine. »*

Sur cet empire en construction de la médecine au XVIIIe siècle, voir le n° 20 du présent dialogue dans le « Glossaire ».

8 *« Vis selon la nature, sois patient et chasse les medecins. »*

Cf. Molière, *Le malade imaginaire* : « Argan. – [...] Que faire donc quand on est malade ? Béralde. – Rien, mon frère. Argan. – Rien ? Béralde. – Rien. Il ne faut que demeurer en repos. La nature elle-même, quand nous la laissons faire, se tire doucement du désordre où elle est tombée. [...] Et presque tous les hommes meurent de leurs remèdes, et non pas de leurs maladies. » Acte III, sc. 3.

9 *« Inoculerons-nous notre élève ? »*

« C'est la grande affaire des Lumières » écrit Catriona Seth dans l'ouvrage qu'elle lui a consacré et qui observe que si « la variole était un niveleur », « avec l'immunisation préventive, les classes élevées se montraient au-dessus d'une pathologie qui devient le fléau des pauvres. » (*Les rois aussi en mouraient : Les Lumières en lutte contre la petite vérole*, Paris, Desjonquères, 2008, p. 15). Quant à Rousseau, on sait qu'il ne voulut jamais céder sur la métaphore de « l'inoculation de l'amour », en dépit de l'équivoque et de toutes les bienséances : « quand mes idées sont pures et mes expressions correctes, je ne m'embarrasse point s'il plaît au lecteur de les salir ; c'est son affaire. D'ailleurs je serois fort embarrasé de trouver un autre mot à la place de celui-là. L'estampe l'explique de maniére qu'il faudroit avoir l'imagination bien obscène pour y trouver une autre explication ». (Lettre à Coindet du 11 fév. 1761, *OC*. II Pléiade, p. 1533-1534).

10 *« S'agit-il de chercher une nourrice ? on la fait choisir par l'accoucheur. »*

Le chirurgien accoucheur ne commence à intervenir au chevet de la parturiente que vers le milieu du XVIIe siècle. Jusque-là en effet, l'accouchement entre femmes était la règle : la morale interdisait à l'homme l'accès à la chambre de l'accouchée. Dans un contexte où la mortalité en couches demeure très importante, c'est la diffusion, au XVIIIe siècle, d'une exigence de sécurité liée à une confiance croissante dans l'efficacité de la médecine, et d'abord parmi les élites aisées, qui ouvre beaucoup plus largement cet accès au chirurgien accoucheur. C'est à cette époque également que la chirurgie se détache de la médecine genérale avec la création de l'Académie Royale de Chirurgie en 1731. Voir Jacques Gélis, « Sages-femmes et accoucheurs : l'obstétrique populaire aux XVIIe et XVIIIe siècles », *Annales ESC*, 1977, vol. 32, n° 5, p. 927-957.

11 *« Leurs revolutions. »*

Rousseau pense à la révolte nobiliaire contre l'ingérence russe en Pologne, qui affaiblit le royaume et aboutit au partage de 1772. En Russie, des jacqueries de masse emmenées par Pougatchev allèrent jusqu'à menacer le trône en 1773-1774.

12 *« Disoit Themistocle. »*

Plutarque, *Vie de Thémistocle*, XVIII.

13 *« Discours sur l'economie politique. »*

Publié dans l'*Encyclopédie*, vol. 5 (1755) sous le titre : « ÉCONOMIE ou ŒCONOMIE (Morale et Politique) ». À l'initiative du pasteur Vernes, la première édition séparée fut imprimée en 1758, à Genève, par E. Du Villard, sans la participation de Rousseau.

14 *« Une milice à tirer. »*

« On appelle encore *Milice*, des troupes composées de Bourgeois & de Paysans, à qui l'on fait prendre les armes en certaines occasions. Et alors il se dit par opposition à *Troupes réglées. Lever des milices. Tirer au sort pour la milice.* » *Acad.*

15 *« La femme d'un charbonnier est plus respectable que la maitresse d'un prince. »*

Selon *Les Confessions*, cette phrase aurait aliéné à Rousseau Mme de Pompadour et Mme de Boufflers. (l. X, *OC*. I Pléiade, p. 512). Ce qu'on sait de la seconde infirme totalement ce jugement.

16 *« M. Pitt, aujourdui Lord Chatham. »*

William Pitt l'Ancien fut nommé Lord en 1766 : le titre de Comte de Chatham fut créé pour lui.

17 *« L'inquisition philosophique. »*

La formule revient un peu plus loin, p. 513. Un tel oxymore appartient à la rhétorique des « antiphilosophes ». *L'année littéraire* le file ainsi en 1786, dans l'article plus haut cité, note 6 : « aujourd'hui c'est le fanatisme philosophique qui bouleverse toutes les têtes. [...] ils ne feront point brûler leur adversaire ; ils n'iront point sur les brisées de l'inquisition, dès qu'ils ne le peuvent pas ; *ce seroit une horreur* ; mais ils lui feront ôter sa place ou sa pension ; ils le perdront auprès de ses protecteurs ; ils le feront chasser des maisons où il est admis ; ils le traverseront dans une entreprise d'où dépend son état et sa fortune ; ils le tueront civilement et l'égorgeront philosophiquement, sans qu'il y paroisse. » (*AL*, année 1786, n° 1, p. 6-17, italiques du rédacteur). Le corps de l'article prêche contre l'engouement contemporain à l'égard des merveilles de la science :

aéronautisme, mesmérisme, encyclopédisme, physiocratisme, etc., actualisant ainsi les thèses du *Discours de Dijon* sans pour autant manquer d'égratigner le plus fanatique de tous, dont le « tombeau attire une foule de pèlerins ».

18 *« Tous ces crimes irrémissibles, encore aggravés par les circonstances des tems et des lieux. »*

« Les circonstances sont les incidents et les particularités qui accompagnent un fait : à quoi un juge doit faire attention, surtout en matière criminelle [...] elles augmentent ou diminuent considérablement l'atrocité du crime. » (*Ferrière*, t. II, art. « Circonstances », p. 267). « La grandeur du délit (c'est-à-dire la manière dont il est nommé) est [...] établie par ses circonstances aggravantes selon la doctrine des XVIIe et XVIIIe siècles marqués par les postulats du *jus romanum* », écrit Michel Porret (*Le crime et ses circonstances*, *op. cit.*, p. 122).

19 *« Il n'y a rien d'étonnant dans le sort du coupable, et qu'il ne se soit bien attiré. »*

Après la passe d'armes de l'ouverture sur le thème de l'énigme, on a là un nouvel effet de spirale dans la construction dramatique de *Rousseau juge de Jean Jaques* : à l'élision des crimes précis réputés commis par J.J. au début du premier dialogue, répond leur production et leurs preuves textuelles au début du troisième.

20 *« [Les médecins] ont trop d'influence dans les affaires privées et publiques. »*

Sur l'approche socio-politique qui est celle de J.-J. Rousseau à l'égard de la montée en puissance des médecins dans les structures académiques, idéologiques, administratives et politiques de la seconde moitié du siècle, on peut se reporter au n° 20 du présent dialogue dans le « Glossaire ».

21 *« Quand le roi se donne des substituts. »*

Choiseul passait pour s'être fait l'application de ce passage du *Contrat social.* Voir le premier dialogue, note 92.

22 *« D'autres causes [...] qui ne tiennent en aucune sorte à ses écrits. »*

Si « Rousseau » a concédé à son interlocuteur sa thèse sur le caractère en dernière instance politique des crimes de J.J., en tant que ses écrits dénoncent le retour de la guerre de tous contre tous à l'âge du despotisme, ce n'était qu'en apparence, puisque la suite de son propos délaisse cette analyse pour une réflexion sur l'énigme de l'animosité à l'égard de la personne de J.J.

23 *« C'est l'œuvre d'un génie infernal mais profond. »*

Si les formules « génie profond » et « génie infernal » sont relativement banales, l'alliance de mots « infernal mais profond » l'est moins. On en retrouve une formule atténuée p. 501 : « ce complot immortalisant son Auteur comme Erostrate, passera pour un chef-d'œuvre de génie et plus encore de méchanceté ». Ces formules se lient à celles exprimant le complot comme « œuvre de ténèbres » (sur ce réseau, voir au IIe entretien la note 39 et l'introduction, p. 56-57). À titre de contrepoint il convient de rappeler la lettre, peut-être apocryphe, de Diderot à Grimm, au sujet de leur ancien ami, lors de la brouille de l'ermitage : « Cet homme est un forcené. Je l'ai vu [...] je tâche en vain de faire de la poésie, mais cet homme me revient tout à travers de mon travail, il me trouble, et je suis comme si j'avois à côté de moi un damné : il est damné, cela est sûr. Adieu mon ami... Grimm, voilà l'effet que je ferois sur vous, si je devenois jamais un méchant [...] Oh ! mon ami, quel spectacle que celui d'un homme méchant et bourrelé ! Brûlez, déchirez ce papier, qu'il ne retombe plus sous vos yeux ; que je ne revoie plus cet homme-là, il me feroit croire aux diables de l'enfer [...] Les poëtes ont bien fait de mettre un intervalle immense entre le ciel et les enfers. En vérité la main me tremble. » (*CC*. t. 4, A187). Cette lettre dont l'autographe demeure introuvable figure dans les pseudos mémoires de Mme d'Épinay, qui avaient bénéficié de la collaboration de Diderot et Grimm.

24 *« Le persecuteur de Job. »*

L'assimilation de J.J. à Job entraîne celle de l'auteur du complot ou du directeur de la ligue à Satan ; sans oublier que c'est l'Éternel lui-même qui autorise ce dernier à tenter un Juste parmi les justes. C'est donc aussi la question des desseins impénétrables de la Providence qui se profile à nouveau ici. L'énigme qu'offre à « Rousseau » le problème de l'unanimité haineuse ne sera pas résolue, en dépit des réponses qu'il tentera de lui apporter, et demeurera vouée à l'obscur puisque ne seront pas produits les éléments qu'eût peut-être fourni J.J. pour l'éclaircir, si son procès avait été possible. Sur les doutes et oscillations de Rousseau à l'égard de la Providence, voir plus loin la note 92.

25 *« Cette maligne ostentation de bienfaisance. »*

La formule résume, mais péjorativement, les pratiques des « Messieurs » dont « le François » faisait l'éloge paradoxal au Ier dialogue ; le thème circule d'ailleurs dans la correspondance de Rousseau en 1771 : « j'ai vu que l'ostentation des services qu'on s'empressoit de me rendre n'étoit souvent qu'un piège plus ou moins adroit pour me circonvenir ou pour m'exposer au blâme si je l'évitois. » (À Mme Alissan de La Tour, avril 1771, *CC*. n° 6856). À partir d'ici « le François » dévoile les doutes qu'introduisaient dans son adhésion au discours des Messieurs les objections de son interlocuteur lors de leur premier entretien. S'il avait exprimé sa désapprobation à l'égard de certaines de leurs pratiques, il s'était tu lorsque « Rousseau », à la fin de l'entretien, lui avait demandé d'exprimer son propre avis sur le fond. Ces aveux *a posteriori* doivent évidemment être pris en compte pour entendre correctement le degré de distance (ou de persiflage) que l'auteur des *Dialogues* avait glissé dans son discours d'alors.

26 *« Au point de ne plus douter de leur fausseté. »*

Selon A. François (*HLF.*, p. 1822 et suiv.), la substitution de l'infinitif sans sujet à une complétive avec sujet exprimé est un tour discuté par les grammairiens dans les cas où peut se créer une ambiguïté sur le terme auquel se rapporte l'infinitif. Ici, c'est par synecdoque que « ma confiance » renvoie à la personne du « François ». *A.W.* cite un autre exemple de cette construction dans l'« Histoire du précédent écrit » : « je trouvai que c'étoit un grand avantage que mon manuscrit me fut resté pour en disposer plus sagement » (p. 529).

27 *« Sans épicureisme et sans caffardage. »*

Si le mot « cafard » est synonyme de « bigot » pour les dictionnaires d'époque, celui de CAFARDAGE n'y figure pas. Littré le définit comme « langage de cafard », avec pour seul exemple un passage du livre XII des *Confessions : « ils [les Neuchâtelois] remplirent leur Mercure d'inepties et du plus plat cafardage, qui, tout en faisant rire les gens sensés, ne laissaient pas d'échauffer le peuple ».* Le mot ÉPICURISME n'entre qu'en 1798 dans *Acad.*, mais il est défini par *Trévoux* à l'article EPICURISME OU EPICUREISME, qui renvoie à la doctrine atomiste et au principe de plaisir d'une « secte abominable » pour les païens eux-mêmes, mais qui sauve l'épicurisme chrétien de Gassendi pour ce qu'il contient de « saine physique », rappelle sous l'autorité de Cicéron la distinction épicurienne entre les plaisirs de l'âme et ceux du corps, et affirme sans vergogne pour finir (*in cauda venenum*), qu'« on peut comparer le jansénisme à l'Epicureisme ».

28 *« De tomber bien plutôt dans l'incurie et le quietisme. »*

« QUIÉTISME. Sorte d'hérésie de certains prétendus mystiques, qui par une fausse spiritualité, font consister la perfection chrétienne dans le repos ou l'inaction entière de l'ame, et négligent entièrement les œuvres extérieures. » (*Acad.*). Quand au *Trévoux*, après avoir rappelé la condamnation de Molinos à la fin du siècle précédent (mais sans nommer Fénelon ni Mme Guyon), il poursuit ainsi : « ce nom est emprunté du repos ou de l'inaction entière où l'âme se trouve lorsqu'elle est dans la vie unitive ». Sur Rousseau et Fénelon, et sur la tendance contemplative de J.J., voir au second entretien la note 208 ainsi que le n° 108 de ce même dialogue dans le « Glossaire ».

29 *« Inaliable avec un cœur plein de noirceurs. »*

L'adjectif « inaliable » avait été employé par « Rousseau » lors de leur premier entretien (p. 266), à propos des contradictions criantes des accusations portées contre J.J.

30 *« J'attendois avec impatience l'histoire de vos observations. »*

L'aveu de cette attente inquiète aide à relire certaines répliques du « François » au début du second entretien, comme lorsqu'il « conjure » son interlocuteur de lui livrer son analyse du personnage de J.J. ou lorsque « Rousseau » lui demande son avis à propos de la question des portraits : « Le moyen, sur un pareil exposé ! » (p. 296).

31 *« Des maximes très paradoxes. »*

« PARADOXE. Il s'emploie aussi adjectivement. *C'est un homme qui se plaît à avancer des propositions paradoxes. Cette opinion révoltera tout le monde, elle est trop paradoxe.* » (*Acad.*). Depuis le *Discours de Dijon*, c'est devenu un cliché dans l'opinion que d'identifier son auteur en « homme à paradoxes ». Ainsi les *Mémoires secrets*, lors de la publication de l'*Émile* : « Cet ouvrage, annoncé & attendu, pique d'autant plus la curiosité du public, que l'auteur unit à beaucoup d'esprit le talent rare d'écrire avec autant de grâces que d'énergie. On lui reproche de soutenir des paradoxes ; c'est en partie à l'art séduisant qu'il y emploie, qu'il doit peut-être sa grande célébrité ; il ne s'est fait connoitre avec distinction que depuis qu'il a pris cette voie. » *Bachaumont*, notice du 22 mai 1762 (*CC.*, A.253, t. 11, p. 261).

32 *« Ces livres-là ne sont pas, comme ceux d'aujourdui, des aggregations de pensées détachées. »*

Des *Entretiens sur la pluralité des mondes* aux *Dialogues d'Evhémère*, des *Lettres persanes* aux *Lettres philosophiques*, du *Spectator* aux *Journaux* de Marivaux, des *Pensées sur l'interprétation de la nature* à *Ceci n'est pas un conte*, de l'*Encyclopédie* au *Dictionnaire philosophique*, etc., les Lumières excellent à pratiquer le chapitre court, le fragment percutant et la raison par articles, en toutes sortes de montages littéraires à diverses échelles, que ce soit par alphabet, chronologie épistolaire ou autrement. Leurs adversaires s'essoufflent d'ailleurs à les suivre dans ces genres à la mode avec tel *Magasin des dévotes*, tel *Dictionnaire antiphilosophique*, etc. On peut consulter sur ce point Didier Masseau, *Les Ennemis des philosophes, L'antiphilosophie au temps des Lumières*, Paris, Albin-Michel, 2000.

33 *« Quand on s'obstine à vouloir en suivre le fil il y faut revenir avec effort. »*

Dans sa grande lettre de 1742 adressée au comte des Charmettes à propos du système de Pope, Rousseau présentait déjà ainsi sa propre méthode de lecture : « Il n'est pas vrai, par exemple, que l'ouvrage de cet Auteur ne soit qu'un tissu d'idées et d'imaginations dénuées d'accords et de solidité. C'est un Système très absurde, mais très lié, et quiconque n'en voit pas la chaîne et les conséquences, doit s'en prendre a ses propres yeux. » (17 janvier 1742, à M. de Conzié, *CC.* n° 43, t. I, p. 132). Il importe ici de rappeler que circulaient des livres constitués d'extraits plus ou moins disparates de ses œuvres : par exemple, des *Pensées de J.J. Rousseau, citoyen de Genève* (Amsterdam, 1763), ou bien un *Esprit, maximes, et principes de M. Jean-Jacques Rousseau, de Genève* (Neuchâtel, Libraires associés, 1764) dont le compilateur est l'abbé de la Porte et qui sera d'ailleurs repris au t. 36 des *Œuvres complètes* éditées par L.-S. Mercier (Paris, 1793), ou encore un *Véritable esprit de J.J. Rousseau* en trois volumes compilés par Sabatier de Castres (Metz et Leipzig, 1804). Ces recueils thématiques orientaient donc la lecture selon la grille des recueils de maximes, de pensées ou de caractères, ou selon celle des ouvrages de dévotion ou des catéchismes, mais certainement jamais vers l'appréhension méthodique d'un système philosophique.

34 *« En méditant [...] ses ouvrages, et comparant leur auteur avec l'homme que vous m'aviez peint. »*

« Le François » ne relit donc pas les écrits de J.J. seulement pour les mieux comprendre ou dans le propos d'y adhérer (« Son système peut être faux », dit-il plus loin), mais surtout pour comparer l'idée de leur auteur qui en résultera avec celle qu'il a tirée du rapport de « Rousseau ». Autrement dit, cette lecture vise à déduire l'auteur de l'œuvre, en neutralisant son image publique : « Ne songez point à l'Auteur en les lisant, avait recommandé « Rousseau », et sans vous prévenir ni pour ni contre livrez votre ame aux impressions qu'elle en recevra. » (p. 200).

35 *« À juger l'accusé par moi-même, après avoir jugé ses accusateurs. »*

Ainsi *Rousseau juge de Jean Jaques* inclut-il un double jugement : celui de J.J. et celui des « Messieurs », c'est-à-dire des élites contemporaines, autrement dit de toute l'époque. C'est une des raisons qui interdisent de le réduire à une autobiographie dialoguée.

36 *« Ces différens écrits marchoient dans un ordre retrograde à celui de leur publication. »*

Selon les dictionnaires de l'époque, l'adjectif RÉTROGRADE appartient au vocabulaire de l'astronomie et la locution « ordre rétrograde » est plutôt caractéristique des mathématiques et de la musique. Chez Rousseau, elle apparaît plusieurs fois dans ses écrits musicaux, mais s'incarne aussi dans l'écriture « boustrophédon » qu'il pratique pour ses propres partitions. Quant au fond, la méthode de lecture du « François » engage une pédagogie de la lecture de l'œuvre théorique de Rousseau et constitue *Rousseau juge de Jean Jaques* en propédeutique à son interprétation. Pour plus de précisions, on peut se reporter au n° 36 du présent dialogue dans le « Glossaire » et à l'introduction, p. 71-72.

37 « Les deux autres écrits qu'il a publiés depuis. »

Allusion à la *Lettre à Christophe de Beaumont* (datée du 18 nov. 1762, publiée en mars 1763) et aux *Lettres écrites de la Montagne* (proposées à Rey le 9 juin 1764, publiées en décembre), en réponse, respectivement, au *Mandement* contre l'*Émile* de l'archevêque de Paris et aux *Lettres écrites de la campagne* du Procureur général de Genève, J.-R. Tronchin.

38 « Depuis douze ans qu'il a quitté la plume. »

Rousseau écrirait donc ces lignes en 1776 car il ne pense qu'à ses écrits publiés. R. Osmont (*OC*. I, n. 5, p. 1725) et la tradition spécialisée depuis Albert Jansen s'en trouveraient justifiés à dater de 1776 l'achèvement des *Dialogues*. Mais cela ne tient pas : en effet, le processus d'impression des *Lettres de la Montagne* s'étalant entre début juin et début décembre 1764, cela situerait arithmétiquement la fin de la composition des *Dialogues* entre juin et décembre 1776. Ce qui est impossible, puisque c'est le 24 février de cette année-là que Rousseau cherche à en déposer la première transcription à Notre-Dame. Pour une approche plus vraisemblable de la datation de la composition de l'original et de sa première transcription, on pourra se reporter au n° V. du dossier de « l'atelier de l'œuvre ».

39 « Comme Boileau a imité voiture et Balzac. »

En 1675, Boileau écrivit au duc de Vivonne deux lettres restées fameuses qu'il annonçait ainsi : « Enfin mon Apollon m'a secouru ce matin, et, dans le temps que j'y pensais le moins, m'a fait trouver sur mon chevet deux lettres qui, au défaut de la mienne, pourront peut-être vous amuser agréablement. Elles sont datées des Champs-Elysées : l'une est de Balzac, l'autre de Voiture, qui tous deux charmés du récit de votre dernier combat, vous écrivent de l'autre monde pour vous en féliciter ». Cité dans Delphine Denis, « "À la manière de" : le pastiche avant le pastiche », *RHLF* 2012/1 (Vol. 112), p. 18.

40 « Du moins en province et chez l'étranger. » (Note * dans G. et P.)

A.W. rappelle (p. 254) à propos de l'expression de la note : « en province et chez l'étranger », que Féraud considère comme n'étant « pas noble » l'emploi de *chez* au sens de « parmi » – ce qui n'empêche pas Rousseau de souvent l'employer en ce sens.

41 *« Il est bien aisé de contrefaire le tour de ses phrases. »*

La lettre à Saint-Germain du 26 février 1770 laisse apparaître à ce propos le rôle qu'a joué Diderot dans la formation du style de Rousseau, à l'époque de ses « premiers ouvrages » : « Quant au Style, un homme qui possède supérieurement l'art d'écrire imite aisément jusqu'à un certain point le Style d'un autre, quoique bien marqué. C'est ainsi que Boileau imita le style de Voiture et celui de Balsac à s'y tromper, et cette imitation du mien peut être Surtout facile à Diderot, dont j'étudiois particulièrement la diction quand je commençai d'écrire, et qui même a mis dans mes premiers ouvrages plusieurs morceaux qui ne tranchent point avec le reste, et qu'on n'en Sauroit distinguer du moins quant au style. Il est certain que Sa tournure et la mienne, surtout dans mes premiers ouvrages, dont la diction est comme la sienne un peu Sautante et sentencieuse, sont parmi celles de nos contemporains les deux qui se ressemblent le plus. » (*CC*. 6673 bis, t. 37, p. 286-287).

42 *« Vers la perfection de la societé et vers la détérioration de l'espéce. »*

« Le François » paraphrase un passage de la seconde partie du *Discours sur l'origine de l'inégalité* : « Tous les progrès ultérieurs ont été en apparence autant de pas vers la perfection de l'individu, et en effet vers la décrépitude de l'espéce. » (*OC*. III Pléiade, p. 171).

43 *« Vouloir replonger l'univers dans son ancienne barbarie. »*

Ce sont les objections courantes qui sont adressées au *Discours de Dijon* et sur lesquelles Rousseau ferraille jusqu'à la préface de *Narcisse*. Elles perdurent. Pour cette période et pour la suite, on peut consulter R. Trousson : *Jean-Jacques Rousseau jugé par ses contemporains*, *op. cit.*

44 *« Je ne pus refuser mon assentiment à son évidence. »*

« ASSENTIMENT. Il se dit plus ordinairement de l'approbation intérieure et forcée qu'on donne à une chose évidemment vraie, évidemment bonne. *Assentiment de conviction. L'évidence force l'assentiment.* » (*Acad.*, 1798). Ce mot n'a qu'une occurrence dans le précédent dialogue : il apparaît dans la bouche de « Rousseau » pour dire que si son interlocuteur fait dépendre son « assentiment » au rapport qu'il vient de faire sur J.J de la solution du problème de l'unanimité contre lui, il avoue n'en pas détenir la solution (p. 409) ; il apparaît deux fois dans le premier dialogue, l'une dans la bouche du « François » pour dire que l'unanimité du public « a donné son assentiment » au plan des « Messieurs » (p. 271), l'autre dans celle de « Rousseau » : « cet assentiment que j'étois forcé de vous donner » dans le cadre d'un dilemme ou sa « raison » l'y oblige, quand son « cœur » proteste (p. 237). Avant le présent passage du IIIe entretien, aucun des deux interlocuteurs n'assume donc en plénitude intime son assentiment à l'égard des discours tenus par autrui sur J.J., pas même le « François » puisque nous avons appris à mesurer sa distance intérieure au discours qu'il relaie. Quant au mot « évidence », s'il ne comporte que deux occurrences dans le IIe entretien, il en compte vingt dans le premier : « le François » l'emploie pour désigner la certitude des crimes de J.J. par la « force » des preuves qu'on en a : « Où règne l'évidence du délit la conviction du coupable n'est-elle pas superflue ? » (p. 232), tandis que « Rousseau » s'évertue à la refuser à ces preuves tout en accordant leur réalité : « Selon vous l'évidence des crimes supplée à cette conviction, et selon moi cette évidence consiste si essenciellement dans cette conviction même qu'elle ne peut exister sans elle. Tant qu'on n'a pas entendu l'accusé, les preuves qui le condannent, quelque fortes qu'elles soyent, quelque convaincantes qu'elles paroissent manquent du sceau qui peut les rendre telles » (p. 237). « Le François » raisonnait alors d'après l'évidence d'autrui, il parle désormais au nom de son intime conviction : autrement dit, il rend ici son jugement "en son âme et conscience".

45 « Jamais ils ne s'y seroient remontrés d'eux-mêmes. »

À l'entrée REMONTRER, le sens de « montrer de nouveau » n'apparaît dans aucun dictionnaire de langue du XVIIIe siècle et n'est énoncé que par celui de l'Académie dans l'édition de 1835 : « REMONTRER. v.a. Montrer de nouveau. On ne l'emploie guère en ce sens qu'avec le pronom personnel ». Dans les éditions antérieures de ce dictionnaire, comme dans le *Trévoux*, les seuls sens donnés sont ceux de *remontrance* ou de *représentation* (faire considérer que…). Au XIXe siècle encore, Littré signale le sens de « montrer de nouveau », avec un exemple : « REMONTRER [...] 1. Montrer de nouveau. On a mal vu cet objet ; remontrez-le. 2. Enseigner de nouveau. Remontrez-lui tout, car il a tout oublié. » Le *TLF* enfin, donne un exemple d'emploi en langue par Marat : « Les aristocrates se remontrent effrontément dans les sections et dans la commune (Marat, Pamphlets, *À ses concitoyens*, 1792, p. 307) ». Il semble donc qu'au moment où Rousseau l'emploie, ce verbe combine normalement un sens argumentatif (ou démonstratif) avec un sens moral, à quoi s'ajoute un sens remémoratif (ou réitératif) dans l'évolution de l'usage. Pour un commentaire, je me permets de renvoyer à mon essai *Rousseau, le chemin de ronde*, ch. 8, *op. cit.*, p. 311-314.

46 « Ôter la rouille qui les cachoit. »

« Le François » revisite l'allégorie de la statue de Glaucus « que le tems, la mer et les orages avoient tellement défigurée, quelle ressembloit moins à un Dieu qu'à une Bête féroce », au premier alinéa de la préface du *Discours sur l'origine de l'inégalité* (*OC*. III Pléiade, p. 122).

47 « *Pouvoient seuls les lui faire retrouver.* »

Il importe de signaler ici deux corrections, propres au seul manuscrit de Genève, dans le premier entretien : 1. À l'endroit où il est question de ce qu'a voulu enseigner J.J., lorsque les manuscrit C., L. et P. portent : « leur apprendre à rentrer dans leur propre cœur pour y trouver le germe de toutes les vertus sociales », celui de Genève corrige ainsi : « pour y retrouver le germe des vertus sociales » (p. 187). 2. Dans l'autobiographie de « Rousseau », lorsqu'il dit dans C. : « seul parmi tous les auteurs que j'ai lus il étoit pour moi le peintre de la nature et l'historien du cœur humain. Je reconnoissois dans ses écrits l'homme tel que je le sentais en moi-~~même~~ », L. et P. corrigent : « tel que je le trouvois en moi », et G. corrige encore : « l'homme que je retrouvois en moi » (p. 234). Il y a là un indice de ce que le manuscrit de Genève constitue l'ultime transcription réalisée par Rousseau (ce qui ne signifie pas que le manuscrit de Paris lui soit globalement inférieur).

48 « *Si votre J.J. n'est pas tout à fait devenu le mien.* »

« Le François » avait entamé cet entretien en désignant J.J. comme l'ami de son interlocuteur, tandis que celui-ci exprimait le souhait qu'il devînt également le sien. Ces lignes signalent la persistance du différentiel entre eux à cet égard : d'une part « le François » en reste à un amitié d'estime (non de cœur par conséquent) avec J.J., d'autre part, en suggérant que le « penchant » n'aura joué aucun rôle dans son jugement, lequel persisterait tel même en cas d'aversion irrépressible, il le donne pour plus impartial que celui de « Rousseau » selon les termes de leur débat sur ce point à la fin de leur première conversation, encore repris au précédent dialogue.

49 « *Un grand préservatif contre une orgueilleuse confiance.* »

« PRÉSERVATIF. Il s'emploie figurément en parlant de choses morales. *Le jeûne, le travail, la tempérance sont un grand préservatif contre certaines tentations.* » *Acad.*

50 « *Nous pouvons nous tromper en jugeant innocent un coupable, comme en jugeant coupable un innocent.* »

« Rousseau » retrouve ici son argumentaire juridique pour prêcher une action publique en faveur d'un procès dans les formes, quoique admettant d'avance que la partie adverse y figurerait *in absentia* pour autant qu'il ait lieu ; en effet, comme l'écrit Ferrière, « il importe véritablement au public que les crimes ne demeurent pas impunis ; mais il importe encore infiniment davantage que personne ne soit condamné que sur une évidence complette, et non pas sur des présomptions, quelques concluantes qu'elles puissent être. » (*Ferrière*, t. I, art. « Contumax », p. 576).

51 *« Nous dégager du secret qu'ils nous imposent envers lui. »*

On se rappelle que l'engagement au silence et au secret concernant J.J. ne cesse qu'avec la vie. « Rousseau », non sans un certain irréalisme à l'égard des réactions vraisemblables des « Messieurs », envisage ici une formule minimale réduisant l'espace du procès à une sorte de tribunal privé informant J.J. des chefs d'accusation portés contre lui, afin de susciter sa défense pour confirmer ou non sa culpabilité aux seuls yeux des deux interlocuteurs : « Dans les démarches que j'aurois désiré de faire, dira-t-il plus loin, j'avois plus pour objet nôtre entiére et commune satisfaction que de ramener ni le public ni vos Messieurs aux sentimens de la justice et au chemin de la vérité. » (p. 488).

52 *« Que je sois maintenant plus décidé que vous. »*

« DÉCIDER. Résoudre, déterminer, porter son jugement sur une chose douteuse ou contestée. *Décider une affaire, une question, un point de Droit.* Il signifie aussi, terminer ce qui étoit en contestation, y mettre fin. » *Acad.*

53 *« J'ai là-dessus tant de faits que vous ignorez. »*

Dans le développement qui suit, « le François » entame une réfutation de toute possibilité de modifier l'opinion non seulement dans le présent mais dans l'avenir, qui sera l'axe jamais démenti de tout son discours durant la suite de l'entretien. La reprise des formules « j'ai vu » et « j'ai lu » suggère implicitement qu'il connaît aussi bien la sphère des « Messieurs » que son interlocuteur connaît J.J., à cette différence près qu'il n'a, pour sa part, plus aucun doute sur leur culpabilité, tandis que « Rousseau » reste fixé aux formes juridiques comme critère absolu de l'évidence complète de l'innocence de l'accusé.

54 *« Tant d'énergie à son ame et de véhemence à sa diction. »*

« DICTION. Élocution. La partie du style qui regarde le choix des paroles. *Diction élégante. Diction pure. Diction vicieuse.* » (*Acad.*); « maniere de s'exprimer d'un écrivain ou d'un auteur : c'est ce qu'on nomme autrement *élocution* et *style.* » (*Encyclopédie*). Dans sa lettre à Saint-Germain, Rousseau dit s'être exercé, lors de ses premiers ouvrages, à imiter la diction « un peu Sautante et sentencieuse » de Diderot. Voir plus haut la note 41.

55 *« Produire douze volumes toujours pleins du même zèle. »*

Les *Œuvres de J.J. Rousseau de Genève* [...] Amsterdam, M.-M. Rey (1769, rééd. 1772, 1773, 1776) comptent 11 volumes in-8°. La *Collection complète* de Boubers (1774-1776), d'ailleurs désavouée dans le présent entretien, compte

9 volumes in-4°. La première édition en douze volumes (in-4°) est celle de la *Collection complète* genevoise (1780-1782). Voir Raymond Birn, *Forging Rousseau, Print, commerce and cultural manipulation in the late Enlightenment*, Oxford, Svec, 2011 :80, p. 256-257.

56 *« Tout ce que je lisois dans les réponses. »*

« Le François » est donc censé avoir lu non pas seulement le corpus des écrits de J.J., mais aussi les dossiers des réfutations joints par les éditeurs de ses Œuvres, complètes ou non. C'est ce qui permet d'amener la réponse de d'Alembert à la *Lettre sur les spectacles.*

57 *« Qu'on lise avec soin la lettre [...] à M. d'Alembert [...], et qu'on la compare avec la réponse de celui-ci. »*

La réponse de d'Alembert paraît début mai 1759 à Amsterdam, sous le titre *Lettre de M. d'Alembert à M. J.J. Rousseau, sur l'article Genève* [...]. Dans le fatras polémique des réfutations et des réponses que provoqua la *Lettre sur les spectacles*, elle ne manque pas de tenue, même s'il sait égratigner son destinataire d'un compliment persifleur comme celui-ci : « il n'appartient qu'à vous d'être long et d'être lu. » (Amsterdam, Zacharie Chatelain, 1759, p. 66).

58 *« [L'épigraphe] de votre ami tirée de Virgile. »*

Dii meliora piis, erroremque hostibus illum. « Loin des Romains ces transports pleins d'horreur ». (Ce vers provient non pas de l'*Énéide* mais des *Géorgiques*, III, v. 513. Je donne la traduction de J. Delille). Le contexte éclaire ce vers ainsi que la raison de son choix par Rousseau : il est d'abord question des remèdes à appliquer lorsque certains maux pourraient entraîner la destruction d'un troupeau ; suit l'évocation des souffrances des animaux à l'agonie, parmi lesquels un « coursier » auquel on a donné du vin pur pour calmer sa douleur mais dont « les forces bientôt se changeant en fureur, / (Loin des Romains ces transports pleins d'horreur) / L'animal frénétique, à son heure dernière, / Tournait contre lui-même une dent meurtrière. »

59 *« Quittez-moi votre serpe, instrument de domage. »*

Ce vers est tiré de la fable intitulée « Le Philosophe scythe », l. XII, fable 20, v. 16. Un « philosophe austère » en voyage chez les Grecs y voit un « sage » émondant ses arbres fruitiers, ce qui l'émeut : « [...] Etait-il d'homme sage / De mutiler ainsi ces pauvres habitants ? Quittez-moi votre serpe, instrument de dommage » ; l'autre lui répond qu'ôtant le superflu, « Le reste en profite autant ». Rentré chez lui, le Scythe l'imite sans discernement, massacrant son verger « contre toute raison » : il n'est pas bon d'éradiquer toutes les passions ! Mais Rousseau attribue ce vers à une autre fable où c'est un serpent qui le prononce : est-ce « Le villageois et le serpent » (livre VI, fable 13) où, sauvé du froid par un manant, le serpent l'attaque en se ranimant ? L'accusation d'ingratitude est en effet un reproche constant de ses anciens amis à Rousseau. Mais on peut aussi penser à la fable intitulée « Le serpent et la lime » (l. V, fable 16) : l'animal affamé rentre chez l'horloger et se met à ronger une lime ; « tu te prend à plus dur que toi » le prévient l'artisan. Moralité « Ceci s'adresse à vous, esprits du dernier ordre, / Qui, n'étant bons à rien, cherchez surtout à mordre [...] / Croyez vous que vos dents impriment leur outrages / Sur tant de beaux ouvrages ? ».

60 *« Brillant et bruyant d'Alembert. »*

Le métagramme figure déjà dans les *Considérations sur le Gouvernement de Pologne*, à propos des mœurs ordinaires de peuples d'Europe : « Si vous ne voulez que devenir bruyans brillans redoutables, et influer sur les autres peuples de l'Europe, vous avez leur exemple, appliquez-vous à l'imiter. » (*OC*. III Pléiade, p. 1003).

61 *« Dès l'année du décret. »*

Il s'agit du décret du Parlement de Paris contre l'*Émile*, en 1762. Voir au premier dialogue la note 102.

62 *« Qu'on eut impudemment farci les recueils de ses propres écrits de tous ces noirs libelles. »*

Allusion à la pratique des éditeurs consistant à joindre aux textes de Rousseau des sortes de dossiers des principales polémiques qu'ils ont suscitées : réfutations des thèses du *Discours de Dijon*, réponses à la *Lettre sur les spectacles*, affaire du *Sentiment des Citoyens*, dispute avec Hume, etc. À Rey qui songeait en 1765 à une édition collective de ses œuvres, Rousseau déconseilla de pratiquer de la sorte : « quand je vous ai parlé de [...] l'édition Duchesne c'est parce qu'elle contient des pièces de moi qui ne sont pas ailleurs ; mais je n'ignorois pas qu'elle étoit fautive, et je n'ai jamais pensé que vous y prendriez la prophétie [il s'agit d'un texte de Grimm, *le Petit Prophète de Boehmischbroda*] ni aucune pièce qui ne soit pas de moi. Ne cherchez pas à grossir votre recueil, n'imprimez que ce que j'ai fait, et c'est par là précisément que vôtre édition sera recherchée » (18 oct. 1765, *CC*. n° 4736). C'était prêcher à un sourd ; Rey fit comme ses confrères : concurrence oblige. Dix ans après la mort de Rousseau, la grande édition en 38 volumes de ses *Œuvres complètes* par Louis-Sébastien Mercier (Paris, Poinçot, 1788-1793), qui innove par son approche thématique, n'en inséra pas moins, elle aussi, les principaux dossiers polémiques.

63 *« Voltaire alloit d'abord rondement vomissant à torrens ses ordinaires injures. »*

A.W. (p. 43) observe la fréquence chez Rousseau de la périphrase « aller + participe présent » que Malherbe avait blâmée tout en l'utilisant lui-même, tandis que Féraud voudrait la réserver au style marotique ou satirique.

64 *« On me parloit de son prochain voyage en Italie. »* (Note *)

D'Alembert a bien envisagé de passer par l'Italie avant de se rendre à Ferney, afin de réparer sa santé, passablement « délabrée » par les équations selon l'abbé Galliani qui l'y attendait. C'est en compagnie de Condorcet qu'il a rendu visite à Voltaire, avec qui ils semblent avoir principalement parlé des nouvelles difficultés affrontées à cette époque par la cause philosophique : « Ils m'ont dit, et je savais sans eux, à quel point les Welches sont déchaînés contre la philosophie. » (À Grimm, 18 oct. 1770).

65 *« De le forcer à se tuer enfin de desespoir. »*

Lorsque Rousseau mourut, le 2 juillet 1778, l'opinion se divisa immédiatement sur les circonstances de son décès : épanchement cérébral, comme le soutenaient son médecin et Girardin, ou suicide d'un mélancolique notoire ? « Malgré tous les détails rapportés des dernières dispositions du philosophe défunt, et qui paraissent très avérées, écrit le pasteur zurichois Meister dans une lettre envoyée à son fils à la mi août 1778, on n'est pas encore désabusé à Paris de l'opinion où l'on a toujours été qu'il s'était empoisonné. – Ce qu'il y a de certain, ajoute notre confident, c'est que depuis quelques années il a eu plusieurs accès de folie ou de vapeurs très violents. – C'est qu'il se croyait toujours l'objet des persécutions de l'univers [...] et cent autres extravagances du même genre. Les bruits qu'on avait répandus sur la publication prétendue de ses mémoires ont pu contribuer à troubler son esprit et l'engager à prendre un parti extrême. Tel est le sentiment de notre Parisien, conforme selon toute apparence à celui des curieux du cercle de ses connaissances parisiennes. » (*CC.* n° 7261, t. 41, p. 166-167). Sur le conflit quasi politique des récits contemporains à ce propos, tels que les transmet la presse de l'époque, on peut se reporter a l'analyse proposée dans *Politique du renonçant*, *op. cit.*, p. 261-274.

66 *« L'autre depuis lors a suivi cet avis. »*

Mais il n'en pensait pas moins : lorsque lui parvient la fausse rumeur de la mort de Rousseau renversé par un chien le 24 octobre 1776, Voltaire, pince sans rire, écrit au marquis de Florian qu'il n'est « pas vrai que ce soit un chien qui l'ait tué ; il était guéri des blessures que son camarade le chien lui avait faites, mais on dit que le 12 décembre, il s'avisa de faire l'Escalade dans Paris avec un vieux Genevois nommé Romilly ; il mangea comme un diable et s'étant donné une indigestion, il mourut comme un chien. C'est peu de chose qu'un philosophe. » *CC.*, n° 7115. (La fête de l'Escalade commémore traditionnellement à Genève, la victoire de 1602 sur le duc de Savoie).

67 *« Per fas et nefas. »*
À quelque prix que ce soit. Proverbe latin.

68 *« L'une la conquête de la corse ; l'autre l'entreprise de la ville de versoi. »* (Note *)
Choiseul avait voulu créer auprès du bourg (alors français) de Versoy (ou Versoi), au bord du Léman, une ville nouvelle de 10 000 habitants qui concurrencerait Genève ; lancé en 1767, le projet fut approuvé par Louis XV en 1773 ; à l'occasions des troubles civils de Genève en 1770, il s'enveloppa en outre d'un habillage idéologique *ad hoc* qui projetait en Versoy « un asile », écrit Condorcet, « où l'industrie et le commerce seraient libres, où un temple protestant s'élèverait vis-à-vis d'une église catholique ; Voltaire avait fait adopter ce plan, mais le ministre n'eut pas le crédit d'obtenir une loi de liberté religieuse ; une tolérance secrète, bornée au temps de son ministère, était tout ce qu'il pouvait offrir ; et Versoy ne put exister. » (*Vie de Voltaire*, in *Œuvres complètes de Condorcet*, t. VI, Brunswick-Paris, 1804, p. 187). La disgrâce de Choiseul ayant freiné le projet, celui-ci fut revu à la baisse puis vivota jusqu'à son abandon en 1777. – En ce qui concerne la Corse, qui résistait depuis 1729 à la férule gênoise, Gênes l'avait cédée à la France en 1768 par le Traité de Versailles ; celle-ci la conquit militairement à partir de l'été 1768, écrasant la résistance patriotique le 9 mai 1769, par la victoire de Ponte novu. Auparavant Rousseau, alors à Môtiers, avait été contacté par Mathieu Buttafoco (un proche de Pascal Paoli) qui, s'autorisant d'un passage du *Contrat social* (II, 10) donnant les Corses comme un peuple neuf encore « capable de législation », lui demanda de légiférer pour eux (*CC.* 3475) ; une correspondance s'ensuivit au cours de laquelle Rousseau reçut toute la documentation qu'il demandait et rédigea un *Projet de constitution pour la Corse* qu'il ne fit cependant jamais parvenir à son destinataire et qui ne fut publié qu'au siècle suivant. Pour autant, la rumeur en circulait, comme le prouve cet écho persifleur de Grimm dans la *CL* de janvier 1773 : « on m'a assuré qu'il était dans la persuasion intime que M. le duc de Choiseul n'a entrepris la guerre de Corse que pour l'empêcher de faire son code. » (15 janvier 1773, in R. Trousson, *J.-J. Rousseau, Mémoire de la critique*, Paris, PUPS, 2000, p. 405-406).

69 *« Il leur est facile d'oblitérer le passé. »*
« OBLITÉRER. Effacer insensiblement et de manière à laisser des traces. Il se dit principalement de ce qui a souffert du laps du temps, ou de quelque

autre cause naturelle. *Des caractères oblitérés dans un manuscrit. Une inscription oblitérée.* » *Acad.*, 1798. Le verbe semble d'emploi peu fréquent : pas d'entrée dans les éditions antérieures d'*Acad.*, ni dans *Trévoux*. Littré en signale une occurrence au XVIe siècle : « *Il est tellement obliteré qu'on ne le peult point lire.* »

70 « *Ou de lui donner la tournure qui leur convient.* »

« TOURNURE. Il n'est que du style familier », affirme *Acad.* Ce mot vient sous la plume de Rousseau lorsqu'il pense aux contrefaçons volontaires de son style qu'il croit identifier. Ainsi dans la IIe Promenade, à propos du roman de Mme d'Ormoy, *Les malheurs de la jeune Emélie* : « Elle m'apprit que son livre faisoit le plus grand bruit à cause d'une note qui le lui attiroit ; j'avois à peine remarqué cette note en parcourant rapidement ce roman. Je la relus après le départ de Madame d'Ormoy ; j'en examinai la tournure, j'y crus trouver le motif de ses visites, de ses cajoleries, des grosses louanges de sa préface, et je jugeai que tout cela n'avoit d'autre but que de disposer le public à m'attribuer la note, et par conséquent le blâme qu'elle pouvoit attirer à son auteur dans la circonstance où elle étoit publiée. » (*OC*. XX, Cl. Garnier, p. 157). Autre occurrence au début de la IVe Promenade : « rangeant quelques brochures qui m'ont été envoyées par les auteurs, je tombai sur un des journaux de l'Abbé Rosier au titre duquel il avoit mis ces paroles : *vitam vero impendenti, Rosier.* Trop au fait des tournures de ces Messieurs pour prendre le change sur celle-là, je compris qu'il avoit cru sous cet air de politesse me dire une cruelle contrevérité. » Dans la grande lettre à Saint-Germain de 1770, ce mot désigne la proximité stylistique de Diderot et du premier Rousseau : « Il est certain que Sa tournure et la mienne, surtout dans mes premiers ouvrages, [...] sont parmi celles de nos contemporains les deux qui se ressemblent le plus. » (Voir plus haut la note 41).

71 « *Ils pourroient sans risque lever le voile impénétrable qu'ils ont mis sur les yeux de leur victime.* »

La seule autre occurrence de l'expression « voile impénétrable » apparaît au Ier dialogue : « D'un mot peut-être il eut levé des voiles impénétrables aux yeux de tout autre, et jeté du jour sur des manœuvres que nul mortel ne découvrira jamais. » (p. 242). Dans les deux cas, le contexte est clairement d'ordre judiciaire. Il convient cependant de rappeler que la même formule intervient en un tout autre contexte, celui de la mort de Mme de Wolmar dans *La Nouvelle Héloïse* telle qu'elle est pressentie par Saint-Preux lors de son cauchemar à Villeneuve : « Toujours ce spectacle lugubre, toujours ce même appareil de mort, toujours ce voile impénétrable échappe à mes mains, et dérobe à mes yeux l'objet expirant qu'il couvre. » (V[e] partie, l. IX).

72 *« Dévoué depuis si longtems à la haine publique. »*
Une occurrence de la même formule apparaît au IIe dialogue, p. 416. Pour le lien avec la thématique de l'*homo sacer* à Rome, voir l'introduction du présent volume.

73 *« Il se perdroit lui-même sans sauver son client. »*
Il importe ici de rappeler ce que dit Dom Juan chez Molière : « l'hypocrisie est un vice privilégié, qui, de sa main, ferme la bouche à tout le monde, et jouit du repos d'une impunité souveraine. On lie, à force de grimaces, une société étroite avec tous les gens du parti. Qui en choque un se les jette tous sur les bras. » Acte V, sc. 2.

74 *« Une démarche aussi imprudente qu'inutile à laquelle je ne veux point m'exposer. »*
Dans une lettre à sa femme du 12 août 1769, Rousseau lui conseille de s'en remettre, au cas où il disparaîtrait avant elle, à un honnête homme de leur connaissance ; le bref portrait qu'il en dresse (on y reconnaît en général la figure de Duclos) lui attribue une prudence et une réserve bien proches de celles du « François » : « C'est à ce titre d'honnête homme que vous pouvez donner votre confiance au seul homme de lettres que vous Savez que je tiens pour tel. Ce n'est pas un ami chaud, mais c'est un homme droit qui ne vous trompera pas et qui n'insultera pas ma mémoire, parce qu'il m'a bien connu et qu'il est juste ; mais il ne se compromettra pas et je ne désire pas qu'il se compromette. » (*CC*. n° 6599).

75 *« Si vous attendez de moi quelque démarche d'éclat qui me compromette. »*
Dans une lettre d'avril 1770 adressée à P.-Cl. Moultou, Rousseau laissant entendre qu'il sera le dépositaire de sa mémoire, brosse de lui un portrait sans fard, mais s'assurant précisément de son réalisme et de ses liaisons mêmes avec ses adversaires pour lui donner sa confiance ; on y lirait volontiers, avec la figure de Duclos (*cf.* le n° 2 de l'« Histoire du précédent écrit » dans le « Glossaire »), une sorte d'ébauche du personnage du « François » dans son réalisme et sa prudence, autant que dans son honnêteté foncière : « Ceux qui m'aiment véritablement se gardent bien dans les circonstances présentes de se mettre en avant [...]. Ils gémissent tout bas au contraire, observent et se taisent, jusqu'à ce que le tems soit venu de parler. Voila, cher Moultou ce que je vous prie et vous conseille de faire. Vous compromettre ne seroit pas me servir. Il y a quinze ans qu'on travaille sous terre, les mains qui se prêtent à cette œuvre de ténèbres la rendent trop redoutable pour qu'il soit permis à nul honnête homme d'en approcher pour l'examiner. Il faut pour monter sur la mine attendre qu'elle ait fait son explosion, et ce n'est plus ma personne

qu'il faut songer à défendre, c'est ma mémoire. Voila, cher Moultou ce que j'ai toujours attendu de vous. Ne croyez pas que j'ignore vos liaisons ; ma confiance n'est pas celle d'un sot, mais celle au contraire de quelqu'un qui se connoit en hommes, en diversité d'étoffes d'ames [...]. Je ne puis douter qu'on n'ait voulu vous séduire, je suis persuadé qu'on n'a fait tout au plus que vous tromper. Mais avec votre pénétration vous avez vu trop de choses et vous en verrez trop encore pour pouvoir être trompé longtems. Quand vous verrez la vérité il ne sera pas pour cela tems de la dire ; il faut attendre les révolutions qui lui seront favorables, et qui viendront tôt ou tard. C'est alors que le nom de mon ami, dont il faut maintenant se cacher, honorera ceux qui l'auront porté et qui rempliront les devoirs qu'il leur impose. Voila la tâche, O Moultou ! elle est grande, elle est belle, elle est digne de toi, et depuis bien des années mon cœur t'a choisi pour la remplir. » (6 avr. 1770, *CC.* n° 6703, § [4]-[5]).

76 « *Quoiqu'interieurement bien persuadé de l'innocence de J.J., je n'en suis pas pleinement convaincu.* »

« PERSUADER. Porter, déterminer quelqu'un à croire, à faire quelque chose. *La Rhétorique est l'art de persuader.* » (*Acad.*). « CONVAINCRE. Réduire quelqu'un par le raisonnement, ou par des preuves sensibles et évidentes, à demeurer d'accord d'une vérité qu'il ne pouvait comprendre, d'un fait qu'il niait. *Convaincre quelqu'un d'une vérité. Le convaincre par de bonnes raisons.* » *Id.* D'après Le Tasse, « toute persuasion s'opère par l'argumentation, par l'émotion ou l'exemple » (*Il Messagiero*, Venise, 1582 – trad. Michel Orcel, Lagrasse, Verdier, 2012, p. 109). Selon Gibert, la conviction opère sur l'entendement, la persuasion sur la volonté (ou le cœur) qui tous deux hésitent à se déterminer ; la seconde intervient comme contrepoids aux passions qui obscurcissent le jugement dans l'un et l'autre cas, « pour corriger la violence du penchant qui nous entraîne, afin de nous faire embrasser ce qu'on nous propose. Nous expliquons ainsi ce qu'est persuader par le discours, et c'est en cela que consiste la fin de la rhétorique. » (*Rhét.*, p. 22-23). À l'inverse de cette complémentarité, l'antithèse de la persuasion et de la conviction, avec prévalence quasi absolue de la première sur la seconde, est un trait récurrent du discours de Rousseau sur sa propre éloquence, étayé par l'idée classique qu'on ne saurait persuader autrui sans l'être intimement soi-même : « une vive persuasion m'a toujours tenu lieu d'éloquence, écrit-il à Malesherbes le 12 janvier 1762, et j'ai toujours ecrit lachement et mal quand je n'ai pas été fortement persuadé. » (*OC.* I Pléiade, p. 136). La formule « persuader sans convaincre » en est le mot de passe dans son œuvre. Voir Jean Starobinski, « Rousseau et l'éloquence », in *Accuser et séduire : Essais sur Jean-Jacques Rousseau*, Gallimard, 2012, p. 100-115.

77 *« Et ne me montroit le mensonge du côté qui se refuse à l'épreuve de la vérité. »*

C'est donc indirectement, par un raisonnement *a contrario*, que « Rousseau » lève partiellement son incertitude quant aux faits reprochés à J.J., en admettant que le refus de la discussion contradictoire par l'accusateur établit la fausseté de l'accusation. Il peut être utile ici de rappeler qu'à cette époque, la différence entre accusateur et délateur (ou le dénonciateur) est que les premiers, ayant « un intérêt particulier dans la vengeance du crime » sont tenus de « demeurer partie contre ceux qu'ils ont accusé : en sorte qu'ils encourent la peine de l'accusation calomnieuse si celle qu'ils ont faite est trouvée telle ; au lieu que les dénonciateurs ne sont que les délateurs d'un crime et de celui qui l'a commis auprès de la personne publique, de sorte que n'ayant aucun intérêt dans la vengeance publique, ils ne sont point obligés de demeurer parties contre l'accusé. » (*Ferrière*, vol. I, article « Accusateur »).

78 *« Ont toujours [...] fait le plongeon. »*

Sur cette expression, voir au Ier dialogue la note 261.

79 *« Lui cachant avec le plus grand soin leurs accusations leurs preuves. »*

C'est, presque textuellement, ce que Rousseau écrit à la marquise de Mesmes en août 1772 : « J'ai provoqué les imposteurs et les traîtres par tous les moyens permis et justes qui pouvoient avoir prise sur des cœurs humains. Tout a été inutile, ils ont fait le plongeon, et continuant leurs manœuvres souterraines, ils se sont cachés de moi avec le plus grand soin. » (*CC*. n° 6959 ; on peut lire cette lettre au n° V. 2. du « Dossier documentaire »).

80 *« Vous ne jugez de lui que par ses écrits et sur mon témoignage. »*

« Rousseau » réfute donc juridiquement l'argument du « François » sur ses supposés doutes par deux sortes d'arguties : 1. l'incertitude quand à l'établissement des faits concernant la criminalité de J.J. est compensée par le défaut de ses accusateurs à les soutenir contradictoirement en sa présence ; 2. La certitude du « François » demeure affaiblie par le caractère indirect de sa connaissance de l'accusé, lequel est compensé par sa connaissance directe de ses accusateurs. Dans ces délicates balances de « degrés » en matière de certitude (et d'incertitude), on retrouve tout l'esprit de l'Ancien Régime judiciaire.

81 *« Rien n'est plus injuste et plus tyrannique que de forcer un homme à nous être obligé malgré lui. »*

Cet argument apparaît déjà au premier dialogue, p. 252-253, à l'appui du même refus d'être gracié. On peut remarquer ici qu'au chapitre des *Considérations* « sur la reconnaissance et sur l'ingratitude », Duclos définit la grâce par antithèse avec le bienfait : « Le bienfait est un acte libre de la part de son auteur, quoique celui qui en est l'objet puisse en être digne. Une grâce est un bien auquel celui qui le reçoit n'avoit aucun droit, ou la rémission qu'on lui fait d'une peine méritée. » (*Op. cit.*, ch. XVI, p. 226). Quant à l'ingratitude censée être reprochée à J.J. par ses soi-disants bienfaiteurs, l'*Encyclopédie* avoue (sous la plume de Jaucourt) qu'elle la mettrait volontiers « au rang des passions féroces », en tant que « méconnaissance des bienfaits perçus », puis la condamne dans une langue qui est exactement la même que celle des *Dialogues* : « mais du moins on ne trouvera pas mauvais que je la nomme un vice lâche, bas, contre nature, et odieux à tout le monde. Les ingrats, suivant la remarque de Cicéron, s'attirent la haine générale, parce que leur procédé décourageant les personnes généreuses, il en résulte un mal auquel chacun ne peut s'empêcher de prendre part. » (Art. « Ingratitude », t. 8, 1765).

82 *« Une punition sortable. »*
« SORTABLE. Qui est convenable, qui convient à l'état et à la condition de personnes. » *Acad.*

83 *« Qui gauchit devant lui. »*
Voir la note 262 du IIe entretien.

84 *« En leur parlant ainsi nous les aurions forcés à s'expliquer ouvertement. »*
Dès mars 1770, dans une réponse à Burette de Belloy, Rousseau avait présenté une fiction juridique du même genre à l'adresse de ses accusateurs. Ému d'un soupçon d'allusion persifleuse de sa part à propos de deux vers de sa tragédie *Gaston et Boyard* qu'il lui avait envoyée, le dramaturge lui avait répondu en l'assurant de son indifférence totale aux « imputations » négatives à son propos ; Rousseau répondit à son tour qu'il croyait sans réserve au « peu d'effet qu'elles ont fait sur vous », tout en lui suggérant qu'il pouvait faire mieux : « Vous parlez d'évidence ; quand vous la verrez contre moi, jugez-moi, c'est votre droit : mais n'oubliez pas de juger aussi mes accusateurs. Examinez quel motif leur inspire tant de zèle. [...] Dites donc à ces honnêtes gens si zélés si vertueux, si fiers surtout d'être des traitres [...] : Messieurs, j'admire votre zèle, et vos preuves me paroissent sans réplique ; mais pourquoi donc craindre si fort que l'accusé ne les sache et n'y réponde ? Permettez que je l'en instruise et que je vous nomme. Il n'est pas généreux, il n'est pas même juste de diffamer un homme quelqu'il soit, en se cachant de lui. C'est, dites-vous, par ménagement pour lui que vous ne voulez pas le confondre ; mais il seroit moins cruel, ce me semble, de le confondre que de le diffamer, et de lui ôter la vie que de la lui rendre insupportable. Tout hypocrite de vertu

doit être publiquement confondu ; c'est là son vrai châtiment, et l'évidence elle-même est suspecte quand elle élude la conviction de l'accusé. En leur parlant de la sorte, examinez leur contenance, pesez leur réponse : Suivez, en la jugeant, les mouvemens de votre cœur et les lumières de votre raison : voila, Monsieur, tout ce que je vous demande, et je me tiens alors pour bien jugé. » (*CC*. n° 6686, § [3]).

85 *« Les juges et les témoins auroient rendu la prévarication très facile à executer. »*
« PRÉVARICATION. Trahison faite à la cause, à l'intérêt des personnes qu'on est obligé de soutenir ; manquement par mauvaise foi contre le devoir de sa charge, contre les obligations de son ministère. » *Acad.*

86 *« Il reste tranquille, en attendant avec la mort la fin de ses peines. »*
Cette phrase typique de la tradition contemplative consonne bien avec celle notée sur la carte à jouer n° 15 : « L'attente d'une autre vie adoucit tous les maux de celle-ci et rend les terreurs de la mort presque nulles ; mais dans les choses de ce monde, l'espérance est toujours mêlée d'inquiétude et il n'y a de vrai repos que dans la résignation ».

87 *« Quelque consolation néanmoins reste encore à sa portée ; je consacre ma vie à la lui donner. »*
Comme J.J. est « consacré » et « dévoué à la haine publique » (IIe Dial., p. 416), pour s'être consacré à « bien mériter des hommes » (IIe Dial., p. 358), « Rousseau » consacre sa vie à sa consolation autant qu'à la préparation de sa réhabilitation par la postérité, comme il le dira vers la fin de l'entretien. Sur le statut de l'*homo sacer* à Rome et dans la pensée politique de Rousseau, voir au premier dialogue les notes 141, 167, 279 et l'introduction du présent volume.

88 *« Et je vous exhorte d'y concourir. »*
Selon *Féraud* (Avignon, 1761), « Exhorter a deux régimes : on dit exhorter de & exhorter à : mais le dernier est le plus usité ». On en trouve en effet une occurrence à la fin de ce dialogue : « et je vous exhorte à y concourir, puisque vous le pouvez faire sans risque. » (p. 519).

89 *« Qui sait si quelque dépositaire fidelle. »*
Les mots « dépot » et « dépositaire » n'étaient pas réapparus depuis le « Dépot à la Providence » liminaire pour le premier, et depuis le Ier dialogue pour le second, où il apparaît en deux occurrences, l'une qui est homogène à celle du présent passage : « Choisir un Anglois pour mon dépositaire et mon confident, seroit ce me semble, réparer d'une maniére bien authentique le mal que j'ai

pu penser et dire de sa Nation » (note dans L., p. 214), l'autre qui renvoie au secret général sur les motifs de l'ostracisme de J.J. : « c'étoit un secret dont le public entier devoit être dépositaire sans qu'il parvint jamais à celui qui en étoit le sujet. » (p. 213). Ainsi s'établit implicitement une symétrie entre le secret imposé par les « Messieurs » et le contenu des révélations que pourra faire un jour tel confident de J.J., et dont bonne part sinon l'intégralité se trouve incluse dans les différentes copies de *Rousseau juge de Jean Jaques*, si l'on s'en tient aux termes dans lesquels les présente l'« Histoire du précédent écrit ».

90 *« Quelqu'un que le repentir et le remords fasse parler. »*

L'accord au singulier d'un verbe ayant plusieurs sujets coordonnés ou juxtaposés se pratique classiquement selon la règle des « synonymes ou approchans » formulée par Vaugelas, qui réduit sémantiquement la pluralité à l'unité, ce qui semble le cas ici.

91 *« Ils ont fait trouver à J.J. des ressources en lui-même qu'il ne connoitroit pas sans eux. »*

Ce thème, qui procède de l'art et « de l'utilité à tirer de ses ennemis » (Plutarque, trad. Amyot), est amplement développé dans les *Rêveries* ; voir les premières pages des I[e], VIIe et VIIIe Promenades. *Cf.* aussi la carte à jouer n° 23.

92 *« Ses persecuteurs n'ont pu lui ôter la confiance et l'espoir. »*

On verra plus loin que l'optimisme relatif de J.J. par rapport à l'avenir est partagé par le personnage « Rousseau », lequel est vigoureusement contredit sur ce point par « le François ». Quant à l'auteur des *Dialogues*, il n'est pas très cohérent sur ce point : espoir en la Providence selon la suscription du manuscrit C., laquelle est citée au début de l'« Histoire du précédent écrit » ; crise de désespoir incluant la Providence dans l'œuvre de sa persécution lorsqu'il découvre que des grilles l'empêchent d'aller déposer son paquet sur le grand autel de Notre-Dame ; puis « espérance », mais par deux fois remise en question après-coup, qu'une copie du texte soit transmise par des mains sûres à la postérité ; puis résignation et renoncement à « l'inquietude de l'espérance ici-bas » dans tous les domaines (p. 536-537) ; vigilance néanmoins à l'égard de la possibilité de transmettre une troisième copie, afin de faire là ce qui dépend de lui pour concourir, mais sans illusion, au dessein éventuellement favorable de la providence. (Une note de l'auteur un peu plus loin dans le IIIe entretien va d'ailleurs déjà dans le même sens, p. 506-507). Enfin, les deux derniers alinéas de la seconde Promenade reviennent à l'idée du concours entier de la providence à sa persécution, mais c'est pour s'y résigner à la volonté divine. Pour une perspective d'amont à ces oscillations, on peut lire au n° IV. 1. du « Dossier documentaire », la conclusion de la lettre à Saint-Germain du 26 février 1770.

93 *« Si ma mémoire, dit-il devoit s'éteindre avec moi… »*

Cette longue citation de J.J. en discours direct va dans le sens de l'optimisme de « Rousseau » à l'égard de l'hypothèse d'un retournement de l'opinion dans l'avenir ; elle s'en distingue par l'accent mis sur le rôle de la providence – cet espoir affrontant en tous les cas le scepticisme déterminé du « François ».

94 *« Moi qui me sens meilleur et plus juste qu'aucun homme qui me soit connu. »*

La formule est restée fameuse depuis le préambule des *Confessions*, sans doute guère à l'avantage de son auteur. Cette conviction est affirmée dès 1757, dans une lettre dramatique à la comtesse d'Houdetot : « Voici la 4e lettre que je vous écris sans réponse. Ah si vous continuez de vous taire, je vous aurai trop entendue. [En réalité elle lui avait écrit mais la poste avait du retard] […] Je suis un méchant, moi ? quoi ! Cette indignation de l'honneur outragé, ces élancemens de douleur, ces sanglots qui me suffoquent seroient la syndérése du Crime. Ah si je suis un méchant, que tout le genre humain est vil. *Qu'on me montre un homme meilleur que moi*, qu'on me montre une âme plus aimante, plus sensible, plus éprise des charmes de l'amitié, plus touchée de l'honnête et du beau, qu'on me la montre, et je me tais. » (2 nov. 1757, *CC*. n° 560, mes italiques). On sait que le superlatif « le meilleur des hommes » (et sa variante au féminin) abonde dans *La Nouvelle Héloïse*, et qu'il est assez courant à cette époque ; le voici affublant Diderot dans une lettre écrite avant leur rupture : « Vous vous fiez à votre bonté naturelle ; mais savez-vous à quel point l'exemple et l'erreur peuvent la corrompre ? […] Quel sort *pour le meilleur des hommes* d'être égaré par sa candeur même, et d'être innocemment dans la main des méchans l'instrument de leur perfidie ! Je sais que l'amour propre se révolte à cette idée, mais elle mérite l'examen de la raison. » (2 mars 1758, *CC* n° 624).

95 *« Tous ceux qui pensant mal de J.J »* (C. et P.). / *« Tous ceux qui pensant mal de moi. »* (G.) (Note *)

La note précédente présente un nouvel exemple d'un accord de C. et P. pour maintenir en note la désignation « J.J. » tandis que G. l'annule en passant au discours en première personne. Voir le Ier dialogue, p. 283 pour la précédente occurrence.

96 *« La société, foulant aux pieds les plus saintes loix de la justice, ne fut plus qu'un ténébreux brigandage. »*

Dans sa *Science du gouvernement*, le juriste Real de Curban ne dit pas autre chose : « Sans la justice, pour le dire en un mot, dans les termes d'un Père de l'Église, les royaumes ne seroient que des retraites de brigands. » (*Op. cit.*, tome VI, p. 11-12). Il cite ici saint Augustin, au livre IV, chap. 21 de la *Cité de Dieu* : *Remota itaque justitia, quid sunt regna, nisi magna latrocinia ?*

97 *« Ce seroit un trop grand malheur pour le genre humain [...] que la societé, foulant aux pieds les plus saintes loix de la justice, ne fut qu'un ténébreux brigandage de trahisons secretes et d'impostures adoptées sans confrontation sans vérification, et sans aucune defense laissée à l'accusé. »*

C'est la substance et presque la lettre de ce qu'écrit Rousseau à Du Peyrou en mars 1771, à propos d'un malentendu occasionné par une fraude de facteurs qui détournait leur courrier : « Jamais, mon cher hôte, un homme sage et ami de la justice, quelques preuves qu'il croye avoir, ne condanne un autre homme sans l'entendre ou sans le mettre à portée d'être entendu. Sans cette loi la première et la plus sacrée de tout le droit naturel la société sappée par ses fondemens, ne seroit qu'un brigandade affreux où l'innocence et la vérité sans deffense seroient en proye à l'erreur et à l'imposture. » (*CC*. n° 6846).

98 *« Et la terre devenue un enfer. »*

Cet anéantissement de l'état de droit ici projeté est le lot originaire de l'humanité selon Hobbes : « Cette guerre de chacun contre chacun a une autre conséquence : à savoir, que rien ne peut être injuste. Les notions de légitime et d'illégitime, de justice et d'injustice, n'ont pas ici leur place. Là où il n'est pas de pouvoir commun, il n'est pas de loi ; là où il n'est pas de loi, il n'est pas d'injustice. La violence et la ruse sont en temps de guerre les deux vertus cardinales. Justice et injustice ne sont en rien des facultés du corps et de l'esprit. [...] Ce sont des qualités relatives à l'homme en société et non à l'homme solitaire. Enfin cet état a une dernière conséquence : qu'il n'y existe pas de propriété, pas d'empire sur quoi que ce soit, pas de distinction du mien et du tien ; cela seul dont il peut se saisir appartient à chaque homme, et seulement pour aussi longtemps qu'il peut le garder. » (*Léviathan*, I, ch. XIII, trad. F. Tricaud, Paris, Sirey, 1971, p. 126). On sait que pour Rousseau, cet état est précisément l'avenir de tous les régimes politiques, qui sont voués à dégénérer en despotisme selon le *Discours sur l'origine de l'inégalité* (ici sans doute marqué par Machiavel) : « C'est ici le dernier terme de l'inégalité, et le point extrême qui ferme le Cercle et touche au point d'où nous sommes partis. C'est ici que tous les particuliers redeviennent égaux parce qu'ils ne sont rien, et que les Sujets n'ayant plus d'autre Loi que la volonté du Maître, ni le Maître d'autre règle que ses passions, les notions du bien et les principes de la justice s'évanouissent derechef. C'est ici que tout se ramene à la seule loi du plus fort et par conséquent à un nouvel Etat de nature différent de celui par lequel nous avons commencé, en ce que l'un étoit l'état de nature dans sa pureté, et que ce dernier est le fruit d'un excès de corruption. » (*OC*. III Pléiade, p. 191).

99 *« Un jour viendra, j'en ai la juste confiance. »*

La confiance de J.J. dans la réévaluation de sa figure publique par la postérité est homogène aux arguments soutenus par « Rousseau », à la fin de cet entretien, contre le pessimisme historique du « François ».

100 *« On l'a vu dans le même tems en divers pays à de grandes distances les uns des autres. »*

Il est un peu surprenant que Rousseau ait décidé de supprimer la séquence « On l'a vu [...] partout abhorrer d'eux » dans les copies ultérieures : sur le fond, cet adynaton appuie en effet l'idée « qu'il y a par conséquent plus de fictions que de vérités dans toutes ces anecdotes entassées » (p. 499-500). L'argument de « Rousseau » s'en trouve affaibli, d'autant qu'il persiste à raisonner de façon purement juridique en dépit des fortes objections d'ordre politique déjà présentées par « le François », lequel va d'ailleurs y revenir après avoir affaibli, par un argument sceptique sur les aléas de l'Histoire, son « axiome » sur la puissance intrinsèque de la vérité. Il y a là un vestige des tentations de comique lucianesque (ou à la Sterne) qu'appelaient les apories de l'accusation à charge envers J.J., mais dont le burlesque s'accordait sans doute mal avec le ton général de la plaidoirie en cours.

101 *« Confrontés à l'accusé. »*

Selon *A.W.* (p. 274), « dans la concurrence entre "à" et "avec", cette dernière préposition prend dès le XVIIIe siècle l'avantage » ; il donne cependant plusieurs exemples de la constance de Rousseau à faire primer la première.

102 *« Ce complot immortalisant son auteur comme Erostrate. »*

Erostrate s'illustra en brûlant le temple d'Artémis à Éphèse. Si sa figure est ici une allégorie de l'auteur du complot, elle circule également à propos de l'auteur du *Contrat social.* Ainsi sous la plume de Voltaire : « je crois que la chienne d'Erostrate ayant rencontré le chien de Diogène fit des petits dont Jean Jaques est descendu en droite ligne » (*CC*. n° 2021). Mably y pense à l'époque des *Lettres de la Montagne* : « Cet homme finit par être une espèce de conjuré. Est-ce un Erostrate qui veut brûler le temple d'Éphèse ? Est-ce un Gracchus ? (*CC*. n° 3687), et Charles Bonnet passe le mot à Haller et à Formey (*CC*. n° 4004 et 4024, Remarque). C'est dans la lettre à Saint-Germain du 26 février 1770 que Rousseau répond sur le fond : « Vous me citerez Erostrate. A cela voici ma réponse. L'histoire d'Erostrate est une fable : mais supposons-la vraie.

Erostrate sans génie et sans talent eut un moment la fantaisie de la célébrité à laquelle il n'avoit aucun droit. Il prit la seule et courte voie que son cœur et son esprit étroit put lui suggérer : mais comptez que, s'il se fût senti capable de faire l'*Emile*, il n'eût point brûlé le temple d'Ephèse. Non, Monsieur, on n'aspire point par le crime au prix qu'on peut obtenir par la vertu. »

103 « Nous nous chargeons de choisir et d'arranger après. »

Cet art s'apparente assez à celui des casuistes selon Pascal : « je vois bien maintenant, dit Montalte au bon Père, à quoi vous servent les opinions contraires que vos docteurs ont sur chaque matière. Car l'une vous sert toujours, et l'autre ne vous nuit jamais. » (*Les Provinciales*, Cinquième Lettre, *op. cit.*, p. 94).

104 « Cet ouvrage qu'on prépare de longue main. »

Depuis le succès du *Discours de Dijon*, la vie de Rousseau, pour ce qu'on en connaît ou qu'on en imagine, mais aussi pour ce qu'il en délivre ou en tait, est partie-prenante du débat sur ses thèses. Pour un développement sur cette question, on peut se reporter au n° 104 du présent dialogue dans le « Glossaire ».

105 « Pour le publier d'abord après. »

C'est la seule occurrence de la locution « d'abord après » dans les *Dialogues*. A. François (*Provincialismes JJR*., p. 63-64) en relève deux autres exemples chez Rousseau : « Julie a commencé ceci longtems avant son mariage et presque d'abord après la mort de sa mere » (*NH*., IV, 11, Pléiade, p. 472), et dans *Les Confessions* : « Pendant plusieurs mois, d'abord après mon diner, j'allois me promener seul au Bois de Boulogne » (VIII, Pléiade, p. 390). Parmi les lexicographes de l'époque, on ne la rencontre que chez Féraud, mais en mention seulement, à l'article « Dabord ou D'abord » : « *dabord après*, pron. *dabor après* ». Selon Littré (art. « Abord »), elle signifie « aussitôt après » : *pour vous voir retomber d'abord après avec plus de honte et de faiblesse (Massillon, Car. Pass.)*. A. François note que « l'Académie l'a toujours ignorée » mais qu'en Suisse « elle est attestée au 19e siècle par les lexicographes » ; il en signale plusieurs occurrences sous la plume de Mme de Warens, N. de Saussure, Mme de Charrière, Benjamin Constant.

*106 « Comme l'*Aletés *du Tasse. »*

Ces deux vers sont tirés de la *Jérusalem délivrée*, II, 58. (Rousseau en a traduit l'épisode sublime d'Olinde et Sophronie). Aleté est un ambassadeur égyptien auprès des croisés : « Du sein de la fange, sans ayeux, et sans nom, il s'est élevé jusqu'au pied du trône. Eloquent, flatteur, insinuant, souple, changeant à chaque instant de mœurs et de caractere, il mêle étroitement l'artifice et la feinte. Grand artisan de calomnie, il accuse quand il ne paroît que louer. » (*Jérusalem délivrée. Poëme du Tasse*, nouvelle traduction, tome I, Paris, 1774, p. 62.) Le traducteur est Lebrun mais son nom n'apparaît pas avant la réédition de 1803. Rousseau connaît cette traduction, voir le IIe entretien, note 130. Sur son admiration pour Le Tasse, voir au même numéro dans le « Glossaire ».

107 « On lui a fait [...] par le libraire chargé de toutes ces manœuvres des propositions assez magnifiques. »

Rousseau s'en est plaint à M. de Sartine dans une lettre du 15 janvier 1772. Voir le IIe entretien, note 290. On peut lire cette lettre au n° V. 1. du « Dossier documentaire ».

108 « Tirer à son insçu les feuilles destinées pour le public et où le texte eut été accomodé selon les vues de nos Messieurs. »

Revient ici une hantise qui avait été celle de Rousseau lors de la crise de l'impression de l'*Émile* en 1761 ; à cette époque, la lenteur de l'impression de l'ouvrage lui avait fait croire à un projet de falsification : « la certitude que j'ai, écrivait-il à écrivait à Malesherbes, le 18 octobre 1761, que l'édition commencée en apparence n'est que Simulée, me fait comprendre qu'ils veulent absolument Supprimer l'ouvrage, ou du moins, vu l'état de dépérissement où je suis, en différer la publication jusqu'après ma mort ; afin que, tout-à-fait maitres du manuscrit, ils puissent le tronquer et falsifier à leur fantaisie Sans que personne y ait inspection : Or voila, Monsieur, le malheur que je redoute le plus, aimant cent fois mieux que mon livre soit anéanti que mis dans un état à déshonorer ma mémoire. » (*CC*. n° 1548, t. 9, p. 245-246).

109 « Il a désavoué dans une protestation signée tout ce qui s'imprimeroit désormais sous son nom. »

Cette lettre-circulaire daté du 23 janvier 1774 est intitulée : *Déclaration de Rousseau relative à l'impression de ses écrits*. (Je suis ici l'édition R.A. Leigh, *CC*. t. 39, Appendice A633). Rousseau en fit plusieurs copies manuscrites qu'il distribua dans la rue ou à des correspondants. Elle a été publiée le 19 février 1774 dans la *Gazette de littérature, de sciences et des arts*, mais la *Gazette des Deux-Ponts* l'aurait peut-être également imprimée, selon un témoignage contemporain de Claude Eymar cité par R.A. Leigh (*ibid*., p. 306). On trouvera cette *Déclaration* au n° VI. du « Dossier documentaire ». Le 16 décembre 1773, il s'inquiétait, dans un bref billet à Rey, auquel il avait demandé l'envoi d'un exemplaire de *La Nouvelle Héloïse*, que celui-ci lui parlât de l'ouvrage qu'il lui avait envoyé comme de l'« édition originale » alors que « l'exemplaire que j'ai reçu, lui écrivait Rousseau, est d'une édition très différente. Vous me ferez grand plaisir de me marquer, et même le plus tôt qu'il sera possible, si ce *qui pro quo* vient de vous : Car je désire extrêmement et pour vous et pour moi de savoir à quoi m'en tenir sur cet article. » (*CC*. 7022, t. 39, p. 212). C'est ainsi que le lapsus de Rey lui valut d'être affilié au « complot ». Mais sept mois plus tôt, Rousseau lui avait déjà annoncé son désaveu de principe de toute édition autre que l'originale, tout en lui réaffirmant sa confiance : « Je n'ai nul changement à faire ni à l'Emile ni à aucun de mes écrits. Ne reconnoissant pour mienne que la première édition de chacun d'eux, je ne prends aucun intérest aux éditions postérieures et n'ai pas même le tems d'examiner celles que je suis à portée de voir. J'ai pourtant toujours recommandé les vôtres par préférence, persuadé que vous êtes incapable de vous prêter à aucune infidélité. » (*CC*. n° 6946).

110 « Et s'imprime, dit-on à Bruxelles. »

Il semble qu'il s'agisse du libraire belge Boubers, qui avait publié sans l'aveu de l'auteur une *Collection complète des œuvres de J.J. Rousseau* en 9 vol. in 4° entre 1774 et 1776. Le 13 février 1779, le marquis de Girardin écrivait à Du Peyrou à propos d'une édition frauduleuse du libraire Simon : « Apparemment qu'elle n'aura pas eu lieu. [...] mais celle que réprouvoit à toute force M. R., c'est celle de ce vilain Boubers, parce qu'il ne doutoit pas qu'elle fut falsifiée et souillée de pièces indignes sous la protection de toute la clique qui me paroit effectivement très disposée maintenant à accueillir et à proclamer cette misérable prophane édition. » (*CC*. n° 7471, t. 43, p. 124). Un billet de l'automne 1774 à Corancez, qui lui avait probablement envoyé les quatre premiers volumes qui venaient de sortir, montre que Rousseau ne voulait rien en savoir. (*CC*. n° 7050).

111 « Ils ont su tourner contre lui son désaveu [.] en le faisant imprimer eux-mêmes. »

Sur ces éditions, voir plus haut, la note 109.

112 « Ils imprimoient aussi cette prétendue traduction du Tasse tout exprès pour la lui attribuer. »

Sur cette traduction anonyme de la *Jérusalem délivrée* publiée en 1774, et sa préface dialoguée entre l'éditeur et le traducteur, voir le « Glossaire », n° 130 du IIe dialogue.

113 « La préface singeresse. »

Selon A.W., (p. 11), la forme « singeresse » n'est pas enregistrée par les dictionnaires. Littré la signale chez Marmontel et Rousseau, Montaigne étant leur source probable : « Or j'ay une condition singeresse et imitatrice : quand je me meslois de faire des vers (et n'en fis jamais que des Latins), ils accusoient evidemment le poete que je venois dernierement de lire. » (*Essais*, l. III, ch. 5).

114 « Tout le monde lui verroit deux têtes très distinctement. »

Il est réel que J.-J. Rousseau s'est périodiquement trouvé en situation d'être aliéné corps et âme par un autre lui-même, les *Confessions* en attestent, mais aussi sa correspondance avec Malesherbes, ainsi que son recours au pseudonymat choisi ou forcé, alors même que l'affirmation de son nom en tête de ses écrits le caractérise aux yeux de ses contemporains. Pour un plus ample développement, on peut se reporter au n° 114 du présent entretien dans le « Glossaire ».

115 « Un honnête imprimeur Simon. »

Voir la note 290 du IIe entretien. On pourra lire au n° V. 1. du « Dossier documentaire », la lettre de Rousseau à ce propos, adressée au Lieutenant de police, M. de Sartine.

116 « Cette souscription qu'il a faite, est la seule dont on ne sait rien. »

L'auteur des *Dialogues* sait fort bien que c'est tout le contraire. Ayant eu vent du projet d'élever une statue à Voltaire, Rousseau écrivit le 2 juin 1770 à M. de La Tourrette, directeur du jardin botanique de Lyon, avec qui il entretenait des rapports d'amitié, de l'inscrire « au nombre des souscrivants » pour deux louis (*CC*. n° 6723). Sa souscription fut transmise à D'Alembert qui répond le 11 juin, assurant M. de La Tourrette qu'il aura soin d'inscrire le nom concerné sur la liste et promettant d'en informer Voltaire rapidement, lequel « sera sûrement très sensible à cette marque d'estime » (*CC*. n° 6731). Loin s'en faut en réalité, puisque la *Gazette de Berne* s'en étant fait l'écho, Voltaire écrivit à M. de La Tourrette, le 23 juin, pour lui dire sa crainte « que les gens de lettres de Paris ne veuillent point admettre d'étranger » et qu'« il seroit peut-être mauvais que l'article de la gazette se trouvât vrai » puisque le Duc de Choiseul conduit l'entreprise (*CC*. n° 6734).

117 « Fay ce que doy, arrive que pourra. » (Note * dans P. et G.)

Sous la forme « Fais ce que dois, advienne que pourra », cette maxime figure dans les armes de quelques maisons aristocratiques.

118 « De resister même à ses propres mouvements tant qu'il peut s'abstenir de les suivre. »

Ce sera le point de départ de l'expérience des *Rêveries* où l'abstention absolue à l'égard de l'action libère toute la place pour la contemplation : « Ne pouvant plus agir sans nuire à autrui ou à moi-même, m'abstenir est devenu mon unique devoir, et je le remplis autant qu'il est en moi. Mais dans ce désœuvrement du corps mon ame est encore active, elle produit encore des sentimens des pensées, et sa vie interne et morale semble encor s'etre accrue par la mort de tout interest terrestre et temporel. » (*OC*. XX, Cl. Garnier, p. 143).

119 *« Cet ecrit est tombé entre les mains de M. d'Alembert peut-être aussitot qu'il est sorti des miennes.* » (Note ** dans G. et P.)

Pour situer la réaction de Rousseau, il faut rappeler d'une part qu'il a exigé de Wielhorski la promesse de ne pas faire imprimer son texte (*CC*. t. 39, A618) ; et d'autre part que depuis son retour en France, il est très attentif à ne rien laisser publier sous son nom qui n'ait l'aval de Sartine : ainsi exige-t-il du libraire Guy en 1767, que le *Dictionnaire de musique* soit à nouveau soumis aux censeurs – sollicitant d'ailleurs parallèlement lui-même Sartine pour cela : « attendu que des passages raturés et rétablis dans le manuscrit peuvent faire naître des difficultés que le premier Censeur étant mort ne pourroit lever, et que l'Auteur veut prévenir » (Trye, sept. 1767, *CC*. n° 6055 et 6054) ; ainsi encore prévient-il Rey d'en faire autant à propos d'une dédicace à son adresse que celui-ci veut faire imprimer sur une traduction de Platon : « Je crois qu'il faudra pour prévenir toute difficulté que vous tâchiez d'obtenir pour cela le consentement de M. de Sartine » (*CC*. n° 6173). Or plusieurs copies du manuscrit des *Considérations sur le gouvernement de Pologne* ont été faites sur l'original remis à Wielhorski : c'est ainsi que Grimm est à même d'en rendre compte de façon développée dans les livraisons des 15 janvier et février 1773 de la *CL* ; le texte s'intitule : « Sur l'ouvrage de J.-J. Rousseau, intitulé : *Considérations sur le Gouvernement de Pologne* », Grimm le donnant pour « écrit en avril 1772, à la sollicitation de M. le comte de Wielhorski ». L'extrait oscille entre paraphrase et critique, voire polémique : « un de ses sénateurs (le comte), après avoir manœuvré avec plus ou moins de succès à Varsovie, à Pétersbourg et à Versailles, monte de son autorité privée dans un quatrième de la rue Plâtrière pour commander une nouvelle constitution de la Pologne à un ex-Lycurgue de Genève [...] Toutefois, si Lycurgue se fût adressé à un beau parleur d'Athènes pour se faire dicter une législation, je doute que le couvent de Sparte eût été bien fondé. » (15 janvier 1773, cité dans R. Trousson, *J.-J. Rousseau, Mémoire de la critique*, Paris, PUPS, 2000, p. 405-406). Quant à la mise en cause de d'Alembert, elle n'apparaît qu'au Ier juillet 1774, dans une lettre où Rousseau apprend au comte que le libraire Guy lui a demandé la veille s'il est l'auteur « d'un écrit sur le Gouvernement de Pologne qui est entre les mains de M. d'Alembert ; écrit qu'on m'attribue et qu'on lui propose d'imprimer. Il me montra le commencement et la fin de cet écrit, et j'y reconnus avec la plus incroyable surprise celui qu'avec tant d'instances et au nom de l'humanité de la justice vous m'arrachâtes il y a quelques années. » (*CC*. n° 7043) ; le 4 juillet, d'Alembert démentait formellement auprès de Wielhorski les allégations du libraire. Une lettre du comte écrite à Thérèse Levasseur en novembre 1778 éclaircit l'affaire : Rousseau et lui s'étant vus après la visite du libraire, le comte lui apprit qu'il avait prêté l'orginal au prince Czartoryski et lui promit d'en empêcher l'impression, sur quoi ils se réconcilièrent ; Sartine fit le nécessaire (*CC*. t. 39, A622).

120 « L'Heloïse un roman obscène, le contrat social un livre séditieux. »

Variation sur un thème déjà orchestré au livre XII des *Confessions* « Quoi ! le redacteur de la Paix perpetuelle souffle la discorde, l'éditeur du Vicaire Savoyard est un impie, l'auteur de la Nouvelle Héloïse est un loup, celui de l'Emile est un enragé. » (*OC*. I Pléiade, p. 591).

121 « Puisqu'en cet instant même on met à Paris Pygmalion sur la scène. »

C'est-à-dire en octobre 1775. Sur l'histoire de la composition de cette « scène lyrique », le succès de sa représentation parisienne malgré le désaveu de l'auteur, ainsi que sa portée européenne relativement à l'art du mélodrame, on peut se reporter au n° 121 du présent dialogue dans le « Glossaire ».

122 « Devenus les arbitres de l'opinion publique. »

Le passage du pluriel au singulier entre « les opinions publiques » mentionnées au début de l'alinéa et « l'opinion publique » arbitrée, selon l'analyse du « François », par le parti philosophique, est décisif. Aux siècles antérieurs l'opinion est une hydre à plusieurs têtes irréductible à toute emprise ; au XVIIIe siècle, elle n'en a plus qu'une. Dans la *Lettre sur les spectacles*, Rousseau en admet déjà la possibilité au moins théorique, mais au seul niveau politique : « Par où le gouvernement peut-il donc avoir prise sur les mœurs ? Je réponds que c'est par l'opinion publique. Si nos habitudes naissent de nos propres sentimens dans la retraite, elles naissent de l'opinion d'autrui dans la Societé. Quand on ne vit pas en soi, mais dans les autres, ce sont leurs jugemens qui réglent tout ; rien ne paroit bon ni désirable aux particuliers que ce que le public a jugé tel, et le seul bonheur que la pluspart des hommes connoissent est d'être estimés heureux. » (*OC*. V Pléiade, p. 61). Dans l'analyse du « François » c'est plutôt l'hégémonie idéologique des Philosophes qui est ciblée, en même temps que l'efficacité de leurs réseaux. Si l'on fait abstraction de la théorie du complot ici mise en œuvre, cette présentation des gens de lettres comme arbitres de l'opinion semble homogène à celle qu'en donne Malesherbes en 1775, dans son discours de réception à l'Académie, à propos du « tribunal indépendant » que constituent désormais les gens de lettres « au milieu du public dispersé ». Mais l'analyse que donne Rousseau du caractère manipulable de l'opinion publique, autant dans les *Dialogues* que dans le *Contrat social* ou les *Considérations sur le gouvernement de Pologne* met en question ce fantasme à l'antique, en suggérant, pour reprendre les termes de Mona Ozouf, que l'opinion n'a « aucune infaillibilité, qu'il faut sans cesse se préoccuper de la rectifier. Bref, qu'elle n'est pas une règle de justice et ne figure que par usurpation de la volonté générale. » (« Le concept d'opinion publique au XVIIIe siècle », in *L'homme régénéré*, *op. cit.*, p. 48).

123 « Le sont devenus par elle de la réputation, de la destinée des particuliers. »

Ce thème est un lieu commun des adversaires du « parti philosophique » à cette époque : « Ces philosophes [...] si *tolérans*, se montrent, dans leurs ouvrages, les plus *intolérans* des hommes ; ils ne peuvent tolérer qu'on pense autrement qu'eux, qu'on critique leurs vers ou leur prose, qu'on découvre leurs plagiats multipliés et leurs erreurs innombrables [...]. Les invectives, les calomnies, les libelles contre ceux qu'ils regardent comme leurs ennemis, ne leur coûtent rien ; ils attaquent leur naissance, leur réputation, leur probité, leurs mœurs ; [...] Est-il probable que des hommes si peu *tolérans* dans leurs écrits le seroient davantage dans leurs actions, s'ils avoient en main l'autorité ? » (*AL*, t. II, 1772, p. 305-306, c'est le rédacteur qui souligne).

124 « Ils pouvoient étendre tellement leurs rameaux sous les pas des hommes. »

Si cette présentation de l'hégémonie « philosophique » est homogène au discours courant de l'*Année littéraire* et de l'« l'antiphilosophie » de la fin du siècle, elle décalque également, semble-t-il, l'analyse de la Constitution de la Compagnie de Jésus qui fut donnée, dans les *Nouvelles ecclésiastiques* et au Parlement, la présentant comme un État dans l'État étendant ses tentacules dans toutes les sphères de la société. Voir le n° 129 du présent dialogue dans le « Glossaire ».

125 « Que nul ne [...] put marcher que sur des terrains contreminés. »

« CONTRE-MINE. On appelle aussi contre-mine, une mine pratiquée sous les bastions et sous les dehors d'une place, pour faire sauter les ennemis, en cas qu'ils vinssent à s'y loger. » (*Acad.*). « Se dit au figuré. *Loin de les favoriser, je serais le premier à contre-miner toutes leurs menées par les obstacles invincibles que l'honneur et la qualité de premier Prince du sang me doit obliger d'y former pour l'intérêt du peuple.* Manifeste de M. le Prince Louis II de Condé. » (*Trévoux*). Il est également question de « manœuvres et de mines souterraines » dans le IIe entretien (p. 426). Outre leur connotation militaire, mines et contre-mines se rattachent à l'imaginaire « cyclopéen » de l'écriture de la persécution : des « ouvriers de ténèbres » (*CC*. 6875, t. 38, p. 240) s'y emploient à faire chuter J.J. à l'abîme ; une formulation particulièrement expressive du thème apparaît dans une lettre à P. Cl. Moultou : « Il y a quinze ans qu'on travaille sous terre, les mains qui se prêtent à cette œuvre de ténèbres la rendent trop redoutable pour qu'il soit permis à nul honnête homme d'en approcher pour l'examiner. Il faut pour monter sur la mine attendre qu'elle ait fait son explosion, et ce n'est plus ma personne qu'il faut songer à défendre, c'est ma mémoire. Voila, cher Moultou ce que j'ai toujours attendu de vous. » (6 avril 1770, *CC*. n° 6703, § [5]).

126 « En ce moment la France vient de se diviser en deux partis. » (Note * dans G. et P.)

La note de Rousseau est délicate à interpréter. Je me borne à donner quelques éléments permettant de la contextualiser. Après une longue et prestigieuse carrière politique, Choiseul fut exilé en 1770 par Louis XV dans son domaine de Chanteloup. En mai 1774, à l'initiative de la reine, il est rappelé à la Cour par Louis XVI lors de son avènement ; mais le roi ne l'aime pas et c'est depuis Chanteloup, où il reçoit beaucoup, qu'il exerce son influence. (Sur les rapports de Choiseul avec Rousseau, voir au présent dialogue les notes 21 et 68, et la note 92 du Ier dialogue). – Entre 1771 et 1774, le Parlement est exilé par le chancelier Maupeou, et remplacé par une nouvelle institution où les charges ne sont pas héréditaires et qui consent à collaborer aux réformes financières conduites par l'abbé Terray ; cependant, l'ancien parlement sera rappelé par Louis XVI à son avènement, en mai 1774. Sous son règne, c'est Maurepas qui gouverne jusqu'en 1781, dans un contexte à nouveau marqué par de graves difficultés financières. Turgot succède rapidement à Terray comme Contrôleur général des finances : libéral et réformiste, lié aux encyclopédistes (et plutôt modéré lors de la querelle Hume-Rousseau), ses *Réflexions sur la formation et la distribution des richesses* (publ. 1769-1770) en on fait un des leaders de l'école physiocratique. Entres autres réformes, il libéralise le commerce des grains tant à l'intérieur qu'à l'importation, mais de mauvaises récoltes suscitent la spéculation, et donc la famine, suscitant des émeutes en province et à Paris ; c'est la « guerre des farines » (avril-juin 1775) qui oblige le roi à faire donner l'armée contre le peuple dans la capitale. (C'est à ces événements que Rousseau fait allusion au IIe entretien, dans la note de la p. 422). Affaibli, Turgot dont les réformes étaient contestées par le Parlement, est renvoyé le 12 mai 1776 ; Necker accède à la direction des finances le 29 juin 1777, mais sans participer au Conseil. Il sera renvoyé en 1781.

127 « Un Certain Jargon Papillotté. »

« PAPILLOTER. En peinture, se dit d'un tableau qui pétille d'une manière incommode par des lumières également brillantes et des couleurs également vives. » *Trévoux*. Littré cite la formule de Rousseau.

128 *« Catilina fit boire à ses conjurés le sang d'un homme. »*

Salluste, que paraphrase ici « le François », reste sceptique sur ce point : « l'horreur d'un tel acte me le rend suspect. » (*Conjuration de Catilina*, XXII).

129 *« En paroissant prendre le contrepied des Jésuites, ils ont tendu neanmoins au même but. »*

Pour une contextualisation historique de ce parallèle à la lumière du scandale provoqué par la révélation des Constitutions jésuites devant le parlement dans les années 1759-1762, on peut consulter le n° 129 du présent dialogue dans le « Glossaire ».

130 *« Et puis en paroissant expliquer la nature à leurs dociles admirateurs. »*

Allusion au maître ouvrage du baron d'Holbach : *Système de la nature ou des loix du monde physique et du monde moral* (1770). Voir aussi, p. 473, la note de Rousseau visant la *Philosophie de la nature, ou Traité de morale pour l'espèce humaine tiré de la philosophie et fondé sur la nature* de Delisle de Sales (1770). L'observation du « François » résume polémiquement le statut hégémonique qu'a acquis l'interprétation matérialiste et agnostique de l'idée de nature à la fin du XVIIIe siècle. Cette hégémonie exprime le renversement d'un rapport de forces séculairement favorable à la tradition idéaliste et religieuse. Évidemment favorisée par le développement des sciences physiques et de la médecine, cette mutation, qui s'était engagée relativement secrètement au siècle précédent avec le libertinage érudit, s'est épanouie avec les Lumières qui l'ont portée hors de la République des Lettres en pénétrant les réseaux mondains, la presse et les institutions savantes. Se développe ainsi, tout au long du siècle, un conflit d'interprétation acharné dont la pensée de Rousseau est bien sûr partie prenante, autour d'une série de notions telles que divinité, vertu, bonheur, liberté et nécessité, sentiment et sensibilité etc., l'idée de nature étant certainement, comme l'écrit Jean Ehrard, le *lieu géométrique* de ce conflit : « La fortune de l'idée de nature vient de son aptitude à unir les contraires. La *Nature* renvoie à une surnature, ne serait-ce que pour se définir contre elle ; elle justifie et contient les appétits *naturels* au nom d'une morale qui revendique la même épithète ; enfin elle autorise et freine les ambitions de l'art. Qu'il s'agisse de définir le monde, l'homme ou la place dévolue à celui-ci dans celui-là, l'idée de nature a réponse à tout. Elle est le lieu géométrique des contradictions de l'époque, de ses aspirations et de ses craintes, de ses hardiesses et de ses timidités. » (*L'idée de nature en France dans la première moitié du XVIIIe siècle* [1963], Conclusion, Paris, Albin-Michel, 1994, p. 787). En ce qui concerne Rousseau, la créativité de sa pensée dans ce débat y fonde sa singularité irréductible à aucun parti, ainsi que l'influence à long terme qu'exercent ses thèses sur ses adversaires et anciens compagnons de route, en particulier dans les domaines politique et moral. Voir à ce propos Mark Hulliung, *The Autocritique of Enlightenment, Rousseau and the Philosophes*, Harvard U. Press, Cambridge, Massachusetts-London, England, 1994. On peut également consulter le numéro spécial *La Nature* de la revue *DHS* (n°45, 2013, dir. Colas Duflo).

131 *« Quoiqu'elle paroisse libre et ne régner sur les volontés que par la raison. »*

A.W. (p. 304) cite cet exemple, parmi une trentaine d'autres, du goût invétéré de Rousseau pour l'asymétrie des compléments coordonnés caractéristique de l'ancienne langue (*Cf.* A. François, *HLF.*, p. 2001 et suiv.).

132 *« Suivant plus adroitement les erremens de l'autre. »*

« ERREMENS. plur. Erres. Il n'a d'usage qu'au figuré et en parlant d'affaire. *Reprendre les derniers erremens d'une affaire.* On le dit plus ordinairement qu'*Erres.* » *Acad.*

133 *« Puisqu'il a toujours éprouvé de la résistance. »*

« ÉPROUVER. Éprouver, signifie encore, Faire expérience, connoître par expérience. *Il a éprouvé l'une et l'autre fortune. Éprouver la fidélité de quelqu'un.* » *Acad.*

134 *« Et que celui-ci n'en éprouve plus. »*

On a vu (second dialogue note 252 et n° 129 de celui-ci dans le « Glossaire ») que ce sont avant tout les jansénistes et le Parlement qui ont eut raison de la Compagnie de Jésus en 1761. Pour autant, Voltaire et les Encyclopédistes suivaient l'affaire de près : « ce sont des fanatiques qui en égorgent d'autres, écrit d'Alembert à Voltaire, le 4 mai 1762, mais il faut les laisser faire : tous ces imbéciles qui croient servir la religion, servent la raison sans s'en douter ; ce sont des exécuteurs de la haute justice, pour la philosophie, dont ils prennent les ordres sans le savoir. »

135 *« S'il renaissoit quelques vrais défenseurs du théisme. »*

Parmi ses (supposés) faux défenseurs contemporains, l'article THÉISME de l'*Encyclopédie*, après avoir posé (comme *Trévoux*) qu'il « est aisé de prouver que le *théisme* est préférable à l'athéisme, et qu'il est plus avantageux, soit pour les sociétés, soit pour les princes, soit pour les particuliers, d'admettre l'existence d'un Dieu que de la rejetter », en détaille les principales raisons. En ce qui concerne Voltaire, il écrit – mais c'est à l'article « athée » de *L'opinion en alphabet* (1752) – que « toutes les autres sectes veulent dominer ; chacune est comme les corps politiques qui veulent se nourrir de la substance des autres, et s'élever sur leur ruine : le théisme seul a toujours été tranquille. On n'a jamais vu de théistes qui aient cabalé dans aucun État. »

136 « Brûler sans miséricorde quiconque oseroit croire en Dieu. »

« Le François » se trouve ici en plein accord avec Fréron : « Ils implorent à grands cris la tolérance, et ils sont les plus intolérans des hommes ; ils répandent l'injure, la calomnie, le sarcasme sur ceux qui ne sont pas aveuglés comme eux : que feroient-ils, s'ils avaient l'autorité en main ? Jamais peut-être il n'a coulé autant de sang qu'ils en feroient couler eux-mêmes. » (*AL*, 1769, t. V, compte rendu de *Lettres sur l'esprit du siècle*, p. 87-88).

137 « Cette doctrine de matérialisme et d'athéisme prêchée et propagée avec toute l'ardeur des plus zélés missionnaires. »

Ici encore, le discours du « François » reprend une thématique chère aux « antiphilosophes », lesquels donnent d'ailleurs eux aussi dans la théorie du complot. En 1774, dans le cadre d'une énième dénonciation des erreurs et des méfaits de Voltaire, *L'Année littéraire* rappelle en ces termes la conclusion d'une brochure publiée en 1770 contre le *Système de la nature* (Holbach) : « l'athéïsme et l'idolatrie, la sédition et la révolte, voilà les horreurs où nous mène la nouvelle Philosophie, "Peut-on se dissimuler, disoit M. de Fleury, Avocat Général dans son Réquisitoire du 6 février 1759, qu'il n'y ait un projet conçu, une société formée pour soutenir le Matérialisme, pour inspirer l'indépendance et la corruption des mœurs." Ce projet s'exécute tous les jours avec une nouvelle audace ». (*AL*, vol. 3, 1774, p. 66-67). Le réquisitoire mentionné condamnait huit livres « scandaleux », parmi lesquels *De l'esprit*, l'*Encyclopédie*, la *Religion naturelle* (Voltaire), la *Lettre au révérend père Berthier sur le matérialisme*, etc. (*Nouvelles ecclésiastiques, Table raisonnée*, 1767, p. 626). *Émile* et le *Contrat social* seraient bientôt du lot !

138 « Mais dans les ministéres secrets où ils les employent. »

C. et P. donnent tous deux cette leçon qui semble plus appropriée que celle de « mistères » dans G. « MINISTÈRE. Il se dit aussi de l'entremise de quelqu'un dans quelque affaire, du service qu'il rend dans quelque emploi, dans quelque fonction. *Si vous avez besoin en cela de mon ministère, vous n'avez qu'à parler.* » *Acad.*

139 « Ce Poul-Serrho *des Persans. »*

« Les Mahométants disent, selon Chardin, qu'après l'éxamen qui suivra la resurrection universelle, tous les corps iront passer un pont appelé *Poul-Serrho* qui est jeté sur le feu éternel. [...] C'est là où se fera la séparation des bons d'avec les méchants. » (*Emile*, l. IV, note de la p. 634 dans *OC*. IV Pléiade).

140 « Croyez-vous être le seul homme au cœur duquel parle encore la justice indépendamment de tout autre intérest ? »

« Rousseau » reprend ici une argumentation déjà utilisée dans le précédent entretien en s'appuyant sur l'aveu qu'avait fait « le François », au Ier dialogue, de la difficulté qu'il aurait à ne pas haïr encore plus J.J. s'il s'avérait innocent, pour l'inciter à généraliser son expérience à l'échelle du public. Son interlocuteur ayant admis qu'il avait eu la chance d'échapper à cette passion à la suite de leur premier entretien, et tous deux sachant qu'il n'a jamais accepté en son for intérieur les pratiques déshonorantes des « Messieurs » à l'égard de leur victime, « Rousseau » a beau jeu d'introduire les raisons du cœur dans leur débat et de lui proposer une nouvelle généralisation de son expérience en admettant la possibilité, pour l'avenir, d'une conversion analogue d'autres honnêtes gens dans son genre. On voit ainsi la longue portée de l'aveu initial du « François » dont son interlocuteur lui disait qu'il lui serait rappelé « en tems et lieu » (p. 274), autant pour l'analyse des « épidémies d'esprit » au IIe dialogue, que pour celle de la réorientation de l'opinion selon le présent entretien.

141 « Et la tourbe elle-même ouvrant enfin les yeux. »

« TOURBE. Multitude confuse de peuple. Il est vieux. » *Acad.* Il s'agit d'un latinisme.

142 « D'autres complots dont celui-ci ne fait que partie. »

Avec cette hypothèse du « François », et abstraction faite de ses propres hantises, Rousseau tente ici une articulation, sans doute non dépourvue de pertinence en elle-même, de ce que nous appellerions une campagne « médiatique » avec des éléments stratégiques d'ordre vraisemblablement politique.

143 « L'amour de la patrie éteint dans tous les cœurs. »

Convergence encore ici avec Duclos, qui note que « le patriotisme a disparu » chez les Modernes, en leur opposant les sociétés antiques où « la patrie concentroit toutes [les] afections », de telle sorte que « si nous étions élevés dans les mêmes principes, nous vêrions qu'ils faisoient à peine des sacrifices. » (*Considérations*, ch. XIV, *op. cit.*, p. 215). Les *Considérations sur le gouvernement de Pologne* vont dans le même sens : « Travaillez donc sans relâche sans cesse à porter le patriotisme au plus haut degrè dans tous les cœurs Polonois [...] que tous les Citoyens se sentent incessamment sous les yeux du public ; que nul n'avance et ne parvienne que par la faveur publique ; qu'aucun poste aucun emploi ne soit rempli que par le vœu de la nation, et qu'enfin depuis le dernier noble, depuis même le dernier manant jusqu'au Roi, s'il est possible, tous dépendent tellement de l'estime publique qu'on ne puisse rien faire, rien aquerir parvenir à rien sans elle. De l'effervescence excitée par cette commune émulation naitra cette ivresse patriotique qui seule sait élever les hommes au dessus d'eux-mêmes, et sans laquelle la liberté n'est qu'un vain nom et la legislation qu'une chimere. » (*OC*. III Pléiade, p. 1019).

144 *« On peut prévoir aisément ce me semble ce qui doit bientot resulter de tout cela. »*

Les annotations de Rousseau à certains des extraits « politiques » de son œuvre cités par « le François » au début de ce dialogue montrent qu'il se reconnaît une capacité de prédiction, voire de prophétie, dans ce domaine (*cf.* note b, p. 462). On lit dans ses *Considérations sur le Gouvernement de Pologne* des prévisions tout aussi désastreuses pour les États européens : « Je vois tous les États de l'Europe courir à leur ruine. Monarchies, Républiques, toutes ces nations si magnifiquement instituées, tous ces beaux gouvernements si sagement pondérés, tombés en décrépitude, menacent d'une mort prochaine. » (*OC*. III Pléiade, p. 954).

145 *« Comme la semence d'un arbre greffé redonne toujours le sauvageon. »*

« SAUVAGEON. Jeune arbre venu sans culture. *Un beau sauvageon. Sauvageon de belle venue.* » *Acad.* « C'est un arbre qui n'a point été gréfé ». *Richelet.*

146 *« Ce sentiment intérieur que nos philosophes admettent quand il leur est comode et rejettent quand il leur est importun. »*

À propos de la catégorie du « sentiment intérieur » dans la pensée de Rousseau et dans l'histoire des idées aux XVIIe-XVIIIe siècles, on peut se reporter au n° 146 du présent dialogue dans le « Glossaire ».

147 « De l'utilité de la Religion. *Titre d'un beau livre à faire.* » (Note #)

À propos de cette note, il importe de rappeler que la *Lettre à Christophe de Beaumont* pose Rousseau en « défenseur de la cause de Dieu » (*OC*. IV Pléiade, p. 961). Ce livre que l'auteur appelle de ses vœux s'intitulera *Le génie du christianisme* (1802). Mais y aurait-il souscrit ?

148 *« Toute vertu qui se fonde sur une violation [du droit naturel] [...] couvre infailliblement quelque iniquité. »*

« Rousseau » paraît ici résumer Burlamaqui : « Je ne disconviens pas que l'injustice et les passions ne puissent en certains cas procurer quelque plaisir ou quelque avantage. Mais outre que la vertu produit bien plus souvent et plus sûrement les mêmes effets, la raison et l'expérience nous montrent que les biens procurés par l'injustice ne sont ni aussi réels, ni aussi durables, ni aussi purs, que ceux qui sont le fruit de la vertu. C'est que les premiers n'étant point conformes à l'état d'un être raisonnable et sociable, manquent par principe et n'ont qu'une apparence trompeuse. » *Principes du droit naturel*, II, ch. XII, § 10, *op. cit.*, p. 307.

149 « Un fil qui les guide dans ce labyrinthe. »

Ce thème du fil d'Ariane laissé pour une enquête à venir dans la postérité est également inscrit au début du livre XII des *Confessions* où l'auteur, s'avouant perdu « dans la route obscure des souterrains » de sa persécution, demande au lecteur de le relire en enquêtant parallèlement sur les faits rapportés, jusqu'à remonter « aux premiers moteurs de tout. » (*OC*. I Pléiade, p. 590).

150 « Toutes les observations [...] tendantes à dévoiler la vérité. »

L'accord du participe paraît dans l'usage selon *Acad.* : « TENDANT, ANTE. adj. Qui tend à quelque fin, qui va à quelque fin. *Un discours tendant à prouver... Une Requête tendante à ce qu'il plaise à la Cour... Une proposition tendante à hérésie. Semer des libelles tendans à sédition.* »

151 « Et pour le service de votre ami. »

Avec cette reprise de la formule « votre ami » se crée ici une rime avec l'incipit de cet entretien. « Rousseau » demeurera le seul ami de J.J.

152 « Voyez par éxemple la philosophie de la nature qu'on a brûlée au Châtelet. »

Une note du Ier dialogue à propos des « leçons d'Atheïsme, des éloges de la philosophie moderne, des oraisons funèbres, des traductions » attribuées à J.J. renvoie à cette note : « quand j'écrivois ceci je ne songeois pas à ce que me préparoient ces messieurs. Voyez la note qui est à la fin de cet écrit. » (p. 473). S'inscrit ici le différentiel temporel séparant la rédaction originale de *Rousseau juge de Jean Jaques* de l'achèvement de la copie « Condillac », puisque cette note y est ajoutée pour ainsi dire en hors-champ du texte lui-même, comme un coup de projecteur *a posteriori* sur la conjecture du complot donné par les circonstances de la condamnation du livre de Delisle de Sales. La date de l'impression du réquisitoire à la suite duquel *De la philosophie de la nature* a été brûlé en place de Grève, est le 14 décembre 1775. Ce qui situe exactement le *terminus ad quem* de l'achèvement de la copie « Condillac ». Pour plus de précisions, on peut se reporter au n° V. du dossier de « l'atelier de l'œuvre ».

153 « Note qui doit être ajoûtée. »

Cette note figure p. 473 dans la présente édition.

NOTES DE L'« HISTOIRE DU PRÉCÉDENT ECRIT » ET DU « BILLET CIRCULAIRE »

1 *« Je m'étois occupé durant quatre ans de ces dialogues. »*

La note finale de C. sur la condamnation de la *Philosophie de la nature* de Delisle de Sales ne pouvant renvoyer qu'au Réquisitoire publié le 14 décembre 1775, on peut admettre que Rousseau finit de copier C. entre novembre et décembre 1775 (sachant également que la fin du IIIe entretien, p. 509, comporte une allusion à la mise en scène parisienne de *Pygmalion* en octobre 1775). Pour les hypothèses qu'on peut en tirer en ce qui concerne la mise en route de la copie destinées à l'autel de Notre-Dame et celles de la rédaction du premier manuscrit de *Rousseau juge de Jean Jaques*, on peut se reporter au n° V. du dossier de « l'atelier de l'œuvre ».

2 *« Duclos, que j'avois estimé au point de lui confier mes confessions. »*

Sur l'histoire des relations de Rousseau avec Charles-Pinot Duclos, on voudra bien se reporter au n° 2 de l'« Histoire du précédent écrit » dans le « Glossaire ».

3 *« J'imaginai pour cela de faire une copie au net de cet écrit. »*

« On dit, *Mettre au net un écrit, un dessein, un plan, &c.* pour dire, En faire une copie correcte sur l'original qui est brouillé, & qui a des ratures ; & en ce sens, *Net* est employé substantivement. » (*Acad.*). Cette définition prouve qu'il existe – ou qu'il a existé – un brouillon de l'intégralité des *Dialogues.* En matière de transcriptions, Rousseau parle en effet toujours de copier ou de transcrire « au net ». Indépendamment de l'ampleur des variantes par rapport à C., la netteté rédactionnelle de G., si on la compare au caractère souvent difficilement lisible du brouillon R.79, exclut d'en faire la « copie personnelle » que Rousseau aurait conservé par devers lui, comme l'avait suggéré R. Osmont en écrivant que « le manuscrit de Genève est celui qu'il conserva » (*OC*. I Pléiade, p. 1759). Pour la même raison, P. ne peut *a fortiori* être l'original. Voir l'introduction du présent volume et le n° V du dossier de « l'atelier de l'œuvre ».

4 *« Qu'il pouvoit arriver que le bruit de cette action fit parvenir mon manuscrit jusque sous les yeux du Roi ; ce qui étoit tout ce que j'avois à desirer de plus favorable. »*

Que le manuscrit de *Rousseau juge de Jean Jaques* soit soumis au jugement du roi coule de source selon la définition du pouvoir royal (d'ailleurs parfaitement autorisée) qui est celle de Rousseau : « les Rois sont les juges nés de leurs peuples ; c'est pour cette fonction quoiqu'ils l'aient tous abandonnée, qu'ils ont été établis : elle ne peut leur être ôtée ; et quand ils ne veulent pas la remplir eux-mêmes, la nomination de leurs substituts en cette partie est de leur droit, parce que c'est toujours à eux de répondre des jugemens qui se rendent en leur nom. » (*Considérations sur le gouvernement de Pologne*, *OC*. III Pléiade, p. 990).

5 *« Cet auteur infortuné vous conjure [...] de n'en disposer qu'après l'avoir lu tout entier. »*

La note sans titre qui ouvre la première partie des *Confessions* dans le manuscrit de Genève comporte des formulations du même ordre : « Qui que vous soyez que ma destinée ou ma confiance ont fait l'arbitre du sort de ce cahier, je vous conjure par mes malheurs, par vos entrailles, et au nom de toute l'espéce humaine de ne pas anéantir un ouvrage utile ... etc. » La demande ou l'exigence de lecture intégrale apparaît au préambule du livre I : « Si la nature a bien ou mal fait de briser le moule dans lequel elle m'a jetté, c'est ce dont on ne peut juger qu'après m'avoir lu. » ; elle revient à l'incipit du livre VII : « Après deux ans de silence et de patience, malgré mes résolutions, je reprends la plume. Lecteur, suspendez vôtre jugement sur les raisons qui m'y forcent. Vous n'en pouvez juger qu'après m'avoir lû. »

6 *« Saisi d'un vertige comme un homme qui tombe en apoplexie. »*

« APOPLEXIE. Maladie qui attaque le cerveau, et qui ôte tout à coup le mouvement et le sentiment. » (*Acad.*). Et pour l'approche des causes : « Maladie dans laquelle il se fait subitement une suspension de tous les mouvemens qui dépendent de la volonté et de l'action des sens intérieurs et extérieurs, sans que celle des poumons ni la circulation du sang soient interrompues. [...] On doit regarder comme causes de cette maladie, tout ce qui peut arrêter ou diminuer le cours des esprits animaux dans les organes des sens et des mouvemens dépendans de la volonté [...] enfin tout ce qui peut s'opposer au retour du sang des vaisseaux du cerveau vers le cœur. » *Encyclopédie*, art « Apoplexie » (Tarin).

7 *« Un bouleversement dans tout mon être. »*

Cette formule apparaît dans *Les Confessions* en deux endroits cruciaux : au livre I, en conclusion de l'épisode du châtiment injuste : « Quel renversement d'idées ! quel desordre de sentimens ! *quel bouleversement* dans son cœur, dans sa cervelle, *dans tout son* petit *être* intelligent et moral ! » (*OC*. I Pléiade, p. 19, mes italiques) ; et à la fin du livre VI, à propos de sa découverte, au retour de Montpellier, du suppléant que sa protectrice lui a donné : « *Quel* prompt et plein *bouleversement dans tout mon être* ! Qu'on se mette à ma place pour en juger. »

(*Ibid.*, p. 262, mes italiques). Dans *La Nouvelle Héloïse*, ce bouleversement est nommé « révolution » par Julie dans le passage de la lettre 18 (IIIe partie) où elle rapporte à Saint-Preux les circonstances de sa conversion : « tout cela me fit une telle impression que je crus *sentir intérieurement une révolution subite.* Une puissance inconnue sembla corriger tout à coup le desordre de mes affections et les rétablir selon la loi du devoir et de la nature » ; auparavant, elle disait avoir senti lors de son arrivée à l'église, « une sorte d'émotion que je n'avois *jamais éprouvée.* » (*OC.* II Pléiade, p. 353-354, mes italiques). La description la plus développée d'un tel état chez Rousseau lui-même est la version de la transe de Vincennes donnée dans la seconde lettre à Malesherbes : « je sens ma tête prise dans un etourdissement semblable à l'ivresse » – lequel est suivi d'une chute : « je me laisse tomber sous un des arbres de l'avenüe » (*OC.* I Pléiade, p. 1135). Enfin, le lexique du bouleversement intérieur réapparaît dans *Les Solitaires*, alors qu'Émile se trouve dévasté par l'aveu de Sophie : « je reste immobile, anéanti ; mes yeux se ferment, un froid mortel court dans mes veines ; sans être évanoui je sens tous mes sens arrêtés, toutes mes fonctions suspendues ; mon ame bouleversée est dans un trouble universel » (*OC.* IV Pléiade, p. 891). L'abbé Prévost avait déjà décrit et analysé avec précision ce genre de phénomène dans *Cleveland*, où des chocs affectifs violents provoquent chez le héros-narrateur des états de conscience altérée.

8 *« L'eglise me parut avoir tellement changé de face. »*

Lors de la transe de Vincennes telle que la rapporte le livre VIII des *Confessions*, la lecture de la question de l'académie de Dijon provoque un phénomène hallucinatoire comparable, quoique d'un registre différent : « A l'instant de cette lecture je vis un autre univers et je devins un autre homme. » (*Op. cit.*, p. 351). Dans *La Nouvelle Héloïse*, l'héroïne, impressionnée par les circonstances de la cérémonie de son mariage, se trouve en proie à une double hallucination visuelle et auditive : « Je crus voir l'organe de la providence et entendre la voix de Dieu dans le ministre prononçant gravement la sainte liturgie » (*op. cit.*, p. 354). Dans le passage des *Solitaires* déjà cité, Émile compare le « trouble universel » de son âme « au cahos de la scène au moment qu'elle change, au moment que tout fuit et va reprendre un nouvel aspect » (*op. cit.*, p. 891).

9 *« Je courus tout le reste du jour, errant de toutes parts sans savoir ni où j'étois ni où j'allois. »*

Dans *Les Solitaires*, le comportement d'Émile est analogue au sortir de sa léthargie : « Tout à coup je me lève, je m'élance hors de la chambre, je franchis l'escalier sans rien voir, sans rien dire à personne je sors, je marche à grands pas [...] Je cours ainsi sans m'arrêter, sans ralentir mon pas, jusques dans le jardin public [...] ; enfin, me trouvant hors d'haleine, je me laissai tomber demi-mort sur le gazon... Où suis-je, que suis-je devenu ? Qu'ai-je entendu ?... » ; s'ensuit un temps de méditation, puis son errance urbaine reprend : « je me mets à marcher comme auparavant, sans suivre de route déterminée : je cours, j'erre de part et d'autre, j'abandonne mon corps à toute l'agitation de mon cœur » ; il pénètre ensuite dans un théâtre, assiste à la représentation dans un état second, puis repart : « La nuit favorisant mes courses, je me remis à parcourir les rues [...] ; je marchai plusieurs heures sans me reposer un moment : enfin ne pouvant presque plus me soutenir et me trouvant près de mon quartier, je rentre chez moi ... » (*Op. cit.*, p. 891-894).

10 *« Par ce tour d'esprit qui m'est propre. »*
Voir sur ce point le IIe entretien, p. 386.

11 *« Ce jeune Prince. »*
Louis XVI n'a pas vingt-deux ans à cette date ; il règne depuis mai 1774.

12 *« Durant la vie de Louis quinze. »*
Louis XV meurt le 10 mai 1774 des suites d'une variole qui s'était déclarée le 26 avril de la même année. Selon Corancez, Rousseau avait conçu une identification délirante à son égard : s'étonnant de « ses longs soupirs » avec « toutes les apparences des regrets les plus amers » à la nouvelle de la mort d'un roi « dont les mœurs et [la] coupable insouciance n'ont produit que du mal », il se serait entendu répondre ceci : « vous n'appercevez pas, me dit-il, les conséquences de cette mort à mon égard particulier. Pour tous, la mort de ce prince est peut-être un bien ; mais observez qu'il étoit généralement haï : sans le mériter, comme lui, j'ai le même sort. La haine universelle se partageoit entre nous deux, je reste seul, je vais donc seul en supporter le poids. J'ai vu des gens assez en délire eux-mêmes pour voir de l'orgueil dans cette folle saillie ; bientôt je leur en démontrerai la source. » (*De J.-J. Rousseau*, *op. cit.*, p. 41-42). Corancez renvoie dans cette page au témoignage de Dusaulx : « le jour même que Louis XV rendit le dernier soupir, un des amis de Rousseau vient le voir, et le trouve abîmé de douleur ; il en veut savoir la cause. – Il y avait en France, lui dit-il, deux hommes également détestés, moi et le roi : il n'en reste plus qu'un, et vous sentez, mon ami, que je vais hériter de la haine que l'on portait à ce prince : ainsi vous voyez où j'en suis. » (J[ean-Joseph] Dusaulx, *De mes rapports avec J.J. Rousseau et de notre correspondance*, Paris, Didot, 1798, p. 43). (Il avait été introduit auprès de lui par Duclos en septembre 1770, ils rompirent en février 1771). Sur l'arrière-plan politico-symbolique de cette identification fantasmatique, voir l'introduction du présent volume, p. 33-36.

13 *« Un homme de lettres de ma plus ancienne connoissance. »*

Il s'agit de l'abbé de Condillac. À cette époque, il vit dans son château de Flux près de Beaugency, dans le Loiret, où il mourra en 1780. Rousseau l'a connu vers 1745, l'abbé était de deux ans son cadet. Condillac préparait alors *l'Essai sur l'origine des connaissances humaines* (1746) et les *Confessions* rapportent qu'avec Diderot, ils dînaient ensemble chaque semaine au Palais-royal (*op. cit.*, p. 347). L'allusion au Dauphiné (Condillac est né à Grenoble en 1715) est une ombre portée des difficultés rencontrées dans cette région par Rousseau lorsqu'il y séjourna entre juillet 1768 et avril 1770 (voir le Ier dialogue, note 259, p. 649). Précepteur du prince de Parme pour lequel il a rédigé un volumineux *Cours d'étude* en 16 volumes, membre de l'Académie française depuis 1768 et de celle de Berlin depuis 1749, Condillac s'est avant tout consacré à son œuvre philosophique ; Rousseau la connaît bien : l'*Essai sur l'origine des connaissances humaines* est, avec les *Réflexions* de Dubos, un intertexte important de l'*Essai sur l'origine des langue* ; le *Traité des systèmes* lui est familier, de même que le *Traité des animaux* dont on a vu la portée pour ce qui concerne la question de la « vie automate » dans le IIe entretien (p. 376). Le *Traité des sensations* (1754) qui condense le cœur de la doctrine de Condillac en ce qu'il a cru pouvoir radicaliser de la thèse empiriste sur la genèse des facultés de l'esprit (voir André Charrack, *Empirisme et métaphysique*, Paris, Vrin, 2003), exerce une influence considérable sur la vie des idées en France, jusqu'aux Idéologues et chez Pinel. Rousseau a beaucoup médité sa thèse sur la génération des facultés à partir des sensations, autant pour s'en distancier sur le plan métaphysique que pour s'en inspirer en vue du modèle généalogique de formation des affects qu'il élaborait lui-même. Sa grande estime intellectuelle pour Condillac s'exprime ainsi dans l'*Émile* : « J'ai vu dans un âge assés avancé un homme qui m'honoroit de son amitié passer dans sa famille et chez ses amis pour un esprit borné. Cette excellente tête se meurissoit en silence. Tout à coup il s'est montré philosophe, et je ne doute pas que la postérité ne lui marque une place honorable et distinguée parmi les meilleurs raisoneurs et les plus profonds métaphysiciens de son siècle. » (*OC*. IV Pléiade, p. 342-343). Sur l'assimilation critique de sa pensée, voir notamment Jørn Schøsler, « Rousseau, disciple de Locke ? », *EJJR* n° 12, 2001, p. 215-226 et « La position sensualiste de J.-J. Rousseau », *Revue Romane*, Bind 13 (1978)-1 ; Jean-Luc Guichet, « Locke, Condillac, Rousseau et la question de l'instinct », *AJJR*, t. L, 2012, p. 13-38 ; et Peter D. Jimmack : « La genèse et la rédaction de l'*Emile* de J.-J. Rousseau » (*SVEC*, vol. 13, ch. 13, Genève, 1960).

14 *« Je lui porte mon manuscrit. »*

Rousseau ne mentionnant, à cette étape, aucune autre copie que celle destinée à l'autel de Notre-Dame, c'est donc celle-ci qu'il confie à Condillac.

15 *« La suscription qu'il a faite pour l'enveloppe du paquet. »*

L'enveloppe a été conservée ; voici le texte de la suscription : « Les papiers qui sont sous cette enveloppe ne sont point de moi : c'est un dépôt. La personne qui me l'a confié, veut que ce paquet ne soit ouvert qu'après ce siècle révolu ; et j'ai promis de faire tout ce qui est en mon pouvoir pour que sa volonté ait son effet. Je défends donc d'ouvrir ce paquet avant l'an mil huit cent et j'en fait dépositaire celui ou celle que je nommerai mon héritier. Au château de Flux ce 2 juin 1776. L'abbé de Condillac. » BnF, Manuscrit NAF 25700 (2).

16 *« Que le manuscrit ne fut point imprimé ni connu avant la fin du siécle présent. »*

Si Condillac tint parole en ce qui concerne l'ouverture et l'impression du manuscrit à lui confié, il ne put empêcher que la rumeur de son existence ne se diffusât rapidement. Voir au n° I. A. 1. du « Dossier documentaire », l'histoire de cette rumeur entre 1780 et 1801.

17 *« Je me remis à transcrire et mettre au net avec une nouvelle ardeur. »*

Cette seconde copie (transcription et « mise au net ») entreprise sur le brouillon original de *Rousseau juge de Jean Jaques* est le manuscrit L., édité par B. Boothby en mai 1780.

18 *« Un jeune anglois que j'avois eu pour voisin à Wooton. »*

Fringant baronnet britannique, Sir Brooke Boothby (1744-1824) possédait des terres à Ashbourne non loin de Wooton ; les deux hommes se connurent au printemps ou en été 1766. Amateur de botanique et appréciant les œuvres de Rousseau, le jeune homme se lia avec lui. Lors de la polémique avec Hume, il lui dit son appui en décembre 1766 (*CC.* n° 5638) et lui restera invariablement fidèle par la suite. Après une première visite rue Plâtrière au retour d'un voyage en Italie (1774), c'est au retour d'un second voyage que lui fut confié (le 6 avril 1776 selon une note manuscrite de Boothby) le manuscrit du premier dialogue de *Rousseau juge de Jean Jaques*. Une lettre de Boothby au vicomte Nuneham (10 août 1777) indique que lors d'un nouveau séjour parisien Rousseau lui avait demandé de faire traduire son manuscrit en anglais, comme condition pour lui remettre le reste des *Dialogues* (*CC.* n° 7131). Il n'y eut pas de suite, quoique Boothby se fût montré intéressé. Il réalisa l'édition du premier dialogue à ses frais et très scrupuleusement (Lichfield, mai 1780), avec une préface intéressante qu'on trouvera au n° II. du « Dossier documentaire ». Après quoi le manuscrit fut déposé par ses soins au British Museum. Selon Girardin, Boothby s'autorisait d'avoir « reçu son dépôt absolument sans terme » pour justifier son désir de le publier rapidement (*CC.* n° 7471, t. 43, p. 126), ce qui contredit l'exigence faite à Condillac mais aussi à Moultou (« l'ordre de Mr. R. est positif, il le dona aussi à l'Abbé de C, ces Dialogues ne doivent paraître qu'au Siècle prochain », *CC.* 7459). Quoi qu'il en soit, cette publication obligea Moultou à se résoudre à publier l'intégralité des *Dialogues* au t. XII de *la Collection complète* de 1782, à partir du manuscrit que lui avait confié Rousseau. Par la suite, Boothby s'occupa de faire verser à Thérèse Levasseur les arriérés de la pension du roi d'Angleterre refusée par Rousseau mais renégociée depuis lors. – Enfin, à l'époque de la Révolution française, il développa outre-manche, une carrière de polémiste en faveur des idées de Rousseau, avec sa *Letter to the Right Honourable Edmund Burke* (1791), puis ses *Observations on the Appeal from the New to the Old Whigs and on Mr. Paine's Rights of Man* (1792). Éprouvé par la mort de sa fille unique Penelope, il termine sa vie criblé de dettes et séparé de sa femme. À son sujet, on peut consulter Jacques Zonnefeld, *Sir Brooke Boothby, Rousseau's Roving Baronet Friend*, La Haye, Uitgeverij « De Nieuwe Haagsche », 2003. Voir aussi Jacques Voisine, *J.-J. Rousseau en Angleterre à l'époque romantique*, Paris, Didier, 1956.

19 « Au prix d'une réponse décisive. »

On conserve une lettre de cet ordre à Mme Dupin (printemps 1776, *CC.* n° 7079), et une autre à Mme de Saint-Haon dans laquelle Rousseau exige « une réponse cathegorique à ce billet » (vers le 18 mai, *CC.* n° 7084) ; sur quoi s'ensuivra un échange au cours duquel la comtesse, au demeurant toujours bienveillante et prudente, lui fera observer, non sans finesse, que « demander une reponse cathégorique à une femme, qui, pour savoir la signification de ce mot, a été obligée de recourir au dictionnaire, n'est-ce pas lui demander une chose impossible ? » (*CC.* n° 7086). Le sens de ce mot au XVIIIe siècle était au reste moins absolu que celui qu'il a aujourd'hui : « CATÉGORIQUE. Qui est dans l'ordre, qui est selon la raison, qui est à propos. *Une réponse catégorique. Cela n'est pas catégorique.* » *Acad.*

20 « Un passage de l'Emile que je me rappellai. »

Une phrase du livre II pourrait assez bien consonner ici : « Nos maux moraux sont tous dans l'opinion, hors un seul, qui est le crime, et celui-là dépend de nous. » (*OC.* IV Pléiade, p. 306). L'acceptation de la « nécessité dans les choses » est l'axe de l'éducation d'Émile durant l'enfance (l. II-III) ; puis vient l'initiation à l'art du détachement : « étends la loi de la necessité aux choses morales : apprends à perdre ce qui peut t'être enlevé ; apprends à tout quitter quand la vertu l'ordone, à te mettre au dessus des événemens [...]. Alors tu seras heureux malgré la fortune, et sage malgré les passions. » (l. V, p. 820). Il se peut aussi que Rousseau pense à tel passage des *Solitaires*, cette suite d'*Émile* commencée à Môtiers, qu'il lut chez la marquise de Créqui et qu'il fit lire à Bernardin de Saint-Pierre. Alors qu'il est bouleversé après que Sophie lui eut avoué l'avoir trompé, le souvenir des leçons de son maître revient à point nommé éclairer le héros : « dans un de ces momens d'épuisement où la nature reprend haleine pour souffrir, je vins tout à coup à penser à ma jeunesse, à vous mon maitre, à mes leçons ; je vins à penser que j'étois homme, et je me demandai aussi-tôt, quel mal ai-je receu dans ma personne ? Quel crime ai-je commis ? Qu'ai-je perdu de moi ? » (*OC*. IV Pléiade, p. 892).

21 « *Tant que les hommes n'arracheront pas de ma poitrine le cœur qu'elle enferme pour y substituer, moi vivant, le cœur d'un malhonnête homme.* »

L'idée et la formule sont déjà présentes dans la correspondance des années 1770 : « tant qu'ils ne changeront pas la nature des choses, tant qu'ils n'oteront pas de ma poitrine le cœur de Jean Jaques Rousseau pour y mettre celui d'un malhonnête homme, je les mets au pis » (lettre à Saint-Germain, 26 février 1770, § 48). « Seul et à leur merci, je ne puis rien, ils peuvent tout, hors changer la nature des choses, et de faire que la poitrine de J.J. Rousseau vivant cesse de renfermer le cœur d'un homme de bien » (à la comtesse de Berthier, 16 mars 1770, *CC*. n° 6694).

22 « *Ils auront beau faire un J.J. à leur mode, Rousseau restera toujours le même en dépit d'eux.* »

Ce thème revient en mode interrogatif au début de la première Promenade : « Pouvois-je dans mon bon sens supposer qu'un jour, moi le même homme que j'étois, le même que je suis encore, je passerois, je serois tenu sans le moindre doute pour un monstre, un empoisonneur, un assassin [...] ? »

23 « *C'est à leur dam et non au mien.* »

« DAM. Dommage. Il n'a guère d'usage qu'en ces façons de parler adverbiales : *À son dam. À votre dam. À leur dam.* » *Acad.*

24 « *Les Phalaris, les Agatocle.* »

Agathocle, tyran de Syracuse que Rousseau peut connaître par Polybe ou Machiavel, était réputé pour sa cruauté et son cynisme, mais aussi pour ses qualités politiques exceptionnelles. Quant au premier, Plutarque en parle ainsi : « Phalaris Tyran des Agrigentins homme cruel, avoit accoustumé de gehenner les passants : et Perillus qui de son mestier étoit fondeur de cuivre, luy feit une vache de bronze qu'il lui donna, à fin qu'il feist brusler les passants dedans le corps d'icelle. Le Tyran se montra juste en cela seulement, car il le feit mettre dedans, et sembloit que la vache rendist un mugissement. » (Plutarque, *Collation d'aucunes histoires romaines avec autres semblables grecques*,

XXXIX, *Œuvres morales*, trad. Amyot). Lucien ajoute que des flûtes ajustées aux naseaux du taureau transformaient les hurlements des malheureux suppliciés en une musique à la fois mélodieuse, plaintive et lugubre. Pour d'autres précisions sur la portée de cette comparaison, tant par rapport à ce que Rousseau y laisse entendre de sa souffrance que comme allégorie de la cruauté de la justice d'Ancien régime dans le discours judiciaire des Lumières, on peut se reporter à l'introduction du présent volume, p. 15-17.

25 *« Il ne sera pour moi dès cet instant même que comme n'existant déjà plus. »*

Cet oubli radical d'ici-bas dans l'au-delà signe une évolution notable par rapport à la « Profession de foi du vicaire savoyard » : « je ne saurois me rappeller après ma mort ce que j'ai été durant ma vie, que je ne me rappelle aussi ce que j'ai senti, par consequent ce que j'ai fait, et je ne doute point que ce souvenir ne fasse un jour la félicité des bons et le tourment des méchans [...] c'est alors que la voix de la conscience reprendra sa force et son empire ; c'est alors que la volupté pure qui naît du contentement de soi-même et le regret amer de s'être avili, distingueront par des sentimens inépuisables le sort que chacun se sera préparé. » (*Émile*, l. IV, *op. cit.*, p. 590-591). Rousseau avoue dans la conclusion de sa lettre à Saint-Germain du 26 février 1770 qu'il vit parfois des épisodes de doute profond à l'égard de la providence, et qu'en cette occurrence il s'en remet à une sorte d'anti-pari pascalien : « je ne serai rien, ou je serai bien », où il retrouve Plutarque : « celuy qui a tant soit peu de cognoissance de la nature de l'âme, et [...] considere en soy-mesme, *que la mort advenant, il se fait une mutation d'icelle en mieux, ou pour le moins non en pis*, certainement ce luy est un grand entretien de repos et tranquillité en son âme de ne redouter point la mort. » *Du contentement ou repos de l'esprit*, in *Les Œuvres morales et philosophiques de Plutarque, translatées par Messire Jacques Amyot* [...], Paris, Claude Morel, M. DC. XVIII, p. 74, H. Mes italiques. On trouvera cette conclusion au n° IV.1. du « Dossier documentaire ».

26 *« Délivré même de l'inquietude de l'espérance ici-bas. »*

Une des cartes à jouer sur lesquelles Rousseau notait éclairs ou esquisses à développer ou à « encadrer » (comme il l'écrit lui-même à la fin de l'avant-propos des *Dialogues*) entre ici en consonance : « L'attente de l'autre vie adoucit tous les maux de celle-ci et rend les terreurs de la mort presque nulle ; mais dans les choses de ce monde l'espérance est toujours mêlée d'inquiétude et il n'y a de vrai repos que dans la résignation » (Carte 15 [verso], *OC.* XX, Cl. Garnier, p. 631). Jean Deprun, réfléchissant à la tonalité spécifique du détachement selon Rousseau par rapport à François de Sales et Fénelon, observe qu'il est remarquable chez lui que « l'adoption d'une indifférence absolue aux coups du sort et à l'hostilité des hommes mette fin à l'inquiétude en supprimant l'espérance », tout en remarquant que c'est « plus traditionnellement peut-être qu'on ne l'a cru » qu'il parle à ce propos d'« inquiétude de l'espérance » (*La philosophie de l'inquiétude en France au* XVIII*e siècle*, Paris, Vrin, 1979, p. 161). C'est exact. Selon *Trévoux*, par exemple : « L'âme est [...] toujours inquiète, parce qu'elle est toujours portée à chercher ce qu'elle ne peut jamais trouver, et ce qu'elle espère toujours de trouver » (art. « Inquiétude »). Pour un relevé des hésitations de Rousseau quant à l'espérance jusqu'aux *Rêveries*, voir le IIIe entretien, note 92.

27 *« Je vais donc me borner à une. »*

Il ya donc eu trois copies du manuscrit original : celle destinée à l'autel de Notre-Dame, qui fut remise à Condillac (C.) ; celle du premier dialogue, remise à B. Boothby (L.) ; et celle-ci que Rousseau compte *donner à lire* non à un seul mais à toute personne qu'il en jugera digne, en espérant que se manifeste le *signe de reconnaissance* qui a défailli chez Condillac et Boothby. Cette copie est engagée après l'échec de la diffusion du « Billet circulaire » en avril-mai 1776 ; R. Osmont (*op. cit.*, n.2, p. 1759 et n.1, p. 1748) suppose qu'il pourrait s'agir du manuscrit de Paris où le dernier alinéa du IIIe entretien comporte une note (absente du manuscrit de Genève) qui consonne avec ce que Rousseau écrit ici : « ... un desir me reste encore. Si j'apprends un jour que cet écrit ait été lû par un homme ayant un cœur droit et un jugement sain, je n'en demande pas davantage et je meurs content ». Selon lui, cette lacune dans G. est un indice de ce qu'il est le manuscrit original, P. représentant l'ultime transcription des *Dialogues.* mais cela ne tient pas car il ne pouvait pas savoir que cette note se trouve déjà à la même place dans C., avec la variante « me reste encor » et qu'elle se trouvait donc probablement déjà dans le ms original. En tout état de cause, la lacune de G. signale la plus grande proximité de P. à C.

28 *« Si parmi ceux qui m'auront lû. »*

Avant l'édition originale de l'intégralité de *Rousseau juge de Jean Jaques* en 1782, on connaît au moins deux lecteurs de cette copie : Paul-Cl. Moultou, son dépositaire en mai 1778, et – quoique sans doute pas avant la publication Boothby – P.-A. Du Peyrou, son associé dans l'entreprise de la *Collection complète des Œuvres.* Mais il existait encore un quatrième manuscrit des *Dialogues*, en possession du comte d'Angiviller que Rousseau avait fréquenté lors de ses dernières années parisiennes : un manuscrit qui est l'original selon Thérèse Levasseur, dont Girardin se vit confirmer l'existence par le comte lui-même et par Deleyre, et dont le comte lui écrivit qu'il « ne croioit pas cet écrit de nature à être imprimé » (à Du Peyrou, 4 octobre 1778, *CC.* n° 7313, t. 42,

p. 19). Autrement dit, il n'était pas préparé pour l'impression comme les manuscrits que nous connaissons ; il s'agit donc soit d'un utime état du brouillon, soit de la copie personnelle de Rousseau. Il lui en fit préparer une copie, selon une lettre de Deleyre que confirme le témoignage de Th. Levasseur. On trouvera au n° I. B. du « Dossier documentaire » une plus ample information sur ce manuscrit et sa copie, et l'énigme de leur sort à tous deux jusqu'à ce jour.

29 *« J'ai le signe assuré pour le distinguer des autres [...] c'est de celui-là que je ferai mon dépositaire. »*

Autrement dit, s'il y aura quelques appelés, c'est-à-dire de lecteurs de cette copie, il n'y aura qu'un seul élu, identifié par sa réceptivité comme digne de ce troisième dépôt. Le « signe assuré » dont parle ici Rousseau sans en préciser l'aspect ni la teneur, ne peut renvoyer, dans le contexte général des *Dialogues*, qu'à celui où se reconnaissent les personnages du « monde idéal » dans le premier dialogue : « C'est un signe caractéristique auquel les initiés se reconnoissent entre eux, et ce qui donne un grand prix à ce signe si peu connu et encore moins employé, est qu'il ne peut se contrefaire, que jamais il n'agit qu'au niveau de sa source, et que quand il ne part pas du cœur de ceux qui l'imitent, il n'arrive pas non plus aux cœurs faits pour le distinguer ; mais dès qu'il y parvient on ne peut s'y méprendre ; il est vrai lorsqu'il est senti. » (p. 170). Cela étant, une lettre à Mme Delessert formule déjà les choses en ces termes dès 1770 : « Si j'ai quelque ami sur la terre j'ai dans ma situation la marque simple et sure pour le reconnoitre. Je ne cherche à le trouver dans personne, mais je n'appellerai jamais mes amis ceux en qui je ne le trouverai pas. » (Vers le Ier mars, *CC*. n° 6679).

30 *« Si parmi mes lecteurs je trouve cet homme sensé, disposé pour son propre avantage à m'être fidelle. »*

Le carnet Ms. R. 79 contient à ce propos le brouillon très raturé d'une lettre à un destinataire anonyme qui n'a peut-être pas été envoyée, où Rousseau lui propose « un moyen juste, honnête, facile et sur de contribuer à [l]a fortune [de son fils] et de lui faire en même tems acquérir et mériter l'estime du public ». Il lui propose donc une rencontre qui se déroulerait dans le plus grand secret : « Mon dessein n'est point de séduire un jeune homme, mais de désabuser un homme sensé qui connoit le monde, et dont l'expérience et la maturité ne le laisseroient pas éblouir par de faux raisonnemens ». Pour autant, il avoue n'avoir guère d'illusions : « j'aurois tort cependant d'attendre de vous seul plus de franchise que n'en ont avec moi tous les autres honnêtes gens de ce siécle. Ainsi tandis que je vous ouvrirai mon cœur, je dois m'attendre que le votre me restera fermé. Cependant comme il n'est pas impossible que ce que j'ai [à] vous dire ne vous fasse ouvrir les yeux, j'en veux bien faire la tentative. Je parlerai et vous m'écouterez. » (Ms. R. 79, p. 4-5, transcription R. A. Leigh, *CC* n° 7144). On peut admettre qu'il songe ici à un manuscrit des *Dialogues* dont la détention des droits par son dépositaire, outre quelque renommée, lui assurerait également quelque profit.

31 *« Je suis déterminé à lui remettre, non seulement cet écrit, mais aussi mes confessions et tous les papiers qui restent entre mes mains. »*

Pour autant qu'on le sache, cet élu se nomme Paul-Claude Moultou, à qui Rousseau remit, entre autres papiers, vers la mi-mai 1778, une copie des *Dialogues* accompagnée d'une copie des *Confessions* (*CC*. XL, A667).

32 *« Quittez ce vieux nom de francs ; il doit trop vous faire rougir. »*

Pour un contrepoint contemporain : « De tous les Peuples, le François est celui dont le caractère a dans tous les tems éprouvé le moins d'altération ; on retrouve les François d'aujourd'hui dans ceux des Croisades, & en remontant jusqu'aux Gaulois, on y remarque encore beaucoup de ressemblance. Cète Nation a toujours été vive, gaie, généreuse, brave, sincère, présomptueuse, inconstante, avantageuse & inconsidérée. Ses vertus partent du cœur, ses vices ne tiènent qu'à l'esprit, & ses bones qualités corigeant ou balançant les mauvaises, toutes concourent peut-être également à rendre le François de tous les homes le plus sociable. » Ch. Duclos, *Considérations sur les mœurs*, ch. VIII, *op. cit.*, p. 161.

GLOSSAIRE

« Glossaire j'y serre mes gloses » : telle est la célèbre définition de Michel Leiris[1] ; tel est le propos du présent glossaire. La langue de Rousseau est à la fois extrêmement sienne et tout à fait informée de l'usage dans tous les domaines où il intervient, mais très ouverte aussi au passé de la langue commune, voire à ses archaïsmes ou provincialismes, comme à son extrême contemporain selon les sciences ou selon la mode : d'où le recours systématique aux dictionnaires de l'époque dont procède l'annotation de cette édition, ce qui rend inutile un « lexique ». Pour autant, certaines notes ayant pris quelque ampleur, on a préféré les rassembler ici plutôt que d'en alourdir l'annotation au fil du texte. Le renvoi est signalé par le chiffre correspondant à l'appel de note.

[DU SUJET ET DE LA FORME DE CET ÉCRIT]

Note 3, p. 156. *« Je ne pouvois supposer que cet accord unanime n'eut aucun fondement raisonnable. »*

Dans cette préface et tout au long du premier entretien, le mot « raison » et son réseau lexical (y compris « bon sens et « jugement » ou « juger ») caractérisent le discours de l'auteur et celui du personnage « Rousseau » ; il y est associé aux notions de justice et d'humanité. Si « le François » développe lui aussi une argumentation au nom des « Messieurs », il admet que sa méconnaissance des écrits de J.J. le handicape face à son interlocuteur : « je ne puis par moi même juger de votre raisonnement » (p. 180), ce qui disqualifie son discours sur J.J. aux yeux de « Rousseau » : « je juge ici par moi même, nous ne pouvons donc raisonner au pair » (p. 200), si bien que l'emploi de ce réseau par « le François » est systématiquement déprécié, comme lorsqu'affirmant que les « Messieurs » ont « leurs raisons » pour laisser un criminel

1 M. Leiris, *Mots sans mémoire* [1939], Paris, Gallimard, 1969, p. 71.

tel que J.J. en liberté, il se voit rétorquer que « les auteurs mêmes des crimes ont sans doute aussi leurs raisons » (p. 228). En revanche, « Rousseau » admet la « force » des raisons ou des preuves qui lui ont été données en hors-champ pour condamner J.J. comme le pire des scélérat, du moins jusqu'au moment où, comprenant que les formes juridiques n'ont pas été respectées et qu'on l'a condamné sans l'entendre, cette force s'inverse en faiblesse à ses yeux, puisque « en présumant qu'il n'auroit rien eu à répondre, on peut avoir raison ; mais on a tort de changer cette presomption en certitude pour le condanner. » (p. 238).

Au IIe entretien, la même distribution persiste d'abord entre les deux interlocuteurs, puis le lexique de la raison commence à leur devenir commun lorsque s'engage leur débat sur le problème de l'unanimité contre J.J. : « Vous accusez nos Messieurs d'être prévenus quand ils le diffament ; n'est-ce point vous qui l'étes quand vous l'honorez ? Votre penchant pour lui rend ce doute très raisonnable » insinue en effet « le François » (p. 405). Quant au « public », égaré par ses passions et par les maîtres de l'opinion, « il ne raisonne plus [...] et ne suit plus que les impressions qu'on lui donne » (p. 814). La nouveauté est l'étude de « J.J. », que le rapport de « Rousseau » définit comme « l'homme naturel éclairé par la raison » (p. 392), quoique celle-ci soit en général subordonnée à sa paresse, son imagination et son cœur dans la pratique de la vie, et que ses explosions passionnelles, brèves mais puissantes, lui fassent souvent obstacle : « Prudence, raison, précaution, prévoyance ; tout cela ne sont pour lui que des mots sans effet. Quand il est tenté il succombe, quand il ne l'est pas il reste dans sa langueur. Vous voyez par là que sa conduite doit être inégale et sautillante, quelques instans impétueuse, et presque toujours molle ou nulle » (p. 330). Pour autant, confronté aux questions de « Rousseau » sur sa conduite en divers domaines, J.J. sait argumenter « ses raisons » de façon développée ; enfin, il pratique la méditation à ses heures quoique préférant la rêverie et la contemplation « de riantes fictions qui ravissent, et transportent celui qui s'y livre au sein de la félicité [...] Il raisonne moins il est vrai, mais il jouit davantage » (p. 335).

Au IIIe entretien, « le François » ayant lu les œuvres de J.J., le lexique de la raison demeure désormais celui des deux interlocuteurs, le premier avouant que durant le premier entretien, « Rousseau » l'a « ramen[é] par degrés à la raison » (p. 482), mais le taxant maintenant d'une approche trop intellectualiste du problème car il n'a pas, comme lui, la pratique des « Messieurs » : « Vous insistez encor sur la force des preuves alléguées contre lui par nos Messieurs : cette force est desormais nulle pour moi qui depuis que j'y ai regardé de plus près en ai démêlé tout l'artifice. » (p. 481).

PREMIER DIALOGUE

Note 8, p. 164. *« Après les entretiens que nous venons d'avoir. »*

Cette mention d'un hors-champ au présent entretien mérite d'être située car cela conditionne toute la suite. Les deux interlocuteurs se connaissaient et s'appréciaient avant ces entretiens, mais cela n'apparaîtra qu'au fil de leur conversation : Rousseau qualifie ainsi « le François » d'« homme d'honneur » à son instar (p. 258), affirme qu'il en « connoi[t] la droiture invariable et la sincére équité » et s'étonne, pour cette raison, qu'un homme en qui il a « connu toujours un cœur si franc et si droit » paraisse approuver le comportement des « Messieurs » (p. 226) et qu'il le « connoi[t] trop bien » pour prendre au sérieux tel propos qu'il lui tient (p. 239). On apprend enfin au IIIe entretien qu'ils sont tous deux croyants (p. 513).

Le dialogue commençant *in medias res*, le lecteur en est réduit aux conjectures sur les révélations du « François » : les deux interlocuteurs sont d'emblée censés en savoir plus que lui sur les crimes de J.J. ; néanmoins, ce hors-champ sera progressivement dévoilé au fil de ce premier entretien, de même que sa fonction dans l'esprit des « Messieurs » dont « le François » s'avère un émissaire mandaté : « on tient une note exacte de tous ceux qui demandent à le voir et on ne le leur permet qu'après avoir reçu à son égard les instructions que j'ai moi-même été chargé de vous donner au prémier desir que vous avez marqué de le connoitre » (p. 217). Il s'agit en effet de convertir « Rousseau » à leur cause, mais cela ne sera insinué que plus loin : « on a mis en œuvre un moyen très ingénieux pour découvrir s'il lui reste par malheur quelque personne de confiance qui n'ait pas encore les instructions et les sentimens necessaires pour suivre à son égard le plan généralement admis. [...] Connus de nos Messieurs ils sont bientot détachés de lui, et l'on parvient par un art tout particulier à le leur rendre aussi odieux qu'il leur fut cher auparavant. » (p. 219).

Le seul fait de la révélation des crimes de J.J. engage en effet virtuellement celui qui la reçoit car, on l'apprendra également plus loin, il est contraint à un secret sur ce point dont « Rousseau » ne comprendra la portée que lorsque s'affirmera son désir de rendre visite à J.J. : « Comment ! Vous m'étonnez ! Cet engagement regardoit uniquement, du moins je l'ai cru le tems qu'il a fallu mettre à m'expliquer les secrets affreux que vous m'avez révélés. [...] Voila ce que j'ai compris de vos motifs dans le silence que vous m'avez imposé, et je n'ai pu supposer que l'obligation de ce silence allât plus loin que ne le permettent la justice et la loi. » (p. 201). Il devra néanmoins s'y plier car ce serment n'a « d'autres bornes que celles de la vie », ce qui va singulièrement compromettre, comme le lui fait ironiquement remarquer son interlocuteur, l'objectivité de son enquête : « Il vous sera moins aisé peut-être que vous ne pensez de vous faire distinguer de ceux qui l'abordent à mauvaise intention ; vous n'avez point la ressource de lui parler à cœur ouvert et de lui déclarer vos vrais motifs. Si vous me gardez la foi que vous m'avez donnée il doit ignorer à jamais ce que vous savez de ses œuvres criminelles et de son caractére atroce. C'est un secret inviolable, qui, près de lui, doit rester à jamais caché dans votre cœur. Il appercevra votre réserve, il l'imitera, et par cela seul se tenant en garde contre vous, il ne se laissera voir que comme il veut qu'on le voye, et non comme il est en effet. » (p. 276).

« Rousseau » taira donc à J.J. ce qu'il sait de l'accusation qui pèse sur lui, se résolvant ainsi à ignorer toujours ce que celui-ci aurait pu dire pour sa défense, et l'exigence en perdurera même après la conversion du « François » à son point de vue dans le IIIe entretien ; quand il lui proposera de se dégager avec lui « du secret qu'ils nous imposent » pour prendre publiquement la défense de J.J. (p. 479), son ami bottera en touche par réalisme politique et par pessimisme à l'égard des possibilité de renverser l'état de l'opinion. Il acceptera de rendre visite à J.J. et de concourir discrètement à la préparation de sa défense devant la postérité, sans pour autant transgresser le fameux secret : « si je ne puis lui révéler les mistères de ses ennemis, il verra du moins que, forcé de me taire, je ne cherche pas à le tromper. » (p. 276).

Note 19, p. 166. *« L'amour de soi qui est un sentiment bon et absolu, devient amour-propre, c'est-à-dire un sentiment rélatif, comparatif. »*

Cette antithèse de l'amour de soi comme sentiment absolu et de l'amour-propre comme sentiment relatif est l'un des postulats centraux du système de Rousseau. Ces deux catégories circulent depuis longtemps dans la culture européenne. On sait ce que l'amour de soi doit au stoïcisme, et l'amour-propre à l'augustinisme (relayé par des moralistes marqués par le jansénisme comme Jacques Esprit et La Rochefoucauld – dont hérite encore paradoxalement la pensée d'Helvétius au XVIIIe siècle) ; on sait aussi que depuis François de Sales, la distinction de l'amour naturel de soi et de l'amour de toutes choses pour soi caractérise l'ouverture de la contre-réforme, soucieuse de ne pas retirer au chrétien sa capacité originaire à coopérer à son salut. Au XVIIIe siècle, Vauvenargues, que Rousseau a lu de près, distingue lui aussi entre amour de soi et amour-propre mais selon une problématique déliée de la foi.

Cependant, Rousseau détache ces catégories du champ théologique et de l'esprit des moralistes pour les installer au fondement de son anthropologie en analysant le processus historique de leur altération par les rapports sociaux. Depuis le second *Discours*, l'amour de soi y est compris comme l'une des deux grandes passions naturelles de l'âme humaine (l'autre étant la pitié), et l'amour-propre est conçu comme sa dénaturation sous rapports sociaux. Entre l'*Inégalité* et l'*Émile*, Rousseau complexifie sa définition du jeu des passions naturelles : « Ces sentiments, quant à l'individu, sont l'amour de soi, la crainte de la douleur, l'horreur de la mort, le désir du bien-être. Mais si, comme on n'en peut douter, l'homme est sociable par sa nature, ou du moins fait pour le devenir, il ne peut l'être que par d'autres sentiments innés, rélatifs à son espéce » (*Émile*, *op. cit.*, p. 600). Pour autant, l'amour de soi demeure la racine de l'ensemble puisqu'il « est toujours bon et toujours conforme à l'ordre » (*ibid.*, p. 491), tandis que le premier sentiment relatif est présenté comme sa dérivation : « le premier sentiment d'un enfant est de s'aimer lui-même, et le second qui dérive du premier est d'aimer ceux qui l'approchent » (*ibid.*, p. 492) ; à partir de là, avec l'éveil de l'imagination par la sexualité lors de l'adolescence, naîtra « la pitié, prémier sentiment relatif qui touche le cœur humain selon l'ordre de la nature » (*ibid.*, p. 505).

Or la singularité des *Dialogues* à cet égard, est que le *concept* de pitié n'y est plus jamais mentionné en tant que tel, tandis que le mot et sa constellation conservent quelques occurrences qui sont toutes reliées à la fausseté radicale de la compassion, de la charité ou de la générosité des « Messieurs ». Rousseau a donc renoncé à maintenir le mot de « pitié » comme opérateur philosophique, tout en conservant son contenu dans une nouvelle dichotomie : celle des deux sensibilités « positive » et « négative », introduite dans le second entretien par un rappel au « François » de la problématique à laquelle il a été auparavant initié : « Veuillez, Monsieur, vous rappeller ici, avec les distinctions faites dans nos premiers entretiens entre l'amour de soi-même et l'amour-propre, la maniére dont l'un et l'autre agissent sur le cœur humain. La sensibilité positive dérive immédiatement de l'amour de soi : Il est très naturel que celui qui s'aime cherche à étendre son être et ses jouissances, et à s'approprier par l'attachement ce qu'il sent devoir être un bien pour lui : ceci est une pure affaire de sentiment où la reflexion n'entre pour rien. Mais sitot que cet amour absolu dégénere en amour-propre et comparatif, il produit la sensibilité négative ; parce qu'aussitot qu'on prend l'habitude de se mesurer avec d'autres et de se transporter hors de soi pour s'assigner la meilleure place, il est impossible de ne pas prendre en aversion tout ce qui nous surpasse, tout ce qui nous rabaisse, tout ce qui nous comprime, tout ce qui étant quelque chose nous empêche d'être tout. » (p. 324).

Sur ces questions, on pourra notamment consulter Michel Terestchenko, *Amour et désespoir de François de Sales à Fénelon*, Paris, Seuil, « Point-Essais », 2000 ; Jean Dagen, *Entre Épicure et Vauvenargues. Principes et formes de la pensée morale*, Paris, H. Champion, 1999 ; Victor Goldschmidt, *Anthropologie et politique. Les principes du système de Rousseau*, I, ch. 3 « L'homme, du point de vue moral », Paris, Vrin, 1983.

Note 30, p. 169. *« Ce qu'il peut y avoir de commun entre les êtres fantastiques que vous décrivez, et le monstre dont nous parlions. »*

L'identification récurrente de J.J. à un « monstre » un « scélérat » ou un « fripon » dans le discours des « Messieurs » relayé par « le François » doit être reliée au discours public ordinaire concernant les grands criminels contemporains comme Damiens ou Desrues (ou plus anciens comme Cartouche), mais aussi au vocabulaire de la tragédie et de la comédie, et enfin à ce que dénonce en 1772 *L'Année littéraire* de « ces Philosophes si honnêtes, si modérés, si doux, si humains, si *tolérans* [...], [qui] ne peuvent tolérer qu'on pense autrement qu'eux », et qui s'en prennent à « ceux qu'ils regardent comme leurs ennemis », attaquant « leur naissance, leur réputation, leur probité, leurs mœurs » et « les dénon[çant] à la société comme des *fripons*, des *scélérat*s, des *monstres*. » (*AL*, t. II, 1772, p. 305, c'est le rédacteur qui souligne).

En ce qui concerne Rousseau, certains n'ont pas hésité, avant Voltaire, à le comparer à un grand criminel ; ainsi dans telle lettre au baron Haller : « Cartouche et Mandrin [...] étoient aussy fameux et moins scélérats ; ils ne tuoient que le corps de ceux qui ne vouloient pas leur céder leurs biens périssables [...] Rousseau et ses pareils veulent priver les hommes des bien éternels » (de S. Engel, 19 août 1762, *CC*. n° 2090). C'est cependant à partir de juillet 1766 que les qualifications de « monstre » et de « scélérat » apparaissent en grand nombre à son égard dans la correspondance de ses adversaires (et dans celle de ses amis qui s'en émeuvent auprès de lui) : et cela à l'occasion de sa querelle avec Hume, après que celui-ci eut envoyé au baron d'Holbach deux lettres virulentes dont le contenu circula rapidement dans les cercles proches des « philosophes » puis se diffusa dans l'opinion. En voici un échantillon : « this most atrocious scélérat » (Hume à Mme de Boufflers, 15 juill. 1766, *CC.* n° 5282) ; « Il nous est venu ici une lettre de Mr Hume, qui présente l'auteur d'Emile comme un monstre qui deshonore les lettres et l'humanité » (Favart à Garrick, 24 juillet, *CC.* n° 5312) ; « Rousseau est un Scélérat, je le répète. Il m'est aisé de le prouver » (Th. Tronchin à Voltaire, automne 1766, *CC.* n° 5509) ; « il n'y a jamais eu de pareil monstre dans la littérature, pas même Fréron » (Voltaire à Damilaville, 24 nov. 1766, lettre citée dans la *CL*, Ier décembre 1766, (Paris, Furne, t. V), p. 253) ; « Je dois vous apprendre que j'ai beaucoup trop ménagé ce malheureux Jean Jacques. Il faut que vous connaissiez ce monstre. » (Voltaire à Marmontel, 26 nov. 1766, *CC.* n° 5576) ; « ([M. Hume]) marque que c'est un serpent qu'il a porté dans son sein & un monstre indigne de l'estime des honnêtes gens. » (*Bachaumont*, 1777, III, p. 55-56). Pour un plus ample développement sur cette question, voir l'introduction du présent volume, p. 24 et suiv.

Note 40, p. 171. *« Pour moi je n'entends rien à ces contradictions.* [...] *vous joignez des choses que je sépare. »*

Dans les *Dialogues*, le substantif CONTRADICTION s'emploie pour l'essentiel au sens logique et implique parfois le verbe « accorder », au sens de « concilier, ôter l'apparence de contrariété, de contradiction » (*Acad.*) « En termes de Philosophie, on dit, qu'*une chose implique contradiction*, lorsqu'elle renferme en même temps l'affirmative & la négative. Être, & n'être pas, *implique contradiction.* On dit aussi, qu'*il y a contradiction entre deux propositions*, lorsqu'elles sont tellement opposées l'une à l'autre, qu'il est impossible que l'une & l'autre soient vraies en même temps. *Il y a une manifeste contradiction dans ce qu'il dit. Contradiction apparente.* » (*Ibid.*). *Trévoux* ajoute la notion d'« incompatibilité, opposition de deux idées qui ne peuvent pas subsister ensemble ». Quant à l'adjectif « contradictoire », il est limité au « style didactique, d'usage en philosophie et en jurisprudence [...] : il est impossible que deux propositions contradictoires soient toutes deux vraies. » Le substantif et l'adjectif sont tous deux employés par Rousseau, au cœur d'un réseau où figurent également les verbes *accorder, séparer, exclure, accorder, joindre, forger, former, fabriquer*, des substantifs comme *énigme, absurdité, paralogisme*, des adjectifs comme *absurde, extravagant, inconcevable, chimérique, ina[l]liable, incompatible, hétérogène.* Le verbe « concilier n'apparaît pas dans les *Dialogues*, sauf en une occurrence où les ms. L. et G. remplacent *expliquer* par *concilier* dans cette réplique de « Rousseau » : « Vous m'avouerez que voila des contradictions difficiles à expliquer » (p. 176).

En affirmant ironiquement l'incompatibilité du criminel J.J. avec les personnages du « monde idéal », « le François » amène la question centrale de *Rousseau juge de Jean Jaques*, qui ne sera résolue complètement, et par sa bouche, qu'au IIIe entretien : « sans m'embarrasser du J.J. de nos Messieurs plus monstrueux par son éloignement de la nature que le vôtre n'est singulier pour en être resté si près, j'adopte pleinement les idées que vous m'en avez données » (p. 476).

Sur le plan logique, c'est en effet tout l'enjeu de cet entretien et, au-delà, du procès engagé dans cette œuvre, que d'établir quel discours sur J.J. est contradictoire dans les termes. C'est le propos de « Rousseau » que d'amener progressivement son interlocuteur à douter de la cohérence des accusations qu'il relaie, et c'est en retournant son accusation d'incohérence qu'il commence, en affirmant sur la base de sa compétence de lecteur des œuvres de J.J. que l'auteur et le criminel sont incompatibles. Dans ce Ier dialogue, le discours de la contradiction comme incompatibilité est essentiellement porté par « Rousseau », qui le décline en trois volets : incompatibilité de l'auteur des œuvres et du criminel, contradictions intenables du discours des « Messieurs » à son propos, caractère « éterogène » des « parties inaliables incompatibles » et « qui s'excluent mutuellement » du portait qu'on en diffuse (p. 266), lequel est donné pour forgé par les « Messieurs » à partir de données controuvées et tellement disparates qu'« il a donc fallu chercher mille subtilités pour tâcher d'accorder tant de contradictions » (p. 269).

Le « François » avouera au IIIe entretien que l'argumentation de son interlocuteur l'avait ébranlé sans qu'il en fît alors état : « le zèle très singulier de nos Messieurs pour l'impunité du coupable et pour sa diffamation me présentoit des foules de contradictions et d'inconsequences, qui commençoient à troubler ma prémiére securité » (p. 468) ; et quant aux contradictions reprochées au écrits de J.J., si une première lecture fait apparaître des paradoxes, « des inégalités, même des contradictions » (p. 471), une seconde lecture lui en révèle la cohérence. Enfin, il confirme la thèse de la forgerie du J.J. criminel comme entreprise collective d'homogénéisation de matériaux controuvés : « Inventez toujours disent-ils aux ligueurs subalternes ; nous nous chargeons de choisir et d'arranger après. Leur projet est [...] de faire une refonte générale de toutes les anecdotes recueillies ou fabriquées par leurs satellites, et de les arranger en un corps d'histoire disposée avec tant d'art et travaillée avec tant de soin, que tout ce qui est absurde et contradictoire, loin de paroitre un tissu de fables grossiéres, paroitra l'effet de l'inconsequence de l'homme, qui, avec des passions opposées et monstrueuses vouloit à la fois le blanc et le noir, et passoit sa vie à faire et défaire, faute de pouvoir accomplir ses mauvais desseins. » (p. 502).

Note 67, p. 181. *« Quand il s'engoüe, comme il a fait tout d'un coup pour le devin du village après l'avoir entendu pendant vingt ans avec un plaisir plus modéré. »*

Du vivant de Rousseau, il y eut de nombreuses reprises du *Devin* jusqu'en 1777 ; ainsi Bachaumont écrit dans une notice de septembre 1765 que « le Devin du Village a fait la plus grande sensation » ; il fut repris en 1767 à Chantilly, chez le prince de Condé, toujours avec succès et donna lieu à une représentation privée à l'Hôtel de Ville de Lyon, le 19 avril 1770, où l'on entendit également *Pygmalion* dont la musique venait d'être composée par H. Coignet en collaboration avec Rousseau (voir plus bas le n° 121 du IIIe entretien). À la date du 18 mars 1772, Bachaumont annonçait à l'Académie royale de musique « un spectacle charmant composé des actes du *Devin de village*, de *Pigmalion* & de *Psyché* : toutes les loges sont déjà louées. » (Il s'agit ici du *Pygmalion* de Rameau, souvent joué avec *Le Devin*); le *Mercure* en rendit compte ainsi : « *Le Devin du village* a renouvellé le plaisir que l'on a toujours d'entendre une musique dont les chants sont si naturels et piquants ». Le 27 octobre, *Pygmalion* et le *Devin* furent repris jusqu'en novembre (*CC.* n° 6931). Le 25 janvier janvier 1774, *Le Devin*, qui n'avait pas été joué en 1773, revint sur la scène de l'Opéra en compagnie de deux autres morceaux d'autres auteurs (*CC.* n° 7026, Remarques ii). Le 28 avril 1774, Ch. G. de Toustain va l'écouter (*CC*. n° 7035), tandis qu'en mai Rousseau, à qui on a rendu ses entrées à l'Opéra, « ne manque pas une représentation » d'*Iphigénie en Aulide* de Gluck, à l'affiche depuis le 19 avril (*CC*. n° 7036). En novembre, François de Chambrier note dans son journal qu'il s'occupe de refaire la musique de son intermède (CC. n° 7052), ce qui enflamme les rumeurs (*CC*. n° 7054). *Le Devin* demeura au répertoire jusqu'en 1829. Est-ce de la reprise de 1772, de celle de 1774, ou de celle du 30 janvier 1777 (triomphale selon La Harpe), que témoigne Corancez : « Je vais le lendemain chez lui, [...] je lui rends compte des applaudissemens qu'il a reçus, et de l'enthousiasme avec lequel il a été écouté » ? Mais Rousseau l'interpréta comme une mascarade ironique à son égard. Ce qu'il lui aurait répondu recoupe la problématique du premier dialogue : « il est tout simple qu'avec votre bonne foi, vous ne voyiez dans des applaudissemens que des applaudissemens ; vous ignorez combien mes ennemis sont adroits et ardens pour me perdre. D'abord ils ont dit du mal de cet opéra, mais voyant le public obstiné à s'y plaire, ils ont changé de batteries, ils ont dit que je l'avois volé ; alors vous sentez qu'il leur importoit de le louer pour grossir d'autant plus le vol. Ils persévèrent aujourd'hui dans le même esprit. » (*De J.-J. Rousseau*, *op. cit.*, p. 39-40).

Note 154, p. 215. *« On a dit-on rendu le château de trye inhabitable depuis que j'y ai logé. »* (Note *)

Le mariage de Charles III de Bourbon (1490-1527) fit de lui le seigneur le plus riche de son époque. Après s'être illustré au service de de François Ier, la mort de sa femme (qui le laissait sans héritier) le confronta aux manœuvres de la reine-mère pour s'approprier son fief, ce qui le fit se résoudre à l'exil et au service de Charles Quint. L'*Histoire du règne de l'empereur Charles Quint* de William Robertson (tome IV, trad. française, Paris, 1771, p. 50) rapporte que l'empereur voulant loger le Connétable dans le palais du marquis de Villena, à Tolède, celui-ci « lui répondit poliment qu'il ne pouvoit point refuser à son roi ce qu'il désiroit ; mais il ajouta avec toute la fierté d'un Castillan, que ce prince ne devoit pas être surpris s'il brûloit son palais jusqu'aux fondemens dès que le connétable en seroit sorti ; parce que sa maison qui avoit été souillée par la présence d'un traître, n'étoit plus digne d'être habitée par un homme d'honneur. » – En France, sa trahison fut considérée comme un crime de lèse-Majesté « au premier chef », c'est-à-dire de niveau équivalent au régicide. Voici ce que rapporte Jousse à ce propos, en 1771 : « La punition du crime de Leze-Majesté au premier chef a lieu même contre les condamnés après leur mort ; et elle s'exécute contre les cadavres et contre leur mémoire, par la suppression et anéantissement de leur nom et de leurs armes, confiscation de leurs biens, rasement de leurs maisons et châteaux, et coupe de leurs bois de haute futaie jusqu'à une certaine hauteur. (Ainsi jugé par Arrêt du 26 juillet 1527, contre le Connétable de Bourbon). » (*Jousse*, t. III, p. 688-689). Dans la perspective de Giorgo Agamben, cette forme de condamnation s'apparente à une consécration négative par assimilation du *ban* au tabou. (*Homo sacer* I, *op. cit.*, p. 86-87).

Le lien qu'opère la note avec le séjour de Rousseau au château de Trye s'explique par sa hantise d'être secrètement condamné pour un crime d'État impubliable, laquelle s'étaie des circonstances dramatiques de ce séjour. À son retour d'Angleterre, il fut vivement incité par le prince de Conti à demeurer dans ce château dans l'Oise qui lui appartenait, afin de le protéger des atteintes toujours possibles du Parlement de Paris dont le décret contre lui restait en vigueur. Rousseau s'installa donc au château de Trye le 21 juin 1767, sous le nom de Renou, en compagnie de Thérèse Levasseur qu'il fit passer pour sa sœur. Quoique ce château relevât encore du parlement de Paris, il pouvait, en cas d'ennui majeur, passer facilement dans le ressort du parlement de Rouen (*CC.* n° 5923). Au bout d'un mois, sa correspondance témoigne de ce qu'il s'y sent fort mal accueilli et souhaite reprendre au plus tôt son indépendance. Conti l'en dissuadant, son hôte se résout à patienter. Sur quoi, en novembre, son ami neuchâtellois Du Peyrou venu lui rendre visite s'étant soudain trouvé atteint d'une terrible attaque de goutte, Rousseau se persuade d'être soupçonné d'empoisonnement (*CC.* n° 6130) : il renonce alors par écrit à toute succession en cas de décès de son ami et rédige peu après un *Mémoire sur la maladie de DuPeyrou à l'intention du Prince de Conti.* La mort du concierge du château en avril 1768 relance cette hantise : il fait autopsier le cadavre et rédige une *Note mémorative sur la maladie et la mort de M. Deschamps* (*OC.* I Pléiade, p. 1179-1183). Le 12 juin, il quitte Trye pour se rendre en Dauphiné. On pourra lire au n° X.1. du « Dossier documentaire », la lettre-mémoire de Rousseau à Conti, ainsi qu'un échange épistolaire avec Du Peyrou, une fois la santé de ce dernier rétablie. On trouvera également au n° XI une série d'extraits de sa correspondance avec Conti entre 1762 et 1769. Sur les rapports de Rousseau avec ce dernier et la dimension politique qu'ils recouvrent, on peut consulter Jean Fabre : « Jean-Jacques Rousseau et le prince de Conti », *AJJR* XXXVI, 1963-1965, p. 7-48.

Note 277, p. 276. *« Je ne cherche point à le voir tel que je me le figure, je cherche à le voir tel qu'il est. »*

Réclamant, dans la note X du second *Discours*, une « histoire naturelle du genre humain » (*OC* IV Pléiade, p. 831), Rousseau accuse la documentation issue des récits de voyages de manquer quasiment toujours l'altérité de l'autre : « ces gens qui ont tant décrit de choses, n'ont dit que ce que chacun savoit déjà [...], ces traits vrais qui distinguent les nations, et qui frappent les yeux faits pour voir, ont presque toujours échappé aux leurs » (*OC.* III Pléiade, p. 212). Cette documentation procède en effet d'une approche foncièrement projective, articulée au préjugé, à l'intérêt, y compris l'intérêt savant étroitement conçu, et à la puissance. L'approche qu'il préconise fonde l'objectivité par l'authenticité de l'exigence de connaissance, laquelle implique une éthique de détachement et de décentrement par rapport à soi : un point sur lequel Lévi-Strauss le voit comme précurseur d'« une conception de l'homme qui met l'autre avant le soi » (*Anthropologie structurale deux*, Paris, Plon, 1973, p. 49). Mais le corollaire de cette revendication, c'est qu'elle expose nécessairement l'observateur à perdre son objectivité dans le contact prolongé avec les sujets observés. C'est le débat ouvert dans la *Nouvelle Héloïse* par Wolmar puis Saint-Preux : peut-on connaître le monde autrement qu'en se plongeant dans le torrent ? (*OC.* II Pléiade, p. 492). C'est sur ce problème délicat de la maîtrise de la relation intersubjective dans une situation d'observation reconnue comme conditionnée et conditionnante, que débattent les deux interlocuteurs des *Dialogues* : ce débat engage la crédibilité du rapport que fera « Rousseau » au « François » et prépare le lecteur à l'exposé de la méthode selon laquelle l'observation aura été conduite.

SECOND DIALOGUE

Note 11, p. 294. *« Voici un quatrain que J.J. mit au dessous d'un de ces portraits. »*

Rousseau dit avoir lu dans sa jeunesse son illustre homonyme et aîné au point de vouloir l'imiter, mais ajoute aussitôt n'avoir pratiqué le vers que comme propédeutique à la prose : « J'ai fait de tems en tems quelques médiocres vers ; c'est un exercice assez bon pour se rompre aux inversions élegantes et apprendre à mieux écrire en prose ; mais je n'ai jamais trouvé dans la poesie françoise assez d'attrait pour m'y livrer tout à fait. » (*Confessions*, *OC*. I Pléiade, p. 157). Quant aux auteurs latin, c'est autre chose ; s'il les lit « assez couramment », il regrette que leur prosodie lui échappe : « Désirant pourtant de sentir l'harmonie de la langue en vers et en prose, j'ai fait bien des efforts pour y parvenir ; mais je suis convaincu que sans maitre cela est presque impossible. Ayant appris la composition du plus facile de tous les vers, qui est l'hèxamétre, j'eus la patience de scander presque tout Virgile, et d'y marquer les pieds et la quantité ; puis quand j'étois en doute si une syllabe était longue ou bréve, c'était mon Virgile que j'allois consulter. On sent que cela me faisoit faire bien des fautes, à cause des altérations permises par les régles de la versification. Mais s'il y a de l'avantage à étudier seul, il y a aussi de grands inconvéniens, et surtout une peine incroyable. Je sais cela mieux que qui que ce soit. » (*Ibid.*, p. 239).

Pour autant il a beaucoup pratiqué et mémorisé aux Charmettes : « Il faut que j'aie appris et réappris vingt fois les églogues de Virgile » (*ibid.*, p. 241), puis lors de ses années de vache maigre à Paris : « Tous les matins j'allois me promener au Luxembourg un Virgile ou un Rousseau dans ma poche, et là jusqu'à l'heure du diner je remémorois tantôt une Ode sacrée et tantôt une Bucolique » (*ibid.*, p. 288) ; son œuvre le montre également familier de l'*Énéide* autant que de Horace, Lucrèce, Perse et Juvénal. En outre, sa culture du vers italien, qui remonte à l'époque de son séjour à Turin et qu'enrichit encore son épisode vénitien, est hors pair, comme en témoigne notamment *La Nouvelle Héloïse*, où les amants citent Pétrarque, Métastase ou Le Tasse.

On conserve de lui une vingtaine de pièces de vers en divers genres parmi lesquelles un éloge de la vie contemplative (*Vers à la louange des religieux de la Grande-Chartreuse*) et *Le Verger de Mme de Warens*, une sorte d'abrégé lyrico-didactique du bonheur studieux de Chambéry qu'il a d'abord publié en 1739, puis soigneusement recopié en 1742 (avec des augmentations), dans un recueil manuscrit intitulé *La Muse allobroge ou les Œuvres du Petit Poucet.* Il pratique aussi la pièce de circonstance, imite un peu Voiture ou Viau et cultive particulièrement l'Épître – c'est son côté Horace et parfois Juvénal (mais le IIIe entretien, p. 473, témoigne également de sa connaissance de Boileau). Il n'a pas laissé de fables mais son imprégnation par La Fontaine est évidente dans les *Confessions* aussi bien que dans sa fameuse interprétation, dans l'*Émile*, de la fable du corbeau et du renard.

Dans le genre pastoral, on ne reviendra pas ici sur son approche originale du livret d'opéra et de la chanson, où il tente de trouver une langue et un rythme aussi adaptés que possible, en français, aux mélodies qu'il compose dans le style italien (voir ce qui en est dit au Ier dialogue, p. 182). Dans le genre court, on conserve un virelai, une énigme, une inscription au bas d'un portrait du roi de Prusse et deux quatrains, dont celui d'où procède la présente note. L'autre apparaît en tête de ses lettres de l'année 1770 : « Pauvres aveugle que nous sommes ! / Ciel, démasque les imposteurs, / Et force leurs barbares cœurs / A s'ouvrir aux regards des hommes. » Toutes les pièces citées ici et quelques autres sont recueillies (à l'exception de la dernière) dans les *OC*. II Pléiade.

Note 43, p. 311. *« Il s'attachoit plus à faire de jolis herbiers qu'à classer et caracteriser. »*

Si la confection d'herbiers fut pour Rousseau un plaisir, c'est aussi que cet amusement condensait, pour son bonheur et celui de leurs destinataires, un long savoir dont le déni lui évitait de paraître pédant. La botanique était à la mode parmi les élites européennes du temps ; et c'est en compagnie d'amateurs très éclairés que Rousseau s'y est initié en Suisse à l'époque de son exil ; il a beaucoup lu et pratiqué ensuite, et régulièrement correspondu avec toutes sortes d'amateurs et de savants. Il a une connaissance précise des anciens traités qu'il recopie et qu'il annote en y transposant la nomenclature linnéenne qu'il juge meilleure, ainsi que de ceux du XVIIIe, non seulement Linné dont il adopte les principes, mais l'école la plus récente, dite de la « méthode naturelle » qui ne s'imposera qu'au siècle suivant. À cet égard, les quelques titres cités dans ses écrits dits « autobiographiques » ne reflètent pas son érudition : l'appendice 1 du livre d'Alexandra Cook dont on trouvera la référence à la fin de cette note, relève une cinquantaines d'ouvrages possédés par Rousseau à un moment ou un autre. On peut vérifier son niveau d'assimilation de la matière par la simplicité et la clarté de son propos dans ses *Lettres sur la botanique* à Mme Delessert, destinées à la guider dans l'initiation de sa fille à ce domaine ainsi que dans la confection d'herbiers. Ce qu'il prétend des faiblesses de sa mémoire est une politesse au lecteur car, en réalité, la lecture de sa correspondance botanique montre qu'elle s'avère extrêment sûre dès qu'il s'adresse à un pair, tant en matière d'information scientifique que sur le plan de la nomenclature (*CC*. n° 6933). C'est ainsi qu'il conseille à Mme Delessert d'apprendre par cœur, à son exemple « aux moins » deux cents noms de plantes en latin chez Linné, afin de les reconnaître à vue et pouvoir ainsi guider correctement sa fille, cela tout en l'aidant à s'y orienter elle-même en partant des noms communs des plantes en français (*CC*. n° 7007).

Comme pour tous les domaines dont il s'est occupé, son savoir est donc encyclopédique, mais il a aussi su en faire une matière de rêve. Dès l'époque de Môtiers, il voudrait se faire envoyer une « optique » où il se projetterait des planches de gravures enluminées par ses soins à l'aquarelle, afin d'égayer son hiver (*CC*. n° 3755). Il est en effet très attentif à l'illustration exacte des formes et des couleurs des plantes et déplore dans sa correspondance les défaillances des traités à cet égard (*CC*. n° 3746 et 5725). Quant aux herbiers, qu'il décrit ici comme des « miniatures » enluminées avec amour, il en confectionne sous différents formats (y compris fort petits) et les distribue à ses correspondants en guise de cadeaux ; leur fabrication lui est un plaisir de remémoration affective dont la fin de la VIIe Promenade dit très poétiquement les vertus comme moyen efficace de pratiquer l'art d'être à soi qui est la clef de la *Vita beata*. Sur l'ensemble de cette question, l'ouvrage le plus complet est celui d'Alexandra Cook, *Jean-Jacques Rousseau and botany : the salutary science*, Oxford, Svec 2012 :12. On trouvera au n° VII. du « Dossier documentaire » les lettres ici citées, augmentées de quelques autres sur le même sujet.

Note 44, p. 312. *« Aux observations lentes mais solides que donne un examen égal et suivi. »*

Les méthodes de l'histoire naturelle popularisées par Buffon et ses élèves ainsi que par l'*Encyclopédie*, sont une des clefs de la méthode d'observation de la conduite de J.J. ici mise en œuvre (l'autre clef étant la méthode pratiquée dans l'*Émile*). Le naturaliste Charles Bonnet a, dit-on, perdu la vue en passant des semaines et des mois l'œil collé au microscope à observer la reproduction du puceron. Toutes choses égales, la méthode de l'observateur « Rousseau » est comparable : primat du recueil systématique de données ; attention prioritaire donnée au détail du quotidien envisagé du point de vue pratique ; observation en continu, sur une longue durée ; variété des domaines inventoriés, exhaustivité maximale, suspension méthodique de toute interprétation avant l'achèvement de l'inventaire des faits. Cette méthode n'est cependant pas un pur empirisme ; elle procède de l'épistémologie contemporaine de l'observation scientifique : pour observer avec profit, il faut savoir quoi regarder, quels détails rechercher pour accéder à terme au système. C'est ce qu'explique l'*Encyclopédie* (articles « observation », « expérimental », « histoire naturelle »), et c'est aussi ce qu'explique Rousseau à propos de la botanique : ceux qui ignorent les bases de la science, écrit-il dans les *Confessions*, « ne voient rien en détail, parce qu'ils ne savent pas même ce qu'il faut regarder, et ils ne voient pas non plus l'ensemble, parce qu'ils n'ont aucune idée de [la] chaîne de combinaisons [qu'admire] l'observateur [informé] » (*op. cit.*, p. 641). Ainsi son visiteur ne mène-t-il ses observations que selon de précises grilles d'analyse : par exemple, l'observation de J.J. en copieur de musique à tant la page, implique de combiner quatre plans d'observation : économie domestique, physiologie, mœurs et goûts.

La méthode de l'"ethnographe" du IIe entretien est aussi très informée par la double leçon de Plutarque et de Montaigne : le premier enseigne la prise en considération systématique de tout ce qui, de la vérité de l'homme public, se décèle à son insu dans sa vie privée : « je n'ay pas pris à escrire des histoires, ains des vies seulement : et les plus haults et les plus glorieux exploits ne sont pas toujours ceulx, qui montrent mieulx le vice ou la vertu de l'homme : ains bien souvent une legere chose, une parole ou un jeu, mettent plus clairement en evidence le naturel des personnes, que ne font pas des desfaittes où il sera demouré dix mille hommes morts [...] aussi nous doibt on conceder que nous allions principalement recherchans les signes de l'ame, et par iceulx formans un portraict naturel de la vie et des mœurs de chacun. » (« Alexandre le Grand » § I, *Vies des hommes illustres*, trad. Amyot) ; ce que réaffirme l'*Émile* : « Plutarque excelle par ces mêmes détails dans lesquels nous n'osons plus entrer. Il a une grâce inimitable à peindre les grands hommes dans les petites choses [...] souvent un mot, un sourire, un geste lui suffit pour caractériser son héros. [...] La physionomie ne se montre pas dans les grands traits, ni le caractère dans les grandes actions : c'est dans les bagatelles que le naturel se découvre. » (*OC.* IV Pléiade, p. 531). Quant aux *Essais* de Montaigne, ils fournissent un modèle sans équivalent avant les *Rêveries du promeneur solitaire*, de ce que peut être l'enregistrement des microvariations de la nature humaine saisie au jour le jour et dans tous ses états physiques et spirituels. Ainsi donc, le visiteur de J.J. fait primer l'involontaire et le machinal dans l'observation : il dispose de grilles heuristiques et de protocoles d'observation réglés pour saisir ce qui échappe à la maîtrise consciente dans la vie privée quotidienne du sujet, et qui est considéré par hypothèse comme émanation du naturel profond (p. 311 et suiv.) ; l'enquête s'attache en particulier au repérage des « petites inégalités », des variations infimes de l'humeur au jour le jour, procédant d'ailleurs, sur ce plan, à des expérimentations *in vivo* : comportement en situations imprévues parfois provoquées à dessein, conversations orientées, sondages à l'improviste sur certains sujets, étude des airs et des manières, etc.

Cette méthode d'observation et la théorie qui la soutient sont elles-mêmes étayées par une éthique explicite de l'observation : d'une part un volet proprement moral impliquant désintéressement, passion de la vérité, longue patience, esprit de suite, etc. ; d'autre part un volet engageant le criterium de la pratique dans toutes les situations : observation, expérimentation, vérification. D'où le primat de l'attention à la conduite ordinaire et à ses tropismes dans le but d'y dégager des invariants, et la méfiance à l'égard des risques de projection subjective, puisque d'après l'observateur, ses échecs antérieurs dans l'étude des hommes tiennent à ce que « toujours interprétant d'après mon cœur ce que je voyois faire aux autres, je leur prêtois les motifs qui m'auroient fait agir à leur place, et je m'abusois toujours » (p. 299). Cette éthique de l'observation, le visiteur fictionnel « Rousseau » la partage avec un Haller, un Bordeu, un Buffon, un Tissot etc. Sur ces question, on peut consulter Anne Vila, *Enlightenment and Pathology*, Part I, « The Making of the Sensible Body », Baltimore, Johns Hopkins U. Press, 1998, p. 13-43 et Mariafranca Spallanzani : « Les êtres et les signes, Rousseau et l'histoire naturelle », dans B. Bensaude-Vincent et B. Bernardi (dir.), *Rousseau et les sciences*, Paris, L'Harmattan, 2003, p. 115-132.

Note 108, p. 342. *« La vie contemplative dégoute de l'action. »*

La disjonction de la vie active et de la vie contemplative est attestée par le témoignage de tous les contemplatifs jusqu'à Baudelaire : « – Certes, je sortirai, quant à moi, satisfait / D'un monde où l'action n'est pas la sœur du rêve » (« Le reniement de Saint Pierre »). C'est aussi une thèse philosophique ancienne. D'après Aristote, en effet, « [la vie contemplative] est la seule qu'on puisse aimer pour elle-même : elle n'a pas d'autre résultat que la contemplation, tandis que par l'existence pratique, en dehors même de l'action, nous aboutissons toujours à un résultat plus ou moins important ». Il ajoute que la supériorité de l'activité spirituelle procède « de son caractère contemplatif » ; sous cette modalité en effet, « elle ne poursuit aucun but extérieur à elle-même ; elle comporte un plaisir qui lui est propre et qui est parfait [...] si elle se prolonge pendant toute la durée de la vie. Car rien ne saurait être imparfait dans les conditions du bonheur. » (*Éthique à Nicomaque*, l. X, ch. 7 (4-7). Trad, J. Voilquin, Paris, G-F., 1965, p. 276-277).

Au XVIIIe siècle, cettte approche persiste évidemment dans la sphère mystico-religieuse mais se trouve vigoureusement remise en question par l'esprit moderne. *Trévoux* définit ainsi les mots CONTEMPLATION et CONTEMPLATIF : « Dans l'usage ordinaire [contemplation] est synonyme à méditation et signifie l'application de l'esprit par laquelle il s'attache à réfléchir, considérer et admirer les merveilles de Dieu et de la nature. *Contemplatio.* Un philosophe toujours dans la contemplation ne descend guère aux détails de la vie ». « En termes de théologie mystique [contemplatif] exprime l'état de celui dont l'âme est unie à Dieu d'une manière intime. *Rerum divinarum, caelestium contemplator.* Vie contemplative, celle qui se passe dans la méditation et dans l'oraison. Elle est opposée à la vie active ». En ce qui concerne l'*Encyclopédie*, l'article « Contemplation » (Mallet) recopie *Trévoux* en reprenant la distinction du sens mystique et du sens philosophique du mot, ainsi que celle de la vie contemplative et de la vie active, mais en ajoutant que « selon les philosophes, la contemplation est l'action de fixer une même idée ou objet dans son entendement, et de l'envisager par toutes les faces différentes ; ce qui est une des voies les plus sûres d'acquérir une connaissance exacte et profonde des choses, et de s'avancer vers la vérité » – ce qui oblitère en réalité la disponibilité ou la gratuité contemplative au profit de la concentration mentale sur un objet de savoir. C'est à l'article « Méditation » qu'apparaît une mise en cause explicite de la vie contemplative puisque, selon le rédacteur, « nous ne sommes pas faits pour méditer seulement, mais il faut que la méditation nous dispose à agir, ou c'est un exercice méprisable » ; en effet, « ce sont des oisifs de profession qui ont avancé que la vie méditative était plus parfaite que la vie active », tant et si bien « qu'un méditatif est souvent un homme très inutile, et que le contemplatif est toujours un insensé ».

Ce renversement radical de perspective est caractéristique de l'esprit pragmatique-bourgeois des Lumières agnostiques et s'esquissait déjà chez le chancelier Bacon, dans une formule que cite Pufendorf : « De ce principe de sociabilité, ou de ce que chacun n'est pas né pour lui seul, mais pour le genre humain, un illustre chancelier d'Angleterre tire quelques conséquences très importantes ; par exemple, *Que la vie active est préférable à la vie contemplative.* (*De augm. Scientiae*, Lib. VII. Cap. I, 1652, Amst., p. 484 et *sq.*) » (*Du droit de la nature et des gens* [trad. J. Barbeyrac], Bâle, 1732, t. I, l. II, ch. III, p. 197).

Note 130, p. 350. *« Cette prétendue traduction du tasse qu'on lui attribue généralement. »*

En 1774, paraît à Paris, chez J.B.G. Musier, une « nouvelle traduction » en deux tomes de la *Jérusalem délivrée.* Le nom du traducteur (il s'agit de Charles-François Lebrun) n'apparaît pas à cette date. « Nos meilleurs juges, écrit la *CL* en juillet 1774, sont persuadés qu'il n'y a que Jean-Jacques qui puisse l'avoir faite. Et n'est-ce pas le plus grand éloge que l'on puisse donner à l'ouvrage ? M. Rousseau ne l'avoue cependant pas ; et plusieurs personnes, qui prétendent être plus particulièrement instruites par les éditeurs, l'attribuent à M. Lebrun, littérateur très distingué ». Le bref dialogue de l'éditeur et du traducteur qui ouvre le tome premier pouvait aisément être interprété comme une attribution implicite à Rousseau (au IIIe entretien, p. 505, « le François » en parlera comme d'une « préface singeresse ») : « La traduction que nous donnons au public a été arrachée à l'auteur presque malgré lui : c'est, nous a-t-il dit, un ouvrage de ma première jeunesse. J'étais passionné pour le Tasse et mécontent de ses traducteurs : j'ai fait autrement, je n'ai peut-être pas fait mieux. – Hé bien ? corrigez, retouchez. – Non. J'ai fait vœu de ne plus écrire ; et puis mon imagination a été refroidie par l'âge et froissée par les événements. Je serais plus correct, mais je vaudrais encore moins ». Le commentaire de la *CL* confirme que ce dialogue « porte l'empreinte la plus marquée de la manière de Jean-Jacques » (t. 3, Paris, F. Buisson, 1812, p. 137-138 pour les deux citations). « L'auteur de la Gazette vous attribue, Monsieur, une traduction française qui vient de paraître du poème du Tasse ; c'est une preuve qu'elle est excellente », lui écrit en juillet 1774 le duc d'Albe, à qui Rousseau avait confié sa *Déclaration relative à différentes réimpressions de ses ouvrages*, et qui lui demande donc de lui confirmer ce qu'il en est réellement (*CC*. n° 7046). Mme Delessert, à qui Rousseau avait demandé de l'informer, à l'occasion, des écrits que le public lui attribue, lui en a également demandé confirmation en août (*CC*. n° 7047).

Bernardin de Saint-Pierre raconte que Rousseau « portait presque toujours le Tasse avec lui » (*Harmonies*, cité dans *CC*. n° 7039, t. 39, p. 255). Son intérêt pour l'œuvre et le destin tragique du Tasse est ancien ; en 1745, il en a fait le héros du premier acte de son opéra *Les Muses galantes*, dont le livre IX des *Confessions* présente la composition nocturne comme une sorte de transe inspirée : « Je puis dire que mes amours pour la Princesse de Ferrare (car j'étois le Tasse pour lors) et mes nobles et fiers sentimens vis-à-vis de son injuste frére me donnerent une nuit cent fois plus délicieuse que je ne l'aurois trouvée dans les bras de la Princesse elle-même. » (*OC*. I Pléiade, p. 294-295). De son séjour vénitien (automne 1743-été 1744), sa mémoire lui rappelle avec émerveillement les strophes du Tasse entendues dans les chants des gondoliers (article « Barcarolle » du *Dictionnaire de Musique*). En 1768, lors de son séjour en Dauphiné, il fond encore en larmes « en chantant l'histoire d'Olinde et de Sophronie », un épisode de la *Jérusalem délivrée*, chant II, str. I-LIII. (*CC*. n° 6497). Il en a laissé une traduction : *Olinde et Sophronie tiré du Tasse. Traduction du commencement du second chant* [...], ainsi qu'un *Essai de traduction du chant I* (*OC*. V Pléiade, p. 1277-1295), traductions restées inédites de son vivant. Enfin, deux vers de l'épisode d'Olinde et Sophronie apparaissent au cours de la IVe Promenade, dans le cadre d'une dense méditation sur le mensonge, pour affirmer la valeur du « mensonge héroïque » : *Magnanima menzogna ! or quando è il vero / Si bello che si possa a te preporre*[1].

Dans la traduction du second chant qu'a faite Rousseau, ces deux vers de la strophe 22 sont curieusement élidés. Voici cette strophe dans l'original : l'image de

1 Voir J.-F. Perrin, « Du droit de taire la vérité au mensonge magnanime : sur quelques arrière-plans théoriques et littéraires de la quatrième promenade », *Littératures* n° 37, Toulouse, automne 1997, p. 115-130.

la Vierge que le tyran musulman voulait profaner ayant disparu, le peuple entier est menacé du pire ; c'est alors que Sophronie se présente pour avouer un vol qu'elle n'a pas commis : « Ainsi offrit-elle sa tête inflexible pour détourner sur elle seule le destin de son peuple. / Magnanime mensonge, y a-t-il vérité / Assez belle pour t'être préférée ? / Un instant interdit, le cruel tyran est moins prompt / qu'à l'ordinaire à céder à sa rage. / Il lui demande ensuite : « Je veux que tu me révèles / qui t'a inspiré et qui t'a prêté son concours. » (Trad. J.-M. Gardair, Classiques Garnier, 1990, p. 115). Voici la traduction de Rousseau : « C'est ainsi que se dévouant pour le salut de son peuple, elle détourne courageusement le malheur public sur elle seule. Le Tyran quelques tems irrésolu, ne se livre pas sitôt à sa furie accoutumé ; il l'interroge : il faut, dit-il, que tu me déclares qui t'a donné ce conseil et qui t'a aidé à l'exécuter. » (*OC*. V Pléiade, p. 1290). Cette élision s'explique peut-être par ce que rapporte Corancez de ce que lui aurait dit Rousseau à propos d'une strophe du Tasse : « sachez qu'il a prédit mes malheurs [...] ; comment a-t-il eu connoissance de mes malheurs ? Je n'en sais rien, et probablement n'en savait-il rien lui-même ; mais enfin il les a prédits. Remarquez que le Tasse a cela de particulier, que vous ne pouvez pas enlever de son ouvrage une strophe, d'une strophe un seul vers, et du vers un seul mot, sans que le poëme entier ne s'écroule, tant il étoit précis et ne mettoit rien que de nécessaire. Eh bien ôtez la strophe entière dont je vous parle ; rien n'en souffre, l'ouvrage reste parfait. Elle n'a rapport ni à ce qui précède ni à ce qui suit ; c'est une pièce absolument inutile. il est à présumer que le Tasse l'a faite involontairement et sans la comprendre. » (*De J.J. Rousseau*, *op. cit.*, p. 42-43). Corancez termine en disant qu'il a oublié la strophe que Rousseau lui a citée en italien, mais se souvient qu'elle incluait le nom de Tancrède ; ce ne serait donc pas la strophe 22 du chant II. Mais sa mémoire peut l'avoir trompé : la IVe Promenade donne en effet une portée tellement grande au thème du « mensonge magnanime » relativement aux éléments à son honneur que Rousseau aurait délibérément élidé des *Confessions*, que ces deux vers supprimés de sa propre traduction de la strophe constituent vraisemblablement à ses yeux la prédiction en question.

Note 140, p. 354. *« Au point de faire de ces herbiers ainsi préparés des recueils de miniatures. »*

Dans une note envoyée aux éditeurs genevois à propos de deux lettres de Rousseau datant de novembre 1771, Malesherbes écrit qu'il y eut un projet amical de l'inciter à vendre ses herbiers : « ces deux lettres concernent une proposition que nous luy fîmes de substituer au métier de copiste de la musique celuy de faire des herbiers pour le public [...] si elles paroissoient il faudroit expliquer que c'estoit le projet que tant de personnes ont eu de luy faire du bien malgré luy. » (Note à *CC*. n° 6902, t. 38, p. 285). À la réception d'un herbier confectionné à partir de plantes qu'ils avaient cueillies ensemble, il lui demanda en effet, arguant de son manque d'adresse et de patience pour cet art, de lui en confectionner un autre pour l'année suivante, à partir d'une liste qu'il lui fournirait (*CC*. n° 6901) ; cependant, une brève réponse de son correspondant lui ayant fait craindre de l'avoir blessé, il lui écrivit qu'il abandonnait cette idée. Sur quoi Rousseau lui expliqua qu'il avait de son côté déjà songé à se faire une resssource de son art des herbiers mais qu'il y avait renoncé : « Je serois, Monsieur, bien mortifié que vous me privassiez du plaisir dont vous m'aviez flaté de m'occuper d'un soin qui put vous être agréable et de préparer des plantes pour completter vos herbiers. Ne pouvant subsister sans l'aide de mon travail, je n'ai jamais pensé malgré le plaisir que celui-là pouvoit me faire à vous offrir gratuitement l'emploi de mon tems. Je vous avoue même que j'aurois fort désiré d'entremêler le travail sédentaire et ennuyeux de ma copie d'une occupation plus de mon goût et meilleure à ma santé en travaillant à des herbiers pour tant de cabinets d'histoire naturelle qu'on fait à Paris et où selon moi ce troisième régne qu'on y compte pour rien n'est pas moins nécessaire que les autres. Plusieurs herbiers à faire à la fois m'auroient été plus lucratifs et m'auroient mieux dedomagé des menus frais qu'exigent quelques fois les courses éloignées et l'entrée des jardins curieux. Mais les François en général ont de fausses idées de la botanique et si peu de goût pour l'étude de la nature qu'il ne faut pas espérer que cette charmante partie leur donne jamais la tentation de faire des collections en ce genre ; ainsi je renonce à cette ressource. Pour vous, Monsieur, qui joignez aux connoissances de tous les genres la passion de les augmenter sans cesse, ne m'otez pas le plaisir de contribuer à vos amusemens. Envoyez moi la note de ce que vous desirez, j'en rassemblerai tout ce qui me sera possible, et je recevrai sans aucune difficulté le payement de ce que je vous aurai fourni. » (11 nov. 1771, *CC.* 6906, t. 38, p. 289). Il a néanmoins confectionné quelques herbiers miniatures, dont il parle à Malesherbes en 1772 et 1773 (CC. n° 6933 et 6989), avant de lui écrire, le 24 août, avoir « tout à fait renoncé aux herbiers » aussi bien qu'à leur vente (*CC.* n° 7005). Sur la confection des herbiers, voir la VIIIe des *Lettres sur la botanique* (à Madame Delessert, 11 avril 1773, *OC.* IV Pléiade, p. 1190-1195). L'état le plus récent des herbiers de Rousseau est fourni dans l'Annexe 3 du livre d'Alexandra Cook, *J.-J. Rousseau and botany*, *op. cit.*, p. 389-391.

Note 199, p. 387. *« Ses confessions, [...] dont il a profané la lecture en la prodiguant aux oreilles les moins faites pour l'entendre. »*

Au cours de l'hiver 1770-1771, Rousseau a lu *Les Confessions* devant des publics choisis. D'abord au début du mois de décembre, chez le marquis de Pezay (en présence de Dusaulx, Dorat, Barbier de Neuville, Le Mierre) ; cette première séance dura de neuf heures du matin jusqu'à trois heures du matin le lendemain, avec quelques brèves pauses pour les repas ; Dorat la racontera dans *l'AL* en juillet 1771, son témoignage étant repris le mois suivant dans le *JdP.* Puis ce fut chez Dorat lui-même, à la fin du même mois, sans qu'on sache exactement devant quel public. Puis en février 1771 chez le prince royal de Suède. Puis au début du mois de mai, chez la comtesse d'Egmont, en présence du prince Pignatelli, de la marquise de Mesmes et du marquis de Juigné. Le même mois, Mme d'Épinay obtint du Lieutenant de police, Sartine, qu'il fît cesser ses lectures. Des échos en parurent dans les journaux du vivant de Rousseau et lors de l'année de sa mort.

C'est dès l'époque de la querelle avec Hume que ce dernier et ses amis français envisagent avec effroi la possibilité d'être vigoureusement mis en cause dans les Mémoires que prépare Rousseau. C'est ce qui avait poussé Hume à publier l'*Exposé succinct* (Londres, 1766) afin de défendre sa mémoire par anticipation, selon ce qu'il en dit en conclusion : « Si ces mémoires paraissent après ma mort, personne ne pourra justifier ma mémoire en faisant connaître la vérité : s'ils sont publiés après la mort de l'Auteur, ma justification perdra, par cela même, une grande partie de son authenticité ». La querelle vient ainsi devant le public, déclenchant une vague de prises de positions *pro et contra* que publient les journaux, lesquelles illustrent le fait nouveau de l'entrée en scène de l'opinion comme juge auto-proclamé à propos d'affaires qui, jusque-là, restaient relativement secrètes au sein de la République des Lettres ou dans les arcanes du Pouvoir. Or la lecture de l'ensemble du dossier montre que « dans la presse et dans les textes publiés en réponse à l'*Exposé succinct*, les réactions anonymes furent souvent favorables à Rousseau et utilisèrent le langage du sentiment pour exprimer leur certitude que l'"auteur de l'Héloïse" ne pouvait qu'être innocent. » (Antoine Lilti, *Le monde des salons*, *op. cit.*, p. 347).

Parallèlement, on attendait des révélations croustillantes sur le « Parti philosophique » qui dominait désormais dans les académies et les salons et qui avait pignon sur rue à l'échelle européenne ; ainsi lit-on dans le témoignage de Dorat à propos de la lecture chez le marquis de Pezay : « que de géants changés en nains ! que d'hommes, obscurs et vertueux, rétablis dans tous leurs droits et vengés à jamais des méchants par le seul suffrage d'un honnête homme ! Tout le monde y est nommé ; on n'a pas fait le moindre bien à l'auteur qui ne soit consacré dans son livre ; mais aussi démasque-t-il les imposteurs sans le moindre égard pour leur difformité. » (*CC*. 6818). Cette rumeur inquiéta Diderot au point de lui faire commettre l'erreur grossière de s'en prendre à son ancien ami, qui venait de mourir, dans une note virulente de son *Essai sur Sénèque* (§ 67), encore aggravée dans l'*Essai les règnes de Claude et de Néron* (1782), malgré la désapprobation que la précédente avait récoltée, y compris dans la *CL*.

On voit ainsi que si, contrairement à ce que met en scène *Rousseau Juge de Jean Jaques*, il n'y avait pas d'unanimité négative dans le public à propos de Rousseau, l'entreprise de produire par fiction le jugement de J.J. et de ses adversaires correspond en revanche à un processus réel en cours dans l'opinion, et enfin que celle-ci n'est plus seulement enjeu mais partie prenante dans les questions qui naguère n'occupaient que la sphère lettrée et les élites. Sur l'ensemble des faits on peut consulter Raymond Trousson, *J.-J. Rousseau jugé par ses contemporains*, Paris, H. Champion, 2000, p. 452-453 et 507-512. Sur les enjeux de la querelle Rousseau-Hume, voir la bibliographie de la note 14 du présent dialogue.

TROISIÈME DIALOGUE

Note 20, p. 464. « [*Les médecins*] *ont trop d'influence dans les affaires privées et publiques.* »

Si la satire de la médecine et des médecins est un lieu commun littéraire invétéré, il s'agit ici de tout autre chose puisque les *Dialogues* envisagent le corps médical sous l'angle politique et idéologique. Or, abstraction faite du fantasme du « complot », les études historiques récentes concernant la modification du statut de la discipline au XVIIIe siècle confirment le bien fondé de cette approche. Très représentés dans les académies, organisés en sociétés diverses à l'échelle du pays comme à Paris, acquérant statut d'auteurs par la publications de traités sur la santé des enfants, sur l'hygiène et sur toutes sortes de questions, les médecins participent largement à l'*Encyclopédie* dont beaucoup partagent l'idéologie ou la philosophie, et s'intègrent aux mécanismes administratifs liés à la santé. Pour ne prendre qu'un exemple, mais significatif, à cet égard, c'est entre 1776 et 1778, au terme d'un long combat contre la Faculté de médecine de Paris, qui incarne les scléroses et les corporatismes traditionnels, qu'est fondée la Société Royale de Médecine qui lutte notamment pour le développement d'une véritable politique de la prévention des épidémies et une réglementation plus efficace de la police des eaux, et qui dispose de tout un réseau à l'échelle du territoire. Ainsi se créent au cours du siècle les conditions d'une politique de la santé publique dont le médecin moderne est le médiateur ou le relais au niveau de la famille et de la population.

Michel Foucault résume cela ainsi : « La médecine comme technique générale de santé, plus encore que comme service des maladies et art des guérisons, prend une place de plus en plus importante dans les structures administratives et dans cette machinerie de pouvoir qui ne cesse, au cours du XVIIIe siècle, de s'étendre et de s'affirmer. Le médecin prend pied dans les différentes instances de pouvoir. L'administration sert de point d'appui et parfois de point de départ aux grandes enquêtes médicales sur la santé des populations, et, en retour, les médecins donnent une part de plus en plus grande de leur activité à des tâches à la fois générales et administratives qui leur ont été fixées par le pouvoir. À propos de la société, de sa santé et de ses maladies, de sa condition de vie, de son logement et de ses habitudes commence à se former un savoir "médico-administratif" qui a servi de noyau originaire à l'"économie sociale" et à la sociologie du XIXe siècle. Et il se constitue également une emprise politico-médicale sur une population qu'on encadre de toute une série de prescriptions qui concernent non seulement la maladie, mais les formes générales de l'existence et du comportement (l'alimentation et la boisson, la sexualité et la fécondité, la manière de s'habiller, l'aménagement type de l'habitat). […] Le médecin devient le grand conseiller et le grand expert, sinon dans l'art de gouverner, du moins dans celui d'observer, de corriger, d'améliorer le "corps" social et de le maintenir dans un état permanent de santé. Et c'est sa fonction d'hygiéniste, plus que ses prestiges de thérapeute, qui lui assure cette position politiquement privilégiée au XVIIIe siècle avant de l'être économiquement et socialement au XIXe siècle. » (« La politique de la santé au XVIIIe siècle », *Dits et écrits III*, Paris, Gallimard, « Bibl. des sciences humaines », 1994, p. 23).

Sur ces questions, on peut également consulter Gilles Barroux, *Philosophie, maladie et médecin au XVIIIe siècle*, Paris, Champion, 1970 ; Alexandre Lunel, *La Maison médicale du Roi, XVIe-XVIIIe siècles*, Seyssel, Champ Vallon, 2008 ; Rudy Le Menthéour, *La manufacture de maladie : La dissidence hygiénique de J.-J. Rousseau*, Paris, Classiques Garnier, 2011.

Note 36, p. 472. *« Ces différens écrits marchoient dans un ordre retrograde à celui de leur publication. »*

Ce n'est que dans l'édition de 1798 que l'Académie définit l'adjectif RÉTROGRADE par « ce qui se fait en arrière *Marche rétrograde* », l'illustrant par l'exemple des planètes « lorsqu'elles paroissent aller contre l'ordre des signes célestes » qui tenait lieu de définition dans les éditions précédentes. La locution « ordre rétrograde » n'apparaît que dans l'édition de 1832-1835. Richelet le définit comme « terme d'astronomie » mais observe que « ce mot se dit aussi en terme de guerre : *Ce général a fait divers mouvemens rétrogrades* » au sens de mouvements de retraite (plutôt mal connotés), et note sans commentaire la formule « vers rétrograde ». *Trévoux* confirme l'origine astronomique du mot : « ce terme est principalement utilisé en physique et en astronomie pour expliquer certains mouvemens des planètes [...] dans le système de Copernic. » ; il précise ce qu'est un vers rétrograde (qui correspond à ce que nous appelons un palindrome) : « où l'on retrouve les mêmes mots, arrangés de la même manière, en les lisant à rebours, comme [...] *Roma tibi subito motibus ibit amor* ; et signale en mathématiques la formule « ordre rétrograde » : « dans les chiffres on appelle ordre rétrograde, la manière de compter contre l'ordre naturel des chiffres : quant au lieu de dire, par exemple, 1, 2, 3, 4, etc. on dit 4, 3, 2, 1, etc. » ; il rappelle enfin qu'en musique, « l'imitation en rétrogradant » apparaît « lorsqu'une partie imite le chant d'une autre partie, par mouvement contraire ».

Rousseau utilise la locution « ordre rétrograde » à deux reprises dans son *Dictionnaire de musique* : il explique à l'article « Canon » qu'il en existe une forme très rare, nommée le « double canon renversé », où « soit qu'on chante les parties dans l'ordre naturel, soit qu'on renverse le papier pour les chanter dans un *ordre rétrograde*, en sorte que l'on commence par la fin, et que la basse devienne le dessus, on a toujours une bonne harmonie et un canon régulier » (mes italiques). La seconde occurrence se lit à l'article « Hypate » qui désigne le degré le plus bas du tétracorde chez les Grecs, en observant qu'ils « suivoient dans leurs dénominations un *ordre rétrograde* au nôtre, et plaçoient en haut le grave que nous plaçons en bas » (mes italiques). Cette locution revient dans ses *Observations sur l'Alceste de M. Gluck* (rédigées entre fin 1773 et mars 1775), à propos de son ouverture en mode mineur, le défaut en étant, selon lui, « d'anticiper [...] sur l'ordre des tems, en nous exprimant d'avance une douleur qui n'est pas encore sur la scene, [...] je ne crois pas qu'on doive marquer dans un *ordre rétrograde*, ce qui est à venir comme déjà passé. » (*OC*. V Pléiade., p. 451). Mais on sait aussi par sa *Lettre à M. Burney* (1777) que sa méthode de notation chiffrée, qu'il a constamment pratiquée pour son propre compte en dépit de l'insuccès de sa *Dissertation sur la musique moderne*, a été depuis combinée avec une autre méthode inspirée de « la méthode d'écrire par sillons, pratiquée par les anciens Grecs », laquelle « n'a pas pour la Musique, la même difficulté que pour l'écriture ; car la note est également facile à lire dans les deux sens », et qui consiste à « disposer tellement la succession des lignes et des pages, que l'œil n'eût jamais de saut à faire ni de droite à gauche ni de bas en haut, mais qu'il recommençât toujours la ligne ou la page suivante, même en tournant, du lieu même où finit la précédente ». À l'objection de la difficulté de lire les paroles « à rebours » dans la musique vocale, il répond que c'est une question d'accoutumance et qu'il suffit « de s'exercer quelques jours à lire et écrire de cette façon, comme font les imprimeurs, habitude qui se contracte très-promptement. » (*Ibid.*, p. 436-437). À la fin de sa vie, Rousseau lisait donc couramment notes et paroles à l'envers aussi bien qu'à l'endroit, comme le faisaient les anciens Grecs et d'autres peuples orientaux pratiquant ce mode d'écriture dit « boustrophédon[1] », mais comme le fait également tout auteur et tout lecteur de poèmes en « vers rétrogrades ». Appliqué à ses œuvres théoriques, ce principe signifierait donc que leur lecture à rebours s'impose à qui les a lus dans leur ordre chronologique, comme un mode privilégié d'accès à leurs principes fondamentaux, devenus pleinement lisibles à partir de leur synthèse ultime dans l'*Émile*, mais d'emblée présents en filigrane dans les écrits antérieurs, le *Discours de Dijon* en étant pour ainsi dire la substanfique moëlle.

En s'inspirant de ce passage, Roger D. Masters, dans un essai sur la *Philosophie politique de Rousseau*, a tenté de tester la cohérence de son système en remontant méthodiquement depuis l'*Émile* vers le premier *Discours*. Sur cette tentative, on peut se reporter à l'Introduction du présent volume, p. 71.

Note 104, p. 502. *« Cet ouvrage qu'on prépare de longue main. »*

C'est à peu près ce qui fut tenté (quoique à bien moindre échelle et probablement sans préméditation lointaine) avec les pseudo-Mémoires de Mme d'Épinay : *Histoire de Madame de Montbrillant* (1818) qui sont donnés pour servir « d'éclaircissement et de correctif aux *Confessions* » et pratiquent une réécriture adroite, sans doute à plusieurs mains, des réalités et de la correspondance des années de l'Ermitage. Ce roman fit scandale lors de sa publication et conserve un intérêt documentaire aujourd'hui. Mais en amont, Rousseau connaissait le récit persifleur (quoique plutôt bien informé) de sa vie qu'avait publié Grimm sur huit pages dans la *Correspondance littéraire* de juin 1762, peu après sa condamnation par le Parlement ; une histoire qu'il lui avait sans doute racontée, comme à d'autres de ses amis, à l'époque où ils étaient extrêmement liés. Elle remonte à sa première jeunesse puis déroule les grandes étapes de sa vie, depuis sa fugue jusqu'à Montmorency, jouées en clef picaresque pour la période antérieure au *Discours de Dijon*, de cynisme lettré pour la période récente, et de vocation au malheur pour le passé comme pour l'avenir. Grimm concluait ce récit des « principales époque de la vie de cet écrivain célèbre », en insinuant que « sa vie privée et domestique ne serait pas moins curieuse ; mais elle est écrite dans la mémoire de deux ou trois de ses anciens amis, lesquels se sont respectés en ne l'écrivant nulle part. » (*CL*, 15 juin 1762, t. 3, Paris, Longchamp & Buisson, 1813, p. 170-178).

1 βουστροφηδόν *boustrophêdón*, de βοῦς *boũs* « bœuf » et στροφή *strophé* « action de tourner ».

Rousseau connaissait peut-être aussi cette *Lettre* publiée sous couvert d'anonymat par J.-B. Tollot dans le *Journal helvétique* d'octobre 1751, qui, après avoir discuté les thèses du *Discours de Dijon*, présentait un abrégé de sa vie depuis sa fugue de Genève jusqu'à sa période parisienne en passant par sa conversion et son secrétariat d'ambassade à Venise. Tollot récidivera dans le même journal, en novembre de la même année et en janvier 1752, par deux réponses apocryphes de Rousseau à ses détracteurs, assorties de nouveaux biographèmes plus ou moins vraisemblables. (Voir M. Koshi, *Les images de soi chez Rousseau : L'autobiographie comme politique*, Paris, Classiques Garnier, 2011, p. 88-92). Pour le meilleur et pour le pire, la production de tels biographèmes controuvés accompagne la carrière publique de Rousseau depuis 1751 jusqu'à l'époque des *Dialogues* ; il a très vite compris que se jouerait là une bonne part de sa crédibilité, car c'est au fond, très classiquement, de l'*ethos* de l'orateur, ses *mœurs* autrement dit, qu'il est question : c'est ce qu'il écrit dans sa réponse au roi Stanislas de Pologne : « On me taxe [...] de contradictions entre ma conduite et ma doctrine ; on me reproche d'avoir cultivé moi-même les études que je condamne [...] Il y a beaucoup d'adresse à m'impliquer ainsi moi-même dans la question : cette personnalité ne peut manquer de jetter de l'embarras dans ma réponse. » (*OC*. III Pléiade, p. 38). Élargies à l'ensemble de son caractère par tout ce qui s'ensuivra, ces contradictions font l'objet de toute son attention, depuis les *Lettres à Malesherbes* jusqu'au IIe entretien. Aux numéros IX.1., 2. et 3. du « Dossier documentaire », on trouvera la partie biographique de la *Lettre* de Tollot, le récit de Grimm, ainsi qu'un extrait du roman de Mme d'Épinay.

Note 114, p. 505. *« Tout le monde lui verroit deux têtes très distinctement. »*

On sait que Diderot a imaginé dans la *Lettre sur les sourds et les muets* « un Dicéphale qui se contemple lui-même et dont une des têtes fasse des observations sur l'autre. » (*LEW II*, p. 575). Dans la fiction des *Dialogues*, l'une s'appelle « Rousseau » et l'autre « J.J. » ; mais il faudrait encore dédoubler le monstre en lui ajoutant la tête de l'auteur qui tient son propre discours dans le paratexte et dans les notes, puis celle du « François » à peu près converti au IIIe entretien. Ce processus de clivage de soi et de l'image de soi est apparu en 1761, dans la correspondance de Rousseau avec Malesherbes, lorsque celui-ci l'eut convaincu de son erreur à propos de l'impression de l'*Émile* ; honteux de ses errements, Rousseau lui présenta ses excuses en lui demandant d'oublier cet autre lui-même qui avait pris sa place durant cette affaire : « On ne demande point pardon à mon âge parce qu'on n'en mérite plus. Mais, Monsieur, *je ne prends aucun intérêt à celui qui vient d'usurper et déshonorer mon nom.* Je l'abandonne à votre juste indignation ; mais *il est mort pour ne plus renaître.* Daignez rendre votre estime à celui qui vous écrit maintenant ; il ne sauroit s'en passer et ne méritera jamais de la perdre. Il en a pour garant non sa raison, mais son état qui le met désormais à l'abri des grandes passions. » (*CC*. n° 1605, mes italique).

Par la suite, le lecteur des *Confessions* sera pourtant régulièrement appelé à constater que l'usurpateur, bien loin d'être mort et enterré, revient périodiquement s'emparer de l'auteur : « Je crois avoir remarqué qu'il y a des tems où je suis si peu semblable à moi-même qu'on me prendroit pour un homme de caractére tout opposé »

(*OC*. I Pléiade, p. 128). Les exemples les plus nets dans la première partie en sont l'affaire du ruban volé, l'exposition de « l'objet ridicule », l'engouement pour Bâcle (livre II), l'abandon de M. Le Maître (livre III), la « venturisation » de Rousseau en Vaussore (livre IV), sa dissimulation sous le nom de Dudding (livre VI) ; et dans la IIe, sa transformation en Diogène ou en Caton de son siècle à l'époque de ses deux premiers *Discours* : c'est d'ailleurs l'analyse qu'il en présente lui-même au livre IX : « je devins vertueux, ou du moins enivré de vertu [...] je ne jouai rien, je devins en effet tel que je parus » (*ibid*., p. 416). C'est précisément l'objet de l'enquête entreprise depuis les *Lettres à Malesherbes* que de reconstituer la genèse de cette contradiction depuis l'enfance, une approche « généalogique » à laquelle *Rousseau juge de Jean Jaques* substitue l'hypothèse d'un « tempérament mixte » (IIe entretien, p. 322).

À cet égard, il n'est évidemment pas indifférent que Rousseau se soit affiché en Oriental durant son exil en Suisse et en Angleterre, ni qu'il ait dû s'affubler du pseudonyme « Renou » (nom de la mère de Thérèse Levasseur) à l'instigation de son protecteur, le prince de Conti, lors de son retour d'Angleterre, se désignant de la sorte lui même et sa femme (« Madame Renou ») dans ses rapports avec autrui et dans sa correspondance (on lui écrit à cette adresse), jusqu'à mi-janvier 1770, trois mois avant son départ pour Paris. Conti est en effet très ferme sur ce point ; ainsi, lorsque Rousseau vient de quitter le château de Trye : « tous ceux dont j'ay besoin pour votre service, exigent toujours le nom de Renou, et excluent constamment tout séjour dans le ressort de Paris » (3 fév. 1769, *CC*. n° 6538) ; ou encore : « le seul moyen tolerable qui existe donc de vous voir, c'est que vous profittiés du séjour que je vais faire à Pougues près de Nevers et que vous veniés m'y trouver sous le nom de Renou. » (16 juin 1769, *CC*. n° 6582, voir aussi le n° 6609 au n° XI. du « Dossier documentaire »). C'est évidemment un secret de Polichinelle à Paris ; ainsi Bachaumont écrit-il, à propos de ce déplacement du prince, que le « célèbre Jean-Jacques Rousseau [...] s'est trouvé à portée du Prince assez pour qu'il ait daigné le voir encore, et l'envoyer chercher plusieurs fois dans ses carrosses ; ce qui a donné un grand relief à M. Rousseau auprès des provinciaux de ces cantons, qui n'avoient jamais lu ses ouvrages, et ne connoissoient même pas son nom. » (Cité dans *CC. id*., t. 37, p. 112).

C'est seulement le 15 janvier 1770, dans une lettre à propos de son système de notation musicale, qu'il signe à nouveau « JJ Rousseau » (*CC*. n° 6651). Cinq jours après, apparaît le quatrain : « Pauvres aveugles que nous sommes ! / Ciel, démasque les imposteurs / Et force leurs barabares cœurs / À s'ouvrir au regard des hommes » (22 janvier 1770, *CC*. n° 6653), qui s'inscrira en tête de presque toutes ses lettre jusqu'au 24 novembre 1770. (Sur ce quatrain, voir Voir Anne Chamayou, « Paroles et musique, les lettres au quatrain de l'année 1770 », *AJJR*. XLVIII, 2007, p. 523-535). Sur la question des pseudonymes, on peut consulter Geoffrey Bennington, *Dudding. Des noms de Rousseau*, Paris, Galilée, 1991.

Note 121, p. 509. *« Puisqu'en cet instant même on met à Paris Pygmalion sur la scène. »*

C'est-à-dire en octobre 1775. Cette « scène lyrique » en forme de monologue avait été écrite en 1762, sans doute à Môtiers. Elle fut d'abord représentée à Lyon le 19 avril 1770, durant la même soirée que le *Devin du village*. Le texte n'est pas chanté mais dit, entremêlé d'une vingtaine d'intermèdes musicaux dont la plus grande part avait été composée par un amateur lyonnais, Horace Cognet, avec qui avait sympathisé Rousseau (lequel a composé l'ouverture et un autre morceau). Le *Mercure* annonce en avril 1775 la publication de *Pygmalion, scène lyrique de M. J.J. Rousseau, mise en vers par M. Berquin*. Plusieurs fois représentée depuis 1772 sur des scènes privées, la pièce est jouée à la Comédie Française fin octobre 1775 ; Bachaumont écrit le Ier novembre qu'elle « a fait la plus grande sensation », et le 5 qu'elle « prend avec fureur », ce dont se fait également l'écho la *CL* : « Ce petit drame a été imprimé et tous les journaux en ont parlé dans un tems, écrit Suard à un correspondant inconnu. On l'a exécuté dans des sociétés particulières ; mais on ne le croyait pas susceptible d'être représenté sur le théâtre de la comédie française. Les comédiens l'ont tenté, et cela a beaucoup réussi » (novembre 1775, cité dans *CC*. n° 7066). Quant au *Mercure*, il y voit « un nouveau genre dramatique [...] cela peut donner l'idée, à ce qu'on prétend, de la Mélopée des Grecs et de leur ancienne déclamation théâtrale. » (*Id.*)

Son audience fut rapidement européenne, notamment en Allemagne, et Goethe en parle avec éloges dans *Dichtung und Warheit*. On considère la technique d'écriture de *Pygmalion* comme initiatrice de celle du mélodrame. Rousseau savait qu'il avait inventé là quelque chose de neuf : « j'ai imaginé un genre de drame dans lequel les paroles et la musique, au lieu de marcher ensemble, se font entendre successivement et où la phrase parlée est en quelque sorte annoncée et préparée par la phrase musicale. » *Fragments d'observation sur l'Alceste italien de M. le chevalier Glück* (*OC*. V Pléiade, p. 448).

Il se refusa pourtant d'emblée à cautionner la représentation parisienne. « Lorque les comédiens ont arrêté de jouer Pigmalion, poursuit Suard, ils ont député Larrive auprès de Rousseau pour lui demander son agrément. Rousseau, fidèle à son caractère, n'a pas voulu lui ouvrir sa porte, et lui a répondu par le trou de la serrure, qu'il ne pouvait ni donner ni refuser son consentement à ce qu'on jouât son ouvrage. *Au reste*, a-t-il ajouté, *je vous avertis qu'il y a une sottise dans la pièce*. Le public ne s'en est pas aperçu » (*Ibid.*, t. 40, p. 27). La version de l'affaire donnée par Bachaumont est un peu différente : Rousseau aurait prévenu les comédiens « que cet ouvrage lui avoit été enlevé, imprimé furtivement ; qu'il y avoit plusieurs fautes, dont il a rapporté quelques-unes. Il ne veut point sa part d'auteur, mais les histrions qui se piquent d'une grande générosité, ont arrêté depuis qu'elle lui seroit toujours portée. » (Cité dans *CC.*, *ibid.*, p. 28).

Note 129, p. 512. *« En paroissant prendre le contrepied des Jésuites, ils ont tendu neanmoins au même but. »*

Ce parallèle entre la Compagnie de Jésus et les Philosophes mérite une contextualisation historique. Ce qui a catalysé en France le processus menant à leur bannissement en 1762, c'est la révélation de leurs Constitutions, jusque-là restées secrètes. Voici l'analyse qu'en livre en 1759 le rédacteur de la gazette janséniste, *Les Nouvelles ecclésiastiques* : « Rien ne s'enseigne, [...] rien ne se fait au hasard chez les Jésuites. Tout y est concerté : tout tend à un but. Chaque point de doctrine fait partie d'un système : chaque trait de conduite s'arrange dans un dessein général. [...]

[*En matière doctrinale*] pour couvrir leurs nouveautés profanes d'une fausse apparence d'autorité, ils ont à force d'intrigue, surpris des censures et des décrets, qui [...] sont devenus entre leurs mains des instrumens de persécution contre les défenseurs de la vérité. Enfin, [...] il n'a point tenu à eux de mettre l'Église et l'État en combustion, en renouvelant les fureurs de la Ligue. [...] Tous les moyens leur sont bons pourvu qu'ils les conduisent à leurs fins. Calomniateurs par principes de tous ceux qui leur déplaisent, ils sont d'une opiniâtreté inflexible pour répéter et soutenir les calomnies qu'ils ont une fois avancées. [...] ils sont capables d'y bouleverser tout par leurs cabales [...] à peine ces pères furent-ils établis dans le monde [...] qu'ils commencèrent à se regarder comme une république à part répandue dans les autres États, comme une espèce de co-État qui avait ses lois particulières, auxquelles il devait la préférence sur celles de toutes les nations avec lesquelles il était mêlé. » (*Nouvelles ecclésiastiques*, année 1759, p. 2-6).

Cette analyse se retrouve dans les débats au Parlement sur ces Constitutions, ainsi résumés par Joly de Fleury : « Supposez, Messieurs, une société d'hommes contre lesquels aucune autorité temporelle ni spirituelle, ni les conciles, ni les papes, ni les rois ne peuvent rien ; qui est affranchie de toutes les lois, de toute dépendance à leur égard ; qu'ils ne peuvent empêcher d'user de privilèges excessifs, ni la réformer d'aucune manière ; et cela sous peine d'encourir toutes les censures ecclésiastiques. Telle est la société des Jésuites [...] [avec] un général qui peut d'un clin d'œil faire mouvoir toutes les parties d'un corps immense répandu dans toute la surface de la terre. » (*Nouvelles ecclésiastiques*, 20 nov. 1761). Derrière tout cela, dans l'opinion, une hantise de la guerre civile issue d'une longue mémoire des guerres de religions et du rôle qu'y joua la « Ligue ». Lors de l'attentat de Damiens, un courant d'opinion ne manqua pas d'y déceler la main des Jésuites.

Tout lecteur des *Dialogues* retrouve, mais à propos de la « secte philosophique », le schéma général de ces analyses : une tête secrète dont le pouvoir est absolu et le dessein dérobé même à ses proches collaborateurs ; une défiguration de toute opinion adverse, dès lors assimilée pour le service de la Compagnie ; un réseau complexe, hiérarchisé, ramifié jusque dans les moindres cellules de la société, et complètement à la main de ses chefs ; un « plan » combiné de loin et depuis longtemps ; la tendance à cancériser l'État, etc. Voir également les notes 252 et 253 du second entretien.

Note 146, p. 517. *« Ce sentiment intérieur que nos philosophes admettent quand il leur est comode et rejettent quand il leur est importun. »*

Dans la « Profession de foi », le sentiment intérieur est synonyme de la « conscience » comme « instinct divin » ou « voix de la nature », qui est innée et donc antérieure à la raison qu'elle a vocation à guider. Dans la lettre du 15 janvier 1769 à M. de Franquières, qui revient sur les problèmes religieux, Rousseau écrit qu'il sent « se joindre à [s]es raisonnemens quoique simples le poids de l'assentiment intérieur », et dit « trouver dans ce jugement interne une sauvegarde naturelle contre les sophismes de [s]a raison », en le distinguant des « penchans secrets de notre cœur qui nous égarent » et en l'identifiant « avec ce dictamen plus secret, plus interne encore, qui réclame et murmure contre ces décisions intéressées, et nous ramène en dépit de nous sur la route de la vérité », car « ce sentiment intérieur est celui de la nature elle-même. » (*OC.* IV Pléiade, p. 1138).

Cette catégorie a une longue histoire religieuse et philosophique derrière elle ; la pensée de Malebranche (dont l'audience est considérable dans la première moitié du XVIIIe siècle) transmet à Rousseau cette subordination de la raison à la conscience, liée à la détermination réciproque de l'ordre et de la vertu qui demeure le cadre de ses conceptions théologiques. La tradition contemplative chrétienne est également à l'arrière-plan de ce que disent la « Profession de foi » ou les *Lettres morales* de la nécessité d'apprendre à écouter en soi la « voix intérieure » dans « le silence des passions ». Le reproche central que lui fait Diderot à cet égard est de négliger d'autant la voix de ses semblables. Ainsi à propos de son refus d'accompagner Mme d'Épinay à Genève : « on vous soupçonnera ou d'ingratitude ou d'un autre motif secret. Je sais bien que [...] vous aurez pour vous le témoignage de votre conscience ; mais ce témoignage suffit-il seul ? Est-il permis de négliger jusqu'à un certain point celui des autres hommes ? » (*CC.* n° 542, p. 292).

L'idée d'un « instinct moral » inné est assez voisine de celle de « sentiment intérieur » (on en a rencontré une occurrence dans chacun des dialogues antérieurs, p. 186 et 328) : elle est issue, via Shaftesbury, de Hutcheson et des platoniciens de Cambridge (voir L. Jaffro (dir.), *Le sens moral, une histoire de la philosophie morale de Locke à Kant*, Paris, PUF, 2000) ; Diderot, qui a traduit l'*Essai sur le mérite et la vertu*, a d'abord subi l'influence de cette problématique, quoiqu'en rejetant son innéisme. Par la suite, c'est dans l'organisation physique et l'influence de l'éducation et de la société qu'il trouve donc le ressort de la moralité : « tout est expérimental en nous » (*Salon de 1767*). Quand Jaucourt écrit encore à l'article « Vertu » de l'*Encyclopédie* : « livrez-vous à votre conscience, à cet instinct moral si sûr et si fidèle, et vous distinguerez bientôt la vertu, car elle n'est qu'une grande idée, ou plutôt qu'un grand sentiment », Diderot affirme que ce sentiment est illusoire et que c'est seulement parce que « nos habitudes sont prises de si bonne heure qu'on les appelle naturelles, innées » (*op. cit.*). Face à ce nécessitarisme ou ce « fatalisme » radical, Rousseau maintient un libre-arbitre fondé sur la liberté divine et ce qu'il appelle « la preuve de sentiment » dans sa lettre à Voltaire de 1756, tout en restant conscient de la force de la thèse adverse (dont il reconnaît l'inquiétude persistante en lui dans la IIIe Promenade). En quoi il se trouve relativement isolé (du moins parmi ses pairs) puisque, selon Jean Ehrard, c'est aux alentours de 1750 que la thèse « fataliste » l'emporte « à l'unanimité des philosophes » (*L'idée de nature en France dans la première moitié du XVIIIe siècle*, *op. cit.*, p. 671). Sur cette question, on peut aussi consulter E. Bréhier, « Les lectures malebranchistes de J.-J. Rousseau », *Études de philosophie moderne*, Paris, 1965, p. 84-100 ; J. Domenech, *L'Éthique des Lumières* (1998), Paris, Vrin, 2008 ; B. Guion (dir.), *Le Sentiment moral*, Paris, H. Champion, 2015.

« HISTOIRE DU PRÉCÉDENT ÉCRIT »

Note 2, p. 525. « *Duclos, que j'avois estimé au point de lui confier mes confessions.* »

Charles Pinot-Duclos (1704-1712 est une figure importante de la République des Lettres et de la mondanité des Lumières. Romancier : *Histoire de Madame de Luz* (1740), *Les Confessions du comte de**** (1741) ; conteur : *Acajou et Zirphile* (1744) ; il est aussi moraliste : *Considérations sur les mœurs de ce siècle* (1751 et 1764). Historiographe de France, il est membre de l'Académie des Inscriptions depuis 1739, secrétaire perpétuel de l'Académie française depuis 1755, et membre de l'Académie de Berlin et de la Société royale de Londres. Parmi ses travaux savants, on peut mentionner la grande part qu'il a prise à l'édition de 1762 du *Dictionnaire*, ses *Remarques sur la Grammaire de Port-Royal* (ouvrage que Rousseau a utilisé lorsqu'il travaillait à l'*Essai sur l'origine des langues*, de même que son article « Déclamation des anciens » donné à l'*Encyclopédie*). Jusqu'en 1770, il eut la confiance de Rousseau et il joua un rôle certain dans la décision qu'il prit à Môtiers de se lancer dans *Les Confession.* Il l'encourageait en effet à écrire ses Mémoires (14 nov. 1764, *CC.* n° 3644), Rousseau lui répondant alors qu'« ils sont trop difficiles à faire sans compromettre personne pour y songer », mais qu'il « n'y renonce pas » (*CC.* 3691). En décembre 1764, Duclos lui écrit qu'il a loué « très publiquement » les *Lettres de la montagne* afin qu'on autorise leur diffusion, lui envoie une nouvelle édition des *Considérations* : « comme l'ouvrage est assés diferent de ce qu'il etoit, vous me ferez plaisir de m'en dire votre avis », et l'« exhorte plus que jamais à écrire les mémoires dont je vous ai parlé, dussent-ils avoir un jour un codicille. » (*CC.* n° 3739). Dans sa réponse, Rousseau le met au courant du « libelle effroyable » qui court en Suisse contre lui (dont il attribue la teneur « à la Dame d'Epinay [qui] a fourni des mémoires à sa manière ») et se dit résolu à entreprendre les siens, quoique en ne décelant pas « les secrets qu'elle m'a confiés » : « je vous avoue cependant que j'ai peine encore à vaincre ma répugnance et je prendrai des mesures pour que rien ne paroisse de mon vivant. Mais j'ai beaucoup à dire et je dirai tout, je n'omettrai pas une de mes fautes, pas même une de mes mauvaises pensées. Je me peindrai tel que je fus, tel que je suis ; le mal offusquera presque toujours le bien, et malgré cela, j'ai peine à croire qu'aucun de mes lecteurs ose se dire, Je suis meilleur que cet homme-là. » (13 janv. 1765, *CC.* n° 3875). Puis leur correspondance se raréfie.

En juillet 1766, d'Alembert, écrivant à Hume, cite Duclos parmi Turgot, Morellet, Marmontel et quelques autres réunis chez Mlle de L'Espinasse, comme étant de ceux qui lui conseillent de publier ce qui deviendra l'*Examen succinct*, en ajoutant : « Mr Duclos en particulier me charge de vous dire que quoiqu'il ait été jusqu'à présent ami de Rousseau, il trouve que sa conduite avec vous est inexcusable, quelle est pleine de noirceur, et qu'il est nécessaire de la dévoiler » (*CC.* n° 5300) ; un peu plus tard dans une autre lettre à Hume, d'Alembert lui glisse qu'il sait « de Duclos son ami à qui il l'a dit, ainsi qu'à bien d'autres, que [Rousseau] *ne peut pas souffrir toutes les personnes à qui il a de l'obligation* » (*CC*. n° 5338, c'est lui qui souligne). En revanche, un correspondant de Rousseau lui écrit en novembre 1766 qu'un homme de lettres lui ayant soutenu la même chose en s'autorisant du témoignage de « vos amis mêmes », il a écrit à Duclos qui lui a répondu « Je n'ai jamais entendu tenir par Rousseau les propos dont vous parlez. Je suis loin de l'excuser en tout ; mais le connoissant aussi parfaitement que qui que ce soit, je ne me dispenserai jamais de le plaindre » (*CC*. n° 5583). En août 1769, anticipant sa propre disparition, Rousseau écrit à sa femme que « C'est à ce titre d'honnête homme que vous pouvez donner votre confiance au seul homme de lettres que vous Savez que je tiens pour tel. Ce n'est pas un ami chaud, mais c'est un homme droit qui ne vous trompera pas et qui n'insultera pas ma mémoire, parce qu'il m'a bien connu et qu'il est juste ; mais il ne se compromettra pas et je ne désire pas qu'il se compromette » (*CC*. n° 6599). Cependant, dans *Les Confessions*, après avoir présenté Duclos comme « le seul ami vrai que j'aye eu parmi les gens de lettres », Rousseau ajoute dans une note ultérieure à 1770 : « Je l'ai cru si longtems et si parfaitement que c'est à lui que depuis mon retour à Paris je confiai le manuscrit de mes confessions. Le defiant J.J. n'a jamais pu croire à la perfidie et à la fausseté qu'après en avoir été la victime. » (Livre VII, *OC*. I Pléiade, p. 290).

L'ATELIER DE L'ŒUVRE

I. TRAME ARGUMENTATIVE DES TROIS DIALOGUES DE *ROUSSEAU JUGE DE JEAN JAQUES*[1]

> Ce que j'avois à dire [...] est noyé dans un cahos de desordre et de redites : mais il y est ; les bons esprits sauront l'y trouver.
> JJR.

On propose ici une analyse systématique de l'argumentaire des trois entretiens de *Rousseau juge de Jean Jaques*[2]. Il semble inutile d'épiloguer sur le bien-fondé d'un tel examen, dont la nécessité se vérifie dès qu'on s'attaque à la structure argumentative d'une ou deux pages du texte prises au hasard : Michel Foucault l'avait écrit dans une préface célèbre, « Les *Dialogues* [...] ont au fond la structure des grands textes théoriques[3] ». Sans doute pensait-il surtout à ce qui dans cette œuvre – notamment le IIe entretien – peut rappeler la démarche intellectuelle du second *Discours* fondant par « conjecture »

1 Un premier état plus développé de cette recherche concernant la structure conversationnelle et argumentative des *Dialogues* a été publié sous le titre : « La disposition du propos dans *Rousseau juge de Jean-Jacques* », in Isabelle Brouard-Arends (dir.), *Lectures de Rousseau : Rousseau juge de Jean-Jaques. Dialogues*, Rennes, PUR, 2003, p. 19-53. Aux agrégatifs qui préparaient en 2003-2004 cette œuvre difficile, il s'agissait de fournir des points de repère utiles pour l'envisager selon l'ordre des raisons (sans préjudice de celles du cœur), plutôt que sous celui du « délire » – malheureusement acquis comme une « évidence » parmi trop de critiques et d'universitaires.

2 Au titre des rares tentatives en ce sens, on peut consulter la lecture (un peu cursive) de J.-F. Jones au chap. III : « The argument as hermeneutic quest », de son ouvrage *Rousseau's Dialogues, an Interpretive Essay*, Droz, 1991 ; quelques pages de Béatrice Didier dans son article « Le fantasme du jugement et la rhétorique judiciaire dans les *Dialogues* », *Méthodes !*, Vallongues, 2003, p. 137-138 ; et une étude de Jean Dagen : « La question de la preuve et de la logique dans les *Dialogues* », *AJJR*, n° 50, 2012, p. 185-216.

3 M. Foucault, *Dits et écrits* I, *op. cit.*, p. 179.

la théorie des deux passions humaines originaires pour en déduire tout le système ; quoi qu'il en soit, il reste vrai qu'on vérifie, à l'examen, qu'il ne faut pas trop croire Rousseau quand il prétend que son texte manque « d'ordre et de suite » : toute sa vie de penseur et de polémiste l'a rodé à l'argumentation rigoureuse, et s'il rêvait sans doute de faire mieux, le résultat ne manque finalement pas d'allure ; jusqu'aux fameuses « redites », où l'on préférera souvent lire de subtiles variations d'éclairage de certaines facettes sensibles des questions, sous des régimes énonciatifs très calculés : on sait que c'est là un des endroits où sa poétique générale s'avère la plus audacieuse[1].

ANALYSE DU PREMIER DIALOGUE

Le Ier entretien[2] se développe selon **quatre mouvements** : démonstration que le criminel en question et J.J. ne sont pas le même homme (162-200) ; exposé de la stratégie secrète appliquée contre J.J. (200-232) ; exposé, suivi d'un débat, sur la nécessité d'un procès public de J.J. (232-273), débat sur la nécessité et la possibilité de le connaître par soi-même (274-286).

1 *Cf.* Laurence Mall, *Émile ou les figures de la fiction*, Oxford, SVEC 2002 :04.

2 Je n'ai pas intégré les notes infrapaginales pour éviter la surcharge. Néanmoins, l'argumentaire développé dans ces notes contribue, à sa place et selon son plan d'énonciation, à la démonstration d'ensemble. C'est toute la question des complexités du dispositif de vicariance énonciative chez Rousseau depuis l'*Émile*. JJR. s'adresse en effet toujours, explicitement ou pas, à tel individu réel supposé lire le texte au moment où la note intervient (161, 365, etc.), avec parfois une dimension injonctive marquée (473, 512). Ces interventions ont plusieurs fonctions : elles peuvent apporter des compléments aux informations données par « Rousseau » (303, 353), voire les étayer par des éléments dont le personnage de la fiction dialoguée ne peut disposer (430, 439) ; elles peuvent aussi confirmer les propos tenus dans l'échange par l'un ou l'autre interlocuteur (378, 400) ; elles peuvent être implicitement adressée au Pouvoir (422, 507). Mais elles rappellent également au lecteur les contraintes de la logique fictionnelle du dispositif dialogué (432), logique dont l'invraisemblance obligée quand elle concerne les raisons de « ces Messieurs », doit être prise *cum grano salis* (283) ; il peut d'ailleurs arriver que JJR. se désolidarise des « solutions » le concernant imaginées dans le dialogue (506). Symétriquement, il peut revenir sur un point du dialogue concernant J.J., en parlant comme si lui-même (l'instance auctoriale) était J.J. (377-510).

I. J.J. NE PEUT ÊTRE LE CRIMINEL EN QUESTION

Démonstration en deux paliers :

1. **Exposé de « Rousseau » sur le monde idéal**, fondé sur le lieu des dérivés et/ou celui de la cause et de l'effet, et montrant que l'auteur d'*Émile* et de la *Nouvelle Héloïse* ne peut être un criminel (162-171).
2. **Ier interrogatoire « maïeutique »** du « François » par « Rousseau », fondé sur le lieu des contraires et/ou celui de la non-contradiction[1] : si J.J. ignore la musique, alors *a fortiori* il n'est pas l'auteur des écrits musicaux qui lui sont attribués (172-185), et *a fortiori* encore, il n'est pas l'auteur de l'ensemble des écrits qui lui sont attribués (185-190); cette démonstration par l'absurde dénonce l'incohérence de la thèse combattue, en la poussant à sa limite logique. Ainsi aboutit-on à la conclusion de « Rousseau » : impossibilité que l'auteur et le criminel soient le même homme. Ce qui suscite un débat sur l'effet procuré par les écrits supposés de J.J. et sur la façon de les lire (190-198), d'où suit une interrogation symétrique des deux interlocuteurs : faut-il, pour s'en assurer, lire les écrits attribués à J.J. et/ou le fréquenter ? (198-201).

II. EXPOSÉ DE LA STRATÉGIE SECRÈTE EXERCÉE CONTRE J.J.

Second interrogatoire maïeutique du « François » en **six questions**, aboutissant à la certitude que J.J. n'est pas traité selon le Droit :

1. Pourquoi n'est-il pas possible de lui dire ses vérités en face ? (201-206)
2. Est-ce qu'il n'est pas dangereux de laisser un tel criminel en liberté ? (206-210)
3. Est-il légitime juridiquement de proscrire quiconque sans condamnation en forme ? (210-220)
4. La persécution secrète de J.J est-elle véritablement le fruit d'une intention bonne à son égard ? (220-226)

1 *Lieu des dérivés* : ce qui est dit d'un sujet peut être dit de ce qui en dérive, de ce qui lui est accouplé ou inséparable; *lieu de la cause et de l'effet* (ou *de l'antécédent et du conséquent*) : si un phénomène est la conséquence d'un autre, et si ce phénomène existe, la cause existe aussi; *lieu des contraires* : si un accident est à une chose, la négation ou le contraire de la chose est au contraire de l'accident; *lieu de la non-contradiction* : un phénomène ne peut avoir un attribut et son contraire. Ces définitions sont tirées de M. Angenot, *Le Discours pamphlétaire*, Paris, Payot, 1982, p. 383 et suiv.

5. Y a-t-il rien qui empêche ce criminel de commettre d'autres crimes ? (226-229)
6. Quels honnêtes gens peuvent le fréquenter (puisqu'on le fait, selon « le François », pour le bien public) ? (229-232).

À la fin de cet échange, « Rousseau » obtient avec soulagement la confirmation de l'absence de condamnation juridique publique contre J.J. (232-233).

III. EXIGENCE D'UN PROCÈS PUBLIC DE J.J.

Exposé de « Rousseau » (quasi sans interruption) (233-248) ; puis **débat** maïeutique avec son interlocuteur (248-274).

1. **L'exposé.** Il s'organise en deux mouvements :

a. (232-239) : Présomption n'est pas certitude (surtout pour quelqu'un comme « Rousseau » dont l'équilibre personnel dépend de la certitude que l'auteur des écrits qui l'ont aidé à vivre n'est pas un criminel).
b. (239-248) : Refuser un procès public à J.J. c'est saper l'assise de toute société (réfutation de l'objection du « François » affirmant que le monstre J.J. est étranger au Droit) :

α. l'erreur est humaine (pas d'évidence ici-bas hors confrontation des opinions contradictoires, Dieu est seul juge impartial).
β. nécessité d'une défense pour l'accusé (sa célébrité peut influencer le juge : il lui faut un avocat, etc. ; toute violation des droits de l'accusé à la défense accuse ses accusateurs).
γ. problème de l'erreur judiciaire (série d'exemples ; supériorité de l'Angleterre sur la France en matière de droit criminel).
δ. la présomption d'innocence = droit naturel fondamental (la certitude du crime est-elle jamais assurée ? illustrations de l'arbitraire de la justice : série d'exemples ; arbitraire et torture).

Conclusion : le cas J.J. (= renversement de l'estime universelle en opprobre général) exige particulièrement le respect des formes juridiques.

2. **Débat maïeutique en quatre points.**

a. Sur l'*ethos* (le caractère, la réputation) du supposé criminel (248-257).
b. Sur l'illégalité de toute accusation sans procès (257-263).
c. Sur la conformité au bien de l'accusé de son inculpation officielle (263-268).
→ *Nb.* Brève prosopopée (p. 263) en forme de réquisitoire fictif, comme exemple de ce qu'il faudrait faire).
d. Sur la force réelle des preuves alléguées contre J.J. (268-274).
→ *Nb.* Aveu du « François » : par amour-propre, la démonstration de l'innocence de J.J. le lui rendrait encore plus haïssable : aveu annoncé par « Rousseau » comme destiné à être utilisé plus tard « en tems et lieu » (*Cf.* IIe entretien, 410-411 et IIIe entretien, 514).

IV. DÉBAT SUR LA DÉCISION PRISE PAR « ROUSSEAU » D'EXAMINER J.J. PAR LUI-MÊME

Il se développe en **trois étapes**, avant d'aboutir à un accord (274-286).

1. À cette décision, « le François » oppose **trois premières objections** portant sur les personnes de l'enquêté et de l'enquêteur (274-276) : accessibilité aléatoire d'un tel misanthrope, insincérité obligée avec l'examiné (contrat de « secret » souscrit par « Rousseau » lors de la révélation hors diégèse des crimes de J.J.), effets de la subjectivité de l'enquêteur sur l'enquête.
2. « Rousseau » répond que sa sincérité désarmera la méfiance de J.J., qu'il aborde l'enquête dans un esprit de doute systématique, et enfin qu'il n'a pas d'intérêt à se tromper (276-277).
3. Suit l'objection majeure du « François » (d'ordre philosophique cette fois), l'argument de l'unanimité : a-t-on jamais raison seul contre tous ? À quoi « Rousseau » répond en **quatre points** (277-284) :

a. Hypothèse de la « ligue » : l'affaire J.J. est politique, d'où le secret qui la caractérise et l'impact des moyens mis en œuvre ; la force y prime le droit, l'appareil de la justice en participe : nécessité d'entendre l'accusé.
b. Méthode de contre-enquête recherchant documents authentiques et témoins étrangers à l'affaire.

c. Thèse sur le caractère *a priori* suspect de toute unanimité publique (argument de l'erreur inhérente à toute *doxa*).

d. « Discours de la méthode » de l'enquête 282-284) : sa conscience est son unique guide en cette affaire ; sa conviction intime est qu'un Suisse libre (comme lui-même et J.J.) ne peut être un monstre ; prudence de son approche néanmoins, car il est soucieux de ne pas s'abuser ; principe de s'en remettre à soi (observation, bon sens, jugement) et non au discours d'autorité ; l'erreur reste possible car elle est humaine, mais tout aura été fait pour l'éviter (argument contre une objection sceptique implicite).

CONCLUSION

Succès de « Rousseau » : après une ultime provocation hyperboliquement persifleuse révélant une distance critique à l'égard de l'accusation, « le François », ébranlé par l'entretien, s'engage à lire les livres de J.J. (284-286).

ANALYSE DU SECOND DIALOGUE

Le IIe entretien est plus simplement organisé que le précédent sur le plan conversationnel. Outre l'ouverture dialoguée introductive, il présente une séquence de deux « cellules » composées chacune d'un échange suivi d'un long exposé de « Rousseau » : la première s'organise autour du rapport d'enquête de celui-ci auprès de J.J. (292-404) ; la seconde interroge les causes de l'animosité unanime contre lui (404-448).

Ouverture dialoguée (289-292)

Du temps s'est écoulé ; « Rousseau » est censé avoir vu J-J. ; « le François » est censé l'avoir lu ; il cède la parole à son interlocuteur ; rapide mise au point : « Rousseau » dira ce qu'il a vu/pensé, non ce qu'il faut penser (289-290) : J-J. n'est ni vertueux ni scélérat : le vrai J-J. = l'ancien (*vs* création récente de ses adversaires) ; « Rousseau » dira exclusivement ce qu'il a vu/cru voir (290-292) ; récit de la rencontre de « Rousseau » avec J-J. (citation de la lettre d'introduction écrite par « Rousseau » à son adresse, réponse de J-J.)

I. RAPPORT DE « ROUSSEAU » SUR J.J. (292-404)

Échange initial, suivi du rapport d'enquête de « Rousseau ».

A. *Échange initial (292-317)*

Il s'organise en **deux temps** : affaire des portraits de J.J. (293-299), aperçu global de la méthode, des circonstances et des résultats de l'enquête (299-317).

1. **Portraits de J.J.** L'échange comporte trois volets : **a.** allure générale de l'homme, **b.** citation de son *Quatrain* sur ses portraits, **c.** histoire « conjecturale » (rapportée avec prudence) de la défiguration programmée de son image selon sa propre analyse.
2. **L'aperçu global** (299-317). Il comporte cinq volets : **a.** un exposé de méthode valorisant l'enquête au quotidien comme mode d'accès à la vérité existentielle (299-300), **b.** un bref récit de l'accord vite trouvé entre enquêteur et enquêté (300-303), **c.** un exposé de la dialectique solitude / communauté chez J.J. (303-307), **d.** un abrégé de sa vie au quotidien : tropismes, dires et actes (308-314), **e.** un résumé des problèmes touchant la transmission des résultats de l'enquête : le « dire » laisse échapper l'évidence du « voir-croire » + risques d'artificialité rhétorique, d'où choix d'une présentation synthétique à partir de l'intuition recueillie, mais le contact avec l'homme J.J. reste irremplaçable en dernière instance (314-317).

B. *Le rapport d'enquête (317-404)*

Il s'ouvre avec un **premier dossier** (317-350) : exposé systématique du portrait synthétique annoncé (pratiquement monologique à part une brève interruption du « François » p. 320). Le **second dossier** (appelé par des questions de celui-ci sur l'attribution à J.J. de ses écrits et sur les raisons de son travail salarié) expose les vrais motifs de sa conduite induits de l'observation quotidienne (350-404).

– B.I. Premier dossier (portrait synthétique de J.J.)

Il comporte trois volets : tempérament et sensibilité (317-331), conduite et mœurs (331-339), déduction hypothétique du caractère à partir des données du tempérament (339-350).

1. Premier volet

a. **L'étude du tempérament de J.J.** (317-322) cadre celui-ci comme apathique (317-319), mais doublé d'une âme occasionnellement ardente pour de belles causes (319-322), l'ensemble définissant un type « mixte », dominé par cette contradiction (322).
b. **L'étude de la sensibilité de J.J.** présente deux moments :

α. une double série de préalables théoriques posant l'irréductibilité de la sensibilité proprement dite au physiologique, et rappelant la généalogie de l'amour-propre à partir de l'amour de soi (322-325).
β. un exposé systématique de la sensibilité générale de J.J., avec distinction de l'ordre de la sensation (sensibilité physique) (325-328) et de l'ordre du sentiment (sensibilité morale) (328-330), le second surdéterminant l'ensemble.

2. Second volet. Il concerne **conduite et mœurs** et se décompose en **trois éléments** aboutissant à **l'inférence du caractère de J.J.** :

a. <u>introduction à la méthode suivie</u> (observation privilégiées de l'instinctif et du cordial) avec caractérisation générale du sujet étudié par l'inégalité de conduite (330-331) ;
b. <u>sociabilité imaginaire de J.J.</u> : solitude heureuse par construction imaginaire de rapports humains idéaux (331-333) ;
c. <u>rêverie et contemplation</u> = l'essentiel de sa vie mentale (333-337) ;
→ <u>Caractère de J.J.</u> : par inférence, ses mœurs découlent naturellement de la contradiction fondamentale de son tempérament « mixte » (cœur ardent / esprit lent) : inconséquence pratique, imprévoyance et imprudence, détachement de la société des hommes réels (337-339).

3. Troisième volet. **Déduction hypothétique du caractère à partir des précédentes données.** Deux temps : déduction puis vérification.

   a. **La déduction** comprend elle-même deux moments :

      α. Définition de la méthode suivie : « écartons un moment tous les faits, ne supposons connu que le temperament que je vous ai décrit, et voyons ce qui devroit naturellement en resulter dans un être fictif dont nous n'aurions aucune autre idée » (340).

      β. Présentation du résultat (en mode hypothétique). Ce résultat (la déduction du caractère d'un tel être) relève les traits suivants : inaptitude à la vie publique mais facilité au rapport intime ; médiocrité générale mais possibilités occasionnelles de brillant ; risque de confusion songe/réalité et donc exposition à la désillusion ; passivité fondamentale et donc bonté naturelle mais sans force, quasi incapacité au bien, incapacité absolue au mal volontaire. CQFD (340-345).

   b. **Vérification** de l'adéquation du modèle au caractère de J.J. par retour à l'observation, cela dans deux domaines : comportement dans le malheur (345-348), histoire de sa transformation en auteur de génie (348-350).

– B. II. Second dossier (350-404)

Il prend une allure plus dialectique que le précédent, car il répond aux questions du « François » concernant l'attribution des écrits de J.J. et sa relation au travail (350). À l'égard de la méthode, **l'inférence** y domine à nouveau : le rapporteur paraît procéder de l'observation empirique vers la généralisation. Ce dossier comporte **quatre volets** : J.J. et le travail (350-376), J.J. et la vie sociale (378-389), typologie générale des tempéraments en société et tableau de la véritable honnêteté (389-394), identité de l'homme, de l'auteur et du compositeur du *Devin* (394-403) ; avec un bilan intermédiaire entre le Ier et le 2e volet (376-378), et une conclusion.

1. Premier volet. Présentation des relations de J.J. au travail sous **trois points de vue** : celui de son emploi du temps depuis son retour

à Paris (352-359), celui de J.J. lui-même en discours rapporté (359-365), celui du rapporteur (365-376).

a. **L'emploi du temps**, présenté dans un échange assez persifleur rappelant le ton du Ier entretien, comporte les rubriques suivantes : copie de musique, composition, herborisation (brève passe d'arme persifleuse sur le thème de l'empoisonneur, 354-357), travaux intellectuels – dont des « Dialogues ».

b. Conversation rapportée : aux insinuations du « François » sur la comédie de la copie musicale, répond l'échange rapporté de « Rousseau » avec J.J. sur ses conditions de vie réelles (disc. indirect, puis disc. direct) : mise au point sur ses revenus médiocres ; avantages moraux de la copie de musique : garder l'âme bonne par la vie douce ; refus du salariat intellectuel (condition du génie = désintéressement) ; d'ailleurs empêchement probable de publier (topique de la persécution + abrégé incident des principes des « philosophes » : ambiguïté morale, déterminisme, négation de la conscience, impiété = doctrine de dominants) ; quant à lui-même : écrire par amour de la vérité, non pour la gloire (359-365).

c. Conclusion du rapporteur. « Rousseau » infère de la constitution de J.J. (*i. e.* sa pente à la « vie automate ») son adéquation au travail de copiste (366-377).

d. Bilan intermédiaire (377-378) Le paradoxe de J.J., comme exemple de vie naturelle, est de paraître exceptionnel en raison même de sa simplicité : telle est la clef de l'incompréhension des hommes.

2.-3. Deuxième et troisième volets. Dossier des motivations profondes de J.J. : celles qu'on peut inférer de l'observation de sa conduite dans les rapports sociaux, sur fond de considérations théoriques générales concernant les bases physico-physiologiques des conduites sociales.

a. Conduite sociale de J.J. (378-389) : elle est dominée par la combinaison d'une hyper-passivité dans le réel et d'une suractivité dans l'imaginaire : incapacité naturelle à la rivalité sociale ; éthique d'abstention par défaut de force ; neutralisation du désir (indolence, abandon, préférence des biens imaginaires) ; endurance aux maux réels, conjuration des maux imaginaire par la mémoire heureuse ;

art de l'oubli contemplatif dans l'empyrée des fictions ; incapacité au mal comme au pardon, indifférence oublieuse (ex. des *Confessions*), néantisation mentale de l'ennemi.

b. Considération générales de « Rousseau » sur le rapport tempérament / conduite sociale et sur l'honnêteté (389-394) :

α. **Parallèle** opposant les conduites sociales des tempéraments froids (où domine l'amour-propre) avec celles des tempéraments ardents (où domine l'amour de soi), suivant une suite de dichotomies : dissimulation *vs* transparence ; passions sociales (secondaires) *vs* passions naturelles (primaires) ; prudence, contention, capacité de haïr *vs* emportement, colère sur fond aimant ; éloquence de l'esprit vif *vs* maladresse du cœur sensible (389-391).

β. **Réflexion** sur la véritable honnêteté : celle de l'homme de la nature éclairé par la raison, d'où l'on déduit que J.J. incarne le véritable honnête homme (391-394).

4. Quatrième volet (394-403). **Réponse** de « Rousseau » au « François » touchant l'attribution des œuvres de J.J. – mais sur le pb. du *Devin* uniquement (il n'a plus besoin d'autre preuve, concernant l'identité de l'auteur et de l'homme, que ce qu'il vient de rapporter). **Quatre points** :

a. ce qui vaut pour la *Nouvelle Héloïse* vaut pour le *Devin* (l'identité d'effet = preuve de l'unicité de source).

b. réussite de J.J. à l'examen de composition musicale auquel « Rousseau » l'a soumis.

c. unité stylistique avec le *Devin* de toutes les compositions récentes de J.J.

d. vocation et dons de J.J. pour la musique.

Conclusion du rapport (403-404) Trois éléments ne seront pas rapportés : la vie intime de J.J., ce qui n'est pas vraisemblable dans sa vérité (quoique favorable), ses vices enfin dans la mesure où ils n'ont pas nui. Ainsi le J.J. des adversaires de J.J. et celui de « Rousseau » ne sont pas le même homme. Qu'en pense « le François » ?

II. LE PROBLÈME DE L'ANIMOSITÉ
UNANIME CONTRE J.J. (404-448).

Comme pour le premier thème, un échange initial introduit le problème (404-410), pour céder la place ensuite à l'exposé systématique (mais pas réellement monologique, voir plus bas) des positions de « Rousseau » (410-448).

A. *Échange initial*

Il interroge la possibilité d'échapper au parti-pris dans un examen comme celui auquel s'est livré « Rousseau ». Il se développe en **deux points** : réaction du « François » (404-408), première réponse de « Rousseau » à ses objections (408-410).

1. Concession et objections. « Le François » accorde qu'entre les deux portraits de J.J. par « Nos messieurs » et par « Rousseau », la différence est telle que l'un est probablement une fiction destinée à contredire l'autre. Il accorde également que « Rousseau » ne ment pas mais suppose que son penchant pour son objet a pu l'égarer (reprise du débat engagé sur ce point au Ier entretien, **D**, 1-2). Il lui objecte trois arguments : la rébrobation contre J.J. des honnêtes gens extérieurs à la ligue ; un rappel condensé des crimes attribués à J.J. ; l'unanimité sur sa noirceur morale.
2. Première réponse de « Rousseau ». Réfutation rapide de ces objections (408-410).

a. Double déclaration de principe : caractère insoluble de l'énigme de l'unanimité contre J.J., limites de toute conviction rationnelle : la conscience suit son penchant quand il n'y a plus d'autre issue (comparaison avec la foi).
b. L'unanimité est interprétée par **trois thèses** dont l'avant-dernière est nouvelle dans le débat, et la troisième proche de celles attribuées à J.J. par le rapport (p. 296-299 et 363-365) :

α. cette unanimité résulte d'une <u>contagion générale</u> de l'opinion, incapable, par amour-propre, de se réformer, même devant l'évidence (rappel au « François » de ce qu'il a

reconnu constater en lui-même sur ce point au Ier entretien, p. 273-274)[1]
β. thèse de l'animosité unanime (*i. e.* de l'intention de nuire délibérée dissimulée sous la bénévolence prétendue du traitement infligé au supposé criminel) : double illustration : J.J. au théâtre (concentration maléfique), chute de la rue Saint Honoré (dispersion/abandon).
γ. thèse de sa programmation délibérée.

B. Exposé de « Rousseau » (410-418)

Il procède en trois étapes : redéfinition de la problématique d'ensemble par position du problème de l'animosité générale contre J.J. et de ses causes possibles ; essai de généalogie de la haine du public à son égard ; possibilités restantes de chercher la vérité.

1. Première étape (410-417) : l'argumentation se développe en chiasme, reprenant *in fine* l'hypothèse de départ suivant laquelle les « philosophes » sont la cause motrice et que leur motif est paradoxalement l'innocence de J.J. comme contradiction incarnée aux thèses de leur « parti ». La thèse est reprise p. 416, avec un développement sur les enjeux éthiques du comportement de J.J., le problème que pose le succès de ses écrits, le fait que sa pensée exerce une récurrence critique à la fois sur les pouvoirs en place et sur le parti « philosophique ». Au centre de l'argumentaire, il est demandé comment le public s'est si aisément laissé manœuvrer, et surtout comment a été obtenue sa collaboration active (ligue générale – individus, corps, métiers, conditions –, pour empêcher la formulation de sa justification). Hypothèse : c'est l'innocence de J.J., non sa monstruosité, qui explique sa persécution (avérée, elle blesserait tous les amours-propres, d'où la conspiration pour empêcher sa parole publique).
2. Deuxième étape (417-424) : tentative de généalogie conjecturale de la contagion haineuse contre J.J. : dénaturation de sa pensée, utilisation

1 On retrouve ici un trait foncier du style argumentatif de Rousseau : excellent joueur d'échecs, il anticipe de loin le devenir et les effets des arguments et, comme ici, d'une concession extorquée au « François » par son interlocuteur au cours du premier entretien. Parmi d'autres indices, on vérifie ici que la structure argumentative des *Dialogues* était mentalement achevée pour l'essentiel lorsque Rousseau est passé à la rédaction.

de ses erreurs et de ses imprudences en faveur de la vérité (faire croire qu'il vise les personnes, lui aliéner des « ordres » qu'il ne combat pas, attiser la haine virtuelle des puissants et des puissances) ; formatage de l'opinion à la haine de J.J. par recyclage efficace des méthodes des jésuites ; application et généralisation à son occasion du fondement principiellement intolérant et haineux de la « philosophie » dominante.
– Dimension dialectique : Au cours de cette généalogie hypothétique, « Rousseau » dialogue toujours implicitement avec « le François », affrontant les questions déjà posées de celui-ci, ou faisant comme si c'étaient bien ses questions (par ex. p. 412 : « comment cela s'est-il pu faire ? Voilà votre difficulté qui revient toujours » ; ou p. 424 : « quelque facile que soit cette pente, il est toujours bien étonnant, dites-vous … Je conviens que … »).

3. Troisième étape (424-427) : examen de ce qui peut et doit être fait en faveur de la vérité ; cela en **deux mouvements** : examen des ressources subsistant dans le public malgré le verrouillage général de l'opinion (424-429) ; examen de la vraisemblance des crimes allégués contre J.J. (429-447).

a. Évaluation des ressources. Celles-ci sont de deux sortes et impliquent une conséquence : relativité probable des degrés d'adhésion au complot dans l'opinion (du cynisme absolu des maîtres d'œuvre jusqu'à la simple suspension implicite de jugement chez les moins impliqués) ; possibilité de tabler sur la droiture naturelle du cœur humain : la bonne conscience impliquant la mobilisation pour la vérité au premier soupçon (ce qui est répondre de loin à l'objection de la p. 405), sous peine de complicité avec le mensonge. La conséquence (le doute méthodique concernant J.J. est l'affaire de tout honnête homme) provoque une objection du « François » : tout le monde ne peut pas faire ce que « Rousseau » a fait ; celui-ci rétorque que la passivité favorise la calomnie et que (enseignement du rapport précédent) J.J. mérite qu'on s'occupe de son cas car non seulement il n'est pas abject, mais encore l'acharnement de ses adversaires démontre leur estime (argument par rétorsion) ; finalement, un honnête homme (qui se pense sincèrement tel et qui doute) doit tout admettre ou tout rejeter (lieu du tiers exclu).
b. Examen des crimes allégués par « le François » (406-407). « Rousseau » pose d'entrée que la criminalité de J.J. est sans réalité

à ses yeux : il examine seulement la rationalité de l'accusation, cela dans **deux domaines principaux** : criminalité sexuelle, dureté à l'égard des hommes ; un troisième domaine annoncé n'est pas explicité.

α. **criminalité sexuelle** (429-435). Deux réfutations suivies d'une hypothèse : objection de fait (la jeune anglaise envoyée par son père auprès de J.J.) ; objection par fiction : en supposant l'accusation portée à l'époque où J.J. avait bonne réputation, ceux qui l'ont connu devaient – comme honnêtes gens – mener l'enquête que mène « Rousseau » (brève prosopopée, p. 430-431) ; ils sont donc passivement complices (de J.J. ou du complot) : CQFD. À quoi succède une généalogie hypothétique de cette rumeur : la révélation publique d'une « première faute » est probablement la cause initiale de son déclenchement (pas d'explicitation : probablement l'abandon des enfants) ; suit le processus de sa propagation (par disqualification rétrospective de l'ensemble de la vie de l'accusé) ; le phénomène relève de la logique générale de la rumeur comme système irrationnel d'interprétation par le pire (ex. : utilisation défigurante des lectures des *Confessions* et déformation libertine de *La Nouvelle Héloïse*).

β. **dureté de J.J.** (435-445). Quatre objections : histoire passée de sa bonté (dureté actuelle = réactive, non de nature) ; réduction à l'absurde de l'accusation (personne ne cherche l'appui d'un réprouvé ; agirait-il en saint qu'il n'en parlerait pas, ni quiconque ; logique de la rumeur (qui croit le voir ne le voit pas, déformation inévitable de tous ses actes et donc nécessité de s'abstenir). Il reste une « **seconde peine** » **énigmatique** (445-447) confiée à « Rousseau » seul, et sur laquelle il se tait : cette accusation-là vise J.J. au cœur pour le pousser au suicide, c'est-à-dire le faire taire. Malgré cette souffrance, il demeure cependant tranquille.

CONCLUSION GÉNÉRALE

« Rousseau » admet les limites de l'exercice : les éclaircissements apportés sont insuffisants car **la causalité profonde de toute l'affaire reste dérobée**. Il s'en tient néanmoins à ses conclusions comme les plus probables, car elles sont fondées sur ce qu'il a vu par lui-même.

Tout discours concernant J.J. doit être suspecté *a priori* car le propre du mensonge est de ressembler à la vérité. Jusqu'au procès public où il faut aller, « Rousseau » juge J.J. innocent. C'est au tour du « François » de rapporter ce qu'il a tiré de sa lecture de ses écrits. Celui-ci demande un délai car il part à la campagne. (L'entretien suivant montre que c'est pour se livrer à une seconde étude des livres de J.J., nécessitée par ce qu'il vient d'entendre).

ANALYSE DU TROISIÈME DIALOGUE

Le IIIe entretien, comme le second, enchaîne deux « cellules » associant chacune une séquence dialoguée et une séquence d'exposé. « Le François » présente d'abord les résultats de sa lecture des écrits attribués à J.J. et les conclusions qu'il en tire en sa faveur (452-477). S'ensuit un débat lancé par « Rousseau » sur la nécessité de militer pour sa confrontation publique à ses adversaires, où la discussion prend la forme d'une alternance dialectique d'assez brefs exposés. On conclut sur l'utilité de travailler, en compagnie de J.J., à l'advenue de la vérité dans la postérité (477-521).

OUVERTURE DIALOGUÉE (451)

Cet entretien fait suite à un « long séjour en campagne » du « François » (« quelques mois »). Bref échange de démarrage : « Rousseau » souhaite que son interlocuteur soit devenu à J.J. ce qu'il est pour lui = « votre ami » (pour un bilan sur ce point, *cf.* 520-521) ; provocation ironique du « François » et demande d'explication par « Rousseau ».

I. RAPPORT DE LECTURE DU « FRANCOIS » (452-477)

Il comporte deux volets : exposé des résultats d'une **première lecture**, exposé des résultats d'une **seconde lecture** après le IIe entretien.

A. *Premier exposé (452-467)*

Résultat d'une première lecture (rapide) des écrits de J.J. durant l'intervalle séparant le Ier et le IIe entretiens. La thèse est que ses idées suffisent à expliquer la haine dont il fait l'objet. L'exposé se développe en trois temps suivis d'un échange.

1. **Production de 21 extraits.** Classement thématique dans C. + [dans P. et G.] par catégories ou groupes sociaux visés : gens de lettres, médecins, rois, Grands, riches, femmes, Anglais (452-463).
2. **Commentaire ironique** (favorable à J.J.) du contenu critique des articles cités : attaque de tous les états (ou corps), qui retournent avec usure le compliment à l'auteur ; « droits roturiers de la nation » contre droits de chasse princiers ; l'Angleterre contre J.J. ; la médecine des Lumières comme cheval de Troie de la pénétration des idées « philosophiques » dans les mentalités ; organisation en réseaux sociaux de l'ascendant idéologique des « philosophes ». « Le François » parodie ensuite ce que pourrait être un verdict en forme au terme d'un procès de J.J. pour ses œuvres : « crimes irrémissibles encore aggravés par les circonstances des temps et des lieux », et conclut par une comparaison avec Molière qui met en valeur la faiblesse politique de J.J. (463-464).
3. **Extrait du *Contrat social*** donné comme décisif car affirmant la supériorité du gouvernement républicain sur le monarchique, proposant la promotion démocratique des meilleurs contre la promotion des intrigants en monarchie, et dénonçant la rareté du mérite à la tête des ministères en France (464-465).
4. **Échange sur les vraies causes de la persécution contre J.J.** (465-466). Celui-ci (discours rapporté indirect) s'attendait effectivement à une résistance des dominants à ses idées dans l'ordre physique (politique, juridique, économique) et dans l'ordre moral (science, religion, philosophie), mais pas sous cette forme (*i. e.* diffamation). Pour autant, ses malheurs ont selon lui une autre cause, secrète et indépendante de son propos : un persécuteur génial le poursuit dans l'ombre de façon planifiée (réf. Satan/Job), le complot n'est pas français dans son fondement, même si exécuté par des Français. « Le François » persiste néanmoins à juger suffisante la teneur des thèses de J.J. pour expliquer sa persécution.

B. Second exposé

Histoire de la transformation de l'opinion du « François » sur J.J., depuis les premiers contacts avec la ligue jusqu'au présent entretien (466-477). Cet exposé se développe en **quatre volets**, et conclut à l'innocence de l'accusé.

1. Premier volet. Distance critique tacite du « François » (depuis l'origine) à l'encontre du style oblique de la persécution contre J.J. (467).
2. Second volet. Effets implicites des objections de « Rousseau » dans le Ier entretien : ébranlement de sa confiance dans les preuves alléguées, doutes sur la stratégie d'impunité, sur la diffamation sans procès, repérage de contradictions, etc. (467-468).
3. Troisième volet. Trois effets décapants du premier contact avec les écrits en question durant cette période (468-471) :

   a. Transformation de son opinion sur la ligue : les 19 extraits cités s'appliquent exactement à ses acteurs ; la persécution est vengeance sous masque de bonté ; leur vertu prétendue est sans réalité : il sont jugés comme des méchants aux prises avec un méchant – ceci appuyé à la croyance que J.J. n'est pas l'auteur des écrits en question (lesquels sont plutôt à son avantage), croyance d'ailleurs étayée par « Rousseau » (aux p. 171 et suiv. du Ier entretien) ; d'où sa lecture (par curiosité amicale) des livres d'un « autre » sans modification d'opinion sur J.J. lui-même.
   b. Effets imprévus (travail d'après-coup) de cette lecture : intuition de la cohérence d'une pensée puissante (et non « déclamations fastueuses », *cf.* le débat d'ouverture, p. 164) ; la méthode de lecture « intensive » préconisée par « Rousseau » dans leur Ier entretien (lecture méditative attentive aux effets intérieurs provoqués, *cf.* p. 200-201), lui a procuré l'intuition de la santé de cette doctrine (ni athée, ni dévote et qui pousse à la contemplation, non à la révolution) ; estime pour l'auteur des écrits, mais mépris persistant pour J.J. (toujours pas cru l'auteur).
   c. Premiers doutes sur le fond : la comparaison avec ce que les adversaires de J.J. disent de ces écrits, prouve qu'en les lui attribuant ils les ont interprétés faussement ; désabusé de cette diffamation, « le François » reconnaît la justesse de l'analyse de « Rousseau » à leur sujet ; il attendait impatiemment les résultats de son enquête sur

l'homme (« le François » cherche un semblable en bonté/droiture). État de doute généralisé produit par le rapport de « Rousseau » : et si J.J. était innocent ?

4. Quatrième volet. Résultats d'une **seconde lecture (méthodique et suivie) des écrits de J.J.**, durant la période séparant le présent entretien du précédent, cela suivant **trois bilans** successifs.

   a. Bilan de la confrontation des résultats de la première lecture avec l'audition du rapport de « Rousseau » dans le IIe entretien (471-472) : malgré difficultés et contradictions apparentes, ce sont des ouvrages composés, non des agrégats de maximes ; ces méditations suivies d'un solitaire exigent un effort de lecture (*vs* habitudes de lecture françaises – *cf.* l'avant-propos des *Dialogues*, p. 160) ; sous l'éloquence de l'auteur, on doit déchiffrer l'énigme de l'homme : pour cela, il faut éclairer l'un par l'autre le portrait de J.J. selon le rapport de « Rousseau », et celui résultant de l'intuition de lecture du « François » ; il va juger par lui-même l'accusé, après avoir jugé (et condamné) les accusateurs. Départ à la campagne (*cf.* fin du IIe entretien).
   b. Bilan de cette seconde lecture qui a duré « quelques mois » (472-477). Ce bilan, en forme d'introduction méthodique à la lecture de l'œuvre, se décompose en **quatre points** : méthode de lecture, thèses centrales, enjeux stratégiques et politiques, objectifs pratiques :

      α. **Méthode** : lecture dans l'ordre inverse de la publication (« marcher par synthèse »), de l'*Émile* au *DSA* (exclusion des écrits ultérieurs, apologétiques et défensifs). Problème (posé par « Rousseau ») des apocryphes : ils sont aisément repérables selon « le François », une fois connue la vision du monde (irréductible à la « philosophie » du temps) des écrits authentiques (qui sont le vrai portrait de l'auteur).
      β. **Thèses fondamentales** : principe général de la bonté heureuse de l'homme naturel, opposée au malheur et à la dépravation de l'homme en société ; *Émile* : sous le traité d'éducation, lire un traité de la bonté humaine innée et de l'histoire de sa corruption ; les premiers écrits s'attaquaient aux illusions premières de l'époque (progrès des arts, des sciences et de la civilisation) : l'auteur, sans tout dire, engageait

tactiquement le travail critique par la démolition des pseudo-valeurs contemporaines.

γ. **Stratégie** : retarder le progrès de la corruption, redresser le jugement des hommes, indiquer la nocivité des valeurs attachées au paraître social, constituer l'origine naturelle de l'homme en référentiel anhistorique (pas de retour en arrière de la nature humaine), différer le mouvement vers le pire pour les grands États, le stopper si possible pour les petits États ; enjeu anthropologique global : freiner « la détérioration » accélérée de l'espèce humaine par son perfectionnement social.

δ. **Prudence pratique** : ne rien révolutionner (le remède serait pire que le mal), préférer ce qui existe (lois, constitutions) à ce qui le détruit ; J.J. a travaillé d'abord pour Genève et les États comparables ; pour les autres États, il a seulement voulu démystifier leurs objectifs et ralentir leur dégénérescence ; on ne l'a pas compris ou on ne l'a pas voulu.

c. « Le François » conclut donc à l'innocence foncière de J.J. (475-477), en constatant l'adéquation virtuelle de l'auteur des écrits qu'il a lus avec le portrait brossé par « Rousseau ». « Évidence » à ses yeux de cette identité (ensourcement de toute la doctrine au cœur de son auteur). L'homme J.J. est le témoignage unique en son siècle de la réalité de l'homme naturel (du fait de sa constitution, de son détachement extrême à l'égard du paraître, il est le seul qui « vit vraiment de la vie humaine »). Pas de « penchant » du « François » pour lui, mais de l'estime pour l'innocent persécuté et son attitude exemplaire face au malheur ; il sort de l'expérience plus humble sur ses propres lumières.

II. DÉBAT SUR CE QU'IL RESTE À FAIRE (477-521).

Ce débat se développe en **cinq volets** : discussion sur l'utilité / la possibilité de militer en faveur de l'ouverture d'un procès public de J.J. (477-478) ; exposé de « Rousseau » sur la nécessité de ce procès (478-501) ; discussion sur l'avenir probable de la réputation de J.J. devant la postérité (501-510), puis sur la transformation éventuelle de l'opinion publique (510-518). On conclut par un échange et un accord sur l'utilité du travail vers la postérité (518-521).

A. *Premier volet*

Discussion en trois mouvements :

1. Argumentation de « Rousseau » incitant « le François » à rencontrer J.J. (vérification de ses intuitions de lecteur) et à travailler concrètement pour contraindre ses adversaires à la confrontation (suspension de jugement jusque-là).
2. Principales objections du « François » : nul besoin de fréquenter J.J. pour l'innocenter du jugement d'hommes désormais condamnés à ses yeux ; l'image du J.J. de la ligue s'est révélée fausse au regard de l'image résultant de sa lecture conjuguée au rapport de « Rousseau » : unité de l'œuvre, qualité de l'homme (comparaison ironique avec d'Alembert) : « ce qu'il étoit aux yeux du public lors de son premier ouvrage, il le redevient aux miens ».
3. Confession du « François » : s'il croit J.J. innocent, il ne prendra pas de risques en sa faveur ; impossible d'aller plus loin – y compris pour « Rousseau » lui-même (contrat de secret).

B. *Second volet*

Exposé en quatre points de « Rousseau » sur la nécessité d'un procès public de J.J. (478-495) :

1. Parce que seul ce procès contradictoire peut lever définitivement les incertitudes (symétriques) qui leur demeurent concernant l'innocence de J.J.
2. Parce que ce procès est au fond conforme aux exigences mêmes de la ligue. (Cette argumentation par rétorsion, fondée exclusivement sur les prémisses de l'adversaire, est présentée dans une prosopopée en forme de harangue adressée à la ligue).
3. Parce que l'objection par le risque encouru ne tient pas : si la prévarication des juges et des témoins est probable, J.J. peut la déjouer en révélant de l'inédit ; d'ailleurs, ce procès lui importe moins (son opinion sur son siècle est faite) qu'à lui-même et son interlocuteur qui, une fois définitivement convaincus, pourront s'associer à lui et le consoler.

4. Le temps minera l'efficacité du complot : la vérité tend naturellement à percer, J.J. peut avoir des alliés inconnus, les trahisons dans la ligue sont possibles, elle peut commettre des erreurs, etc.

C. Troisième volet

Débat en **deux mouvements** sur l'avenir de la vérité (495-510) : « Rousseau » présente d'abord un argumentaire fondé sur les propos rapportés de J.J. suivis de son propre avis, puis laisse la place au scepticisme du « François ».

1. Selon J.J. et « Rousseau », **la vérité doit se révéler** (495-501) :

   a. Persuasion intime et d'ordre quasi métaphysique pour J.J., de ce que l'essentiel se jouera après sa mort (si sa mémoire n'était pas réhabilitée, c'est que l'humanité serait livrée au Mal absolu) ; sa tranquillité repose sur son détachement et sa foi dans l'action du ciel en faveur de l'ordre.
   b. Conviction historico-rationnelle pour « Rousseau » : s'il acquiesce au rôle de la providence (dans la persécution y compris), il pense aussi que la vérité se découvrira nécessairement : c'est dans sa nature, trop de traces et vestiges pour tout effacer, d'autres enquêteurs surviendront, défections ou trahisons se produiront dans la ligue (vanité ou remords), contradictions, impossibilités, excès de preuves suscitant méfiance ; ainsi la négativité du siècle apparaîtra aux siècles ultérieurs.

2. « Le François » répond d'abord par un rapide **argumentaire sceptique** sur la logique de l'erreur dans l'Histoire et sur la prévalence du hasard dans la découverte de la vérité (501). Puis il passe à un exposé systématique sur la **programmation historique de l'image de J.J. par la ligue** (501-509) et les conséquences pratiques à en tirer : production d'un « corps d'histoire » documenté fixant l'image (monstrueuse) de J.J. ; défiguration de ses écrits. Il dit son pessimisme quant aux possibilités de réagir, à cause de l'inventivité et des ressources de la ligue et du conditionnement du public. Mieux vaut donc l'inertie que la maladresse (exemple des désaveux publics des falsifications d'écrits récupérés pour de nouvelles fraudes, etc.). La ligue travaille déjà en vue de la génération suivante : réinterprétation scandaleuse en cours de tous les écrits de J.J.

D. *Quatrième volet*

Élargissement de la problématique débattue à la **question générale du fonctionnement de l'opinion** : « le François » la montre irrémédiablement structurée par le « parti philosophique » (509-514), alors que « Rousseau » la croit inévitablement vouée à changer (514-518).

1. **L'opinion est structurée par le parti philosophique.** En 20 ans, il est parvenu à la structurer à sa main et régit désormais tous les niveaux de l'État ; le cas J-J. = une expérimentation *in vivo* des possibilités de manipulation du public ; le réseau adverse est organiquement lié par diverses techniques d'implication criminelle de ses membres ; ce nouveau « parti » sans fondement métaphysique, missionnaire athée d'un soi-disant rationalisme naturel, règne par l'intolérance (succession paradoxale des jésuites), menace virtuellement tout théisme à (re) venir, n'a rien à craindre du repentir de ses membres (dépourvus de principes moraux), et contrôle jusqu'au chevet des mourants.
2. Face à cette philippique teintée d'humour noir, « Rousseau » développe **trois arguments optimistes** : par la dialectique de l'histoire (inconstance nécessaire de l'opinion), par celle de la politique (athéisme et violence engendrent leurs contraires), par l'éthique et la foi (irréductibilité des consciences et rétablissement de l'ordre naturel). Il reste donc confiant quant à l'appréciation future de la personne et des œuvres de J.J.

E. *Dernier volet*

Accord final des deux protagonistes sur la perspective d'un travail commun, en collaboration avec J.J., à l'adresse de la postérité (518-521). « Rousseau » demande au « François » son aide pour mener discrètement toutes les recherches utiles, et propose d'en conférer avec J.J. afin de former avec lui une société amicale, et préparer « de précieux mémoires » destinés à la postérité. Accord du « François » (malgré la suspicion probable de la ligue) pour rencontrer quelquefois J.J. (mais sans lever le secret des accusations le concernant), et pour agir prudemment afin de préserver sa mémoire de la défiguration, conserver en « dépôt » ses papiers et les faire publier convenablement présentés et annotés.

CONCLUSION

« Rousseau » conclut sur l'idée que J.J. ne souhaite pas mieux que de pouvoir espérer le salut de sa mémoire devant l'avenir ; bonheur pour lui de l'ouverture de cœur ainsi manifestée ; ils vont agir non pour provoquer un nouveau scandale, mais pour consoler sa solitude et l'aider à mourir tranquille.

II. EXTRAIT RAISONNÉ DES VARIANTES

> C'est une chose merveilleuse comment des mots qui sont entre les mains de tout le monde, et qui par eux-mêmes n'ont aucune beauté particulière, maniés avec art et appliqués à certains usages, acquièrent tout d'un coup un éclat qui les rend tout autres. [...] Il ne s'agit que d'en faire le choix, et de savoir les employer chacun à sa place. Ce choix coûte d'abord plus de temps et de peine, parce qu'alors il faut examiner, mesurer, comparer.
> Charles ROLLIN[1]

> L'éditeur critique approche son texte de tout près, comme l'alpiniste son rocher, comme le réparateur de tapis la trame et l'envers du tapis.
> Jacqueline RISSET[2]

Marc-Michel Rey, le principal éditeur de Rousseau, redoutait sa vigilance à l'égard des feuilles d'impression qu'il lui envoyait : « Quoi que je fasse mon possible pr que votre ouvrage soit bien je Crain de recevoir de vos Lettres, parce que vous y découvrirez peut être des fautes qu'un autre n'y trouverois pas[3] », lui écrivait-il ainsi à propos de *La Nouvelle Héloïse.* Lorsqu'on étudie leur correspondance, on constate en effet que l'attention stylistique de Rousseau s'avère d'une précision redoutable : c'est

1 Ch. Rollin, *Traité des études*, livre IV, ch. III, art. II, § III, *op. cit.*, p. 467.

2 Citée dans Jean-Baptiste Para, « L'"héroïsme technique de Dante" », *La nouvelle Quinzaine littéraire* n° 1120, Paris, 16-31 janvier, 2015, p. 14.

3 Rey à Rousseau, 12 juin 1758, *CC.* n° 654.

une syllabe qui fausse l'harmonie d'une période[1], c'est une construction renversée à tort par le correcteur[2], c'est une lettre mal imprimée qui change le sens d'un mot[3], c'est une équivoque qu'il faut réduire tout en évitant une répétition[4], etc. Tout cela argumenté au double point de vue de la sémantique et du style et selon l'exigence de respect absolu de l'intention de l'auteur, y compris lorsqu'elle viole délibérément les règles de la grammaire. Sachant le coût de l'impression de cartons lorsqu'il y a trop de choses à reprendre ou qu'il s'agit de corrections sur « bonnes feuilles », il va jusqu'à conseiller à Rey de faire corriger à la main sur l'imprimé, en grattant telle lettre pour lui en substituer une autre[5]. En quoi il s'inspire de sa propre pratique de transcripteur, comme on le constatera dans la première rubrique du présent relevé.

Celui-ci rassemble cent cinquante variantes sélectionnées parmi les trois mille qu'ont occasionnées les quatre transcriptions de *Rousseau juge de Jean Jaques* dont nous disposons. Les sept rubriques sous lesquelles elles sont classées ont semblé, à l'examen, pouvoir accueillir l'essentiel

1 (À propos de la *Lettre sur les spectacles*, *OC.* V Pléiade, p. 91) : « page 186, ligne 5 en remontant, *femmes* je n'avois point mis cette *s*, otez-la ; vous me direz qu'elle est fort indifférente, et vous avez raison quant au sens ; mais outre que le singulier est plus élégant, ce pluriel ajoute dans la phrase une sillabe qui en gâte absolument l'harmonie, et l'harmonie me paroit d'une si grande importance en fait de stile que je la mets immédiatement après la clarté, même avant la correction. » (Rousseau à Rey, 8 juillet 1758, *CC.* n° 667).

2 (*Ibid.*, p. 116) : « Prenez donc la peine de me justifier le changement suivant p. 243, ligne 16, *qui pèse tout à la balance du jugement, jusqu'à la plaisanterie.* Pour éviter cette queue traînante j'avois mis, *qui pèse tout jusqu'à la plaisanterie à la balance du jugement.* Je trouve ma phrase élégante et harmonieuse, la vôtre dure et plate. A moins que vous ne me donniez une bonne raison de cette correction, je vous prie de rétablir par un carton la leçon de ma copie. » (À Rey, 20 juillet 1758, *CC.* n° 673). Il souligne.

3 (*Ibid.*, p. 78) : « page 4 précédente 155, ligne 10 de la note, *qui ne sont* il faut, *qui ne sent* ; ce contresens est insupportable, à l'aide d'un trait de plume et d'un petit coup de canif j'ai facilement changé cet *o* en *e* sur ma feuille, si vous n'aviez pas la patience d'en faire autant à toutes, il faudrait encore un carton. » (À Rey, 28 juin 1758, *CC.* n° 661).

4 (À propos de la *Lettre à Christophe de Beaumont, OC.* IV Pléiade, p. 928-929) : « la faute consiste en ce que *opinions* et *volontés* étant tous deux féminins, on ne voit pas auquel des deux *la mienne* se rapporte ; ce qui rend la phrase amphibologique et louche ; chose que je hais souverainement. Pour ôter cette amphibologie il faut faire que l'un des deux Substantifs Soit masculin ; car alors ce pronom *la mienne* Se rapportera nécessairement à l'autre. Otez donc le mot *opinions* et mettez à la place le mot *préjugés*, et la correction sera faitte ; mais il faut regarder quelques lignes plus haut et plus bas Si le même mot *préjugés* ne S'y trouveroit pas ; car ce seroit un inconvénient qu'il fut répété deux fois en peu de lignes. » (Rousseau à Rey, 8 janvier 1763, *CC.* n° 2427). Il souligne.

5 Pour une analyse plus précise de ce « côté Flaubert » de Rousseau, je me permets de renvoyer au premier chapitre de mon essai, *Rousseau, le chemin de ronde, op. cit.*

des différentes pratiques auto-correctrices de Rousseau, depuis l'échange d'une lettre ou d'un mot jusqu'à la recomposition, en passant par l'amplification, l'exténuation, la permutation ; quant aux variantes citées, elles ont été choisies pour en illustrer les différentes échelles textuelles, du mot à l'alinéa. Ce choix a été conçu pour être aussi représentatif que possible des tendances fondamentales du travail de Rousseau sur la « diction » de son texte, en espérant ainsi participer à la réouverture d'un domaine de recherche malheureusement très peu fréquenté par les chercheurs[1] depuis les travaux pionniers d'André Wyss.

NB. *Un astérisque signale les variantes de G. qui reprennent C. ou L. quand P. ne le fait pas, phénomène qui empêche de considérer la précellence de* G. *sur* P. *comme la vérité* absolue *de la transcription des deux manuscrits complets dont on dispose aujourd'hui.*

1 Voir récemment Nathalie Ferrand, « Jean-Jacques Rousseau. Le dernier état de la *Lettre à D'Alembert sur les spectacles* (1758), *Genesis* 34, PUPS 2012, p. 135-157.

RATURES-MÉTAGRAMMES

> 5e feuille p. LXVIII. ligne 8. *des uns, ou est porté*, mettez *des uns ; on est porté.* Pour cela, après avoir légèrement effacé avec un canif la liaison de *u* il faut avec la plume transporter la liaison en haut pour changer *u* en *n*, puis ajouter un point sur la virgule.
> J.-J. ROUSSEAU à M.-M. REY[1]

Premier dialogue

(p. 187) Enfin il a établi tout cela avec un charme si touchant avec une vérité si persuasive → C. Mot à demi biffé : *~~clar~~té* ; *véri* inséré dans l'interligne pour former $^{\textit{véri}}$*té*.

Second dialogue

(p. 333) Lui seul est solidement heureux → Mot raturé dans C. *est ~~vrai~~ment heureux.* ; *solide* est inséré dans l'interligne pour former $^{\textit{solide}}$*ment*.

(p. 335) celui qui peut s'élancer dans les régions éthérées, y planer et s'y soutenir par de sublimes contemplations → Mot biffé dans C. *s'y ~~main~~tenir.* C. La syllabe *sou* est insérée dans l'interligne pour former $^{\textit{sou}}$***tenir***.

Troisième dialogue

(p. 494) Ils ont employé tous les ressorts de leur art pour faire de lui le plus malheureux des êtres → Même leçon dans P. ; G. *toutes les ressources*. Ratures dans C. ***toute~~s~~ les ressorts~~rces~~***.

1 À propos de la préface du second *Discours, OC. III* Pléiade, p. 127 ; à Rey, 24 janvier 1755, *CC.* n° 274.

SUBSTITUTIONS EN SYNTAGME, PROPOSITION, PHRASE

> A l'égard du mot *par hasard* je ne sais ce qu'il a de déplacé dans la bouche de M. de Wolmar : mais je sais bien que ce seroit un grand hasard, s'il y avoit un seul chrétien sur la terre. Cependant, s'il ne tient qu'à sacrifier ce mot-là, j'y consens. Qu'on en substitue un autre équivalent, si l'on peut, pourvu que ce mot substitué soit court, serré, dans les principes de Wolmar ; qu'il ne gâte pas l'harmonie de la phrase, et que la réponse de Saint-Preux puisse s'y rapporter.
> J.-J. ROUSSEAU, à M. de MALESHERBES[1]

I. SUBSTITUTIONS EN SYNTAGME

[Du sujet et de la forme de cet écrit]

(p. 155) Ce n'étoit pas d'exposer les raisons de mon sentiment → L., P., G. *Ce n'étoit pas de* ***trouver des raisons en faveur*** *de mon sentiment.*

(p. 156) Livré pour tout éclaircissement à mes conjectures → Même leçon dans P. ; L. et G. *Livré pour* ***toute lumiére.****

(p. 156) pour ne pas outrager toute une Nation → L., P., G. *toute une* ***generation.***

(p. 158) le personnage que toute sa nation s'empresse de prendre à mon égard L. *que toute sa nation de concert s'empresse de faire* etc. P. *que toute sa nation de concert s'empresse de* ***prendre*** etc. G. *que toute sa nation s'empresse de* ***faire.****

(p. 160) Après d'inutiles et pénibles efforts, je renonce à ce travail → Même leçon dans P. ; L. et G. *après de* ***fréquens et vains*** *efforts.**

(p. 160) mais l'abattement m'a gagné au point de me rendre insupportable, même ce léger travail → L. et G. *de me rendre* ***même impossible*** *ce leger travail**. P. *me rendre* ***impossible même*** *ce leger travail.*

---

1 *NOTE RESPONSIVE DE J.J. ROUSSEAU À M. DE MALESHERBES*, vers le 10 mars 1761, *CC.* n° 1350.

Premier dialogue

(p. 169) ne fut-ce qu'à cause de l'assujettissement et des embarras inévitables pour la conserver → L., P., G. *de* ***la dépendance*** *et des embarras* ***attachés au soin de*** *la conserver.*

(p. 172) La seconde assertion me paroit pourtant une consequence assez prochaine de l'autre → Même leçon dans L. ; G. et P. *le second* ***dépouillement.***

(p. 175) tantot composant de la musique en divers genres selon les occasions → L., P., G. ***dans tous les*** *genres* ***en diverses*** *occasions.*

(p. 178) Je veux bien, s'il vous est suspect → L., P., G. ***puisqu'il*** *vous est suspect.*

(p. 187) avec une vérité si persuasive → L., P., G. *avec une* ***clarté si lumineuse,***

(p. 192) Par ma foi, voila, pour la detresse où il est, un homme bien jovial → L., P., G. *Par ma foi, voila pour la detresse où il* ***se trouve*** *un homme* ***de*** *bien* ***bonne humeur.***

(p. 234) Je reconnoissois dans ses écrits l'homme tel que je le sentais en moi → Mot biffé dans C. *tel que je le sentois en moi-~~même~~.* L. et P. *tel que je le* ***trouvois*** *en moi.* G. *l'homme que je* ***retrouvois*** *en moi.*

(p. 208) et à qui personne au monde n'oseroit proposer une chose injuste → Même leçon dans L. ; G. et P. *proposer* ***une injustice.***

(p. 278) si les seuls deffenseurs qu'il pourra trouver et qui feindront pour lui du zèle, sont appostés pour le trahir → L., P., G. *sont* ***choisis.***

(p. 244) Voila ce qu'on n'eut point découvert si sur une prétendue notoriété on se fut pressé d'expédier cet homme sans daigner l'écouter → Mot biffé dans C. *sur une prétendue ~~évidence~~* (***notoriété*** **est inséré dans l'interligne**). L. et P. *sur une prétendue* ***évidence.*** G. *sur cette prétendue* ***notoriété.****

(p. 278) si l'on fabrique de fausses piéces pour le noircir, si l'on détruit celles qui le justifient → L. et G. *si l'on* ***cache ou détruit*** *celles qui le justifient**. P. *si l'on* ***supprime*** *celles qui le justifient.*

(p. 248) L'exacte et méthodique discussion des faits devient inutile quand il n'en resulte que ce qu'on sait déja sans eux → L., P., G. *l'exacte et réguliére discussion des faits devient* ***superflue.***

(p. 251) Tout ceci seroit vrai quand on n'auroit que l'erreur des préjugés à craindre. Que seroit-ce si celle des passions s'y joignoit encore

→ Même leçon dans L. ; Mot biffé dans P. *si ~~celle~~* ^ *le prestige* ; G. *si* ***le prestige*** *des passions.*

(p. 279) ils sont surs en le justifiant d'être perdus → L., G., P. *en le* ***défendant.***

(p. 279) Plus ce qu'on en a pensé depuis est différent de ce qu'on en pensoit alors, et mieux j'éxaminerai les causes d'un changement si tardif et si extraordinaire. → L. *et plus je* ***rechercherai*** *les causes secretes d'un changement si tardif* etc. P. *et mieux je rechercherai les causes secretes* etc. G. *et* ***mieux je rechercherai les causes*** *d'un changement* etc.

(p. 279) s'il y a des preuves certaines que ces ouvrages ont existé avant que J.J. se les soit attribués → L. *des preuves* ***solides.*** G. *des preuves* ***authentiques.*** P. *des preuves* ***bien sures.***

Second dialogue

(p. 369) Jamais homme ne fut moins obeissant et cependant moins capricieux → Mot biffé dans C. *moins ~~imitateur~~* [?], ***obeissant*** est inséré dans l'interligne. P. et G. *moins* ***imitateur*** *et cependant* etc.

(p. 300) Mon embarras étoit d'applanir les obstacles → Même leçon dans P. ; G. : ***d'écarter.***

(p. 330) Voulez-vous donc connoitre à fond son caractére et ses mœurs ? Etudiez bien son temperament et ses gouts → G. et P. ***sa conduite*** *et ses mœurs.* G. et P. ***ses inclinations*** *et ses gouts.*

(p. 405) Ainsi dès les prémiérs traits nos Messieurs et vous ne vous accordez en rien → P. *Ainsi dès la premiere* ***esquisse*** *nos Messieurs et vous ne vous accordez en rien.* G. *dès la prémiére esquisse nos Messieurs et* ***vous ne pouvez vous accorder.***

Troisième dialogue

(p. 451) Oh ! s'il se pouvoit qu'il devint le vôtre → G. et P. ***qu'un jour*** *il devint.*

(p. 451) Je les ai lus enfin ces livres si détestés → Même leçon dans P. ; G. *si* ***justement*** *détestés.*

(p. 495) Je consentirois sans peine à cesser d'exister dans la mémoire des hommes, je ne puis consentir à y rester diffamé → P. et G. *à* ***ne point*** *exister dans la mémoire des hommes, mais je ne puis consentir, je l'avoue, à y rester diffamé.*

(p. 496) Les bons livrés tout à fait aux méchans deviendroient d'abord leur proye, enfin leurs imitateurs → Même leçon dans P. ; G. *enfin leurs* ***disciples.***

(p. 496) quand même j'y pourrois retrouver toutes les douceurs dont on a pris peine à tarir le cours → Même leçon dans G. ; mots biffés sous l'ajout dans C. *j'y pourrois* ~~***voir renaitre pour moi***~~ (***retrouver*** est inséré dans l'interligne). P. et G. *quand même j'y pourrois* ***voir renaitre pour moi*** *toutes les douceurs* etc.

(p. 498) On sentira qu'il est beaucoup moins croyable qu'un pareil homme ait existé reellement → Même leçon dans G. ; P. *beaucoup* ***plus incroyable*** *que cet homme* etc.

(p. 503) sans que le public le croye ou le trouve mauvais → Même leçon dans G*. ; P. *sans que le public le* ***voye.***

II. SUBSTITUTIONS EN PROPOSITION, PHRASE, ALINÉA

Premier dialogue

(p. 209) qu'il s'agissoit d'un homme odieux à ceux qui en teno[ien]t les renes, d'un Auteur dont les séditieux écrits respiroient l'austérité républicaine ; qui, dit-on, haïssoit le Vizirat, méprisoit les Vizirs, vouloit qu'un Roi gouvernât lui-même, que les Princes fussent justes, que les peuples fussent libres, et que tout obéït à la loi → Même leçon dans P. et G., mais la séquence diffère dans L., depuis « qu'il s'agissoit » jusqu'à « à la loi » : *qu'il s'agissoit d'un homme odieux à ceux qui en regloient les opinions, d'un Auteur dont les divers écrits respiroient une austérité révoltante, et qui vouloit que les meres fussent tendre, que les enfants fussent libres, et que tout obéït à la nature.*

(p. 245) Où est celui qui sait déterminer tous les cas possibles où les hommes, abusés par une fausse apparence, peuvent prendre l'erreur pour la vérité ? → L. *Où est* ***l'homme*** *qui sait déterminer tous* ***les cas où les juges****, abusés par une fausse apparence, peuvent prendre l'erreur pour la vérité.* P. *Où est l'homme qui sait déterminer* ***avec certitude*** *tous les cas où les juges* ***trompés*** *par une fausse apparence peuvent prendre* ***l'imposture pour l'évidence*** *et l'erreur pour la vérité.* G. Même leçon que P. mais introduite par ***« Où est celui »***. (Dans P., le segment « l'imposture pour l'évidence et » est inséré dans l'interligne au-dessus de « prendre^l'erreur »

(p. 184) Ce n'est pas celui-là ; le *Salve* dont vous parlez, Pergolese[a] l'a fait de son vivant ; et celui dont je parle[b] en est un autre qu'il a fait vingt ans après sa mort[c], Salve[d] que J. J. s'approprioit[e] en disant l'avoir fait pour Mlle Fel[f], et[g] beaucoup d'autres mottets que le même J. J. dit ou dira[h] de même avoir faits[i], et qui, par un miracle éclattant de M. d'Alembert[j], sont et seront toujours tous de Pergolese.
→ (a) C. *Pergolèse* est inséré dans l'interligne ; (b) C. *et celui dont je parle* est inséré dans l'interligne ; (d) C. *Salve* est inséré dans l'interligne ; (e) G. *après sa mort, et que J.J. s'approprioit.* ; P. *après sa mort, mais que J.J. s'approprioit* etc. ; (f) mot biffé dans C. : *Mlle Fel, ~~mais~~* [?] *et beaucoup d'autres* ; (g) → L., P., G. *comme beaucoup d'autres mottets* etc. ; (h) L. et G. *que le même J. J. dit ou dira** ; P. *qu'il dit ou dira* ; (i) L. P., G. *avoir faits* [L. et G. *faits depuis lors**] ; (j) *et qui par autant de miracles de M. d'Alembert* [L. *de M <u>d'Alembert</u>*] *sont et seront toujours tous de Pergolese dont il évoque l'ombre quand il lui plait.*

(p. 211) L'interdiction romaine menoit à la mort ; celle-ci sans la donner la rend désirable, et ne laisse la vie au condamné que pour lui en faire un supplice affreux
→ Mot biffé dans C. *la rend désirable, et ne ~~conserve~~ la vie au condanné* etc. Leçon de G. et P. identique à C. jusqu'à « désirable » ; puis : *et ne laisse la vie que pour en faire un supplice affreux.* L. *L'interdiction romaine menoit à la mort sans la donner ; celle-ci la rend desirable et ne laisse la vie que pour en faire un supplice affreux.*

(p. 282) et il me faudroit plus de preuves encor que celles que vous m'avez fournies pour me persuader seulement que Genève a pu produire un empoisonneur.
→ Séquences biffée dans C. *me persuader seulement que ~~x~~* [Genèv] *~~exx~~* [a] *~~x-~~* [pu] *~~xxxxxxxxxxxxxxxx~~* [produire] *~~xx~~ un empoisonneur.* P. semble avoir d'abord reproduit puis effacé la leçon raturée – l'ajout le signalant par de larges blancs : *me persuader seulement que Genève a pu produire un empoisonneur.*

Deuxième dialogue

(p. 305) J'ai vu pour la premiere fois cette nouvelle doctrine dans un écrit[a] publié par le philosophe Diderot précisément dans le tems que son ami J. J. s'étoit retiré dans la solitude. *Il n'y a que le méchant*, dit-il, *qui soit seul.* Jusqu'alors on avoit regardé l'amour de la retraite comme un des signes les moins équivoques d'une ame paisible et saine, exempte d'ambition d'envie, et de toutes les ardentes passions filles de l'amour-propre, qui fermentent[b] dans la societé. Au lieu de cela, voici par un coup de plume inattendu ; ce gout paisible et doux, jadis si universellement admiré, transformé tout d'un coup en une fureur[c] infernale ; voila tant de sages[d] et Descartes lui-même changés dans un instant en autant de misantropes affreux et de scelerats. Le philosophe Diderot étoit seul peut-être en écrivant cette sentence, mais à coup sûr il n'avoit pas été seul à la méditer[e], et il prit grand soin de la faire circuler dans le monde. Eh plut à Dieu que le méchant fut toujours seul ! Il ne se feroit jamais aucun[f] mal.

→ (a) G. et P. *dans un discours.* (b) G. et P. *qui naissent et fermentent.* (c) G. et P. *en une rage.* (d) G. et P. *de sages respectés.* (e) G. et P. *mais je doute qu'il eut été seul à la méditer.* (f) G. et P. *il ne se feroit guéres de mal.*

(p. 389) En général si les naturels ardens et vifs sont plus aimans, ils sont aussi plus emportés, moins endurans plus coléres ; mais ces emportemens prompts et bruyans[a] sont sans consequence, et sitot que le signe de la colére s'efface sur le visage, elle est éteinte au fond du cœur[b]. Au contraire les gens flegmatiques et froids, si doux si patiens si modérés à l'extérieur, en dedans sont haineux vindicatifs implacables ; ils savent conserver nourrir déguiser[c] leur rancune, jusqu'à ce que l'occasion[d] de l'assouvir se présente. En général les prémiers aiment plus qu'ils ne haïssent, les seconds haïssent beaucoup plus qu'ils n'aiment, si tant est qu'ils puissent[e] aimer.

→ (a) G. et P. *mais ces emportemens bruyans.* (b) G. et P. *elle est éteinte aussi dans le cœur.* (c) G. et P. *ils savent conserver, déguiser nourrir* etc. (d) G. et P. *jusqu'à ce que le moment.* (e) G. et P. *qu'ils sachent.*

(p. 409) J'en use dans mon jugement sur cet homme comme dans ma croyance en matière de foi. Je cede à la conviction[a] sans m'arrêter aux objections que je ne puis résoudre : tant parce que ces objections sont fondées sur des principes moins clairs moins solides dans mon esprit que ceux qui opérent ma persuasion, que parce qu'en cédant à ces objections il faudroit tomber dans une autre opinion moins bien fondée et sujette à des objections encore plus invincibles[b]. Je perdrois donc à ce changement la force de l'évidence sans éviter l'embarras des difficultés. Vous direz sans doute[c] que ma raison choisit le sentiment que mon cœur préfére, et je ne m'en défends pas. C'est ce qui arrive

necessairement dans toute délibération[d] où le jugement n'a pas assez de lumiéres pour se décider sans le concours de la volonté. Croyez-vous qu'en prenant avec tant d'ardeur le parti contraire, vos Messieurs soient déterminés par un motif plus impartial ?
→ (a) G. et P. *à la conviction directe.* (b) G. et P. *parce qu'en cedant à ces objections, je tomberois dans d'autres encor plus invincibles.* (c) G. et P. *Vous dites que ma raison etc.* (d) G. et P. *C'est ce qui arrive dans toute deliberation.*

Troisième dialogue

(p. 474) L'Émile, en particulier, ce livre tant lu si peu entendu et si mal apprecié, n'est qu'un traité de la bonté originelle de l'homme, destiné à montrer comment l'erreur et le vice[a], étrangers à sa constitution, s'y introduisent du dehors et l'altérent insensiblement. Dans ses premiers écrits il s'attache davantage à détruire ce prestige d'illusion qui nous donne une admiration stupide pour tous les instrumens[b] de nos misères, et à corriger cette estimation trompeuse qui nous fait honorer des talens pernicieux et mépriser des vertus utiles. Partout il nous fait voir l'espéce humaine meilleure plus sage et plus heureuse dans sa constitution primitive, aveugle[c] malheureuse et méchante à mesure qu'elle s'en éloigne. Son but est de redresser l'erreur de nos jugements pour retarder le progrès de nos vices, et de nous montrer que là où nous cherchons la gloire et l'éclat, nous ne trouvons en effet qu'erreurs et miséres.

Mais la nature humaine ne retrograde pas, et l'on ne remonte plus[d] vers les tems d'innocence et d'égalité quand une fois on s'en est éloigné. C'est encore un des principes sur lesquels il a le plus insisté. Ainsi son objet ne pouvoit être de ramener les peuples nombreux ni les grands Etats à leur première simplicité, mais seulement d'arrêter, s'il étoit possible le progrès de ceux dont la petitesse ou la sagesse ou la situation[e] les a préservés d'une marche aussi rapide vers la perfection de la societé et vers la détérioration de l'espéce.
→ (a) G. et P. *le vice et l'erreur.* (b) G. et P. *pour les instrumens.* (c) G. et P. *aveugle, misérable et méchante.* (d) G. et P. *et jamais on ne remonte.* (Correction dans P. *et* [*jamais*] *on ne remonte* ~~*pas*~~ etc.). (e) G. et P. *de ceux dont la petitesse et la situation.*

CONCISION

> Ce qui est bon est deux fois bon s'il est court.
> Baltasar GRACIAN[1]

[Du sujet et de la forme de cet écrit]

(p. 155) J'ai cru même appercevoir dans sa confiance une certaine hauteur dédaigneuse → L., P., G. ***une hauteur.***

(p. 155) elle me force à mal penser de tous ceux qui m'entourent → Même leçon dans L. et G.* ; P. *mal penser* ***de ceux*** *qui m'entourent.*

(p. 156) ce silence effrayant et terrible ne m'a pas laissé saisir la moindre idée qui put servir à m'éclairer → Même leçon dans L. et P. ; G. *qui* ***put m'éclairer.***

(p. 158) J'ai même eu l'attention de le ramener à des sentimens plus raisonnables que je n'en ai trouvé dans aucun de ses compatriotes, et celui que j'ai mis en scéne est tel, qu'il seroit aussi heureux pour moi qu'honorable à son pays qu'il s'y en trouvât beaucoup qui l'imitassent → Même leçon dans L. et G.* ; P. élide « celui que j'ai mis en scène est tel qu' » : *dans aucun* ***de ses compatriotes, et il seroit*** *aussi heureux pour moi qu'honorable à son pays* etc.

(p. 158) Ce que j'avois à dire était si clair si simple, et j'en étois si pénétré → Même leçon dans L. et P ; G. *étoit* ***si clair et j'en étois*** etc.

(p. 161) Ceux qui disposent de moi en ont eu connoissance aussitot qu'il a été commencé, et quand ils ne l'auroient pas déja fait transcrire, je ne vois dans ma situation aucun moyen possible d'empêcher qu'il ne tombe entre leurs mains tôt ou tard → L., P., G. suppriment « quand ils ne l'auroient pas déja fait transcrire » : *aussi tot* ***qu'il a été commencé et je ne vois*** *dans ma situation.*

(p. 161) si parmi ceux qui les liront peut-être il s'en trouve un seul qui ait encore un cœur d'homme et qui le lise en entier → L. P., G. suppriment « il s'en trouve un seul qui ait », et « et qui le lise en entier » :

1 B. Gracian, *L'homme de cour, traduit et commenté par le sieur Amelot de la Houssaye*, Maxime CV, Paris, veuve Martin, Jean Boudot & Etienne Martin, 1687, p. 129-130.

si parmi ceux qui les liront ***peut-être il est encore*** *un cœur d'homme, cela me suffit, et je ne mépriserai* etc. Dans P. deux passages soigneusement biffés correspondent sans doute aux segments supprimés dans la version C.

Premier dialogue

(p. 168) ils sont moins malveillans pour les autres → L., P., G. *pour* ***autrui.***

(p. 176) se montrant instruit dans toutes les parties de cette vaste science → L., P., G. *dans toutes les parties* ***de l'art.***

(p. 284) à force d'adresse, de patelinage, d'opiniâtreté, d'importunité → L., P., G. ***d'opiniâtre importunité.***

(p. 234) j'y voyois tant de rapport avec mes propres dispositions que → Mots biffés dans C. *j'y voyois* ~~***des dispositions si conformes***~~ *tant de rapports à mes propres dispositions que* etc.

Second dialogue

(p. 290) Oh faites la-moi donc, je vous en conjure, cette unique analyse → P. *je* ***vous conjure.*** G. supprime « **je vous en conjure** ».

(p. 296) à le voir il frémit à cet aspect ; il dit ce qu'il en pense → G. et P. ***il frémit, et*** *dit ce qu'il en pense.*

(p. 230) Autant en pourroit-on dire à ceux qui passent dans un bois où l'on sait qu'il y a des voleurs → Mots biffés dans C. *dans un bois où* ~~***il y a des***~~ *l'on sait qu'il y a des voleurs,* ~~***à moins qu'ils ne soient forcés d'y passer***~~ *sans que cela fasse* etc.

(p. 298) Mais toutes ces graduations préparées de si loin ont bien l'air d'être des conjectures chimériques → Même leçon dans G*. ; P. *ont bien* ***l'air de*** *conjectures chimeriques.*

(p. 299) Si l'on tenoit un registre exact de toutes les fautes que l'homme le plus parfait a commises, de tous les mots inconsiderés qu'il a pu dire → Même leçon dans P. ; G. supprime « de tous les mots inconsiderés qu'il a pu dire ».

(p. 364) C'est de suivre à la piste les brillans Auteurs de ce siécle, <u>de verser comme eux la satyre et le fiel avec l'encre</u>, de prêcher comme eux dans une morale hypocrite l'amour des vertus et la haine du vice, après avoir commencé par prononcer comme eux que tout cela sont des mots vides de sens

→ La proposition soulignée **est supprimée** dans G. et P. et les propositions suivantes **sont inversées** : « et de prêcher comme eux dans une morale hypocrite l'amour des vertus et la haine du vice, mais après avoir commencé par prononcer comme eux que tout cela » etc.

(p. 422) On s'occupe trop d'autrui pour savoir s'occuper de soi, et l'on ne tient point à son propre parti par attachement, encore moins par estime, mais uniquement par haine du parti contraire. → Même leçon dans P. ; G. *pour savoir s'occuper de soi ;* ***on ne sait plus que haïr*** *et l'on ne tient point* etc.

(p. 377) dans l'uniformité de cette vie machinale → C. *de cette vie* ~~***presque entiérement***~~ *machinale.*

Troisième dialogue

(p. 452) je n'ai fait qu'extraire et transcrire fidellement les passages → Même leçon dans G.* ; P. *je n'ai* ***fait que transcrire*** *etc.*

(p. 471) un art et des prestiges qui me sembloient inconcevables → Même leçon dans G.* ; P. *un art et des* ***prestiges inconcevables.***

(p. 481) Vous prétendez que je dois aller voir J.J. pour vérifier par mes yeux tout ce que vous m'en avez dit, tout ce que j'infére moi-même de la lecture de ses écrits → G. ***ce que vous*** *m'en avez dit* ***et*** *ce que j'infére moi-même.* P. *pour vérifier par mes yeux tout ce que vous m'avez dit* ***et que*** *j'infére moi-même.*

(p. 484) Le fougueux Voltaire alloit d'abord rondement vomissant à torrens ses ordinaires injures → Même leçon dans G.* ; P. ***vomissant ses ordinaires*** *injures.*

(p. 490) et cette punition que vous lui devez et que vous vous devez surtout à vous-mêmes → P. *que vous lui devez et que* ***vous devez*** *surtout à vous-mêmes.* G. *que vous lui devez* ***et à vous-mêmes.***

(p. 502) vouloit à la fois le blanc et le noir → Même leçon dans P. ; G. ***vouloit le blanc*** *et le noir.*

(p. 520) Depuis longtems déja, malgré toutes vos précautions et les siennes → Même leçon dans P. ; G. ***malgré vos précautions*** *et les siennes.*

AMPLIFICATION ET/OU ADJONCTION

> Il n'appartient qu'à vous d'être long et d'être lu.
> Jean Le Rond D'ALEMBERT[1]

I. EN SYNTAGME

[Du sujet et de la forme de cet écrit]

(p. 155) d'obtenir enfin la justice qu'ils me refusent, et qu'ils sont bien déterminés à me refuser toujours → L. ***obtenir du public qui m'a jugé*** *la justice qu'il me refuse et qu'il est bien déterminé à me refuser toujours.* P. et G. *d'obtenir enfin* ***de ceux qui m'ont jugé*** *la justice* etc.

Premier dialogue

(p. 195) Et où donc avoient les yeux ces severes Magistrats Auteurs de ces sages et graves requisitoires → L. *les Auteurs de* ***ces violentes critiques sur lesquelles on l'a si généralement jugé ?*** P. *les* ***judicieux*** *magistrats auteurs de ces sages et graves réquisitoires.* G. *les Auteurs de ces sages et graves requisitoires* ***sur lesquels on l'a si réguliérement décrété ?***

(p. 216) et l'on n'oublie pas de l'envoisiner convenablement ; c'est à dire de fourbes adroits L. *C'est-à-dire* ***de mouches,*** *de fourbes adroits* etc. P. *c'est à dire de* ***venimeuses mouches,*** *de fourbes adroits* etc. G. *c'est-à-dire de* ***mouches venimeuses,*** *de fourbes* etc. (Dans P. « venimeuses » est inséré dans l'interligne).

(p. 166) Dans la societé humaine, sitot que les préjugés → L. et P. *sitot que* ***la foule des*** *préjugés qu'elle engendre a fait* etc. G. *sitot que* ***la foule des passions*** *et des préjugés.*

(p. 168) en quelque rang que les ait placés la fortune → L., P., G. *que les ait placés* ***la naissance ou*** *la fortune.*

(p. 181) cet opera étoit le chef d'œuvre de l'esprit humain→ L., P., G. ***de l'art et*** *de l'esprit humain.*

---

1 *Lettre de M. D'Alembert à M. J.-J. Rousseau sur l'article* Genève, Amsterdam, Zacharie Chatelain, 1759, p. 66.

Second dialogue

(p. 305) C'est là qu'ils intriguent pour satisfaire leurs passions → G. et P. *qu'ils intriguent* ***et travaillent.***

(p. 327) ces distractions continuelles qui, dans les conversations ordinaires l'empêchent d'être attentif à ce qu'on dit → G. et P. *l'empêchent* ***d'entendre presque rien de ce qui se*** *dit.*

(p. 316) Enfin le leur est un esprit diabolique aigu pénétrant, le mien ne pensant qu'avec effort → G. *qu'avec* ***beaucoup de lenteur et*** *d'effort.* (« beaucoup de lenteur et d' » est inséré en interligne dans P.)

(p. 401) Ses idées dans l'art et sur l'art sont intarissables → P. *sont fecondes intarissables.* G. ***fécondes,*** *intarissables.*

Troisième dialogue

(p. 476) Ces traits si nouveaux et si vrais une fois tracés → G. et P. *ces traits si nouveaux* ***pour nous.***

(p. 491) Après le plaisir qu'elle a pris à le diffamer → G. et P. *à le diffamer* ***en le cajolant.***

(p. 491) plus indigné que flatté de s'en voir fêté → G. et P. *s'en voir fêté* ***sincérement.***

(p. 507) pour mettre le public en garde contre les falsifications de ses livres → G. et P. *de ses livres,* ***et contre tous les ecrits pseudonymes qu'on fait courir journellement sous son nom***, etc.

(p. 513) Mais s'il renaissoit quelques vrais défenseurs du Théisme et de la morale → P. et G. *défenseurs du Théïsme* ***de la tolerance*** *et de la morale, on verroit* etc.

II. EN PROPOSITION

[Du sujet de la forme de cet écrit]

(p. 159) et ne m'appercevant de toutes ces répétitions que trop tard pour pouvoir y remédier → L. *et* ***ne m'en*** *appercevant* ***qu'à la lecture du tout***, *trop tard pour y pouvoir remédier.* G. et P. *pour pouvoir* ***rien corriger.***

Premier dialogue

(p. 284) de lui parler avec transport de ses livres, de ses talens et même de ses vertus → L. *de ses talens, même de ses vertus.* P. *de ses talens, même de ses vertus,* *car ici le mensonge et la fausseté sont des œuvres pies*. G. *de ses talens,* ***de ses livres*** *et même de ses vertus* ***car ici le mensonge et la fausseté sont des œuvres pies.***

(p. 244) ajoutant que sa conscience troublée ne lui permettoit pas en ce moment de sauver sa vie aux dépends de l'innocent → L., P., G. *que sa conscience troublée* ***(cet homme apparemment n'étoit pas philosophe)*** *ne lui permettoit pas* etc.

(p. 259) un devoir du dénonciateur envers lui-même dont rien ne peut le dispenser : car il n'y a point de contradiction dans la vertu → L. et G. *ne peut le dispenser,* ***surtout dans le cas que vous posez.*** P. *ne le peut dispenser* *surtout dans le cas que vous supposez :* *car il n'y a point* etc.

Second dialogue

(p. 311) persuadé que j'en tirerois pour mon objet des lumiéres plus sures que de tout ce qu'il peut avoir dit ou fait en public → G. *ou fait en public* ***et que d'ailleurs je n'avois pas vu par moi-même.*** (Cet ajout est inséré en interligne dans P.)

(p. 335) celui qui peut s'élancer dans les régions éthérées, y planer et s'y soutenir par de sublimes contemplations → Même leçon dans P. ; G. *celui qui* ***sans épuiser sa force et ses facultés à lutter contre la fortune et la destinée,*** *sait s'élancer* ***sur les ailes de l'imagination*** *dans* etc.

(p. 349) De la vive effervescence qui se fit alors dans son ame sortirent ces étincelles de génie qu'on a vu briller dans ses écrits durant dix ans de délire et de fiévre → G. et P. ajoutent : ***mais dont aucun vestige n'avoit paru jusqu'alors, et qui vraisemblablement n'auroient plus brillé dans la suite, si cet accés passé il eut voulu continuer d'écrire.***

Troisième dialogue

(p. 472) J'avois senti dès ma prémiére lecture que ces différens ecrits marchoient dans un ordre retrograde à celui de leur publication → G. et P. *marchoient dans un* ***certain*** *ordre* ***qu'il falloit trouver pour suivre la chaine de leur contenu. J'avois cru voir que cet ordre étoit*** *retrograde à celui* etc.

(p. 474) même en le copiant ils le dénaturent → G. et P. *en le copiant même ils le dénaturent* ***par la maniére de l'encadrer.***

(p. 474) ce qui est difficile est de saisir ses idées et d'exprimer ses sentimens. Rien n'est si contraire à l'esprit philosophique de ce siécle, dans lequel ses faux imitateurs retombent toujours → C. ***Rien n'est si contraire à l'esprit philosophique de ce siécle, dans lequel ses faux imitateurs retombent toujours.*** est inséré dans l'interligne.

(p. 504) On n'épargnera rien pour la prôner dans toute l'Europe, et pour en vanter surtout l'exactitude et la fidélité → P. *et la fidélité* *dont on ne doutera pas plus que de la ressemblance du portrait publié par l'ami Hume.* G. *et la fidélité* ***dont on ne doutera pas plus que de la ressemblance du portrait publié par l'ami Hume.***

(p. 505) Point du tout, en réglant leurs manœuvres sur les dispositions où ils ont mis le public → G. *sur la disposition où ils ont mis le public,* ***sur la crédulité qu'ils lui ont donnée.*** P. *et sur* ***l'aveugle crédulité*** etc.

III. ADJONCTION

Second dialogue

(p. 335) il n'a pas besoin de leurs suffrages pour être sage ni de leur faveur pour être heureux.
→ P. poursuit : *Enfin réfléchissez bien sur l'empire de l'imagination et sur ses influences, vous trouverez qu'elle est en nous la principale source non seulement des vices et des vertus, mais des biens et des maux de la vie, et que c'est elle par son usage qui rend les hommes bons ou méchans, heureux ou malheureux ici bas.* Autre leçon dans G. : *Enfin tel est en nous l'empire de l'imagination et telle en est l'influence, que d'elle naissent non seulement les vertus et les vices, mais les biens et les maux de la vie humaine, et que c'est principalement la maniére dont on s'y livre qui rend les hommes bons ou méchans, heureux ou malheureux ici bas.*

(p. 416) sans se soucier de l'application qu'on ne manqueroit pas de lui faire à lui même des principes qu'il établissoit
→ Correction et ajout dans P. *des maximes qu'il établissoit, ni de la haine qu'il alloit inspirer à ceux qui se vantent d'être des arbitres de la renommée, de la gloire et de la reputation des hommes, mais qui ne se vantent pas, que je sache, d'en faire la distribution avec justice et desinteressement.* – G. *ni de la fureur qu'il alloit inspirer à ceux qui se vantent d'être les arbitres de la renommée, les distributeurs de la gloire et de la reputation des actions et des hommes,*

mais qui ne se vantent pas, que je sache, de faire cette distribution avec justice et désinteressement.

(p. 433) bien surs que l'affaire ne s'éclaircira pas en sa présence, et que, quand cela arriveroit, un peu d'effronterie aidée des préjugés des maîtres les tireroit d'affaire aisément
→ Ajout dans P. *J'ai supposé comme vous ceux qui traitent avec lui tous sinceres et de bonne foi : mais si l'on cherchoit à le tromper pour le prendre en faute, quelle facilité sa vivacité ses distractions son défaut de mémoire ne donneroient-ils point pour cela ?* – G en fait un nouvel alinéa avec quelques corrections : *Quelle facilité sa vivacité, son étourderie, ses distractions, sa mauvaise mémoire ne donneroient-elles pas pour cela.*

AMPLIFICATION/EXTÉNUATION

Ubi amplificatio laudanda, quae virtus ei contraria.
QUINTILIEN[1]

Premier dialogue

(p. 194) Eh bien, Monsieur, ce venin ! en a-t-on déja beaucoup extrait de ces livres → Même leçon dans P. ; G. *en a-t-on déjà beaucoup* ~~*découvert dans nombre de passages horribles que l'extrème prévention qu'on avoit d'abord pour ces livres empêcha d'abord de remarquer*~~ *extrait de ces livres ?*

(p. 252) Je m'en rapporte au tableau tracé par vous-même. Quoi ! c'est par bonté, par commiseration par bienveillance qu'on rend cet infortuné le jouet du peuple [...]. → Séquences biffées dans C. *au tableau* ~~xxxxxxxxxxxxxxxx~~ *tracé par vous-même* ~~*Connoissez-vous pour un cœur d'homme de peine aussi cruelle qu'une pareille grâce*~~. *Quoi !* etc.

(p. 278) les connoissances, et les moyens necessaires pour se justifier s'il est innocent. → L. *les connoissances,* **les instrumens** *les moyens necessaires*

1 « en quelle occasion l'amplification est louable, et quelle est la vertu opposée », *Institution oratoire*, livre. 2, ch. 5, in Ch. Rollin, *Traité des études*, livre IV, ch. 3 *op. cit.*, p. 396.

pour ***pouvoir*** *se justifier.* P. *necessaires* ***pour se*** *justifier.* G. *les connoissances, les instrumens et les moyens necessaires pour* ***pouvoir*** *se justifier.*

Second dialogue

(p. 320) Cette honte d'abord et cette timidité que vous lui attribuez sont reconnus dans le monde pour être les plus sures enseignes de l'amour-propre et de l'Orgueil → P. *Cet* ***embarras*** *d'abord,* ***cette honte et cette timidité de penser*** *que vous lui attribuez sont maintenant reconnus.* G. ***Cet embarras d'abord et cette timidité*** *que vous lui attribuez sont reconnus maintenant.*

(p. 350) que cette prétendue traduction du Tasse qu'on lui attribue généralement → G. *que cette traduction du Tasse* ***si fidelle et si coulante qu'on répand avec tant d'affectation sous son nom.*** P. *qu'on répand* ***partout*** *sous son nom.*

(p. 399) les accompagnemens l'animent sans l'offusquer ni la couvrir → G. *l'animent sans l'offusquer.* ***On n'a pas besoin de crier sans cesse aux accompagnateurs : doux, plus doux.*** P. *aux accompagnateurs* ***jouez doux.***

Troisième dialogue

(p. 491) pourroit-il oublier la bassesse et l'indignité de leur conduite précédente, pourroit-il etc. → G. et P. *l'indignité* ***de leur conduite, pourroit-il*** etc.

PERMUTATIONS DE MOTS, PROPOSITIONS, PHRASES

> L'arrangement des mots est si important, que la position d'un seul mot porte souvent une lumière vive dans le discours, ou produit le sentiment.
> Pierre-Louis Cl. GIN, *De l'éloquence du barreau*[1].

[Du sujet et de la forme de cet écrit]

(p. 156) et que j'ai rassemblé soigneusement toutes les idées que mon entendement m'a pu fournir pour cela. Même leçon dans G et P. ; L. *et que j'ai* ***soigneusement rassemblé.***

(p. 157) et c'est ce que j'ai tâché de faire, en cumulant contre moi toutes les charges imaginables, et mettant de leur côté tout ce que j'y ai pu mettre de motifs plausibles et d'arguments spécieux → L., P., G. *et c'est ce que j'ai tâché de faire,* ***en mettant de leur côté tout ce que j'ai pu y mettre de motifs plausibles et d'argumens spécieux****, et* ***cumulant contre moi toutes les charges imaginables.***

(p. 157) En prenant un François pour mon autre interlocuteur, je n'ai rien fait que d'obligeant et d'honnête pour le nom qu'il porte → Même leçon dans G.* ; L. et P. *je n'ai rien fait que* ***d'honnête et d'obligeant*** *pour le nom qu'il porte.*

(p. 158) je ne puis assez m'étonner des longueurs des redites du désordre et du verbiage de cet écrit L., P., G. ***du verbiage et du désordre.***

Premier dialogue

(p. 163) Le faste n'excite tout au plus qu'une froide et sterile admiration L. P., G. ***qu'une admiration froide et sterile.***

(p. 174) et quand il se vit forcé de faire usage de cet acquis pour subsister, ce fut avec si peu d'ostentation et de prétention → Même leçon dans P. et G. ; L. *ce fut avec si peu* ***de prétention et d'ostentation.***

1 *Op. cit.*, p. 262.

(p. 176) ce qui ne l'empêche pas de pousser l'impudence et la stupidité jusqu'à se donner → L., P., G. *ce qui ne l'empêche pas de* ***se donner*** *avec la plus* ***stupide effronterie*** *pour* etc.

(p. 190) soit sorti non du pur zèle d'un cœur brûlant d'amour pour la vertu, mais d'une ame double et d'une mauvaise tête → L., P., G. *soit sorti* ***d'une ame*** *hypocrite* ***et d'une mauvaise tête, non du pur zèle d'un cœur brulant d'amour pour la vertu.***

(p. 204) Après avoir eu le malheur de vivre avec lui dans l'intimité → L. et G. *de vivre avec ce scelerat dans l'intimité**. P. *de vivre* ***dans l'intimité avec ce scelerat.***

(p. 205) le public, revenant peu à peu des jugemens favorables qu'il en avoit portés → L. *qu'il en avoit si longtems portés.* G. et P. *qu'il en avoit* ***portés si longtems.***

(p. 213) On savoit qu'étranger et seul il étoit sans parens → L. et P. *il étoit sans parens, sans appui, sans assistance.* G. *il étoit* ***sans appui, sans parens, sans assistance,*** *qu'il ne tenoit* etc.

(p. 214) mais les cailloux qui brisoient ses porte et ses fenêtres → L. et G. *qui cassoient* ***ses fenêtres et ses portes******. P. *qui cassoient* ***ses portes et ses fenêtres.***

(p. 221) On affecte même pour lui des attentions moqueuses et dérisoires → Même leçon dans G.* ; L. *On affecte même quelquefois pour lui.* P. *on affecte même* ***pour lui quelquefois.***

(p. 277) par quelque motif que cette ligue se soit formée, elle existe. Sur votre propre rapport elle sembleroit presque universelle ; elle est du moins grande nombreuse puissante → L., P., G. ***grande, puissante, nombreuse.***

(p. 278) Mais en les lui ôtant les accusateurs peuvent les tourner tous contre lui → L., P., G., *mais* ***les accusateurs en les lui ôtant*** *etc.*

(p. 280) un homme à qui l'on a oté les yeux pour voir, la voix pour parler, les mains pour agir et qu'on a livré sans deffense à la merci de ses ennemis ? → L. et G. *à qui l'on a ôté* ***la voix, les yeux, les mains*** *et qu'on livre pieds et poings liés à** etc. P. *à qui l'on a ôté* ***les yeux la voix les mains*** *et qu'on livre* etc.

(p. 282) Quoiqu'il en soit des raisons que je vous expose, je me sens digne de douter, même indépendamment d'elles → L., P., G. ***digne, même indépendamment d'elles, de douter de*** etc.

Second dialogue

(p. 293) je m'attendois à voir la figure d'un petit crispin grimacier comme celui de Fiquet ; ou d'un Cyclope affreux comme celui d'Angleterre

→ G. et P. *je m'attendois à voir la figure* ***d'un Cyclope affreux comme celui d'Angleterre ou d'un petit crispin grimacier comme celui de Fiquet.***

(p. 293) je m'avertissois de me tenir en garde contre une prémière impression, si puissante toujours sur moi → Même leçon dans G.* ; P. ***toujours si puissante*** *sur moi.*

(p. 301) que n'écrivant presque jamais dans aucun endroit favorable et honorable → G. *que n'écrivant presque jamais dans les endroits favorables et honorables.* P. *que sans l'arrêter dans nul endroit* ***honorable et favorable.***

(p. 323) offrir dans les ames l'analogie la plus parfaite → P. *une assez claire analogie.* G. ***une analogie assez claire.***

(p. 329) Ce même naturel ardent et doux se fait constamment sentir dans ses discours comme dans ses écrits → P. ***dans ses écrits comme dans ses discours.*** G. *dans tous ses écrits comme dans ses discours.*

(p. 347) Je l'ai vu livré par vos Messieurs à la dérision publique, persiflé flagorné moqué des honnêtes gens → Même leçon dans P. ; G. ***flagorné, persiflé, moqué.***

(p. 363) On me ferme adroitement l'abord de toutes les maisons ; on me cache avec le plus grand soin la demeure et l'adresse de tout le monde → G. et P. ***on me cache avec le plus grand soin la demeure et l'adresse de tout le monde*** [...] ***on me ferme l'abord de toutes les maisons.***

(p. 387) La plus sublime des vertus, celle qui demande le plus de grandeur de courage et de force d'ame → Même leçon dans G.* ; P. *celle qui demande le plus* ***de force d'ame et de grandeur de courage*** *est* etc.

(p. 393) et qui lui font priser l'ordre la droiture la justice et l'innocence au-dessus de tous les autres biens → P. et G. ***l'ordre la justice la droiture et l'innocence*** *au dessus* etc.

(p. 404) Quand on s'abstient de dire le bien, le mal qui ne nuit point à autrui peut se taire → P. ***le mal qui ne nuit point à autrui peut se taire quand on s'abstient de dire le bien*** *qui le rachette.* G. *quand on tait le bien* etc.

(p. 419) les destructeurs de toute religion, de toute liberté, de toute conscience de toute morale → P. et G. *destructeurs de toute religion* ***de toute conscience de toute liberté de toute morale*** etc.

Troisième dialogue

(p. 495) « Si ma mémoire, dit-il, devoit s'éteindre avec moi » → Même leçon dans P. ; G. *si ma mémoire* ***devoit, dit-il,*** *s'éteindre avec moi.*

(p. 496) Ce n'est pas que je donne encore aucune importance, et surtout par rapport à moi au peu de jours qui me restent à vivre → Même leçon dans G.* ; P. *Ce n'est pas que je donne encore* ***et surtout par rapport à moi aucune importance*** etc.

RECOMPOSITION

> La liaison des preuves entre elles [...] dépend de la justesse et de la délicatesse des transitions qui sont comme un nœud dont on se sert pour unir des parties qui souvent paraissent n'avoir aucun rapport, qui sont indépendantes et comme étrangères à l'égard les unes des autres, et qui, sans ce lien commun, s'entreheurteraient mutuellement et ne pourraient cadrer ensemble.
> Charles ROLLIN[1]

> Jamais rien ne s'offre à moi qu'isolé et [...] au lieu de lier mes idées dans mes écrits j'use d'une charlatanerie de transitions qui vous en impose tous les premiers à tous vous autres grands philosophes.
> J.-J. ROUSSEAU à Dom DESCHAMPS[2]

Second dialogue

(p. 370) Voila pourquoi les longues promenades lui plaisent ; mais il n'aime pas les jardins où à chaque bout d'allée une petite direction expresse est necessaire pour revenir sur ses pas, et en compagnie il se met sans y penser à la suite des autres[a] ; il est moins à l'aise en marchant le prémier. Rien n'est plus uniforme que sa manière de vivre : il se lève se couche mange travaille sort et rentre aux mêmes heures, sans le vouloir

1 *Traité des études*, livre IV, ch. III, art. II, § 1., *op. cit.*, p. 431. (D'après Quintilien, livre VII, ch. 1).

2 *CC*. n° 1490.

et sans le savoir. Tous les jours sont le même jour toujours répété ; sa routine lui tient lieu de toute autre régle : il la suit très exactement sans y manquer et sans y songer.

Cette molle inertie[b] n'influe pas seulement sur ses actions indifferentes, mais sur toute sa conduite, sur les affections mêmes de son cœur, et lorsqu'il cherchoit si passionnément des liaisons qui lui convinssent il n'en forma reellement jamais d'autres que celles que le hazard lui présenta. L'indolence et le besoin d'aimer ont donné sur lui un ascendant aveugle à tout ce qui l'approchoit. Une rencontre fortuite, l'occasion, la comodité[c], le besoin du moment, l'habitude trop rapidement prise, ont déterminé tous ses attachemens et par eux toute sa destinée. En vain son cœur lui demandoit un choix, son humeur trop facile ne lui en laissa point faire[d] ; il est peut-être le seul homme au monde des liaisons duquel on ne peut rien conclurre, parce que son propre gout n'en forma jamais aucune, et qu'il se trouva toujours subjugué avant d'avoir[e] eu le temps de choisir. Du reste l'habitude une fois prise ne finit point en lui par l'ennui ; et jamais il ne s'en dégoute d'aucune chose qui une fois lui eut fait plaisir.[f]

C'est par ces observations et d'autres qui s'y rapportent, c'est par l'étude attentive du naturel et des gouts de l'individu, qu'on apprend à expliquer les singularités de sa conduite, et non par des fureurs d'amour-propre qui rongent les cœurs de ceux qui le jugent sans avoir jamais approché du sien. Tous les hommes sont naturellement paresseux ; les plus pressans[g] besoins ne les font agir que par secousses : Mais à mesure que l'amour-propre s'éveille il les anime les agite sans cesse, leur donne cette activité continuelle qu'on leur voit à tous dans le monde[h]. L'homme en qui l'amour-propre ne domine pas[i] est le seul qui connoisse l'incurie et les doux loisirs, et J. J. est cet homme-là autant que je puis m'y connoitre[j]. C'est par paresse par aversion de la dependance et de la gêne qu'il copie[k] de la musique. Il fait sa tâche comme et quand[l] il lui plait ; il ne doit compte de sa journée de son tems de son travail[m] de son loisir à personne ; il n'a besoin de rien arranger de rien prévoir de prendre aucun souci de rien, il n'a nulle dépense d'esprit à faire, il est lui et à lui[n] tous les jours tout le jour, et le soir quand il se délasse et se promène, son ame ne sort du calme que pour se livrer à des émotions délicieuses, sans qu'il ait à payer de sa personne et à soutenir le faix de la celebrité par de brillantes ou savantes conversations qui feroient le tourment de sa vie sans flatter sa vanité.

→ (a) G. et P *à la suite des autres pour n'avoir pas besoin de penser à son chemin ; aussi n'en a-t-il jamais retenu aucun qu'il ne l'eut fait seul.* C'est ainsi que se clôt l'alinéa dans ces deux transcription, qui suppriment « il est moins à son aise en marchant le prémier ». Suit une importante recomposition des deux alinéas suivants. Le premier y est modifié par l'adjonction en tête de la séquence « Tous les hommes [...] autant que je puis m'y connoitre », prélevée au deuxième alinéa qui suit dans le manuscrit, suivie par la séquence « Rien n'est plus uniforme [...] sans y songer ». Ces prélèvement recomposés sont eux-mêmes très réécrits.

→ (b) G. et P. (Je suis la ponctuation de P.) *Tous les hommes sont naturellement paresseux, leur intérest même ne les anime pas, et les plus pressans besoins ne les font agir que par secousses ; mais à mesure que l'amour-propre s'éveille il les excite, les pousse, les tient sans cesse en haleine, parce qu'il est la seule passion qui leur parle toujours : c'est ainsi qu'on les voit tous dans le monde. L'homme en qui l'amour-propre ne domine pas et qui ne va point chercher son bonheur loin de lui est le seul qui connoisse l'incurie et les doux loisirs, et J.J. est cet homme-là autant que je puis m'y connoitre. Rien n'est plus uniforme que sa manière de vivre ; il se lève se couche mange travaille sort et rentre aux mêmes heures, sans le vouloir et sans le savoir. Tous les jours sont jettés au même moule ; c'est le même jour toujours répété ; sa routine lui tient lieu de toute autre régle : il la suit très exactement sans y songer et sans y manquer* [G. *sans y manquer et sans y songer*]. *Cette molle inertie* etc.

→ (c) Même leçon dans P. ; G. *l'occasion, le besoin du moment* etc.

→ (d) P. et G. *ne lui en laissa jamais faire.*

→ (e) Quelques mots biffés illisibles dans C. après « d'avoir eu ». G. et P. ajoutent après « le temps de choisir » : *Du reste l'habitude ne finit point en lui par l'ennui. Il vivroit éternellement du même mets, répéteroit sans cesse le même air, reliroit toujours le même livre, ne verroit toujours que la même personne. Enfin je ne l'ai jamais vu se dégouter d'aucune chose* etc.

→ (f) C. *le temps de choisir. Du reste l'habitude une fois prise ne finit point en lui par l'ennui ; et jamais il ne s'en dégoute d'aucune chose qui une fois lui eut fait plaisir.* est inséré dans l'interligne.

→ (g) G. *sont naturellement paresseux, leur intérest même ne les anime pas et les plus pressans* etc.

→ (h) G. *il les excite, les pousse, les tient sans cesse en haleine parce qu'il est la seule passion qui leur parle toujours : c'est ainsi qu'on les voit tous dans le monde.*

→ (i) G. *ne domine pas et qui ne va point chercher son bonheur loin de lui est* etc.

→ (j) La séquence « Tous les hommes sont naturellement paresseux [...] que je puis m'y connoitre » a été déplacée, comme indiqué en (a) et (b).
→ (k) G. et P. ; *C'est par paresse, par nonchalance, par aversion de la dependance et de la gêne que J.J. copie* etc.
→ (l) G. et P. *quand et comme.*
→ (m) P. omet « de son travail ».
→ (n) Même leçon dans G.* ; P. *il est à lui.*

Troisième dialogue

(p. 452) Passages extraits des livres de J.J.
→ P. Aucun titre. Comme dans C., les extraits sont numérotés de 1 à 21 + le n° 22 (*Contrat social*) et sont intitulés par leur référence à l'œuvre. La distribution thématique apparaît dans les marges gauche et droite des pages : *Les gens de lettres* ; *Les Medecins* ; *Les Rois ; les Grands, la noblesse les riches* ; *Les femmes du monde ; Les Anglois.*
→ G. Substitution sur deux lignes centrées, du titre suivant : EXTRAITS. Suit une distribution thématique des extraits numérotés en continu, de 1 à 18 + le n° 19 (*Contrat social*) avec assemblage en continu, au n° 5, de trois des extraits consacrés à la médecine. Les intitulés apparaissent dans la marge droite *Les gens de lettres* ; *Les médecins* ; *Les rois, les grands, les riches* ; *Les femmes* ; *Les Anglois.* La référence de chaque extrait est donnée en fin de citation.

(p. 498) On l'a vu dans le même tems en divers pays à de grandes distances les uns des autres, toujours courant et toujours arrêté. Dans les uns il faisoit des vers, dans d'autres des journaux, dans d'autres des satyres, dans d'autres des romans, dans d'autres des complots, dans tous il passoit une partie de sa vie avec des filles, une autre avec des joueurs, une autre avec des filoux, une autre avec des brouillons, une autre avec des buveurs, vivant néanmoins toujours seul en misantrope en atrabilaire en loup garou, fuyant partout le commerce des hommes et se faisant partout abhorrer d'eux
→ Cette séquence est supprimée dans P. et G. Si elle avait été maintenue dans le manuscrit de Genève, elle figurerait dans *OC* I à la p. 955, entre l'alinéa se terminant par « d'en rejetter aucun autre » et celui commençant par « Cependant avec un peu de calcul ».

(p. 517) voyant naitre et périr dans son sein des races indignes de vivre, sentira tot ou tard dans ses calamités le fruit des nouvelles instructions, et jugeant d'elles par leurs funestes effets, prendra dans la même horreur et les professeurs et les disciples, et toutes ces doctrines cruelles qui laissant l'empire absolu de l'homme à ses sens et bornant tout à la jouissance de cette courte vie, rendent le siécle où elles règnent aussi méprisable que malheureux
→ P. Rousseau a déplacé à la suite un alinéa qui vient deux alinéas plus bas et qui commence par « Voila Monsieur », puis il l'a entièrement biffé et reproduit la disposition première dans C., que l'on retrouve dans G.

III. CORRÉLATIONS ENTRE *ROUSSEAU JUGE DE JEAN JAQUES* ET LA CORRESPONDANCE DE ROUSSEAU (1769-1776)

Comme il a été dit dans l'introduction de cette édition, il y a tout lieu de considérer comme une sorte de contrepoint *in progress* la correspondance de Rousseau et son œuvre publiée. Chez un écrivain comme celui-ci qui travaille ses moindres lettres comme il travaille ses manuscrits, ainsi qu'en attestent à profusion les brouillons systématiquements transcrits par Ralph-Alexander Leigh, la correspondance doit être lue comme un ouvroir d'écriture en vue des œuvres à venir, comme une sorte de galop d'essai intermédiaire entre la composition mentale toujours en cours et la mise en œuvre effective dans des écrits destinés à la publication. La période ici choisie remonte à janvier 1769 alors que Rousseau, qui vit en Dauphiné (Bourgoin puis Monquin), synthétise pour Monsieur de Franquières le cœur de sa doctrine métaphysique, avant de reprendre son nom, en janvier de l'année suivante, à l'adresse d'un correspondant parisien, et se déploie jusqu'à la fin de l'année 1776 où l'on admet qu'il achève la dernière transcription de *Rousseau juge de Jean Jaques* – sachant au demeurant que les premières Promenades des *Rêveries du promeneur solitaire* demeurent par bien des aspects encore très proches de la problématique et de la lettre des *Dialogues*.

Ce relevé n'inclut pas la lettre à M. de Saint-Germain du 26 février 1770 dont le caractère d'« avant-texte » des *Dialogues* est bien connu et qui se trouve souvent citée pour cette raison dans l'annotation de cette édition[1]. Pour autant, les années 1769-1771 de la correspondance abondent en thèmes et en formules (parfois des alinéas entiers) qui pourraient figurer sans aucune modification dans tel ou tel des entretiens

1 Cette lettre est éditée par mes soins au tome XVI des *OC.* aux Classiques Garnier.

de *Rousseau juge de Jean Jaques*, comme si l'auteur en avait en tête, déjà, le schéma d'ensemble, dans sa structure, voire son détail, et improvisait, au fil des occasions présentées par la vie, des pièces d'écriture en attente d'être « encadrées », selon la formule qu'il utilise dans la préface (p. 22)[1], en vue d'un montage *a posteriori* qui me semble avoir été l'une de ses principales techniques compositionnelle[2]. J'y lis un indice de ce que la composition mentale de cette œuvre est pour l'essentiel achevée à l'époque où Rousseau, qui a terminé – ou quasiment – la seconde partie des *Confessions*, prend la décision de quitter le Dauphiné pour se rendre à Paris, en dépit des propositions qui lui sont faites de se rendre en Savoie ou ailleurs par quelques-uns de ses correspondants d'alors. Dans une lettre du 4 avril 1770, il déclinait en ces termes l'invitation d'Henri Laliaud à venir s'installer chez lui :

> Cette douce vie pour laquelle j'étois né eut été celle dans laquelle j'aurois achevé mes jours si on m'avoit laissé faire ; mais quand l'honneur, le devoir la nécessité commandent, il faut obeïr. [...] quoique je Sache très bien ce que je veux faire j'ignore absolument ce que je fairai[3].

Il en avait déjà parlé le 16 mars à la comtesse de Berthier :

> Je vais quitter cette habitation. Je sais ce que je veux et dois faire ; j'ignore ce que je ferai. Je suis entre les mains des hommes, ces hommes ont leurs raisons pour craindre la vérité, et ils n'ignorent pas que je me dois de la mettre en évidence, ou du moins, de faire tous mes efforts pour cela. Seul et à leur merci, je ne puis rien, ils peuvent tout, hors de changer la nature des choses, et de faire que la poitrine de J.J. Rousseau vivant cesse de renfermer le cœur d'un homme de bien[4].

1 *Cf.* la note 36 de « Du sujet et de la forme de cet écrit ».

2 Voir aux p. 382-385 mon analyse de la recomposition de deux alinéas du second entretien. Voir également au IIIe entretien (p. 517, note g), une tentative, finalement rayée, de déplacement de toute une séquence dans le manuscrit de Paris. Dans les *Rêveries*, voir, pour la I[e] Promenade, l'introduction au t. XX des *OC.* (Classiques Garnier), p. 63 ; pour la IXe, les notes 1 et 2 de la p. 524 ; enfin, les p. 125-127 de la présentation des principes de cette édition. En amont dans l'œuvre, P.-M Masson a étudié l'importation de fragments importants des *Lettres morales* 5 et 6 dans la « Profession de foi du vicaire savoyard » (Appendices de son édition de la « Profession de foi », Fribourg-Paris, 1914, p. 477-499). Voir aussi la réécriture, au livre IV de l'*Émile* (*OC.* IV, Pléiade, p. 505-506), de l'alinéa concernant la pitié dans l'*Essai sur l'origine des langues* (*OC.* V, Pléiade, p. 395) ; à ce propos, voir J.-F. Perrin, *Rousseau, Le chemin de ronde, op. cit.*, p. 71-77.

3 *CC.* n° 6701.

4 *CC.* n° 6694.

Il en reparle à Moultou le 28 mars, en évoquant par avance son départ de Lyon pour Paris[1] car, lui écrira-il dans une autre lettre où il le dessine par avance en dépositaire de son message à la postérité : « l'honneur et le devoir crient ; je n'entends plus que leur voix[2] ». Ce qu'il *doit faire*, ce qu'il *veut faire*, c'est évidemment réclamer son procès en souffrance depuis son exil de 1762. Il en avait parlé au prince de Conti dès 1768[3] et il l'explique en termes relativement clairs dans le commentaire qu'il donne à M. de La Tourrette, son ami lyonnais, du quatrain « Pauvres aveugles que nous sommes » qui ouvre ses lettres depuis janvier, appelant à « démasque[r] les imposteurs » :

> C'est pour ceux qui se laissent séduire par la puissance et tromper par l'imposture un avis qui les rendra plus inexcusables si, jugeant sur des choses que tout devroit leur rendre Suspectes, ils S'obstinent à se refuser aux moyens que prescrit la justice pour S'assurer de la vérité[4].

Ces moyens ne sont autres qu'un procès en bonne et due forme, fût-ce au prix, comme il l'écrit à Saint-Germain, de « savoir supporter la captivité, la douleur, la mort[5] ». Le projet de l'obtenir est explicitement rapporté dans le premier entretien des *Dialogues*, où J.J. est présenté par « Rousseau » comme « cet homme audacieux qui malgré tant de

1 La neige revenue à Monquin a rendu les chemins impraticables : « je ne sais plus quand j'en pourrai partir. Ce sera, dans mon projet, pour me rendre à Lyon, d'où je sais bien ce que je veux faire, mais j'ignore ce que je ferai. » *CC.* n° 6600.

2 « Il faut attendre les révolutions qui [...] seront favorables [à la vérité], et qui viendront tôt ou tard. C'est alors que le nom de mon ami, dont il faut maintenant se cacher, honorera ceux qui l'auront porté et qui rempliront les devoirs qu'il leur impose. Voila la tâche, O Moultou ! elle est grande, elle est belle, elle est digne de toi, et depuis bien des années mon cœur t'a choisi pour la remplir. Voici peut-être la dernière fois que je vous écrirai. Vous devez comprendre combien il me seroit intéressant de vous voir : mais ne parlons plus de Chambéry ; ce n'est pas là où je suis appelle. L'honneur et le devoir crient ; je n'entends plus que leur voix. » 6 avr. 1770, *CC.* n° 6703.

3 Conti cherchant évidemment à l'en dissuader : « Et surtout banissés le retour deraisonable a l'idée d'affrontter les loix Et de vous livrer a la Sévérité que leur donneroient les hommes. » (13 mai 1768, *CC.* n° 6353).

4 22 février 1770, *CC.*, n° 6672.

5 « Je veux tâcher que la fin de ma vie en honorre le cours et y reponde. Jusqu'ici j'ai supporté le malheur, il me reste à savoir supporter la captivité, la douleur, la mort, ce n'est pas le plus difficile [...] je ne trouve rien de si grand, rien de si beau, que de souffrir pour la vérité. J'envie la gloire des martyrs. Si je n'ai pas en tout la même foi qu'eux j'ai la même Innocence et le même Zéle, et mon cœur se sent digne du même prix. » 26 fév. 1770, *CC.* n° 6673, § 49.

résistance et d'effrayantes menaces[1] est venu fierement à Paris provoquer par sa présence l'inique tribunal qui l'avoit décrété connoissant parfaitement son innocence » (p. 255), et qui affronte « au milieu de Paris ses persecuteurs » en leur « dis[ant] insolemment ; *parlez haut, traitres que vous êtes, me voila ; qu'avez-vous à dire* ? (p. 272)[2].

C'est à cause de ce décret qu'au fil de ses demeures et de ses déplacements en France depuis son retour, il avait dû vivre sous un pseudonyme et hors du ressort du Parlement de Paris, le prince de Conti veillant à lui en rappeler systématiquement l'impératif, comme il appert de leur correspondance[3]. La reprise de son nom, le 15 janvier 1770[4], est le signe ostensible de la mise en œuvre d'un projet de rupture avec cette stratégie de la prudence, un projet qui a mûri en dépit de sa confiance en Conti, puisqu'il avait jusqu'alors toujours assumé hautement la responsabilité de ses actes et de ses écrits. Le reprise de sa signature précède ainsi de peu l'annonce, le 22 janvier, à Mme Boy De la Tour, de sa décision de quitter Monquin[5]. Cette question de son nom et de l'aura d'imposture qui l'environne dans cette sorte de comédie politique où la vérité sur l'identité de M. Renou était un secret de polichinelle dont on riait sous cape à Paris et ailleurs[6], se trouve d'ailleurs au centre de la problématique des *Dialogues*, où il est sans cesse question, à propos de J.J., de ce qui se publie frauduleusement « sous son nom » autant que de décider s'il est ou non l'auteur de la musique et des écrits « qui portent son nom » ; quant à leur dispositif conversationnel, on a vu que l'auteur y choisit de se réapproprier l'usage intempestif que les contemporains sont censés avoir fait de son prénom et de son patronyme.

---

1 L. et P. *d'effrayantes exhortations.*

2 Ses italiques. Le 14 août 1772, il écrira à la marquise de Mesmes : « J'ai provoqué Les imposteurs et Les traîtres par tous les moyens permis et justes qui pouvoient avoir prise Sur des Cœurs humains. » Voir la lettre entière dans ce dossier p. 971.

3 « tous ceux dont j'ay besoin pour votre Service, Exigent toujours le nom de Renou, Et excluent constament tout Séjour dans le ressort de Paris. » *CC*. n° 6538, 3 février [1769]. Pour de plus amples extraits, on peut se reporter au n° XI du présent dossier.

4 *CC*. n° 6651, à N. E. Framery.

5 Cette lettre est aussi la première à afficher en épigraphe le quatrain appelant le « Ciel » à « démasque[r] les imposteurs ».

6 « On sait actuellement ce que le trop célèbre J.J. Rousseau est devenu. Il est dans une terre appartenant au prince de Conti dans le département du parlement de Normandie. Il a changé de nom et s'il n'écrit pas quelques nouvelles sottises, on l'y laissera tranquille. » *Gazette à la main*, 6 juillet 1767 citée dans *CC*., t. 33, n° 5963, p. 202.

Cela étant, ce que Rousseau a d'abord fait, c'est, comme on sait, de lire et de faire lire ses *Confessions* durant l'hiver 1770-1771. L'interdiction obtenue par Mme d'Épinay en mai 1771, mais également sa propre déception à l'égard des réactions suscitées par ces lectures ne pouvaient que le réengager dans l'écriture : *Rousseau juge de Jean Jaques* léguant à la postérité, mais cette fois par fiction, le procès confisqué depuis 1762 dont son auteur avait rêvé la relance lors de son retour à Paris. Les relevés qu'on va lire attestent, on le verra, de la réalité mentale déjà bien effective de ce procès à écrire dont des formules caractéristiques ou des noyaux sémantiques obsédants affleurent au fil des échanges de Rousseau avec toutes sortes de correspondants. On présente à chaque fois un passage des *Dialogues* en rapport avec l'extrait de lettre cité, sachant que le caractère litanique du texte démultiplie les rapprochements possibles, à quelques variations littérales près.

ANNÉE 1769

> « *L'unique doctrine que [le public] peut gouter est celle qui met ses passions à leur aise et couvre d'un vernis de sagesse le dereglement de ses mœurs. Il ne reste plus qu'une route pour quiconque aspire à lui plaire. C'est de suivre à la piste les brillans Auteurs de ce siécle,* [...] *de prêcher comme eux dans une morale hypocrite l'amour des vertus et la haine du vice, après avoir commencé par prononcer comme eux que tout cela sont des mots vides de sens, faits pour amuser le peuple, qu'il n'y a ni vice ni vertu dans le cœur de l'homme, ni liberté dans sa volonté ni moralité dans ses actions, que tout jusqu'à cette volonté même est l'ouvrage d'une aveugle nécessité, qu'enfin la conscience et les remords ne sont que des préjugés et des chimères, puisqu'on ne peut s'abstenir, ni s'applaudir d'une bonne action qu'on a été forcé de faire.* » (Second entretien, p. 364)

C'est presque littéralement ce qu'écrivait Rousseau le 15 janvier à M. de Franquières, en résumant la doctrine déterministe des cercles matérialistes : « comment ne sentez-vous pas que cette même *loi de la nécessité* qui seule régie (sic) selon vous la marche du monde et tous les événemens, régie aussi toutes les actions des hommes, toutes les pensées de leurs têtes, tous les sentimens de leurs cœurs, que rien n'est libre, que tout est forcé, nécessaire, inévitable, que tous les mouvemens de l'homme dirigés par *la matiére aveugle*, ne dépendent de sa volonté que parce *que sa volonté même dépend de la nécessité*; qu'il n'y a par conséquent ni vertus, ni vices, ni mérite, ni démérite, ni moralité dans les actions humaines et que ces mots d'honnête homme ou de Scélérat doivent être pour vous *totalement vides de sens*. Ils ne le sont pas toutefois, j'en suis très sûr. Vôtre honnête cœur en dépit de vos argumens réclame contre votre triste philosophie[1]. » (15 janvier, *CC*. n° 6529, § 24, mes italiques).

> « *puisqu'enfin ses écrits tels qu'ils existent n'ont pas garanti leur Auteur de la diffamation durant son vivant, l'en garantiront-ils mieux après sa mort, quand on les aura mis dans l'état projetté pour rendre sa mémoire odieuse et méprisable, et quand les auteurs du complot auront eu tout le tems d'effacer toutes les traces de son innocence et de leur imposture ?* » (Troisième entretien, p. 509)

La falsification des écrits de Rousseau comme métamorphose programmée de son image posthume était thématisée de façon plus brutale dans une lettre de février à H. Laliaud : « Vous m'apprenez aussi qu'on a imprimé un nouveau volume de mes écrits vrais ou faux. C'est ainsi qu'on me dissèque de mon vivant, ou plutôt qu'on dissèque un autre Corps sous mon nom[2]. »

> « *Ce sentiment intérieur que nos philosophes admettent quand il leur est comode et rejettent quand il leur est importun, perce à travers les écarts de la raison, et crie à tous les cœurs que la justice a une autre base que l'intérest de cette vie, et que l'ordre moral dont rien ici bas ne nous donne l'idée a son siége dans un système différent qu'on cherche en vain sur la terre, mais où tout doit être un jour ramené. La voix de la conscience ne peut pas plus être étouffée dans le cœur humain que celle de la raison dans l'entendement, et l'insensibilité morale est tout aussi peu naturelle que la folie.* » (Troisième entretien, p. 517)

Ce thème, qui remonte bien sûr aux développements sur la conscience de la « Profession de foi du vicaire savoyard », est traité dans la lettre à M. de Franquières, mais aussi dans une lettre du 14 février à P. Cl.

1 15 janvier 1769, *CC*. n° 6529, § 24, mes italiques.
2 5 ou 9 février 1769, *CC*. n° 6541.

Moultou : « Voulez-vous étouffer l'instinct moral ? La voix interne s'élève dans votre cœur et foudroye les petits argumens à la mode et vous crie qu'il n'est pas vrai que l'honnête homme et le scélérat le vice et la vertu ne soient rien. Car vous êtes trop bon raisonneur pour ne pas voir à l'instant qu'en rejettant la cause première et faisant tout avec la matière et le mouvement on ote toute moralité de la vie humaine[1]. »

ANNÉE 1770

« *Mais celui qui peut contempler de sang-froid la vertu dans toute sa beauté, celui qui sait la peindre avec ses charmes les plus touchans sans en être ému, sans se sentir épris d'aucun amour pour elle ; un tel être, s'il peut exister, est un méchant sans ressource, c'est un cadavre moral.* » (Premier entretien, p. 164)

En janvier 1770, Rousseau parlait ainsi du « sens moral » à la comtesse de Berthier : « ce sentiment exquis du beau du vrai du juste, qui réfléchit toujours sur nous-mêmes, tient l'ame de quiconque en est doué dans un ravissement continuel qui est la plus délicieuse des jouissances. La rigueur du sort, la méchanceté des hommes, les maux imprévus, les calamités de toute espèce peuvent l'engourdir pour quelques momens mais jamais l'éteindre, et presque étouffé sous le faix des misère humaines, quelquefois une explosion subite peut lui rendre son premier éclat[2]. »

« *Vous m'avez figuré vos Messieurs qui disposent à leur gré de sa réputation, de sa personne et de toute sa destinée, comme des modeles de vertu, des prodiges de générosité, des anges pour lui de douceur et de bienfaisance.* » (Premier entretien, p. 267)

Rousseau justifiait tout aussi ironiquement pour son ami, M. de La Tourrette, le quatrain dénonçant les « imposteurs » qu'il mettait en épigraphe à ses lettres depuis janvier, lui suggérant qu'il y formulait l'exigence d'un procès authentique à son égard : « c'est une formule

1 *CC*. n° 6544.
2 17 janvier 1770, *CC*. n° 6652.

générale qui n'a nul trait à ceux à qui j'écris mais seulement aux honnêtes gens qui disposent de moi avec autant d'équité que de bonté. C'est pour ceux qui se laissent séduire par la puissance et tromper par l'imposture un avis qui les rendra plus inexcusables si, jugeant sur des choses que tout devroit leur rendre Suspectes, ils S'obstinent à se refuser aux moyens que prescrit la justice pour S'assurer de la vérité[1]. »

Lettre du 26 février 1770 à M. de Saint-Germain. (*Passim*).

« *Le rolle humiliant de ma propre défense est trop au dessous de moi, trop peu digne des sentimens qui m'animent pour que j'aime à m'en charger* [...] *Il falloit m'occuper d'idées tristes et déchirantes, de souvenirs amers et révoltans, de sentimens les moins faits pour mon cœur* [...] *Voyant l'excessive longueur de ces dialogues j'ai tenté plusieurs fois* [...] *d'y mettre un peu d'ordre et de suite : jamais je n'ai pu soutenir ce nouveau tourment. Le sentiment de mes malheurs, ranimés par cette lecture étouffe toute l'attention qu'elle éxige* [...] *Tandis que je force mes yeux à suivre les lignes, mon cœur serré gémit et soupire. Après d'inutiles et pénibles efforts, je renonce à ce travail dont je me sens incapable ; et, faute de pouvoir faire mieux, je me borne à transcrire ces informes essais que je suis hors d'état de corriger.* [...] *Après tout, j'ai dit à peu près ce que j'avois à dire ; il est noyé dans un cahos de desordre et de redites : mais il y est ; les bons esprits sauront l'y trouver.* » ([Du sujet et de la forme de cet écrit], p. 158)

Rousseau parle à peu près dans les mêmes termes de sa lettre immense à M. de Saint-Germain, dans la courte lettre d'introduction qu'il y joint : « Vous verrez, Monsieur, que la lettre ci-jointe étoit commencée avant votre retour de Grenoble, et que par conséquent, j'ai eu bien le tems de la mettre en meilleur état, mais je vous avoue que l'angoisse et les serremens de cœur que j'éprouvois en l'écrivant ne m'ont pas permis d'en faire une autre copie plus au net ; l'indignation qui m'arrêtoit à chaque ligne m'a trop fait sentir que le rolle d'accusé n'est pas fait pour moi. Malgré le désordre qui régne dans cette lettre elle contient des éclaircissemens dont j'ai cru que vous ne dédaigneriez pas d'être le dépositaire, et qui peuvent importer un jour au triomphe de la vérité[2]. »

---

1 22 février 1770, *CC.* n° 6672.
2 26 février 1770, *CC.* n° 6674.

« *Un vernis d'humanité couvrant la noirceur du complot acheva de séduire le public, et chacun s'empressa de concourir à cette bonne œuvre.* » (Deuxième entretien, p. 423)

Même tour métaphorique sur le même sujet dans une lettre de mars à Mme Delessert : « Je ne doute point que vous ne soyez l'une et l'autre dupes de gens aussi rusés que méchans, qui, pour comble de scélératesse, savent couvrir leur haine infernale du vernis de la générosité[1]. »

« *j'ai le signe assuré pour le distinguer des autres c'est de celui-là que je ferai mon dépositaire.* » (« Histoire du précédent écrit », p. 538)

La lettre à Mme Delessert formule cela ainsi : « Si j'ai quelque ami sur la terre j'ai dans ma situation la marque simple et sure pour le reconnoitre. Je ne cherche à le trouver dans personne, mais je n'appellerai jamais mes amis ceux en qui je ne le trouverai pas[2]. »

« *Une position si singulière est unique depuis l'existence du genre humain. Pour juger sainement de celui qui s'y trouve et de ce qui s'y rapporte à lui, les formes ordinaires sur lesquelles s'établissent les jugemens humains ne peuvent plus suffire.* » (Premier entretien, p. 278)

Rousseau l'écrivait à la comtesse de Berthier en mars : « Ma situation est unique, mon cas est inoui depuis que le monde existe, selon toutes les régles de la prévoyance humaine je dois succomber, et toutes les mesures sont tellement prises qu'il n'y a qu'un miracle de la providence qui puisse confondre les imposteurs[3]. »

« *tout cela ne prouve donc rien, précisément parce qu'il prouve trop.* » (Premier entretien, p. 270)

C'est la substance de ce qu'écrivait Rousseau à la comtesse de Berthier : « quand on vous aura fait l'énumération de mes crimes, quand on vous

1 Vers le 1er mars 1770, *CC*. n° 6679.
2 *Ibid.*
3 6 mars 1770, *CC*. n° 6694.

en aura montré les frapans témoignages, les preuves sans réplique, la démonstration, l'évidence ; souvenez-vous des trois mots par lesquels ont fini mes adieux. Je suis innocent[1]. »

« *mais ses vices, bien plus nombreux, ne font de mal qu'à lui seul.* » (Second entretien, p. 382)

L'idée et la formule apparaissent dans la lettre à la comtesse de Berthier : « J'ai de grands vices, sans doute, mais qui n'ont jamais fait de mal qu'à moi, et tous mes malheurs ne me viennent que de mes vertus[2]. »

« *Car enfin, si, quoique faussement accusé il ignore toutes les trames dont il est enlacé, tous les piéges dont on l'entoure, si les seuls deffenseurs qu'il pourra trouver et qui feindront pour lui du zèle, sont appostés pour le trahir* … » (Premier entretien, p. 278)

Cette ignorance de J.J. relativement à ce dont on l'accuse est au cœur de l'argumentaire de *Dialogues* ; en voici une version à l'adresse de la comtesse de Berthier : « Je n'ai pu malgré tous mes efforts percer le mistére affreux des trames dont je suis enlacé, elles sont si ténébreuses on me les cache avec tant de soin que je n'en apperçois que la noirceur[3] ».

« *Tant que les hommes n'arracheront pas de ma poitrine le cœur qu'elle enferme pour y substituer, moi vivant, le cœur d'un malhonnête homme.* » (« Histoire du précédent écrit », p. 534)

L'idée et la formule sont dans la lettre à la comtesse de Berthier : « Seul et à leur merci, je ne puis rien, ils peuvent tout, hors de changer la nature des choses, et de faire que la poitrine de J.J. Rousseau vivant cesse de renfermer le cœur d'un homme de bien[4]. »

1 *Ibid.*
2 *Ibid.*, *CC.* n° 6694. *Cf.* aussi la lettre à Sartine de 1772 (ce dossier, n° V. 1).
3 *Ibid.*
4 *Ibid.*

« *jamais mortel n'a vécu dans une pareille dépression.* » (Premier entretien, p. 220)

C'est ce qu'écrivait Rousseau à Buirette de Belloy, le 12 mars : « je n'entends rien à ce que vous me dites [des malheurs] que vous avez essuyés : assurément je suis fait pour les plaindre ; mais que peuvent-ils avoir de commun avec les miens ? Ma situation est unique, elle est inouie depuis que le monde existe, & je ne puis présumer qu'il s'en retrouve jamais de pareille. Je ne comprends donc point quel rapport il peut y avoir dans nos destinées, & j'aime à croire que vous vous abusez sur ce point[1]. »

(« Rousseau ») : « *Il me sembloit que sans trop nous compromettre nous aurions pu leur dire : "Nous ne saurions approuver qu'aux dépends de la justice, et de la sureté publique, vous fassiez à un scelerat une grace tacite qu'il n'accepte point et qu'il dit n'être qu'une barbarie horrible que vous couvrez d'un beau nom. Quand cette grace en seroit reellement une, étant faite par force elle change de nature : au lieu d'être un bienfait elle devient un cruel outrage, et rien n'est plus injuste et plus tyrannique que de forcer un homme à nous être obligé malgré lui. C'est, sans doute, un des crimes de J. J. de n'avoir, au lieu de la reconnaissance qu'il vous doit, qu'un dédain plus que méprisant pour vous et pour vos manœuvres. Cette impudence de sa part mérite en particulier une punition sortable, et cette punition que vous lui devez et que vous vous devez surtout à vous-mêmes est de le confondre, afin que forcé de reconnoitre enfin votre indulgence, il ne jette plus des nuages sur les motifs qui vous font agir. Que la confusion d'un hypocrite aussi arrogant soit sa seule peine, mais qu'il la sente pour l'édification pour la sureté publiques et pour l'honneur de la génération présente dont il parle avec un si grand mépris. Alors seulement on pourra sans risque le laisser errer parmi nous avec honte, quand il sera bien authentiquement convaincu et démasqué. Jusques à quand souffrirez-vous cet odieux scandale, qu'avec la sécurité de l'innocence le crime ose insolemment provoquer la vertu, qui gauchit devant lui et se cache dans l'obscurité ? C'est lui qu'il faut reduire à cet indigne silence que vous gardez lui présent. Sans quoi l'avenir ne voudra jamais croire que celui qui se montre seul, sans appui et sans crainte est le coupable, et que celui qui, bien escorté, n'ose l'attendre est l'innocent." En*

1 *CC.* n° 6686, § [4].

leur parlant ainsi nous les aurions forcés à s'expliquer tout ouvertement. » (Troisième entretien, p. 489-490)

Dans la même lettre à Buirette de Belloy, Rousseau avait imaginé une prosopopée juridique du même genre à l'adresse de ses accusateurs : « Vous parlez d'évidence ; quand vous la verrez contre moi, jugez-moi, c'est votre droit : mais n'oubliez pas de juger aussi mes accusateurs. Examinez quel motif leur inspire tant de zèle. [...] Dites donc à ces honnêtes gens si zélés si vertueux, si fiers surtout d'être des traitres [...] : Messieurs, j'admire votre zèle, et vos preuves me paroissent sans réplique ; mais pourquoi donc craindre si fort que l'accusé ne les sache et n'y réponde ? Permettez que je l'en instruise et que je vous nomme. Il n'est pas généreux, il n'est pas même juste de diffamer un homme quelqu'il soit, en se cachant de lui. C'est, dites-vous, par ménagement pour lui que vous ne voulez pas le confondre ; mais il seroit moins cruel, ce me semble, de le confondre que de le diffamer, et de lui ôter la vie que de la lui rendre insupportable. Tout hypocrite de vertu doit être publiquement confondu ; c'est là son vrai châtiment, et l'évidence elle-même est suspecte quand elle élude la conviction de l'accusé.' En leur parlant de la sorte, examinez leur contenance, pesez leur réponse : Suivez, en la jugeant, les mouvemens de votre cœur et les lumières de votre raison : voilà, Monsieur, tout ce que je vous demande, et je me tiens alors pour bien jugé[1]. »

« *Il revient en France, et bientôt il apprend que son portrait d'Angleterre est annoncé célébré vanté par tout, comme un chef d'œuvre de peinture de gravure et surtout de ressemblance. Il parvient enfin, non sans peine, à le voir il frémit à cet aspect ; il dit ce qu'il en pense : tout le monde se moque de lui* [...] *et loin d'y voir rien qui puisse faire suspecter la droiture du généreux David Hume, on n'apperçoit que les soins de l'amitié la plus tendre dans ceux qu'il a pris pour donner à son ami J. J. la figure d'un Ciclope affreux.* [...] *Vos Messieurs, qui n'oublient rien, n'oubliérent pas sa figure, et après l'avoir éloigné de Paris travaillérent à lui en donner une aux yeux du public conforme au caractére dont ils vouloient le gratifier. Il fallut d'abord faire disparoitre la gravure qui avoit été faite sur le portrait de La Tour. Cela fut bientôt fait.* » (Second entretien, p. 295-296)

1 CC. n° 6686, § [3].

Dans une lettre du 28 mars adressée à P. Cl. Moultou, Rousseau évoque en ces termes l'estampe tirée de son portrait par Ramsay : « Il faut assurément que vous soyez peu difficile en ressemblance pour trouver la mienne dans cette figure de Cyclope qu'on débite à si grand bruit sous mon nom. Quand il plut à l'honnête M. Hume de me faire peindre en Angleterre, je ne sus jamais deviner son motif quoique dès lors je visse assez que ce n'étoit pas l'amitié. Je ne l'ai compris qu'en voyant l'estampe, et surtout en apprenant qu'on lui en donnoit pour pendant une autre représentant ledit M. Hume qui réellement a la figure d'un Cyclope, et à qui l'on donne un air charmant. Comme ils peignent nos visages ainsi peignent-ils nos ames ; avec la même fidélité. Je comprends que les bruyans éloges qu'on vous a faits de ce portrait vous ont subjugué ; mais regardez-y mieux, et otez-moi de votre chambre cette mine farouche qui n'est pas la mienne assurément. Les gravures faites sur le portrait peint par la Tour, me font plus jeune à la vérité, mais beaucoup plus ressemblant ; remarquez qu'on les a fait disparoitre, ou contrefaire hideusement. Comment ne sentez-vous d'où tout cela vient et ce que tout cela signifie. »

« *Je l'ai vu [...] enfermé vif dans un cercueil s'y tenir assez tranquille sans même invoquer la mort.* » (Second entretien, p. 347)

La même image (dont des équivalents circulent ailleurs dans les *Dialogues* autant que dans la correspondance) se lit dans la même lettre à Moultou : « Du cercueil où l'on me tient enfermé tout vivant, je ne puis pas écrire à M. de Tressan dont je ne sais pas l'addresse et à qui ma lettre ne parviendrait certainement pas. »

« *Mais si vous attendez de moi quelque démarche d'éclat qui me compromette* » (« Le François », troisième entretien, p. 488)

Dans une lettre d'avril 1770 adressée à P.-Cl. Moultou, Rousseau laissant entendre qu'il sera le dépositaire de sa mémoire, brosse de lui un portrait qui est une sorte d'ébauche du personnage du « François » dans son réalisme, sa prudence et son honnêteté foncière : « Ceux qui m'aiment véritablement se gardent bien dans les circonstances présentes de se mettre en avant [...]. Voila, cher Moultou ce que je vous prie et vous conseille de faire. *Vous compromettre ne seroit pas me servir.* Il y a quinze ans qu'on travaille sous terre, les mains qui se prêtent à cette œuvre de ténèbres la rendent trop redoutable pour qu'il soit permis à nul honnête homme d'en approcher pour l'examiner. Il faut pour monter sur la mine attendre qu'elle ait fait son explosion, et ce n'est plus ma personne qu'il faut songer à défendre, c'est ma mémoire. Voila, cher Moultou ce que j'ai toujours attendu de vous. Ne croyez pas que j'ignore vos liaisons ; ma confiance n'est pas celle d'un sot, mais celle au contraire de quelqu'un qui se connoit en hommes, en diversité d'étoffes d'ames [...]. Je ne puis douter qu'on n'ait voulu vous séduire, je suis persuadé qu'on n'a fait tout au plus que vous tromper. Mais avec votre pénétration vous avez vu trop de choses et vous en verrez trop encore pour pouvoir être trompé longtems. Quand vous verrez la vérité il ne sera pas pour cela tems de la dire ; il faut attendre les révolutions qui lui seront favorables, et qui viendront tôt ou tard. C'est alors que le nom de mon ami, dont il faut maintenant se cacher, honorera ceux qui l'auront porté et qui rempliront les devoirs qu'il leur impose. Voila la tâche, O Moultou ! elle est grande, elle est belle, elle est digne de toi, et depuis bien des années mon cœur t'a choisi pour la remplir[1]. »

« *A ces lectures succéda celle de Cassandre et des vieux romans* » (Second entretien, p. 339)

Rousseau relisait *Cassandre* à l'automne de 1770, l'ayant emprunté à la marquise de Créqui à qui il demandait le tome VII en septembre, en lui renvoyant les tomes V et VI[2].

« *Il est des malheurs auxquels il n'est même pas permis à un honnête homme d'être préparé.* » (Second entretien, p. 346)

Apparue dès 1766 dans la lettre au général Conway : « Après tant de malheurs je me croyois préparé à tous les événemens possibles ; il m'en arrive pourtant que je n'avois pas prévus, et qu'il n'est pas même permis à un honnête homme de prévoir[3] », cette maxime revient en 1770 : « J'avoue

1 6 avr. 1770, *CC.* n° 6703, § [4]-[5], mes italiques.
2 *CC.* n° 6787.
3 12 mai, *CC.* n° 5200.

pourtant que ces mêmes malheurs m'ont d'abord pris au dépourvu, parce qu'il en est auxquels il n'est pas même permis à un honnête homme d'être préparé[1] » ; et encore en 1772 : « Il est Madame, des Situations auxquelles il n'est pas permis à un honnête homme d'être préparé[2] ».

ANNÉE 1771

> « *tous ces hommes vertueux avoient bien voulu* [...] *s'abbaisser en sa faveur au rolle de cajoleurs et de traitres.* » (Premier entretien, p. 267)

L'idée et sa formule circulent en février dans la correspondance de Rousseau avec Dusaulx, à propos d'un portrait littéraire du « Fourbe » que le premier avait mal pris : « S'il étoit possible que m'ayant pris pour un hypocrite et un scélérat vous m'eussiez cependant prodigué tant d'avances de caresses et de cajoleries de toute espèce pour capter ma confiance et mon amitié[3] » ; « je cherche inutilement comment on peut être vertueux et faux tout à la fois, comme on peut se faire un honneur de tromper les gens qu'on aime. Non, je n'aurois jamais cru qu'on put être aussi fiers d'être des traitres[4] ».

> « *Ce seroit un trop grand malheur pour le genre humain* [...] *que la societé foulant aux pieds les plus saintes loix de la justice, ne fut qu'un ténébreux brigandage de trahisons secretes et d'impostures adoptées sans confrontation sans vérification, et sans aucune defense laissée à l'accusé.* » (Troisième entretien, p. 496)

C'est la substance et presque la lettre de ce qu'écrit Rousseau à Du Peyrou en mars, à propos d'un malentendu occasionné par une fraude de facteurs : « Jamais, mon cher hôte, un homme sage et ami

1 À P.-L. Buirette de Dormont du Belloy, 12 mars 1770, *CC*. n° 6686.
2 À la Marquise de Mesmes, 14 août 1772, *CC*. n° 6959 ; on peut lire cette lettre au n° V. 2 du présent dossier.
3 Ier févr. *CC*. n° 6832, § 3.
4 16 février, § 10, *CC*. n° 6837.

de la justice, quelques preuves qu'il croye avoir, ne condanne un autre homme sans l'entendre ou sans le mettre à portée d'être entendu. Sans cette loi la première et la plus sacrée de tout le droit naturel la socité sappée par ses fondemens, ne seroit qu'un brigandage affreux où l'innocence et la vérité sans deffense seroient en proye à l'erreur et à l'imposture[1]. »

« *Cette maligne ostentation de bienfaisance qui n'avoit pour but que d'en avilir l'objet.* » (Troisième entretien, p. 467)

Il en parle en avril à Mme Alissan-de-La Tour : « j'ai vu que l'ostentation des services qu'on s'empressoit de me rendre n'étoit souvent qu'un piège plus ou moins adroit pour me circonvenir ou pour m'exposer au blâme si je l'évitois[2]. »

« *Un cahos de désordre et de redites* » ([Du sujet et de la forme de cet écrit], p. 160)

C'est ainsi que Rousseau parle au comte Wielhorski du manuscrit des *Considérations* qu'il lui envoie en juin 1771 : « A mesure que j'avançois mes idées se multiplioi[en]t sans s'arranger, cet arrangement est désormais au dessus de mes forces et le desordre que j'ai été contraint de laisser dans ces feuilles a produit les redites éternelles que vous y trouverez[3]. »

« *je vieillis ainsi seul parmi tous ces forcenés.* » (Premier entretien, note *, p. 224)

On trouve un écho à cette phrase dans une lettre de l'été à Mme Boy de La Tour : « je me vois mourir par dégrés dans tout ce qui donne un prix à la vie, et destiné, si je vis longtems encore à ne rester sur la terre que pour m'y pleurer tout vivant[4]. »

---

1 *CC*. n° 6846.
2 *CC*. n° 6856.
3 *CC*. n° 6867.
4 *CC*. 6875, juillet 1771.

« *du goût pour l'étude des plantes.* » (Second entretien, p. 311)

C'est le 22 août que Rousseau envoie à Mme Delessert sa première lettre sur la botanique : « à tout âge l'étude de la nature emousse le gout des amusemens frivoles, prévient le tumulte des passions et porte à l'ame une nourriture qui lui profite en la remplissant du plus digne objet de ses contemplations[1]. »

« *Figurez-vous donc un monde idéal semblable au nôtre et néanmoins tout différent.* » (Premier entretien, p. 164)

Rousseau en parle le 20 octobre à Mme Delessert : « combien de fois dans mes promenades solitaires je transporte avec moi ma cousine dans ce monde idéal dont je m'entoure et que je peuple d'êtres selon mon cœur[2] ».

« *A ces lectures succeda celle de Cassandre et des vieux romans.* » (Second entretien, p. 339)

Rousseau lut ou relut le *Cléopâtre* de La Calprenède à l'automne 1771, comme l'indique une lettre à Mme de Créqui à propos de la cinquième partie où il lit une analogie entre la situation de Coriolan et la sienne[3] :

1 *CC*. n° 6883, § 2.
2 *CC*. n° 6899.
3 *CC*., n° 6907. Il y avait en effet de quoi : retournement brutal d'un ami et d'une amante, accusations d'ingratitude et d'infamie avec refus d'en expliquer la cause, publicité universelle du crime imputé, menées secrètes d'un habile adversaire longtemps dissimulées, désespoir et solitude du héros. Cléopâtre est l'amante de Coriolan et Marcel est son meilleur ami. Après avoir reconquis la trône de son père Juba, roi de Mauritanie, contre les armées d'Auguste, Coriolan a renvoyé librement à Rome Volosius, le général qu'il a vaincu, en lui demandant de transmettre à Cléopâtre son invitation à le rejoindre pour régner avec lui. Malgré cette magnanimité, Volosius dépité de son échec et craignant la colère d'Auguste, accepte d'être l'artisan d'une manœuvre ourdie par le fils d'Octavie, Tibère, jaloux de Coriolan, afin de déconsidérer celui-ci auprès de la princesse et de son ami. Utilisant les services de Theocle, un Mauritanien qui n'accepte pas le nouveau roi, ils le font passer pour un ambassadeur mauritanien chargé de transmettre à Auguste une demande en mariage à sa fille Julie (qui est l'amante de Marcel) dans la perspective d'une alliance avec Rome. Si l'empereur refuse l'offre, Cléopâtre et Marcel en sont outrés et le feront savoir à Coriolan (la première vers la fin de la I^e^ partie, le second au livre 2 de la Ve), rompant avec lui dans les termes les plus insultants et sans explications puisque son crime est tellement connu « dans toute l'étendue de l'Empire Romain, qu'à moins que d'en estre

« une chose qui m'affecte beaucoup plus en ce moment c'est l'histoire de Coriolan. J'ignore encore comment il se tirera des trames dont il est la victime. Il n'y a nulle supposition nulle évidence, (car l'imposture en a toujours,) qui put excuser Cleopatre et Marcel ; après avoir connu Coriolan jamais ils ne dévoient le juger sans l'entendre, et ils lui auroient vu faire une mauvaise action qu'ils ne l'auroient pas du croire. Cleopatre et Marcel se sont cruellement trompés et ont mal jugé Coriolan, mais du moins il[s] ne lui ont pas caché qu'ils l'avoient jugé, et de cette franchise doivent naitre infailliblement sa justification et leur repentir. Vous m'avez déclaré, Madame, que vous n'étiez pas Cleopatre ; j'ai grand peur qu'il n'y en ait plus guère et bien moins encor de Marcels[1] ».

« Il s'attachoit plus à faire de jolis herbiers qu'à classer et caracteriser. » (Second entretien, p. 311)

« Je reçois de vôtre part, Monsieur, un Si joli herbier qu'il inspire le goût de la botanique à tous ceux à qui je l'ay fait voir », écrit Malesherbes à Rousseau, le 28 octobre 1771[2].

« Ce qu'il fait aussi de mieux et de plus volontiers est de rester en place. » (Second entretien, p. 331)

C'est ce qu'écrit Rousseau à Mme Delessert, le 6 décembre, à propos de l'appartement de la rue Plâtrière : « quand j'aurois cent mille livres

sortis & releguez dans les plus reculez endroits de la terre, nous ne le pouvions ignorer. » (IXe partie, livre 4, Genève, Slatkine reprints, p. 412-422). Ce n'est qu'après avoir délivré Cléopâtre (alors captive du roi d'Arménie) avec l'aide de Marcel, qu'il accédera à la raison de leur désaveu, sur quoi il proteste qu'ils devaient le défendent spontanément « contre l'artifice de [s]es ennemis », en refusant de le croire capable d'une lâcheté invraisemblable car « si peu apparente & si j'ose dire si peu conforme aux autres actions de [s]a vie » (*ibid.*, p. 424), que ce soit pour rechercher l'alliance d'un adversaire vaincu ou pour se montrer inconstant par ambition alors qu'il avait reconquis son royaume. Plus loin, Volosius lui ayant tout confessé après que Coriolan lui eut sauvé la vie, le héros l'envoie confirmer son innocence auprès de la princesse et de Marcel : « vous [leur] direz, s'il vous plaist, que j'avois merité de l'un & de l'autre quelque petit soin pour ma justification, avant de me condamner avec tant de rigueur, et qu'ils devoient l'un & l'autre en ma faveur rendre quelque petit combat contre des apparences assez incertaines. » (X[e] partie, *op. cit.*, p. 361).

1 *CC.*, n° 6907.

2 *CC.* n° 6901.

de rentes je ne voudrois être ni logé ni nourri ni vêtu autrement que je ne suis, et le seul vœu qui me reste à faire à cet égard est d'achever mes jours dans la même situation, sans monter ni descendre, c'est à peu près celle ou je suis né et pour laquelle j'étois fait[1]. »

ANNÉE 1772

« *cette évidence au moins a tellement disparu à mes yeux, que dans tout ce que vous m'aviez démontré, je ne vois plus qu'un problême insoluble, un mistère effrayant impénétrable.* » (Premier entretien, p. 237)

Rousseau écrit à Sartine en janvier 1772 que « l'évidence et les ténèbres sont incompatibles[2]. »

« *Quand un libraire vient en grand appareil s'établir à sa porte,* [...] *que d'autres affectent d'avoir avec lui des relations bien étroites.* » (Second entretien, p. 444)
« *On lui a fait* [...] *par le libraire chargé de toutes ces manœuvres des propositions assez magnifiques.* » (Troisième entretien, p. 503)

Il s'en est ouvert à Sartine dans la même lettre, à propos d'une rumeur selon laquelle les libraires Duchesne, Guy et Simon imprimeraient une édition de ses œuvres qu'ils lui auraient déjà payée à hauteur de mille écus pour lui et de six cents comme pension à sa femme.

« *ce qu'il peut y avoir de commun entre les êtres fantastiques que vous décrivez, et le monstre dont nous parlons.* » (Premier entretien, p. 169)

Rousseau s'appliquait cette qualification le 25 janvier, en conclusion d'une réponse à M. de La Tourrette : « Je ne vous parle point de moi,

1 *CC.* n° 6910.
2 15 janv. 1772, *CC.* n° 6922, § [2].

Parce que je n'ai plus rien de nouveau à vous en dire, et que je ne prends plus aucun intérêt à ce que disent, publient, impriment, inventent, assurent et prouvent à ce qu'ils prétendent, mes contemporains, de *l'être imaginaire et fantastique* auquel il leur a plu de donner mon nom[1]. »

« *au point de faire de ces herbiers ainsi préparés des recueils de miniatures* » (Second dialogue, p. 354)

« J'ai le projet aussi, écrivait Rousseau à Malesherbes le 17 avril 1772, d'une forme de petits herbiers à mettre dans la poche pour les plantes en miniature qui ne sont pas les moins curieuses, et je n'y ferois entrer néanmoins que des plantes qui pourroient y tenir entières racines et tout ; entre autres la pluspart des mousses, les Glaux, Peplis, Montia, Sagina, Perchepiert, &c. Il me semble que ces herbiers mignons pourroient devenir chamans et précieux en même tems[2]. »

« *dans le cas présent, où tous les flambeaux de l'évidence éclairent des forfaits inouïs.* » (Premier entretien, p. 211)

Cette expression se rencontre dans la lettre d'août à la marquise de Mesmes : « J'ai fait toutes les suppositions possibles ; je me suis représenté l'imposture armée de tous les flambeaux de l'évidence. Je me suis dit ; ils sont trompés leur erreur est invincible[3]. »

« *je ne me serois pas conduit avec lui comme ils font avec moi.* » ([Du sujet et de la forme de cet écrit], p. 155)

Il le disait en août à la marquise de Mesmes : « Je me suis dit ; ils sont trompés leur erreur est invincible, mais me suis-je répondu, non seulement ils sont trompés mais loin de déplorer leur erreur ils l'aiment ils la chérissent. [...] Ils sont trompés ? hé bien supposons ; mais, trompés doivent-ils se conduire comme ils font ! d'honnêtes gens

1 *CC.* n° 6926, mes italiques.
2 *CC.* n° 6933.
3 *CC.* n° 6959.

doivent-ils se conduire ainsy ? Me conduirois-je ainsi moi même à leur place ? Jamais, jamais[1]. »

> « *faire adroitement le plongeon à chaque éclaircissement qu'il cherchoit.* » (Premier entretien, p. 267)

L'expression se rencontre dans la lettre à la marquise de Mesmes : « J'ai provoqué Les imposteurs et Les traîtres par tous les moyens permis et justes qui pouvoient avoir prise Sur des Cœurs humains. Tout a été inutile, ils ont fait le plongeon, et continuant Leurs manœuvres Souterraines, ils se sont Cachés de moi avec le plus grand soin[2]. »

> « *Cette animosité, plus vive plus agissante, que la simple aversion.* » (Second entretien, p. 411)

Le mot « animosité » apparaît en contexte proche, dans la lettre à la marquise de Mesmes : « j'ai vu avec dédain la grossière fausseté de ceux qui vouloient m'abuser par des Caresses si maladroites et Sy peu dictées par la bienveillance et l'estime qu'elles cachoient même assez mal une secrète animosité[3]. »

> « *Tout à fait étranger sur la terre* [...] *elle est pour moi comme une autre sphère.* » (Second entretien, note * dans P. et G., p. 441)

De ses contemporains, Rousseau écrivait à la marquise de Mesmes : « ce sont pour moi des habitans de la Lune, je n'ai pas la moindre idée de leur être moral. La seule chose que je sçai est qu'il n'y a point de rapport au mien et qu'eux et moi ne sommes plus de la même Espèce. J'ai donc renoncé avec eux a Cette Seule societé qui pouvoit mêtre douce et que j'ai si bêtement Cherchée, Savoir à celle des cœurs. Je ne les cherche ni ne les fuis, à moins d'affaires[4]. »

---

1 14 août 1772, *CC.* n° 6959.
2 *CC.* n° 6959.
3 *Ibid.*
4 *Ibid.*

ANNÉE 1773

« au point de faire de ces herbiers ainsi préparés des recueils de miniatures. » (Second dialogue, p. 354)

Il les décrit ainsi à Malesherbes le 18 avril 1773 : « Je comptais diviser ces herbiers par petits portefeuilles ou cahiers chacun de cent plantes ; mais la petitesse du format et aussi ma pauvreté m'ont forcé de réduire ces cahiers à soixante, pour les rendre plus portatifs et plus comodes. Ces herbiers plustot destinés pour des Dames que pour des botanistes ne contiennent guéres que des fragmens de plantes, mais que j'ai tâché d'y rendre bien reconnoissables par leur forme et par leur couleur, autant que la chose a été possible. Mon projet étoit d'abord de porter chacun de ces petits herbiers à six cents plantes choisies des environs de Paris, et j'en aurois fourni chaque année un cahier de cent plantes ; en les réduisant à soixante, il me faudroit dix ans au lieu de six pour les completter, et c'est un projet assez chimérique à mon âge. Toutefois si cet arrangement peut convenir à quelqu'un je le suivrai autant qu'il me sera possible : c'est tout ce que je peux promettre[1]. »

« surtout quand [le public] s'engoüe, comme il a fait tout d'un coup pour le Devin du village après l'avoir entendu pendant vingt ans avec un plaisir plus modéré. » (Premier entretien, p. 181).

Le Devin du village fut repris à Paris avec succès, entre mars et octobre 1772, et à nouveau en 1774[2]. Rousseau en avait écrit ceci à Rey en octobre 1773, à propos d'une réimpression : « J'ai parcouru le Devin du Village que vous avez fait graver. Quoi que vous en disiez il fourmille de fautes. Il se peut que j'en aye laissé plusieurs dans l'exemplaire que je vous avois fait passer : Mais il est certain que votre graveur en a fait beaucoup qui n'y étoient pas[3]. »

---

1 *CC*. n° 6989.
2 Voir l'annotation à cet endroit.
3 8 octobre 1773, *CC*. n° 7014.

ANNÉES 1773-1775

« *Il a désavoué dans une protestation signée tout ce qui s'imprimeroit désormais sous son nom.* [...] *Ils ont su tourner contre lui jusqu'à son desaveu. En le faisant imprimer eux-mêmes ils en ont tiré pour eux un nouvel avantage.* » (Troisième entretien, p. 504)

Cette lettre-circulaire daté du 23 janvier 1774 est intitulée : *Déclaration de Rousseau relative à l'impression de ses écrits*[1]. Elle a été publiée le 19 février 1774 dans la *Gazette de littérature, de sciences et des arts* ; la *Gazette des Deux-Ponts* l'aurait également imprimée, selon un témoignage contemporain de Claude Eymar cité par R.A. Leigh[2].

«*J. J., au milieu de tout ce travail manuel a encore employé six mois dans le même tems, tant à l'examen de la constitution d'une Nation malheureuse, qu'à proposer ses idées sur les changemens à faire à cette constitution, et cela, sur les instances reitérées jusqu'à l'obstination d'un des prémiers patriotes de cette Nation, qui lui faisoit un devoir d'humanité des soins qu'il lui imposoit, et qui, pour toute gratitude du zèle et du tems qu'il a mis à ce travail, lui a marqué dans la suite qu'il ne vouloit lui avoir aucune obligation, et puis a voulu lui envoyer du vin.* » (Second entretien, p. 357-358)

« C'étoit le travail de six mois, écrit Rousseau dans une lettre du 20 avril 1774 au comte Wielhorski, dans un tems dont ma situation me rendoit un autre emploi nécessaire[3]. »

(« Rousseau ») : « *quelque appareil de preuves qu'on m'étale en se cachant de l'accusé, tant qu'il ne sera pas convaincu en personne et en ma présence,*

1 *CC*. t. 39, Appendice A633.

2 *Ibid.*, p. 306.

3 *CC*. n° 7033. Rousseau proteste dans cette lettre contre un remboursement de trente sols de la part du comte, qu'il juge humiliant : « Assurément, Monsieur, dans le travail que j'ai fait pour vous obéir je n'ai jamais ni prétendu ni pensé que vous eussiez contracté une dette envers moi, mais peut être avec les sentimens que j'ai cru vous connoitre ne deviez-vous pas tout-à-fait penser de même, et un billet si singulier ne sauroit avoir été écrit sans dessein. »

> *d'être tel que l'ont peint vos Messieurs, je me croirai bien fondé à le juger tel que je l'ai vu moi-même.* » (Second entretien, p. 447)

Dans la même lettre du 20 avril, Rousseau parle de lui-même dans les termes où « Rousseau », dans les *Dialogues*, parle de J.J. : « S'il est vrai que vous aimez l'équité, veuillez, Monsieur, me mettre à portée de m'expliquer avec vous, et vous sentirez bientôt, j'en ai la juste confiance, *que le J.-J. qui vous écrit*, qui vous honore et qui n'a jamais cessé d'être tendrement et sincèrement attaché à votre estimable et infortunée nation, ne ressemble guère à celui qu'on vous a peint sous mon nom. Et plût à Dieu que ces recherches nous menassent plus loin et vous donnassent enfin une idée plus juste et plus vraie et de moi-même et des trames dont je suis la victime[1]. »

> « *Mais quand on vient jusqu'à refuser d'entendre l'accusé vivant et présent, bien que la chose soit possible et facile, quand on prend des mesures extraordinaires pour l'empêcher de parler, quand on lui cache avec le plus grand soin l'accusation l'accusateur et les preuves ; dès lors toutes ces preuves devenues suspectes perdent toute leur force dans mon esprit.* » (Premier entretien, p. 238)

Le même tour revient au même propos dans la même lettre : « Si vous aviez adopté la maxime de mes persécuteurs de cacher soigneusement à l'accusé qu'on juge et qu'on diffame l'accusation, l'accusateur et ses preuves, je n'aurois aucun éclaircissement à espérer de vous[2]. »

> « *Vous prétendez que cette conviction devient superflue où règne l'évidence, et moi je pense au contraire que l'évidence ne peut résulter que de la conviction du coupable, et qu'on ne peut prononcer sur la force des preuves qui le condannent qu'après l'avoir entendu.* » (Premier entretien, p. 239)

Même équation dans la lettre au comte Wielhorski : « Ce n'est pas à lui qu'il faut apprendre qu'en fait de délit de toute espèce il n'y a point d'évidence sans conviction, et quel homme sensé ne voit pas

1 *Ibid.* mes italiques.
2 *Ibid.*

que, par la méthode qu'on suit à mon égard, rien n'est plus aisé à des gens ligués en secret pour cet effet, que de prouver d'un homme tout ce qu'il leur plait[1] ? »

> « *Cet écrit est tombé entre les mains de M. D'Alembert peut-être aussitôt qu'il est sorti des miennes.* » (Troisième entretien, note ** dans G. et P., p. 507)

Il s'agit des *Considérations sur le gouvernement de Pologne*. Rousseau en écrivait ceci au comte Wielhorski, le Ier juillet 1774 : « Le libraire Guy est venu hier me demander s'il étoit vrai que je fusse l'auteur d'un écrit sur le Gouvernement de Pologne qui est entre les mains de M. d'Alembert ; écrit qu'on m'attribue et qu'on lui propose d'imprimer. Il me montra le commencement et la fin de cet écrit, et j'y reconnus avec la plus incroyable surprise celui qu'avec tant d'instances et au nom de l'humanité de la justice et de la vertu vous m'arrachâtes il y a quelques années. Voici fidellement ce que je lui répondis : Vous devez croire qu'un honnête homme, digne de toute mon estime, auroit pu seul obtenir de moi un pareil écrit, et qu'un tel homme ne l'auroit pas laissé sortir de ses mains pour passer dans celles de M. d'Alembert, et de là sous la presse[2]. »

> (« Le François ») : « *un grand musicien étranger venu depuis peu dans ce pays* [...] (« Rousseau ») : *Admirateur de son talent, d'accord ; je le suis aussi. Mais quant à son suffrage, il faudroit prémiérement être au fait de bien des choses avant de savoir quelle autorité l'on doit lui donner.* » (Premier entretien, p. 177)

Il s'agit de Gluck qui avait publié son admiration pour Rousseau dans une lettre au *Mercure* en février 1773, et qui partageait bonne part de ses options musicales. En avril 1774, Rousseau assista aux deux représentations d'*Iphigénie en Aulide* et ne manqua aucune de celles d'*Orphée et*

1 *Ibid.*

2 *CC.* n° 7043. Plusieurs copies du manuscrit des *Considérations sur le gouvernement de Pologne* ont été faites sur l'original remis au comte Wielhorski : Grimm rend compte avec précision de cette œuvre dans les livraisons des 15 janvier et février 1773 de la *CL* ; le texte s'intitule : « Sur l'ouvrage de J.-J. Rousseau, intitulé : *Considérations sur le Gouvernement de Pologne* », Grimm le donnant pour « écrit en avril 1772, à la sollicitation de M. le comte de Wielhorski ».

Eurydice. Gluck lui ayant demandé son opinion sur son *Alceste*, il s'exécuta par des *Fragmens d'observations sur l'Alceste italien de Monsieur le Chevalier Gluck.* Rédigés en 1775, ils marquent de fortes réserves. (Ces *Fragmens* demeurèrent en l'état jusqu'en 1777 où Rousseau en fit la seconde partie d'une longue *Lettre à M. Burney* datée d'octobre[1]).

« *puisqu'en cet instant même on met à Paris Pygmalion sur la scène.* » (Troisième dialogue, p. 509)

La pièce avait jouée à la Comédie Française en octobre 1775, recueillant un immense succès. Madame Delessert en parlait à Jean-André Deluc dans une lettre du 27 janvier 1776 : « mon Mary [...] a vu plusieurs fois nôtre Ami Rousseau qui se plain toujours des hommes, il a été fort irrité de ce que l'on a donné son Pygmalion, a la Comédie françoise sans son Aprobation, et qu'il ait été imprimé sur une Copie qu'il avoit donné sous la promesse que l'on en ferroit aucun Usage[2] ».

ANNÉES 1775-1776

« *J'aurois dû peut-être insister ici sur la ruse favorite de mes persecuteurs, qui est de satisfaire à mes dépends leurs passions haineuses, de faire le mal par leurs satellites et de faire en sorte qu'il me soit imputé. C'est ainsi qu'ils m'ont successivement attribué le Système de la Nature, la Philosophie de la Nature, la note du roman de Madame d'Ormoy, etc. C'est ainsi qu'ils tachoient de faire croire au peuple que c'étoit moi qui ameutois les bandits qu'ils tenaient à leur solde, lors de la cherté du pain.* » (Second entretien, note, p. 422).

Rousseau pense aux émeutes de la « Guerre des Farines » qui se sont produites en province puis à Paris d'avril à juin 1775. Selon la IIe Promenade des *Rêveries*, c'est entre novembre et décembre 1776 qu'il envoya ce billet à Mme d'Ormoy : « Rousseau ne recevant chez

1 *CC.* n° 7134.

2 *CC.* n° 7069. En réalité, les comédiens demandèrent bien à Rousseau son aval, mais il refusa de les rencontrer. Voir le n° 121 du IIIe entretien dans le « Glossaire ».

lui aucun Auteur remercie Madame d'Ormoy de ses bontés et la prie de ne plus l'honorer de ses visites. » Le roman de Mme d'Ormoy : *Les malheurs de la jeune Emélie* avait été publié en 1776 et comportait une note l'impliquant de façon transparente. Rousseau, qui avait refusé de l'examiner en manuscrit, l'avait reçu et parcouru à l'automne. Voir le n° XII du présent dossier.

IV. CORRÉLATIONS ENTRE *ROUSSEAU JUGE DE JEAN JAQUES* ET LES *CONSIDÉRATIONS SUR LE GOUVERNEMENT DE POLOGNE*

Venu à Paris en 1770 à titre d'envoyé de la confédération de Bar, le comte Wielhorski fut d'abord mis en contact avec l'abbé de Mably par Claude Carloman de Rulhière qui avait exercé des fonctions diplomatiques à Saint-Petersbourg ; il en résulta des *Observations* [...] *sur la réforme des loix de la Pologne* qui ne furent publiées qu'en 1781. C'est en juillet 1770, toujours par l'intermédiaire de Rulhière, que le comte rencontra Rousseau et lui demanda de s'intéresser à son tour aux institutions polonaises. Le début des *Considérations* signale que Wilelhorski l'a documenté par un « exposé succinct des mœurs des polonais » ainsi que d'autres éléments touchant les questions économiques[1]. Leur rédaction étant achevée à la fin du mois de juin 1771[2], et Rousseau affirmant à deux reprises qu'elle lui a pris six mois[3], on en déduit qu'il l'a entreprise en janvier 1771.

---

1 Des recherches récentes ont montré qu'il lui avait également fourni un exposé sur les institutions politiques polonaises et différents projets de réformes. Pour plus de précisions, voir l'introduction d'Anna Grześkowiak-Krwawicz à l'édition critique des *Considérations* réalisée en collaboration avec Dominique Triaire, au t. XVI des présentes *Œuvres complètes*, à paraître.

2 C'est ce que pensent R. A Leigh (*CC*. n° 6867, Notes critiques), Jean Fabre (*OC* III Pléiade, p. CCXXXVII) et Anna Grześkowiak-Krwawicz : « le texte définitif date au plus tard de juin 1771 (manuscrit des Czartoryski). » (Introduction aux *Considérations* (*OC*. XVI, Cl. Garnier, à paraître).

3 Dans *Rousseau juge de Jean Jaques*, IIe entretien, p. 357-358, et dans une lettre à Wielhorski du 20 avril 1774 (*CC*. n° 7033).

SECOND DIALOGUE

« Qu'est-ce que la raison pratique, si ce n'est le sacrifice d'un bien présent et passager aux moyens de s'en procurer un jour de plus grands ou de plus solides ; et qu'est-ce que l'intérest, si ce n'est l'augmentation et l'extension continuelle de ces mêmes moyens ? L'homme intéressé songe moins à jouir qu'à multiplier pour lui l'instrument des jouissances. Il n'a point proprement de passions non plus que l'avare, ou il les surmonte, et travaille uniquement par un excès de prévoyance à se mettre en état de satisfaire à son aise celles qui pourront lui venir un jour. Les véritables passions, plus rares qu'on ne pense parmi les hommes, le deviennent davantage de jour en jour ; l'intérest les élime les attenue les engloutit toutes. » (p. 338)

L'exemple de l'avare figure déjà dans les *Considérations*, pour illustrer la réalité latente des passions authentiques sous celle de l'argent : « On ne peut faire agir les hommes que par leur intérest, je le sais ; mais l'interest pecuniaire est le plus mauvais de tous le plus vil le plus propre à la corruption, et même, je le répéte avec confiance et le soutiendrai toujours, le moindre et le plus foible aux yeux de qui connoit bien le cœur humain. Il est naturellement dans tous les cœurs de grandes passions en réserve ; quand il n'y reste plus que celle de l'argent, c'est qu'on a enervé etouffé toutes les autres qu'il falloit exciter et déveloper. L'avare n'a point proprement de passion qui le domine, il n'aspire à l'argent que par prévoyance, pour contenter celles qui pourront lui venir. Sachez les fomenter et les contenter directement sans cette ressource ; bientot elle perdra tout son prix[1]. »

1 *Ibid.*, p. 1005-1006.

TROISIÈME DIALOGUE

« *Ah brillant et bruyant d'Alembert*[1] ». (p. 483)

Le métagramme se retrouve dans les *Considérations*, à propos des mœurs ordinaires des peuples d'Europe : « Si vous ne voulez que devenir bruyans brillans redoutables, et influer sur les autres peuples de l'Europe, vous avez leur exemple, appliquez-vous à l'imiter[2]. »

« *des peuples sans foi, des Rois sans loi tous les devoirs de la conscience aneantis, l'amour de la patrie éteints dans tous les cœurs, enfin nul autre lien social que la force ; on peut prévoir aisément ce me semble ce qui doit bientot resulter de tout cela* ». (p. 516)

Les *Considérations* prévoient la même chose : « Je vois tous les Etats de l'Europe courir à leur ruine. Monarchies, Républiques, toutes ces nations si magnifiquement instituées, tous ces beaux gouvernements si sagement pondérés, tombés en décrépitude menacent d'une mort prochaine[3] », cependant que l'auteur réfléchit aux moyens de « faire aimer la patrie et ses loix[4] ».

1 *Ah subtil et rusé* dans P. et G.
2 *Ibid.*, p. 1003.
3 *Ibid.*, p. 954.
4 *Ibid.*, p. 955.

« HISTOIRE DU PRÉCÉDENT ÉCRIT »

« *Il pouvoit arriver que le bruit de cette action fit parvenir mon manuscrit jusque sous les yeux du Roi ; ce qui étoit tout ce que j'avois à desirer de plus favorable* ». (p. 526)

Que *Rousseau juge de Jean Jaques* soit soumis au jugement du roi coule de source selon la définition classique du pouvoir royal, qui est aussi celle de Rousseau : « les Rois sont les juges nés de leurs peuples ; c'est pour cette fonction quoiqu'ils l'aient tous abandonnée, qu'ils ont été établis : elle ne peut leur être ôtée ; et quand ils ne veulent pas la remplir eux-mêmes, la nomination de leurs substituts en cette partie est de leur droit, parce que c'est toujours à eux de répondre des jugemens qui se rendent en leur nom[1]. »

1 *Ibid.*, p. 990.

V. À PROPOS DES DATES DE RÉDACTION DE LA COPIE « CONDILLAC » ET DU MANUSCRIT ORIGINAL

Une tradition éditoriale fondée sur les manuscrits de Paris et de Genève de *Rousseau juge de Jean Jaques* situe entre 1772 et 1776 les dates de sa composition[1]. Cette tradition connaissait l'existence d'une copie antérieure : celle remise à Condillac par Rousseau pour n'être ouverte qu'en 1801 ; mais demeurée entre des mains privées, son accès est resté impossible jusqu'en 1996 où elle est entrée à la BnF par dation[2]. Robert Osmont, l'éditeur des *Dialogues* dans la Pléiade en 1959, connaissait la description du manuscrit « Condillac » par le catalogue de la collection Rochambeau vendue aux enchères en 1948, mais n'avait pu travailler sur celui-ci[3]. Or l'examen de cette copie désormais disponible montre qu'elle était terminée à la fin de l'année 1775. Rousseau affirmant dans l'« Histoire du précédent écrit » qu'il lui avait fallu « quatre ans » pour le composer, il faut décaler d'un an le processus de la composition des *Dialogues*, qui s'est déroulé entre 1771 et 1775. C'est ce qu'on va démontrer dans ce qui suit.

« Voyéz par éxemple *La philosophie de la nature* qu'on a brûlée au Châtelet[4]. » C'est sur cette note ajoutée *in extremis* que se clôt le manus-

1 Cette tradition paraît remonter à Albert Jansen. Voir l'introduction du présent volume, note 3, p. 20.

2 Voir Michèle Sacquin, « Les manuscrits de Rousseau pendant la révolution », *Revue de la Bibliothèque nationale de France* n° 42, 2012, p. 65.

3 *OC.* I, *op. cit.*, p. 1902.

4 « **Note qui doit être ajoûtée à la page 195 après ces mots : que je sens la singerie.*
Voyez par éxemple *la philosophie de la nature* qu'on a brûlée au Châtelet. Livre exécrable et couteau à deux tranchans, fait avec un art infernal par des mains habiles tout exprès pour me l'attribuer, pour agir en consequence, et propager à mes dépens leur propre doctrine sous le masque de la mienne. Je n'ai point vu ce livre et, j'espére, ne le verrai jamais : mais j'ai lu tout cela dans le réquisitoire trop clairement pour pouvoir m'y tromper, et je suis certain qu'il ne peut y avoir aucune vraye ressemblance entre ce livre et les miens,

crit « Condillac », l'auteur ayant néanmoins pris soin d'y renvoyer dans une autre note ajoutée au premier dialogue[1]. Elle mérite quelques explications qui peuvent aider à sa datation. *De la philosophie de la nature* a pour auteur J.B.Cl. Iso[u]ard, dit Delisle de Sales : la deuxième édition en 6 volumes (1774) fut dénoncée le Ier septembre 1775 au Tribunal du Châtelet. Le 9 septembre, le réquisitoire de l'avocat du Roi, Dedelay d'Achères, le condamne comme « impie, blasphématoire et séditieux, tendant à soulever les peuples contre la religion et le gouvernement, à renverser tous les principes de la sûreté et de l'honnêteté publique, et à révolter les sujets contre l'autorité du roi[2] », avec information lancée contre l'auteur, comme « coupable du crime de lèse-majesté divine et humaine ». C'est seulement le 14 décembre que ce réquisitoire est imprimé, le livre étant brûlé le même jour en place de Grève. Le jugement de l'auteur, des censeurs et des libraires n'aura lieu qu'en mars 1777 ; Bachaumont (t. X), dans une notice du 23 mars 1777, signale en effet un « jugement rendu vendredi [soit le 14] par le Châtelet dans le procès dont on a parlé, concernant *la Philosophie de la Nature* » :

> L'auteur et le censeur, confrontés la veille, ont été mis en prison : la fureur des opinans s'est manifestée d'une façon révoltante : quatorze juges sur trente-trois se sont retirés dans leur indignation, et enfin à deux heures du matin a été rédigée la sentence, qui bannit à perpétuité M. de Lisle, l'auteur, blâme l'abbé Chrétien, le censeur, etc.

La notice du 30 mars signale qu'un second censeur a été admonesté, le libraire Saillant acquitté, « les deux prisonniers restent toujours, n'ayant pu à cause des vacances obtenir leur élargissement provisoire. On se récrie de plus en plus contre ce jugement. » La notice du 17 mai 1777 indique enfin que « le procès pour *la Philosophie de la nature* a été jugé

---

parce qu'il n'y en a aucune entre les ames qui les ont dictés. J'ai de vifs pressentimens que de ce livre sortiront un jour les prémiers traits de lumiére qui montreront toute la trame au public. » (p. 522).

1 À propos des « leçons d'Atheïsme, des éloges de la philosophie moderne, des oraisons funèbres, des traductions » attribuées à J.J., Rousseau écrit en note : « quand j'écrivois ceci je ne songeois pas à ce que me préparoient ces messieurs. Voyez la note qui est à la fin de cet écrit, p. 225. » (Ier dialogue, p. 928). Cette note est absente de L. par nécessité, mais elle est aussi absente des manuscrits P. et G. Ces deux notes inscrivent le différentiel temporel séparant la rédaction originale de *Rousseau juge de Jean Jaques* et l'achèvement de la copie « Condillac » en décembre 1775.

2 *Bachaumont*, t. VIII, notice du 16 décembre 1775.

ces jours derniers. M. de Lisle de Sales, comme auteur, est seulement admonesté », le premier censeur interdit de fonction, le second prié de se limiter aux ouvrages de sa compétence, les libraires étant déchargés. « On voit, conclut le rédacteur, que la sentence atroce du Châtelet est ainsi de beaucoup infirmée. »

Rousseau affirme dans sa note qu'il a lu le réquisitoire, dont on a vu qu'il a été imprimé en décembre 1775. Il n'y a pas de raison d'en douter. Cependant, à la suite de Th. Dufour, R. Osmont[1] et R.A. Leigh produisent un texte de sa main à propos d'un document qu'on lui a fait lire, lequel est intitulé : « Récit de ce qui s'est passé au Châtelet vendredi par rapport à l'auteur de la Philosophie de la Nature », texte qu'il remit à Pierre Prévost :

> A l'empressement de me montrer cette paperasse, à moi à qui l'on cache avec tant de soin le tems qu'il fait et l'heure qu'il est, j'en aurois dû deviner le sujet, comme au seul titre du livre j'ai deviné de quelle boutique il sortoit. Je crois au reste qu'on peut se rassurer sur le sort de M. de L'isle. Tout cela ne sont que des Singeries, et comme son livre n'est qu'une Singerie non plus mauvaise et punissable à la vérité, sur tout dans les auteurs François, il n'en résultera pour lui que des faveurs et des grâces, prix naturel de sa Complaisance. O pauvres gens, que je vous plains ! Que vos manèges me décèlent bien vos inquiétudes ! Mais elles sont désormais sans remède. eh comment esperiez-vous pouvoir troubler encore ma tranquillité ! En vous hâtant d'assouvir votre animosité, vous avez épuisé toutes vos forces. Il ne vous reste plus sur moi de nouvelle prise à laquelle vous osiez toucher[2].

Ce rapport est le compte-rendu du jugement de mars 1777 ; la date de « vendredi », également donnée par Bachaumont, autant que la « singerie » qu'y voit Rousseau en attestent. Leigh suppose donc qu'entre le 21 mars et le 15 mai 1777, « on a dû montrer à J.J. une copie des chefs de l'accusation ». Sans doute, mais la note des *Dialogues* mentionne le réquisitoire, lequel est imprimé le 14 décembre 1775. Il faut donc conclure, avec R. Osmont, que c'est à celui-ci et non au rapport de 1777 que renvoie la note ajoutée à la fin de la copie « Condillac » à l'occasion du livre qu'« on a brûlé au Chatelet », pour être placée à la page indiquée lors d'une impression future, dans le manuscrit original

1 *OC*. I Pléiade, p. 1726.

2 Genève BPU, ms fr. 250, n° IIe ; copie Th. Dufour, *AJJR* I, 1906, p. 269-270 ; cité dans *CC*. 40 n° 7123, p. 132.

que Rousseau finissait de recopier. On peut donc admettre que Rousseau achève cette copie à la fin de l'année 1775 (sachant également que la fin du IIIe entretien, p. 509, comporte une allusion à la représentation de *Pygmalion* à la Comédie Française[1], en octobre 1775[2].

Dans une note de la postface, Rousseau indique qu'il a songé au dépôt à Notre-Dame dans le cours de la rédaction du manuscrit original sous le règne de Louis XV[3] ; le début de cette postface indique en outre que la rédaction lui a pris « quatre ans », ce qui la situerait plus en amont du règne de Louis XV que ne le pensait R. Osmont, qui ne disposait pas du manuscrit C. : soit entre le courant de l'été 1771 et le début de l'automne 1775, plutôt que « de 1772 au début de 1776[4] ». Ici s'élève une objection en provenance du texte même : dans le manuscrit « Condillac » en effet, comme dans ceux de Paris et de Genève, « le François » affirme au IIIe dialogue que « depuis douze ans » J.J. « a quitté la plume » (p. 473). Puisqu'il ne connaît que ses écrits publiés, il renvoie ici aux *Lettres de la Montagne*, d'ailleurs évoquées un peu plus haut comme l'un des deux écrits publiés depuis l'*Émile*, et « n'étant destinés qu'à la défense de sa patrie et de son honneur » (p. 472). C'est

1 « [...] en cet instant même on met à Paris malgré lui Pygmalion sur la scéne » (p. 509).

2 C'est ce que confirme une note du second entretien concernant le nombre d'années écoulées à la date où Rousseau transcrit. Parlant dans le manuscrit C. des 6000 pages de musique copiées jusque-là, il ajoute en note qu'elles le furent « dans ces cinq ans » (p. 352). C'est en juillet 1770 qu'il avait repris son « ancien métier de copiste » (*CC*. n° 6749). Or les ms. P. et G corrigent « dans ces six ans » (variante d, même page). La troisième transcription des *Dialogues* ayant commencé à la fin du printemps 1776 selon l'« Histoire du précédent écrit », l'année antérieure est donc bien celle de la rédaction de l'original et de sa première transcription.

3 [L'idée que mon manuscrit parviendrait directement au Roi] et celle du dépot sur l'autel m'étoit venue durant la vie de Louis quinze, et alors elle étoit un peu moins ridicule. (p. 529). Louis XV est mort le 12 mai 1774.

4 R. Osmont, *op. cit.*, p. 1749. Comme on le verra au n° XII du « Dossier documentaire », la note du IIe dialogue (p. 422) liant *Le système de la Nature* (condamnation en 1770) et *La Philosophie de la Nature* (condamnation en 1774) au roman de Mme d'Ormoy : *Les malheurs de la jeune Emelie* paru à l'automne 1776, n'apparaît pas dans le manuscrit « Condillac » mais seulement dans les manuscrits P. et G. Autant le manuscrit original et la transcription Condillac devaient l'ignorer, puisqu'achevés en 1775, autant les copies P. et G devaient l'intégrer puisque jusqu'à un certain point contemporaine de la composition des *Rêveries*, comme l'atteste la co-présence des brouillons des VIIIe et IXe Promenades dans le carnet de Neuchâtel R. 79, avec celui de l'« Histoire du précédent écrit » (absente de C.) dont la rédaction est postérieure à celle du billet circulaire « A la Nation françoise » au printemps 1776 (*cf.* la lettre du 18 mai à Mme de Saint-Haon citée dans la note 19 de l'« Histoire du précédent écrit »).

à la mi-décembre 1764 qu'elles paraissent, Rousseau les ayant envoyées à Rey le 9 juin. Suivre le chiffrage du « François » aboutirait donc à dater l'achèvement des *Dialogues* entre juin et décembre 1776 : or c'est impossible, puisque c'est le 24 février de cette année-là que Rousseau cherche à en déposer la transcription à Notre-Dame, et que Condillac, son dépositaire définitif, date du 2 juin de la même année la suscription interdisant l'ouverture de son enveloppe avant la fin du siècle.

Si l'on s'obstinait, contre l'évidence des faits, à maintenir l'année 1776 comme *terminus ad quem* de la composition des *Dialogues*, il n'y aurait d'autre issue que de le situer courant janvier[1] ; mais la tentative de dépôt à Notre-Dame se déroulant le 24 février, cela laisserait un mois pour leur transcription, ce qui paraît invraisemblable[2]. Cette issue de secours s'avérant une impasse, il convient de s'en tenir aux raisons de fait qui induisent à situer la composition du texte entre l'été 1771 et la fin de l'été 1775, ce qui est largement compatible avec ce qu'on sait de la composition des *Considérations sur le gouvernement de Pologne*, qui se déroule entre l'automne 1770 et avril 1771, le texte définitif étant envoyé au comte Wielhorski en juin 1771[3].

En mai 1771, Mme d'Épinay avait obtenu de Sartine qu'il fît cesser les lectures privées des *Confessions* (la dernière se déroule le 8 chez

1 Il se peut que le témoignage des *Mémoires secrets* donnant faussement le 1er janvier 1776 comme date de la suscription de Condillac sur l'enveloppe du manuscrit (*cf.* ci-dessous, p. 935) ait brouillé la donne jusqu'à ce qu'on dispose du manuscrit et de son enveloppe.

2 Boothby a daté du 6 avril la réception de la seconde transcription, limitée, faute de temps, à l'avant-propos et au premier dialogue. C'est peu de temps après l'échec du dépôt du 24 février que Rousseau le confie à Condillac : il dit avoir erré toute la journée du 24, mais s'être remis « peu à peu » dès le soir de son trouble, puis s'être trouvé « prompt » à envisager un autre destinataire, puisqu'il savait déjà son ancien ami à Paris, sur quoi il s'enquiert « non sans peine » de son logement et va le trouver (p. 530). Ce serait le lendemain, affirme L.-J. Courtois sans l'argumenter (*AJJR*, t. 15, 1923, p. 230) – ce qui paraît un peu rapide ; en admettant que la première rencontre entre les deux hommes se déroule entre le 26 et le 29, et en tenant compte de ce que Rousseau laisse « quinze jours » à Condillac (p. 530) avant la seconde rencontre décevante qu'on sait, c'est probablement vers la mi-mars qu'il entreprend « avec une nouvelle ardeur » (p. 532) la seconde transcription : elle lui aura donc pris entre 20 et 25 jours. On peut en déduire approximativement le temps de réalisation de la précédente : par rapport au couple de l'avant-propos et du premier dialogue, le second est de 20 % plus long, et le troisième, sans l'« Histoire du précédent écrit », de 45 % plus court ; *a minima* et d'un strict point de vue arithmétique, la transcription « Condillac » aurait donc demandé environ deux mois – ce qui n'exclut évidemment en rien qu'elle se soit effectuée durant un laps de temps plus étendu.

3 *CC*. n° 6867. Certains éléments des *Considérations* sont passés dans *Rousseau juge de Jean Jaques* ; voir le n° IV du présent « atelier de l'œuvre ».

Mme d'Egmont[1]) ; depuis 1770, Rousseau avait dans l'esprit les arguments essentiels de *Rousseau juge de Jean Jaques*, exposés dans l'immense lettre à M. de Saint-Germain du 26 février, revus sous l'éclairage de l'affaire Damiens dans la grande lettre à Malesherbes du 29 novembre[2] et diffus dans sa correspondance des années 1769-1771 et au-delà ; il n'avait plus qu'à reprendre le chemin de l'écriture : c'est donc au cours de l'été de 1771 qu'il s'est lancé dans la composition de ce nouvel écrit.

1 *CC*. n° 6863.
2 Voir dans le n° X.3. « Dossier documentaire ».

DOSSIER DOCUMENTAIRE

I. RUMEURS AUTOUR DE DEUX MANUSCRITS DE *ROUSSEAU JUGE DE JEAN JAQUES*

I. A. LE MANUSCRIT « CONDILLAC »

I. A. 1. HISTOIRE D'UNE RUMEUR (1780-1871)

Rousseau avait désiré « que le manuscrit » remis à Condillac « ne fut point imprimé ni connu avant la fin du siécle présent » (« Histoire du précédent écrit », p. 531). Si Condillac et sa nièce, Mme de Sainte-Foy, tinrent parole en ce qui concerne la date de l'ouverture, ils ne purent empêcher qu'il fût connu. La rumeur de son existence s'en diffusa en effet peu après la mort de Rousseau ; ainsi Bachaumont à la date du 27 novembre 1780 : « On parle beaucoup d'un manuscrit cacheté, confié par Rousseau à M. l'abbé de Condillac. On lit sur l'enveloppe quelques lignes, datées du 1 Janvier 1776[1] de la main du dernier, où il déclare que la volonté de l'auteur est que le paquet ne soit ouvert qu'après ce siècle révolu. Ce manuscrit, depuis la mort de l'Académicien, a passé entre les mains de l'abbé de Reyrac et va être remis à l'abbé Mably, frère du défunt. Il est épais tout-au-plus d'un pouce, de la grandeur du papier à lettres ordinaire : ainsi l'on ne peut soupçonner que ce soient les fameuses *Confessions* de ce singulier personnage » (vol. 16, 1781, p. 82). La rumeur revient dans le *Journal de Paris* (n° 10, vendredi 10 janvier 1783) au sein d'un éloge funèbre de l'abbé de Reyrac par Bérenger, qui dramatise littérairement l'épisode

1 La date figurant sur le ms. NAF 25700 (2) est le 1er juin. Une lettre anonyme à ce sujet publiée dans le *Journal de Paris* du 26 novembre 1780 datait la suscription du « premier juin 1776 » (*CC*. n° 7770). Bachaumont a repris l'information en faussant la date de six mois !

en prêtant ces mots à Condillac : « j'ai promis ; vous acquitterez ma promesse, ou vous ferez comme moi ; vous chercherez un honnête homme sur la fidélité duquel vous puissiez compter, comme je compte sur la vôtre » (*JdP*, p. 40).

Le 19 du même mois, le *JdP* publie une mise au point du chevalier de Loulle (apparenté à Condillac) qui dément ce roman et précise que le manuscrit a été remis à de Reyrac par « Mme de*** nièce de M. de Condillac [Mme de Sainte-Foy], la seule de ses parens et parentes qui se soit trouvée près de lui lorsqu'il est mort », laquelle en a disposé sans prendre l'avis du reste de la famille « qui certainement l'auroient remis à M. l'abbé de Mably qui avoit le projet de le déposer chez un notaire, afin que la famille en fût parfaitement déchargée » (*JdP*, 19 janv. 1783, p. 77). Le 13 février, une nouvelle mise au point, envoyée de Baugency au même journal par l'avocat Lemaistre, confirme la version de Joulle en ajoutant que l'abbé à rendu le manuscrit à la nièce de Condillac avant de mourir, et que celle-ci le lui a confié en lui communiquant les intentions de son oncle (*JdP* n° 44, 13 fév. 1783, p. 183).

L'affaire rebondit encore en décembre 1789, par une lettre ouverte au *JdP* datée de Beaugency, 10 décembre 1789, et signée d'un certain « Plinguet, Ingénieur en chef de Mgr le Duc d'Orléans », confirmant que « le Maistre » appartenant au petit cercle d'amis de Condillac à Beaugency, « étoit devenu dépositaire du manuscrit que J.J. Rousseau avoit remis à M. l'Abbé de Condillac », mais que celui-ci étant décédé en 1785, et dans l'hypothèse que le dépositaire actuel (qu'il ne nomme pas) vienne lui aussi à mourir, ses amis se chargeront de l'ouverture officielle du dépôt et de son impression. La lettre se termine assez ironiquement sur le souhait que celui-ci « aura, au Ier janvier 1801, d'agréables étrennes à donner au public pour le premier jour et d'une année et d'un siècle » (*JdP* n° 358, 28 décembre 1789, p. 1699-1700[1]).

En 1794 enfin, François-Mamert [de] Jussieu (cousin germain de Mme de Sainte-Foy) envoya une pétition au Comité d'instruction publique, l'informant de la présence dans sa famille d'un « dépost prétieux fait par Jean Jaques Rousseau sous ce titre : *Dépôt fait à l'amitié par Jean Jaques Rousseau pour être ouvert en 1800*, remis à Condillac et « laissé à la Ci[toye]ne Mabli sa nièce, ma cousine germaine. Elle l'a

1 Plinguet devint un révolutionnaire notoire dans la région, *cf.* *CC*. n° 7984.

remis chés un notaire, à Beaugenci. Ce notaire est mort, il a été remis chez un autre notaire [...] Si nos législateurs avoient en vue d'assurer ce dépost, je prendrai auprès de ma cousine tous les renseignemens nécessaires pour le faire parvenir dans l'asile qui lui sera destiné ». Le 27 septembre 1794, le comité arrêta de faire diligenter des recherches à Baugency « pour découvrir le manuscrit de JJ. Rousseau déposé entre les mains de Condillac » (*CC.* n° 8188). Cependant, écrit Michèle Sacquin, s'« il est ensuite plusieurs fois fait mention de ce manuscrit, il ne figure pas dans les papiers de Dom Poirier[1] et aucun rapport n'indique s'il a été réellement examiné[2] ».

Mme de Sainte-Foy procéda à l'ouverture de l'enveloppe scellée le dernier jour de décembre 1800. En témoigne la lettre du maire de Baugency au préfet du Loiret datée du 10 nivôse an IX : « Appelé avec les citoyens Turpetin et Pellieux, officiers de santé, par Mad. de Sainte-Foix, nièce de M. l'abbé de Condillac, et dépositaire d'un manuscrit de Jean-Jacques Rousseau, confié par lui à son oncle, pour n'être publié qu'en 1801, j'ai été témoin de l'ouverture de ce dépôt, dont s'occupent tant de journaux depuis quelques temps. » (On lira cette lettre au n° I. 2. du présent dossier).

En voici un autre écho plus détaillé, dans la notice nécrologique de Jean-Nicolas Pellieux, qui était un notable de Beaugency, autant comme médecin et administrateur de l'hospice que comme historien : « l'ouverture du paquet fut faite au château de Flux, par l'ordre de Mme de Sainte-Foy, qui avait invité à être présens et à dresser procès-verbal M. Lasseux, maire de Beaugency, M. Turpetin, juge-de-paix, et M. Pellieux aîné. Les cinq cachets apposés par l'abbé de Condillac sur l'enveloppe furent reconnus intacts. Le paquet contenait un manuscrit in-4° de 225 pages, en entier de l'écriture de Jean-Jacques Rousseau, portant ce titre : *Rousseau, juge de Jean-Jacques*, dédié à la providence, avec cette épigraphe : *Barbarus hic ego sum, quia non intelligor illis* (Ovide). [...] Nous avons donné ces renseignements d'après les manuscrits laissés

1 Membre prestigieux de l'Institut et de la Commission des arts, ce dominicain issu de la Congrégation de Saint-Maur travailla à inventorier les bibliothèques privées laissées par les émigrés et les victimes de la révolution ; c'est lui qui découvrit les manuscrits de *La Nouvelle Héloïse* et de l'*Émile* détenus par Hérault-Séchelles.

2 « Les manuscrits de Rousseau pendant la révolution », *Revue de la bibliothèque nationale de France* n° 42, 2012, p. 65.

par M. Pellieux, qui devait, à cet égard, avoir une connaissance plus exacte que personne des faits, puique'il les tenait de la bouche même de Mme de Sainte-Foix, nièce de Condillac, qui l'avait gratifiée de ce précieux dépôt. »

En outre, cette note fait brièvement allusion également, quoique sous un jour sceptique, à une seconde copie qu'aurait laissée Condillac à l'abbé de Reyrac : « Un double que J.-J. avait confié à M. de Condillac fut remis après sa mort à M. l'abbé de Reyrac (auteur de l'*Hymne au soleil*, et alors à la tête du collége d'Orléans) ; celui-ci le laissa à son décès à M. Lemaître, notaire à Beaugency, d'où, il passa par testament dans les mains d'une demoiselle Baschet, qui l'ouvrit en 1801. Cette dernière version nous paraît erronée[1]. » Dans une lettre au *JdP* (10 fructidor an VIII / 28 août 1800), un certain « Maison, Commissaire des poudres », confirme d'une certaine façon ce dépôt en affirmant que Condillac « a été mourir à Beaugency chez Mlles Bâcher de Saint-Aignan, et que le manuscrit de J.-J. Rousseau est entre leurs mains » (*CC.* n° 8367). Selon R.A Leigh cependant, les demoiselles « Bâchet », « n'ont eu la garde du ms. que pendant une partie de la période révolutionnaire. En août 1800, le ms. se trouvait de nouveau entre les mains de Mme de Sainte-Foy, nièce de Condillac. Le 31 décembre 1800, il fut ouvert et son contenu constaté » (Notes explicatives à *CC.* n° 8367).

Le manuscrit NAF 25700 de la BnF compte 225 pages et répond en tous points à la description donnée par J.-N. Pellieux lui-même, et qu'on lira plus loin ; c'est donc bien, selon toute apparence, celui dont fait état la lettre du maire de Baugency. Au XIXe siècle, il « est resté en possession de la famille Pellieux » selon J.-N. Pellieux lui-même (*Essais historiques sur la ville et le canton de Beaugency*, Nouvelle édition [...] 1856, p. 288), l'hospice de Beaugency bénéficiant seulement des droits liés à une éventuelle publication. On trouvera aux n° I. 2, I. 3 et I.4 de la présente annexe, ses deux témoignages concernant le manuscrit C., ainsi que les reproductions de deux documents insérés dans ce manuscrit prouvant qu'il est demeuré dans les mains de la famille Pellieux jusqu'en 1871.

---

1 Notice sur la vie et les ouvrages de M. Pellieux aîné, de Beaugency par M. Vergnaud Romagnesi, in *Annales de la société royale des Sciences, Belles-Lettres et Arts d'Orléan*, t. 12, 1832, p. 278.

I. A. 2. L'OUVERTURE DU MANUSCRIT. J.-N. PELLIEUX : « J'AI ÉTÉ TÉMOIN DE L'OUVERTURE DE CE DÉPÔT[1] »

Ce fut le 1er janvier 1800 qu'eut lieu l'ouverture du manuscrit de Jean-Jacques Rousseau, trouvé dans la succession de l'abbé de Condillac. Une lettre du maire de Beaugency au préfet du Loiret, sous la date du 10 nivôse an IX[2], raconte ainsi ce fait :

> Citoyen préfet,
>
> Appelé avec les citoyens Turpetin et Pellieux, officiers de santé, par Mad. de Sainte-Foix, nièce de M. l'abbé de Condillac, et dépositaire d'un manuscrit de Jean-Jacques Rousseau, confié par lui à son oncle, pour n'être publié qu'en 1801, j'ai été témoin de l'ouverture de ce dépôt, dont s'occupent tant de journaux depuis quelques temps.
>
> L'ouvrage porte pour titre : *Rousseau, juge de Jean-Jacques*, avec cette épigraphe, *Barbarus his ego sum quia non intelligor illis*, Ovide. Il commence par une invocation à la providence, et a trois parties. Dans la première, l'auteur repousse les reproches de plagiat qu'il dit lui avoir été faits, et s'appesantit à prouver qu'il est bien l'auteur de la musique du *Devin du Village* ; dans la seconde, il venge ses mœurs et la pureté de ses intentions ; dans la troisième, il cherche à défendre nombre de pensées éparses dans ses ouvrages, sans cependant dire beaucoup, pour en démontrer la vérité. C'est un dialogue entre un Français et Rousseau. En général, cet ouvrage dans lequel on reconnaît souvent la touche mâle et vigoureuse de l'auteur d'*Emile* et du *Contrat social*, paraît avoir été composé dans un temps où Rousseau, malheureux et vivement affecté de l'ingratitude et de l'injustice de son siècle, regardait tous les hommes comme ses ennemis.
>
> Il peut former un volume in-8° de 400 pages.

Le manuscrit confié par Jean-Jacques Rousseau à l'abbé de Condillac, sous l'expresse condition de ne l'ouvrir qu'à la fin du XVIIIe siècle,

1 Jacques-Nicolas Pellieux, *Essais historiques sur la ville et le canton de Beaugency*, Nouvelle édition […] avec continuation jusqu'en 1856 par M. Lorin de Chaffin, Baugency, 1856, p. 285-288. J.-N. Pellieux (1750-1832), fils d'un chirurgien de Beaugency appartenait à une famille enracinée de longue date dans le pays. Docteur en médecine, chirurgien de marine, il s'embarque en 1773 pour l'Amérique et devient à son retour médecin honoraire et administrateur de l'hôpital de Beaugency ; il fut élu officier municipal en 1792. Membre correspondant de la Société royale des Antiquaires de France et de la Société académique de Nantes, ses *Essais historiques* sont les premiers consacrés à cette région située entre la Beauce et la Sologne, où vécut Condillac à la fin de sa vie, dans son château de Flux situé près de Lailly, sur la rive gauche de la Loire, en face de Beaugency.

2 R.A. Leigh, qui donne la lettre du maire dans *CC.*, t. 49, observe que la date du 10 nivose an 9e correspond au 31 décembre 1800. (*CC.* n° 8376, note a). Il y a donc un lapsus de Pellieux sur la date exacte de l'ouverture du manuscrit.

prouve son évidente intention de ne le laisser paraître qu'après sa mort, et quand les jugements portés sur son génie et son caractère auraient été modifiés par le temps ; il n'en fut pas moins imprimé auparavant sur des brouillons trouvés sans doute dans ses papiers. En comparant les éditions existantes à l'autographe confié à l'abbé de Condillac, on reconnaît dans celles-ci de grandes diffiérences et même des infidélités remarquables. Le manuscrit inédit présente souvent des additions importantes, le style en est beaucoup plus pur et plus correct. Jean-Jacques Rousseau qui redoutait probablement quelque publication posthume, déclare d'ailleurs au commencement de son manuscrit qu'il est le seul authentique, le seul avoué par lui. Une édition nouvelle offrirait donc un puissant intérêt.

Madame de Sainte-Foix destinait à l'hospice de Beaugency les produits de l'impression de ce manuscrit, et chargea M. Pellieux de s'en occuper.

Par acte devant M. Denizet, notaire à Beaugency, et devant moi du 19 novembre 1849, M. de Boisrenard, propriétaire à Orléans, agissant en qualité d'héritier de Mad de Sainte-Foix, fit donation à l'hospice de Beaugency de ses droits à la propriété de ce manuscrit, et d'un autre manuscrit inédit de l'abbé de Condillac, renfermant en quatre gros volumes un traité sur la langue française.

Le manuscrit de Jean-Jacques Rousseau est resté en la possession de la famille de M. Pellieux[1].

I. A. 3. J.-N. PELLIEUX : « EN QUOI CONSISTAIT CE DÉPÔT[2] »

Citoyen Préfet

Le Maire de Baugenci, appelé avec le citoyen Turpétin, juge de paix, et moi pour être présens à l'ouverture du dépôt confié à l'abbé de Condillac par J.-J. Rousseau, s'est trop empressé de vous instruire en quoi consistait ce dépôt ; s'il eut différé de quelques jours, nous vous aurions appris en même tems que si le manuscrit qu'il contenoit

---

1 Cette indication et l'alinéa précédent montrent que c'est la famille Pellieux et non l'hospice de Beaugency (seulement bénéficiaire des droits en cas d'impression) qui a détenu le manuscrit « Condillac » au XIXe siècle. Ce que confirment deux documents insérés au début et à la fin du manuscrit ; voir le n° I. 4.

2 Lettre de J.-N. Pellieux adressée au « citoyen Maret », préfet du Loiret le 22 janvier 1801. Cette lettre a été publié par Jacques Soyer dans son article : « Qu'est devenu le manuscrit des *Dialogues* de Jean-Jacques Rousseau confié par l'auteur à Condillac ? », *Bulletin de la Société archéologique et historique de l'Orléanais* XVI (1914), p. 491-495.

étoit, quant au titre et à la division des matières, le même ouvrage déjà connu et imprimé en 1782 et réimprimé sur la première édition en 1793, il en différoit cependant par la pureté du stile, par des corrections fréquentes, des additions et des suppressions de phrases et même de pages entières ; ce qui prouve que l'ouvrage déjà publié sous le même titre ne fût (sic) imprimé que sur le brouillon laissé après la mort de Jean-Jacques entre les mains de sa veuve, tandis que le manuscrit remis à l'abbé de Condillac est le même précisément que Jean-Jacques vouloit déposer sur l'autel de Notre-Dame, et dont il avoit fait, dit-il, une copie au net.

Nous avons exactement collationné les deux ouvrages, et nous avons été frappés des différences qui s'y trouvent ; nous avons noté les plus remarquables : La cérémonie ridicule du Suisse de la rue aux Ours, par exemple, qui dans l'imprimé contient une page entière, ne se trouve point dans le manuscrit, non plus que bien d'autres puérilités[1] capables de déshonorer la mémoire de Jean-Jacques. L'article qui termine l'ouvrage dans l'imprimé et est intitulé « Histoire du précédent écrit » y est d'une longueur fatigante, rempli de répétitions, de jérémiades et de déclamations exagérées[2] ; dans le manuscrit, au contraire, ce même article précède l'ouvrage, et lui sert d'introduction ; il est plus court, plus précis, et d'un style qui annonce, à la vérité, un cœur aigri par les contradictions et les malheurs, mais non pas une âme en proie aux accès d'une imagination en délire.

Dans ce même article de l'imprimé et ailleurs on fait parler à Jean-Jacques le langage de la flagornerie, en lui faisant désirer de voir son manuscrit tomber entre les mains du Roi ; cette phrase y est répétée plusieurs fois ; et dans le manuscrit il n'en dit pas un mot.

Vous voudrez bien, citoyen Préfet, employer tous vos soins pour faire parvenir ma lettre au Ministre de l'intérieur, afin de l'instruire

1 Pellieux se réfère à l'édition de Genève, réalisée d'après le manuscrit détenu par P. Cl. Moultou. La réalité est que l'alinéa correspondant, qui ne figure pas non plus dans L., a été ajouté dans P. et G. À part la suppression dans C. d'une dizaine de lignes au IIIe entretien et la recomposition de deux alinéas sans altération du propos au IIe entretien, les différences avec le ms. G., certes fort nombreuses, sont toutes d'ordre lexical et stylistique.

2 Le brouillon de l'« Histoire du précédent écrit » figure avec quelques ébauches du premier dialogue, dans le même carnet que le brouillon des 8e et 9e Promenades. Comme la souffrance, l'écriture de Rousseau n'obéit qu'à son ordre.

par vous de ces changemens. La France et l'Europe apprendront aussi que Mme de Sainte-Foy, nièce de l'abbé de Condillac, s'est acquittée envers le 19e siècle, et qu'une femme française a, pendant plus de vingt ans, gardé un secret que n'a pu garder pendant quatre ans un Anglais à qui Jean-Jacques avoit seulement confié son premier Dialogue, qu'il fit imprimer à Londres en 1780.

Fidelle à la parole qu'elle avoit donnée à son oncle de ne point consentir que, conformément aux intentions de Jean-Jacques, ce manuscrit fût imprimé ni connu avant la fin du siècle, mais qu'après ce terme, il fût fidèlement imprimé et publié, cette dame me charge, citoyen Préfet, de faire exécuter ponctuellement les dernières volontés de l'auteur ; et aussi généreuse que discrète, elle abandonne à l'Hospice de Baugenci le profit qu'on retirera de la réimpression de cet ouvrage. Le public l'accueillera d'autant plus favorablement que, destiné par son auteur à ne paraître qu'en 1801, on y relira aujourd'hui avec plus d'intérêt qu'autrefois cette prédiction terrible contre les ennemis du nom français : « L'Angleterre », dit J.-J., « avec toute sa gloire, sera ruinée, et perdra le reste de sa liberté... Les Anglais veulent être conquérans ; donc ils ne tarderont pas à être esclaves[1] ».

Quel est le Français qui ne sera pas également frappé du passage suivant, lu jusqu'ici avec indifférence, et dont tout bon citoyen saura faire aujourd'hui l'application. Il nous montre dans toute sa gloire ce guerrier pacificateur qui tient en ses mains les destinées de l'Europe[2]. « Dans un gouvernement républicain », ajoute J.-J., « la voix publique n'élève presque jamais aux premières places que des hommes éclairés et capables qui les régissent avec honneur ; au lieu que ceux qui parviennent dans les monarchies ne sont le plus souvent que de petits brouillons, de petits frippons, de petits intrigans, etc... Aussi, quand, par quelqu'heureuxx hasard, un de ces hommes prend le timon des affaires dans une monarchie abymée par ces tas de jolis régisseurs, on est tout surpris des ressources qu'il trouve, et cela fait époque dans un pays[3] », etc...

---

1 Voir le IIIe entretien, p. 462. L'Angleterre signe la paix d'Amiens en mars 1802, laissant l'Atlantique ouvert à la flotte française.

2 Bonaparte est premier Consul ; la victoire de Marengo contre les Autrichiens a consolidé sa position.

3 Voir le IIIe entretien, p. 465.

Jean-Jacques termine ce singulier ouvrage par une prédiction d'autant plus étonnante qu'elle s'est déjà accomplie ; c'est le bouleversement général de l'Europe, fruit, dit-il, de l'athéisme et de la philosophie du jour. Il décrit, comme s'il en eut été le témoin, les calamités affreuses qui ont accablé la France sous le régime de la Terreur ! ! Mais hâtons-nous de jetter un voile sur ces désordres ; ils ne reviendront plus, nous en avons pour garant l'horreur qu'ils nous ont inspiré et le Génie bienfaisant qui nous dirige[1].

Salut et respect.

J.-N. Pellieux aîné.
Médecin.

I. A. 4. LA DÉTENTION DU MANUSCRIT « CONDILLAC »
PAR LA FAMILLE PELLIEUX JUSQU'EN 1871

Ce n'est pas l'hospice de Beaugency qui a conservé le manuscrit Condillac, « jusqu'en 1879 », comme l'affirme la notice de la BnF[2] mais la famille Pellieux, comme l'indique J.-N. Pellieux à la fin du document précédent, et comme le prouvent les deux documents qui suivent. Le premier est constitué d'un billet et de l'enveloppe correspondante insérés immédiatement après la fin du manuscrit : daté du 30 avril 1823, le billet (paginé 227) est signé d'une demoiselle « Ste Foy De Chantal » qui demande un prêt du « manuscrit que maman vous a donné » à « Monsieur Pellieux L'ainé à Beaugency », ainsi que l'indique la suscription de l'enveloppe. Le second montre que le manuscrit resta en leur possession jusqu'en 1871, comme l'atteste une déclaration de cession datée de « Beaugency, au 27 mai 71 », par laquelle « François Bonny Pellieux » en abandonne la propriété à un certain « Mr Theodore Cahu » ; cette déclaration est insérée au début du manuscrit, entre la seconde couverture intitulée « Dépot remis à la providence » et le petit récit liminaire : « Je préparois cet écrit depuis plusieurs années… ».

1. Billet et enveloppe insérés à la fin du manuscrit « Condillac » :

1 Le 29 janvier 1801, une transcription de cette lettre fut adressée à Chaptal par le préfet : cette fois-là, il n'y eut pas même d'accusé de réception.

2 http://expositions.bnf.fr/brouillons/grand/14.htm ; site consulté le 28 juillet 2015.

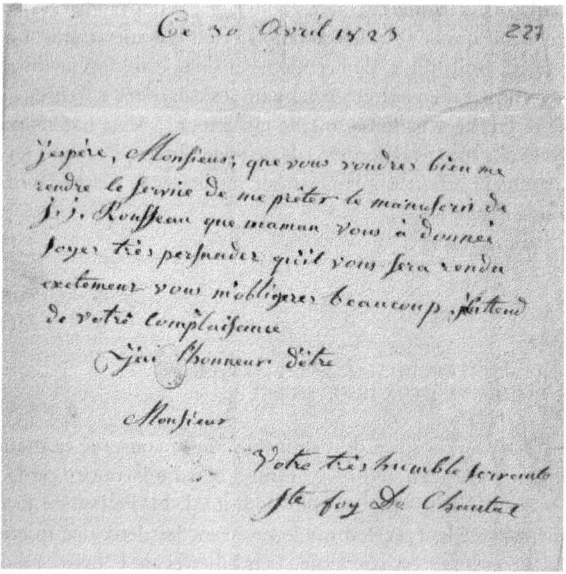

Ce 30 Avril 1823 227

J'espère, Monsieur, que vous voudrez bien me rendre le service de me prêter le manuscrit de J. J. Rousseau que maman vous a donné soyez très persuadé qu'il vous sera rendu exactement vous m'obligerez beaucoup, j'attend de votre complaisance

J'ai l'honneur d'être

Monsieur

Votre très humble servante

Ste foy De Chantal

FIG. 23 – Manuscrit « Condillac » – BnF, NAF 25700 (« Ce 30 avril 1823 »).

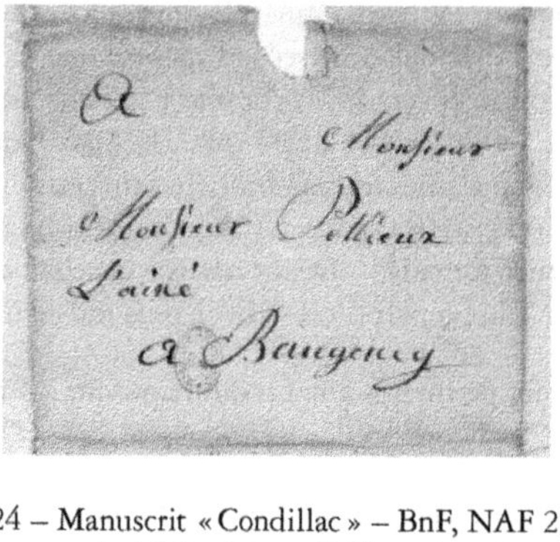

A Monsieur

Monsieur Pellieux l'aîné

a Baugency

FIG. 24 – Manuscrit « Condillac » – BnF, NAF 25700 (« A Monsieur… Pellieux »).

2. Déclaration de cession insérée au début du manuscrit « Condillac », entre la couverture « Dépot remis à la Providence » et le récit liminaire des circonstances de la tentative du dépôt à Notre Dame de Paris :

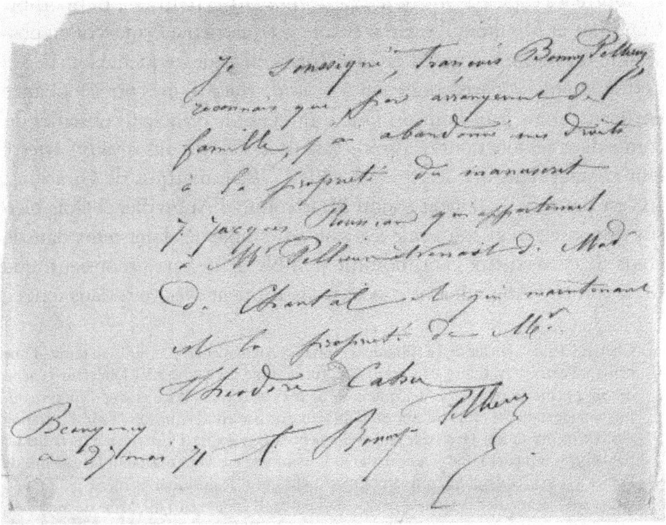
Je soussigné, François Bonny Pellieux
reconnais que par arrangement de
famille, j'ai abandonné mes droits
à la propriété du manuscrit
de J. Jacques Rousseau qui appartenait
à Mr Pellieux et venait de Mad
de Chantal et qui maintenant
est la propriété de Mr
Theodore Cahu
Beaugency au 27 mai 71 F. Bonny Pellieux

FIG. 25 – Manuscrit « Condillac » – BnF, NAF 25700
(« Je soussigné… »).

Je soussigné, François Bonny Pellieux, reconnais que par arrangement de famille, j'ai abandonné mes droits à la propriété du manuscrit de J. Jacques Rousseau qui appartenait à Mr Pellieux et venait de Mad de Chantal et qui maintenant est la propriété de Mr Theodore Cahu.

Beaugency, au 27 mai 71 signature

I. B. LE MANUSCRIT « ANGIVILLER »

Outre les copies de *Rousseau juge de Jean Jaques* remises à B. Boothby, Condillac et Moultou, il existait encore un quatrième manuscrit en possession du comte d'Angiviller[1] que Rousseau avait fréquenté lors de ses dernières années parisiennes ; on n'a pas de trace d'une correspondance entre eux, mais Jean-François Ducis (qui était le principal conseiller du comte dans ses fonctions d'administrateur des Bâtiments royaux), atteste leur contact dans une lettre du 7 août 1778 au marquis de Girardin : « C'est par moi qu'il avoit connu M. le comte d'Angiviller. J'étois bien sûr que sa vertu et son génie avoient un temple dès long-tems dans le cœur de ce vertueux gentilhomme [...] Ne doutez pas, monsieur, que M. le comte d'Angiviller ne concoure ardemment avec vous dans tout ce

1 Charles Claude Flahaut de La Billarderie, comte d'Angiviller (1730-1809), au terme d'une brillante carrière militaire sous Louis XV, fut nommé par Louis XVI Directeur général des Bâtiments du roi (1776) ; il acquit en 1787 le titre de conseiller d'état et d'épée, ce qui lui donnait statut de ministre avec droit de séance au conseil. Il réorganise l'administration des Bâtiments du Roi, favorise le renouvellement de la peinture d'histoire, fait travailler les meilleurs sculpteurs à une galerie des grands hommes de la France, rétablit l'Académie de France à Rome, et développe une ambitieuse politique d'acquisitions en même temps qu'il entreprend de rénover la Grande galerie du Louvre. Il épouse en 1781 Mme de Marchais, longtemps courtisée et rendue libre par son veuvage (son mari était premier valet de chambre du roi). Née Elizabeth-Josèphe de La Borde, celle-ci était la fille du fermier général Jean-François Débos de Laborde, et se trouvait parente de Mme de Pompadour (elle joua le rôle de Colette les 4 et 6 mars 1753 au château de Bellevue, avec la favorite dans le rôle de Colin). En grand crédit à la Cour et très cultivée, elle reçut dans son salon l'élite des artistes et des intellectuels du temps ; Marmontel en dresse d'ailleurs un portrait brillant dans ses *Mémoires*. Quant au comte, menacé d'arrestation au début de la révolution, il dut s'exiler précipitamment en juin 1791, et l'Assemblé nationale décréta la confiscation de tous ses biens qui furent mis aux enchères publiques le 7 juin. Après un passage à Soleure, il se rend à Coblence puis s'établit à Brunswick en 1794. On le retrouve à Kiel en 1796 sous le nom de « Trueman » ; il est pressenti par Louis XVIII pour exercer les fonctions d'agent secret du roi à Hambourg mais s'y refuse sans perdre pour cela l'amitié du roi ; une passion s'y noue avec une comtesse danoise, veuve du comte Musnter, chez qui il déposera ses « Notes sur Marmontel ». Il s'installe en 1806 à Altona où il termine ses jours. De son côté, la comtesse échappa adroitement aux ires de la révolution, obtint puis révoqua leur divorce et reconstitua un salon sous l'Empire. Elle mourut en 1708 sans laisser de testament. Tous les éléments de cette note sont tirés de l'introduction de Louis Bobé aux *Mémoires de Ch. Cl. Flahaut, comte de la Billarderie d'Angiviller. Notes sur les Mémoires de Marmontel*, Levin & Munksgaard, Copenhague et C. Klincksieck, Paris, 1933. En ce qui concerne la comtesse d'Angiviller, on peut consulter sa notice dans la *Biographie universelle* de Michaud, vol. 56.

qui pourra être utile à la veuve de M. Rousseau. Il honore sa mémoire, il défend sa vertu ses ouvrages à la main. » (*CC*. n° 7246, t. 41, p. 140-141). De fait, le comte défendra Rousseau contre Marmontel dans ses *Notes sur les mémoires de Marmontel* : « Je l'ai vu, je l'atteste, y raconte-t-il, prendre contre moi-même la deffense de cet ami [Diderot], que justement ou non, il croyoit perfide, en chercher l'excuse, en accusant la mobilité de son imagination et l'influence de la société sur elle[1] ».

Quand Girardin prit contact avec le comte, il ignorait ce que ce dernier détenait exactement, comme en atteste un brouillon de lettre à ce dernier (*CC*. n° 7237). On n'a pas la réponse du comte mais dès octobre 1778, le marquis est assuré que, comme Condillac, d'Angiviller détient une copie des *Dialogues* ; en témoigne l'« État des écrits qui sont icy et que nous connoisssons ailleurs » établi à l'intention de Du Peyrou, où il affirme à leur propos qu'outre les manuscrits remis à Boothby et Condillac, « une autre partie de ce même ouvrage [est] entre les mains de M^r^ Le Cte Angivilliers (sic) qui sur ma réclamation est convenu de le remettre à la veuve en observant toutefois qu'il ne croioit pas cet écrit de nature à être imprimé » (4 octobre 1778, *CC*. n° 7313, t. 42, p. 19). Il y revient dans une lettre au même de février 1779, à propos de l'opposition de P.-Cl. Moultou à une publication prématurée des *Dialogues* par respect des dernières volontés de l'auteur (*CC*. n° 7459) : « Cette assertion se rapporte juste à celle du philosophe abbé [*i. e.* Condillac] ; mais moi j'en connois un autre exemplaire remis sans aucune prescription d'époque ni de condition d'employ » (13 février 1779, *CC*. n° 7471, t. 43, p. 120). Il revient à la charge en 1780 : « M. D'Ang. a aussi un autre double de l'autre chose », lui écrit-il en effet le 30 avril, dans la fameuse lettre où il avoue détenir la seconde partie des *Confessions* (*CC*. n° 7699, t. 44, p. 218).

Que le comte d'Angiviller jugeât le manuscrit qu'il détenait non destiné à l'impression pourrait signifier qu'il s'agissait soit du dernier état du brouillon original de *Rousseau juge de Jean Jaques*, soit de la copie personnelle que l'auteur en avait conservé. Ce qui pourrait conforter cette hypothèse est ce qu'écrivait de son côté à Du Peyrou Thérèse Levasseur, le 6 mars 1780 : « A l'égard des Dialogues, M. Bosthbye (sic) de Londres à une autre Copie du Manuscrit ; M. l'abbé de Condignac (sic) en à un autre, M. de Girardin en à un troisième. [...] M. D'angevillier (sic), ordonnateur des Batimens du Roi a le vrai et premier manuscrit,

1 *Op. cit.*, p. 49-50.

sortant des mains de mon mari par confiance, M. de Girardin le savoit, il l'a été voir, mais ce Savant ne lui en donnât que la Copie qu'il possède, parce que ce M. D'angevillier n'a pas pensé pouvoir lui remettre ce manuscrit. » (*CC*. n° 7681, t. 44, p. 178). Le manuscrit censé détenu par Girardin selon Th. Levasseur, ne peut-être que cette copie, dont la réalité est confirmée par Deleyre dans deux lettres au marquis : l'une où il lui demande s'il a reçu les « *Entretiens de Jean Jacques avec Rousseau* qu'il avoit confiés à mr D'Angivilé (sic) » (12 nov. 1778, *CC*. n° 7351, il souligne), l'autre où il annonce que le comte en fait faire une copie pour le marquis tout en conservant par devers lui l'original (18 déc. *CC*. n° 7405). Outre C., L. et G., il existait donc deux autres manuscrits : celui du comte d'Angiviller et sa copie pour Girardin. Si les *Mémoires* du comte défendent fermement Rousseau, ils ne disent absolument rien de ce manuscrit. Les circonstances précipitées dans lesquelles leur auteur dut quitter la France pendant la révolution peuvent laisser supposer qu'il ne l'emporta pas avec lui, et que par la suite, sa femme n'ayant pas laissé de testament[1], il s'est égaré dans le désordre de sa succession.

Dans son édition, Robert Osmont a posé la question de son identification à celui conservé au Palais Bourbon (Ms. 1493) – autrement dit le manuscrit P. –, tout en observant que rien sur l'emboitage ne renvoie au « comte d'Angivilliers » (sic)[2]. Une note manuscrite anonyme au revers de la couverture de l'emboitage indique que le manuscrit « a été donné par l'auteur à une dame de la famille de Cramayal » – dame identifiée par Philippe Stewart comme étant « Élizabeth Josèphe de La Borde, sœur de Françoise Monique de Cramayel, que d'Angiviller épousa en 1781[3]. » S'autorisant de ce lien de parenté, la notice de la bibliothèque du Palais-Bourbon consacrée au *Dialogues* en conclut à l'identification du manuscrit « de Paris » à celui du comte d'Angiviller. Cependant, c'est conclure bien vite à partir d'une confusion généalogique : en effet, cette « dame de la famille de Cramayal » n'est pas Elizabeth-Josèphe de

1 *Mémoires*, *op. cit.*, p. XXXII.

2 *OC*. I, Pléiade, p. 1903.

3 « Ce manuscrit est aujourd'hui conservé à la bibliothèque de l'Assemblée nationale, ayant été "donné par l'auteur à une dame de la famille de Cramayal, qui le donna elle-même à M. de Clérigny ancien administrateur général des domaines de la Couronne". Cette dame était Élisabeth Josèphe de La Borde, sœur de Françoise Monique de Cramayel, que d'Angiviller épousa en 1781. » Ph. Stewart, *Éditer Rousseau. Enjeux d'un corpus, 1750-2012*, Lyon, Ens éditions, 2012, note 35 p. 87.

Laborde devenue comtesse d'Angiviller en 1781, un an après le décès de son premier mari, M. de Marchais, premier valet de chambre du roi ; cette dame est sa sœur Françoise-Monique, qui avait épousé en 1747 François de Cramayel, seigneur de Moissy et fermier général, dont elle était veuve depuis 1779[1]. L'aura sociale de la comtesse étant infiniment plus importante, et jusque sous l'Empire, que celle de sa sœur, il est improbable que quiconque ait pu la ramener à « une dame de la famille de Cramaye[a]l ». Ceci d'une part ; d'autre part, comment sa sœur pouvait-elle détenir le manuscrit confié à son beau-frère par Rousseau ? Il n'y a aucune raison de croire que le comte le lui aurait confié tant qu'il vivait à Paris, alors qu'il refusait de le montrer au marquis de Girardin ; pour qu'il fût entre ses mains, il faudrait supposer qu'il soit entré en sa possession après la disparition de la comtesse, morte intestat le 14 mars 1808 – mais cette année-là voyant aussi disparaître Mme de Cramayel, cette dernière hypothèse tombe. Il reste possible que la « dame de Cramayal » en question soit l'une de ses deux filles, Félicie Timelée Geoffroy de Montjay et Napoléone Joséphine D'Arcy, ou encore la fille de la première. Mais il reste exclu que le manuscrit P. dont l'une ou l'autre aurait été la dépositaire soit le manuscrit original des *Dialogues*. On en demeure donc réduit aux conjectures s'agissant du sort du dépôt de Rousseau auprès du comte d'Angiviller entre 1791 et 1808.

Il est certain, en tout cas, que la petite notice énumérant les dépositaires successifs du manuscrit P. se trompe ou ment sur « l'auteur » de la cession du manuscrit, puisque Rousseau ne peut l'avoir effectuée auprès de Mme de Cramay[a]el[2] pas plus qu'auprès de la comtesse sa sœur. Enfin et surtout, l'identification de cette copie à un état antérieur au manuscrit « Condillac », soit brouillon, soit copie personnelle de l'auteur est objectivement impossible : en effet, la qualité rédactionnelle de P., tout à fait homogène en termes de lisibilité et de présentation pré-éditoriale à celle des autres manuscrits disponibles, est sans comparaison avec la graphie souvent malaisément déchiffrable du brouillon de l'« Histoire du précédent écrit » dans le carnet de Neuchâtel R. 79, ce qui exclut donc qu'on puisse l'identifier au brouillon original des *Dialogues*, d'autant que

1 Voir sur ce point le site http://gw.geneanet.org/pierfit?lang=fr;p=francois;n=fontaine+de+cramayel ; site consulté le 24 juillet 2015.

2 Les annuaires généalogiques concernant son mari présentent toujours invariablement l'orthographe : « de Cramayel ».

Rousseau a coutume, pour la première rédaction, de diviser la page en deux colonnes, celle de gauche étant réservée aux ajouts et retouches[1], disposition bien sûr absente des quatre transcriptions disponibles des *Dialogues*. En outre, que le manuscrit P., comme les trois autres, soit rédigé recto-verso exclut qu'il soit la « copie personnelle » de Rousseau, celui-ci ayant coutume, dans ce cas encore, de libérer le verso des pages pour d'éventuels ajouts ou corrections. Ajoutons qu'au point de vue philologique, l'ensemble des variantes des manuscrits L., P. et G. les signale comme stylistiquement postérieurs à la copie « Condillac », première transcription réalisées en vue de l'impression, selon l'« Histoire du précédent écrit ».

En ce qui concerne la copie du manuscrit « Angiviller » détenue par Girardin, Ph. Stewart émet l'hypothèse que la publication du manuscrit détenu par Moultou l'ayant rendue inutile, « il ne l'a peut-être même pas conservée[2] ». On objectera qu'un tel acte serait pour le moins étrange de la part du marquis, quand on considère sa volonté acharnée de retrouver et de publier à la face des adversaires de Rousseau ce qu'il appelle, non sans pertinence : « ce morceau si important pour l'histoire du cœur humain qui comprend dans les C. Les Entretiens et Les Rev. toute la vie morale d'un homme aussi extraordinaire » (à Du Peyrou *CC*. n° 7471, p. 121), affirmant, à propos des « Entretiens » que « c'est plutôt que plus tard je Le dis hautement, que toutte La Défence de M. R. doit paroitre. Il seroit indigne et de lui et de nous qu'elle ne parut qu'après La mort de ses adversaires. C'est aux vivans qu'on doit La justice, c'est une Lâcheté et une indignité d'attaquer Les morts. » (*CC*. n° 7472, p. 131). Avec une telle vision de l'unité de cet ensemble et de sa portée, il n'avait, ce semble, aucune raison de détruire sa copie du manuscrit « Angiviller », qui pouvait trouver son utilité dans l'avenir. Il y a, dans un tel domaine, des choses qui coulent de source, comme le lui écrivait Deleyre à propos de la copie que le comte faisait préparer pour lui, mais « dont on garderoit l'original, comme vous ferés sans doute vous même, Monsieur, de tout ce que vous ferés imprimer pour la veuve de l'auteur. » (*CC*. n° 7405, § 2).

---

1 Voir Nathalie Ferrand, « Un voyage au long cours dans l'écriture de Rousseau », art. cité, p. 167.

2 *Éditer Rousseau*, *op. cit.*, p. 88.

II. L'ÉDITION BOOTHBY

Brooke Boothby : avertissement de l'éditeur[1]

Cet ouvrage me fut confié par son Auteur dans le mois d'Avril 1776, avec des conditions que je me suis fait un devoir sacré de remplir.

J'ai cru un moment que ce seroit ici la place d'examiner l'effet que le traitement que l'Auteur reçut de son siécle devoit nécessairement produire sur une ame aussi sensible que la sienne :[*] mais après avoir

---

1 La leçon suivie est celle de l'édition originale : ROUSSEAU JUGE DE JEAN JACQUES. DIALOGUES. *Barbarus hic ego sum quia non intelligor illis.* Ovid. Trist. PREMIER DIALOGUE. D'après le manuscrit de M. ROUSSEAU, laissé entre les mains de BROOKE BOOTHBY. A Lichfield, chez J. Jackson, aux depens de l'editeur [...] MDCC LXXX. L'auteur de la première citation de la note est Voltaire mais Rousseau l'attribua au pasteur Vernes. *Le Sentiment des Citoyens* fut publié à Genève fin décembre 1764 ; au début de l'année suivante, Rousseau l'envoya « à Duchesne, pour le faire imprimer tel qu'il étoit », annoté par ses soins (on peut consulter cet envoi au n° III de la présente Annexe). La seconde citation est de Diderot : *Essai sur la vie de Sénèque* (1778), § 67. Rousseau venait de mourir. À propos de B. Boothby, on peut se reporter à la note 18 de l'« Histoire du précédent écrit ».

* L'histoire des persecutions excitées contre M. Rousseau par les Ecclésiastiques à Geneve, à Motiers, à Berne, à Paris est entre les mains de tout le monde ; mais j'ai trouvé bien des personnes, surtout en Angleterre, ou les livres de M. Rousseau sont plus connus que ceux de ses adversaires, qui ont ignoré avec quelle cruauté sa réputation a été déchirée. Pour leur information, je veux bien citer ici deux passages, pris au hazard, dans la quantité prodigieuse de libelles que les Théologiens, les Musiciens, les Partisans du despotisme, les Auteurs, les Dévots, et surtout les Philosophes de l'Ecole moderne n'ont pas cessé de vomir contre lui depuis plus de seize ans. Le premier est pris d'une brochure anonyme, qui a pour titre *Sentimens des Citoyens*, imprimée à Geneve en 1763.
« Est-ce un Savant qui dispute contre les Savans ? non : c'est l'auteur d'un opera, et de deux comédies sifflées. Est-ce un homme de bien qui, trompé par un faux zele, fait des reproches indiscrets à des hommes vertueux ? Nous avouons avec douleur, et en rougissant, que c'est un homme qui porte encore les marques funestes de ses débauches, et qui, déguisé en Saltimbanque, traine avec lui de village en village, et de montagne en montagne, la malheureuse dont il fit mourir la mère, et dont il a exposé les enfans à la porte d'un hôpital, en rejettant les soins qu'une personne charitable vouloit avoir d'eux, et en abjurant tous les sentimens de la nature, comme il avoit dépouillé ceux de l'honneur & de la Religion. »
A ce passage M. Rousseau a répondu de la maniere suivante.
« Je veux faire, avec simplicité, la déclaration que semble exiger de moi cet article. Jamais aucune maladie de celles dont parle ici l'Auteur, ni petite, ni grande, n'a souillé mon corps.

fait quelques progrés dans ce travail, une consideration que je n'avois pas prévue, m'obligea a l'abandonner : forcé de citer des faits et d'entrer dans des détails, je voyois que je ne pouvois eviter d'y mettre un air d'apologie ; et le role d'apologiste est trop au-dessous des sentimens de vénération que M. Rousseau m'a inspirés, pour que j'aye voulu paroitre m'en charger un seul instant. Au reste, l'ouvrage est assez fortement frappé pour pouvoir se passer de commentaire. Les gens sensibles et vertueux, *les habitans du monde idéal*, reconnoitront a l'instant leur

Celle dont je suis affligé, n'y a pas le moindre rapport : elle est née avec moi, comme le savent les personnes encore vivantes qui ont pris soin de mon enfance. Cette maladie est connue de M.M. Malouin, Meurent, Thierry, Daran, & du frère Côme. S'il s'y trouve la moindre marque de débauche, je les prie me confondre, et de me faire honte de ma devise. La personne sage et généralement estimée, qui me soigne dans mes maux et me console dans mes afflictions, n'est malheureuse, que parcequ'elle partage le sort d'un homme fort malheureux ; sa mere est actuellement pleine de vie et en bonne santé malgré sa vieillesse. Je n'ai jamais exposé, ni fait exposer aucun enfant à la porte d'aucun hôpital, ni ailleurs. Une personne qui auroit eu la charité dont on parle, auroit eu celle d'en garder le secret ; et chacun sent que ce n'est pas de Geneve, ou je n'ai point vécu, et d'où tant d'animosité se répand contre moi, qu'on doit attendre des informations fidelles sur ma conduite. Je n'ajouterai rien sur ce passage, sinon qu'au meurtre près, j'aimerois mieux avoir fait ce dont son Auteur m'accuse, que d'en avoir écrit un pareil. »

L'autre se trouve dans une espece de *Vie de Seneque*, imprimée à Paris depuis la mort de M. Rousseau ; dans laquelle l'auteur anonyme, avec un zele digne de son école, sous pretexte de défendre la mémoire d'un homme mort depuis 1500 ans, se permet de noircir impitoyablement celle d'un contemporain. Cet écrivain parle d'un *Suilius*, qu'il qualifie de *Délateur par état* ; puis il ajoute cette note.

« Si par une bizarrerie qui n'est pas sans exemple il paroissoit jamais un ouvrage ou d'honnêtes gens fussent impitoyablement dechirés par un artificieux scelerat, qui pour donner quelque vraisemblance à ses injustes et cruelles imputations, se peindroit lui-même de couleurs odieuses, anticipez sur le moment, et demandez-vous à vous même : si un impudent, un Cardan, qui s'avoueroit coupable de mille méchancetés, seroit un garant bien digne de foi ; ce que la calomnie auroit du lui couter, et ce qu'un forfait de plus ou de moins ajouteroit à la turpitude secrette d'une vie cachée pendant plus de cinquante ans sous le masque le plus epais de l'hypocrisie. Jettez loin de vous son infame libelle, et craignez que seduit, par une eloquence perfide, et entrainé par les exclamations aussi pueriles qu'insensées de ses enthousiastes vous ne finissiez par devenir ses complices. Détestez l'ingrat qui dit du mal de ses bienfaiteurs ; détestez l'homme atroce qui ne balance pas à noircir ses anciens amis ; détestez le lâche qui laisse sur sa tombe la révélation des secrets qui lui ont été confiés, ou qu'il a surpris de son vivant. Pour moi, je jure que mes yeux ne seroient jamais souillés de la lecture de son ouvrage ; je proteste que je préfererois ses invectives à son éloge. »

Essai sur la vie de Seneque, p. 128.

Qui peut lire ces deux passages, écrits à la distance de seize ans l'un de l'autre, dont tout l'intervalle a été rempli de pareilles horreurs, sans féliciter leur objet infortuné, d'avoir enfin trouvé le seul azile ou il sera également à l'abri de la rage du fanatisme et des traits empoisonnes de l'envie.

compatriote, *qui parle si bien la langue du païs* ; ils pleureront sur les angoisses d'une grande et belle ame, reduite à l'état affreux, d'où elle devoit voir toute la terre se liguer contre son repos et son honneur ; et ils commenceront la vengeance qui attend ses lâches persecuteurs dans le mépris et l'éxécration de toute la postérité.

Je dois avertir tous ceux à qui le nom celebre de l'auteur pourroit faire chercher de l'amusement dans ces feuilles, qu'ils n'y trouveront rien ni pour flatter leur goût, ni pour satisfaire à leur curiosité. Le froid Philosophe daignera peut-être y voir un morceau interessant pour servir à l'histoire de l'esprit humain.

S'il est une plume capable de peindre les mœurs les plus simples et les plus sublimes, une bienveillance qui partageoit toutes les miseres du genre-humain, un courage toujours prêt à se sacrifier pour la cause de la vérité, et surtout ces aspirations continuelles après la plus haute vertu, trop elevée peut-être pour que notre foiblesse puisse y atteindre, mais qui tiennent celui qui les ressent dans une assiette bien au-dessus de celle des ames ordinaires, ----- que cette plume ecrive la Vie de JEAN-JAQUES ROUSSEAU.*

* Socrate vivoit dans un siecle ou ses preceptes et son exemple lui attirerent une foule de disciples, et c'est a quelques uns d'entre eux que nous devons tout ce que nous savons de cet homme admirable. Rousseau a été seul dans le sien ; mais ses livres nous restent, et ceux qui savent les lire n'ont pas besoin d'autre histoire ni de sa vie, ni de ses mœurs.

III. *LE SENTIMENT DES CITOYENS* ANNOTÉ PAR J.-J. ROUSSEAU

LETTRE DE J.-J. ROUSSEAU A SON LIBRAIRE DE PARIS#

Je vous envoie, Monsieur, une piece imprimée & publiée à Geneve, & que je vous prie d'imprimer & publier à Paris, pour mettre le public en état d'entendre les deux parties, en attendant les autres réponses plus foudroyantes qu'on prépare à Geneve contre moi. Celle-ci est de [M. Vernes] [...] si toutefois je ne me trompe ; il ne faut qu'attendre pour s'en éclaircir : car s'il en est l'auteur, il ne manquera pas de la reconnoître hautement, selon le devoir d'un homme d'honneur & d'un bon chrétien ; s'il ne l'est pas, il la désavouera de même, & la public saura bientôt à quoi s'en tenir.

Je vous connois trop, Monsieur, pour croire que vous voulussiez imprimer une piece pareille, si elle vous venoit d'une autre main ; mais puisque c'est moi qui vous en prie, vous ne devez vous en faire aucun scrupule. Je vous salue, &c.

ROUSSEAU.

Il s'agit de Duchesne. Le texte ici procuré est celui du *Supplément à la Collection complète des Œuvres de J.J. Rousseau, Citoyen de Genève*, tome II, Genève, 1782, p. 116-123. Les citations du pamphlet renvoient aux *Lettres écrites de la Montagne*. L'annotation de Rousseau est appelée en chiffres arabes. La résonance des accusations portées dans ce pamphlet est beaucoup plus considérable dans *Rousseau Juge de Jean Jaques* que dans *Les Confessions* qui prennent l'affaire de haut. J.J. est en effet accusé d'être un débauché « pourri de vérole » (p. 188), chargé d'une « faute grave » (p. 203), un « monstre chargé de crimes cachés » (p. 203), un « brouillon séditieux » (p. 417), un « impie » (p. 463) et un « scélérat » (*passim*), etc. Que le pamphlet appelle sur lui la « peine capitale » le consacre d'ailleurs en fauteur de « crimes irrémissibles » (IIIe entretien, p. 452).

SENTIMENT DES CITOYENS*

Après les lettres de la campagne, sont venues celles de la montagne. Voici les sentimens de la ville.

On a pitié d'un fou ; mais quand la démence devient fureur, on le lie. La tolérance, qui est une vertu, seroit alors un vice.

Nous avons plaint J. J. Rousseau, ci-devant citoyen de notre ville, tant qu'il s'est borné, dans Paris, au malheureux métier d'un bouffon qui recevoit des nazardes à l'opéra, & qu'on prostituoit marchant à quatre pattes sur le théâtre de la comedie. A la vérité, ces opprobres retomboient, en quelque façon, sur nous : il étoit triste, pour un Genevois arrivant à Paris, de se voir humilié par la honte d'un compatriote. Quelques-uns de nous l'avertirent, & ne le corrigerent pas. Nous avons pardonné à ses romans, dans lesquels la décence & la pudeur sont aussi peu ménagées que le bon sens. Notre ville n'étoit connue auparavant que par des mœurs pures, & par des ouvrages solides qui attiroient les étrangers à notre Académie : c'est pour la premiere fois qu'un de nos citoyens l'a fait connoître par des livres qui alarment les mœurs, que les honnêtes gens méprisent & que la piété condamne.

Lorsqu'il mêla l'irréligion à ses romans, nos Magistrats furent indispensablement obligés d'imiter ceux de Paris & de Berne[1], dont les uns le décréterent, & les autres le chasserent. Mais le Conseil de Geneve, écoutant encore sa compassion dans sa justice, laissoit une porte ouverte au repentir d'un coupable égaré, qui pouvoit revenir dans sa patrie & y mériter sa grace. Aujourd'hui la patience n'est-elle pas lassée, quand il ose publier un nouveau libelle, dans lequel il outrage avec fureur la religion chrétienne, la réformation qu'il professe, tous les Ministres du saint Evangile, & tous les Corps de l'Etat ? La démence ne peut plus servir d'excuse, quand elle sait commettre des crimes.

Il auroit beau dire à présent : reconnoissez ma maladie du cerveau à mes inconséquences & à mes contradictions : il n'en demeurera pas moins

---

* L'Auteur de cette piece avait si bien imité le style de M. Vernes, que M. Rousseau parut croire qu'elle pouvait être de lui. Ce ne fut qu'au bout de quelque tems qu'il apprit que son véritable auteur était M. de V… [note des éditeurs].

1 Je ne fus chassé du Canton de Berne qu'un mois après le décret de Genève.

vrai que cette folie l'a poussé jusqu'à insulter à Jésus-Christ, jusqu'à imprimer que l'*Evangile est un livre scandaleux*, (page 40 de la petite édition.) *téméraire, impie, dont la morale est d'apprendre aux enfans à renier leurs meres, leurs freres*, &c. Je ne répéterai pas les autres paroles : elles font frémir. Il croit en déguiser l'horreur en les mettant dans la bouche d'un contradicteur ; mais il ne répond point à ce contradicteur imaginaire. Il n'y en a jamais eu d'assez abandonné pour faire ces infâmes objections, & pour tordre si méchamment le sens naturel & divin des paraboles de notre Sauveur. *Figurons-nous*, ajoute-t-il, *une ame infernale, analysant ainsi l'Evangile.* Eh ! qui l'a jamais ainsi analysé ? Où est cette ame infernale[1] ?

La Métrie, dans son homme machine, dit qu'il a connu un dangereux athée, dont il rapporte les raisonnemens sans les réfuter : on voit assez qui étoit cet athée ; il n'est pas permis assurément d'étaler de tels poisons sans présenter l'antidote.

Il est vrai que Rousseau, dans cet endroit même, se compare à Jésus-Christ avec la même humilité qu'il a dit que nous devions lui dresser une statue. On sait que cette comparaison est un des accès de sa folie. Mais une folie qui blasphême à ce point, peut-elle avoir d'autre médecin que la même main qui a fait justice de ses autres scandales ?

S'il a cru préparer, dans son style obscur, une excuse à ses blasphêmes, en les attribuant à un délateur imaginaire, il n'en peut avoir aucune pour la maniere dont il parle des miracles de notre Sauveur. Il dit nettement, sous son propre nom (Page 98) : *Il y a des miracles, dans l'Evangile, qu'il n'est pas possible de prendre au pied de la lettre sans renoncer au bon sens* ; il tourne en ridicule tous les prodiges que Jésus daigna opérer pour établir la religion.

Nous avouons encore ici la démence qu'il a de se dire chrétien quand il sape le premier fondement du christianisme ; mais cette folie ne le rend que plus criminel. Etre chrétien, & vouloir détruire le christianisme, n'est pas seulement d'un blasphémateur, mais d'un traître.

Après avoir insulté Jésus-Christ, il n'est pas surprenant qu'il outrage les Ministres de son saint Evangile.

Il traite une de leurs professions de foi, d'Amphigouri (page 53.) Terme bas & de jargon, qui signifie déraison. Il compare leur déclaration

1 Il paraît que l'auteur de cette piece pourrait mieux répondre que personne à sa question. Je prie le lecteur de ne pas manquer de consulter, dans l'endroit qu'il cite, ce qui précede & ce qui suit.

aux plaidoyers de Rabelais ; ils ne savent, dit-il, ni ce qu'ils croyent, ni ce qu'ils veulent, ni ce qu'ils disent.

On ne sait, dit-il ailleurs (page 54.) *ni ce qu'ils croyent, ni ce qu'ils ne croyent pas, ni ce qu'ils sont semblant de croire.*

Le voilà donc qui les accuse de la plus noire hypocrisie, sans la moindre preuve, sans le moindre prétexte. C'est ainsi qu'il traite ceux qui lui ont pardonné sa première apostasie, & qui n'ont pas eu la moindre part à la punition de la seconde, quand ses blasphêmes répandus dans un mauvais roman, ont été livrés au bourreau. Y a-t-il un seul citoyen parmi nous, qui, en pesant de sang-froid cette conduite, ne soit indigné contre le calomniateur ? Est-il permis à un homme né dans notre ville d'offenser à ce point nos Pasteurs, dont la plupart sont nos parens & nos amis, & qui sont quelquefois nos consolateurs ? Considérons qui les traite ainsi ; est-ce un savant qui dispute contre des savans ? Non, c'est l'auteur d'un opéra, & des deux comédies sifflées. Est-ce un homme de bien, qui, trompé par un faux zele, fait des reproches indiscrets à des hommes vertueux ? Nous avouons avec douleur, & en rougissant, que c'est un homme qui porte encore les marques funestes de ses débauches ; & qui, déguisé en saltimbanque, traîne avec lui de village en village, & de montagne en montagne, la malheureuse dont il fit mourir la mere, & dont il a exposé les enfans à la porte d'un hôpital, en rejettant les soins qu'une personne charitable vouloit avoir d'eux, & en abjurant tous les sentimens de la nature, comme il dépouille ceux de l'honneur & de la religion[1].

---

1 Je veux faire avec simplicité la déclaration que semble exiger de moi cet article. Jamais aucune maladie de celles dont parle ici l'auteur, ni petite, ni grande, n'a souillé mon corps. Celle dont je suis affligé, n'y a pas le moindre rapport : elle est née avec moi, comme le savent les personnes encore vivantes qui ont pris soin de mon enfance. Cette maladie est connue de Messieurs Malouin, Morand, Thierry, Daran, & du frère Côme. S'il s'y trouve la moindre marque de débauche, je les prie de me confondre, & de me faire honte de ma devise. La personne sage & généralement estimée, qui me soigne dans mes maux & me console dans mes afflictions, n'est malheureuse que parce qu'elle partage le sort d'un homme fort malheureux ; sa mere est actuellement pleine de vie & en bonne santé malgré sa vieillesse. Je n'ai jamais exposé, ni fait exposer aucun enfant à la porte d'aucun hôpital, ni ailleurs. Une personne qui auroit eu la charité dont on parle, auroit eu celle d'en garder le secret ; & chacun sent que ce n'est pas de Geneve, où je n'ai point vécu, & d'où tant d'animosité se répand contre moi, qu'on doit attendre des informations fidelles sur ma conduite. Je n'ajouterai rien sur ce passage, sinon qu'au meurtre près, j'aimerois mieux avoir fait ce dont son auteur m'accuse, que d'en avoir écrit un pareil.

C'est donc là celui qui ose donner des conseils à nos concitoyens ! (Nous verrons bientôt quels conseils.) C'est donc là celui qui parle des devoirs de la société !

Certes il ne remplit pas ces devoirs, quand, dans le même libelle, trahissant la confiance d'un ami[1], il fait imprimer une de ses lettres pour brouiller ensemble trois Pasteurs. C'est ici qu'on peut dire, avec un des premiers hommes de l'Europe, de ce même écrivain, auteur d'un roman d'éducation, que, pour élever un jeune homme, il faut commencer par avoir été bien élevé[2].

Venons à ce qui nous regarde particuliérement, à notre ville qu'il voudroit bouleverser, parce qu'il a été repris de Justice. Dans quel esprit rappelle-t-il nos troubles assoupis ? Pourquoi réveille-t-il nos anciennes querelles ? Veut-il qui nous nous égorgions[3], parce qu'on a brûlé un mauvais livre à Paris & à Geneve ? Quand notre liberté & nos droits seront en danger, nous les défendrons bien sans lui. Il est ridicule qu'un homme de sa sorte, qui n'est plus notre concitoyen, nous dise :

Vous n'êtes, ni des Spartiates, (page 340) *ni des Athéniens ; vous êtes des marchands, des artisans, des bourgeois occupés de vos intérêts privés & de votre gain.* Nous n'étions pas autre chose, quand nous résistâmes à Philippe II & au Duc de Savoye ; nous avons acquis notre liberté par notre courage & au prix de notre sang, & nous la maintiendrons de même.

Qu'il cesse de nous appeller *Esclaves* (page 260), nous ne le serons jamais. Il traite de tyrans les Magistrats de notre République, dont les premiers sont élus par nous-mêmes. *On a toujours vu*, dit-il (page 259) *dans le Conseil des Deux-Cents, peu de lumieres & encore moins de courage.* Il cherche, par des mensonges accumulés, à exciter les Deux-Cents contre le Petit-Conseil ; les Pasteurs contre ces deux Corps ; & enfin, tous contre tous, pour nous exposer au mépris & à la risée de nos voisins. Veut-il nous animer en nous outrageant ? Veut-il renverser notre constitution en

1 Je crois devoir avertir le public que le théologien qui a écrit la lettre dont j'ai donné un extrait, n'est, ni ne fut jamais mon ami ; que je ne l'ai vu qu'une fois en ma vie, & qu'il n'a pas la moindre chose à démêler, ni en bien ni en mal avec les Ministres de Geneve. Cet avertissement m'a paru nécessaire pour prévenir les téméraires applications.

2 Tout le monde accordera, je pense, à l'auteur de cette piece, que lui & moi n'avons pas plus eu la même éducation, que nous n'avons la même religion.

3 On peut voir dans ma conduite les douloureux sacrifices que j'ai faits pour ne pas troubler la paix de ma patrie, & dans mon ouvrage, avec quelle force j'exhorte les citoyens à ne la troubler jamais, à quelque extrémité qu'on les réduise.

la défigurant, comme il veut renverser le christianisme, dont il ose faire profession ? Il suffit d'avertir que la ville qu'il veut troubler, le désavoue avec horreur. S'il a cru que nous tirerions l'épée pour le roman d'Emile, il peut mettre cette idée dans le nombre de ses ridicules & de ses folies. Mais il faut lui apprendre que, si on châtie légérement un romancier impie, on punit capitalement un vil séditieux.

IV. J.-J. ROUSSEAU ET M. DE SAINT-GERMAIN[1]

IV. 1. CONCLUSION DE LA LETTRE DU 26 FÉVRIER 1770[2]

Eh que reste-t-il ici-bas qui pût me faire aimer à vivre ? Déjà vieux, Souffrant, Sans ami, Sans appui, Sans consolation, Sans ressource, voilà la pauvreté prette à me talonner ; et quand on m'auroit laissé même la liberté de gagner mon pain dequoi jouirois-je en le mangeant ? Quoi voir toujours des hommes faux, haineux, malveillans, toujours des masques ! toujours des traitres ! et loin de vous pas un Seul visage d'homme ? plus d'épanchement dans le sein d'un ami, plus de ce doux sentiment qu'une longue habitude rend délicieux ? Ah la vie à ce prix m'est insupportable, et quand Sa fin ne Seroit que celle de mes peines, je désirerois d'en sortir : mais elle sera le commencement de cette félicité

1 Claude Aglancier de Saint-Germain est né à Grenoble en 1718, mort en 1788. Descendant d'une famille implantée en Dauphiné depuis le XIIIe siècle, capitaine de dragons à la retraite depuis 1765, décoré de la Croix de Saint-Louis, père de cinq enfants et chrétien jusqu'au bout des ongles, il a reçu Rousseau à Bourgoin le 14 novembre 1768, à la demande de celui-ci. D'abord plutôt réticent, il est touché par sa sensibilité et devient le confident bienveillant d'un sentiment de persécution qu'il tente en vain de raisonner, l'aidant parfois concrètement face à tels ou tels malentendus locaux. Toutes choses égales d'ailleurs, Rousseau recherche en lui à cette époque ce qu'il avait trouvé à Môtiers auprès de Mylord Maréchal.

2 Rousseau À M. de Saint-Germain, 26 février 1770 (*CC.* n° 6673 bis, t. 37). Cette lettre immense qui condense, dès 1770, l'essentiel des méditations de Rousseau sur les tenants et aboutissants du complot qu'il suppose conduit contre sa personne, a été largement citée dans l'annotation du présent volume. Sa conclusion, en revanche, est demeurée dans l'ombre ; or elle mérite d'être lue attentivement, pour sa qualité littéraire intrinsèque d'abord, et aussi pour sa consonance avec la méditation sur la providence et sur la mort qui s'exprime dans l'« Histoire du précédent écrit » ainsi que dans les *Rêveries*. La leçon retenue est celle de la copie autographe de Rousseau puisque l'original est perdu.

pour laquelle je me sentois né, et que j'ai cherché vainement sur la terre. Que j'aspire à cette heureuse époque, et que j'aimerai quiconque m'y fera parvenir ! J'étois homme et j'ai péché ; j'ai fait de grandes fautes que j'ai bien expiées, mais jamais le crime n'approcha de mon cœur. Je me sens juste bon vertueux, autant qu'homme qui soit sur la terre : voilà le motif de mon espérance et de ma sécurité. Quoique je paroisse absolument oublié de la providence, je n'en désespérai jamais. Que ses recompenses pour les bons doivent être belles puisqu'elle les néglige à ce point ici-bas ! J'avoue pourtant qu'en la voyant dormir si longtems il me prend des momens d'abattement. Ils sont rares, ils ne durent guère, et ne changent rien à ma disposition. J'espère que la mort ne viendra pas dans un de ces tristes momens : mais quand elle y viendroit, elle me seroit moins consolante, sans m'être plus redoutable. Je me dirois, je ne serai rien, ou je serai bien ; cela vaut toujours mieux pour moi que cette vie[1].

La mort est douce aux malheureux ; la souffrance est toujours cruelle. Par là je reste ici bas à la merci des méchans ; mais enfin que me peuvent-ils faire ? [Si mes maux sont courts] Ils ne me feront pas plus souffrir que ne fit la néphrétique, et j'ai fait là-dessus l'essai de mes forces. S'ils sont longs, ils exerceront mon ame à la patience à la constance au courage ; ils me feront mériter les prix destinés à la vertu, et au jour de ma mort qu'il faudra bien enfin qui vienne, mes persécuteurs m'auront rendu service en dépit d'eux. Pour quiconque en est là les hommes ne sont plus guère à craindre. Aussi M. de C[hoiseul] peut jouer de son reste avec toute Sa puissance. Tant qu'il ne changera pas la nature des choses ; tant qu'il n'ôtera pas de ma poitrine le cœur de JJR pour y mettre celui d'un malhonnête homme, je les mets au pis.

Monsieur, j'ai vécu : je ne vois plus rien, même dans l'ordre des possibles qui put me donner encor sur la terre un moment de vrai plaisir. On m'offriroit ici-bas le choix de ce que j'y veux être, que je répondrois : *mort*. Rien de ce qui flattoit mon cœur ne peut plus exister pour moi. S'il me reste un intervalle encore jusqu'à ce moment si lent à venir, je

1 *Cf.* Plutarque : « celuy qui a tant soit peu de cognoissance de la nature de l'âme, et […] considere en soy-mesme, *que la mort advenant, il se fait une mutation d'icelle en mieux, ou pour le moins non en pis*, certainement ce luy est un grand entretien de repos et tranquillité en son âme de ne redouter point la mort. » *Du contentement ou repos de l'esprit*, in *Les Œuvres morales et philosophiques de Plutarque, translatées par Messire Jacques Amyot* […], Paris, Claude Morel, M. DC. XVIII, p. 74, H. Mes italiques.

le dois à l'honneur de ma mémoire. Je veux tâcher que la fin de ma vie honore son cours et y réponde. Jusqu'ici j'ai Supporté le malheur. Il me reste à savoir supporter la captivité la douleur la mort ; ce n'est pas le plus difficile ; mais la dérision le mépris l'opprobre, appanage ordinaire de la vertu parmi les méchans dans tous les points par où l'on pourra me les faire sentir. J'espère qu'un jour on jugera de ce que je fus par ce que j'aurai Su souffrir. Tout ce que vous m'avez dit pour me détourner, quoique plein de sens de vérité d'éloquence, n'a fait qu'enflammer mon courage ; c'est un effet qu'il est naturel d'éprouver près de vous ; et je n'ai pas peur que d'autres m'ébranlent quand vous ne m'avez pas ébranlé. Non je ne trouve rien de si grand, de si beau, que de Souffrir pour la vérité. J'envie la gloire des martyrs. Si je n'ai pas en tout la même foi qu'eux j'ai la même innocence et le même zèle, et mon cœur se sent digne du même prix.

Adieu, Monsieur, ce n'est pas Sans un vrai regret que je me vois à la veille de m'éloigner de vous. Avant de vous quitter j'ai voulu du moins goûter la douceur d'épancher mon cœur dans celui d'un homme vertueux. C'est selon toute apparence un avantage que je ne retrouverai de longtems.

IV. 2. « OBSERVATIONS SUR M. ROUSSEAU[1] »

Quoique M. Rousseau ait peint de la manière la plus forte sa sensibilité dans sa cinquième lettre[2] écrite a M. de Saint Germain, il y aurait encore beaucoup de choses à dire sur cela. Les personnes clairvoyantes qui l'ont suivi et vu de près en le blâmant dans ses écarts envers ceux qu'il regardait comme ses persécuteurs, découvraient en lui un amour pour ses semblables dont on trouverait peu d'exemples, même chez eux qui ont reçus les vrais principes.

1 *CC*. A580 (t. 36). Il existe trois manuscrits de ces *Observations* de M. de Saint-Germain (aussi intitulées sur l'un d'entre-eux : *Nottes relatives à Jean Jacques Rousseau. Par M. de St Germain.*) Des fragments en furent publiés pour la première fois dans l'édition G. Petitain des *Œuvres de Jean-Jacques Rousseau* (Paris-Lefèvre, 1819-1820). Elles ont été enregistrées auprès de Saint-Germain par un rédacteur inconnu qui est probablement l'auteur du dernier alinéa.

2 Il s'agit de la lettre du 26 février 1770.

Il est inexcusable sans doute, de s'être livré, comme il l'a fait, à une méfiance outrée et presque toujours sans fondement, avec soubçons injurieux qui chez lui n'admettaient aucune preuve du contraire, et qui par la raison qu'ils étaient portés à l'excès ne peuvent irriter personne. Ce vice que M. de St. Germain lui a si souvent reproché, faisait chaque jour son supplice. Quoi ! s'écriait il en frémissant, ceux que j'aimais, que j'estimais le plus, sont ceux qui m'ont trahi, qui m'accusent de crimes atroces, et qui veulent m'enlever l'honneur et la gloire que j'ai acquis a si bons titres.

Cette méfiance et ces soubçons partaient d'un cœur si peu fait pour la haine, que si M. Rousseau eut voulu en faveur de ceux desquels il imaginait avoir le plus de sujets de se plaindre, en sonder les replis, il y aurait trouvé des pressants motifs de se retracter et de se repentir : mais cet effort divin est réservé à l'Evangile. Son ame bienfaisante lui enlevait le nécessaire pour soulager les malheureux, et le faisait malade pour les maux d'autrui. En voici quelques traits dont M. de Saint Germain à été le témoin.

M. Rousseau présent a la chute d'un Echaffaud sur lequel était un maçon qui fut blessé grièvement, courut à lui, le fit porter dans son auberge, et lui fit donner tous les secours possibles, s'appercevant au bout de quelque tems que malgré ses soins et une grosse dépense, cet homme n'était ni pensé ni soigné comme il aurait du l'être, il écrivit à M. de Saint Germain pour le prier de s'employer auprès de M. le Directeur général de L'hôpital de Bourgoin, afin qu'il y fut reçu et recommandé, offrant de payer à cette maison de charité fondée seulement pour les pauvres malades du lieu, tout ce qu'il pourrait coûter pour guérir cet étranger ; M. Le Directeur de cet hôpital l'y fit entrer ; et après que ce maçon fut parfaitement remis, il allait remercier à son bienfaiteur, M. Rousseau sortit tout de suite pour payer le Directeur qui lui dit être satisfait. Persuadé que M. de Saint Germain avait paie, il vint le trouver et se plaindre de ce qu'il lui eut enlevé un bien a lui qu'il reclamait. M. de Saint Germain eut beau dire, M. Rousseau offrit de partager sa bonne œuvre, et voulut absolument paier la moitié de ce qu'avait reçu l'hôpital.

Une Incendie consumât la maison d'un Paysan ou l'on ne put sauver que ses Enfants, M. Rousseau instruit de cet événement malheureux et de ses circonstances en fut malade : il envoyât chercher l'Incendié, lui donna un Louis, et lui dit de prendre chez son Boulanger le pain dont il aurait besoin pour lui et sa famille jusqu'à la récolte prochaine. Le Paysan lui repondit, Monsieur, cela vous coûterait trop cher, il vous en coûtera moins de nous faire donner quelques mesures de Seigle ; M. Rousseau fit fournir pendant six mois tout le seigle dont cette famille eut besoin.

Sa bource ne fut jamais fermée aux malheureux. On ne peut pas comprendre qu'avec une aussi médiocre fortune, cet homme désintérressé jusqu'au blâme put donner autant. Personne à la vérité ne fut plus sobre que lui ; et n'eut moins de besoins, plus propre et usât moins.

M. de Saint Germain accompagné d'un autre personne, fut visiter M. Rousseau qui s'était retiré à la campagne. Peu après leur arrivée, un homme vint frapper à sa porte. M. Rousseau se levé, lui ouvre, et lui dit de revenir. L'homme insistât en disant qu'il venait de loin, et qu'il avait besoin de son argent, alors il le fit entrer : et ces deux messieurs voient sept a huit vêtements de différent taille que cet homme apportait. Mr. Rousseau lui demandât ce qu'il lui fallait ; il répondit dix-huit francs qui lui furent payés. Voyant que ces messieurs s'étaient apperçus de ce qu'il voulait leur cacher, Mr. Rousseau leur dit. C'est une famille qui n'est pas vêtue. Car il ne faut pas croire que de donner vingt quatre Sous ou un petit écu à l'Importunité d'un Pauvre, ce soit remplir les obligations de la charité. Il faut chercher le besoin ou il est, rechauffer ceux qui ont froids ; donner du pain a ceux qui en manquent, vêtir ceux qui ne le sont pas ; et secourir les nécessiteux malades.

Pourrait on croire que M. Rousseau avec des sentiments pareils et soutenus par une pratique habituelle, ait pu être un Empoisonneur, un fripon ? Il est cependant vrai qu'au sujet de son goût pour la recherche des plantes, il a été taxé d'y chercher du poison, et qu'on a cité un homme sur lequel on a prétendu qu'il avait fait l'essai, parce qu'il mourut dans les douleurs d'une colique néphrétique malgré tous les secours que lui procura M. Rousseau.

Obligé de subir une confrontation avec un ouvrier, il confondit cet imposteur qui disait lui avoir prêté à Neuf-chatel neuf francs que M. Rousseau n'avait jamais voulu lui rendre*. Cet ouvrier ne lui avait jamais parlé ; il ne le connaissait que de vue.

Un fermier qui avait fourni pendant quinze mois à M. Rousseau des œufs, du beurre et du fromage, qui toujours en avait été payé beaucoup au delà de ce que la chose valait, et qui en outre avait reçu de lui ainsi que toute sa famille mille bienfaits, eut l'Ingratitude et la mauvaise foi de lui envoyer un mémoire que ce fermier affirmait lui être dû, et ne lui avoir pas été payé par M. Rousseau avant son départ. Cette demande vérifiée par M. de Saint Germain fut prouvée fausse[1].

Une femme de chambre prétendant à l'esprit fatiguait M. Rousseau par des visites continuelles. Furieuse de ce qu'il l'avait chassé de chés lui, elle dit qu'il l'avait voulu violer, et ce bruit se repandit partout[2].

Tout cet événement, quoique fâcheux, n'auraient pas du affecter M. Rousseau au point ou il l'était, encore moins lui persuader que ces calomnies grossières étaient l'ouvrage de ses Ennemis : autant à plaindre qu'à blâmer, il était par sa sensibilité et par sa méfiance, son plus cruel ennemi lui même.

Né avec d'Excelentes qualités et des talents supérieurs, M, Rousseau a été la victime de son esprit autant que de son cœur pour s'être livré aux Egarements de son imagination présomptueuse et déréglée qui s'est permise d'attaquer sans égards, les principes reçus et de donner pour vérité des paradoxes.

---

1 Rousseau reçut effectivement ce mémoire tandis qu'il se trouvait à Lyon, en transit pour Paris, et demanda à Saint-Germain de régler le problème (*CC.* n° 6725) : « Leur aiant reproché leur ingratitude et leur coquinerie, lui répondit celui-ci, la femme et l'homme m'ont rappelé L'histoire du Péché d'Adam. L'homme a reproché a sa femme de l'avoir contre son gré engagé a cette mauvaise action ; la femme pour s'excuser a répondu, ce Monsr. Rousseau était si bon si généreux que j'ai cru qu'il enverroit sans examen et sans rien approfondir, le montant de notre mémoire. » (*CC.* n° 6727).

2 Voir le IIe entretien, p. 406 et 429.

V. ROUSSEAU JUGE DE SES CONTEMPORAINS EN 1772[1]

V. 1. « L'ÉVIDENCE ET LES TÉNÈBRES SONT INCOMPATIBLES »

[Rousseau à M. de Sartine[2]]

15 janvier 1772

Monsieur,

Je sais de quel prix sont vos momens. Je sais qu'on les doit respecter ; mais je sais aussi que les plus précieux sont ceux que vous consacrez à protéger les opprimés, si j'ose en réclamer quelques uns ce n'est pas sans titre pour cela.

Après tant de vains efforts pour faire percer quelque rayon de lumière à travers les ténèbres dont on m'environne depuis dix ans, j'y renonce. J'ai de grands vices mais qui n'ont jamais fait de mal qu'à moi[3] ; j'ai

---

1 L'intérêt de ces deux lettres est qu'elles condensent pour leurs destinataires des argumentaires et des formulations parfaitement homogènes à ceux de *Rousseau juge de Jean Jaques*, mais aussi (la seconde surtout) de le première Promenade des *Rêveries*. Toutes deux protestent au nom du droit naturel contre l'injustice dont Rousseau se croit l'objet, dénonçent avec autant d'ironie que de véhémence le comportement des contemporains, tout en affirmant son extranéité résolue et sa confiance dans la providence. La lettre à M. de Sartine résume la problématique de la condamnation sans procès qui est au centre du Ier dialogue et dénonce les pratiques des libraires Guy et Duchesne comme le feront les second et troisième entretiens. La lettre à Mme de Mesmes est proche de « Du sujet et de la forme de cet écrit » par les thème du « délire universel » et de l'impossibilité de trouver une logique à l'attitude des contemporains, comme par l'antithèse entre ce qu'ils font et ce qu'il ferait s'il se trouvait à leur place.

2 Antoine de Sartine, comte d'Albi, fut Lieutenant-général de la police parisienne depuis novembre 1759 jusqu'en mai 1774, date à laquelle il fut remplacé par Lenoir après avoir lui-même été nommé secrétaire d'État à la Marine.

3 *Cf.* ce passage d'une lettre de 1770 à la comtesse de Berthier : « J'ai de grands vices, sans doute, mais qui n'ont jamais fait de mal qu'à moi, et tous mes malheurs ne me viennent

commis de grandes fautes, mais que je n'ai point tues à mes amis et ce n'est que par moi qu'elles sont connues, quoiqu'elles aient été publiées par d'autres, qui sont quelquefois plus discrets. A cela près, si quelqu'un m'impute quelque Sentiment vicieux, quelque discours blâmable, ou quelque acte injuste qu'il se montre et qu'il parle ; je l'attends et ne me cache pas. Mais tant qu'il se cachera, lui, de moi pour me diffamer, il n'aura diffamé que lui-même aux yeux de tout homme équitable et sensé. L'évidence et les ténèbres sont incompatibles ; les preuves administrées par de malhonnêtes gens sont toujours suspectes, et celui qui, commençant par fouler aux pieds la plus inviolable loi du droit naturel et de la justice, se déclare par là déjà lâche et méchant, peut bien être encore imposteur et fourbe, comment donneroit-il à son témoignage et si l'on veut à ses preuves la force que l'équité n'accorde même à nulle évidence, de disposer de l'honneur d'un homme, plus précieux que sa vie sans l'avoir mis préalablement en état de se défendre et d'être entendu. Que celui donc qui s'obstine à me juger ainsi reste dans le stupide aveuglement qu'il aime ; son erreur est de son propre fait ; c'est lui seul qu'elle déshonore. Après m'être offert pour l'en tirer je l'y laisse, puisqu'il le veut et qu'il est impossible de l'en guérir malgré lui. Grâce au Ciel tout l'art humain ne changera pas la nature des choses, il ne fera pas que le mensonge devienne vérité, ni que de mon vivant la poitrine de J.J. Rousseau renferme le cœur d'un malhonnête homme ; cela me Suffit, et je vis en paix, attendant que mon moment et celui de la vérité vienne ; car il viendra, j'en suis très sûr, et je l'attends avec un témoignage qui me dédomage de celui d'autrui.

Tranquille donc Sur tout ce qu'on me cache avec tant de soin, et même sur ce qui me parvient par hazard j'ai laissé débiter, parmi cent autres bruits non moins ineptes, que j'avois cessé de voir Made de Luxembourg après lui avoir emporté trois cents Louis, que je ne copiois de la musique que par grimace, que j'avois de quoi vivre fort à mon aise, qu'on me faisoit six bonnes mille livres de rente, que la veuve Duchesne faisoit six cents livres de pension à ma femme, qu'elle m'en faisoit à moi

que de mes vertus. Je n'ai pu malgré tous mes efforts percer le mistére affreux des trames dont je suis enlacé, elles sont si ténébreuses on me les cache avec tant de soin que je n'en apperçois que la noirceur [...] Quoiqu'il arrive, et quelque sort qu'on me prépare ; quand on vous aura fait l'énumération de mes crimes, quand on vous en aura montré les frapans témoignages, les preuves sans réplique, la démonstration, l'évidence ; souvenez-vous des trois mots par lesquels ont fini mes adieux. Je suis innocent. » (16 mars, *CC.* n°6694).

même une autre de mille écus pour une édition nouvelle de mes écrits que j'avois dirigée : j'ai laissé courir tous ces mensonges et beaucoup d'autres, je n'ai fait qu'en rire quand ils me sont revenus et je n'ai pas même été tenté de vous importuner, Monsieur, de mes plaintes à ce sujet, quoique je sentisse très bien le coup que cette opinion de mon opulence devoit porter aux ressources que mon travail me procure pour supléer à l'insuffisance de mon revenu. Une petite circonstance de plus a passé la mesure et m'a causé quelque émotion, parce que l'imposture marchant toujours sous le masque de la trahison a pris jusqu'ici grand soin de faire le plongeon devant moi, et ne m'avoit pas encore accoutumé à l'effronterie. Mais en voici une qui m'a, je l'avoue, affecté. J'avois prié un de ceux qui m'ont averti des bruits dont je viens de parler, de tâcher d'apprendre si Made. Duchesne[1] et le Sr. Guy y avoient quelque part. De chez eux où il n'a trouvé que des garçons, il est allé chez Simon[2] qu'on lui disoit avoir imprimé la nouvelle édition qui m'avoit été si bien payée. Simon lui a dit qu'en effet il venoit d'imprimer quelques uns de mes écrits sous mes yeux, que j'en avois revu les épreuves, et que j'étois même allé chez lui, il n'y a pas longtems[3]. Quoique je sois par moi-même le moins important des hommes, je le suis assez devenu par ma singulière position, pour être assuré que rien de ce que je fais et de ce que je ne fais pas ne vous échape : c'est une de mes plus douces consolations ; et je vous avoue, Monsieur, que l'avantage de vivre sous les yeux d'un Magistrat intégre et vigilant auquel on n'en impose pas aisément est un des motifs qui m'ont arraché des campagnes, où, livré sans ressource aux manœuvres des gens qui disposent de moi je me voyois en proye à leurs satellites et à toutes les illusions par lesquelles

1 Nicolas-Bonaventure Duchesne, mort en 1765 et dont la veuve, remariée avec son associé Pierre Guy, a pris la succession, est un des grands libraires-éditeurs parisiens. Rousseau a travaillé avec lui pour la préface dialoguée de la *Julie* et pour les planches gravées du roman ; il est également l'imprimeur de l'édition française de l'*Émile* (faussement localisée à Amsterdam chez Jean Néaulmes) personnellement contrôlée par Malesherbes. Il entreprit en 1762 une édition des *Œuvres de M. Rousseau* en neuf volumes pour laquelle celui-ci fut indemnisé mais qu'il ne considéra jamais comme vraiment autorisée. Guy est l'interlocuteur épistolaire de Rousseau durant son exil, que ce soit pour l'édition du *Dictionnaire de musique* ou pour la fourniture des livres et brochures qu'il lui commande, dans tous les genres.

2 Pierre-Guillaume Simon (1722-1787). Libraire depuis 1738, il est aussi l'imprimeur du clergé de France et du Parlement de Paris. Sa boutique se trouvait rue Saint-Jacques, non loin de celle de la veuve Duchesne.

3 *Cf.* IIIe entretien, p. 506.

la puissance et l'intrigue abusent sans peine le public sur le compte d'un étranger isolé à qui l'on est parvenu a faire un inviolable secret de tout ce qui le regarde, et qui par conséquent n'a pas la moindre défense contre les mensonges les plus extravagans.

J'ai donc peu besoin, Monsieur, de vous dire que cette opulence dont on me gratifie si libéralement dans les cercles, que ces pensions si fièrement spécifiées, cette édition qu'on me prête sont autant de fictions. Mais je n'ai pu m'empêcher de mettre sous vos yeux l'impudence incroyable dudit Simon que je ne vis de mes jours que je sache, chez qui je n'ai jamais mis le pied, dont je ne sais pas la demeure, et que j'ignorois même avant ces bruits avoir imprimé aucun de mes écrits. Comme je n'attends plus aucune justice de la part des hommes je m'épargne désormais la peine inutile de la demander, et je ne vous demande à vous-même que la patience de me lire, quoique je fasse l'exception qui est due à votre intégrité et à la générosité qui vous intéresse aux infortunés. Mais ne voyant plus rien qui puisse me flater dans cette vie les restes m'en sont devenus indifférens. La seule douceur qui peut m'y toucher encore est que l'œil clairvoyant d'un homme juste pénètre au vrai ma situation ; qu'il la connoisse et me plaigne en lui-même, sans se commettre pour ma défense avec mes dangereux ennemis. Je vous aurois choisi pour cela, Monsieur, quand vous ne rempliriez point la place où vous êtes ; mais j'y vois je l'avoue un avantage de plus puisque par cette place même vous avez été à portée de vérifier assez d'impostures pour en présumer beaucoup d'autres que vous pouvez vérifier de même un jour. Peut être vous écrirai-je quelques fois encore, mais je ne vous demanderai jamais rien et si ma confiance devient importune à l'homme occupé je réponds du moins qu'elle ne sera jamais à charge au Magistrat. Veuillez Monsieur vous rappeler qu'elle ne tient pas seulement au respect que vous m'avez inspiré, mais encore aux témoignages de bonté dont vous m'avez honoré quelquefois et que je veux mériter toute ma vie.

JJRousseau

Il n'est peut-être pas inutile d'observer que le Sr Guy vient très fréquemment chez moi sans avoir rien à me dire et sans que je puisse trouver aucun motif à ses visites vu que toutes les affaires que nous avons ensemble n'exigent qu'une entrevue de deux minutes par an et qu'il n'y a point de liaison d'amitié entre lui et moi. Il m'a prié de lui faire un triage de chansons dans les anciens recueils pour en faire un nouveau. Je l'ai prié, de mon côté, de me prêter quelques Romans pour amuser ma femme durant les soirées d'hiver. Il est parti de là pour me faire apporter en pompe d'immenses paquets de brochures, qui avec ses allées et venues lui donnent l'air d'avoir avec moi beaucoup d'affaires[1]. Tout cela, joint aux bruits dont j'ai parlé, commence à me faire soupçonner que ces fréquentes visites que je ne prenois que pour un petit espionage assez commun aux gens qui m'entourent et très indifférent pour moi pourroit bien avoir un objet plus méthodique et dirigé de plus loin. Il y a dans tout cela de petites manœuvres adroites, dont le but me paroitroit pourtant facile à découvrir dans toute autre position que la mienne, pour peu qu'on y mit de soin.

V. 2. « CE SONT POUR MOI DES HABITANS DE LA LUNE »

Rousseau à la marquise de Mesmes[2]

A Paris ce 14. aoust 1772.

Il est Madame, des Situations auxquelles il n'est pas permis à un honnête homme d'être préparé, et celle ou je me trouve depuis dix ans est la plus inconcevable et la plus Etrange dont on puisse avoir L'idée. J'en ai Senti l'horreur sans en pouvoir percer les ténèbres. J'ai provoqué Les imposteurs et Les traîtres par tous les moyens permis et justes qui pouvoient avoir prise Sur des Cœurs humains. Tout a été inutile, ils ont fait le plongeon, et continuant Leurs manœuvres Souterraines, ils se sont Cachés de moi avec le plus grand soin. Cela étoit Naturel, et j'aurois

1 *Cf.* IIe entretien, p. 444.

2 La marquise (1732-1819) avait assisté à la lecture des *Confessions* chez Mme d'Egmont (Pléiade I, *op. cit.*, p. 656). Issue d'une ancienne famille de noblesse de robe (son père fut garde des Sceaux en 1762-1763), elle avait épousé le marquis de Mesmes, lieutenant aux gardes françaises et maréchal de camp, lui aussi d'ancienne noblesse, mais d'épée.

dû m'y attendre. Mais ce qui l'est moins est qu'ils ont rendu Le public entier complice de leurs trames et de leur fausseté, qu'avec un Succès qui tient du prodige on m'a ôté toute Connoissance des Complots dont je suis La victime en m'en faisant Seulement bien Sentir L'effet et que tous ont Le même empressement à M'abreuver de la coupe de L'ignominie, et à me Cacher la bénigne main qui prit Soin de la préparer. La colère et L'indignation m'ont jeté d'abord dans des transports qui m'ont fait faire beaucoup de sottises sur lesquelles on avoit compté. Comme je trouvois injuste d'envelopper tout mon Siècle dans le Mépris qu'on doit à quiconque Se cache d'un homme pour le diffamer, J'ai cherché quelqu'un qui eut assez de droiture et de justice pour M'éclairer Sur ma situation, ou pour Se Réfuser du moins aux intrigues des fourbes. J'ai porté partout ma lanterne inutilement, je n'ai point trouvé ny d'homme, ny d'ame humaine. J'ai vu avec dédain La grossière fausseté de ceux qui vouloient m'abuser par des Caresses, si maladroites et Sy peu dictées par la bienveillance Et L'estime qu'elles cachoient même assez mal, une secrette animosité. Je pardonne L'erreur, mais non la trahison. A peine, Dans ce délire universel, ai-je trouvé dans tout Paris quelqu'un qui ne s'avilît pas à cajoler fadement un homme qu'ils vouloient tromper, comme on Cajole un oiseau Niais qu'on veut prendre. S'ils m'eussent fui, s'ils m'eussent ouvertement Maltraité, J'aurois pu les plaignant et me plaignant du moins Les estimer encore. Ils N'ont pas voulu me laisser cette consolation. Cependant il est parmi eux des personnes d'ailleurs Si dignes d'Estime qu'il paroit injuste de la Leur refuser. Comment expliquer ces Contradictions ? J'ai fait Milles efforts pour y parvenir. J'ai fait toutes les suppositions possibles ; je me suis représenté L'imposture armée de tous les flambeaux de L'évidence. Je me suis dit ; ils Sont trompés leur erreur est invincible, mais me Suis-je répondu, non seulement ils Sont trompés mais loin de déplorer leur erreur ils L'aiment ils La chérissent. Tout leur plaisir est de me Croire vil hipocrite et Coupable. Ils Craindroient comme un malheur affreux de me rétrouver inocent et digne d'estime. Coupable ou non tous leurs Soins Sont de m'ôter L'exercice de ce droit si naturel, si sacré de la déffense de soi-même. Hélas ! toute leur peur est, d'être forcés de voir leur injustice, tout Leur désir est de l'agraver. Ils Sont trompés ? Hé bien Supposons ; mais, trompés doivent-ils se Conduire Comme ils font ! d'honnêtes gens doivent-ils se Conduire ainsy ? Me Conduirais-je ainsi moi même à leur place ? J'amais, j'amais[1]. Je fuirois le scélérat ou confondrais L'Hypocrite, mais le flatter pour Le Circonvenir Seroit me mettre au dessous de lui. Non si J'abordois jamais un Coquin que je Croirois tel ce ne seroit que pour le Confondre et que pour lui Cracher au visage. Après mille vains efforts pour Expliquer ce qui m'arrive J'ai donc Cessé mes Récherches, et Je me Suis dit : je vis dans une génération qui m'est inexplicable. La Conduite de mes Contemporains à mon égard ne me permet de leur accorder aucune Estime : La haine n'entra jamais dans mon Cœur. Le mépris est encore un Sentiment trop tourmentant. Je ne les estime donc ny ne les hais, ny ne les méprise, ils sont nuls à mes yeux : ce sont pour moi des habitans de la Lune, je n'ai pas La moindre idée de leur être moral. La seule chose que je sçai est qu'il n'a point de rapport au mien et qu'eux et moi ne sommes plus de La même Espèce. J'ai donc Renoncé avec eux a Cette Seule société qui pouvoit m'être douce et que j'ai si bêtement Cherchée, Savoir à Celle des Cœurs. Je ne les Cherche ni ne Les fuis, à moins d'affaires Je n'irai plus chez personne, mes visites sont un honneur que je ne dois plus à qui que Ce soit désormais, un pareil témoignage d'estime Seroit trompeur de ma part, et Je ne suis pas homme à imiter Ceux dont je me détache. A L'égard des gens qui pleuvent chez moy Je ferme autant que je puis ma porte aux quidams et aux brutaux, mais Ceux dont au moins Le nom m'est Connu, et qui peuvent s'abstenir de M'insulter chez moi, Je les Reçois avec indifférence, mais Sans dédain. Comme je n'ay plus ny humeur ny d'Epit contre les pagodes[2] au milieu desquelles Je vis, Je ne refuse pas même quand L'occasion S'en présente de m'amuser d'elles et avec elles autant que Cela Leur Convient et à moi aussy. Je Laisserai aller les choses Comme elles S'arrangeront d'elles-mêmes, mais je N'irai pas au delà, et à moins que je ne Retrouve enfin contre toute attente l'homme que je ne Cherche plus Je ne ferai de ma vie plus un seul pas Sans Nécessité pour chercher qui que ce soit. J'ai du Regret Madame à ne pouvoir faire Exception pour vous, car vous m'avez paru bien aimable : mais cela N'empêche pas que vous ne soyez de vôtre siècle ; et qu'à ce titre Je ne puisse vous excepter. Je Sens bien ma perte

---

1 *Cf.* le premier alinéa de « Du sujet et de la forme de cet écrit ».

2 « On appelle encore *Pagodes*, de petites figures ordinairement de porcelaine, & qui souvent ont la tête mobile ; ce qui a donné lieu à ces façons de parler du style familier, *Il remue la tête comme une pagode. Il fait la pagode. Ce n'est qu'une pagode.* » *Acad.*

en Cette occasion ; Je sens même aussy la vôtre, du moins si Comme Je dois Le Croire, vous recherchez dans la Société des Choses D'un plus grand prix que L'élégance des manières et L'agrément de la Conversation.

Voilà mes Résolutions, Madame, et en voila Les Motifs. Je vous Suplie d'agréer mon Respect.

[JJ] Rousseau[1]

1 *CC*. n° 6959.

VI. DÉCLARATION DE ROUSSEAU RELATIVE A L'IMPRESSION DE SES ÉCRITS[1]

Lorsque J.J. Rousseau découvrit qu'on se cachoit de lui pour imprimer furtivement ses écrits à Paris, et qu'on affirmoit au public que c'étoit lui qui dirigeoit ces impressions, il comprit aisément que le principal but de cette manœuvre étoit la falsification de ces mêmes écrits, et il ne tarda pas, malgré les soins qu'on prenoit pour lui en dérober la connoissance, à se convaincre par ses yeux de cette falsification. Sa confiance dans le Libraire Rey ne lui laissa pas Supposer qu'il participât à ces infidélités, et en lui faisant parvenir sa protestation contre les impressions de France, toujours faits sous le nom dudit Rey, il y joignit une déclaration conforme à l'opinion qu'il continuoit d'avoir de lui. Depuis lors il s'est convaincu, aussi par ses propres yeux, que les réimpressions de Rey contiennent exactement les mêmes altérations suppressions falsifications que celles de France[2], et que les unes et les autres ont été faites Sur le même modèle et sous les mêmes directions. Ainsi ses écrits, tels qu'il les a composés n'existant plus que dans la première édition de chaque ouvrage qu'il a faite lui-même, et qui depuis longtems a disparu aux yeux du public, il déclare tous les Livres anciens ou nouveaux qu'on imprime et imprimera désormais sous son nom en quelque lieu que ce soit, ou faux, ou altérés mutilés et falsifiés avec la plus cruelle malignité, et les desavoue, les uns comme n'étant plus son ouvrage, et les autres

1 La leçon suivie est celle de *CC.* A633 (t. CXCII). Voir le IIIe entretien, p. 504 et la note 109.

2 En réalité, la méfiance Rousseau à l'égard de son éditeur hollandais affleure dès 1770 dans sa correspondance, à propos de lettres du comte de Tressan imprimées par lui sans son aveu : « Rey, écrit-il à Moultou, vient de faire une édition de mes écrits à laquelle et à d'autres marques j'ai reconnu que mon homme étoit enrollé. J'aurois dû prévoir que des gens si attentifs ne l'oublieroient pas, et qu'il ne seroit pas à l'épreuve. » (28 mars, *CC.* n° 6699). En l'occurrence, il se trompait : Moultou lui indiqua en effet que Rey avait simplement réimprimé l'édition de 1763 où se trouvaient déjà ces lettres, ce qui ne l'empêcha pas de persister à « le tenir au moins pour suspect » (*CC.* n° 6703).

comme lui étant faussement attribués. L'impuissance où il est de faire arriver ses plaintes aux oreilles du public lui fait tenter pour dernière ressource de remettre à diverses personnes des copies de cette déclaration écrites et signées de sa main ; certain que si dans le nombre il se trouve une seule ame honnête et généreuse qui ne soit pas vendue à l'iniquité, une protestation si nécessaire et si juste ne restera point étouffée, et que la postérité ne jugera pas des sentimens d'un homme infortuné sur des livres défigurés par ses persécuteurs.

Fait à Paris, le 23 janvier 1774 JJRousseau.

VII. J.-J. ROUSSEAU ET LA BOTANIQUE[1]

VII. 1. ENLUMINURE ET OPTIQUE

[Rousseau à Jean-André Deluc[2]]

A Môtiers-Travers le 20 Xbre 1764

Je m'en vais, mon chère Monsieur, profiter peut-être fort indiscrètement de vos obligeantes offres ; car je Sais que vous êtes fort occupé ; mais je vous prie de tenir toutes mes importunités pour non avenues Si les objets dont elles traitent prennent le moins du monde sur vos occupations.

Je n'ai point reçu avec vôtre lettre la boîte de couleurs qui devoit l'accompagner. Si elle n'est pas encore partie vous pourrez me l'envoyer par nôtre Messager qui est actuellement en route pour Genève ou peut être déjà arrivé. L'usage que j'en veux faire est d'enluminer des plantes et fleurs dans leurs couleurs naturelles et d'autres estampes et paysages pour une optique. Je connois ces boîtes de Nuremberg ; les couleurs en sont mauvaises et falsifiées ; je voudrois avoir à part une petite provision des couleurs les plus nécessaires comme Carmin, outremer, gomme gutte[3], verd de Vessie, verd de gris, encre de la Chine &c. et je voudrois

---

1 Voir le IIe entretien, p. 311 et 354.

2 Il est le fils de Jacques-François Deluc, un des plus chauds partisans genevois de Rousseau et l'un des leaders du parti des « Représentants », qui lui fournira toute la documentation historico-juridique nécessaire pour les *Lettres écrites de la Montagne*. Jean-André est un savant : grand géologue, météorologue et physicien, il est l'inventeur du thermomètre à mercure et de l'hygromètre.

3 « GOMME-GUTTE s. f. Gomme-résine, jaune, âcre, amère, qui s'emploie en médecine comme purgative, mais surtout en peinture, pour l'aquarelle. *La gomme-gutte se recueille dans l'île de Ceylan et dans la presqu'île de Camboge. La gomme-gutte est une des couleurs jaunes les plus pures.* » *Acad*, 1833.

surtout que ces couleurs en petite quantité fussent bien choisies et aussi pures qu'il est possible. Joignez-y aussi, je vous prie un peu de gomme arabique ; car on ne trouve ici rien du tout.

Le microscope est comme vous l'avez deviné pour la botanique, ainsi je désire qu'il ait un champ suffisant pour embrasser le pistil et les étamines d'une petite fleur. Du reste je m'en rapporte absolument à vous.

C'est effectivement un Optique telle que vous le décrivez dont nous avions parlé. Je n'aime point celles qui restant toutes ouvertes laissent de toutes parts entrer la lumière et présentent avec l'image les objets environnants. Vous me parlâtes d'une manière d'enclorre tellement l'image dans la boete par une espèce de Quadre noir qu'on ne vit absolument que l'estampe. Voila, Monsieur, ce que je desirerois, et si vous trouviez à Genève de bons Verres, que vous connussiez quelque bon Ouvrier que vous voulussiez bien diriger pour faire la boîte, je vous Serois oblige de vouloir bien y donner quelques soins. Ces sortes de machines sont fort plates à moins qu'elles ne fassent tout à fait illusion, mais quand elles la font elles sont très amusantes, et je sens que dans mon état, enfermé plus de six mois tous les ans j'ai très grand besoin d'amusemens qui fassent diversion aux excursions de ma tête et l'empêchent de me consumer dans ma prison.

Cherchant la plus grande illusion, il s'ensuit qu'il faut aussi les meilleures estampes : Celles d'Angleterre me paraissent les plus propres à la chose ; il est vrai qu'elles sont extrêmement chères ; si vous en pouviez rassembler une douzaine ou quinzaine de bien bonnes, cela me suffirait en attendant que j'en fisse chercher à Paris. Vous savez qu'il faut des lointains des perspectives, des allées, avenues, Galleries, marines, en un mot tout ce qui chasse et prolonge l'espace. L'Architecture avec des Cours et avant-cours, colonnades &c. fait très bien aussi. [...]

Recevez, Monsieur, mes excuses, mes remercimens et mes salutations.

JJRousseau

VII. 2. HERBIER, NOMENCLATURE, MÉMOIRE

[Rousseau à Mme Delessert[1]]

30 août 1773

[Rousseau revient sur la méthode qu'il a suivie dans les précédentes lettres et se reproche d'avoir privilégié l'approche raisonnée sur l'observation par soi-même, à laquelle ne peut suppléer aucune description] A la distance où nous sommes les uns des autres, ne pouvant vous montrer les objets dont il s'agissait, je cherchais à vous les indiquer de façon que vous pussiez les trouver vous-mêmes, mais je ne tardai pas à sentir que cette indication avait de plus grandes difficultés que je n'avais prévu [...] et je suis par exemple encore à me demander si vous connaissez une seule ombellifère.

Voilà, pour commencer l'étude de la botanique (car je ne vous dissimulerai pas que vous n'en êtes encore qu'aux préliminaires), une difficulté qu'il faut lever de manière ou d'autre. J'ai pensé pour cela à vous proposer de commencer un herbier pour votre usage, et de m'envoyer un échantillon de chaque plante que vous y feriez entrer. Chaque plante que vous m'envoyez et que je vous suppose bien connue, par des observations attentives et réitérées, me fournit, en vous en envoyant le nom, un moyen certain de me faire entendre sans équivoque, lorsque j'aurai à vous parler de quelque chose appartenant à la structure de cette plante. Mais ce moyen devient d'une extrême longueur, tant par le peu de temps que vos occupations vous permettent de donner à cet amusement, que par le grand soin que vous donnez à l'échantillon que vous m'envoyez.

Au lieu de le coller aussi proprement que vous faites, il suffisait de m'envoyer un rameau desséché et non collé, qui eût feuilles et fleurs ; quand même il serait un peu chiffonné, je viendrais bien à bout pour l'ordinaire de débrouiller tout cela. Mais votre extrême soin nous éloigne du but ; car voilà seulement dix plantes que vous m'avez fait passer jusqu'ici. Il faut que vous en connaissiez au moins deux cents de vue et par leurs noms afin que nous puissions nous entendre, et peut-être en connaissez-vous

1 Madeleine-Catherine Delessert, née Boy de la Tour (1747-1816). Elle avait quinze ans lorsque Rousseau l'a rencontrée à Yverdon, en juin 1762. Leur amitié ne se démentira jamais. C'est pour sa fille qu'il écrit ses *Lettres élémentaires sur la botanique* (août 1771-avril 1774).

bien autant, tant dans les jardins que dans la campagne, mais faute de savoir quelles elles sont, je suis là-dessus comme si vous n'en connaissiez réellement que les dix que je vous ai nommées. Je ne puis donc tirer mes exemples que de celles-là jusqu'à ce que je sois plus instruit de vos progrès, et il n'est pas possible d'aller en avant sur un fond aussi mince.

Ce n'est pas que j'aie changé d'avis sur la nomenclature ; je ne la crois pas plus utile que quand je vous en ai parlé à la botanique qu'on veut étudier de soi-même ; mais, encore une fois, pour s'entendre avec quelqu'un qui est absent, il faut bien convenir des noms qu'on donne aux objets dont on parle. Ce n'est pas en vain que je vous donne ceux de Linnaeus, quoique latins. Ce sont les seuls admis dans toute l'Europe et par lesquels on est sûr de s'entendre avec les botanistes de toutes les nations. Avant lui, chaque botaniste avait ses noms qui, presque tous, étaient de longues phrases ; il falloit savoir tous ces noms pour s'entendre avec eux ou avec leurs disciples, ce qui faisait un tourment pour la mémoire à pure perte pour la science. Les noms français sont sujets au même inconvénient ; chaque province a les siens, chaque état, chaque métier a les siens, tous différents les uns des autres. Vous avez déjà vu que le *mouron* des bonnes femmes et celui des herboristes sont deux plantes différentes. Il en est de même du *talitron* des herboristes et du *thalictrum* des botanistes, de la *coquelourde* des jardiniers et de celle des herboristes, de *l'argentine* des fleuristes et de l'argentine des paysans, du *trifolium* des mêmes fleuristes et de celui des cultivateurs, etc. Enfin, tout n'est que confusion dans les noms donnés au hasard et qui ne sont point imposés avec méthode. Il faut donc nécessairement connaître ceux de Linnaeus pour lever dans l'occasion l'équivoque des noms vulgaires : mais ce n'est pas à dire qu'il faille avoir ces noms à la bouche hors les cas où ils sont nécessaires. Au reste, la prononciation n'en est pas toujours aussi difficile que celle de ce terrible *chrysanthemum* qui vous a si fort effarouchée. Encore ôtez les deux h qui ne servent que pour l'orthographe et n'entrent point dans la prononciation : vous verrez que ce même mot *crisantémum* n'est pas si rude à prononcer qu'il vous a paru d'abord.

Je reviens, chère Cousine, à ma difficulté. Il faut absolument que vous parveniez à connaître de vue et par leurs noms environ deux cents plantes et que je sache quelles elles sont, pour que je puisse avec succès et plaisir pour vous, vous parler de botanique. Autrement mes détails abstraits ne feront que vous ennuyer quand vous n'en verrez pas l'application[1].

1 *CC.* n° 6993. Le manuscrit manque.

VII. 3. ENTRE AMATEURS PLUS QU'ÉCLAIRÉS

[Rousseau à Pierre Clappier[1]]

A Monquin le 26. may 1769.

Je suis, Monsieur, en admiration devant les belles plantes que vous avez eu la bonté de m'envoyer, et dont je vous remercie de tout mon cœur. Vous joignez au savoir de les bien connoitre l'art particulier de les bien conserver, et je n'aproche pas plus de l'un que de l'autre. J'avois le *calceolus*, j'avois *Vuvularia*, mais non pas dans un état approchant de la perfection des vôtres. J'avois aussi trouvé dans ce pays le *carex* que vous dites n'être pas décrit par Linnaeus, et je l'avois rapporté au *carex digitata* du même Auteur, dont vous m'avouerez du moins qu'il approche beaucoup, s'il n'en est une variété. J'ai aussi trouvé près de Gisors en assez grande abondance la *Gentiana pumila* de M. Gouan ; mais je ne m'y étois pas attaché, ne la prenant que pour une variété de la petite Centaurée ; c'est peut-être pour cela que M. Linnaeus lui-même n'en fait pas mention. Je ne penserois pas du moins que M. de Jussieu ait raison de croire que cet Auteur l'ait confondue avec le *Gentiana filiformis*, auquel il donne ses vrais caractères essentiels qui ne sauroient convenir à l'autre. Je douterois au contraire que M. Gouan lui-même ait bien connu le *Gentiana filiformis*, puisqu'il lui donne (*Flora monsp* : p. 469[2]) un synonyme de Magnol[3] qui ne lui convient en aucune sorte, le *Gentiana filiformis* n'étant point pourpre et ne pouvant guère être appelle rameux, puisque, comme le dit très bien Sauvages, il n'a communément que trois fleurs. J'ajouterai que par comparaison à

1 Le docteur Pierre Clappier (1729 ?-1796). Fils de paysan et autodidacte, P. Clappier devient artisan tisserand puis mène une carrière militaire mouvementée ; revenu à Grenoble, il se passionne pour la botanique auprès de son oncle, marchand herboriste ; il apprend le latin pour étudier Linné et devient un tel spécialiste qu'il est nommé, avec quelques autres, pour dresser un inventaire des ressources du Dauphiné en Histoire naturelle. Il prendra en 1782 la direction du Jardin botanique de Grenoble. Rousseau avait de l'amitié pour lui ; on conserve cinq de ses lettres à son adresse.

2 *Flora monspeliaca* (Lyon, 1765). Antoine Gouan (1735-1821) exerce la médecine à Montpellier puis est nommé professeur de botanique à l'université de cette ville en 1767. Il échangea une correspondance avec Rousseau en 1769 et fit sa connaissance en 1776.

3 Pierre Magnol (1638-1715), grand botaniste montpelliérain, inventeur de la *magnolia*. Il est l'auteur du *Botanicum Monspeliense* (1676), du *Prodromus historiae generalis plantorium* (1689) et d'un *Hortus regius monspeliensis* (1697).

cette petite plante le nom trivial de *pumila* paroit mal convenir à l'autre qui est au moins quatre ou cinq fois plus grande. Pardon, Monsieur, de l'impertinence avec laquelle j'ose faire des remarques critiques devant vous, mais c'est pour vous prouver que je ne néglige pas les vôtres, et que je les étudie comme elles le méritent. La Synonymie est la partie désolante de la Botanique, et sans laquelle, cependant, il est impossible à l'observateur de profiter des observations des autres ; chose pourtant très nécessaire à qui ne peut tout voir de ses propres yeux. Parmi le petit nombre de Livres de botanique dont je suis possesseur je manque des plus nécessaires, je n'en ai que trois de Linnaeus : mais ces sortes de Livres sont si chers et si rares surtout en France où l'on cultive peu la botanique, qu'après beaucoup de vaines recherches pour acquérir ce qui me manque je prends le parti de m'en passer. Vos leçons Monsieur, peuvent suppléer à beaucoup de choses et tant que vous ne dédaignerez pas de me les accorder je ne perdrai point courage malgré mon peu de progrès. Je vous fais de rechef mes actions de grâces et mes plus humbles salutations[1].

Renou

*

[Marc-Antoine-Louis Claret de La Tourrette[2] à Rousseau]

14 janvier 1772

[...] Tant d'autres objets ont des droits sur votre esprit, et la société entière est si intéressée à ce que vous vous en occupiés, qu'il est difficile de présumer qu'au milieu de Paris, vous conserviés vos affections à cette pauvre *flore*, qui m'est si chère à moi, depuis que je lui dois le bonheur d'avoir connu de prés Celui dont, toutte ma vie, j'admirai de loin, l'ame et le génie.

Au premier signe, je me ferai un devoir de chercher une occasion pour vous faire parvenir les exemplaires que j'ai mis a part.

1 *CC*. n° 6567.

2 Claret de La Tourrette, fils d'un notable lyonnais président à la Cour des Monnaies, avait créé un cabinet d'histoire naturelle et un jardin botanique, ainsi qu'une pépinière près de Lyon ; il avait constitué un superbe herbier. Il voyageait pour enrichir ses collections et correspondait avec Linné, Haller, Adanson, Jussieu. Avec l'abbé Rozier, directeur du jardin botanique, il est l'auteur de divers ouvrages ou brochures de botanique. Rousseau le rencontra dans l'été 1768 ; leur amitié se poursuivit durant cinq ans au cours d'une correspondance qui mêle la vie personnelle et les éléments savants.

Mes herborisations ont été assés heureuses, l'année dernière. J'ai enfin rencontré le *plantago uniflora*, et plusieurs rares aquatiques, que je m'étonnois de voir dans les botanistes parisiens, et de ne pas trouver chés nous. La Bresse, que je n'avois pas encore parcourue, m'a offert la plus belle récolte en ce genre ; c'est un mauvais pais pour la santé, mais un riche champ pour la botanique grace a ses étangs. J'y ai trouvé [...] la *peltata* in olio, la *Centunculus*, la *Valisneria* (si je ne me trompe) sans *frutisicaris* mais absolument conforme à celle que j'ai prise à Pise. La *lindernia allim.* que Linné n'a pas donnée (c'est la *pixidaria* de Lindern[1]) la *gentiana centaurium* qui me paroit espèce, *la silularia*, *Villecebrum vermiculatum* &c, et dans les marais de nos montagnes le *vaccinium oxicoceos*, la *scutillaria minor*, une petite *saxifraga* velue qui a de rapport à la *cuneifolia* si elle n'est pas nouvelle &c. &c. Je parle de ces découvertes, comme un militaire de ses hauts faits. Voila l'homme !

Parmi mes victoires je compte bien aussi l'avantage de m'être totalement soustrait à un état qui me peinoit[2], parce qu'on fait mal ce qu'on ne fait pas avec goût, et puis, les cheveux longs sont insupportables pour herboriser ! me voila donc uniquement bourgeois de Lyon, livré sans partage, à mes plantes, mes pierres et mes amis. Libertas quae sera... Mais en fin je la mettrai à proffit en m'éloignant bien de la chose publique. Il est trop difficile de l'accorder avec La philosophique, dans le siècle où nous sommes.

Pardon si je vous parle un peu de moi, mais Monsieur je voudrois par là vous engager à vous parler beaucoup de vous. [...]

Y auroit-il de l'indiscrétion à vous demander si L'avant coureur a dit vrai, en annonçant que vous aviés lu devant plusieurs amis, les Mémoires de votre vie, et si cet ouvrage si intéressant dans l'histoire de la philosophie, du malheur, et de la vertu, est réelement achevé ? j'en connois le préambule, vous eûtes la complaisance de me le dire de vive voix, dans une de ces promenades délicieuses qui avoient pour prétexte la recherche des plantes, et qui devenoient pour moi, des Cours d'instruction, d'admiration, et de reconnoissance. Que ce début me parut sublime ! il me fait bien regreter la suite que je ne connois pas. [...][3]

L T.

1 Franciscus Balthazar von Lindern (1682-1755), auteur d'un *Hortus Alsaticus*, Strasbourg, 1747, et d'un *Tournefortius alsaticus* [...], 1728.

2 Il était Conseiller à la cour des monnaies.

3 *CC.* n° 6921.

*

[Rousseau à Malesherbes[1]]

Paris, le 17 avril 1772

Les différentes nomenclatures me forcent [...] de percer de mon mieux le chaos de la synonymie. Il a fallu pour ne pas m'y perdre tout rapporter à une nomenclature particulière, et j'ai choisi celle de Linnaeus tant par la préférence que j'ai donnée à son système que parce que ses noms composés seulement de deux mots me délivrent des longues phrases des autres. Pour y rapporter sans peine celle de Tournefort il ne faut très souvent que recourir à l'auteur commun que tous deux citent assez constamment savoir Gaspard Bauhin[2]. C'est dans son Pinax que je cherche leur concordance. Car Linnaeus me paraît faire une chose convenable et juste, quand Tournefort ne fait que prendre la phrase de Bauhin, de citer l'auteur original et non pas celui qui l'a transcrit, comme on fait très injustement en France [...]. À l'égard des plantes dont Tournefort n'a pas tiré les noms du *Pinax*, on en trouve aisément la concordance dans les auteurs français linnaeistes tels que Sauvages, Gouan, Gérard, Guettard, et d'Alibard qui l'a presque toujours suivi[3].

---

1 Chrétien-Guillaume de Lamoignon de Malesherbes (1721-1794), conseiller au parlement de Paris, premier président de la Cour des aides et directeur de la Librairie jusqu'en 1763 avait suvi entre 1746 et 1749 les cours d'histoire naturelle du botaniste Jussieu et avait été reçu par l'Académie des sciences en 1750. En 1771, l'exil du parlement par le chancelier Maupeou le contraint à se retirer sur ses terres jusqu'à l'avènement de Louis XVI qui rétablit le parlement. Indépendamment de tout ce que Rousseau doit à l'amitié constante de ce grand serviteur de l'État depuis la publication de *La Nouvelle Héloïse* et de l'*Émile*, leur correspondance sur la botanique et l'art de confectionner des herbiers a renforcé leurs liens à cette époque.

2 Gaspard Bauhin (1560-1624), professeur de grec, de botanique et d'anatomie à l'université de Bâle, est l'un des premiers naturalistes à avoir tenté une classification des plantes. Rousseau fait allusion à son *Pinax Theatri Botanici* (1596), imprimé à Bâle en 1671, qui décrit 2700 espèces.

3 *CC* n° 6933.

VIII. LE SUISSE DE LA RUE AUX OURS SELON LOUIS-SÉBASTIEN MERCIER[1]

Le Suisse de la rue aux Ours. On brûle tous les ans le 3 juillet, l'effigie de ce Suisse ivre qui donna, dit-on, un coup de sabre à une statue de la vierge Marie[2], ce qui en fit couler du sang, ajoute la même histoire. Rien n'est plus ridicule ; mais cet usage déjà ancien ne s'en observe pas moins. L'effigie portait jadis l'habit suisse ; mais les Suisses se fâchèrent, il fallut l'habiller d'une souquenille. Ne dirait-on pas que l'on ajoute foi à ce miracle, d'après ce bûcher qui se renouvelle chaque année ? Tout le monde rit en voyant ce colosse d'osier qu'un homme porte sur ses épaules et auquel il fait faire des révérences devant toutes les vierges de plâtre qu'il rencontre. Le tambour l'annonce ; et dès qu'on met la tête à la fenêtre ce colosse se trouve de niveau à l'œil du curieux. Il a de grandes manchettes, une longue perruque à bourse, un poignard de bois, teint en rouge, dans sa dextre ; et les soubresauts qu'on imprime au mannequin sont tout à fait plaisants, si l'on considère que c'est un sacrilège que l'on fait danser ainsi. Les usages les plus constants ne forment donc qu'un tableau très équivoque de la véritable croyance d'un peuple : c'est le plus souvent un spectacle pour la populace, et rien de plus. Nos plus majestueuses cérémonies n'ont pas d'autre fondement. Ainsi l'on se sert encore de la

---

1 Louis-Sébastien Mercier, *Le tableau de Paris* (1781-1788), t. I, ch. CCCXVII, éd. J.-Cl. Bonnet, Paris, Mercure de France, 1994, p. 837-838. Voir au premier entretien (p. 219) la note des manuscrits P. et G. où Rousseau s'identifie à ce mannequin.

2 Étymologiquement, la rue aux ours est la rue aux « oues », c'est-à-dire aux oies (qu'on y rôtissait pour le bonheur des chalands). Le sacrilège est censé s'être déroulé sous Charles VI en juillet 1417 ou 1418 – époque où le soldat suisse n'abondait guère à Paris, l'alliance n'étant survenue que sous le roi suivant. Le malheureux aurait été torturé devant la statue profanée de « Notre-Dame de la Carole » jusqu'à ce que mort s'ensuive. Une messe commémorait l'événement, suivie, le lendemain, d'un service des morts du quartier ; ensuite le colosse d'osier était promené et flagellé trois jours durant pour finir brûlé au cours d'un feu d'artifice. Cela quatre cents ans durant. L'habit rouge des gardes suisses dont était costumé le mannequin fut interdit par Louis XV, la procession fut interdite sous Louis XVI. Il semble que la statue de la vierge ait cédé la place à celle de Marat en 1793.

sainte ampoule pour oindre nos rois. Personne dans l'assemblée ne croit assurément qu'elle soit descendue du ciel au bec d'une colombe. Personne ne croit à la guérison des écrouelles par l'imposition et l'attouchement des mains royales. Cependant l'on se servira toujours de la petite fiole ; et les monarques toucheront toujours les écrouelleux sans les guérir. Que de faits pareils, chez les voyageurs, ont donné lieu parmi nous aux assertions les plus fausses ! Rien de plus trompeur que les cérémonies publiques, lorsqu'on ne rapproche pas de leur institution l'esprit qui règne quelques siècles après[1]. On promènera donc encore le Suisse de la rue aux Ours pour le plaisir et la récréation des petits Savoyards que cela amuse beaucoup. Ils l'accompagneront dans toutes les rues, en riant et dansant ; et dans la joie de leur cœur ils attendront pour le soir les fusées et les pétards qui doivent crever avec explosion dans les flammes du bûcher. Autrefois le peuple a vu brûler le Suisse iconoclaste en réalité, et s'en est réjoui de même. Cette jurisprudence de nos aïeux est un peu changée et adoucie, ce qui prouve qu'il vaut mieux voir jeter au feu le mannequin que l'homme : mais quand ne brûlera-t-on plus le mannequin ? … Je n'en sais rien[2].

1 On a évidemment pu rapprocher ce rituel des cérémonies solsticiales païennes qui ont perduré à travers le christianisme : « dans plusieurs villes de France, les jours des fêtes de la saint Jean et de saint Pierre, on fabrique des mannequins que l'on brûle dans un feu de joie, comme on faisait à Paris : ces fêtes se célébraient à l'époque du solstice d'été […] elles partent toutes d'un même principe : c'est ici l'allégorie du triomphe du soleil sur les ténèbres […] Ainsi la cérémonie pratiquée à Paris en mémoire d'un prétendu sacrilège est un reste d'une fête païenne. Les bourgeois de la rue aux Ours n'en connaissaient point l'origine, ne s'en mettaient point en peine, et célébraient la cérémonie parce qu'on l'avait célébrée autrefois. » (J.-A. Dulaure, *Histoire physique, civile et morale de Paris*, t. II, 7e édition, Paris, 1839, p. 173-174).

2 Le lieutenant de police Lenoir y songeait de son côté, comme en témoigne un passage de ses mémoires à propos de l'esprit d'illuminisme régnant encore dans le quartier de la rue Quincampoix : « Comme je me disposais à faire cesser la coutume dans laquelle on était de promener un jour marqué dans l'année la figure d'un mannequin et de la brûler devant une ancienne chapelle appliquée extérieurement à l'encoignure des rues aux Ours et Quincampoix, en expiation d'une profanation prétendue faite par un soldat suisse, l'un des deux […] syndics de la communauté des éventaillistes qui m'avaient averti de ce qu'ils appellaient le mauvais lieu de la rue Quincampoix vint m'avertir encore que des inconnus avaient publié dans un cabaret voisin qu'il ne suffirait pas d'abolir une pratique ridicule qui n'avait lieu qu'une fois l'an, qu'il fallait encore abattre une vieille chapelle où l'on brûlait jour et nuit par superstition un cierge devant une vierge. Il m'ajouta que s'il n'y avait plus d'illuminés parmi les habitants de son quartier, il y en avait bien d'autres qui cherchaient à détruire tous les signes apparents de la religion. (*Mémoires de J.C.P Lenoir, ancien Lieutenant général de police de Paris, écrits en pays étrangers dans les années 1790 et suivantes*. Titre premier, Iere partie, f°. 12. Dans Vincent Milliot, *Un policier des Lumières : suivi des Mémoires de J.C.P Lenoir*, Champ Vallon, Seyssel, 2011).

IX. BIOGRAPHÈMES MI-CONTROUVÉS[1]

IX. 1. JEAN-BAPTISTE TOLLOT « Vous m'avez demandé quelques particularités de sa vie »[2]

Monsieur,

Vous m'avez parlé plus d'une fois du Discours de Mr. *Rousseau*, qui fut couronné l'année dernière par l'Académie de *Dijon*. Il s'y qualifie de *Citoïen de Genève*, c'est ce qui fait que vous vous adressez à moi pour avoir quelques particularités de la vie de cet auteur. Vous me demandez encore si personne n'a réfuté le paradoxe hardi qu'il a avancé, et qu'il a su revêtir de si belles couleurs, de tours si brillants, qu'ils ont ébloui ses juges, qui ont oublié que les Académies étaient fondées pour encourager les sciences et les arts, et non pour les décrier

[*Suit un long extrait de la réfutation anonyme du Discours par les Mémoires de Trévoux de février 1751*]

---

1 À propos des « Vies » controuvées de J.J., voir le Ier dialogue p. 209, le IIe p. 435, le IIIe, p. 502.

2 L'auteur de cette lettre datée de « Genève le 24 septembre 1751 » et publiée la même année dans le *Journal helvétique*, est Jean-Baptiste Tollot (1698-1773), apothicaire et poète, collaborateur assidu du *Mercure suisse* (nom familier du *Journal helvétique*), et auteur d'un *Essai sur cette Question proposée par l'Académie des Sciences et des Belles-Lettres de Dijon, pour le prix de Morale de 1750 : « Le rétablissement des Sciences et des Arts a-t-il contribué à épurer les Mœurs »*, publié dans le *J.H* en août 1750. Tollot admet les bienfaits des sciences et des arts dans une perspective de progrès mais doute que les mœurs en aient beaucoup profité. Ses arguments, parfois proches de ceux de Rousseau, ne doivent rien à celui-ci car l'*Essai* fut imprimé avant la publication du *Discours sur les sciences et les arts*. Choqué par les attaques dont Rousseau fit l'objet, Tollot prit la défense de ses thèses en envoyant au *J.H* deux lettres apocryphes signées Jean-Jacques Rousseau. Voir à ce propos Rodolphe Zellweger, « Jean-Jacques Rousseau et le *Mercure suisse* », Musée Neuchâtelois, IIIe série, XXe année, janvier/mars 1983, p. 16-17.

Jusqu'ici vous et moi, Monsieur, nous pensons comme l'anonyme, mais voyons la suite. *Quoi !* ajoute-t-il, *l'ignorance enlèvera à la religion et à la vertu des lumières si pures, des appuis si puissants, et ce sera à elle qu'un docteur de Genève enseignera qu'on doit la régularité des mœurs. On s'étonnerait davantage d'entendre un si étrange paradoxe, si on ne savait que la singularité d'un système, quelque dangereux qu'il soit, n'est pas capable de retenir qui n'a pour règle que l'esprit particulier.*

Ici, Monsieur, il y a beaucoup de malentendus, et cet article demande quelque éclaircissement. La qualité de *Citoïen de Genève* a trompé l'anonyme. Il l'a cru de la religion réformée, et il l'a dû croire ainsi, n'étant pas informé que cet auteur a quitté sa patrie et sa religion étant encore fort jeune, et qu'il est transplanté à Paris depuis fort longtemps.

[*Suit un développement sur l'esprit de libre examen des textes révélés propre à la tradition réformée, contrairement à la tradition catholique*].

L'anonyme nous permettra donc de revendiquer le principe de l'examen qu'il a si bien fait valoir dans sa réponse. Il est à nous et l'on ne peut pas nous en contester la propriété. Pour Mr. Rousseau nous le lui abandonnons. Il n'est plus à nous. Quoique né à Genève, il ne tient plus depuis longtemps à sa patrie ni à sa religion.

[*Suit un développement accordant à l'anonyme la pertinence des autres points de sa réfutation*].

Je ne dois pas oublier, avant de finir, que vous m'avez demandé quelques particularités de sa vie. je n'en suis pas fort instruit, mais je vous donne pour sûr le peu que je vous en dirai.

Mr. Rousseau, né à Genève, est fils d'un horloger qu'une mauvaise affaire fit exiler de sa patrie. Le jeune Rousseau fut mis en apprentissage chez un graveur de notre ville. Mais il n'avait pas de l'inclination pour cette profession, et marquait déjà du goût pour la lecture. Il avait ordinairement un livre à la poche, et dès que le maître disparaissait, le burin faisait place au livre. L'apprenti était souvent grondé là-dessus. Un jour la correction fut poussée jusqu'aux voies de fait. Le jeune Rousseau, outré de dépit, quitta Genève et se jeta en Savoie. Après avoir rôdé quelques temps, n'ayant point de ressource, il prit le parti de changer de religion. La qualité de nouveau converti lui attira quelque protection. Il trouva, quelques temps après, le moyen de faire le voyage de Paris. Là, à la faveur de son changement de religion, d'une physionomie prévenante et d'un esprit des plus pétillants, il trouva des patrons qui s'intéressèrent pour lui. On le fit étudier, et il fit de grands progrès. Ses études étant à peu près finies, on lui procura la place de secrétaire chez l'ambassadeur de France à Venise. Sa mauvaise santé l'engagea à revenir à Paris, quelques années après, où il essuia une douloureuse opération de la chirurgie. Il n'a plus quitté cette capitale. Ses talents lui ont toujours fait trouver de la protection et de l'appui. Il est actuellement chez Mr. le Duc de Luines, sur le pied de secrétaire[1]. Ce seigneur l'affectionne beaucoup. On lui rend la justice qu'outre les qualités de l'esprit, il a des mœurs fort réglées[2].

1 Rousseau n'a jamais été employé par le duc de Luynes ; il fut secrétaire de Mme Dupin (voir le n° IX. 2, note 5).

2 LETTRE SUR LE DISCOURS QUI A REMPORTÉ LE PRIX À DIJON, L'AN *1750.* (*J.H*, Neuchâtel, octobre 1751, De l'Imprimerie des journalistes, p. 354-373). En novembre 1751 et en janvier 1752, Tollot récidiva dans le *Journal helvétique*, mais en s'autorisant cette fois de la signature de Rousseau pour prendre sa défense, non sans maladresse d'ailleurs. Ainsi à propos de son apostasie : « Vous n'exigez pas de moi que je m'étende sur les motifs de mon changement de religion, qu'on attribue mal à propos à une fatale nécessité ou à un vil intérêt. […] Il vous suffit de savoir que j'ai cru avoir de bonnes raisons pour quitter le culte de mes pères, mais sans ressentir pour lui cette horreur qui est bien plutôt une haine de parti, ou un aveugle fanatisme, qu'un amour raisonnable et éclairé pour la religion qu'on a embrassée. » (« Seconde lettre de M. Roussseau de Genève […] », *J.H*, *ibid.*, janvier 1752, p. 29-30).

IX. 2. FRÉDÉRIC MELCHIOR GRIMM : « Les principales époque de la vie de cet écrivain célèbre[1] »

Paris, 15 juin 1762

L'orage qui s'est formé à l'apparition du livre de M. Rousseau sur l'éducation, n'a pas tardé à éclater. Sur le réquisitoire de monsieur l'avocat-général, le Parlement a décrété l'auteur de prise de corps, en condamnant l'ouvrage au feu. Cet arrêt est du 9 de ce mois, et M. Rousseau s'est sauvé dans la nuit du 8 au 9. On prétend qu'il a pris la route de la Suisse.

Cet écrivain, célèbre par son éloquence et par sa singularité, vivait à trois lieues de Paris, dans une petite ville appelée autrefois Montmorenci, et aujourd'hui Enguien, parce que c'est la capitale du duché de ce nom, appartenant à la maison de Condé. La vallée qui s'étend depuis le côteau de cette petite ville jusqu'à la rivière de Seine, est une des plus agréables contrées des environs de Paris. Elle est fameuse pour les cerises et d'autres fruits ; c'est un jardin de l'étendue de plusieurs lieues, rempli d'habitations délicieuses. A côté de la petite ville de Montmorenci est un château qui appartient, je crois, à madame la duchesse de Choiseul ; mais dont la possession à vie a été achetée par M. le maréchal, duc de Luxembourg. Depuis plus de quatre ans que J.-J. Rousseau s'était fixé dans ce pays-là[2], il occupait tantôt sa petite

1 *CL*, 1762, t. III, Paris, Furne, 1829, p. 52-60. L'article de Grimm ne comporte pas de titre ; je l'ai tiré de son récit. Grimm (1723-1807) est originaire de Ratisbonne. Il a connu Rousseau en 1749 lors d'un séjour parisien où il accompagnait son élève, un des fils du baron Schomberg. Rousseau est alors secrétaire des Dupin ; la musique les rapproche et Grimm est introduit dans le cercle du baron d'Holbach où il rencontre Diderot. Collaborateur de l'*Encyclopédie*, il s'implique en faveur de la musique italienne lors de la querelle des Bouffons (*Le petit Prophète de Boemischbroda*, 1753). À partir de 1753, il se consacre à la *Correspondance littéraire*, périodique bimensuel manuscrit exclusivement destiné aux princes allemands. Amant de Mme d'Épinay, il est un des acteurs les plus impliqués dans la rupture de Rousseau avec ses amis lors de son séjour à l'Ermitage. Rousseau ne le ménage pas dans *Les Confessions* (livre IX).

2 Rousseau a emménagé à Montlouis le 11 décembre 1757 ; le Maréchal de Luxembourg lui rend visite en avril 1759 et lui offre de loger au Petit-Château de Montmorency pendant les réparations de Montlouis (où il se réinstalle à la mi-juillet). C'est le 9 juin 1762 qu'il prend le chemin de l'exil.

maison de la ville, tantôt un appartement du château. Il avait quitté tous ses anciens amis, entre lesquels je partageais son intimité avec le philosophe Diderot[1] ; il nous avait remplacés par des gens du premier rang. Je ne décide pas s'il a perdu ou gagné au change ; mais je crois qu'il a été aussi heureux à Montmorenci qu'un homme, avec autant de bile et de vanité, pouvait se promettre de l'être. Dans la société de ses amis, il trouvait de l'amitié et de l'estime ; mais la réputation, et plus encore la supériorité de talent qu'il était lui-même obligé de reconnaître à quelques-uns d'entre eux, pouvaient lui rendre leur commerce pénible ; au lieu qu'à Montmorenci, sans aucune rivalité, il jouissait de l'encens de ce qu'il y a de plus grand et de plus distingué dans le royaume, sans compter une foule de femmes aimables qui s'empressaient autour de lui. Le rôle de la singularité réussit toujours à qui a le courage et la patience de le jouer. Jean-Jacques Rousseau a passé sa vie à décrier les grands ; ensuite il a dit qu'il n'avait trouvé de l'amitié et des vertus que parmi eux. Ces deux extrêmes étaient également philosophiques : en m'amusant de ses préventions, je me moquais souvent de lui. Il avait un vilain chien qu'il avait appelé Duc, parce que, disait-il, il était hargneux et petit comme un duc. Lorsqu'il fut au château de Montmorency, il changea le nom de Duc en Turc. Ce déguisement avait quelque chose de lâche ; il était plus digne du rôle que le citoyen genevois avait pris, de laisser au chien son nom, comme un monument d'un injuste préjugé de son maître. Il pouvait même en faire une sorte d'hommage à M. le duc de Luxembourg, en lui disant : « C'est vous qui m'avez appris à savoir ce que c'est qu'un duc et à rectifier mes idées sur les gens de la cour. » Il est difficile qu'on soit sincèrement indifférent sur les grands, lorsqu'on s'en occupe sans cesse. Le vrai philosophe, en respectant leur rang, les oublie. L'estime est due aux qualités personnelles, et, quoi qu'en dise Jean-Jacques Rousseau, il n'est pas incompatible qu'on soit prince et qu'on ait de grandes vertus. Je me plaisais à le combattre quelquefois avec ses

1 Après bien des démêlés privés liés à la crise de l'Ermitage, Grimm a rompu avec Rousseau le 31 octobre 1757 (*CC.* n° 555). Rousseau rompt publiquement avec Diderot en septembre 1758, à la fin de la préface de la Lettre *À M. D'Alembert* […] *Sur son Article Genève dans le VII*[e] *volume de l'*ENCYCLOPÉDIE ET PARTICULIÈREMENT *sur le projet d'établir un* THÉÂTRE DE COMÉDIE *en cette Ville* (approuvée par le destinataire, alors censeur royal) : « j'avais un Aristarque sévère et judicieux, je n'ai plus, je n'en veux plus » – une note en latin tirée de l'*Ecclésiastique* (XXII, 26-27) donne le coup de grâce.

propres armes. Un jour il nous conta, avec un air de triomphe, qu'en sortant de l'Opéra, le jour de la première représentation du *Devin du village*, M. le duc des Deux-Ponts l'avait abordé, en lui disant avec beaucoup de politesse : « Me permettez-vous, monsieur, de vous faire mon compliment ? » Et qu'il lui avait répondu : « A la bonne heure, pourvu qu'il soit court. » Tout le monde se tut à ce récit. A la fin je pris la parole, et je lui dis en riant : « Illustre citoyen et consouverain de Genève, puisqu'il réside en vous une partie de la souveraineté de la république, me permettez-vous de vous représenter que, malgré la sévérité de vos principes, vous ne sauriez trop refuser à un prince souverain les égards dus à un porteur d'eau, et que si vous aviez opposé à un mot de bienveillance de ce dernier une réponse aussi brusque, aussi brutale, vous auriez à vous reprocher une impertinence des plus déplacées ? » Depuis il a dit, au château de Montmorenci, des philosophes, le mal qu'il disait autrefois des grands ; mais je ne sais si ceux-ci défendaient les philosophes comme les philosophes les avaient défendus.

M. Rousseau a été malheureux à peu près toute sa vie. Il avait à se plaindre de son sort, et il s'est plaint des hommes. Cette injustice est assez commune, surtout lorsqu'on joint beaucoup d'orgueil à un caractère timide. On souffre de la situation heureuse de son voisin, et l'on ne voit pas que son malheur ne changerait rien à notre infortune. [...]

Un des grands malheurs de M. Rousseau, c'est d'être parvenu à l'âge de quarante ans, sans se douter de son talent. Dans son jeune âge, il avait appris pendant quelque temps le métier de graveur. Son père ayant eu le malheur de tuer un homme[1], fut obligé de se sauver de Genève, où il travaillait en horlogerie, et abandonna ses enfants. Jean-Jacques fut recueilli par une femme de condition de Savoie, appelée Mme la baronne de Warens. Elle lui fit abjurer la religion protestante, et eut soin de son éducation. Cette femme avait la fureur de l'alchimie qui l'a ruinée ; elle vit, je crois, encore dans une grande pauvreté[2]. Le sort ayant, je ne sais comment, conduit M. Rousseau à Paris, il s'attacha à M. de Montaigu, qui, ayant été nommé à l'ambassade de Venise,

1 Isaac Rousseau n'a tué personne. Il a blessé en duel Pierre Gautier, ancien capitaine au service de la Pologne, au cours de l'une de leurs querelles. Comme en France, la loi interdisait les duels à Genève.

2 Elle meurt dans la misère à Chambéry, le 29 juillet 1762.

l'y mena comme son secrétaire. M. l'ambassadeur ne passe pour rien moins qu'un homme d'esprit ; il n'en trouva pas à son secrétaire, et il s'étonne encore aujourd'hui, de la meilleure foi du monde, de la réputation que M. Rousseau s'est faite par ses écrits. Ces deux hommes n'avaient aucune sorte d'analogie pour rester ensemble ; ils se séparèrent bientôt, fort mécontens l'un de l'autre[1]. M. Rousseau revint à Paris, indigent, inconnu, ignorant ses talens et ses ressources, cherchant, dans un délaissement effrayant, de quoi ne pas mourir de faim. Il ne s'occupait alors que de musique et de vers. Il publia une dissertation sur une manière qu'il avait imaginée de noter la musique avec des chiffres[2]. Cette méthode ne prit point, et sa Dissertation ne fut lue de personne. Il composa ensuite les paroles et la musique d'un opéra qu'il intitula *les Muses galantes*, et qui ne put jamais être exécuté. Il eut, à cette occasion, beaucoup de démêlés avec Rameau, et il conçut un vrai chagrin de n'avoir pu mettre son opéra au théâtre[3]. Cependant il faisait d'assez mauvais vers, dont plusieurs furent insérés dans le *Mercure*. Il faisait aussi des comédies, dont la plupart n'ont point vu le jour. L'*Amant de lui-même*, qu'il a fait jouer et imprimer[4], prouve qu'il n'avait pas la vocation de Molière. Dans le même tems, il s'occupait d'une machine avec laquelle il comptait apprendre à voler[5] ; il s'en tint à des essais qui ne réussirent point ; mais il ne fut jamais assez désabusé de son projet pour souffrir de sang-froid qu'on le traitât de chimérique. Ainsi ses amis, avec de la foi, peuvent s'attendre à le voir quelque jour planer dans les airs. Au milieu de tous ces essais, il s'était attaché à la femme d'un fermier-général, célèbre autrefois par

---

1 Recruté par M. de Montaigu, Rousseau, parti de Paris le 10 juillet 1743, prend ses fonctions à Venise début septembre, et repart à la fin août 1744 pour retrouver Paris en octobre.

2 En réalité, la *Dissertation sur la musique moderne* avait été publiée en janvier 1743.

3 Ce ballet héroïque en trois entrées a été composé entre 1743 et 1745. En réalité, il y eut deux représentations privées de morceaux choisis : chez le fermier général La Pouplinière où Rousseau fut publiquement accusé de plagiat par Rameau (*Confessions*, l. VII, Pléiade, p. 333-334), et chez M. de Bonneval, devant le duc de Richelieu.

4 *Narcisse ou l'amant de lui-même* est joué à la Comédie Française les 18 et 20 décembre 1752, effectivement sans succès. La pièce est publiée en 1753, avec une longue préface où Rousseau synthétise l'évolution de sa pensée au cours de la controverse sur le *Discours de Dijon*.

5 Il s'agit du *Nouveau Dédale*, un texte dont l'authenticité demeure controversée (note h. de *CC*. A258, voir aussi *CC*. n° 3921, note e). Il a été édité par Charles Wirz, *AJJR*, XVIII, 1969-1971, p. 182-239.

sa beauté[1]. M. Rousseau fut pendant plusieurs années son homme de lettres et son secrétaire. La gêne et la sorte d'humiliation qu'il éprouva dans cet état ne contribuèrent pas peu à lui aigrir le caractère.

Le philosophe Diderot, avec lequel il se lia dans ce temps-là[2], fut le premier à lui dessiller les yeux sur son vrai talent, et l'académie de Dijon ayant proposé la fameuse question de l'influence des lettres sur

---

1 Mme Dupin, épouse du fermier général Claude Dupin. Rousseau lui est présenté en mars 1743 (*OC.* I Pléiade, p. 291). Il travaille pour eux jusqu'en 1751. Monsieur rêvait de réfuter Montesquieu (*L'Esprit des lois* sort en 1748) et Madame songeait à divers ouvrages, notamment sur l'amitié et sur le rôle des femmes dans l'Histoire ; Rousseau a consulté pour eux une centaine d'ouvrages et rédigé plus de deux mille pages d'extraits : « Mme Dupin [...] ne m'a jamais employé qu'à écrire sous sa dictée ou à des recherches de pure érudition » (*Ibid.*, p. 341-342). Le relevé en est impressionnant : Montesquieu lu et recopié attentivement, évidemment, mais aussi Aristote, Platon, Bayle pour la philosophie ; Théodose, Justinien, Domat, Barbeyrac, Grotius, Noodt pour le droit (ainsi que toute une documentation juridique) ; Tite-Live, Dubos, Fleury, Rapin de Thoyras pour l'Histoire ; descriptions géographiques (Du Halde) et récits de voyages en nombre ; sans compter des éléments d'histoire ecclésiastique, d'histoire du mariage et de l'adultère, des extraits d'écrits éducatifs, des recherches de langue et d'étymologie, etc. (Voir Anicet Sénéchal, « Jean-Jacques Rousseau secrétaire de Mme Dupin », *Annales Jean-Jacques Rousseau*, t. 36, 1963-1965, p. 173-288. Plus récemment, voir Jean-Pierre Le Bouler et Catherine Lafarge, « Catalogue topographique partie l des papiers Dupin-Rousseau dispersés de 1951 à 1958 », *AJJR* n° 39 [1980], p. 243-280, et « Les emprunts de mme Dupin à la Bibliothèque du roi dans les années 1748-1750 », Oxford, *SVEC* n° 182 [1979], p. 107-185). Parallèlement, il s'occupait activement de chimie pour monter un cabinet destiné à Dupin de Francueil, beau-fils de Mme Dupin, en suivant les cours de Rouelle et en compilant théorie et pratique, dans une sorte de manuel de vulgarisation rédigé vers 1746-1747, les *Institutions chymiques* : ce sont encore mille deux-cents pages manuscrites. Le texte en est publié chez Fayard dans la collection « Corpus des œuvres de philosophie en langue française » (1999). Pour un état récent des recherches sur « Jean-Jacques Rousseau et la chimie », voir le numéro spécial consacré à ce sujet par la revue *Corpus* n° 36 (U. Paris X, 1999), p. 163-194, et l'article de B. Bensaude-Vincent et B. Bernardi, « Rousseau chimiste », dans le collectif qu'ils ont dirigé : *Rousseau et les sciences*, L'Harmattan, 2003, p. 59-76.

2 Vers la fin de 1742, par l'intermédiaire d'un ami commun, le Vaudois Daniel Roguin (*Confessions*, l. VII). À cette époque, Diderot n'a encore rien publié : leur marginalité sociale, leurs goûts et leurs cultures complémentaires les rapprochent ; une fois clos l'épisode vénitien de Rousseau, ils se retrouvent en 1744, partageant avec Condillac (qui prépare l'*Essai sur l'origine des connaissances humaines*) des rencontres hebdomadaires au Palais-Royal et projetant un périodique intitulé *le Persiffleur*. Diderot va publier en 1745 une traduction de l'*Essai sur le mérite et la vertu* de Shaftesbury, en 1746 les *Pensées philosophiques*, et en 1747 *La Promenade du sceptique* ; suivent *Les bijoux indiscrets* (1748) et la *Lettre sur les aveugles* (1749) : l'audace de ses idées lui vaudra la prison de Vincennes en juillet 1749. Depuis 1747, il dirige également, avec D'Alembert, l'entreprise de l'*Encyclopédie*, à laquelle Rousseau participe avec près de quatre-cents entrées sur la musique, livrées au début de 1749. C'est cette année-là qu'il avait fait la connaissance de Grimm.

les mœurs, M. Rousseau la traita dans un discours qui fut l'époque de sa réputation et du rôle de singularité qu'il a pris depuis. Jusque-là il avait été complimenteur, galant et recherché, d'un commerce même mielleux et fatigant à force de tournures : tout à coup il prit le manteau de cynique, et, n'ayant point de naturel dans le caractère, il se livra à l'autre excès ; mais, en lançant ses sarcasmes, il savait toujours faire des exceptions en faveur de ceux avec lesquels il vivait, et il garda, avec son ton brusque et cynique, beaucoup de ce raffinement et de cet art de faire des complimens recherchés, surtout dans son commerce avec les femmes. En prenant la livrée de philosophe, il quitta aussi Mme Dupin, et se fit copiste de musique, prétendant exercer ce métier comme un simple ouvrier et y trouver sa vie et son pain ; car une de ses folies était de dire du mal du métier d'auteur, et de n'en pas faire d'autre. Je lui conseillai dans ce tems-là de se faire limonadier, et de tenir une boutique de café sur la place du Palais-Royal. Cette idée nous amusa pendant long-tems ; elle n'était pas moins extravagante que les siennes, et elle avait l'avantage d'être d'une folie gaie et de lui promettre une fortune honnête. Tout Paris aurait voulu voir le café de Jean-Jacques Rousseau, qui serait devenu le rendez-vous de tout ce qu'il y a d'illustre dans les lettres ; mais cette folie, ayant un côté utile, fut trop sensée pour être adoptée par le citoyen de Genève. Il alla faire un tour dans sa patrie, d'où il revint assez mécontent au bout de six[1] semaines. Il réabjura, pendant son séjour à Genève, la religion romaine, et se refit protestant. A son retour, il passa deux ou trois années dans la société de ses amis, aussi heureux qu'il pouvait l'être, faisant des livres, et se croyant copiste de musique ; mais lorsqu'il sentait son bien-être, il n'était plus en lui de s'y tenir. Madame d'Épinay ayant dans la forêt de Montmorenci une petite maison dépendante de sa terre, il la persécuta long-tems pour se la faire prêter, disant qu'il ne lui était plus possible de vivre dans cet horrible Paris, et qu'il ne pouvait désormais avoir d'autre asyle contre les hommes, que les bois et la solitude[2]. Elle ne convenait à personne moins qu'à une tête aussi chaude et à un tempérament aussi mélancolique et aussi impétueux que le sien. Il y devint absolument sauvage ; la solitude échauffa sa tête

1 Le manuscrit de Grimm porte dix semaines (*CC.*, A.258, t. 11). En réalité, Rousseau séjourna à Genève entre la mi-juin et la fin septembre de l'année 1754.

2 Le livre VIII des *Confessions* donne une autre version (*OC.* I Pléiade, p. 395-396).

davantage et roidit son caractère contre lui-même et contre ses amis. Il sortit de sa forêt au bout de dix-huit mois, brouillé avec tout le genre humain. C'est alors qu'il s'établit à Montmorenci, où il a vécu jusqu'à présent avec une réputation digne de ses talents et de sa singularité.

Voilà les principales époques de la vie de cet écrivain célèbre. Sa vie privée et domestique ne serait pas moins curieuse ; mais elle est écrite dans la mémoire de deux ou trois de ses anciens amis, lesquels se sont respectés en ne l'écrivant nulle part.

On prétend qu'il a passé les derniers jours dans des convulsions de désespoir et de douleur, des suites de son ouvrage. Il se croyait à l'abri de toute persécution, étant lié avec des personnes de la première distinction. Il n'avait pas prévu que le parlement pût lui faire une affaire sérieuse. Je le connais assez pour être sûr qu'il sera toute sa vie inconsolable de n'être plus dans un pays dont il se plaisait à exagérer les maux et les abus. On dit qu'il a pris la route de la Suisse. Il n'ira point à Genève : car une de ses inconséquences était d'élever sa patrie aux nues, en la détestant secrètement, et d'aimer passionnément Paris, en l'accablant d'imprécations et d'injures.

Il est étonnant qu'aucun de ses nouveaux amis n'ait prévu l'effet que ferait la *Profession de foi du vicaire Savoyard* dans un moment où tant d'oisifs et de sots n'ont d'existence et d'occupation que celles que leur donne l'esprit de parti. On a tourmenté M. Helvétius pour quelques lignes éparses dans un gros volume[1]. Un mot équivoque causerait aujourd'hui une tracasserie à un philosophe, et M. Rousseau a cru pouvoir impunément imprimer une bien autre profession de foi.

1 Il s'agit de *De l'esprit* (1758). D'abord autorisé par la censure, le livre fut condamné par le Parlement en 1759, puis mis à l'Index et brûlé, l'auteur étant contraint à se rétracter.

IX. 3. MME D'ÉPINAY :
HISTOIRE DE MADAME DE MONTBRILLANT[1]
« J'étais curieuse de savoir son histoire »

Madame de Montbrillant à M. de Formeuse

[…] Et la simplicité avec laquelle René[2] conte ses malheurs !… J'en ai encore l'âme attendrie. Quoique vous sachiez sûrement tous ces détails, je ne puis m'empêcher de vous rendre la manière originale dont René m'a conté son histoire.

J'étais curieuse de savoir son histoire et, pour amener naturellement mes questions, je lui demandai s'il y avait longtemps qu'il était à Paris. « Il y a trois ans, madame, me répondit-il. – Oserai-je, lui dis-je, Monsieur, vous demander ce qui vous y a attiré ? – La nécessité d'essuyer une injustice, Madame, et la perspective d'y être pendu. – Comment ? – Oui, Madame ; et si je ne le suis pas, j'en ai obligation à M. Desbarres, qui a pensé se faire une fort mauvaise affaire pour me sauver. – Vous me donnez autant de curiosité que vous m'inspirez d'intérêt ; et si je ne craignais d'être indiscrète, je … – Ne craignez rien, Madame ; c'est la seule manière que j'ai de m'acquitter avec M. Desbarres, que de publier

1 Le premier jet de ce roman épistolaire à clefs de Mme d'Épinay est terminé en 1762. Il ne fut publié qu'en 1818 (Paris, Brunet) : *Mémoires et correspondance de Madame d'Épinay, où elle donne des détails sur ses liaisons avec Duclos, J.-J. Rousseau, Grimm, Diderot, le baron d'Holbach, Saint-Lambert, Mme d'Houdetot, et autres personnages célèbres du dix-huitième siècle.* La partie concernant la crise de l'Ermitage avait été réorientée en manuscrit, avec l'aide de Grimm et Diderot, sans doute aux alentours des années 1770-1771, quand Rousseau donnait des lectures de ses *Confessions* dans quelques salons. Cependant l'éditeur de 1818 fit réécrire une bonne part du texte, rétablissant les noms authentiques, supprimant certaines page trop visiblement frauduleuses et insérant 80 lettres authentiques de Rousseau. Le roman suscita une violente controverse : dès l'année de sa parution, Musset-Pathay publia ainsi des *Anecdotes inédites pour faire suite aux mémoires de Mme d'Épinay, précédées de l'examen de ces mémoires*, qu'il reprend au t. II de l'édition Perronneau des *Œuvres complètes* (1818), à la suite des *Confessions.* Pour l'histoire du débat critique autour de ce roman, voir R. A. Leigh, *Unsolved Problems in the Bibliography of J.-J. Rousseau*, Cambridge University Press, 1990 et Ph. Stewart, *Éditer Rousseau, op. cit.*, p. 158-161. – Le passage ici produit transpose l'épisode vénitien de Rousseau en mode quasi picaresque, non sans coïncidence sur ce plan avec le registre littéraire des premiers livres des *Confessions.*

2 « René » est le pseudonyme de Rousseau, « Desbarres » celui de Duclos, « Formeuse » celui de Dupin de Francueil, « de Montbrillant », celui d'Épinay.

ma turpitude et ses bienfaits. Vous désirez savoir pourquoi j'ai pensé être pendu ? C'est que je suis honnête homme, et que je me suis avisé une fois d'être conséquent et bon ami.

« J'étais en Espagne[1], attaché à M. le duc de ***. J'avais lié connaissance intime avec le secrétaire de l'ambassadeur d'Angleterre. Il était honnête et vertueux ; il ne pouvait guère être plus heureux que moi. Il est vrai qu'il était d'une simplicité qui allait jusqu'à la bêtise ; mais il jouait bien aux échecs, et c'était mon seul plaisir alors. Lui, de son côté, était lié avec un Jésuite portugais. J'avais fait plusieurs dîners avec eux et j'avais assisté à plusieurs de leurs conversations, dans lesquelles il était presque toujours question de leurs affaires particulières, le Jésuiste ayant intéressé mon ami dans le commerce qu'il faisait dans les Indes. Je les avais souvent badinés sur l'ambition de leurs projets, et je les avais assurés qu'ils finiraient par conquérir le monde s'ils n'étaient pas pendus dans le cours de leurs projets.

[Le Jésuite apporte un jour une lettre à écrire d'urgence, son ami s'exécute sans se rendre compte qu'il signe des lettres de change ; quelques jours plus tard, il est arrêté comme faussaire et abandonné par son ambassadeur. René dépose sous serment en sa faveur, mais ayant chargé le Jésuite et ayant eu l'imprudence de rendre compte par écrit de sa démarche à son ami, il se retrouve rapidement dans les mains du Saint-Office, inculpé de complicité et de calomnie envers les Révérends Pères. Emprisonné, une caution pourrait le tirer d'affaire mais le duc de *** qui est son débiteur en profite pour l'abandonner et il est « condamné à être pendu par accommodement »].

« Desbarres, qui voyageait avec le Cardinal de ***, se trouvait alors en Espagne[2]. J'avais été en correspondance de littérature avec lui, parce que le duc de P*** m'avait chargé de lui envoyer une espèce de journal de tout ce qui se passait en Espagne[3]. »

[Desbarres obtient de le voir, le juge innocent et ne pouvant appeler du jugement, tente d'impliquer l'ambassadeur de France afin de réclamer que René soit jugé en

1 Rousseau fut employé par l'ambassadeur de France, M. de Montaigu, entre le 4 septembre 1743 et le 22 août 1744.

2 Duclos ne voyagera en Italie qu'entre 1766 et 1767.

3 Rousseau a d'abord connu Duclos par la lecture de son roman *Les Confessions du comte de **** en 1743 (Pléiade I, p. 290) ; il situe leur rencontre vers 1748, chez Mme d'Épinay, à La Chevrette. Sur leur amitié, voir la note n° 2 de « Histoire du précédent écrit » dans le « Glossaire ».

France. Il lui en coûtera la moitié de son revenu annuel pour le tirer de son cachot ; sur quoi il interrompt son voyage pour l'assister devant la justice française.]

« La réputation de droiture dont il jouit à Paris, et les protections que son mérite et ses talents lui ont faites à la Cour ont à peine suffi pour obtenir la révision de mon procès. Ce n'a été qu'au bout d'un an que je me suis vu déclarer innocent et libre de gagner mon pain à la sueur de mon corps. Je fis alors connaissance avec M. de Formeuse, qui me procura un travail chez son père, d'où je tire ma subsistance[1] [...] ».

Ah ! mon ami, que Desbarres doit être content de lui ! Quelle satisfaction que celle d'avoir sauvé la vie d'un honnête homme ! Mais n'y aurait-il pas quelque moyen de procurer un sort à René ? Il est affreux d'imaginer un tel homme dans la misère. Nous en causerons sérieusement à ton retour[2].

1 Allusion à l'emploi de Rousseau comme secrétaire de Mme Dupin. Voir le n° IX. 2, note 5.

2 Madame d'Épinay, *Les Contre-Confessions* (édition d'E. Badinter), Paris, Mercure de France, « Le temps retrouvé », 1989, p. 744-747.

X. CRIMES IRRÉMISSIBLES ?

X. 1. L'EMPOISONNEUR DE TRYE[1]

Rousseau au prince de Conti

A Trye le 19. novembre. 1767.

[4] [...] Peu d'accord Sur la nature du mal[2], nous l'étions, au moins, que le traitement qu'on lui avoit fait à Paris mal à propos avoit occasionné cette rechute, et nous nous étions bien promis de ne consulter aucun médecin. Son état, cependant, devenoit pressant ; il ne buvoit depuis plusieurs jours que de l'eau pannée[3], la Suffocation augmentoit, je proposai la moutarde Sous les pieds, il la rejetta. Je vis même que cette proposition l'indisposoit, et son domestique augmentoit sa répugnance en exagérant les douleurs de cette application. A force de me dire que je prenois le change Sur la cause de son mal, il sembloit m'accuser d'un aveuglement volontaire. Je ne compris rien à cette accusation, sinon que la fièvre le faisoit extravaguer. Au défaut de la moutarde qu'il refusoit je lui fis mettre les pieds dans l'eau tiède : après cela je tâchai de le faire Suer, j'y parvins une fois, et j'excitai Souvent une moiteur Salutaire. La fièvre diminua, la douleur aux genoux augmenta et il y vint un peu d'enflure ; mais l'estomac souffroit toujours. Le malade commença à S'inquiéter extrêmement et d'une façon

---

1 Sur la qualification d'empoisonneur attribuée à J.J., voir le Ier dialogue, p. 185, 231, 257, 283, le IIe, p. 355-357, et le IIIe, p. 463.

2 *CC.* n° 6130. Revenant d'un voyage d'affaires, Du Peyrou est passé par Trye à la fin du mois d'octobre, pour rendre visite à Rousseau qu'il n'avait pas vu depuis son départ vers l'Angleterre, deux ans auparavant. Il se remettait d'une première attaque de goutte survenue à Paris, mais au bout de huit jours survint une nouvelle attaque, beaucoup plus sévère, qui fit craindre pour sa vie.

3 « *Eau panée*, dans laquelle on fait tremper du pain ». (*Acad.*)

fort extraordinaire. Il parloit sans cesse des mauvais levains qu'il disoit être dans son estomac : ses regards, Son air, ses mots entrecoupés avoient quelque chose de si étrange que m'en allarmant enfin tout de bon, je résolus d'en pénétrer le mistére. Que devins-je quand à force de l'examiner, de le presser, de le conjurer, d'expliquer son Silence obstiné, je parvins à comprendre qu'il se croyait empoisonné, et par qui ? … Mon Dieu !

[On fait venir un médecin qui ordonne une potion]

[6] J'étois alors Seul avec le malade, ayant envoyé coucher Son domestique qui avoit passé la nuit auprès de lui. La potion devoit être distribuée en plusieurs prises ; je voulus moi-même les lui donner. La couleur en étoit grise, un peu noirâtre, et le blanc de la tasse faisant paroitre la liqueur encore plus noire, cette couleur le frappa extrêmement. Il me dit en me fixant et prenant la tasse ; Je la prends avec bien de la confiance. Je vis à Son air combien, il mentoit. Ce regard me déchira : mon ame à la fois navrée, indignée, et élevée, étoit prette à S'enflammer. Je me contins : mais Sentant l'horreur de mon Sort et la noblesse de mon rolle, je me vis à la place du Médecin Philippe, et je lui dis d'un ton qui Seul l'eut désabusé, S'il avoit Su lire. Oui, mon excellent ami, ayez la confiance d'Alexandre, et je vous promets que vous en aurez le Succès[1]. Il but ; malheureusement il se trouva de la poudre précipitée au fond de la tasse : l'aspect de cette poudre acheva de l'effaroucher. Je le pressai de tout boire, il le fit, Se laissa tomber Sur Son chevet, et S'endormit à l'instant.

[7] Daignez, Monseigneur, vous mettre un moment à ma place, et juger de mon état. Assis à Son chevet, plus mourant que lui, je n'ôtois pas les yeux de dessus son visage. Je comptois les battemens de Son pouls, les reprises de Sa respiration, les Secondes que duroit Son sommeil. Il dormit ou parut dormir longtems, et c'étoit la première fois depuis

1 Alexandre le Grand étant tombé gravement malade, aucun de ses médecins n'osait prendre la responsabilité de le soigner. Cependant, son premier médecin Philippe d'Acarnanie, qui était aussi son ami, résolut de tenter le tout pour le tout. Or, tandis qu'il préparait une potion, l'empereur reçevait une lettre l'avertissant qu'il s'agissait d'un poison, Philippe étant vendu à Darius. Lorque celui-ci lui présenta la coupe contenant le remède, Alexandre lui tendit la lettre en absorbant le breuvage. Il lui sourit alors en témoignage de confiance, tandis que son ami protestait de son innocence en invoquant les dieux. Voir Plutarque, *Vie d'Alexandre*, XXV. On peut se reporter au commentaire de la signification de cette anecdote dans l'*Émile*, livre II, *OC*. IV, p. 347-349. Voir également, Gautier Ambrus, « "Tais-toi Jean-Jacques". Variations sur une page de l'*Emile*. » *AJJR* n° 45, 2003, p. 621-647.

Son insomnie. Je ne savois si je devois me féliciter ou m'effrayer de ce long somme. Je saisis des momens de réveil pour lui faire prendre les autres prises à leur heure ; il les prenoit et S'assoupissoit de nouveau. [...] Le Médecin vint le soir et le trouva beaucoup mieux ; j'en jugeois de même. Il S'obstina à se trouver beaucoup plus mal, et son domestique parloit comme lui. Enfin l'air de désespoir que je vis autour de moi, les mots cruels et entrecoupés du maitre, les accablantes exclamations du valet me troublèrent, et l'emportèrent sur la certitude que me donnoient Son visage et Son pouls de son meilleur état. L'effroi, le frémissement la douleur de perdre en lui tout ce qui m'attachoit encore à la vie, les terribles circonstances de cette perte, tout cela me tourna la tête et me mit tout à fait hors de moi. Je me précipitai Sur mon ami, collant mon visage Sur le Sien, l'inondant de mes pleurs, et poussant des cris à demi étouffés : je ne Sais ce que je lui dis dans mon transport ; mais je sais très certainement que le plus ardent de mes vœux étoit de pouvoir expirer à l'instant même. Quel effet croiriez-vous, Monseigneur, que fit tout cela Sur Son esprit rempant et préoccupé ? Le barbare m'osa reprocher que je choisissois l'instant de Sa plus grande foiblesse pour lui donner une commotion qui l'achevât. Cette indignité fit enfin l'effet que tout le reste n'avoit pu faire. En ce moment je Sentis toute mon estime, tout mon attachement, toute ma tendresse pour lui S'éteindre jusqu'à la dernière étincelle ; dès lors je ne l'ai plus regardé que comme une ame basse, et mon cœur ne Se Sent pour lui que les sentimens qu'il lui doit. Je n'avois jusqu'alors pensé qu'à lui, dès lors je ne pensai plus qu'à moi. J'ai fait dès lors tout par devoir, par humanité, par vertu, rien par amitié [...].

*

Pierre-Alexandre Du Peyrou à Rousseau[1]

[le 26 novembre 1767]

Laissez moi, Monsieur, vous écrire et vous ouvrir mon cœur Sur deux articles qui l'affligent cruellement. Je Suis naturellement timide dans la conversation, et je crois à cause de mes oreilles[2]. D'ailleurs l'attention

1 *CC*. n° 6138.

2 Il est affligé d'une forte surdité.

que leur vice me force à donner aux mots distrait en grande partie celle que je pourrois donner à leur sens, et m'empêche Souvent de repondre tout ce que je pourrois dire sur ce qui m'est addressé.

Vous m'avez dit, Monsieur, une chose bien dure et bien inhumaine tout à la fois, quant au Sujet de l'égarement de mon esprit, vous avés dit que de pareilles idées ne dévoient pas entrer dans l'esprit d'un honnête homme, même dans le vertige. Je vous l'ay dit déjà, Monsieur, et je vous le répète du fond de mon cœur, je souhaite que vous n'éprouviés jamais par vous même, ce qu'est l'homme quand toute la machine est détraquée. J'ajoute qu'avec la moindre attention de vôtre part, vous auriés Senti vous même l'absurdité qu'une pareille idée eût pu m'occuper un Seul instant dans mon état naturel. Il faut me Suposer écervelé de craindre le poison de la main d'un honnête homme, d'un ami tendre et Sensible, qui venoit de me confier Ses projets les plus chéris à l'exécution desquels j'étois devenu un être nécessaire. D'ailleurs Si malgré tout cela, une idée aussi extravagante eut pû m'entrer dans la tête, qui m'empechoit de m'éloigner sur le champ d'un homme que je n'aurois dû en ce cas regarder que comme un monstre abominable.

Mais ce n'est pas tout, et quoique je n'aye pas beaucoup de foy moi même à ce que je vais ajoutter, vous auriés pû, avant de méjuger avec tant de rigueur, chercher le fil et la liaison d'une pareille folie dans ce qui avoit précédé. Souvenés vous, Monsieur, que quelques jours auparavant, vous même m'aviés entretenu d'empoisonnemens, de certain mets qui vous fût présenté en Angleterre et qui étoit empoisonné avec de la Cigüe ; du propos que vous avoit tenu le valet de chambre de S. A. Mr. le Prince de Conti, quand il vous conseilla comme très Saine une Salade de Ciguë. Il ne seroit pas bien étonnant que toutes ces idées, ayant fait une certaine impression Sur moi, Se fussent renouvellées dans mon délire et que je crusse en être devenu l'objet.

Je passe à l'autre article. Non Seulement vous m'avés jugé inhumainement, mais les fruits de mon délire ont été la perte de votre confiance dans un article qui me navre l'âme. Vous m'avez redemandé en conséquence les papiers concernant vôtre Sûreté ou qui doivent devenir vôtre dernière ressource en cas de quelque événement inattendu[1].

---

1 Le 10 novembre, craignant le pire, et voulant se prémunir de toute accusation criminelle, Rousseau avait rédigé un « État de mes affaires avec M. Du Peyrou » annulant le traité de pension viagère de 1600 livres à vie versée par celui-ci à partir de 1766, en contrepartie

Il est vray que vous me les avés rendus le lendemain. Je les ay repris, et je crois par là vous avoir fait un Sacrifice que probablement vous ne m'auriés pas fait. Je les ay repris Sans hésiter que pour vous faire une reflexion qui vous concernoit tout Seul, mais ne croyés pas, Monsieur, que je n'aye pas Senti avec une amertume inexprimable, tout ce que ce procédé avoit pour moi de dur, d'humiliant, et Surtout de cruel pour mon amitié. Voilà Monsieur, le poids énorme que j'avois Sur le cœur, qui m'opprimoit le jour et la nuit. Je le dépose dans vôtre Sein, dans le Sein d'un ami. S'il n'en a plus les Sentimens, qu'il me le dise, et je tacheray a mon tour d'oublier combien je l'aimay, pour ne me Souvenir que des Soins par lesquels il m'a rapellé a la vie, Soins affreux S'ils me font pleurer la perte de Son estime et de Son amitié.

*

Rousseau à Pierre-Alexandre Du Peyrou[1]

[le 27 novembre 1767]

[1] Je vois, Monsieur, par ce qui S'est passé ici depuis votre arrivée et par ce que vous venez de m'écrire, que vous donnez une fort grande attention aux mots, et une fort petite aux choses.

[2] Je vous avoue que la chose à laquelle je me serois le moins attendu de votre part dans ces circonstances, eut été des reproches et des plaintes, et je croyois avoir assez bien mérité de vous pour que vous fussiez plus sensible à mes soins qu'à mes torts. J'ai pu dans l'indignation d'une ame fiére user avec vous de quelques mots durs et peu mesurés. En cela j'ai fort mal fait. Mais tout ce que vous m'avez dit et fait tandis que je vous sauvois la vie n'étoit pas dur, il étoit atroce, et n'a ni ralenti mes soins ni changé ma conduite envers vous. Vous étiez dites vous dans le délire de la fièvre ; il est vrai : Mais si vous m'eussiez poignardé dans ce délire n'en auriez-vous nul

de la possession des droits à valoir sur une édition générale de ses écrits. Reconnaissant de ce fait une dette de 2400 livres déjà perçues, Rousseau laissait à Du Peyrou la possibilité de se rembourser sur l'impression du recueil de ses écrits laissé à sa disposition (sa correspondance et sa vie en cours de rédaction restant interdits d'impression de son vivant), et sur une somme de 6000 livres laissée entre ses mains par George Keith (« Mylord Mareschal ») pour lui constituer une rente viagère. (*CC*. n° 6123).

1 *CC*. n° 6140.

regret après cela ? Vous avez fait pis que de me poignarder. Voyant qu'après tout ce qui S'est passé vous restez tranquille, voyant que je ne recevois de vous pour prix de mon zèle et de mes peines que des marques d'indifférence et de froideur, même après que vous fûtes en pleine raison : dans un mouvement de dépit que je me reproche, j'osai, pour vous faire rentrer en vous même vous redemander deux papiers qui ne sont utiles qu'à la conservation d'une vie dont je ne me soucie plus. Cela n'opérant rien, je vous rendis les papiers : voila tout. Mon erreur, si c'en fut une, étoit pardonnable, le motif en étoit bon, elle fut courte, et reparée presque aussi tôt. Cependant elle a besoin de pardon, j'en conviens, et je vous le demande encore.

[3] Vous voulez, Monsieur, savoir mes sentimens à votre égard : les voici. Je vous estime comme je vous aime, et c'est tout dire : J'ai la confiance la plus entière non seulement dans votre probité, mais dans votre amitié. Quoique les erreurs d'un amour-propre trop irritable puissent vous donner des sentimens injustes, je suis certain que vos procédés ne le seront jamais : Vous êtes homme, vous avez de grands défauts rachettés par de plus grandes vertus. Mais votre caractère et votre fortune avoient besoin l'un de l'autre. Né pour prendre plaisir à obliger, vous ne l'êtes pas pour savoir être obligé, et si vous eussiez été appelle à recevoir des bienfaits au lieu d'en répandre, je doute que votre vertu favorite eut été la reconnoissance.

[4] Croyez-moi, Du Peyrou, passons-nous nos défauts, et soyons amis. Ne cherchons ni dans l'amitié ni dans l'humanité une perfection que nous n'y pouvons pas mettre, et croyons qu'en triant parmi les autres hommes, il seroit difficile à chacun des deux de mieux choisir.

X. 2. L'AFFAIRE THÉVENIN[1]

1. ACCUSATION ET DÉMENTI

Gaspard Bovier à Rousseau[2]

[le 22 août 1768]

[...] Le Sr Thevenin, Chamoiseur de son métier, se trouva logé, il y a environ 10 ans, chez le Sr Janin, Hôte du Bourg des Verdiéres-de-Jou[x] près de Neufchâtel, avec M. R***, qui se trouva lui-même dans le cas d'avoir besoin de quelque argent et qui s'adressa au Sr. Janin son hôte pour obtenir cet argent du Sr Thevenin. Ce dernier n'osant pas présenter à M. R*** la modique somme qu'il demandoit, attendit son départ, et l'accompagna effectivement des Verdieres de Jou[x] jusqu'à St. Sulpice avec led[it] Janin, et après avoir diné ensemble dans une auberge qui a un Soleil pour enseigne, il lui fit remettre 9f. de France par led Janin[3]. M. R***, pénétré de reconnoissance, donna aud[it] Thevenin quelques lettres de recommandation, entre autres une pour M. de Faugne directeur des sels à Yverdun, et une pour M. Ardiman, de la même ville, dans laquelle M. R*** signa son nom, et signa le Voyageur perpétuel dans une autre pour quelqu'un à Paris, dont le Sr Thevenin ne se rapelle pas le nom. [...]

---

1 Sur la qualification de voleur ou d'escroc attribuée à J.J. Voir le premier dialogue p. 257, 298 et le second p. 400.

2 *CC.* n° 6398. Gaspard Bovier, avocat au parlement de Grenoble, est le fils d'un gantier auquel les Boy de la Tour, amis lyonnais de Rousseau, avaient recommandé celui-ci lors de son séjour en Dauphiné. Il lui fit visiter la région et rencontrer quelques notables. Arrivé à Grenoble le 11 juillet, « Renou » rejoignit Bourgoin le 11 août.

3 *CC.* n° 6399. Hormis G. Bovier et Rousseau lui-même, pour des raisons qui tiennent à sa hantise d'un complot contre sa personne, nul n'a pris fort au sérieux cette accusation, comme l'écrit Michel Servan, par ailleurs ferme défenseur de Bovier cruellement mis en cause dans les *Rêveries* (VIIe Promenade) : « Thévenin, ouvrier chamoiseur, presque dans l'indigence, avoit prêté neuf francs à J. J. Rousseau ! Assurément, la chose méritoit peu de créance et beaucoup d'explications. [...] Rousseau accourt de Bourgoin à Grenoble, et se confronte lui-même avec Thévenin devant quelques témoins respectables. Il arriva ce que tout le monde avait déjà prévu ; le chamoiseur, dans le Rousseau de Grenoble, ne reconnut plus celui des Verrières. Chacun rit de la méprise ; le vrai Rousseau, ce me semble, pouvoit sans se compromettre, en rire aussi, et tout étoit fini. » (*Réflexions sur les Confessions de J. J. Rousseau, Œuvres choisies de* [...] *Servan*, Liège, 1819, II, 274-275, cité dans *CC.* t. 36, p. 46).

*

Rousseau à Gaspard Bovier[1]

A Bourgouin le 23. Aoust 1768

[1] Je n'ai pas pu, Monsieur loger il y a environ dix ans, où que ce fut près de Neufchatel, parce qu'il y a dix ans, Et Neuf, Et huit, Et Sept que j'en étais fort loin, Sans en avoir approché durant tout ce tems, de plus de cent lieues.

[2] Je n'ai logé jamais au bourg des Verdières, et n'en ai même jamais entendu parler. C'Est peut être le Village des Verrières qu'on a voulu dire. J'ai Passé dans ce Village une Seule fois, il n'y a pas Cinq ans en allant à Pontarlier, J'y Passai en revenant, Je n'y logeai point, j'étois avec un ami (qui n'Etait pas le Sr Thevenin). Personne autre ne revint avec nous, Et depuis lors Je ne suis pas retourné aux Verrières.

[3] Je n'ai jamais vu, que je sache, le Sr Thevenin Chamoiseur, jamais Je n'en oui parler de lui, non plus que du Sr Janin mon prétendu hôte. Je ne Connois qu'un Seul Mr Jeannin, mais il ne demeure point aux Verrières, il demeure à Neufchatel, Et il n'est point Cabaretier, il est Secrétaire d'un de mes amis.

[4] Je n'ai Jamais écrit, autant qu'il m'en Souvient, à M. de Faugnes, et je Suis Sur au moins de ne lui avoir Jamais écrit de lettre de recommandation, n'Etant pas assés lié avec lui pour cela. Encore moins ai je pu écrire à M. Aldiman d'Iverdun que Je n'ai vû de ma vie, et avec lequel Je n'eus jamais nulle espèce de liaison.

[5] Je n'ai jamais Signé avec mon nom le Voïageur perpétuel, premièrement parce que cela n'Est pas vrai, Et surtout ne l'était pas alors, quoyqu'il le Soit devenu depuis quelques années ; en second lieu Parceque Je ne tourne pas mes Malheurs en plaisanterie, et que si cela m'arrivoit Je tacherois qu'Elles fussent moins plates.

[6] J'ai quelquefois prêté de l'argent à Neufchatel, mais je n'y en empruntai jamais, par la raison très Simple qu'il ne m'y en a jamais manqué, et vous m'avouerés Monsieur, qu'ayant pour amis tous ceux qui tenoient le premier rang dans ce pays là, il eut été du moins fort bizarre que j'allasse

---

1 Rousseau envoya copie de cette lettre à M. de Clermont-Tonnerre, Gouverneur du Dauphiné. En septembre il écrivit à Du Peyrou et à différentes personnalités de sa connaissance, dont le maire de Verrières pour qu'ils enquêtent de leur côté (*CC*. n° 6430), ainsi qu'à M. de Faugnes auquel il était censé avoir recommandé Thévenin (*CC*. n° 6442).

emprunter Neuf francs d'un Chamoiseur que Je ne Connaissois point, Et cela à un quart de lieue de Chez moi, c'Est à peu près la distance de St Sulpice où l'on dit que cet argent m'a Eté prêté, à Motiers où je demeurois.

[7] Je ne vous prie point, Monsieur, de payer ces Neuf francs au Sr Thevenin, parce qu'assurément Je ne les lui dois pas, Et je ne vous prie pas non plus de lui en faire l'aumône, parce qu'il m'en paroit indigne, Et qu'il ne faut pas encourager le Crime : d'ailleurs quoy que vous en disiés Je ne le crois pas à cet égard fort à plaindre, Et S'il ne Se fait pas bien payer pour le Rolle dont il Se charge il faut qu'il Soit un grand Sot. [...]

2. PLAIDOIRIE À DÉCHARGE

Rousseau à Charles-Henri-Jules, comte de Clermont-Tonnerre[1]

A Bourgoin le 18. 7bre 1768.

Monsieur

[1] Le contretems de votre absence à mon arrivée à Grenoble m'affligea d'autant plus que sentant combien il m'importoit que, selon votre désir, mon entrevue avec le Sr Thevenin Se passât Sous vos yeux, et ne pouvant le trouver qu'à l'aide de M. Bovier que j'aurois voulu ne pas voir, je me

1 *CC.* n° 6434. Rousseau sait bien que le Gouverneur du Dauphiné n'a pas besoin d'être convaincu par un tel argumentaire dans une affaire de cet ordre ; il s'en acquitte néanmoins comme s'il s'agissait d'une accusation capitale car il pense être mis à l'épreuve, ainsi qu'il l'écrira un mois plus tard à H. Laliaud : « Je me trouve moi-même fort ridicule d'avoir pris à cœur une pareille affaire, ce que je n'aurois pourtant pas fait, je vous jure, Si je n'eusse été Sur que c'etoit un drôle apposté. Je desirois non par vengeance assurément mais pour ma Sûreté qu'on dévoilât Ses instigateurs. On ne l'a pas voulu, Soit. » (23 octobre 1768, *CC.* n° 6465). Il se fait donc son propre avocat dans cette longue plaidoirie très articulée et extrêmement minutieuse qui détruit point par point tous les éléments de l'accusation : résumé de la déposition de l'accusateur (§ 4-10), démonstration de son incohérence (§ 11-18), démonstration que « R. » (l'individu accusé) ne peut être J.-J. Rousseau (§ 19-27), hypothèse sur l'inexistence de « R. », étayée par la thèse du complot en cours contre Rousseau. Cette plaidoirie épistolaire lui donne l'occasion, parfois, de déjà s'auto-désigner comme « J.J. », objet de charges sans fondement et dont l'absurdité prête à rire. – Le 9 octobre, il transmettait à Clermont-Tonnerre une « Déclaration juridique » du maire de Verrières d'après laquelle le cabaretier concerné n'avait jamais vu Rousseau entrer chez lui, mais avait reçu en mai 1762 « un nommé Thevenin qui se disoit être de la Charité-sur-Loire, réfugié dans ce pays pour éviter l'effet d'une lettre de cachet obtenue contre lui lequel étoit accompagné du nommé Guillobel marchand horloger du même lieu, ledit Thevenin n'ayant séjourné chez lui que huit à dix jours, pendant lequel tems arriva encore dans son logis un nommé Décustreau qu'il connoissoit depuis près de vingt ans pour avoir logé chez lui à différentes fois et duquel il peut produire des lettres » – ce dernier étant son vrai débiteur. (*CC.* 6452 et 6453).

voyois forcé d'attendre à Grenoble votre retour, à quoi je ne pouvois me résoudre, ou de revenir l'attendre ici, ce qui m'exposoit à un Second voyage. J'aurois pris, Monsieur, ce dernier parti, Sans la lettre que vous me fîtes l'honneur de m'écrire le 15 et qui me fut envoyée à la nuit par M. Bovier. Je compris par cette lettre qu'afin que mon voyage ne fut pas inutile, vous pensiez que je pouvois voir ledit Thevenin, quoiqu'en votre absence, et c'est ce que je fis par l'entremise de M. Bovier, auquel il fallut bien recourir pour cela.

[2] Je le vis tard, à la hâte, en deux reprises ; j'étois en proye à mille idées cruelles, indigné, navré de me voir après soixante ans d'honneur, compromis seul, loin de vous, sans appui, sans ami, vis-à-vis d'un pareil misérable, et surtout de lire dans les cœurs des assistans, et de ceux même à qui je m'étois confié, leur mauvaise volonté secrette.

[3] Mais quelque courte qu'ait été cette conférence, elle a suffi pour l'objet que je m'y proposois. [...]

[4] Voici la Substance de la déclaration dudit Thevenin, tant en présence de M. Bovier et de sa famille, que de M. de Champagneux Maire et Châtelain de Bourgoin, de son cousin M. de Rosière, Officier d'artillerie, et d'un autre Officier du même corps, leur ami, dont j'ignore le nom. Laquelle déclaration a été faite en plusieurs fois, avec des variations, en hésitant, en se reprenant ; quoiqu'assurément il dût avoir la mémoire bien fraiche de ce qu'il avoit dit tant de fois et à vous, Monsieur le Comte, et avant vous à M. Bovier.

[5] Que de la Charité-sur-Loire, qui est son pays, venant en Suisse et passant aux Verriéres-de-joux dans un cabaret dont l'hôte s'appelle Janin un homme nommé R. le voyant mettre à genoux lui demanda S'il étoit catholique ; que là-dessus s'étant pris de conversation, cet homme lui donna une lettre de recommandation pour Yverdun ; qu'ayant continué de demeurer ensemble dans ledit cabaret ledit R. le pria de lui prêter quelque argent et lui donna deux jours après deux autres lettres de recommandation, Savoir une Seconde pour Yverdun, et l'autre pour Paris où ledit R. lui dit qu'il avoit mis pour signature, le voyageur perpétuel ; qu'en reconnoissance de ce service lui Thevenin lui fit remettre neuf francs par Janin leur hôte, après un voyage qu'ils firent tous trois des Verrières à St Sulpice où ils dînèrent encore ensemble ; qu'ensuite ils se séparèrent, que lui Thevenin Se rendit de là à Yverdun et porta les deux lettres de recommandation à leurs adresses, l'une pour M. de Faugnes,

l'autre pour M. Haldimand, que ne les ayant trouvés ni l'un ni l'autre, il remit ses lettres à leurs gens, sans que pendant deux ans qu'il resta sur les lieux la fantaisie lui ait pris de retourner chez ces M. voir, du moins par curiosité, l'effet de ces mêmes lettres qu'il avoit si bien payées. A l'égard de la lettre de recommandation pour Paris, signée, le voyageur perpétuel, il l'envoya à la Charité-sur-Loire à sa femme qui la fit passer par le Curé à son adresse, dont il ne Se Souvient point.

[6] Quant à la personne dudit R. j'ai déjà dit qu'il ne S'en rappeloit rien, ni rien de ce qui s'y rapporte. Interrogé si ledit R. portoit son chapeau sur la tête ou sous le bras, il a dit ne S'en pas Souvenir, S'il portoit perruque ou S'il avoit ses cheveux, a dit qu'il ne S'en Souvenoit pas non plus, et que cela ne faisoit pas une différence bien sensible. Interrogé sur l'habillement, il a dit que tout ce qu'il s'en rappelloit étoit qu'il portoit un habit gris doublé de bleu ou de verd. Interrogé S'il Savoit la demeure dudit R., a dit qu'il n'en Savoit rien ; S'il n'avoit plus eu de ses nouvelles, a dit que, durant tout son Séjour à Yverdun et à Etavayé où il alla travailler en Sortant de là il n'a jamais plus ouï parler dudit R., et n'a Su ce qu'il étoit devenu, jusqu'à ce qu'apprenant qu'il y avoit un M. R. à Grenoble, il S'est addressé par le Vicaire de la parroisse à Son voisin M. Bovier pour Savoir si ledit Sr. R. ne Seroit point Son homme des Verrières, chose qu'il n'a pourtant jamais affirmé, ni dit, ni cru, mais dont il vouloit simplement S'informer.

[7] Comme Sa déclaration laissoit assez indéterminé le tems de l'époque, j'ai parcouru pour le fixer ceux de ses papiers qu'il a bien voulu me montrer, et j'y ai trouvé un certificat daté du 30 Juillet 1763 par lequel le Sr Cuche, Chamoiseur d'Yverdun atteste que ledit Thevenin a demeuré chez lui pendant environ deux ans &c.

[8] Supposant donc que Thevenin Soit entré chez le Sr Cuche immédiatement à son arrivée à Yverdun, et qu'il se Soit rendu immédiatement à Yverdun en quittant ledit R. à St Sulpice, cela détermine le tems de leur entrevue à la fin de l'été 1761, au plus tard. Il est possible que cette époque remonte plus haut, mais il ne l'est pas qu'elle soit plus récente, puisqu'il faudroit alors que cette rencontre se fut faite du tems que ledit Thevenin étoit déjà à Yverdun au lieu qu'elle se fit avant qu'il y fut arrivé.

[g] J'ai demandé à cet homme le nom du maitre chez lequel il travaille à Grenoble ; il me l'a dit, je l'ai oublié. Je lui ai demandé pour qui ce maitre travailloit, quelles étoient ses pratiques, il m'a dit qu'il n'en savoit

rien et qu'il n'en connoissoit aucune. Je lui ai demandé S'il ne travailloit point pour son voisin M. Bovier le père qui est gantier, il m'a dit qu'il n'en savoit rien, et M. Bovier fils prenant la parole a dit que non ; et il falloit bien en effet qu'ils ne Se connussent point, puisque pour parvenir à lui parler ledit Thevenin a eu recours au vicaire de la parroisse.

[10] Voilà dans ce qu'a dit cet homme tout ce qui me paroit avoir trait à la question.

[11] Cette question en peut offrir deux distinctes. Premièrement, si ledit Thevenin dit vrai, ou s'il ment.

[12] Supposant qu'il dit vrai, seconde question. Quel est l'homme nommé R. auquel il a prêté son argent, Sans connoitre de lui que le nom ? Car enfin l'identité des noms ne fait pas celle des personnes, et il ne Suffit pas, n'en déplaise à M. Bovier, de porter le nom de R. pour être par cela seul le débiteur ou l'obligé du Sr Thevenin.

[13] Il n'y a selon le récit du dernier que trois personnes en état d'en attester la vérité, Savoir le R. dont il ne connoit que le nom, Thevenin lui-même et l'hôte Janin qui est absent. D'ailleurs le témoignage des deux premiers, comme parties, est nul, à moins qu'ils ne soient d'accord, et celui du dernier seroit Suspect S'il favorisoit Thevenin ; car il peut être son complice, il peut même être le seul fripon, comme vous l'avez, Monsieur, soupçonné vous-même, il peut encore être gagné par ceux qui ont apposté l'autre. Il n'est décisif qu'au cas qu'il condanne Thevenin. En tout état de cause, je ne vois pas à tout cela de quoi faire preuve Sans d'autres informations. Il est vrai que les circonstances du récit de Thevenin ne feroient pas un préjugé qui lui fut bien favorable, quand même il auroit à faire au dernier des malheureux qui auroit tous les autres préjugés contre lui : mais enfin tout cela ne sont pas des preuves. Qu'un garçon Chamoiseur qui court le pays pour chercher de l'ouvrage S'aille mettre à genoux en parade dans un cabaret protestant ; qu'un autre homme qui le voit conclue de là qu'il est catholique, lui en fasse compliment, lui offre des lettres de recommandation et lui demande de l'argent sans le connoitre et sans en être connu d'aucune façon ; qu'au lieu de présumer de là que l'emprunteur est un escroc et que ses recommandations sont des torchecul, l'autre transporté du bonheur de les obtenir tire aussitôt neuf francs de sa bourse cossue ; qu'il ait même la plaisante délicatesse de n'oser les donner lui-même à celui qui ose

bien les lui demander ; qu'il attende pour cela d'être en un autre lieu et de les lui faire modestement présenter par un autre homme, tout cela, tout inepte et risible qu'il est, n'est pas absolument impossible.

[14] Que le prêteur ou donneur passe trois jours avec l'emprunteur, qu'il mange avec lui, qu'il voyage avec lui sans savoir comment il est fait, s'il porte perruque ou non, s'il est grand ou petit, noir ou blond, sans retenir la moindre chose de sa figure, cela paroit si singulier que je lui en fis l'objection. A cela il me répondit qu'en marchant lui Thevenin étoit derrière l'autre et ne le voyoit que par le dos, et qu'à table, il ne le voyoit pas bien, non plus, parce que ledit R. ne se tenoit pas assis, mais se promenoit par la chambre en mangeant. Il faut convenir, en riant de plus fort, que cela n'est pas encore impossible.

[15] Il ne l'est pas enfin que, desdites lettres de recommandation si précieuses, aucune ne soit parvenue, attendu que ledit Thevenin, modeste pour les lettres comme pour l'argent, ne voulut pas les rendre lui-même, ni S'informer au moins de leur effet, quoiqu'il demeurât dans le même lieu qu'habitoient ceux à qui elles étoient addressées, qu'il les vît peut-être dix fois par jour, et que ce fût au moins une curiosité fort naturelle de savoir si un coureur de cabarets, à l'affût des écus des passans, pouvoit être réellement en liaison avec ces Messieurs-là. Si, comme il est à craindre, aucune desdites lettres n'est parvenue, ce seront ces coquins de valets, à qui l'honnête Thevenin les a remises, qui lui auront joué le tour de les garder. Je ne dis rien de la lettre pour Paris ; il est si clair qu'une recommandation pour Paris est extrêmement utile à un garçon Chamoiseur qui va travailler à Yverdun !

[16] Pardon, Monsieur, je ris de ma simplicité et j'admire votre patience : mais enfin si Thevenin n'est pas un imposteur, il faut, de nécessité absolue que toutes ces folies soient autant de vérités.

[17] Supposons-les telles, et passons outre. Voilà le généreux Thevenin Créancier ou bienfaiteur d'un nommé R. lequel, comme le dit très bien M. Bovier, doit être pénétré de reconnoissance. Quel est ce R. ? Lui Thevenin n'en Sait rien ; mais M. Bovier le Sait pour lui, et présume avec beaucoup de vraisemblance que ce R. est l'infortuné J. J. R. si connu par ses malheurs passés et qui le sera bien plus encore par ceux que l'on lui prépare. Je ne Sache pas, cependant, que parmi ces multitudes d'atroces et ridicules charges que ses ennemis inventent journellement contre lui, ils l'aient jamais accusé d'être un coureur de cabarets, un

crocheteur de bourses, qui va pochetant quelques écus ça et là, chez le premier va-nu-pied qu'il rencontre. Si le J. J. R. qu'on connoit pouvoit S'abbaisser à pareille infamie, il faudroit qu'on l'eut vu pour le pouvoir croire, et encore après l'avoir vu n'en croiroit-on rien. M. Bovier est moins incrédule. Le Simple doute d'un misérable qu'il ne connoît point Se transforme à ses yeux en certitude, et lui prouve qu'une belle ame qu'il connoit est celle du plus vil des mendians ou du plus lâche des fripons.

[18] Si le J. J. R. dont il S'agit n'est qu'un infâme, ce n'est pas tout : il faut encore qu'il soit un Sot : car s'il accepte les neuf francs que ledit Thevenin ne lui donne pas de la main à la main, mais lui fait donner par un autre homme habitant du pays, il doit S'attendre qu'ils lui Seront reprochés mille fois le jour : il doit compter qu'à chaque fois qu'on citera dans le pays quelque trait de sa facilité à répandre et de Sa répugnance à recevoir, le Sr Janin ne manquera pas de dire. Et pardieu cet homme n'est pas toujours Si fier. Il a demandé et receu neuf francs d'un faquin d'Ouvrier qui logeoit dans mon auberge, et j'en Suis bien Sur, car c'est moi qui les ai livrés. Quand on commença d'ameuter le peuple contre ce pauvre J. J. et qu'on le faisoit lapider jusque dans son lit, Janin auroit fait sa fortune avec cette histoire ; son Cabaret n'auroit pas désempli. Thevenin fait bien de la conter à Grenoble ; mais S'il l'osoit conter à St Sulpice ou aux Verrières et dans tout le pays où ce même J. J. a pourtant receu tant d'outrages et qu'il dit qu'elle le regarde je Suis Sûr que les habitans lui cracheroient au nez.

[19] Préjugés vrais ou faux à part, passons aux preuves, et permettez, Monsieur le Comte, que nous examinions un peu le rapport de notre homme, et que nous voyions S'il se peut rapporter à moi.

[20] Le Sr Thevenin fit connoissance avec ledit R. aux Verrières, et ils y demeurèrent ensemble deux ou trois jours logé chez Janin. J'ai demeuré longtems à Motiers sans aller aux Verrières, et je n'y ai jamais été qu'une Seule fois allant à Pontarlier avec M. de Sauttershaim dit dans le pays le Baron Sauttern. Je n'y couchai point en allant j'en Suis très Sûr. Je suis très persuadé que je n'y couchai point en revenant, quoique je n'en Sois pas Sûr de même ; mais Si j'y couchai, ce fut sans y séjourner et sans quitter le Baron. Thevenin dit cependant que son homme étoit Seul. Ma mémoire affoiblie me Sert mal Sur les faits récens ; mais il en est Sur lesquels elle ne peut me tromper, et je suis aussi Sur de n'avoir jamais Séjourné ni peu ni beaucoup aux Verrières, que je suis Sûr de n'avoir jamais été à Pékin.

[21] Je ne Suis donc pas l'homme qui resta deux ou trois jours aux Verrières, à contempler les génuflexions du dévot Thevenin.

[22] Je ne peux guère être, non plus, celui qui lui demanda de l'argent à emprunter aux mêmes Verrières, parce qu'outre M. du Terreau maire du lieu j'y connoissois beaucoup un M. Breguet très galant homme qui m'auroit fourni tout l'argent dont j'aurois eu besoin et avec lequel j'ai eu bien des querelles pour n'avoir pu tenir la promesse que je lui avois faite de l'y aller voir. Si j'avois logé là seul, c'eût été chez lui selon toute apparence et non pas chez le Sr Janin, Surtout quand j'aurois été sans argent.

[23] Je ne suis point l'homme à l'habit gris doublé de bleu ou de verd, parce que je n'en ai jamais porté de pareil durant tout mon Séjour en Suisse. Je n'y ai jamais voyagé qu'en habit d'arménien qui sûrement n'étoit doublé ni de verd ni de bleu. Thevenin ne Se Souvient pas si Son homme avoit Ses cheveux ou la perruque, S'il portoit Son chapeau Sur la tête ou Sous le bras. Un arménien ne porte point de chapeau du tout, et son équipage est trop remarquable pour qu'on en perde totalement le Souvenir, après avoir demeuré trois jours avec lui, et après l'avoir vu dans la chambre et en voyage, par devant par derrière et de toutes les façons.

[24] Je ne Suis point l'homme qui a donné au Sr Thevenin une lettre de recommandation pour M. de Faugnes que je connoissois pas même encore quand ledit Thevenin alla à Yverdun, et je ne suis point l'homme qui lui a donné une lettre de recommandation pour M. Haldimand que je n'ai connu de ma vie, et que je ne crois pas même avoir été de retour d'Italie à Yverdun Sous la même date.

[25] Je ne Suis point l'homme qui a donné au Sr Thevenin une lettre de recommandation pour Paris Signée, le Voyageur perpétuel. Je ne crois pas avoir jamais employé cette plate Signature, et je suis parfaitement Sûr de n'avoir pu l'employer à l'époque de ma prétendue rencontre avec Thevenin : car cette lettre devant être antérieure à l'arrivée dudit Thevenin à Yverdun dut l'être à plus forte raison à son départ de la même ville. Or même en ce tems-là je ne pouvois Signer le voyageur perpétuel avec aucune apparence de vérité d'aucune espèce. Car durant l'espace de 18 ans, depuis mon retour d'Italie à Paris jusqu'à mon départ pour la Suisse je n'avois fait qu'un Seul voyage, et il est absurde de donner le nom de voyageur perpétuel à un homme qui ne fait qu'un voyage en 18 ans. Depuis la date de mon arrivée à Motier jusqu'à celle du départ

de Thevenin d'Yverdun, je n'avois fait encore aucune promenade dans le pays qui put porter le nom de voyage. Ainsi cette signature au moment que Thevenin la suppose eut été non seulement plate et Sote, mais fausse en tout sens et de toute fausseté.

[26] Il n'est pas non plus fort aisé de croire que je sois l'homme dont Thevenin n'a plus ouï parler, durant tout Son Séjour en Suisse, puisqu'on n'y parloit que de cet homme infernal qui osoit croire en Dieu Sans croire aux miracles, contre lequel les prédicans prêchoient avec le plus Saint zèle et qu'ils nommoient hautement l'Antéchrist. Je suis Sûr qu'il n'y avoit pas dans toute la Suisse un honnête Chamoiseur qui n'édifiât son quartier en m'y maudissant saintement mille fois le jour, et je crois que le bénin Thevenin n'étoit pas des derniers à S'acquitter de cette bonne œuvre. Mais Sans rien conclure de tout cela je finis par ma preuve peremptoire[1].

[27] Je ne Suis point l'homme qui a pu Se trouver aux Verrières et à St Sulpice avec le Sr Thevenin quand venant de la Charité-Sur-Loire il alloit à Yverdun : car il n'a pu passer aux Verrières plus tard que l'été de 1761, puisque le 30 juillet 1763 il y avoit environ deux ans qu'il demeuroit chez le Sr Cuche, et probablement davantage qu'il demeuroit à Yverdun. Or au vu et au su de toute la France j'ai passé l'année entière de 1761 et la moitié de la suivante tranquille à Montmorency. Je ne pouvois donc pas dès l'année précédente avoir couru les cabarets aux Verrières et à St Sulpice. Ajoutez je vous Supplie qu'arrivant en Suisse je n'allai pas tout de suite à Motier, ajoutez encore qu'arrivé à Motier, et tout occupé jusqu'à l'hiver de mon établissement, je ne fis aucun voyage du reste de l'année ni bien avant dans la Suivante. Selon Thevenin notre rencontre a dû Se faire avant qu'il allât à Yverdun, et Selon la vérité il étoit déjà parti de cette ville quand je fis mon premier et unique voyage aux Verrières. Je n'étois donc pas l'homme portant le nom de R. qu'il y rencontra. C'est ce que j'avois à prouver.

[28] Quel étoit donc cet homme : Je l'ignore. Ce que je sais, c'est que pour que ledit Thevenin ne soit pas un imposteur, il faut que cet autre homme se trouve ; c'est à dire, que Son existence Soit connue Sur

1 « PÉREMPTOIRE. Il signifie aussi, Décisif, contre quoi il n'y a rien à alléguer, à répliquer. *Raisons péremptoires. Cela est péremptoire. Réponse péremptoire.* » *Acad.*

les lieux. Il faut qu'il S'y soit trouvé dans l'année 1761, qu'il S'appelât R., qu'il eut un habit gris doublé de verd ou de bleu, qu'il ait écrit des lettres à M. de Faugnes et Haldimand, qui par conséquent étoient de Sa connoissance, qu'il ait écrit une autre lettre à Paris Signée le voyageur perpétuel, qu'après avoir passé deux jours avec Thevenin aux Verrières, ils aient encore été de compagnie à St Sulpice avec Janin leur hôte, et qu'après y avoir dîné tous trois ensemble ledit Thevenin ait fait donner audit R, neuf francs par ledit Janin. La vérification de tous ces faits gît en informations, que je ne suis point en état de faire et qui ne m'intéressent en aucune Sorte, si ce n'est pour prouver ce que je sais bien sans cela, Savoir que ledit Thevenin est un imposteur aposté. J'ai pourtant écrit dans le pays pour avoir là-dessus des éclaircissemens dont j'aurai l'honneur, Monsieur, de vous faire part s'ils me parviennent. Mais comment pourrois-je espérer que des lettres de cette espèce échaperont à l'interception, puisque celles mêmes que j'adresse à M. le Prince de Conti n'y échapent pas, et que la dernière que j'eus l'honneur de lui écrire et que je mis moi-même à la poste, en partant de Grenoble, ne lui est pas parvenue. Mais ils auront beau faire. Je me ris des machines qu'ils entassent sans cesse autour de moi. Elles S'écrouleront par leur propre masse, et le cri de la vérité percera le Ciel tôt ou tard.

[29] Agréez, Monsieur le Comte, les assurances de mon respect.

3. ÉPILOGUE

Rousseau à Henri Laliaud[1]

A Bourgoin, le 7 9bre 1768

[…] Plus je regarde autour de moi plus je vois avec certitude qu'il Se brasse quelque chose Sans que je puisse deviner quoi. Thevenin n'a pas été aposté pour rien ; il y avoit dans cette farce ridicule quelque vue qu'il m'est impossible de pénétrer, et dans la profonde obscurité qui m'environne j'ai peur au moindre mouvement de faire un faux pas. Tout ce qui m'est arrivé depuis mon retour en France et depuis mon départ de Trye, me montre évidemment qu'il n'y a que M. le Prince

1 *CC.* n°6480.

de Conti parmi ceux qui m'aiment qui Sache au vrai le Secret de ma Situation, et qu'il a fait tout ce qu'il a pu pour la rendre tranquille Sans pouvoir y réussir. [...] Si dans ce moment critique vous aviez pour moi la charité de vous présenter à Son audience : vous me rendriez un office bien Signalé de l'informer de ce qui Se passe, et de me faire parvenir Son avis, c'est à dire Ses ordres : car dans tout ce que j'ai fait de mon chef je n'ai fait que des Sotises qui me Serviront au moins de leçons a l'avenir, S'il daigne encore Se mêler de moi. [...]

La Tracasserie du Sr Thevenin est enfin terminée. Après les preuves sans réplique que j'ai données à M. de Tonnerre, de l'imposture de ce coquin, il m'a offert de le punir par quelques jours de prison. Vous Sentez bien que c'est ce que je n'ai pas accepté, et que ce n'est pas dequoi il étoit question. Vous ne Sauriez imaginer les angoisses que m'a donné cette Sote affaire, non pour ce misérable à qui je n'aurois pas daigné repondre, mais pour ceux qui l'ont apposté, et que rien n'Etoit plus aisé que de démasquer Si on l'eut voulu. Rien ne m'a mieux fait Sentir combien je Suis inepte et bête en pareil cas ; le Seul à la vérité de cette espèce où je me Sois jamais trouvé. J'etois navré, consterné, presque tremblant, je ne Savois ce que je disois en questionnant l'imposteur ; et lui tranquille et calme dans Ses absurdes mensonges, portoit dans l'audace du crime, toute l'apparence de la Sécurité des innocens. Au reste, j'ai fait passer à M. de Tonnerre l'arrêt imprimé concernant ce misérable qu'un ami m'a envoyé[1], et par lequel M. de Tonnerre a pu voir que ceux qui avoient mis cet homme en jeu avoient Su choisir un Sujet expérimenté dans ces Sortes d'affaires.

1 Thévenin, condamné en 1761 par le Parlement de Paris pour une affaire de faux, s'était enfui en Suisse pour échapper aux galères.

X. 3. « COMPLICE D'UN ATTENTAT EXÉCRABLE[1] » ?

Rousseau à Malesherbes [?][2]

Paris, le 23 9bre 1770

[5] [...] En partant de Montmorenci j'avois laissé à M. de L[uxembourg] tous mes papiers, les uns déjà triés, les autres qu'il se chargea de trier lui-même pour me les envoyer avec les premiers et brûler ce qui m'étoit inutile. En recevant cet envoi je trouvai qu'il manquoit dans le triage plusieurs manuscrits que j'y avois mis, et nombre de lettres, indifférentes en elles-mêmes, mais qui faisoient lacune dans la suite que j'avois voulu conserver, ayant déjà formé le projet d'écrire un jour mes mémoires. Cette infidélité me frappa : je ne pouvois l'attribuer à M. le Maréchal dont je connoissois la droiture invariable et la vérité de son amitié pour moi. Je n'osois non plus en Soupçonner Madame la Maréchale, Sachant surtout qu'on ne pouvoit tirer de ces papiers aucun usage qui put me nuire, à moins de les falsifier. Je présumai que M. d'Alembert qui depuis quelque tems S'étoit introduit auprès d'elle avoit trouvé le moyen de fureter ces papiers et d'en enlever ce qui lui avoit plu, soit pour tirer de ces papiers ce qui lui pouvoir convenir, soit pour tâcher de me Susciter quelque tracasserie. Comme j'étois déjà déterminé à quitter tout à fait la littérature, je m'inquiétai peu de ces larcins, qui n'etoient pas les premiers de la même main que j'avois endurés sans m'en plaindre.

[*Il revient sur son présent désir de sortir de France et sa demande de passeport à Choiseul, dont la réponse se fait attendre*].

[6] j'écrivis encore à Made. de L[uxembourg] qui ne me fit aucune réponse non plus. Ce silence, dans la circonstance, me parut décisif, et j'en conclus que si cette Dame n'entroit pas directement dans le complot, du moins elle en étoit instruite et ne vouloit m'aider ni à le connoitre ni à m'en tirer. Je receus le passeport lorsque j'avois cessé de l'attendre.

---

1 Au sujet des allusions au régicide ou au crime de lèse-Majesté dans *Rousseau juge de Jean Jaques*, voir notamment le premier dialogue, p. 247 et note 233 et le IIIe, note 2, p. 452. Voir également mon introduction, p. 49-52.

2 *CC*. n° 6812. Le manuscrit est intitulé par Rousseau « fragment d'une lettre à M.L.D.M. ».

M. de Choiseul l'accompagna d'une lettre d'un stile obscur ambigu choquant même, et assés semblable à celui des lettres de M. de Mirabeau. Je jugeai qu'on ne m'avoit fait attendre ainsi le passeport que pour se donner le tems de machiner à son aise dans les lieux où l'on savoit que j'avois dessein d'aller. Cette idée me fit changer Sur le champ toutes mes resolutions et prendre celle de retourner en Angleterre où pour le coup j'avois tout lieu de croire que je n'étois pas attendu. J'écrivis à l'Ambassadeur j'écrivis à M. Davenport ; mais tandis que j'attendois mes réponses j'apperçus autour de moi une agitation si marquée, j'entendis rebattre à mes oreilles des propos si mystérieux, Bovier m'écrivoit de Grenoble des lettres si inquiétantes, qu'il fut clair qu'on cherchoit à m'allarmer et me troubler tout à fait, et l'on réussit. Ma tête s'affecta de tant d'effrayans misteres dont on S'efforçoit d'augmenter l'horreur par l'obscurité. Précisément dans le même tems, on arrêta, dit-on, sur la frontière du Dauphiné, un homme qu'on disoit complice d'un attentat exécrable[1] : on m'assura que cet homme passoit par Bourgoin[*], la rumeur fut grande, les propos misterieux allèrent leur train avec l'affectation la plus marquée ; enfin quand on auroit formé le projet d'achever de me rendre tout à fait frénétique on n'auroit pas pu mieux S'y prendre, et si la plus noire fureur ne s'empara pas alors de mon ame, c'est que les mouvemens de cette espèce ne sont pas dans sa nature. Vous sentez du moins que, dans l'émotion successive qu'on m'avoit donnée il n'y avoit pas là dequoi me tranquilliser et que tant de noires idées qu'on avoit soin de renouveler et d'entretenir Sans cesse n'étoient pas propres à rendre aux miennes leur sérénité. Continuant cependant à me disposer au prochain départ pour l'Angleterre, Je visitois à loisir les papiers qui m'étoient restés et que j'avois dessein de brûler comme un embarras inutile que je traînois après moi. Je commençois cette opération Sur un recueil transcrit de lettres que j'avois discontinué depuis longtems et j'en feuilletois machinalement le premier Volume quand je tombai par hazard sur la lacune dont j'ai parlé et qui m'avoit toujours paru difficile à comprendre. Que devins-je en remarquant que cette lacune tomboit précisément sur le tems de l'époque dont le prisonnier qui venoit de

---

1 Il s'agit de l'attentat de Damiens. Le manuscrit de Paris des *Confessions* en parle également comme d'un « attentat exécrable » (Livre IX, Pléiade I, p. 1484).

* Comme on n'a plus entendu parler, que je sache, de ce prétendu prisonnier, je ne doute point que tout cela ne fût un jeu barbare et digne de mes persécuteurs.

passer m'avoit rappelle l'idée, et à laquelle, Sans cet événement je n'aurois pas plus songé qu'auparavant ? Cette découverte me bouleversa. J'y trouvai la clef de tous les misteres qui m'environnoient. Je compris que cet enlèvement de lettres avoit certainement rapport au tems où elles avoient été écrites, et que, quelque innocentes que fussent ces lettres, ce n'étoit pas pour rien qu'on S'en étoit emparé[1]. Je conclus de là que depuis plus de Six ans ma perte étoit jurée, et que ces lettres, inutiles à tout autre usage, servoient à fournir les points fixes des tems et des lieux pour bâtir le sistème d'impostures dont on vouloit me rendre la victime.

[7] Dès l'instant même je renonçai au projet d'aller en Angleterre et Sans balancer un moment je résolus de m'exposer, armé de ma seule innocence, à tous les complots que la puissance, la ruse, et l'injustice pouvoient tramer contre elle[**]. La nuit même où je fis cette affreuse découverte, je songeai, Sachant bien que toutes mes lettres étoient ouvertes à la poste, à profiter du retour de M. Pépin de Belleisle qui m'étant venu voir la veille, m'accabloit des plus pressantes offres de Service, et je lui remis le matin une lettre pour Made. de Brionne qui en contenoit une autre pour M. le Prince de Conti[2], l'une et l'autre écrites si à la hâte qu'ayant été contraint d'en transcrire une, j'envoyai le brouillon au lieu de la copie.

[8] Tels sont autant que je puis me le rappeller, le Sujet et l'occasion desdites lettres : car encore une fois, l'agitation où j'étois en les écrivant ne m'a pas permis de garder un Souvenir bien distinct de tout ce qui S'y rapporte.

---

1 Dans *Les Confessions*, Rousseau observe que « cette lacune étoit de près de six mois, depuis octobre 1756 jusqu'au mois de mars suivant. Ce n'est que sept ans après que j'ai soupçonné l'affreux objet de ce vol. » (Pléiade I, p. 607-608). Damiens blesse Louis XV le 5 janvier 1757.

** Ce fut par une suite de cette même résolution que je conservai mon recueil de lettres, dont heureusement je n'avois encore déchiré et brûlé que quelques feuillets. [Cette décision est ainsi commentée dans une note inscrite sur l'intérieur de la couverture du premier cahier de son recueil de copie-de-lettres : « en le feuilletant machinalement je tombai par hazard sur une lacune qui m'avoit peu frappé jusqu'alors, mais dont d'autres circonstances me rappellant en ce moment l'importance et les Auteurs me donnèrent la première idée du complot affreux dont je suis la victime. Dès lors renonçant à brûler ce recueil je résolus au contraire de le conserver [...] il fournira tôt ou tard des indications suffisantes pour mettre tout homme impartial et attentif sur la voye de la vérité. » (*CC.* n° 6480, Remarque, t. 36, p. 175)].

2 Cette lettre a disparu. Mais la réponse de Conti subsiste : sans contredire Rousseau, il ne souhaite pas parler de cela par écrit et remet leur conversation sur ses « vues » à une prochaine rencontre, afin « de Convenir Ensemble de tout ce que je peux pour que tout ce que voudrez faire Se fasse avec le moins de danger possible pour vous. » (23 mars 1768, *CC.* n° 6303).

X. 4. « UNE FAUTE GRAVE[1] »

La question de l'abandon des enfants de Rousseau et le scandale qu'elle provoque jusqu'à nos jours ne devrait pas être envisagée sans prendre en compte les modifications profondes du statut de la famille et de l'enfance au cours du XVIIIe siècle, qui voit se multiplier les traités médicaux sur la « conservation des enfants » (Raulin, 1768) et où la conjugalité se reconfigure autour de l'enfant dans le contexte d'une politique de santé publique promue par la médecine moderne et qui tend à prendre forme institutionnelle au niveau de l'État[2]. Le premier témoignage conservé sur cet abandon est l'aveu qu'il en fait à Mme de Francueil, dans une lettre écrite de Paris, le 20 avril 1751 : « Oui, Madame, j'ai mis mes enfants aux Enfants trouvés. J'ai chargé de leur entretien l'établissement fait pour cela. » Ce faisant, il lui rappelle, non d'ailleurs sans quelque hauteur, la différence qu'il y a avec la pratique de l'exposition pure et simple : « Ce mot d'Enfants-Trouvés vous en imposeroit-il, comme si l'on trouvoit ces enfants dans les rues exposés à périr si le hasard ne les sauve ? Soyez sure que vous n'auriez pas plus d'horreur que moi pour l'indigne père qui pourroit se résoudre à cette barbarie, elle est trop loin de mon cœur pour que je daigne m'en justifier. Il y a des régles établies, informez-vous de ce qu'elles sont et vous saurez que les enfants ne sortent des mains de la sage-femme que pour passer dans celles d'une nourrice[3]. » Cette distinction correspond bien à une réalité juridique et pratique : avant l'admission aux Enfants-Trouvés, la sage-femme présente l'enfant abandonné par sa mère au commissaire du Châtelet, lequel dresse procès-verbal de toutes les indications permettant d'identifier ultérieurement l'enfant ; en cas d'exposition clandestine, on dispose éventuellement dans les langes du bébé quelques informations succinctes. Ce que Rousseau avoue n'avoir fait que pour son aîné, dans sa lettre du 12 juin 1761 à Mme de Luxembourg qui souhaitait l'aider à retrouver la trace de ses cinq enfants : « [...] je n'ai même pas gardé

1 Premier dialogue, p. 203.
2 Voir M. Foucault. « La politique de la santé au XVIIIe siècle », Les Machines à guérir, Aux origines de l'hôpital moderne », *Dits et écrits III*, Gallimard, 1994, p. 13-27.
3 *CC*. n° 157, t. 2, p. 142-143.

la date de leur naissance. Depuis plusieurs années, le remords de cette négligence trouble mon repos, et je meurs sans pouvoir la réparer, au grand regret de la mère et au mien. Je fis mettre seulement dans les langes de l'aîné une marque dont j'ai gardé le double ; il doit être né, ce me semble, dans l'hiver de 1746 à 47, ou à peu près. Voilà tout ce que je me rappelle. S'il y avoit moyen de retrouver cet enfant, ce seroit faire le bonheur de sa tendre mére ; mais j'en désespère, et je n'emporte point avec moi cette consolation[1]. » De fait, la recherche s'avérera infructueuse.

Accusé par le *Sentiment des Citoyens* répandu par Voltaire au cours de l'hiver 1764, d'avoir « exposé les enfants [de Thérèse] à la porte d'un hôpital », il répondra dans une édition commentée du pamphlet, n'avoir « jamais exposé ni fait exposer aucun enfant à la porte d'aucun hôpital ni ailleurs », taisant donc leur abandon dans les « règles » aux Enfants trouvés. (*cf.* le n° III de ce Dossier). C'est en revanche pour le condamner qu'il y revient dans une lettre du 17 janvier 1770, écrite de Montquin à la comtesse de Berthier : « Mais moi qui parle de famille, d'enfants… Madame, plaignez ceux qu'un sort de fer prive d'un pareil bonheur ; plaignez-les s'ils ne sont que malheureux ; plaignez-les beaucoup plus s'ils sont coupables. Pour moi, jamais on ne me verra, prévaricateur de la vérité, plier dans mes égarements mes maximes à ma conduite ; jamais on ne me verra falsifier les saintes loix de la nature et du devoir pour exténuer mes fautes. J'aime mieux les expier que les excuser, et quand ma raison me dit que j'ai fait dans ma situation ce que j'ai du faire, je l'en crois moins que mon cœur qui gémit et qui la dément. » Pour autant il pense avoir agi justement selon la nécessité : « Condamnez-moi donc, Madame, mais écoutez-moi. Vous trouverez un homme ami de la vérité jusque dans ses fautes et qui ne craint point d'en rappeler lui-même le souvenir lorsqu'il en peut résulter quelque bien. Néanmoins je rends grâces au Ciel de n'avoir abruvé que moi des amertumes de ma vie, et d'en avoir garanti mes enfants » ; apparaît enfin dans cette lettre un thème jusque-là absent de son argumentaire, celui de la menace virtuelle d'une progéniture gagnée à ses ennemis : « j'aime mieux qu'ils vivent dans un état obscur sans me connoître, que de les voir, dans mes malheurs, bassement nourris par la traîtresse générosité de mes ennemis, ardens à les instruire à haïr, et peut-être à trahir leur

1 *CC.* n° 1430, t. 9, p. 15.

père[1]. » Ce thème sera développé au début de la IXe Promenade : « hors d'état de les élever moi-même il auroit fallu dans ma situation les laisser elever par leur mére qui les auroit gatés et par sa famille qui en auroit fait des monstres. Je frémis encore d'y penser. Ce que Mahomet fit de Séide n'est rien auprès de ce qu'on auroit fait d'eux à mon égard et les piéges qu'on m'a tendu la dessus dans la suite me confirment assez que le projet en avoit été formé. »

Sur les réalités de l'abandon d'enfant sous l'Ancien Régime, on peut lire de Claude Delaselle, « Abandon d'enfants à Paris au XVIIIe siècle », *Annales E.S.C.*, n° 1, janv.-fév. 1975 et « L'enfant abandonné », *Histoire, Économie et Société*, 3e trimestre 1987. Également, Arlette Farge, *Effusions et tourments, le récit des corps*, Paris, O. Jacob, 2007, ch. 6.

1 *CC*. n° 6652, t. 37, p. 207.

XI. L'INDÉFECTIBLE PROTECTION DU PRINCE DE CONTI[1]

1762. APRÈS LE DÉCRET

Rousseau à Louis-François de Bourbon, prince de Conti (*CC*. n° 1881)

à Yverdun le 171 juin 1762.

Monseigneur

Je dois à V. A. S. ma vie, ma liberté, mon honneur même, plus augmenté par l'interest que vous daignez prendre à moi[2] qu'altéré par

1 Arrière-petit-fils de Louis XIV et cousin de Louis XV, Louis-François de Bourbon-Conti (1727-1776) fait d'abord une remarquable carrière militaire, qui le consacre en héros lors de la victoire de Coni contre le roi de Sardaigne (1744). En 1752, il est associé au « secret du roi » pour les Affaires étrangères, jusqu'à ce que l'alliance de la France avec l'Autriche (appuyée par Mme de Pompadour), qui renversait la politique traditionnelle de la France à l'égard des Habsbourg, le brouille avec le roi au début de la guerre de sept ans, à laquelle il s'oppose en appuyant le Parlement contre l'impôt du « nouveau vingtième » destiné à la financer. Écarté de la Cour, ses relations avec les milieux parlementaires et jansénistes le classent dès lors dans l'opposition (il avait jusque-là joué un rôle de médiateur privilégié entre les parlementaires et le roi). Membre du Grand Conseil qui juge le régicide Damiens en 1757, il suit l'affaire de très près, stimulé en cela par son archiviste personnel, l'avocat janséniste Le Paige, qui croit à une conspiration de grande envergure. En 1770, il joue un rôle majeur dans l'opposition au « parlement Maupeou », en réussissant à y impliquer les autres princes du sang. Grand prieur de l'ordre de Malte depuis 1749 en dépit de son athéisme et de son libertinage avérés, il tient une cour brillante au Temple, collectionnant les œuvres d'art (il est lui-même musicien) et protégeant les « Philosophes ». Sur cette époque, on peut consulter Dale van Kley, *The Damiens Affair and the Unravelling of the Ancient Regime, 1750-1770*, Princeton U. Press, 1984. Sur les rapports de Conti avec Rousseau, voir Jean Fabre, « Jean-Jacques Rousseau et le prince de Conti », *AJJR* 36, 1965-1965, p. 7-48.

2 C'est au printemps de 1759 que cet intérêt s'est manifesté. Le chevalier de Lorenzy, secrétaire du prince, et Mme de Boufflers, alors sa maîtresse, avaient approché l'ermite de Mont-Louis en avril ; mais c'est au Petit-Château des Luxembourg que Conti lui rendit d'abord visite ; suivent une partie d'échec à Mont-Louis où Rousseau le vainc, des envois de gibier dont il ne refuse que le second, l'envoi de 44 copies de musique au prix

l'iniquité du Parlement de Paris. Ces biens les plus estimés des hommes ont un nouveau prix pour celui qui les tient de vous. Que ne puis-je, Monseigneur, les employer au gré de ma reconnoissance[1] ! [...].

1765. LE SÉJOUR AU TEMPLE AVANT L'ANGLETERRE

Rousseau à Du Peyrou (*CC.* n° 4923)

A Paris, le 24 Xbre 1765

Notre voyage est arrangé pour le commencement de Janvier. M. de Luze aura pu vous en rendre compte. J'ai l'honneur d'être, en attendant, l'hôte de M. le Prince de Conty. Il a voulu que je fusse logé et servi avec une magnificence qu'il sait bien n'être pas selon mon goût : mais je comprends que dans la circonstance il a voulu donner en cela un témoignage public de l'estime dont il m'honore.

*

Bachaumont, 18 décembre 1765 (*CC.* n° 4904)

Le fameux Jean Jacques Rousseau de Geneve est à Paris depuis quelques jours : il a d'abord logé dans la rue de Richelieu, & s'est ensuite retiré au Temple à l'hôtel St Simon, sous la protection du Prince de Conti. Il est habillé en Arménien, & doit passer à Londres avec M. Hume. Il paroit que le Parlement veut bien fermer les yeux sur son séjour ici.

*

ordinaire puis celui de l'*Émile*, tout cela par voies d'intermédiaires, les deux hommes ne correspondant pas directement.

1 Conti a essayé d'enrayer l'offensive parlementaire contre l'*Émile* (*Confessions*, l. XI, Pléiade I, p. 577-578). C'est lui également qui, dans la nuit précédant le décret parlementaire, avertit les Luxembourg et Rousseau de ce qui attend ce dernier : « j'ai obtenu qu'on ne le poursuivra pas s'il s'éloigne ; mais s'il persiste à vouloir se laisser prendre, il sera pris » (*ibid.*, p. 580). Outre ce qui s'exprime-là de générosité princière, sans doute trouvait-il également son propre intérêt, autant que celui des Luxembourg, à ce qu'il ne le fût pas.

Mme du Boccage à l'abbé Trublet (*CC.* n° 4965)

Paris, ce 4 janvier 1766.

Rousseau qui n'est pas jeune non plus a des maux dans la vessie qui l'obligent, dit il, de s'habiller en arménien de façon qu'il est depuis 15 jours sous cet habit dans la franchise du temple[1] ou chacun va le voir comme l'ours sans le connoître ; on avoit fait le mauvais conte que le P. de Conti lui devoit envoier toute sa musique pour lui donner un concert dont il distribuerait les billets [...], il aurait sûrement fait une grosse somme, tout Paris y serait venu, ce projet n'a point eu d'éxécution et la permission qu'il a du ministre pour passer ici étant expirée on lui refuse de la prolonger ainsi il part dans 2 jours avec Mr Hume qui lui a fait (sans doute pour plaire a M[de] de Boufflers) retenir un logement a 2 lieues au plus de Londres.

1767. LE RETOUR D'ANGLETERRE

Le prince de Conti à Rousseau (*CC.* n° 5892)

[vers le 1er juin 1767]

Depuis que j'ay reçu votre lettre, Monsieur, je me suis occupé des moyens de vous servir Et de vous garantir des dangers auxquels vous Estes exposé dans nostre pays. Pour cela, il falloit parler a quelques personnes, & je n'ay pu les joindre aussitost que j'aurois voulu. Pendant le tems qu'il m'a fallu, votre imprudence, permettez-moy de vous le dire, Renverse tout ce que j'avois Entrepris. Comment, décretté de prise de Cors, vous venez a Amiens sous vostre nom, Et vous Estes publiquement Establi dans une ville ou vous recevez des accueils que votre réputation mérite[2], mais que vostre scituation rend fort dangeureux. Aussi ne puis-je vous dissimuler que vous Estes En grand danger. Le premier procureur du roy du ressort du parlem[t] de Paris qui vous dénoncera au procureur

1 L'enclos du Temple échappe à la juridiction royale et bénéficie du statut d'extra-territorialité.

2 Rousseau avait reçu les honneurs publics lors de son séjour à Amiens où il vécut à partir du 25 mai, jusqu'à son départ pour Fleury-sous-Meudon où il s'installe le 5 juin chez le marquis de Mirabeau.

gêneral en France le forcera (quand mesme il ne le voudroit pas) a vous faire arretter, Et alors les suittes seroient inévitables Et sinistres. Vostre résidence a Amiens Est Connue, Le premier pas a faire Est donc d'en sortir secrètement Et de nuit, sans qu'on sache où vous allés, Le second Est d'aller, en changeant de nom, dans un azile momentànné que de vos amis vous ont ménagés Et qui Est hors du ressort du parlem[t] de Paris. Ces mesmes amis m'ont fourny l'homme qui vous porte cette lettre. Il vous porte aussi un ordre pour Estre reçu dans un château. Lorsque vous y serés arrivé, il reviendra, Et la vous aurés plus amplement de mes nouvelles sur les arrangemens possibles pour l'avenir. Mais, Monsieur, il faut parer au premier moment, Et je vous demande instament d'avoir Encor dans mes conseils Et dans mon amitié la mesme confiance que vous y avés desja Eue. Soyez Sur que je ne negligeray rien pour votre Service, Et que je mets a vous procurer de la Sûreté et de la tranquillité plus d'intérest que vous ne prenés vous même A en avoir. Mais quittez Amiens, changés de nom, comme vous m'avés offert dans votre lettre de le faire. Je vais tascher de Conjurer l'orage, Et de pouvoir, En sûreté pour vous, vous offrir après un azile solitaire et doux, Et où néanmoins il ne me sera pas impossible, sans vous trahir, de vous assurer moy même de loing en loing de l'amitié que je vous Conserve. Et au reste, vous serez le maitre de choisir Entre celuy la et celuy qui vous Est offert Et de peser l'avantage de l'un Et de l'autre, Si aucuns des deux peut devenir sur. D'ailleurs, je vous En prie, souvenés vous de vos Engagements avec moy ; je ne mérite pas que vous y manquiés, Vous pouvés avoir besoin d'argent. Si cela est, dittes le moi Et ne me faites pas l'injure d'imaginer qu'En cela je veuille faire le noble. Je ne veux que recevoir une marque d'amitié de vous, Et n'avoir pas le chagrin de craindre que vous ne soyez En détresse.

*

A.-R.Turgot à D. Hume (*CC*. n° 5893)

Paris, le 1 juin 1767

[...] Je ne pense pas qu'il y ait des gens assés barbares pour arrêter ce pauvre homme d'eux mêmes et sans ordre, mais il est utile que les principaux du parlement soyent prévenus, ainsi que Mr de Choiseul. J'irai ce matin chez Me De Boufflers a laquelle je communiquerai votre lettre, et certainement Mr Le Prince de Conti fera tout ce qui est en luy pour luy rendre service soit auprès du Parlement soit auprès du Roi [...].

(P.S.) [...] J'ay vu aussi Mr le Prince de Conti et d'après ce qu'il m'a dit je pense qu'il n'y a aucune démarche a faire. Le parlement n'a point d'envie de saisir Rousseau, et dans l'état où il est le ministère ne pensera point a l'inquiéter pourvu qu'il ne fasse que passer. Il n'y auroit de démarche a faire qu'autant que Rousseau ne croiroit pas pouvoir avoir d'autre asyle que la France : mais avant d'en faire aucune il faudroit savoir sa façon de penser. Lorsqu'il se sera décidé ses protecteurs pourront agir. Le principal est qu'il n'ait rien a craindre dans ce premier moment et je ne le pense pas. D'après ces reflexions, j'ay prié les personnes qui dévoient agir auprès de Mr De Choiseul de suspendre toute démarche.

*

Le prince de Conti à Rousseau (*CC.* n° 5901)

[vers le 8 juin 1767]

Vous verrés. Monsieur, parceque je vous mandois, à Amiens, Et que j'avois fait d'abord ce que j'avois pu, Et que votre Scituation Est fort Critique. Des gens dont j'ay besoin pour pouvoir vous croire En sûreté ne Sont pas a Paris. Je ne les puis voir de trois a quatre jours Et ne puis par conséquent vous parler positivement d'icy la. La lettre que je vous Ecrivois vous indique mes vues mais au nom de Dieu d'icy à ce que j'aye pu mieux m'assurer de Ce qui Sera possible pour votre tranquillité, tenés vous bien caché, on vous a desja vu dans le parc de Meudon[1], prenés garde a la moindre de vos démarches jusque a ce que j'aye pu parler a Ceux dont je m'Etois assuré d'abord, mais dont il faut que je m'assure de nouveau parce qu'ils n'avoient pas En me parlant imaginés que vous viendriés Si près de tous les lieux ou il Est Si difficile de demeurer ignoré. Cachés vous donc bien, Ne douttés pas que je ne fasse de mon mieux. Et faittes moy Sçavoir vos volontées. Mon objet jusque a présent Est de vous procurer en France un azile tranquile, Si cela Se peut en Sûreté, Sinon, d'assurer vostre Sortie Si Elle Est nécessaire.

*

1 Fleury-sous-Meudon où il est arrivé le 5 juin.

Le prince de Conti à Rousseau (*CC*. nº 5923)

[le 15 juin 1767]

[...] Ce que je vous demande donc pour prix de l'interest que je prends a vous C'Est de ne rien faire qui vous Compromette. D'ailleurs, Spécules, choisisses, changés de vues ou de lieu, mon amitié vous Suivra Sans Exigence, Et Sans reprosche ; mais je vous En prie acordés moy de ne pas prendre de party Sans m'En prévenir, cela par deux raisons. L'une pour que Si je le puis Je concourre a rendre Sur le party que vous prendrés ; l'autre pour que Ceux qui Sonts liés de parole avec moy pour ne vous point nuire Et mesme pour vous Servir, ne Se Croye pas déliés parcequ'ils apprendroient un party nouveau Et différent de Celuy Sur la Spéculation du quel ils m'ont donné leur parole. Cela dit, voicy Ce que je pense

[*Il a deux châteaux dans le midi mais ils ne sont pas habitables*]

Il y a un autre inconvénient au party pour lequel vous paroisses pencher d'aller vous Establir dans les pays meridiaunaux. J'ay pu prendre des précautions relativement au parlement de Paris : on en a pris mesme a celuy de Rouen, j'En ay pris relativement aux ordres qui pouroient Emaner de la cour, mais je n'En puis prendre dans les autres parlements de province, n'y contre les ordres que les commandants dans les provinces, a 150 Et 200 lieues d'icy pouroient donner Et qui Seroient Executtés avant qu'on pust y parer. Moyenant Cela Je vous propose d'aller vous Establir a Trye[1] [...]. Ce château il Est vray Est dans le ressort du parlement de Paris mais il Est a une lieue du territoire de Celuy de Normandie. Je dois Croire, que Si vous changés tout a fait de nom, (je dis tout a fait Car Celuy de Jacques que vous aves pris ou vous Estes n'Est pas assés changé[2]) Et que vous vouliés rester la Sans Ecrire,

1 Ce bourg de Trye appartient aux Conti depuis 1700. Rousseau et Thérèse Levasseur s'installent le 21 juin. Ils auraient logé au « château vieux », au troisième étage de la tour aujourd'hui occupée par la mairie. (Notice de L. Müller, *DJJR*, p. 893).

2 À Fleury-sous-Meudon, Rousseau se fit appeler « Monsieur Jacques » ; il prit ensuite le nom de Jean-Joseph Renou, une lettre du 24 juin en donnant la primeur au marquis de Mirabeau. Il conservera ce pseudonyme avec constance dans sa correspondance, jusqu'au 15 janvier 1770 où il reprit son nom dans une réponse sur la façon de noter les arpèges dans son système de notation chiffrée (*CC*. 6651). « M. le Prince de Conti avoit obtenu de ma trop facile obéissance que je changerois de nom et que j'appellerois ma Gouvernante

tranquile, Et ignoré, vous n'y Serés inquiété, n'y par le ministère, ni par le ministère publique du parlement. Le Soeul danger qu'il pourra y avoir, Seroit qu'un conseiller qui connoitroit par hazard vostre azile ne vous denonçast a la compagnie Et ne forçat le ministère publique a agir. Mais dans Ce Cas 1° je Serois averty 2° pour Entrer dans mon château il faudroit un arrest du parlement Et vous auriés le tems de passer tres a l'aize Sur le ressort du parlement de Rouen Et de vous rendre dans le château ou on vous avoit offert un azile passager Et qui n'Est qu'a peu de distence de Celuy que je vous propoze, Et d'où nous prendrions des mesures pour vous transporter En Sûreté ailleurs, ou hors du royaume Si vous le vouliés, Sous la protection d'un passeport Sur lequel j'ay lieu de Comter pourvu que le bruit de vostre Séjour En France Soit Evité Et que vostre nom Soit bien changé. Je Crois donc Monsieur que Ce que je vous propoze icy Est le meilleur. Il Est trouvé tel par Ceux du concours de qui j'ay affaire pour vostre Sûreté. Mandés moy je vous prie Ce que vous En pensés. [...]

1767. LE CHÂTEAU DE TRYE

François Coindet à M. Renou (*CC.* n° 6019)

[le 11 août 1767]

[...] J'ay vu hier S.A. Il est impossible d'être mieux reçu que je le fus, elle me demanda de vos nouvelles, avec cette bonté et ce tendre intérest que vous luy connoissez, je répondis de la manière que je crûs la plus convenable, & S.A. m'ayant prévenu Sur les mauvaises tracasseries de Ses valets, je luy dis qu'effectivet il S'était passé des choses les plus propres à vous faire connoitre que les gens de S.A. voyoient de mauvais œil vôtre Séjour au Château & qu'ils ne négligeoient point les occasions de vous rendre la vie désagréable afin de vous forcer d'en sortir mais que mettant toute votre confiance dans la bonté de S.A. vous resistiés avec

ma sœur ; mais ce ne fut qu'après mon retour d'Angleterre ; car à Calais on me fit écrire mon nom, et j'écrivis Rousseau et je gardai le nom de Rousseau à Amiens et durant toute la route, ne voulant pas avoir l'air d'un homme qui se cachoit. » (Note ajoutée à la *Note mémorative sur la maladie et la mort de M. Deschamps* [avril 1768]).

fermeté à tout, et que la crainte d'être obligé d'entrer à ce Sujet dans des détails qui pouvoient luy déplaire, vous avoient empêché de luy écrire, mais que vous m'aviez chargé d'avoir l'honneur de la voir afin que je puisse vous donner des nouvelles de Sa Santé. S.A. me dit que Sur ce que Mr My luy avait mandé des tracasseries qu'on vous faisoit elle luy avoit fait de nouveau connoitre Ses intentions, qu'ayant désiré et désirant que vous trouvassiez dans cette retraitte tous les agrémens nécessaires à vôtre repos, elle feroit punir et chasser tous ceux qui S'écarteroient de Sa volonté & que cet exemple Serviroit de leçon aux autres [...].

*

Le prince de Conti à [M. Renou] (*CC*. n° 6031)

[vers le 20 (?) août 1767]

J'avois projet d'aller à Trye, je ne l'ay pu En arrivant parce que les deux jours que j'ay Esté a l'Isleadam, d'une part je me Suis purgé Et d'une autre mes chevaux n'y Estoient pas de retour Et je n'y En avois pas pour m'y mener. Sans cela, j'aurois desja mis ordre au tracassage de valets dont je Sçais Monsieur que vous Estes tourmenté mais je ne pouvois le faire Sans y aller, Et je ne pouvois y aller Sans affectation, Sans vous afficher, En partant Exprès d'icy, je devois attendre que je fus Estably a l'Isleadam[1] Et que le prétexte d'une chasse me fist faire Simplement Ce petit voyage. [...] Je mande icy touts Ceux que je Sçais qui Se Sonts mal conduit pour approfondir [la] matière, leur En impozer ou les punir Et mesme m'En défaire S'il n'y pas d'autre remède. Au reste tout Ce que je vous dis la n'Est pas pour vous contraindre n'y pour rien Exiger de vous, vous Estes libre, Et je Sçais a quel point vostre liberté vous Est chère, C'Est votre bonheur, C'Est vostre Sûreté Et vostre tranquillité que je Souhaitte, vostre Satisfaction, ainssy quelque regret que j'Eusse de n'y pouvoir contribuer je ne metteray jamais d'obstacle a Ce qui poura l'opérer ; mais permettes moy de vous représenter que je Suis innocent des tracas qui Vous dégouttent d'un azile Sur et tranquile, que je n'ay pas de tort de n'y avoir pas Encor remédié, que le remède En Est facile. [...] je m'en afflige Et me le reproche, je m'En humilie, je m'avoue un dissipé Et un paresseux mais je vous assure que mon amitié pour vous

1 Le château de l'Isle-Adam en Val d'Oise, propriété des Conti depuis 1651.

n'En Est pas moins Scincere ; Si malgré Cela vous ne voulés pas me le pardonner, Et que pour m'En punir vous ne vouliés plus recevoir l'azile que je vous avois donné je vous demande au moins de me donner le tems d'aprendre les moyens de vous mettre En Surete dans la traverssée que vous Serés obligé de faire En France. Pour Cela, il faut que je Sache, Et vostre détermination Et vos projets. Je voudrois bien que la reflexion Et la justice que vous devés a la realité de mon amitié pust faire changer ceux que vous avés a present.

1768. M. RENOU QUITTE TRYE

Le prince de Conti à [M. Renou] (*CC.* n° 6353)

Ce Vendredy [13 mai 1768]

[*Rousseau ayant confirmé dans un billet qu'on a perdu son désir de quitter Trye, le prince lui répond qu'un logement lui est préparé au Temple et qu'un certain Laroche est mis à son service pour le servir au mieux au cours de son voyage.*]

Au reste je vous demande par amitié de Vous tranquillizer l'esprit ; quoique je ne fusse pas de votre Sentiment a bien des Egards j'ay Entré dans vos Vues, j'ay fait ce que la prudence peut permettre pour que vous puissiés les Suivre avec Sûreté[1], je me suis mis En avant En conséquence,

1 Selon Mme de Verdelin, Conti n'était pas le seul à se trouver embarrassé de ce séjour parisien : « Comment Va la Botanique mon Voisin, j'ay peur avec l'ardeur qu'on dit que Vous y employés que Vous n'ayés épuisé Ce printemps toutes les plantes de Votre Canton, je m'en lamentois a Un frère [il s'agit de Jean-François Joly de Fleury] du procureur général [du Parlement de Paris, Guillaume-François-Louis Joly de Fleury] a qui je demandoi Sy a la manierre sage dont Vous Vous Gonduisiés il n'y oroit pas moyen d'habitter Une petite maison près le jardin du roy, il me répondit que son frère n'avoit pas envie de Vous nuire, que Sûrement il ne Vous Chercheroit pas mais qu'il n'estoit pas le maistre d'empescher Un homme méchant de dénoncer Un matin a la grande Chambre Votre Séjour a Paris et d'estre forcé a Une recherche désagréable pour Luy et pour Vous, que Les Loix et notre foy estoient Sy austerre qu'avec toute La tollérance possible on ghesneroit au moins Votre liberté sy on Vous saizissoit. Il m'aprit même que Le gouvernement n'estoit pas maistre de Vous permettre d'habitter a Paris et qu'il avoit Esté tout près d'estre fort embarrassé de la publicité de Votre Séjour au Temple, les Soins et Le Crédit de mr le prince de Conti dans le parlement arresterent cette affaire, il m'a assuré qu'on avoit pas dit Un mot de

ne changeons plus, je veilleray a votre Service Et a votre tranquillité, ne Songes point au Sacrifice de votre liberté quand il n'Est pas nécessaire ; Et surtout banissés le retour deraisonable a l'idée d'affrontter les loix Et de vous livrer a la Sévérité que leur donneroient les hommes. Vous me l'avés desja acordé ; j'ay agi Et parlé en conséquence. Pour dieu ne vous prestes plus au retour de cette pensée, Songes que vous estes convenu avec moy de n'Estre que Renou Et de vous point afficher a Paris, ou je vous verray Et ou je vous renouvelleray dans toute la Seincerité de mon amitié touts les Engagements que j'ay pris envers vous Pour la tranquillité de vostre Esprit Et de votre cœur, relativement a melle le Vasseur Et a tout ce qui poura contribuer a vostre tranquillité Et Estre En ma puissance. Mais je vous En prie par le retour du fermier[1] tranquillisés moy sur cette phraze de vostre lettre que vous voulus vous livrer Sans mistere a la discrétion des hommes, Si cette funeste pensée que vous m'avés sacrifié l'Emportoit vous m'affligeriés Et me commettriés cruellement.

*

Le prince de Conti à [M. Renou] (*CC.* n° 6384)

ce 24 a Pougues[2] [le 24 juillet 1768]

[*Depuis Grenoble, vers le 18 juillet, Rousseau lui avait demandé s'il pouvait s'installer à Lyon. Cette lettre est perdue.*]

Vostre lettre du 18 Monsieur vient de me parvenir, vous sçavés que je n'ay pas la vocation de vous contrarier, mais vous sçavez aussy que Lion est du ressort du parlement de Paris, que touts ceux dont il a fallu que je m'assurasse pour votre tranquillité et vostre Sûreté Se sonts prestes a la charge que vous ne Sériés pas dans Ce ressort, nomément celuy que le Devoir de sa charge rend de droit le plus difficile[3], Ce

---

Votre Séjour actuel et que C'estoit l'azile le plus respectable [c-a-d.Trye], je Voudrais bien qu'il fut ossy heureux, C'est bien l'intention du maistre. » À Rousseau, le 13 mars 1768, *CC.* n° 6291.

1 Le fermier de Trye qui doit lui porter la réponse de Rousseau.

2 Pougues-les-eaux dans la Nièvre. Conti s'y purgeait à l'issue d'une récente maladie.

3 Il s'agit de Guillaume-François-Louis Joly de Fleury, Procureur général du Parlement de Paris.

Seroit donc aller contre Ce qui les a déterminés a prendre Avec moy des Engagements qui vont a vostre bien que de venir contre ce qui a Esté stipulés dans le ressort de Paris. Je ne l'Exclus pas a jamais, mais je Crois Vous devoir de l'Exclure avec franchise jusque a ce que j'aye pris langue avec les mesmes personnes, Et que je voye possibilité pour vous de Suivre vostre projet avec Sûreté. Au reste je crois que vous n'Estes pas Encor Sans inquiétude car vous devés Croire Estre fort Examiné Et suivy, Vous l'Estes En Effet, je Sçais que le lieutenant de police de Grenoble vous fait pour ainsy dire garder a Vue[1] mais je Crois pouvoir vous Certifier que ce n'Est que luy ainssy ne vous en figurés pas d'autres Causes. Cela va finir par les mesures qu'un galant homme qui vous portera Cette lettre va prendre Et Est a portée de prendre Efficacement. Il m'a parlé de vous comme Sachant qui vous Estes, ainssy que bien d'autres, Et de plus vous offre tout ce qui peut dépendre de luy mesme, une retraitte au milieu du pays de la boutanique. Je l'ay prié de faire connoistre a ceux a qui il En Est besoin, tout l'intérest que je prends a vous, moyenant quoy avec quelques autres mesures que j'avois pris Et fait prendre j'Espère que vous Serés tranquille, que les persécutions de curiozité du Lnt de police Cessés vous verres que personne ne vous tend d'Embusches Et que cela contribuera a vostre repos En attendant qu'il y ait jour a ce que vous puissiés choisir un pays qui vous Soit plus agréable a habiter. [...] Ne vous depittez n'y ne vous impatientés mon amitié vous le demande, je ne puis rassembler A mon plaisir les gens dont j'ay afaire quand il faut traitter Ce qui vous regarde, je ne puis Estre sur de les persuader Et de le tenter ou d'y parvenir ne peut Estre que long mais on parvient dans un tems a ce a quoi on ne peut arriver dans un autre. Donnés moy je vous prie de vos nouvelles Et comptés toujours Sur ma très Scincère amitié.

1 Une telle phrase ne pouvait qu'inciter Rousseau à se méfier de l'avocat Gaspard Bovier qui l'accompagnait dans la plupart de ses déplacements à Grenoble et aux alentours.

1768-1769. BOURGOIN-LYON-MONTQUIN

Renou à H. Lalliaud (*CC.* n° 6480)

A Bourgoin le 7 9bre 1768.

[...] Tout ce qui m'est arrivé depuis mon retour en France et depuis mon départ de Trye, me montre évidemment qu'il n'y a que M. le Prince de Conti parmi ceux qui m'aiment qui Sache au vrai le Secret de ma Situation, et qu'il a fait tout ce qu'il a pu pour la rendre tranquille Sans pouvoir y réussir. Cette persuasion m'arrache des Elans de reconnoissance et d'attendrissement vers ce grand Prince, et je me reproche vivement mon impatience au Sujet du Silence qu'il a gardé Sur mes deux dernières lettres, car il y a peu de tems que j'en ai écrit à S. A. une seconde qu'elle n'a peut-être pas plus reçue que la première ; c'est de quoi je desirerois extrêmement d'être instruit [...].

*

Le prince de Conti, à Monsieur Rénou (*CC.* n° 6538)

ce 3 février [1769]

J'aurois peut-estre a Vous Gronder, Monsieur, j'aurois quelques reproches a Vous faire de l'Espèce d'inquiétude que vous avez Eue, du doutte ou vous avez Esté de la Constance de mon amitié, de quelques démarches que vous avés fait sans m'En communiquer, mais l'amitié ne reproche point. Vous avés Esté tourmenté, Elle ne doit qu'y compattir. J'ay pris les mesures nécessaires pour que vous puissiés remplir En Sûreté les nouvelles Spéculations que vous avez faittes pour vous fixer dans des lieux plus propres a Vostre Santé. Vous pouvés donc je Crois Sans danger Suivre Celle de vous Establir dans le ressort de Dombes, Et mesme de vous En approcher En attendant que les arangements pour vous y Establir Soient faits En acceptant un Séjour passager qui vous Est offert dans la Bresse, mais touts ceux dont j'ay besoin pour votre Service, Exigent toujours le nom de Renou, Et excluent constament tout Séjour dans le ressort de Paris, Si tout dependoit de moy vous Sériés moins Contrarié, mais il faut plier Sous les circonstances. Croyez Monsieur a mon amitié je vous En Prie, et comtez y toujours.

1769-1770. RENOU DÉCIDE DE PARTIR POUR PARIS

Le prince de Conti à M. Renou (*CC.* n° 6609)

[le 2 septembre 1769]

Ce n'Est qu'hyer, Monsieur, que j'ay pu achever de m'acquitter de la déraisonnable Et désolante Comission que vous m'avés donné[1], c'Est avec le plus grand regret Et uniquement par fidélité que je l'ay Exécutée[2]. J'En gémis, mais je remplis mes Engagements en vous disant qu'elle Est faitte, Et mon devoir En vous jurant que vos Spéculations vous trompent que vous vous feres tort Et ne vous ferez point de bien en suivant vos idées, Et qu'Elles vous rendronts et mon amitié Et la bonne volonté de mes amis inutile Et nous mettent touts hors de portée de vous repondre de rien En aucun Sens Soit du costé de la cour Soit du costé du parlement. Au reste d'après Ce que vous m'avés dit j'ay assuré que vous continueriés a vous apeller Renou[3]. Je pleure m'afflige Et vous Embrasse[4].

---

1 Cette lettre est perdue. Rousseau lui annonçait vraisemblablement sa décision de revenir à Paris.

2 Avec une telle efficacité que D'Alembert y trouve des raisons de se montrer prudent à l'égard de Rousseau : « [...] Jean Jaques est un méchant fou, et un plat charlatan, écrit-il à Voltaire le 4 août 1770. Mais ce fou et ce charlatan a des partisans zélés ; c'est Sans doute tant-pis pour eux ; cependant je veux éviter, si je puis, et les noirceurs de Rousseau, et le mal que ses partisans me pourroient faire ; ainsi je n'aurai, ni de prés ni de loin, ni en bien ni en mal, aucune relation avec ce Diogene. Ne trouvez vous pas bien étonnant que depuis un mois il aille tête levée dans Paris avec un décret de prise de corps ? Cela n'est peut être jamais arrivé qu'à lui, & cela seul prouve a quel point il est protégé. » (*CC.* n° 6770).

3 Comme on l'a vu, la signature « Renou » ne s'effacera de la correspondance de Rousseau qu'à partir du 15 janvier 1770.

4 Il s'agit de la dernière lettre du prince à son protégé. À Paris. Ils ne se reverront pas mais il semble que Rousseau ait continué à copier de la musique pour le prince jusqu'à la disparition de celui-ci (CC. n° 7097, Remarque). Conti mourut des suites d'une fistule le 2 août 1776. Certains critiques ont supposé que sa disparition est l'« événement aussi triste qu'imprévu » auquel fait allusion la première Promenade ; voir à ce propos l'introduction d'Alain Grosrichard dans son introduction aux *Rêveries* (*OC.* XX, *op. cit.*, p. 57-58).

XII. « LA NOTE DU ROMAN DE MADAME D'ORMOY[1] »

Dans une note du second dialogue qui n'apparaît que dans les manuscrits P. et G., Rousseau s'indigne de ce que ses adversaires lui aient attribué deux livres interdits : *Le système de la nature* du baron d'Holbach (1770) et *La Philosophie de la nature* de Delisle de Sales (publication en 1769, condamnation en 1774-1775), ainsi que « la note du roman de Mme d'Ormoy ». Cette dernière allusion mérite quelques explications : selon la IIe Promenade, cette dame faisait depuis quelques années le siège de Rousseau, lui parlant en particulier d'un projet de roman destiné à rétablir sa fortune et dont elle souhaitait qu'il lût le manuscrit, ce qu'il déclina. Ce roman parut finalement à Paris en 1776, sous le titre : *Les Malheurs de la jeune Emélie, pour servir d'instruction aux âmes vertueuses et sensibles* (il porte la date de 1777, selon une pratique d'anticipation alors courante ainsi que le remarque R. A Leigh[2]). *L'Année littéraire* de 1776 en donna un compte-rendu de neuf pages (t. VI, p. 53-62), plutôt élogieux dans l'ensemble, mais sans évoquer la note incriminée par Rousseau. C'est durant la convalescence qui suivit son accident de Ménilmontant (24 octobre 1776) qu'il reçut ce livre, le parcourant distraitement selon ce qu'en rapporte la IIe Promenade, et ce n'est qu'une fois averti par l'auteur du « bruit » que faisait la note, qu'il y revint de plus près. « Cette note qui fut supprimée dans les éditions ultérieures, écrit R.A Leigh, était montée en épingle […] par un artifice déjà utilisé (par exemple dans les *Menagiana*). Dans le texte, on laissa une 'lacune' représentée par trois lignes de points de suspension, tandis que la note elle-même

---

1 Second dialogue, p. 422 (note dans P. et G.).

2 « Le roman de mme d'Ormoy porte la date de 1777, mais c'est par anticipation, comme c'était très souvent le cas au XVIIIe siècle. Le *Mercure* en publia une notice favorable dans son premier volume de janvier 1777, p. 124-129, ce qui montre que le livre dut paraître à la fin de 1776. » *CC*. n° 7111, vol. 40, Notes critiques 1.

était reléguée à la fin du volume, dans un pseudo-carton[1]. » Or voici ce qu'on y trouvait dans la bouche d'un des personnages, à propos des paysans misérables et rançonnés par les percepteurs : « Cet homme qui ne peut se nourrir, doit un droit à son Roi ; comment le payera-t-il ? On le mettra sans pitié sur la paille : les pleurs d'une mère & des enfans dont il est entouré, n'attendrissent pas les Collecteurs. [...] Si les Souverains pouvoient connoître tout le mal qu'on fait sous leur nom, ils gémiroient d'être Rois. La royauté n'est à désirer que pour la félicité des Peuples ; et c'est l'occupation d'un Roi vertueux : mais la vérité perce difficilement jusqu'au Trône ; on a soin d'écarter ceux qui pourroient la dire : [...] C'est toujours la faute d'un roi si on le trompe[2] ».

C'est ici que s'éclaircit un lien implicite avec la fin de la note des *Dialogues* : « C'est ainsi qu'ils tachoient de faire croire au peuple que c'étoit moi qui ameutois les bandits qu'ils tenaient à leur solde, lors de la cherté du pain. » Rousseau pense en effet aux émeutes de la « Guerre des Farines » qui se sont produites en province puis à Paris d'avril à juin 1775, par suite d'un épuisement des réserves de grains consécutif aux mauvaises récoltes de 1774, encore aggravé par une spéculation que favorisait la libéralisation du commerce des grains décrétée par Turgot la même année. La répression fut sévère : le roi parla, lors du lit de justice du 5 mai, de « brigandages qui pourraient tourner en sédition » ; Turgot dut faire donner l'armée à Paris et deux émeutiers furent pendus en Grève. La note du roman de Mme d'Ormoy, qu'elle l'ait ou non voulu, faisait objectivement écho à ces événements et à la disgrâce de Turgot (congédié le 12 mai 1776). N'y manquait pas même le portrait transparent de son probable inspirateur : « Pour trouver des gens vertueux, il faut les chercher dans la médiocrité, la vertu se cache, [...] c'est dans les malheurs et dans l'infortune qu'on connoît l'homme [...] et si quelqu'un, jaloux de sa réputation, emploie la calomnie pour lui enlever les hommages qu'il mérite, il dédaigne de se justifier, et ne laisse parler que ses vertus. » La préface était de la même eau : « je jugeai, écrit Rousseau, que tout cela n'avoit d'autre but que de disposer le public à m'attribuer la note et par consequent le blâme qu'elle pouvoit attirer à son auteur dans la circonstance où elle étoit publiée. » On

1 Dans le langage de l'imprimerie, il s'agit d'une feuille d'impression refaite à la demande soit de l'auteur soit du censeur.

2 Cité dans *CC*. n° 7111, t. 40, p. 109-110.

sait que son retour à Paris avait été toléré à condition qu'il ne fît rien imprimer[1]. Mme d'Ormoy reçut peu après un billet de rupture très sec (*CC.* n° 7111) et leurs rapports en restèrent là.

Il importe ici de rappeler que l'incitation à la sédition est considéré, sous l'Ancien Régime, comme un crime de lèse-Majesté « au premier chef », c'est-à-dire de niveau équivalent au régicide : « À l'égard des chefs de la sédition et de ceux qui l'excitent par leurs discours ou actions, ils doivent toujours être punis de mort, comme coupables de crime de Leze-Majesté [...] Les prédicateurs séditieux et dont les discours tendent à exciter le peuple à la sédition doivent aussi être punis de mort[2]. »

1 « On n'aurait jamais obtenu la permission de reparaître ici pour l'Arménien, mais on a déterminé M. le procureur général à laisser Jean-Jacques en habit français à Paris. La seule condition que ce magistrat ait exigée, c'est de ne plus écrire, ou du moins de ne rien faire imprimer. » (*CL*, 15 juillet 1770, in *CC.*, t. 38, Appendice 599, p. 321).

2 Jousse, *Traité de la justice criminelle de France* (1771), t. IV, *op. cit.*, p. 107-109.

XIII. « UN NOUVEAU LIVRE ANGLOIS INTITULÉ *RECHERCHES SUR L'AME* »

En amorce au développement du second dialogue sur la sensibilité, le personnage « Rousseau » renvoie à « un nouveau livre anglois intitulé *recherches sur l'ame* où à la faveur de je ne sais combien de beaux détails anatomiques et tout à fait concluans, on prouve qu'il n'y a point d'ame puisque l'Auteur n'en a point vu à l'origine des nerfs » ; il ajoute en note : « L'auteur a eu soin de m'envoyer ce livre avec une lettre ironiquement polie. » (p. 322). Or il ne paraît pas exister, à cette date, de titre anglais correspondant, tandis que la lettre évoquée par la note est introuvable dans la correspondance de Rousseau.

On a vu dans l'annotation que, n'était la référence anglaise, « Rousseau » pourrait bien viser un recueil anonyme : *Pièces philosophiques*, paru en 1771, où il pouvait lire que « l'hypothèse qui établit l'ame comme origine des nerfs dans le cerveau, n'est pas juste, puisqu'elle ne peut expliquer pourquoi elle ne voit ni n'entend point à l'autre bout dans les les chairs et les viscères. » En ce qui concerne la piste anglaise, si le titre fait défaut il n'en va de même du propos incriminé : en 1775, Joseph Priestley a en effet publié un essai intitulé : *Hartley's Theory of the Human Mind, on the principle of the associations of ideas*, qui reprend les idées de l'ouvrage majeur du médecin David Hartley : *Observation on Man, his Frame, his Duty, and his Expectations*, publié en 1749 et traduit en français par l'abbé Jurain sous le titre : *Explication physique des sens, des idées et des mouvements, tant volontaires qu'involontaires, traduit de l'anglais de M. Hartley M.A.*, Reims, 1755. (Le *Traité des sensations* de Condillac paraît un an auparavant). « L'auteur, écrit Jurain (qui autorise sa traduction d'une demande de Buffon, dont il joint des extraits de l'œuvre en note au fil du texte), y examine en physicien non la nature de l'âme et ce qui constitue son essence, mais quels mouvements doivent s'exciter dans les fibrilles de la substance médullaire du cerveau, et quels changements doivent arriver en notre corps pour produire, à la faveur de nos organes, les sensations et les idées dans notre entendement. » (Avertissement du traducteur).

Il s'agit là d'une présentation occasionnaliste qui fausse le propos de Hartley, dont les recherches portent sur les processus neuro-physiologiques de la production des affects et des idées, selon un modèle co-vibratoire dérivé de la physique newtonienne et qui, à la différence de Locke, considère la pensée comme un agent passif à l'instar de la matière, et affirme que s'il y a « une connexion entre l'âme et le corps, entre les dispositions de l'âme et celles du corps, de sorte qu'aucun mouvement n'est excité dans l'âme sans qu'auparavant il n'ait été excité un correspondant dans les organes du corps, on peut en expliquant les divers mouvements du corps, désigner tous les correspondants dans l'âme, comme on l'a fait dans ce traité[1]. » Par surcroît, Jurain a pris l'initiative de supprimer la conclusion de l'ouvrage, d'orientation objectivement matérialiste malgré le maintien d'une théologie du partage de la nature divine par la nature humaine[2]. Charles Bonnet connaissait la traduction de Jurain à propos de laquelle il rédigea un ensemble de notes : *Jugements sur le Livre de l'Explication physique des sens de Hartley* en 1755[3]. Son *Essai analytique de l'âme* (1760) partage avec Hartley (qu'il ne cite pas) un modèle vibratoire de la fibre nerveuse comme organe de la sensibilité[4] – modèle valorisé par Bordeu et Diderot dans un sens matérialiste mais contesté par Quesnay, Haller (découveur de l'irritabilité de la fibre *musculaire*), Tissot[5] et Condillac (dont l'empirisme est irréductible à un monisme)[6].

1 *Explication physique*, etc., *op. cit.*, vol. II, p. 406.

2 Voir Pierre F. Daled, *Le matérialisme occulté et la genèse du « sensualisme »*, Paris, Vrin, 2005, p. 54-55.

3 Voir Raymond Savioz, *La philosophie de Charles Bonnet de Genève*, Paris, Vrin, 1948, p. 41. Ces notes sont conservées à la BPU de Genève.

4 « L'âme ne sent et ne meut qu'à l'aide des nerfs » ; « le siège de l'âme seroit ainsi un centre où tous les nerfs iroient rayonner » (*Essai analytique*, ch. V, Copenhague, frères Philibert, 1760, p. 18 et 20). Il développe-là les thèses de son *Essai de psychologie* (1755) où la métaphore cartésienne de l'automate humain est renouvelée par le modèle de l'orgue ou du clavecin. S'il accorde que les nerfs eux-mêmes, étant « mols », sont incapables de vibrer, cette vibration s'opère par le « fluide » qui s'y propage à une vitesse proche de celle de la lumière : « on expliquera facilement par le secours de ce fluide [il le conçoit comme électricité], & la célérité avec laquelle les impressions se communiquent à l'ame, & celle avec laquelle l'ame exécute tant d'opérations differentes. » (*Ibid.*, p. 21).

5 Voir sa réfutation très documentée de la thèse vibratoire à l'article II : « Que les nerfs n'agissent pas comme des cordes qui vibrent », du ch. 6 : « De quelle façon les nerfs agissent ; de leurs fonctions », de son *Traité des nerfs et de leurs maladies*, t. I, Paris, Didot le jeune, 1770.

6 Voir le ch. 3 de la I^e^ partie du *Traité des animaux* (1755) : « Que, dans l'hypothèse où les bêtes seroient des êtres purement matériels M. de Buffon ne peut pas rendre raison du

En Angleterre, l'interprétation que Priestley donna des recherches de Hartley accentua ou explicita leur potentiel matérialiste, comme le montre le compte-rendu que donne *The Monthly Review* de son livre, *Hartley's Theory of the Human Mind* : « it has been thought that Dr. Samuel Clarke has demonstrated the impossibility of matter's being the subject of thought. But we learn from Dr. Priestley [...] that perception an all the mental powers of man are the result of such an organical structure as the brain[1]. » Pierre-François Moreau et Ann Thomson confirment cette analyse : « Priestley défend ouvertement le matérialisme, sous une forme asssez particulière, il est vrai, car il affirme que sa doctrine constitue la vraie doctrine chrétienne. Mais c'est un matérialisme quand même, dont le déterminisme constitue une partie essentielle. Ce matérialisme est développé essentiellement dans ses *Disquisitions* [...] Il ne s'intéresse pas du tout aux détails concernant le fonctionnement du cerveau ou des sensations, détails qu'il omet dans son édition de Hartley. Il se limite à des réflexions sur l'influence réciproque du cerveau et du corps, avec des exemples de passions fortes qui ont un effet sur le corps[2]. »

Il se peut qu'au cours de son séjour en Angleterre ou lors de conversations avec Hume – Priestley combattait en effet son scepticisme en s'appuyant sur les travaux de Hartley –, Rousseau ait entendu parler de l'associationnisme original de ce dernier dont, en lecteur attentif de Locke et de Condillac autant qu'en adversaire du matérialisme, il avait la possibilité de saisir rapidement les enjeux. (Le nom de Hartley n'apparaît cependant pas dans sa correspondance). Par ailleurs, il a pu lire la traduction de Jurain, qui avait été demandée par Buffon et circulait dans les milieux éclairés. (L'abbé n'apparaît pourtant pas dans sa correspondance des années 1754-1757).

Pour une présentation de la philosophie de Hartley et de sa théorie des associations vibratoires, voir Richard C. Allen, *David Hartley on Human Nature*, Albany, NY : SUNY Press, 1999. Sur la diffusion européenne des thèses d'Hartley et de Priestley, voir Michel Puech, *Kant et la causalité*, Paris, Vrin, 1990, p. 150-160.

---

sentiment qu'il leur accorde ». La note 1 cite un passage de l'*Essai physique sur l'Œconomie animale* de Quesnay (1736) contestant la pertinence anatomique du modèle vibratoire de la fibre nerveuse.

1 *Monthly Review*, Vol. 53, London, 1776, p. 380.

2 P.-F. Moreau et A. Thomson, *Matérialisme et passions*, Lyon, ENS éd., 2004, p. 88-89.

XIV. J.J. L'ORIENTAL

Une page du second dialogue consacrée à la rêverie contemplative donne le tempérament de J.J. comme particulièrement propre à l'y dévouer dans sa modalité imaginative, l'assimilant par là aux Orientaux : « Un cœur actif et un naturel paresseux doivent inspirer le gout de la rêverie ; ce gout perce et devient une passion trés vive, pour peu qu'il soit secondé par l'imagination. C'est ce qui arrive très fréquemment aux orientaux ; c'est ce qui est arrivé à J. J. qui leur ressemble à bien des égards » (p. 335). L'imagination prolifique des Orientaux est un lieu commun de la culture européenne, réactivé par Pierre-Daniel Huet dans sa lettre-traité *Sur l'origine des romans* (1670) qui présente l'Orient comme le berceau des récits, et par Antoine Galland dans son avant-propos à sa traduction de *Mille et Une Nuits* (1704) où il vante à la fois la variété, le réalisme et le merveilleux des *Contes arabes* jugés supérieurs à tous égards aux contes de fées à la française aussi bien qu'aux relations des voyageurs. Selon le témoignage de Bernardin de Saint-Pierre, Rousseau aimait les contes de Galland[1] ; la ressemblance dont il parle ici à propos de J.J. est allée, comme on sait, jusqu'à se vêtir lui-même à l'arménienne en Suisse et en Angleterre. Les premières pages des *Confessions* rappellent, par ailleurs, ce qu'on pourrait appeler le tropisme ottoman des horlogers suisses qui forment une petite colonie à Constantinople, à laquelle s'est joint pour quelques année Isaac Rousseau avant de revenir à Genève engendrer son fils cadet ; il n'y a guère laissé de traces mémorables malgré les efforts des chercheurs pour en retrouver[2], et l'on ne saura jamais ce qu'il en a raconté à son fils, qui n'en dit pas un mot. Pour l'anecdote, il convient ici de noter l'existence d'un cousin persan de Rousseau dont la

1 Bernardin de Saint-Pierre, *La vie et les ouvrages de J.-J. Rousseau*, Paris, M. Souriau, 1907, p. 122.

2 Voir sur ce point *L'horloger du sérail, aux sources du fantasme oriental chez J.-J. Rousseau* (Études recueillies par Paul Dumont et Rémy Hildebrand), Paris, Institut français d'études anatoliennes-Maisonneuve & Larose, 2005.

ressemblance avait frappé Corancez lors de sa venue à Paris à l'occasion d'une mission diplomatique[1]. (C'était après la mort de l'écrivain ; les deux cousins ne se sont jamais rencontrés mais le Persan connaissait la réputation du Genevois).

L'identification orientale prêtée à J.J. remonte, dans la pensée de Rousseau, à ses intuitions initiales sur les premières sociétés humaines, avec ce qu'il appelle « le génie des langues orientales » dans l'*Essai sur l'origine des langues*, tout à fait en phase au demeurant avec les problématiques savantes contemporaines sur la question de la musicalité des langues antiques. À l'opposé des langues du nord dévolues à l'expression du besoin, celles du sud expriment l'affect : « on ne commença pas par raisonner mais par sentir » : la langue du nord se résume dans la locution « aidez moi », celle du sud dans le verbe aimer. L'articulation règle la première, le chant des voyelles la seconde : s'il fallait la reconstituer par impossible, « elle persuaderoit sans convaincre et peindroit sans raisonner ; elle ressembleroit à la langue chinoise à certains égards, à la grecque à d'autres, à l'arabe à d'autres[2] ». *Persuader sans convaincre* est la formule récurrente selon laquelle Rousseau définit l'ambition de sa propre éloquence, qu'il saisit donc comme un surgeon, à l'âge moderne, des premières langues d'Orient telles qu'il les rêve. Dans sa *Lettre sur la musique françoise*, où il défend les mérites de la mélodie contre l'harmonie scientifique de Rameau, il atteste à l'appui de ses dires son expérience vénitienne, au cours de laquelle un Arménien, « homme d'esprit » mais neuf à la musique, se serait immédiatement enchanté d'un air de Galuppi, tandis que l'audition d'un monologue français l'aurait dégoûté de toute musique venant de ce pays[3]. Ainsi la boussole du cœur l'oriente-t-elle invariablement lui-même, en cette matière comme en bien d'autres.

À l'arrière-plan sans doute, la corrélation indiquée par Mme Dacier[4], lors des derniers soubresauts de la querelle des Anciens et des Modernes, entre les mœurs homériques (persiflées par les Modernes) et celles de

1 Corancez, *De J.J. Rousseau*, *op. cit.*, p. 45-46. Voir aussi le témoignage de Stanislas de Girardin (*CC.*, t. 40, A683, § 18).

2 *OC.* V Pléiade, p. 380, 408, 383.

3 *Ibid.*, p. 302. Sur la conversion de Rousseau à la musique italienne, voir voir Martin Stern, *J.-J. Rousseau, La conversion d'un musicien philosophe*, Paris, H. Champion, 2012.

4 Anne Dacier, *Des Causes de la corruption du goust*, Paris, Rigaud, 1714. Voir J.-F. Perrin, « Comment Rousseau écrivait-il avec Homère ? », in F. Létoublon et C. Volpilhac-Auger, *Homère en France après la querelle (1715-1900)*, Paris, H. Champion, 1999, p. 289-304.

l'époque des patriarches bibliques. Rousseau lit ces mœurs en surimpression l'une de l'autre, comme reflétant l'époque des sociétés d'avant la loi, où l'humanité découvre sa perfectibilité sans trop se perdre encore dans l'aliénation du paraître pour autrui[1]. Le long poème en prose du *Lévite d'Ephraïm*, imité des *Idylles* de Gessner pour le style et tiré d'un épisode particulièrement terrible de la Bible pour le fond, illustre sa fascination pour un Orient aussi passionné que sublime dont se repait son époque abreuvée des relations des voyageurs (qu'il a lui-même beaucoup pratiquées d'un œil critique, mais avec une grande admiration pour Chardin), et fascinée par les *Contes arabes* de Galland, qu'il connaît aussi bien que les meilleurs conteurs orientalisants d'expression française, comme Hamilton (qu'il cite depuis Môtiers au maréchal de Luxembourg à propos d'une grotte de la région[2]) ou Crébillon, dont le *Tanzaï* est cité dans une page du *Persiffleur* en compagnie de quelques autres titres de la même eau[3] : son conte *La Reine Fantasque* les pastiche d'ailleurs avec maestria.

L'Orient des Lumières est un mirage d'altérité où l'Europe hallucine ses propres hantises et projette la dégénérescence de ses monarchies. Rousseau rejoint et nourrit cet imaginaire dans ses thèses politiques, mais il est aussi l'écrivain qui prône hautement la séparation des sexes[4]

1 *Essai*, ch. I, p. 376-377 sur la langue des signes; ch. IX sur les mœurs culinaires, etc.

2 C'est à propos d'une caverne de la « Côte des fées » où la légende assure qu'on y voyait jadis « un trône et des sièges très bien taillés dans le roc » : « Si elle eût été praticable encore et dans sa première beauté, écrit-il, et que Madame la Maréchale eût passé dans ce pays, je suis sûr qu'elle eût voulu voir cette grotte singulière, n'eût-ce été qu'en faveur de Fleur d'Épine et des Facardins. » (Lettre du 28 janvier 1763. *CC* n° 2457). *Histoire de Fleur d'épine* et *Les quatre Facardins* sont deux romans-contes d'Antoine Hamilton (l'auteur des *Mémoires du comte de Grammont*) qui ont longtemps circulé en manuscrits depuis le début du siècle, particulièrement à la Cour, où la sœur de l'auteur, épouse du comte de Grammont, était en faveur. Leur passage à l'imprimé en 1730 (l'auteur était mort depuis dix ans) a lancé la mode du conte oriental satirico-licencieux.

3 « Je ne sens point du tout la nécessité d'être fort savant pour juger des ouvrages qu'on nous donne aujourd'hui. Ne diroit-on pas qu'il faut avoir lu le P. Petau, Montfaucon, etc. et être profond dans les mathematiques etc. pour juger Tanzai, gri gri, Angoba, misapouf, et autres sublimes productions de ce siècle… » *Le Persifleur* (vers 1749), *OC* I, *op. cit.*, p. 1105-1106. Il cite les titres des figures saillantes du conte "oriental" français entre 1734 et 1746; dans l'ordre : Crébillon, Cahusac, La Morlière et Voisenon. Sur la maîtrise qu'a Rousseau de la poétique du conte oriental à la française, voir J.-F. Perrin, *L'Orientale allégorie, Le conte oriental en France au XVIIIe siècle (1704-1774)*, Paris, H. Champion, 2015, ch. 7.

4 Dans la *Lettre à D'Alembert, OC.* V Pléiade, p. 81-82 et 97-98, également dans la *Julie*.

face à une indifférenciation en cours où il lit un symptôme des mœurs du despostisme telles que les a conçues Montesquieu, selon l'image déformée que livraient des régimes d'Orient les témoignages des voyageurs[1]. Or s'il reflète ainsi les fantasmes du siècle[2], il les incarne lui-même, travesti en Oriental et faisant au village des lacets pour les jeunes filles : « Je portois mon coussin dans mes visites, ou j'allois comme les femmes travailler à ma porte et causer avec les passans. Cela me faisoit supporter l'inanité du babillage, et passer mon tems sans ennui chez mes voisines, dont plusieurs étoient assez aimables et ne manquoient pas d'esprit[3] ». Cet aimable Tirésias en caftan et bonnet fourré, Voltaire le peint quant à lui en saltimbanque débauché, père dénaturé et ne méritant que la peine capitale pour avoir semé la sédition à Genève – c'est à dire par excellence en victime émissaire –, l'intéressé admettant du reste *a posteriori* que son allure n'était pas pour rien dans l'ostracisme qui le frappait à Môtiers, et que c'était une raison de plus pour ne pas changer de rôle[4].

Mais c'est au dernier alinéa de la IXe Promenade que Rousseau écrit le dernier mot, sans doute le plus beau, de sa fascination pour l'Orient : « J'ai remarqué qu'il n'y a que l'Europe seule où l'on vende l'hospitalité. Dans toute l'Asie on vous loge gratuitement ; je comprends qu'on n'y trouve pas si bien toutes ses aises. Mais n'est-ce rien dire que de se dire je suis homme et receu chez des humains, c'est l'humanité pure qui me donne le couvert ? » C'est peut-être le défaut de cette empathie dans l'expression que lui donne le portait de Ramsay où il figure en Oriental, qui l'a incité à le rejeter dans les ténèbres extérieures.

---

1 Sur la corrélation entre « despotisme oriental » et neutralisation de la différence sexuelle chez Montesquieu, voir Alain Grosrichard, *Structure du sérail*, Paris, Seuil, 1979.

2 « L'espace du féminin apparaît dans l'imaginaire du XVIIIe siècle, comme le lieu où se joue le principe même de la différence sexuelle. [...]. [Il] dessine à la fois la ligne de démarcation autour de laquelle se distribuent les rôles sexuels et une zone d'indifférenciation où les sexes tendent à se confondre. » Christophe Martin, *Espaces du féminin dans le roman français du dix-huitième siècle*, Oxford, SVEC, 2004 :01, p. 501-502.

3 *Les Confessions*, livre XII, *OC* I, *op. cit.*, p. 601.

4 « Mon habit d'Armenien servoit de renseignement à la populace ; j'en sentois cruellement l'inconvenient ; mais le quitter dans ces circonstances me sembloit une lâcheté. Je ne pus m'y résoudre et je me promenois tranquillement das le pays avec mon caftan et mon bonnet fourré entouré des huées de la canaille et quelquefois de ses cailloux. » (*OC*. I, *op. cit.*, p. 628).

DOSSIER ICONOGRAPHIQUE

FIG. 26 – Portrait de Jean-Jacques Rousseau par Allan Ramsay (1766).
Scottish National Portrait Gallery, Edinburgh – NG 820.

FIG. 27 – Portrait de David Hume par Allan Ramsay (1766).
Scottish National Portrait Gallery, Edinburgh – PG 1057.

FIG. 28 – Jean-Jacques Rousseau – *Vitam impendere vero.*
Estampe en manière noire de David Martin d'après le portrait d'Allan Ramsay (1766). © Musée d'Art et d'Histoire, Ville de Genève, Cabinet d'arts graphiques, inv. n° E 2013-0488. Photo : MAH-CdAG.

FIG. 29 – Estampe de Charles Corbutt d'après le portrait d'Allan Ramsay (1766). Scottish National Portrait Gallery, Edinburgh – FP IV 91.4.

« Ce même portrait a été gravé à la manière noire en contre-épreuve, c'est-à-dire Rousseau regardant à droite exactement dans les mêmes dimensions, et offrant exactement les mêmes dispositions comme tablette que le précédent, par C. Corbutt. Il porte sur sa tablette, en écriture anglaise, ces mots : Jean-Jacques Rousseau, et au-dessous, on lit en lettres d'imprimerie : Vitam impendere vero. »

René DE GIRARDIN, *Iconographie*, p. 300.

FIG. 30 – Portrait de Jean-Jacques Rousseau,
pastel de Maurice Quentin de La Tour (1753 ?).
Cabinet d'arts graphiques des Musées d'art et d'histoire, Genève,
Legs Jean-Charles Coindet, inv. n° 1876-0009. Photo : Jean Marc Yersin.

FIG. 31 – *Jean-Jacques Rousseau (1712-1778)*,
estampe d'Étienne Ficquet d'après le pastel de La Tour.
© Musée d'art et d'histoire, Ville de Genève, Cabinet d'arts graphiques,
inv. n° E 2011-0112. Photo : MAH-CdAG.

« Rousseau est représenté à mi-corps, assis sur une chaise, la tête de face, le corps de trois quarts, la main droite dans son gilet, dans un ovale entouré d'un côté d'une guirlande de roses, de lierre, de lis, de l'autre d'une guirlande de feuilles de chêne et de glands. Un caducée couché, derrière lequel sort un petit jet de flammes, surmonte cet ovale ; des abeilles voltigent autour du caducée. Au dessous de l'ovale, un rideau est jeté sur un livre ouvert debout, sur une des feuilles duquel on lit : / Vitam / impendere / vero / et au dessous de ces mots une tête de Méduse est gravée. Le livre repose lui-même sur une plume d'oie taillée dont on aperçoit les extrémités. Au premier plan se trouve une lampe grecque allumée. Faisant pendant au livre et cachée à moitié par le rideau se voit, à gauche, un globe. L'ensemble du tout forme un cadre rectangulaire [de] 12 centimètres sur 7 cent. 5. Ce portrait a été retiré un très grand nombre de fois ; il en existe des états nombreux tant en eaux-fortes qu'en avant-lettres, etc. Il existe aussi de nombreuses contre-épreuves de ce portrait. Comme la plupart des portraits de Rousseau gravés d'après La Tour, il a été fait pour illustrer une des nombreuses éditions des livres du philosophe. »

René DE GIRARDIN, *Iconographie*, p. 47.

FIG. 32 – Buste en terre cuite de Jean-Jacques Rousseau par Jean-Baptiste Lemoyne (vers 1768), n° inv. Bx 1974.6.1. Musée des Beaux-Arts – Mairie de Bordeaux, cliché L. Gauthier.

BIBLIOGRAPHIE

RECUEILS ET NUMÉROS SPÉCIAUX DE REVUES CONSACRÉS EN TOUT OU PARTIE À *ROUSSEAU JUGE DE JEAN JAQUES*

Pensée libre n° 7, Ottawa, 1998. (Réédition Champion 2003).
Lectures de Rousseau juge de Jean-Jacques. Dialogues, PU. Rennes, 2003.
Méthode ! 05, Billière, éd. de Vallongues, 2003.
Styles, genres, auteurs, n° 3, P.U. Paris-Sorbonne, 2003.
EJJR n° 17, 2007-2009.
AJJR n° 49, 2010.

OUVRAGES ET ARTICLES CONCERNANT *ROUSSEAU JUGE DE JEAN JAQUES*

ALLARD, Gérald, « La pensée politique des *Dialogues* : le juste, l'injuste et le juge », *EJJR* n° 7, 1995, p. 117-142. Repris dans *Lectures de Rousseau juge de Jean-Jacques*. P.U. Rennes, 2003, p. 105-126.

BERCHTOLD, Jacques, « Jean-Jacques Rousseau dans le taureau de Phalaris. Mythologisation du moi-victime et modèles d'identités dans *Rousseau juge de Jean-Jacques* », *AJJR* n° 43, 2001, p. 181-203.

BERCHTOLD, Jacques, « La sottise moquée de Lazarille, de Sancho, d'Arlequin : échos redressés dans l'œuvre de Rousseau », dans *Sottise et ineptie, de la Renaissance aux Lumières*, *Littérales* n° 34/35, 2004, p. 165-181.

BERCHTOLD, Jacques, « Le jugement de l'entendement dans l'*Émile* : *Rousseau juge de Jean-Jacques*, supplément au roman pédagogique », dans *Émile, ou de la praticabilité de l'éducation* (Pol Dupont et Michel Termolle éd.), Mons, PU. de Mons-Hainaut, 2005, p. 183-194.

BERCHTOLD, Jacques, « Le double musellement de Jean-Jacques ou l'aporie des *Dialogues* », *AJJR* n° 49, 2010, p. 139-151.

BERCHTOLD, Jacques, « Le procès du faux brillant dans les *Dialogues* », dans Michael O'Dea (dir.), *Jean-Jacques Rousseau en 2012 : Puisqu'enfin mon nom doit vivre*, Oxford, SVEC, 2012 :01, p. 45-62.

BERKMAN, Gisèle, « Comment peut-on penser à 'rien' ? Rousseau, "idiot" des Lumières », *Littérales.* n° 34/35 (2004), p. 149-164.

BONIS, Monique de, « Une analyse logique du délire. Raison et déraison : analyse des figures de raisonnement illogique dans *Histoire du précédent écrit* de J.J. Rousseau », *Revue internationale de psychopathologie* n° 6, 1992, p. 181-211.

BRÉMAUD, Nicolas, « Jean-Jacques Rousseau : paranoïaque de génie », *L'information psychiatrique*, vol. 80, n° 10, décembre 2004, p. 819-828.

BURT, E.S., « Rousseau the Scribe », *Studies in Romanticism*, Boston, 1979, vol. 18, p. 629-667.

CALAS, Frédéric, « Dire hyperbolique et formes de la *correctio* dans *Rousseau juge de Jean-Jacques* », *Styles, genres, auteurs*, n° 3, P.U. Paris-Sorbonne, 2003, p. 123-135.

CHANTELOUBE, Isabelle, « Les *Dialogues* ou l'envers d'une scénographie », *AJJR* n° 49, 2010, p. 105-123.

CITTON, Yves, « Fabrique de l'opinion et folie de la dissidence dans le complot selon Rousseau », Ottawa, *PL* n° 7, 1998, p. 101-114. Rééd. Paris, Champion, 2003, p. 107-121.

CITTON, Yves, « Liberté et fatalisme dans les *Dialogues* de Rousseau : hyper-lucidité politique de la folie littéraire », *Méthode !*, 5, Billière, Éd. de Vallongues, 2003, p. 115-124.

COUDREUSE, Anne : « Trente millions d'ennemis : Le bestiaire des *Dialogues* de Jean-Jacques Rousseau », *Méthode !*, 2003, p. 125-131.

COURTOIS, Jean-Patrice, « Parler sans l'ennemi : Rousseau entre *Dialogues* et *Rêveries* », *L'animal* n° 7, été 1999, p. 99-111.

DAGEN, Jean, « La question de la preuve et la logique des *Dialogues* », *AJJR* n° 50, 2012, p. 185-216.

DARNTON, Robert, « La lecture rousseauiste et un lecteur ordinaire au XVIIIe siècle », dans Roger Chartier (dir.) *Pratiques de la lecture* (1985), Paris, Payot, 1993, p. 161-200.

DELORMAS, Pascale, « L'image de soi dans les "autographies" de J.-J. Rousseau », *Argumentation et Analyse du Discours*, n° 1 | 2008, [En ligne].

DÉMORIS, René, « La folie Jean-Jacques », dans R. Démoris et H. Lafon (dir.), *Folies romanesques au siècle des Lumières*, Paris, Desjonquères, 1998, p. 380-397.

DIDIER, Béatrice, « Le fantasme du jugement et la rhétorique judiciaire dans les *Dialogues* », *Méthode !* 05, Billière, Vallongues, 2003, p. 133-141.

ELLRICH, Robert, *Rousseau and his Reader, the Rhetorical Situation of the Major Works*, Chapelle Hill, the University of Carolina Press, 1969.

FORDHAM, Douglas, « Allan Ramsay's Enlightenment : or, Hume and the Patronizing Portrait », *The Art Bulletin*, 88, 3 (septembre 2006), p. 508-524.

FORSTER, Elizabeth A., *Le dernier séjour de Rousseau à Paris, 1770-1778*, *Smith College Studies in Modern Languages*, vol. II, n° 2-3, janv.-avr., 1921.

FOUCAULT, Michel, Introduction à *Rousseau juge de Jean-Jacques, Dialogues* (Paris, Armand Colin, 1962), repris dans *Dits et écrits* I, Paris, Gallimard, 1994, p. 172-188.

GARRÉTA, Anne F., « Les *Dialogues* de Rousseau : paradoxes d'une réception critique », Ottawa, *PL* n° 5, p. 85-98. Repris dans *Lectures de Rousseau juge de Jean-Jacques. Dialogues*, P.U. Rennes 2003, p. 141-150.

GATEFIN, Eric, *Diderot, Sénèque et Jean-Jacques : un dialogue à trois voix.* Faux titre, Amsterdam-New York, 2007.

GOULEMOT, Jean-Marie, « Stratégies et positions dans les *Dialogues* de *Rousseau juge de Jean Jacques*, *Romanistiche Zeitchrift für Literatürgeschiste*, n° 3, 1979, p. 113-121.

GRIMSLEY, Ronald, *Jean-Jacques Rousseau, a study in self-awareness*, Cardiff, University of Wales Press, 1969, ch. 6-7.

GRIVEL, Jacqueline et OSMONT, Robert, *Index de Rousseau juge de Jean-Jacques. Dialogues*, Slatkine-Champion, Genève-Paris, 1970.

GROSRICHARD, Alain, « Gravité de Rousseau. L'œuvre en équilibre », *Cahiers pour l'analyse*, n° 8 (1967). Rééd. Paris, Seuil, 1978, p. 43-64.

GUÉNOT, Hervé, « Jean-Jacques : Crispin, Diogène ? Socrate ? La représentation théâtrale de Rousseau (1755-1819) », *EJJR* n° I (1987), p. 93-124.

HARTMANN, Pierre, « Stratégies textuelles de restauration du moi dans *Rousseau juge de Jean-Jacques* », in *Le Moi* (R. King éd.), University of Nottingham, 1999, p. 55-69.

IMBERT, Francis, « À propos de la contradiction chez Rousseau », *Revue de métaphysique et de morale* n° 83 (2), 1978, p. 171-203.

JONES, James F., *Rousseau's Dialogues : an interpretive Essay*, Genève, Droz, 1991.

KALMBACH, Gabriele, « Leserkritik. Rousseau vs. Jean-Jacques », in *Der Dialog im Spannungsfeld von Schriftlichkeit und Mündlichkeit*, Tübingen, Niemeyer, 1996, p. 262-270.

KELLY, Christopher, « La place de *Rousseau juge de Jean Jaques : Dialogues* dans les *Collective Writings of Rousseau* », *AJJR* n° 49 (2010) p. 169-191.

KELLY, Christopher, & MASTERS, Roger, Introduction à *ROUSSEAU JUDGE OF JEAN-JACQUES : DIALOGUES*, dans *The Collective Writings of Rousseau, vol.* I, Hanover and London, U. Press of New England (1990), p. XIII-XXXI. Reprise dans la revue *Interpretation*, Winter 1989-1990, Vol. 17, n° 2.

KLAIBER, Tilo, *Ce triste système, Anthropologischer Entwurf und poetische Suche in Rousseaus autobiographischen Schriften*, Tübingen, Gunter Narr Verlag, 2004. Les pages 165-274 sont consacrées aux *Dialogues*.

LANSON, Gustave, « *L'unité de la pensée de Jean-Jacques Rousseau* », *AJJR* n° 8, 1912.

LAUNAY, Michel, « Signes et formes-sens de l'écriture contractuelle dans *Rousseau juge de Jean-Jacques. Dialogues* », in *Index de Rousseau juge de Jean-Jacques. Dialogues*, Genève et Paris, Slatkine-Champion, 1977, p. 241-254.

LEBORGNE, Erik, « Écriture du délire et culpabilisation du lecteur dans l'*Histoire du précédent écrit* », *AJJR* n° 49, 2010, p. 43-62.

LE BOULER, Jean-Pierre, « Lazarillo-Jean-Jacques : sur une page des *Dialogues* », *AJJR* n° 39, 1972-1977, p. 281-292.

LORGNET, Michèle, « *Rousseau juge de Jean-Jacques. Dialogues* : l'imaginaire de l'argumentation », *Francofonia, Studi e ricerche sulle letterature di lingua francese*, n° 6, Primavera 1984, p. 29-41.

MALL, Laurence, « Mise en scène de l'homme et l'œuvre dans les *Dialogues* », *PL* n° 7, 1998, p. 201-213.

MARIE, Dominique, « Correspondance et autobiographie. Genèse réelle et genèse imaginaire de l'idée du complot dans deux lettres de J.-J. Rousseau », *EJJR* n° 7, 1995, p. 205-221.

MCDONALD, Christie V., « The Model of Reading in Rousseau's *Dialogues* », *MLN* 93 (1998), p. 723-732.

MOSTEFAI, Ourida, « Lecture d'une défiguration : la réception de l'auteur et de l'œuvre dans *Rousseau juge de Jean-Jacques* », *PL* n° 7, 1998, p. 191-199.

NAIL, Cécile, « Le recours à la forme du dialogue dans *Rousseau juge de Jean-Jacques* », in Anne Bailliot et Charlotte Coulombeau : *Die Formen der Philosophie in Deutschland und Frankreich – Les formes de la philosophie en Allemagne et en France (1750-1830)*, Aufklärung und Moderne, Band 6, Saarbrücken, Wehrhahn Verlag, 2007, p. 91-123.

O'DEA, Michael, « Fiction and the ideal in *Rousseau juge de Jean-Jacques* », *French Studies*, n° 40, 1986, p. 141-150.

O'DEA, Michael, « Le cœur, la voix et la fiction dans les *Dialogues* », *PL* n° 7, Ottawa, 1998.

O'DEA, Michael, « *Le Devin du village* dans les *Dialogues* [...]. » dans *Rousseau et la musique, Jean-Jacques et l'opéra* (éd. Pierre Saby), Lyon, Université Lumière-Lyon 2, 2006, p. 97-115.

O'DEA, Michael, « L'image de Socrate dans les *Dialogues* », *EJJR* n° 17, 2007-2009, p. 93-102.

PERRIN, Jean-François, *Politique du renonçant, le dernier Rousseau*, Paris, Kimé, 2011.

PERRIN, Jean-François, « La disposition du propos dans *Rousseau juge de*

Jean-Jacques », dans *Lectures de Rousseau juge de Jean-Jacques. Dialogues*, P.U. Rennes, 2003, p. 19-53.

PERRIN, Jean-François, « Interactivité, ironie, persiflage : sur le personnage du Français dans *Rousseau juge de Jean-Jacques* », *Recherches et travaux*, Grenoble, n° 67, 2005, p. 53-71.

PERRIN, Jean-François, « Penser aux limites : le débat sur l'amitié entre Rousseau et Diderot dans la crise de 1757-1758 », dans *Diderot, Rousseau : un entretien à distance* (dir. F. Salaün), Desjonquères, 2006, p. 51-66.

PERRIN, Jean-François, « Une avancée dans la théorie de l'homme naturel : le IIe Dialogue de Jean-Jacques Rousseau », *RHLF*, janvier 2007, p. 61-82.

PERRIN, Jean-François, « Les noms de soi : *Rousseau juge de Jean-Jacques* au miroir des paradoxes lockiens de la conscience », *EJJR* n° 17, 2007-2009, p. 75-91.

PERRIN, Jean-François, « Penser l'hégémonie : intolérance et Lumières dans *Rousseau juge de Jean-Jacques* », dans *Rousseau and* l'Infâme. *Religion, Toleration, and Fanaticism in the Age of Enlightenment* (O. Mostefai and John T. Scott dir.), Amsterdam, NY, Rodopi, 2009.

PERRIN, Jean-François, « L'art de ces Messieurs : Rousseau et la question herméneutique », dans *Rousseau et les philosophes*, Michael O'Dea (dir.), Oxford, SVEC, 2010 :12, p. 77-97.

PERRIN, Jean-François, « Ce que sait une œuvre : le crime, le droit et l'état d'exception selon *Rousseau juge de Jean-Jacques, Poétique* 178, 2015-2, p. 183-195.

PERRIN, Jean-François, « Les styles du dialogue dans *Rousseau juge de Jean-Jacques, Littérature* n° 1, 2016.

PHILONENKO, Alexis, *J.-J. Rousseau et la pensée du malheur*, t. III, Paris, Vrin, 1984, chap. XI.

PIZZORUSSO, Arnaldo, « Le 'personae' nei *Dialogues* », dans *Rousseau selon Jean-Jacques*, Université de Genève et Instituto della Enciclopedia italiana, fondata da Giovanni Treccani, Roma, 1979, p. 65-74.

ROCHE, Daniel, « Les primitifs du rousseauisme. Une analyse sociologique et quantitative de la correspondance de Rousseau », *Annales ESC*, 1971, p. 151-172.

ROUSTANG, François, « L'interlocuteur du solitaire », *Revue de l'Institut de sociologie*, Bruxelles, n° 1-2 : *Individualisme et autobiographie en Occident*, 1982, p. 163-175.

SACQUIN, Michèle, « Les manuscrits de Rousseau pendant la révolution », *Revue de la Bibliothèque nationale de France* n° 42, 2012.

SALAÜN, Franck, « Rousseau 1762 : le système relationnel de Rousseau vu en coupe », dans F. Salaün, *L'Autorité du discours, Recherches sur le statut des textes et la circulation des idées dans l'Europe des Lumières*, Paris, H. Champion, 2010, p. 295-312.

SOYER, Jacques, « Qu'est devenu le manuscrit des *Dialogues* de Jean-Jacques Rousseau confié par l'auteur à Condillac ? », *Bulletin de la Société archéologique et historique de l'Orléanais* XVI (1914), p. 491-495.

STAROBINSKi, Jean, *J.-J. Rousseau : la Transparence et l'Obstacle* (1957), rééd. Paris, Gallimard (coll. Tel), 1971, p. 245-278.

STAROBINSKi, Jean, « L'atelier de l'iconoclaste », in *Jean-Jacques Rousseau et les arts visuels*, éd. Frédéric S. Eigeldinger, *AJJR* n° 45, 2003, p. 203-235.

STEWART, Philip, « Tropes et paradigmes de *Rousseau juge de Jean-Jacques* », in *Vitam impendere vero : hommage à Raymond Trousson et Frédéric S. Eigeldinger*, Genève-Paris, Slatkine-Champion, 2013, p. 303-345.

VARGAS, Yves, « Ne me lisez point. Rousseau et le lecteur exclu », *EJJR* n° 12, 2000-2001, p. 39-47.

VIGLIENO, Laurence, « Rousseau et les femmes dans les *Dialogues* : Un pourceau d'Épicure ou un Xenocrate », *AJJR* n° 49, 2010, p. 129-142.

VIGLIENO, Laurence, « Échos de *Tartuffe* dans les *Dialogues* », *EJJR* n° 17, 2007-2009, p. 103-112.

VIGLIENO, Laurence, « Les voix de Jean-Jacques et la voix de l'autre dans les *Dialogues* », in *Autobiographie et fiction romanesque. Autour des Confessions de J.J. Rousseau*, éd. J. Domenech, Nice, Publications de la faculté de Nice, 1997, p. 29-43.

VIGLIENO, Laurence, « Le fantasme de l'enterré vif dans les *Rêveries* ou le complexe du Cyclope » (*Actes du colloque international de Nice sur Rousseau et Voltaire*, U. Nice, 1979, p. 189-207).

VOISINE, Jacques, « Les dernières lettres (1775-1778) de Rousseau dans le contexte des *Dialogues* et des *Rêveries* », in *Mélange de langue et de littérature offerts au professeur Josef Heistein*, Wroclaw, Wydavnictowo Univ. Wroclaw, 1996, p. 425-443.

VUARNET, Jean-Noël, « *Rousseau juge de Jean-Jacques* », in *Le discours impur*, Paris, Galilée, 1973, p. 99-117.

WAEBER, Jacqueline, « Rousseau copiste de musique : l'envers de l'auteur ? » in M. O'Dea (dir.), *Puisqu'enfin mon nom doit vivre*, Oxford, Svec 2012 :01.

WELLS, Byron, « Language and Solitude, Paradox of the *Dialogues* », *PL* n° 7, 1998, p. 51-59.

WERTHEIMER, Jürgen, « Rousseaus antidialogische Dialog-Poetik », in « *Der Güter gefährlichstes, die Sprache* ». *Zur Krise des Dialogs zwischen Aufklärung und Romantik*, München, Fink, 1990, p. 57-70.

WYSS, André, *J-J. Rousseau, l'accent de l'écriture*, Neuchâtel, La Baconnière, 1988.

AUTRES TRAVAUX SUR ROUSSEAU

AMBRUS, Gautier, « "Tais-toi Jean-Jacques". Variations sur une page de l'*Emile.* » *AJJR* n° 45, 2003, p. 621-647.

AMBRUS, Gautier, « Retour au théâtre : Rousseau lecteur de Ducis et Belloy », *Cahiers Roucher-André Chénier* n° 32, 2012, p. 40-50.

BACHOFEN, Blaise ET BERNARDI, Bruno, *Rousseau, politique et esthétique : Sur la* Lettre à d'Alembert (dir. B. Bachofen et B. Bernardi), Lyon, ENS éditions, 2011.

BACZKO, Bronislaw, « Les sens de la solitude » in *Rousseau, solitude et communauté*, ch. III, Paris-La Haye, Mouton, 1974.

BENNINGTON, Geoffrey, *Dudding. Des noms de Rousseau*, Paris, Galilée, 1991.

BERCHTOLD, Jacques, « L'identification nourrie par l'iconographie : le cas de Diogène », *AJJR* n° 45, 2003, p. 567-582.

BERCHTOLD, Jacques et ROSSET, François (dir.), *L'amour dans* La Nouvelle Héloïse, *Texte et intertexte*, *AJJR*, t. 44, 2002.

BERNARDI, Bruno, *La fabrique des concepts, recherche sur l'invention conceptuelle chez Rousseau*, Paris, H. Champion, 2006.

BERNARDI, Bruno, « Rousseau et la généalogie du concept d'opinion publique », dans Michael O'Dea (dir.), *Jean-Jacques Rousseau en 2012 : Puisqu'enfin mon nom doit vivre*, Oxford, SVEC, 2012 :01, p. 95-128.

BENSAUDE-VINCENT, Bernadette et BERNARDI, Bruno (dir.), *Jean-Jacques Roussseau et la chimie, Corpus* n° 36 (Paris, Fayard, 1999).

BENSAUDE-VINCENT, Bernadette et BERNARDI, Bruno (dir.), *Rousseau et les sciences*, Paris, L'Harmattan, 2003.

BIRN, Raymond, *Forging Rousseau, Print, commerce and cultural manipulation in the late Enlightenment* (Oxford, SVEC, 2001).

BRÉHIER, Émile, « Les lectures malebranchistes de J.-J. Rousseau », *Études de philosophie moderne*, Paris, 1965, p. 84-100. (Première publication : *Revue internationale de philosophie*, N° 1, 15 octobre 1938).

BRETONNEAU, Gisèle, *Stoïcisme et valeurs chez J.-J. Rousseau*, Paris, S.E.D.E.S, 1977.

CHAMAYOU, Anne, *J.-J. Rousseau ou le sujet d'en rire*, Artois Presses Université, 2009.

CHANTELOUBE, Isabelle, *La scène d'énonciation de J.-J. Rousseau. Étude des dispositifs énonciatifs dans les incipit des œuvres de Rousseau.* Paris, Champion, 2007.

CITTON, Yves, « Retour sur la misérable querelle Rousseau-Diderot : position, conséquence, spectacle et sphère publique », *RDE* 36, avril 2004, p. 57-95.

COOK, Alexandra, *Jean-Jacques Rousseau and botany, the salutary science*, Oxford, SVEC, 2012.

DELORMAS, Pascale, *De l'autobiographie à la mise en scène de soi. Le cas Rousseau*, Limoges, Lambert-Lucas, (2012).

DÉMORIS, René, « La folie Jean-Jacques », in R. Démoris et H. Lafon (dir.), *Folies romanesques au siècle des Lumières*, Paris, Desjonquères, 1998, p. 380-397.

DERATHÉ, Robert, *J.-J. Rousseau et la science politique de son temps*, Paris, Vrin, 1970.

DOMENECH, Jacques, *L'Éthique des Lumières* (1998), Paris, Vrin, 2008.

DORNIER, Carole, « L'écriture de la citadelle intérieure ou la thérapeutique de l'âme du promeneur solitaire », *AJJR* n° 48, 2008.

DUFLO, Colas ET BOURNONVILLE, Coralie (dir.), *Rousseau et le roman*, Paris, Classiques Garnier, 2012.

DUMONT, Paul et HILDEBRAND, Rémy (dir.), *L'horloger du sérail, aux sources du fantasme oriental chez J.-J. Rousseau*, Paris, Institut français d'études anatoliennes-Maisonneuve & Larose, 2005.

FABRE, Jean, « Jean-Jacques Rousseau et le prince de Conti », *AJJR* n° 36, 1965-1965, p. 7-48.

FAUSKEVÅG, Sven E., *Philosophie de l'amitié, Essai sur le* Traité de l'amitié *de Mme de Lambert et* La Nouvelle Héloïse *de J.-J. Rousseau*, Paris-Oslo, L'Harmattan-Solum Forlag, 2008.

FERRAND, Nathalie, « Un voyage au long cours dans l'écriture de Rousseau. Analyse génétique d'une lettre de *Julie, ou La Nouvelle Héloïse* (IV, 3) », *Genesis*, n° 41, 2015, p. 165-186.

FERRAND, Nathalie, « Jean-Jacques Rousseau. Le dernier état de la *Lettre à D'Alembert sur les spectacles* (1758) », *Genesis* n° 34, 2012, p. 135-157.

GOLDSCHMIDT, Victor, *Les Principes du système de Rousseau*, Paris, Vrin, 1983.

GOODMAN, Dena, « The Hume-Rousseau Affair : From Private *Querelle* to Public *Procès* », *Eighteenth Century Studies*, vol. 25, n° 2, 1991-1992, p. 171-206.

GOUHIER, Henri, *Les Méditations métaphysiques de J.-J. Rousseau*, Paris, Vrin, 1970.

GROSRICHARD, Alain, « Pourquoi pas ? », Préambule à F. Ansermet & alii, *La psychose dans le texte*, Paris, Navarin, 1989.

GUILLEMIN, Henri, *Cette affaire infernale* (1942), Paris, Utovie, 2002.

HABIB, Claude (dir.) *Penser l'homme : treize études sur Jean-Jacques Rousseau*, Paris, Classiques Garnier, 2013.

HULLIUNG, Mark, *The Autocritique of Enlightenment, Rousseau and the Philosophes*, Cambridge, Massachussets, London, England, Harvard U. Press, 1994.

JAUMANN, Herbert, *Rousseau in Deutschland : neue Beiträge zur Erforschung seiner Rezeption*. Berlin-New York, De Gruyter & C°, 1994.

KELLY, Christopher, *Rousseau as an author : Consecrating One's Life to the Truth*, University of Chicago Press, 2003.

KELLY, Christopher, « L'histoire de cette fatale doctrine : Rousseau and the Background of the Doctrine intérieure », in *Rousseau et les Anciens*, Ruth Grant et Philip Stewart (dir.), *PL* n° 8, 2001.

KOSHI, Morihiko, *Les images de soi chez Jean-Jacques Rousseau : L'autobiographie comme politique*, Paris, Classiques Garnier, 2011.

LEBORGNE, Erik, « Le portrait clinique de Rousseau dans *De la solitude* de J.-G. Zimmermann », *AJJR* n° 48, 2008, p. 237-250.

LECERCLE, Jean-Louis, *Rousseau et l'art du roman*, Paris, Nizet-Armand Colin, 1969.

LEIGH, Ralph Alexander, « Rousseau's English Pension », *Studies in 18th Century French Litterature presented to Robert Niklaus*, University of Exeter, 1975, p. 109-122.

LE MENTHÉOUR, Rudy, *La manufacture de maladies. La dissidence hygiénique de J.-J. Rousseau*, Paris, Classiques Garnier, 2011.

LILTI, Antoine, « Singe de Diogène ! Rousseau ou l'impossible authenticité de la critique », in J.-F. Perrin et Y. Citton (éd.), *Rousseau et l'exigence d'authenticité*, Classiques Garnier, 2014, p. 189-206.

MASTERS, Roger D., *La Philosophie politique de Rousseau* (1968), Lyon, ENS éditions, pour la traduction, 2002.

MOUNIER, Jacques, *La fortune des écrits de Jean-Jacques Rousseau dans les pays de langue allemande de 1782 à 1813*, Paris, PUF, 1980.

O'DEA, Michael, « L'intérêt chez Rousseau : une réhabilitation en cours », dans M. O'Dea (dir.), *Jean-Jacques Rousseau en 2012 : Puisqu'enfin mon nom doit vivre*, Oxford, SVEC, 2012 :01, p. 151-172.

O'DEA, Michael, « Consonances et dissonances : Rousseau et D'Alembert face à l'œuvre théorique de Jean-Philippe Rameau », *RDE* n° 35 (2003), p. 105-130.

PERRIN, Jean-François, *Rousseau, Le chemin de ronde*, Paris, Hermann, coll. « Fictions pensantes », 2014.

PERRIN, Jean-François, « Penser en écrivain : à propos des *Confessions* de J.-J. Rousseau », *Archives de Philosophie* 78, 2015, p. 451-472.

PERRIN, Jean-François, « Un questionnement radical de la civilité des Lumières : la question de l'amitié dans la correspondance de Rousseau durant la crise de 1757-1758 », dans *Puisqu'enfin mon nom doit vivre*, M. O'Dea (dir.), Oxford, *SVEC* 2012 :4, p. 9-28.

PERRIN, Jean-François, « Une *passiveté* sous haute surveillance : la mémoire de l'enfant selon l'*Émile* », in Claude Habib (dir.), *Éduquer selon la nature. Seize études sur Émile*, Paris, Desjonquères, 2011, p. 38-53.

PLAN, Pierre-Paul, *Jean-Jacques Rousseau raconté par les gazettes*, Paris, Mercure de France, 1912.

PY, Georges, « Jean-Jacques Rousseau et la congrégation des prêtres de l'Oratoire de Jésus », *AJJR* n° 38, 1971.

ROUSSEL, Jean, *Jean-Jacques Rousseau en France après la Révolution*, Paris, Armand Colin, 1972.

SAUSSURE, Hermine de, *Rousseau et les manuscrits des Confessions*, Paris, de Boccard, 1958.

SEITÉ, Yannick, *Du livre au lire, la Nouvelle Héloïse roman des Lumières*, Paris, Champion, 2002.

STAROBINSKI, Jean, « *Rousseau et l'éloquence* », dans *Rousseau after two hundred years* (dir. R.A Leigh), Cambridge U. Press, 1982, p. 185-205. Repris dans *Accuser et séduire : Essais sur Jean-Jacques Rousseau*, Gallimard, 2012, p. 100-115.

STAROBINSKI, Jean, « *Quia non intelligor illis* », *AJJR* n° 42, 1999, p. 445-517.

STEWART, Philip, *Éditer Rousseau : Enjeux d'un corpus (1750-2012)*, Lyon, ENS éditions, 2012.

TENTE, Ludwig, *Die polemik um den ersten Discours von Rousseau in Frankreich und Deutschland*, 2 volumes, Kiel, 1974.

TISSOIRES, Amélie, *L'Opéra mental, formes et enjeux de l'écriture du spectacle chez J.-J. Rousseau*, Paris, H. Champion, 2015.

TOUCHEFEU, Yves, *L'Antiquité et le christianisme dans la pensée de J.-J. Rousseau*, Oxford, SVEC, 1999.

TROUSSON, Raymond, *Jean-Jacques Rousseau jugé par ses contemporains*, Paris, Champion, 2000.

TROUSSON, Raymond, *J.-J. Rousseau, Mémoire de la critique*, Paris, PUPS, 2000.

VOISINE, Jacques, *J.-J. Rousseau en Angleterre à l'époque romantique*, Paris, Didier, 1956.

WACJMAN, Claude, *Fous de Rousseau, le cas Rousseau dans l'histoire de la psychopathologie*, Paris, L'Harmattan, 2006.

WACJMAN, Claude, *Les jugements de la critique sur la « folie » de J.-J. Rousseau*, Oxford, SVEC, n° 337, 1996.

WILLIAMS, D. Lay, *Rousseau's Platonic Enlightenment*, Pennsylviania, The Pennsylviana State University press, 2007.

ZONNEFELD, Jacques, *Sir Brooke Boothby, Rousseau's Roving Baronet Friend*, La Haye, Uitgeverij « De Nieuwe Haagsche », 2003.

ÉTUDES GÉNÉRALES

AGAMBEN, Giorgio, *Homo sacer* 1, *Le pouvoir souverain et la vie nue* [1995]. Trad. Paris, Seuil, 1997.

AGAMBEN, Giorgio, *État d'exception*, *Homo sacer* II, 1 [2003], Trad. Paris, Seuil, 2003.

ALLEN, Richard C., *David Hartley on Human Nature*, Albany, NY : SUNY Press, 1999.

ALTHUSSER, Louis, *L'avenir dure longtemps* [1992], Paris, Stock/IMEC, 1994.

ANGENOT, Marc, *La parole pamphlétaire* (1982), Paris, Payot et Rivages, 1995.

BAKER, Keith Michael, *Au tribunal de l'opinion*, Paris, Payot, 1993.

BALCOU, Jean, *Fréron contre les philosophes*, Genève, Droz, 1975.

BARROUX, Gilles, *Philosophie, maladie et médecine au XVIIIe siècle*, Paris, H. Champion, 2008.

BASILIEN-GAINCHE, Marie-Laure, *États de droit et états d'exception : une conception de l'État*, Paris, Puf, 2013.

BEUGNOT, Bernard, *Le discours de la retraite au XVIIe siècle*, Paris, PUF, 1996.

BAYARD, Pierre, *Comment améliorer les œuvres ratées ?* Paris, éd. de Minuit, 2000.

BOLTANSKI, Luc, *Énigmes et complots, une enquête à propos d'enquêtes*, Paris, Gallimard, 2012.

BONNET, Jean-Claude, *Naissance du Panthéon*, Paris, Fayard, 1998.

BOURGUINAT, Elizabeth, *Le siècle du persiflage*, Paris, PUF, 1998.

BRUGÈRE, Fabienne, *L'expérience de la beauté, essai sur la banalisation du beau au XVIIIe siècle*, Paris, Vrin, 2006.

CHARRACK, André, *Empirisme et métaphysique*, Paris, Vrin, 2003.

CHARTIER, Roger, *Lecture et lecteurs dans la France d'ancien régime*, Seuil, 1987.

CLAVERIE, Elizabeth, « Naissance d'une forme politique : l'affaire du chevalier de la Barre », in Philippe Roussin (éd.), *Critique et affaires de blasphème à l'époque des Lumières*, Paris, H. Champion, 1998.

COMPAGNON, Antoine, *Le Démon de la théorie*, Paris, Seuil, 1998.

COUDREUSE, Anne, *Le goût des larmes au XVIIIe siècle*, Paris, PUF, 1999.

DALED, Pierre F., *Le matérialisme occulté et la genèse du « sensualisme »*, Paris, Vrin, 2005.

DANDREY, Patrick, *L'éloge paradoxal de Gorgias à Molière*, Paris, PUF, 1997.

DARNTON, Robert, *Gens de lettres, gens du livre*, Paris, O. Jacob, 1992.

DELASELLE, C., « L'enfant abandonné », *Histoire, Économie et Société*, 3e trimestre, 1987.

DELASELLE, C., « Abandons d'enfant à Paris au XVIIIe siècle », *Annales E.S.C.* n° 1, janvier-février 1975.

DELEUZE, Gilles ET GUATTARI, Félix, *Kafka, pour une littérature mineure*. Paris, éd. de Minuit, 1975.

DE NÉGRONI, Barbara, *Lectures interdites, Le travail des censeurs au XVIIIe siècle, 1723-1774*, Paris, Albin-Michel, 1995.

DENIS, Delphine, « "À la manière de" : le pastiche avant le pastiche », *RHLF* 2012/1 (Vol. 112).

DEPRUN, Jean, *La philosophie de l'inquiétude en France au XVIIIe siècle*, Paris, Vrin, 1979.

DORNIER Carole, « Opinion et public dans les *Considérations sur les mœurs* de Duclos », *DHS* n° 28, 1996, p. 397-413.

EGRET, Jean, *Louis XV et l'opposition parlementaire*, Paris, Armand Colin, 1970.

EHRARD, Jean, *L'idée de nature en France dans la première moitié du XVIIIe siècle* [1963], Paris, Albin Michel, 1994.

EMCH-DÉRIAZ, Antoinette, *Tissot, Physician of the Enlightenment*, New York [...], Paris, Peter Lang, 1992.

FARGE, Arlette, *Effusion et tourments, le récit des corps – Histoire du peuple au XVIIIe siècle*, Paris, O. Jacob, 2007, ch. 6.

FERRET, Olivier, *La Fureur de nuire, échanges pamphlétaires entre philosophes et antiphilosophes* (1750-1770), Oxford, SVEC, 2007 :03.

FOUCAULT, Michel, *Surveiller et punir*, Paris, Gallimard, 1975.

FOUCAULT, Michel, *Le Souci de soi*, Paris, Gallimard, 1984.

FOUCAULT, Michel, *L'Herméneutique du sujet, Cours au Collège de France. 1981-1982*, Paris, Seuil, 2001.

FRIES, Thomas, *Dialog der Aufklärung, Shaftesbury, Rousseau, Solger*, Frandke Verlag, 1993 (La partie concernant Rousseau est principalement consacrée à l'« Entretien sur les romans »).

GIRARD, René, *La Violence et le sacré*, Paris, Grasset, 1972.

GOYET, Francis : « L'unité du sujet dans les plaidoiries du XVIIIe siècle : roman, système, fiction », dans *Représentations du procès* (C. Biet et L. Schifabo dir.), U. Paris X, Nanterre, 2003, p. 135-150.

GUELLOUZ, Suzanne, *Le Dialogue*, Paris, PUF, 1992.

GUION, Béatrice (dir.), *Le Sentiment moral*, Paris, H. Champion, 2015.

GUSDORF, George, *Les écritures du moi, Lignes de vie 1*, Paris, O. Jacobs, 1991.

HABERMAS, Jürgen, *L'espace public* (1962), trad. M. B. de Launay (Paris, Payot, 1978).

HADOT, Pierre, *Qu'est-ce que la philosophie antique ?* Paris, Gallimard, Folio essais, 1995.

JACOB, Robert, « La question romaine du sacer. Ambivalence du sacré ou construction symbolique de la sortie du droit », *Revue historique*, 2006/3, n° 639, p. 523-588.

JAFFRO, Laurent, *Éthique de la communication et art d'écrire, Shaftesbury et les lumières anglaises*, Paris, PUF, 1998.

JAFFRO, Laurent, (dir.), *Le sens moral, une histoire de la philosophie morale de Locke à Kant*, Paris, PUF, 2000.

JEANGÈNE VILMER, Jean-Baptiste, *Sade moraliste*, Genève, Droz, 2005.

LACAN, Jacques, « Kant avec Sade », in *Écrits*, Paris, Seuil, 1966.

LACAN, Jacques, *De la psychose paranoïaque dans ses rapports avec la personnalité* (1932), rééd. Seuil, 1975.

LACOUE-LABARTHE, Philippe, *L'imitation des modernes*, Paris, Galilée, 1986.

LAFON, Henri, *Les Décors et les choses dans le roman français du dix-huitième siècle de Prévost à Sade*, Oxford, SVEC, 1992.

LAFON, Henri, *Espaces romanesques du XVIIIe (1670-1820) : de Madame de Villedieu à Nodier*, Paris, PUF, 1997.

LANGBEIN, John H., *Torture and the Law of Proof, Europe and England in the Ancient Regime*, Chicago-Londres, University of Chicago Press, 1977.

LEJEUNE, Philippe, *Je est un autre. L'autobiographie, de la littérature aux médias*, Paris, Seuil, 1980.

LÉTOUBLON, Françoise et VOLPILHAC-AUGER, Catherine, *Homère en France après la querelle (1715-1900)*, Paris, H. Champion, 1999.

LÉVI-STRAUSS, Claude, *Anthropologie structurale deux*, Paris, Plon, 1973.

LILTI, Antoine, *Le Monde des salons : sociabilité et mondanité à Paris au XVIIIe siècle*, Paris, Fayard, 2005.

LILTI, Antoine, *Figures publiques. L'invention de la célébrité (1750-1850)*, Paris, Fayard, 2014.

MAIRE, Catherine, *De la cause de Dieu à la cause de la nation, le jansénisme au XVIIIe siècle*, Paris, Gallimard, 1998.

MARION, Marcel, *Dictionnaire des institutions de la France* (1923), rééd. Paris, Picard, 1999.

MARTIN, Christophe, *Espaces du féminin dans le roman français du XVIIIe siècle*, Oxford, SVEC, 2004 :01

MARTY, Eric, *Pourquoi le XXe siècle a-t-il pris Sade au sérieux ?* Paris, Seuil, 2011.

MASSEAU, Didier, *Les ennemis des philosophes : l'antiphilosophie au temps des Lumières*, Paris, Albin Michel, 2000, p. 274.

MATHIEU-CASTELLANI, Gisèle, *La scène judiciaire de l'autobiographie*, Paris, PUF, 1996.

MAZA, Sarah, *Vies privées, affaires publiques, les causes célèbres dans la France prérévolutionnaire*, Paris, Fayard, 1997.

MORTIER, Roland, « Pour une poétique du dialogue. Essai de théorie d'un genre » dans Joseph Strelka éd., *Literary theory and criticism. Festschrift für René Wellek*, Bern, Peter Lang, 1984, t. 1, p. 457-474.

MORTIER, Roland, art. DIALOGUE, dans *Dictionnaire des Lumières* (éd. M. Delon), Paris, PUF, 1997.

NAUDIN, Pierre, *L'expérience et le sentiment de la solitude, de l'aube des Lumières à la révolution*, Paris, Klincksieck, 1995.

NEIERZ, Patrick, *Lumières obliques, Ironie et dialogues au XVIIIe siècle*, Paris, H. Champion, 2012.

ORDINE, Nuccio, préface à Le Tasse, *Discours sur le dialogue* (trad. Florence Vuilleumier), Paris, Les Belles Lettres, 1992.

OZOUF, Mona, *L'Homme régénéré*, Paris, Gallimard, 1989.

PERRIN, Jean-François, *L'Orientale allégorie : Le conte oriental au XVIIIe siècle en France (1704-1774)*, Paris, H. Champion, 2015.

PIGEAUD, Jackie, *Aux portes de la psychiatrie*, Paris, Aubier, 2001.

PORRET, Michel, *Le crime et ses circonstances, De l'esprit de l'arbitraire au siècle des Lumières selon les réquisitoires des procureurs de Genève*, Genève, Droz, 1995.

PRINCIPATO, Aurelio, *Eros, Logos, Dialogos, Huit études sur l'énonciation romanesque de Charles Sorel à Germaine de Staël*, Peeters, « La République des Lettres », Leuven, 2007.

PUJOL, Stéphane, *Le Dialogue d'idées au dix-huitième siècle*, Oxford, SVEC, 2005 :06.

RANCIÈRE, Jacques (dir.), *La Politique des poètes*, Paris, Albin-Michel, 1992.

RETAT, Pierre (dir.), *L'attentat de Damiens, Discours sur l'événement au XVIIIe siècle*, P.U. Lyon, 1979.

ROELENS, Maurice, « *Le dialogue philosophique : un genre impossible ?* » *CAIEF* n° 24, 1972.

ROGER, Jacques, *Les sciences de la vie dans la pensée française au XVIIIe siècle* (1963), Paris, Albin Michel, 1993.

SCHLANGER, Judith, *La mémoire des œuvres*, Paris, Nathan, 1992.

SCHLANGER, Judith, *Présence des œuvres perdues*, Paris, Hermann, 2010.

SELLIER, Jean, « Les premières *Provinciales* et le dialogue d'idées au XVIIe siècle », in *Port-Royal et la littérature*, Paris, H. Champion, 1999, p. 143-153.

SEZNEC, Jean, *La survivance des dieux antiques* [1980], rééd. Paris, Champs-Flammarion, 1992.

SMART, Alaistair, *Allan Ramsay, Painter, Essayist and Man of the Enlightenment*, Yale University Press, New Haven & London, 1992.

STRAUSS, Léo, *La Persécution et l'art d'écrire* (1952), trad. Paris, Presses Pocket, 1989.

TAYLOR, Charles, *Sources of the self* (1989). Trad. : *Les sources du moi, la formation de l'identité moderne*, Paris, Seuil, 1998.

TERESTCHENKO, Michel, *Amour et désespoir de François de Sales à Fénelon*, Paris, Seuil, « Point-Essais », 2000.

VAN KLEY, Dale, *The Damiens Affair and the Unravelling of the Ancient Regime, 1750-1770*, Princeton U. Press, 1984.

VILA, Anne C., *Enlightenement and Pathology. Sensibility in Literature and Medicine of Eighteenth Century France*, Baltimore, John Hopkins University Press, 1998.

VINCENT-BUFFAULT, Anne, *L'exercice de l'amitié : pour une histoire des pratiques amicales aux XVIIIe-XIXe siècles*, Paris, Seuil, 1995.

INDEX DES NOMS

INDEX DES TITRES DE J.-J. ROUSSEAU

TABLE DES MATIÈRES

ROUSSEAU JUGE DE JEAN JAQUES

L'ATELIER DE L'ŒUVRE

DOSSIER DOCUMENTAIRE

IMPRIM'VERT®

Achevé d'imprimer par Corlet Numéric,
Z.A. Charles Tellier, Condé-en-Normandie (Calvados).
N° d'impression : 158867
Imprimé en France